KB202694

聖書朝鮮 4

일러두기

○ 이 책은《성서조선》72~95호를 영인본으로 만든 것이다.

○ 83호는 3~10면이 없는데, 이는 당시 검열에 의해 삭제된 것이다. 표지 다음 면과 13면에는 삭제된 부분에 관한 언급이 박석현(朴碩鉉)의 손글씨로 나타나 있다.

○ 83호에는 〈성서통신(城西通信)〉 마지막 면인 24면 뒤에 〈부록〉이 있다.

○ 84호는 표지의 '차례'와 달리 본문에서 〈순교(殉敎)의 정신(精神)〉과 〈성조통신(聖朝通信)〉이 순서가 바뀌어 있다. 〈성조통신〉이 끝나는 24면 다음이 31면으로 표기되어 있는데, 실제 면이 누락된 것은 아니고 표기상의 오류로 보인다.

聖書朝鮮 4

김교신선생기념사업회

1935~1936

홍성사

『성서조선』 영인본 간행에 부쳐

이만열 (김교신선생기념사업회장)

김교신선생기념사업회는 『성서조선』 영인본 전체를 다시 간행한다. 최근 『성서조선』에 대한 학술적 수요가 증가함에 따라 영인본을 간행하되, 이번에는 그 영인본에 색인을 첨부하기로 했다. 7권으로 분류된 『성서조선』의 색인은 김철웅, 박상익, 양현혜, 전인수, 박찬규, 송승호 여섯 분이 맡아서 지난 몇 달 동안 수고했고, 송승호 님은 이 색인을 종합하는 최종적인 책임을 맡았다.

색인을 포함한 영인본 재간행 작업은 2017년부터 시작하여 2018년 초반에 출판하기로 했으나 간행 시기가 몇 번 미뤄졌다. 이유는 색인 작업의 지연 때문인데, 간행 당시 철자법이 통일되지 않은 상황이다 보니 색인 작업이 의외로 더디 이뤄질 수밖에 없었다. 이번에 색인집을 따로 내기는 하지만, 색인 작업이

완벽하게 이뤄졌다고는 할 수 없다. 그 정도로 색인 작업 자체가 어려웠다는 것을 이해해 주기 바란다. 이런 어려움에도 불구하고 영인본이 간행되어 독자 여러분과 함께 기뻐한다. 수익을 기약할 수 없는 『성서조선』 영인본 간행을 위해 노력해 주신 홍성사의 정애주 대표님을 비롯하여 출판사의 사우 여러분께 책머리에 먼저 감사의 말씀을 드린다.

『성서조선』 전권이 복사·간행된 것은 1982년 노평구 님에 의해 이뤄졌다. 해방 후 글다운 글이 없는 상황에서 『성서조선』에 게재된 글이 교과서에 등장하여 학생 지도에 응용되기도 했지만, 전권을 구하기가 매우 힘들었다. 복사판 간행을 맡았던 노평구 님과 동역자들은 고서점과 전국의 『성서조선』 독자들을 수소문하여 그 전질을 구해 재간행했다.

그동안 『성서조선』은 많은 사람들이 구해보려고 애썼지만 접하기가 쉽지 않았다. 완질의 복사판이 간행된 후에는 이를 이용하는 곳이 많아졌다. 해외에서도 수요가 있었다. 특히 신학을 전공하는 유학생들 사이에서는 그런 요구가 컸다. 필자 역시 해외여행을 하는 동안 유학생들의 집에서 『성서조선』을 소장하고 있는 경우를 더러 보았다. 소장한 이유는 한국 교회와 한국 신학에 대한 지도교수와 외국 학생들의 요청 때문인 것으로 들었다. 하여튼 각계의 이런 요청에 따라 김교신선생기념사업회는 이번에 『성서조선』을 다시 간행하기로 했다.

『성서조선』은 1927년 7월부터 간행된 동인지 형태의 신앙잡지다. 일본의 무교회주의자 우치무라 간조(內村鑑三) 선생의 감화를 받은 김교신(金敎臣), 송두용(宋斗用), 류석동(柳錫東), 양인성(梁仁性), 정상훈(鄭相勳), 함석헌(咸錫憲) 등 여섯 신앙 동지들이 1926년부터 도쿄에서 성서연구활동을 시작했다. 그들은 조국 조선에 줄 수 있는 최고의 선물을 성서로 보고, 〈조선을 성서 위에〉 세우기 위해 그들이 수행한 성서 연구의 결과물을 발표하는 동인지를 갖게 되었다. 그 이름을 〈성서조선〉이라 했다. 『성서조선』 창간사에는 간행 경위를 이렇게 시작한다.

> 걱정을 같이 하고 소망을 일궤(一軌)에 붙이는 우자(愚者) 5-6인이 동경 시외 스기나미촌(杉竝村)에 처음으로 회합하여 〈조선성서연구회〉를 시작하고 매주 때를 기(期)하여 조선을 생각하고 성서를 강(講)하면서 지내온 지 반세여(半歲餘)에 누가 동의하여 어간(於間)의 소원 연구의 일단을 세상에 공개하려 하니 그 이름을 〈성서조선〉이라 하게 되도다.

이어서 창간사는 이 동인지의 성격과 지향점을 다음과 같이 밝혔다.

> 명명(命名)의 우열과 시기의 적부(適否)는 우리의 불문(不問)하는 바라. 다만 우리 염두의 전폭(全幅)을 차지하는 것은 〈조선〉 두 자이고, 애인에게 보낼 최진(最珍)의 선물은 〈성서〉 한 권뿐이니 둘 중의 하나를 버

> 리지 못하여 된 것이 그 이름이었다. 기원(祈願)은 이를 통하여 열애의 순정을 전하려 하고 지성(至誠)의 선물을 그녀에게 드려야 함이로다. 〈성서조선〉아, 너는 우선 이스라엘 집집으로 가라. 소위 기성 신자의 손을 거치지 말라. 그리스도보다 외인을 예배하고, 성서보다 회당을 중요시하는 자의 집에는 그 발의 먼지를 털지어다. 〈성서조선〉아, 너는 소위 기독신자보다도 조선혼을 소지(所持)한 조선 사람에게 가라. 시골로 가라, 산촌으로 가라, 거기에 나무꾼 한 사람을 위로함으로 너의 사명으로 삼으라. 〈성서조선〉아, 네가 만일 그처럼 인내력을 가졌거든 너의 창간 일자 이후에 출생하는 조선 사람을 기다려 면담하라. 상론(相論)하라. 동지(同志)를 한 세기 후에 기(期)한들 무엇을 탓할손가.

창간사는 〈성서〉와 〈조선〉을 합하여 만든 동인지 명칭의 연유를 설명한다. 〈조선〉은 자기들의 마음 전부를 차지하는 존재이고, 〈성서〉는 자기들이 가장 사랑하는 사람에게 보낼 제일 좋은 선물이기 때문에, 이 둘 중에 어느 하나도 버릴 수 없어 〈성서조선〉이라고 명명했다고 했다.

또 성서조선이 갈 곳은 〈이스라엘 집〉이지, 그리스도보다 사람을 예배하는 〈기성 신자〉나 성서보다 예배당을 중요시하는 곳도 아니고 교권화·세속화되어 가고 있던 기존 조선교회도 아님을 강조한다. 또 〈성서조선〉은 〈소위 기독교 신자〉에게 갈 것이 아니라 〈조선의 혼을 가진 조선 사람〉에게로 가라고 가르친다. 그곳은 아직 세속적인 교회의 때가 묻지 않은 영적인 〈시골〉이요 〈산골〉이다. 그들은 살찐 몸매와 번지르르한 기름으로 치장한 도회인이 아니라 영적인 〈나무꾼 한 사람〉임을 의미한다. 여기에 『성서조선』이

지향하는 바가 있다. 기성 교회와 야합할 것이 아니라 그 비리를 비판하고 〈기독교라는 때〉가 묻지 않은 민중 속으로 파고 들어가 그들을 성서적인 신앙으로 각성시키자고 강조한다. 이것이 성서를 조선에 주고, 조선을 성서 위에 세우려는, 『성서조선』 동인들의 창간 의도라 할 것이다.

『성서조선』 간행 취지가 조선과 성서를 다 같이 사랑하는 〈동인들〉이 성서 위에 조선을 세우겠다는 공통된 일념에 있다는 점을 강조했지만, 김교신은 8년 뒤 〈성서조선의 간행 취지〉(1935년 10월)를 요약해서 다음 두 가지로 설명한 적이 있다. 하나는 〈유물주의자의 반종교운동에 항변〉하기 위함이고 또 하나는 〈순수한 조선산 기독교를 해설〉하기 위함이라고 했다. 그의 말이다. 『신앙이라고 하면 과학적 교양도 없고 근대 사조 특히 유물론적 사상을 호흡치 못한 우부(愚夫) 우부(愚婦)들이나 운위할 것인 줄로 아나 이는 대단히 천박한 인사들의 소행이다. 그러므로 소위 인텔리층의 경박과 유물주의자의 반종교운동에 대하여 신앙의 입장을 프로테스트(항변)하고자 함이 본지 발간의 일대 취지였다.』 이어서 그는 『조선의 기독교가 전래한 지 약 반세기에 이르렀으나 아직까지는 선진 구미 선교사 등의 유풍(遺風)을 모방하는 역(域)을 불탈(不脫)하였음을 유감으로 알아, 순수한 조선산 기독교를 해설하고자 하여 『성서조선』을 발간한 것이다.』라고 했다. 김교신이 쓴 발간 취지는 『성서조선』이 동인지 형태에서 김교신 1인 체제로 바뀐 뒤에 표현된 것이어서 주목되는 바다. 이는 8년 전 동인지 형태로 간행할 때보다는 훨씬 분명한 내용을 담고 있음을 알 수 있다. 그러면서도 그는 『조선에다 기독교의 능력적 교훈을 전달하고 성서적인 진리의 기반 위에 영구 불멸할 조선을 건립하고자 하는 소원』이라는, 창간 당시의 목적을 잊지 않았다.

『성서조선』은 창간 당시에는 도쿄에 있던 동인들이 편집하고 서울에서 인쇄했다. 김교신이 귀국한 1927년 4월 이후에도 대부분의 동인들은 도쿄에 머물러 있었다. 『성서조선』 창간호 판권에는 편집인 정상훈과 발행인 유석동은 도쿄에 거하는 것으로 되어 있고, 발행소인 〈성서조선사〉도 도쿄로 나와 있다. 그러나 인쇄인 김재섭(金在涉)의 주소는 서울 견지동 32이고, 인쇄소는 한성도서(주)다. 『성서조선』은 창간 후 초기에는 연 4차 계간 형식으로 발행되다가 1929년 8월(8호)부터는 월간이 되었다. 그러다가 제16호(1930년 5월)에는 다음과 같은 짤막한 사고(社告)가 실렸다. 『지금까지 6인의 합작으로 경영해 오던 〈성서조선사〉는 이번에 형편에 의하여 해산하였습니다. 이번 호까지 정상훈 명의로 발행되었으나, 금후의 경영은 김교신 단독히 당하겠습니다.』 그다음 17호(1930년 6월호)부터는 편집·발행 겸 인쇄인이 김교신으로 바뀌었다. 성서조선사의 발행소 주소도 〈경성부 외 용강면 공덕리 130〉으로 옮겨졌고, 인쇄소는 기독교창문사로 되었다. 김교신은 뒷날 동인제(同人制) 폐간이 일시적 사변에 의한 것이기 때문에 불원한 장래에 이 일을 전담할 자가 나오기를 기대하는 마음으로 맡았지만 성서조선이 폐간될 때까지 자기 책임하에 간행하였다.

『성서조선』 간행을 전담한 김교신은 함남 함흥 출신으로, 1919년 3월 일본으로 건너가 도쿄(東京) 세이소쿠(正則)영어학교를 거쳐 도쿄 고등사범학교에 진학했는데, 1921년부터 7년간 우치무라 간조(內

村鑑三)의 문하에서 성경 강의를 들었다. 그는 학업을 마치고 1927년 4월 귀국, 함흥 영생여자고등보통학교와 양정고등보통학교, 제일고등보통학교(경기중학)와 송도고등보통학교에서 교편을 잡았으나 1942년 3월 소위 〈성서조선 사건〉으로 구속되어 15년간의 교사생활을 끝냈다. 『성서조선』 16호(1930년 5월호)부터 간행 책임을 맡게 된 김교신은 원고 집필과 편집, 인쇄는 물론 발송 사무와 수금 등 독자 관리의 허드렛일까지 혼자 다 맡았다. 그야말로 불철주야 『성서조선』에 매달린 것이다. 그는 삶의 전부라고 할 『성서조선』 출판에 모든 것을 바쳤지만 매호 적자를 면치 못했다. 그 무렵 그는 『의식의 여분으로 잡지 출판을 한 것이 아니라 출판의 여분으로 생활을 해야 했다』고 술회했다. 1936년 1월 31일(금)자 그의 일기에는 당시 짊어졌던 『성서조선』 일 등이 얼마나 그를 짓누르고 있었던가를 보여준다.

> 1월 31일(금) 청(晴). 영하 18도 7분으로 기온 점강(漸降). 등교 수업을 마친 후에 2월호 출래(出來)하여 발송사무. 피봉(皮封) 쓰는 일, 부치는 일, 우편국 및 경성역에 반출하는 일은 물론이요, 시내 서점에 배달하여 수금하는 일까지 단독으로 하다. 서점에서는 「선생이 이처럼 친히 다니시느냐」고 하나 대체 위로의 말인지 조롱의 뜻인지 모르겠다. 주필 겸 발행자 겸 사무원 겸 배달부 겸 수금인 겸 교정계 겸 기자 겸 일요강사 등등, 그 외에 박물 교사 겸 영어·수학 교사(열등생도에게) 겸 가정교사(기숙 생도에게) 겸 농구부장 겸 농구협회 간사 겸 박물학회 회원 겸 박물연구회 회원 겸 지력(地歷)학회 회원 겸 외국어학회 회원 겸 직원 운동선수 겸 호주(戶主) 겸 학부형 등등. 월광에 비추이는 가엾은 자아를 헤아리면서 귀댁(貴宅)한

> 때는 삼수(參宿)가 중천에 솟았다.[노평구 엮음, 『김교신 전집 6』(부·키, 2001, 17-18)]

이런 상황에서도 그는 『성서조선』 간행을 통해 감사했다. 『성서조선』 간행 만 10주년을 맞아 그는 오로지 주 예수의 무한한 은총으로 된 일임을 새롭게 감격했다. 또 만 14주년을 맞은 제150호(1941년 7월호)에서는 그동안 우리의 눈이 하늘을 향하여 주 예수 그리스도의 헤아릴 수 없는 기이한 섭리를 우러러보며 찬송과 감사가 넘친다고 하면서 「모든 영광은 주 예수께로, 욕된 것은 나에게로」라고 다짐했다. 그는 이날까지 『성서조선』이 버티어 온 것은 인력에 의해서가 아니라 하나님의 은총에 의한 것이라고 고백했다.

> 외국인 선교사들의 식양(式樣)으로 된 조선기독교회의 다대한 배척과 비방을 감수하면서 아무 단체의 배경도 찬조도 없이, 주필된 자의 굳은 의지나 뛰어난 필재에 의함도 없이, 적립된 자금으로 시작한 것도 아닌 잡지가, 창간호로부터 150호에 이르기까지 인쇄 실비에도 결손되는 잡지가 속간된 것은 아무리 보아도 인력으로 된 일은 아니다.

김교신에게는 원고 집필과 편집, 인쇄 등의 일상적인 일 외에 더 시달려야 하는 것이 있었다. 『성서조선』을 향한 호사가들의 시비는 물론 〈친애하는 형제들 중에서 『성서조선』의 사명과 태도 등을 두고 충고와

질의〉를 하는 경우도 있었고, 이 못지않게 기성 교회의 『성서조선』에 대한 비판이 있었다. 무엇보다 괴로운 것은 일제 당국의 검열이었다. 검열을 위해 며칠씩 대기하다가 출판 기일을 넘겨야 하는 경우도 있었고, 검열에 걸려 원고를 삭제해야 할 경우도 있어서 더욱 난감했다. 그런 상황에서 그는 종간호가 되는 줄로 안 것이 한두 번이 아니었다. 그럴 때마다 의외로 원조를 주께서 예비해 주시사 오늘에 이르기까지 한 번도 휴간 없이 발간하게 되었다. 그런 수난적인 경험을 통해 〈내가 약함을 통탄할 때에 도리어 강한 것을 발견케〉 되었으니 그는 모든 영광과 찬송을 주께 돌린다고 했다.(1937년 5월)

전시체제(戰時體制)가 강화되면 조선에서 간행하는 신문 잡지는 일본의 전승(戰勝)을 기원하는 글이나 시국에 관한 표어를 실어야만 했다. 검열을 통과하기 위해서는 「황국신민(皇國臣民)의 서사(誓詞)」를 잡지 앞머리에 넣지 않으면 안 되었다. 경무국으로부터 전화로 신년호의 권두 한 페이지에는 「황국신민의 서사」 1과 2를 게재하라는 지령을 받고 폐간을 결심하기도 했다. 그러나 『성서조선』이 조선에 유일한 성서잡지라는 어떤 사명감 같은 것 때문에 결국 자신의 생각을 꺾고 일제의 지령대로 서사(誓詞)를 게재하기로 했다. 이따금 게재하던 「황국신민의 서사」는 137호(1940년 6월)부터 아예 표지 혹은 표지 바로 뒷면에 고정적으로 배치되어야 했고, 「총후(銃後) 국민생활」 같은 어용적인 칼럼들도 135호(1940년 4월)부터는 표지 바로 뒷면에 자리잡게 되었다.

『성서조선』은 어떤 때는 검열을 의식해서 시국 소감 등을 직설(直說)하지 않고 비유나 묵시적으로 쓰기도

했다. 그래서였을 것이다. 김교신은 「본지 독자에 대한 요망」(１９３９년 ９월)에서 다음과 같이 썼다.

> 본지 독자는 문자를 문자 그대로 읽는 외에 자간과 행간을 능히 읽는 도량이 있기를 요구하는 때가 종종 있다. 이는 학식의 문제가 아니요, 지혜의 문제이다. … 정도의 차는 있으나 본지도 일종의 묵시록이라 할 수 있다. 지금 세대는 비유나 상징이나 은어가 아니고는 진실한 말을 표현할 수 없는 세대이다 지혜의 자(子)만 지혜를 이해한다.

『성서조선』을 폐간시킨 「조와(弔蛙)」 사건은 일제 당국이 김교신이 사용한 바로 그 상징어나 은어의 본질을 알아차리고 겁박한 경우라고 할 것이다. 그런 상황이고 보니 『성서조선』에는 〈시국표어〉도 어쩔 수 없이 내걸어야 했던 것이다. 폐간도 고려해 보았지만, 하나님의 뜻에 의지하는 섭리신앙 때문에 고난 중에서도 간행을 계속했다. 이게 『성서조선』 간행을 억지로라도 계속하지 않을 수 없었던 발행자 김교신의 딱한 사정이었다.

일본은 １９３７년 중국 침략에 이어 미국에 대한 도발을 감행했다. 중국에 대한 침략 전쟁은 식민지 조선에 대한 전시체제 강화로 이어졌다. 한국의 언어와 문자를 통제하기 시작했고, 조선사 교육을 폐지했으며, 창씨개명(創氏改名)과 신사참배(神社參拜)를 강요했다. １９３６년부터 천주교와 감리회가 신사참배에

굴복했고 1938년에는 장로회 총회가 신사참배를 결의했으나, 신사참배에 불복하는 신자들은 감옥으로 끌려갔다. 1937년에는 수양동우회 사건이, 그 이듬해에는 흥업구락부 사건이 터졌다. 1940년 10월에는 국민총력연맹을 조직하고 〈황국신민화운동〉을 본격화시켰다. 1941년 12월 초 하와이 공격으로 〈태평양전쟁〉을 일으킨 일본은 국민총동원 체제와 사상통제를 강화했다. 1942년의 〈조와(弔蛙) 사건〉과 〈조선어학회 사건〉은 국민총동원체제하에서 일어난 문화·사상 통제의 뚜렷한 실례다.

『성서조선』을 폐간으로 몰아간 〈조와(弔蛙) 사건〉의 전말은 이렇다. 1940년 3월 양정고등보통학교를 사임한 김교신은 그해 9월 제일고등보통학교(경기중학)에서 잠시 교편을 잡았으나 반년 만에 그만두었고, 1941년 10월에는 송도고등보통학교 교사로 부임하였다. 그러나 일제 당국은 그 이듬해 3월 1일자로 간행된 『성서조선』 제158호 권두언 「조와(弔蛙)」를 문제 삼아 〈성서조선 사건〉을 일으켜 『성서조선』을 폐간하고 김교신 등을 투옥시켰다.

사건의 발단이 된 「조와(弔蛙)」에는 이 글을 쓰게 된 경위가 나타나 있다. 김교신은 〈자신의 영혼과 민족의 죄를 위해〉 또 〈소리쳐 울고 싶은 대로 울 만한 장소〉를 구하기 위해 새벽기도처를 찾았다. 서울에서는 북한산록에서, 송도로 옮긴 후에는 자연 속에서 찾았다. 그는 송도 만월대 뒤편 송악산 깊은 골짜기 안에 폭포가 떨어지는 물웅덩이 가운데 작은 바위를 기도처로 정하고, 새벽에 냉수마찰을 하고 큰 소리로 기도하고 찬송을 불렀다. 이렇게 기도할 때는 웅덩이의 개구리들이 헤엄쳐 다니면서 모여들기도 했다. 「조와」는 새벽기도의 산물이었다. 유난히 추웠던 그해 겨울, 대부분의 개구리가 얼어 죽어서 물 위에

떠오른 것을 보고 슬퍼하면서도 요행히 살아남은 두세 마리를 보고 위로를 받았다. 「조와」의 전문이다.

작년 늦은 가을 이래로 새로운 기도터가 생겼었다. 층암이 병풍처럼 둘러싸고 가느다란 폭포 밑에 작은 담(潭)을 형성한 곳에 평탄한 반석 하나 담 속에 솟아나서 한 사람이 꿇어앉아서 기도하기에는 천성의 성전이다. / 이 반상(磐上)에서 혹은 가늘게 혹은 크게 기구(祈求)하며 또한 찬송하고 보면 전후좌우로 엉금엉금 기어오는 것은 담 속에서 암색(岩色)에 적응하여 보호색을 이룬 개구리들이다. 산중에 대변사(大變事)나 생겼다는 표정으로 신래(新來)의 객에 접근하는 친구 와군(蛙君)들, 때로는 5, 6마리 때로는 7, 8마리. / 늦은 가을도 지나서 담상(潭上)에 엷은 얼음이 붙기 시작함에 따라서 와군들의 기동(起動)이 일부일(日復日) 완만하여지다가 나중에 두꺼운 얼음이 투명(透明)을 가리운 후로는 기도와 찬송의 음파가 저들의 이막(耳膜)에 닿는지 안 닿는지 알 길이 없었다. 이렇게 격조(隔阻)하기 무릇 수개월여! / 봄비 쏟아지던 날 새벽, 이 바위틈의 빙괴(氷塊)도 드디어 풀리는 날이 왔다. 오래간만에 친구 와군들의 안부를 살피고자 담 속을 구부려 찾았더니 오호라, 개구리의 시체 두세 마리 담 꼬리에 부유하고 있지 않은가! / 짐작건대 지난 겨울의 비상한 혹한에 작은 담수의 밑바닥까지 얼어서 이 참사가 생긴 모양이다. 예년에는 얼지 않았던 데까지 얼어붙은 까닭인 듯. 동사한 개구리 시체를 모아 매장하여 주고 보니, 담저(潭低)에 아직 두어 마리 기어다닌다. 아, 전멸은 면했나보다!(『김교신 전집』 1권 38)

이 글은, 『성서조선』 제 158호에 〈부활의 봄〉이라는 제목으로 『드디어 봄은 돌아왔다. … 우리의 소망은 오직 부활의 봄에 있고 부활은 봄과 같이 확실히 임한다.』라는 글과 함께 실려 있다. 김교신은 「조와」와 「부활의 봄」이라는 글에서 다 같이 조선 민족의 봄을 고대하고 있었으며 은유를 통해 표현하고 있었다. 김교신은 『지금 세대는 비유나 상징이나 은어가 아니고는 진실한 말을 표현할 수 없는 세대이다. 지혜의 자(子)만 지혜를 이해한다.』고 말한 적이 있다. 그의 이런 말에 따라 「조와」를 추론해 보면 무슨 의미를 함의하고 있는지 금방 알 수 있다. 산전수전 다 겪은 일본 고등경찰 당국이 이를 간파하지 못할 리가 없다. 〈무서운 혹한에도 살아남은 개구리의 생명력을 보고 조선 민족의 생명력에 비유했다〉 하여 꼬투리를 잡은 것은 정확히 보았다고 할 것이다.

1942년 3월 30일 김교신은 일제 경찰에 의해 서울로 압송되었다. 〈성서조선 사건〉이 터진 것이다. 이 사건으로 『성서조선』은 폐간되고 전국의 구독자들이 일제히 검거됐다. 며칠 만에 풀려난 독자도 있지만, 김교신·함석헌·송두용·류달영 등 13명은 서대문형무소에서 만 1년간 옥고를 치르고 1943년 3월 29일 밤 출옥했다. 취조에 나선 일본 경찰들이 이들에게 했다는 다음 말은 『성서조선』이 추구한 목표가 어디에 있었는지 그 정곡을 찌른다. 그리고 이 말은 일제가 〈성서조선 사건〉을 통해 꿰뚫어 보고 있는 사건의 본질이기도 하다.

> 너희 놈들은 우리가 지금까지 잡은 조선 놈들 가운데 가장 악질적인 부류들이다. 결사(結社)니 조국이니 해

가면서 파득파득 뛰어다니는 것들은 오히려 좋다. 그러나 너희들은 종교의 허울을 쓰고 조선민족의 정신을 깊이 심어서 100년 후에라도, 아니 500년 후에라도 독립이 될 수 있게 할 터전을 마련해두려는 고약한 놈들이다.(『김교신 전집』 1권 11)

1927년 7월 동인지 형태로 제1호를 간행한 『성서조선』은 16호(1930년 5월호)부터 김교신이 발행인이 되어 간행되다가 1942년 3월호(158호)로 폐간되었다. 158호까지 계속된 『성서조선』에는 가장 많이 게재된 것이 성서연구에 관한 것이다. 김교신은 「성서개요」라 하여 거의 대부분의 신구약 성서 개요를 게재했는데, 간결성과 명확성 때문에 구호(舊號)까지 독자들의 사랑을 받았다. 또 「성서연구」도 게재했는데, 산상수훈 연구를 비롯하여 주기도문 연구, 시편 강해와 골로새서 강의와 데살로니가전서 강의 등은 『성서조선』을 통해 발표되었고, 산상수훈 연구는 단행본으로 출간되었다. 한국인이 쓴 성경 주석서가 별로 없던 시기에 김교신의 연구는 목회자들과 일반 신자들에게도 큰 도움이 되었다.

7권으로 된 『김교신 전집』(노평구 엮음, 부·키)에는 위에서 언급한 「성서개요」와 「성서연구」 외에 『성서조선』에 게재되었던 김교신의 글을 「인생론」과 「신앙론」으로 각각 묶었다. 이 두 권에는 김교신이 『성서조선』에 게재한 글을 거의 망라하고 있다. 이 두 권에는 거의 400여 편의 글이 게재되어 있는데, 제1권 『인생론』에는 조국, 교육, 학문과 직업, 현실과 이상, 믿음의 생활, 사회시평, 고백·선언, 가정, 위대한 사람들, 고인에 대한 추억, 성서조선지의 행로, 생활 주변, 회고와 전망으로 분류하여 실었고, 2권

『신앙론』에는 하나님, 그리스도, 성서, 기독교, 신앙, 사랑, 부활, 기독교도, 전도, 교회, 무교회, 진리, 생명, 자연, 찬미로 분류하여 묶었다.

『성서조선』에 게재된 김교신의 중요한 글은 그의 일기다. 그가 일기를 쓰기 시작한 것은 『10세 때부터』라고 말하고 있는데 이는 1910년 국치(國恥)를 맞은, 아마도 함흥보통학교에 입학했을 무렵인 것으로 보인다. 그의 일기는 30여 책이나 되었지만, 양정고보 교사 시절 한 생도의 일기가 문제가 되자 학교에 미칠 화를 생각하여 담임교사(김교신)도 그의 30여 권의 일기를 소각해 버렸다.(1938년 2월 22일자 일기) 그러나 김교신의 일기는 그 일부가 두 가지 형태로 남아 있다. 하나는 소각되지 않고 남아 있는 2년 8개월분의 「일보(日步)」인데 이는 2016년 김교신선생기념사업회에서 『김교신일보(日步)』(홍성사)라는 이름으로 간행했다. 또 하나는 『성서조선』에 게재한 그의 일기다. 『성서조선』에는 처음에 여섯 동인들의 소식을 알리는 「독상여록(獨想餘錄)」·「독상편편(獨想片片)」·「여적(餘滴)」 등의 난이 있었는데, 1929년 8월호부터는 「성서통신(城西通信)」 난으로 이름이 바뀌었다. 『성서조선』의 발행 책임자가 김교신으로 된 후 1930년 6월(제17호)호부터는 「성서통신」 난에 그의 일기를 간추려 게재하게 되었다. 「성서통신」 난은 그 뒤 1936년 1월호부터 「성조통신(聖朝通信)」으로 이름이 바뀌어 1941년 1월호까지 김교신의 일기를 계속 실었지만, 1941년 3월(제146호)호에 『당분간은 「성조통신」(난)을 폐지』한다고 알리고는 일기가 더 게재되지 않았다. 따라서 김교신의 일기는 소각되지 않은 2년 8개월치의 「일보(日步)」와 『성서조선』에 게재된 그의 일기가 남아 있다고 할 것이다.

『성서조선』에 연재된 글 중에는 함석헌의 「성서적 입장에서 본 조선역사」가 있다. 이 글은 1934년 2월부터 1935년 12월까지 『성서조선』에 연재되었는데, 최초로 일정한 사관(史觀)을 가지고 조선역사를 관통한 책이라는 찬사(천관우)를 받았을 정도로 큰 반향을 일으켰다. 함석헌은 이어서 그 자매편인 「성서적 입장에서 본 세계역사」도 『성서조선』 1936년 9월호부터 1938년 3월호까지 연재하여 호평을 받았다. 함석헌이 『성서조선』에 우리 역사를 연재하고 있을 때 김교신은 자신의 〈민족지리관〉의 관점에서 「조선지리 소고」라는 논문(제62호-1934년 3월)을 게재했다. 200자 원고지 80매 가량의 이 논문은 함석헌이 「성서적 입장에서 본 조선역사」에서 나타낸 섭리적 민족사관과 궤를 같이하는 것으로, 섭리적 민족지리관을 나타냈다는 평가를 받고 있다. 지리박물학 교사인 김교신이 신앙의 눈으로 차원 높은 민족지리관을 펴보인 것이다.

『성서조선』의 필자에는 김교신, 송두용, 유석동, 양인성, 정상훈, 함석헌 등 〈조선성서연구회〉 회원들을 비롯하여 독자 기고 형태로 김정식, 장도원, 김계화, 양능점, 윤일심, 김계화, 강제건, 이찬갑, 최홍종, 유달영, 김정옥, 박석현, 유영모 등의 이름들이 보인다. 특히 〈조선성서연구회〉 회원인 양인성과 이들과 노선을 같이 했던 이덕봉이 「성서동물학」과 「성서식물학」이라는 연구논문을 남긴 것은 매우 주목된다.

『성서조선』은 매월 250부 정도가 발행되었고 구독자는 200명 정도였다. 독자들 가운데는 일반 교역자들도 있었지만, 이승훈, 장기려, 정태시같이 한국 기독교계와 교육계에 영향력을 미친 이들도 있었다. 『성서조선』에 게재된 내용으로 설교하다가 교단의 배척을 당한 손양원 같은 이도 있었다. 당시 한국 교단의 이 같은 탄압에도 불구하고 『성서조선』을 통해 깊은 감동을 받았다는 사람이 한둘이 아니었다. 한센병 환자들 중에도 『성서조선』으로 영적 감화와 위로를 받았다는 이들이 있었다.

끝으로 오늘날 『성서조선』을 복간하는 것이 무슨 의미를 갖는지를 언급하면서 이 글을 마무리하겠다. 그동안 『성서조선』이 복간된 적이 있지만, 현재 그것을 구해보기는 매우 어렵게 되었다. 김교신선생기념사업회로서는 미안한 생각을 갖지 않을 수 없다. 바로 이런 부채감이 『성서조선』 복간의 가장 큰 이유다. 한편 한국 기독교사 연구와 관련, 김교신 선생을 비롯한 소위 무교회주의자들이 당시 어떤 생각을 하고 있었는지 탐구할 필요가 있다. 성서 원어(히브리어와 희랍어)와 영어 독일어 일본어 성경을 대조해 가며 성경연구에 매진했던 이들이 한국 교회에 어떤 태도를 취했으며, 기성 한국 교회는 이들을 어떻게 생각하고 있었는지 살펴볼 필요가 있다는 것이다. 오늘날 한국 교회에 불거지고 있는 문제들은 이미 당시에도 일어나 자성과 비판의 대상이 되었다. 『성서조선』을 읽노라면 그때 한국 교회의 상황들이 오늘날의 상황들과 그렇게 멀리 떨어져 있지 않다는 것을 알 수 있다. 따라서 『성서조선』 복간은 한국 교회의 〈온고이지신(溫故而知新)〉의 의미를 되새기게 할 것이다.

『성서조선』 복간의 가장 중요한 이유는 현재 한국 교회 앞에 놓인, 한국 신학 수립의 당위적인 과제 때문이다. 한국 신학을 수립해야 한다는 과제는 어제오늘의 문제가 아니다. 이런 필요성은 해외에 가서 신학을 공부하는 이들이라면 더욱 뼈저리게 느껴왔던 것이다. 그들은 그곳 지도교수나 교회로부터 끊임없이 한국 교회를 성장시킨 한국 신학에 대한 질문과 도전을 받아왔다. 이제 한국 교회는 세계 교회의 그 같은 질문에 답하지 않을 수 없게 되었다. 이 같은 과제는 『성서조선』 간행을 처음 시작했던 〈조선성서연구회〉 동인들뿐만 아니라 오늘날에도 의식 있는 크리스천들에게 던져지는 요구다.

〈외국인 선교사들의 식양(式樣)으로 된 조선기독교회의 다대한 배척과 비방을 감수하면서 아무 단체의 배경도 찬조도 없이〉 간행했던 『성서조선』이 당시 지향했던 바는 〈조선산 기독교〉였다. 〈조선산 기독교〉는 하나님의 말씀이 〈조선의 토양과 기후〉 위에서 새롭게 열매 맺는, 그런 것이 아니었을까. 성서의 터 위에서 조선인의 땀과 피와 삶이 영적으로 응고되고 열매 맺는, 그런 기독교가 아닐까. 그것은 수입신학·번역신학일 수 없고, 그런 차원을 넘어서는 것이다. 조선인의 삶과 환경, 조선인의 고민과 사상, 그런 문제의식 위에서 하나님의 말씀인 성서를 기초로 한 신학과 교회가 이 땅에서 세워지는 것, 이것이 『성서조선』이 말하는 〈조선산 기독교〉가 아니었을까.

〈조선산 기독교〉는 수천 년 역사와 제도 위에 형성된 서구의 관념화된 신학이나, 비록 청교도적 바탕 위에서 출발했다고는 하나 〈동부〉의 황금에 대한 유혹과 세계를 향한 끝없는 전쟁의 유혹 속에서 자신을 정당화해 간 미국의 〈천박한 기독교〉일 수 없다. 『성서조선』이 조선이라는 특수한 상황 속에서 세계적

보편성을 지향해 간 〈조선산 기독교〉를 지향하며 간행된 것이라면, 『성서조선』의 복간은 그런 지향(指向)부터 다시 복원하고, 그 지향에 다가서는 것이어야 한다. 『성서조선』이 간행할 당시 요청되었던 〈조선산 기독교〉는 『성서조선』을 복간하는 이 시점에도 같은 공감대에 서 있다. 한국 신학에 바탕을 둔 한국 교회가 세워져야 한다는 바로 그 공감대다. 이것이 『성서조선』을 이 시점에 복간하는 진정한 이유다. 『성서조선』이 외쳤던 그 외침을 오늘날 다시 들려주면서, 조선의 토양과 땀, 고난과 생각을 담은 한국 신학을 수립해야 한다는 것, 바로 그런 〈조선산 기독교〉를 지향·착근하고 성장시켜 가는 것이 『성서조선』 복간의 중요한 이유일 것이다. (2019. 1. 9)

차례

昭和五年一月二十八日第三種郵便物認可
昭和十年一月一日發行(每月一回一日發行)

金敎臣主筆

聖書朝鮮

第七拾貳號

一九三五年一月一日發行

目次

一九三五年

內外 모다 爛熟하였다。무엇이 爛熟인가。內에、大臣으로부터 小學校長까지 內閣의高官으로부터 府市의 吏員까지、疑獄에連하야 疑獄이오。才子 登用의길이 막히고 健者 勞働의 헐이없어 街頭에彷徨하며、有閑마담은 鬱寂을 못니겨 狂奔하고 青年少女들은 戀愛遊戲를 時習하야 마지안한다。官公廳에서 寡婦의正義를 求할수없고、敎會에서 貧者가 福音을들을수없다。外에、一九三五年、六年의危機到來를 齊唱함은 新舊大陸이一般이니、國際條約의 一方的廢棄는依例히通用하는法이되였고、軍縮會議의 成果는 새로운 軍擴競爭의刺戟을 준것뿐이라고 智者는 世界에 放送한다。果然 宣傳된것같은 非常時가 到來하고 말것인지 아닌지 未確하거니와、國民은 발서 非常時訓練에 익숙하기가 多年되였다。무엇보다도 言論의自由를 다시 要求할줄 모르게까지 되였다。暗雲은 刻刻으로 重疊하니 이때야말로 이스라엘王國의 末年에「人類의 알프쓰連峯이라」는 豫言者(或은先知者)들의 叢出하든背景에 방불하지않은가。

暗黑이 濃厚함은 强한光明의接近을 豫徵하는것이라고、盤根錯節을 맞나지않고는 利器를分別할수 없느니라고。一九三五年은 傳하는바와같이 危機의到來함이라고 하라。或은 傳하는것보다도 더한事變을 地球우에 演出한다고 하라。우리는 確信한다、列强의 모든事態는 全能하신 여호와의攝理의 實現以外에 아모것도 아니라고。一國이 盛하면 他國이 衰할것이오、一民族이强하면 他民族이 弱하여질수는 있을것이나、要컨대 이것은 여호와의 人類敎育의 一過程에 不過한것이오、終局은 나라가 나라에對하야 信義를배우고、사람이 사람에對하야 敬愛를 練習할것이다。

危機란 무엇이냐。그안에 苦勞가 없지못할것이오、그속에悲哀가 素因되지않을수없을것이나、宇宙의主裁者가 現存한以上 危機라함은 滅亡을意味하는것이아니오 鍛練을 意味하는것이며、墮落을주는것이 아니오 悔改를誘導하는 機會이다。危機를當하야 眞實로 危險한것은 有形한物件과 눈에보이는 世界에만 局限한다。무릇 實된것은 勝하고、무릇虛人된것은 그正體曝露하야 退却하지아니치못하는것이 危機의事變이다。正義에立脚한나라들은 勝하고 虛僞의工作으로 꿈여만든 外交들은 破壞될것이다。凡事가 그렇거니와、特히 信仰에關하야、靈界에들어서는、더욱 그眞僞가 判明하여진다。內外의 危機에處하야 安固한根據를 주지못하는 信仰은 虛殼이다。이처럼 생각할때에 一九三五年을 맞음은 얼마나 雀躍할일인고。電球가配電線에 連接된동안은 빛나는것처럼、우리가 主그리스도에게 居할동안은『患難은 忍耐를낳고、忍耐는 鍊達을낳고、鍊達은 所望을낳는』줄을 안다。

弄談無用

敎友某君은 如何한境遇에라도 弄談을 받지않는다。『예수 믿는 사람도 弄談하느냐』라고 彼는顏色을正히하고 抗議한다。책망 받은지十數年에 이제야 비로소 鈍感한者에게도 納得하여지는바가있다。

그리스도가 十字架우에서 죽었다면 文字대로죽은것이지、죽은척한것이아니다。또 三日만에 復活昇天하였다함도 마찬가지다。이런事實을 演劇처럼思考하고저하는人間은 그가 아무리學識이넓고 信仰이敦篤한基督信者라할지라도 우리와는 本質的으로 다른世界에 呼吸하는 사람이다。

罪의値는死다。故로 犯罪한者는 永遠히滅亡한다는것은 우리의 가장基本的知識이다。이는事實이오、決코愚夫愚婦를 善導하거나 弱者를强壓하기爲하야製造한 方便은아니다。勿論 信仰으로써 救援에參與한다고하나 이는 條件附의 일이다。그條件의意義는沒却하고서 그저 任意대로、幼稚園兒童의童話부르듯이 罪는犯하여도 悔改하면 그다음은天堂에 入足하는것이라고、曲調맞후어손벽치며行世하랴는 詩的信徒의橫行함은 웬일인가。基督敎는 詩도아니오 劇도아니오、오직 文字대로의事實이다。故로適確하게 말하면 우리의基督敎知識은 죽은後에 天堂간다는데 있기보다 于先犯罪의結果는永遠한滅亡이라는데 있다。率直히 말하면 天堂가고 못가는것은 全然不知의世界요、律法의一點一劃이라도犯한者는 容恕할수없는審判에處한다함이 우리基督敎常識의初步요、따라서盤石같은確信이다。

返償하기를約束하고서 債用한金品은 實로「一錢一厘까지」남기지않고 갚아야하는것은 참으로元亨利貞의 法則이다。債務를 지고서 갚지않고行世하는사람은 人間世上에서 얻을바最少의利得(?)을穫得하고서 實相인즉 最大의資源을喪失한것이다。畫餠의生活에安堵하는人間과 實戰的人生을生活하는者와는 다같이五十平生을 살았다하여도 그總結局의生活內容에는 天壤의差가 있는 까닭이다。遊戲를하는가 戰爭을하는가 여긔가 人生의分岐點이다。

「우리가 우리에게 罪지은者를赦한것같이 우리의罪를赦하여주옵소서」라고 祈禱하는基督者인줄로 아는까닭에、함부로 兄弟를蔑視하고는 또한 함부로 제멋대로親押하고저하는 무리여 물러가라。男兒 容易히怒할것이아니다。그러나 一且發怒한以上 有耶無耶中에 淺薄한「사랑」으로轉向할것은 絶對아니다。神前에서處事하는 基督敎徒의境遇에는 더욱 그렇다。끊을수없는因緣을끊었노라고 宣言하였거든 適當한條件이具備하기까지는 함부로親近하지못하는데에 人間된價値가있다。그리고야 비로소 나의罪를赦宥하는데 十字上의 그리스도를 必要한다는 所以가알려지며、「天父의뜻을行하는者가 나의兄弟니라」고하신 그리스도의「말슴」을 割引하지못한다。저는弄談을 안하신다。

豫言者란 누구

豫言者란 이와같은 人物이라고 指示할수있을까하야 우리는 먼저 朝鮮半島를 살펴보았다。監理敎內에 있는가 或은長老敎側에 있는가 또는 其餘他에서 찾아볼수있는가。아는이는 우리에게指點하라。豫言者라는것은 그眞情한意味에서 이스라엘特有의것이니 애우라지 五十週年禧年을祝賀하는朝鮮基督敎界에 이렇다고할만한豫言者가 不出함은 오히려可然한일이라 할것이다。다만 놀라운것은 半世紀未滿의 半島靈界에 雨後의竹筍같은 復興牧師의輩出과、最近에至하야는 所謂「女先知」의橫行이다。이러한復興氣分의産物과 眞正한意味의豫言者와는 似而非의것임은勿論이다。생각할수록 칸플注射와같은 復興會에復興會를 니어서 간신히維持하는 朝鮮基督敎會의現狀이야말로 寒心事이다。

눈을 돌이켜 二十億人類中에 찾아보라。히말라야山脈저편에 三億萬民을 잇끄는이가있고、미시시피河畔에 一億의家率을 거느린 참사람이있다하나、그眞相을詳考하기에는 히말라야가 넘어높고、太平洋이 넘어넓은感이不無하다。或은 우리가 接近하여보았다고하라、그래도 저들이 이스라엘豫言者와는 比肩할수없는差異가 있을것도 豫測하기 困難한事가 아니다。차라리 우리로하여금 「어떤것이 아니라」는것을 다시한번 말하게하라。例컨대 現代思潮의中心人物이라고하는 뭇솔리니、힛틀러、及이와同類로써 各나라 各民族안에 돈넬을 파고 呼令하려하는 무리들과比較할진대、이스라엘豫言者가 넓은平原을 驅馳하며 높은芽葉을 어르만저 사는 麒麟과 같다면、이러한 무리들은 따속으로 다녀 光線을 꺼려하며 지렁이나貯藏하여두고 먹는 두더지의類에 지나지못하는것이다。저들이 나타나는때에 光明이天地를 덮었고、이들이臨하는때에 暗黑이 구석구석에 찬다。저들은 솟으럼처 올라가는生命이었고、이들은 한갓 내리 누르는 힘일것뿐이다。저들은 理想에살고 正義를 먹고 眞實을 마셨것만、이들은 打算에살고 利害를먹고 거즛을 마실다름이다。무엇으로 한늘 足히 이스라엘豫言者를形容하랴。모름지기 豫言者의 音聲에 귀를기우림이 捷經일까。

> 소리있어 웨치대、曠野에서 여호와의길을豫備하고 沙漠에서 우리 하나님을爲하야 大路를平坦케하라。모든 골작이를 도두고 뫼뿌리를 낫후고、높고 낮은것을 平坦케하고、險한것을平地되게 할지어다。여호와의榮光을 나타내사、모든血氣있는자가 함께보리라。대개 여호와의입으로 말슴하셨나니라。(사이야書第四十章)

人生에나서 男兒인것을 幸福으로 안다는이가 支那에있었다。果然그렇다면 一生에한번이라도 豫言文書를 接한幸福、그幸福이 얼마만일고。時代는暗黑으로 다름박질하고 政局은危機를向하야 突進不息하는때에、우리는靜肅한마음으로 人間中에 참人間의音聲에傾聽하고저하노라。

聖書的立場에서본朝鮮歷史

咸錫憲

十一、高麗의다하지못한責任 (二)

歷史는 이제第二高潮期에 들어간다。攝理가 朝鮮사람으로하여금、또한번 失敗된歷史의 再建을命하는때다。

高麗가 그렇듯國力充實을 보고있는동안에 滿洲에는새時代의 準備가되고있었다。지금까지 暴威를부리던契丹은漸次衰運을만나 나라가기우려져가고 天下形勢가 뒤숭숭하게되였다。滿洲의大平原은 새主人의 말발굽을받으려 넓은 가슴을헷처 기다리고있었다。政治家는 地圖를壁上에내여걸때요、英雄은 가슴에熱血이 솟음을칠때였다。이때를當하야、그活舞臺를놓고、登場할勇士는 오직둘밖에없었다。하나는高麗요 하나는女眞이었다。漢族은 아직契丹의壓迫을받아 江南에萎縮하야있어 自己를켸여매기에 겨을이없는때였다。故로、이제滿洲에 主人이될者는 이둘中에하나이다。그러나 當時의形便으로보아、둘은彼此 比가되지못했다。女眞이라는것은 本來靺鞨의 一種으로 高句麗時代에 그밑에屬하였다가 後에渤海에 臣屬하였고、그亡한後는 契丹의治下에있었다。그러던것이 契丹의衰弱해짐을타、그무리를 統合하야가지고 沿海地方에雄據하야 高麗의東北境에 侵入한일도있었었다。그러나 文化의程度는낮고、더구나 朝鮮에對하야는 그酋長의先祖가 朝鮮사람이라하야 父母之國이라고하며 섬겨오던터이었으니、누가보더라도 高麗의斷然優勢함을 認定치않을수없었을것이다。高麗사람으로서、萬一 福音의歷史에있어、바울이 夜半에小亞細亞海岸에서서 마게도니아 사람의 부르짖음을 듣던귀를、政治界에서 가젔더라면 滿洲의부르는소리를 들었을것이다。滿洲는、高句麗사람이 民族統一의 大使命을띠고 馳武하던곳이오 마츰내 그殉戰의 遺骨을묻은 그滿洲는、一世紀半前建國初期에 하였던것같이 또한번 朝鮮民族을 向하야 부르고있었다。

이大勢의 부르짖음은 朝鮮心을울리지않고는 말지않었다。果然肅宗朝에니르러 北伐思想이 일어나게되였다。그때 東北間에 女眞의出沒이 次次있음에、此際에徹底한討伐을行하야 北으로進出하자는策이다。肅宗九年三月에 尹瓘을시켜征伐을하였으나、不幸히敗하고 돌아왔으므로、님금은、「憤을發하야、天地神明에告하야、陰扶를빌어、賊境掃蕩하기를願하고、軍士를길으고 穀食을貯蓄하야 再擧를圖謀」하다가、翌年에 恨을남기고돌아갔다。後에 睿宗이이어서자 父王의뜻을받아、北伐經營을크게하야、그二年三年에亘하야 數次의征伐을하게되였다。北伐論의先鋒인 尹瓘을都元帥로、吳延寵을副元帥로삼아、十七萬軍을發하였다。

이 朝鮮民族浮沈의갈리는 歷史的大事件의 第一次行動은 赫赫한成功을얻었다。尹瓘은 咸鏡南北道地方을 平定하야 九城을쌓고、南部地方民六萬餘戶를옴겨 大植民을하고、豆滿江을건너 지금間島地方까지 追擊하고돌아왔다。이때、歷史의指針은 다시大朝鮮復興의方面으로 動하는듯하였다

그러나 그렇지못했다。朝廷에는、尹瓘等積極的進取論者의 成功을좋와하지안는 썩어진선비들이많았다。그들의主義는、鴨綠江以南에 溫順하게있어、事大의禮를다하야 無事히現狀維持를 하여가자는것이다。때마츰、東北地方에는 쫓겨나갔던女眞이 다시侵入하였다。本來女眞이東北地方에 들어옴은 生活資料를얻기爲하야 不得已한일이었다。거기서쫓겨나가면、저들에게는 死活問題였다。故로、四年에는 그使臣이來朝하야「하늘에盟誓코、世世子孫에 至하가까지 世貢을직히고 境土우에、敢히、개瓦張조각이라도 던지지 않을터이니」앞서빼았은 九城을돌려달라고哀願하였다。이때、尹瓘은아직戰陣에있어 苦戰하는中이었다。群臣을모으고議論함에、滿廷이다돌려주자고하였다。그뿐인가、事大主義의 腐儒一派는 好機를勿失이라고、尹瓘派打倒運動을일으켰다。尹瓘等이無名의 軍을일으켜가지고 國家를害하고 敗軍했으니、그를罰하여야하겠다는 上疏가連次들어오기始作하였다。睿宗은 本來北伐論을自己가세우는것인지라、어떻게해서던지 尹瓘을救하려하야 或그斥論을 들은체만체 便殿으로 물러가기도하고、朕이命하야한것이니 無名의軍이될理없다하야 辯明도하여보았으나、儒臣一派는 終是聽從치않고、五年五月에는、王이듣지않고 便殿으로물러감에 해가지도록 물러가지않고졸랐다。그래도오히려 듣지아니함에 朝臣一同은 同盟罷業을行하야 數日이되도록出省을 하지않었다。國敵討伐에對하야는 그렇게軟했던사람들이、功臣討伐에는 그렇게强하다고는! 모양이그러했던故로、凱旋하던將軍은 復命도못하고 私第로돌아갔고、王도不得已할수없어 그官職을깎고、九城은돌려주고말었다。

이리하야 일어나던北伐運動은서리를맞고、朝廷에는 姑息退嬰의 苟且한살림을貪하는 썩어진선비만이있어 用事하게되였으니 그가운데 서는 睿宗의心中이어떠했을가。二百年이나契丹의 壓迫밑에있어오던 渤海王孫高永昌奚아、(睿宗十一年에)皇帝를稱하고、國號를大元이라하며 年號를 隆基라하야 祖國回復의뜻을 내는이때여던、高句麗로서하기만하자면 危殆는무엇이危殆하며 結怨은누구와結怨인가 이때에나렸던制中에、「文武의道가 偏廢할수없는대 近來蕃賊이漸熾하므로 謀臣武將이 다甲兵을繕修하고 軍士를訓鍊하는것으로急務를삼으나、武事를專用할수없다」云云하는것이 있는것을보면、이것이 儒臣들이 武斷派의擡頭를무서워서 造作한말인同時에、當時에朝鮮內에 非常時氣分이움측이고 있었던것을알수있다。그러나、그것이 눌리

고、갓치어있고말었다。그러는동안에 睿宗十二年에는 金(이때는벌서 女眞이 國號를金이라하고 稱帝를하였다)으로부터 이러한 글이왔다。

兄、大女眞金國皇帝는 弟 高麗國王에致書하노라。우리祖考로부터 一方에介在하야 契丹을일러、大國이라하고 高麗를父母之邦이라하야 小心하야섬기되、契丹이無道하야 우리疆場을陵轢하고、우리人民을奴隸로삼아 여러번無名의師를加하기로、우리가不得已하야抗拒하야 天祐를얻어 殄滅함을얻었으니、王은 우리게和親을許하야 兄弟되여、世世다함이없는 好誼를일우게하라、이에良馬一匹을보내노라」

꿈은깨여젔다。出沒하는女眞의무리가 統一을일우기前에 大進出 斷行하야 東滿一帶를 몬저차지하고後에、契丹의殘骸를몰아냈으면、滿洲蒙古를얻기는 囊中物을取하듯했을것이오、滿蒙을얻는다면、金主가高麗王에게 보냈던글을、朝鮮에서支那에보낼수가 있었던것이다。그러나 因循姑息속에 머뭇거리고있는동안에 그꿈은雲散되여버리고 高麗사람들은、自己네가 禽獸之國이라고 蔑視하던女眞이 그꿈그대로를 事實로實現해가지고 나서는것을보고、驚愕과憤妬의念을 禁치못할뿐이었다。

睿宗은 餘生을、詩를짓고 經書를講하는것으로 보내였다。破夢의寂寥를 이기지못하야 하였을것이다。睿宗이돌아가고 仁宗이서니 十五歲의少年이다。이제로부터 또低潮期로들어간다。朝鮮歷史가 三國時代를境界로、그前이올라오는걸음이고 그後가 나려가는걸음인것같이 高麗는、仁宗까지의前半이 올라가는歷史요、그後의後半이 나려가는歷史다。그러나大勢는、高麗사람이 그리默言裏에 凋殘의길을 걸어가기에는 너무도挑發的이었다。참아 그저보내지못할時勢의巨流가 눈앞에보는동안에 高麗사람을바리고 슬금슬금가버리고있다。詛呪의暗淵이 自己네를삼키기前 그흐름우에다보려고、最後의一躍을 試驗하였다。그러나 所用없었다。一丈의飛沫을 날렸을뿐이다。그것이곧、仁宗十三年의 妙淸의亂이다。

北伐이失敗된것은、保守主義의 儒臣들에게는좋왔으나、進取主義의國粹派들에게는 千秋의恨이었다。더구나 金이稱帝하는것을보고는 참을수없었다。故로 仁宗朝에들어오자、稱帝 建元하고、北伐을斷行하자는議論이 盛히일어나게되였다。이는確實히 金에刺戟되여한것이다。이論의中心人物로는 鄭知常、白壽翰、金安、尹彦頤하는 사람들이있었다。儒臣들은 勿論、여게反對하였다。그들의눈에는 金의하는일은、僭濫한오랑캐의 行動으로만보일뿐이오 帝는支那의天子만이 獨稱할수있는것이었다。이두派의對立은 仁宗朝에突然히 된것은아니오 그前부터있었던것이다。그러나 그前에暗鬪로있던것이 切迫된時代의 形勢로몰려 表

面化하였다。問題는 西京遷都問題도 버려지기始作을하였다。西京遷都라는것은 本來國初부터있었던것으로서、國都를平壤林原驛으로옴기면 國運이盛하야 三十六國이來朝한다는 말이있었다。이는新羅末부터 있던圖讖說에서 나온것이다。圖讖이라는것은 勿論、新羅의沈滯된 宗敎生活의 웅덩이에 생긴迷信的沈澱物이오 荒唐無稽한것이다。그러나 그것을 歷史的見地에서보면、表現은비록陰陽說에 빌었더라도 其實은人民의 新羅朝에對한不滿不平、잃어진故土에對한憤恨、萎縮된 民族運命에對한慨嘆、未來에對한 希求를反映하는것이라할수있다。 이를본 北伐論者一派는、西京의僧妙淸을中心으로 이圖讖說을利用하야 民心을움즉이고、王을勸하야 西京遷都를 行하야가지고 北進政策을 實行하여볼여하였다。王도얼마쯤 그리로기우려저 林原에 新宮까지지었다。 그러나 妙淸의하는일이 너무妖邪術數가 많고 이에對하야 儒臣들의反對가甚하므로 王도猶豫하고 있었다。 그러는즈음에 仁宗十三年에 突然히妙淸이 西京에서叛하였다。무엇이 그原因인지모르나 確實히 計巧에 齟齬한것이있고 內部의不統一이있었다。國號를大爲라하고 元號를天開라하야 一時黃平地方에떨쳤으나 金富軾의손에 討伐이되고말었다。鄭知常、白壽翰、金安은 叛亂의報가오자 서울서죽고말었다。

妙淸의亂을 申采浩氏는、朝鮮歷史上一千年來 第一大事件이라고한다。第一大事件이겠는지 아니겠는지는 쉬이決키어려운問題나 이亂으로서、普通叛亂이아니오 儒派對佛郞派、漢學派對國風派의 싸움으로보는것은 透徹한觀察이오 이싸움에 妙淸이敗하고 金富軾의이긴것이 朝鮮歷史가 事大的保守的束縛的思想에 征服된原因이라고 하는것도옳은말이다。妙淸等의 擧事는時機를 이미놓진것이라할수있다。그때는벌서 金이遼를滅한지 二十年이넘었다。故로 妙淸派가勝利를하야 遷都、稱帝를하였더라도 北伐에 成功을 했을수있었겠는지는問題다。北伐의時機는 벌서그前에 놓진것이다。그러나、設或 其時當場北伐은 못한다하더라도 萬一妙淸派가 勝利를하였더라면 적어도 思想的奴隷生活을 免했을것이다。그러나 金富軾이이기고 儒派가이겼다。虛僞가또이기고 自我를또못잦었다。

그러고보면、高麗의歷史가 仁宗때로부터 急轉直下의形勢로 亂調에빠지는것은 조곰도異常할것없다。個人에나 民族에나 生活을光輝있게만드는것은 삶理想이다。사람이、저의가슴에、到達하기爲하야 一命을아끼지않는理想이 살아있는時間까지는 삶사람이고、그理想이죽을때 저도죽는다。暗黑大陸아푸리카의密林속에 라이온과싸우면서 福音의 빛을비추이던리빙스톤은「사람이 그다하야할使命이있는限 죽지않는것이라」고 말했다고한다。果然、偉人의입에서나온 偉大한眞理의말이다。高麗사람에게 民族的發展의

大理想이있을때、顯宗으로하여금「庚戌年中有虜塵하니、干戈深入漢江濱이라、當時不用姜公策이면 擧國皆爲左衽人이라」고부르며、姜邯贊이凱旋을하고 돌아오는날에 郊外에 親迎하야 金花八枝로써 그머리에親히꽂으며、感激에못이기어옳은손으로盞을삽고、왼손으로그의손을잡고 慰嘆하게하던 契丹의亂도 終乃어떻게하지를못하였다。마는 한번 그理想이죽을때「海東孔子」의 稱을들으며 評者로하여금、「東方學校의盛이 冲으로비롯하니、이로부터 文章豪傑之士가 彬彬輩出하야、國家의製作을舖張하며、中國이일러말하기를 詩書의나라라하게되였다。지금까지오게된것은、모도冲의 所賜아닌것이없다」하게하던 崔冲의偉大한 貢獻과 그로因하야 發達되였던儒敎文化는 돌이어 朝鮮의精神을窒息식이는 荊蔓이되고、朝鮮의生命을 집어먹는害虫이되고、朝鮮사람으로하여금 自我를팔아 종사리하게하는 痲醉의毒藥으로되고말었다。

仁宗四年에는 外戚李資謙이叛하야 한동안 나라가紛搖하더니 十三年 前記妙淸의亂이있었고、그다음 그亂이平定한시三十四年後、毅宗二十四年에武臣鄭仲夫가 亂을일으킨後도는、內亂이끊일날이없이 繼續하기를 約百年間이나하고、그동안에 兼하야 蒙古의侵入이있었다。李資謙의亂은、支那制를模倣한 宮中生活의墮落에서 나온것이오、鄭仲夫의亂亦、支那에서배와온 文尊武卑思想의 弊의선물이다。本來 朱蒙(善射者)이 東明聖王이되며、乙支文德、蓋蘇文이 活動을하는時代에 그런思想이없더니、支那文物을盛히輸入하야 所謂文治을힘쓰며 武臣을낮후보는 弊風이생기기 始作을하였다。高麗같은 民族的運命回復의 責任을가지는時代로서 尙武의風을 길러야할것、다시말할必要도없건만 이따위그릇된思想으로因하야 文弱에흐르고말었다。詩書의나라라는稱讚에 헷배가불러 北方오랑캐라고蔑視를하다가、그侵入을받아困境을當하면 卑辭厚幣로써 苟且한목숨을빌어얻고도 그래도그 亂이지나만가면 武士에對하야는 내로라고 서슬을부리는것이 그賢臣忠良!들의일이었다。그렇게되고는 나라가平穩할理가없었다。武臣들의쌓이고 쌓인鬱憤이 터지는 날이 오고야말었으니、그것이곧鄭仲天의亂이다。그때님금毅宗은 豪奢를좋와하고 詩文을즐기었다。德澤으로、高麗磁器는發達이되여 後世의자랑거리가되였으나 當時百姓은 견대기어려웠다。이러한哀話가있다。님금이豪奢를하기爲하야 土木을大起함애 百姓을보고自費糧하고、賦役을하게하였다。其中어떤窮民하나이있어、먹을것이없어 點心을가저오지못하고 恒常同僚의 恩惠를닙어옴에、돌아가면 乃妻를보고 그未安함을歎하였다。그리하였더니 하루는 그안해가意外에 한광주리밥을가지고와 그앞에놓으며 오늘은同僚여러분의 厚意를갚으며 즐기라하였다。男便이疑訝하야 그쌀의所從事를물은즉 女子는

良久히있다가 頭巾을벗어보였다。본즉 중이되였는지라。그는 男便의받는恩惠를 갚아들이기爲하야 그頭髮을베여팔아 飯米를산것이었다。이事由를듣고 一同은 옷깃을적시고 참아밥술을들지못하였다。이것이 文治生活의裏面史다。그런노릇을하며 外遊를하야 山水좋은곳을맞나、武官은말곱비를눌고 주린배를졸라매는동안、임금은 文臣으로더불어 술을마시며詩를唱和하다가 終乃 狂怒한武臣의칼이 愛寵을自己床下에서 바로끄내여 目前에서베이는 慘事를當하며 後에는自身이 멀리流所에서 同一한運命을當하게되였다。그리하야 「文冠을쓰者는 胥吏라도다죽이라」는바람에 그榮光을 자랑하던文臣이 一朝에沒落하고 朝廷은 武夫의亂鬪場이되고말었다。鄭仲夫後에 李義旼、李義旼後에 慶大升、하는式으로나려가다가、崔忠獻의四代가專橫함에미쳐 國家는修羅場이되고말었다。賣官買職하고、良民의財産을勒奪하고 賄賂大行하고、秩序도없고 紀綱도없고、선비는 崔氏의門에乞食하고 政府는崔家舍廊에가있고 이것이當時形便이다。

그때에 一陣暴風이 戈壁沙漠으로부터 襲來하였다。예레미야로하여금、高麗文宗時代에 있게하였더라면「내가끌른 가마를보니 그面이北에있더라」하는 預言을하였을것이다。그러나 高麗에는 그런預言을한者는 하나도없었다。事實이때에도 時代는朝鮮을向하야 웨침을보냈것만、高麗사람은 듣지못하였다。金이衰하야、한便으로 滿鮮萬奴가東眞國을세우며 또한便으로 蒙古가움즉이던때에는、契丹이衰하고 金이일어나던때보다 못하지않은天時였다。이것이 다 北方夷狄으로 蔑視하던民族들이다。그中에 高麗가일어서자면 못할것이않이었다。그랬것만 이번은、墻內에서싸우는 더러운爭鬪聲때문에 時代의소리는 들어오지도못하고 門을스치고지나가고、勝利의進軍을하는 蒙古軍의凶惡한 말굽소리만이 겨우耳膜을 울리게되였다。

蒙古의凶暴는 契丹에比할바가아니었다。우리는지금、撒禮塔이 어떻게侵入하였으며、達魯火赤이 어떻게橫暴했으며、車羅大가 어떻게來侵한것을 一一히말할수가없다。오직 蒙古兵이지나감에 개닭소리가없어졌다하며、高宗四十一年車羅大가왔던 한때의捕虜男女만도 二十萬六千人이라하며、京城市街에屯함에 婦人의乳房을베여 煮食하였다는것만을말하면 그禍의大略을 斟酌할수있을것이다。이것을누가敢히 偶然이라할가、누가敢히 턱없이온것이며、意味없이온것이라할가。이것을보고도 누가오히려 天道는無心하다하며 神은눈이없다할가。생각있는民族이면 翻然히깨달었어야 할것이다。그런데、高麗사람이 이患難에對한態度는 어떠하였나。賊兵이물밀듯들어옴에 龜城에서 死士오직十二人을다리고 出戰하야 流矢가팔에끄치되 북치기를끊지지않고激勵하야 드듸여退去식이며、胡床에앉어 督戰

을함에 飛彈이등뒤에사람을 넘어트리되 搖動치도않은膽과 勇氣를가졌던 靜州分道將軍金慶孫、山間孤城을직힘에 賊이地道를파고오면 鐵汁으로燒하고 賊이火攻을하면 홁물을풀어消滅하며、賊이砲軍을쓰면 나도砲軍을 만들어쓰는智略을가저、賊將으로하여금「내가天下에行함에 被攻이如此하되 不降하는者를못보았다」하고 嗟歎케하며、朝廷에서는 이미降服하였으니 出降하라는 勸降使가왔으되、終是不聽하고、勸降使自身이悶忙하야 自殺하려는것을본然後不得已國令을服從하야 降服하고는 田里로돌아가는 鐵血意氣의男兒 兵馬使朴犀같은、魂을가진사람이 全無한것은아니나。나라의하는일은 卑怯이오 苟且였다。百姓은바리고 江華로遷都하기、거긔서도 宴樂으로날을보내기、그런中에도內亂있기、이모양이었다。故로참으로 痛覺을感할때까지 苦難을加하지않으면않되였다。軍事的占領에加하야 內政干涉이오고、肉體的苦痛에加하야 精神的束縛이왔다。王은元(蒙古)公主를 얻어妃로삼지않으면않되며 太子는蒙古에 人質이되며 內政까지도 大小를不問하고 公主의鼻息을엿보아하지않으면않이되며、百官이머리를깎고 元國服을 입어야만하였다。그러한中에서도 歷代의君臣에 國力回復의大志를두는이는없어 本國보다元朝에 가 있기를좋아하는 임금이있고、政府는無用하니 元에併合함이 옳다는發議를하는臣下까지도있었다。

하나님의神靈하신經營

姜 濟 建

三、信者當行之道

一、信者、하나님의道理의 根本的方針은 이世代의悖逆한者들을歸順케하야 하나님을奉事케 하는것이다(누가一章十六―七)。그러나 外樣에나타나는奉事는 儀文禮式에지나지못하는것뿐이오、비록그를實狀으로 다직힌다할지라도 예수가親히世上에와 우리를爲하야 모든것을직히어 十字架에돌아가신 지금에있어서는、그儀文禮式은 이미 다廢한것이다(히부리九章九―十)。故로 이제하나님을 奉事하는일은 예수를 믿는일에있는것이오 예수를믿는다는뜻은、곧 예수의말슴과 行하신것을 믿는다는말이다。그理由는、예수의말슴은 곧하나님의말슴이오(요한七章十六) 하나님은 信實하야 어느때나 어느사람에게나、말슴하신것을 秋毫도失信하심없이 말슴하신대로 마츰내일우어주시기때문이다(고린도前書一章九)。그런故로 믿으라하신것이다。

믿는者는 예수를믿는것이니、맛당히悔改하여야 할것이다。即 外貌에못된行實만끊히고、물로洗禮만받을것이안이다。그것은 비록眞實히 遂行한다하더라도 오직 入教하는 形式이될뿐이오 참悔改는안이다。참悔改는 心中의所思惡念을바리고、甚至於 사람으로서는 옳은듯하던習慣까지도 一切곤히고 하나님의말슴으로말미암아 새로지음을받는 새사람이 되여야하는것이다。이것이 곳 聖神의洗禮다(에베소四章二十三-二十四)。이런사람은 世上을 이기는權勢를얻는것이오(요한一書五章四-五)、情慾을이기는者요(마태十六章二十四)、또한 自由하는者다(갈라듸아五章一)。故로、예수가말슴하시기를『너의가 眞理를알것이라 眞理가너의를 놓아주시리라』。한것이다(요한八章三十二)。

그러면 예수믿는者는、律法을廢하는者인가。決斷코안이다。예수믿는者가 예수의말슴대로 遵行하는者라면 그는 律法을 完成하는者요 廢하는者가아니다(마태五章十七-二十)。

二、敎役者、 敎役者는 人爵이아니오 하나님이세우시는神爵이다(요한十章三十五)。하나님과 同事하는者다(고린도前書六章一)。그런故로 그는 人爵者가 世上에서 權勢를쥐는것처럼、하나님의百姓의 主掌者가되지말고、모든무리의 指導의模本이될것이다(베드로前書五章三)。自己가몬저 聖神의充滿한者가되여 예수의뒷자최를 밟는者가되여서 다른사람으로하여금 뒤를좇게 하는者가되여야 할것이다(베드로前書二章二十一)。

또 남을 役事식이는者가안이오 남을爲하야 役事하는者가 되여야할것이다(마태二十章二十八)。

故로、敎役者의資格은 世上일과家事에 關心이없는者、(마태十四章二十六)、財利나權利나名利、모든것을、自己一身을爲하야行使치 않는者라야할것이다(마태四章一-十一)。眞理를알어서 남을爲하야 眞理를善히가르치며 勸勉하는사람이라야할것이오(듸도一-九)。言行事爲를 忠實히하야 삼가 거짓말과 거짓일이 없어야할것이다(듸모데前書三章八)。故로、예수 말슴 하시기를 이같은일을 모도다알고行하는者라야福이있다고 하신것이다(마태二十四章二十五-二十六)。

可觀全國敎會形便

姜濟建

聞道敎人日益加 듯건대 敎人은 날마다 더한다고、
不知總會速成耶 總會를 아지도못코 速成만함인가。
庸夫白髮無心服 庸夫와 늙은이는 생각없이服從이오、
學徒靑年反目斜 學徒와 젊으이는 눈만 흘겨보느니。
一字聖經非注意 한字도 聖經은 注意치 아니하고、
百般演說是虛華 온가지 演說함은 모도다 虛華로다。
勿論信德取才智 信德은 말도않고 才智만 取코보니、
諸職權歸有產家 諸職의 權까지도 有產家의 손으로。

聖書概要 (十八)

金敎臣

이사야書大旨

이사야書以下 말라기書까지 十七卷을 豫言文書라고通稱한다。豫言書란 어떤것인가。孔孟의道는 支那、滿洲의大平原같이 平坦하고、釋迦의佛敎는 印度洋같이 深遠하다하면、人生에 나서 이러한文字를 읽을수있었음도 勿論大且深한幸福이오 感謝가 아닐수없다。마는 白頭山이없는 全州平野、히말라야 山脈이없는 支那、印度平野와印度洋、알프스連峯이 없는 歐洲平野와 地中海等을 생각해보라。그는 넓기도넓고 깊기도깊으려니와 마치 코없는얼굴과 마찬가지다。높은데가 없다。이얼굴에 코처럼 도두러진데가 豫言書다」朝鮮半島의 白頭山、亞細亞洲의히말라야、歐洲의 알프스等이 地平線우에 우뚝 솟은것처럼人類의所有한 모든文字中에서 雲表의世界에까지 쑥솟아올라온 連峯들이 곧 豫言書의一群이다。山岳이없는地球가있나고하라。거기는 大平原에 大洋이 連接하야 産物은豊富하고、交通은 至便할던지 모르나 그寂寞이如何할까。實로 平原의나라에 生長한이들은 男兒 한번高麗國에나서 金剛山을 보고지고」라고 하였다 하거니와、人類의一員으로 나서 舊約聖書의 豫言書를 繙讀할수있었음은 人生最大의 恩寵이라하여도 過言이 아닐것이다。

豫言者 (或은 先知者)란 어떤것인가。이는 마치 熱帶地方에서 氷雪을 形容하며、極地方에서 바나나 의生態를 說明하기보다도 어려운일이다。朝鮮二千萬同胞와 現代二十億人類中에서 누구를 指摘하야 저와같은 사람이라고 簡單明瞭하게 解答할줄을 우리는 알지못한다。豫言者는 猶太國 特有의 産이오 各別히 紀元前八ㅣ五世紀에 輩出한 巨人들이었다。體軀의 長大한것으로써 巨人이 아니오 그人品의 眞實하고 高潔함、사람中의 사람이오 標式的人間、다시말하면 人間이란 마땅히 이러해야 하겠다는 「理想的人間」이라는 意味로써 巨人이라고한다。故로 「人子」라고 自稱하신 그리스도에게 가장近似한 사람들이오、人間은 萬物의 靈長이라는古語를 反問없이 納得시겨주는 人類의 選手들이다。(豫言者에關한詳細한것은 本誌第三、四號、咸錫憲君의 「先知者」參照)

이사야는 豫言者中에서도 特出한 巨人이다。紀元前七三八年부터 七〇一年 (或은六九〇年?)까지(六、一) 예루살렘에 居한貴族이었고、單只寺院을 지키는 僧侶가아니라 實際政局의 趣移에도 活眼을 具有한 大人物이였다(第七章參照)。常識이 豊富하고 各方面의 感情에 均衡을가진사람이었다。이스라엘歷史에 預言者가 不少하나、저와 並列할者는 彼의 以前에 紅海를 건넌 모세가 있었고 彼의 以後에 그리스도로부터『女人이 낳은者중에 가장 偉大한者라』고 證據를받은 洗禮요한이 있었다고 함을 보아도 이사야의 地位를 짐작할것이다。이 이사야의 幻影을 記述한것이 이冊이다。

이사야書는 全篇六十六章으로 되여서 그量의 浩瀚함으로써 預言文書中의 第一位에 處할뿐더러、그質로도 넉넉히 預言書中의 代表될만한 內容을 가졌다。舊約聖書 三十九卷中에 그 어느것인들 靈感의 記錄이 아닌것이있으리만 宗敎文學이라는 立場에서 그中傑作을 擇한다면 욥記와 詩篇及이사야書의 三篇을 들것이다。他는 次置하고 本書에서 論하는것은 宇宙의 創造에서 起筆하야 萬民의 救贖에까지 及하였으며、여호와神의 性格을 闡明하고 그 큰 經綸을 明示하였고、預言者의 眼目은 現世의 彼岸에까지 達하며 그心臟은 創造받은 萬物과같이 脾動한다。그思想의雄勁 그文章의 流暢、이는 이스라엘預言者以外에서는 求할수 없는 文字들이다。하물며 그리스도의全生涯가 가장如實히表現되여있는 點(例五十三章)으로써 볼때의 이冊의高貴함이야、다말할수있으랴。

本書의 著者는 이사야 外에도 一人或은 數人의合作이라는것이 今日學者의通說이다。그理由는 첫재 歷史的背景、둘재 神學的思想、셋재 文體及用語等을 比較하야 **第一—三九章**과 **第四〇—六六章**을 二分하게된다。前者는 第一이사야書라고 稱하야 略紀元前七四〇—七〇一年頃의 著作이오、後者는 第二이사야書라고하야 略紀元前五四五年頃의 記述이라고한다。第二이사야書의 著者는 이사야門下에서 出한 無名의 一大預言者일것이라 한다。이렇게 되면 발서 本書의 著者가 二人이어니와、學者는 同樣의推理로써 第二이사야書의下半 第五十六章以下六十六章까지를 區別하야 第三이사야書라고 稱하니 그 筆者가 第一、第二이사야書著者와 別個의人物일것은 勿論이다。果然 그렇다면 이사야書는 적어도 三人以上의 著述을 一冊으로 編纂한것이 된다。이처럼 學者가勞力하면 今後에 第四、第五이사야書도 分離될던지 모르나、그러나 著者의 如何에따라 이사야書의 眞價에 根本的影響이미츨것은 萬無하다。文體의 差違는 同一한筆者라도 題目과 環境에따라 變하는수있는것이며、歷史的背景의 相違는 輕率히說明하여 버릴수없는點이나、此亦是 學者의說明대로 이사야門下의人들이 그先生의口述한것을各其 記錄하였다가後世에編纂한것으로보면 그다지큰問題는 안된다。

第一이사야書는 유다(**第一卷**)、異邦(**第二卷**)、世界(**第三卷**)에關한 預言과、歷史的記錄(**第四卷**)이요。第二이사야書는 바사王 고레스에 依하야 이스라엘을 救援하는 遠大한 經綸을 述하는中에、여호와의僕의 思想이 發展하야 第五十三章에서 救世主의 生涯의 絕頂에達하였다。第三이사야書는 現實이스라엘의 墮落을 勸戒하야 예루살렘回復을 約束하는데까지 至하였다。

이사야書概綱

第一이사야書 (第一章—三九章)

第一卷 유다와 예루살렘에關한豫言。(一•一—一二•六)

甲、序 言 (一•二—三一)
1、題目。(一•一)
2、이스라엘의不信。(一•二—一七)
여호와의告發과 이사야의責망。(二—九)
空虛한儀式禮節、義와公平과愛의 참禮拜。(一〇—一七)
3、유다의罪—福이냐禍냐。(一•一八—二〇)
4、예루살렘滅亡에對한 哀歎歌。(一•二一—二八)
예루살렘의墮落한現狀과復古。(二一—二六)
시온의救援과 罪人의滅亡。(二七—二八)
5、自然物禮拜의末路。(一•二九—三一)

乙、豫 言 (二•一—一二•六)

其一 예루살렘의理想과現實。(二•一—四•六)
1、題目。(二•一)
2、禮拜의中心地、正義와平和의本源地。(二—四)
3、여호와의審判。(二•五—二二)
가、이스라엘의罪狀과審判。(五—一一)
나、여호와의審判(무릇 높은것은 낮게됨) (一二—二二)
4、秩序의混亂과 社會生活의破滅。(三•一—四•一)
가、指導者의消滅、支配者를審判함。(三•一—一五)
나、예루살렘婦人들의虛榮、그處罰。(三•一六—四•一)
5、審判後의 유다와예루살렘의幸福。(四•二—六)
產物의豐裕、百姓의聖潔、여호와의援護。
6、葡萄園의譬喩。(五•一—三〇)
가、農夫와葡萄園。(一—七)
나、審判의豫告(禍있을진저、七回) (八—二四)
一、土地家屋을略奪하는者에게。(八—一〇)
二、醉生夢死하는雜類에게。(一一—一三)
三、예루살렘에對하야。(一四—一七)
四、神을嘲弄하는者에게。(一八—一九)
五、詭辯家들에게。(二〇)
六、自矜하는者(政治家)에게。(二一)
七、豪酒家(裁判官)에게。(二二—二五)
다、앗수르의侵略(審判의 最後過程) (五•二六—三〇)
北國이스라엘에對한審判인데、第九•八—一〇•四에連續될것

其二、앗수르 에브라임侵入時代의豫言。(六•一—九•七)
1、序言(自叙傳、參照八•一—一八) (六•一—一三)
가、웃시야王이 죽든해(前七四〇)에異象。(一—四)
나、이사야의召命(聖威에壓倒되다) (五—八)
다、이사야의받은使命(百姓을頑固化) (九—一三)

2、앗수르、에브라임侵入時代(七三五—四)의預言。(七•一—九•七)

가、이사야와 유다王아하스。(七•一—二五)

아하스王과 會見。(一—一六)

유다의滅亡을預言。(一七—二五)

나、이사야와百姓(自叙傳 參照六•一—一三)(八•一—一八)

마헬살랄하스바스。(一—四)

유다의危險、但異邦이不勝。(五—一〇)

預言者의道(百姓과는逆行)。(一一—一五)

이사야預言을 中止함。(一六—一八)

다、百姓의衰滅과 榮光의將來。(八•一九—九•七)

魔術의跋扈、窮困과絶望。(八•一九—二二)

新希望、救世主의來臨。(九•一—七)

其三、여호와의審判과 이스라엘復興。(九•八—一一•一六)

1、에브라임에對한神의審判(九•八—一〇•四)(參五•八—二四)

가、異邦人의侵入。(九•八—一二)

나、人口의減少。(一三—一七)

다、內 亂。(一八—二一)

라、不義와暴虐한司法。(一〇•一—四)

[마、앗수르의侵入。(五•二六—三〇)?]

2、앗수르에對한 神의審判。(一〇•五—三四)

가、앗수르의罪狀。(一〇•五—一九)

分界를 넘은 世界征服의野心。

順潮를 탄 王者의傲慢。

나、앗수르는 이스라엘을 不可侵。(一〇•二〇—三四)

이스라엘殘民의 悔改와 하나님의慰撫。

앗수르王의 進軍은徒勞。(二八—三四)

3、이스라엘의 燦爛한復興。(一一•一—一六)

가、메시야王國의出現。(一—九)

나、異邦의順服과 유다散失者이歸還。(一〇—一六)

4、第一卷(一•一—一二•一六)의結言(頌榮)(一二•一—六)

第二卷 異邦에關한豫言。(一三•一—二三•一八)

甲、바벨론地方에 關하야。(一三•一—一四•二七)

바벨론의滅亡과 이스라엘의復歸。(一三•一—一四•二三)

앗수르人의게서 脫軛할 이스라엘。(一四•二四—二七)

乙、팔레스틴、수리아地方에關하야。(一四•二八—二三•一八)

1、블레셋全地。(一四•二八—三二)

2、모압의悲歎。(一五•一—一六•一四)

3、디메섹의崩壞。(一七•一—一四)

4、에치오피아 도 歸順。(一八•一—七)

5、애굽 도 歸依함。(一九•一—二五)

6、에치오피아及애굽。(二〇•一—六)

7、바벨론及두마의滅亡。(二一•一—一二)

8、아라비아。(二一•一三—一七)

9、예루살렘의罪와埃及同盟論。(二二•一ー二五)
10、두로 시돈의衰退。(二三•一ー一八)
但、에치오피아(一八•一ー七)、애급(一九•一ー二五)、에치오피아及애급(二〇•一ー六) 바벨론(二一•一ー一〇) 아라비아(二一•一三ー一七) 等은 混入된것。

第三卷 世界審判에關한豫言。(二四•一ー三五•一〇)

甲、이스라엘復興의豫言。(二四•一ー二七•一三)
1、審判日과 그光景。(二四•一ー二三)
2、世界革新의讚頌。(二五•一ー一二)
3、義의 여호와를 讚頌함。(二六•一ー二七•一三)

乙、예루살렘의救援。(二八•一ー三三•二四)
1、에브라임과 유다에對하야。(二八•一ー二九)
2、예루살렘의 救援은同盟政策에不在。(二九•一ー二四)
3、애급同盟의恥辱。(三〇•一ー三一•九三)
4、메시야王國의來臨。(三二•一ー三三•二四)
가、理想的王의統治。(三二•一ー八)
나、예루살렘의 現狀及將來。(三二•九ー三三•二四)

丙、異邦의運命과이스라엘의最後。(三四•一ー三五•一〇)
1、에돔의 運命。(三四•一ー一七)
2、메시야王國의 榮光。(三五•一ー一〇)

第四卷 歷史的記錄(列王下一八•八ー二〇•一九參照)(三六•一ー三九•八)

甲、앗수르軍의 敗退를豫言함。(三六•一ー三七•三八)
1、앗수르王의 武力侵入。(三六•一ー二二)
2、히스기야王이 이사야에게請援。(三七•一ー三八)
乙、히스기야王의醫病과讚頌。(三八•一ー二二)
丙、히스기야王의失策、이사야의卓見。(三九•一ー八)

第二 이사야書 (第四〇ー五五章)

前編 바사王고레스에因한救援 (四〇•一ー四八•二二)

甲、序曲 嘉信(散失者의歸還)。(四〇•一ー一一)

乙、救濟의過程。(四〇•一二ー四八•二二)
1 救濟者여호와는 唯一無比의神。(四〇•一二ー三一)
가、여호와神의無限大。(一二ー二六)
나、여호와를待望하는者에게力、慰、望。(二七ー三一)
2、고레스王으로써救援하는이는여호와。(四一•一ー二九)
가、여호와의絕對支配權。(一ー二〇)
나、여호와 만이 참神。(二一ー二九)
3、여호와의僕 이스라엘의使命과現狀。(四二•一ー二五)
가、여호와의僕의使命(僕의歌第一)(一ー四) (一ー一七)
나、이스라엘의現狀如何(無自覺)。(一八ー二五)
4、이스라엘이 그使命을 다할날。(四三•一ー四四•二三)
가、여호와救贖하야 證人으로함。(四三•一ー一三)
나、바벨론은亡하고 이스라엘은 救함。(一四ー二一)
다、이스라엘은 여호와를蔑視하나。여호와는「自己를

爲하야」 彼等을救援하신다。 (四三•二二—二八)

라、唯一神여호와를異邦에宣傳함이使命。(四四•一—二三)

5、救濟의手段「고레스로써實行함」(四四•二四—四五•二五)

가、고레스王을「牧者」로擇한理由。(四四•二四—四五•一三)

全能하신이의 하고싶은대로함。 (四四•二四—二八)

異敎人고레스라도 萬物創造의主가 起用함은 無妨하다。 (四五•一—一三)

나、여호와의 最後目的。 (四五•一四—二五)

異邦諸國을歸順케하고、여호와는唯一의 神인것을 全人類에게 알려 救濟코저함。 (一八—二五)

6、여호와의全能과바벨론雜神의無能。(四六•一—四七•一五)

偶像禮拜와、魔術、占星術도 바벨론을救하지못한다。

7、고레스王으로써勝利케함은攝理의現顯。(四八•一—二二)

後 編 예루살렘回復의希望。 (四九•一—五五•一三)

甲、이스라엘의使命과所望。 (四九•一—五〇•三)

1、온世界에傳達하라使命과所望을。「僕의歌第二」(一—六) (四九•一—一三)

2、여호와對이스라엘關係「夫婦」。 (四九•一四—五〇•三)

乙、이스라엘의患難과救濟。 (五〇•四—五三•一二)

1、患難에處하야 落心하지말라。「僕의歌第三」(四—九) (五〇•四—五一•八)

2、覺醒하라、派守軍의聲이들린다。(五一•九—五二•一二)

3、이스라엘의受難과勝利「僕의歌第四」(五二•一三—五三•一二)

丙、將來시온의福祉。 (五四•一—五五•一三)

1、여호와 다시 시온을娶함。 (五四•一—一〇)

2、예루살렘再建。 (一一—一七)

3、무릇渴한者는오라、救援은近하다。(五五•一—一三)

第三 이사야書 (第五六—六六章)

甲、律法을잃은 現實이스라엘。 (五六•一—五九•二一)

1、律法을지키라(正義、安息日) (五六•一—八)

3、支配者、偶像禮拜를詰責함。 (五六•九—五七•二一)

3、勸戒「참禁食、참安息日」 (五八•一—一四)

4、여호와의無能이아니라 罪까닭。 (五九•一—二一)

乙、希望의 빛나는 이스라엘。 (六〇•一—六六•二四)

1、새 예루살렘의希望。 (六〇•一—六二•一二)

가、예루살렘의 새로운榮光과繁榮。 (六〇•一—二二)

나、恩惠全地에臨함「福音의傳達」。 (六一•一—一一)

다、勸勵와救援의約束。 (六二•一—一二)

2、이스라엘의歎願과여호와의應答。(六三•一—六五•二五)

가、여호와의憐憫을懇求함。 (六三•一—六四•一二)

나、여호와의應答。 (六五•一—二五)

3、永遠의滅亡과永遠의幸福의原理。(六六•一—二四)

가、偶像禮拜者의運命(禍있을진저)。 (一—一四)

나、여호와를敬畏하는者의幸福。 (五—二四)

聖書朝鮮과 나

李 贊 甲

나는『現代敎會에보다도、所謂信者에게보다도、眞實한이스라엘집、眞實한 朝鮮사람에게 이 글을 보낸다』하면서『사람의 生命中樞인 靈魂의 覺醒、天上에 民籍을 옴기게함의 消息을 傳하려 한다』는 이 聖書朝鮮創刊辭의 眞意가 눈물겨워지도록 알리어진다。敎會속에서 이때까지 자라며 지나오나 무엇인지 맞지않음이있어 오다가 서울 가서 그 긔관인 피어선 聖經學院에서 朝鮮의各處 敎會에서 모여온 그이들과 같이 지나며、이에따라 더구나 서울의 敎會들을 보게될때에 마츰내 여러가지生覺과 괴롬증에 몰리우는 中에 예수그리스도께서는 간난한 者에게 福音을 傳한다 하셨으나、오히려 至今敎會는 간난한者에게 福音의 길을 열어주기는 둘재로 쳐처럼 되여가며、막는形便임이 넘우나도 事實로 참으로朝鮮에 福音의 길은 막어지며、있는것이 보이면서 다시금 洗禮요한을 獨特한 使命도 있어、그리하였다고 할는지 모르나、現代敎會의 牧師 長老等 그들이 하는 模樣과는 根本的으로 態度가 다르게 서서、그때의 祭司長이 되려면 오족 훌륭스러이 될수인들 있었으랴마는 그러나 아주 뚝 떠나 曠野에서 하나님과만 交通하며 그렇듯한 生活을 하면서 이스라엘에게『悔改하라、天國이 갓가오니라』하야 새줄기가 벗고、새 局面이 열리는듯한 새 큰 웨침을 웨치며、제 罪를 悔改하는 많은 무리들에게 洗禮를 줄때에 바리새敎人과 사두개敎人들이、되지못한 優越感을 가지고 하는 平常時 고냥고模樣 대로、自己네 行勢 고버릇대로、속없이 悔改없이、大勢를 보아 民衆의 뒤를따라 떼를지어、그저받으려 나옴을 보고는 그렇게 洗禮로 使命이든 요한도、아니 이때까지 없든 根本的인 悔改의 洗禮를 베프든 요한은 그만 怒이올라 피를 吐하듯하야『독사의 종두들아 누가 너이를 가르치어 장내의 로하심을 피하라하더냐。그런고로 회개함에 합당한 열매를 맺고 맘에생각하기를 아부라함이 우리 조상이라 하지말나 내가너의게 니르노니 하나님이 능히 이돌로도 아부라함의자손이 되게하시리라。이제 독기를 나무뿌리에 놓았으니 좋은열매를 맺지않이하는 나무는 다 찍어 불에던지리라』고 酷毒스럽고도 무서운 그런 態度를 가지고 나아가면서도 그렇게도 겸손히 온전히 하나님아들 예수그리스도를 紹介한것이 가장보이어지며、그 門을 나오게되든 生覺도 나며、다시금 그 眞意도 더 알리어진다。

내가 이 聖書朝鮮을 보게되기는 一千九百二十八年여

聖書朝鮮과 나 一八

를 곧 피어선聖經學院에서 나오며、敎會에서 발을 돌리게되면서、우선 오로지 당신에게만 매어달린 信仰의 길을、이번도 世上을 더 알기위함의 안타가움도 있겠지만 그것이라함보다 찰하리 어지럽은 모든 旣成의世上을 차버리고 새 世上을 엿보며 참된 生活을 하여보려 그 準備라고 貧民窟生活하는이들을 보려、前다른 方向의 나라에 떠나려고 이 貧民窟 그대로라고할 朝鮮을 위하야、將次 中心하고 일할 터전이라고 믿어진 五山에 와서 祈禱하며、애쓰든 때이었다。그때 나의信仰은 일즉이 당신이 한덩이는 주심이어서 자라옴에 쑥쑥 솟으렴은 있었고 작구 떠밀어짐은 있었으나 그러나 어리어섯을뿐 아니라、福音의 信仰 그대로 이지도 못하였다 할것이다。그리하야 피어선에서 그 洗禮요한이가 단연히 서서웨치며、오직 보여줄바를 充實히 보여준것을 볼때에와 五山에서 聖書朝鮮에 여러가지로 論하며 다만 하여야 할것을 分明히 말함을 볼때에도、어느 程度까지 이었는지는 잘 모르겠으나、그 十字架福音의 信仰을 그렇게 살게 빛나게 참되게 힘있게 함을 보아、날로 信仰의 산 知識이 늘어감을 따라、그렇다 옳다 하여지며、기쁘고 즑업게 되기는 되면서도 나의 좋은것 같으나 不純한것에 힘꿋 해야 그福音의準備的인것에 비슷한것만 있으면 그리로 쏠리군 하였었다。

곧 洗禮요한이 한일가온데 그 모다 던지고 뚝 떠나 曠野에서 居하며、그 소박하고 단순하게 먹고 입으며 굳세히 서서 책망하며 어떻게 할것을 가르진것과 또 聖書朝鮮의 글 가온데『몬저 그義를 求하라』의『槿域의 子女들아』하며 애끌는 맘으로 말함보아 정말 朝鮮의 아들딸에게 말해줄바를 본듯할때며、더구나『아부라함의 信仰』에『너는 떠나라 내가 指示할 따으로 가라』하실때 愛情의 말림、비우슴、욕、다 물리치고 그저 믿고 떠낫다는것은 果然 얼마나 나를 잡어흔들었는지 모르게 그만 거기에 쏠리어 더욱 열렬케 되군함이 있었다。글세 洗禮요한이가 그속에서 그대로 지남은 말할것없고、改良이니 革命이니 할것도 없이 하야 悲壯하고도 痛快하게 分明하고도 깨끗하게떠나、저 뷘들에 居하야 그렇게도 義를 가지고 世上을 向하야 책망하며、어찌할줄 몰라 벌벌떨며 묻는무리들에게 至今까지 온 世上이 제것만제것이요 제 地位만 높이려하야 그 極度로 經濟、經濟、權利、權利하며、말할수없이 世上은 緊張하게 되여 니를 악물고 남을 害하며 눌으고 싸우든 그 배당、배당하게 틀었든줄을 方今 힘차게 끊어버리고 후렁、후렁하고 平和롭은 새世上을 만들어놓은듯한 自己붙어 벌서 뛰어나 그렇게 行하며『옷과 밥을 논아주라』『네分을 앎아 겸손히 그 職分을

잘 지킬뿐이어라』란 그 態度와 그 思想은, 眞實로 이것이 至今 우리朝鮮에는 더할수 없이 할 그대로의것이 아니냐。하지않으면 아니될 오직 한길이 아니냐。그렇다 聖經의 眞理는 朝朝같은 나라에서 그 참빛을 나타내일것이다 하여지며 또한 五山서 聖書朝鮮을 들고 여기저기 다니며, 읽는가온데, 한번은 논가에서 『몬저 그 義를 求하라』를 읽어 熱하야 넘치어 사랑하는 朝鮮의 젊은이들에게 힘있게 말하는것 같아진 뒤에 그 『아브라함의 信仰』을 읽을때 이제 命令으로 믿고, 어떤기관에는 말할것없고, 집에까지 依支하지 않고 맨주먹으로 어떻게든지 당신이 여러 주시는것만 받으면서 信仰의길을 떠나려 하든것에 우선 힘줌은 말할것없고 五山에 對한것도 分明해지는 듯할 그때에, 저앞 龍洞서 學校로 가는길에 옷도 잘 채린 점잔은이들이 건너가는것을 보게 되고는 確信할뿐 아니라 벌서 다되여진 生覺으로 『너이들 암만 五山서 홍성귀며 게획하며 힘써보아라。내가 이번만 더 갓다오면 아부라함에게 가나안는 許諾하심처럼 나에게 五山을 許諾하시리다。산 信仰의 貴한 이聖書朝鮮 여기도 고대로의 뜻이 쓰어있어 일층더 證明하여주고 있다。이는 나의이때를 위하야 쓴것이다。나를 本來生覺했든 그대로 솔직하게 단순하게 믿고 떠나라고 弱한 나에게 격려하여 주심이시다』라고 하여짐도 있어 躍動되며 날뛰어집이 있군 하였다。甚至於 이것들이 모든것의 그 全部인것같이 된적도 있었다。그 나아감만이 禁欲만이 책망함만이, 같이 삼만이, 그 떠남만이, 허락할것을 엾읆만이, 活動함만이, 되여가게 함만이, 그 全部임같이 되였었다 한참 그렇게 되여질때의 나를 至今도 생각하면, 形容하기 어려온 그야말로 나는 나대로의 自然스럽지는 못하나 어떤 하나은 하나임같이는보인다。그러나 어찌 그것뿐이랴 그와같이 그들을 하게하심에는 그 속에 그 反面에 참 깊은 참 永遠의것이 있는것이다 아니 그것따문에 그렇게 하게하신것이다。그것은 겉이요한便인것이다。그렇다 과연 당신의 永遠하신뜻은 게시다 사랑의 攝理는 게시다。그렇게 나아가는 가온데 나의그理想에 점점틈이 나게되고 헛해짐이있어지려는 때에 나는 그만 쓸어지게 되였다。얼마나 부스러지어 떠러지며, 씻기웠으랴。모다 버리고 던지고 업대일뿐이었다。하나님아들예수그리스도의 十字架福音은 밝아왔다。그信仰生命은 자랏다 벗을것 벗고 솟아나게 되였다。참 볼것을 보고 알것을 알게되였다。至今의 나를 둘러보면 그때의 그런生覺은 모다 없어진듯하다。다만 한 높은山을 奇異하게도 넘어 헤치어나서 환한길을 걸어가게됨에 이제는 한 背景에 밖에, 더 지나지 않는것같다。그러나 그것이 없었드면 至今의 나의 基督敎는 이렇게 確實치못하리라。또한 그것이 있어서 나는 몰리워 그뒤의 攝理도 받게되였다。그런 崇嚴하고 날카롭은, 洗禮요한의 態度, 책망이 없어 基督敎가 이렇게 確然하게 뚜렷하게

福音으로 生命으로 되여있으랴。그 깊은 悔改가 없는 基督教는 基督教가 안일것이다。亦是 神秘롭느니 깨닫느니 行하느니하야 배도는 다른 그런 宗教라는것의 하나가 되기쉬웠을 것이다。아! 하나님아들 예수그리스도、世上에 나서실때 曠野에선 洗禮요한은 壯快도 하려니와、가르킴이 分明하야 있다。平凡스리 걸을때、때로 방꿋방꿋 보이심이 게시다가 한번 크게 일으키시어참 許諾하실것을 許諾하심이 攝理의 法이 아니실가。오ㅣ 宇宙史에 그런것처럼 한 民族 한 個人에게도 때가니르매 各各 適宜하게한 最高峰은 주시어 넘고 넘이어나가게 하시는가보다。

이제 와서 이聖書朝鮮옛것을 다시 고요히 앉어뒤저이며 그 福音의 信仰에 接할때、빛나고 속삭임있어지며、奇蹟같아 감격하며 기쁘고 감사하여지면서、더구나이 創刊辭에 참되게 살게 傳하기 위하야는、勇敢하게 智慧롭게 그렇게말하며、出發케된것이 어찌도 그렇든지 눈물겨워지도록、이제야 옳게 잘 그眞意가 알려지며、또한 洗禮요한이 曠野에서 웨칠때 自己使命을 完全히 다하기위하야는 自己의 받은 그것으로 어대까지든지 나서서 그렇게까지 하면서도 『그는 興하여야 하겠고 나는 衰하여야 할지라』하며 『世上罪를 지고가는 하나님의 어린羊을 보라』하야 眞實로 하나님아들 예수그리스도를 그렇게까지도 겸손히 온전히 紹介한 그 模樣의 眞意가、더한층 그대로 옳게 잘 보여지며、갈수록 알려지며、至今나의 이렇게 걸어가는길에 참됨과 힘을준다。엇쨋던나를 一生을 걸어나아가게 하심에 그化石같으면서도

고인 물같은 現代教會에서、안이 궤통같이 짜놓아、그커 反復할뿐이어서 말으고 썩어나는 그 속에서、光明한 天地들어난 그대로에서 無限히 솟아흐르는 生命의 샘을 그대로 먹을수 있는데로 그렇게떠나 나올때、이같은 산 貴한雜誌 곧 現代教會속 그 氣分속에서 別괴롬도 없이 그 신세지며 밋쏜의學校、神學校를 맞홀대로 맞후고 그 背景을하고 일보는 그런이들과달리、다만 한개의 眞實한 젊은 朝鮮사람으로 한끗 찬란한 現代文明의 世界의 空氣를 自由로이 맘끗 呼吸하며 追求함이 있다가、不幸인지 多幸인지 그만 예수그리스도에게 붓들리워 그에게 항복하야 모다버리고 따르게된 삶 진정한 朝鮮젊은이 여섯이 合聲하야、自己들의 사랑하는 朝鮮에 聖經의 말슴으로 내뿜은 소래인、이 삶 貴한것인 선물을 받아보게 됨은、참으로 감사들이지않을수 없었다。이를 보기前에 누가 보라고준 『天來之聲』한두卷을 보앗고、이를보기 비롯한뒤에도 우렁차게 웨치는이의 글도 받아보게 되였지만은 이 聖書朝鮮은 내가 基督教를 다시 배우게 될때에 글로는 처음으로 보게 된것이다。곧 나에게 단순한 삶 믿음과 自由의 참길을 가르치시며 보여주실때、글로써는 처음에 보게 된冊이라고 할것이다。나는 남주고 다시 구비했든 그 해여름에 보게된 創刊號부터 몇卷을 또다시금 끄어내놓고 뒤적이며 보는중 살고貴하게 참살아 貴여워보이기 몇번이며、힘을주며 도아주기 몇번인지 몰랐다。

──一九三四年十月四日에

昨年가을 어떤主日 아츰의感想을 근거로하야 ──

城西通信

一九三四年十一月十二日 (月曜)바락式으로 사랑房을修理하는工事 今日까지完結되여 房두간이增設되였다。再昨年冬季集會때부터 願하든바가 이제許諾되였으니、特別한 경우에는 遠來의誌友들을이장막에迎接할수 있음이 한가지 기쁨이오、通常時에는 學生을寄宿하게하야 저들과起居를함께할수있음이 또한가지所願成就。오래전부터 同志들과協力하야 私設寄宿舍 或은「塾」을 開하고 五里霧中에彷徨하는 修養期의學生들과 情的으로或은知的으로 密接한 사괴임의機會를 얻고저企圖하였으나、協力으로하자는 일은 亦是 容易하게實現에至하지 못하였다。이제 單獨으로 겨우二室을 만든것。남의子侄을指導하는일은 困難하기는하나 그래도養鷄養蜂에比할바가 아니다。共同生活에많은趣興이있고 그中에서 적잔은敎訓을날마다發見한다。出必告反必面의家憲에 入參한 저의들은、初期當分間은 괴로워함이顯著하나 不遠에古訓의理由있음을發見하고 感謝하게됨은 彼此의 기쁨이오 各人各樣의性格을 監督할때에 비로소自己子女에게寬大할수 있음도 큰敎訓이다。大體로 自願하야 師長의宅을 찾아온者는 가르킴이없어도 배움이많고、父兄의懇請으로 寄宿하야 잡절勞心시기는者는 不平뿐이所得인듯하다。우리는灌漑하는 農夫일것따름이다。좀더房을 늘이고싶으나 一時에는實現키 어렵다。均一的으로多量生産하는 機械的敎育으로서는 人子를養育할수 없음은 이제는萬人이 한께 아는事實이다。할수있는家庭에서는、이 조곰한私塾을 열고 育英의樂을 이받으며、또한信仰生活을証據함이若何乎。

十一月十三日 (火曜) 溫突修理等으로因하야 夏季以來로 마루에散雜하였든書籍을 書齋에整頓하니、貧弱하기 짝없는書齋이다 그래도 우리에게는 오히려八八艦隊가完備된듯한感이不無하다。사람들은 書齋보다도 天然의大함을讚하며、讀書보다도 生涯의貴함을 크게 웨치나、이는 勿論 原理를 옳게말하것이오、어떤種類의人間에對하야 警句가 안됨은아니다。그러나 이것도 實際로書籍의價値를無視하라거나 讀書를等閑히하여도 좋다는뜻은아니다。果然書中에千鍾粟이 있는지없는지未確하나、古來로 敎育修養의業의 大部分은讀書하는일이였다。天然을보는것도 先人의偉大한藝術觀과 豐富한詩情의薰陶를 받음이 있는後에라야 그觀察이깊어지고 높아지는것이다。信仰은直接 그리스도의啓示에依함이라고해야 生氣있는듯하나、우리는 널리讀書하지않은 傳道者의「新學說」에 累를입음이 再三만이 아니였다。他人은 모르거니와 神學校校門에 넘어선일없이 聖書雜誌를發刊하랴는者에게는 누가 무슨是非를하든지 書籍은不可缺한武器요、書齋는唯一의砲兵工廠이다。우리가無識하면無識할수록、書庫가貧弱하면貧弱할수록、그書齋에待機하고있는 一卷書冊의 役割은重且大하다。그중의 한책或은 두책만이 그本來의位置에 놓여있지않아도、이는 마치編成된艦隊에서 巡洋艦或은潛水艇하나이 빠진것같아서、司令官의作戰計劃에는 大齟齬가 생기지 않고는 마지안한다。우리의 조고마한書齋에도 內憂外患이不絕하니、우리艦隊의機微를不察하고서 우리의 巡洋艦一隻式을 빌려다가 長時間 歸還시켜주지않는 친구가있는것이外患이오、書齋보다 부엌을 늘이고、書籍사는것보다家具를經營하는일이急務라고 家計上紛爭이생기는일이內憂。

十一月十六日 (金曜) 마당에 우물파기를始工。

十一月二十日 (火曜) 高城 金成實兄來訪。咸鏡道方面旅行途次에 京元線은 일부

리 往返하는訪問이라고하니、文字대로不遠千里而來。웬만한일은모다讓步하지 아니치못하다。實로「福이있을진저 主의 이름으로 오는者에게」로다。

十一月二十四日 (土曜) 우물工事第七日 十六尺에至하야 바우틈에서 南北에二條의 水脈이 터졌다。岩盤을鑿고 솟아나오는 샘물은 보기만하여도 장하고感謝하다。○今日滿洲來信如左。『聖恩中에 平康을누리시오며 信仰文書運動의 更一層勢力하시여 聖書朝鮮誌가 朝鮮二千萬生靈의燈臺가 되여지기를 긔도합니다。성서됴선 創刊號로五號까지와 三十一號로五十九號까지 보내주신것은 三日前에郵便所에서 찾었읍니다。그러나敎務에밧븐몸이되여 니여上書치못하였음을未安하여 못견듸나이다。저는「聖朝」誌가 어느敎派人의主宰、或은主筆의思想、身分을알려 하기보다 眞理그自體를明瞭히들어내무로서 그最高의目的을삼는데에 眞實로의敬意를表하나이다。朝鮮에信徒가三十萬이라하고 基督敎雜誌로서 普通千部以上나가는모양이나「聖書朝鮮」誌의讀者가意外로적은모양임에는 놀라지않을수없읍니다。信者家庭에趣味雜誌 別乾坤、新女性은있으되純福音主義的宗敎雜誌를 볼수없음은실로驚嘆할又寒心事라하겠나이다。「聖朝」誌部數가적다고落心마십시요 그럴수록 더욱더勇氣를내십시오 요六66절을吟味하여보십시요、끝으로付託하옵는바는「聖書概要는」他題와頁數相連되지않도록 獨立한頁內에실어주시면 따로成本하기에至便하겠나이다。

一九三四年十一月二十日 ×××拜上

이는某敎會의 助事라고하며、未見의兄弟인데 그생각이如此하다。우리의 稱하는바無敎會主義라는것은 이와같은思想을 말함이다。敎派根性을 버리고、다만 그리스도中心으로 살며、眞理를眞理라고 判別할줄아는 사람이면可하다。이兄弟는 따로 山上垂訓硏究도 十餘卷을注文하야 滿洲에서信仰生活하는이들께 配付하였다。짐작건대 滿洲는 靈的으로도 實戰爭인듯하다。그러기에 都會地로榮轉運動할 생각도 못나고、敎派끼리嫉妬心을培養할餘閑도 없는모양。安逸한半島에서 盆栽的信仰에 옹졸하여진敎徒는 크게反省할것。北으로進出하거나、不然하면 저들을援助함으로써 信仰의實戰에參加하는 祝福을 받음이若何乎。咸先生의朝鮮歷史읽은지도 발서一週年인데。

十一月二十五日 (日曜) 물에산에。西大門外—鞍山—白蓮山—弘濟院。養正生徒만二十餘人、其他五六人同行。따뜻한晩秋의山野는 特히 속살거림 많은듯하다。

十一月二十六日 (月曜) 우물工事畢役하다。이에우리의 「야곱의우물」이 생겼다。修理、增築、우물 까지、우리의陣營이整齊하여졌다。元來우리는世上에 손노릇 하는者이지만、또한 現住所의生活도 어느날移轉할넌지未可知한 살림임으로 凡百事가 그날그날의 살림이였든것을、咸先生의朝鮮歷史講話를 들은後로 우리는 生活의態度를一變하기로하였다。祖上傳來의 姑息的이오朝三暮四인病根을 버리고、비록 來日에遊離하는수있더라고 今日의生活은 百年의大計우에企圖하고저하는 心算이다。但 元來넉넉지못한 살림이니 마음뿐이오、一擧에期待를完成할수없음은勿論。지금된것은 우물以外에 부엌간과 便所를 세멘으로 다진것뿐이다。遇然이었지만 役事의順序도 잘된것을感謝。부엌、便所、우물。

十一月二十七日 (火曜) 또方愛仁小傳注文에接하다。誌友가아니라도 이러심부름은얼마던지可하다。十月、十一月間에 本社에서取次한것만하여도 大略三四十冊이었다。우리가 이런冊子의 取次하는勞를不謝하는理由는 本誌創刊號 「漢陽의 딸들아」에記錄된대로이다。各家庭의讀本으로 할것이며特히 男子가 읽고서 우리女性의眞價를 再發見할것이다。勿論 今後로도 取次의勞를

不惜하리라。

十一月二十九日 (木曜) 初雪。 이달은 月初부터滿한달동안 感氣에 고생하다。 아직도不快。 每日 時間을 도적질하야 校正。 今日은 밤九時半까지印刷所에서校正하다。

十二月一日 (土曜) 紐育으로부터 Bacon's Essays 一卷 寄贈받다。 크리스마스 가까워졌지만 意外의 선물에 當惑하다。 朝鮮에在留하든宣敎師가 歸國한後에 우리를 記憶하리라고는 추호도 염려치못하였든까닭이다。

十二月二日 (日曜) 물에산에。 孝子洞—北岳—孫哥場—東小門。 途中 徐雄成氏農場에서 四十餘種의命令을理解하는 東洋第一간다는 세파드犬의 技術을見學하는機會를얻어 學生들과 함께 깊이驚歎하다。 개 한필에 時價約千餘圓이라고。

十二月六日 (木曜) 城西通信에發表되기를怯나하는 誌友의來信一節如下。『先生님 보내주시는聖朝誌는 늘感謝하면서 받아보았나이다。 그러나 그感謝가어떠한程度의感謝인지 저亦是잘모르면서 한字빼여놓지않고읽었나이다。 다른宗敎雜誌에서 찾어볼수없는무엇은 느끼면서도 참 속에는 들어가보지못하였나이다。 그러나先生님 인재는 깨달았나이다。 하나님의 偉大하신絕對의그사랑 그경륜 그뜻 깨달았나이다。 따라서 聖朝속에파무친 先生님들의 그큰웨침도깨달았나이다。 아! 저의속에暗黑의幕은 벗겨지오며 光明의빛은빛이나이다。 아! 기쁨니다。 참 기쁨을느끼나이다。 云云』

十二月七日 (金曜) 疲勞蓄積된結果인가 今朝에드디어腦貧血이 생겨 起床치못하고 缺勤休養。 「願컨대 健康이盤石같아서 晝夜不休하고 일할수있었으면……」 하기는하지만 또한 게으른者에게는虛弱한일도 적잖은幸福인것을 病床에서 배우다。 健康하면서 할일 다하지못하면 그責任이 나에게있으나、 하다가 꺼꾸러저서 못하는것은 于先나의責任이아니다。 몸은弱하야 누었으나 마음에는 다할수없는滿足과感謝가湧然하다。『내가 弱한때에强하니라』는 바울先生의句가 自然히 나의것으로되여 입술을 흘러나온다。 醫師는當分間 絕對休養을命令하나、 于先臨迫한義務를 避할수없으니 難處한일이다。 ○今日이長男正孫의첫돐이어서 祝하기爲하야 宋兄이來訪함도感謝。 ○今夕에야 聖朝第七十一號를發送할節次가되였어 皮封쓰기 시작하다。 約一週間 쓸데없이遲滯되였다。 讀者에게도未安하나 主筆에게도 未安함은一般事。

十二月九日 (日曜) 連日無爲의날。 漢藥이라야病根을退治할수있으리라고 二十帖에 三十圓四十錢이라는高價의藥을 지어다주니 平生補藥을 모르든者로서는 이것으로써記錄을지었다。

十二月十一日 (火曜) 遇然한機會로써 朝鮮鐵道局「局友」十一月十五日號에서「朝鮮思想運動概況」이라는 一文을보다。

第一期 民族主義와萬歲騷動
(日韓合併부터 大正十年頃까지)

第二期 民族、社會兩主義者의提携
(大正十一年—同十五年頃까지)

第三期 新幹會와學校騷動
(昭和二年—同五年頃까지)

第四期 共産主義者의潛行的運動
(昭和五年—現今까지)

筆者는朝鮮總督府警務局保安課事務官이니만치、詳細하고도系統整然한것이다。 읽고나니 우리의傳記를읽는듯한感興이其一이오、朝鮮共産黨은 다른나라共産黨보다 特異한것이있다는것을 初聞한것이其二。 共産黨이 그렇다면、 基督敎라도 朝鮮김치냄새나는基督敎가 不出하란法이 있으랴。

十二月十二日 (水曜) 新聞은「輸移入新聞雜誌强力統制具體化」라는表題下에 今年度의統計表를揭載하였다。 禁斷된新聞雜誌만 二百三十餘種、 輸入新聞押收 千四百十四件 移入新聞押收 八百四十二件、 朝鮮文新聞押

收二十八件。其에外朝鮮內發行雜誌의削除四百二件、單行本削除百八件이라고報하였다。그얼마나 많은數字인가。同病相憐乎。

十二月十五日 (土曜) 滿洲消息。『主恩中에平康하시옵소서。보내신 山上垂訓十部는 받았나이다。太平洋물밑을 더듬는듯한 深遠한맛을 맛나는이에게마다勸하고싶음이 곧 저의마음이옵니다마는 그高貴한冊子를半價로勸하며 或은선물겸無料로들이지아니치 못하는 저의마음은 어떠튼 쓰라립니다。

瀋海線淸原驛前○○○氏에게 크리쓰마쓰전으로 一冊보내들이소서 代金은제가追後로(半價로) 計算하여 들이겠나이다。보고싶어하는이는많으나 在滿朝鮮그리스도靑年들의 生活이이를許諾지않읍니다』。가까운將來에우리의 마게도니아 로 聖靈의指示하시는길이 열려지기를 祈願不已。

十二月十六日 (日曜) 學校에서當直。身體의危險을 무르쓰면서 새벽三時頃까지執筆하야新年號의準備가 거의完結되다。오래前일은忘却하여버렸으나 今年一年동안에、한번이라도 冒險的으로 連日過夜함이없이 聖朝誌가 되여본적은 없었다。이한號까지 내놓고는 꺼꾸러저도 可하다는決心에 이르지않고 聖朝가 되여본적이없었다。그러나 또한편으로는 至極히安逸하다。世上에 난것은事業하기爲함이아니다。聖書朝鮮이라도 이것을事業으로하야 所謂「懸命的」으로 挑戰하려는것은 아니다。우리는 다만十字架를 처다보기만하면 人生에一員으로 살아갈 權利가있는者이다。萬一 할事業이있다면 學敎敎師노릇이나忠實히하면 社會에一員된義務는 다하는심이다。聖朝發刊같은일은 누구의附托받은것도아니오、監督받는일도 아니다。發行日字가 늦어도 할수없고 廢刊된대야 體面關係될것은없다。오직 참을라도 制止할수없는衝動에依하야、마지못하야 하는일이다、이를테면「遊戲」라는要素가 多部分介在한일인것은 事實이다。故로 焦燥할것이없이、마치日曜日마다 물에산에逍遙하는이들처럼 슬금슬금 쉬지않고 걷고저 할따름이다。○今日、中學時代에 共產主義學生의頭領으로指目받아 이學校저學校로 쫓겨다니든靑年으로부터『보내주신「聖朝」는반갑게읽었읍니다。病床에서呻吟하는 저에게는、적지않은慰勞가됨을알었읍니다。더욱咸錫憲氏의朝鮮歷史는 일쯕 學校時代에는 듣지도못한 새로운趣味를 끄집어내고야맙니다。繼續하여읽어보았으면합니다。(中略)저는念慮하여주신德澤으로 매우回復되여 只今은다만神經이衰弱하여 氣力이적을뿐입니다。오는해 느진봄까지는 完快될듯싶읍니다。L兄은「사과장사」로有名합니다。每日朝五時半頃부터 사과팔러 가느라고 야단입니다。批難하는사람도있으나 그亦是「無用한興奮」에지내지못할것이겠지요』라고。無宗敎或은反宗敎人에게 聖書朝鮮이 慰勞된다함은 意外이었으나、咸先生의朝鮮歷史가「일쯕 學校時代에는 듣지도못하든것이라」고함은 이는 虛心平坦한마음을所有한朝鮮人에게는 누구를勿論하고 看取하여야 될일이다。오직敎派心에硬化한 마음만이 眞珠를보아도 石塊라고蔑視할뿐이다。事實우리는基督敎를믿는다고하여도 多數의基督敎徒와는 도모지 言語와思想이 相通할수없는데反하야、所謂反宗敎人들과는 비록根本的相違로因하야 雙方의完全한一致에 이를수는없다할지라도、서로一脈이通하는感이不無함은 奇異한現象이라 할것이다。첫재로 저의들은 衣食을爲하야 얽매여서 主義宣傳하는이들이 아닌까닭에 무엇보다도 正直하다。說或 自己편에不利한結論에至하는수있드라도 옳은것은옳다고 發言할만한自由가있고 意氣있는 사람들이다。

社告 本誌第五號를 要求하는이가있으니 同號를所持하고서不必要한이는 本社로還送하시면 新刊號와交換하여 들이겠나이다。

年賀狀에 대신하야

非常時新年을當하야 年賀狀을 廢止하고、太陽曆한번만으로써 過歲한다는것은、昧年度新年號에도 親知에게 告한바이었다。그리고 아직 非常時가 解消되지 않었을뿐더러 一九三五年으로써 本格的非常時에 들어가는것은 世上이周知하는바이다。故로 本誌第六十號第十六頁에 썼든바와 마찬가지理由로써、一枚의年賀狀도 發送치안한것은 勿論이다。

但、例에依하야 끊지않고 賀狀을보내주는이들께對하야 그手苦와 溫情을 全然히 모르는척하고 지내기는 心中에 不安함이 없지못하다。年頭에 向一個年間의祥運을 마음것 힘것 祝願하여들이고싶은 생각이 남보다 못함도아니다。그러나 아모리해도「謹賀新年」이라는 印刷葉書를 機械的으로反撥할수는없다。그럼으로 이不安한 마음을 處理하기爲하야 本誌一冊을 送하는데도있다。印刷葉書의 單純한形式보다는 意義가 있는일일까하야 하는일이니、容納을바라며、또年末年始에亘한 集會로因하야 보내준賀狀을拜見하기도 新年氣分이 이미 지난後가 된것을並謝하나이다。

冬季聖書研究에關하야

一、本會는傳道大會도 아니오、復興會는勿論아니다。本誌一個年以上의讀者만이 研究의態度로써 參席할것。

一、宿食其他의施設에 定員이있음으로 親疎의別이없이 本社로照會하야 承諾받은後에出席할것。

一、寢具도 準備하기는 하였으나、寒冷한時節인故로 可能하면 各自用毛布一枚식이라도 携帶하면 더욱 可함、

一、先年經驗에 照하야 會員互相의自由懇談 或은質疑 討議의時間을 如左히 넉넉하게 하였으니、받는外에 또한 주고 갈것이 있도록 準備함이 있으면 더욱可할것。

一、參集하지못한兄姉는 昨年과같이 좋은意見을 보내주고、또한 이集會를 祈禱中에記憶하야 어쨌든 主그리스도의 榮光에歸하도록 協助하사이다

一、今番集會의豫定順序는 大畧如左。

日	曜	前一〇―后一二、三〇 (二時間半)	午后二―五時 (三時間)	午后七―一〇時 (三時間)
29	土		會合	世界歷史 咸錫憲氏
30	日	日曜講話 宋斗用氏 咸錫憲氏	座談第一會 金敎臣氏	同(第二回)
31	月	馬加福音 金敎臣氏	安息日의由來 楊能漸氏	同(第三回)
1	火	同(第二回)	座談第二會 李贊甲氏	同(第四回)
2	水	同(第三回)	舊約植物小考 李德鳳氏	同(第五回)
3	木	同(第四回)	座談第三會 宋斗用氏	同(第六回)
4	金	同(第五回)	解散	

金敎臣 著

山上垂訓硏究 全

四六版 二四四五頁
定價七〇錢・送料四錢

聖朝文庫 第一卷

咸錫憲 著

푸로테스탄트의 精神

菊版半、三十二頁
定價金拾錢・送料貳錢

前者는基督의代表的敎訓을 平易하게 解釋하야 基督敎의眞髓를闡明한것。後者는 루터以來의宗敎改革의眞意를再考하야 舊敎로退化하는新敎徒에게 一大警醒을주고저한것。二著모다 半島의氣候風土의産이오、우리가最善의 선물로 半島에보내는바이다。(豫告하엿든대로 新年부터 特價規定은撤回)。

李鍾範 著

基督敎의 人格敎育 全

四六版 二五四頁
定價 紙衣 九〇錢 布衣 一三〇錢

基督敎的、朝鮮的이라는立場에서 쓴敎育書。半島의 흙냄새나는것이 더욱 기쁘다 宗敎나敎育이나 그地域의氣候風土에適應한것이아니면 無用之物이다。이런良著가널리읽히기를 薦한다。長老敎會宗敎敎育部에서發行。

本誌舊號廣告

로마書硏究 (續)

第27 28 29 30 31 33 34 35 36 38 39 41 44 45 46 47 48 56 57 58 59號

山上垂訓硏究 (完)

第24 25 26 27 29 30 31 32 33 34 35 36 37號

舊約聖書大旨 (續)

創世記大旨 三八號
出埃及記大旨 三九號
利未記大旨 同
民數記大旨 四〇號
申命記大旨 四一號
여호수아大旨 同
士師記大旨 四二號
路得記大旨 四四號
삼우엘上書大旨 五四號
삼우엘下書大旨 五五號
列王記上書大旨 五六號
列王記下書大旨 五八號
歷代志大旨 五九號
에스라ㅣ느헤미야書大旨 六〇號
에스더書大旨 六二號
約百記大旨 六三號
詩篇의大旨 六五號
箴言의大旨 (六六) 六九號
傳道書의大旨 六八號
雅歌의大旨 同
이사야書大旨 七二號

以上「大旨」는 極히簡潔하게 一書를一回에講하야、누구에게든지 그要領을알게하고저한것。從來의年度本으로 한特價는撤回하고 今年度부터每一冊에十錢으로減價하다。(古新本一般)

本誌定價 (送料共)

一 冊 拾 錢
六 冊 前金五十五錢
十二冊 (一年分) 前金 壹 圓

要前金。直接注文은 振替貯金口座京城一六五九四番 (聖書朝鮮社)로。

取次販賣所

京城府鍾路二丁目八二 博文書館
京城府鍾路二丁目九一 耶穌敎書會
京城府堅志洞三二 漢城圖書株式會社

昭和九年十二月廿六日 印刷
昭和十年一月一日 發行

編輯兼發行者 京城府外龍江面孔德里一三〇ノ三 金敎臣
印刷者 京城府堅志洞三二 金鎭浩
印刷所 京城府堅志洞三二 漢城圖書株式會社

發行所 京城府外龍江面孔德里活人洞一三〇ノ三 聖書朝鮮社
振替口座京城一六五九四番

【聖書朝鮮】第七十二號 昭和五年一月二十八日 第三種郵便物認可 昭和十年一月一日發行 每月一回一日發行

【本誌定價十錢】

金教臣主筆

聖書朝鮮

第七拾參號

一九三五年二月一日發行

昭和五年一月二十八日第三種郵便物認可
昭和十年二月一日發行(每月一回一日發行)

目次

本誌定價復舊의辭

先月號(第七十二號)부터 本誌定價를減下하야 一冊에十錢、一年分先金一圓으로하였든것을、여러가지事情으로因하야 第七十一號以前의定價대로 復舊한다。

定價減下의動機는 本誌第六十八號에 記載하였든대로、無類한 「朝鮮의貧困相」에 直面하야、每朔十五錢金도 어려워하는兄弟들의 困苦를多少라고減下하고저한것이 첫재오。本誌第六十號以來로 某兄弟의約束에依하야 九포인트活字를使用하게된以後에는、內容으로 七頁半이나 增頁되여서 主筆의勞力이過大하여지게 되였음으로、今年度부터 다시五號活字로變更하야 每月에約七千字를縮少하는同時에、用紙도普通雜誌用의「土質」을 使用하면 勞力과費用을 節約할수 있으리라는것이 둘재動因이었다。

그런데 本誌第二十四號以來로改善한用紙도 決코 滿足할만한程度의것은 못된다。本誌의客觀的價値가 얼마나重한지輕한지는 우리가不問하거니와、적어도 우리의主觀으로는 그때그때의 뉴ー스를傳하는器具와는 달리 생각함으로、一層더改善은 못할지라도 現在의것보다 下劣한紙質에印刷하여 보내기는 斷念하지 아니치 못하였다。

內容의擴張에關한 讀者의要求는且置하고라도、우리편에서 傳하고싶은消息이 적지않다。舊約以外에新約硏究도 하여야하겠고、咸先生의歷史에至하야는 언제까지라야完結될던지 二十四、五頁의小誌를 가지고는 자못 焦慮가 안됨이아니다。어되로 생각하든지 增頁할수는 없을망정、現在보다 七千餘字식減縮할수는 없는形勢에逢着하였다。

加之에「二十四頁의聖書朝鮮은 他誌六十頁以上의勞力을要한다」고 印刷人은苦衷을呼訴하고、印刷料金은騰貴함을要求하는때에、定價를 表記할바엔、減下한다고함은 何等根據없을뿐더러、虛妄한일이되였다。하물며 十五錢이十錢으로 되여도全然無代配付아닌以上은、貧者에게對한不安한 마음은 一般임에랴。故로 如上한事情으로써 本誌定價는 當分間 前대로 一冊十五錢으로 두어두고、어려운兄弟와 先金旣拂讀者에게는 左記便法을提供하노라。

一、一旦廣告하였든 일인故로、今年二月一日以前에先金拂込된것은 모다 第七十二號의定價로써 計算함。

二、今二月一日以後라도、先月號의廣告에依하야 誌代一年分先金計算하기를要求하는이게는 그대로應함。但、今年度의分에限함。

三、家勢어려운兄弟는 스스로判斷하야 一年分先金一圓 或은一圓未滿의額이라도 定額拂込함을受諾함。

四、全然無代로要求하는이는 直接으로 主筆에게事情을 알리면 餘部있는限까지 進呈함。

分離또分離

德있는 사람은 외롭지 않다하며、大家族일수록 家門의 자랑거린줄로알고 자라오던 우리로서는、어떤 의미로서든지 分離는 옳지못한일이오 合從은 慶事스러운일인줄로 自他가承認한다。故로같은 骨肉이나 信仰的兄弟사이에 한번 分離가생긴때는 이는 더할데 없는大罪惡이나 犯한듯이 周圍에서 떠들고、當事者스스로도 苦惱를免치못하는것이 例事이다。

밤빌리아旅行에서 바울과바나바를 저바리고、故鄕예루살렘 길로 돌아선 마가의分離는(使一三•一三) 과연千秋의恨事였다。特히 바울自身은 이 사건으로因하야 마가를 다시容納할수없는人間으로 判定하였다(使一五•三八)。물론 바울의 憤慨함도 그럴듯한心事라 할것이다。마는 얼마못되여서 바울은 自己를基督敎會에紹介한바나바에게서 分離하지 아니치못하였다(使一五•三九)。성경에記錄된대로는 별로 큰理由는 없었든듯하다。다만 第二次傳道旅行의從行者로 누구를 택할가 하는 枝葉의問題였다。世界的大使徒인 바울에게 그만한雅量이 없었든가——바나바가 그從弟마가를 引率하고저하는 人情을 容納할수 없었든가、비록性格上 不合하는바 있었다할지라도。바나바는 크게期待하였든 바울과 協力하기爲하야 소소한固執을 버릴것이 아니었든가。그러나 事件의發端은 마가에게서 생겼으니 어디로보든지 마가는 괫심하기 짝없다고도 할수있다。막대 하나보다 一束으로 묶은단이 有力함을아는 우리는、初代基督敎創業始初의 百難이重疊하든 光景을 推想할수록 마가、바울、바나바等의分離가 限없이遺憾스러워진다。그러므로 或은 마가를責하고싶어하며、或은 바울을批難하고저하며、或은 바나바에게同情하고저 하는心理가 動함도 全然無用한私心은 아니다。

그러나 막대기를 묶어서 一束으로세워야 된다고 애쓰는마음은、이것이 이른바人間心이오、功利主義다。이러한自己腦裏의範疇에 비추어서만 事物을是非하고저할때에 眞相을把握할機會를 놓쳐버리고 만다。三人의分離를 하나님은그대로嘉納하셨든듯하다。分離한대로라도 福音은異邦에傳하여졌고、그리스도의基準福音書는記錄되여졌다。强혀 分離는非德이오罪惡이라고斷定하고저할때에 無理가 생긴다。적어도 마가、바나바、바울의境遇에는 三人이 다 훌륭한聖徒요傳道者요大使徒이면서도 分離하였다。우리는信者끼리라고해서 分離를 두려워할理由는없다。人生은 한旅行이오、旅行은個性을發露한다。Travel tests character. 다만要領은 他를否하다고말고 自己를謹愼하면서、하나님과 함께旅行할것이다。그리하면 孤立으로나或은聯立으로나、나타내는것은 그리스도의榮光뿐일것이다。分離도可하고 宗派도 또한可하다。

勝戰歌의生涯

우리가 예수그리스도를 믿는것은 무슨 까닭인가。무엇을目的함인가。一言으로 말하면 한번勝戰歌를 불러보자는 때문이다。우리는 單只 安逸無爲하게 極樂世界에 들어가고저함이 아니다。우리가 天國에 들어간다면 그것은 우렁차게 부르는凱旋歌소리와、라팔 마추어進軍하는凱旋軍으로서 들어갈것이다。다만 危厄을免하였다는 安心으로居함이 아니오、惡戰苦鬪에 九死一生을 얻은者의 기쁨으로써、天地여振動하라 禽獸여 노래하라고 기뻐뛰는者의行進이 될것이다。小弱하나마 過去十數年間우리의信仰經驗이 이일을確信하야 不動하게한다。

보라 그리스도를 저바리고 모든世上罪惡中에居하야 먹고 마시는者의末路를。吸煙과飮酒를人生唯一의自由로 알고 오입과 賭博을 無上의快樂으로 崇尙하고、債用한金品은還償하는義務를自負하여본적이없으면서도 生活만은豪華롭고、言語에信實이 없을뿐 아니라 오히려 忠誠한人間을嘲弄하야 마지않으며、限없이 받으면서도 돌이어 不平만 자라가는者의生涯는、저가悔改치 안할진대、敗北하여야할것이오、지금 敗北하는것이오、果然말서慘憺하게敗北하였다。또저가 아무리 幸福스럽게 盛勢하게 이世上을 누린다 할지라도、그리스도를背叛한 가룟 유다의 銀錢이니、後日의苦惱를 더할것뿐임도 우리가 確信하는 바이다。

이에反하야 그리스도에게順從하야 하나님과의關係를 바르게함으로써、모든關係를 義롭게 살고저 하는者의生涯는 自由할것도 스스로自由를返上하고、부스러진殘빵을 열두 광주리에 모아담는일이나하며(마가六•四三)、當치않은義務도 둘러멘다음에는 惶怯하야安眠을不成하면서 살아가는 모양이、어리석다면 어리석고、偏僻되다면偏僻되기 그지없고、慘酷하다면 慘酷하기限量없다。그러나 저는 지금 戰鬪陣中에 있는까닭이다。이戰鬪는 기어히 이기어야하며、지금이기는中이오、또한 實相인즉 발서勝捷한것이다。그리스도를 信仰하는生涯의總決算이 勝利일것은勿論이다。죽엄을 비롯하야 모든大敵을擊破하는 이김이다。單只 平生의終末에勝利하는것뿐만 아니라、一年이면一年식、하루면하루식을 勝戰하여가는 살림이다。最後의勝捷이確實한故로 今日의戰鬪에도 이기는것이오、今日의勝戰을 맛보았음으로 最後의勝捷도確信하는것이다。여기에 勝戰이라고함는 눈에 보이는盛勢뿐이 아님은勿論이다。그리스도와 함께 섰을때가 天國이오勝捷이다。그때에 우리입으로 솟아나오는凱歌는 이러하다。『萬一하나님이 우리를爲하야行하시면 누가能히 우리를對敵하리오。……患難이나困苦나逼迫이나飢餓이나赤身이나危險이나 칼이랴』果然우리는 사랑하시는이로 말미암아 勝戰하고도 더욱 餘力이있도다(로마八•三一以下)。그렇다 오직 그리스도를 믿음으로因한 勝戰歌의生涯다。할렐두야 할렐두야! 모든榮光은 우리救主예수그리스도에게로。(第一二三二八日、生來에 가장悲痛한音信을接하고 눈물로써 이글을草함)

聖書的立場에서본朝鮮歷史

咸錫憲

十一、高麗의다하지못한責任(三)

그러나 攝理는 朝鮮民族의自我再建을爲하야 또한번의 機會를 주기를아끼지않었다。그렇게壓迫과苦痛에부댓기는 동안에 그凶暴하던 元도漸次衰弱하야 滿洲에는다시 低氣壓의中心이생기고있었다。이를따라 朝鮮에도차차排元熱이일어나고 北伐思想이 다시擡頭하게되였다。恭愍王이蒙古로붙어돌아와 國政을다스리게됨에 王이蒙古에있어 그國勢의떠러진것을아는지라 一便元服元風을바려民心을刺戟하며 印璫、柳仁雨等을보내여 鴨綠江西의八站과 雙城諸城을奪回하야 北伐에氣勢를올리었다。이때東洋天地는어지러워 支那本部에는內亂이蜂起하고 遼東에는紅頭賊이일어나며 間島地方에는納哈出三善三介等이出沒하며 日本海、黃海沿岸一帶로는 倭寇의侵入이盛하였다。紛紛한이天下形勢는 오직大膽한者를기다려 그局面을맡기려하였다。恭愍王의國土回復運動이 第一次行動의成功을뒤이어 進行되였으면 朝鮮歷史는、따라서東洋歷史는 다른길로나가는것이었다。마는 不幸히 王이後年에失敗하야 妖僧辛旽을信任하며 宦官輩를가까히하다가 一身이慘酷한運命을만났을뿐아니라 全國政을亂脈에빠지게하였다。그러는동안에 支那에는 朱元璋이天下를統一하야 明을세우고 손을滿洲에까지 내밀게되였다。高麗는또時機를놓쳤다。그리고는首鼠兩端의卑劣한外交策으로써 이重大한時機에 彌縫만을일삼었다。非常한時局에 한번큰뜻을펴보자는생각은못하고 일어나는明과 沒落해가는元에두다리를 갈러드듸고 形便을보아 有利하게處事하자는策만을썼다。巧妙라면巧妙지만 이는魂도없고 一寸腸도없는者의일이다。이外交가、新羅에있었고 百濟에있었던 이外交가、高麗를高麗로만들어놓았고 또李朝를李朝로만들었다。

그러나 이때에 一個人物이있었다。群牛中에서는一匹麒麟같이 懦氣滿滿의그朝廷에서 强硬한北伐論을主張하는사람이있었다。都統崔瑩이그사람이다。그는일즉이元의請을받아 支那本部에出兵하야 內亂平定을돕는동안에 元의實力과 天下大勢를實地로目睹하고왔는지라 이것이놓치지못할機會임을알고 北伐을主張하였다。그러나 滿廷中에 그意見을좇을勇氣를가진者가없었다。그러는동안、時局은切迫하였다。明이天下를얻음에 滿洲에도그손을펴 우리江界에鐵嶺衛를세우고、遼東에서鐵嶺에니르는동안에 七十站을둔다는 傍若無人의暴擧를行함을보고、그저있을수없었다。드디어 禑王十四年에 王을勸하야北伐軍을일으키게되였다。高麗로서는 이것이最後의許諾없은機會요 이제失敗하면 다시는얼을期約이없다。그뿐아니라 高句麗의亡後 七百年以來의失敗의歷史를 回復하고못하는것이 이一戰에달렸던줄을 當時의사람은몰랐으나 後代의歷史는그것을말한다。이때가第三의高潮期다。

그러나 運命은異常하였다。周瑜로하여금「하늘이나를내였거던 어찌또諸葛亮을내였느냐」고하게하던運命은、崔瑩을 高句麗末의支柱로세우면서 또 李成桂를對立식였다。둘이다柱石이오 둘의勢力이비슷하였다。하나이「三尺劍頭安社稷」(李)이라고불으면 하나는「一條鞭末定乾坤」(崔)이라고불렀다。그러나 둘의思想은正反對였다。하나는進取요 하나는保守며、하나는理想主義요 하나는現實主義다。하나는意氣요 하나는利害다。攝理는 이至要至重한危機에 이두反對되는主義를 두人物에代表시켜서 朝鮮民族을試驗하였다。千年에近하는苦難의歷史가 그들의가슴속에 冒險進取의精神을길렀는가 못길렀는가、自尊自立의氣槪를길렀는가못길렀는가를 試驗한것이다。崔瑩이主戰인代에 李成桂는反戰이었다。崔瑩이氣槪로써눌으면 李成桂는謀策으로써잇끌고、崔瑩이義로써責하면 李成桂는利로써달래이며、崔瑩이權으로써하면 李成桂는黨으로한다。朝廷안에두勢力이對立하였다。當時崔瑩은王의信任을얻어 政治를獨裁하는處地임으로 反戰論을누르고 十四年四月에 드듸어三萬八千의軍을動하야 北으로向케되였다。그러나 그獨裁는 反戰論의首領인 李成桂를 左右兩都統中의一人으로 命치않으면않되는 弱點을가진獨裁다。故로外面으로이긴듯한崔瑩은 事實는스스로 政敵의術策에빠진것이었다。多年戰功을세워 多數한部下에人望을 끌고있는李成桂는 無視할수없는 큰勢力인대 그러한內部의不統一을두고 動軍을한것은 李成桂로하여금 革命을일으키는 絶好의機會를준것이다。果然 行軍이鴨綠江까지를가더니、流言蜚語가돌기始作을하고 李成桂는 公然히革命의旗발을들게되였다。禑王과崔瑩은 惶惶히京城으로돌아오고 遼東을치려던槍은 끝을돌리어 國都를襲擊케되였다。

四

禑王十四年 檀君紀元三千七百二十一年(西紀一千三百八十八年)陰五月二十三日 이날에 朝鮮歷史上一大事件이發生되였다。이는 李成桂가鴨綠을등지고서서

「萬一上國地境을犯하면 天子에罪를얻어 宗社生民의禍가當場올것이라……」

하던날이다。李成桂가 이기고 崔瑩이敗하던날이다。理想主義가敗하고 現實主義가이기던날이다。以小事大의國策이決定되던날이다。朝鮮歷史의指針이 苦難의길로 決定的으로돌아간날이다。崔瑩의北伐計劃이 반듯이勝算이있던것아니오、李成桂의反戰論이社會實情에 根據하지않은것이아니다。實地事情대로말하면 李成桂의反戰理由는 모도옳은것이다。以小逆大도못할것이오、夏月에動兵도 不可한일이오

遠征하면 倭寇도乘虛케함도事實이오、霖雨時期에行軍이不便한것도事實이다。그러나 이날에 理想이죽고 齷齪한現實이이긴것이다。苟且한現實이 朝鮮사람의王이된것이다。利害哲學의區區한論理가 朝鮮사람의스승이된것이다。그런故도 大事件이다。高麗一代五百年을두고 두번세번왔던機會도 이날하루가있어서 다無用에돌아가고말었다。이날은朝鮮사람의가슴에서 慕北思想을 最終的으로긁어내던진날이다。高句麗의亡한날이 朝鮮民族破產의날이라면、이날는家運復興의決心을 내던진날이다。집을永잊은날이다。집을잊은날은 집을아끼우던날보다도 더悲痛한날이다。何故로、빼앗길때는 집이없어졌거니와 잊을때는自我가없어졌기때문이다。造物主의試驗에 朝鮮民族은 完全히失敗하고말었다或은말할것이다、崔瑩의主張은 當時形便으로는 成功치못한空論이오、李成桂의主張은 時代의實情에 맞은일이라고果然 그때朝鮮이疲弊한것은事實이다。接踵하는內亂、外患으로 兵禍에시달림을 極度로받은것도事實이다。살기를哀願하는民族이 戰爭을무서워하고 싫여한것도事實이다。이悲慘의深底에呻吟하는民衆을몰아 攻伐의길에내세움은 果然民衆을殘虐하는일인듯하다。그러나 그러기때문에이것이造物主의하신設問이다。造物主는 언제나「自己목숨을아끼는者는將次잃고 나를爲하야 목숨을잃는者는 將次얻으리라」하는眞理를實行시킴으로써 生命을준다。生命은「죽음에依하야산다」는 愛의道에있기때문이다。冒險을하는者 飛躍을하는者만이 生命의王國에들어간다。이試驗에 朝鮮은失敗하였다。쫜、빤얀의 매인獅子가우리를속였다。李成桂는 鴨綠江물에비최는갈대를가르처 저것은부서운호랑이라고했는故로 民衆은불러섰다。金富軾、鄭麟趾하는類의御用史家의名歷史에 崔瑩의主戰論이決定된後 生民이塗炭에드는것을슬퍼하야「太祖退하야나와涕泣하시다」한것을 우리는疑心하지만 設或事實그렇다고 萬萬假定을하고라도 李太祖는 愚衆에阿諂한것이다。그는民衆에게幸福을주마 約束하고 創業主의位를얻었다 그幸福이라는것은 어떤것인가。奴隷의幸福이아닌가。죽음보다더可憐한 奴隷의存在가아닌가。이 無事한奴隷生活의 팥죽한그릇을얻고 朝鮮民族은그遺業을팔었다。이렇게말함은 李太祖를나물허기爲하야하는말이아니다。惡魔의現實이 神의理想을 비록一時나마라도 이긴것을痛恨함이다。

생각있는사람은누구나 當時에 崔瑩과李成桂두사람이握手하지못한것을 可惜해할것이다。果然 그志氣와그武勇이서로合하였으면 高麗末의그天時가 朝鮮사람을鴨豆以南에蟄居시키는 惡運의始作으로되지는 않었을것이다。禑王六年九月李太祖가雲峯에서 三南一帶를鹵略하던 倭寇의大賊을殲滅하고凱旋할때 崔瑩은郊外에나와맞으며 感激의熱淚를뿌리고 손을잡고하는말이、

「公이어 公이어 三韓을다시지음이 이한번에있소。公이 아니면 나라가누구를믿겠소。(公乎、公乎、三韓再造、在此一擧、微公、國將何恃)」

하였다。이때에 倭寇의侵入은매우甚하야 百姓은安堵할날이없고 더구나 이雲峯에賊은사나왔는故로 部下는모도怯하야 나가지않으려는것을 太祖自己率先하야나가 탄말을 죽이기두번、살이그다리를마치되 意氣를더욱돋으다、賊의驍將阿只板都를죽이고 싸워이긴것이었다。그때의 그 말못된高麗를놓고 三韓再造의理想을가지던崔瑩은 그快한凱旋의場面을當해서 북바치는感激을禁치못했던것이었다。이快絕、壯絕의場面을、檀君을爲始로、朱蒙、赫居世、溫祚、首露、大祚榮、王建하는모든이와、乙支文德、蓋蘇文、金庾信、階伯、尹瓘하는 歷代朝鮮의모든英靈들이 他界의一室에모여보고있었다면、滿座、뜨거운感淚를뿌려

「三韓再造 在此一擧!」

의祝福의코러쓰를불렀을것이다。그러나 數千年前에이스라엘의 勇將삼손을 패였던惡魔는 또李成桂를패였다。조고마한 大勝利는 野心의巨蛇를 그가슴속에끌어들였다。그러고그우에 現實主義의袞龍袍를입혔다。어젯날 國家의兩翼이던 그志와그勇은 오늘날은 어느하나가죽기까지는 和合할수없는對敵이다。九年後에는 하나의머리우에는 王冠이準備되고、하나의머리우에는 칼날이準備되였다。

李成桂가「自古以來에 이런사람이없었고 自今以後에또어찌이런사람이있으리오」하는、或은그렇게하라고 시킴을받은 群衆의讚頌을들으며、威化島에서回軍을한後、崔瑩을放逐하고 王을廢하였다가、그後다시 瑩을죽이고、禑를配所에서 베었다。그때부터 나라의實權은 그의손에돌아갔다。崔瑩은 「鐵原사람이라」「風姿가魁偉하고、힘이사람에 지나치고 剛直忠淸하야、年十六에 그父元直이臨終에警戒하야『金을보기돌같이하라』한遺訓을지키어 產業을일삼지않었으므로、집이보잘것없고좁으며 먹고입는것이儉素하고、肥馬、輕衣로단이는者를 보기 개도야지같이알고 臨陣對敵에 神氣安閑하야 矢石이左右에얼리우되 조곰도두려워하는빛이없으며、戰士가一步라도물러서면 다斬하야 必勝을期하는故로、大小百戰에 向하는곳마다이기고、한번도敗한적이없다。나라는 그를힘입어平安하고、사람은 그恩惠를입었다。오래將相이되여 손에兵權을쥐나 賄賂가 오지않으므로 世上이 그淸白함을感服하였고 大體를붓들기를힘쓸뿐이오、細理를찾지않음에 麾下軍士도 낯을 아는者는 數十에不過하였다。每양都堂에나감에 正色으로直言하야 조곰도감추지아니하며、左右에應하는者없으면 홀로歔欷할따름이었다。일즉이 사람을보고말하기를 『내國事를밤새도록생각하야 밝는아침에 同列에말한즉 諸相이 나와말이같은이없으니、벼슬을그만두고 閑居함만못하다』한일이있다。다만 性質이多少愚直하야 學問

이적고 手段이없어 일을處斷함에 내뜻대로만하고 사람을죽여 威嚴을세우기를잘하였다。」

죽을때에 나이七十三이라、刑場에서되 顔色이自若하고、머리가이미떠러지되 몸이오히려直立하야 있기를오래하리만큼 正氣에사뭇진사람이었다。그죽은날 所聞이퍼짐에「都城이罷市하고」슬퍼하며、듣는者「길거리의아이 村婦女까지도 다눈물을흘리며 屍體가 길가에있음에 가는者는말게나려」哀悼하기를마지않었다。

讀者여 우리같이 五千年歷史를 數十枚의紙面에縮寫하는대서、崔瑩한사람의말을 이렇게길게함은 體에어그러진듯하다。마는 우리로하여금 暫間참게하라。참고 이 마지막사람을 조곰이라도더仔細히보고 餞送하게하라。저는마지막사람이라。數千年間나려오는 삶魂을 힘있게나타내던 여럿中의 마지막사람이라。以後에는 또얼마나되는歲月이 지난後에야 그런魂을맞나겠는지알수없는 마지막사람이다 松都市外의길가에서 白髮의崔瑩의머리가 떠러질때、그대들은 霹靂聲과共히 朝鮮歷史의 數千年大塔이 와르르하고문허지는소리를 듣지못하였나。죽은것은 崔瑩이아니오 朝鮮魂이었다。故로 數枚의紙幅을내여 그英靈을吊慰함은 情에이길수없는일이오、또 意味있지않은것도아니다。그러나 아니라、崔瑩은죽은것이아니오 朝鮮의魂이죽을수있는것도아니다。우리가 죽은崔瑩을슬퍼하야 무엇하리오 저는 죽은것이아니었다。떠러진그의머리가 自若한顔色을 오히려가지고、흠흠느껴 옷자락을쥐여짜는 더벙머리의朝鮮의아들朝鮮의딸들을바라볼때、목떠러진 그老軀를 참아못떠나서 暫間이라도더버티어보던 그魂은、그어린가슴속에 그뜨거운血管속에 왜아니들어갔을가。不死鳥가 스스로태운 自己屍體의遺灰속에서 甦生하야 永遠히사는것같이、歷史의문허진塔은 흩어진石材를다시다스려 새로히일어서는때가 있고야말것이다。尹紹宗이 崔瑩을論하야「功蓋一國罪滿天下」라고한것을 世上이 名言이라고했다하나 우리는 그를 차라리 다음같이 끝히는것이 마땅하다——「罪得一世、功垂萬代」라고。

崔瑩이죽은後는、鄭夢周가 아무리애타는가슴을가지고

이몸이죽고죽어 一百番 고쳐죽어
白骨이 塵土되여 넋이라도 있고없고
님向한 一片丹心 가실줄이있으랴

하고불러도 所用이없다。高麗는 이미 支柱가찍히었다。너머가는 그大廈를 雙手로 고이려다가、悲壯한죽엄을 또하나내고야말었다。圃隱의죽엄은 崔都統의그것과 아울러 高麗史의마지막페지를꾸민다。그러나 大體로 高麗는 그亡함에 냄새를감출수없다。高句麗 百濟의最後보다 新羅의最後가더럽고、新羅의것보다 高麗의것이더더럽고、高麗보다 李朝가또더럽다。이는 그精神의 삶程度에比例한것이다。高麗末의精神의墮落은 辛旽의事件이 그一端을말한다。佛敎의腐敗가 極에達하였었다。都城十三萬戶에 寺院

三百이라면 그盛함이무던했음을알것이다。王建太祖는統制策을썻으나 그後후님들이注意치않고、더구나 仁宗後 國政이기우러지며 蒙古侵入이甚하던때부터 더욱盛하였다。지금껏國寶로有名한 海印寺所藏、八萬大藏經木板도 蒙古에짓밟음을當하는동안에된것이다。兵禍를免하여주기를 빌기爲하야 佛前에發願으로 이것을始作하야 高宗때에 十六年만에完成한것이다。佛敎는 그때듯盛하였으나 그는外樣이오 生命은없었다。寺院은 莫大한財産을가지고 免稅의特權을가지며、僧兵은跋扈하고、때문에 人民은重稅를擔當하였다。한마디로하면 當時佛敎는 山의宗敎가못되고 들의宗敎가 되여버렸다。들보다도 市井의宗敎가되고말었다 朝鮮古代의思想은 山의思想이었다。山을神聖視하고 山을가까히하는 清淨、高尚한것이었다。佛敎도本來는 山의宗敎다。그런것이 市井에나려와 그下水道의물을마시는동안에 썩어졌다。高麗衰亡의큰原因의하나는 이佛敎의市井宗敎化에있다。그렇듯 精神이썩었는故도 그亡國이 惡臭를發하고 그 새創業도냄새가난다。

그責任맡든高麗一代가 그렇게지나갔다。幸혀이번에나 이번에나하고 期待를하기몇번이었건만도 終乃다失敗에돌아가고말었다。이제는 아주 朝鮮이長白山南에局限되고말고 鴨豆兩江의 嗚咽하는물결소리만 朝鮮魂의甦生을 哀呼하는 高句麗遺孼의 울음소리같이 北便하늘에울리고 있게되였다。

八

하나님의神靈하신經營

姜 濟 建

四、信者의敎育과事業

一、信者의敎育、

信仰은 敎育的이아니면 아니된다。世上에는 信仰이라면 어떤敎理를確信하야 固執不動하며 一定한規例를직혀 變함없는일인줄로알고、傳道라면 어떤사람우에 어떤信條를强制하야 服從케하는것인줄로아는사람이많이있다。그러나 그런것이아니다。信仰은 그렇게固定된것이아니오 律法의遵守가아니다。成長하는것이오 自由로와지는일이다。

信者의敎育이라말할때는 두가지意味가들어있다。하나는 信仰生活을爲하야 必要한敎養이란意味요 또하나는 信仰으로敎育한다。信仰그것이 곧敎育이어야한다 하는意味의것이다。前者의意味의敎育은 近來로 次次盛이말이된다。그러나 그보다 더緊要한것은 後者의意味의敎育인데 거기對하야는 생각하는이가 적은모양이다。지금여기서 말하는것은 이後者의 意味의敎育이다。

敎育은 받는者에게 適當한것이어야하므로 爲先 敎育받는者의 性質形便을 探究하지않으면아니된다。信者의敎

育은 사람의性品이 그根本에있어서 暗昧無理한것이다함을 아는것으로 始作하여야한다。사람은 自由를가지기는 하지만 能動力이적고 被動力이많으며 信仰性이薄弱하고 迷惑性이많다。男女가 다一般이지만 더구나도 女子는더 甚하다(창세긔三章一|十三)。敎育하는目的은 예수의權能있는眞理와 奧妙한理致를잘알어 그被動力、迷惑性을打破하고 自覺信性을얻게하는것이다(마가八章十七|十八)。예수는 말슴하시기를 너의가「眞理를알지니 眞理가 너의를놓아주리라」(요한八章三十二)하시었다。예수當年갈릴리에서 傳道하실때에 좇는者가 五六千名의 多數였으나 그大部分은 異蹟奇事를보고 오는사람이었다。卽 信從者가아니오 被動과迷惑으로 나오者들이었다(마태十三章十三|十五)。예수가 그弟子를가르치심에 恒常말슴하시기를 너의가 이理致를깨닫느냐 하산것은 이被動迷惑性을깨트리고 自覺信性을얻도록하심을 目的하시었기때믄이다(마태十三章五十一)。動物을이끄는것같이 盲目的으로 몰리어가는것을 願하지않고、어데까지던지 제가스스로깨닫고 悔改하야 따라오게하신것이다。

故로傳道는 참으로 가르치는傳道여야한다。요한의두弟子도 畢竟예수의말을듣고 깨달아信從하였고(요한一章三十五|三十九) 빌립의引導를받은 나다나엘도 예수의말슴을듣고야 깨달었다(요한一章四十五|四十九)。또사마리아城사람들도 女人의傳道를늗었지만 예수를接하야 數日間 그말을듣고야 비로소깨달었다。이外에도 이런實例를늘자면 얼마던지있지만 이것으로 證據는 充分하다할수있다。勿論 가르침을받지않고 믿는者도 全然없지않다。그러나 生而知之者少요 學而知之者多는 人生의事實이다。十二弟子는 自發的으로 믿은사람들이아니었고 普通以上의 才能을가지지못한사람들이었다。이는福音書를보면明瞭하다。그러나 恒常예수의가르침을받으므로 마츰내깨닫고 모든사람들이 떨어저갈때에도 그들만은같이있어 偉大한證據를할수있었다(요한六章六十六|六十九)。

二、信者의事業、 信者도 이地上에生存하는以上 있는날까지는 이地上의일을 하지않을수없다。究竟의目的이나 意味는 永遠한世上에있다하더라도 적어도 外樣으로보와서 世上사람들의하는것과 다름없는職業을하고 事業을하지않으면않이된다。信者는 거긔對하야 어떻게할것인가하는것은 敎育과同樣으로 重大한問題다。그러나 우리가이것을 生覺할때에 미리알어야할것은 問題의根本要點은 어떤事業을할것인가 하는대있는것이 아니다。어떻게事業할것인가하는대있다는것이다。第一의問題도 重要치않은것은 않이나 그는第二의問題가解答되면 自然決定되는것이다。

거긔對하야 우리는 事業의意味부터 生覺할必要가있다。하나님이 人類의始祖를 創造하시고 에덴동산에두실때 그것은 永遠한所有產業이었다。그러나 그들이 不幸히 犯罪함으로因하야 그產業을 떼우고쫓겨나왔다。

하나님의神靈하신經營

그때 하나님이 말슴하시기를「땀이낮에흘려야 네가흙으로 돌아갈때까지먹으리라」(創世紀三章十七—十九)하시었다。그런즉 이産業은 곳勞動事業이다。即 雇傭事業이다。이제부터는 萬物이人類의것이아니오 人類는 半作事業을할뿐이다。半作인지라 納稅의義務가있나。信者가 事業에對하야 生覺할때 이根本問題를 닞어서는아니된다。

納稅라고하시만 그는物質로만 들이는 納稅가아니다。하나님은 靈이신故로 物質로만取扱지않고 그보다도 그것을事業하는 그사람의 착한行動으로取扱하신다(로마二章六—七)。儒敎의가르침에도「天生萬民必授之職」이란말이있다。聖經에 記載된대로말하면 동산직히도있고(마태二十一章三十三—四十一)或管家者도있고(마태二十四章四十五—五十一)或商賈者도있고(마태二十五章十四—三十)或木工도있고(사도十八章三)或針工도있다(사도行傳九章三十九—四十)。그와같이 各기 맡은職分은 여러가지다。그러나 根本意味는 그하는일에 있는것이아니라 맡은職分을 忠實이하는 그맘에있다(고린도前四章一—四)。한나님의要求하시는바는 무엇보다도忠誠이다。故도 六日間은 부즈런이 일하고 七日은安息할것이니 이것이 하나님의誡命이다。

오늘날 世上을混亂케하는 모든社會問題도 이事業에對한 理解에依하야서만 解決할수가있다。社會問題란 要컨대 貧富의差 貴賤의別에있는것인데、이는富와地位에對한 誤解에서나오는것이다。큰財産과 높은地位를가진것은 하나님이 自己에게 더큰일을 맡기시는것이다。이것을가진者는 이것이 自己힘으로얻은것이아니오 따라서自己所有가될것아니오 맡은것인줄을 알어야할것이다。그리하야造物主를 爲하야 하여야할 더큰事業의 資料로삼을것이다(고린도後九章八—九)。아부라함이 그족하 롯과分産할때에 롯의要求대로 기름진平原廣野를다주어서 骨肉의和睦을힘썼으니 이는 그土地를 좋은일에資料로 善用한것이다(創世紀十三章三—十二)。그리고 소돔王이주는財物은 盟誓코받지않었다(創世紀十四章廿一—廿二)。이것을보면 아부라함 은 사람의生活費는 하나님이期必코 주시는것으로 確信한것이다。이아부라함의일은 信者의事業의標本이다。그런것을 財物과地位는 내것인줄로 그릇아는故로 宴樂、奢侈로 濫用도하고 吝嗇하기도하고 掠奪을하기도한다。이는모도橫領의行爲다。人間社會에對하야서가아니라 하나님의것을 橫領하는일이다。故로 주지않은雇價의 불으짖음이 하나님께들리는것이다(야고보五章四—五)。

信者의事業에對한것은 두句로 約言할수가있스니、一은 信實하고智慧있는종이되여 主人이맡긴대로 忠實하라는것이오(마태二十四章四十五—四十六)、二는 寶物을 따에쌓지말고 하늘에쌓으라는것이다(마태六章十九—二十一)。

聖書研究會記

柳 達 永

申兄! 나의親愛하는申兄!

三個星霜을 病床에서 보내는 兄인것을 모름도아니었만, 나는 同志인 兄의肉身을爲하야, 朝鮮의學界를爲하야, 또 荒廢한 朝鮮靈界를爲하야, 兄이 聖書研究會에 出席하게됨을, 日夜 祈禱하였나이다。나의祈禱뿐만으로는 不足할까하야 金敎臣先生께도 祈禱하야 주심을 願하였었나이다。研究會로 떠나기 몇을前에 兄의葉書를 받았나이다。食事時間과 便所에갈때 外에는 起動치못한다는 놀라운消息。그러나「나의精神 나의靈만은 모듬에 參席하고 있겠노라」하는 兄의말슴。悲壯한 兄의精神을 생각하며 祈禱를 繼續하면서 梧柳洞에 向하였나이다。金先生께서도 申兄과같은 兄弟들에게 모듬의 一部分이나마 알리고 싶다는 말슴과, 나의 兄을생각하는 一念으로 頭腦의 鈍濁함과 글쓰기에 서투름을 不顧하고 敢히 이붓을 드나이다。

一二月二九日(土) 晴

午後두時頃 京仁線梧柳洞驛前應谷 宋斗用氏宅에 到着하다。뒤에는 松林이茂盛한 梧柳莊뒤山이 嚴然이솟고, 앞에는 실같은 시내가 고요히 흐를 뿐이다。엇비슷하게 씰인 ○막사리草家들이 十數個허려져 노인 赤貧의村이다。그中의 하나인 宋斗用氏宅이 우리研究會의 會場이오 宿所오 食堂이다。그러나 宋兄의 誠意와勞心은 우리에게 한가지도 不便을 느낄수없게하다。이僻地에서도 날로 朝夕으로 새로운美食을 會員에게 提供하야주시다 食事後에는 반듯이 과일을 주심으로「집에 돌아가後 다 잊어도 과일을 끄내는다락은 잊을수없겠다」하야 一同이 爆笑한일도있다。宋斗用氏는 일즉이 農大에서 工夫하시든분이다。우리의 想像하든바와는 全然달러, 검은 皮膚, 박박깍근머리, 儉素한 朝鮮옷, 이嫌遜純朴한 農夫가 곧 宋兄이다。이虛榮의世上 外飾의世上에서 모ㅣ든것을 버리고 이貧民窟속에서 땅을파며 眞理의씨를 심으시는분이 곧宋兄이다。우리는 年末의 煩雜한 都會를 멀리하야 고요히 이곳에서 完全히 自然의품속에 안기다。午後七時 히미한 남포의불빛은 二間에 가득한會員을 모조리 빛우이고도 讚頌의노래를 실고 窓밖까지 새여가고있다。

金先生의 祈禱로 會가 始作하다。一言一句 眞理 안인것이없다。希望이없는 이百姓에게 福音을傳播하사 다ㅣ아버지의 품으로 돌아가게하소서。金先生으로부터 本會의 由來와 精神에 對하야 說明하시다。

咸先生의 世界歷史研究의講義가 始作되다。咸先生의歷史는 獨步로서 산歷史를 들려주심은 聖朝誌에실리는 朝

鮮歷史를通하야、旣知하는바이다。

오래동안 사모하든 先生을 처음뵈오니 기뿐마음이 가슴에 充滿함을 느끼다。初面이면서도 오래동안 朝夕으로接하든先生 같이 여겨짐을 스스로 奇異이생각하다。그박바깍근머리 거츨은수염 치떠저진눈 威嚴속에도 仁慈가 가득한 先生에게는 누구나 다 親親하게 接할수가있다。平安道사투리가 간간이 석긴 世界歷史의 緒言이 約한時間半에 亘하야 우리를 驚歎케하다。世界歷史는 後日 聖朝에 실릴듯도하며、分量이 甚히 많고、나의愚鈍한붓으로는 完全히 옴길 能力도없다。다만짤막짤막한 感想만을 쓰기로한다。目次는 別紙와 같으며(紙面關係로略)오즉함께 後日을 苦待할수밖에없다。

聖書的史觀과進化論──時代의區分。

科學이 날을따러 急速히 發達함으로 因하야 우리의 얕은 知識으로 創世記를 文字그대로만 解釋할야다가 中心点을 把握치못하는때가 많을것이다。先生의解釋은 이와같은境遇에 確實히 한個의 회人불이 될것이다。또進化는 그事實을 否認할수는 없는것이다。또 굿하야 否認을 固執할 必要는 무었이랴。現代에서는 現代를 消化할만한 能力이 있어야 할것이다。先生의 說明으로 進化는 How it has come? 을 말하는것이오 聖書的立場에서본 What it is? 가아닌것을 明白히 알수있다。또 進化는 道德的意味를 附한것으로、그原因이 聖書에 가까워옴을 덧볼수있다。無神論者들이 進化論에서 하나님의存在를 否定할수록 우리는 더욱 아버지의품안에 가까이감을 느끼게된다。先生의 날카로운觀察과 偏僻을 버린先生의 講義에는 敬意를 表치 않을수없다。밤이 이미깊었것 마는 우리의눈과 精神은 漸漸 새로워간다。

一二月三〇日(日) 晴

日曜禮拜集會。宋斗用氏와 咸先生의 日曜講話가있다。咸先生의「하나님나라의信仰」은 느낀바 많다。私的信仰과 公的信仰의批判이있고 또 우리自身하나하나의存在가 얼마나 重要한 位置에 處함을 알어야하며 우리는 過去뿐만이아니라 未來까시도 責任저야 할것을 認識하라、우리하나하나를 通하야 새歷史가 일우어지고 있다、이意味에서 家庭敎育의重要性을 力說하시다。우리는 모름직이 거륵한 野心을 품을것이다。

午後두時 金先生의 司會로 座談第一會가 열리다。예수의 弟子로서의 괴로움 어려움 기쁨 感謝 等 우리의 밟아온 자최와 우리눈에 빛우이는 世態를 感激과 興奮과歡喜와 우슴속에서 談話하다。

特히 李贊甲氏로부터 金禮根氏의經歷을 듣고 자못 感激하다。金氏는 定州에서 오래동안 刑事로 있든이로 地方人民에게 非難이 많었다한다。이분이 遇然한 期會에 悔改하야、財産도 職業도 家族도 모도다버리고 飄飄히 單身으로 헐버스며 굼주리며 嶮한山 깊은곧을 不顧하고 福

音을傳하려 단이고있다 한다。또 姜濟建老人에對한 말슴을 듣고 敬慕하는 마음이 간절하다。

밤七時 金先生의 마가福音第一講。(目次는別稿로하야 次號에揭載될터) 一章一節이벌서 驚異의눈을 휘뜨게하다、마가福音은 하나님의아들 예수그리스도의 福音의始作이라는것이다。福音은 예수로 비롯하야 永遠에進展함을 누가疑心하랴。嚴格한가운데 聽衆을 웃기는 유ㅣ모아와 適切한挿話 우리가늘 손갓가이하는 日常事의比喩로 極히 平易한가온대 마가福音을 完全히 消化할수있다。

一二月三一日(火) 雨

날이 몹시 푹하더니 때아닌 가랑비가 나리기始作하다。世界歷史第二講。

二、創造期 1、宇宙創造——4、人類創造。

咸先生의 引率로 創造期에 逆行하야 無限大의宇宙를 觀察하다。特히 生命에 關한 講義가 興味깊다。偉大、神秘、不可思議의 生命問題를 人類는 어떻게 생각하여왔으며 또한 어떻게 取扱하여가는가? 亦 難中難問題이다。先生은 生命을 生物的生命、心的生命、靈的生命、으로區分하야 理解키容易하다。將來에人類의손으로 生物的生命을 만들는지도 알수없는 일이다。그러나 信仰에는 少毫도 影響이 없을이라고 믿는다。

午後 楊能漸先生의 「安息日의由來」의 題目으로 講義가 있다。先生은 數年前 東京立敎大學에서 講義하든분으로 現今 梨花女學校에서 敎鞭을 잡고 게시다한다。安息日에 關하야는 東京在學時代부터 硏究하셨다는만큼 博學의분이다。六尺에不下하는 身長、盤石과같은 體軀、몹시 깊숙한 눈、크고 세찬 코、거칠거칠한 말투、어데로 보든지 巨人이다。會場의過半은 先生한분이 占領하는感이 不無하다。要旨는 다음과같다。

安息日은 元來 土曜오 日曜는 主日이다。安息日에 關하야는 聖書에도 極히 嚴格히 지키라는곳(出埃及)과、그다지 嚴守치않어도 可하다는곳(이사야)이 있다。예수自身도 安息日을 그다지 嚴守하였다고는 볼수없다。

年代로보면 舊約時代 사람들은 그다지 甚히는 지키지 않었으나、時代가 나려옴에따라 漸漸嚴守하는傾向이 있다。猶太人들이 바빌론에 잡혀 갓다온後로부터 좀더 組織的으로 지키게되고 漸次甚하야감을 볼수있다。極端으로는 二百步以上 나가지말일、料理를 만들지말며、불을 켜지말일、等의規則이 생기며 戰地에서도 安息日에는 戰爭을 中止하고 防備에止하았음으로 이를 利用한 敵의攻擊을 받어 戰敗한例도 있다한다。이것이 또 其後로 漸漸더 甚하야저서 前에 지키든點은 勿論、農、牧、事務、學問에 關한 이야기도 하지못하며、書信도 二枚以內로 쓰라는規定이 있었으며、실을 뽑는것과 行李의끈을 푸르는 것도 問題가되였다고한다。安息日을 지키지 말라는 羅馬에 對하야 戰爭을 한일까지도 있으며, 그들은 죽어도 安息日만은 지키겠다고 하였다고한다。그들은 安息日에關하야 三十九個條의禁令을 만들었고, 또 各條마다 細密한 細則까지 附하였다고한다。

여기까지 講義를 들을때 비로소 예수의 安息日에 對한 態度를 알수가있다。예수는 安息日을 精神的 卽靈的으로 解釋하는主張에 反하야, 저들은 오로지 律法的解釋에만 固着하야 그域內에서 一步를 내드디지 못하였음을 알수있다。歡喜와 感謝와 讚美의 安息日을 그들은 苦痛과 拘束과 悶惱의 安息日로 만들고말었다。예수가 安息日을 僞善者의手中으로부터 救出할야고 얼마나 괴로워 했든것을 알수있다。예수는 四福音書內에만 七回나 安息日의 法則을 깨치셨다。「사람이 安息日을 爲하야된것이 안이오, 安息日이 사람을 爲하야 된것이니라」고 歷歷히 말슴하셨다。다시講義로 돌아가자。

예수以後에信徒들은, 猶太人들은習慣上 嚴守함을 主唱하고 異邦사람들은 이것에反對하다。紀元二百年頃에는猶太人들사이에도嚴守치않는사람을 많이볼수가 있었다한다。

安息日의 紀元은 元來수메일民族의 사파토미에서 始作하였다한다。사파토미는 「心臟死」의뜻으로 凶日을 意味하는것이며, 每月 七의倍數되는 날로定하고 一般이 놀었다。이것이 每月望日로 變遷되였다。하든것이 猶太에誤傳하야 每土曜에 쉬는風俗이 생기게 되였다한다。

主日은 예수復活의紀念日이다。信徒들은 平常時와같이 일하며 禮拜寄金等을 行하였다한다。後에 日曜에 쉬자는 主唱이 各地에 甚하야 每會議마다 問題의 中心이 되였다。그主唱의原因은

一、安息日에 對抗함

二、初代信徒들은 勞働者와 奴隷가 많음等이다。

當時 上流階級들은이에 反對하였으나 긔여히 主日에 쉬자는主唱이 通過되다。紀元八百年頃 西洋文明暗黑時代에 主日을 安息日과 混同하야 勞動禁止令이頻發하다。一五〇〇年頃에는 家庭形便에依하야 勞動도 旅行도 自由로하게되며 現今과彷彿하다。英國 淸敎徒들은 主日에 諸事를 除하고 禮拜봄을 主唱하며 이를 實行하던中 米國에 건너감에따라 比較的 嚴守하는習慣이 생기였다。

現今 主日은다음 두方面으로 볼수 있다。

一、生理的意義로(勞働方面) 二、宗敎的意義로(聖日로)

朝鮮에는 敎會에 米國의勢力이 많었으므로 主日을 比較的 嚴守하는便이라한다。우리는 安息日問題로悶惱하는일이있으나 이는結局 部分的問題오全體의問題가아니다。

밤 마가福音研究第二講。

四福音中에도 文章이거츨고 言辭가亂暴한 이福音이 얼마나貴重한것이며 마가의人物을 充分히理解할수 있었다 마가는 寡婦의아들로서 薄志弱行인 二流以下의人物이라한다。그러나 無使命中에 큰使命을 띠운그는 永遠의事業인 福音書의 基準記者가되였다。

이것은 나갈이 못난사람들에게는 적지않은慰安이다。

一月一日(火) 雪

흰눈、푸른솔、얼기빗달、元旦의새벽은 곱다。이희미한 달그림자 아래서 甲兄을 爲하야 祈禱들이다。新年이것만醉한무리의 橫行을 보지않으니 例年과달리 愉快하다

世界歷史第三講。原始人의生活——文明의搖籃地原始宗敎가 甚히興味있다。「人類三派의特質」과「地理的配布에 나타난 三派의使命」은 果然 達觀이다。우리는 우리의特質을 알어야하며 우리의使命을 깨달어야함은 勿論이다。이것은 信者不信者를 莫論하고 누구에게나 다ㅣ 알려주고 싶은것이다。오즉 聖朝에 빨리 실리기를 기다릴뿐이다。우리는 여기에서 아버지의 經綸하시는것이 얼마나 偉大하며 아름다우며 細密한것의 一部分을 알수가있다。

午後 李贊甲氏司會로 座談第二會를열다。話題의中心은 「宗敎의危期인이때 우리의態度」이였다。

밤 마가研究第三講。마가의人物에關한 身分 行蹟 家庭의研究와 福音의出處 立案이끝나고 本論에들어가다。예수의一生은 人生으로부터보면 完全히失敗다。예수는 그 失敗의길을 우리더러 따라오라고 하신다。그本意가어대 있는가를 알일、誘惑은 늘 우리를 엄습하고있다。더구나 極히深刻한誘惑은 늘 誘惑이 아닌形體로온다。

예수의赦罪는 全然潔白한것(例、肉體로 處女性을 잃으면 肉體로 이를 回復치 못한다。그러나 예수의 赦罪는 完全히 靈的으로 이를 回復할수가 있으며、根本的으로 處女로 돌아갈수가 있다)

現代敎會는 恒常 깍대이에 잡히여 참眞理를 把握하기 어려운것。예수를 따라 가랴면 반다시 큰 迫害가 따라오는것。우리는 죽어서 살어야 하는것。眞實한 世界人은 眞實한 愛國者인것。

이짭막짭막한 말슴은 내머리속에 秩序없이 남었으나 잊을래야 잊지못하는 말슴들이다。유ㅣ모아속에 間間이 섞이는 이貴한 말슴들은 모다 靈의糧食이다。失望한때 짭막한 先生의 말슴을 들으면 나는언제든지 快活하여지며 自信을 얻는다。또 게을러질때 마음이 肉에 사로잡힐때는、恒常 걱구러지면서도 撤夜하야 英育과 聖朝를 世上에 보내기에 全力을 다하는 先生의勇姿가 머리에 떠올라、밟을야든 岐路와 誘惑에서 버서난다。나는 先生의講義를 듣고 있으면 先生의몸이 漸漸커감을 느낀다。基督敎를 根本的으로 攻擊하랴든 나는 先生의 人格에 捕虜가되여 信仰의門에 한발을 들여드디던 過去를 推憶하고 자못 感慨無量하다。

讀者들에게서 本會에보낸書信에게 一一히回答을 보내다。

一月二日(水) 晴

찬서리가 가득한 아침이다。날카로운 반달이 논둑을 건이는 나까지도 빛우여준다。쓰러저가는 오막사리집에

서들도 가늘게 煙氣가 올려오고 있다。

世界歷史第四講。僧侶宗敎——回顧。

宗敎와人類文化間에 이같은 密接한關係가 있음은 推測키 어려운바이다。이問題는 前부터 多少 關心하든것으로 今番 先生의 博識과 叅考書類로 因하야、마른논에 대는물 같이 나로 하야금 吸收케하다。

衣服 建築 詩 劇 音樂 舞蹈 競技 貨幣 煉金術 交通 天文學 測量術……等等이 宗敎로 실마리하야 發達한 經路는 實로 奇異타 않을수없다。文化는 宗敎의副産物이라함에 누가 是非하랴。洞窟속 原始人의 헐벗은 가슴속에 숨은 光明을 다시한번 回想케하다。生命、生命、神秘의生命、偉大한生命의힘。生命이없는곳에 歷史가 있으랴。生命이있는곳에 宗敎가 없으랴。生命과 宗敎가 없는곳에 文化가 있으랴。

午後 李德鳳氏의「舊約聖經植物小考」의講義。

李德鳳先生은 昨年硏究會때에 新約聖經植物小考를 講義하시고、昨年二月號에 紹介되시였든일도 있었으나 亦初面이다。先生은 培花女高普에 敎鞭을 잡으신지 오라며、朝鮮植物의採集과硏究에 努力하시는中이며、朝鮮植物名稱査定會委員이신것도 紙上으로 알었을뿐이다。

先生은 極히 溫順한 學者다。카라일이「基督敎가 다 없어저도 謙遜만은 남을것이다」라고 하였다하나、謙遜眞實 그것이 곧 先生이다。

舊約聖經植物小考 (別所梅之助氏聖書植物考에依함)

一、이탈리아松(イシマツ•イタリア松)(Pinus pinea) 松科

팔레스틴에나는松類

1. Pinus Halepensis
2. Pinus brutia
3. Pinus pinea

가、이사야四十四○十四、十五 (……혹전나무(奇一譯、日譯、漢譯杉)도심은즉비가저것을기르나니)

二、油木(「一」의松類) 松科

가、列王記上六○廿三、卅一、卅三 감남나무(漢譯油木)……聖殿用材

나、느헤미야八○十五 (……들감남나무(漢譯橄欖油木)가지를取하야 기록한바를 따라장막을지으라)

다、이사야四十一○十九 (광야에는……들감남나무(漢譯油木)가나게하고)

三、고배木(gopher) 松科?

라、創世記六○十四 (너는고배木(奇譯柏子木、日譯松木)으로방주를지으대……)

四、柏香木(레바논松)(Cedrus Libani) 松科

가、列王記上四○卅三 (또초목을의론할새 레바논柏香木으로부터 담에나는우슬초까지말하고)

나、同 六○九―十八 (聖殿用材인柏香木)

다、同 七○二―十二 (솔노몬의宮殿用材인柏香木)

라、同 十○廿七 (솔노몬이柏香木을平地의뽕나무같이씀)

마、이사야二〇十三（여호와의날이……또레바논의모든높고높은
柏香木과 바산의모든상수리나무에臨하고）
바、同 四十一〇十九（광야에는柏香木과……가나게하고）
사、詩百四〇十六（여호와의나무들이 무성하엿으니 곧 그심으
신바 레바논의柏香木이로다）
아、에스겔廿七〇五（……또너를위하야柏香木을取하야 돗대를
만들고）
자、同 卅一〇三（볼지어다앗수루사람은 레바논柏香木같아）
차、아모스二〇九（아몰사람은그키가柏香木같고）

五、稷(기장)히브리語 dukhn (Panicum millaceum) 禾本科
가、에스겔四〇九（너는맛당이 밀과보리와콩과 팟과 조와귀
리를취하야한그릇에담고）

六、紙草(조히풀?)(Cyperus Papyrus) 莎草科
가、出埃及記二〇三（더숨기지못하야 갈대로만든상자를 가저
다가……）
나、욥八〇十一（……왕골이 엇지진흙없이자라며）
다、이사야十八〇二（그사자를수로로보낼세 파초(奇譯紙草)로
만든배를태워 물에띄우고）
라、同卅五〇七（시랑이거하야 업드렷든곳에 풀과갈대와 파초
가나리로다）

七、양부초(ホロ、洋葱)(Allium porrum) 百合科
가、민수기十一〇五（우리가생각건대 애굽에있을때에는 값없
이 생선과외와수박과 부초와 파와 마늘을먹었더니）

八、양파(タマネギ•玉葱)(Allium cepa) 百合科
가、민수기十一〇五（同右）

九、새끼마늘(コニンニク•小蒜)(Allium sativum) 百合科
가、민수기十一〇五（同右）

一〇、水仙花 (Narcissus Tazetta. var. chinensis) 石蒜科
가、아가二〇一（나는사론의 들꽃과골짝이의 百合花로다）
나、이사야卅五〇一（……황무지가즐거워하야百合花같이 필것
이오）

一一、蕃紅花(サフラン•泊芙蘭)(Crocus sativus) 鳶尾科
가、아가四〇十四（및나도와 번홍화와 창포와계수와 유향과
몰약과침향과 각종향초로다）

一二、胡桃(ウテチグルミ)(Junglans regia) 胡桃科
가、아가六〇十一（내가 호도동산으로나려가서……）

一三、은백양(ギンドロ、白楊)(Populus alba) 楊柳科
가、창세기三十〇卅七（야곱이버들、살구、신풍나무의 연한가
지의 껍질을벗겨문의를내여）
나、호세아四〇十三（버들나무밑에서 淫祀）

一四、사시나무(テフセンヤマナラシ)(Populus tremula) 楊
柳科
가、삼우엘下五〇廿三、廿四（다윗이 뽕나무끝에서 거름것는
소래를듯고 블네셋사람을처이김）
나、역대지上十四〇十四、十五（右同）

一五、수양버들(シダレヤナギ)(Salix Babylonica) 楊柳科
가、레위기廿三〇四十（……시내가에서 버들을취하야 여호와
앞에서 七日을즐거워하라）
나、욥四十〇廿二（연그늘이덮으며 시내버들이 둘엿도다）
다、詩百卅七〇二（저가운데 잇는버드나무우에 우리가 거문

聖書研究會記

고를 달앗도다)
라、이사야四十四〇四(저희가장차 풀갈이 번성하고 물가의 버드나무갈이 무성할지라)
마、同 十五〇七(버들시내)
바、에스겔十七〇五(……버들처럼심은지라)

一六、槲屬(참나무 도토리나무 갈나무들)(Quercus)殼斗科
가、창세기十八〇一(여호와 나타나신맘으레 상수리나무)
나、同 卅五〇八(리브가의 유모드보라 가죽으니벳엘성밖 상수리나무 아레장사하고)
다、여호수아十九〇卅三(납달니 자손의 경계가된 사아난님의상수리나무)
라、여호수아廿四〇廿六(여호수아가돌을세워 하나님을배반치 않도록 증거한 상수리나무)
마、이사야二〇十三(바산의상수리나무)
바、同 六〇十三(상수리나무를 버혀도 그밑둥은남어있음)
사、同 四十四〇十四(참나무(奇譯상수리)로우상지음)
아、에스겔廿七〇六(바산의 상수리나무)
자、스갈야十一〇二(同右)
차、아모스二〇九(강하기 상수리같은 아몰사람)
카、호세아四〇十三)참나무밑에서 淫祀)

一七、느릅나무(楡)(Ulmus campestris) 楡科
가、이사야四十一〇十九(……사막에는잣나무 삼나무와 黃楊木이 나게하야)
나、同 六十〇十三(레바논의 영광이네게이르리니 잣나무와 삼나무와 黃楊木이라)

一八、쐐기풀(イラクサ) 英nettle(쐐기풀) 蕁麻科
팔레스틴生 1. Urtica pilinifera. (ロウマイラクサ)
2. U. dioica.
3. U. urens. } (ホソバイラクサ)
4. U. membran acea.
가、잠언廿四〇卅一(게으른자의밭과 무지한자의 포도원에는 가시덤불이자라며……)
나、이사야卅四〇十三) 가시나무가 그궁궐에나고 엉겅퀴와새품(日譯イラクサ)이그견고한성에서자라고)
다、호세아九〇六(……저희은으로만든보배를 찔네가(奇譯蒺藜、日譯アザミ)덮을것이오)

一九、명아주 一名는쟁이 藜科
갯는쟁이一種(ハマアカザの一種)(Atriplex Halimus)
가、욥三十〇四(떨기가운데서 짠나물(奇譯나물 決譯藜藿) 도각으며……)

二〇、クロダネサウ(Nigella sativa) 毛茛科
가、이사야廿八〇廿五、廿七)……앵속자은막닥이로떨고……)

二一、풀라탄나무(スズカケノキ篠懸木)(Flatanus orientalis) 篠懸木科
가、에스겔卅一〇八(단풍도저가지만못하며……)

二二、능금나무(林檎)(Pirus malus) 薔薇科
가、잠언廿五〇十一(기회를타서 하는말은 맞치은쟁반에 담은금빛사과 같도다)
나、아가二〇三(사랑하는자 능금의단것과같도다)

다、同 二〇五 (능금으로내힘을 도으라)
라 同 七〇八 (네코의숨은 능금냄새 갈고)
마、同 八〇五 (능금나무아래서 내가너를 깨웟으니)
바、요엘一〇十二 (능금나무가시들고)

一三、扁桃(조단행、巴旦杏) 英almond (Frunus Amygdalus) 薔薇科
가、창세기四十三〇十一 (……杏仁을가지고 양식사러감)
나、출애굽廿五〇卅三、卅四、卅七〇十九、二十 (…살구꽃송이(漢譯杏仁)색임)
다、민수기十七〇八 (아론의집행이에 은행(漢譯杏仁)이 열매맺임)
라、예레미야一〇十一 (예레미야가본 조단행가지(奇譯銀杏、漢譯杏樹)
마、전도서十二〇五 (배꽃(漢譯杏核)이만발)

一四、아카시아屬 原語 shittim 荳科
1. Acacia nilo'ica.
2. Acacia seyal.
가、출애굽三〇二 (여호와의사자가 가시덤불 불꽃가운데서 모세에게 나터나보이시매)
나、同 廿五〇十 (조각목(漢譯皂莢、日譯合歡木)으로 법궤을만들되……)
다、同 廿六七章 卅五章ー卅八章 (同右)
라、이사야四十一〇十九 (광야에柏香木과 조각목…이나게하고)

二五、렌스콩(レンス豆、金麥豌) (Ervum lens) 荳科
가、창세기廿五〇廿九ー卅四 (야곱이 팟죽(日譯扁豆)으로 장자의 명분을사다)
나、삼우엘下十七〇廿八 (다윗의양식이된콩、팟、녹두)
다、同 廿三〇十一 (다윗의 용사가서서 블네셋人을막아번녹두밭)
라、에스겔四〇九 (밀、보리、콩、팟)

二六、蠶豆(ソラマメ) (Vicia Faba) 荳科
가、삼우엘下十七〇廿八 (다윗의양식이된 콩、팟、녹두)
나、에스겔四〇九 (밀、보리、콩、팟)

二七、로뎀나무(鶯織柳)原語rothem (Genista Raetem) 荳科
가、열왕기上十九〇四、五(엘니야가 로뎀나무 아래서 죽기를구하야)(奇譯노가주나무 漢譯金雀花(곰답초)
나、욥三十〇四(로뎀나무뿌리로써 식물을삼나니)

二八、紫檀(シタン) (Fterocarpus santalinus) 荳科
가、열왕기上十〇十一、十二 (오빌노부터시러온 박달나무 (奇譯紫檀木、漢譯檀木)
나、역대下九〇十、十一 (同右)(漢譯檀木)
다、同 二〇八 (레바논에서……박달나무 (奇譯紫檀香、漢譯檀木)를내게로보내소서)

二九、亞麻 (Linum usitatissimum) 亞麻科
가、출애굽九〇卅一 (삼은꽃이핀고로 삼과보리는상함)

三〇、회양목(黃楊木) (Buxus longifolia) 黃楊科
가、이사야四十一〇十九 (광야에는……황향목 이나게하야)

聖書研究會記

나、同 六十〇十三（레바논의영광이 네게이르리니 곳……와
황양목이라）

다、에스겔廿七〇六（깃딤섬(或구브로섬인듯)황양목에 상아로
꿈여 걸상을만들고）

三一、위성류(檉柳)（Tamarix Syriaca） 檉柳科
朝鮮栽培種 T. chinensis

가、창세기廿一〇卅三（아부라함이 브어세바에 수풀（𣁽譯능
수버들）을심으고）

나、삼우엘上廿二〇六（사울이 기브아에서 손에창을들고 수
양버드나무（漢譯垂絲柳）밑에 안젓음애……）

다、同 卅一〇十三（그뼈를가저다가 야베스 수양버드나무아
레 장사하고）

三二、석류(石榴)（Punica Granatum） 安石榴科

가、출애굽廿八〇卅三、卅四（청색、자색、홍색실노석류를만
드러）

나、민수기十三〇廿三（또석류와 무화과를취하니）

다、同 二十〇五（이스라엘자손이……석류도없고…라고 원망）

라、아가六〇十一（……석류꽃이피엿나볼때에）

마、同 七〇十二（……혹석류나무의 꽃이피엿나보자）

三三、桃金孃(テンニンクワ)（Myrtus communis） 桃金孃科

가、느헤미야八〇十五（……석류나무가지（𣁽譯花石榴、漢譯崗
拈）와……를취하야장막을지으라）

나、이사야四十一〇十九（광야에는……화석류（漢譯岡拈木）와…
가나게하고）

다、同 五十五〇十三（화석류가 질네를 대신하야나리니）

라、스갈야一〇八、十、十一（내가보니 사람이 홍마를타고 골
짝이에있는 화석류나무사이에섯고）

三四、고새(胡荽)（Coriandrum sativum） 繖形科
（山林經濟、方藥合編出）

가、출애굽十六〇卅一（이스라엘사람이 그것을만나라하니 모
양이 왕골씨（漢譯莞荽仁）같아서）

나、민수기十一〇七（대개 만나는 왕골씨와같고）

三五、烏木(黑檀)（Diospyros Ebenum） 柿樹科

가、에스겔廿七〇十五（……오목 을예물노네게 가저오고）

三六、두대나물(戀茄)（Mandragora officinarum） 茄科

가、창세기卅〇十四（밀추수때에 투우벤이 밭에갓다가 두대
나물（𣁽譯合歡菜漢譯風茄）을얻어 어미레마에게 드렷더니）

나、아가七〇十三（두대나무에서 향기가나고……）

三七、甘松香（Nardostachys jatamansi） 敗醬科

가、아가一〇十二（……나도기름이 그향기를 발하는도다）

나、수 四〇十四（밋나도와……）

다、요한十二〇三 參照

三八、콜도신드(コロシント)（Citrullus colocynthis） 葫蘆科

가、열왕기下四〇卅九（한사람이들에가서 채소를거두다가 들
외덩굴을맛나……）

三九、외(キウリ)（Cucumis sativus） 葫蘆科
수박(スヰクワ)（Citrullus vulgaris

가、민수기十一〇五（우리가생각건대 애굽에잇을때에는 값없

이 생선과 외와수박과 부초와파와 마늘을먹었더니)

四〇、박(葫蘆) (Lagenaria vulgaris) 葫蘆科

가、요나四〇六 (하나님여호와께서 한박넝쿨(漢譯蓖麻)을에비하사……)

植物의種類는 以上과 같다。一一히 形態 効用 聖書解釋上關係 傳說等을 詳細히 배우다。標本 寫眞 等이 있어 便宜가 좋았다。聖書植物을 앎으로써 聖書에 나타나는 事實을 더明確히理解할수있음을 알겠다。例之、두대나물(合歡茶 戀茄)는 이것을 가지면 婦人들이 妊娠할수 있으며、또 男子를 끄는힘이 생긴다는 風習이 古代에 있었다 한다。이것을 알고 創世記三十章에 나오는 레아 와 라헬 間의 두대나물로 因한 葛藤을보면 理解키 容易하다。또 에레미아에 나오는 (에레미아一章十一) 조단행은 잎은봄 치위속에서 第一먼저피며 히부리사람들이 甚히 貴重히 역이는것으로 四、五月頃이면 벌서 果實이 市場에 나온다고한다。조단행은 히부리말로 샤겟드 (覺醒者의意)라고 한다한다。嚴冬이 아즉 사라지기도前에 눈같이 高潔하게피는 조단행은 天然詩人인 에레미아 에게는 잠자는百姓에게 覺醒을告하는 아버지의 말슴으로 보였을것이며 눈물의 豫言者인 에레미아게는 最初의 默示를 그한가지에서 받았으리라고 容易히 推測할수 있다。

또한가지 聖書植物講義를 받는中 特히 느끼는것은 植物의飜譯이 함부로 된點이다。原書에는 똑 같은 植物名이 國文으로는 여러가지로 飜譯된것이다。이것이 어찌 植物名에만 그쳤다고하랴。

밤 마가福音研究第四講。

十章一七—二二에나타난 青年에關한 講義에 일으다 實地問題에 비최여 說明하시고「最大의決心이 最小의實行도 못한다」하시는 말슴에 스스로 回顧反省함이 많다。

一月三日(木) 晴

世界歷史 第五講、歷史의分量이 많어 午前과 밤을 通하야 講義하다。鍛鍊期──피스카山上의展望。

紀元前 人類의歷史는 모—든事實이 基督教를 中樞로하고 轉換하여왔으며 三十萬年의 人類의歷史는 한精神的完成을 目標로하고 왔음을 볼수있다。또 極端의 排他的인猶太民族속에서、더구나 不運한民族의 가장 不運한時代에서 基督教가 나온것과、現代科學으로 보아서 奇蹟과 復活의 甚한 矛盾을 띠우고、또 來世를말하는 極히 非現實的인 基督教가 가장現實的이오 科學的이오 物質的이오 分析的이오 感情的인 歐洲에서도 燦然이 빛남은 무엇때문일가。

最高의高原 最大의山脈 廣漠한平野와沙漠 長江 이偉大壯嚴한 亞細亞의天然속에서 平和를 좋아하는民族、精神的인 綜合的인民族속에서 基督教는 새빛을 날날이 올것을 굳하야 누가否定하랴。要컨대 人類의歷史는 苦難

의歷史요 愛의歷史다。「人類歷史에서 愛를 빼내면 死骸뿐이다」라는 古人의말은 果然 名言이다。

近代史에 이르어 우리 젊으니의 피를 끓게하며 悲憤케하는것은 米國의歷史다。아름다움이여 建國의精神！ 그러나 그들은 어느方向을 걸어왔으며 또어떠한方向으로 걸어가고있는가？윌손의 큰理想은 舊大陸의狡猾한老政治家들발톱아래 짓밟혀 버렸다。이것은 人類의 一大痛歎事。

午後 宋斗用氏司會로 座談第三會가열리다。要點은、

歷史를 通하야 攝理를 깨닷자。

마가福音一章一節과 마가人物에對한 感想。

사랑은 모ー든것을 이긴다。

웨속지 않느냐。적은일에도 充實하자。

예수 그리스도 안에는 모다平等이다。

宋斗用氏 信仰經歷에 느낌이 많다。

밤 世界歷史第六講。

世界史의總決算日이다。人類는어데로가나 歷史는 무엇을 말하나。人類의歷史는 苦難의歷史요 失敗의歷史다。예수의 一生은 人類歷史의 씸볼이다。우리는 罪惡을 通하야 正義의法則을 찾을수있고 풍성한 恩惠를 發見할수있다。

一月四日(金) 晴

아침에 會員一同은 梧柳洞앞山에 오르다。

눈에덮인 北漢과 冠岳의靈峰들이 아침 해빛을 다토며 漢江의 푸른 물결이 千古와 다름이없이 오즉 낮은곳으로 흐르고 있도다。이마에 손을얹고 힘주어 西天을 보았으나 朦朧하야 黃海를 보지못하겠도다。

내가선 발밑을 굽어볼때 옷을빼앗기고 살을 찢기우고 헐벗은 가엾은山이 나로하여곰 길게숨쉬게 하는도다 어찌 山의荒廢를 歎息하랴。兄弟여 먼저 마음의山에 植木하자。兄弟여 먼저 마음의밭에 상기를몰자。그나무에 물주고 그밭에 씨들이자。

怨妄할줄만알고 感謝할줄 모르는 百姓이 感謝할줄알게、버릴줄만알고 심을줄 모르는 百姓이 심을줄알게、거츨은 그밭을 갈일이 바쁘도다。

午前 마가福音研究第五講。

남은分量이 많고 時間이 짧음으로 詳細한 말슴을다 듣지못하니 遺憾이었다。信徒로서의 奇蹟에 對한 態度와 復活에關하야 하신말슴은 우리信仰의 土臺라고 믿는다

우리는 感謝의 祈禱會로 이貴重한 研究會를 解散하다

歸途로오르며 感謝한마음한便에 極히 遺憾으로 생각되는것은 이貴重한 모듬을 좀더 여러兄弟들과 함께못함이었다。또 負債만 지고가는 나自身도 언제든지 이負債를 갚을수 있어야할것이다。最後로 申兄의 健康을 回復하야주사 다음 모듬에는 함께 參席하게 하야주심을祈禱하며 이붓을 놓는다。

(一月十一日밤 金先生의健康도 아울러빌면)

城西通信

十二月十八日 (火) 新年號의校正이 시작되다。年末集會를爲하야 特히 일즉發行하고저 함이다。

十二月十九日 (水) 連日 學校에서는第二學期考査로 監試와採點。저녁부터 밤十時半까지 印刷所에서 校正하고, 자정 가까워서야歸宅하다。小人일지라도 閑居하지 못하니 于先은 不善도 없었든가보다。

十二月二十日 (木) 學校에서 監試의責을 다하고는 印刷所에就하야校正또校正。今日우리印刷所 植字科長은 假刷한것을卓上에 던지면서 憤然히 말하였다『聖書朝鮮二十四頁는 다른雜誌六十頁보다도 더힘듭니다……』라고。이어서 支配人으로부터 그理由를說明하고 印刷料引上의 提議가있었다。六號活字와 고식活字를 많이使用하는것、組版과校正을 까드럽게 하는것、用紙와 印刷에識別이 細密한것、目次頁로부터 版欄外에 至하기까지 餘白을 남기지 않는것等々、도모지 이런難物은 創業以來처음 일이라고하니 오직恐縮할뿐이다。아직도 우리의 欲望대로 하라면 用紙로부터 活字와 印刷의鮮明度等에 注文하고싶은것도 不少하것만、現在의朝鮮에서는 이것만한 程度以上에拔秀하기는 于先 斷念하는수밖에 別途가없다。凡事가 다 그社會와 步調를合하야 進步하는感을 切實히 느끼다。印刷術의 發達이없는 社會에서는 아모리뽐내여보아도 高級雜誌(或은著書)는 出現할수없는듯하다。

十二月二十一日 (金) 朝鮮人口二千四十三萬八千一百八人中에서 文盲의數가 一五八八萬八千一百二十七人이라고 國勢調査의 結果가發表되였다(昭和五年十月一日現在)。寒心事! 文字解得하는者 四百五十四萬九千九百八十一人中에도、聖朝만한程度의 漢文字섞은것을 可解할사람은 百萬에未及하리라고。이數字로 보아도 福音을 이百姓에게 傳하랴는바엔 平易하고도 또平易하게 써야할것이었만 當分間은 容易히 곧혀지지안하니 이것도 寒心。한글만 아는사람이 三一五六四〇八人이니 이것이朝鮮讀書界의 中堅層이다。

十二月二十四日 (月) 第二學期成績調製完結。擔任班에 優等生三人 其中一人은平均九十三點 二人은九十一點이다。比較的年少弱身으로서 平常時에도 每日새벽四時부터起床 努力한結果로 如斯한成績을 지었으니 敬畏할만한人物들이다。敎師라는稱號를 받는立場이 限없이 괴롭고 두렵다。後進이可畏。

十二月二十五日 (火) 例年과같이 새벽에 크리스마스 찬양대來訪。感謝와歡喜로써迎送。

十二月二十八日 (金) 高敞高普校長金宗洽氏來訪하야 들은것도 많고 생각 나는것도 많았다。(一)前校長沈駿燮先生은 多年間病苦에도 不拘하고 참된意味의信仰的鬪士로서 生活하신다하니 後輩의勇氣倍加함은 當然한일。(二)現校長에 이르기까지 創立以來 歷代의校長이 모다基督者이라는 原因을 찾다가、그設立者인柳富安左衛門氏가 無類의 篤信者이었다는 事實을、알고보니 찬송이 스스로 하나님께 돌아간다。저처럼 徹底한 信仰의人은 水原서 들은 乘松雅休氏와 並하야 두번째所聞이다。果然 하나님의뜻을 行하는者가 나의兄弟오 親戚이로다。(三)『…校長이되면 手腕이있어야한다고하나 大體로 手腕이라는것이 어떤것이오?』하고 묻는校長을 校長으로가진 學校는 福스러운學校다。저는 다만 胸襟을열고 誠心誠意를 다하는外에 다시策略을 모르니 可是 天下의異觀이라 할것이다。世上도 意外에賢明하야 可히責任질만한 人物에게 學校의重任을 지운것은可하나、好學의君에게 俗務가 煩多할가함이念慮다。(四)東奔西走의 몸인 金校長은 勿論 우리의冬期集會에 參席치못하고 惜別하였다。생각건대 君도學生時代以來로 聖書硏究會의 主要한 一員이었고 再昨年까지도 全州에서 일부러上京參席하였었다。其他에도 좋거나 굳거나 紛忙한地位에出世하야 聖書硏究같은 閑暇한일에는 參席치 못하게된친구가 한두사람뿐이아니다。

이제 가장不足한人間、八朔이 못찬者 數人이 남아서、少數의兄弟와 함께 歷史를 工夫하며、福音書를 講할것을생각하면、나스스로가 自我를 嘲笑하는듯도하다。그러나 우리가 自願하야 擇定한 길도아니니 이끄는대로 끌리는수밖에 別途없다。○君을 보내인後에 밤十二時餘까지 손수謄寫板을 밀어서 마가福音硏究의 目錄을製作完結하다。

十二月二十九日 (土) 깨니 오늘이다。하여야할準備도 다하지못한대로 가슴을鎭靜히면서 聖靈의親導를 祈求할뿐。午後三時車로 梧柳洞行。以下集會記錄은 柳達永君의 通信이있음으로 略。柳君의말은如下

『金先生님에게。

하로라도 速히 보내들이랴고、오든날부터 밤으로 繼續하야 썼으나、겨우 오늘밤에야 끝났나이다。몇番이나곧했으나 읽어보면 亦 마찬가지오。先生의힘을 조금이라도 준여들일야고 에는썼으나 旬節을 어떻게 떼는것인지、한줄을 쓰기가困難합니다。좀더 先生의 괴로움을 알겠나이다。

一月二日밤 先生의 健康을비오며

柳達永 上書』

柳君은 現在水原高農에在學中。저가養正高普第一學年에 入學하였든해에 나는 彼等의 擔任敎師로 任命된대로 저들의卒業하고나가는것을 餞送하였다。彼는 在學五個年間에 그學業에도 가장優秀하였거니와 그心情의 健實忠直함을 他人에게紹介하고저할때마다、나로하여금 눈물이 앞서지않고는 말하지못하게하였다。今番集會記錄도 내가 쓸作定이었으나、病床에누어있는 友人을爲하야 眞摯하게 筆記하기를 시작한 彼의態度를보고、나는 나의筆記를斷念하여버렸다。筆記의技能도 技能이어니와、그不自由한一友를 생각하는 適確한目的、그사랑의凝結、거기는到底히 他人의追從을 不許하는 氣勢가 뻗혔음으로、그 全記錄을 一般誌友에게도 共覽케하자고、割愛하라고 柳君에게 强要한것이다。讀者도 이內情을 알지않기를不願。

○誌友로부터 聖書硏究會에보낸 音信數通如左。

滿洲로부터『拜哲 뫃여서 성경을 연구하시는 여러분 가운데에 하나님의 은혜가 같이 하시기를 바람니다。特別히 만주에있는 불상한 우리 민족을 잊지않고 간절히 기도해 주시기를 바람니다。

十二月卅日 ○○○』

豆滿江邊에서『치운동절에 여러선생님의 건강을비오며、聚會中 主의 도으심 같이 하시며、성영의 도으심 여러분의信仰 우에같이하심을바라며、끝날까지 기쁨과 찬송中에 게심을 祈願하나이다。

咸北慶源郡 ○○○』

鴨綠江岸에서『今年엔 꼭가보려고 마음懇切햇었음니다마는 有意未成이었나이다。지난三十日밤에는 꿈에參與하여보았나이다 답々하든끝에 慰勞받는바는 主께서 貴聖會爲하여 祈禱하는것을 許諾하셨음니다。적은모임、自由롭고 生命있는모임、사람이 모르는것같으나 모든사람이 아는모임、근심하는者같으나 恒常 기뻐하는것、他人을 속이는者같으나 眞實한것、없는者 같으나 있는것、弱하게도 神의힘만을依賴하는것、다ㅡ그리스도께서 自己의 正體를 通하여 들어내시기에 合한것이 아닐가함니다。主의全的恩惠가 充滿하시여 世界를 相對로 일어선 갈릴리의 漁夫들이되시기를。새해의첫날 天來의强한勢力에 할수없이 끄을려가는 一無名信徒 ○○○은 삼가

聖書硏究會員僉位前에 올리나이다。』

仁川에서〔不得已한事情으로 集會中途에 退去한兄弟〕『우리主 예수그리스도안에서이 罪人을 사랑하야 주시는 여러先生님!그동안道體候萬旺하옵시고 集會에나리시는恩惠는 얼마나豐成하옵시며 肉體上困惱는얼마나 甚하십니까? 뵈옵는듯함니다。弱한 무릅을꿇어 能力의 우리아바지앞에 祈禱들이나이다。아ㅡ先生님들 小生이 貴會에서 떠나 이곳에온것은、꼭 乳兒가 젖을뗀은것이나 別差가없음니다。第一 저에記憶에 아직도 사라지지아니하는것은 咸先生님의 歷史뒷자리에는 生命의主님이 앉으신것을 極히 平和로신顔色으로 證據하시는光景이외다。우리아바지시여! 이江山의罪惡을 다

사루기前에는 꺼지지않을 불을 그곳에 나리소서。 ○ ○ ○ 上』

一月四日 (金) 午前마지 集會를 맞우고나니 자못 雙肩이 輕快하여짐을 느끼다。二年째 朝鮮에 有名한 梧柳莊山下에서 送舊迎新하였으니 우리의幸福이分에 넘치거니와 우리가幸福이라함은 世上이稱하는幸福만이아니다。某氏의 말과같이「大學講義를 하는데가大學이라」면 梧柳洞一週間은 우리가 要求할수있는 最適最高의 史學講座였다。昨年에 저와같은 朝鮮歷史를 배왔고、이번에 이와같은世界歷史를 들었으니、우리가 두려워함을 禁치못하는것은 우리에게 各其재간대로 金五兩重、二兩重或은 一兩重을 주신主께서、後日에歸하야 任置하였든것을 찾으실것이라는 두려움이다(太二五・一四以下)。宇宙歷史의運行에關하야 이처럼明瞭한意義를 證明받은後에도 오히려惰眠을 貪할진대、저는 큰禍를免치 못할것인故이다。

一月五日 (土) 午前八時車로 咸先生歸五。咸與李鎭英氏上京。李贊甲氏의 길案內로 市外弘濟外里 金桂恒氏의農막을 叅訪。恩平面內의 青年指導와 農村講習所等事業에 紛忙하다하면서、主人은曰『世上에 失業하였다고하면서 할일없어 답답하여하는 사람들의 心理가 알수없다』고。地方은勿論하고 京城市附近農村만하여도 大學卒業生數百名이 일할만한事業이 수두룩하며、恩平面內의 青年指導만하여도 中等學校卒業以上程度의 青年들數十名을 要求하는터이라고。新家庭의祥運을 빌면서辭退。

一月六日 (日) 校命에依하야 劇場에서 生徒들의 出入을監視하는날。夕에 新築後의 團成社에入場하니、階上은滿員이오 階下도 서서 보아야할만한 大盛況。場內空氣의不淨함은 一時間未滿에 頭痛을促起한다。職務上義務가 아니면 三十分以上견디기도太難事。그러나偶然히 今日映畵는 敎育的意義를 多大히包含한「母의手」라는佛國名畵이었다。그主人公로ー즈 라는女子의 褓母로서의 눈물 겨운行爲에는 몇번이나 感淚를 먹음지않고는 볼수없었다。生來에 웃을줄모르는 逆境의小兒에게 웃음을 가르키는 褓母의 溫情! 最惡하다는 아이의 사랑과信賴를 獲得한敎師의 사랑! 내가 우리生徒中의 不良한者를 얼마나 眞心으로 사랑하였든가고 생각하면 限없는懺悔의涙流 가슴을 흐르고있다。눈물 수습하기에 紛忙하였든탓으로、目的하고온 生徒監視의任에 忠實치못하였을뿐더러、이런名畵일줄 알았드면 全校生徒와 幼稚園以上各學校敎師들과 各家庭父母들과 함께觀賞하지못한것을 後悔하면서 돌아오다。世上에 요란한 토ー키ー(發聲映畵)도 이것이 처음。

一月十日 (木) 誌友의嘉信에接하야 疲勞後의元氣를恢復。仁川에서『우리主님 사랑하시는恩寵가온데 先生님 氣體安寧하옵시며 宅內 均安하시옵기를 祝願하옵니다 저는 언제나 聖書朝鮮을대하면 우리主님에 무한하신 恩惠와其生命에能力이 先生님과 함께하서서 恒常役事하고게심을 더욱 切實이 느끼는가온대 감격한마음을 금치 못하오며、저의 어리고 약한靈은 우리生命이되시고 힘이되시는 우리主님을 더욱더 사모하는마음 간절하게되옵니다。

聖朝誌를通하야 人間의中心에서 살아옴지기시는 예수그리스도를 보는者가 더욱더 많게하여주옵시고 딸아서 其生命에부듸치게 하여주옵소서 간구합니다(下略)』

一月八日 ○ ○ ○ 拜上』

○始興에서『(前略) 小生에게 한兄弟같이 지내옵는중、長老敎會傳道師로 敎會擔任中 平壤神學에 뜻을두옵고 科學을研究코저 小生에게 留하고있나이다。그亦 聖書朝鮮을 小生에게 빌려읽고는、以前에 不信을 自服하고 마더이다。이때까지 智識으로 傳道하고、外飾으로 農村信者를 威壓하려 努力한것을 말하더이다。참으로 聖朝를읽고 깨닫지못하는者도 마음이豊富한者이요、서귀之心을 가지고있는者로소이다。聖朝가널리 半島江山에퍼저 眞正한朝鮮敎會가 터잡히기를 祈願하나이다 忽忽이만 上書하나이다。

一月十日

小生 ○ ○ ○ 上書』

取次販賣所

京城府鍾路二丁目八二 博文書館
京城府鍾路二丁目九一 耶穌敎書會
京城府堅志洞三二 漢城圖書株式會社

昭和十年一月廿六日 印刷
昭和十年二月一日 發行

編輯兼發行者 金敎臣 京城府外龍江面孔德里一三〇ノ三
印刷者 金鎭浩 京城府堅志洞三二
印刷所 漢城圖書株式會社 京城府堅志洞三二

發行所 聖書朝鮮社 京城府外龍江面孔德里活人洞一三〇ノ三
振替口座京城一六五九四番

【聖書朝鮮】第七十三號
昭和五年一月二十八日 第三種郵便物認可
昭和十年二月一日發行 每月一回一日發行

【本誌定價十五錢】

主筆 金教臣

聖書朝鮮

第七拾四號

一九三五年 三月一日發行

昭和五年一月二十八日第三種郵便物認可
昭和十年三月一日發行(每月一回一日發行)

目次

日露戰役座談會

日露戰役 滿三十週年을記念하는 許多한事業中에 當時의叅戰將卒의生存者로 된 回顧座談會라는것이 到處에 열리고 또 그러한會合의速記錄이 大小新聞에報導되여 多大한興味로써 우리는 그記事를耽讀하게되였다。大新聞보다 시골小新聞의記事가 우리興味를 더욱 일으키는것은、當時의叅謀本部或은司令長官의地位에 있든이가 當時의作戰用兵의機微를說明하는것보다、一個無名의卒兵이 或은高粱밭 속에서、或은塹壕속에서、或은豪雨暗夜中에、어떻게突進하였으며 어떻게 숨었으며、어떻게 쐈으며、어데에敵彈을 맞아 얼마동안이나氣絶하였다가、意識이蘇生하때는 戰勢어떻게轉換하였더라는 實談이 우리를 울게한다。故로 大機關을所有한 一流의新聞社들이 當當한閣下諸將星의談片을記載한것보다 只今은朝鮮이나 滿洲에流離하면서 煙草小賣商이나或은某某官廳의下級使人이되여있다는 이들의回顧談이 活氣가많다。저들 無名의兵卒들은 只今도 말한다。「우리는 右翼이 어듸로 돌아오는지、左翼이 몇時에나到着하는지 도모지 몰랐다。大局이 어떻게 될것인지는 勿論알수없고、앞에 가든一大隊가全滅되는것을보고도 그 뒤를따라 前進한것뿐이었다……」고。저는 作戰計劃을不知하였다。다만 日本帝國臣民된者의義務를 다할줄 알았다。우리는 新聞紙에 엎드려 그윽히 눈물을 뿌리지아니치 못하였다。尊敬할만한兵士여! 子孫들께 일러주라、온世上에 자랑하라、그대들의 爀爀한生涯를。비록三十週年이 되는 今日이라고 하여도 當時의司令官되는地位에 있든이로서는 當時의慘絶하든光景을 참아歷史的物語처럼 辯舌에表現할수는 없다하니、이는 乃木大將의「征馬不前人不語」라는 詩句그대로이다。무끄러미 보구는 섰을망정 참아 口舌에 부처 形言할수는 없는光景이었을것이다。우리는 滿洲의地理를工夫할때마다 山川草木轉荒涼 十里風腥新戰場。征馬不前人不語、金州城外立斜陽。이라고 口吟하야、亞細亞東端의小島帝國이 能히露西亞大帝國의强兵을 擊退하든奮戰의全貌를推想하는者어니와、또한滿洲의廣野를縱橫하면서 勇士들의戰跡을巡禮할수있는이들의 幸福을 부러워 하기도 한두번만이 아니었다。

돌이켜 생각건대、우리가 世上戰爭의勇士들의 述懷談에感激하는것은 우리도 조그마한兵卒의一員인까닭이다。다만 우리의戰鬪는 銃劍으로싸우는일이아니오、우리의敵은 눈에 보이는敵이 아닐뿐이다。그리고 朝鮮에三十萬敎徒가 있어 或은長監理敎、或은聖潔敎、非敎會等等의 分派가있으니、이는 第一軍과第二軍 또는某師團과某聯隊의類에不過할것이 아닐까。저들이各自의信條대로 將次天國에 들어간다고하고、거기에서 一大座談會가 열린다고하라。나는 그리스도를 爲하야 어느塹壕의 한덩이 흙을 팠으며、主를爲하야 어듸에傷處를 받았으며、天國을爲하야 무슨損害를 받았다고 報告할까。오히려基督의名義를利用하야 就職運動을有利하게한일은없었든가。神學校卒業이란條件으로써 都會地에高級으로 就任된일은 없었든가。將次 天國에 열릴터인바 우리의座談會를比較聯想할때에 나는 드듸어放聲呼哭하지아니치못하다。

植木의心理

우리의祖上들이 무슨偉業을 致行하였으며、어떠한 자랑꺼리를 後裔들에게 물려주었든것을 一一히 알지도 못하거니와 지금 새삼스럽게探求하고저 하지도 않는다。다만 大綱한것만 살펴보아도 우리들께는 現代列强이 자랑하는 所謂重工業의發達이 없었음은 勿論이오、文益漸이棉花씨를輸入하였으나 이날이 그날이오、八道江山에農事가 쉬인날이 없었으나 神農氏가傳授한方法에서 一步도 나아감이 없었다。世界에比類없다는 한글을制定頒布한지가 五世紀를 지났어도、頒布한 그날보다 退步는 있었을망정 一步의改善은 없었다。돌아볼수록 「따보로」이오、생각할수록 옹졸한것이 우리들일이다。

發展이없고 生産이없고 進就가 없으면서도 우리의 집집마다、村落마다、都市마다 中斷없이 棉棉하게遺傳하며、年年歲歲에興盛하여가는것은 우리의 高利貸金業主義다。祖上以來로 우리들께는 貸金業처럼 的確하고急速하고安全無比한産業은 다시없는듯이 생각되였든듯하다。故로 五百年前의禾穀과五百年後의禾穀이 一樣一體로 그可憐한姿態를 免치못하였을지라도、貸金業만은 戶數로 늘어가고 그姦巧한智彗로도 更一增 進步하였다。

우리는 貸金業의可否를 經濟學者나倫理學者와한께 論議하고저 함이아니다。다만 그 貸金業으로써 速成과安全無比의産業으로 알고저하는 그心理를 可憎히 여기는바이다。이心情이支配하는곳에 農業의改良이있을수없고、工業의發達이있을수없을뿐더러、今日있는外에 明日이있을것을 모르고、今年秋收있는外에 明春種子가있을것을不計하며、自己가있는外에 兄弟가있음을不知하는故로、드듸어現世가있는外에 來世가 옴을 깨닫지못하는故이다。

저들은 白頭山麓의處女林을 採伐할줄은알았어도、다시植木하여서는 自己囊中에 넣을수없는줄 알았음으로 的確한利子가 붙는일만選擇하든結果가 今日의半島江山을 만들어낸것이다。우리가 아무리 貸金業主義者아닌것을辯明하기에努力한다할지라도 三千里헐벗은江山이 우렁차게 「노—」를呌呼할것이다。

造林은 高利貸金처럼 그利가 높지못하고速하지못하고 安全하지못하다。그러나 나무를 심어두자。盜伐을當하는수있을지라도、自己當代에收入이없을지라도、原野에 심으고 山岳에 심으고 路傍에심으고 또 울타리에 심어두자。그리하야 헐벗은山河에 옷을 닙이자。特히 天國을本鄕으로思慕하고사는基督信者여 植木하자。個人으로 共同으로。春三月은 바야으로 植木의時節이다。一人一木이라도可하니 植木으로써 봄을 맞으라。三十萬敎徒에三十萬本、二千萬同胞에二千萬本은決코 적지않다。器具없다고 핑게말고、손톱으로라도 심으라。萬一 苗木이 없음을念慮하거든 포플라를揷木하라。揷木도植木이다。하나님을 사랑하는者는 兄弟를 사랑하라。마음에植木하는者는 大地에植木하라。

第一二三四五日

第二十世紀의 시작하던해 四月十八日（陰辛丑年二月三十日）붙어 今二月三日까지는 滿一二三四五日이다。昨年三月號에 第一萬二千日의 所感을 쓴後에 발서 三百四十五日을 더 살았다。但 그 하루하루를 果然살았는가。

깊은 思索家와 熱心한 學者와 부지런한活動家는 그各自의 職務에 耽醉하기 따문에 自己의 年齒도 忘却하는 수가많다하니 이는 偉人의 特質이라고나 할것이어니와、他方에는 昨今이 如一한 生涯가 水車의 輪轉처럼 돌아가노라고 昨日과 今日의 意識이없이 醉生夢死의 機械的一生을 마추는者도 적지않다。그러나 우리는 일부러 醉生夢死를 본받고저하는者 아님은 勿論이오、後日의 偉大한業績을 爲하야 하루 하루의 삶을 沒却하기를 願하는者도 아니다。차라리 하루의 삶을 意識하고 살며、참으로 살고저하는者이다。

乳兒가 成長할때에 七日 三七日 百日을 記念하나 첫돐이 지난後로부터 還甲宴을 設하기까지는 거의 그生을 沒却한듯이 보내는것은 何故인가。特別한幼兒 또는 高齡老人이 書畵를 携毫하면 기어히 七歲書라든지 八八翁書라든지하야 그 年歲를 表記하나、三十歲書라든가 四旬書라는 表記는 東西古今에 볼수없으니、前者는 新奇한탓이오 後者는 平凡한까닭이다。生氣潑潑하야 日就月將하는 滿潮期는 時刻時刻이 奇異하고 興味있으며、衰退하는 老人의 退潮期는 또한 現著하게 着眼되는것이나、오직 中年의 滿潮期는 누구나 感覺이 等閑한까닭이다。故로 生理的生命、눈에 보이는生命만을關心하는이들이 七日、三七日、百日을祝賀하고 還甲宴을 크게設함은可然한形勢라할것이다。

마는 基督信者에게는 確實히 二重生命이 있다。있어야한다。저의 生理的生命은 世上사람과 마찬가지로 七日、三七日하고 計算할때에 速成하고 中年에 遲遲하며 還甲後에 衰退할것이나、이는 使徒바울이 이른바『날날이 朽敗하는 外表의人』이오 그「속사람은 날날이 새로워지는者」가 있다（고后四章十六節）。이「속사람」의 生命은 幼年期보다 長年期가 遲鈍하거나 老年期에 衰退하지도 않을뿐더러、七日보다 三七日에 三七日보다 百日에 百日보다千萬日을 지날수록 加速度的으로 活潑하게成長하는 生命이다。故로 이 속生命을 發見한사람은 生長의 興味를 百日前에 限하지 않으며、衰敗의 悲哀를 還甲宴에 演奏하지않는다。이런 見地에서 볼때에 人生의 正午를 걷는第一二三四五日의 生涯도 單只 그 數字의 配列이 奇한것이아니라 實相은 그하루의 生命成長이 驚異한것이다。

四十壯年도 그父母의 눈에는 오히려 幼弱하야 不安하거든、하물며 하나님아버지 膝下에선 우리의 年齡에 어찌中年이 있으며 또한 老衰가 있으랴。百날前乳兒의 成長이 어제오늘이 다른것처럼、우리의 生長은 날마다 括目相對하여야 할것이다。第一二三四五日의 內生命을 驚異의 눈으로써 意識하고 살아야 할것이다。但 今日나의 現狀을볼때는 나의머리가 깊이 숙어지는것뿐이오、그리스도를 仰見할때만 내가살도다。（一九三五年二月三日記）

聖書的立場에서본朝鮮歷史

咸 錫 憲

二、受難의五百年

一、受難時代 興安嶺上의 展望으로붙어 始作된 우리 歷史는 그동안에 四千年의 時日을지낫다。그悠久한歲月을 우리는 몃個의時代로 난화보앗고 그各時代는 제各기 獨特한 意味를가젓다。우리는 檀君時代의 崇高한創業을보고 敬慕의 念을가젓고 潑潑한列國時代의 成長을보고 손을들에 祝賀하엿다。三國이 피땀을흘려 覇를다투는 鍛鍊時代를보고 두주먹을 불어쥐고 치를떨다가 新羅의 貧弱한 統一을하는 誤算을보고는 니를갈엇고、懦弱한高麗가 失機함에 맛쳐서는 쥐엇던주먹으로 땅을첫다。

(以下四行略)

四千餘年 朝鮮民族이지어온 그歷史變遷의大勢는 그들이 살어온 滿洲朝鮮의 山勢와같다 할수가있다。檀君時代前은 그살던滿洲平原과같이 偉大한草野의時代요 檀君時代에 들어와서는 그雄據하엿던 白頭山이、滿洲朝鮮의 正氣를 한대모아 雲表에솟는것같이 朝鮮民族이 빛나는理想을가지고 偉大한歷史의 礎石을놓던時代다。天池에괴이는 萬古의精氣가 넘처서흐르는 흐름을따라 山麓으로나려오면 南北으로 高臺가열려 群龍이交走하는듯 얼크러진山系에 海拔數千尺의 峻嶺들이 제각기雄姿를다투고 있으니、이는 한줄기 에서 퍼저나온 各나라들이 서로서로 그偉大한 使命을다하려 다투던列國時代에 比할수있다。蓋馬高臺를 떠려저 南으로 半島에나려오면 東西兩朝鮮灣이 左右로먹어들어 地幅이갑작히좁아지고、馬息嶺에達하야는 白頭山의宗脈을傳하는 脊梁山脈도 하마끊이려는듯하니、이것이 漢族의侵入으로 一時困厄하던 時代에當할것이오、끊어지려는듯 하던山脈이 鐵嶺에서 다시솟아 漸漸高潮를일으켜 드디어 萬二千峯의 金剛을 보게되니 이것이 氣운차고 빼나고 아름답고 險하고 妙하고 雄壯한 三國時代 文化를 表示하는것이다。그러나 白頭山以南의山氣가 金剛으로 絶頂인것같이 檀朝以後의朝鮮歷史는 三國時代로 最盛期를 일운다。新羅가 統一을하고 그文化에 볼만한것이 비록있다기는하나 要컨대 太白山脈의 南端을일우는 太白山의形勢에 不過하는것이오、高麗에들어와서는 이미脊柱가傷하엿스니 社會的으로 發達한 點은없지않으나 歷史의方向은 確實히變하엿다。南으로 直下하던山脈이 여긔서붙어變하야 西南方向을取하게되며 太白山에서붙어는 山勢가漸漸잔줄어지고 分散이되여 島嶺 秋風嶺을 간신히 일으키고、智異山에니르러 最後的努力을해보고는 脊梁의主脈이 아조形跡을잃고 말엇으

니 恰似히 高麗一代의歷史를 보는듯 하지않은가。이제 우리가보려는 李朝五百年의歷史는 智異山南에 갈기갈기 갈려지는 小白山系의 倭弱한山脈들이다。

(以下八行略)

二、中軸이부러진歷史 무엇때문에 受難인가。두말할것없이 그다하지못한 責任때문이오 그잃어버린 理想때문이다。李朝一代의歷史는 一言으로하면 中軸이부러진 歷史다。中軸이 부러젔는故로 受難이다。何必李朝의派革이 甚했는가、何必李朝에外患이 많었는가、何必李朝의教學만이 弊害가尤甚하였는가。이모든것은 中軸이 부러젔다는 事實을 모르고는 正解할수없는 일들이다。우리는 우에서 李成桂가이기고 崔瑩이敗할때 理想主義가죽고 現實主義가이겼다고 하였거니와、理想主義의貴함은 반듯이그 理想이實現되는대 있는것이아니다。現實의 卑近한것보다 理想의高遠한데 따르려는 그精神、그氣概에있다。人生은 意氣에感한다고! 人類의歷史에서 理想에 살려는精神과 價値에살려는 氣概를除하여보라 같은것은 軸이부러진수리와 棟梁이꺾긴집뿐이아닌가。그런데 李成桂는 그것없이 建國을하였다。그가 創業을하였다고 하기는하나 그는 德望에依한것도 아니오、眞正한 意味의革命에依하야 된것도아니다。그에對한 種種의傳說이 이를證明한다。民衆이란 언제던지 公正한批判者다。利害의달램에 惑하기쉬운 故로 歷史上에 같은 民衆의行動은 公正에反함이많으나 是是非非의判斷만은 제대로남아 傳說로나려온다。傳說은반듯이 事實이기를 要求치않는다。往往荒唐無稽한 말로써 되는수있으나、恒常 同情할者를同情하고 미워할者를 미워하는것만은 變함없다。故로 李太祖를따라 高麗朝를滅한사람들도 良心에서나오는 그에對한 判斷을어길수는없었다。太祖에對한傳說이 여러가지이나、우리는 그의德을 讚揚한말을 別로듣지못한다。힘이强하야 손으로鬪牛를뜯어놓았다는 말이있고、활을잘쏘아 百發百中하였다는 말이있으며、奸計가깊어 李豆蘭의第宅을 빼섰다는 말이있고、深謀遠慮하야 王氏를모도실어 水中에넣었다는 말이있으나、두터운德이있고 넓은容納이있었다는말을 들을수없다。朴赫居世도 聖德이있었다고、王建도寬仁大度했다는대 李太祖에게서는 그를볼수없다。崔瑩이人物인까닭도있겠지만 二가죽음에 村婦牧童까지 슲어했다는 것을보면 大槪當時사람들이 李太祖의革命에對하야 心贊하지않는것이 많었음을알수있고、禑王을放追함에 그가馬上에앉어 오늘은 이미日暮하였으니하고 哀訴함에 左右다눈물을흘렸다는 말을듣고는 創業主로서의 李成桂를爲하야 이다지도 하는感을禁할수없다。이모든것들은 그가 武勇의人이오 策略의人이오 野心의人일는지는몰라도、德의人이오義의人이아님을 말하는것이다。故로 그의建國은 德望에依

한것은 勿論아니오 正義感에呼訴하야서된 革命에依한것도아니다。暴力에依한것이오 術策에依한것이다。

그렇게말함은 決코 李太祖의功勞를無視하자거나 그의人物을貶下나하자거나 하는뜻에서 나온것이안이다。그의德의有無는 莫論하고 적어도 亂脈에빠진 麗朝末의國政을收拾하고、비록根本的은 못되나마도 社會에 어느程度의新氣運을 넣어준 功勞를 否定할사람은없다。또 그의人物을貶下하야서 快할것도 利益있을것도없고 設或貶下한다기로 그는 李太祖를 決코 匹夫李成桂로보고 하는것이아니오 當時朝鮮民族의 代表者로보고서 하는말이다。不德者가 創業主가되였다면 그百姓의民志가 떠러젔단말이오、野心家가 統治者의位에올랐다면 그社會의良心이痲痺되였단말이다。아무리 未開한時代에있어서도 建國의大業은 個人의힘으로되는 것이아니다。그民衆이 許하고그時代가 도은後에야 可能하다。野心과術策으로 國王의位를얻엇다면 朝廷에忠義의 介士없었단말이오、朝廷에一個忠義의士를 살려두지못하였다면 그는 그社會에 介士를 먹여길을만한 正義의 水源이涸渴하였단 말이다。勿論麗末에도 一部淸節의士가 없었던것은아니다。開城에는지금도 不朝峴이있고 杜門洞이있어 李朝에屈치않었던사람의 자최를말한다。그러나 그것이 當時朝鮮社會를 움즉일만한 生命力을 가지지못하였다。故로杜門洞은 杜門洞으로끝첬다。民族의浮沈에 關한일에對하야는 責任者는언제나 民族그自體다。當時朝鮮사람은이믜 民族的良心이痲痺되여있었다。그런故로 李朝五百年의歷史는 中軸이부러진 歷史라는것이다。그러고 이는 決코 偶然히 갑작히온일이아니오 그由來하는 깊은原因이있어서 된것이다

中軸이부러진歷史! 그것이正軌를밟아 正道를나갈수있을理가없다。五百年間의일은 그저 失錯이오 顚倒요 破損이다。當初붙어 以小事大를 標語로삼고된 苟且한建國이라 苟且안인것이없다。내나라를가지고도 남에게주었다가 다시빌어받기에 힘이들었고、내스스로된 님금이것만도남의承認을얻기에 羞侮가莫甚하였다。그러면서도 二三의君臣을除하고는 모도憤慨함도悔恨함도없이晏然히지났다。

國初에 不祥事가 爲先 宮中에서나니 이것이 利로와세운 나라의將來를豫表하는 序曲이었다。太祖의아들이 여럿이었는데 그들사이에 王位繼承의 다툼이생겨、天下의公眼은 이무서운 因果의法則을 보시오하는듯이 都城內에서로軍士를끌어들여 싸운結果 서로서로의목에 칼날을꽂고말었다。太祖는 悲痛과憤怒를못이겨 咸興으로나려가고咸興差使의 이야기까지 생기였으니 그의末年은 實로不幸한것이었다。그러나 그는

「王은어찌하야 利人말슴을하십니까、仁義있을 따름입니다。…………上下가 다 서로利만다투면 남의것을빼

受難의五百年

六

지않고는 말지않습니다」하는 孟子의말을 일즉붙어 銘心했어야할것이다。 그慘事의原因은 「一夫多妻主義에만 있는것아니오 太祖의失策에만있는것아니오 實로 崔都統의목이떠러지고 鄭圃隱의머리가 부서지던때에 발서생긴것이다。 王子의싸움은 決코 王子들의 兄弟싸움만이아니다。 일이거긔까지 니르게되는것은 背後에 그것을빚어내는 名利輩가있어서 하는것이니、그名利輩는 太祖스스로 끌어들인것이오 不奪不厭의 그哲學은 太祖몸소 가르친것이다。

三、虛에돌아간世宗의治 그러듯 中軸이부러진 歷史인지라 모든努力이 다쓸대없다。 制度의整頓은 돌이어歷史의車輪의運行을 더디게할뿐이오、數學의奬勵는차라리 그顚覆의原因이될뿐이다。 世宗一代의文化는 이렇게보아서만 그眞意를 알었다 할수있다。 王은本來 天資가잘나고 學問을좋와하였으며、在位三十二年間 政治에힘을써舊弊를덜며 새것을 創制하야 一代의文物이 燦然한것이있었으니、世上이높이어 李朝一代第一의聖君이라함이 決코偶然이아니다。 그러나 王의그治績은 朝鮮歷史의核心에든 病을곤히지못하엿다。 故로 그돌아간지얼마가못되여 그功績은大部分이 묻허지고말었다。

王의經綸에 中樞가된것은 集賢殿이다。 이것은 即位翌年에 곧둔것으로 才智있는선비를모아 學問을講究하며 國事를議論케하야 「人才를길러 쓰자는것이다。 그結果「培養數十年에 人材가輩出」하였다。 그學問은 勿論儒敎의經典을 主로하는것이라、故로 거긔서나오는 政治思想은 王道主義였다。 王의理想도 그것을實行하자는것이었다。 太祖가 나라의體軀를세운이라면 王은 그속에魂을 넣으려힘쓴이라할것이다。 그러나 그王道主義는 善政을베풀기는했으나 朝鮮心을 蘇生식이지는못하고 말었다。 王이 或닭이울때 까지않어 儒士들의工夫하는양을 보기도하고、末年에 王이佛堂을 지었다하야 學士가 다물러가고 殿內가 뷤을보고 黃喜를불러보고 눈물을흘리며、集賢諸生이 나를바리고가니 將次어찌하랴고 하였다는것을보면 王이얼마나 생각을懇切히했음을 알수있으나、그래도一抹의暗雲이 이盛代에빗김을免치못함은一片自由의魂이없는탓이다。

그러나 王으로하여금 좀더오란 治世를가지게 하였더라면 부러진中軸을 새로세우는데까지 갔을는지 알수없는일이니 우리는그氣味를 訓民正音頒布에서 볼수있다。 本來 朝鮮에는 上古부터 글자가있어 檀君時代에도 神誌의秘詞가 있었다하였고、高麗時代에까지도 漢字以外의 글자를쓴 形跡이있다고한다。 그러나 漢文이流通됨을따라 消失或은 衰退되여버리고 말었더니、이때에이르러 字母二十八字를지어 頒布하야 쓰게하였다。 近代硏究가 나감을따라 正音이 世宗의創作이아니오 前代부터 있었다는

議論이盛하야저서 可否를決斷키어려웟나、設或 王의創製가안이라하고라도 적어도 그것이一般으로 通用케되는데 이르는대는 王의말을쓴功이 많다하지않을수없다。그리고 萬一 참으로 價値있는文化가 精神의自由없이 不可能하고 精神의發達에 그主되는表現器具인 文字의如何가 關係깊은것이라면 世宗一代는 朝鮮民族文化의 發達史上에서 至大한意味를 가진다하지 않을수없다。朝鮮사람이 아름다운 내말을두어두고도 내글자로쓰지못하며 或내글자가있는것을 내버려두고 남의글자를빌어쓰는 奇異한歷史를 가지게된것은、하나는 優勢한 支那文化에 壓頭를當하였기때문이오 또하나는 文化의支持者가 一部少數의上層社會에 局限되였기때문이었다。그들少數者는 支那文化의仲買業으로 有利한 地位를얻은것임에 구타여 그地位를바리고 苦心하야 創作하기를 願치않었다。世宗이正音을頒布할때 集賢殿學士들도 反對를하였다고한다。故로 諺文의創製는 上層階級을爲하야 한것이안이오 民衆의必要에 應하야된것이다。이意味에서 諺文의創製는 民衆의自覺運動의 싹틈이라할것이다。民衆이 이제눈을 얻은것이다。五千年의歷史를 가지는民族이 지금부터 겨우五百年前에야 自己解放의道具를 가진다는것은 奇異한일이라하겠지만 그러기때문에 苦難의歷史라는것이다。民衆이란 本來어느歷史에서나 慘酷한存在지만 朝鮮歷史에서 더욱그렇다。建築을支持하는 土臺와같이 오직 壓迫받음으로써 그意味를 다하는것이 그들의存在였다。견델수있는 限度의悲慘을견대며、提供할수있는 限度의땀과피를 提供하지않으면 안이되는그들은、自己안에 어떤힘이들어있는지 얼마나한 價値를가졌는지 그를알기爲하야 自己凝視를 할餘裕도없었고 따라서 自己表現을爲한 道具도 必要치않었다。그렇게 나려오기를 四千餘年이었다。그러나 지금은 때가왔다。그壓迫받고、虐待받고、掠奪을當하고 짓밟힘을當한民衆에 눈이必要한때가왔다。지금받은苦難보다도 더한苦難、本格的苦難에 들어가려하는이때 그受難이無意味에 돌아가지않기爲하야 自己의苦難相을 如實히볼수있는눈이 必要하였다。

우리는 여기서 世宗의빛나는內治를 一一히말할수없다 歷史를編修케한것、圖書를刊行케한것、産業을奬勵한것、音律을整理한것、天文을研究케한것等을 다말수가없다。그러나 外征에關하야는 一言할必要가있으니 이것이 當時의國民的意氣의消長을 보여주기따문이다。

高麗末頃붙어 沿海에 倭寇의侵入이甚하야 人民이安堵치못하더니 元年에또入寇함으로 이를根絶하기爲하야 李從武等으로 그巢窟이라 생각하던 對馬島를 征伐케하였다 北으로는 女眞에對한것이니、元이亡한後 明이비록滿洲를 차지하엿다하나 그實力이잘밋지못함에 女眞이盛하야 자조朝鮮안에 侵入하얏다。그리하야 王의十四年頃으로 二十三年頃에 至하기까지 자조討伐을行하야 드디어平定하고、鴨綠江內에 四郡을두고 豆滿江內에 六鎭을開拓하야 移民하야 充實케하니、北方의國境이 이로써確定되엿다。

이로써보면 王의一代에는 國民的氣勢를 올릴수있는 한機會이엇음을 알수있다。그러나 事實은어떤가。兩江以北을못가고말엇다。六鎭開拓의 大事業을 成就햇고 「범」의別號를듣던 金宗瑞는 일즉이 노래를불러——

朔風은 나무끝에 불고、明月은 눈속에 찬데
萬里邊城에、一長劍 빗기들고
긴바람 큰한 소리에、것칠것이 없어라。

하엿다。果然 快丈夫의氣像이오、읊어서 가슴이 시원함을 늣기는노래다。이意氣가있어서 그難事業을한것이다。그러나 묻고싶은것은 萬里邊城이라 입으로불럿거던 經營에는 어이없었으며、것칠것이없다고 노래에읊엇거던 事實에는 외그리 跼蹐함이많엇나。이노래를어찌 豆滿江人가 白頭山밑 막히고막힌대서 事大慕華의 무거운옷을닙고서서 부를노래일가。차라리 黑龍江의구비치는 물결이나 滿洲平原의 아득한地平線을 바라보며 불러맛당한것이아닐가。그러다 宗瑞로써도 勢力에 이기지못함인가。가치운勇氣를 노래로 밖에 쓸길이없어 함이던가。

「처음에 上이宗瑞를命하야 四鎭을둘새 朝廷의議論이異同이많으되 宗瑞가 힘써그일을主張하니、議者말하기를 宗瑞가 有限한人力으로 일우지못할일을 始作하니 罪가 버여 맛당하다한대、上이曰、비록寡人이있으나 萬若宗瑞가없으면 이일을할수없고 비록宗瑞가있으나 萬若寡人이없으면 이일을 主할수없다하시고 固執不回하시엇다」(名臣錄)

한것을보면、大概當時의 形便을알수있으며 六鎭開拓만한것을 가지고도 「不可成之役」이라고 하엿고 그主張하는사람을 「罪可誅」라고 하엿거던、하물며 長白山脈의저짝을넘겨다보고 先王之道以外에 自由의天地를찾음은 꿈밖에도 못할일이다。

이런故로 軸이부러진歷史다。이런故로 集賢殿도 無用에돌아가고 始作됫던모든文化도 풀에꽃처럼 發達을보지못하고 시들어 떨어지고말엇다。이제 이軸없는수리가 얼마나한 짐을실을수있는가、이魂을잃은民族이 얼마나한文化를 가질수있는가를 試驗하는 一大試鍊이올때 世宗一代의文化는 完全히落第임을 證明한다。端宗의悲劇이 곧그것이다。

新約聖書概要 (一)

金　教　臣

馬可福音大旨

마가福音은 마가 가 記錄한 예수그리스도의 傳記니 于先筆者 마가 부터 알아볼必要가있다。

一、마가 의 이름은 요한 이라고도稱하였고 마가 라고도 불렀는데、使徒行傳에 마가의名이記錄된것은 六回요(註一) (로마書以下의)書簡에記錄된것은 前後四回있어、或은 요한云云하고 或은 마가云云한데가 있으나 이는 同一人을 가리킴이다。(註二)

註一、使徒行傳에는 三樣의記錄으로合計六回。
가、요한 이라는 마가(三回)(一二•一二、同二五、一五•三七)
나、마가 라고만 쓴것(一回)　(一五•三九)
다、요한 으로만 쓴것(二回)　(一三•五、同一三)

註二、書簡에는 全部마가 로만 記錄되였으니、이때는 마가의存在가現著하야、마가 라고만 불러도 基督教會內에서 混同될念慮가 없었던것을 짐작할수있다。골로새四•一〇、빌레몬二四、디모데後四•一一、베드로前五•一三等 合計四回。

或은 요한이라고하며 或은마가 라고하나、이는現行歐米人들名義처럼 所謂크리스챤名이라하야 아브라함 링컨이라는듯이 連續하야 한사람의 이름으로 부르는것과는 判異하다。요한 마가는아니다。마가의故鄕인 예루살렘이나 안디옥같이 猶太人들의中心地에서는 本來의猶太的이름대로 요한이라고稱하였고、멀리旅行할때나 異邦人이 많은데서는 當時의文化世界에 流行하든 希臘的名稱을 지어 마가라고通用한것이다。이는 本來의 사울이 後에 바울이라고 改名하였으나(使一三•九) 사울바울이라고 부른데는 없으며、本來의 시몬을 베드로、或은 게바로改稱하였으나 三回의 例外를除하고는 시몬베드로라고稱하지않고、모다 시몬或은베드로、게바라고(百八十餘回)불렀든것과 마찬가지다。이렇게하야 마가의 이름부터 確然하여 저야使徒行傳과書簡까지 아울러서 馬可福音의內容을좀더 確實하게 엿볼수있을가 한다。

二、마가의身分이나行蹟에關하야 聖書의傳하는것은 充分하지 못하다。마가의父親에關한記事는 예수의父親요셉에關한記事가 聖書에乏弱한것보다도 더貧弱하야 도모지 찾아볼데가 없다。『그집主人…』(마가一四•一四)이라는것이 마가의父親이라고推測하나 이는純全한推測뿐이오、셀웨루스氏는 마가의父親을 아리스토볼루스 라는 사람이었다

고하나 此亦是 一個 學者의「說」에 지나지못하며、마가의 父親에關하여는 聖書는全然沈默을 지켰으니 일직死亡하였든것으로 判定하는수밖에없으며。그母親마리아 라는女人은 改宗하야 크리스챤된猶太人으로 예루살렘에居住하였고、奴婢를所有하였으며、相當한住宅을所有하야 比較的有福한生活을 하였으며、母子共히베드로에게서 傳道받고 그 사랑방에는 種種예루살렘敎人들이 集會하였든듯하야(使一二·一二)初代基督敎界에 重要한一員이었든 모양이다 베드로가出獄直路로 訪問한것도 마가의母마리아의집이었다(使一二·一二)。

그러나 福音書 記者인 마가에게 무슨有利한權威를 부쳐주고저하야 마가는 選拔된七十弟子中의一人이라고(路一〇·一)主張함도 確實한根據는 없는일이오、예수十字架에 걸릴때에 最後까지 따라다니든「그靑年」이라 (마가一四·五一、五二)고 함도 單只 推測에不過하는 일이다。但바나바의從兄弟라고 하니、레위族이었이라는것과、聖經中여기저기記錄된것을綜合하면 洗禮요한의事蹟과 예수그리스도의十字架及復活昇天에關하야 마가自身이知悉하고 있었으리라는 推定은可한듯하다。

마가 가 예수를 救主로 믿기는、늦어도 베드로가 夜中出獄하야 마가의母親마리아의 집에 들렸을때는 (使一二·一二)벌서 信徒中의一人이었을것이며、後에 그從兄弟바나바가 다소의사울을 基督敎界에紹介하여가지고 서로提携하야 傳道旅行을 떠날때에 마가는 그從者格으로 따라다녔다。예루살렘ㅣ안듸옥ㅣ실두기아ㅣ구브로(살라미ㅣ바보)ㅣ밤빌리아(버가)까지 갔다가 旅程途中에서 마가만 홀로 故鄕예루살렘 으로 돌아가 버렸다(使一三·四ㅣ一三)。무슨理由로써 마가一人만 그高貴한傳道旅行隊에서 落伍歸鄕하였는지 그 까닭은 알수없다。마가自身이 그理由를聲明함이없이 갔는지、或은使徒行傳記者가 그理由를記錄할만한價値없는것이라고 하야 省略한것인지는 알수없으나、어쨌든 마가는 格別한理由도없이 그共同巡禮의 길에서 落伍하였다。他人은 모르거니와、우리의福音記者 聖마가 가 이와같은 永遠히記憶될만한 最初의福音傳道隊에서 落伍者되였다는것이 발서聖마가를 爲하야는 다시回復할수없는 一大痛恨事여니와、더욱 그進退의理由를明白히 하지못하였든것이 二重三重의恨事라고 할수밖에없다。大槪進退의 理由를——特히 世俗雜類들의利害關係로進退하는것과는 그類를 달리하는 聖徒의進退에、그理由를分明히못함은 그行動의動機가 자못高潔하지못한데서 出發하였다고 斷定할수밖에없다。마가自身이 自己의去就에關하야 一言半句도吐露함이 없음에反하야、使徒바울은 斷定코 憤慨의感情을制止할수없었다。

> 바나바가 마가라하는 요한도 拔徃코저한대 바울은마가가伊前에 밤빌리아에서 彼等을離하야 한가지로 일하려往치아니하였음으로 携去하는것이不可하다하야 서로甚히爭하야 彼此分離하니……

云云하였으니(使一五·三七以下及갈二·一三參照) 血氣의靑年사울이라면 모르거니와, 그 눈에서 鱗球같은것이脫出한後의 바울使徒는 相當한思慮分別도있고 主그리스도의榮光을爲하야는 못참을것도 能히堪忍하게된 바울이었것만 中途에 理由를 明言함이없이離脫한 마가의 괫심한態度에言及할때는, 비록信仰的先輩인 바나바에게對한義理를 저바리는 수가 있더라도 마가를再容納할수는 없다고固執하였다。 적어도 이때 바울의見地로서는 마가의行動은 一時的 靑年의失手로 본것이아니오, 그理由없는分離의動機가 甚히不純하고卑劣한것으로 判斷하였든 모양이다。 그러기에 바울自身을 絕對의責任지고서 基督敎界에紹介하여준 恩人바나바와 分離할지언정, 마가를다시伴伍할수는 없었다。 世上에 마가처럼野卑한者는없고, 마가처럼姦巧한者도없고, 마가처럼「無大小」인者도 다시없고, 人間世上에서 다시相從치못할爲人이라고 생각하였든것같다。 凡事에 公正賢明한判斷을抱持하며, 私情으로써 公義를 꺼꾸리는 일을敢行할수없는 바울이 마가에게對하야 如此히强硬한態度를固執不動한데는 相當한理由가 있었든것으로推測하는수밖에없다。

그러나 비울의晩年에 다시 마가를容納하였고, 마가가 前非를 깨달는故이었든지 初代基督敎會에 없을수없는 重要한人物로 되였든것으로써 보아서도 그靑年期의行動은 一時의單純한過失로보고, 全局的으로 多大한同情으로써 그 落伍의動機를洞察할수 全無함도 아니다。元來마가는 寡婦의아들로서 比較的富裕한家庭에서 生長하였고, 傳道旅行에出發할때에도 自己스스로가聖靈의啓示에依한 明確한 使命感으로써 登程한것도아니오, 또한當時의基督敎會에서 正式으로選擧任命하야 派送함을 받은者도 아니었다。寡婦의子息이라 堅忍不屈하는意氣가缺如하였을것이오, 富裕한生活하던者라 旅行中의危險과困難이增加할수록 卑怯柔弱하기는 人보다培나 더하였을것이며, 하나님이나敎會에 對한責任感은 本始부터 없는지라 自己마음에好奇心이라도 가진동안까지는 從兄바나바의말동무나 하려니와 마음이回轉하는時는 언제든지 嚴親없이 자란者의 本버릇대로 發揮할수 있었을것이다。그러므로 途中에分離하였다 하여도 이는格別한惡人이 아니라 富裕한寡婦집젊은 子息으로 信仰에未熟한者의 例事로도 볼수있으며, 加之에 出發當時에는 바나바가一團의 어른格이오 바울은從者格이든것이(使一三·二、七), 차침旅程이 오래될수록 어느듯바나바는追從하는地位로되고 바울이야말로 全團의長이되는 形勢轉換期를當하야(使一三·一三、四三、四六等)於間에 선 마가는 두主人을 섬기지못하는 悲哀도 없지못하였을것이다。兼하야 新興基督敎에對한逼迫은 向하는곳마다 그度를加함을보고 靑年마가의心中에鄕戀의 불꽃이 일어선것도 無理아닌心情이라고 同情할수도 없지않다。

마가의 다른行蹟으로는 別로現著한것이없으나、傳說에 依컨대 十年間 알렉산드리아에居留하면서 알렉산드리아敎會를創立하였다 하며、로마에居하야 바울의晩年을慰勞한 일도있었고(골로새四·一〇、빌레몬二四)、아세아도 에 있는 마가를 로마로 바울이 불러간 일도있었고(디모後四·一一) 「내아들 마가」라고하야 老大使徒바울의至情을 마가에게 表示한일도있었다(베드前五·一三)는것을 알따름이다。마가가 네로八年에 알렉산드리아 에서 죽었으리라고推定하나(예롬)、多數의學者는 마가의死에關하야 沈默을 지킨다。聖마가가 언제 어디서 어떻게 죽었든지는 明白히 아는이가 없다。마가는 삶보다 그 죽음이偉大한 죽음이었다。

要컨대 마가는 寡婦의 아들로서 薄志弱行의徒요、聖靈의感動으로因한豫言者도 아니었고、深遠한眞理를解釋하는敎師도 아니었으며、千萬人의指導者될만한素質이 稟與된것도 저에게는 없었다。故로 直接 예루살렘이나 안

듸옥 같은大敎會에서 選任派遣받은일도없이、派遣된者의 私的從者되였으니 그야말로 文字대로 使徒時代에處한第二流以下의爲人이오、하나님의僕의僕(Sevus servorum Dei)인者이었다。

마는 모세와같은英傑이나 異邦바사王고레스 같은大王으로써 自己의 거룩하신經綸을行使하시는 여호와神은 또한 마가와같은 二流以下의人物을잡아다가 福音書의基準記者인 聖마가로만들어서、그리스도의福音이傳하여지는데까지 傳하여지는때까지 聖마가를 못잊게 하셨다。우리는 마가自身에關하야는 多少失望이없지못할지라도 마가를 사로잡아「木手가 버린돌로써 能히 柱礎를 만들수있는」하나님의經綸에驚歎하지않을수없는者이다。

三、마가福音의材料는 活氣生生한筆致가 그特色이다。上述한바와如히 마가自身도 예수의行蹟、特히 그十字架以後의行蹟에關하야는 그全體가 아니라도 그大部分은 知悉할만한年歲와境遇에處하였다 하거니와、自身이目擊한者가 아니고는 表現하기 어려우리라고 생각되는 個所가 한두군데 뿐이 아니다。「소경의눈을 뜨게하시니、처음에는 사람이 行步하는것이樹木처럼 보이다가 後에 萬物을明確하게 볼수있게되였다」는 描寫도有名한것이오(八·二二—二六)、其他第一章一節、三章二〇節、四章二六—二九節

七章二—四節、同三三—三七節、及十四章五一、二節等도 마가特有記事이다。

마가福音以前에도 예수의言行을記述한것、所謂學者間에서 Q라고稱하는文書가 있었으나、마가는 거긔서轉載한 痕跡은別로 없고、大槪 다른目擊者、特히 베드로의게서 보고 들은대로 記錄한것이 甚히많다。마가에게 처음福音傳하기도 베드로라고 하지만、베드로의希臘語가不充分하였든故로 猶太人以外의聽衆에게는 恒常마가의通譯으로써 說敎하였든故로 轉轉傳道旅行할동안에 베드로가傳한福音은 例外없이 마가에게 들려주었다。故로 마가福音은 一見 베드로福音이라고 하여도可하다고 생각되리만치 베드로的 色彩가濃厚하다。例하면

그리스도의山上變貌와(九・二—一三)겟세마네苦禱(一四・三二—四二)같은일은 베드로를通하지않고는 마가가 알길이 없었으며、

베드로에게 有利한事件 即베드로가 예수께서 칭찬받았다든가、奇事異蹟을行하였다는事件等은 本福音에는略하였으니(칭찬太一六・一六、一七。海上步行、太一四・二二—三六。納稅의奇蹟、太一七・二七等) 이는 베드로가 公席에서 스스로자랑하기를不肯하였을것이며、

베드로를引用한回數가 다른尨大한共觀福音과 近似히頻繁한것(可二五回・太二八回・路二七回)、베드로의個人的記事가 많은것(一・三六、一一・二一、一三・三、一六・七)等等이다。

이처름 베드로의게서 傳受한材料가 많다는것은 마가福音記事의重量을더욱加하는일임은勿論이다。

마가福音은 基準福音書라고한다。마가以前에도 Q라는 文書가 있었음은前述하였으나、Q는後年에至하야消失되여버렸고、現存한 마태福音은 Q와마가福音을 土臺로하고 쓴것이오、路加는 다시馬可와馬太의不備함을 補充하기爲하야 쓴것이오、요한福音은 그後에 全然다른見地에서 記述한것이니、現存共觀福音三卷中에는 馬可가最古의 記錄 紀元六十五年乃至七十年頃의著述)、即 基準福音이다。이것을種子로 하고서 다른福音書가胚胎된것이다。

마가福音은 文章으로 보아서 決코 洗練된文章은 아니오、그語彙와慣用句가 매우 粗暴하다하니、이는文章을 造作하랴고 해서 쓴글이 아니고、必要에應하야 事實을 事實대로만記錄하고저한것을 裏書하는바이다。또한福音書의頭尾에裝飾이없을뿐더러、初頭도斷絶된感이있지만 末端은確實히 第十六章九節以下를紛失하였고(九—二十節은後世人이加筆한것)、內容의配置도 馬太와같은技巧를不用하고 大體로보아서

第一、準備時代。　一・一—一三

第二、갈릴리傳道。　一・一四—九・五〇

第三、 예루살렘行次。 一〇・一―五二
第四、 受難의一週間。 一一・一―一五・四七
第五、 復活及昇天。 一六・一―二〇

의順으로 簡略하게記錄한筆法이 어디까지든지 實質的內容을實用的으로 記述하였다。

共觀福音의對照

區分	마가	마태	누가
準備時代	一・一―一三	三・一―四・一一	三・一―四・一三
갈릴리傳道	一・一四―九・五〇	四・一二―一八・三五	四・一四―九・一七
예루살렘行次	一〇・一―五二	一九・一―二〇・三四	
受難週間	一一・一―一五・四七	二一・一―二七・六六	一九・二八―二三・五六
復活及昇天	一六・一―一八	二八・一―一九	二四・一―一一

以上으로써 明白한것과같이 마태及누가福音의各卷頭에있는 二章이 마가福音에는省略되였고 卷末은 結句도없이中折되였으며、內容記述도 簡潔을爲主하였음으로、大體로共通한材料를記載하면서 다른福音의 半量에不過하는小冊이되였다。뿐만아니라 마태가 예수의敎訓을 多數히詳細히記錄하였음에對하야 마가는 예수의行蹟을到周綿密하게描寫하였으며、마태가 舊約聖書를頻繁하게引用하였음에對하야 마가는 예수自身의能力으로써 그리스도(救主)를證據하였고、猶太固有의風習이나地名等에는 解說을添하였다(七・二―四)。前者가 猶太人相對로 쓴것임에對하야 後者는羅馬人即異邦人을對像으로하고 쓴것임으로、現代教育받은者에게는 馬可福音이 理解하기 쉽다。

馬可福音의槪綱

第一、準備時代 一・一―一三

가、洗禮요한의宣教 一―八
나、예수洗禮받다 九―一一
다、曠野의試誘 一二―一三

第二、갈릴리傳道 一・一四―十・五〇

甲、初期傳道 一・一四―二・二二

가、天國의宣言 一四―一五
나、最初의弟子 一六―二〇
다、가버나움에서教、癒 二一―二八
라、多數醫病의道蹟 二九―三四
마、갈릴리巡廻傳道 三五―三九
바、癩病治癒 四〇―四五
사、赦罪의宣言(가버나움에서) 二・一―一二
아、마태聖召와食事 一三―一七
자、禁食問題 一八―二二

乙、後期傳道 二・二三―一〇・五〇

馬可福音의槪綱

所感몇편 (지난해所感錄中에서)

李贊甲

아바지의 말슴

말슴! 말슴은 아바지의김이시다。힘이시다。生命이시다。말슴이와서、우리를일으키고、힘을주고、生命을주신다

말슴! 말슴은김이시다。힘이시다。生命이시다。아바지의말슴이시다。하느님아들이시다。예수그리스도이시다。예수그리스도! 우리의生命이시다。그를믿어、그를받어、그로살어、우리는 산다。

말슴! 말슴은生命이시다。生命이신 말슴이시다。예수그리스도이시다。萬物을지으신 生命의根源이신이시다。生命이신이시다。永遠의生命! 이말슴을우리는、날마다의生活에서들어、읽어산다。

말슴! 永遠의말슴! 아바지에게있는말슴! 아바지와가치게신말슴! 肉이되여주신말슴! 生命이되신말슴! 끊임없이주시는말슴! 우리에게살어주시는말슴! 우리는그를받어、날마다날마다、듣고읽어、먹고、마시어산다。

(요한복음一의一ㅣ一八참조) =九月三十日=

한굼 다시난이를 보고

나는이번에悔改와奇蹟을본생각이다。罪가많은곳에、恩惠가풍성하시다고、참말그러한悔改를본생각이요、惡한것을들어、당신의사랑하는아들이게하신、그런奇蹟을본생각이다。

그처럼몹쓸었고、惡毒하였고、어지러웠고、무지하던이로이렇게이런이가、되였단말이다。그런前엣사람은、죽여죽었고없어지었다。다시난새참나라사람이되였다。그처럼사람을막、잡아다가 미친개치듯하야 풀이죽게하고야 만족해하던比길데없던그無賴漢은、하느님의방망이로 보들보들하게맞아 다시지음입음인가、지금은그것이다어떻게어데로갔으며、저렇게도새롭게、겸손하게되었을가、順하기羊같고、보드랍기비단결같으며、순결하기透明한듯하다는 모든말은이런것을 이름일것이다。

그가이극도로타락하고、썩어지는世上에、傳하기에、合當하게、준비받은것으로、그렇게하늘나라와世上을、갈려말하야보이며、福音을힘있게생같이傳하는그말슴도말슴이려니와그生命있는죽여自己는없는듯한겸손의맛은、다시금다시금어르만지고싶고、맛보고싶었다。과연거듭난다하심이 저런것일것이며、換腸이라더니 저런것을 이름일것이다。

아! 生來의한人間사람으로、당신이몰아친悔改는저렇게순결하야透明하고、직접恩惠받은이로의웨침은、저렇게생이어서우렁차거늘、어찌하야그런모양의引導이나、심방이나하며、學習이니、洗禮이니、성찬이니하야、한갓모아놓아경건을꿈이게되는것이게하며、또그런類의神學이니說教學이니하야 만들어오이며 입내내이는것이되게되는고。

글세웨저山비탈바우틈에서、밤새어東便쪽솟아오르는붉은해그光明을보고기뻐날뛰며감사함보다、집안속구들에서자다가날이밝어옴을보고、기지게하며일어나게되는것을좋다하며웨山間에서솟아나는生水를시언히디리마심보다、옹덩이를만들어 고인물을 떠먹는것을 즐기어할가。

따우의純眞한、한낮人生으로、하늘빛을보아살며、당신이끝없이주시는生命의샘을、供給받아사는사람이되지를않으려할가。

―十一月一日―

良心과信仰

良心! 불꽃같은良心은、따우의眞珠같고、하늘의별같은것이다。빛나는貴한것이다。信仰의入門에들어선것이다。아! 이같은良心이、이따우에、이朝鮮에、저와같은古邑에、있음을감사한다。그같은良心을보아、우선우리는빛을본생각이요힘을얻은생각이며、또한뭃어지지않을城! 永遠한나라에들어가고야말것을본생각이다。

어린아기! 열한살난處女! 적은이의빛나는맘! 그런산크다란存在! 고구마두개로괴롭워하다못해、눈물을흘리며、여호와아바지를향하야告白하고、그主人을 찾어 값이라고 돈 두닢을 들이며、용서를빈다。

이런일이저러한古邑、홀이 고썩고캄캄하고진탕같은古邑에있다。이百姓에게있다。이따우에있다。古邑은所望있으리라朝鮮은용서받으리라。世界는살리라。저려하신크신役事의、거룩하신자취는저렇게빛나고있다。永遠한中軸은서있다。聖意는일우시리라。참으로돌아보심이었다。

크시다。모든사람、온人類가참혹히타락되여쓸어지는데、더구나그속、홀인물그속에서、저러한어린存在들이있어、갈수록더값을알리며、더빛나게、여기저기서發見케되니、오! 당신이넣어주신魂들! 뿌리신그씨는、마츰내뜻하신그대로더純粹하게、完全하게모도다걷우시리니、榮光은世世에、당신에게들일것이다。

良心! 불꽃같은良心! 이良心과信仰을가지어라。이런산良心과산信仰을가지어라。그러하면우리는담대하리라。罪는멀리물러나리라。勇士같으리라。빛남이果然하늘의빛으로따우에두루비최리라。信者인우리일사록、良心은더살릴것이다。그리하야、더새롭음닙으며、더깊은恩惠中에들어갈것이다。(디모데前一의一八ー一九、三의九、히부리一〇의二二참조)

(요한복음一의四七)

―十一月上旬에―

한 할머님의偉大

나는어대갔다가돌아오자、또거슬리는말을들었다。忿怒의맘은「먼저가지어가는사람이면되다니、洞里가그래서될가。그만치그렇게하였는데」「그래가지고야되나、아니돼、公道가없고義理가없는데야무엇이되여저」하기도하며「그러면우리는來日하게하자、저마끔그렇게먼저가지어가면된다하니언제그일을하여보겠늬、남이모다첩잔어서하지아니하는、主

日에나할수밖에없지」「그런속들을가자고、禮拜堂에가서앉었는것보다일하는것이나어」하기도하면서、한참떠들었다。견딜수없는것같었다。하나도들어만하고반짝임이없는洞里의形便도、또횡횡지나가기도하기때문이었다。

이때에집안아랫방에서、솜무녕을골나주시던、主님만依支하시는、당신아들宅에도못게시고、남의房을빌어게시는八十이넘으신、한할머님은「世上이오죽惡하면主님께서오시어서十字架에못을박히시셨겠니、그대로두어두면멸망은하겠고、그래서그렇게피를흘리시지않으셨니」하시는말슴을하시셨다놀랍웠다。그만가슴에서무엇이나리어앉는듯하며、막막하던생각은열리어、平安함과앎길이환해짐을느끼게되었다。主님의끝없이깊으신사랑이보이었고、남은困難을지고간다는말슴이밝아지지었다。이렇게 적고 좁은 나이었고、어리석고、不信임이었다。

그할머님은다시말슴하셨다。「나는너무도世上에惡한것들을지나보더니、이제는世上없이 아무리야단해도、든든하다。움죽여지지아니한다。그런고사람이惡해서그럼이아니다。이世上이惡해서그런것이다。누가좀나은사람도못한사람도없더라。모다같은줄안다。主님께서오시어서決判을보시어야될줄안다。그밖에는모른다。공연히몸傷하고그럴것무엇이냐。내주장을세우고나아갈것뿐이지」하심이었다。世上에와서걸으실길을거이다걸어、最高齡의貴하신人生으로이때까지색임받아、일우어진뚜렷뚜렷한、산큰眞理의말슴이셨다。나는들을사록그말슴에부서지며、그말슴을받을수있었다。

나는참으로맘이平和롭위福音을가질수있었고、새나라、하늘나라의살림을할수있었다。나와같은것에게도이런敎訓을許諾하셨다。그할머님을맞날수있었다。眞理는들을수있었다。나는감사를들이었다。그할머님께사례하였다。‖十二月一日‖

敎會의다한일

多幸하다。내가敎會에있어서、저네들의앞이어떠면、이렇게產出되는、직접받는基督敎이지못하고、다만저네들의飜譯인、겨우저네들에게、배워아는基督敎일번하였다。敎會를通하야의基督敎의일은저쪽에서까지그義務를다하였고、이쪽에서그것의飜譯또는 되풀이할것은、아니할것이아닐가。

참말로基督敎가、이쪽인太平洋을건너서자、달리웨치게하심은、우으로의크신經綸中의攝理이실것이며、이런點으로보아、日本의無敎會이니、朝鮮의靈的基督敎이니하야、저네들의傳來의것곧現代의敎會를벗어나、직접믿어나아가며、獨立傳道者로서서웨치는、그네들의값은無雙할것이다。따라서이는人生이、基督敎를다시吟味하는것이며、더깊이生命을받게하는것일것이다。

이앞으로充滿한恩惠입어、自由로이、이宇宙를걸어나아가며、光明을發하는데는、오직이런것으로입을날이갈사록、나타내이고있음을 알어야할것이다。 ‖十二月九日‖

到處復興傳道會

姜濟建

不務信經演說多
復興無益教人家
被動婦女風前葉
沒覺男兒石上禾
眞理工夫三倍減
虛華思想一層加
有誰別置此基外
我願常傳十字架

信經은아니닥고 演說만 퍼부으니
復興會가教人게 무슨도음 주엇노
婦女들被動되여 불려가는 닢새요
사내는 못깨달어 돌우에 싹이로다
참理致찾는일은 세곱이나 줄이고
껍대기 뷘생각만 한층더도두왔네
어느뉘 이터말고 새로히세우리오
바라노니 이나는十字架만傳콰저

人皆謂狂自謂非狂

人稱狂客是何狂
願爲保羅一體狂
殷末佯狂箕子善
漢初眞善酈生狂
酒狂勿謂凡常醉
詩醉誰知自作狂
狂則狂乎狂亦異
我非狂者世皆狂

狂客이라일커르니이무슨미침인가
바라건대바울을따라한가지로미칠가
殷末에거즛미침箕子의착한탓이요
漢初에酈生미침그도착했던탓이라
酒狂을尋常히醉한것이라하지말라
詩에醉함애누가自作狂임을알리오
미침은미침이되미침도또다르거니
내미친것아니오世上이다미쳤더라

以信得救只在於恩

二〇

神道成人誕者誰
罪人救主病人醫
我行審判皆公義
爾得恩惠盡慈悲
蕩子歸家多喜樂
牧羊失路自昏迷
擘餠當夜更新約
不避苦難同飮巵

神의말合사람되여나신이누구신고
罪人의救主시오病人에겐醫員이라
내가審判行하는것모두다公義이오
네얻는恩惠일낭하나없이慈悲로다
蕩子다시돌아오니집에喜樂가득코
牧羊이길잃은것제스스로헤맴이라
떡을떼던그저녁에다시맺은새言約
苦難을피치말자같이마신잔이로다

言聖神與情欲之別

有誰接對信其名
但願平生爾旨成
外貌儀文情欲事
中心誠意聖神行
害人利己除常習
革舊從新勝世情
入教當爲眞徒否
莫如靈洗以重生

뉘있어接對하면그의일음믿음이라
다만平生바라노니그대뜻이일웁기
것모양과儀文이란情欲의일뿐이오
속마음의誠意만이聖神의行함이다
남을害코나利보는그버릇을除하고
새것좇고옛것바려世上情을이기라
教會에들어가면當然信徒됐다더냐
靈洗받아거듭남만같다할수없느니

城西通信

一月十一日(金) 새벽 한울에 火星木星
의 光彩더욱 찬란하다。

一月十三日(日) 午前十時에 물에산에。白
蓮寺에 齋들어서 見學하다。어떤還甲老婆
의 生前佛供이라고 그費用으로 白蓮寺에
獻納한것만 約一千圓也。近日 이와類似한
儀式이 基督教教會內에까지 現著히 浸漸
한것은 寒心事○午后七時에 府內宗橋禮拜
堂에서 說教하다。李德鳳先生의 품앗이하
기爲함이었으나 넘어도 不充分하여 未安
千萬이었다。市內教會의時間嚴守에 놀라다。

一月十五日(火) 昨日以來의 降雨가 밤
동안에 白雪로化하야 쌓이니、滿乾坤이새
로워졌다。무지개 설때마다、흰눈 쌓일때
마다、우리마음은 뛰논다。理科教課書에야
무슨說明이 있거나 말거나 우리는 해마
다 해마다驚歎又驚歎!오늘부터氣溫急下。

一月十六日(水) 歐洲에서는 자알地方人
民投票의結果 獨逸復歸가 確定되였다고야
단들이오、서울鍾路에서는 朝鮮中央基督青
年會의 總務와副總務가 總辭職하였다고 구
석마다 수군수군。

一月十七日(木) 在滿洲新京의 同胞로부
터 悲痛한書狀에 接하다。코 구녁이 둘
이 있어야 살수있다는것을 實際에 經驗
하였다。骨肉의 눈에 惡魔의 피수 같이
보일때에 靈的親族에게는 如下한 觀察도
있다는것을 알려주어서 겨우 自暴自棄의
難을 免하다。

『敬愛하난 先生님 그리스도 聖愛안에서
平康을 누리실줄 믿사옵나이다。下送하옵
신 聖書誌十九冊은 今朝에 拜受하엿나이
다。聖書誌를 받을때마다 마음속에 形言
할수없는 반가옴과 歡喜가 없을때가 없
었아오나、其中에도 今朝처럼 반갑고 歡
喜로서 雀躍된적이 없었을것같습이다。무
어라고 筆舌로 發表할수없나이다。萬一다
ㅣ팔리고 없다고하면 어찌할가하는 生覺
으로 매우 걱정中에서 苦待하고 있었음
이다。以上十九冊은 過去友人들과 輪讀中
에 不知中紛失하여바린것이올시다。方今退
務하야 封筒를 뜨더서 創刊號로부터 順
序로놓아 보니 六十六號를 除하고는 七
十二號까지 無漏完備되였습이다。나는너머
기쁘고 感謝하야 冊床에 머리를 숙이고
「아바지여 小子가 要求하는바는 모다 이
와같이 一一이 들어주시오니 眞實로 感
謝함이다。小子는 왜ㅣ當身이 이처럼사랑
하심에도 不拘하고 恒時疑心하는 不信에
서 防徨하고 있옵니까。어서 나의全幅이
죽고 그리스도로만 살게하여주소서」라는
祈禱를 올렸나이다。이어서 先生님의 크
신 사랑을 마음속으로 感謝하면서 이글
을쓰게되였읍니다。

許多한 事務에 또이러한付託이 小生一
人뿐만이 안일터이온대 如斯迅速히 下送
하여주시오니 퍽 고맙게生覺됨이다。참으
로 그리스도 사랑이로소이다。나는 이冊
子를 通하야 一九三五年에 받는 恩惠가
豊盛하리라고 믿사와 數日前부터 再讀中
에 在하나이다。爲하야 祈禱하여주시기를
바라옵나이다。(下略)

一、九三五、一、一五夜 ○○○』

一月十八日(金) 世界的으로 名聲이 높
은 獨逸 본大學神學教授칼、발트氏는 그
神學教室에서 講義中에 히틀러總統에게敬
意를表하지않었다는 理由로써 드디어 罷
免되였다고 倫敦타임쓰紙가報한다。狂亂또
狂亂이다。○今日 千萬뜻밖에 東京留學中
의 某君으로부터 如下한 音信이있었다。

『先生님께서 下送하시온 聖書朝鮮을 拜
讀하오니 中學時代의 昔事가 歷歷히 化
想되옵니다。先生님께 小生의不敏을 무엇
으로 上達하여야되올넌지요。義務는 人道
의唯一 不滅之大道이오며 人類特殊한 共
道인만치 何人을 勿論하고 人인以上에實
踐치아니치못함은 東西古今을 不問하옵고
大同의感을 不忘하옵니다。英國 넬손 은
佛侮辱을 擊破時에 義務의成이라하옵고、日
本東鄉은 露海軍을 擊破時에 盡忠이라하
오니 義士의 表言이 歷然하옵니다。門生
은 此義務를 等閑視함을 今日切實히 痛
感하였읍니다。近四年을 海外風打浪打의學
窓生活과 如牛負山의 學課로 禮義諸般을
久闕하였읍니다。(中略)
聖書朝鮮을 拜讀하오니 先生님을 面對하

옵고 訓敎를 받옵과小毫도 틀림이없아옵니다。時時로 聖書朝鮮을 奉讀할時에 中學時代愛訓하시든 先生님의 尊顔이 像想됨을 自覺하옵니다。乾坤이 屢換하야 歲久年深하야도 사람의精神과 感情은 不變하나니 此所謂人之常情이로소이다。伏想先生님 尊體大安을 伏祝 餘는不備禮候上

門下生○○○上書』

思想과主義의 相違所致였다고 再謝三謝하면서 誌代一年分까지 添送하였다。敎育을 悲觀하야는 敎師에게는 百에하나 或은 數百에 하나의比例로 받는 이런편지가 크게 기쁘지않을수없다。짐작컨대 敎師의態度에 昨今이 다를理가없것만 敎導받는 사람들의 年齒가 漸進하고 學識과 德業이 熱積할수록 前日에 惡鬼같이보이든人間도 親近하고 尊敬할만한敎師로 化하여보이는 모양이라는것이感慨의一이오。「冷하거나 熱하거나 할것이지 半熱半冷이 第一可憎하다」는것은 特히 靑年學生期의 人物들에게 合當한定義인듯하다는것이 感慨其二。思想으로나 行動으로나 中性的人物에게는 크게 期待할것이없다。唯物主義者라도 必曰 우리의 敵이아니다。于先凡事에 徹底하고야 볼일이다。

一月十九日(土) 밤十一時부터 새벽二時項까지 皆旣月食을 觀察하다。○某傳道者의 來信如下『先生님 道安仰祝하옵니다。교생은 몇일前에○○○에 왔으나 奧地에 갈길이멀고事奔하와 約束하온바 金貨를 밋어 밧구지도못하고해서 못뵙이고 들어감니다。後日期會로 밀웁니다。마음만은 先生님이 刊行하시는 傳道文書에 讚助하여들이고싶음이 간절하오나 뜻대로 못함을 슬퍼하나이다。只今神學을할지 또다른길을 取할지 마음의 十字路에서 彷徨하나이다。日語를잘 通치못함으로 學校에 들기도어렵고 年령도임이 二十五歲를잡으니 獨學研經의 苦鬪를 할가하는 生覺도 不無하와 聖朝誌는나의 無二의벗이되나이다。』라고。

福音傳하는데는 무슨種類이든지 免許狀같은 特權을 所持하는일은 必要치않을뿐더러 때로 有害한듯하다。그러나 多數先輩를따라 旣設된神學校를 通하고、牧師되는길은 平坦한길이오 有利한길이며、聖朝誌에 伴侶를 求하면서 獨學獨步하고저하는일은 좁은길이오 險한길이며、平生토록人間으로는 不利한 傳道地域으로 徘徊하여야 하는길이니、사람으로서는 左右를 決하기가 果然難處한 十字路이다。如斯한때를 當하야 우리는 專制軍國主義의 百姓을 못내 부러워한다。絕對命令이있고 絕對服從이있는나라는 福된百姓이로다。

一月二十日(日) 南海岸의 孤島에있는誌友로부터……『善良한 書籍을얻어보는 者도 福이있거니와、善良한書籍이 있어 보배롭게받을 벗을가진者도 福이있음을 배웠나이다 云云』人生의悲痛한叫呼로다。

一月二十六日(土) 午后에 朝鮮博物學會의 例會에 參席하니 分類學者의 蝶類分類에 關한 論戰이 可觀이었다。나비 날개에 班點이 五個니六個니 하는것이 큰論題이었다。凡事에 專門家가 될랴면 이런程度까지 神經이 發達하여야 되는 모양이다。또 專門家끼리 싸워야 熱이나는듯하다。朝鮮語研究의 派爭이 그렇고、에스페란토分派가 그렇고、共産黨內의 黨爭이 그렇고、牧師와持主들의 宗派싸옴이 그렇고、畵家書家의 貶論이亦然하거니와、所謂스포츠의精神을 자랑하는 運動競技도一步半島에 入足하면、京城蹴球團과 朝鮮蹴球團이 對立하는 法이오、朝鮮籠球協會와 基督靑年會舘이 暗鬪하고야 마는等等、그야말로 每擧에無暇。要컨대專門家가 되지말것。「素人」의 素心을保持하여야 할일。平信徒라는것은 要컨대 「信仰界의素人」이다。平信徒로 始終하기가 우리의 所願임은 이러한 「素心」을 思慕하여서다。

二月二十七日(日) 午前九時車로 梧柳洞行。로마一章十六節、고前一章十六節等에依하야 能力、勝戰의 信仰을 말슴하다。歸途에 永登浦까지 徒步하니 이것도 물에산에。○今夜七時半項에 遇然히 서울鍾路和信商會가 全燒되는 光景을 겨테서서 目睹하다。大體로 偉觀이었다。出火後不過三十分內에 저半島에 君臨하는 百貨店이 全體로 불덩어리다。科學的最新器具와 組織的訓鍊의 粹를다한 消防組는 府內外에서 分秒를다투어 出動하였것만、砂糖덩이

의 蟻群같이 둘러붙어서도 垂袖傍觀하는 者보다 別다른 効果를 못내였다。電線이 끊어지는 瞬間에 발서 서울心臟部는 暗黑世界가 되고 불꽃만 衝天하니 南山과 仁王山이 서로照射하는듯하다。老幼를 더부리고 避亂하는者 救助하랴고 다름박질하는者、거기에 우리와같은 구경군들과非常線을 지키노라고 우뚝우뚝섯는警官들。三十分前에 어느누가 이光景을 預測하여냈으랴。凡事가 瞬間々々이다。눈에 보이는 和信商會로하여금 京鄕에連鎖店을 벌리고 化粧品을 輸入케하는、보이지않는心中의和信商會—虛榮心의市、나의속에있는것과 半島江山에 사모찬 浮虛心의根塊를、靈靈의 巨火로써 저처럼 燒盡하는 날도있으련만。

一月二十八日(月) 小鹿島來信 『神護中道體新恩惠新能力을 多受하와 隨時康健하시며貴社日日新하심 遠外伏禱伏禱하옵나니다 第 貴誌七十一號를 받아보는中 回顧一個年題下에서 感想의 淚이라할가 同情의淚이라할가 隱淚潛然타가、遽然 벳前二〇十九—廿一節을 찾아보와스며、또 太五〇十一—十二節을 찾아볼時에、할렐루야소리不知不覺中 웨처스며、連하야 롬八〇卅五—卅九節을 찾아보고 신정讚頌 一百七十七章 三—五節힘껏 부르며 기뻐하든際 兼受貴誌三十八號 五冊과.四十號五冊하야 諸般兄弟와 同見同受恩惠하오니 아—主耶穌님의사랑을 貴兄의게서 참으로 찾아보왓슴니다。또謝過一言伏뭇 貴誌代金을 送金期에 付뭇치못하고 받아보기 넘무 罪悚하와 不敢請求하옵나니다。當分間停止似好似好 或有失信之端일가趁謝

一月廿三日 敎弟 〇〇〇 上』

어떤讀者는 先金이 盡한時에 規定대로雜誌發送을 中止當한즉 매우不快하더라고抗議하는 때、이런이는 그와 正反對로 先金안보낸것은 한冊도 안받는다고 自進하야 拒絕한다。性味는 各人各樣이다。

一月三十日(水) 慶北醴泉으로부터 張道源牧師께 復興會引導를 懇請하는 交涉이 있었기에 此旨를 張牧師께 傳達勸誘하다

一月三十一日(木) 오늘日沒後 西天에金土、水星의 三大游星이 接近함을 구경하다。特히 水星은 珍客이다。

二月一日(金) 東京永井久錄氏宅 火災의 報를 帶하고 宋斗用兄來訪。篤信者의家庭에 災禍가 不絕함에 놀라며、이런때를當하야 友情의貴重함을보고 感謝하다。〇今夕에도 西天에 三遊星이 班列지어섯다。

二月二日(土) 當直으로 養正學校에서留宿하고 깨니、**二月三日**(日)。이날이 곧陰曆섯달 그믐날이오、또한 나의 第一二三四五日이다。窓外蓬萊丘上에 數寸白雪이大地를 덮었으니 恩寵의 裕足하였음을 指示하심인가、十字架贖罪의 純潔을 새롭게 記憶하라고 하심인가。平凡하다면 날날이 모다 平凡한것이오 奇異하다면 一生中의 一二三四五日도 奇異하고 그前날과 其翌日이 또한 空前絕後의 新奇가 안인것이아니다。蓬萊町街路에 나서니 눈에미끄러저 물지게를 쏟아붓고 悔恨하는壯丁、떡목판을 언덕아래 내리터리고 부끄러워 赤面하는 少女等等。送舊하는喜悲劇。例와如히 물에산에。西大門外로 約十粁걷고 同行한 生徒들께 自作호떡을 分配하야 第一二三四五日을 自祝하다。今日의感想이 卷頭의것과같거니와、그思想에 關하야는、京城柳永模先生과 東京丘淺次郞博士의게서 示唆받은바 적지않았음을 감출수없다。그리고 高貴한 思想을 품고도 容易히 말도 執筆도하지 않는이들은、實相인즉物質的守錢奴도보다 더甚한 어룬들이라는怨망이 가슴에 사모차있는것도 감출수없는 事實이다。

二月四日(月) 陰曆 正月초하루라고 하야 各學校도 或은休業 或은短縮授業하고 歲拜軍은 府의內外에 長蛇陣을 그린다。博物室에서 午后四時半까지 일하면서 때로 自我를 嘲笑하며、때로世上을 憤慨하다。朝鮮人의 頭骨이 野蠻人種의것과 同一하다고 發表한 學者에게 向하야는 憤怒를 制禦하지 못하야 뿜내든 百姓들이、二十世紀도 半이나지나가는 今日에 尙今도太陰曆을 使用하야 野蠻未開의 人種이란看板을 스스로 들고 다닐뿐더러、舊曆으로써 過歲하는 사람이라야 서울양반이오 民族主義에 忠實한사람이어서、마치 高麗末의 鄭夢周나 李朝中葉의 成三問으로서 自處하고저하는錯覺妄想의輩가 구더기처럼 바글바글하는 樣은 참아 보고 견딜수없으

니、이도또한 「無用한興憤」일까、勿論。집웅우는 아니었지만 한설날에 글읽고 일하였으니 僞善者인가、勿論。

二月五日(火) 立春날。如下한嘉信이 南쪽에서오다。『聖朝誌七十三號 를받는即時로 다읽은後、「聖朝誌二十四頁은 다른雜誌六十頁보다 더힘든다」라는 印刷人의말이 제귀에 심히 感印됨이다。그리고 七十三號는 장차 무서운眞理의 爆發의 豫先布告인것을 直覺하면서、저는 至今研究會에서 남은 부수력이 生命의發射를마자、形言할수없는 두군거리는가슴으로 來月에 오려는 正本擊을 기다리나이다。眞正으로기다리나이다。저는 하루에도 몇번이나 우리의앞길을 보고울었나이다。아ㅣ어느것하나라도 希望點이없는 우리의앞길!하고는 또내 不信仰의 勢力앞에 慘敗되야 예수人안인 敎會人노릇을할때 더욱 그러하였나이다。그렇나 오늘도 前每月과같이 聖朝를타고온 하늘의 生命은 眞理의解放、自由、膽大、希望으로 나를 일으키나이다。다음에도 또다음에도 제에게오는聖朝는 永遠히 이러하리이다。그리고 金先生님앞에 付託하옵는것은 咸先生님의世界歷史는 안읽으면안될 제事情을 알아주소서。그리고 最上의冒險의 말을들이나이다。제손에 마음에 들어오지못한 聖朝誌創刊號로三十五號까지 점 보내주서요……

저는 여기를떠나 한달後에는 李舜臣의 魂을 따라○○으로 가나이다。이것이 짝참내先生님이 말숨하시던「끄으러내는하나님의 役事」가 되였나이다。이만긋침이다。

一九三五年二月二日敎生 ○○拜上」

二月六日(水) 擔任班生徒(第二學年)들의 日記를 閱讀하고 깊이 感動되다。十七八歲되는 저의들中에는 實로 可畏할만한奮鬪努力家가있고、銳敏한良心에 苦痛하는者가 있어、저의들께 親近하면 親近할수록 저의를 尊敬하지않고는 견딜수없다。將來의 偉人들을 저의들中에 볼때에、나스스로에게 加鞭하지않을수없다。적어도저의들擔任敎師노릇하는동안만이라도 나도奮發하야 溫故而知新하도록 힘쓰고저 決心하지아니치못하다。○今日 鄭相勳兄께서 神學知識修學에關한 指導를받고 이에 回答하다。鄭兄의 많은 書籍을 任置하고도門外漢인 나는 마치 佛軍이 처음 믈地方을 占領하였을때 樸樸으로 그運用의 方途를 알지못하였다。今年度는 바울書翰을 工夫하는 同時에 多少間神學의基礎도 涉閱하고저하는까닭이다。

二月七日(木) 새벽四時에 起床하야 한일은 없어도 下宿房 차디찬冷突에서 奮發하고있는 어린生徒들을 思慕하고 앉았다。간밤 最底氣溫이 零下十四度九分。今冬의最大記錄。○高敞高普金校長의 短信에

『金兄、丰恩이 豊富하심을 보고 感謝합니다。(中略) 甚至於 印刷에까지 不少한 苦心을 하심을 直接兄의 붓으로알고보니 平素의推測이 틀리지않었음을 깨달었읍니다。그러나 무엇보담도 痛切한感想은 現在 이世上에서 貴誌를봄은、마치 쓰레기통속에서 眞珠를 만난듯하외다。

二月六日 弟金宗洽白」

책망받을까 두려워하든中에 칭찬을받았으니 于先安心。

二月八日(金)어린아이들이 百日咳에 걸려서 醫學博士두어분과 高明한 漢醫몇분께 受診하여보았으나、마지못하야 投藥은하지만 的確한治療方法은 아직 發見되지못하였다고한다。驚愕焦慮、百日咳처럼 多數兒童이걸리는 病에 아직 治療法이 없단말!

二月十日(日) 물에산에。淸凉里外東九陵一帶의 山등을타서 一週하면서、興味있는 所聞은、現在東九陵된 地帶는 本來開國功臣南在의 墓地로 選定하였든것인데 李太祖께서 抑志로 奪取하야 自己네 墓地로 만들었다는것과、自己의墳墓를 確定하고야 비로소 心中의근심을 除하였다고해서「忘憂里」라는里名을 制定하였다는것이다。英雄의 勇氣와 戰略은、나종 그開國功臣의 墳墓의地를 奪取하는데 傾倒하였고、一國을 차지한이가 數町步의所有를 빼앗었으니、富者가 貧者의 一羊을잡음은 一般인가。義와 그나라만 몬저求하면 必要한것은 주실이라 하였고、오늘근심은 오늘에足하다고하였것만 어찌 死後墳土의일을 걱정하였으랴。生前에 한일도 自己일뿐이오、死後에한일도 自己네 걱정뿐이니 寒心事가 아닌가。호렙山上에서 없어진 모

세、空中에 올라가버리고 만 엘리야、아뿌리가 叢林中에 꺼꾸러졌던 리빙스톤等等을 聯想할때에 彼의大와 此의小、天과壤의差異뿐이랴。부끄러움이 깊이 우리속에 잠긴다。○今日 南海의 鄭相勳兄來信如下『兄書再奉讀。感慨 더욱 無量합니다。神學을 學하지아니하면 聖書를 論치못한다는말은 天主敎에서「平信徒는 聖書를 論할수없다」는말과 다른것이 없을줄압니다。近者의 宗敎界는 그다지 變하였읍니까。兄이어 勇敢하게 猪進하소서(中略) 人事의 離散은 深嘆할바이나 恩師內村先生의 一生을 자조생각하시고 적이 慰安을 얻으시기를 바랍니다』라고。破壞는 建設을 爲함이오、分離는 純潔한 和合을 招來하고저함이다。今春은 特히 和風이불어온다。

二月十二日(火) 百日咳漸甚하야 三兒가 同時에 기침吐하는樣은 참아볼수없다。治藥의方法도없으니 기침 한번이라도 代身하여줄수나 있었으면 하고祈願不已。

二月十三日(水) 所願成就됨인가 本格的으로 나自身이 기침을 시작하다。但아의들 기침은別差없다。水原通信如下『水原半月面서無產兒童의 敎育과農村婦女의 文盲退治에 努力하든 崔容信孃이 二十三歲의 젊은나로서 世上을떠난 記事가 中央日報一月二十七日新聞에「水原郡下의先覺者」라는題目下에 報道되였나이다、젊은女性으로서 더구나 處女로서 모ㅡ든 핍박과 苦難속에서 오로지 主의福音을傳하기에 朝鮮民族의어둔눈을 띠우기에 一生을보낸崔孃、그의아름다운 高貴한一生을 回顧하고 스스로祈禱와 뜨거운눈물을 禁하지못하겠나이다。썩어진 이世上에서라도 惡의덩쿨이 온地球를휩싸고 버더가는 이때에서라도、사람의愛와 高潔한心情이 貴하고 아름다운것이라는時代錯誤의觀念을가지는이가있다면、그에게는 確實히 崔孃도世上에서貴하고 아름다운 보배외다。運動競技에 世界記錄을 깨트리는것만가지고 떠들기에 奔走한이때 다른나라 도야지울깐만도못한 農村속에서 되엿다지는 貴하고아름다운 崔孃의記事를 感激에넘처읽는이가 몇이나있으리까。있다면 이또한認不足識한者오 時代錯誤者가안일는지오。朝鮮에도 認識不足의 時代錯誤의 어리석은이가 좀더좀더 나오기를 祈禱치안이치못하겠나이다。珠판을놀줄모르는 어리석은이도 좀더 좀더 나오기를 祈禱치안이치못하겠나이다。그러나 이같은 어리석은이가 間或世上에 나왔다가도 或은일즉이 世上을떠나고 或은病床에누었으니 좁은所見과 옅은信仰으로오측 슬퍼할 따름이올시다』라고。果然朝鮮的英雄은 一曰飛行士 二曰마라손選手 三曰拳鬪選手 四曰스케팅選手等等。甚至어女學校生徒들까지가 右記崔孃과같은先輩를 본받고저 하는것이아니라、日夜로某選手의 姓名三字를 複寫하고 앉았더라고하니 寒心또寒心。

二月十四日(木) 기침이甚하야 不得已 終日臥床服藥。○張道源牧師께서來信。病床의春光과和風이 더욱感謝하다。

二月十六日(土) 連日기침이盛하야 不得安眠。눕을수 없어 앉은대로 밤을 새면서 모든呼吸器患者의苦痛을 맛보다。뜻대로안되는身體를 생각할때는 氣管과 肺臟을하번에 吐棄할憤氣도 없지않으나、病者의苦痛이 病에 있기보다、마음에 있음을 새롭게感銘。

○前月號의 冬季聖書硏究會記中에는 咸錫憲先生의世界歷史目次가 組版까지 되였든 것인데 紙面이不足하야 校正時에 削除하게 되였나이다。筆記한柳達永君이 매우 섭섭하여하며、그러한事情을 詳細히 誌友에게 알리라고 하였으나 그것조아 記錄할餘白이 없었다。其他에도 柳君의文章中에서 數行을縮少하지 아니치못하였는데、이는全혀 紙面關係로 編輯者가 任意處理한것이었나이다。

○主筆의馬可福音硏究는 昨年度의馬太福音硏究와並하야 좀더詳細한것으로記述하고저 하였으나、聖書概要로 一書一講을連載하여 오든中이니、于先默示錄까지의概要를 한벌 完結한後에 다시一部分식細密한硏究에 들어가고저하야 今番은 簡潔하게하였다。

○우리主그리스도께서 許하시사 今年末에도 集會를열게하시면 咸錫憲先生께는 基督敎會史를講하기를請하였으니、朝鮮史 世界史의 다음에 展進되는 當然한順序로 우리가 探求하기를願하야 마지않는바이다。但 主筆은 바울書翰을 읽어報告하고지하나 이는特히 바울書翰에對한 깊은硏究가 있어서 그런것이 아니라、主筆의聖書硏究課程이 共觀福音書다음에 바울書翰을工夫할豫定이었든 까닭이다。

金敎臣 著

山上垂訓研究 全

四六版二四五頁 定價七〇錢・送料五錢

聖朝文庫 第一卷

咸錫憲 著

푸로테스탄트의精神

菊版半・三十二頁 定價金拾錢・送料貳錢

前者는基督의代表的敎訓을 平易하게 解釋하야 基督敎의眞髓를闡明한것。後者는 루터以來의宗敎改革의眞意를再考하야 舊敎로退化하는新敎徒에게 一大警醒을주고저한것。二著모다 半島의氣候風土의産이오。우리가 最善의 선물로 半島에보내는바이다。

聖書的立場에서본朝鮮歷史(續)

一、信仰生活과歷史理解 六一號
二、史觀 六二號
三、聖書的史觀 六三號
四、世界歷史의輪廓 六四號
五、朝鮮史의基調 六五號
六、地理的으로決定된朝鮮史의性質 六九號
七、朝鮮사람 六七號
八、堂堂한出發 六八號
九、列國時代의苗床 六九號
十、鎔鑛爐中의三國時代 七〇號
一一、高麗의다하지못한責任(一) 七一號
一二、同上(二) 七二號
一三、同上(三) 七三號
一四、受難의五百年 七四號

本誌舊號廣告

歷史와聖書 七、八、十一、

하나님의攝理 十二號
成三問과스데반 十四號
큰食物 十五號
二十世紀의出埃及 十八號
푸로테스탄트의精神 二十號
예수出現의宇宙史的意義 廿四號

舊約聖書大旨(續)

創世記大旨 三八號
出埃及記大旨 三九號
利未記大旨 同
民數記大旨 四〇號
申命記大旨 四一號
여호수아大旨 同
士師記大旨 四二號
路得記大旨 四四號
삼우엘上書大旨 五四號
삼우엘下書大旨 五五號
列王記上書大旨 五六號
列王記下書大旨 五八號
歷代志大旨 五九號
에스라―느헤미야書大旨 六〇號
에스더書大旨 六二號
約百記의大旨 六三號
詩篇의大旨 六五號
箴言의大旨(六六) 六九號
傳道書의大旨 六八號
雅歌의大旨 同
이사야書大旨 七二號

以上「大旨」는 極히簡潔하게 一書를一回에講하야, 누구에게든지 聖書의要領을알게하고저 한것。從來의 年度本으로한 特價는 撤回하고 今年度부터第五十九號以前古本은 每一冊에十錢으로減價하다。

本誌定價

一 冊 拾 五 錢
六 冊 (送料共)前金九 十 錢
十二冊 (一年分) 前金壹圓七拾錢

要前金。直接注文은
振替貯金口座京城一六五九四番
(聖書朝鮮社)로。

取次販賣所

京城府鍾路二丁目八二 博文書舘
京城府鍾路二丁目九一 耶穌敎書會
京城府堅志洞三二 漢城圖書株式會社

昭和十年三月二日 印刷
昭和十年三月四日 發行

京城府外龍江面孔德里一三〇ノ三
編輯兼發行者 金 敎 臣

京城府堅志洞三二
印刷者 金 鎭 浩

京城府堅志洞三二
印刷所 漢城圖書株式會社

京城府外龍江面孔德里活人洞一三〇ノ三
發行所 聖 書 朝 鮮 社
振替口座京城一六五九四番

【聖書朝鮮】第七十四號 昭和五年一月二十八日 第三種郵便物認可 昭和十年三月一日發行 每月一回一日發行

【本誌定價十五錢】

昭和五年一月二十八日第三種郵便物認可
昭和十年四月一日發行(每月一回一日發行)

金教臣主筆

聖書朝鮮

第七拾五號

一九三五年四月一日發行

目次

聖書朝鮮의解

聖書와朝鮮。 古人도 書中에千鍾粟이 스스로있다하야 良田美畓보다도 書籍의高貴한所以를 道破하였거니와、書籍이 貴한것일진대 書中의書인聖書가 가장高貴한書冊이다。이는 우리의偏見이아니라 聖書自身이 證明하는바이오 世界歷史가 裏書하는바이다。印度의 심라는 避暑의極樂이오 伊太利의 리비에라地方은 避寒의樂園이라하나 四時、百年、일하며 먹고 살아가기에야 朝鮮보다 더좋은데가 地球우에 다시 있으랴? 비록 白頭山이 없었다하고 金剛山이 생기지 않었다 하여도、그래도 朝鮮은 다시없는朝鮮이라고 생각하니 이는勿論우리의主觀이다。世上에 第一좋은것은 聖書와朝鮮。故로 聖書와朝鮮。

聖書를朝鮮에。 사랑하는者에게 주고싶은것은 한두가지에 끊치지않는다。한울의 별이라도 따주고싶으나 人力에는 스스로限界가 있다。或者는 音樂을朝鮮에주며 或者는文學을 주며 或者는藝術을 주어、朝鮮에 꽃을 피우며 옷을 잎이며 冠을 씨울것이나、오직 우리는 朝鮮에 聖書를 주어 그骨筋을 세우며 그血液을 만들고저한다。같은基督敎로서도 或者는 祈禱生活의 法悅의境을主唱하며、或者는 靈的體驗의 神秘世界를力說하며、或者는 神學知識의組織的體系를 愛之重之하나、우리는 오직 聖書를배워 聖書를 朝鮮에주고저한다。더 좋은것을 朝鮮에 주랴는이는 주라。우리는 다만聖書를주고저 微力을 다하는者이다。故로 聖書를朝鮮에。

朝鮮을聖書우에。 科學知識的土台우에 新朝鮮을 建設하랴는 科學朝鮮의運動이 時代에適切하지 않음이 아니오、그人口의 八割以上을占한 農民으로하여금 丁抹式農業朝鮮을 中興하랴는企圖가 時宜에 不合함이 아니며、其他 新興都市를爲主한 商工業朝鮮이나 思潮에波濤치는 共產朝鮮等等이 다 그眞心誠意로만 나온것일진대 害로울것도 없겠지만、이를테면 이런것들은 모다 풀의꽃과 같고 아침 이슬과 같아여、今日있었으나 明日에는 그 자취도 찾아볼수 없을것이며 砂上의建築이라 風雨를當하야 破壞됨이 甚하지아니치못할것이다。그러므로 이러한 具形的朝鮮밑에 永久한基盤을 놓어야 할것이니 그地下의基礎工事가 即聖書的眞理를 이百姓에게 所有시키는 일이다。넓리 깊이朝鮮을 研究하야、永遠한 새로운 朝鮮을 聖書우에 세우라。故로 朝鮮을聖書우에。

聖書와朝鮮——聖書를朝鮮에——朝鮮을聖書우에。이것이 우리의 「聖書朝鮮」이다。

或時 萬國聖書研究會라든가 또는大英聖書公會等과 聖書朝鮮과의關係를 問疑하는이가있으나 이런것과는 何等相關이없다。聖書朝鮮은 單只그主筆의 全責任으로經營하는것이、朝鮮을 聖書化하기에贊同하는 少數의友人들의 協力하는것뿐이다。무슨敎派나 團體나 外國金錢의關係는 全然없다。

敎會에對한우리의態度

現在 우리는 洞內에 있는 長老敎會에出席하며, 그建築費의 一部分도 負擔하였고, 請하는대로 京城附近 長老敎監理敎敎會에들어가서 說敎도하며, 때로는 査經會도引導하야 微力이나마 基督敎會를援助하고저 하는心算으로있다。우리 친구와誌友들도 或은監理敎會에서 或은長老敎會에서 或은聖潔敎會에서 忠實히勤務하며 助力하고있는이가 적지않다。우리가 彼此이렇게되는일은 自然스러운일이오 반가운 일로 안다。過去에 우리를指點하야 無敎會主義의直系이라하며, 本誌를稱하야 敎會破壞의機關이라고 排擊하는者있었을때에는, 우리도 無敎會主義者인것을 自任하고 陣營을對立하야 싸우고저 한일도 있었다。 그러나 攻迫함이 없을때에 홀로 싸울必要도 없을뿐더러 朝鮮을배우면 배울수록, 朝鮮基督敎會의內情을 알면알수록, 참아 싸울수도 없거니와 싸왔든들 別수 없는것을 알았다。우리에게는 政治的權勢도 없고, 다른宗敎的敎權도 自主하는것이없다。 오직 基督敎 敎權이 비로소 自立하고저한다。 그것다나 루터 時代의 로마敎權이나 英國國敎의敎權같은 大勢力을 가진것이 아니다。우리가 三十萬基督敎徒를 無視하여서가 아니라, 事實이 今日朝鮮의長老敎總會와 監理敎年會에서 破門을宣言받었다할지라도 우리의 목숨에異狀이 없을것은 勿論이오, 우리의職業이나 紳士로서의處世함에 一毫의加減이 없을것은 定한일이다。이런事理를判然히 알면서 크게 힘을 다하야 基督敎會에招戰함은 마치少女를向하야 決鬪를申立하는勇士와 다름이없는일이다。故로 或時 敎會의 그릇됨을 痛責하지 않을수없을지라도 敎會를傷함으로써 일삼는者는 아니다。

將來에는 어떤友人의提議함과 같이 敎會를爲하야 크게役事하고저 하는가。決코 아니다。우리는 率直하게 말하라면 敎會그물건에對하야는 벌서失戀한지 오랜者이다。勿論 敎會안에 敬愛할만한信徒들이 적지 않음을 안다。때로는篤實한長老와牧師도 全無하지않음을 不知함이아니다。우리가 敎會를全然히 斷念하지못하는것은 이러한聖徒들을 맞나 서로 배우며 서로慰勞됨이있고저 함이다。그러나 敎會라는 덩어리가되고 敎會政治라는演劇이 되고본즉 아주失望이다。이는 썩은것이오 亡할것이다。저들은 再臨하는예수라도 다시 붙잡아 十字架에 거는所任밖에는 다할것이 없는者들이다。實로同情할立場이다。왜 그런고? 우리가 萬一 어떤學校長이되거나 어떤會社社長이 되게하라 그는 벌서 自己固有의個性이나 信條로써存在하는것이 아니라 그學校나會社의傳統과因習에 就縛된 人形으로만 動하게되는까닭이다。後援會가있고 同窓會가있고 財團法人의規約에 理事會가달리고 評議員이 따르고 慣例가있고 氣

風이 없지않으니 嗚呼라眼鼻莫開의狀이다。마치紅蛤의絲足이 岩盤에 固着함과彷彿하다。今日社會의 무슨組織體에 長된다는것은 저의信念과智能을發揮시겨 그惠澤을 널리分配하자는것이 아니라 彼를 그旣成團體속에 隷屬시기며 同化시기며 就縛하야、群小惡鬼의食慾을 滿足시기려는데에 不過한일이다。故로 當代의陸海軍大將이라도 一旦某某政黨의總裁도 就任한後에는 軍人精神을喪失한다고 世間에서떠들지라도、이는別로 奇怪한일이아니라 當然한일이다。마찬가지로 個人으로서는 훌륭한 聖徒이든者도、한번 職業的으로 敎役에從事한後로는 아주換腸하고야 마는實例가 한둘뿐이아니다。政黨의黨員으로 모이나、敎會의敎役者로 모이는者의 全部라고는 안하나 그大部分은 食餌를食하야動하는者들인故로、聖者라도 거긔合하고는 그와同化됨을 免하기는至難事이다。個人으로接하야 聖徒같고 講壇우에섰을때에 天使같아서 言言句句 聽衆을感動시겨 마시않는牧師도、壇下에나리는瞬間부터 街路에彷徨하는 乞人의態度를 버리지못함은、온전히 雇用사리하도록 만들어놓은 敎會의機關과 組織의 탓인줄안다。이點에 있어서 敎會라는觀念이世上것과 우리것과는 判異한바있다。「非敎會」的魂魄이 단단한것이 우리속에있다。

近來에 所謂「積極團」一味를 討伐하기爲하야 長監兩基督敎會가 噴噴하나、이것도 그事實을發覺하고는 그대로默過할수없다하야 聲討하는편에도 一理가 있는것과 마찬가지로、積極團員되며 또 그團長되는이들편에도 勢不得已하야 그까지 밀려간原因이 있었든듯하다。危險하고 交通不便하고 敎育、娛樂等 文化施設이 不備한데보다、安全하고 電車電燈의 便宜가있고 大學과劇場과 百貨店等이 櫛比한都市로 轉任運動하는것은 抑制할수없는事情이라고하니、小都市보다 大都會로、鄕村보다 京城으로、小機關보다 中央基督靑年會같은 豊裕한地盤으로 進出掌握함에는 必然코勢力이있어야한다。勢力은 結黨에서速成되고 作黨은專制的이라야 그運用이敏活하니、이른바 積極團의規約이 全혀軍隊式으로되었고 파씨즘으로 되었다함은 그發展할데까지 發展한것을 證明할것뿐이다。今日朝鮮基督敎界의 根本機構가 善處되기前에는 비록積極團長某氏를埋葬하고 그團을完全히解消하는날이있다할지라도、또第二第三의 積極團이出生할것을 누가禁해내랴。이러故로 우리는 非單 積極團一件에對한것만아니라 現敎會의根本機構에 一致할수없는者이다。

그렇다면 왜 根本的으로 그릇된基督敎會인줄알면서 그基督敎會를 積極的으로攻擊하지않을뿐더러、오히려 敎會에出席하며 說敎하며 또敎會를爲하야 祈禱하느냐고? 矛盾이라면 明白하고 重大한矛盾이다。그러나 이일에關하야는 筆者에게 反問하기前에 四福音書를精讀하고、우리主그리스도의 矛盾부터摘發하라。絕對로純潔無垢하여야할敎會가 餘地없이 腐敗하였을때에 主예수께苦難이있었고 우리들께悲哀가남았다。

聖書的立場에서본朝鮮歷史

咸　錫　憲

一二、受難의五百年 (二)

四、문허진土臺 世宗이돌아가고 文宗이니어서니 三十七歲의壯年이으 잘난님금이었다。아름다운얼골, 긴수염에 姿儀가雄偉하고 天資가聰明仁慈하야、學問을極히좋와하며 臣下를사랑하고 對할때는 儼然한中에도 봄바람이부는듯하였다는것이다。이러므로 王이即位함에 臣民은모두 至治가있을줄을믿었다。事實萬一 王으로하여금 長壽케하였다면 文王의遺志를繼述하야 政治에볼만한것이있었을것이다。그러나攝理는그렇지않었다。그렇게 國民의期待를받던王은 在位不過二年에 갑작히 돌아가고 아들이 겨우十二歲의少年으로 大位를니어서니 이이가端宗이다。이때까지 光明을約束하는듯하던 나라의將來는 忽然히不安의구름속에 쌓이게되였다。님금은 그렇게 어린데 이때에宗室의勢力은 너무强하였음으로 文宗은臨終에미처 特히重臣들을불러 幼王을盡心補佐하기를 付托하고갔더니、果然그돌아간後 얼마가못하야 文宗의바로다음同生되는 首陽大君이 簒奪의野心을넉고 運動을始作하게되였다。首陽은本來 그心術과武藝도 太祖에比하는사람이라 한번野心이發함에 두려울것도 꺼릴것도없이 韓明澮、權擥하는不平의무리를모와 凶計를꾸민後、端宗元年十月에 當時國家의柱石이오 國民의信望을 一身에모왔던 金宗瑞를 爲先撲殺하고、니어 皇甫仁以下 忠義의마음이있어 自己의不法暴行에反對할만한諸臣을 모조리慘殺한後 政權을한손에쥐었다가、三年六月에 드디어 님금을내여쫓고 스스로王位에오르니 이가世祖라는이다。其間의仔細한것을 우리는여긔서 말할餘裕를가지지못한다。그러나그것은 記錄으로 或은巷間의傳說로 傳하는것이많이있음에 이미讀者의귀에닉은바일터이오 또그렇지못하다하더라도 알고저願하면 容易히될수있는일이다。讀者萬一그를一讀한다면 憤激한心臟이 가슴안에서鼓動함을 스스로느낄것이오 或義俠心이强한이는 두주먹을들어 한번當時에났다가 三尺長劍을휘둘러 首陽 韓明澮 權擥의무리를 一擊下에兩斷하야 天下의憤을씻지못한恨을 書案우에갚기도할것이다。果然 누구도 그런생각이없는것이아니오、또한번그것을하였다면 그것도快男兒의일이아닌것아니다。그러나 그것보다도 오늘날우리의일은 잠잠히생각하는데있다。생각하야 그意味를깨달음이緊要하다。이것은都是 무엇을意味하는것인가고。

世宗이 在位三十餘年間에 內治로外征으로 많은治績을들어 五百年一代中의 第一盛時를일우어놓은것은 우에서도말하였다。이때世宗이받은바使命은 새文化의基礎를닦는것이었다。王의代를 李朝의黃金時代라고하나 이는後代의歷史가 失敗로돌아갔기때문이오、當時의文化自體로보아서는 一個完成된것이라기보다는 將來의 發展完成을約束하는土臺文化였다。國民은 비로소 生活의安定을얻었으며 正音이頒布되고 儒敎로政治의 標準을確立하며 學問硏究의風이서고 이때에 李朝文化의上部建築이 설만한土臺가놓였다。그러고 그는 一見堂堂한것이었다。故로 王이돌아가고 文宗이即位할때 歷史는 適任者를얻어 그建築工事를進行하려는듯이 보이었다。그러나 아니었다、眞實을生命으로녁이는 造物者의聖意는 그렇지않었다。三國時代에서失敗하고 高麗時代에서 破計를當한그는 五千年歷史의 묻허진塔을再建하는 지금에있어서는、무엇보다도 爲先 眞實로써 土臺를쌓지않으면 안된다고생각하였던듯하다。文宗이早世하고 端宗이 나어리게 即位하게된것은 이놓여진土臺의 鞏固度를試驗하는 檢査의날을 베풀기爲한것이었다。攝理라는것은 奇異한것이므로 그일이 다들어나기까지는 아모도그意味를 豫測하는수가없다。마치 平平凡凡한峯과 골작이가 가다가 어떤곳에서 갑작히막히고 끊일때 묻듯 一個絶景을지어놓는것이오、그絶景속에선後에야 비로소 이때까지의 모든平凡한것이 다그絶景하나를 產出하는데 없지못할要素가됨을 아는것같이、歷史上의일도 어떤 一定한時期가오기前까지는 그意味가 들어나지아니함으로 普通의尋常無事한것으로밖에 아니보이는때가많다。그러다가 어떤一定한事件의突現에따라 이때까지의 모든일의意味가 비로소 알려지게된다。端宗의境遇에서 본다면 世宗 文宗때까지는 적어도外見上으로는 아모不幸의豫表도前兆도볼수없었다。마는 一旦 文宗의早世라는 豫期하지못했던事件이突發함에 모든것의意味는 全然轉倒되었다。世宗이 十八男四女를둘때 그는모다國家의慶事요 文宗이即位하야 宗室八大君이둘러설때 그는全혀王室에 힘인듯이보이었다。더구나 首陽같은이 文宗이萬一사라있었더라면 그의힘있는한팔이 되었을것이疑心없다。그러나 文宗의돌아감으로因하야 모든것은 다合하야 難景絶處를 일우어놓았다。宗室이많았음은 補佐를爲한것이아니라 威壓하기爲한것이었고 首陽의非凡하게났음은 王을돕기爲한것이아니라 嚴酷한檢査役이 되기爲한것이었다。文宗이孝性이至極하고 勤儉하던것도 王으로보면 아름다운德임이 틀림없는것이지만、世宗이돌아간後 슬퍼하기를 너무甚히하고 粗食粗衣하며 失攝을하였던것이 돌이어 그早世의原因이되었다。그렇게되어서 이悲劇의舞臺는 準備된것이었다。

事物의意味는 直接的 個人的인것으로 다되는것이아니다。個人的인立場에서만본다면 文宗은한낱 아까운 님금으로 偶然히早世한이오 端宗은애처러운이오 世祖는 野心

않고 밉살스러운사람으로 慾心과酷毒한手段으로 成功한 사람이다。사람들은 文宗에對하야는 愛惜해할것이오 端宗을爲하야는 눈물을흘릴터이오 世祖의事蹟을보고는 침을밭을것이다。 그러나 事實은 世祖도 端宗보다 못지않게 가엾은사람이다。 그들은 다같이 이苦難의歷史를 메는이들이다。文宗이 臨終의床에서 참아눈을감지 못해하던것은 單純히 나어린아들을爲하야서만아니라 將次嚴酷한檢査役의손에 넘기지않으면아니되는 그土臺를놓고、이때까지의 功勞가 一朝에虛事에 돌아가지나않겠나하고 疑惧不安하는마음에서 나와서한것이오、金宗瑞의피를옷에무치고 이기고돌아오는魔王같이 殺氣騰騰하야들어오는 首陽을보고 「叔父 나를살려주오」하던 端宗의哀願은 十三歲의少年이 一命이아까워서만 그런것이아니라 事實은 그는將次無慘히묻허지려는 歷史의土臺가 神의判臺앞에서 自己의運命을爲한것이었다。忠臣을죽이고 義士를죽이고 나어린 족하와同生들을죽이고 님금이된 世祖도、個人道德으로만보면 더에게도 良心이있었나 하는생각이나지만 結局은그도亦是 歷史의舞臺우에서 自己所任을한것뿐이다。오직 그所任이 惡漢의 일이었음이 未安한일이다。그와같이 이는 모두다 가롯유다、가바야、바로、베로와한가지「그사람이 世上에나지않었더면 좋을번하였다」하는 同情의말을 듣는사람들이다。그러나歷史는 그들에依하야서 그갈곳으로 가는것이다。

嚴正하게 檢査하라는使命을맡은世祖는 그職任에忠實하였다。一毫의私情도없이 새로쌓은 그土臺의要處에向하야 霹靂의一擊을加하였다。그럴때 그堅固無雙할듯하던土臺는 糞土墻이묻허지듯이 묻허졌다。그는磐石우에쌓은것이아니었기때문이다。모처럼의 세멘콩크리트도 地下의岩石에붙이어 쌓은것이아니고는所用이없다。世宗은集賢殿을세우고 人材를길으며 忠義道德을가르처 國家의基礎를 세우려하였다。勿論그것이 잘못은아니었다。그러나 歷史의묻허진터를 깊이파제치고 自我의底岩에到達한後 거기서부터쌓어 올라오는 根本的인作業이 되지못하였다。故로 昇平時에는 堂堂한것인듯하던 그集賢殿組의土臺工事는 世祖의一擊에 그만微塵이되고만것이다。世宗、文宗이 手足같이사랑하야 기를때에 萬歲不變의忠義로盟誓하던 그集賢殿諸臣들은 世祖의눈살이한번붉어질때 苟且한一命을救하기에겨를없었고、大勢가 그에게로 기우러짐을보고는 舊主를팔아 富貴를사기를 서로다토았다。다른사람도아니오 世宗에게서 子息같은사랑을받었고 文宗에게서 親故같은待接을받아 日夜로같이 學問을講論하며 親히 부어주는盞을마시었고 醉하야누은則 손수御衣로덮어줌을받는 鄭麟趾、申叔舟、崔恒의무리가 그러했다。世祖로하여금 端宗을廢하야 寧越로보냈다가 終乃사람을보내여 죽이게한것은 鄭麟趾、申叔舟요、金宗瑞를죽이고 돌아올때 앞서나가 握手

歡迎한것은 崔恒이었으니、이것이中軸없는國民道德의 當然한歸結이었다。世宗 文宗이애써쌓은 王道政治와 忠義道德의土臺는 世祖의嚴酷한試驗에는 極히無力함을 暴露하였다。더가威脅함에 그들은 苟且히살기를 偸食하였고 더가誘惑함에 그들은醉한듯이따라갔다。

五、義人의피

그러나 義人의씨가 滅絶되지는않었다 將來에 다할使命이있어서 이民族을 길러두는神은 그들에게서 義人의種子를 아주除해버리지는않었다。世祖가피묻은손으로 王位에오르니 是非善惡이 도모지轉倒가되여 凶悖奸巧한 도적의무리는 靖難功臣이되고 淸明正眞한介士들은 逆徒의陋名을닙고 朝廷은바로 百鬼夜行의터가되고말었다。그러나이모양을보고 가슴속에 불길같이타오르는 正義의念에참아못견대는 몇사람의義人이있었다。大勢가그렇게되고보면 그들의形勢는 외롭기 風前燈火같으나 그럴수록 그들의무게는 泰山에서 더하였다。形勢가可히取함즉하였으면 더들은나갔을것이오 싸홈즉하였으면 버틔여보았을것이었다。마는 取할수도 싸움수도없이 외로와진더들 오직最後의한가지길을 가졌을뿐이었다。泰山보다더한무게를가지는 그自身들의몸을던져 푸로테스트를行함이다。그리하야 그들은 二千年前의옛날에 그이가 사단의本營을 爆擊하기爲하야 自己自身을 肉彈으로던지었던것같이 罪惡에물든 世祖의朝廷을向하야 여섯個의肉彈을 묶어던지었다。六臣의端宗謀復事件이라는것이다。

當初에世祖가 凶變을일으킴에 어린족하의 쓰고있는 王冠에黑心이나서 한것은勿論이지만、그世祖로서도 正義에向하야 正面으로抗拒할수는없어서 讓位의形式을 取하기로하였다。端宗三年六月에 드되어 禪位의式을行할새 世祖업대여 辭讓하는모양을하더니 群臣은모두失色하야 敢히 一語를發하는者가없는데 禮房承旨인成三問이 國璽를안고있다가 터져오는가슴을 참지못하여 放聲大哭을하니 방쟝업대엿던世祖는 하던절을그만두고 고개를들어 三問을흘겨보았다。그리고受禪의式은 無事히完了되어 世祖는 님금이되고 端宗을上王으로보하였다。自己가 願치않는讓位를하였고 上王이라고하기는하나 事實에있어서는 罪人同樣의監禁을받고있으니、端宗의마음은 恒常슬펏고、爲하야 눈물을흘리고 憤해하는이도많었다。그러나 形勢에어떻게할수없으므로 成三問도 禪位當日에 自決하려는同志 朴彭年을挽留하야 죽지못하게하고 때를기다려 復位를圖謀하려하였다。그리하야 憤을참고 기다리기二年 世祖二年六月에 드디어한機會가왔다。때마츰 明國使節이왔는고로 그를爲하야 宴會를베풀게됨에 成三問은 이機會를利用하야 쿠데타를行한後 端宗復位를할양으로 朴彭年、河緯地、俞應孚、柳誠源、李塏、金礩等同志를모와議論한後 部署의作定까지보게되였었다。그러나 天意는 또하번 어그러졌다。

뜻밖에 謀計와多少어긋나는바가 생기는것을보고 同志中의一人인金礩이 갑작이變心하야 世祖에게달려가 全部를告하야버림에 萬事는 다틀어지고 六人은即時로잡히어 世祖의目前에서 참아形言못한 온갓惡刑을다받은後 마츰내死刑을當하게되니 이가世上에서니르는바 死六臣이다。

六臣의悲絶壯絶한 그事蹟은 朝鮮사람인담에는 반듯이넑은必要가있다。차라리 쉑스피어를못넑고 피테를못넑을지라도 이것을넑지않을수없으니、여기서우리는 苦難中에오히려살어있는 참朝鮮心을보기때문이다。겉에 말라붙은모든더캐와 썩은살을제치고 오히려뜨거운피가뛰는 생살을만집이며 風化腐蝕된地殼를 뚫고들어가 白熱의地心을엿봄이기때문이다。不義의주는祿은 입에넣을수없는것이라하야 한알을다치지않고 庫間에쌓았으며、承旨의寢房에 거적자리하나밖에없었으니、이것이朝鮮心의淸明이아니며 灼鐵로 다리를뚫고 배人곱을쏘시며、칼로팔을끊으되 顔色이自若했으니 이것이朝鮮魂의剛毅가아닌가。寬弘한그度量은 그모진刑에도 허허웃고臨하였고、眞實한그忠誠은 나를죽이는 그사람을보고도「나으리가 先朝名士를다죽이고 이한사람만남았고 이謀計에는參與치않었으니 두어두고쓰시오 이는참어진사람이오」하고 懇篤하게勸하였다。朝鮮사람이 아무리幼弱하여젔다기로 내살을지지는 武士를보고「鐵片이식었으니 다시달라오라」고하는 그魂이 自己속에 들었음을안後에 근심할것이무엇이있으며、朝鮮사람이 아무리卑怯하여젔다기로 내등껍질을 벗기는사람을向하야「내一隻劒을가지고 足下를廢하고 故主를復하려다가 不幸히奸人의告發한바되였으니 다시무엇하리오」하며「내宴會當日에 칼을쓰려하되 너희무리가 萬全之計가아니라하며 못하게하야 오늘날의禍를지었으니……즘생과다를것이무엇인고 다시무를것이있거던 뎌 선비아의들안테나물으라」하는氣槪가 自己안에있음을안後에 두려워할것이무엇이리오。五千年歷史에서 이한句節이없오면 一段의光明이 덜리는일이오、五百年羞辱의時代에서도 이한事實이있으면 足히 補償하고 남을수있다。六臣、朝鮮民族을爲하야 萬丈의氣焰을 吐했다할것이다。

六臣의謀復運動이 失敗에돌아간것은 생각할수록憤한일이다。奸惡이이기고 忠義가敗하다니! 忠義의그들은 一命을保存못했을뿐아니라 滅族을當하고 鷺梁津頭에 한줌흙을남긴것밖에없는대 奸惡의 뎌들은 一代의榮華를누렸을뿐아니라 歷史우에까지功臣名相으로 적히다니、爲하야 니를갈자면 니가모자랄地境이다。그러나 다시생각하면 그렇지않다。六臣의使命은 亦是죽는데있었다。그들은 처음부터 이기기爲하야서가아니오 죽기爲하야뽑힌것이었다。그敗死의原因은 金礩에있는것도아니오 世祖에있는것도아니다。하늘에서許하는것이아니면 金礩이 어찌能히 義人을

죽일수있으며, 攝理가아니면 世祖가 어찌能히忠良을害하리오。 모든것은 하나님의許하는대서 된것이다。 하나님은 六臣을祭物로 作定하였던것이다, 朝鮮을爲하야 죽음祭物로要求하였던것이다。 그런故로 그들은죽어서, 一에는 朝鮮을爲하야 不義의代價를淸帳하여야하였고, 二에는 義의씨를 살리어야하였다。

果然 그들은朝鮮을爲하야 神의앞에 不義의代價를支拂한사람들이다。 義는無代價로 없어지는일이없다。 神이許諾하면 사람은 一世의義를업눌을수있다。 그러나無代로그렇게할수는없다。 반듯이 거기相當한값을 支拂하여야한다。 사람이罪를犯함은 自由로할수있으나 그로因하야오는 不義의結果에서 逃亡할수는없다。 個人에도 그렇거니와 더구나歷史에서그러하다。 짓밟힘을當한義에對하야 代價를要求하는것은 神의鐵則이다。 아담이 善惡果를먹기는 自由로할수있었으나 그의子孫은 그로因하야 가슴속에 들어온憂愁의毒蛇의 쏘는살을 免할수없게되였고, 이스라엘民族이 메시야를拒逆하기는 맘대로할수있었으나 그로因하야 賦課된代價를엇지할수는없이 多數한義人을잃고 福音이異邦으로 옴김을當하고 地球우에漂浪하는民族이되고말었다。 朝鮮도 이鐵則에서 例外일수없었다。 三國의失敗를 高麗가回復지못하고 高麗의罪惡을 李成桂가繼承하고 歷史의부러진軸을 世宗文宗의治로도 곳치지못하였다면, 그리고

忠良의피에물드린 袞龍袍를닙은世祖가 王位에앉음에 義人의피가 따에서소리를發하야불렀다면, 朝鮮은 그代價를支拂치않을수없었다。 神은 그代價로 最高最貴의것을 朝鮮에서 빼앗기로하였다。 世祖가지은罪惡에代價는, 애매한六臣이 받여야한다는것은 不平을말하고 싶기도한일이지만, 自己의魂을 스스로짓밟은朝鮮은 그魂우에深刻한苦痛을받아서 그高貴함을 깨달어야하였다。 그리하야 六臣은 그鮮血을 朝鮮의祭壇우에 붓지않으면안되였다。

그러나 六臣의피를 要求하는神은 殘酷해서 그런것도안이오 朝鮮을詛呪해서 그런것도않이다。 義를살리기爲하야서하였다。 義는生命이다。 그러나 그는 求함에依하야서가안이오 버림에依하야얻는生命이다。 밀알이 따에들어가는것같이 義는自身을죽임에依하야서만 사는生命이다。 六臣은 참으로살기爲하야 죽음이 必要하였다。 것츤들판에서 모처럼얻은 이純玉의材料를 神은 普通의石材와같이 쓰기에는너무앗가워 特別한作品으로 彫刻하야 永遠한祭壇우에 놓기로한것이다。 六臣의謀計가成功되였, 한손에 번쩍이는長劍을빗기들고 한손에끔은피흐르는 世祖의목을높이든 兪應孚가 勇躍하는革命軍을指揮하야, 쥐숨듯逃亡하고 奸惡輩를掃淸한後 六臣이端宗을모서서 歡呼聲裡에 돌아오는것을想像하고 우리는一種爽快를 늣기지않는것안이다。 그러나 假令事實이그리되였다고 假定을하자, 그後에있을

것은무었인가。亦是一流의功臣이되고 前代의것을反復하는대 끈치고말지않었을가。그렇게되였다면 榮華를一世에누릴수있었겠고 읽음을歷史우에 머수이 었겠으나、六臣이될수는없었을것이다。朝鮮의가슴안에 義를살릴수는없었을것이다。그렇게볼때 우리는 六臣이 살지못했음을 憤해하기보다 그들이죽지못했을가싶어 두려워한다。그들果然잘敗하고 잘죽었다。죽을줄모르는 이民族에게도 죽을줄앎이있다는것「見人有患、投死救之」가 거짓이안이오 참으로 朝鮮心임을證明하였다。世宗은 集賢殿에서 培養하려다가 하지못한 朝鮮心을 그들는 死刑場에서살리었다。

成三問이 將次刑場으로나감에 글한首를지었으니

食人之食衣人衣、 一死固知忠義在、
所一平生莫有違。 顯陵松栢夢依依。

남의밥을먹고 남의옷을닙었으니、한결같이하는바가 平生에 어기지마잡이라。한번죽음에 진실로忠義있음을알것이니、顯陵松栢이 꿈가는대依依하더라。（顯陵은文宗의陵이다）李塏도 같이 한首가있으니

禹鼎重時生亦大、 明發不寐出門去、
鴻毛輕處死有榮。 顯陵松栢夢中青。

禹鼎같이무거울때는(生命의값이) 삶도또한큰일이나、鴻毛같이 가비여운곳에서는 죽음에 돌이어 빛남있다。날이밝도록자지않고 생각다가 門밖에나서니、顯陵에松栢이 꿈가는데푸르렀더라。六臣의事實을읽으면、읽어갈수록 이가악물리고 주먹이쥐어지다가도 이글을口吟함에 및어서는 激浪이묻듯 胸中에高鳴하고 雙淚는스스로 頰間에滂陀함을禁할수없으니、이는憤해서그럼도아니오 슬퍼서 그럼도아니다。오직이들이 고맙고 이들이貴엽고 尊敬스럽고 崇慕스러워 그러함이다。그들이 아니었던들 우리가義를몰랐겠고、그들이죽지않었던들 우리가生을몰랐을것이다。成三問을 그렇게 이름한것은 그가出生할때에「낫느냐、낫느냐、낫느냐」고 空中에서 묻는소리가 세번났으므로 그렇게지은것이라고한다。果然 그는 이 죽는일을爲하야 準備하야보낸사람이었다。아아 죽을줄을아는그들！ 그들은 이百姓을爲하야 神의 멍애를 멘사람들이다。

六臣의事件後 鄭麟趾、申叔舟는 上王을 그대로두어서는 안된다는議論을내여 드디어端宗을廢하야 魯山君이라하고 寧越로귀양을보내였다。그의맘속이 어떻게외롭고 슬펐던것은 그 부는노래로 알수있다。

蜀魄啼山月低하니 相思苦倚樓頭라、
爾啼苦我心愁하니 無爾聲이면無我愁ㄹ랐다、
寄語人間離別客하노니 愼莫登春三月子規啼月樓를하여라。

그슬는맘을 못견디어 밤이면樓에올라 사람을시켜 통소를불게하기와、或은노래를읊프기로 낮을보내였다。그러나 이可憐한少年이 西江淸冷浦에 그愁心의날을보내는것

도 길이할수없었다。悲哀의朝鮮을 象徵하는그에게는 그만한運命조차도 있을수없었다。마춤내 忠臣 鄭麟趾!는率百官하고 魯山을죽여야한다主張하야 그대로되니 時年이十七이었다。그는얼마안되는 時日을 寧越에서지내는동안에도 村民의同情을 많이샀던듯하였다。비가오지않으매 그가祈雨하야 甘雨가왔다、屍體를江中에버렸더니 떠나려가지않고 다시올라오는것을 누가거두어安葬하였다、魂이白馬를타고 太白으로갔다하는等 同情을表하는말이 많이있다。그러나 그는悲哀의사람이었다。不幸한 어머니의 무릎을떠나는 어린天使같이 그는스스로의 목숨을버림에依하야 悲哀의彫刻刀를가지고 朝鮮의 가슴우에「永遠의愛」를삭이지않으면 안되였다。

犧牲의羊은잡히었고 義人의피는흘렀다。여섯個의肉彈이 不義의玉座앞에떠러짐애 뛰어나는피는 世祖의얼골에뿌리었고 鄭麟趾、申叔舟의 얼골에뿌리었고 온朝廷의臣下가 그피의洗禮를받었다。그피로써 저들은 自己네不義를씻을것이었다。그러나 아니었다。멀리서 그러지는肉彈의爆響을들은 民衆은 돌이어 反響하는바가많이있었으나 저들의맘은 漸漸더굳어졌다。그리하야 朝廷안에는 피에목마른吸血鬼가 들어있는듯이 흘리어도 흘리어도 끊임없는피를漸漸더要求하였다、連累者로하야數十名을죽이고 端宗과陰謀가있었다하야錦城大君과 그關係者多數를죽였다錦城은世祖의親同生이다。그리고도世祖는名君이되려고힘썼다。

一〇

預 言 者

李 贊 甲

‖一九三四年一月첫재主日에 함석헌씨의예레미야講義를비롯하며말슴할때和答하야받아쓰게된것‖

預言者!
그는政治家도 아니고
宗敎家도 아니며
또事業家도 아닌
아모것도 아닌者이랍니다。

기라면
하나님의 사람이고
끊는것이 있으며
말하는者인
그리고애국자이랍니다。

참으로 預言者는
직업으로 뛰여남이 없고
기술로 아모것도 아니며
무슨 훌륭한者도 아닌

다만 한낮『사람』이었더랍니다。
하나님의 아들이시나
한낮 사람이신 完全하신
人子 예수 와같은
『사람』이었답니다
하나님의사람이었답니다

하나님의 사람!
그렇기 때문에
참된사람이랍니다
하나님에게 비끄러매워진
『참사람』이었답니다。

정말偉人은
『眞人』에게
얼마나 가까웠든가로
정해 지나니
그렇게뵌것이아닌참이랍니다。

참人間 預言者는
그中心이 하나님에게 있었고

預 言 者

그리고 하나님과 사람 두새에있어
代表노릇 하였음이
預言者이었답니다。

代表!
하나님便에있어서는 사람의代表
사람便에있어서는 하나님의代表
그마즈막 完全하신이는
예수그리스도시었지마는。

그들은
義를 부르짖었답니다
그타락한것을 보고서
그망하여가는것을 보고는
견딜수없어 부르짖었답니다。

그리고 또 그들은
무엇보다歷史를 해석했다구요
앞일봄 미리말함이 특색이람보다
『이러하다』『이러리라』는歷史를 알었답니다
그道德的으로 해석하는歷史를

一一

預言者

이스라엘이 다른민족과 다름은
歷史를道德的으로 해석한것
預言者가 이스라엘에만 있었음도
하나님과의 관계를 道德的으로봄
그것 그탓이었답니다。

그래서 그들은
이스라엘歷史를 지였답니다
항상義를직힌 불길같이일어난預言者
世上이 타락될때에義를지지한者
그때문에 그씨가 계속되군 하였답니다。

그들을 무엇에比할가
支那의天子는 하늘을 이고났다하니
또朝鮮의 선비가 그비슷했으니
그러나 그들에게比할수없는 커것이있고
또그부르짖는것이 있었답니다。

온나라 모두가
제각기 특색이 있지마는
이道德的으로 比할데없이난것
오! 그것이

一二

예수그리스도를 낳고야 말었답니다。

예수그리스도
그는歷史의中心
그러니 유대의歷史를 빼어놓고는
온世上의主役을 빼어놓음 같으며
그를指導한預言者는防腐劑랍니다。

信者!
그들에게 크다 적다를 가릴까
모두預言者格이나니
깊이알아 그분정을
직히어 나아갈것이랍니다。

사람아
너는어느듯 지나면 썩어지나니
썩어지지않는防腐劑를
그런格인사람을
오! 몇사람 그들이라도 받아들이어야한답니다。

요한복음 (試譯)

趙誠斌

第一章

1태초에 말슴이 있었다。 말슴은 하나님과 같이 게
시고、 말슴은 곧 하나님 이시다。
2이 말슴은 태초에 하나님과 같이 게시었다。 3만물은
그이로 말미암아 창조 되였고、 창조된 물건중에 그이
로 말미암지 아니한 것이 없다。 4이 말슴에 생명이 있
어 이 생명은 사람의 빛이다。 5빛은 어두운데도 비최고
있다。 그러나 어두운 것은 이것을 깨닫지 못하였다。
6하나님 께서 보내신、 이름이 요한 이라는 사람이
나왔는데、 7이사람은 증거 하기 때문에 왔다。 빛에 대
한 증거를 하고、 또 모든 사람들이 그이로 말미암아
그빛을 믿게 하기 때문이다。 8그는 빛이 아니오 빛에
대하야 증거 하기 때문에 온것이다。 9모든 사람을 비
최는 참된 빛이 세상에 오고 있었다。 10그이는 세상에
왔다。 세상은 그이로 말미암아 창조 되였는 데도、 세
상은 그이를 알지못하였다。 11그이는 내나라에 왔는데
도、 내 백성은 그이를 맞어 드리지 않었다。 12그러나
그이를 받아 가진 사람、 즉 그이름을 믿은 사람들과
믿는 사람들에게는 하나님의 아들이 되는 특권을 주
시었다。 13이와같은 사람들은 혈통여하나 인간성에나
사람의 의지 같은데는 관계없이、 다만 하나님 으로 말
미암아 난것이다。
14말슴은 육체로 화하야 우리들 가운데 머물었다。
우리는 그 영광을 보았다。 이것은 진실로 아바지 께서
받어 가지신 외아들 로서의 영광 이오며、 은혜와 진
리로서 가득 하더라。 15요한은 그이에 대하야 증거하
며 웨치기를 『내뒤에 오게된 사람은 나보다 낫으니
라。 나보다 먼저 계시었기 때문이다』 라고 내가 이왕
말하였던것은 이사람 이다』 라고。 16우리는 모다 그충
만한 가운데서 은혜와 은혜를 받는다。 17율법은 모세
로부터 받었고、 은혜와 진리는 예수 그리스도 로부터
온다。 18아직껏 하나님을 본 자가 없다。 다만 아바지
품속에 게신 거룩하신 외아들만、 하나님을 나타 나게
하셨다。
19이러니까 유대 사람들은 예루살렘 에서、 제사장들
과 레위사람들을 요한 에게로 보내여 『당신은 누구입
니까?』 라고 묻게 하였을때、 요한의 증거는 다음과같
다。 20이에 곧 들어내놓고 말하여 『나는 그리스도 가
아니다』 라고 하였다。

21또물어『그러면 누구입니까? 엘리야 입니까?』
라고 하니 대답이
『그렇지 않소』
『저 선지자 입니까?』
라고 물으니
『아니』
라고 대답 하였나。22이에 그들은
『당신은 누구 입니까? 우리를 보낸 사람들에게 대
답 할수 있게 하여 주십시요。당신은 자신을 무엇
이라고 부릅 니까?』
라고 하니
23『선지자 이사야 가 말슴하신 바와 같이、나는「주
님의 길을 곧게 하라고 광야에서 웨치는 자의 소
리」이다』
라고 하였다。24그 신부림온 자는 바리새사람이、었다。
25또 물어
『당신이 만약 그리스도 아니오、또 엘리야도 아니
오、저 선지자도 아니라면、웨 세례를 주십니까?』
라고 하니 26요한의 대답이
『나는 물로서 세례를 준다。너의들 가운데 너의들
이 모르는 사람이 하나 서있어。27그이는 나의 뒤
에 오게된 사람이다。나는 그구두 끈을 풀 자격도
없다』
라고。28이런 일들은 요한이 세례를 주고있던 요단강
건너편 벳아니 에서 생긴 일들이다。
29그다음날 요한은 예수가 그이게로 오는것을 보시
고 말슴 하기를
『여기좀 봐요! 세상 죄를 제하기로된 하나님의 어
린양을! 30이사람이 바로「내뒤에 오고 있는 사람
은 나 보다 낫고、나 보다 앞서 게시 였기때문이
다」라고、내가 앞서 말한 그사람 이다。31나도 그
이를 아지 못하였으나 내가 와서 물도 세례를 주
는 것은 그이가 이스라엘 나라에 나타나게 하기따
문이다。』라고。
32요한 이 또 증거를 들어 말슴하기를
『내가 보니까 성령이 비닭이 모양으로 하날에서 나
려와 구유에 멈추더라。33나도 그를 아지 못하였으
나 나를 보내여 물로서 세례를 주게 하신이가 나
에게 말슴 하시기를「성령이 나려서 어떤사람우에멈
추는것을 네가 볼것이다。그이가 곧 성령으로 세례
를 주실 사람이다」라고。34그래서 나는 그것을 보았
다。그러니까 나는 그이가 하나님 아들 이라는 것
을 증거한다。』
라고。

그리스도의福音心臟에서

生命으로 떠남도 만남도 없이 하나이되여 예수그리스도의 復活의形像을 有形無形으로 닮아가시는先生님、우으로 나리시는 恩寵과 平康을 無限으로 넘치게받아누리시기를 힘없는 무릅을 꿇어 恒常 主예수께 비나이다。

世上의 알지못할 生命的인 秘密의眞理를 事變과 事物에서 明確하게 取扱하시와 靈化의 하날길을 不絶하게걸으시는 先生님、肉眼으로는 뵈옵지못하였아오나 예수그리스도안에서 眞理로 본者요 알고 만진바되였나이다。

故로 先生님과 小生의 사이에 서로 分離한것이라고는 肉眼이오 靈眼은 안이오즉、비록 先生님은 北으로 小生은 南쪽新世界인 小鹿島에 멀ㅣ니分離하여 있을지라도 福音안에서 한 呼吸을 쉬는生命結合이 아니겠읍니까? 아! 그(그리스도)의 피와 그의 살로因緣이된 金先生님 生命的인 그리스도의 그피가 아니면 마시지 않고、그 살이 아니면 먹지않으시며、그 指示가아니면 行하지를 않으시는것처럼 小生亦是 그살과 그피를먹고 마시며、그로 말미암아 사는者가 함께되지 않었겠읍니까。故로 같이 울고 웃는感이 있아오며 함께 主를讚美하게되였음을 믿사와 끝없는 기쁨이넘치나이다。

아! 現代所謂基督敎徒의 深重한傷處를 무겁게 등에진 眞正한 主님의종이시어、뼈 한개、피 한방울、살한점이라도 主를爲하야、모든制度와 儀式으로 자랄信仰을 죽이고있는、現敎徒를爲하여 虛費하시는것처럼、萬事에철없는 小生도 亦是 비록癩病에 시들고 남은 뼈 한개 살 한점 피한방울일지라도、聖朝誌에 努力하시는 先生任과 또한 함께 眞心으로 受苦하시는 여러先生님들을 爲하야 같은呼吸을 쉬는 福音의 라팔들을爲하야 半島江山을 爲하야 祈禱하기에 이몸도 달키려 하나이다。아! 福音의 라팔인 그리스도의 종이시어 主님의 피에젖은聖朝誌를 通하야 있는힘을 다하야 웨칠대로 웨치소서。

하많은 줄인靈魂들은 非眞理의 그물에 칩사여 갈바를 못찾나이다。似而非한 不義의難關에 떠러저 靈의피를 흘려 버리고 重大한 傷處를 부여안고 모든儀式과 制度에서 곧 힘을받을랴고 이리저리 헤매고있으며、知識的으로 名譽的으로 權利的으로 날뛰는 僞牧會者들의 노리개로 되여있지않읍니까。아ㅣ이들을 眞正한 福音안으로 引導하실이는 先生님들이라고 福音안에서 信認합니다。이따우에것을 팔아 하날에 全幅을사서 生活하시는 그리스도의 忠實한 종이시어 非眞理의 그물에 싸인 불상한 그들을 福音의 眞理로 解放시겨주옵소서。 似而非한不義의 難關에 떠러저서 靈의피를 흘려 死境에 이른 그들의 우에 主와함께 피를 쏟으소서。 그들의 深重한 傷處에 主와함께 살을 찢어서라도 채워주시고 싸매여주옵소서。 아! 朝鮮의重大한傷處를 등에진 福音의 라팔이여 이러한 일들이 당신의 할일이 아니오니까。 피를 쏟으시고 살을 찢어주옵소서、 예로부터 聖靈의役事와 眞理가 躍動하는거기에는 殉敎者가 있었지요。 또한 殉敎의 慘血이 있는거기에는 福音의眞理가 하많은 무리들의 心中에 生命的으로 움트지 않었겠읍니까。 아! 二十世紀의 殉敎者는 누구이라고 하겠나이까。 小生은 先生님들이라고、 福音안에서 믿음으로 先言합니다。 오! 한많은 祭壇에祭物은 많으되、 살울 불길이 없으니 어떻게하시랍니까。 예수그리스도의 祝福中에서 發生된 聖朝誌를 通하야 發火하며 聖靈의불길이· 半島江山을 모주리 살우어 香내나는 꽃동산으로 化하여지기를 懇切이 祈禱하나이다。

活石이되신 오! 主여、 當身의眞實한종 金先生을通하야 成就할일이 많사옵을 믿사옵나이다。 恒常健康과恩寵을 주시옵고 聖靈의役事가 强熱하 運動하여주옵소서。 함께 努力하시는 여러先生님우에도 當身의許諾하신 聖朝誌우에도 恩惠의 全幅이 充滿하게하옵소서。 오! 眞理의神 그리스도시여 이聖朝誌를通하야 聖靈의 불길을 强熱히 發火케하옵소서。

오! 主여 當身의종들로부터 일어나는 聖靈의 猛烈한 불길이 當身의 要求하시는대로 三千里江山으로부터 全宇宙가 다 태워지게하옵기를 懇切히 願하와 救贖의피로 무릅쓰고 恒常비나이다。 아멘 아멘。

그리스도의 福音의 라팔인 金先生님 철없는 小生의 形便을 대강 記錄하나이다。 꽃다운氣體를 癩病에 빼앗긴 可憐한者中의 하나이었나이다。

그리하오나 不幸中多幸으로 卽 不幸스러운 癩病으로 通하야 世上이 알지못할 生命水를 맛보게된것 말슴다할수없이 感激하와 눈물석인 讚頌이 不絕이 넘치나이다。 小生이 聖朝誌를 通하여 골아졌든 生命이 蘇生함을 얻은때는、 一九三二年에 釜山戡蠻里癩病院에서 孫良源傳道師任이 聖朝誌에서 얻은所感으로써 說敎하든때이었읍니다。 그當時 戡蠻里敎會에서 孫良源傳道師任은 聖朝誌를 가지고 査經工夫처럼 一週日間 說敎한일이 있었읍니다。 그래서 비로소 其時로부터 釜山戡蠻里癩病院의 背後에도 福音의꽃송이들이 드문드문 피게되었지오 暗黑에서 잠겼는 戡蠻里敎會는 光明을 맞이하게되였지오。 골아졌든 生命들은 生生하게 소리를 쳤더이다。

아! 모든法과 儀式에 結縛이되여 苦痛과 煩悶으로 예수를 뜻없이믿는 小生은 날로 때로 生命的으로 자라는 참眞理로 解放을 받아 限없는 喜悅이 넘쳤나이다。뭇生命들이 그처럼 滋味스럽게 解放을받아 나아가든中途에、不幸하게도 所謂牧會者라고 하는 몇사람의 猜忌로因하야 孫良源傳道師任도 戡蠻里敎會일을 못보게되고 말았읍니다。그後로는 참이라고 날뛰든 사람들도 敎權者들이 威脅하는 바람에、한사람 두사람 次次 다떠러지고 六百餘名中에서 겨우 五六人이 眞正한 福音안에서 참眞理를 呼吸하는 한食口가 되여있었나이다。

그래서 그後에 一九三三年에 聖朝誌를 받아볼마음은 懇切하였으나、無知한 反對者들이 追迫함과 物質이없어서 못받아보다가、겨우信仰同志中 한 사람이 院外에 他人의名으로 聖朝誌를 받아보게 되였읍니다。其時 우리 同志들은 病院區域內에서 읽지못하고 反對者들의 不見하는機會를타서 病院後山 松木을 의지하여 隱懃히 모이어 讀誌할때마다 썩어짐이없는 眞實한復興이 되였더이다。그러다가 그것도 反對者들의 調査에 탈로되여 아모條件없이 異端派에 屬한者들이라하며 無數히 迫害를 當하였읍니다。그後로는 靑色빛冊만보이면 기어코 調査를 하므로、얼마동안 읽지못하고 감추어둔 일도 있었읍니다。아! 할수없는 癩病으로만 因하여、衣食住때문에 그들의 支配를 받고있든 우리들의 답답함이 어떠하였으리오。

그後로도 가진波難이 累次있었나이다。그러나 그中에라도 한사람 두사람이 次次 傳道가되여 男女合이 二十餘名이 되었읍니다。그다음으로는 信仰의벗들이 散之四方으로 흩어지기 시작하여、或은 故鄕으로 或은日本內地로 가버리고 戡蠻里敎會에 한十餘名처져있었읍니다。그리고 小生과함께 나오게된 信仰同志五人은 一九三四年 陽九月에、自退院하고 京城으로 올라가 얼마동안 고생하다가、十月下旬에 癩患者募集으로 全南 小鹿島에 오게되였읍니다。우리 다섯一行은 京城있을때에 金先生任을 한번 찾어보았으면 하는所願은 懇切하였었읍니다。마는 癩患者의 몸으로 先生님을 찾아뵈옵기가 難恥하와 찾지못하고 고달픈가슴에 哀惜과 悲哀를품고 하염없이솟는 뜨거운눈물만 흘리면서 발굼치를 돌으키고 말았읍니다。그리고 이 小鹿島에와서 入院하와 敎會의 內幕을 살펴본바 亦是 慟嘆의 눈물이 없지못하였읍니다。

아! 福音의 라빠이신先生님、이小鹿島에도 靈肉이腐敗하여 悲哀에젖어 죽음의길을 걷고있는사람이 現在二千餘名이되옵고、이앞으로 五千餘名이 될터이오니、가련하고 불상한 이生命들을 어찌하겠읍니까。肉이腐敗한것도 寃慟하다 할진대 靈魂까지 朽弊하게되면 얼마나불상한者가 되겠읍니까。人間意外의 사랑을가지신 先生님 우리小鹿島도 特別잊지마시고 福音안에서 우리主예수와 함께 힘써주시고 돌보아주시기를 懇願하나이다。今年에는 信仰同志五人中에서 聖朝誌한질은 받아보오나、男病舍 女病舍의 區域이달라 함께볼수가 없아오니 적지않은不便이 느껴집니다。代金을 들여서 한질더 注文하여 볼랴고하나 金錢을 구경할수없는 우리無產者로서 當分間 돈이없으니 하는수없어 主께맡기고 祈禱할따름이압드니、今번에 참다못하여 염치를 무릅쓰고 未安함도不顧하고 답답한事情을 先生님께 告白하는것이로소이다。先生님께서는 變치않는 主님의사랑으로 特別審量하시와 聖朝誌一二部만 힘 자라는대로 無代로 생각하여주시기를 小生은 懇切히 待望하나이다。그리고 이앞으로 誌友들이 많이일어날 餘望이 있아오니 明年에는 多少間代金으로 注文하여볼것입니다。此處同志一行은 男에○○○、○○○、○○○、女에○○○、○○○等이오며 이벗들이같은 所望으로 問安하옵고 聖朝誌繼刊을爲하야 主께懇求함을 마지않습니다。變치않는主 그리스도의 사랑안에서 先生任들과함께 같은呼吸을쉬며 靈眼으로 祈禱와 사랑으로 同居同樂하시기를 主께不絕히 비나이다。아멘。

一九三五年三月十五日 小鹿島更生園南部

철없는 小生 文 信 活 拜上

金 教 臣 先生任 殿

癩患者의音信을 받고

主 筆

○이것이萬一 普通世上사람、自由로行動하며、자조相從할수도있는 處地에서 授受하는 書信이라면、이편지를 지금公開하기를 우리는 躊躇하지아니치못할것이다。本誌와 그主筆에對하야 分에 지나치는 言表가있는 까닭에。그러나 이癩患者 文君은 本來未見의人이오、人間에서는 앞날이 計數된 處地에있다는 兄弟요、이를테면 저편世上에서 보낸 音信이다。故로 躊躇없이 公開한다。

○朝鮮基督教會의 教權者들의게서 異端視함을받고 押收를當하면서도、骨肉이 썩어가는 癩患者에게 希望을傳하고 歡喜를 일으킨다고 證明받았으니 이보다더한 榮光이 어디있나。무릇 榮光이란것을 알만한사람、볼만한兄弟는 나의 机上에 놓인 癩患者의 편지를 와보라。

○우리는 저딴으로는 眞實하게 主예수를믿고 忠誠을 다하야 天國福音을 傳達하고저하야 近十年間에 聖書朝鮮七十五號까지 發行하고있다。그러나 같은基督教會에서 無條件하고 우리를 異端稱하고 우리 친구들을 逼迫할때는 우리도 스스로 疑訝함을 禁치못하였다。「罪過는 우리편에만 있는갑다」고。마는 이제는 確信을 얻고 勇氣

를 가다듬었다。總理師가 反對하고 總會長이 毁謗한다
할지라도、우리는 癩患者의 信書를 가슴에 품고 天國
路를 突貫하리라。

○既成敎會의 敎權者들이、우리에게 傳道할 敎會堂을
빌리지않은일도 있었고、聖書講義할 靑年會館을 拒絶한
일도 있었고、聖朝誌讀者를 敎會에서 逐出한事實이 있
었음도 알었으나、大體로 病中의 病인 癩患者에게까지
如上한 威脅과 迫害를 加하였을줄은 참말로 夢想도못
하였다。아모리 衣食을 貪하야 마지않는 무리들이기로
서、都會人士의 財囊을 털었으면 足하지못할가。農村兄
弟의茶穀에 살지었으면 可하지않은가。何必 癩患者의 最
後의 餘存인 靈的生命의 糧途까지 끊으려하는가。天國
으로 들어가지도않고 남의 들어가는것까지 妨害하야 마
지않는 敎權者 餓鬼輩여、너의가 悔改치 않을진대 最
大의 禍가 너의身上에 미치리라。

○때마침 몰로카이島의 聖者다미엔傳을 耽讀하는中에
이편지를 받았음은 얼마나 攝理의奇異함인가。만일 一
九三四年秋에 五人의 癩患者가 孔德里 聖書朝鮮社의大
門을 두두렸다고 하라。저들 兄姉를 맞기에 不足함이
없는 準備가 나에게있었을까。이렇게 생각할때에 나는
업데여 痛哭하지 아니치못하였다。

가장 적은者와 賤한者를 待接하는것이 萬王의 王이
신 우리主 그리스도를 待接하는것이라고 主는 일러주
셨것만、不遠千里하고 釜山부터 思慕하면서上京하야 活
人洞近傍을 徘徊하고있는 다섯癩患者의 形像을 머리속
에 想像하고 앉았으니、懺悔의눈물이 끝없이 흐른다。
兄姉여 容赦하고 爲하야 祈禱하라。主예수여 怜恤을베프
시옵시옵소서。그리고 끝까지 앗겨하고貪하는것이 있을진
대 이罪人부터 癩病을주시사 속사람을洗滌하여주옵소서。

○絶望하였을터인 癩患者의 音信에 生命의躍動함이 어
찌이처럼 著大한고。이는使徒바울의 書翰이나、使徒요한의
福音을 읽는感動이 없이는 읽을수없는 文字이니、偉哉라
福音의眞理! 基督敎가 무었인것을論하려는 君子들은 모
름직이 이音信의調子를 더듬어볼것이다。

○基督敎는 能力의宗敎라고한다。말로能力의宗敎라고부
르짖는者는많고、글로能力의信仰을 說明하는이는 많으
나、實際的「能力信仰」은 이癩患者인 친구에게서본다。날로
腐傷하여가는肉體속에서『癩病이나死亡이나…다른아모물건
이라도 우리主 그리스도예수안에있는 하나님의사랑에서
우리를 能히끊지못하리라』(로八•三八)고 웨치어 찬송하야
마지않는 저靈魂의勇姿를 울어러보라。人類中에 가장憐
憫을받을 자리에 處하야서도、오히려 넘처흐르는 生命의
躍動함이 傍人을慰勵하고도 남으니、이런故로 그리스도
를믿는信仰을 能力의宗敎라고한다。

城西通信

一九三五年二月十七日 (日) 氣管支炎이 되여 本格的기침으로 終夜토록 앉아 밝히다가、새벽三時 지난後에야 기침의 疲勞에 못이겨 暫睡。約束했든 主日說敎의 責務를 다하지못하야 더욱不安。

二月十八日 (月) 吸入器使用과 服藥이 奏効함인가 기침이 少差。兒輩의 百日咳는 一進一退의 勢。(今日偶然한機會로 朝鮮中央基督青年會改革에關한 各界名士의意見을 滿載한 雜誌를 瞥見하니 그中에 可然한意見은 오직하나。그것은 米國補助金을 拒絕하고 斷然히 獨立自治하라는것이다。그러나 이러한 사람다운正論을 基督敎界의人士에게서 듣지못하고、돌이어 背敎者라고 通稱하는 社會人側에서 들음은 얼마나悲痛한事實인가。

二月十九日 (火) 數日만에 昨夜에야 비로소 通常時처럼 자리에 누어서 一夜를 安眠하다。아침에 서로맞나서「安寧히 주무셨읍니까」하고 인사하는意義가 무엇인것을 새삼스럽게 깨달았다。하루밤의 安眠이! 實相큰恩惠로다。

二月二十日 (水) 東京滯留中인 趙君으로부터 요한복음 試譯에添하야 如下來信

『先生님前上書

요한福音試譯을付送하오니 校覽하여주옵소서。試譯이라기보담豫習筆記帳이올시다。맞히 英語單語를 字典에서 찾아 여러가지 意味를 베껴가지고、先生앞에가서 엇던것을 採用하며 或은 다른意味를 다시얻어가지고 오는式을 取하였읍니다。밥부신先生님의 手苦를 減하기爲하야 더한번 精書하야 付送하려고 하였으나、入學試驗같은 이번試驗이 두려워서 그냥付送하오니 手苦로신대로 校正하야 付送하여 주시면 그것을 參考하야가면서 春期休暇에 全部(요한복음)譯하여보겠읍니다。어듸까지든지 誠斌의 요한복음이 되였니봅니다。그렇나 그것이 願이올시다。(下略)』

病床에慰安됨이 적지않었다。여긔에趙君이「先生앞에가서……」云云한것은、特히 요한福音研究에 깊은 淺野猶三郎先生을稱함이다。故로 이試譯은 新進趙君의譯인 同時에 老大家인 淺野先生과의共譯이라고도 할것이다。不完全한 譯文을所有한 우리들께、難解의稱이 있는 요한文書가 이로因하야 正解되여질바가 적지않을것을 기뻐하다。

二月二十五日 (月) 未見의 兄弟로부터 來書如下

『謹啓

先生任의安否와 傳道에 熱中하신다함은 K君에게서 일즉이 듣사옵고 即時感謝의 말슴 들이라하였으나 제의 게으름과 其他 여러가지 事情으로因하여 이렇게 늦게 좁은紙面으로 罪悚함을무릅쓰고 拙筆로나마 아뢰오니 寬恕하시옵기만 千萬伏望이옵나이다。

謹未審此時初春에

先生任 主恩中尊體萬安하심을 伏祝이오며 더욱 聖書朝鮮社의 發展을 멀니서 비옵나이다。小生은 禱吉之澤으로 恩惠中無故하오니 萬幸이옵나이다。

先生任께서는 精神과 物質을 아끼시지않으시고 뭇生命을爲하여 活動하심에 感謝不已하옵나이다。生을爲해 보내주신 聖書類는 勿論잘받아읽었읍니다。然이나 其間여러가지煩悶과 苦痛으로因하야 몇頁읽지못하여서 느낀바도없고하야 感想文은 들이지못하고 다만 人事를들일兼 信仰生活의 經路를알외와(勿論 生의環境과 立場에對해서는 K君에게서 들으셨을듯하오나 좀더詳細히알외고) 先生任의 懇曲한 指導를 바라고저 하옵나이다。

一九三二年四月에 善隣에入學한지 壹箇月餘밖에 단이지못하고 得病한後 곧 나려와서 療養中、永永恢復되지않으므로 드듸여 翌年인 即 一九三三年 四月에 正式退學을 하였읍니다。그나마 希望은 完快되면 다시苦學으로라도 學校에다닌다는 것이 正式退學을하고보니 病中에 더욱落望되였었읍니다。向學熱은 철모르는 저를 衝動시키여 即時上京하여 어데就職이라도 하여서 밤에는 夜學하라고 善隣專修科를

志願했옵니다마는 不幸이도 몇일이못되여 病勢는 惡化하므로 할수없이 工夫를斷念하고 下鄕하였옵니다。이렇게되고보니 物質의苦痛이 또한甚하여서 病中에누은 저의胸中은 말할수없이 앞었옵니다。그래서 最后로는 生覺다못하야 深山幽谷에나들어가서 중들과같이 病도療養하며 修養하랴하여서 그해가을에 某僧侶와같이 出家했옵니다。途中京城서 約三週餘 滯留하는동안에 마음은突變하여 木卓이나들고 世上을보낸다는것이 나의理想에 맞지않을뿐더러 어리석다고 生覺이나서 곧 같이있든 老僧에게 事由를말하고 나려왔옵니다。

先生任 勿論意志가굳지못하다고 責하시겠지요。그리하야 昨年 五月까지 그저어느때는 偶像에다 病낫게하여달라고 精誠것 祈禱히기도하고、迷信도믿으며、其他여러가지模樣으로 한三年동안 無限한苦痛을 받었옵니다。그리하여 精神的苦痛 肉身의苦痛으로하여금 아조落望에 빠트리며 悲觀主義로 나갔었옵니다。때맞츰 當地에 新開拓을한 聖潔敎會(當地에는 監理敎도있지요) 某傳道師가 제의形便을알고서 來訪하야 數次傳道하며 믿기를勸하였으나(저는元來부터 싫여서) 盲目的으로 反對하고 듣지않었옵니다。어느날 先生任이보내주신「病床の友へ」를 읽는中에서「服藥에서 精神療養으로、모든것을 神에게 맡기라」는 文句에 精神이나서、果然 나같은사람은 거기 그말에該當하다고 十分考慮한끝에 예수믿기로 決心했옵니다。勿論 제의情慾이겠지요。그리하여 六月一日부터 오늘까지 熱心으로 빠지지않고 다니는동안에 病生覺도 닞어바리고 다만 믿기와 敎會의일에만 熱中하였옵니다。勿論 其間 同伴들의嘲弄과 家庭의逼迫은 말할수없지요。거기에 제性質은短氣라 忍耐하야 오느라니 참속상했지요。믿어오는동안에 生覺한것은 우리○○에는 敎人으로서 模範的人物이없어서 傳道하기에도 大端히 困難함으로 己往基督敎안에 들어왔으니 어데까지든지 眞理를 알아보겠다는것이며、또한 基督敎人으로서 빛을내보이겠다는 것이였었옵니다。 그래서 聖經도 詳考하고 聖書類도 읽어왔옵니다마는 도모지 理解하지 못하겠고 只今까지 하나님의 存在며、예수가 하나님의 아들이라는것과、以下에 모든것을 어느程度까지는 聖經을通해서是認하오나 아직까지도 半信半疑하는 가운대있옵니다。믿는대에는 目的과希望이 있어야할터이온대 도모지 盲目的으로믿어와서 아모것도 아는것이없어서 오히려 어떤때에는 싫症이나는때가 없다고할수없옵니다。이러한狀態에있아와서 只今은 아모힘도없옵니다。믿기前과 같은마음도 때때로나고 空想이남니다。이러한때에는 오히려 차라리믿지않었드면 이러한煩悶이 없을걸 하는 生覺이 남니다。自然物質의苦痛도 甚하오라 이렇게되였옵니다。대강 이만알외오니 갈이 諒解하시옵고 눌너보시옵소서 餘不備禮。

二月二十四日 小生 金貞植 拜上」

彼等의 友情의純潔함에 余自身까지도渴을醫함같다。글中에 K君이라함은 養正學校第三學年生徒。K君이 自己의親友인 이편지의筆者 金君의情況을 이야기하고 그指導를請할때에 나는二重의發見에 놀랐다。一은 K君같은 純全한人物이 우리生徒中에 있다는것。二는 金君과같은 眞摯한求道心의所有者를 浮虛한 우리社會에서 發見한다는일이였다。

二月二十六日 (火) 氣管支炎이小快하야 登校授業하였드니、또 다시 기침을 시작하다。原稿는밀리고 二月은二十八日까지니 마음이 스스로 焦燥하다。午前一時까지校正。木浦來信에

「先生님 感謝합니다。聖朝誌舊本을 받은即時로 從來에 다시없는感謝와 기쁨으로奉讀합니다。句句에 生命으로찬 眞理를 이같이 얻게되였음은 모도가 하나님의은혜입니다。저는 여기에서 聖朝誌에啓示된 하나님뜻을 남김없시배울 幸福者된것만 기뻐될뿐이로소이다。每日기다리든 聖朝誌舊本을 惠書와 아울러接하올때 罪悚한바는 더욱큼니다。機會지난다음에도 오히려 恩惠로주시는 主님의사랑을 兼하여보나이다。이만끈침이다。」

二月二十七日 (水) 午前은校務에、午后는 印刷所에서校正하고、歸宅하니 밤十一時餘。醫師는 休養을命하나 急迫한必要는 無理를命한다。

三月二日 (土) 張道源牧師의 提議에動함이많았다。

『(前略) 나는今后로는 怪癖스럽게 高慢스럽게 제혼자 잘믿는체하지아니하고 溫柔하고謙遜함으로 主의 이름아래에서 一體가될야고함이다。即 主의이름을믿고 聖靈의役事로 十字架의 經驗만있으면 한兄弟로握手할야고함니다。各各個人을따라 다른個人의信仰經驗의 小異를가지고 싸우지안이하고、十字架贖罪經驗의大同을가지고 主안에서 一體를 일우고저함니다。나는新히敎派를 組織하야 敎派主가될야는 野心이없어졌읍니다。又는 새福音이니 信仰革命이니하는 傲慢과 浮虛는 悔改하고、나를救援하신主의 十字架의福音을 朝鮮民族에게傳할야고 할뿐이올시다。前에 우리敎會에서 決議하였던 新敎派組織은 그안에不純함이있다하야 다시抹消하기로 決議하였읍니다。敎派에對하여는 아모野心의없고 다만 朝鮮民族을 聖書우에建創하야 朝鮮으로하여금 聖書的朝鮮이 되게하자는것뿐이올시다。

내가이제 一言을提言하오니 聖書朝鮮을 個人書生遊戲로하지말고 聖書朝鮮(朝鮮을 聖書的이게한는) 運動에 積極的으로 進出함이 若何함니까? 具體案으로말하면 即傳道事業을함이 이곳우리敎會를 一種의敎派로 하지말고 聖書朝鮮社의 傳道事業으로하고 即聖書朝鮮社에서는 日本內地傳道를 開始하고、一便 京城에서 聖經夜學을開하야 一般信者에게 普通聖經知識을涵養하며、낫에는 路傍說敎하야 未信者에게 福音을傳하는事業을 開始함이如何함니까? 내생각에는 前과같이 敎會를攻擊만하지말고 衷心으로 敎會를爲하야 敎會信者의 信仰을도와주는 眞心으로 敎會에臨하야 敎會內에서 聖經夜學을하면 不過五六年內에 적지아니한 効果가있을줄로 압니다。나는主의許諾이있다면 곧京城으로가서 어느敎會堂會와議論하고 그敎會內에聖經夜學을 始作해볼마음이있읍니다。(下略)

二月二十七日 張道源』

또한 張牧師의提議 其二는如下『내가提議하는바 聖書朝鮮運動이라함은 나의하는 傳道事業을 나個人의 事業으로 하지말고. 우리運中에있는 聖朝社라는團體의 事業으로하야 力量을 늘리는同時에 十餘年間싸와오던機關을 弱하게하지말고、即있는것을없새고 새것을創始하는일은하지말고、있는것을合力하야 充實히하자는것이 本意이올시다。그러하야 聖朝誌를 金敎臣이나 張道源의 個人의것으로하지말고 朝鮮의史的意義있는것으로하야、金敎臣이도 가고 張道源이도 가드래도 聖朝誌만은 朝鮮에依然히있어 聖書朝鮮의精神을 發揮하게하자는것이올시다。

그러고聖朝誌社의態度를 怪癖、偏狹하게하지말고 둥굴게寬大하게하야、福音이라는것과 朝鮮이라는것만생각하고 그리스도의이름으로 救援얻은信者이면 다사랑할수있는 心情으로 朝鮮을對하자는것이올시다。우리兄弟間에 前에 맥혔던것을다놓고 敎會와의間에 싸혔던誤解도 可及的 다和解하고 敎會를攻擊하지말고 사랑으로撫助하며 福音의結實만 있게하자는것이올시다。即우리도 다敎會에들어가서 敎人노릇하면서 聖朝誌로써 朝鮮을 聖書우에建設되는 聖書的朝鮮建設運動에 邁進하자는것이올시다。우리는彼此間에 모든條件을 다犧牲하고 다만聖朝誌旗빨아래에 모우자는것이올시다。聖朝誌를 一個書生의 遊戲로하지말고 우리의一生事業으로 하자는것이올시다。金君은 全的으로犧牲하고 나는聖朝社의全屬牧師로하고 諸友들은 聖朝旗빨아래에모우자는것이올시다。나는聖朝社名義로 都會에서는 聖經夜學하고 冬節이면 農村敎會에가서 無報酬로 聖經夜學을 二三個月이던지 或은一二個月式하야주면 누가싫다고하겠읍니까。가는곳마다 敎會를信仰으로도와줌이 있을진대 누가우리를 異端이라하며 우리의傳道를 防害하겠읍니까? 나의傳道方針은 未信者傳道를 熱心하는同時에 敎會를 이런方法으로 도와주어서 如何間 朝鮮이

福音을가진民族이 되게하자는것이올시다。怪癖하고 偏狹하게 조곰만 틀려도 똑똑잘라비리는 絕交잘하는心理는 學者의할일이오 傳道者의할일은아니며、그런心理를가지고는 아모事業에도 祝福이없을줄로압니다 故로 우리는 이런心理에對하야 크게注意함이있고저함니다。弟는 特히이런心理의所有者인故로 特히切感함니다。나는바울先生이 되모데에게 敎訓하신 傳道者의心理에서 배움이많았읍니다(되모데후二의二四ㅡ二五)이聖經말슴이 나로하여금 性格上大變革이 있게하였읍니다』云云。

言言句句가 眞情의吐露안임이없다。어떻게하여서던지 聖書를 朝鮮사람의所有로만들고、朝鮮을聖書우에 建築하는일을 다하기爲하야는 누구와든지提携하고저함은 勿論。徃年에 새福音을主唱하는이가 있었을때에 우리는 그새로운點을 理解할수없다고明言하였고、聖書朝鮮의名稱을「信仰革命」이라고 改稱하자고하든때에 即時에贊同할수없었다。이제 各自의固執을버리고 單只聖書의傳하는福音을 同胞에게 주고저함은 크게可한일이니 이일을爲하야는 나의固執이나 性癖을부릴것이 一點도없다。但、旣成敎會나 그機關에 넘어親近하는일은 그들의誤解를 助長할뿐더러、敎會에對한 根本概念에 差異가있다함은 卷頭의文과같다。敎會를 福音傳達處로 하지않고 衣食의出處로아는 職業宗敎家가橫行하는날까지 利權化한敎會堂은 저의들께一任하고 敎會以外의 未信兄弟에게 福音傳하자는것이 우리의素願이오、「書生의遊戲」로써 本誌를發刊함에는 弱點도있으나 또한長點도 없지않다。이에對한抱負는 따로 쓸터이다。

三月三日 (日) 午前은 洞內長老敎會禮拜에參席하니 聖潔敎會朴炫明牧師의說敎있어하나님의말슴이 敎會에있음을 감이感謝하다。첫재로 聖潔敎會牧師를 長老敎會敎壇에 세우는일 그일自體가 반가웠다。같이朝鮮에서 福音主義의 基督敎를 傳하면서長監兩敎派는 聖潔敎會를 無視或은敵對視하고저하며、聖潔敎派는 自派以外의人을敎壇에 세우기를不肯한다고하니、우리가 職業的宗敎家의心理를 不解하는所以가 여긔있다。閉會後에 들으니 朴牧師는 東京서淺野猶三郞先生宅集會에 參席하였다고。傳道者는 聽衆의多寡를 걱정할것이안님을 다시금깨닫다。좋은種子一粒은 三十 六十 百粒의 結實이確實한法이다。榮光은主께로。

三月四日 (月) 某老先生의名義로써 基督敎有志大會를 召集한다기로參席한즉、그集會한場所도 通告하였든場所가 아닐뿐더러、會議의內容은 純全히 長老敎와監理敎의 聯合諸職會였다。우리는 多幸히 長老敎人(?)이니 참을수나 있었거니와、聖潔敎會牧師와 其他自由基督信者에게對하야는實로不安千萬이었다。一日 長老敎總會 二日 監理敎年會。異端이란무엇인가 曰 總會와 年會의認可없는것。或時純全한 基督敎人의立場에서 異端을定義하고저하는 正論을動議하는이가 數三人있었으나、多數의總會年會에 忠誠한이들의 威壓에눌려버리고말았다。저들은 이런方式으로써 最近朝鮮基督敎界에 많은異端者를制定하였고、한번異端으로 定한사람은 敎會堂에서 說敎할수도없이만들고、靑年會館에서 聖書를講하라는것도 拒絕하였다。한분老人께 敬意를表하기爲하야 參席하였고、退場치못하였고、十時半에나 閉會歸宅하니、第七十四號가 製本出來한지半日餘。加之에發行日字遲滯된것을 大會參席으로因하야 發送이다시一日延引되니 悔恨또悔恨。

三月五日 (火) 今朝에第七十四號發送。○養正高普第十九回卒業式에 呂運亨氏의祝辭있어、機械의齒車처럼 돌아가든 儀式에多少라도 人間味가붙었다。人生은 各自의다름박질할 코ー스를擇하여야할것이오 一旦擇定한 코ー스는 終生토록變함없이 뛰어서 파울하지말라고。貞操없는 社會에서이런말 한마디 들을수 있음도幸福。○嶺南來信如下

『先生님얼마나 紛忙하십니까 멀리서보는듯 同情됨이다。우리들의 生活에安閑함을 어찌바라오리까、當然한生活이다고 生覺함이다。至高의福도 十字架이요 至高의善도 十字架뿐임을 覺得한以上 어찌他道를 바라오리까。죽든지살든지 十字架로만

다름질칠수밖에 없으리라고生覺함이다。今番에 또한 괴로움을 끼치고저 함이다。얼마前에도 問議한바이오나 小數의信友들의게 聖書朝鮮에 登載된것을 鮮文으로飜譯한것과、信友들의通信等을 謄寫하야發送하랴고 하옵는대、最近에는 熱讀者가紙類의補助까지하겠다는 兄妹들이有하야 發行하라는 熱望者가有하오이다。事務의餘暇를利用하야 壹個月에十餘頁의冊字를 鮮文으로만들어서 每月一回式 無代配付하고저운生覺이 懇切합니다마는 出版法에 抵觸될가不安을感하야 進行을躊躇하고있읍니다。이를如何히하면 安全하게 繼續할수가있아오리까。先般回示에 檢閱을받어야 安全하다고말合하섰는대 檢閱받는方法이 如何하온지 其順序를 詳細히下敎하심을 伏望하나이다。발서謄寫版도 買入하였나이다。冊內容에는 聖書朝鮮創刊號로부터 次次로讀者의程度를參酌하야 簡易한것만골라서 한글譯登載하고 또小生이恩惠받는대로 干證、所感、또信友들의 通信等을 記錄하려고합니다。聖書誌에 彷彿하게할가하오며 冊名도『聖書嶺南』이라할가합니다。

아모조록 法律에抵觸없이 繼續發行할手續과方法을 詳細히下敎하여주시고 또諸般事에對하야 善導하여주시옵기를 伏望하나이다。此가容易히 實現되지않이할時는 聖意가안인줄로認하고 全然斷念하여 바린后今年中에는 聖書誌를順序로 工夫할가하나이다。來來來主恩中 平康과福을 누리시옵기伏禱하오며 速히回示하여주시옵기를 苦待하겠나이다。一九三五、三、二夜 ○○○ 拜上」

聖書朝鮮은 이以上 더平易하게 쓸수없어 민망한때에、誌友中에 이와같은企圖가있음은 感謝한일이다。聖書湖南、關東、西北等도 順次로 일어나기를祈望。

三月六日 (水) 時刻을 다토아 發送한三月號가 第三種郵便物規定에抵觸되여 郵便局에서 一晝夜를 虛送하고 今日午前에야 다시發送하게되다。怨痛한일。

三月七日 (木) 自少로敬虔한 마음으로主日을 嚴守하며、主日學校에 出席하기를질겨하든 生徒하나가、近日에 별안간 主日學校에 等閑하게된것을 스스로痛歎하는말에「最近에米國서 卒業하고온 某博士가主日學校敎師된 以來로 어쩐지 그先生이전달이 같아서 自然히 主日學校가 자미없이 되였다」고。朝鮮少年하나가 米國서音樂과 딴스와 社交術로써 敎育받고 그專攻한方面에 博士學位까지받고 돌아온이에게서 信仰上指導받기에 不滿을느낀다는것은 注意할만한일이다。宗敎의일은 達하지못할지라도 深하고야 볼것인故이다。

三月八日 (金) 學年末考査시작되니忙中忙。

三月九日 (土) 水原高農學生動搖의報를紙上에서보고 念慮不已。

三月十日 (日) 午前中은 洞內長老敎會에 禮拜參席。「바리새敎人들의 가르키는말은 그대도行하라、그러나 저의들의行實은 본받지말라」는 主예수의말슴이 생각키우다。說敎者의말이 巧妙함은놀라울다。

○午后에 咸錫憲兄의原稿(受難의五百年其二)를 받아읽고 울다。咸兄葉書에曰『平安하십니까 雜誌는 늘 그렇게 말성이많어서 念慮입니다。鄭相勳兄에게서 消息있었음 반갑습니다。來月原稿 今日發送하였읍니다。이番은 참辛苦하였읍니다。이번時代가 時代니만치 一個月을두고 쓴것이겨오 그것입니다。스스로의 붓의 참鈍함을徹底 又徹底히 알었읍니다。곳처 始作하기를 아마二十次나하여서되였는데 다써놓고보니 맘에매우 아니듭니다。하고싶은말을다하면 前後統一이안되고、適當하게略하기에참땀났읍니다。修史의일이 어려움을 漸漸느낌니다。왜始作했던고하는생각납니다。小兒百日咳에 X光線이 有効하단말이있읍니다。柳先生病患이念慮됩니다」

○夕七時半에 孔德里監理敎會 에버靑年會禮拜에說敎하다。아직도健康을 完全히恢復하지못하였으나 三個月間 延引하든約束을 다하기爲함이었다。

三月十一日 (月) 水原佐藤敎授辭職說의經緯를 詳細히알고 敎育界를爲하야는 寒心不已、基督者가世上에서 받는待接이 主예수의 받은것과 彷彿한것을 보고는 讚頌不禁。

○市外에서 熱心으로牧場을經營하든 有力한兄弟로부터

『金兄님! 日前엔意外반갑게뵈였읍니다。총총하여긴말슴도못들이옵고 다시意外에도 兄님의 結精體인 聖朝誌 惠送하여주셨음을감사하오며 詳讀하온바 더욱감사하였나이다 果然 兄님은 主의忠僕임을 主께감사하오며 近間 弟의 된形便을 좀들이려하나이다。經驗上 專門的으로 敎役을하기로 作定하옵고 現業은 次次 整理하온후 某處間 神의 指示하시는대로가서 힘씨 일하려하나이다。

이만큼方向轉換이되옵기 알외오며 그外仔細한말슴을들이며 더욱指導에말슴은 後日親面하옵고 仰告코저하나이다。이만들이오며 主恩中兄님來來平安하시옵소서

三月九日 ○○○ 上』

福音戰線이 漸漸如此한 志願兵으로써充實케됨은 感謝한일이다。主를爲하야 새로農作을시작하는이도 힘써하라 主를爲한產業이 많지못하다。牧畜을버리고 專門傳道하고저하는이도 어서 나서라、福音傳할일군이 過多할決은萬無한故이다。特히他敎派敎人의 爭奪戰을 하지말고、不信者에게、開拓的傳道하는이와 우리는戰線을 함께하고싶다。

三月十三日（水） 아직도 기침으로半病身노릇하면서 原稿는一枚도不成。○誌友의 來信에『今月에도聖朝誌가二三日晚到하야 또무슨事變이나 生起였나하고 몹시焦燥함과 念慮로써 기다리든次 아무런緣故없이 찾어왔음을 甚히多幸히 生覺하는同時에 感謝와 歡喜로써 拜讀하였나이다。順序로읽어나려가는中、句節마다 生命이였고 文句마다 悔改를도올는 恩惠가 豐盛하였나이다。其中에도 日露戰役座談會에『그리스도를爲하야 어느塹濠의 한멍이흙을 팠으며 主를爲하야 어듸에 傷處를받았으며 天國을爲하야 무슨損害를받았다고』云云한句節에는 바늘로 찌르는以上 마음에非常한刺戟과 激勵을받았읍니다。참으로 어떠케하여야될는지 眞情으로두려웠읍이다。

또城西通信 二月十三日記事를읽다가「所願成就됨인가 本格的으로 나自身이 기침을始作하다」하는句節에 너머 글쓰신것이 웃우워서 空房에 獨坐하였읍에도 不拘하고 한동안爆笑를 禁치못하였나이다。다시生覺하여보니 울어야할事實에 웃어바린自身이 몹시도可憎하게보여지고 마음에惶悚함을 禁치못하였나이다。小生의無愛를 갚이容恕하소서。九玉들과 先生님께서 기침으로 苦痛中임을알고 멀리서 보는듯 마음에 민망민망하옵고 小生亦 代身苦痛치못함을 未安히 生覺하나이다。無智한나로서는 當身의聖業에 忠實한聖徒들의게 如斯한苦가 있게하시는 聖意를 疑心치안이할수없나이다。그러나 其奧意에는 必然한聖愛가 게실줄믿사와 聖神의 祝福이 豐盛하시기만 祈求하옵나이다。其后 經過가如何하시오며 方今은 全快되셨는지 알고저願問이로소이다。부대 自重하시와 더욱聖業에 忠實하시옵기를 伏禱不已하나이다 참으로 聖朝를通하야 받는 恩惠는 적금니다。不斷이 勞力하여주시옵소서(下略)

一九三五、三、一一、○○○ 拜上』

三月十六日（土）今日부터 三日間 養正高普第一學年에 新入生徒選拔試驗。一百名募集에 應募者九百四十四名、激甚한競爭이다。따라 서請托하려오는者、所謂「運動」하려다니는者도 많거니와、特히 自己의子侄을爲하여서도 아니면서 專門的仲介業者모양으로 百鬼夜行하는樣은 慨嘆事。

○編輯 組版까지 畢한後에 小鹿島通信을 接하였다。이것은主筆의一生에 가장큰事變의 하나이다。이일을誌友들께 알리기를 遲滯할수없었다。半島의有爲한 靑年들이 福音을 要求하지않고、有利한〃道地를敎權者諸氏가 强히獨占하고지할진대、우리는 愛惜할것이없이退却하야 小鹿島의五千名친구에게 가리라。病者라야醫藥이必要하다。但頁數의限定으로因하야 趙君의 요한福音이 二頁만으로短縮된것은 未安千萬。

○張道源牧師의懇曲한勸說도 있어서 今四月號는 春風같은 敎會親和號로 編輯하고지하였으나、드디어徹底한反敎會號가 되고말었다。小鹿島通信까지보고야不怒할이有乎。

○오래동안쉬였든聖書硏究會를 別紙廣告대로 四月부터다시始作한다。高普三學年生徒를王體로하고、日曜學校모양으로、예수行蹟이야기부터基督敎中心에 들어가고지한다。

金教臣 著

山上垂訓研究 全

四六版二四五頁
定價七〇錢・送料五錢

咸錫憲 著

聖朝文庫 第一卷

푸로테스탄트의精神

菊版半・三十二頁
定價金拾錢・送料貳錢

前者는基督의代表的教訓을 平易하게 解釋하야 基督教의眞髓를闡明한것。後者는 루터以來의宗教改革의眞意를再考하야 舊教로退化하는新教徒에게 一大警醒을주고저한것。 二著모다 半島의氣候風土의産이오。우리가 最善의 선물로 半島에보내는바이다。

聖書的立場에서본朝鮮歷史(續)

一、信仰生活과歷史理解 六一號
二、史觀 六二號
三、聖書的史觀 六三號
四、世界歷史의輪廓 六四號
五、朝鮮史의基調 六五號
六、地理的으로決定된朝鮮史의性質 六九號
七、朝鮮사람 六七號
八、堂堂한出發 六八號
九、列國時代의苗床 六九號
十、鎔鑛爐中의三國時代 七〇號
一一、高麗의다하지못한責任(一) 七一號
一二、同 上(二) 七二號
一三、同 上(三) 七三號
一四、受難의五百年 七四號

京城聖書研究會

一、講師 金敎臣
一、場所 聖書朝鮮社
一、日時 每日曜日午后二時

今四月第二日曜日부터 예수傳을始講。聽講料 每回十錢、一個月分二十錢

注意 舊新約聖書와 讚頌歌(舊版)必携

舊約聖書大旨(續)

創世記大旨 三八號
出埃及記大旨 三九號
利未記大旨 同
民數記大旨 四〇號
申命記大旨 四一號
여호수아大旨 同
士師記大旨 四二號
路得記大旨 四四號
삼우엘上書大旨 五四號
삼우엘下書大旨 五五號
列王記上書大旨 五六號
列王記下書大旨 五八號
歷代志大旨 五九號
에스라—느헤미야書大旨 六〇號
에스더書大旨 六二號
約百記大旨 六三號
詩篇의大旨 六五號
箴言의大旨(六六) 六九號
傳道書의大旨 六八號
雅歌의大旨 同
이사야書大旨 七二號

以上「大旨」는 極히簡潔하게 一書를一回에講하야, 누구에게든지 聖書의要領을알게하고저한것。從來의 年度本으로한 特價는 撤回하고 今年度부터第五十九號以前古本은 每一冊에十錢으로減價하다。

本誌定價

一 冊 拾 五 錢
六 冊(送料共) 前金九 十 錢
十二冊(一年分) 前金壹圓七拾錢

要前金。直接注文은 振替貯金口座京城一六五九四番 (聖書朝鮮社)로。

取次販賣所

京城府鍾路二丁目八二 博文書館
京城府鍾路二丁目九一 耶穌敎書會
京城府堅志洞三二 漢城圖書株式會社

昭和十年三月二十九日 印刷
昭和十年四月 一 日 發行

編輯發行者 京城府外龍江面孔德里一三〇ノ三 金 敎 臣
印刷者 京城府堅志洞三二 金 鎭 浩
印刷所 京城府堅志洞三二 漢城圖書株式會社

發行所 京城府外龍江面孔德里活人洞一三〇ノ三 聖書朝鮮社
振替口座京城一六五九四番

【聖書朝鮮】第七十五號 昭和五年一月二十八日 第三種郵便物認可 昭和十年四月一日發行 每月一回一日發行

本誌定價十五錢】

金教臣主筆

聖書朝鮮

第七拾六號

一九三五年五月一日發行

昭和五年一月二十八日第三種郵便物認可
昭和十年五月一日發行(每月一回一日發行)

目次

書生의 遊戲

聖書朝鮮을 「書生의遊戲」라고 稱하는이들이 있다。이는 그다지 칭찬하는말도 아니지만 또한 必曰惡評이랄것도 없다。우리도 하루바삐 遊戲의域을超脫하야 專心致力의業에 達하고저 하지아님이아니었으나、凡事가 人間의뜻대로 되지않음이 있을뿐더러、專業에 專業의長이있는同時에 專業의弊가 없지못하며、遊戲에遊戲의 弱함이있는同時에 遊戲의「無邪」가 存함이있어서、우리로하여금 今日까지 遊戲의快味를 저바리지못하게 하였으며、또한 將來에 專心全力으로 聖書만硏究하고 傳道만 役事하면서 本誌를 主幹하는날을 當할지라도「書生의遊戲」라는 그態度와 精神만은 永久히 保持하고저하는바이니 그理由를 우리의日常보는 事實에 비추어 말하게하라。

書生이란것처럼 우리性味에 合當한것이 다시없다。우리는 「나으리」도아니오 「영감」도아닐뿐더러 先生도 아니오 牧師도勿論아니다。單只 「書生」이다。書生의將來는 未知數이다。다만人類의一員이오 學而時習하면서 無限을 向하야 發展하고만있으면 足한者이다。三年間訓長노릇하면 그똥을 개도먹지않는다고하거니와 世上에 可憐한者는 師範生徒되여버린師範生徒와 訓長化하여버린訓長이오、마찬가지로 世上에可笑로운것은神學生徒되여버린神學生과 教役者化하여버린牧師이니、저들은 오직 그型이殘存할뿐이오 一個의人間은 아닌者이다。우리가書生이라는稱號를 받을만한者인지 아닌지 모르거니와、萬一그렇게 부르는이가있다면分에넘치는榮光으로甘受하리라。우리는一個書生이오一個人間이다。

遊戲란것처럼 愉快한것은 다시없다。遊戲는 體操가아니오 競技가아니오 勿論職業도아니다。遊戲에依하야 利를貪하고저함이아니오、黨勢를 擴張하고저함도 아니다。도리어 身體의疲勞를招來하는수있고 被服의損傷을 받는수있을지라도 無我夢中에 一心熱中하야 마지안한다。職業에忠實하므로써 殉職에至하면 人間最高美德의一로 稱頌하는일이나 職業根性이 發露할때에는 人間世上에 가장醜惡한것이 職業이다。製藥會社에專屬한賣藥商과 傳道會社 或은聖書公會에 專屬하야 聖經을販賣하고다니는 所謂 勸書或은賣書職이라는者도 職業때문에墮落한 一例어니와、最近에某聖經學院在學生一人은 聖朝誌友들의 會合하는集會의 寫眞을박아다가 本部에報告하므로써 自己의實習成績을 優良하게하고저하였고、某傳道師는 新任地에가보니 實際의信徒數가 文書上信徒數의半도 못됨을發見하고 前任牧師의 榮傳된理由를 納得하야 感歎不已하였다하니、이런것은 一二의例일뿐。禍있을진저 職業根性!

聖書朝鮮을 遊戲라고評하는말이 職業的이아니라는뜻일진대 우리는感謝로써 그評을敢當한다。本誌에依하야 福音을 받은者가 長老教人되거나 監理教或은 聖潔教會에入하거나 吾人의間하는바가아니다。다만聖書의眞理를 朝鮮兄弟들께 傳達하였으면 滿足이오感謝이다。故로 우리는永久히 「書生의遊戲」를 繼續하리라。

聖書朝鮮의傳하는福音

聖書朝鮮의傳하는主潮가 무엇인가。果然 福音이라고 할만한「福音」을傳하는가 않는가。聖書朝鮮의筆者들은 個人的 神秘한體驗을 말하거나 글쓰기를 질겨하지 않는다。故로 聖朝誌上에는 선다ㅣ싱 이나 스웨덴볽 같은이들의 仙境消息을傳함이稀貴할뿐더러、차라리 그 이름들 까지도 敬遠하는바이니、이는 저러한聖徒들을無視하여서 그러함도 아니오、내것만이可하다고 자랑하고저하여서 그런것도 아니오、單只 聖書朝鮮의 어찌할수없는傾向이 그렇달것뿐이다。우리가 믿는대로는 獨特한神秘境을徘徊함이 없고라도、空前絕後한新眞理를 자랑함이 없드라도、平平大路를 行하는것처럼、現代의當然한科學的敎養을 받은青年으로서、通常人間의道德的良心을所有한者이면 能히基督敎의奧義에通達할수있는줄로確信하는 바이며、따라서 이平坦하고淡泊하고當然한道理가 本誌의傳達하고저하는 바이었다。勿論「사람이 거듭나지 않으면 天國에 들어가지못한다」하나、거듭나는것은 聖靈으로因하야 거듭나는것이지、人爲的으로換腸하는것은無用有害할따름이다。宗敎를論하는者中에 自作거듭난曲藝者가 어찌 그리많은고。우리는 비록 基督敎의奧殿에入參하지못한대도可하고、차라리地獄에 떠러진대도可하나、天稟의理性과人間共有의道德的良心을拋棄하고는 살수없는者이다。故로바울과 같이「하나님앞에서각사람의良心에對하야 스스로薦擧하」나(고後四・二)、이는 가장平凡한길이다。

聖書朝鮮의筆者들은 神學을論評할줄 모른다。前에神學校出身이執筆할때에도 神學的論說을 질겨하지않었거니와、現今本誌의筆者들은 그主筆을爲始하야 모다神學에는因緣이없는者들뿐이니、발트神學이 全世界를風靡한지已久한 이때까지도 발트의神學을 한번誌上에紹介할餘白이 없었다。此亦是 神學의無用을主唱하고저 하여서가 아니라、聖朝誌의本領이 아닌까닭이다。本誌는 聖書그물건을 깊이求解하야 그리스도의말슴、使徒들의信仰그대로傳達하면 足하여한다。새로운것도 없이 二千年前의記錄그대로게서 靈魂의糧食을發掘하고저한다。

그러나 聖書朝鮮의內容을 幼稚하다淺薄하다고蔑視하기는 우리의親近한友人──남들이 한덩어리로非敎會派라고 모라치는者中에서 시작하였고、本誌의外貌만 보고서 危險視하며嫉妬視하기는 黃平地方과嶺南地方을爲始하야 全半島의敎權者사이에波及되였다。本誌를講臺우에서紹介한牧師는異端者로 몰리우고、購讀하던信徒는敎會에서逐出되고、本誌로써慰安을얻던患者는病床에서逼迫받었다。스스로反省하고도 우리는 답답한지가長久하였다。朝鮮을爲하야 생각할진대 차라리聖朝誌는 없으니만 같지못하다고。마는 이제癩患者의立證을 보니、우리를괴롭게하던疑雲은飛散하였다。神學者가

蔑視하랴거든하라、敎權者가逼迫하랴거든하라。死에臨한癩患者가읽고 歡喜하야하나님을讚頌할만한文字가 聖書朝鮮의主潮로記載되어있다할진대、그것이福音이다。죽엄에勝捷하는音信을 天國의福音이 아니라고 할이가누구냐。基督敎界의輿論이야如何하였던지、苦痛의極、悲愁의端에處한兄姊가 本誌로因하야 함께主그리스도를頌榮할때에 聖書朝鮮發行者로서의良心의平靜을 비로소 느낀다。

문 둥 아 !

嶺南地方方言에 가장 사랑하는者를 반가히 만날때에 「문둥아!」하고 抱擁한다고하니、이는病弱한子女가 父母의愛情을專擅하는心理로써 類推할수있는事理일까。最苦의病患에最大의同情을。

그러나 健康한者로서는 癩病이라는概念만하여도 몸설이 치는일이아닌가。꿈자리에서도 놀라는光景이 아닌가。記者는 지난三月下旬에 文信活君의音信에接하기까지 癩患者와는 直接通信의經驗도없었다。그러나文君의傳한바數人兄姊와같이、面識없는兄弟中에도 서로思慕하는 거륵한愛의 줄이連結되었던故인가、자조夢中에 癩患者를對한일이 있었다。本誌第五十號卷頭의「凶夢壁書大吉」이라는것도其一이어니와、그前에도 그後에도 如斯한現夢이非一非再。最近에는 지난二月二十六日새벽에도同樣의 꿈이 있었으나 如前히 나는 놀라고 苦悶함을制禦할수없었다。其後二旬을 지나 三月中旬에 布哇몰로카이島의癩聖者 白耳義人다미엔傳을 읽음에及하야 나의頑固한心靈은 崩壞되고도 다시부서지지 아니치못하였다。좋은冊子와善한朋友는 모다 하나님의特賜로 주시는 선물이라고 하거니와、이때의이冊은 나의一生에 큰役割을 치렀다。

돌이켜 생각컨대 우리도 本來 癩患者인兄姊를眞心同情하던者가 아니다。오하려野心이 컸었다。世上에 가장有爲한靑年들께傳道하야 저들을 사로잡아 主그리스도께 獻納하랴는欲望은 最近까지도斷念되지않었다。마는 이제 全半島의基督敎會가 우리를 異端視하고、그機關으로組成된基督敎靑年會가 우리를敵對視하며、有爲한靑年들은 우리에게傾聽하지않고、우리의親友들에게까지 嘲弄꺼리되고보니、小鹿島의癩人들만이 「우리의 문둥!」이오、우리는 저들의「문둥!」이다。오ㅣ문둥아!

聖書朝鮮의殘部一二冊식을 저들은要求하였으나、저들이必要하다할진대 그必要를除한外의餘殘을健康한者에게 돌릴것이오、現在小鹿島의二千癩人이모다要求한다면二千部식、一個年後의五千人이要求한다면五千部식을 聖朝社는供給하리라。우리 「문둥아!」 安心하고要求하며 大膽하게命令하라。主예수로因하야 나는 君等의僕이다。諸君을爲하야 吝嗇하여하며 꺼려하는것이 남아있을진대 不遠에 나도 小鹿島에收容되고야 말 者이니라。

聖書的立場에서본朝鮮歷史

咸錫憲

十一、受難의五百年 (三)

六、灰칠한무덤 骨肉을죽이고 忠良을죽이고 義人을 죽이어 靖難事業에 首尾完全히 成功한 世祖는 餘生을 名君으로마추었다。그리고그後 睿宗을지나 成宗에이르기까지 約四十年間 天下는太平하였다。成宗은 寬仁溫慈하였던이로 太平聖君의稱을듣는이다。그리하야 世祖成宗의 事業은 義人의血痕을씻어버리고 빛나는文化의時代를 나아놓는듯하였다。그러나 그는 表面뿐이었다。義人의피는 그렇게 값싸게씻어질것이아니오 아무리 外面을꾸미어도 內部에는 死骸가있는 灰칠한무덤임을 變할수없었다。産業을奬勵하는것 學問을일으키는것 法典을編纂하고 圖書를刊行하는것 外征을하야 國威를올리는것이 모다좋지않은것이아니나、그것으로써 그밟고서는 義人의髑髏를 감출수는없었다。歷史의表面에 皮相的觀察을하는 俗流史家들은 世祖를가르쳐 英主라하고 成宗의代를일커러 太平盛世라하나、一時代의意味는 決코 그政府의發表하는 統計數字나 修飾的公文書를가지고는 알수있는것이아니다。그보다도 社會의裏面에 들어가보지않으면아니된다。큰거리보다는 뒷거리에、都城보다는 農山漁村에、顯人達官보다는 無名의存在를繼續하는 匹夫匹婦의生活에 着目한後에야 비로소 그世上의眞相을 보았다할수있고 그時代의 眞意를 把握하였다할수있다。社會의表面보다 斷面을보아야한다。우리가 世祖成宗代의 社會의斷面을 볼때는 그것은 灰칠한무덤임을 알려준다。

世祖時代에 金時習이라는 一奇人이있었다。그는元昊、李孟專、趙旅、成聃壽、南孝溫으로더부러 生六臣이라 稱하는사람의一人이니 世宗朝에난사람으로 나면서부터天才가있어 五歲에이미神童의稱을듣고、世宗의부름을닙어 사랑을받었다。「爲人이豪邁英發하고 簡率勁直」하였으며 博學이오 詩文에能하였다。端宗이讓位할때에 二十一歲의靑年으로 三角山中에 讀書하고있더니 變報를듣고 痛哭한後 冊을불살으고 發狂하야 중이되여 그後一生을 名山寺刹間에徃來하며 時代에對한 鬱懷를 風月속에풀려하였다。사람들이 萬一 그의뒤를따라본다면 或時는 山寺에서 僧輩들로더부러 無聊를푸는 그를보았을것이오、或時는 길가에서放尿를하며 群兒들과 作戲하는것을보았을것이오、又或時는 醉한몸을가지고 下水溝中에서 절벅거리고있는것을 보기도하였을것이다。그렇듯 그는 一個狂僧

이었다。 그러나 그에게는 單純한 狂人以外의 것이 있었다。 恒常 悲憤慷慨하야 紙軸을끼고 냇가에앉어서는 글을지어 물에띄어보내고는 울기와、農夫의 本像을만들어 案上에버려놓고 終日熟視하다가는 痛哭하기와、곡식을심어 長盛한즉 一朝에大鎌을휘둘려 버여버리고는 放聲大哭하기와、官吏의非行을들고는 이百姓이무슨罪있소 하고 부르짖고는 呼哭하기와 하였다는것을들으면 그의胸中을 足히 忖度할수가있다。 그의미침은 義로써미친것이었다。 그가슴의아픔이 너무度를지났기때문에한미침이오 正常人으로살어가기에는 그社會가 너무부끄러워서한것이다。 어떤때 世祖가 法會를모음에 그도뽑히었더니、새벽에문득 去處를모르게되였는故로 사람으로하여금찾으니 路邊厠間에 집즛빠져 半面만을겨우내놓고있었다。 그世上을부끄려워함이 이러하였다。 또어떤때는 申叔舟가 그의親故라하야 달랠양으로 사람을시켜 술을勸하야 醉케하고 自己집으로담아갔더니、깬後속은줄알고 가려하므로 挽留한즉 소매를끊코逃亡하였다。 그스스로높이함이 이러하였다。 그는實로 世祖와 그의事業에向하야 幽靈과같이陰鬱한 冷笑를보내는者다。

또成宗의代를 太平盛世라하지만 거기對하야 힘있게抗辯하는 一逸話가여기있다。 어떤때 朝臣中의두사람이 서로다툼이있어서 王에게裁決을 求하게되였는대、그까닭을 물은즉 一妓妾을다투는것이었다。 成宗은 그말을듣고 一國의大臣이 妓妾하나를다투는것은 衰亡의世代가아니고는 있을수없는일이다。 그러나 내가 참아 내代로써 衰亡의世代라하고싶지않으니 不問에付하야 버리라고 하였다고한다。 그러나 아무리不問에付하야도 있는事實이 없어지지는않는다。 그리고그事實은 成宗의盛世우에 朱線을긋는事實이다。

以上의두事實은 各各그時代의 一斷面이다。 그것을보아 우리는 그時代의價値를 斷定할수있다。 義人이 부끄러워하는時代。 義人의責望을 들을수있고 義人이爲하야 죽어주는時代는 오히려 多幸한時代다。 義人이 爲하야죽기를 부끄러워하는時代는 참 不幸한時代다。 生六臣으로하여금 端宗時代에 그럴만한자리에 서게하였다면 목숨을바쳤을것이다。 그러나 지금은 죽을時機도 지나간世代였다。 故로 그들은 미치지않으면안되였다。 그리고 內部가腐敗한時代 爛熟한 果實과같이、內部에病原을 潜伏시켜가지고있는 癩病美人과같이、그外樣은 비록아름다우나 그美는썩어질 內容의 表徵이될뿐이다。 故로 그盛世는 成宗의돌아감으로 끝을맺고 그날로 무서운症狀의 發顯期가始作한다。

七、殺人의歷史 端宗이 寧越에있을때에 子規詩一篇을 읊은것이있다。

一自寃禽出帝宮 假眠夜夜眠無假
孤身隻影碧山中 窮恨年年恨不窮
聲斷曉岑殘月白 天聾尙未聞哀訴
血流春谷落花紅 胡乃愁人耳獨聰

이라는것이다。自己身勢를 옛날蜀王의 寃魂이化하야되였다는 杜鵑에比하야 노래한것이니、이노래를읊는 端宗의 맘은 하나님을怨望스러워서 한말이다。即 無罪한自己는 終乃설음中에 날을맺게되는데、自己를짓밟든 그惡人의날은 漸漸昌盛해가는것만같아서、天道의無心함을 怨望한것이다。그러나 그는잘못알었다。十七歲의少年으로 이슬같이스러지는그의눈에 그렇게보인것도 無理는아니지만 天道는 그가생각한것같이 無心하지않다。決코그렇지않다。天高聽卑라고 하나님의귀는 낮은者 눌린者의呼訴를듣기에밝다。受難의朝鮮을象徵하는 저悲哀의사람이 견대다못하야 發하는 그悲鳴을 아니들었을理가없다。하나님의귀가먹은것같음은 悲哀의十字架를지는 저自身의눈에였다。저自身은 오직默默히 그짐을지고가는것뿐이오、伸寃의날을보는것은 許諾되지않었다。그러나 하나님은그렇지않었다。모든것을 낱낱치보았고「하늘은귀가먹어 내哀訴듣지않건만」하는 그怨望에對하야「내가귀먹지않었음을 알어라」하는듯이 무서운報應을하였다。燕山의 採靑、採紅과 天科興淸、地科興淸하는 미친노름에 無罪하게죽은많은百姓、戊午史禍、甲子士禍、明宗朝에들어가 己卯士禍、乙巳士禍、무슨獄、무슨獄으로 헤일수없이 죽은사람을생각할때「내가速히갚으리라」하는 聖經의句節을 누가아니想起할가。萬一누가있어 世祖저自身에臨하지않고 端宗저自身의눈에 보여주지않었다하야 正義審判을否認하려하는이가 있다면、저는神의攝理가 어떤것임을모르는者다。그대는天國의일을 地上의論理로詰難하려는가、歷史를다사리는 神의永遠한經綸은 個人的 時間的 相對道德의 標準에비추어볼수있는것이아니다。神에게는 個人이 問題될뿐아니라 全民族、全人類를 一個로본다。勿論그는 個個人을無視하지않는다。個人에게 絶對의價値를賦與한다。九十九首의價値를가지고도 能히一首의生命을 沒却시키지 못하는것이 그의心情이다。個人으로하자면 하나님은 라사로를거두어 아부라함의 품에두고、端宗을거두어 壇君의품에둘것이오 그흘린눈물의 한방울한방울을 다모와 甁에담을것이다。그러나 歷史의問題에있어서는 다르다。그때는 端宗과世祖는 딴사람이아니오 世祖와燕山은 남이아니다。問題는 어떻게하야서 全體로서의問題를 根本的으로 解決하겠는가 하는데있는것이오 個人의幸不幸에있지않다。個人의일은 個人的으로 그責任을물으나 歷史的事件의責任은 民

族的 社會的으로뭇는다。故로神의報償은 必要한때는 當者에게 即時로臨하기도하나 그렇지않은때는 數代、或數十代後에 오는수도있다。입으로먹은것의結果는 數時數日後에 臟腑에나타나는것이않이며、손으로지은것의값은 一生을두고 精神上에끼처있는것이않인가。世祖의罪惡은 四十年後에 燕山朝에서 받아냈다고해서 疑心될것이 무었인가。

燕山의狂悖한일과 屢次의士禍의 細々한內容을 여긔서 말할必要는없다。누가是요 누가非、누구는 맛당히죽었고 누구는寃痛히죽었음을 말할必要도없다。죽은사람이나 죽인사람이나 다같이 殺人의狂劇을演했을뿐이오 다같이錯亂한精神에있었던것이다。사람이 殺人을하면 精神에異常이생긴다。사람中에사람인 義人을죽인朝鮮은 精神이錯亂해지지 않을수없었다。그리하야 그끔찍한歷史、마치사람을죽이는것이 目的이오趣味인듯이 狂亂을부리는 그殺人의歷史는 演出된것이다。아무리보아도 이時代의일을 正常의心理가진사람의 일이라고는볼수없다。虐殺事件은 다른歷史도있고、派爭도 다른民族에도있다。그러나 이렇게理由도 主張도없이 그저憎惡와 妬忌에서한것은없다。宗教的迫害도아니오 政黨싸움도아니다。思想의싸움도 主義의싸움도 氏族의 싸움도아니다。神은이때 朝鮮사람의良心에 打擊을주신것이다。義人을모르는 그良心은 미치지않으면 않되였다。이로부터 朝鮮의맘은 錯亂에빠지였다。비틀어지고 깜을어젔다。故로 神이 變態心理의所有者인 燕山을들어 王位에세운것은 偶然이아니었다。殺人의狂劇의主役을하는그는 正常의心理를가진者로서는 될수없었다。그리하야 神은 이狂人의손을빌어 世祖成宗의꿈였던 平土葬文化를 餘地없이 審判하였다。그粉은모다뜻기고 그속에있는 썩은것은 모도들어났다。그것이어떻게 거즛이오 어떻게 無價値한것입이 白日下에들어났다。

燕山朝의不幸이 世祖의罪惡의結果라면 史家는 웃을것이다。曲解요臆斷이라할것이다。그러나 그는近眼者의말이다。決코曲解도아니오 臆斷도아니다。燕山의人物과 그時代의일을 理解하야보면알것이다。이미 몇번式말하였거니와 燕山도亦是 歷史의수리바퀴를메이는 可憐한存在의하나이다。그는過去의 一個決算이다。사람이 어느누가 歷史的産物안인者가 있으리오마는 저는特히그렇다。燕山이라면 누구나 淫蕩無道를 聯想하게되였으나 그것은저個人의責任에만 돌릴수있는것이아니다。그의가슴안에는 歷史的源泉을가지는 세줄기의 惡性의피가 交流하고있은듯하다。그一은殘忍性이오 그二는淫蕩性이요 그三은荒廢性이다。첫째는 母親에게받은것이오 둘째는 宮中生活에서 배운것이오 셋째는 社會的影響에서 생긴것이다。生母尹

氏는 廢妃까지된이로 天性이사오나와 夫君成宗의얼굴에 손톱자리를내던이다。그의殘忍性이 遺傳으로된것이다。成宗은 溫慈한님금이었으나 宴樂을좋아하야 太平盛事라일음은좋았건만 宮中에서는 하로도술냄새와 妓女의亂舞가 떠날날없었다。그의淫蕩은 아버지에게서배우고 環境에서 얻은것이다。그가자라나던때는 太平時代로 文敎의興旺한 때라하나 선비間에는 어느덧排擠의風이生겼고 갓득이나 形式主義의 儒敎는 다른사람을評함에 峻酷한道德的是非로하게됨에 社會에는 反動의小人輩가 일어나려는氣運이 있었다。그가學問을싫여하며 선비를미워하고 스스로荒怠하게된것은 이런社會的影響이 있어서된것이었다。燕山은 그런人物이었다。時代의罪惡을 한대모아지고 그歷史的任務를하기爲하야 나온사람이었다。

八、痼疾 한바탕의亂舞가지나간後 明宗을지나 宣祖朝에들어 歷史는 小康을보이는듯하였다。李滉、李珥가나와 性理學은發達이되며 前代의寃枉들을모두펴며하야 回復의氣運이 돌듯하였다。그러나 中樞神經에 깊이먹어들어간 그病根은빠지지않었다。一時平穩한듯한것은 한번생긴 그精神異常이 드듸어固定되여 漫性的으로되는症狀에 지나지않었다。그러하야 三百年間 民族의氣力을먹어지우고 精神을萎縮식이고 良心을窒息식이고 生命을깍가먹는 痼疾이생겼다。所謂黨爭이라는것이다。

外國사람이 萬一朝鮮歷史를읽는다면 그中에 가장理解치못해하는것은 이黨爭일것이다。黨爭의心理는 朝鮮사람이않이고는 알수없는것이다。이것은다른데서볼수없는 朝鮮特有의 歷史의産物이기때문이다。黨爭은 正常의心理에서나온것이아니오 異常心理에서나온것이다。거츠로본다면 黨爭은 老少의싸움인듯한點도있고 政派의싸움인듯한點도있고 新舊思想의衝突인듯한點도있다。그러나아니다。이것들은 오직그싸움의 材料가되고 口實이되며 動機를일으키고 發端을준것이될뿐이오 그原因은아니다。黨爭의根本原因을캐자면 三國時代까지 거슬러올러가야한다。元來크던 朝鮮사람의生活이 이때부터적어졌고、元來넓던 朝鮮心이 이때부터 좁아졌으며、元來높던 民族의氣槪가 이때부터 낮아졌으니 發病의原因도 여긔있는것이다。黨爭의近因을찾으면 成宗時에일어난 金宗直一派의 山林派와 反山林派의 對立에찾을수있다。金宗直이 本來淸直했던人物이오 自持하기를 자못높이하였는故로 徐居正이 그를妬忌하야 後日 士禍의原因이 거긔胚胎되였었다는말까지있지만、그門下에서나온一派가 大槪그러하야 다른사람을評함이 자못峻酷함에 어느덧反動의勢力을 끌어일으키게되여 서로排擠하는風이생겼다。이것이士禍를일으켰고 갈수록그風이 社會에퍼져 宣祖朝에죽는 李浚慶으로하여금 드듸어朋黨이 일어나리라는 무서운豫言을하고 가게하였다。그러나 黨爭의原因說明이 이것으로는 不充分하다。成宗前에 이미派爭의 傾向을볼수있으니 睿宗朝의 南怡의獄이이다。南怡란 저「白頭山石磨刀盡 豆滿江波飮馬無 男兒二十未平國 後世誰稱大丈夫」의詩로 少年들에게까지잘알려지는사람으로、當時年少銳氣하야 人望이자못높았던사람인데 小人柳子光이 猜忌하야 讒訴로써 죽여버렸다。柳子光의背後에는 아직黨派가있은것같지는않으나 이것으로써 朝廷안에 紛爭、黨謀의氣分이 있었던것은認定할수있는일이다。그러나 그것은 또 그時代에 갑작히일어난것。아니오、世祖以後의 殺氣많고 陰謀誣害가 盛行하는社會의風이 낳아놓은것이라함이맛당하다。그런故로 그와같이探究하야볼때 黨爭의根本原因은 李朝時代에 갑작히생긴것도아니오、高麗時代에만있는것않이오、實로三國時代의歷史가 失敗되던날에 胚胎된것이다。또 儒敎에있는것도아니다。儒敎가形式的整齊를要求하는 가르침임으로 그런危險性이많이있는것은 宋朝의朋黨史를보아 알수있는것이다。그러나 그敎理自體가 반듯이그런것은아니다。또어떤個人이나 어떤階級에 있는것도아니다。個人의責任도없는것은아니나 個人의힘이 어떻게數百年에亘하야 一民族의歷史를 支配할수있을가、그모든것이 다아니다。이責任은 民族全體가 져야한다。自我의喪失이 그原因이다。朝鮮에있어서는 自我를잃었다는 이大罪惡이 百病百弊의原因이된다。나를닞었는故로 理想이없고 自由가없다。民族的大理想이없는지라 大同團結이없고、自由를잃은지라 偏黨을짓게된다。派爭의目的은 적은權勢를 다투는데있으니 强者에對하야 卑屈한者일수록甚한法이다。故로派爭은 奴隷根性에서 나오는것이다。

高句麗의敗亡으로붙어 低下의길을밟게된朝鮮은 드되어여괴왔다。本來醇厚했던맘은 菲薄해지고 本來淸明했던心情은 混濁되였다。本性이착한民族이 愛의飢饉을느끼게되였고 義俠心많던사람들이 嫉妬가性을일우게되였다。卑劣해지고 狡猾해지고 陰險해지고 儒弱해졌으니 神은將次이民族을 어떠케할터인가。

朝鮮開化時代

姜濟建

開化于今十餘載　開化는 지금것十年이 넘었는데、
文華輸入自東西　文華를 실어들기 東으로西으로。
英雄天地金錢竭　英雄의天地것만 金錢은 말랐고나、
學藝江山禮儀疎　學藝의江山인대 禮儀는 없어지네。
宜是良田誰產物　이야 저좋는논밭은 뉘產物이되였노、
莫非巨閣異人居　크나큰집들은 모두다 남에것이라네。
老翁不識現時事　늙은이現時의 일을 아지도못하고、
長掩柴扉好讀書　사리문 길이닫고 글만읽고있더라

宇宙에充滿한 하나님아바지의 사랑全幅에서

愛慕하는 信仰同志의 姊妹님들이 某敎會에七八人이 남아있는바 그姊妹들은 漢字도無識할뿐아니라 反對者들의威脅이 두려워서 眞心으로 聖書朝鮮을 奉讀하기를 願하면서도 아직購讀하지못하고 있읍니다。그래서 小生이聖朝誌를愛讀하고 얻은所感을 한글로 다시記錄하야 秘密히付送할心算으로 붓대를 든때에、마침 愛慕하든 聖朝誌를 또 받고 小生의 철없는書信이 記載되여 있음을 너무나 황송하와 하나님아바지의 사랑에 무르녹는듯한感謝의 눈물은 히미한 이눈에 고이기 시작하였읍니다。

× × ×

한울에 감추인眞理와 사랑의寶貨를 發見하시와 貧弱한 우리心靈에 限없이 던저주시는先生任 小生이愛慕하는 貴聖朝誌를 받자올때마다 心身全部가 우리主예수그리스도의 가혹한 사랑에 무르녹는듯한 感激의 눈물은 하욤없이 흐르나이다。

아ㅣ 先生任께서 下送한貴聖朝誌와 사랑等은 世人에게서 尋見하지못할 그리스도의 삶피와 삶살에젖은 眞正한 사랑이로소이다。先生님께서 下送하신聖朝誌를 無力한 이손에 받자와들고 默默히 바라보며 두줄기의눈물을 흘리고앉은 小生의心靈에는、愛慕하든聖朝誌를 耽讀하기도前에 말슴 다할수없는復興이 되옵고 또한 靈으로 富함이 되였나이다。아ㅣ 내平生所願이 우리主님의 熱熱한心臟에서 發生된 聖書朝鮮을通하야 우리아바지의 영원한 품안에 안기워 永遠으로前進하면서 또한復活이오 眞理요生命인 예수그리스도의形像을 닮아지면서 모든것의모든것이 成就될줄 믿사옵고 限없는歡喜가 無限히넘치나이다。

創世前부터 말슴에게選擇함을 입으신 金先生任、이따우에 사오나 이따우의法을否定하시고 한울法대로生活하시는靈界의 사람임을 믿사옵나이다。眞實로他界의 사람이로소이다。어찌하여서 世上이 다 꺼리고미워하며 敎會가誤解하고 排斥하든癩患者인 小生의 철없는書信을 받으시고 그처럼 울으셨나이까。先生님을 울린 보잘것없는 小生의 마음은 未安莫甚하와 눈물을禁치못하겠나이다。아ㅣ先生님의 눈물、眞情의 눈물、同情의 눈물、癩患者인 小生과 함께 울어주신 눈물、貴하도소이다。福스럽도소이다。이는先生님의心臟에 臨在하셔서役事하시는 우리主님의 눈물이오、貴하고福스러운 눈물이로소이다。

사랑全幅에서

先生님의 이 사랑의 눈물을 받아含歟한 땅이여, 몬지들이어, 너의들도 그사랑의 눈물에 젖어 하나님아바지를 기쁘시게할 讚美의材料가 되리로다。이와같은 사랑의눈물 即우리主님께서 울어주신 이同情의눈물, 참貴하도소이다。

아! 거츠른 황무지와같고, 사나운 돌작밭과같이 령ㅣ비여가지고 덕없이 空然스럽게 날뛰는 僞傳道事業家들이여, 이와같은 사랑의 눈물은 없으면서도, 굶주렸으면서도, 말라붙었으면서도, 基督敎의看板만붙이고, 그래도 사랑이니 긍휼이니하며 떠들고 덤비지말고, 차라리 이러한 사랑의 눈물을 눈을떠보고 읽으며 深刻한感化가 있기를 바라노라。

果然 先生님의 울어주신눈물과 下送하신聖翰는, 보면볼수록 생각하면 생각할수록, 우리아바지하나님의 酷毒한怜恤과 우리主그리스도의 가혹한사랑을 一層더 느껴져서 喜悅의讚頌이 넘치나이다。果然 福音全幅에서 넘치는사랑이로소이다。眞實로人間意外의 사랑이로소이다。故로 先生님의 心靈속에運動하는 그사랑을 世上에 그무엇으로對照하여 말슴하오리까。釋迦가 부르짖은 佛敎의大慈大悲를 對照하여도 그도아니옵고, 孔孟이부르짖든倫理道德에關한 報酬的사랑을對照하여도 그도아니옵고, 現今朝鮮僞傳道事業家들의 口舌에만 붙어있는 卑陋하고死殼化한 그사랑을對照하여도 그는尤甚하야 上述한三者에도 比肩할수없는者오며 天壤의差가있는者로소이다。

아! 先生님의 心靈에滿發한 그사랑은 世上에서 도모지 찾을수없는故로 한울의全幅인 예수그리스도의 福音안에서 찾으려하나이다。과연 이사랑은 예수그리스도의사랑이였나이다。한울榮光과 한울位를 비우시고 罪人을爲하야 마리아의 배를 비러나신 그리스도예수안에서 찾었나이다。母胎로부터 시작하여 끝까지 有形無形의 十字架를 지어(負)주신 그리스도 예수안에서 찾었나이다。病者와貧者를 깊이 동정하시던 그리스도예수 사랑안에서 찾었나이이다。萬代萬民을 爲하야 겟세마네동산에서 피땀을 흘려주신 그리스도 예수의사랑에서 찾었나이다。最後로到達하여 침늘 배앝으며 조롱하는敵을向하야 우슴과 사랑을 던지시던 그사랑, 生命을 빼앗는敵을 向하야 아름답고貴重한活命을 自由롭게許諾하신 그사랑, 即 갈바리산十字架우에 높이높이걸려 물과피를쏟으시든 그리스도예수의사랑에서 尋見하였나이다。또한 死亡에서 사라지고말人類를爲하야 음부의 권세를 깨트리고 復活의生命을 뚝떼여주신 예수그리스도의사랑에서 그사랑을尋觀하였나이다。오! 이렇게 길을열어 이와같은 사랑을尋하게하시는 하나님아버지의사랑을 永遠토록讚頌讚頌하리로소이다。아! 現今基督敎信者들이여 이와같은活愛를 찾았느냐 맛보았느냐。萬一 찾지못하였거든 공연히 울기만하지말고 苦悶만하지말고 固執만부리지말고 速速히 찾아라。그리하여야 살리라。平安하리라。活愛의 품안에안기리라。眞情으로 사랑하여 주시는先生任只今 小生은 眞正한意味에있어서 先生님을 孔德里活人洞에서 찾지않고 예수그리스도의福音心臟에서 尋覲하려하나이다。이와같은사랑이 우리朝鮮半島江山에 萬萬으로更生되기를 우리主任께懇切히祈禱하나이다。

오! 사랑의原動力이되시고 根源이되신主여 당신의巨大한사랑을 받기에 넘우도 헌감하와 感激의눈물이 넘치나이다。活愛의 그손을 내미시사 철없는 나의눈물을 씻어주시고、癩患者인 나와같이 우시는 金先生의 눈물을씻어주옵소서。오! 主여 이 눈물이 당신의 눈물이 아니오니까。당신의사랑이 아니오니까。당신의生命이아니오니까。아! 사랑인 이눈물、生命인 이눈물、主여 나에게 넘쳐와서 사랑이되고 生命이되였나이다。

오! 主여 사랑의 이눈물、生命인 이눈물이 빼빼마른信條만 삽고 입술에 붙은 死殼化한 사랑을宣傳하는 僞傳道事業家들의背後에 江같이흘러 넘치게하옵소서。主여 그리하여 당신의사랑인 이눈물의 江가에서 그들도이 사랑의洗禮를 받게하옵시고、새로난者가되여 活愛를 宣傳하며 生命있는同情의 눈물을 흘리는者들이 되게하옵소서。

오! 主여 淫行하다 잡혀온女人의罪는 당신이赦하여 주었어도、殺人한强盜는 용납하여樂園으로引導하였어도、生命을 빼앗는敵을 향하야 生命을 던저주었어도、오직 外飾하는 바리새敎人과 書記官들을 향하야는『禍있을진저!』하셨지요。

오! 主여 現在基督敎會에도 그와같은類似한僞信者들이 적지않사오니 이를 어찌하시렵니까。主여骸骨같은그들의우에 生命피를쏟으시옵소서。사랑의 눈물을 부으시옵소서。生命의 눈물를 뿌리시옵소서。癩患者와 함께우는 同情의 눈물을 쏟으시옵소서。오! 主여 그리하여서 우리조선敎會가 生命있는 眞敎會가 되게하시옵소서 날로 때로 信仰은生命的으로 또한眞理的으로 자라게하옵소서。

고마우신主여 더욱 懇切이求하고 願하옵는所望은、먼첨 金先生님 우에와 聖朝誌로써 함께受苦하시는 先生님들우에 사랑의불길이 猛烈하게하옵시고、健康함과 信仰의靈智로써 限없이 넓혀주옵소서。아바지께서 맡기신 그使命을 끝까지감당할힘을 주시옵소서。오! 主여 愛讀하는 聖朝誌友에게도 不絕히祝福하시사 부디치는곳마다 生命의 움이트고 福音의꽃송이들이 限없이滿發되게하옵소서。이聖書朝鮮을 받아愛讀하는 誌友들에게도 한없는恩惠를 쏟으시사 眞理로써 各方面에解放을받아 信

사랑全幅에서

仰은生命的으로 자라게하옵소서。이일이 당신의所願이오매 또한 나의所願이로소이다。아바지의 뜻대로成就되옵기를 그리스도의피를 옷입고福音안에있는 사랑의눈물에 젖어 항상懇求하나이다。아멘 아멘。

先生님 今番철없는 이편지에、過去에 우리들이 反對者(敎權者)들의게서받은 迫害의事實과 卑劣한壓迫의手段內容을記錄할 생각을 가젔다가、그들의卑陋한羞恥를曝露하는것이 곧 우리半島江山의 羞辱이 아닌가 하는疑問에逢着하야 그만두었읍니다。今年三月下旬에 癩患同胞가 六百名이 入園되였읍니다。그中에親愛하든 信仰의同志인 姉妹두분이 入園되였읍니다。

아! 福音안에있는 여러先生님、우리癩患者의 혼들을 위하야서도 多大한努力을하시고 祈禱하시는가운데 빼지 마시기를 懇願하나이다。變遷이없는 그리스도의 사랑안에서 恒常 靈的新面目을 對하야 함께울고 웃기를 主께 비나이다。아멘。

먼저三月二十六日에 思慕하든 聖朝誌를 받자옵고 진작 받았다는 통지를못한것 미안합니다。患者入院할때인故로 그리되였읍니다。聖朝誌를 함께받는 우리信仰同志는 측양할수없이 기뻐하옵고 또한 問安합니다。철없는 小生의本籍은 慶南××郡××面××里였압고 나히는×××歲이올시다。一九三五年四月五日

미미하고 보잘것없는 文信活 拜上

○**主筆曰**、主筆에關한過分의文句以外에、言言句句가 모다能力的信仰을 把持한者에게서 넘치는發言이다。우리보다 天國의距離가 가까운데處한者이니만치 天國消息이確然하고 實際的이다。健康한者는 謙卑한마음으로써 배울것이다。

○이글에 비추어보아도、信仰의理由、特히聖書朝鮮의讀者라는 理由로써、敎權者들이 癩患者에게 逼迫을加한事實은 不少하였든모양이다。아직까지도 基督敎機關에依托하고있는 患者들은、마치左傾思想書籍을 보는者들처럼 地下運動으로써 極秘密裏에 福音실은書籍을 傳하게되고、基督敎와는 直接關係없는 總督府施設機關에서는 本誌같은것도 自由롭게公然하게 읽을수있다하니、可笑할일일까 可驚할 일이라 할까。

○그러함에도 不拘하고、癩患者인저의들의 念頭에있는일은 半島江山의榮光과 基督敎會의 進展뿐이다。故로 억울한境遇에 處하였을지라도 半島江山의 羞辱이될가하야 發言을못하며、怨痛한待接을 받을지라도 朝鮮基督敎會를 傷함이될까 할때는 스스로忿을 참고 怨을풀고 敵을赦하야 마지안한다。이런경우에 朝鮮基督敎界의敎權者들과 저癩患者들과 어느편이絕望에 臨한患者心理이며、어느편이前途洋洋한 生命希望에넘친者의 心理인가判別하라。

요한복음 (試譯)

趙誠斌

35또 그다음날 요한은 두 제자와 같이 섰다가 36예
수가 지나가는것을 보고
『여기좀 보아! 이하나님의 어린양을!』
37라고 하니까 그두 제자가 이말을 듣고서 예수를 따
라갔다。 38그러나 예수께서는 뒤를 돌아보아 그 따라
오는것을보시고 말슴하시기를
『무엇을 구하느냐?』 라고 물으니
『라비여 (즉 선생님) 어디 가서 머물 겠읍니까?』
라고하길래 39예수 께서 말슴 하시기를
『오너라 그러면 볼것이다』
라고 하시니 그들이 가서 그머무시는 곳을 보고 그
날을 함께 보내였다。 때는 오후 네시쯤 되였다。 40요
한의게서듣고 예수를따라간 두사람중에 한사람은 시몬
베드로 의 형제인 안드레였다。 41안드레는 곧 그의 형
제 시몬을 찾아 말하기를
『우리는메시야 (즉 그리스도)를 보았어요』
라고 하면서 42안드레는 시몬을 예수 에게 더부리고
갔다 예수 께서 시몬을 보시고
『너는 요한의 아들 시몬 이다。 마는 너는 게파 (즉
베드로) 라고 불러저야 한다。』
라고 말슴 하시었다。
43그다음날 예수 께서 갈릴리 로 가기로 작정하시
고 빌립을 찾아내여 말슴 하시기를
『나를 따러라』
고。
44빌립은 안드레 와 베드로 와 같이 벳사이다 마을
사람이다。 45빌립은 나다나엘을 찾아보고
『우리는 모세 께서 율법에 기록 하였으며 여러선
지자 께서 기록 하였던이 즉 요셉의 아들 나사렛
예수를 만났어요!』
라고 하였다。 46나다나엘은
『나사렛 에서 무슨 좋은 것이 나올수있으랴?』
라고 하니 빌립은
『와서 보서요!』
라고 하였다。 47예수께서 나다나엘이 앞으로 오는것을보시
고『이것좀 봐요, 진실로 이스라엘 사람이라 그속에
거짓이 없도다!』
48나다나엘이 말슴 들이기를
『어떻게 저를 아십니까?』

요한복음

라고。예수 께서 대답 하시기를
『네가 무화과나무 밑에 있을 때 빌립이 너를 부르
기 전에 내가 너를 본것이다。』
라고 하시니
49나다나엘이 대답 하야
『라비여 당신께서는 하나님의아들 이로 소이다! 당
신 께서는 이스라엘 왕 이로 소이다!』
라고。50예수 대답 하시기를
『네가 무화과 밑에 있는 것을 보았다고 하기때문에
나를 믿느냐? 너는 그보다 더 큰 것을 볼것이다』
라고。51또
『진실로 진실로 너의게 이를게。하날이 열려서 사
람의 아들 우에 하나님의 천사가 오르락 내리락하
는것을 볼것이다。』
라고 말슴하시였다。

第二章

1사흘만에 갈릴리 가나에 혼인이있어 예수의 어머
님이 참석하셨다。2예수께서도 제자들과 함께 혼례식
에 초대받으셨다。3포도주가 없어지니 어머니는 예수
에게 말슴하시기를
『저사람들이 포도주가없다』

4예수 말슴 하시기를
『그만두서요 나에게 명령하려고。아직 내가 행할만
한 때가 안입니다』
라고。5어머니는 종들에게
『무엇이든지 그가 명하는대로 하여라』
라고 말하여두었다。6저편쪽에 유대사람들이 행하는결
례를 위하야 세워둔 여러말드리 돌로맨든 물독이 여
섯개가 느려서있었다。7예수께서 종들에게 명령하야
『독에 물을 채워라』
라고하니 물독에 가뜩 채웠다。
8또 말슴하시기를
『이제 퍼서 잔치주관하는사람에게로 가져가라』
고하시니 이에 가지고 갔다。
9주관하는 사람은 포도주로 되여진 물을 맛보고 그
어디서온것을 모르기때문에(물을푸던 종들은알었다) 실
랑을 불러다가
10『대개 다른사람들은 모다 좋은 포도주를 먼저 내놓고
손님들이 폭취한 다음에라야 덜좋은포도주를 내놓는데
당신은 좋은 포도주를 지금까지 감춰두었구려!』
라고 말하였다。
11예수께서 이 제일 첫재번기적을 갈릴리 가나에서 행
하야 그 영광을 나타내었더니 그제자들이 예수를 믿

었다。
12이런뒤에 예수께서 어머님과형제와 제자들과 함께
가버나움에 내려가서 몇일동안을 머물었다。13이에 유
태인의 유월제가 가까워져서 예수께서 예루살렘에 갔
다。14소와 양과 비닭이들을 파는자와 돈바꾸는자들이
성당안에 앉은것을 보시고 15사치로 채를 맨들어 양과
소들을 죄다 성당에서 쫓아내고 돈바꾸는 자들의 돈
을 뿌려더지며 사무상을 뒤집어놓고나서 16비닭을 파는
자더러 말슴하시기를
『내버려라 이런것들을! 내아바지집을 갔다가 시장으
로 맨드지 말고서』
라고。17제자들은「당신집을 생각하는 내열심이 나를 태
워버리겠다」라고 기록된것이 생각났다。18이에 예수에
게 대한 유태사람들의 대답이
『무슨 표적을 보여 주시겠어요? 이런처분을 할수있
다니까?』
라고하니 19대답하시기를
『이성전을 깨트려라。그러면 내가 사흘만에 성전을
세울 것이다。』
라고。20유태사람들의 말이
『이성전을 짓는데는 마흔여섯해 걸렸는데 당신은 사
흘만에 세우겠다구?』
라고하였다。21그러나 이것은 자신의 육체를 성전으로삼
고 말슴하신 것이다。22그러니까 죽엄에서 부활하신후에
제자들이 이렇게 말슴하신것을 생각하고 성서와 예수
께서 하신말슴을 믿었다。
23유월제때에 예수께서 예루살렘에 게시었다。그동안
에 그행하신 기적을 보고 이름을 믿게된 사람이 퍽
많었다。24그러나 예수께서는 자신을 그들에게 그냥맡
겨두려고 하시지않었다。그것은 그들을 죄다 알었었고
25또 사람속이 어떻다는것을 알으시기 때문에 사람에게
대한 증거는 어떤것이든지 필요하지 않기때문이었다。

第三章

1바리새 사람중에 이름이 니코데모 라는 관원이 있
었다。2어떤날밤 예수에게 와서
『라비여 당신은 하나님께서 부러오신 선생님 이신줄
을 우리는 압니다。하나님께서 만약 당신과같이 게
시지 않는다면 당신이 행하시는 이런 기적들을 행
할 사람이라고는 하나 없읍니다』
3예수께서 대답하시기를
『진실로 진실로 네게 일을게、사람이 거듭나지 않으
면 하나님의 나라를 볼수 없는것이다』
라고。4니코데모의 말이

『사람이 벌서 나먹은다음에야 어찌날수 있겠어요?』
라고。5예수 대답하시기를
『진실로 진실로 네게 일을게、사람은 물과 영으로
말미암지 않으면 하나님나라에 들어갈수 없는것이다。
6육으로 말미암아 나는자는 육이요 영으로 말미암아
나는자는 영이다。7거듭나야 한다고 내가 너의게말
한것을 너는 의심 하여서는 안된다。8바람은 제멋
대로 분다。너의는 그소리를 듣기는 듣지만 그어듸
로 불어와서 어듸로 가는것을 모른다。자못 영으로
말미암아 나는 사람은 이와같은것이다』
라고。9니코데모는 말하기를
『어떻게 이런 일이 있을수 있겠읍니까?』
라고。10예수께서 대답하시기를
『너는 이스라엘 선생이면서 아직도 이런일을 모르느
냐? 11진실로 진실로 네게 이르노니、우리는 아는것
을 말하고 또 본것을증거한다。그래도 너의는 이
증거를 받지 않는도다。12내가 땅우에일을 말하는데도
너의는 믿지 않으니까 하날나라의 사실을 말한다
면 어찌믿겠느냐? 13하늘에서 내려온 사람 즉 인
자외에는 하날에 올라간 사람이없다。14모세가 광
야에서 배아미를 쳐 들은 것같이 인자도 또 나종
에는 쳐 들기워질것이다。15이는 그사실을 믿는 사
람은 누구든지 다 영생을 얻게 하기때문이다。』
라고。
16대개 하나님은 그외아들을 주시기까지 세상사람을
사랑하였다。이는 그이를 믿는 사람은 누구든지 다멸
망 하지않고 영생을 얻게하기 때문이다。17하나님께서
그아들님을 세상에 보내신것은 세상을 심판하려고 하
심이 아니오 그이로 말미암아 세상을 구원하시려는 때
문이다。18그이를 믿는사람은 심판 받지않을것이지만
믿지않는사람은 벌서 심판 받었다。그것은 하나님 외
아들의 이름을 믿지않었기때문이다。19즉 빛이세상에
오시었는데 사람은 그행위가 고약하니까 빛보다도 어
두운 것을 사랑하는것이 곧 심판이다。20악을좇아가며
행하는자는 누구든지 다 빛을 미워하며 그행위가 꾸
지람을 받을가 두려워서 빛으로 오지않는다。21진리를
좇는 사람은 빛으로 온다。그행위가 하나님을 힘닙어
서 행하여졌다는것을 나타내려고 함이다。
22이런뒤에 예수께서 제자들과 유대땅에 가서 거기
같이 머믈며 세례를 주시고 23요한도 살렘근처 애
논에서 세례를 주고 있었다。거기는 물이 많기때문에
사람들이 와서 세례를 받었다。24요한은 아직 감옥에
가치지 않었었다。25그런데 요한의 제자들과 한 유대
사람과의 사이에 결례에대하야 의론이 일어나니까 26요

한에게로 와서 엿주어
『라비여 션생님과 같이 요단강건너편에 어떤사람 즉
션생님이 증거하시든 사람이 세례를 주고 사람들이
다 그이게로 갑데다。』
라고 27요한이 대답하기를
『사람은 하날에서 부터 받지못하면 아무것도 받을수
없다。28「나는 그리스도 가 아니오 그이의 앞세기로
보내여진것」이라고 내가 말한것에 대하야 증거할사
람은 너의들이다。29신부를 갖는 사람은 신랑이다。
신랑의 친구가 섰다가 신랑의 소리를 들게되면 크
게 기뻐하는것이며 이런기쁨이 지금 나에게 충만하
다。30그이는 반듯이 성할것이오 나는 쇠잔 하여질
것이다。』
라고。
31우에서 부터 오시는 이는 만물우에 게시고 땅에
서부터 난자는 땅에 속한것이며 땅에 속한것을 말한
다。하늘에서 오시는 이는 만물우에 게시다。그이가보
신바 들으신 바를 증거하시는데 아무도 32그증거를 받
지않는다。33그증거를 받어가지는 사람은 하나님을 참
되시다고 확실히 인정한것이다。34하나님께서 보내신이
는 하나님이 성신을 한없이 주셨기 때문에 하나님의
말슴을 말하신다。아바지께서 35아들님을 사랑하시사 만
물을 다 그손에 주어 맡기시었다。36아들님을 믿는사
람은 영생을 얻고 아들님께 순종치 않는자는 생명을
보지못할 뿐더러 하나님의 노하심이 그우에 머믈을것
이다。

第四章

1주님께서 그 제자들을삼고 이에 세례를주시기를 요
한보다도 더많다고 바리새사람들에게 들리게 된것을아
시고서는 2(그실상은 예수께서 몸소 세례를 주신것이
아니요 그제자들이다。) 3유대를 떠나 갈릴리에 가시
었다。4사마리아를 거치지 않을수없어서 5사마리아 수
가 라는 마을에 이르시었는데 야곱이 그아들 요셉에
게 주셨든 땅이 이마을에 가까웠다。6여기 야곱의샘물
이 있었다。예수께서 길을 가시다가 지쳐서 샘물옆에
앉으시었다。시간은 오정때쯤되었다。7어떤 사마리아 여
자가 물 기르러오니까 예수께서 이에
『물 좀 주십시오』
라고 말슴하셨다。8제자들은 먹을것을 사라 마을에갔었
다。9사마리아 여자의 말이
『그대는 유대사람인데 어떻게되여서 사마리아 여자인
나에게 물을빌까요?』
라고。이것은 유대사람과 사마리아사람과는 사괴지 않

는때문이다。 [10]예수께서 대답하시기를
『만약 그대가 하나님이 주시는것이 무엇이며 또「물
좀 달라」고 말하는 사람이 누구인가를 알었드라면
그이에게 네가 구하였을것이다。 그렇면 그이가 생명
수를 네게 주었을 것이다。』
라고。 [11]여자의 말이
『주여 당신은 물 풀 그릇도 없고 우물은 깊은데
그 생명수는 어듸서 얻을수있읍니까? [12]당신은 이
우물을 우리에게 주신 우리 조상 야곱 보담도 위
대한사람입니까? 그이자신과 그자식들과 집즘생들도
여긔서 마시었는데?』
라고。 [13]예수께서 대답하시기를
『이물을 마시는 사람은 또다시 목말을것이다。 [14]그렇
지만 내가주는 물을 마시는 사람은 영원토록 목마
르는 일이 없다。 내가 주는 물은 그사람안에서 샘
물이 되여 영생 하도록 솟아나올것이다。』
라고。 [15]여자의 말이
『주님이여 이런물을 내게 주셔요、 목마르는 일이 없으
며 또 여기까지 물길으라 오지않을수 있게요』
라고。 [16]예수께서
『가서 네 남편을 여과 불러오너라』
라고 말슴하시니 [17]여자의대답이
『남편이 없읍니다』
라고。 예수께서 말슴하시기를
『남편이 없다고 하는말이 맞었다。 [18]남편은 다섯까지
있었지만 지금있는 남편은 네남편이 아니니 네말이
참말이다』
라고。 [19]여자의 말이
『주님이시여 당신은 선지자 이신줄로 나는 압니다。
[20]우리 조상은 이산에서 예배하였는데 당신들은 예
배할곳을 예루살렘에 있다고 합데다 그려』
라고。 [21]예수께서 말슴하시기를
『여자여 나를 믿어라。 이 산에서나 예루살렘에서 가
아니라 너의들이 아바지를 예배할 때가 오고있다。
[22]너의들은 모르는것을 예배하고 우리는 아는것을 예
배한다。 구원은 유대사람으로 부터 나오기때문이다。
[23]때는 오고있다。 지금 벌서왔다。 참으로 예배를 하
는자가 영과 진실 로써 아바지를 예배하는때가。 아
바지 께서는 이와같이 예배하는 사람을 구하신다。
[24]하나님은 영이시니까 예배하는 사람도 영과 진실
로써 예배하지 않으면 안된다。』
라고。 [25]여자의 말이
『나는 그리스도라고하는메시야가 오고있는것을압니다。
그가오시면 모든것을우리에게 일려주시겠지요』라고。

福音안에서

靈이신 그리스도의 권폭內容에서 讚美의曲을 지으시며 인간事物과 事變을 靈的으로만 취급하여가시는 先生任、뵈옵지못하였아오나 靈으로본자가 되였압고 眞理로 함께 즐겨하는者가 되였읍니다。나는 아지못하였아오나 그가 알게하심으로 알게되였읍니다。그가 證據하시지않으면 아지도못하고 볼수도없겠읍니다。예수의 十字架上에 함께 못박힘을 당하시고 돌무덤에 함께 埋葬을 당하시고 그와함께 復活하신 先生님、땅에있아오나 하늘生活이며 肉에있아오나 靈으로 살으시며、人間事變을 通하야 그리스도의 감추인秘密을나타내시며、골아지고 썩어져 냄새나는 死體우에 復活의生命을 부어주사 움지기시는 참福音의 先生任、쓰라린가슴을 부디안고 人間의 쓴잔을 얼마나맛보셨읍니까。世上의不幸은 主님의 참종되는者입니다。名譽를 손실한者가 主님의종이오、모든事實에서 실패와 죽음을당한者가 主님의종이로소이다。이런줄은 알면서도 主님의 종이되여주시는先生任께 對하야 감사의눈물을 아니흘릴수없읍니다。참福音에서 人間外의사랑으로써 사랑하시는 先生님、철없는 女生은 일즉이도 不幸한 病魔에 붙들려 꽃다운 靑年을詛呪하다가 當幸히 傳道받아 예수를 믿사오나、儀式과教理에 잡히고보니、心中에 참平安이없고 돌이어 무거운집이되여 內면으로 不安을가지고 世上을 괴롭게재웁기만하였드니、一九三二年에 某先生任을通하야 福音을 듣고 기도하는중 福音을 받고보니 참平安이여기있고 참 즐거움이 여긔있나이다。하나님의大愛는 인간에게 주실때 우슴으로 주시지않는다。지극히 큰사랑이 지극히적은 人間에게 부디칠때는、혹은 눈물로 혹은 역경으로 혹은 순경으로 시시각각으로 주시는것을 알고보니、인간事實이 다ㅣ讚美의曲이고 宇宙에있는 萬物이 다ㅣ나와 합주를 하는것같고、人間괴로움과 닥치는逆境이 다ㅣ나에게 찬송을 지어주시니 나의게는 不平이 없읍니다。특히 一九三三年에 聖書朝鮮을보고 靈的걸음을 一步더 걷는中에、福音에 눈이어두운자의 심한迫害로 因하야 直接받지못하고 남의이름을 빌어서 겨우一年間보았으나、남의治理下에 있아오매 壓制따문에 부득이 購讀을中止하게되였읍니다。할수없어 거긔를 自退하고 나왔읍니다。저의事實은 먼저 記錄한 文君의서신으로 알고게시지요、두번 기재할것없읍니다。참사랑하시는 先生님 女生이 이런 상서를 올리는일은 위생상으로 보아 황송하오나 이病院제도는 관청治理가되여서 院內에서出他하는 물품은 무었이든지 소독을 엄하게하여보내들입으로 위생으로는 염여없읍니다。福音안에서 참사랑하시는 先生任、저의사정과 원하는것을 먼저아시고 恩惠되는 聖朝誌를 여러권 보내주심으로 各개인이 다ㅣ가지고 恩惠를받기되였읍니다。先生님 一九三五年(今年)號는 每月五권식만 보내주시고、一九三二、三年分 저의가보지못한것은 如前히 보내주시오。今年號는 文君앞으로 三冊식 女生앞으로 二冊식만 보내주시오。男女간 五人이열독합니다。先生님께 너무 과도한사랑을 받자오니 사랑의빗이 넘우 무겁습니다。처지가다른 저로서 무엇으로 말할수 없읍니다。빈손만벌리고 받기만합니다。

예수그리스도 나의生命의 主여、당신이 나를사랑하시되 말로도 하시지않으시고 十字架에서 살을 찢어주시고 피를쏟아주셨읍니다。그의사랑의 줄에매인바되고 당신의사랑 그대로를 받은 金先生任도 말로 저를 사랑하시지않으시고 實地로 恩惠되는 福音誌를 주시며 愛의표현과 靈의양식을 주시는 先生님이로소이다。오ㅣ主여 할일많고 원만일을 당신께부탁합니다。당신의종 金先生任을 라팔로삼아 빼빼마르고 教理와信條만 붙들고 外모에는 平和를부르나 內면으로는 不平만부르짖는 朝鮮基督教會를 당신의종 金先生任을通하야 그리스도의삶生命을 부어주사「眞理 即 朝鮮教會」가되게 하시옵소서 묻生命은 당신의 生命水가없어 목말라죽게 되였나이다。어서 당신의生命水를 던져주옵소서 아멘、아멘。

一九三五年四月八日 女生 ○ ○ 拜上

金 先 生 任 殿

○主筆의말 例와如히 主筆에게關한部分은 매우割引하여보아야 한다。到底히 堪當치못할바이다。

○이글을 一讀한者로서 누구나다 看取할것은 重病者의글、特히 完治의醫藥이 充分치못하다는 癩病患者의글월같지않다는것이다。前途에 꽃다운生涯를두고展望하는 良家의 少女가、周圍와傍人을 念慮하며 愛撫하며 보살피는듯한 一點無汚의心情이 紙面에漲溢하였으니、이는 良家中에 第一이오 大家中에 첫째인 宇宙의主宰이신하나님아바지의 庭園에 信仰으로 居住하는者된이의 心情이 如實히 露現된것이아니고 무엇인가。

○無法無望이 常例라는 癩患者의 處地에서도、他人을爲하야 衛生을 念慮하며 教會를爲하야——無理한 迫害를加하던 그教會를爲하야도 傷함이 될까하야 하고싶은말을 못할뿐인가。나아가 「眞理即朝鮮教會」되여지다고 祈求하야 마지못하니 이것이 그리스도의 異蹟이아니고 무엇인가。病에있으나 病人이아니오、가난하나 富裕함이 짝없고、敗北한者같으나 恒常이기고 넘치는 餘力이 있으니、모든榮光은 主그리스도께로。할렐루야 할렐루야!

城西通信

一九三五年三月十七日 (日) 日曜日임에 不拘하고 어린生徒들은 入學試驗地獄에서 苦悶。○今日嶺南短信에

「先生님무어라고 感謝를들여야 좋을는지요、그받부신데도 不拘하시고 親切하게도 下敎하여주시니 참感謝합니다。如斯한곳에 靈으로 親族다움이 더욱切實하게 알어집니다。그리스도로 多福하소서、부대그聖業에끝까지 忠誠하시옵소서、靈에固渴을 느끼는小生一人이 有한줄알아주소서、단한사람을爲하여서도 모든苦를 忍耐하여주소서 下敎하신바대로 하여볼가합니다。無智한者로서 生意치도못할 일이였나이다마는 그리스도役事만 믿사옵나이다。기침은나으셧난지요。云云」

三月十八日 (月) 全州李君이 不在中에 來訪、惜哉。사람의一生은難測이나 特히中等學校五個年間의變遷은 意表에出하는바가 많다。高普入學當時에는 乳臭를未免하다가도 卒業期를當하면 筋骨이頑强한大丈夫되여 나가거니와、그心靈的變化無雙함은 더욱 놀라옵다。李君이 우리門前에 다시出入하게됨도 실상奇異한일이오 고마운일이다。그心靈에 따라變化한 그얼골을接見할機會를 또한번 놓친것이遺憾千萬。

三月十九日 (火) 咸北來信에

『(前略)저는한四日間 滿洲琿春地方에 他人의土地買受의일로 같이가서求景하고 돌아왔읍니다。참으로荒蕪한것이며 참으로無主空山과같은곧이 얼마인지요。事實은같은평남練習生中 琿春서한三十里隔한곳에 二萬坪이넘는山岡과 土地를 누가二千五百圓에 팔겟다하야 그이가自己父親께 편지하야왔든것입니다。가보니事實로 넓고 끝이없읍니다。또中國의土地는 地界가즉東에는山 西에는江 南에는길 北에는金氏土地等 이러한地界이며、自己집土地가많아도 官廳에는約三分之一박게 記入지않았었고 참으로아직도 未開의地方이올시다。云云』

○今日 하와이 몰로가이島의 癩聖者다미엔傳의送呈을받아 밤 깊어가는줄 깨닫지못하고 읽다가 보니 午前三時。人類中에 다미엔 이 있었든일도 고맙고、그傳記를著述出版한이가 있음도 感謝요、이런書冊을 찾아보내주는 사람도 갸륵한일。卷頭餘白에記하여曰

빛을 꺼리는 무리들아
한生命의 힘을 弱하다 하라
한사람의同志를 적다 하라
한사람의 스승을 不足타하라。

옳은것을 비웃는 무리들아
너의들의强함을 부러워 않노라
너의같이數많은同志들을 얻고자 않노라
너의같이數많은 스승을 願치 않노라。

어둠속에서 꿈틀거리는 무리들아
내 이것으로 滿足하며
내 이것으로 感謝하며
내 이것으로 두려워 않노라。

옳은者우에 恒常지키는이 있나니
一九三五、三、一六日 ○ ○ ○
나의스승 金 敎 臣 先生께 올림。

三月二十日 (水) 今日도 다미엔傳을 읽으면서 울다。다미엔을 爲하야 울고、癩患者를爲하야 울고、스스로癩患者가 아닌줄로自信하는 뭇健康한者를爲하야 울고、나自身을 돌보아 울고、主그리스도를 우러러보고 울고。

三月二十一日 (木) 水原短信에

『先生님을떠나 來水한後로 人生에對한懷疑와 思索과 讀書에沒頭하여 있나이다。人間들의外飾의 껍질을쪼어바릴때 果然저같은 醜狀뿐이오니 啞然치않을수없나이다 사람에게서 完全을要求함은 不可能한일이오나 너머나良心의 칼날이무듸임과 때로는그存在좇아 疑心치않을수없나이다。어두운人間끼리야 一生을속일수있고 自身도속일수가있지마는 우에서恒常赤裸裸의 이狀態를볼때 그마음의읆음이 어떻리까、그앒음이어떻리까。善은죽어도 오히려行할것이요、惡은全世界를얻어도 避해야한다고말하면 世上은잠고대라고 말하겟지요。옳은者에게는 恒常數많은毒矢가 날아옴을보오니 悲憤이끓는心臟을 抑制하기괴롭나이다。約

三個月間이나 몸이異狀하야 醫師에게診察한結果 肺尖이傷하니 極히操心云함니다 靈肉을鍛鍊할時期가 正來한가합니다』

決코肉體를虐待할것이 아니다。

三月二十二日 (金) 小鹿島에서來信。郵便配達夫는 언제든지 반가운 손님이였지만 이런音信을傳해줄때에 고마움도各別하다 家兒들께 다미엔傳을 이야기하여주다。

三月二十四日 (日) 咸錫憲兄이五山校友會會報의用務로上京。午前中에市內萬里峴禮拜堂에 叅席하였다가、卒然間에開會祈禱하라는데는 困惑非一이었다。

三月二十五日 (月) 今日로써 春季休暇를얻다。○咸興來信如下

『先生님 下送하옵신 惠書를 감사히奉讀하였옵니다。聖朝를通하여알어온지도 三年以上이옵니다마는 小弟는늘冷하여온失責은 지금와서 어데다핑게하오면 免하리까。다만容恕를 빌뿐이옵니다。先生님도아시옵드시 小弟는本來所聞이 높었든罪人의 괴首옵니다。예수니聖朝니알어스리요。참意外의機會를띠워 先生님과도함께 唯一神하나님을섬기며、그支配下에서 自由로히願하는 以上의平和와 歡喜를얻으며 如何한困難이라도참고견데며 그분을信賴하며 그분을順從하여 世上아모도取함이없이 無益한종노릇하다가도 乃終기쁨으로 죽어갈수있음을 볼때 어찌고맙고 感謝하지않겠습니까。그런데何故임니까、困難으로서懇求하야 더참되여짐을 體驗할때 實로困難도 고마운것이옵니다。(고前十三○六ㅣ七)(고後四○七ㅣ十二)

先生님우리聖朝誌는 첫소리를 웨치나실때 (自身을比해볼때)世上義人을 부르러온것이 아니고 罪人을부르러온것같습니다。적은冊子가 이와같이야 무섭을러요。마치書堂매채잡고앉은訓長앞에서 떨고있는格이니 겁절에마즐까바 謙遜한태도로서 絕對복종뿐이옵니다。先生님 이 亂筆을容恕하옵소서。

「聖朝야〳〵너는 내게마치書堂訓長(도모지웨운일이 있지않아서 비합) 같이떨리고 겁나것만眞實인즉 너는내게醫員이되여 저바릴수없고나! 聖朝야〳〵너는 三千里江山 어느집을 勿論하고 害됨이없었다면 네形象을變하여 맞이內面으로 꿀종이되고(現在그렇지마는) 外面으로는 말되여힘것웨처줄까보나?』

三月二十六日 (火) 咸兄의紹介로써 市內三角町某旅舘에 某翁을訪問하고 同座席에서 有名한名士諸氏의 얼골을 구경하는 榮光에叅與하다。但헛된時間을 浪費한것을 後悔하다。나의게禁物은 補藥과名士들이다 우리는生來로補藥을 못먹게낫고、名士를對하야는 胸襟이 열리지못한다。一言一動의責任을感하는故인가 名士또한 우리를向하야 心門을 열지못하니、遊星이各自의軌道를運行하듯이 할진대 名士를對함에는 望遠鏡을 使用하는距離가 가장妙策인줄로透得하다。社交的興味로만보아서도 悔改한稅吏와娼妓와貧者와病者들편이 훨신話題가豐裕하고 가십에 電流가交換되는 맛이있다。우리의 친구를求할方向을 깨달은것이所得。

三月二十七日 (水) 國際聯盟脫退紀念式이學校에 열리다。

三月二十八日 (木) 本誌第七十五號의檢閱濟의通知있었고、校正도完了하다。○午後에咸兄과함께 彰義門外에往返。

三月三十日 (土) 聖朝第七十五號發送。五山學校校友會報의校正을 大略畢하고 咸兄今夜歸五。한번 길이 열리면 平壤에서 福音을證據하자는等이야기가 많았다。第一二四○日。

三月三十一日 (日) 全南右水營短信에

『(前略)設或 新本代金을 所定대로 잘드린다旣定하고라도 生은 聖書朝鮮의代價를 들인다고는 생각지 않나이다。生의聖朝誌는 아모런 함이없는者에게 恩寵로 오는하나님의 선물입니다。咸先生님의朝鮮歷史는「마침내 어찌될것인고」하고 號를 기다리던 제에게 三月號에서 요동없는希望을 주었읍니다。아아變할수없는攝理를 보여준 預言입니다。云云』

四月一日(月) 新學年度開始。擔任班生徒들이 第三學年으로 進級하야 智力과年齡이 敢當할듯함으로 今學年붙어 聖書를배우라고 勸誡하다。좋은機會를 주어서 받지않는것은 저들의責任이나 單只片片의科

學的知識만 傳授하고 人間의 基本知識을 가르쳐주지않으면 나의게 禍가미칠뜻함으로 懇切한마음으로 勸勵하다。

四月二日(火) 遂安서 有望한農場經營을 拋棄하고 神學工夫를 하기爲하야 젊은兄弟上京來訪。午前二時半에 起床하야 밤十時餘에 就床하는勞動에 從事하면서 苦學하겠다고하니 그決心의 非凡함에놀라다。

四月三日(水) 終日勤勞하야 原稿八枚와 편지五通뿐。

四月四日(木) 連日 가물에 우물이말라져정。今日 포플라數十本과 鈴掛樹數十本을 挿木하다。

四月五日(金) 千萬意外에 所謂危險思想을가졌다든 靑年으로붙어 유쾌한音信一通如下。

『새봄을 맞이하여 先生님몸 頓없이지내오며 家內諸節이 均吉하신지요? 新學期를當하여 매우奔忙하시겠습니다。제는 오래동안 呻吟하던 그모진病도 봄한눌에하늘하늘떠올라 사라지고 다시 更生의初봄을맞이하여 無限한幸福에 지내고있읍니다 그러하여 지금은 아버지께서 經營하시는 學校에서 天眞란만한 어린것들과 손잡고 뛰며 놀고있읍니다。事實二十三才의 紅顏의 靑年으로서 「人生의敎育」은 勿論困難하옵니다마는 그럼에도不拘하고 저는 스스로 「나야말로 참된敎育者다」라고 公言함에 敢히 躊躇치않습니다。先生님 苦笑하시겠지요? 그러나 그렇게 異常할것은 없을것입니다。「나는 朝鮮을 잘앎다。그리고 나는 가난한이땅에 아들딸들의 나아가야관될길을 가장잘앎다」。

先生님! 오늘날 우리社會에는 가장良心的이고 神聖的이라야만될 「敎育」(더욱 어린애들의敎育)을 「職業」으로아는 可憐한 무리가 많습니다。이렇게 腐敗하고 沒落해가는 이땅에 참된敎育者—朝鮮을잘알고 우리의길을 잘아는—敎育을 天職으로알고 義務로알아 犧牲的으로 自己의民族을 敎養할줄아는 敎育者가 적음을 저는 슲어함니다。그래微微하나마 이땅의 一角에서 지는 自己를犧牲하여 全民族을 養育코저 이런 雄壯한覺悟를하고 敢히 敎壇에나섯으며、同時에 陰으로 陽으로 恩惠를받은 先生한테 자랑삼아알외우는 바이올시다。

자랑! 이는 어김없는 저의자랑이올시다。傍若無人으로 自讚自尊하는저를 嘲笑하는 人間도 有할것만 事實이겠지만、그러나 제頭腦細胞組織에 變動이無하고、食餌를貪하여 動하지않는限 제의良心的犧牲精神에 異常이無한것만 事實일것입니다。

죽엄의 線上에서삶의길로—— 更生의길 첫발을 옮겨놓으려할때 아! 그때야말로 「明日에의生命」이안이고 무었이겠습니까?

聖朝誌는 반갑게받어『歷史』工夫를 함니다。「受難의五百年」을 읽고 義人의피흔적을 슲어하는同時、義憤慷慨의 주먹이쥐여지는것은 어듸다 내던질넌지……。

先生께서 닞지않고 보내주시는 마음에 感動하여 저는 聖朝誌七八冊을 洞內에있는 基督敎徒인 文某에게로 보내게 相約하였더니、意外로 讚揚不已합듸다。門外漢인제이지만서도 先生의眞心誠意가 先生의故鄕인 此地까지 傳道됨을遇然이 안이라고 생각함니다。以後에도 先生께서 보내주시는대로 文某에게 傳할作定임니다。

그러면 늘—몸頓없이 지내옵기를 伏望不已하나이다。 四月四日 ○○上書』

選民 이스라엘이 不信할때에 路傍에木石이 主를찬송하리라드니、現職敎育者와師範敎育받은者들이 그 天職을 忘却할진대 意外의곳에서 眞正한敎育家가 輩出하는날도不遠乎。어때뜬 君의心志가壯快하다。

四月六日(土) 午後二時頃붙어 밤十時半까지 來客이交代하야 土曜日午後의豫定이 죄다트러졌다。不信者는 질겨 土曜日午後를浪費하나 信者에게는 土曜日이 가장聖別하여야 될날이다。特히 主日說敎의責任을가진者에게 그러하다。

四月七日(日) 午前中 活人洞長老敎會에서 說敎。고린도後書四章을 解說할뿐이고 說敎답은 說敎가되지못하였다。○更生閑短書如下。

『思慕하고 愛慕하든 聖朝誌를 받자옵고 우리아바지 主님의사랑 全幅에서 넘처온 先生의 사랑이 철없는나의게 넘처옴을알아 너무도헌감하여 눈물이 하염없이솟아 손에든 聖朝誌는 젖을듯하였나이다」 또한 반갑고기쁜 小生의마음을 어데다비기오리까 목마른사슴이 시내물을 대함보다도 가므름에고들든초목이 雨露를對함보다도 더함이 느껴졌나이다。몇되지않는 信仰同志는 會集하여 毁아耽讀할때마다 形言할수없는 恩惠가되옵고 卽生命이 되옵고 길이되나이다。또한 先生任께서 七十四號에 馬可福音硏究를 우리 일반은 자미스럽게 공부를 하면서 날로 때로 信仰은 生命的으로 잘아고 있었옵니다。우리 일반은 先生님 勞力하시는 背後에와 貴聖朝誌우에 主님이 직접도으심과 聖靈의 强熱한 役事하심의 시종이 여일하게 充滿하옵기를 恒常비나이다。第四十七號를 보고도많은부흥이 됩니다。云云』

四月八日(月) 意外의短信一通에 接하야 感激을 깊이하다。

「先生任 安寧하심을 仰祝하옵니다。振替送金三圓四十錢하엿옵니다。此는 生의誌代一年分과 小鹿島 文信活兄의게보낼 誌代一年分이올시다。七十五號 그의 論文을보고誌代를 弟가 담당함이可함을 느낌이외다。此事를 絶對로公開하지마시고 또는右文兄本人에게도 弟의名을敎示치마소서 特別付托합니다 謹具」

公開하지말아달라고 하였으나 聖朝誌의 歷史에 이일을 全然省略하기를 不願하며、또이葉書以上의 內容은 그리스도만이 아실것이다。但 聖朝社의 最高의 榮擧를 誌友에게 橫領當함은 怨痛한일이나 聖愛의 爭奪戰이라 不得已 讓步하지아니치못한다

四月九日(火) 新聞紙의 報道에 依컨대 現在朝鮮內의 調査된 癩患者의總數는 一萬三千人。今秋에 小鹿島更生園의 第一期事業計劃의 完成을 待하야 總數三千八百名을 更生園에 수용할터이오、其他私立療養所에 略二千名이 수용되여있다고 한다 餘他 七千餘名을 爲하야 또 하루바삐施設이되여야 하겠것만。

四月十日(水)「聖書朝鮮第七十五號를 읽고」라는 感想文如下來

『어느때 어느兄님들이 本誌를 高等遊戲라고 評하든 生覺이남니다。先生님 小弟도 信仰을 살리는 大食物은아니고 餘裕있는者들의 茶菓같은 間食物로 알었든大잘못을 悔過하나이다。聖朝誌는 大食物中에도 滋養이豊富한 不可缺할 食物로알게되였나이다。오!先生님 聖朝誌아니면 나의 信仰生命은 朝鮮에서 살아갈수없나이다。오先生님 나의 信仰的饑饉을 救키爲하여 어데로 移民를 하시랍니가? (下略)』

四月十一日(木) 歐州에서는 平和工作으로 伊國스트레사會議、極東에서는 滿洲國皇帝陛下歡迎의 櫻花。

四月十二日(金) 小鹿島의기쁜消息이 또 하나있으니 別紙姉妹의 文이다。

四月十三日(土) 明日붙어의 集會를爲하야 자주기도하게되다。萬里前程의 靑少年들을 如何히리導할것인가。저의들의 一平生에 重大한岐路를 決定하는일이니 敎師된者의 責任도 重且大乎。

四月十四日(日) 午前中은 대청마루를整理淸潔하고 午後二時붙어 學生集會의 第一回를 開講。生來에 基督敎를 듣지못하고 敎會에關係없었든 養正高普 第三學年生徒가 主體인만치、說敎가아니오 敎授法으로 하여야하며、萬一이敎訓으로因하야 저의一生에害로움이 생긴달진대 敎師된나부터 地獄에 들어갈것을 覺悟하고 시작하니、일은 적은일이나 心事만은 悲壯하였다。

四月十五日(月) 昨一日의 二時間勞力은 學校에서 四五時間식 數日間敎授하기보다도 더疲勞를느끼는듯하다。있는바 모든힘을傾注하지아니치못한까닭인가。

四月十六日(火)「病床の友へ」라는冊 一百部를 注文하여 分配한後에도、要求하는이가 不絶함으로 今番에 다시 五十冊을 注文하였든것이 今日小包着。增訂 第四版、定價二十錢으로 되였다。

四月十七日(水) 第一二四一八日。

四月十八日(木) 第三十五回의 生日인同時에 信仰生活의 滿十五週年인 記念日이다。遇然한일이지마는 처음으로敎會에가고 聖書산날이 一九二〇年四月十八日이였다。

來信其一 (前略)그弱한믿음을가지고鴨綠江

鐵橋를 건너게될때 두렵고 떨림을 禁키어려웠으나 그러나 이날 이時間까지 크리스챤으로서의 살림을 꿋꿋히하게하신 主의恩惠와 여러先生님들과 同伴들의 禱임없는 긔도의念이 微微한者에게까지 및인줄을믿고 기뻐하옵니다。 慈悲를 기뻐하고 祭事를 즐기시지아니하신다는 그이를섬기매, 하로終日 眞實로對하는데도 試驗들어오든때에 매우 그럴듯한말과 忠告를하여준때에 生의 걷는걸음이 잘못가고있지나 아니하나 혼자 疑心하였읍니다。그러나 늘 그를이기게한것은 곧 그렇게사는것이 問題라는 鐵則을 믿기때문에 이때까지도 희미한믿음으로 그를 물리처왔읍니다。그러든中 聖朝誌를 받아읽고 많은깨우침과 勇氣를 얻어가지고 나가게되였으니 그것亦是 뜻이아닌가하옵니다。여기形便을 數字적고저하옵니다。大沙灘이라는곳은 매우 山골입니다。해서 山높고물맑은곳입니다。그러나 그山과 그물은 매우고요하게 지내고있읍니다。此地에 橫行하는 盜賊과 所謂紅軍들때문에 참으로同胞들의困難은 甚하옵니다。쌀은 한말을놓고 세간사리를 할수없는形便입니다。至今은 좀나은듯하나 가저간糧食이 떠러지면또 오군하니까 맘을놓을수없다구합니다。해서 大部分은 가까운農村를두고 安口鎭市內에 집을잡고 四五里 먼곳을 단니지아니하면 아니되게됩니다。安口鎭市內는아직까지는 安全한듯하옵니다。城을둘러쌓고晝夜로 警備가甚하고 軍人이 五六十名은떠나지아니하고 다른데 步兵、騎兵들이諸을사이없이 늘왔다갓다하는것이 이곳形便입니다。山골인만치 사람의人心은 厚한듯합니다。그러나 그厚한人心은 數年을가지못하리라고 生은 推測하고있읍니다。해서어섬픗이 뜨고있으나 生의責任이 重하다면 매우重합니다。滿洲國人집 한간을 얻어가지고 兒童二十七八名과같이 그날그날을滋味있게 그이에사랑을 無限이맛보면서지내가옵니다。「그리스도의 福音心臟에서」라는文兄의 글을읽고는 同情의눈물을 禁키어려웠읍니다。참으로 말슴을들이기가 부끄럽습니다。그래서 聖朝誌를 보고픈生覺은 간절하였지만 한해만더 참아라하고있든中 뜻도아니한中에 받게되여 先生님들에 恩惠를 生覺하는同時에 그이의恩惠를찬송치아니할수 없었읍니다。캄캄한밤에燈불을얻은感을 갖이고 기쁘게 받겠읍니다此地는 交通이不便하야 代金을 붗칠수도없는곳입니다。그래서 生에맘은 하로가바뿌지만 秋期에가서 한꺼번에 붗처들이려고 하오니 얼마나 未安함을느끼오나 不得已한事情입니다。若干金錢을 붗칠라고하여도 山城鎭이라는곳에를 들어가야 됨니다。이때까지 꿋꿋히싸왔든것같이 앞에모든날들을 싸와주시옵기 바라오며 붓을던짐니다。

小生 ○○○

來信其二

(前略) 이제부터는 自信있는教授를하도록實力을養成키로 決心하였읍니다。昨年年度末에는 意外에 道視學의視察이有하와 諸般의講評을受하였사온대 小生은 特히 職員中에 好評을受하였읍니다。此는 專혀小生在校時代에 先生님께서諸方으로愛導하여주신恩德으로 伏想하옵나이다。

回顧하옵건대 발서二個星霜이 經過하였읍니다。初年에 一學年을擔任하였을때에는柔弱한幼兒로부터「人間의本能動作의 一部分이 兒童을通하야 表現되는곳」則「이것이 참人間인가」라는곳에 無限히趣味를붙였삽드니、第二年에는 第五學年을 擔任하와 數年間世上의 汚點을模倣하야 不正直하야진 兒童과함께 참이라는것을 目標로盡力하였압드니、귀여운三十兒童이 小生의意志를 잘理解하며 學習과 勤勞를 自發的으로하게되와 小生으로서는 全校의模範學級이라는 自信을確得케되와 無限한趣味를 얻게되였읍니다。今年은 六學年을擔任케되였읍니다。近者에는 農村教育에는職業科를 重要視하게되였사온대 이에따라上級學校入學率이 漸弱하야짐을 父兄側에서는 遺憾으로 生覺들하는대 今年에는小生이 此重責을맡게되와 一便걱정이외다。然이오나 職業科와 一般教授 入學準備等에全力만큼은 다하올決心이올시다 (下略)

四月十五日 門下生○○○ 上書

金敎臣 著

山上垂訓研究 全

四六版二四五頁
定價七〇錢·送料五錢

聖朝文庫 第一卷

咸錫憲 著

푸로테스탄트의精神

菊版半·三十二頁
定價金拾錢·送料貳錢

前者는基督의代表的敎訓을平易하게解釋하야基督敎의眞髓를闡明한것。後者는루터以來의宗敎改革의眞意를再考하야舊敎로退化하는新敎徒에게一大警醒을주고저한것。二著모다半島의氣候風土의産이오。우리가最善의선물로半島에보내는바이다。

聖書的立場에서본朝鮮歷史(續)

一、	信仰生活과歷史理解	六一號
二、	史觀	六二號
三、	聖書的史觀	六三號
四、	世界歷史의輪廓	六四號
五、	朝鮮史의基調	六五號
六、	地理的으로決定된朝鮮史의性質	六九號
七、	朝鮮사람	六七號
八、	堂堂한出發	六八號
九、	列國時代의苗床	六九號
十、	鎔鑛爐中의三國時代	七〇號
一一、	高麗의다하지못한責任(一)	七一號
一二、	同上(二)	七二號
一三、	同上(三)	七三號
一四、	受難의五百年(一)	七四號
一五、	同上(二)	七五號
一六、	同上(三)	七六號

京城聖書研究會

一、講師 金敎臣
一、場所 聖書朝鮮社
一、日時 每日曜日午后二時

四月第二日曜日(十四日)부터예수傳을始講。聽講料 每回十錢、一個月分二十錢

注意 舊新約聖書와 讚頌歌(舊版)必携

舊約聖書大旨(續)

創世記大旨	三八號
出埃及記大旨	三九號
利未記大旨	同
民數記大旨	四〇號
申命記大旨	四一號
여호수아大旨	同
士師記大旨	四二號
路得記大旨	四四號
삼우엘上書大旨	五四號
삼우엘下書大旨	五五號
列王記上書大旨	五六號
列王記下書大旨	五八號
歷代志大旨	五九號
에스라―느헤미야書大旨	六〇號
에스더書大旨	六二號
約百記大旨	六三號
詩篇의大旨	六五號
箴言의大旨(六六)	六九號
傳道書의大旨	六八號
雅歌의大旨	同
이사야書大旨	七二號

以上「大旨」는極히簡潔하게一書를一回에講하야,누구에게든지聖書의要領을알게하고저한것。從來의年度本으로한特價는撤回하고今年度부터第五十九號以前古本은每一冊에十錢으로減價하다。

本誌定價

一冊 拾五錢
六冊(送料共) 前金九十錢
十二冊(一年分) 前金壹圓七拾錢

要前金。直接注文은振替貯金口座京城一六五九四番(聖書朝鮮社)로。

取次販賣所

京城府鍾路二丁目八二 博文書館
京城府鍾路二丁目九一 耶穌敎書會
京城府堅志洞三二 漢城圖書株式會社

昭和十年五月三日 印刷
昭和十年五月五日 發行

京城府外龍江面孔德里一三〇ノ三
編輯兼發行者 金敎臣
京城府堅志洞三二
印刷者 金鎭浩
京城府堅志洞三二
印刷所 漢城圖書株式會社

京城府外龍江面孔德里活人洞一三〇ノ三
發行所 聖書朝鮮社
振替口座京城一六五九四番

【聖書朝鮮】第[illegible]號 昭和五年[illegible]一月二十八日 第三種郵便物認可 每月一回一日發行

【本誌定價十五錢】

昭和五年一月二十八日第三種郵便物認可
昭和十年六月一日發行(每月一回一日發行)

金敎臣主筆

聖書朝鮮

第七拾七號

昭和十年六月一日發行

目次

本誌의購讀規定

定價를表記하야 發賣하는以上、定價대로의 先金을 拂込한이에게 發送하는것이 本誌購讀의 通常規約이다。따라서「要前金」이라고 豫告한바엔 前金이盡한때에는 發送을 中止하는것이 本社의唯一簡明한 慣習的取扱法이었다、親疏의別도없고 貴賤의差도없이。人情味가없다면 果然없었다。그저機械的으로 或續或絶될것뿐이었다。그런데近來에 至하야如左한境遇가 생겨서 少數의例外가漸次로 出現하게되였다。

一、極親한 關係인터에、誌代가先金切이라고해서、그다음달부터 똑똑잘라버리는것은 넘어도 沒人情한것같다。聖朝誌가 取利를目的하는 雜誌가 아닌줄은 本來부터 잘알면서도、發送中止를當한 讀者의處地에서보면「돈만알고 사람은모르는가」하는怨恨도 없지못하여。實生活이라는것은 그처럼單純한것이 아니야、밥낮聖書朝鮮만 생각하고살수도없은즉、마음은 있으면서도 送金이遲滯되는수도 없지않으니、單一二個月이라도 좀더猶豫期間을 주었으면 매우고맙겠다고 하는 친구의眞心의말。

二、이미多年間誌友로 있는이의信用、或은其他의私的親分으로써 새로운 讀者를保證하는뜻으로 紹介하는境遇等。

이러한때에는 그要請을容納하야 先金이 아니라도 發送한일이있었다。

그런데 그結束는如何한가。一二個月의 猶豫期間이지나고、或은半年 乃至一週年이지나도、依然히代金淸算을 안하는「極親한 친구」가 있음을發見할때에 우리는 스스로 失望하였고、「이와같은 緩和策으로써讀者一人이라도 더維持하며增加하고저하는 策略은 아니었든가」하고 생각할때에 우리는 苦痛좇아없지못하였다。加之에前日은 某官立專門學校生徒로부터 自己는 注文한일도 없는데 學友某君이强勸하야 받아두기는하였지만 所用없으니 返送하겠다는葉書를받고나는衷心으로 慚愧함을마지못하였다。即時그이에게謝罪狀을發하는 同時에 그紹介者某君을向하야「主筆의 體面도、聖朝誌의品位도 不顧하는」淺薄한行動을 똑똑히問責하였드니 그回答이 城西通信 五月三日分에 記載된것이다。그答에 依하야 事實內容을알고서 우리는 二重으로失色하지 아니치못하였다。내가 慚愧한것은 萬一에라도 聖朝誌를無理로抑賣하였다는 생각이었다。마는 알고본즉、저는自己의親友를謀陷한者요、無用한雜誌를返送한다하고도 一朔이지나도록實行이없는 人間임을 놀랐다。이런人間에게本誌가 갔든일을 우리는後悔한다。

故로親友의 믿압지못함에失心할것없이、中間紹介者에게 累를끼칠것없이、다시最初의規約대로還元한다。本月號限으로前金切된데는 一樣으로中止한다。但 主筆에게알려진 貧者와重病者는 如前히例外取扱함은勿論。

廣告紙

七歲된少女、아직普通學校에도 가지못하는 아이가 이炎天에 몹시도 허덕허덕 숨자하면서 뛰여들온다。三寸幅에 四寸長이나되는 黃色廣告紙한장을 그손에 들고。어듸나 마찬가지로 아이들은 廣告비라 一枚를獲得하는것을 無上의榮光으로 알고 좆아다니것만、廣告하는 사람은 아이들보다도 文字읽는 어룬들께 傳하고선 다름박질하여간다。이동내에 왔을때에 얻지못하면 저동내까지 따라가고、저동내에서도 한장 생기지못하면 그다음 동내까지 좆아가곤 하다가、二粁以上이나隔한 阿峴고개에가서 겨우한장을 얻어가지고 所謂「한울의 별이나 따온것처럼」기뻐뛰면서 돌아온것이다。衣服은 땀에 젖었고。

黃色비라一枚！이한장을 얻기爲하야 그어린더벙다리로서 電車、馬車와 自動車、自轉車等의危險을 무르쓰고、苦熱을 不拘하고、괄세도 셰지않고。나는 그危險에 놀라며 그無知를責하기前에 나의가슴에 흐르는涕流를感하지 아니치못하였다。나는少女를向하야『너의 아버지께는(다른것은 없을던지몰라도) 조히만은 많다。보아라 原稿用紙만 하여도 저렇게數千枚가 쌓여있지안느냐。우리집에는 방안에도 조히요、마루에도 조히뭉테요、부엌에도 조히요、변소에도 조히가 들들 굴지안느냐。네가 네아버지께請했드면 저廣告紙보다 더큰것도줄수있고、더두껍은것도 줄수있지않으냐。네가手工紙를要求한다면 黃色뿐이랴、靑色도紅色도紫色도 줄수있지않으냐…』하고 說諭하고싶었으나、音聲이 입술을 뚫고나오기前에 나의가슴은 콱막혀버리고 말었다。내가 나의子女를諭論하기前에 나의아버지 여호와하나님의 크다란音聲과、나를憐憫으로 돌보시는主 예수그리스도의 고요한音波가 나의神經中樞를掩襲한故이다。『너는果然 一枚의廣告비라以上의것을 求하고있느냐。네가世上에서 最大關心하고있는 것은 무엇이냐』고。

『너의는 마음에 근심하지말라 하나님을믿으니 또나를믿으라、내아바지집에 居할곳이많으니、그렇지아니면 너의게 일렀으리라。내가가서 너의를爲하야 있을곳을 예비하리라』고(요한十四章一、二節) 主님의音聲이 처량하것만、우리마음에는 어찌 이처럼 많은걱정근심이殘滯한고。『너의는 몬저 그나라와 그義를求하라、또한 이모든것을 너의게 더하시리라』고 하셨것만、어찌하야 우리는「먼저 저廣告紙를求하」고 其他의것은 아무것도 받지말랴고固執頑昧하냐。그것다나 安全하고容易하다면 모르거니와、온갖危險을 무르쓰고 體面도不顧하면서 죽을둥 살둥 하야、道義를 짓밟고 兄弟를害하면서 前萬古後萬古에 다시없는人間一生의 찬스를 虛費하야、얻은것이 單一枚의廣告紙일주리야！철없는 아의들은無我夢中에 날뛰기나 하려니와、그래도 豊裕한것을所藏한 아버지의가슴에는 悲嘆이사모친다。

敎會와振興會

近來에振興會라는運動이盛行하게된以後로 基督敎會에서 할일이없어졌다고、即 振興會가振興하는反面에 基督敎會는 衰退하여진다고 慨嘆하야 마지않는傳道師가 있다고한다。이는現時朝鮮基督敎會가 무엇을하고 있었든가함을 가장簡明하게表示하는事件이다。

基督敎會의事業으로 婦女或은未就學兒童을모여 晝學또는夜學으로써 初步의知識을敎授하는敎育事業이 가장 큰일의하나이었는데、이제는振興會가 이것을經營하게된以來로、本來예수敎는 꺼려하나 工夫하기爲하야 不得已 敎會經營의夜學이나講習會에出席하였든이들이 모주리 빠저나가고본즉 敎會堂은 텡비여寂寞하게되였고。衣服風習의改善과禁酒斷煙의勵行等에 敎役者가 몸시奔走하든터인데 이것도亦是振興會의領域으로 넘어가고말았으며。때때로名士의講演이나、音樂會와素人劇等으로써 鄕村의人氣를 끄을수있었는데 또한 이런일까지도 振興會에서 能히할뿐더러 警察官員의信任은 敎會보다도振興會편에 더욱厚하여가는形便이오。中央基督靑年會나其他의中央聯合機關에서 指導者를特派하야 架空의農村事業或은 丁抹國遊覽漫談會라도 하든터인데 이는郡面에配置한 實際的農畜技手에게壓頭되여버리고마는處地이니、農村事業은 무엇보다도机上空論이아니라 아무리口辯좋은名士라도 콩한모종 보리한이랑養해본일이없는者가 實際家에게讓步退却하여야할것은 事理의宜當한바이다。이렇게되고본즉 이모 저모로 顧客을振興會에게 빼앗기고난基督敎會는 不可不 敎會堂을閉門하는수밖에없다고痛嘆하니、이는敎會에忠誠스러운 한敎役者의告白이다。

듣고可笑롭기도하나 또한感謝한일이라고 아니할수없다。勿論 純信仰的立塲에서볼때에야 基督敎會가如上한 第三次或은第四次以下의 枝葉의事業에만熱中하다가 今日의破綻을招來한것은 怒엽기도하고 책망하고도 싶으나、더큰問題는敎會의今後態度如何에 달렸다。過去에基督敎會가 敎育事業、風習改良、農村事業等等에熱中하였음은 오히려 朝鮮과같은社會의 要求가切迫함이 敎會로하여금 一時 根幹과枝葉을 顚倒하게하였다고 容赦할수도 있었다。現朝鮮의二千萬餘의人口에 文盲을免한이가 겨우四百萬餘。但 其中의三百萬은 한글만解得한다하며、한글普及의最大功績을基督敎會에돌릴것은 아무도異議없을바이니、過去는于先그대로可하게두라。그러나 이제는 그때가아니다。頭尾를分別하여야할때가당지하였다。振興會와競爭할때가아니며、더욱猜忌할處地가아니다。振興會가 할만한事業은 모주리振興會에讓渡하여주라。그리고基督敎會는 振興會가할수없는일、敎會本然의事業을 다하라。即하나님의말슴만을講하라。主그리스도의十字架를證據하라。主께서 다시한번 朝鮮基督敎會를 矜恤히여기시사 處處에振興會를 일으켰스니、敎會는 마땅히 覺醒할때로다。

요한복음 (試譯)

趙誠斌

26 예수께서
『너와 말하고 있는 내가 그사람이다』
라고 말슴하시었다。
27 이때에 제자들이 돌아와 예수께서 여자와 같이 말슴하
시는것을 이상히 역였지만 무엇을 구하며 무엇 때문에
여자와 말슴하시는 가를 묻는사람은 없었다。 28 이에여자
는 그물동이를그냥두고 마을에가서 여러사람들께 말하기를
29 『와보서요、내 행한 사적을 그냥죄다 내게 고한사
람을! 이사람이 아마 그리스도 이신가봐요』
라고。 30 사람들은 마을에서 나와 예수께로 갔다。 31 이
러는사이에 제자들은
『선생님 잡수십시오』
라고 권하였으나 32 예수께서는
『나에게는 너의들이 아지못하는 내 먹는 음식이있다。』
라고 말슴하시였다。 33 제자들이 서로 말하기를
『누가 잡수실것을 가져왔을가?』
라고。 34 예수께서 말슴하시기를
『나를 보내신 이의 뜻을 행하고 그일을 끝맞히
는것이 곧 나의음식이다。 35 너의는 넉달이 지나야 추
수할때가 오겠다고 말하지 않었느냐? 보아 내가너
의게 일을께 눈을들어 밭을 보아라。벌서 누루러 걷
우게 되였도다。 36 걷우는 사람은 벌서 삯을 얻었으며
영생에 이르는 씨를 모으고 있다。이는 뿌리는사람
과 걷우는 사람과 함께 즐기려는때문이다。 37 속담에
「한사람은 심으지만 다른사람이 걷운다」 고하는 말
이 맞었다。 38 내가너의를 보내여 너의들이 수고하지
아니한것을 걷우게한다。다른사람들이 수고 하였으니
너의는 그수고한 결과를 얻었다』
라고。
39 「그이가 내행한 사적을 죄다 고하였다」 라는여자
의 증거때문에 그마을 사마리아 사람들이 많이예수를
믿게되였다。 40 이렇게 되여 사마리아 사람들이예수께로
왔었을때에 그들은 같이 머물기를 청하였다。이에 이
틀동안을 머물렀다。 41 말슴을듣고 믿은 사람이 퍽 더
많었다。 42 그러고 여자에게 하는말이
『시방 우리가 믿는것은 벌서 네말 때문이 아니라
우리 자신으로 친히 들어서 그이가 참으로 구세주
이신줄로 알기 때문이다』
라고。
43 이틀 지난뒤에 예수께서 이곳을 떠나 갈릴리로가

시며 44몸소 증거하야 『선지자가 자기고향에서 존경받
는 일이 없다』고 하시었다。45이에 갈릴리에 이르니
까 갈릴리사람들은 환영하였다。그들도 궤사에 올라가
궤사때에 예루살렘에서 행하신 예수의 사적을 죄다보
았었기 때문이다。46예수께서 또다시 갈릴리 가나로 돌
아오시었다。이곳은 앞서 물을 포도주로 만드시었던곳
이다。때에 카페나움 왕의 신하가 있어 그아들이 앓
으니까 47예수께서 유대로 부터 갈릴리로 오신다는말
을듣고 예수께로 가서 나려오서서 그아들을 낫게 하
여주시기를 간청하였다。아들은 금방 죽게되였다。48예
수께서 말슴하시기를
『너의들은 징조와 신기한것을 보지않으면 안믿을걸』
라고 하니 49신하가 말슴들이기를
『내려와주십시오。주님이여 내아들이 죽기전에요』
라고하니 50예수께서
『돌아가라。네아들이 살아난다』
라고。그 사람이 예수의 하신말슴을 믿고 돌아갔다。
51가는길에 그종들이 오다가 맞나 하는말이 「그아들이
살아난다」고。52그래서 그는 어느때부터 낫기 시작하였
느냐고 물으니까
『어저께 오후한시에 열이 없어졌읍니다。』
라고 하였다。53그아버지는 그때가 바로 예수께서 「네아
들이 살아난다」고 말슴하시던 때인것을 알었다。그러
고 자기와 왼집안이 모다 예수를믿었다。54이것은 예
수께서 유대로 부터 갈릴리로 돌아오신 뒤에 행하신
둘재번 기적이었다。

第五章

1이런뒤에 유대사람들의 궤사가있어 예수께서 예루살렘에
올라가시였다。2거긔 양문 옆에 히부리말로 벳데스다
라는 못이 있어、주랑 다섯이달렸섰다。3그속에 병든사
람•소경•절뚝발•쇠약한사람들이 많이 누어서들 (물이움
죽이는것을 기다리고 있었다) 5여긔에 설흔여듧해나 앓
던 병자가 있었다。6예수께서 이 누어있는것을 보시
사、오란동안 이렇게된것을알으시고
『낫구싶으냐 너?』
라고、그에게말슴하시니 7병자의 대답이
『주여 물이 움직일때에 나를 못에다 넣어줄 사람
이 없어요。저 내려가노라면 벌서 다른 사람이 저몬
저 들어가 버립니다』
라고하니 8예수께서 말슴하시기를
『일어나라、자리를 걷어가지고 걸어라』라고 하시니
9이사람이 당장에 낫아서 자리를 걷어가지고 걸었다。
10이날이 바로 안식일이였기때문에 유대사람들이 병낫은

사람에게 말하기를
『오늘은 안식일이니까 자리를 걷어가는것은 자미없서
요』
라고하니、 대답하기를
11『나를 낫게한 그사람이 「자리를 걷어가지고 걸어라」
라고 일러주셨어요』
라고 12그들은 또
『누구냐 그가? 「걷어가지고 걸어라」고 일러주다니』
라고물었으나 13치료받은 사람은 그가 누구인줄 몰랐다
(이것은 그곳에 사람이 많어서)예수께서 그곳을 떠나
시였기때문이다。14이후에 예수 성전에서 그를 만나 말
슴하시기를
『보렴! 네가 회복하였지。다시는 죄짓지마려라。그렇
지않으면 아마 더 흉악한일이 생길는지도 몰라』
라고。15이사람이 가서 자기를 낫게한 사람이 예수라
는것을 유대 사람들께 그만 일러버렸다。16안식일에 이
런일을 했다는 이것이 늘 유대사람들이 예수를 핍박
한 까닭이되었다。17예수께서 대답하시기를
『내 아버지께서 지금까지 일하여오시는 것과같이 나
역시 일한다』
라고 그러나 18이것은 유대사람들이 예수님을 더욱더욱
죽이려고 애쓰게 할따름이였다。이는 안식일을 깨트릴
뿐더러 하나님을 당장 자신의 아버지 라고하야 자신
을 하나님과 일체라고 하시였기때문이다。19예수께서 이
에 대답하시기를
『진실로 진실로 너의게 이를께、아들은 아버지께서 하
시는일을 우러러보지않고서는 아모것도 자진하야 행
할수없으며、아버지께서 하시는일이면 무엇이든지 다
아들도 역시 그렇게 한다。이는 20아버지ㄷ 아들을 사
랑하시사 그하시는바를 죄다 아들에게 보이시는때문
이다。또 너의를 경탄시키기위하야 전보다 더 큰일
을 아들에게 보이실것이다。21즉 아버지께서 죽은 사
람을 일으켜 살리시는것과같이 아들도 역시 자기가
고르는 사람을 살린다。22아버지는 아무도 심판하시
지않으며 모든 심판까지 아주그냥 아들에게 맡기시
었다。23이것은 모든 사람들이 아버지를 존경하는것
과같이 아들을존경하게 하려는때문이다。아들을 존경
하지않는자는 아들을 보내신 아버지까지도 존경하지
않는다。24진실로 진실로 너의게 일을게、내말을 듣고
나를 보내신이를 믿는 사람은 누구든지 벌서 영생
을 얻었고 또 심판에 이르지않을것이며 죽엄에서 나
와서 생명에 들어간것이다。25진실로 진실로 너의게
일을게、때가 오고있다。시방벌서 왔다。죽은자가 하
나님아들의 음성을 들을때가。그렇고 듣는사람은 살

것이다。 26이는 아바지자신이 생명의 근원인것과같이
아들자신도 생명의 근원되게하시었으며 27인자 이니까
심판하는 권까지 허락하시였기때문이다。 28너의는 이에
놀라지들말어라。 보렴 무덤에 있는 사람이 모다 하
나님 아들의 음성을 듣고 나올때가 오고있다。 29선
을 행한사람에게는 생명받을 부활이오、 악을 행한자
에게는 심판받을 부활이다。
30나는 자진하야서는 아무것도 할수없으며 하나님께서
지시하시는대로 심판한다。 나의 심판은 정당하다。 그
것은 내마음대로가 아니라 나를 보내신이의 뜻대로
하려는때문이다。 31만약 자신에대하야 증거한다면 내증
거는 참되지못하다。 32나에게대하야 증거하는사람은 따로
있어、 그내게 대해서 하는증거가 참된줄안다。 33너의가
요한에게로 사람을 보내였는데 그는 진리에대한 증거
를하였다。 34(비록 나는 사람의 증거를 받지도않지만
너의들 구원받기위하야 이렇게 말하는것뿐이다) 35그는
불켜저서 반짝이는 등불이였지만 너의들이 그빛가운
데서 한동안즐겨봤다。 36그렇지만 나에게는 요한의증
거보담 더큰증거가 있으니 아바지께서 제게 완성하
기를 허락하신일、 즉 내 행하는 일들이 나를 아바
지께서 보내시였다는것을 증거한다。 37나를 보내신 아
바지께서도 또한 나에게대하야 증거하셨는데 너의들
은 아직껏 그 음성을 들은일이없고 그 형용을 본
일이없으며 38그 말슴이 너희들 마음속에 들어있지않
는다。 이것은 그이가 보내신사람을 믿지않기때문이다。
39너의들은 성서책장에 영생이 있는줄 상상하고 성서
를 공부하지만、 성서는 나에게대하야 증거하는것이다。
40그런데도 너의들은 생명 얻으려 나에게 오려고않는
도다。 41나는 사람에게서는 명예 받고싶지않지만 42너
의들 마음속에 하나님께 대한 사랑이없는줄 내 안
다。 43시방 나는 아바지의 이름으로 왔는데도 너의
들 받아들이지않는다。 마는 무슨 다른사람이 자기 이
름으로 오게하여보렴、 그사람을 환영하리라。 44서로 명
예를 받으면서 오직 한분이신 하나님께서부터 오는
명예를 목적하지않는 너의가 어떻게 믿을수 있겠느
냐? 45내가 너의들을 아버지께 고소하려는줄 생각지
말어라。 모세가 고소하는 사람이다。 너의들이 신뢰하
여오는 모세가。 46이는 그가 기록한것이 나에게 대한 기
록이니까 만약 너의들 모세를 믿었더라면 나를 믿
었을것이다。 47그러나 그가 기록한것을 믿지않는 너
의들이라면 어찌 내말하는것을 믿겠느냐?」

註 다음은 第七章十五節에 連續한다。 即第五章四十七節에서 七章十五節로 뛰여간다。 모파트敎授의譯에依據한故이다。

山下信義先生의來信

李鼎燮 譯

(前略) 擧世가呑花臥酒、春光이可愛나 沈思默念 心曲에맺히는바가 現代이世上의險惡과不安、動搖가아니고무엇입니까。貧者는가난에울고 富者는그대로富에걱정하며 農村은極度로窮乏하고 都市도亦是 不安에쌓여있읍니다。이러한모든人類의不幸과 不安의所從來를 말슴하자면 그原因이야 許多하겠지요。그러나우리는그最大原因이 現代우리의生活錯誤에 있다고깨닫고 이것을革新하야 眞理에맞는生活로 돌아가도록하는것이 國民과國家를救하는 根本問題로 確信하는바입니다。이까닭에 우리들은生活問題의硏究와 生活革新運動의 必要를痛感하고 微力이나마今日까지 自身의立場에서 多年應分의努力을 다하야왔읍니다

그러든次에 平素우리가 尊敬不已하는 佐藤慶太郞氏가 우리와全然同感을가지고 이生活硏究와 生活革新運動을爲하야 多額의財를擧하야 財團法人을設立하고 그計劃과今後의經營을 우리同人에게 一任하셨읍니다。

佐藤氏는多年九州若松市에서 石炭業을經營하다가 只今은別府에住居하시는 現代에보기드믄 高德의實業家이십니다。몸을困厄裡에일으켜 爾來幾十年間을 文字그대로의 眞正淸淨한奮鬪를繼續中에 드듸여巨財를蓄積하신분으로 오늘날까지 벌서上野美術館에 百萬圓寄附를筆頭로 幾多의公共事業에 多額의淨財를 喜捨하셨읍니다。氏는이것으로滿足치않고 그所有의巨財中에서 極히質素한 自己生活에所要額을除한外의 全部를들어서 公共을爲하야 바칠決心下에 오래동안그有効使用法에對하야 愼重考慮하신結果、生活館의設立을 選擇하셨읍니다。우리同人들은 어데까지虛心空己、오직人類生活의 更新을念願하시는佐藤氏의 이淸淨心、그貴하心境에 깊이感激하고 이大事業의成就를爲하야 全生命을바치기로 決意하였읍니다。

우리는 이제人類文化의 興亡生死에關한 重大問題인生活革新을爲하야 「新興生活」의旗ㅅ발을 높이揭揚합니다。「新興生活」의意義를 別紙에記載하오며 그細說과硏究及事業等의詳細는 本館發行의印刷物로 逐次報告하겠읍니다兼하와 平素眷注하시는 各位의至大한援助를 切望하오며이事業에對하야 特別한厚誼로써 臨하실가바라오며 機關紙도目下着着準備中입니다。會館은東京駿河臺上에 一千餘坪의建築을 起工키로되였읍니다。一個年後完成되거든 아모쪼록내집같이역이시고 充分히活用하시기를 懇望합니다

삼가 新興生活의誕生을 報告하오며 今後의深厚하신援助와 아울러 내내 平康을비나이다。

昭和十年五月 日　山下信義

山下信義先生의來信

新興生活宣言 (未定稿)

現代世相의이險惡、不安、動搖를보고 누가深憂를禁할것이냐。災禍頻發、悲慘事續出、貧者는貧에泣하고 富者는富에苦하며、人은人과爭하고 國은國과抗하니 千百의施設과方策도 何等의効果를 보지못하는 狀態이다。

이러한原因이야 勿論여러가지이겠으나 그중主要한것은사람마다 우리生活의眞正한意味를 自覺치못하고 眞理에違反되는生活을 營爲하는까닭이다。 現代人의生活에는 모든部面에 不正과不信과 不合理가가득히차있으니 眞理와逆行하는곳에 모든苦惱가發生한다。疾病、貧困、煩悶、鬪爭、嫉視、怨恨等이모다 여기에胚胎하는것이다。

이러한不正不信不合理의 由來하는所以然은、一面은生活上의 各般事項에對한 無智에因하나、그보다도重大한根本的原因은 사람사람이 그生活原理를 그릇친데있다。今日의一般世人은무엇으로써 中心生命을삼는가。흔이는自己本位의名聞利達이아닌가。더욱이金錢至上、營利第一主義가그것이다。人類의不祥事는 여기서생기는것이다。이것을脫却하고 愛와犧牲과奉仕에사는그生活이 一切의苦惱를 解消하고 大歡喜大光明의世界로 行進하는唯一한길이다。

大體 이自己中心的 人生觀이란것이、어데로조차나왔을가。그는사람사람이、다사람은禽獸와다른줄을모르고 그저動物共通의物質生活로 墮落된까닭이다。우리의마음속에는사람에게만있는貴한것 即靈性이라는것이있다。天火가한번나리여 이靈性에불붙을때에 物質生活以上의 精神生活이展開되기 시작하는것이다。

그렇다면 人生의가장貴한것이 名利가아니라 愛인줄을우리가알것이다。人間의價値는 얼마나自己의所有를 增殖시켰느냐는 그것이아니라 얼마나 남을爲하고 世上을爲하야 貢獻하였느냐는 이것으로 判定되는법이니 人類一切의善이모다 여기에서 생기는것이다。

사람마다 이根本原理를 그릇친까닭에 모든生活에 錯誤가생기고 오늘날社會의混沌을 이르키게된다。이그릇된生活原理를 그대로是認하고 區區한生活改善이나 皮相的社會改造만으로는 아모리努力할지라도 오직徒勞에 그칠뿐이다。이러므로 우리는敢然히 人間生活의 根柢에들어가서 그根本的革新更生을 圖謀치아니할수없다。우리의主張하는「生活維新」이 곧 이를일은말이다。이主旨下에굳건히세워질新生活、이것을「新興生活」이라고한다。

愛에살라는사람이면 반드시그心身을鍛鍊하고 智能을啓發하며 또人과物과 및時를가장有效하게써야한다。一切의객적은짓은 盟誓코 버리지아니하면 아니된다。

우리의믿는바로는 自己나自己의所有나 그어느것이 本來하느님의것 아닌것이없다。이를自己의것이라고 誤信하는

거기서 벌서自毁와自瀆이생기고 또그所有의 浪費濫用이 始作되는法이다。하느님에게붙은 우리라고생각하는그때에 비로소自愛自重하는 마음도나고 一切가神의것으로 아는 그時부터 自然히 거기對한 愛惜尊重의念이 일게되는것이다。

富者로서能히 이理致를깨닫는때에、그의貪婪豪侈는變하야 富를有効하게쓸것이니 따라서人類의 缺乏은아조 그影子를 감추게될것이오 貧者로서能히 이理致를깨닫는때에 嫉視、怨恨은어느듯살아지고 歡喜와感謝의世界가 展開될것이니 於是乎、一切의生活이 正常한軌道를 밟게되고 또生活의모든部面이 眞理와合致될것이다。

新興生活은 이와같이人間生活의 根本을革正하고 다시 우리生活의 各分野에就하야 眞正한知識을傳하야 世의迷妄을깨치랴는데있다。더욱이우리는 이것이一個의 抽象的理念이나 또는華麗한想像에만 그치지말고 어데까지던지 참理致로서 우리의全生活에 生動貫徹시키랴는 決心이다

우리는天下各地의幾多의「新興生活」同人을가지고있다。新興生活의王國은 벌서우리의周圍에 展開되는中이니 人類待望의「生活維新」은 임이開始되였다。最初의渦盤이 비록적으나 一波萬波、居無何에全世界全人類를 捲取할줄을 믿어疑心치아니한다。

同憂同感의士여 바라건대 우리는相許相信、人類와邦家와同胞를爲하야 우리의 이「新興生活運動」에協力提携하시기를。 頓首

山下信義先生의來信

新興生活綱領

一、新興生活은 靈的更生에서出發한다。
二、新興生活은 愛와犧牲과奉仕에서산다。
三、新興生活은 心身의鍛錬、智能의啓發에精進한다。
四、新興生活은 人과物과時를 가장有効하게쓰고 一切의浮冗을斷然버린다。
五、新興生活은 實生活에注力하야 自邇行遠한다。

財團法人 佐藤新興生活館

佐藤慶太郎翁新事業槪要

一、寄附金 一百五十萬圓
一、事業의性質 社會敎化
一、名稱 財團法人 佐藤新興生活館
一、目的 人間生活의原理及實際를調査研究하야 國民의道德生活並經濟生活의向上을 圖함으로써目的함。
一、研究事項
1、人間生活의根本原理 2、衣食住

山下信義先生의來信

3、社會儀禮風俗習慣　4、强健法
5、精神訓練法　6、家庭經濟
7、家庭道德　8、家庭敎育
9、隣保生活　10、農村生活
11、富의有効使用法　12、生活計劃
13、日本國家

一、事業槪目

一、硏究에關한것
1、實驗硏究　2、資料蒐集
3、改良改善의集中及普及

二、圖書及講演에關한것
1、圖書及雜誌의發行　2、講師의派遣
3、講演會　4、映畵敎育
5、生活訓練講習會

三、實地敎育에關한것
1、陳列所設置　2、食堂經營
3、宿泊所經營　4、生活訓練經營
5、母性講座設置　6、兒童硏究所經營
7、模範部落建設、8、農村文化의硏究及其模型的實施

四、實行促進運動에關한것
1、新興生活實行組合의指導　2、實行事項强調運動
3、一人一硏究團의設立　4、家產造成組合의奬勵

5、公益財團設立의奬勵　6、理想鄕土建設의應援

五、個人指導에關한것
1、生活指導　2、秀才養成

一、役　員

理事長　佐藤慶太郎
常務理事　山下信義　同、岸田軒造

一、會館建築槪要

位　置　東京市神田區駿河臺一丁目
構　造　鐵筋混凝土六階建　坪數延一千坪

一、「新興生活」의意義

現代人의個人、家庭、社會及國家의모든苦惱의最大原因은　現代人의生活不合理에있으니 이를革新하는것이　國民及國家를救하는　根本問題다。이生活의不合理는　그根柢가깊은이만치　區區한部分的生活改善으로는　到底히이를矯正할수없고　人間生活의根底에들어가서　根本的格正을行하야　새生活樣式을建設하지아니하면안된다。이와같이　建設되는新生活　이를가르처「新興生活」이라고한다。

編者曰 李鼎夔先生이　일직이　譯刊하신　山下信義先生「講演錄」과「엇더케　살까」의 두가지 冊은 本誌에 발서 廣告한일도 있었고、또그讀後感想文을 城西通信에 記載한일도있었으니 山下先生에 關한 記憶이 誌友에게 새로울줄안다。

城西通信

一九三五年四月十九日 (金) 편지의負債數枚를 答報한外에 無爲。人生의 正午를 당하야 나의 찬송의 곡조는 이러하다。

내가 일심으로 여호와께 사례하고
주의 모든 기이한일을 전파하리이다
내가 주를인하야 기뻐하며 즐거워뛰며
지극히 높으신자여 내가 주의 이름을 찬송하겠나이다。……

願컨대 人生의夕陽에 臨할때에도 詩第九篇이 나의입술을 [illegible]고 흐르게하옵소서

四月二十日 (土) 五月號의 校正이 시작되다。詩人曰『내가 여호와께 의지하였거늘 어찌하야 너희가 내영혼다려 말하기를 「새와같이 네 산으로 도망하라」하느뇨』

四月二十一日 (日) 春季大淸潔을 施行하는날임으로 午前中은 室內庭外의 過冬한 塵埃를 淸算하여버리고、午後二時부터 새로운 心身으로써 마태복음 一、二章의 大旨를 講하다。復活의 새벽을 憧憬함이 간절한時節이로다。

四月二十二日 (月) 李德鳳先生과 約束한 時間을 놓쳐서、락시를 몰아 培花學校에 叅訪。金路得氏의 遂安郡에 經營하는 敎育事業概要를 聽取하고 그發展의甚大함에놀라며、또한 養正學校出身者의 一人이 이일에 叅與하게되는 因緣을 기뻐하면서 退散하다。〇張牧師의 來信如下。긴 편지이지만 張牧師의 近日의 心境을 具體的으로 表示한것임으로 그대로 揭載하야 誌友와함께 읽고저한다。

『昨日 惠書는 拜讀하여 貴意를 잘알았읍니다。金君의大決心에는 感心한바 많었읍니다。내가 前日에 提議한바意見은 이러합니다。即 聖書朝鮮社를 中心으로하고 一般同志들을 聖朝의 旗빨아래에 集中合力하야 聖書朝鮮運動(即朝鮮을 聖書的朝鮮이 되게하자는運動)을 開始하자는것이올시다。即 聖書가傳하고있는 福音(十字架上贖罪永遠한生命으로의 新生、死後의生命、復活再臨等敎義)倫理、道德、思想、生活方式等을 이民族에게 傳하야 이民族으로하여금 이福音의 宗敎를 信仰하게하며、이倫理道德思想으로 呼吸케하며、이 生活方式으로 살게하야、하나님께 榮光을돌리며 人類界에 基督敎로 大貢獻이있는 民族이되게하자는것이올시다。이運動의 方法으로는 이렇게하자는것이올시다。即

一、一般에게 聖書知識普及及事業
二、直接傳道事業

第一、聖書知識普及事業으로는 爲先처음에는 京城에서聖經學校。晝間에는 婦人聖經學校(每日二時間식)하고、冬期에는 農村敎會에서 願하면 또 그리하고。

第二、傳道事業은 日本內地傳道를 繼續하며、滿洲傳道를 開始하며、朝鮮內地에서는路傍說敎等을하야 未信者傳道를 主하자는것等。

如此히 此聖書運動을 宣言하고 實踐에 발을 내밀메는 여러가지 問題가 있읍니다。第一은 經濟問題가 第一이올시다。그러면 이運動을 最低限度로라도 維持持續해갈만한 經濟는 있어야할것이올시다。내가 前日에 金君은 全的으로 犧牲하라함은 이를 意味함이올시다。最底限度로라도 每月 四五十圓은 있어야할것이올시다。내가 京城에가서 있게되면 略少하여도 每月十五圓以上쓸것이오、내家族이 나外에七人이니 또한略少하야三十圓以上가저야 죽이라도 쒸먹고 連命할터이니、每月四五十圓의 金力의 出處가 問題올시다。이問題만 解決할 方策이있다면 難題가別로 없을줄압니다。이問題에 對하야 깊이考慮해보시고 回示하여주시옵소서。

이렇게하야 우리가 피와눈물로써 二、三年間 싸와나가면 主의祝福이있어 많은 援助者가 있을줄로 確實히믿읍니다。第二는 우리가 聖經夜學이나 或은 婦人書學을 開始한다고하면 敎會에서 妨害하지않겠느냐함이외다。即 信者들이 배우라오겠느냐함이외다。京城內各敎會가 好意를가지고 贊同하야주며、敎會에서 廣告又는 勸勵해주기만하면 念慮없을줄로 암니다。그렇게할라면 過去에쌓였던 誤解를 一掃사

겨야 하겠읍니다。이를爲하야 우리는 우리의안을 뒤지어 보여주어야 하겠읍니다 即 우리안에는 敎派의野心도없고、旣成敎會에對한 破壞의 思想도없고、旣成敎會의 잘못을 攻擊만할라는 良心도 없고、다만 福音과 朝鮮民族을爲한 一片氷心이 있을 뿐임만을 잘理解시키면 될줄로압니다。敎會를 害할者가아니오 敎會를 福音信仰으로 도와준다는 赤心뿐임을 알진대 敎會가 우리를 排斥하거나 妨害할理가 없을줄로압니다。그런故로 京城內 어느敎會堂會와議論하고 聖經夜學을 하자는것이며、그敎會에 出席하며 도와주면서 前日에 取하였던 態度의非를 衷心으로 悔改하자는것이올시다。前에도 말하기를、敎會에對하야 가졌던 우리의態度 悔改云云은、敎會의職業的 敎役者를 옹護하자는 意가아니오、敎會를 攻擊하는일만을하야 미움을 사지말고、攻擊하는일보다도 建設하는일、도와주는일을 더많이 하자는것이올시다。우리가 過去에있어서 傳道나事業에對하야는 一毫도 하일이없고、敎會의 잘못을攻擊하는 일만을 일삼았던것은 德이되지못한다는것이올시다。그렇게 하는일은 反히 福音에 害를주는일이올시다。即 例를들면 聖朝誌七十五號 文信活氏等의 事實이올시다 兪君은 그事實을듣고 敎會當局者에게 對한 憤慨를가지나、其實事를 잘아는나로는 눈물로 悔改합니다。그잘못은 우리에게있읍니다。내가 처음慶南에갔을때에 孫傳道師와 사귐이있었고 孫傳道師가 癩病院에서 傳道하야 恩惠있었읍니다。그後白南鏞氏와 崔泰瑢氏가가서 純肉論을말하며、崔氏가 새福音 信仰革命을 말한後 慶南敎役者信者의 大多數가 老會를向하야 한부루辱說한일이 있었읍니다。金××氏等이 한부루 老會를辱함을 일삼을때에、老會에서는 崔泰瑢一派（張道源、金敎臣도 모다 一束하야）는 敎會를 害하는 사람들이라고 認識하게된것이올시다。故로 自己내敎會內에는 이런雜誌讀者없기를 爲하야 禁止한것이올시다。萬一 其后에 慶南敎界에 우리의不美한 行動을 起하는일이 없었더면 敎會當局이 도리혀 聖朝誌를 敎會內에宣傳하여주었을넌지도 모릅니다。그런故로우리는 福音의害를 받으면서도 敎會攻擊을 일삼을必要는 없다는것이올시다。故로나는 敎會攻擊하는일보다는 建設하는일 慰撫助力하는일을 더많이힘쓰자는것이올시다。第三은 우리에게 이런熱誠과 使命의確實性이 있었느냐함이올시다。勿論 이使命에對한確信은 있읍니다。그러나 끝까지 持續할熱淚가 있느냐함은 問題올시다。사람은잘變하는것이라 누가 사람을擔保하리오。그러나 主의聖靈의 도움을 믿을뿐이올시다。又는 四十을넘어 내되더는 새걸음이니 이에失敗가있고 退却이있고 挫折이 있다면 이는 一平生의 失敗이니 이事業自體가終生事業이 될것이올시다。四十이라는고개가 높은고개며 四十에不惑이란맞은 깊은經驗에서 얻은말이올시다。人生의四十이란 果然信用할만한 고개인가합니다。무슨일에던지 四十以后에 始作한事業이失敗되면 다시는 復興이 어려울가합니다。

내意見대로말하면 至今歸國하야 會見面談함이 可할가함니다。그러나 旅費問題로 躊躇함니다。以上의述한바 意見을參考하야 보시고 速히 回答하시되 第一經濟問題와 第二聖經夜學을 한다면 京城에서 배울사람이있겠느냐。又는 敎會의 誤解를一掃할可能性이있느냐를 깊이 考慮하야보시고 答하여주시옵소서。最後로는 經濟의出處야있던없던 敎會야誤解하던말던 百難을不拘하고 勇起할勇力만 있으면足한줄로압니다。又는 이렇게順從만하면 主의祝福으로 聖朝誌가 大新聞이되고、이夜學이 大神學이되고、聖書朝鮮社內에 外國傳道局이 있을것을 透視하고 確信합니까。나에게 이確信만은 豊富히있읍니다。故로 希望이있읍니다。希望이 確實히있는곳에는 百難이不難인줄로압니다。너무長書로 無調理하야 未安합니다。餘不備禮上

四月十九日 張道源 拜上」

四月二十三日（火） 昨今數日來로 五月號의校正中。

四月二十四日（水） 誌友의 如下한事情을알고 나亦是苦憫에 빠지지아니치못하다

城西通信

『金敎臣先生님 제가 이片紙를 쓰기爲하와 여러달을 生覺하고 祈禱하고 研究하와 主의指示를 기다리다가 오늘 붓을들엇나이다。아무래도 네生活을革新하야 예수믿는사람이 되여야하겟나이다。저는 참이없으면서도 참을찾으며、저는 믿음을갓이지못하고도 믿음을 얻으려하오며、저는 徹底하지 못하면서도 徹底를 甚히憧憬함니다。더욱 四歲未及에 嚴親을여이고 別로 敎養없는家庭에서 物質과精神 아울러 貧乏한——지나보지않은사람은 推察도못할 困境속에 자랏슴으로、할수없이 心弱과恐懼를길러 第二天性이 되옵고、兼하야 勤勞는 어릴때부터 作란을 하여보지못한結果이온지、해야한준알면서도 해지지안사와 亡한준알면서도 게으르오며、어머니外에는 全世界가 못믿을것인준을 幼嬰時에도 自然히 本能化한제가、多幸히 漢文을 十五歲까지 동량으로읽고、私立學校에 五年을 修業하와 十二歲時에 敎會에단니기를 繼續한 敎會信仰을 主님이 버리게하지안은 탓으로 一九三〇年 秋八月三日 生의出生日에 京城으로 車費만비러갓이고 떠난것이 動機가되여 〇〇〇에 二個年을 學校일하면서 卒業이라는形式은 生前치음으로 밟고는、一九三二年 秋九月에 〇〇〇에서 內外國사람의게 傳道를하였으나 外國語때문에 限없는支障을 느꼇음니다。남다하는 外國語도 外國冊은 겨우 解讀하나 會話는 不能이엇기때문이었음니다。그리하옵다가 一九三三年三月부터는 所謂敎役者라는이름으로 〇〇敎會에서 今春까지지나지안았음니까。제가 本來〇〇傳道를 그만둔理由는 美國人의 더러운對遇와 每日傳道成績의 數字報告가 마음傷하옵고、信仰에 卒業이나한듯이 하는 되지못한 優越行動에 斷然히 關係를 諦고 갈은白衣人끼리 울며옷고 기도하고 聖經읽고 證據하자는眞心으로 敎會에들어갓습니다。아ㅣ여기에서는 더한층 예수를 敎會라는偶像뒤에세우고、心弱한저를 더한층 弱하게만들고、不信의저를 더한층 不信으로 끄을고 또假式을 生活化로 만들게되며、表裏不同이 時刻의事實이 되곤하였읍니다。그런대 이때 內村鑑三先生의 全集을 通하야 그동안에 보고듣지못하던 그야말로 작은聖經이라하리만치 거기서 나오는 精神에 잡혔음니다。그래서 漸漸敎會信者의 俗化의 原因을 알게되였음니다。그런대 內村著中에서 한가지 자미없다 生覺하온것은 大和의魂이라는 主觀的觀念이 늘싸고돔이었음니다。그래서 朝鮮心의 이것은 없는가하고 찾을때、제머리에 떠오른것은 〇〇〇書室에서 보던 靑衣의冊이 記憶되였음니다。이것이 제가 聖書朝鮮을 찾게되온 經路요 또 信仰의本據를 찾게하려는 攝理이었음니다。이때부터 한달동안을 敎會雰圍氣에서 시달리던 氣魄을 聖書朝鮮에서 씻고、거기서 참을배우고 믿음이란무엇을 배우고、朝鮮을배우고、徹底를 배우고、그럼으로 希望을 아름것안고 새出發을하곤 하였음니다。그러다가 〇〇을떠나게되온것은 寬子의拔扈와 亂舞를 제가배운眞理와 信仰으로 鎭壓하려하였으나 맛참내 不祥한主님羊을 저亂波에두고 〇〇〇〇에서 피눈물의作別을 하지않을수없었음니다。그래도 제가 限없이기뿐것은 그中에는 두어 男信者와 數人의女信者가있었음니다。至今도 오히려彼此生覺하야 눈물로 祈禱하고 또 生命으로 交際하나이다。제가 〇〇를 떠날때는、〇〇을단여서는 自我를 革新해야 할것은 하느님의 뜻이라고 믿었음니다。여기온一月餘에 나라는나는 根本的으로 이敎會에는 못있을것을 覺悟되였음니다。지는 敎會主義도모르고、無敎會主義도 모르고、또알랴고도하지안습니다。다만 예수를 참으로믿으려하옵고、또 이같은 同志를맛나서 永遠히갈이살기를 바랄뿐입니다。그래서 저는 두가지 岐路에 섯음니다。敎會밖에서 敎會없는 예수를 믿을가、敎會안에서 敎會없는 예수를 믿을가하고요。第一을爲한 제經營은 明春에는 아주敎會를 떠나서 聖書朝鮮갓가히가서 밤에는 英語夜學을하고 낮에는 印刷職工이라도、그렇지않으면 다른勞働을 하여서라도、聖經을 배우고 또 傳道할準備를 하려함입니다。이生覺이 머

리에 차고넘칩니다。그렇나 이리함에는妻子의衣食住가문제이외다。(中略)

제가 昨年二月에 再娶를하와 近日에女兒를産하였읍니다。難産이였음으로 저는다시금 人間苦에 시달립니다。지금은 三食口 未안에서無故합니다。妻는 高等科를 卒業하였음으로 育兒餘暇에 제傳道를 助力합니다。第二를爲한 제經營은今年五月初에 모히는 ○○老會에 請願을하와 敎會일을 보면서 年一學期式 神學工夫를 하려함입니다。그렇나 이는 모든成算이 如意치못할때 한수없는 숫임니다。先生님 저는 片紙를쓰려고 붓을들기前에 눈물로 반晌間넘어 祈禱를하며 울었읍니다。이片紙를 쓰리까 말리까하고요。何如튼 쓰지않고는 견대지못하와 이렇게썼읍니다。先生님 제가페 그렇게할수있겠읍니까。제가 저를알지못하기때문에 이렇게묻습니다。저한몸이면 될줄알지마는 妻子의衣食住가 문제이니 어찌합니까。先生님이 可能性있어보이시면 아모조록 用力해주시옵소서。

聖朝舊本을 읽는中 咸先生님의「歷史에나타난 하나님의攝理」에서 깨치고 얻은것이 많사오며、神學指南을 求하야서 內村鑑三論을보고 그答을 읽었읍니다。그래서 正確이라는것을 深刻히배왔읍니다。그리고 目的없이 썩은 文章을자랑하려는者의 어리석음을알고、이같은類의 觀察과全然別世界에있는 內村先生을 더욱尊敬하게되였읍니다。그리고 聖朝誌를 帮助하지못하면 聖朝의精神으로 나가는것이라도 만들고싶은 외람된 교만도없지안았읍니다。인제는 先生님의 몸寧安을빌며 끈칩니다

一九三五年四月二十三日 ○○ 拜」

四月二十五日 (木) 宋斗用兄이 來訪하야 여러가지 奇妙한事實을 報告하여주었다。「어듸로가느냐」고 묻는 경관에게 대하야 「仁川으로 감니다」라고 대답하면。仁川도 數萬人口가 사는 大都會인데 「仁川어듸로 간단말이냐」하곤 경을치며、「네가진 보따리가 무엇이냐」고 물을때에「먹을것이올시다」라고 대답하면「먹을것에도 밥도있고 떡도있지. 그런대답 버릇이어듸있어?」하고는 따구를 부치고。맞을가두려워서 無意識的으로 팔을눈덥에들면 官憲에게 抵抗하라는 行動이라고하야 捕繩으로 結縛拘引되였다는等等實話。코구녁이 둘이있어서 참고 견딜뿐더러、宋兄은 이일로因하야 친구의心懷에 同情할수있고、主그리스도를 좀더깊이 理解할수있었음을 감사하야 마지아니하니、實로 處置에困難한者는 信仰에살아있는 基督者로다。저들은 어떤 境遇에든지 傷處를받지아니한다。

四月二十六日 (金) 校外遠足會로 三聖山三幕寺와 冠岳山戀主庵을 一週하다。

○小鹿島音信如下。

『主님 祝福中 朝鮮의心에 主와한께 聖書를 植勵하시는 愛慕하는 先生任、變遷이없는 그리스도의 聖愛안에서 愛送하신 貴冊인 山上垂訓研究集을拜受하옵고、幼弱한小生은 그리스도로 말미암은 先生任의 無限한사랑을 堪當할수없아옵고、또한 惶悚하옵나이다。

아 그리스도의 運動하심과 祝福하심안에서 聖書를朝鮮에、朝鮮을聖書우에세우시기에 全部에全部를 받처 努力하시는先生任、其貴句를읽고 또읽을때마다 感謝와喜悅이充滿하옵고、또한 對할때마다 新面目이여서、生命은 한없이躍動하나이다。

아ㅣ親愛하여주시는 先生任、貴山上垂訓研究集은 小生이 가장思慕하든冊이였아오나、聖朝誌를 그처름多大이下送하시어 도와주시는대도 염치없이 또添하여 請求하옵기가 미안함이 짝이없아와 躊躇하옵고지나오든次、今番에 先生任께서 이처름必要하게 愛送하여주시옵은 어린小生의마음을 굽어살피시는 하눌아바지의 혹독한사랑에서 흘러온선물임을 믿사옵고、또한先生님과 聖朝誌우에 役事하시고 運動하시는 主님의 祝福임만을 믿사옵나이다。그리스도의 사랑안에서 받자온 이聖朝誌와貴山上垂訓研究集은 不幸한癩病으로만 因하여 외롭고 고독한 小生의게 둘도않인 가장 惟一의벗이엿나이다。고로 밥먹고잠자는時間外에는 엇더한경우에든지 기거동작간에 품고있나이다。有暇만 있으면

들고봅니다。그래서 生命的인 信仰은 自由롭게 自由롭게 成長하고 오루고있나이다。小生이 親愛하는 李邦佑君과 河外烈君이 滋味있고 恩惠스러운 생활을하는것은 病中에도病을添하여 가장 憐憫에서헤매며 피로워하는 兄任들을 福音으로서慰勵하며 또한 救助하는일에 사분하면써도 有暇만있어면 或은 集하여 或은 個人으로 聖朝誌를 耽讀하면서 事事物物이 닥치는대로 眞理로取扱처리하여、信仰은 有形無形으로 함께자라고 있아오며、또한先生任과 聖書朝鮮의 目的을 爲하야 恒常懇求하나이다。그ㅣ外에 男女信仰 友人몇분도 各方面에서 眞理로 解放을받아 健康者과 富人이 맛보지못한 진리로운 生活을 繼續하여감니다。그러하오나 그ㅣ몇분은 漢文字를 몰라 직접보지못함으로 적지않은유감을 느끼며 제의게 언문으로 다시초하여달라고하나 筆力이 能通치못한 저로서 답답함을느끼지않이치못하나이다。某病院에있는 信仰의兄姉께서도 聖朝誌를보기에 懇願하는마음으로 언문으로서 다시초하여 부송하라고 우표와펜씰지까지 요사이온일이있음니다。그러나 無識하고 연약한저로서 聖朝誌에서 느낀바 聖句를일일히 못초해줌을 깝깝합니다。그ㅣ病院에서는 아직 反對를 無數이함으로 이글을부송하기에도 困難이적지안슴니다。아ㅣ철없는 우리들의 답답한事情을 眞情으로 알아주시는 金先生任、小生이 親愛하는그곳兄妹任들의 窮慟한事情을 忽然이 生覺할때마다 悲歎의눈물은 하염없이 솟아옷깃을 적시나이다。嗚呼! 人間事實에서도 악착한경우에 달하엿든同時、겨우 한峻嶺을 넘어 最後靈的生命의 糧途를 찾어갈라는대도 慘擔한障碍무리가 많으니 도시엇잔일이온지、癩病의탓이온지、어린우리들의 信仰을 培養하시는 하나님의 攝理의造化이온지요。此를信認하와 自然스럽게安心되옵나이다。

嗚呼ㅣ衣食住三字만 因하여 信仰生活에도 自由없는 그ㅣ愛慕하는 信仰의兄姉들의입장이 여간답답지않은일이올시다。그렁다하여 그형자님들의 날로 때로 各方面에成長하는 信仰生命이야 어찌 그들이막으리요。그리스도의 福音의逃避城안에 있는 형姉들의 生命이야 어찌 反對者가害하리요。福音안에서 眞心으로 사랑하여주시는 金先生任 사랑의빛을진 小生은、사랑하는 이ㅣ兄姉들을 우리主예수님께 막기고 기도할것뿐이로소이다。創世前부터許諾이있은 金先生任、聖書를 朝鮮에、朝鮮을聖書우에가 얼른 일우워지기를 主와함께힘써 努力하옵소서。아ㅣ날이가면 날이갈수록 腐弊하여지고、달이가면 달이갈수록 腐弊하여저가는 이ㅣ뢰환자인 쓸쓸한몇폭지가슴에 疊疊이싸인 抱負가 先生任께서 眞心誠 로 努力하시는일이 하늘아바지뜻대로 일우워짐에서 所願成就되리로소이다。오ㅣ없는中에서 充滿케하시는 主여! 艱難한 이ㅣ朝鮮의 心에피흐르는聖手를 내미사 발서祝福하고 게시는줄 믿사옵고 感謝感激하옵나이다。攝理의神 主여 當身의 聖旨를좇아 이땅우에 全部를맞어 眞忠하게 努力하시는 先生任 우에발서 祝福하시고 役事하심을믿사옵고 讚頌하옵나이다。오ㅣ宇宙에 充滿하신 主여當身의 거룩한 眞理의품안에서 眞理로努力하시는 先生任들과 또한 聖朝를通하야헐벗은朝鮮에 聖書를 넓여주옵소서。能力의主님 艱難한조선에 聖書를充滿시켜주옵소서。그리하여서 福音안에서만 朝鮮의骨筋이 전장하게 서도록하옵시고、또한 血液은 富裕하게하옵소서。

오ㅣ主여 이일이 成就하시기까지 凡事에함께 하여주옵시고 攝理하시옵기를 福音안에서不絕이 비옵나이다。아멘 아멘。

先生任께서 下送하신 聖朝誌는 四月十二日에 拜受하옵고 四月十七日에 또拜受하엿나이다。親愛하여주시는 先生任께서는 이처럼 사랑과生命을 던저주시것마는 萬事에 철이없는 小生은 직시々々 拜受하엿다는 通知를 拜上치못하와 生覺할수록 未安千萬이로소이다。그리스도의聖愛로 용서 하심을 懇願하옵나이다。

一九三五年四月十八日

어린 文信活 拜上

一九三五年四月十五日 日記中에서(文信活)

예수의 復活한때가 이때라하여 그날에 좀질겁게 禮拜日을 지킨다고, 교會委員兄任들께서 어린學生들의게 復活에對한 唱歌를 가르처달라는 付託을받고, 不足함을 辭讓타못하여 對答은 하였으나 모든것에 無識한 저로서 찬송가에서 한句節을 택하여 연습을하다가 철없는 제의마음이 예수그리스도의 復活의事實을 한번더ㅣ思慕하여지면서, 또한 歡喜하게 感謝하게 像想하여지면서, 또한 아바지의 혹독한 사랑이! 저의周圍전體를 품어주시는듯한 느낌이 一層더ㅣ새로워서, 感激의눈물을 먹음고 机床을의지하여 所感을 記錄한것이 讚美의 일편이되여것나이다。 이ㅣ讚美를질겁게부를지음에 또한 愛慕하는 先生任께서 愛送하신 山上垂訓研究集을 拜受하옵고 生命은 形言할수없이 躍動이로소이다 親愛하여주시는 先生任 철없는小生의所感이오나 저의生命이 躍動함이 있기로 惶悚함을 무릅쓰고 拜送하옵나이다。 주님사랑으로 愛受하옵시고 또한 곳처서보옵기를 伏望々々하옵나이다。

一、復活의生命

1、復活의生命을
이따에웨치세
死亡을이긴주
萬百姓받어라
復活의生命예수를
萬民아받아가지라

2、不信의勢力과
黑暗의權勢를
復活의빛으로
깨터려바리자
死亡을이긴예수가
死亡을이긴예수가
늘힘을도와주시내

3、復活의主떠나
肉暗에사는자
光明의眞理로
速急히나오라
음부의權勢깨친주
음부의權勢깨친주
永遠한生命주리라

4、十字架事實과
復活의眞理를
否絕이信仰者
無限히질기세
生命떠되신예수가
生命떠되신예수가
永살게하여주리라

5、生命에주린者
주께로나오라
復活의生命을
늘먹여주리니
復活의生命살과피
復活의生命살과피
늘받아먹고마서라
(곡조 찬송가三十六章)

四月二十七日 (土) 「病床の友へ」로 因하야 조곰이라도 病友를慰勞할수 있음이 感謝。今日도如下短信。「無信한朋友者를 記憶하시사 얼마前에聖朝誌、昨日病床の友へ를 보내주시어 感謝하기그지없읍니다。 一月末까지 몇가지自覺症이있었으나 運動하여治療하였는대、二月初에 痰에血點있음을 보고는 자리에들어누어 이때까지 왔읍니다。 마는 血點은 大概아츰마다 나오므로 安靜이 不徹底하여 그런줄로 알고、얼마前부터는 絕對安靜을 하였는대 亦是맛찬가지。 그리하야 今日부터는「돌아 右傾」하야 運動療法을 實行하기 始作하여 놓고는 結果가 念慮되든次에 보내신冊中 賀川先生體驗談을읽고 大膽하여저서 安心합니다。」

四月二十八日 (日) 午後에 예수傳第三講。參席하였든 生徒의廣告에依하야 朝鮮劇場에가서「暴君네로」의 映畵를 구경하다 나 自身은 저와같은 迫害에 到底히 견디어낼것같지못하야 悲觀이 생기다。 歷史가反覆되는것인지 아닌지는 且置하고 最近의世界情況으로보아서 네로作亂은 다시없으리라고 斷言하기는 매우어려울듯하것만、나는 弱하고怯한者이니 寒心事也。

四月二十九日 (月) 當直으로 日夜를蓬萊丘上에서 生活。籠球練習으로 發汗如流함도亦快事。

四月三十日 (火) 게으름도 아니었것만 定期日대로 發送할수없이되여 고대하는誌友들의心情을 推察할뿐。四月도 다갔다。잘간다。

五月一日 (水) 메이데이도 어듸갔는지 알수없고 紙鯉가휘날리는것이 處處에보일따름이다。

五月二日 (木) 小鹿島에서 如左한要求가있다。

『貴社業務가 主鴻恩中 日益發展을 祈祝합니다。我等이 呼訴함은 金先生任 다름아니라 現下世人이 周知하는바 二千八百餘名의 癩患者가 生活하고있읍니다。全體가 無産者인고로 讀書에 주리고있읍니다 其中에도 宗敎雜誌가 없어서 體面을 不顧하고 貴社金先生에게 哀願하오니 月刊誌各讀者에게 配送後 남은貴誌가 有하오면 下送을務望합니다。

一九三五年四月二九日

全南小鹿島更生園(南部)

讀書慰安會告白書』

五月三日 (金) 某官立專門學校學生中에서 一時意外에 多數讀者가出現하드니 其中一人으로부터 注文도한일없는 聖書朝鮮을 每月送致하야 困惑千萬이니 旣送한것은 返品할터이며 今後는 中止하라는 意味의葉書를 接하였음으로、卽時 그紹介者인某君에게 强硬히 問責하였드니 그答이 如左

『下書받잡고 등에찬땀이흐르며 두눈에뜨거운눈물이 쏟아집니다。憤한마음도 짧은瞬間이오、寒心스럽고 슯을따름입니다。聖朝의 品位보다도 先生의體面보다도、朝鮮의젊은사람들을爲하야 옵니다。輕率을 말슴하시니 저의輕率이야 어찌한둘이겠읍니까。主께서當하신 侮辱을생각하올때、人類의殘忍한毒手아래 最後를맞이신 피로옴을 一片이나마 想像하올때、그의길을 밟으며 그의뜻을 傳하시라는 先生의體面과 聖朝의品位의 떠러지고 損傷함은 當然하다고 肯定치 아니치못하겠읍니다。世界宗敎史와 日本宗敎史를 읽는中에、主의길을 밟는基督敎徒들의一生이 侮辱과 苦難의生涯인것을 도모지否認치못하겠읍니다。그들의慘酷한最後는 참으로奇異한일이오 또當然한歸結인가합니다。

옳은것을 옳다고하며、眞理를 眞理로아는 現世上이라면、先生의堪當키어려운 피의 役事와 땀의努力이 무슨必要가 있으리오。다만 無用한辛苦로돌아갈것뿐이올시다。

先生은 一九四()年前主께서 十字架에못박히시든때와 現時代와 어느便이 人類의墮落이 甚하다고보십니까。

興奮과怨哀에 못이기여 부르짖으며 피로워하는저는眞理를 짓밟는다는그것보다도 數十階段더 나려가서 朝鮮魂까지 永永썩어감을 느끼는때문입니다。

이제 사람에게는 次次로 멀미가납니다。白紙와같은 學窓의머리에 벌서사람에게는 실증이납니다。사람의醜한것을 보는마음은 神의마음이요、사람의惡을보는마음은 惡魔의마음이라는말이 記憶됩니다마는、저는스스로 惡魔라고 自任하며 저의良心은 이것을否定치못합니다。人間에對한不滿、孤獨 다시思索의피로옴、 이런때에도 病床에누은지 三個星霜 死境에彷徨하는 한사람의벗이、先生의役事와健康과 저의將來와 平安을 朝夕으로 祈禱하고있다하오니 恩惠分에 넘치는가합니다。사람이라는것은 不可解의것 宇宙萬相이다不可解의것같읍니다。

○○面에서 崔孃의뒤를이어 役事하는이의말슴은 初聞이오며、차차 알어보겠읍니다。「病床の友へ」는 一部갖이고있읍니다。約一個月동안 漢藥을먹고있읍니다。몸이多少衰弱하기는하나 憂慮는 少毫도되지않읍니다。單一日의 生命延長도 사람의힘으로 할수없음을 아오매 오직主에게 맛길따름이올시다。農村調査는 約二十日間에 輪廓만은알었읍니다。靈의問題를 이저버린農村은 多少經濟的惠澤을 입을지모르겠으나、亦 모래우에 짓는집인가합니다。「沃土의百姓은 利로亡하고、瘠土의百姓은義로산다」 이것은 個人에게도 一部落에도 一國家에도附合되는 金言인가합니다。(中略)

우리學校聖朝讀者에 關하야 簡單히말해들이겠읍니다。于先예수믿는生徒는 一人도없읍니다。最初에는 偶然한機會에 朝鮮에對한智識問題가나와、聖朝에실리는 歷史를K君、C君、L君三人에게 紹介하였더니、卽席에注文하겠다하와、하로라도 速히朝鮮歷

史를읽히겠는마음으로 生徒便에 上達하였읍니다。其他는 모도가 스스로願한것으로 그들의 附託을받아 上達한것입니다。Y君도 이中에 한사람입니다。어느날 雜誌를中止하겠으니 兄이 代金을 傳해주고 中止通告를 해달라하기에、本社로 直接代金附送하는것이 當然함과 中止하는理由를 明白히하야 自己의立場을 鮮明히하라 이것이 사내다웁지않으냐고 말을했읍니다。聖朝를 返送함은 豫想도못한일이오나 極히不快한中、聖朝가그런손에서 썩지안함이多幸한일인가합니다。

自身의輕率을 此後로경계하오며、모든責任을 달게받어 두억개에지겠나이다。

一九三五年五月一日 ○○○上書」

如何間 이事件으로因하야 多少間緩和하였든 購讀規定을 다시緊縮하지 아니치못하다。因하야 이와같은 不純한讀者를 豫防하기爲하야 別記와如한 規定을 다시한번 宣布하다。

五月四日 (土) 日本地質學會講演會에參聽하니、舊師藤本治義敎授도 出席하여 關東山塊成因에關한 硏究를 報告하심이 못내반가웠다。先生님도 반갑고 地質學도반갑고。文典보다도 岩石파化石에 나의興味는컸것만。

五月五日 (日) 午前中은 京城齒科醫專에열린 日本地質學會講演會에參聽하고、午後에는 우리집마루방에서 예수傳의第四講

五月六日 (月) 地質學을 復習하기爲하야 藤本敎授를따라 平壤方面 實地見學가기로 決定하고、今夜十時五十五分車로 出發。○今日平壤短信如下

『先生님 主님保佑中에 恩安하시옵소서。교생은 그간몸편히 공부잘하고 있아오니 하나님은혜와 先生님렴려와 긔도하여주심을 감사하나이다。그동안 平壤온지오래였으되、이제야 글월을올리게되옴은 大端未安하옵니다。寬容하시옵소서。平壤나려올때는 크다란期待를 가지고 나왔압드니 너무도 期待에 어그러지는바가 큽니다。첫學期라 그런지도 모르지요。여긔있는동안 讀書할期會를 얻는것은 제生活에있어 큰일이옵고 特히 聖朝誌를 짬짬이뒤지보게됨이 唯一의큰收穫입니다。聖書硏究者에있어서 聖書槪要는 얼마나必要 不可缺의至寶이온지요。아모조록 달달이써서 실려주시되、可及的獨立된 頁內에 써주시면 한데모와 裝冊할때에 便宜하겠나이다。無理한要求는 안일는지요。여러先生님들 健康하심을 아울러 聖朝誌發展을 빕니다。硏究에 必要한冊들도 종종 紹介해주시옵。」

五月七日 (火)今日부터 同十日까지 黃海平南地方의 地質見學으로 巡回하면서 平壤에도 二泊하였으나、今番旅行은 卒然間出發한것이오、純全히 地質學에關한 目的뿐이오、새벽부터 日沒까지 山野를拔涉하면서 標本을 採集運搬하는等、相當히困疲한걸음인故로 아무도 訪問치못하고 遇然히 맞난이도없었다。願黃平地方誌友善諒。

五月十一日 (土) 旅行하고야 비로소自己家庭의 安樂함을 感謝할줄알게된다。早天에 燒土에서 勞働하는 農夫及그婦女와 炭鑛에서 眼球만 반짝거리는 鑛夫生活等을家人들께 紹介하야、早起와勤勞의 習慣을 새롭게하기를 다시 약속하다。

五月十二日(日) 甘雨沛然。勝湖里近處의 石灰岩地帶에서 播種한밭을 다시자귀밟든 三婦女ー할머니 시어머니 며느리와그등에업혔든아기들의 기쁨이 얼마일까하고 推想하다。아무리해도 一雨一風을 가장關心하는이들은 農家이다。○豪雨에도 不拘하고 모여온 學生들의 熱誠에움지기여 滿二時間남아 예수傳講話。但 閉會後에 甚히疲勞를느끼다。

五月十三日 (月) 꿈직지않은 事件으로 會議多時間。우리는 獨裁를會議보다 善한것으로안다。特히 責任分擔의 意味로써議決하는것처럼 卑怯한일이없어。

五月十四日 (火) 選手들과함께 籠球練習하야 身體의鍛鍊에 힘쓰다。

五月十五日 (水) 朝鮮籠球協會主催의中等學校聯盟戰에 養正軍은 連戰連勝하다가 今日의 決勝戰에 接戰또 接戰。延長戰에 入하야 一點差로 惜敗하다。이일이怨하야 夜不成眠。○南쪽來信如下。

『拜啓

先生님앞에 그같은片紙를 들인다음에는 날이더할수록 나는 敎會와는 根本的으로

符合지못할者이라는것을 時時刻々으로 느끼며 五月七日부터 ○○에서모히는 ○○老會에 拜參하였다가 數日前에 歸巢하였나이다。神學을 卒業하고 牧師의榮職에任함은 教會의意識이 生起기前에도 어련生覺에 꺼리낌이있었압더니、今日에至하와는 牧師를 目的하고 神學을간다함은 사람의 良心上 도모지許하지못할 더러운짓인줄안제에게、教會의規法을 밟는關係上으로 배우겠다는外 內部衝動으로 배울곳으로간다면 現教會內에서는 神學校밖에 없음으로 「聖經배우려 神學으로」이렇게生覺하고 나같은者가 神學으로 간다함은 참으로朝鮮教界를 辱하는것인줄 알면서라도 이런말을 敢히 先生님앞에도 들이고、또 教會內 同倅의게말한때가 있었읍니다。그렇나教會法이「牧師하려 神學으로」이같이對答하지않는者는 不許라함으로、弱한지는 暫間態度를써 「牧師되려고 神學감니다」거즛으로 對答한後에 根本目的을 잃우었으면 그만일가。至今까지 疑訝히生覺하여왔읍니다。神學問題만나면 이것이 頭痛거리가되었더니 인제 斷念하였읍니다。神學에못갈나인것을 確實히 알았읍니다。앞으로 教會生活이 繼續되고、또 神學에가게되는限이있어도、教會에서 묻는말에 對答할것은 確實함니다。「예수의뜻에 끌리는것이 내目的임니다。예수님의뜻일때 牧師가안되고、예수님의 뜻일때 牧師가되고、예수님의뜻일때 죽어도좋습니다。」何必教會의 무릅뿐안이라 아모런 무릅에도 이것이 있을뿐이었읍니다。

제가 참으로所願하야 主께求하옵는것은 聖經을 自由로 研究할수있는 基礎를닥고싶은것뿐이오나、이도 主의뜻에 있아옵고 教會를 速히떠나 自我부터 참으로믿는者되려하오나 아직 自力으로決하기까지 徹底에及치못함을 嘆하옵니다。그러고 有形教會에서 나오며 或은 그안에있는것이문제가안이옵고、正말 예수와나 두사이에教會라는 偶像으로 막지않어야 할터이온대 이일을 爲하야 오직 主앞에 엎대일뿐이로소이다。生活問題가 눈을부릅뜨고 나를威脅할때 正當한旗幟아래 動하기에 작구遲延되고 또 衰弱해짐니다。

어리석은저는 金先生님의 教示를 기달렸으나 안옴으로、너무일즉이 기달리는것과 또 제의依賴心많음을 嘆하여 마지안습니다。

主여 저는 도모지 모르나이다。제의게는 豫算도 打算도없나이다。오직 主길을열때 그榮光의구름을따라 길 걷사옵고、그불기동의 光明을 좇아 行함이다。主의뜻이라면 아모것도 이 적은生命을받혀 服從하겠나이다。다만 제의게 한가지 근심되옴은 저는 無智하옵고 참되지못하옵고 또 軟弱하옴으로、主의뜻안인것을 誤認하기쉽사옵고 말과속이 다르고 始終一貫하지못할가 두렵사오니、主의뜻이 나의게目的도되시고、그目的을 일우는 方法도 되시고、하나님의 靈智의方法을 堪當하는힘도 되여주시옵소서。

오— 모든것에 모든것이 되신 살아게신 예수그리스도여、이한몸 主의손에 있아오니 하실대로 하시옵소서。아멘 아멘

오래기다리던 聖書朝鮮誌를 기쁨으로讀破한後에 이것을 들이나이다。

一九三五年五月十四日 ○○○拜上」

社告 本月號는 城西通信의 分量이過長하야 不得已다른部分을 割愛하지아니치못하였다。但、四月二十二日의 張牧師의 意見、同二十四日及五月十五日의 神學志願者의 苦哀、同二十六日의 小鹿島通信과 그讀頌歎等은 單純한通信의意味뿐이아니다。讀者도 熟讀深考함이있기를 바란다。

卷頭의 規約과같이 本號로써 讀者의大淘汰를斷行한다。이는勿論 貧者나病者를淘汰하고저함이아니다。마음에富한者、言行에貞操없는者와 相關하지않고저함이다。

金敎臣 著

山上垂訓硏究 全

四六版二四五頁
定價七〇錢・送料五錢

咸錫憲 著

聖朝文庫 第一卷

푸로테스탄트의精神

菊版半・三十二頁
定價金拾錢・送料貳錢

前者는基督의代表的敎訓을平易하게解釋하야基督敎의眞髓를闡明한것。後者는루터以來의宗敎改革의眞意를再考하야舊敎로退化하는新敎徒에게一大警醒을주고저한것。二著모다半島의氣候風土의産이오。우리가最善의선물로 半島에보내는바이다。

聖書的立場에서본朝鮮歷史(續)

一、信仰生活과歷史理解　六一號
二、史　觀　六二號
三、聖書的史觀　六三號
四、世界歷史의輪廓　六四號
五、朝鮮史의基調　六五號
六、地理的으로決定된朝鮮史의性質　六九號
七、朝鮮사람　六七號
八、堂堂한出發　六八號
九、列國時代의苗床　六九號
十、鎔鑛爐中의三國時代　七〇號
一一、高麗의다하지못한責任(一)　七一號
一二、同(二)　七二號
一三、同(三)　七三號
一四、受難의五百年(一)　七四號
一五、同(二)　七五號
一六、同(三)　七六號

京城聖書硏究會

一、講師　金敎臣
一、場所　聖書朝鮮社
一、日時　每日曜日午后二時
六月第一日曜日(二日)만은臨時로休講。聽講料 每回十錢、一個月分二十錢
注意　舊新約聖書와 讚頌歌(舊版)必携

舊約聖書大旨(續)

創世記大旨　三八號
出埃及記大旨　三九號
利未記大旨　同
民數記大旨　四〇號
申命記大旨　四一號
여호수아大旨　同
士師記大旨　四二號
路得記大旨　四四號
삼우엘上書大旨　五四號
삼우엘下書大旨　五五號
列王記上書大旨　五六號
列王記下書大旨　五八號
歷代志大旨　五九號
에스라-느헤미야書大旨　六〇號
에스더書大旨　六二號
約百記大旨　六三號
詩篇의大旨　六五號
箴言의大旨(六六)　六九號
傳道書大旨　六八號
雅歌의大旨　同
이사야書大旨　七二號

以上「大旨」는 極히簡潔하게 一書를一回에講하야、누구에게든지 聖書의要領을알게하고저 한것。從來의 年度本으로한 特價는撤回하고 今年度부터第五十九號以前古本은每一冊에十錢으로減價하다。

本誌定價

一冊　拾五錢
六冊(送料共)　前金九十錢
十二冊(一年分)　前金壹圓七拾錢
要前金。直接注文은
振替貯金口座京城一六五九四番
(聖書朝鮮社)로。

取次販賣所

京城府鍾路二丁目八二　博文書館
京城府鍾路二丁目九一　耶穌敎書會
京城府堅志洞三二　漢城圖書株式會社

昭和十年六月廿二日 印刷
昭和十年六月廿五日 發行

京城府外龍江面孔德里一三〇ノ三
編輯兼發行者　金　敎　臣

京城府堅志洞三二
印刷者　金　鎭　浩

京城府堅志洞三二
印刷所　漢城圖書株式會社

京城府外龍江面孔德里活人洞一三〇ノ三
發行所　聖書朝鮮社
振替口座京城一六五九四番

金敎臣主筆

聖書朝鮮

第七拾八號

昭和十年(一九三五)七月一日發行

昭和五年一月二十八日第三種郵便物認可 昭和十年七月一日發行(每月一回一日發行)

目次

기쁨의 생애

『예수를 믿는사람의 생활은 하루하루가 기쁨이넘치는 살림이오、일평생 싫증이생기지아니하는 달큼한 생애다。세상사람들은 장수하기를 간절히 원하지만、정직한선배들의 고백하는말을 들으면 사십이넘어 오십에가까울때부터도모지 더 살고싶은 욕심이 없어지고 인생에대한 흥미가 소멸하여지는데、그렇다고 자살이라도 하여버리면 좋을듯하나、그렇게는 참아못하니 이를테면 죽지못하야사는 살림이라고 할수밖에 없다고한다。크리스챤은 원래 이세상에서 오래오래 살기를 그다지 소원하는바가 아니지마는、그러나 이세상에서 사는날까지는——그것이 이십이건이든지 삼십사십줄이거나、혹은육십칠십고개를 넘은 후일지라도——사는날까지는、마치 갈한사람이 달큼한샘물을 삼킬때의 그맛처럼、한목음한목음이 모다 맛나고 시원하고 만족하고 달큼하고 긴창하고、소생하야 기뻐뛰노는 하루하루요 일평생이다。이 희락과 환희의맛을 세상사람들이 알지못하고 모래밥씹는듯한 무미건조한 후반생을 살아가는일이 안타까워서 못보겠다』하고 설명한즉、이것을들은 고등보통학교 삼학년생도——그는 이른바 불량학생이라하야 그부형의 간청으로 우리집에 기숙하고있는 학생——의 감상을 기록한일기의 한부분이 이러하다。

……오늘은 이상한말슴을 들었다。예수교라고하면、죽은후에 천당가기위하야、모든것을 희생하는일、담배도 술도끊고 하모니까와 유행가곡도 못부르게하며、극장、카페、기타 세상자미스러운일은 일체 금단하는것도 훗날 천당가기위하야 억지로 참고 견디는줄로만 알았드니、예수믿는 생활이 오히려 자미있고 기뻐넘치는 살림사리라고한다。예수쟁이들은 가련한동정할 인간들인줄로 알았드니、도리여 반대로 부러워할만한생애라고 하신다。처음듣는말이다………

云云하였다。이학생이 짐작하였든바와같이、예수믿는일은 후일의 천당행복을 위하야 이세상환락을 억지로참고 견디는일이라고 할진대、남들은 알수없으나 우리는 결코하루라도 예수믿을수없는자인것을 고백하지 아니치못하는자이다。우리가 예수를믿는것은 예수와함께 하루를살고보니、거기는 달큼한 석청이 흐르는곳이오、어머니의 풍족한유방이있는데요、무진장한보화가 쌓인창고요、어둠을헤치는 광명이오、죽엄을다시살리는 능력이오、나의당하는 모든사변을 환희와찬송으로 변화시키는 누룩덩어리 있는곳이다。그러므로 우리가 예수믿음은 억지로 참아견디는것이아니라、마치 지구의 큰자기(磁氣)에 나침(羅針)이 끌리는것처럼 어찌할수없이 붙잡힌것이오、설영천당으로 못가고 지옥에 떨어진다고해도 크리스챤되지않을수 없어 믿는것이다。마시고 마셔도 무진장으로 솟아나는 샘물을 발견한자의 기쁨은 크도다。

敎會와우리의關係

―聖書朝鮮은聖書朝鮮대로―

우리가 敎會에 對하야 態度를 作定하였다기보다도、朝鮮敎會가 우리에게對한 態度는 벌서 確固하게 決定되어졌다。그러므로 지금 새삼스럽게 敎會와 우리의 關係를 再考할必要도 없는바이지만、最近에 張道源牧師로 부터 累累히 協助의提議가 있었으므로 私信으로써 그非를 指摘하는 同時에 本誌第七十五號卷頭에 明言하여두었다。그런데 張牧師의 協調運動의 大熱誠은 용이히 冷却하지않어서 그후로도 長文의 計劃案이 數次있었으니 前月號의 城西通信에 記載된것(四月二十二日日記)이 其一이오、本號通信에 記載한것(五月二十一日日記)이 其二。前者에 對한 誌友의 所感은 곧 우리의 共通한 立場을 表明한것이므로 한둘을 引用하야 再次 우리의 態度를 分明히한다。

(一)、「前略」……張牧師님의 편지들은 몇號를 [illegible]하야 읽고 비로소 그뜻하시는바를 알었읍니다。慶南에는 그런일들(욕설같은)이 있어서 오해도 그런지도 모르겠으나、저는 現代敎會의 形便이 되어짐이나、더구나 우리主님께서 在世當時의 되어진일들을 보아 지금 이렇게 멀어짐은 決코 부르짖는이들의 잘못만으로가 아닌줄 아오며 또한 서로 協助되지 못할것임을 말하고싶습니다。그야 어떤個人으로 그런 恩惠받은이는 말할것 없을줄로 압니다。저도 어떤이들께는 敎會에 그냥 있으면서 協助하라고 勸합니다。(中略) 마는 聖朝誌는 苦役을 맡음이 아닌가합니다。우리가 다 싸우고난뒤에 피흘린뒤에 오는平和는 모르오나、그렇지않으면 失敗가 아닐가합니다。平和야 오죽 누리고싶고 그平和의 얼골을 보고싶으오리까 마는、우리는 現世의 달큼한 平和의맛을 못보는 섭섭함은 있을시나 永遠한主님의平和를 위하야 가든길을 돌리지말고 그냥膽大했으면 이것이 저길일가 하옵니다。「下略」

(二)、「前略」…그리고 一言을 仰告하옵기는 今月號中 張道源牧師書簡은 實로 그 精神에 感謝하였읍니다。晦形的이된 敎會의 靈魂들을 爲한 忠誠이 이제 張牧師의 徹底히 느낀 바이오나 小弟의 敎會觀은 다릅니다。敎會는 벌서 해골이 되여 聖靈의 行할수없는 굳은 돌맹이가되여 大綱이 그릇되였아오매 이제 그 枝葉에서 무엇을 한다는 일이 事實로 理論과 實際가 推想과實現이 다를것을 豫測하셔야 하겠읍니다。只今敎會를 復興시킨다고 하는일도 理論에 不過합니다。事實로 接하야 볼진대 眞珠를 도야지에게 投함과 如한 形便이올시다。먼저敎會에서 一方에 容認한다 할지라도、大綱이 그릇된 그輪廓을 뒤집어쓰고 일할수는 없는것이며、그形式에 順從치않으면 또한 容納을 받지못할것입니다。如何든 現敎會는 先生님들같은 분을 容認할必要도 없으리만치 生命이무

디였읍니다。絶對로 合할수없는것이며、合한다 할지라도 도리혀 救靈運動의 支障이 많을것을 考慮하야주심을 바랍니다。小弟가 지금 監理敎會中에서 以來싸와오는中이오나、元來 基督敎와는 相距가 먼데오、一個宗敎遊戲團體가 되여서、그런遊戲의 능난한者가 아니고는 先生이고 聖書고 天使고 所用없이 되여있는 構造입니다。先生님、某條록 張牧師의、그眞愛의 忠誠의 貴하신事役者일진데、敎會밖에서서 敎會에서 싫증이나서 할수없이 뛰어나와 彷徨하는 靈들을爲하야 忠僕이되시도록 하십소서。彷徨하는이가 朝鮮에얼마인지 알수없읍니다。聖朝는 聖朝그대로、張牧師는 그形便과 또 于今껏 싸우시든 精神그대로、朝鮮에 남기소서。이가 처음부터 主께서 許入케하신뜻입니다。敎會는 묻어질날이 멀지않었읍니다。主와함께、묵은집은 헐고 새建築에 忠誠하소서。小弟의敎會觀은 이렇습니다。

先生님 바라기는、붓을들어 쓰실진대 朝鮮이 묻어지도록、웨치실진대 半島가 떠나가도록 하여주소서。그중에도 남을자는 남고 살자는 반듯이살아날것이올시다。……云云。

一은 多年間 長老敎會에서 極力協調하려고 애쓰다가、기어히 견딜수없어서 이미 敎會에서 脫退한이의 意見이오、二는 아직것 監理敎會에 머믈러있으면서 最後의 時刻까지라도 「主여 五十義人、四十五人、四十人…… 十人의 義人이있으면 免하오리까」하고 간구하야 마지않고있는 敎會人의 所信이다。前者는 半島의西北 모퉁이에서、後者는關東海岸에서 發한것인데、其他誌友의所見과아울러 本誌의呼吸이 內外로相應함은 勿論偶然한일이 아니다。感謝。

但 張牧師의 企案대로의 大事業을 即時 찬동하지못한것같이、크게웨치는일도 聖書朝鮮은 當分間 주저하지아니치못한다。우리도 붓을들어 글쓸바엔 朝鮮이 묻어지도록 쓰랴는 작정이 없었든것이 아니오、입을 벌여 웨칠진대 半島가 振動하도록 웨처보랴고 힘써보지않은것이 아니었다。그러나 過去七十七號까지에 아무리 기를쓰고 악을써서 웨처보았어도。우리는 이스라엘 歷代의先知者들以上으로 웨칠力量이 없음을 自覺하였다。敎會의卓上과 敎權者의机邊에는 獅子보다도 우렁차게 웨친 모세의律法、다윋의詩篇、이사야、예레미야、아모스等의 叱責과 使徒들의敎訓과 主그리스도 自身의 날카롭은 웨치심이 振動하고있어도、敎權者들의 鼓膜을 흔들기에는 마태복음 二十三章도 오히려弱할뿐이오、예레미야의 한숨소리도 一種宗敎遊戲에沒頭하고있는敎會人에게는 窓구녕으로 새여드는 바람소리에 不過한것이니、이는 웨침이弱한까닭이아니오 일부러 귀를막었거나 또는 生命이枯渴하야 感覺을잃은者들인故이다。그러므로聖書朝鮮은 나홀로만 크게웨치랴고自恃하지않고 오직 믿음으로써 살아 存在하고저 할뿐이다。今日과 같은 때에는 다만 크리스챤으로서 眞理를把握하고 存在하는일 그일自體가 事業이오 웨침이된다。

聖書的立場에서본朝鮮歷史

咸錫憲

十二、受難의五百年【五】

十一、第二次患難 戰爭의意味는 戰場에서 다되는것이아니다。戰場은 武力의勝負를 決하는곳이나、武力의싸움만이 戰爭인것은아니다。누구나 오늘날 世界의形便을아는사람은、巴里講和會議로써世界大戰이 끝난것아닌줄을몰을이없다。每日每日의新聞은 그繼續되는戰況의報告로 滿載되고있다。萬一戰爭의意味가 戰場에서 다되고마는것이라면、앗시리아는 永遠의帝國이되였을것이오 나폴레온은 世界의 支配者되였을것이다。그러나 그렇게되지않은것은 戰爭이 銃劍을사괴는 以上의일이기때문이다。戰爭의意味는 戰時보다 戰後에、戰場보다 學校와 農터와 工場과 店頭에있다。侵略者에게나 防禦者에게나 다 말할것없이 戰爭은 一大國民的試鍊이라는데 그眞意가들어있다。敵國의領土를빼앗고 殺戮을맘대로하는것이 勝者가아니라 이試鍊에依하야 一段向上의修鍊을얻는國民이 참勝者요、國土를잃고 賠償을내는것이 敗가아니라 이試鍊에落第하는것이참敗北이다。羅馬帝國의崩壞는 도리어 四隣征服이 그原因이아니며、獨逸의建國은 오히려 佛軍의蹂躪中에된것아닌가。休戰條約이成立되는날로 戰爭이끝나는줄아는國民은、이겼거나 졌거나를莫論하고 어리석은國民이다 戰後의施設이야말로 戰鬪보다 힘드는일이다。

壬辰丁酉의亂에 하나님이朝鮮사람에게 要求한것도 豐臣秀吉의軍을이김이아니었다。아무런才操를부려도 當時朝鮮이 그精銳軍을 이길수는없었다。그敵軍을이기는것보다도 戰爭그것、患難그것을 이기는것、거긔서 견대고나오는것、그것을삼켜넘으는것、그가운대서 國民的精神을深化淨化하는것을 要求하였다。그國難이오는原因인 罪惡의길에서 발길을돌려나오는것을바랐다。單純한武勇만아니라 頭腦를 要求한것이오、戰略만아니라 智慧를보자한것이다。時代를넓는史眼과 自我를살리는理想을 要求한것이다。그것이 戰後의施設에 나타나여야했을것이었다。그러나朝鮮은 우에서말한대로 이試問에落第하였다。壬辰錄을낫는民衆은 반듯이無感覺했던모양이아니나、우에는 한사람의夫差도 范蠡도없었기때문에 그氣運은 健實한復興運動으로되지못하고 한낫感情에끊치고말었다。그런故로 正義의代價를 받아내기에執拗한神은 要求하는正答을얻기까지 詰問하기를 끊치지않기로하야、仁祖十四年에 滿洲에서새로일어난 清太宗을보내여、壬辰役에터진머리에 피가아직마르기前에、再次의痛擊을加하였으니 宣祖三十一年 秀吉의軍이 退去하던때로부터헤여 不過四十年이다。

그동안에도 朝鮮사람을爲하야 反省의機會가없었던것아니다。壬辰役後의 東洋政局은 實로風雲去來의時代였으니 이때에朝鮮사람이 一大飛躍을試驗하려면 할수있는時機였다。豊臣이果然 世界的英雄인지 아닌지는斷言할수없으나 그가 큰歷史的役割을하기爲하야 쉐움을닙은사람인것은分明하다。그는歷史上에서 있다금보는、새時代를爲한 掃淸作業을하는 人物의한사람이다。卒伍間에서 一身을일으키어 東洋天地에 風雲兒로 올랐다가、一朝에忽然이 몸과事業이 같이묻허지는 그는、더自身이 辭世의노래에

露とおき露と消えぬる我身かな
難波のことは夢のまた夢。

라고읊은그대로니、이는 알렉산더、나폴레온하는 저와同類의人物들이 共通으로가지는 運命이다。그러나 그의눈에「꿈속에또꿈」으로보인그일은、歷史에있어서는 새時代를여는 큰일이었다。江戶時代三百年의 太平時代를 열은것도그요、明나라에致命的一擊을加하야 滿洲天地에 時代轉換의低氣壓을 비저놓은것도그다。이때에있어서、大和民族은 數千年間 大陸에서건너오는 歷史의물결에對하야 恒常受動的인地位에섰던것이、次次 能動的反撥의形勢를 取하려할때、將次다할 그歷史的所任을爲하야 爲先民力養成이必要하니、德川幕府가 暫間 偃武修文의政策을取하야 鎖國을하는것이 異常할것없다하고라도、적어도 이때에이辛酸한經驗을한朝鮮은 그저지나갈수없는 形便이었다。明이本來滿洲에對하야는 完全한統治를行치못하고、겨우 그部落의酋豪들을懷柔하야 外藩으로다스려오던것인데、壬辰亂에朝鮮에出兵하야 많이國力을虛費한後로는 漸漸더統治할힘이없어 自由放任의狀態로되게되였으니、朝鮮사람으로서 萬一이때에 壬辰亂에서 받었어야할敎訓을 잃지않고얻었다고하면、先祖의땀이배였고 피가흘렀고 뼈가묻인 이따에한번更生의길을取하자는 雄圖가일어나는것이 當然한일이었다。그러나終是 그를깨닫지못하고 한번두번 時勢가와서 몸을찔렀것만도 손을묵고 應치않었으니、實로後人으로하여금 痛恨을禁치못하게하는바다。

歷史는 게으른者를爲하야 기다리는法이없다。기다릴줄모르는 歷史의열매를 제때에따는것은 熱心있는 冒險者만이하는일이다。朝鮮사람이내던지는福籤은 進取的인 滿洲의勇者가 가저가게되었다。이보다前에 明에勢力이衰함을따라滿洲에는 女眞의여러部落이일어나 서로다토는中에 佟佳江流域에일어난 奴爾哈赤(누르하티)란者가있어宣祖十六年에 父祖의寃讐를갚는다하고 軍士를일으켜 여러部落을처이기고 形勢자못떨치는것이있더니 문듯天下形勢의 尋常치않음을보고 비로소큰뜻을품게되였다。그리하야 壬辰亂이爆發함을보고 使臣을우리게보내여、自請來援하기를告하였으니 이것이다時代의부르짖음을 듣는者의일이었다。朝

鮮은이를보고 어찌하였나。이만한警告를들었으면 朝廷에서도 깨닫는바가있었어야할것인대 一時좋은말로 拒絶하야보낸後는 그대로닞어바렸다。그리는동안에 奴爾哈赤는 漸漸强盛하야 明에對하야 攻勢를取하게됨애, 우리光海八年에 天下의大勢를 決定하는싸움이 滿洲벌판우에열리게되였다。때는 이미늦었다할수도있으나, 明의請을받아 朝鮮에서도 軍士를내는터인즉, 萬一 하고저하는바가있었으면, 成敗는莫論하고 이때에라도 한번試驗해볼만한때었다。그러나 勇氣가 겨우二萬兵을내는대 끊지었을뿐이오, 引率하고간 姜弘立, 金景瑞도 또한 그人物이아닌지라, 한갓남의利用物이되었을뿐이오, 朝廷에서도 進取復興의國策을세움이없이 그저썩어진舊套대로 明淸間에 向背를가리기에만 苦心하였다。

歷史는 게으른者를 猶餘도않거니와, 그뿐만아니라 復讐를하는物件이다。古人이曰「하늘이주는것을 받지않으면 도리어그禍를입는다」고, 할수있는時勢를타지않고, 다하야할役割을 避하며 하지않는者는, 單히떠러진者가 될뿐만아니라 무서운復讐를 받지않으면않되는것이 歷史의鐵則이다。그런故로 朝鮮사람이, 그先祖의故土가 보내기를 使命의웨침으로써하고, 그時代의물결이 許하기를 機會의선물로써하되, 이를拒否하고 받지않었다면, 그歷史의復讐를 免치못하는것은 當然한일이었다。仁祖四年滿洲에서는 太祖奴爾哈赤가죽고 그아들太宗이서더니 翌五年에 朝鮮이 明과通하야 自己를 圖謀하려한다하야 三萬兵을거느리고 侵入함애 義州, 郭山, 定州, 安州가 連次陷落하고, 王은 不得已 江華로避亂하였더니, 뒤니어平壤이失守되고 敵兵이江華에다다름으로 드되어屈服하야 滿洲와兄弟誼를맺으며 宗親으로 人質을보내기約束하고 和議가成立되었다。없우이녁이던 北虜의쓴맛을 처음으로본것이다。그러나오히려 姑息彌縫의버릇을 놓지못하였다。이것이 永久의平和가될수없는것은 반드시 透徹한識見을 기다리지않고도 알일이것만 當時要路에서는 사람들은아직꿈속에있었다。江華가危急하단말을듣고 달려갔다가 和議이미成立되었음으로 칼을그저집어꽂고 退軍하는林慶業이 憤하야, 「朝廷에서 내게四萬精砲만주면, 可히오랑캐들을뭇즈르고, 劍을 鴨綠江물에씻고 도라오련만」하되 아무도應하는者가없었고, 艱辛히 平安監使 閔聖徵의薦을닙어 劒山, 凌漢, 雲暗, 龍骨等 山城을쌓으며「西事는 林某가아니고는할수없다」하야 義州府尹兼 淸北防禦使의職을 얻기는하였으나 國境警備를爲하야 二萬兵만달라한則, 對答하기를「和議가 이미굳게成立되고 틈생길일이없는데 그다지도 怯할것무었이오」하였다。그러는동안에 十年의歲月이흘러 滿洲에서는 모든準備가되며 國號를大淸이라하며 皇帝를稱하고 朝鮮에向하야 兄弟의盟을變하야 君臣으로하며 歲幣를더하기를強要하야、듣지아니함애 드듸어仁祖十四年에 清太宗自身이 十萬兵에將으로 大擧侵入하니、이것이所謂丙子胡亂이라는것이다。이亂은 미리約束한것이나다름없는것이것만도、아모準備없는 나라에서는 賊兵이들어온다는말을듣고야 새삼스러이 大驚失色하야 어찌할줄을몰랐다。義州에는 林慶業이미리알고 數年을두고 築城貯糧을하야 準備한바가있음으로 그를아는清太宗은 義州로가지않고 間道로좇아行하야 不過十餘日에 京城을直犯하였다。慶業도後에알었으나、그의말대로、「軍士없는將軍이」慶業이면어찌하리오、서서보는수밖게없었다。王은 또江華로避하기로하야 嬪宮王子는 몬저보내였으나 몸소는 미처및지못하야 清兵의包圍를當하야 不得已南漢山城에籠城케되였다。城中에서는 和議를主張하는이 斥和를하는이 서로意見이不一하였으나、君臣이눈물을먹음고 重圍中에있기 四十餘日을한後 糧盡、力盡、計盡、더구나江華가陷落하야 嬪宮王子가다잡히었다는 驚報를들고는 不得已和議를請하는수밖에없이되었다。그리하야 王自身이 三田渡에쌓아놓은 降壇밑에없데여 이때것北虜라고蔑視하던그이앞에 三拜九叩頭의禮를行하며、宗社의面目을爲하야 和議를排斥했던 내股肱을잡아 敵手에부처 死地로보내지않으면않되는 羞辱을當했으니、이것이無視當한 歷史의復讎였다。

十二、林慶業

壬辰亂을말함에 忠武李舜臣公을 뺄수없는것같이、丙子胡亂을말함에는 忠愍林慶業將軍을낮을수없다。이들은 다 그時代의意味를 代表하는사람들이다。우리는林將軍의生涯에쓰인 丙子亂의意味를 닑기로하리라。

그는 宣祖二十七年十一月初二日 忠州達川村에났다。忠州라면 壬辰年에 將軍申砬이 驚惶忘措하는 全國民의 依賴와心祝을 一身에모와가지고、三路로올라오는 强軍을막으려 彈琴臺上에 背水陣을쳤다가、一敗塗地하야 붉은피로江물을흐린 慘憺한歷史를지은곳이오、宣祖二十七年이면 이慘劇이있은지 正히三年後이니、그는 이國難中에胚胎가되고 이國難을目擊하며자라났다。그런故로 이壓迫의맨밑에서자라난그는 나면서부터 反撥性을가졌다。九歲에項籍傳을닑어「書足以記姓名、願學萬人敵」이라는대니르러 再三歎息하야「이것이참大丈夫의말이라」하였다하며、恒常大丈夫三字를입에끊지않었다 하는것이라던지、늘歎息하야「내天地正氣를받아가지고 남애 物件이아니되고 사람이되었으며、婦人이아니되고 男子가되었는대、이조고마한나라에나서局束하야 一生을보내게되니 可惜한일이아닌가」하였다는것은 다이것을 말하는것이다。

몸은비록적었으나、膽은컸고 勇氣있고 智謀깊고 말잘하고、무었보다도 忠義의精神이높았다。二十七에 武官의길에나서 漸次그才器와忠義가 사람들에알려저 滿洲의일이 急하야지던때는「西事는 林某가아니면않된다」고하야

義州府尹의職을띄게된것은 우에서이미말한바다。남들이다 晏然히있어 將來하는患難에對하야 생각도하지않는대 將軍이홀로 이를미리보고 白馬에城을쌓으며 糧을貯蓄하야 淸太宗으로도 敢히손을대이지못하게하였다。그러나 朝廷에서는 그의計巧를 쓰지못하야、亂이發하기數月前에 二萬兵만주어 防備케하라할때에 一時주기로許諾되여、그도 「이제二萬兵을얻었으니 賊이온들 무엇이두려우리오」하였으나、다시一白面諫官의「이때에 重兵으로 邊臣에게줄수없다」는 奇怪罔測한말을듣고 前令을取消하여、將軍으로하여금 발을굴으고 歎息하야、「無軍之將이 어떻게하는수있느냐」하게하였다。賊軍이 이미侵入한다음에도 그는五千兵만주면 瀋陽을直搗하야 칼에피묻치지않고도 大事를可히건질수있다하되、그말을들어쓸勇氣를 가진者가없었다。亂後에는 그恨을 한번씻으려 明과連結하여보려하였으나 失敗에歸하고、때마츰淸이 征明軍을일으켜 우리더러도出兵援助하라고 强要하는故로 將軍이出征하야 陣中에서明軍과潛通하야 擧事하려다가 發覺되여돌아오고말었다。그罪로 淸廷이 將軍을 押送하라하는故로 스스로就縛하야 滿洲로向하다가、中途에脫出하야 片舟로黃海를건너 山東에上陸하야 明廷을움즉이어 劃策하려하였으나、그때明이 이미形勢다되였고、더구나不幸히 그依托했던明將이 庸劣한人物이라、將軍을잡아 淸軍에投하였음으로 捕擄의몸이되여 瀋陽으로갔다。오래거긔서 受辱하였으나 그精忠高義가 도리어敵主를感服식여 本國으로護送함을닙게되였다。그러나本國이 그를爲하야 準備한것은무엇이었던고、義州에건너선즉 男女老少가「우리使道님오신다」、「우리將軍오신다」하며 에워싸고 눈물을뿌리지않는이없고、列邑을지나는동안 迎見이끊지않고 稱歎이嘖嘖하였으나、서울에到達한즉 誣陷과惡刑이기다리고있었다。金自點이 本來將軍을妬忌하야 일마다害하려함애、그前에도몇번 그손에걸렸었더니、이때에沈器遠이 逆謀꿈임애 將軍이共謀하였다하고 鞫問하기를 酷毒히하야 드듸어杖下에絶命케하니 時年이五十三이다。죽일때에 寃歎하야曰

「天下事 未定인대 나를죽여되겠느냐!」

仁祖는 將軍의 無罪히害받음을 아까워하야 救할뜻이있었으나、弱한님금이라 大臣에게意見을물음애 敢히贊成하는者없고、躊躇하는동안에 承旨가 將軍의絶命을 告하였다。그제서야 놀래여

「國業이죽었어、죽었단말이냐、그無罪를말하려하는대 果然죽었단말이냐、그렇게壯하고 든든하던사람이 어찌그리빨리죽었단말이냐、膽大하야 쓸만하고 功勞가또많은대 아깝도다。남의말에걸려 終乃죽고마단말인가、내너를죽일뜻이아니였는대、네줄거殞命하고말었으니 可惜可惜이로구나」

하나 쓸데없었다。그訃音이 傳함애、사람마다 歎惜하야

「나라를어찌할고 林將軍을 죽여놓고!」

하며 눈물을 흘리는者도있었다。

그를죽여놓고 나라일이안될것이것만도 그를죽였다。天下事가定하기前에 그가죽어 될수없는일이것만도 그는죽었다。그才勇을가지고 그義氣를가지고 이時代에나는것이 偶然한것이라 못하겟거든、넘어지기를 어찌그리맥없이할까。救하려는者의손이 方今그머리우에 나리려할때 그는忽然히 질려갔으니 이는무슨奇異한運命인가。그는歷史의孤兒였던가。時代의길을헛들었던 可憐한人物인가。神이그사람을내여 一旦天下事를 定할만한자리에둔것은무엇이며 두었거던 또慘酷하게 앗아감은무엇인가。攝理는 이時代에 이한사람을 왜許치않었던가。모든疑問을푸는것은 오직一語있을뿐이다。曰 이民族의 苦難을 徹底시킴。

그와李舜臣을比하면 잘對照가된다。저가朝鮮의南門을지켰으면 이는西門을지켰고、저가海上에勇者면 이는陸上에 英雄이다。그빼난才勇에서같고 그卓越한識見에서같고 그 높고높은 忠義人格에서같다。저를丙子에두었으면 林將軍이되였을것이오、이를壬辰에나게하였으면 李舜臣이되였을것이다。그러나 둘의運命은달렀다。그一生을 朝鮮爲하야 바친點에서 다를것이없으나、하나는計劃을세워 세운대로 成功되여 救國의使命을다하였고、하나는애를쓰면 쓰는대로문허저 千古의寃恨을맺고 갔을뿐이다。그才의모자람이었던가、對敵의用兵이 神奇함이었던가、아니라 그보다時勢가 許諾지않은故였다。둘의運命이다름은 둘의代表하는 時代의 意味가다르기따문이다。우리가생각해도 瀋陽直搗는 할만한것이였다、清太宗으로하여금 魂膽이서늘케하는 그의손에、兵으로주고 時勢로許하야 快腕을맘것돌으게하였다면 或은그는 그「彼丈夫兮我丈夫」의劒을黑龍江水에 씻었을것이다。(그劒銘에曰 三尺龍泉萬卷書、皇天生我意何如、山東宰相山西將、彼丈夫兮我丈夫) 그러나 그것이實現못되였다。丙子亂이 壬辰亂에繼續하는國難이나 이때에 神의計劃은前과달렀다。이번은 逃亡의血路도 猶餘도必要치않었다。줄곳 三田渡로몰아넣게하는것이었다。그런故로 이싸움은 七八年을費할必要가없고 單三個月이면足하였다 저가李舜臣의役割을 再演하지못한것은 이때문이었다。

저의一生은 찢어진바위틈으로 突入하야 岩窟속에빛우이는 一條의光線과같이 周圍의暗黑을 漸漸더진하게하는듯한存在다。그의生涯를알어서 우리는 이時代의 悲痛味를 加一層 느끼지않을수없다。그러나 그는 單純한 憤恨의 存在만일가。울이안에怒吼하는 라이온만일가。아니다 決코그렇지않다。그는一面에있어 이렇듯 壓迫된時代를代表하는 悲憤의사람이오 寃恨의사람이면서도 他面에있어서 氷雪을뚫치고나오는 生命의새싹과같이 希望과 信仰으로

새時代를 豫表하는사람이였다。胡亂이지나간二年後 戊寅에 그가義州府尹으로있어 國事를爲하는 赤誠에서올린陳溝上便宜及軍務疏의 最後條에 이렇게말한것이있다。

「六은曰 敬天災니 古人이말이있어曰 人君의一念의 아름답은것이 慶雲甘露요、一念의惡한것이 疾風迅雷라하니 믿부다이말이어、하늘이 미워하는것은 곧 사랑하는것이다。미개災가있음애 공경한즉 災가災되지않는것이오、공경치않으면 危亡이니를것이오니 今日에 天災地變物怪가 잦우잦우일어나는것은 實로 殿下의福이오라 바라건대 殿下는災를만나고 더욱德을닦으면、災를轉하야祥으로하며 禍를移하야 福으로만들것입니다……」

그怒氣가어데있으며 그憤色이어대있으며 그恨歎이어대있는가。이를돌어서 우리는 嚴寒을물리치고 봄바람에얼골을 쏫이우는듯한感이있다。이將軍이 이말을發하였으리라고 누가생각할가。그의壯勇을 말하는사람이많으나 그에게 이信仰이있었던줄을 아는이는없다。모르기는하거니와 그의傳을닑어 이一句節에 깊이注意하는者가 있을듯하지않다。信仰의눈으로 모든것을보자는우리좇아도 이一節을 읽은때에는 意外의感에 놀라지않을수없었다。그러나 이는 그가眞心으로한말이다。秋八月 밝은달이 統軍亭上에빛우이고 歷史的感懷를 자아내지않고는 마지않는 鴨綠江바람이 소매에가득차는밤에、憂國忠情에 타는가슴을 가지고、「久病之人이 元氣는 이미銷하고、百症이交侵하야 咳嗽가發하고 痰은떠오르고、喘息이奄奄하야 朝夕으로命을기다리는듯한」나라를 蘇生시키기爲하야 救國大策을草하는將軍이 어찌形式의말을하거나、例套의文句를 썼을理가있으리오、六條의最後에 이一條를놓은것은 생각하고생각한후에 한것일것이다。그러면 칼을들고 말을달려 三軍을 叱咤하는將軍이、國運挽回의策이 富國强兵에있다면 그럴듯하거니와、어찌患難에 順從하는데있다하는가。일마다 計策은틀어지고 機會는어긋나 憤恨不勝하는 英雄이、「天亡我」라하면 그럴듯하거니와、어찌災變物怪는 하늘이 朝鮮을사랑하는所以라하는가。저로하여금 이말을하게하는 하나님은 果然「깊도다 하나님의智慧와 知識의富饒함이여!」다。「하늘이미워하는것은 곧사랑하는것이라」하는信仰의이一語는 얼마나 무거운歷史的意味를 가지는말인가。萬一 이一語가 終乃 나오지못하고말었다면 우리는얼마나 寂寞을느낄것인가。事實 이때까지의 모든患難은 이한말의發함을 爲함이아니었던가。이제눌린者의입에서 이和解된 懺悔의말은나왔고 歷史의우에 두렸이길어있게되였다。이것이 어찌林慶業의말이리오、廢墟에서돋는 朝鮮의새싹이다。그러나 아지못게라 이芥子씨가 空中에새를 깃드리게까지되고、이누룩이 서말가루를 다發酵시킬것인가 못할것인가。

무릇策略을唾棄함

聖書人物中에 우리의 滿腔의同情과 敬意를끄으는 人物하나이있으니、그는 有名한 요셉이 아니오 그의兄 유다가 그사람이다。創世紀第四十二章以下에 記載된 야곱의 열두아들들이 애급에서 相逢하는 場面처럼、劇的光景의感激을 우리에게 던지는것이 없으나、사람들은 요셉의 찬란한풍채에 恍惚하여버리고 유다의 至誠純眞함을 忘却하기가쉽다。비록惡意의策略이아니라 할지라도 요셉이 그兄弟들께對한態度는 表裏가있고、策略이있고、政治家的俗臭噴噴함을 가리울수 없다。(四十二章ㅡ四十四章十七節까지 參照)。마는 이에對한 유다의 言行은 至誠至純의 結晶이었다。

유다가 요셉에게 가까이가서 가르되、우리주는 바로와一體시니 노하지마시옵시고 말하기를용납하소서。이전에 주가 종들에게 물으시대 「아비와 형제가있느냐」하기에、우리주께 고하대 「늙은아비가있고 아버지의老年에 한아들을 낳으니、그동복兄은 발서죽고 저만남아있는고로 아버지가 심히 사랑하나이다」하였더니、主명하야「다려다가 나에게보이라」하시거늘、종들이고하대 「그아이는 아버지를 떠나지못할지니 떠나면 아버지가 죽겠나이다」主ㅣ명하대 「어린동생을 더부리고 오지않으면 나의얼굴을 다시보지못하리라」하시기로、우리가 돌아가 主의종우리아버지에게 主의말슴을 고하였나이다。그후에……아버지가 이르되「내처 라헬의소생은 둘뿐인줄너의도 알거니와、하나는 나갔다가 돌아오지않으니 정영히 野獸에게 찢겼다 하였거늘、이제너의가 이아들을 다리고 가다가 또혹시 害를받으면 나의 힌머리가 슬픔으로 스올에나려가리라」하야、그아이를 자기생명과같이아껴하거늘、이제내가 主의종 우리아버지에게 돌아갈때에 이아이가 함께하지않으면 아버지가 이아이를보지못함으로 죽으리니、如此히되면 종들이 아버지를 힌머리로 슬피스올에나려가게함이니이다。올때에 내가아버지앞에서 이아이를 담보하되 携歸치않으면 내가平生아버지께 죄인이되겠나이다 하였으니、내주여 나로 이아이를代하야 종되게하시고 아이는 兄弟와함께 돌아가게하소서。아이가 함께 가지못하면 어찌 아버지의 화를당하는것을 참아보오리이까」하고 眞情을以實告之하니 요셉도 드디어 政客의껍질을벗고 放聲大哭하였다。偉大하도다 純情眞誠의힘ㅣ 兄弟여 아무리 善한目的으로 나왔을지라도 策略과權術로써 君의친구를 試驗하지말라。主여 願컨대 우리는 요셉의兄 유다의黨으로 平生남겨두어 주시옵소서。兄弟를試驗하지말며 、眞理에對하야 핑게하지못하게합소서。

요한복음 〔試譯〕

趙誠斌

第七章

15유대사람들이 놀라서하는말이
『어떻게 된셈일가? 이 교육도 받지않은자가 책을 읽
다니?』
라고 16예수께서 대답하시기를
『내교훈은 내자신의 것이아니라 나를 보내신이의 것
이다 17누구든지 하나님의 뜻을 행하려고 하는 사람
이면 내교훈이 하나님께서 오는것인가、나의 자작인
가를 깨달으리라。18자작한것을 말하는자는 제자신의 영
광을 구하지만 자기를 보내신이의 영광을 구하는사
람은참되고 그속에 꾸부러진것이없다。19모세가 너의게
율법을 주지않었느냐? 그래도 너의들중에 하나 정
직하게율법을 직히는자는 없으면서 웨 나를 죽이려
고 하느냐?』
라고 하시니 20군중의 대답이
『당신은 밋었나보구려! 누가 당신을 죽이려고 합니
까?』
라고。21예수께서 대답하시기를
『내 꼭 한가지일을 한것뿐인데 너의들 모두가 놀란
다。22모세가 할례를 명하였다고(이것은 모세부터 시
작된것이 아니라 선조부터 시작된것이다)너의들 안식
일에도 할례를준다。23모세의 율법이 깨지지 않기위하
야 사람이 안식일에 할례를 받는다고 할진대 그래 안
식일에 사람을 건쾌시켯다고해서 내게 골내느냐? 24것
모양으로 심판말고 정당하여라』

第六章

1이런뒤에 예수께서 갈릴리바다 건너편 듸베랴호수로
가시니까 2따라간사람이 굉장히 많었다。이것은 병든사
람들게 행하신 기적들을 보았었든때문이다。3예수께서
산에올라가서 제자들과같이 그곧에 앉으시였다。4(때
는유대인들의 과월제가 가까웠었다。)5예수께서 눈을드
사 수많은 군중이 닥어오는것을 보시고 필립의게 말
슴하시기를
『우리가 어디서 빵을사서 이모든 사람들을멕이겠느냐?』
6(이렇게 말슴하신것은 필립을 시험하려는것이지 그자
신은 어떻게 하실것을알으시었다。)7필립의 대답이
『팡이칠십원어치라도 이군중이 조금식 받기에도 부족
하겠어요』

요한복음

라고。 8제자중에 시몬베드로의 형제 안드레가 엿주어
9『여기 보리팡 다섯개와 물고기한쌍을 가진 아이가있
어요。 그렇지만 이 수많은사람에 요골 무얼하겠어요?』
라고。 10예수께서 말슴하시기를
『사람들을 앉혀라』
라고。 그곳에 풀이 많어서 사람들이 앉으니 그수효가
약 오천명이였다。 11이에 예수께서 팡을가지고 하나님께
감사들이신후에 앉은사람들게 나눠주시고 또 고기도 그
렇게하야 원하는대로 주시었다。 12그들이 배부른다음에
제자들게 말슴하시기를
『부스러지는것이 없게 남어지 조각들을 거더모아라』
라고。 13이에 모으니까 다섯개의 보리팡쪼각을 먹은 남
어자가 열두 광주리에 가득하였다。 14사람들이 그 행하
신 기적을 보고 하는 말이
『참으로 이는 저 세상에 오기로 된 선지자이시다』
라고。 15하며 왕으로 모시려고 하였다。 예수께서 이것
을 알으시고 혼자서 다시 산으로 피하시였다。
16저녁때가 되자 제자들이 바다에 내려와 배를 타고
바다를 건너서 가버나움으로 떠났다。 17때는 벌서 어두
었는데 예수께서 아직 오시지 않었었다。 18바람이 심하
야 파도가 괘 일어났다。 19대략 네뎃마일사이를 놓지
은다음에 예수께서 바다우으로 걸어 배에 가까하 오
신것을 본 그들은 몸솔이첬다。 20그러나 예수께서 말슴
하사
『내다。 두려워말어라』
라고。 21이에 그들은 예수를 기뻐 마주려고 하니 배는 대
뜸에 가려든땅에 이르렀다。
22그다음날 바다건너편에、남어서、서서있던 군중은 배
가한채밖에 거기 없었으며 예수께서는 제자들과 그 배
에같이 타시지 않고 제자들만으로서 간것이 생각났
다。 23(그때마침 듸베랴부터 몇채의 배가 왔었다。 그곳
은 주님께서 감사들이시고 팡을 멕이시던 곳에 가까
웠다) 24이에 군중은 예수께서도 안게시고 제자들도 없
는것을 보고 이 배로서 예수를 찾아 가버나움을 갔
다。 25바다 건너편에서 예수님을 맞나 말슴들이기를
『라비여 언제 여기 오셨어요?』
라고。 26예수께서 그들의게 대답하시기를
『진실로 진실도 너의게 이른다、너의들 나를 찾는것
이 기적을 본때문이 아니라、팡을 먹어 배부른때문
이다。 27썩어질 양식을 위하야 일하지말고 영생을 의
미하는 양식을 위하야 일하여라。 인자가 너의들께 이
양식을줄터이다、 아바지 하나님께서인자에게 증거하셨
으니까』
28이러니 그들의 말이

『하나님의 일을 행하랴면 우리들 무엇을 하여야 하
겠읍니까?』
라고。하길래 29예수께서 대답하시기를
『하나님께서 보내신 사람을 믿는 일이 곧 하나님의
일이다』
라고。30그들은 말하기를
『글세요 그러니까 우리들 보고 믿게 무슨 기적을 행
하시겠읍니까? 무슨일을 보여주시겠읍니까? 31우리선
조는 광야에서 만나를 잡수셨읍니다。「그이가 하날에
서 팡을 그들게 주어 먹였다」고 기록된대로』
이에 예수께서 말슴하시기를
『진실로 진실로 너의게 이른다。모세는 하날에서의
팡을 너의들게 준것이 아니다。그러나 내아바지께서
는 하날에서의 참된팡을 주신다。33하나님의팡은 하
날에서 나려와서 생명을 세상에 주는 팡이다』
라고。34그들은
『오ㅣ주여 그팡을 주서요、늘요。』
라고 하니 35예수께서 말슴하시기를
『나는 생명의 팡이다。내게로 오는사람은 줄이지 않
으며 나를 믿는사람은 언제든지 목마르지 않으리랑。
36그렇지만 너의들 나를 봐오면서도 믿지않으니、이는
내한말 그대로이다。37아바지께서 주시는것은 모다 내
게로 올것이며 내가 그들 하나도 거절하지 않을터이
다。38이는 내 하눌에서 온것이 내뜻을 행하려는것이아
니라 나를 보내신이의 뜻을 행하려는 때문이며 39나
를 보내신이의 뜻은 내게 주신사람들을 하나도 잃
지말고 끝나는날에 소생시키는 일이다。40인자를 보고
서 믿는사람이 죄다 영생을 얻을것과、끝나는날 내
가 그를 소생시킬것이 내아바지의 뜻이다』
41이에 유대사람들은 예수께서「나는 하눌에서 나려온
팡이다」라고 하신말슴에 대하야 42중얼중얼하면서
『이는 요셉의 아들 예수가 아닌가? 우리는 그아버
지와 그어머니를 아는데、어떻게 지금「나는 하눌에
서 내려왔다」고 할수있을가?』
라고。43예수께서 대답하시기를
『중얼중얼하지덜 말어라。44나를 보내신 하나님께서 끌
어다 붙이시지않고는 하나 내게 올사람이 없다。(내
가 끝나는날에 그들을 소생시킬터이다) 45예언서에「그
들이 모다 하나님의 가르침을 받으리라」고 기록된것과
같이 하나님으로부터 들어 배운사람들은 죄 내게로
온다。46이렇다고해서 아바지를 본사람이 있다는것은아
니다。다만 하나님께서부터 온 사람만이 아바지를 보
았다。47진실로 진실로 너의게 이른다、믿는사람은 영생
을 가지고 있다。48나는 그 생명의 팡이다。49너의들

요 한 복 음

선조는 광야에서만나를 먹었으나 죽었다。 50마는 하눌
에서 오는 팡은 먹고 죽지않는 팡이다。 51나는 하눌에
서 내려온 산팡이다。 사람이 이팡을 먹으면 영원히
살것이다。 즉 내가 줄 팡은 나의 살이니 세상사람들
의 생명을 위하야 주겠다』
라고。 52이에 유대사람들은 서로다투면서 하는말이
『이 사람이 어찌 자기살을 먹으라고 우리들께 줄수
있을까?』
라고。 53하니 예수께서 말슴하시기를
『진실로 진실로 내가 너의게 이른다、 너의가 인자의
살을 먹지않고 그피를 마시지않는다면 너의게 생명
이 없다。 54내살을 먹으며 내피를마시는 사람은 영
생을 얻는다。 (내가 그를 끝나는 날에 소생시키겠
다) 55대개 내살은 참된 먹을것이며 내피는 참된 마
실것이다。 56내살을 먹으며 내피를 마시는 사람은 내
안에있고 나도 그안에 있다。 57내가 살아계신 아바지께
서부터 보내여지고 아바지로 말미암아 사는것과같이
나를 먹는사람도 역시 나로말미암아 살것이다。 58하날
에서 나리는 팡은 너의 선조들이 먹고서도 죽은만나
같은 팡이아니라、 이팡을 먹는사람은 영원토록 사는
팡이다』
라고。 59이말슴은 예수께서 가버나움회당에서 가르치시면

서 하신말슴이다。 60제자들중에 이것을 듣고
『이것 너무 과하신데! 누가듣겠어요、 이런말슴을』
라고들 하는사람이 많었다。 61예수께서 제자들이 이에대
하야 중얼중얼하는것을 속으로 아시고 말슴하시기를
『그렇게 이말이 너의를 서슴게 하느냐? 62그러면 인
자가 이왕 있던곳으로 올라가는것을 보게되면 어떻
거나? 63살리는것은 영이다。 육은 유익될것없다。 내가
아까한말들은 영이며 생명이다。 64그렇다고 하지만서도
너의들중에는 「믿지않는자들이 있다』
라고。 (이것은 예수께서 아초부터 믿지 않는자는 누구
며 자기를 팔기로 된자는 누구라는것을 알으시였기때
문이다。 65이렇기때문에 예수께서 「아바지의 허락이 없이
는 내게로 올수없다」라고 하신것이다)
66이렇게 되니 제자들중에 예수님을 물러가버리고 다
시는 걸음을 같이하지않는 제자들이 많었다。 67그래서
예수께서 열두제자에게 말슴하시기를
『너의들도 가려고 하느냐?』
라고。 68시몬、 베드로가 대답하야
『주님이여 누구에 게로 가겠어요、 우리가? 영생의 말
슴은 당신께 있읍니다。 69또 우리는 믿으며 압니다、
당신께서는 하나님의 성자이신줄을。』
라고 하였다。 70예수께서 대답하시기를

참眞理의新春을不絕이맛보면서

아ㅣ 新春은 왔읍니다。朝鮮의 東山에 또오고 또왔읍니다。眞理의 新春이、福音의 新春이、또 間斷이없이 宇宙를 抱擁한 하나님의 攝理에서、森羅萬像에 充滿한 그리스도愛의 心臟에서、또한 그를 받아 그의 안에서 生活하시는 福音의 랍팔에게서 또 왔소이다。아ㅣ復活의 新春이、生命의新春이、眞理의新春이、慘憺한 癩에겹쌓인 悲哀와 憐憫의人間을실은 小鹿島의 背後에도、날로 때로 變遷이없이 各方面에서 味見하는 小生等의마음東山에도、眞理의 新春은 또 왔소이다。對할때마다新面目이요 씹어먹을때마다 새로운新味오 만질때마다 新創造이로소이다。

아ㅣ暗黑은 大地에 가득차서 길을볼수없던 三千里江山에 光明의빛으로 온眞理의 新春、非眞理가 生生하여 死亡이 소래를 쳤든 二十世紀에 生命의 爆彈을실코온 眞理의新春、빈들이되여 荒蕪하였든 에덴東山에 活聖書를 채워줄 眞理의新春、一九三二年부터 눈물에서 옷음에서 逆境에서 順境에서 不絕히 맛보았든 아름다운眞理의 新春이 또오고 또왔읍니다。이眞理의 新春을 抱擁한하나님의 自然界의 花園에서 小生等이 어느꽃을取하리까?

아ㅣ對하는 萬事萬物이 모다 眞理요 生命이로다。또한 이眞理의 新春을 담아실코 方方處處로 날아다니며、思慕하고 渴望하는 마음東山에 眞理의 新春을 소개하는 聖書朝鮮을 一九三五年五月十三日인 오늘에 또한 기쁘게 맞이하였나이다。질겁게 味見하였나이다。世人이 알지못할 이秘密의 新春、高貴한 階級의 人들이味見치못한 이純粹한 眞理의新春、여기에 滿發한 이生命의 꽃송이중에 어느것을 取하오리까?

아ㅣ對하는 句句節節이 信仰의骨筋이되고 信仰의血肉이되나이다。此眞理의 新春을 味見하와 生命의꿀송이에 醉한 小生等은 너무도 感激하와 歡笑할랴고 하옵는대도 抑制치못할 熱淚가 어쩐일이오니까? 아니 이는悲運에서 짜내는 熱淚가 아니옵고 한량이없는感謝에 못견댄눈물이랍니다。眞理의 新春의 主人공이 되신 우리주님의 榮光으로 化할눈물이랍니다.

眞理의新春을 먹어도 마셔도 그래도 思慕하는 懇切의 눈물이랍니다。

이生命的인 眞理의新春을 味見한 小生으로서 이를맛보지못하고 苦悶과 不安中에서 주를 찾고있는 現敎會兄姉들에게 이 진리의 신춘을 소개치아니치 못합니다。

아ㅣ내라는 모든自我의 固執에서 生命的인 眞理의新

참眞理의新春을不絶이맛보면서

春을 味見치못한 愚昧하고 可憐한 現敎會 사랑하는兄姉들아 眞理의 新春은 발서왓나니라。모든법에 埋葬을 당하엿든 眞理의五旬節은 오래전부터 왓나이다。웨ㅣ不完全한 조직에만 얽매여 各事變에서 받을수있는 眞理의新春을 못받느냐? 그대들의 愚昧하고 可憐한 行動을因하야 우리주님의 애타는 마음을 아느냐? 모르느냐? 嗚呼라! 現敎會사랑하는 兄姉들아 生命的인 眞理의新春、福音의新春은 발서와서 萬花芳暢하여간다。所用없는 固執으로 사라계신 우리主任을 섭섭하게마라。

然이나 上述한言을 驕慢인가 誤解치마라。驕慢에서湧出하는 말숨이 아니로다。「내가 길이요 眞理요 生命이란」그이의 사랑에 못이겨서다。即 信仰을 代身한 崇嚴한 儀式에 抑壓되여、받아들일수있는 眞理의 신춘을 못받고、成長할수있는 信仰을 죽이고 있는것이 너머도 안타갑고 哀惜하여서다。職權있는 指導에 只于今 속아오는 現敎會여! 사랑하는 兄姉들아 躧蹝한癩病으로因하야 그리스도의 信仰內容에서 손목잡고 勸勵도못하엿고 이러한 지혜도 없엇다。

아ㅣ봄은왓다。아름다운봄、眞理의봄은왓다。봄은 어떠한質을 가젓는가、봄은 부드럽고 溫柔한質을 가젓다。故로 봄은 地球가 太陽을 正面으로對 하므로 地球가 溫度를얻어 各生物이 生生한다。눈보라치든 嚴冬雪寒은지낫다。즉 랭락침체한 겨울은 지낫다。新春은 와서 太陽은 地球우에 그猛烈한 熱을 쏟아나린다。아ㅣ溫氣를 얻은 地球는 春風、夏氣에 萬物이 自生케하엿건만、그러나 모든規則、規模、儀式、制度、團體、敎派에 얽매여 사망에 집행된 現敎會안에 生命的인 眞理의 新春은받아들일자 드물다。即 現敎會가 살예수를 떠난 까닭에 眞理의新春、그리스도의 사랑은 없나니라。마치 地球의 溫度가 식어저 陰冬雪寒으로 옴겨질때 萬百草木이 시들고 고라저 죽는다。

소위 現敎會안에는 眞理와生命의 全幅되신 예수그리스도를 떠낫으매、이미받앗든 恩惠까지 잃어버리고 묫생명은 寒死地境에 이르럿나니라。날로 때로 各事變에서 새로히 새로히 나타나는 眞理의新春을 味見치못하느니라。아ㅣ生命的인 眞理의 新春은왓다。太陽이 地球를溫和히함같이 예수 그리스도의 眞理의 新春、福音의新春 生命의 新春이 우리朝鮮의 東山에 발서 이르러 貧寒한 朝鮮敎會에 그新春의熱、即 眞理를 쏟고있나니라。生命을 쏟고있나니라。사랑을 쏟고있나니라。

아ㅣ現敎會 사랑하는 兄姉들아 不完全한 人間의 知識 人間의規模에서 脫退하야 頑固한 固執을 깨트리고 모든것을 그에게 맡겨 잠잠코 祈禱하여、各事事物에서 오는 眞理의 新春을 味見하여 成長할 信仰이 있게하라。그리하여야 朝鮮敎會는 生命의復活을 받아 다시일어나리라。아ㅣ浸滯한 律法觀念에서 떨고있는 現敎會사랑하는 兄姉들아 一時 一刻을 지체말고 急速히 나오라、眞理의新春이 또 온 福音의東山、永生의나라로。

여기에는 律法도 誡命도 다ㅣ일우워젔나니라。여기에는 儀式、制度、規模 이 모든것이 그리스도의 信仰의法으로 自然스럽게 되여가나니라。「또 眞理를 알지니 眞理가 너의를 놓아주리라」고하신 예수께서는 結縛된者를解放하고 死亡할자를 永生의나라로 옴기려 왔었건만、理論만이 아니되고 實地로 되섰건만、그예수를 닮으랴는 現敎會兄姉들아 實地인 解放의主를 저바리고 理論만남은 모듬의法에 다시얽매이랴느냐? 生命的인 眞理의新春은 저바리고 死亡의 구렁텅인 人爲에만 머무느냐? 아ㅣ그대들때문에 우리주 그리스도는 痛哭하신다。聖靈은 기리탄식하신다。聖書가 指示하는 眞理의新春으로、宇宙가 證據하는 福音의 東山으로 나아오라。나아오라。

아ㅣ朝鮮의東山 우에 眞理의新春을 주신 고마우신主여 眞實로 感謝하옵나이다。오ㅣ주여 주어도 받지못하는 그暗黑한 성품들을 福音의光明으로 밝히시사 生命的인 眞理의新春을 各方面에서 自由롭게 받아들일수있게 하옵소서。오ㅣ主여 그리하여서 우리조선 三千里江山우에 生命있는敎會、成長하는 信仰의 勇士들이 千千萬萬으로 일어나게 하옵기를、主예수님의 뜻에맡겨 懇切이 비옵니다。아멘

眞正한 福音안에서 찾아뵈온 선생님、今日午後四時半에 眞理의新春을 실은 貴聖朝誌를 또 받자옵고 울면서 우스면서 어린 이生命들은 限없이 躍動하였나이다。然하시와 보잘것없는 小生의 片紙가 再番記載되였음을 너무 惶悚하옵고 또한 感謝하옵나이다。

아 그리스도의 사랑안에서 찾아뵈온 先生님、今番小生에게 當面한 안탁가운 事情에 對하야 人間道德에있어서 이와같은 悲痛한일과 답답한 일이 어대있사오리까。聖朝誌와 한시에 도착한 고향서온 편지일장을 받았읍니다。其片紙辭類에는 小生이 懇切이 思慕하옵든父親、또한 잡드시기 전에는 病든 이子息을 生覺하시와 病든얼골이라도 一次對面하시기를 願하시며 恒常 눈물로 歲月을 보내신다는 父親께옵서、또한 그와같은 願을 하시면서 別世하섰다는 부고이였읍니다。添하여 남달리 지내든 종형한분이 만주갔다오는 中途에서 客地孤魂이 되였다는 訃告이였읍니다。

嗚呼 가슴을치며 大聲痛哭을 하여도 시원치않겠건만 그래도 넘치는 讚頌과 自然스러운 感謝를 主예수께돌리게되니、아ㅣ人間道德에 빚우어서는 容納을 받을수없는 罪人이로다。然이오나 우으로부터 强하게 나리는 예수

참眞理의新春을不絕이맛보면서

그리스도의 强한위로를 받아 어쩔수없는 感謝의 讚頌이였나이다。

福音안에서 靈과眞理로 努力하시는 先生任、철없고無識한 이小生의 글을 고쳐보옵시기를 伏望하옵나이다。오ㅣ眞實한 그리스도의 僕이여、「문둥아」란 先生任의글을 言言句句 읽어나갈사록 그리스도의 달큼한 生命의 사랑을 더욱더욱 맛보게되여 感謝의涙를 禁치못하겠나이다。또한 뵈옵지못한 咸先生任께서 受苦하시는 朝鮮歷史 受難의五百年은 無識한 癩患者인 小生으로서도 耽讀지않고는 견댈수없는 必要가 있음을느껴 또읽고 또읽을수록 새로운 新味가남을 甚히 感謝합니다。然이오나 참眞理인대는 屈伏지않는者 없다。先生任께서 下送하신 聖朝誌幾冊을 몇兄任에게 傳하였삽드니 試讀한者마다 所感을 말하지않는자없으며 感謝하지 않는者 없읍니다。또한 갑갑하옵기는 小生의 誌代一年分을 어느先生任께서 담당하셨는지 아옵고싶은 마음은 懇切하옵건만、그先生任께서는 氏名을 沉默하시오니 기여 알랴고는 아니하오나、예수그리스도의사랑 全幅에서 넘처오는이福스러운사랑을 받을때마다 사랑의 負債가 너무重하야 견댈수없소이다。문동이와함께 울어주시는 先生任이러한 사랑등을 不絕히 맛볼때마다 一九三二年에 부산病院서 맛보든 그사랑이 기억됩니다。그先生은 癩者를 더부러 먹고마시며 같이울고 웃은 그先生의사랑、無知한者들의 誤解로 부득이한 事勢에 病院敎會일을못보게될때、그助師任은 말슴하시기를「사랑하는부형모매님들이여、三十五圓이란 俸給때문에 그렇다할진대 俸給은 그만두고 當身들의 먹는밥을 한술식 얻어먹고라도 함께있겠다」는 말슴、아ㅣ그리스도의 사랑全幅을가진 心情에서 넘치는 사랑이 아니겠읍니까? 勿論 그는 口舌에발은 虛談이아니오、弄談이 아닌 實地요、眞情이였나이다。

이와같은 사랑의 綠草滿發한 愛의 꽃송이들이、眞理의 新春이、온 三千里江山에 充滿하여지기를 萬事에서 우리주님께 비옵나이다。

親愛하여주시는 先生任、수일컨에 下送하신『病床の友라는 貴書一冊과『푸로테스탄트의精神』三冊拜受하옵고 恩惠된바를 形言할수 없나이다。

先生任의 健康하심과、聖書와朝鮮 聖書를朝鮮에、朝鮮을 聖書우에 가 날로 때로 成就되옵기를 凡事에 主예수님공로로 비옵니다。 아멘 아멘。

疊疊히 쌓인말슴을 이만 中止하옵고 다음기회로 아뢰오리다。이 小鹿島를 위하야 기도많이 하여주소서。

一九三五年五月十四日

만사에 어린 文信活 拜上

城西通信

一九三五年五月十六日（木） 日沒後의西天에서부터 東天으로、水星 金星 火星 木星等의 兄弟遊星들이 리레이 선수들처럼 나라니하야 다름박질하는光景이 하도 찰란하여서 家人들과함께 구경 찬탄하다。

五月十七日（金） 選手들과같이 籠球에 無念無想。

五月十八日（土） 滿洲通信如下『정성꼿보내주신 聖朝誌는 반가히 받어 읽었읍니다。暗黑世界에서 염치없이 빛을苦待하는 生의心情 그려주시기 바랍니다。니여글월들이쟈든것이 이럭저럭 늦어저서 罪悚하옵니다。어두운것을 對敵으로 하고 싸우오매 위로를 주는곳은、힘을얻을곳은 聖書요 自然이요 기도뿐이옵니다。또 힘없이 걷고있는 滿洲國人의 모르히네쟁이요、다리는다리대로 놀고 손은 손대로놀며、갈곳을 모르는 同胞兄弟를보고 느껴지는맘뿐입니다。하루하루 살림이 다生覺이 그집에가 있는맘으로 할수있어서 感謝함니다。사람들에게 誤解받는것처럼 괴로운일이 없엇는데 아직 完全치는 못하나 何如間 그이에 뜻이면 서슴없이 하자는것이 지금 生覺입니다。또 그렇게 됩니다 모든데 感謝뿐입니다。이곳 形便은 그전아뢴바와 다름이없읍니다。눈물에더딘 小生도 文兄의 글월과 小鹿島누님의 글월에는 곁에사람이 있음도 몰랐읍니다。그눈물이야말로 聖書우에朝鮮을 세우는 基礎가 아닌가 하옵니다。聖朝誌를 매우疑心하든 生이、지금와서 그렇게 밖에 걸을수없다는것을 알게하리만콤、겸손하신 先生님들께 다시 꿀어업데고 싶습니다。오늘이 있엇든것같이 앞에 모든날들을、아무리 굳은信仰을 가진듯한 이들의 誹謗이있다하드라도、그대로 걸으심을 바라고 있읍니다。좀 겸손치 못한말을 써서 未安함니다。先生님 來來康健하서서 그貴하신心血을 無限이朝鮮江山우에 부어주심 바라오며 이만 끈침니다。

小生○○○上書』

五月十九日（日） 今日의 聖書研究會는 臨時로休講。저녁에 失言하고 책망받다。

五月二十日（月） 밤에 某敎友來訪하야 生活苦를呼訴。情에 못이겨서 약간의 물품을 扶助하였으나、저의靈魂을 사랑하는 苦言을 發射하지못한것이 後悔였다。조히장보다 엷은사랑을 痛悔또痛悔。

五月二十一日（火） 府、面의議員選擧日。政治에 誠意나 期待를 가지여서가 아니지만、私的情誼에 못이겨서 面事務所까지 가서 一票를 投하다。누가當選되든지 面政에 影響이 있을것이아니오、또한影響이 있든없든 나의關心事가아니엇만、다만死後에 學生某公이라고 쓰는것보다、面協議員某公이라고 쓰는편이「景氣」좋을듯싶어서「淸キ一票」를 强請하는 모양이오、따라서 조상가는심치고 投票場에 다녀온것이다。幸여時間의 虛費를 免할가하야 歸次에擔任生徒의 家庭을尋訪하고 이런順良한 家庭의子弟를 敎導하는 職分을 맡은신세를 감사하면서 돌아오다。○今日、張道源牧師의來信如下。

『(前略) 나는 나히 四十이넘고보니 心情이 다달라지더이다。前보다는 實을 主張하는 傾이많고、過去의 잘못을 悔恨하는傾이 많아지더이다。虛蕩한野心과 虛榮을付한事業心이 적어지면서 過去에着實치 못하였던것이 몹시도 애닯아지더이다。

생각만좋고 實行이 없는것은 空想이오 말만좋고 實地로 일우워 놓는일이 없는것은 空論이라。萬番空想하는것이 한번바둑돌던지는 것만못하고、千番空論하는것이 한가지 일을해놓는것만 못하다는것이 나의 過去를 審判하더이다。故로 나는 聖書朝鮮 即 朝鮮을聖書土臺우에 再建하는 運動을 事業으로 하자고 생각 하게된것이올시다。그리하야 聖書知識을 一般에 普及식히는것이唯一의일이라고 생각하게된것이올시다。이것도 또 空想이될넌지 또 모르는 것이올시다。다만 나의 心境이 이렇다는것 뿐이올시다。나는 朝鮮敎會形便

을仔細히 알지못합니다。다만 朝鮮을 聖書우에 建設하여야 하겟다는것과、朝鮮을 聖書的 朝鮮이되게하자면、傳道를 熱心하는 一便 四十萬教徒에게聖書를 가르처 그들의 思想과 生活이 聖書에 根據하는것이 되게 하는것이 唯一의 일이라는 생각을 가지고、이생각이 空想이되지말고 事業으로 나타나 實에있기를 바라는 생각이있었을 뿐이올시다。

至今 朝鮮形便이 張某나 金某쯤은 無用한것이오 妄想이라고하면、내가 時勢形便을 알지못하고 한갓 自己 空想으로만 노는사람일 것이올시다。나는 京城形便을 모르니 이런생각을 해본것이올시다。좋은 생각이 반듯이 좋은것이 아니오、實現할수있고 實現을 해놓는생각이 貴한것이니가요。

내게있어서는 至今이생각이 가장격절한 생각이니、이생각을 現實할수있는 與否를 다시 좀더 알아보아 주시옵소서。이생각이 참으로 無用한 妄想이오 一場春夢의 잠고대라면 나는 얼마間 苦悶境에있게되겟읍니다。내게있어서 實現할 可能性이있는것으로서 내가 가장 격절하게 생각하는 생각이 나타날때까지는 아마 또 苦悶하여야 하겟지요。

敎會에 對한 나의 생각은 이러합니다 우리와 敎會와의 關係는 眞實問題 或은 教理問題가 아니오 感情問題요 利害問題이니、내가 前과같이 敎會를 훼방하는일로 일삼지 아니하고 眞心으로 敎會를도와줄 생각일진대 感情을 살일이없고、내가 牧師자리를 빼앗거나 月給兩이나 求하는것 같으면 利害問題로 衝突이 생길지모르나、내가 내것을 입고 먹고 眞心으로 아모野心없이 主의福音만으로 敎會를 도울진대、아모 誤해나 感情을 살일이 없을줄로 압니다。

又는 敎會와 妥協이란 別것아니오。어느敎會와 議論하고 諒解를 얻어、그敎會 一隅에서 夜學이나 하게하며 敎會內에 廣告쯤만 하여 주었으면 하는것이 올시다 又는 月給兩이나 바라고 專門할야는 사람을 標準하는 것이아니오、商業工業勞動하는 平信徒들에게 밤한時間 성經을 가르처주자는 것이올시다。京城에 十敎會치고、한敎會에 三百名치고、그 三百名中에 二三人式만이면 二三十名될듯 하다는것이 나의 원생각이올시다。이것이 實現할 可能性없는 夢想일가요、다시 자세히 알아보시고 答하여주시옵소서。

又金君은 夜學이 大神學校되느니、聖朝社內에 外國傳道局이設置되느니 하는것은 甚히 憤激해한다하나 그렇지 안습니다。至極히 적은일이라도 事業的으로하야 十年 二十年 三十年、一代 二代繼續만 하면되여지는것은 必然의 天理이 올시다。聖朝誌도 過去 十年間 一種의 遊戲로하지아니하고、事業的으로하야 十年을繼續해 왓드면 十年後 今日에 이만큼만 되지안었을것이올시다。내가 四十이넘으니 悔恨이된다는것은 이런類의 것이올시다。故로내가 聖朝誌를 事業的으로 하자고 提議한것이올시다。내가 事業的이라는말은 前에感情에서 或은 浮虛에서 하던類의 野心이아니올시다。

내가 한가지 勸하는것은 金君도 今後로는 聖朝誌를 事業으로하야 今後 十年後에는 무슨 일우는것이 있게하시옵소서 金君의 마음속에 있는 좋은생각이 實現되여 한事業의 建設이있기를 勸합니다。過去와 같이 젊은 靑年들의 興奮되여나오는 一時的 생각으로 나오는 便紙張이나가지고、기뻐하던지 慰安받든지 興奮되던지 하지말고 내게있는 좋은생각을 事業으로 實現식히시옵소서。우리가 이저는 생각에서만 놀때가 아니오 생각을 事業으로 實現식힐때올시다。靑年들의 便紙에 나타나는 생각이 좋은생각이올시다、생각으로는 可當한것이올시다。그러나 그것이 思想界線을 떠나 實地로 實現되는때에라야 참으로 貴한것이오 聖朝誌의 効果올시다。우리는 뜻좋고 생각좋은것을 貴히 녁일것이아니라、그뜻과 그생각을 實現식히는者를 貴히 녀일것이올시다。金君이過去에 親友나 弟子에게 失望한것은 뜻좋고 생각좋은것만보고 사괴엿던 까닭이올시다。사람이 事業을 中心으로하고 사괴이면 失望이없읍니다。(내가 말하는 事業은 所謂事業이 아니올시다) 말이너무길어졌읍니다。未安합니다。

乃終으로 一言을告하야 容恕를 빕니다 前日生活費五十圓云云은 내가 金君의心情을試驗한것이올시다。나의生活問題 即이곳家族의 生活問題는 해결된지 발서오랍니다。나는金君이 죽이고 밥이고 같이먹고 굶던먹던 聖朝運動線上에 苦樂을같이합세다하는말을 들으라고 한것이올시다。내가 金君에게 나의生活費를 責任지우자는 것이아니올시다。그만은 나의本意가 아니고 내게있어 잘못된것은 金君을 試驗하여본다는 그心情을 金君便에서보면 섭섭히생각할것이올시다。金君便에서 보면내가金君을 心情을 試驗한것은 잘못된것이올시다 容恕를 바람니다。그러나 그때에 내便에는 理由가 있었던것이올시다。

내생活에 對한것은 念慮하지 마시고 생각해 보시옵소서。

敎會에 對한 態度와 나의 生活에對한 問題에 關하야는 金君의 생각이 나의생각과 全異하다하니 나의 生活問題는 念慮마시옵소서。그문제는 除之합시다。그러면 敎會에 對한 態度問題뿐이올시다。敎會에 對한問題 別것없읍니다。以上에서말한것과 같습니다。過去에있어 우리가 敎會에 誤解를 받고 배척을當한것이 敎會에만 잘못이 있는것이 아니오、우리에게 더많은 잘못과 未熟과 不能한것이 있었던것이올시다。나는 敎會에對하야 過去의 많은 잘못을 行한것을 悔改합니다。敎會가 다 잘햇다는것이 아니라 敎會의 잘못에 對하야 取하엿던 우리의 態度가 틀렷다는 것이올시다。 即 그릇되엿던것이란 말이올시다。

京城敎會形便을 仔細히알아보아 回示해주시오。直接敎會 當局에 提議해 물어보시옵소서。若是若是한 생각이있으니 敎會當局은 이에 贊成하여 援助할 意向이있느냐고 물어보아 주시옵소서云云」。읽고 甚히不快하야 回答은 쓰시않기로 하다。

五月二十二日 (水) 早稻田學報에서「道德家로서의坪內博士」라는 一文을 읽고、同博士의 다른一面을 아는同時에 더욱敬意를 加하지아닐수없다。凡百事의 礎石은 道德이다。文士도 또한 例外일수없어。

五月二十三日 (木) 昨夜過食하고 새벽부터 四五次泄射하다。나는「過食하여도滯하지않는健胃」를 달라고 祈禱하나、인만해도 過食하면 滯하고 泄射하는法則이嚴然하니 感謝요 또찬송이로다。

五月二十四日 (金) 每日연습한 공이 있어서、養正籠球部가 延專主催 全鮮中等學校籠球選手權大會에 出戰하야、우선京城師範學校를 復讐하다。復讐의快味는 숨길수없어!

五月二十五日 (土) 延專主催의 籠球大會決勝戰에 優勝하였으나、優勝한 기쁨도 瞬間。運動選手들의 選手根性에 또한번「無用한興憤」을 發露하지 아니치못하다。選手에 選手根性、牧師에牧師根性、敎師에訓長根性、小使에小使根性、乞人에乞食根性、新聞記者에 記者根性、僧侶에僧侶根性等等、이런것은 개도 먹지않는것이엇만」○小鹿島의佳信一枚飛來。

「『金先生任 문둥아!를읽고』

聖朝誌第七十六號를 받은때는 바야흐로 夕陽景은 놀이 西山에 춤추고、구슬픈黃昏이 宇宙를 고요히덮고、갈매기들은 제집을 찾돌아드는 그어는날 저녁이엿읍니다。筆者는 聖朝誌를 받아들고 癩兒과함께 瞑想속에서 머리를숙여、金先生의 우리문둥이에 對한 無限의 同情을 우러患者一同은 마음깊이 感謝하였나이다。우리 癩族은 家庭의 꺼-림 一步를進하야 國家 아니 社會에棄却을 當한 우리를 前無後無한 고마우신 그말슴、나는 君等의 종이란 人情美가 시내처럼 흐르는 一言一句야 얼마나 惶悚하고도 感謝하나。아

ㅣ癩族아 눈이있으면 읽어라 귀가있으면 들어라、입을버려 이愛情을 人生의게주신 하나님께 讚美하여라。悲憤의 눈물이 흐르도록 울어라。筆者는 感激해서 聖朝誌를 再讀하였나이다。先生任 孤獨에서 呪咀에울고 福音에주린 우리에게 福音의뉴ㅣ쓰를 放送하고 正義의 활살과 眞實한 福音의 喇叭로 小鹿島를 向하야 부시옵소서。現下三千名의 癩人의 生靈이 움직이고 있음니다。筆者가 萬若詩人이 되였드면 金先生의論文을 읊으겟고、文人이였드면 先生의 熱情을 社會에 廣布하겟으나、筆者는 그도저도 안이다。아ㅣ先生任 小生은 다못우리 癩族의 親切과 이廣濶한 地上에 唯一의 親友라고 先生을 向하야 小生은 謝辭禮謝를 들입니다、先生이여 小生의 橫說竪說한 이拙文을 先生이여 그리스도의 사랑으로 下諒하소서。小生은 끝으로 金先生에 對하야 詩 한句節을 읊으며 한다。滿天下 讀者諸位여들으소서。

靑空에 半月아
어대로가느냐 活人洞을
가라거던○○先生의게
이말하여다오
三千名의 可憐한癩人을
小生은 感激한 語調로부르노니
아ㅣ先生任 부드러운품안에
우리癩族을 안아주소서
神께 비오니 先生이 經營하는
事業이 天空에 새별같이
빛나소서 永遠이永遠이
金先生이여 우리를向하야
문둥아!를 우렁찬소리로
불러주소서 永遠이永遠이

一九三五年五月二十六日

南生里에서 金 桂 花 拜上』

五月二十六日 (日) 甘雨。午後聖書研究會에 宋과用兄도來參。○倫敦타임스紙의 所報에 依하면、大英聖書公會에서 昨一個年間에 새로十四個國語의 聖書를譯刊。只今부터 二十五年前에는 四百二十四個國方言으로 一個年間에 六百六十二萬卷을 發賣하였는데、今年度現在로는 六百九十二個國方言으로 一個年間에 一千九十七萬卷을 刊行하였다 한다。 勿論 이것은 英國의 大英聖書公會 出版에 關한것뿐이니、미루어서 米獨佛諸國을 推算하면 아모리現代人이라할지라도 人類의 깊은靈臺에서 그 「말슴」을 찾는要求가 얼마나 懇切한것을 짐작할수 있다。

五月二十七日 (月) 雨、後晴。 상금도 雨量이不足하다。○今日 小鹿島音信。

『絕望中希望을尋求하는盲人

不幸한 立場에서 嗚呼라ㅣ참可憐함니다 更生園에 사랑하는 盲人兄姉들 그慘酷한 事情 답답한情形을 無識한 이小生이紙筆로 어찌다ㅣ 記錄하오리요。齷齪한 癩病에 添하여 暗昧하였으니 苦悶인들 없아오릿까。아ㅣ 小鹿島에 사랑하는 盲人兄姉들은 文明發達이란此世에 빛이여 可憐하기 짝이없오이다。情든故鄕을 뒤에다두고 親愛하신 父母任과 사랑하는 兄弟叔姪을 哀惜하게도 作別하고 쓸아리는 가슴에 寃痛과 悲哀를 가ㅣ득이품고、病들어힘업는 다리 一步二步를 드놓을때에、하염없이 솟는 熱淚는 앞길을 막었었고、情든 故鄕山川 親愛하신 父母사랑하는 兄弟 漠漠한前途 이모ㅣ든 生覺이 마치活動寫진처럼 번득일때、흐러나니 熱淚이요 나오나니 한숨일것임니다。아ㅣ이러한 慘境에야 木石인들 눈물이 없으며、宇宙를 攝理하신 하날아바지께서야 어찌 怜恤이 없었을가。野迫한 世上險路에서 依支할곳 없는 一個의 몸을 끄을고 밤이면 寒地寢宿、때로는 乞食 헐벗은몸、世人의嘲弄에 안탁가운 애처럽게 그날그날을 사라오다가、多幸이도 更生園에 入園되여 平安이 살라하엿건만、不幸이도 盲人되여앞을 보지못하옵고、齷齪한、癩病으로 全身이 痲痺되여 感覺性없는 手足、옷곤졸아 못매오니、이우에 더한 悲哀와 絕望이다시 어대 있아오리까。然이나 宇宙를 支配하시는 하나님의 攝理는 小鹿島更生園에 運動하고 게심니다。우리 朝鮮受難의

歷史우에 運動하든 그 하나님의 攝理는 絶望한 이ㅣ盲人의 兄姉우에도 役事하고 게심니다。

故로 世上모듬에서 絶望과 落望을 當한 사랑하는 盲人兄姉들은 何如한 希望을 尋求하시겟습니까。健康의 希望을 尋求하는가요 그도안이올시다。世人이最大의 幸福이라는 금의沃食에 綾羅를 감는富裕의 希望을 尋求하는가요, 그도 안이엿나이다。所謂 금의沃食에 綾羅를감은 者가 所謂 紳士淑女라는 階級의 人들이 味見치못한 다만生命的인 眞理의 希望 그것을 尋求하는 盲人兄姉들이엿나이다。아ㅣ世上萬事에 餘地없이 落伍者된 이盲人兄姉들이 寃痛과 寃妄으로 哀痛할 悲慘事이것만, 世人이 不信하는 天國을 希望하고 上等階級에 처하엿다는 人士들이 味見치못한 生命的인 예수그리스도의 眞理를 尋求하게 된것은 하나님의 攝理가안이겟습니까。우리 主任의 愛의調和가 안이겟습니까。果然永生의希望 眞理의希望을 尋求하는者에게는 任의사랑이 幸이랄것보다 不幸이엿나이다。아ㅣ絶望과 不幸中에서 希望을찾고 구하는 사랑하는 맹인兄姉들이여 힘써구하사이다。懇切이찾으사이다。兄姉들의 希望이되신 예수그리스도께서 일직이말슴하시대『求하라 좋은것을 많이주마고, 찾아라 바로맏나게하마』硬히約束하엿나이다。아ㅣ奧妙하도다 하나님의 攝理의 方法이여 讚頌하리로다。宇宙의背後에 朝鮮의 歷史우에 役事하시든 하나님의 攝理가, 小鹿島의 背後에 絶望한 癩盲人의 生活우에 運動하실줄이야 누가알아스며, 病中에도 病을 添하야 落望과 憐悶의 立場에處한 癩盲人으로서 天國의 希望을 尋求할줄이야 그ㅣ누구가 알앗을가요。오ㅣ알앗오이다。賤한者와 病者를 接待하시든 예수그리스도는 알앗엇고, 그를 받아 그를먹고마셔, 그를 生活대상으로한 聖徒는 알앗으리로소이다。오ㅣ 讚頌하리로다。宇宙에 充滿한 그리스도의生命, 小鹿島背後에 運動하는 하나님의攝理, 不幸과悲運을 通하야 役事하시는 그리스도, 信仰創造의 方法을 世上아 알앗느냐, 學博士야 알앗느냐, 癩盲人의 慘憺한 事變우에서 그ㅣ 兄姉任들의 눈물을 通하야 役事하시는 그리스도의 靈的創造의 妙法을 世人들아 너의는 몰랏으리라。朝鮮受難의 歷史우에서 更生團의 實事變에서 行하실 하나님의 經綸을, 儀式과 制度의 전술에 醉한僞傳道 事業家들이여 그대들은 몰랏으리라。열문동이를 어루만지든 主는 알앗엇고, 人間內容에 부드치는 안타가온 事實에서 癩者와 같이 먹고마시며 함께 울고 우스시는 그리스도의 眞實한 福音의 僕들은 알앗으리이다。健康한 氣體로 錦衣沃食에 쌓이여 罪惡에 춤추는 무리들아 너희의 나옴이 무엇이냐, 모든規式만에 結縛되여 뭇生命을 죽이고있는 僞善者들아 그대들의 아는것이 무엇이냐。아ㅣ現敎會의 信仰觀은 甚히 淺薄한지라 宇宙에 充滿한 福音, 森羅萬像에서 生命的으로 뛰놀며 成長하는眞理, 即聖書가 가르치는 예수그리스도를 바로 받지못하고 예수의 痕跡만 남은信條만 붓들고 밤낫 울고 있음을 구경하엿음니다。아ㅣ 各方面에서 眞理로 놓인바된 二十世紀에 福音의 僕들이여 聖徒들이여, 絶望中에 希望을찾고 구하는 小鹿島 盲人兄姉들이여 이제 우리는 날로때로 當面하는 各事變事物에서 全的解放을 받아 四千年前 아브라함이 信仰하여 받아살든 그리스도의 靈的生命을 中心하고, 그가 引導하는대로 모든全部를 그의게 맡기고, 눈물에나 우슴에나 順從하는者 確實히되사이다。아ㅣ絶望中 希望을찾는 癩者에 對한 하나님의 苛酷한사랑, 酷毒한 不幸과 悲運을 通하야 쏘더주는 그리스도의 사랑을 받아가지는者가 福있는 者로다。癩者가 되엿을지라도, 盲人이 되엿을지라도, 이ㅣ사랑의 調和를 아는자가 永生福을 希望한 참福있는者다。오ㅣ 그리스도는 苛酷한 사랑인고로 健康을 빼앗고, 人間의 觀念的所望을 빼앗고, 世人의 嘲弄거리가 되게하며、悲哀의 人間이 되게하셨나이다。卽여기에서 人間의觀念的 所望을 바리고 절대 信望을 確히할 그리스도의 사랑이였나이다。故로 更生園 盲人兄姉들은 自己들의 悲哀그것을 材料로하고、不完全한各方面의 捕虜에서 解放할 그리스도의사랑과 眞理가 나타날 希望을 尋求하고 있으며、그리스도의 酷毒한 그ㅣ 사랑을材料로하고 이ㅣ 盲人兄姉들은 그리스도의그苛酷한 愛怒에서、救援의 生命되신 예수그리스도를 더욱 熱望하게 되였었읍니다。아ㅣ 그리스도의 調和의사랑 宇宙歷史의 背後에 감초인 大秘密의攝理、更生園우에 役事하시는 우리 主님의 苛酷한 사랑을、오ㅣ 알자가 누구일가。그리스도의 사랑은 人間의사랑에 比肩할수없는 能力의 사랑이요、變遷이 없는 苛酷한 사랑이 엿나이다。人間으로는 그리스도의 사랑을 알수없도다。人間은 自己 知識과 觀念으로 그리스도의能力의사랑을 모릅니다。오ㅣ 現代信仰家들이여 更生園에 사랑하는 盲人兄姉들아 그리스도의 活愛를所望하는일이 幸이안이라 不幸이오、우슴이 안이라 눈물이 엿나이다。順境이안이라、逆境이엿나이다。이를 經驗한 信者만이안다。逆境에 두어야 될자를 逆境에 두고 울려야 될者를 울리는것이 그리스도의사랑이엿나이다。이ㅣ 모든 [illegible]이 없고는 그리스도의 사랑을 모릅니다。밤이있어야 낮을 貴重이 녁임같이、卽暗黑이있어야 光明을 貴重이 느낌같이、不幸과悲運이 있어야 우리主님의 사랑을 貴重한준 알것입니다。또한 준입이 있어야 渴望이된다。故로 예수그리스도께서는 傷處를 내시기도 하시고 싸매여 주기도함니다。울리기도 하시고 웃기기도 하십니다 우는자로 같이울고 웃는者로 같이웃는듯이 그리스도의 苛酷한 사랑인同時 自己와 사람을 密接한 交擊로 식혀놓고、견딜수없는 不幸과 悲運을 나리시는것이 그리스도의 사랑이엿나이다。아ㅣ이를 經驗치못한 信者는 이를 모른다。그리스도는 恒常 全部가 사랑이라하야 逆境과 悲運의 鍊鍛이 없이、幸福、滿足、우슴、順境이것만이 그리스도의 사랑이라 하는것은 우리 主님의 사랑을 깊이 體驗치못한 自己들의 觀念 主唱이다。아ㅣ 그리스도의 사랑을 받는者는 人間의 幸福이 안이오 人間의 不幸이다。아ㅣ 그리스도의 사랑은 우슴이라기보다 눈물이엿나이다。그리스도의게 불리는者、그리스도의게 選擇함을입은 二十世紀의 福音의 僕들은、自己의 所有는 빼앗기고 自己의 所望은 깨여지는 것이다。오ㅣ 이것은 사람의 눈으로 볼수없는 奧妙이며 사람의 智慧로 알수없는 大秘密이 엿나이다。아ㅣ 알리로다。不幸과 悲運의 立場에선 信仰者는 알리이다。病中에도 病을 添한 小鹿島盲人兄者들은 그리스도의 信仰創造의 妙手에 사로잡히여 그의 뜻대로 지으심을 받기에、希望하야 不幸에서 울음에서 사라가나이다。같은 環境과 立場에있는 不信의癩患 同伴의 傷處를 붙어안고 逆境의 廣野으로 悲運의 沙漠으로 向하며 울기도하였으리라。오ㅣ 이ㅣ 慘憺한 不幸의 걸음에서 우호로부터 오는光明、그리스도의 心臟으로 쏘다지는能力의사랑、그의 復活의 生命을 體驗할때는 우리사랑하는 盲人兄姉들의 不幸、悲運、그것이 곧讚頌의 曲調曲調로 化하여지리이다。更生園盲人兄姉들의 눈물、그것이 하나님을 向하야 秘密한 祭物이 되여지리이다。이런故로 그리스도는 自己를 信從하는者를 逆境에 두기도하시고 順境에 두기도하신다 울리기도 하시고 웃기기도하신다。 때로는 그ㅣ사랑에 뛰여두시기도 하시고 때로는 그사랑에 얽매여 주시나이다。여기에서 그의사랑과 眞理를 懇切이 希望할 또한 渴望할 實感이 信仰者의 마음깊은 자리에서 充滿할것입니다。또한 우리主님은 사랑의 품안에 깊이품고 말슴다할수없는 위로 평강을 채우실이이다。아ㅣ조선교회 사랑하는兄姉들아 그대들은 우리主任때문에 그대들의 所有를 팔아야된다

그대들은 人間의 重한 傷處를 가저야한다。그리스도 따문에 엇잘수없어 울어야한다。여기에서 그리스도의 사랑은 實現될것이다。更生園 사랑하는 盲人兄姉들이여 現今 當한立場에서 若干의 餘存이라도있으면 그것까지를 그리스도를 爲하야 빼앗기는者 되사이다。우리主任께서는 그ㅣ以上에 더욱좋은 生命을 주실이이다。아ㅣ 現敎會 사랑하는 兄姉들로는 아직도 自己를 빼앗길 勇氣가없다。即따에것을 팔아 하늘의것을 살勇氣가 없다。마태福音 十九章에 記事인 永生을 묻든靑年은 律法은 지켰고 永生을 求할만한 智釋을 가진者이지마는 自己를 빼앗길 勇氣가 없었다。自己의 全人格 全存在、全財產을 팔아바릴 勇氣가없어서 落心하고 말앗다。아ㅣ 現代敎會 兄姉들이여 그대들의 所有全部를 그리스도의게 빼앗기라 小鹿島更生園에 사랑하는 兄姉들이여 癩病에 시들고남은 그뼈 그살 그피까지를 主예수께 빼앗기사이다。그럴때라야 天國은 兄姉任들의 所有가되리이다。오ㅣ現代信者들이여 更生園에 사랑하는 盲人兄姉들이여、내라는 自我認識 全部를 主를爲하야 죽이사이다。그때라야 그리스도가 兄姉들의게 새復活의 生命으로 사라주시리이다。이를行치못한 信者는 淺薄한自己知識과 觀念에만 잡히여 永遠이죽으리라 귀있고 눈있는 兄姉여 深深히 聞見하고 조심하사이다。아ㅣ 癩者와함께 울으시는 先生任 철없는小生이 秩序없는 어린글을 또올리옴나이다。보잘것없는 小生의 心臟에 터저오르는 感想을 抑制할수없어 記送하옵나이다。慘憺한 不幸에서 絶望者와 落望者들의 集居하는 小鹿島 背後에도 하나님의 攝理하심이 確實함인가、그리스도의사랑 그의信仰 創造의妙法이 强하게運動하심인가、貴聖朝誌를 對하는 자마다 感謝를 안이돌리는 者없으며 感激에 넘치는 歡喜를 아니뛰우는者 없나이다。特別感謝하옵는바는 가장 絶望되여 憐憫할處地에있는 盲人兄任들이 貴聖朝誌의 內容을 耽聞하고 過然참眞理임을 맛보고 聖朝誌一部를 購閱하기 懇願이나、無產者中無產者인 盲人들로서 誌代送金이 極難이라하야 小生의게 바로말하기가 未安타고 小生이 親愛하는 同生 李君을 通하야 이말이 傳하여 왓습니다。然이나 小生亦是 多大한 冊子와 사랑等을 넘치게받자옵고 또한 이러한 겨정을 堪訴하옵기가 未安莫甚합니다。愛恕하옵소서。此사랑하는盲人兄任들은 盲人俱樂部가 있어서、日氣溫和할때는 一定한 場所도없이 山에나 野에나 集會되는 거기가 場所가되여、某兄任들을 請하야 聖書朗讀하기와、宗敎雜誌等을 愛讀하며 또한 기쁨으로 讚頌부르기와 이것이 사랑하는 盲人兄任들의 喜樂한 生活이되여 있읍니다。얼마나 고맙습니까 然이나 그中에 不少의 不滿이 느껴지는 바는 各方面에서 眞理로 全的解放을 받지못한일이 올시다。其外에도 小生의게 직접와서 聖朝誌購讀하기는懇願이나 誌代送金없어念慮하는兄弟들이非一非再이올시다。

一人의生命이 宇宙보다 크지않습니까。主와함께 怜恤이 녀기소서。아ㅣ 絶望한 者의게 希望을 던저주신 先生任、우리小鹿島更生園에도 眞實한 信仰의 勇士들이 많이 일어나도록・先生任 祈禱하시는 凡事에 빼지마시기를 또 懇望하옵나이다。오ㅣ 懇切이 思慕하는 여러先生任들이여 그리스도 聖愛中 平康하심을 主예수任께 비옵나이다。聖靈의 役事로 各方面에나타나는 眞理로 餘地없이 들어내시기를 懇望하옵나이다。마음 甚深處에서 끌어넘치는말슴을 이만 中止하옵고 다음기회로上訴하오리다。盲人兄任들이 二百餘名이넘습니다。

小鹿島更生園北部敎會盲人俱樂部中으로

一九三五年五月二十一日

염치없는 文 信 活 拜上

五月二十八日 (火) 집안에 수삼인 환자가 생기나、오직 내집만 病苦를 당하는것같다。○本誌 第七十七號는 例月보다 頁數도 늘어서 二十八頁로된대로 今日에 出版許可願提出하다。○某神學生의소식에

城西通信

『謹啓 (中略)

聖朝誌를 通하야 보온즉 今年四月부터 다시學生들의 聖書研究가 있다하오니 매우 반가옵사옵나이다。昨年의 歸國하였을때에 聖書研究會가 없어졌음을보고 매우 섭섭한 生覺이 있었든바, 研究會의再生을 中心으로 여호와께 感謝하옵나이다 이곳에까지와서 이罪人이 生命의 道를工夫하게될도 聖書研究會에 같이하시는 하나님의 恩惠를맛봄으로 말미암은 까닭입니다。願하옵건대 聖書研究會를通하야 精神的으로나 肉體的으로나 誘惑과 壓迫이 많은 朝鮮社會에 태워나서 걸어갈바, 참길을찾지못해 彷徨하는 青年들에게, 主님의 빛을보여 줌이되기를 바라옵나이다。願할뿐만안이라。過去에 聖書研究를 通하야 小生에게 베푸러주신主任의攝理와, 썩어가는 朝鮮社會에 永遠에屬한 새로운한줄기에 빛을던지고있는 聖朝誌의 存在를 生覺할때에, 참으로 궁흉과사랑을 永遠서부터 永遠까지 베푸러주시는 여호와께讚頌을 아니돌릴수 없아옵나이다。聖神에引導하심이 聖朝事業우에 永遠까지 같이하시기를 기도올리옵나이다。餘不備白。』

五月二十九日 (水) 學校에서는 臨時考査시작。틈을얻어서는 聖朝의 校正。○새로先生된 誌友의소식如左。

『拜啓時下 綠陰이 욱어질어하는 此時에 先生主氣體候 萬安하시며, 博物界에 新進의 研究를 하시와 趣味多有하신지 願聞不已이오며, 小生은○○高農在學中에 格別하신 愛護를 被蒙할뿐만아니라, 聖書朝鮮의 雜誌까지 下送하여주서서 感謝無比이오며 卒業時期에 無事奔忙하와 忘却하고 歸巢以後 比地에 赴任하기까지 빵問題解決로爲하여 等閑視하고, 至今하와 罪悚萬萬이오며 今日同封 前記代金○圓을 付上하오니 下諒之地伏望하오며 寬恕하여주십소서。餘不備白。

五月二十五日 ○○高普 ○○ 拜上』

五月三十日 (木) 印刷所에가서校正。咸兄의 朝鮮歷史 受難의五百年 第四回 (壬辰亂의 部分) 을校正하면서 잣우 눈물을 씻으니, 隣卓에서 校正하는이들이 나를奇異히 보는모양이나, 할수없다。크리스찬은 自己自身을 爲하야 悔改할뿐더러 同胞兄弟의 罪를爲한 懺悔가 없을수없으며, 다만現在의 家族과 同胞의일뿐이아니라, 멀리祖上遺傳의 罪의씨를 爲하야 切實히悔改하지 아닐수없다。三百年은決코 먼—過去가 아니다。우리에게 아담의 原罪를說明하여도 감당치못하는수 없지않으나, 義州까지 避難하면서도 東人西人의 黨爭만 일삼고, 하나님이 주신 試練의찬스를 헛되게 流失한 우리祖上들의 뿌리깊은罪惡을責망 받음은, 나의 아침에 지은罪를 저녁에 견책당함과 추호도 다른것이없다。나의 종아리에 달초가 닿은것보다 더아프고, 나의피부를 바늘로 쑤시는 것보다 못견디겟으니 운다。우리의 눈물은 政治軍事에對한 悲憤의 感情으로 한부로 뿌리는 눈물이아니다。오직 純粹한 宗教的意味로서, 靈魂의 깊은곳에 布衣를 넙고 灰가루를 쓰고 엎데여 悔改하지 아니치 못하는 울음이다。英雄的 歷史物語를 草하야 半島의 青少年들을 奮發케 하랴면야 하필基督者인 咸錫憲兄을 要하랴。마는 이 망한百姓의 病原을 깊이 打診하야 그腦脊髓에까지 하나님의「말슴」으로써 透射하라니「聖書的立場에서본 朝鮮歷史」가 있게 된것이오, 이强한빛에 빛우어 앓고보니 눈물이다。午後九時頃까지에 校了하여두고, 出版許可되는 時刻으로 印刷하기를 부탁하고서, 發送하는날에 誌友의기쁨이 클것을想像하면서 活人洞으로向하다。

五月三十一日 (金) 誌友의待하는 마음을 推想하면서 六月號를 印刷못한대로 그뭄날을 보내다。○어떤 마리아의來信如下

『先生님 番番이 未練한 小生에게 그와같이 福音을 傳하여주시는데 小生은 힘잇게 主님앞에 나가지못하고 나가려라는 마음만 좁은가슴의 充滿할다름임니다。

그는 다름이 아니라, 媤父母님이 게시고 宗教의 理解없으시니 만큼 主日같은

것지키라 나가드라도 말성이되루로 禮拜堂도 못나가고, 先生님께서 下賜하시는 福音을 고맙게 받어 읽습니다만。今後붙어는 禮拜堂에도 參席하고 참다운 信徒가 되리라고 마음을 가지고있옵니다。

한번 先生님을 訪問코자하나, 孔德里는 여게서도距離가멀고 學校에 가랴고하였으나 南大門밖에있고, 初行으로는 容易히 찾지 몯한다고 하길내 案內者를 한분내세우고 가려고하였으나, 案內者時間이 있으면 小生이 틈이없고, 小生이 틈이있으면 案內者 時間이없으므로 아직까지 한번도 뵈옵지 못하고 망서리고 있옵니다。

數年間을 거듭하야 그와같이 福音을傳하여 주셨으나, 이때까지 돈독한 信仰을 가지지몯하였음이 未安스럽은 反面에, 믿음을 自然히 가지게되는 今日에, 先生님께 對하야 무엇이라고 말슴을 올릴수없옵니다。

『宇宙에充滿한 하나님의사랑全幅에서』
『福音안에서』

이두어른의 筆跡이 復興會牧師님의 說敎보담도 더힘을 주었옵니다。이글을볼때 聖朝誌의힘이 얼마나 偉大하며, 主님과先生님과는 靈的으로 通해게시니만큼 모든 사람에게 그와같은 感化를주심을 未練한 小生은 拙筆拙文으로 形言形容치못함니다。以後에도 많은指導를 하여주시기를 바람니다。五月三十日 ○○○ 拜上』

六月一日 (土) 發送할것을 發送하지못하야 焦燥하다。學校에서는 監試。

六月二日 (日) 聖書硏究會를 臨時로 中止하고 午前八時四十五分車로 水原行。農事試驗場에 열리는 朝鮮博物學會에 參席하기爲함이었다。

六月三日 (月) 今日까지臨時考査를畢。

六月四日 (火) 오늘午後六時五十五分부 三十分間, 課外講座의 放送을試하다。半時間을 혼자앉어 중얼거리는일은 快한일이 아니나 天然과人生과의關係는 말하고싶은 問題였다。

六月五日 (水) 午後에 라디오放送第二回。昨日은 虎의이야기, 今日은 牛에關한 것。처음放送으로 뜻을다하지못함이遺憾。

○咸兄短信如下

『主恩中에兄體健康하시옵니까。일이過多하신것을 爲하야 恒常 念慮됨많습니다。雜誌는 今日까지 아니오는것보고 또事故나 없나하는 생각있옵니다。매우未安한말슴이오나 今月原稿가 不得已 또 數日間늦을듯합니다。其間아해와 家族全部가 모도痢疾로 辛苦햇고, 弟도免치못햇는대, 只今은 大槪나으니 多少다른 症狀이 잇는듯도하고하야 十日까지에 되지못할듯합니다。』

六月六日 (木) 龍山警察署로부터「聖書朝鮮誌 에連載하는 聖書的立場에서본 朝鮮歷史의 筆者인 咸錫憲氏의住所」를가르키라고 電話있었다, 湖南通信如下。

『拜啓 感謝함니다。이以上더 快答을要求하지않겠나이다。인제붙어 生의나아갈길이 환합니다。先生님앞에 피로움들인것을 生覺하오면 至今 땀이나오나, 이같은 指示 얻은것만을 感謝할뿐이로소이다。오직 念慮되옵는바는「正直을保持」하지못할가 두려움이 올시다。그렇나 이것이 生의게天賦된 十字架로 알으옵고 當하면 救援, 當하지못하면 滅亡인것을 또알으옵고, 모든 것을 主앞에 쓰러맡길 뿐이로소이다。말할수없는 感謝를 이短書로써 代身하나이다。餘不備禮。

一九三五年六月四日 敎生○○○ 拜上』

六月七日 (金) 달달이 보내든것을 못보내니, 다음달 原稿도 執筆하게 되지않는다。

六月八日 (土) 今日 夕陽부터 身熱이 三十九度에 올라 臥床靜養하지 아니치못하다。

六月九日 (日) 마찬가지로 熱이三十九度를 昇降하야, 午後의 聖書硏究會를 引導할수없었다。尹台榮, 趙誠斌兩君이 서로 感想을 말하고 찬송과祈禱로써閉會하다。

六月十日 (月) 多少下熱하였으나 完全한 授業은 못하고 歸宅就床。

六月十一日 (火) 身熱이 如前하야 漢

藥을 中止하고、朴博士의診察을받다。二十四時間以內로 下熱치않으면 重患이라고。

○滿洲音信如左。

『오래ㅅ동안 글월들이지 못해서 未安합니다。몇날前에 보내주신 ×××××이라는冊은 감사히 받었읍니다。序文만을읽고도 늣긴바 많었사오며、나도 어떤方法으로 이滿洲에있는 불상한 사람들을 爲해서 나없는 참 히생을하며 그들에게 眞理를 傳할가하는 생각을 햇읍니다。先生님이 冊을보내신 目的만은 達할줄 믿습니다。事實에 있어서 現在의 저는 이땅에는 何等의 意義가 없은것이、나를爲해서 이때까지 勞力하기 때문이며、靈의方面보다도 肉의것을 위해서 애쓴바가 많은까닭이외다。元來 오기는 靈을爲해서 왔으나、그러기 때문에 恒常맘속에서의 紛爭은많습니다。이것으로 因하여 몸까지 약해젓고 精神도 衰弱해진줄 압니다。

基督信者의 生涯가 即 苦의 生涯이외다。恒常 머리가 아퍼서 야단입니다。그리고 생각만은 늘있으면서도主께나아갈 機會를얻지 못합니다。많이 기도해주소서。

特히 제에게는 친구가 없읍니다。항상 寂寞하외다。信仰에는 친구가 必要하다는데 항상寂寞이 있아오니 失手해도 責해줄이 없어서 문제외다。

보내주신 冊에 對해서는 어떻게 하랍니까。제의맘대로 할수있는 것입니까。그렇지 않으면 어느期日內에 完讀하고 返送하랍니까 下敎주심을 바랍니다。

언제든지 꼭한번 뵈올機會 주심을神께 빕니다。그리스도안에서 참되게 지나짐을 바랍니다。

六月九日朝 門下生 ○○○ 拜上』

六月十二日（水） 身熱이 점점나려기시작하다。

六月十三日（木） 完全히 下熱되여 就務如前。이번처럼 死에關하야 具體的으로 想考하여 본적이 前에 없었다。그리고간절이 원하기는 行政機關의 最高權力者의 名義로써 聖書朝鮮誌의 即時廢刊을 指令하여주고、宇宙의 主宰者인 여호와神으로부터 나의靈魂을 돌우부르시사、이구차한 세상살림을 하루라도 속히 中止하게 하여주시는 일이었다。어서 자유롭게 眞理를 工夫하며 말하며 글 쓸수있는 저나라가 그리워。○北滿鐵道從業員의短信에『（前略）듣건대 先生님께서는 生物에關하야 全朝鮮、外國까지에다가 라디오放送을 하신다니 이렇게 고마운일이 어듸있읍니까。아직도 生物에對해서 知識이 淺薄한 우리 同胞에게 알리워준 機會를 가지셨으니 先生님도 얼마나 기뿌시겟읍니까。그리고養正高普의創立三十週年記念이니만큼 日間은 얼마나 바뿌십니까。云云』

六月十四日（金） 아주斷念하였든 籠球를 不得已한事情으로 다시監督。今日第一高普와試合하야 快勝하다。

六月十五日（土） 警務局圖書課에 가보았으나 아무所得이없는 걸음이었다。이제는 마음의焦燥하든領域도 지나서、되는대로되라는心理이니 차라리 輕快하여젔다。○小鹿島에는 우리친구가많다。今日새로운兄弟의來信如下。

『感謝狀

金敎臣 先生前

예수가 手를伸하야捫하시며曰 我가하고저하노니潔함을受하라。馬太八章三節上半。

朝鮮을 亡하게하고 民族을 亡하게하든 黨派心은 오늘날 우리 朝鮮敎界에까지도 遺傳되였든가! 우리基督敎界에는 黨派心으로 敎權者들이 머리를 占領하고 있으니、뜻있는 信徒로하여금 부질없는 歎息만 하고있는 이世代에

오ㅣ 先生이여 오즉당신만은 썩어진敎派思想에서 超越하여 게심을 나는보았읍니다。뿐만아니라 당신은 오즉 홀로서、그리스도의 精神을 좀먹이고 오늘날 朝鮮敎界를 어지럽게하는 脫線信仰家들에 逼迫에서도 오히려 邁進하고 있는勇士임을 先生의 思想紙인 아니信仰의表現인 聖朝를 通하야 알고도 남었읍니다。先生이시여 生의不躾함을 용서하십시요、식어진믿

음이나마 主에참빛을 볼때 넘치는느낌에 따라 몇말슴 感謝의뜻을 表하자는것이 이 模樣입니다。生은 얼마前에 어느讀書同志에게 聖朝의 이야기를 들었으나 그다지 마음이 끌리지는 안었음니다。왜그랬느냐 하면 近日에 우리教界에 發刊되는 所謂 傳道誌라는 것들과 同一視하는 經率한生覺에서 誤解하였었든 것임니다。그다음에 다른教兄이 빌려주는 聖朝를 實際로읽고 보니 나의經率한 生覺은 後悔로돌아가고 나의잠자든 信仰은 비로소 눈뜨기始作하였으며、내가찾든 참信仰의길을 發見하였으니 『聖朝의 傳하는 福音』이란 一頁에남짓한글은 참福音이되여 식엇든 믿음에 復興이되였으며、『書生의 遊戲라』는 一頁에글은 能히 貴紙의 使命을 말하고 남었읍니다。예수親이 말슴하신「病者라야 醫師가 必要하다」는 말이 聖朝로말미아마 비로소 表現되는듯한 늦김을 엄었읍니다。그病든 者에 한사람인 生으로서 어찌그 품안에 안기지않겠음니까。오ㅣ 아름답다 聖朝여 慧星과같이 나의앞에 出現된 그대는 참된福音을 나에게 傳하여주었으며 잠자든 믿음에 復興이되였으니 나는그대를 信仰의 同伴를 삼고자하노라。아니내 信仰의 引導者가되여 겟세마네 東山까지라도 引導하여 주기를 願하노라。

先生이여 쓰다가보니 말이두서가 없으나 이것이 내가느낀 그대로에 숨김없는 告白이요、同時에 裝飾없는 感謝임니다。그럼으로 端文拙筆이나마 生의 참마음이니 先生에게 들이기를 부끄러워하지 않습니다。小鹿島 癩人들만이「우리의문둥」이오 아ㅣ果然 이말이 二十世紀人의 입에서 나온 말일가요、先生이여 불상한生은 十年이란 歲月을 癩라는 한마듸말에 肉과靈이 아울러 憎惡에서 戰慄하여 왔으며、生을 咀呪할만치 人間性을 빼앗기였읍니다。그러나 나는 오늘에 있어서는 癩患者됨으로 당신의 문둥이 됨을 기뻐하나이다。同時에 예수 親히癩人에게 行하신 行跡을 生覺아니 할수없읍니다。비옵나니 先生이여、당신의 그事業이 日益發展하여 天下에 脫線信仰家들의 길이되옵소서。聖朝五月號를 읽고 받은바 恩惠의 萬의一이라도 感謝함을 表示코저 無識한 自己도 돌보지않고 썼읍니다。亂筆을 용서하옵소서。앞으로도 每月빌려다 읽기를 自己信仰과 約束했습니다。貴重한時間을 無益한 片紙보시기에 浪費하시게함을 가슴앞어 하나이다。執筆者諸先生의 建康을 祝福하며 貴事業이主의 뜻을 일우기에까지 發展하심을 滿腔의 誠意를 가지고 衷心으로 여호와께 비나이다 아멘。

一九三五年六月十四日

鹿小島에서 尹 一 心 謹 白

【社告】 지난六月(第七十七)號는 다른 달보다 增頁되여서、本文二十八頁로 編輯하였든것인데、印刷臨時하여卒然間에「朝鮮歷史」受難의五百年第四回(壬辰亂에關한것)의 十頁를省略하지아니치못하여서、本誌例月의 頁數보다 적은대로 發行하였나이다。機를待하야 이不足한部分을 補充하고저하나이다。

本誌의購讀規定을 前號에宣言한以後로 도리어意外의人으로부터 그無誠意와 怠慢을自責하는 深刻한謝過도 있으려니와、또한赤貧의生活에서 朝飯을먹고는 저녁을念慮하지아니치 못하는줄 우리가 잘아는터인데도 不拘하고、誌代를添하야 눈물로써 謝過하는同時에 크게執筆者를勸勉하는말까지 添한이도있었다。이렇게 되고본즉 例外로 無代進呈할 「貧者」의標準을 어메다둘가하는것이 困惑이 아닐수 없이되였다。그저받았으니 그저주자는것도 一理이나、「가난한 과부의 두푼연보」의 意義를 沒却하고싶지도않다。故로例外取扱의 境遇를如左히 局限하고저한다。

一、全南小鹿島에 居住하는 癩患者인 兄姊들과、其他이와 同程度의重患者로서本誌를 要求할時에는 無代進呈하는것을原則으로하나、未安해할것없이請求하라。

二、滿洲에서 傳道하고 있는이에게는 餘殘이있는限 無代進呈함。

其他는 貧富의別이없이 前金이 盡한때는 發送을中止함。但 때때로主筆의 私信대신으로 보내는것은 此限이아니다。

金敎臣 著

山上垂訓研究 全

四六版二四五頁
定價七〇錢・送料五錢

聖朝文庫

第一卷

咸錫憲 著

푸로테스탄트의精神

菊版半・三十二頁
定價金拾錢・送料貳錢

前者는基督의代表的敎訓을平易하게解釋하야基督敎의眞髓를闡明한것。後者는루터以來의宗敎改革의眞意를再考하야舊敎로退化하는新敎徒에게一大警醒을주고저한것。우리가二著모다半島의氣候風土의産이오。半島에보내는最善의선물로바이다。

聖書的立場에서본朝鮮歷史(續)

一、信仰生活과歷史理解 六一號
二、史觀 六二號
三、聖書的史觀 六三號
四、世界歷史의輪廓 六四號
五、朝鮮史의基調 六五號
六、地理的으로決定된朝鮮史의性質 六九號
七、朝鮮사람 六七號
八、堂堂한出發 六八號
九、列國時代의苗床 六九號
十、鎔鑛爐中의三國時代 七〇號
一一、高麗의다하지못한責任(一) 七一號
一二、同上(二) 七二號
一三、同上(三) 七三號
一四、受難의五百年(一) 七四號
一五、同上(二) 七五號
一六、同上(三) 七六號

京城聖書研究會

지난六月末日까지 山上垂訓의大綱을工夫하고、七月八月의二個月間은休講합니다。이休暇中에는定規의集會는없읍니다。主께서許하시면新秋九月十五日(第三日曜)부터 如前히예수傳工夫를 게속하고저하나이다。

舊約聖書大旨(續)

創世記大旨 三八號
出埃及記大旨 三九號
利未記大旨 同
民數記大旨 四〇號
申命記大旨 四一號
여호수아大旨 同
士師記大旨 四二號
路得記大旨 四四號
삼우엘上書大旨 五四號
삼우엘下書大旨 五五號
列王記上書大旨 五六號
列王記下書大旨 五八號
歷代志大旨 五九號
에스라―느헤미야書大旨 六〇號
에스더書大旨 六二號
約百記의大旨 六三號
詩篇의大旨 六五號
箴言의大旨(六六) 六九號
傳道書의大旨 六八號
雅歌의大旨 同
이사야書大旨 七二號

以上「大旨」는 極히簡潔하게 一書를一回에講하야、누구에게든지 聖書의要領을알게하고저 한것。從來의 年度本으로한 特價는撤回하고 今年度부터第五十九號以前古本은每一冊에十錢으로減價하다。

本誌定價

一 冊 拾 五 錢
六 冊(送料共) 前金九 十 錢
十二冊(一年分) 前金壹圓七拾錢
要前金。直接注文은
振替貯金口座京城一六五九四番
(聖書朝鮮社)로。

取次販賣所

京城府鍾路二丁目八二
博 文 書 館

京城府鍾路二丁目九一
耶 穌 敎 書 會

京城府堅志洞三二
漢城圖書株式會社

昭和十年七月十二日 印刷
昭和十年七月十五日 發行

京城府外龍江面孔德里一三〇ノ三
編輯兼發行者 金 敎 臣

京城府堅志洞三二
印刷者 金 鎭 浩

京城府堅志洞三二
印刷所 漢城圖書株式會社

京城府外龍江面孔德里活人洞一三〇ノ三
發行所 聖 書 朝 鮮 社
振替口座京城一六五九四番

【聖書朝鮮】第七十八號 昭和五年一月二十八日 第三種郵便物認可
昭和十年七月一日發行 每月一回一日發行

【本誌定價十五錢】

金敎臣主筆

聖書朝鮮

第七拾九號

昭和十年(一九三五)八月一日發行

昭和五年一月二十八日第三種郵便物認可
昭和十年八月一日發行(每月一回一日發行)

目次

雞鳴聲

낮에 들어도 숳닭의 나래치고 우는소리는 쾌하게들리지만 새벽을 보도하는……계명성은 특별한맛이있고 뜻이있다。 신약성경에도 「닭이세번울기전에……라는것이있지마는 우리동양인들은 옛날부터 닭의울음소리에 무한한 관심을 가졌었다。 그러므로 울되 아름답게울며、 시각을 정확하게 마추어우는닭을 사랑하였고、 지금 여기저기 양계장에있는따위 미친닭들처럼 저녁에나 울진대 한가정의 큰변이오 한나라의 불상사인줄로 알았었다。

지금은 과학지식이 발달한시대요 문화가 융성한사회라고하야、 닭을보면 란용계와 육용계와 란육겸용계의 세가지종류로 난우고、 알낳는닭은 일년에 삼백예순다섯개까지 낳아야될터이며、 병아리는 한번에 수천수만개씩 네리우되 가장과학적으로 훈련된 안목으로써 검사하야、 숳병아리는 깍지를 뚫고 세상해빛을본지 두어시간도 못다하야 모조리 학살을당하고마니、 그광경이 마치 애굽에 노예되였든 이스라엘민족의 운명과 흡사하도다。

오늘날과같이 과학이진보하며、 오늘날과같이 과학적지식으로써 이익을 탐하는 방법이 전파하여갈진대、 불원간에 지구우에는 암닭만이남겠고 숳닭은 있다하여도 암닭의 산란을 도아주는 방편으로만 남겨둘것이니、 참말 숳닭ㅣ시각마추어 울음잘우는 씩씩한숳닭은 그 종적이없어질터이니 가히 슬퍼할일이 아닌가。 오늘날 양계술이 진보하야 억만개의 닭알이 우리의식탁에 쌓이고、 그알안에있는 담백질이 무수한 카로리의 영양으로써 우리의육신을 살찌게하는날이 온다할지라도、 우리는 새벽에 나래치고우는 계명성이 지구우에서 끊어질것을 못내슬퍼하는자이다。 닭알의 자양분만 유리한줄 알고、 계명성의 고귀함을 이해하지못하는세대여 화있을진저。

다행히 궁촌벽지에있어서、 아직까지 우리조상들이 즐겨듣던 재래의숳닭울음을 들을수있는이는、 고요한 새벽창에 파동치는 그소리를 근귀들어보라。 그 나래깃치는힘과 그처량하게 솟아나오는소리! 그 숳닭까지도 창조하신 조물주여호와께 생각이 및을진대 일이 더욱 기이하지않은가。 누가요구하여서 우는가、 누가 지정하여서 그시각이냐。 무엇을 찬송하기에 그다지아름다운 곡조이뇨、 무슨사명을 가졌길래 그처럼 전심전력을다하야 솟으렴처서 우는고。 자든눈을부비면서 전등불밑에서 시계의분침을 찾아보기보다、 깨여난 맑은귀로써 계명성을 듣는편이 생리적으로도 합리한일이아닐까。 하물며 닭과함께깨여서 그힘그정성대로 주여호와를 찬송하였으면야 더할데있으랴。

軟弱하고孤獨한사람【예레미야後記】

나의貧弱한書齋에 敬慕하는豫言者 예레미야의肖像을 걸어놓고、예레미야記本文과 거기關한參考書를 뒤지기 시작한지가 어느듯半年을 넘었다。한번읽기보다 두번재읽으면 좀더 알어진듯하나、세번재읽고보면 또새로운것이 보인다。이만춤하면 써도괜찮겠거니하고 펜을잡고机案을對坐하였다가 다시한번豫言者의肖像을 처다보면 나의머리가 숙어진대로 용이히 처들어지지않어서 다음날로 연기하고、참고서 한권을 더읽고나면 전일의構想을 다버리고 다시 企案을 시작하곤 하기가三四次。내가 알었다고한들 大豫言者의幾萬分之一을 알었으리마는、또한 어떻게하면 나의 理解한것이라도 그 천체대로 표현할수있을까。저滿面에 넘치는悲哀를 무엇으로써 다同情해내며、저二千五百餘年前의偉大한 한숨소리를 어떻게하면 二千萬民의鼓膜에까지 傳達할수있을까。萬一잘못하면 豫言者의肖像속에서 또한번 긴한숨소리가 들릴것같아서、펜을 잡았다놓고 놓았다잡는동안에 半歲의時間이 흘러버렸다。그러고 된것은如何한가 뜻을 다하지못함이半뿐이랴。남은未練을 못이겨서 두어가지만 더말하게하라。

예레미야記의全卷을 通讀한때의印象으로는 저와같이強硬한人物은 세상에 없었으리라는것이다。이사람이 만일現代의露西亞에 났더면 스탈린같었을까、萬一伊太利에 났었드면 뭇솔리니 되었을까、또는獨逸에났었드면 히틀러總統처럼 力의權化가되었을까、하고推測하야 比기고저하나 強함에도強한質이 달렀을뿐더러、도리혀 우리豫言者는 甚히軟弱한사람이었다。처음召命을받었을때에「主여호와여 보시옵소서 나는어린아이니 말할줄을 모르나이다」라고(一・六)대답한것은 오히려 어렸을때의事實이라고 할지라도 長成한후에까지 百姓을責할일이있으면 스스로 먼저憫心하고、敵과 싸울일이 앞에있으면 스스로 먼저怯나하였다(四・一九—二八、八・一八—二二)。눈물이 잦기가女性보다도 더하였으니(九・一、一四・一七—一八) 이는強한者의個性이아니라 分明히軟弱한者이다。女性보다도 柔弱한性格이었다。이런弱者를選立하야 鐵柱보다銅垣보다 더強하게쓰시는 여호와를 우러러볼때에 우리의 못생기고軟弱함을 念慮할까닭이 없을뿐더러 사람의弱함으로써 당신의強함을나타내며 無識한者로써 識者를 부끄럽게하기를 기뻐하시는 하나님께 찬송을들일것이다。

孤獨은 예레미야의 平生의벗이었다。先知者는故鄕에서 대접받지못한다고하나 예레미야처럼 甚한境遇가없었다。第一처음부터 우리豫言者의生命을殺害하고저 한者는 그故鄕아나돗住民들이었다。國民을爲하야 教導하면 國民에게 바림을받고、祭司長과官員들을爲하야 忠告하면 그들의嘲弄을받고、王을爲하야豫言하면 投獄과極刑이準備되고 있었을뿐이며、나종에는 하나님에게까지 버림을當함인가하야 두려움을 不禁하였으니、이無類의孤獨한生涯도 저보다六百年後의 主그리스도의生涯에 방불하였다。

질그릇에담은보화

다른종교에서는 십년 혹은 수십년을두고 업을닦고 수양을 힘쓰면、나종에는 도를통한다든지 또는 마음에원하는대로행하여도 법도에 어그러지지아니하는 거륵한지경에 도달하는수있다고하나、기독교에 있어서는──우리가 아는대로는──처음부터 나종까지 「질그릇에 보화 담은것」에 지나지못하는것이다。

크리챤에게는 제것으로 자랑할수있는 수양과 노력으로쌓은 상아탑도 없고、길으고 발전시켜서 대성 완숙하였다고 할만한 기특한소질도 자공할수없는자들이다。과연 질그릇과같이 모냥도 숭하고 광채도없고 부서지기만 쉽게된것이나、오직 보화를 담은까닭에 그모냥까지도 좋아보이고 광채도 찬란하며 튼튼하기도 강철보다 더하여진다。

삼손은 힘센사람이었으나 이방의 역사나 장수와는 달랐다。성신이 림한때에라야 힘이낫고、성신이 떠난때는 보통사람과 다름이 없었다。곧 삼손의힘은 삼손의 고유의힘이 아니오、일시 빌려주신힘이었다。삼손은 질그릇이오 그힘은 거기담긴 보화였다。

구약성서의 여호수아기를 읽는자마다、이스라엘군대의 용기와 전략의 비할데없음에 놀라지않는자없지마는、자세히보면 또한 이스라엘군대처럼 용렬하고 겁나하고 책략이없는것은 다시없는듯도하다。저들이 힘을얻어 용약전진할때는 수십명 또는수백명으로써 수천명 또는수만명의 적군을 격파하며 흐르는 요단강이라도 육지같이걸어 건너기도하였으나、만일 부당한 전리품을감춘자가 있거나 여호와께대한 신뢰의마음이 박약하여진때는 이와 반대로 수십명적군에게 수천명대군이 참살당한 부끄러운 역사도 지었다。즉 이스라엘군대가 본래부터 천하강병이라는것이 아니라 질그릇같은 이스라엘백성이지만 지극히거륵하신 여호와하나님이 그그릇에 담겨있는 동안은、철석같은성곽이라도 고함을질러서 믏어터릴수있었고、그렇지못한때는 쫓는자없어도 겁나 도망하는 백성들이었다。

예수 잡혀가실저녁에、천당문열쇠를 차지할 사도 베드로가 닭울기전에 세번식이나 그주를 부인한것은、아무리동청하야본대도 오늘날 비밀결사에참예하는 청년들보다 몇계단이나 떨어지는인물임이 분명하다。그릇중에도 질그릇이오 파기조각이다。그러나 거기에 보화가 담기었을때에 능히 바다로 걷기도하였고、목숨이 풍전등화같은 위험한자리에서도 그주예수의 십자가를 담대히 증거하게되였고、보는자들로하여금 「본래무식한 촌민들인데 어찌저렇게되였느냐」고 놀라게하였다。우리는 질그릇된것을 염려할것이아니라 보화 담을일을 힘쓸것이다

聖書的立場에서본朝鮮歷史

咸錫憲

一二、受難의五百年 (六)

一三、新生의微光 丙子胡亂에있어서 攝理의손은 朝鮮民族을 追窮할데까지 追窮하였다。이때까지朝鮮은 或故意로 或無知로 그손을 요리조리 避하야올수있었으나 이제는 이以上 더빼저나가려하여도 빼저나갈수없는데까지 니르렀다。

王辰亂에는 失敗를하고도 오히려辯明할 口實이 있었으나 이번은그것도있을수없다。派爭裏에 王辰의大亂을맞고 派爭裏에보내는사람들은 참으로그맘이 頑悲하다하겠으나 그것은 大國明나라가있었는故로 그러했다고 辯明할수가 있다。鴨綠江岸까지 몰리었을망정 뒤에「皇朝」의「天兵」이 있으니 그를依支하야 떠려저가는王冠을 붓잡을수있었고 붓잡은다음에는 苟且한安心을하게되는것은 無理가아니라 고할수있다。原因은다른데있었지만 烏飛梨落으로 明兵이 오자 亂은平하였으니「藩邦再造」라고「天恩의罔極」을늣끼는것도 그럴만치되였다고 할수도있다。萬一 神이王辰後 朝鮮사람을向하야 그頑鈍懦卑함을 詰責하였다면 그들은거기對하야 도리어反問을하였을것이다、危機一髮의際에 그앞에下水口를떨었으니 집줏그리빠지게 함이아니냐고。그러나 丙子亂에는 그럴수없었다。朝鮮사람이 大國天朝로믿는 그偶像의支那를 그보는눈앞에서 北方오랑캐라고 蔑視하던 滿洲의一部族으로하여금 一擊下에꺼꾸려치고짓밟게하고는「이래도오히려」하고强迫의 손을내밀었다 이렇게되면 이以上더回避할길이없다。다시더밑을 偶像도없고 苟且한面目이나마도 三田渡에서떠려치고는 다시남은것이없다。因循할랴야 할수가없고 躊躇할랴야 할餘地가없어졌다。이제는 死地에까지 追窮當한즘생같이 스스로强해지는것받게 길이없어졌다。

戰爭은 洪水와같이 破壞속에 新生을準備하는것이다。濁流가한번흐름애 모든生命을 다삼키는듯하나 一旦지나가면 새로운繁茂를가저오는 肥沃한흙을 그뒤에남기는것같이戰禍가襲來할때는 人間社會를짓밟아 修羅場으로化하나 물러갈때는豊饒한 精神的冲積土를 선물로주고간다。사람의피는 그저썩지않는다。世界大戰때에 獨逸서는 屍體로 肥料를만든다는 風說이떠돈일이있지만 그와는다른意味에서 사람의죽엄은 건肥料다。歷史의수리박퀴에 찍히어넘어가는者의 죽엄이묻인곳에서 새歷史의살진 이삭이핀다。漢代文化는 春秋戰國五百年의 戰爭터에자란것이오 西洋近世의 撥剌한思想은 十字軍의흘린피를 걸음으로삼고 培養된것이다。壬辰、丙子에 흘린피도 그선물을 내지않고는말지않었나。 그리하야 이新生의 부르짖음은 나온것이다。

荒凉한廢墟에서올라오는 新生의첫소리는 自由의要求였다。即亂時와亂後에橫溢한 排淸運動이니 그中에도이름있는것이 三學士의일이다。三學士란 尹集、吳達濟、洪翼漢의三人을 가르치는것이니、이들은 淸使가왔을때에 斥和主和의兩論이對立함애 斥和의急先鋒이되였다가 그까닭으로 和議後 滿洲에잡혀가 壯烈한最後를마춘사람들이다。이들의斥和論을 當時의情勢로보면 現實을無視한 一個大言壯語라할수있다。말로는斷然主義라하지만 事實一戰할實力을準備한것이 있었는가하면 그렇지못하다。故로 그들의主張은 一片의空論이라할수있다。그러나 그들의意氣만은 놀라운것이었다。當時의排淸論은 國策이라기보다 一個喊聲이었다。一個宣言이었다。

喊聲이니러난後 實行이다。實行의任을맡은것은 孝宗이었다。孝宗은仁祖의아들로서 人質로淸廷에가있는동안 쓸아린맛을 남김없이맛보았는故로 即位後는 北伐經營을 銳意進行하였다。軍備를貯蓄하며 戰馬를기르며 宋時烈에게 貂裘를주며、李浣에게甲冑를나리어 機會오기를기다렸다。그러다가 賊臣金自點이 淸廷에密告함으로 一時窘塞을當하기도하였으나 終是그計劃을바리지않었었다。

淸江에 듯는소리 그무엇이 옷음관대
滿山紅絲이 휘들어져 웃는고야
두어라 春風이몇날이리 우을대로우어라。

하는노래를읊고보면 當時孝宗의 胸中을忖度할수있다。그러나天意는異常하였다。孝宗이그러듯 春風이몇날이리하고 기다리는때는 淸에서도 國勢方今隆隆한때라 마츰내오란計劃의 實行의날을보지못하고 말었다。그後님금들도 그遺志를繼續은하였으나 淸에서는 저有名한 康熙乾隆의時代라 그威勢가 亞細亞를風靡하던때임애 敢히 손을 내밀수가없었다。그리하야 將軍李浣으로 하여금

群山을 削平턴들 洞庭湖 넓을낫다
桂樹를 버히던들 달이더욱 밝을것을
뜻두고 못이루니 못내설워하노라。

하는悲歎을發하게하였다。

四

부르짖음의第二聲은 黨論을蕩平하라는것이었다。外敵의멍에를벗는것이 當面의急問題인것은 勿論이지만 外敵은 大喝一聲으로나 물러가는것이아니오 單純한軍事計劃으로되든것도아니다。復興運動이 軍事計劃에만멎는限 그것은 淺薄함을免할수없고 一時的이지않을수없다。그것이 산힘있는眞實한 再生運動이되기爲하야는 自己改造의 道德運動에까지 深化되지않으면안된다。自由는안에있는것이오、밖에있는것이아니다。事實 孝宗朝에 意氣衝天하는듯하던 北伐熱은 不過數十年에 발서冷却되기始作하야 肅宗代에

이르러는 文化爛熟의世가되여 軟文學이盛히流行함을 보게되였으니 이것을가저 國文學의發達이라면 慶賀할만한듯도하고 民衆의生活向上의結果라고하면 그럴듯이說明이되는듯도하나 民族的復興運動에서보면 一段의退化라하지않을수없다。그所謂文化、文學의 背景이되는것은 苟且한奴隷生活에서얻는 一時的昇平時代이기때문이다。그런故로 그運動이失敗에 돌아가지않기爲하야 몬저國力衰耗의原因이되는 黨論을없애는것은 絶對必要한일이었다。萬一이것을고치지못한다면 아모런計劃도 一時的空論에止함을 免할수없다。

蕩平運動이 일어난것은英祖때다。肅宗朝는 文化燦爛한때라하나 他面에있어서 黨論의싸움은 前보다一層더甚하였으니 이두事實은 表裏서로相關되는것이다。萬一그대로나갔다면 國政은더욱어지러워졌을것이었다。그러나그때에마츰 中興英主의稱을 듣는英正두님금이 이어나서 國力復興에힘을썼으니 英祖는 在位五十二年에及하고 正祖도二十餘年의治世를가젔다。두님금은 그治世八十年間 黨論蕩平에努力하였다。英祖는末年에 當時東宮으로있는 正祖를보고 지금나라形便이 文化의進步는盛하고 黨派의紛爭이甚하야 恰似히北宋과같으니 注意하야政治에힘쓰라는것을特別히付托하고갔다。正祖는 그寢室을名하야 蕩蕩平平室이라하야 이것을晝夜잊지말고實行하자는決意를보였다。그러나 이때黨爭은 이미그뿌리가 깊고 가지가 얼크러젔는지라 容易히없일수가없었다。

第三의 그리고最後의부르짖음은 朝鮮을알자 하는것이다。英正兩代는 文運의盛하기가 世宗朝以來처음이라하는時代로서 制度로 產業으로 學問으로 볼만한것이많이있는데 그中에도特히빛난것은 學問의研究요、모든研究中에서도 더욱意味있는것은 朝鮮研究의盛함이다。本來우리나라 學問의風이 高麗朝以來墮落하여 支那의殘滓를얻어 팔아먹는데끋칠뿐이요 獨創의研究가없어 一代의識者라는사람도 天下라면 支那만을알뿐이요 先哲이라면 文武孔孟으로만알었다。李朝에 들어와서는 그固陋함이漸漸더甚하여學問이라면 그저朱子學이요 그것도內容은다말려버린 形式一片인大義名分만을 口誦할뿐이었다。그러더니 이때에와서 學問의風이一變하야 朝鮮固有의것을찾으며 實際的見地에서 國家復興의道를찾는일이 盛히일어나니 이른바實學이라는것이다。

「孝宗、顯宗의際에 柳馨遠(磻溪)이 性理學及科學文全盛의當時에있어서 一平生朝鮮의實地를研究하야 種種의著述을하고 더욱磻溪隨錄二十六卷에는 古來의事實에證據한 朝鮮經濟의改造策을 베프니 이가實로 新學風의앞잡이가된것이다。磻溪의後에 肅宗 英祖의際에 李瀷(星湖)이나서 더욱實證實用의學을唱하고 이風이널리行하야 英祖以後에는

學者는勿論이요 單純한文士라도 그態度를 實用的內省的으로가저서 朝鮮研究의潮水ㅣ왓작념치게되니 東史綱目 列朝通紀等의著者인安鼎福(順菴) 疆界志、山水經、東音解、訓圖解等의著者인申景濬(旅菴) 文獻備考의主되는纂輯者인李萬運(默軒)京都雜志、四郡志、渤海考等의著者인 柳得恭(惠風)海東繹史의著者인 韓致奫 擇里志의著者인 李重煥(淸潭) 燃藜室記述의著者인 李肯翊(燃藜室) 東國輿地圖의作成者인 鄭恒齡等은 그代表的人物이라할것이며 이實學의風이 漸進하야 正祖의末에 丁若鏞(茶山)이나서 博學精識으로써 經世遺表 我邦疆域考 風俗考、爵學要鑑等與猶堂集百數十卷의著述함에및어 그最高潮를보였다」(崔南善朝鮮歷史)

이제이新生運動은 그最高階段에 다달었다。政治的解放運動에서 道德的民心廓清運動으로 消極的廓清運動에서 積極的自己擴充運動으로나갔다。回顧하면 堂堂한歷史의出發을했던 東亞의一大民族이 自己를잃고 虛僞의길을헤매이기始作한것도 벌서오란일이다。使命컸던高句麗가 너머진지 이미千數百年 그동안에歷史는 左折右折、波瀾우에波瀾을더하였다。唐의 시달림이있었고 契丹의도적질이있었고 金의壓迫이있었고 蒙古의짓밟음있고 또壬辰亂또丙子亂。이리하야 受難의골짝이를헤매이었다。그러는동안에 옛날에玲瓏하던 文化의殿堂은 灰土에묻히고 荊蔓에가치어 도라보는이없음애 그存在를알수없이되었고 인즉이榮譽의王冠을썼던者는 그마음의眞實을잃고 尊嚴을잃음애 貧困中에自暴自棄하야 流乞의生活에晏然하게되었다。그러나 神의채찍은 드듸어그를처깨쳤다。이제그는 부르짖는自己의痛聲에 꿈을깨는사람처럼 놀라깨여 過去와現在의 對照되는두自我를 한데連結하는 正覺에돌아왔다。그리하야 새로운希望을가지고 잃어버렸던殿堂의 修理를始作하였다。저가萬一 그自信과努力을 잃지않는다면 未久에얼크러진가시덤불을헤치며 깃드리는野獸의무리를내여쫓은後 묻어진담을 다ㅣ쌓고 頹落한宮殿을 고처 세우는 날이올것이다。

當信者愼勿盟誓

姜濟建

生死由天厄自橫 살고죽음 하늘이오 액은저절로비끼니
是非愼勿對人盟 옳고그름 사람보고 삼가 盟誓말지라、
發明幸免當前責 發明하야 잘되면 當前責任은 免하나
欺暗常思以後刑 속인그늘 뒤에는 刑罰 恒常따라오네
土玷玉光磨必要 흙이 옥빛묻었으니 갈아냄일 必要코
火鍊金色取其精 불로 金色다듬어서 그精氣를 取하니
郇山婦女爲誰哭 郇山의婦女들아 뉘를爲해 우는고야
刻骨難忘燒木靑 뼈에삭여 잊지말라 푸른남게 불붙음。

聖書槪要 (十九)

金 敎 臣

예레미야記大旨

一、靑年예레미야 유대國首都 예루살렘에서 東쪽으로 約一時間 걸어갈만한곳 아나돗에出生 長成한 예레미야는、유대王 요시야 即位한지 十三年부터 豫言을시작하야 유다王 시드기야十一年까지 及하엿다고하니 即紀元前 六百二十六年 예레미야의 十九歲될때부터 하나님의말슴이 彼에게臨하야 其後四十乃至五十年間 宗敎家로서행세(우리들의 알기쉬운 말로하면)하엿다한다。所謂「弱冠」의 少年으로서 當代는勿論이요 其後二千五百餘年지난 今日까지와 共前에 人類의史記있었든 限度까지 溯及하면서 찾아보아도 可히比길者드물만한 特異卓越한 大宗敎家이었든것은 저의最初의豫言인 巴旦杏가지와 沸騰하는鼎의 啓示에서 발서나타났다。

그러나 우리의常習에 비추어보아서 疑訝하야 마지못하는바가 두어가지있다。첫재로 범을그리는畵家가 竹을添하기를 게으르게 안하는것처럼、宗敎家라고하면 의레하 등굽을고 턱떠러진 白髮老人을聯想한다。오래오래讀書하야 萬般學理를窮究하고 波瀾많은世苦를겪어서 喜怒哀樂의情意를 닦은後에라야 可히 哲理를論하며 人生을말할것인줄로알으니、예수교 以外의宗敎는 과연 그러하다。오직基督敎만은 讀書에서 찾아낸것이 아니요、思索으로서 組織한것이아니요、人爲的으로 培養한것이아니요、다만 天成으로된 生命이기때문에 窓을열고 太陽光線을 받아들이듯이 銳敏한 感受性으로써 받아들일것뿐이다。그러므로 예레미아가 人生의早朝 가장銳敏新鮮한靑年期에 하나님의말슴을받아 萬邦의先知者로 세움을받았다함은 조금도疑訝할바가 아닐뿐더러、도리어 이것이야말로 人造의異邦宗敎와 天成의基督敎와의 本質的差異를 區別하는 一大特色이라 할것이다。

둘재로 누구의 말인지는 알수없어도『人生은 二十에文學家아닌이없고、三十에藝術家아닌이없고、四十以後에 宗敎家아닌이없다』는말이다。多少間이라도 四十以後에 宗敎에 歸依하는傾向이 없는이가없다함은 人類의古今에共通한事實이요 利害打算으로된「智的宗敎」의 不可避의現象이다。人生을 살아본結果 그空虛함에 못견디어서 歸依할바를 暗中摸索하야 붓잡는宗敎는 四十以後의 退潮期에라야到達한다。마치火氣를잃은 冷灰처럼 寂滅의地境에들어가는宗敎다。마는 여호와神은 摸索하야 잡을수있는神이아니요、啓示로써 自己를顯現하는神이다。基督敎는

智의宗教가아니요「義의宗教」다。故로 義에對하야 카솔린이 引火하는것처럼 爆發로써 불붙듯이 하나님의義의 火氣에 燒燃되는일이 基督教이다。그러므로 四十以後에 될일이아니라 四十以前에、特히世上에 물들어鈍濁하기前인 二十青年期의 銳氣潑潑한때에 感受할것이다。四十五十而無聞焉이면不足畏也已니라고孔子는말하였으나、基督教信仰이야말로 四十而未信이면 不可入이라고 할수도있다。예레미야가 二十에받어서 列邦의先知者로 세움을 받고있었다함은 基督教가 摸索으로써 찾는宗教가아니요 啓示로써 받는宗教요、智的歸結로된 宗教가아니요 하나님의義에 感應되는 宗教인것、다시말하면 異邦宗教가 地의所生이요 사람의幸福을 本爲로한데反하여、基督教는天의所產이요 하나님의義를 本位로한 宗教라는本質이 뚜렷하게 나타난것이다。

註一 이에四十이라함은 一般的生理上의標準。二十歲로서도 六十以上의 老人이있고、八十歲로서도 二十內外의 青年이있음은勿論。

註二 基督教를「義의宗教」라하고、「愛의宗教」라고안함은 誤解를 避하고저함이다。基督教의「아가페」라는字는 愛、사랑、Love、慈悲等과는 다르니、「仁義」또는「義愛」라고나 譯할것이다。

二、눈물의豫言者 예레미야記 다음에있는哀歌가 예레미야의 作이라고하여서만아니라、저의 一平生이 한숨으로써 呼吸하고 눈물로써 마시었기때문에「눈물의豫言者」라는 別號까지 가지게되였다。「悲哀의人」이라는 예수 그리스도를除하고는 人類의歷史있은後로 가장 눈물많은 사람이었다。君子는 喜怒哀樂의情을 함부로 나타내지않는다할진대 저는果然 儒教的君子가아니었고、英雄은 눈물겨워 안하는것이 特色이라한다면 저는果然 東洋的英雄型은아니었고、男子의淚란 쉽사리 떠러지는것이아니라고할진대 저는 果然 男子가아니라고하여도可하다。女子의눈물보다도 더쉽게 더眞情으로 더잦우勤하야 흘렸든 故이다。그러나 저의눈물은 자기를爲한 失戀의눈물도아니요、衣食에窮한한숨도아니요、病苦와 死別을 當한者의 嘆息도아니었다。온전히 選民이스라엘에게對하야 여호와 하나님이 失戀하신것을보고、유다에禍가 미칠것과 人類가 詛呪받을일을 생각하고서、「저의눈에는 낮에나밤에나 흐르는눈물이 끄치지않었다」(一四・一七)。同胞를爲하야、여호와의 거룩한 經綸을爲하야、의 宇宙的悲哀에 못이겨서 우는눈물이니 이를稱하야 高貴한悲哀(Noble sorrow)라고 한다。이悲哀는 모세에게도있었고 使徒 바울에게도있었고 모든 크리스챤에게도 遺傳하여오는 悲哀이다。「눈물의豫言者」예레미야는 可히 親近할만한兄弟로다。

三、受難의豫言者 通常時에도 하나님을代身하야 國民을 指導하는 豫言者의生涯가 安逸한業이아니다。豫言

者로서 安全한一生을 지난이는없다。그러나 特히 國難에處하야는 豫言者의處地가 各別하다。近來에 에티오피아皇帝는「살아서奴隷되기보다 죽어나라를지키리라고」豪言하여 그國內는 勿論이오 列國의新聞紙上에까지 讚嘆을 몹시받고있거니와、예레미야의境遇는 이와달렀다。當時의 유다에도 今日의에티오피아皇帝보다 못하지않은烈士도 있었을것이오 또한 애급과 바벨론의 二大强國의中間에介在한 位置上 親埃黨 또는 親바黨이 分立할수도있었지만、特히 親애黨이 盛勢하야 國政의最高幹部로부터 一般國民의 大多數에 이르기까지 애급에從屬하야 바벨론에 對抗하자는 國論이全盛하였다。이때에 예레미야만은 여호와의 啓示하시는뜻대로 어쩔수없이 根本的悔改를 促하는同時에 바벨론에 歸順하라고 웨치지아니치못하였으니 그立場의 難處함을 우리朝鮮사람들은 推測하기에 困難치않다。그런故로 四方으로서 逼迫은 물밀듯이 侵入하였지만 첫재로甚한것은 유다中에도 故鄕아나돗市民들이요(一一•二一)、둘재로 祭司長과先知者等의같은 宗敎家들이요(二〇•二、二六•八、九)、셋재로 軍人들의勢力과 國王여호야김의 怒忿이었다。(三八•四、三六•一九、二六)。이러한 患難을 敢當할수없어서 나중에는『이러함으로 내가 다시는 여호와의事를 頒布치아니하고 그이름을가지고 말하지 아니하리라』고까지 決心하였으나 그런즉『나의마음속에 마치火燃하는것과같은것이있어 나의骨髓에 깊이 들어있는故로 참으랴하여도 참을수없도다』라고(二〇•九)하였다。그러나 말하면말할수록 百姓의귀는 막히고 爲政者들의눈은 어두워져서 날로暴虐만甚하여짐을보고 예레미야는 드디어 自己의產母를 怨恨하고(一五•一〇)、自己의生日까지 詛呪하지아니치못하였다(二〇•一四)、義人에對한報酬는 古今이一般이다。

四、方과圓 예레미야가 이처럼苦難中에서 눈물을먹고 한숨을삼키면서 살지아니치못한것의 一大原因은 저의個性의 所以라고도할수있다。世上智者의말대로하면 太平時代에 方으로處함은 可하나 亂世에는 圓으로處身하여야만 한다고하였다。言行을 모나게하지않음은 護身術로서 自己의地位 安全을保全함에는 가장賢明한策略이다 더욱이나 예레미야의 時代와같이 國民生活의 破綻期에際하여 그러하다。漢江下流에 堆積하는 砂礫과같이 둥굴둥굴 반들반들하여져서 그것이 本來 花岡岩이었든지 石英班岩이었든지、또는 石炭紀의것이었든지 白堊紀의岩石이었든지 알아볼수없이된것처럼、主義도없고 信條도없고 氣骨도없이 바람부는대로 나붓기면서 살아가야할것인데、예레미야는 모나게살었다。方이라도 웬간한方이아니라 太白山脈의 主嶺에솟은 岩塊처럼 울뚝불뚝 모나고 두두러진個性이었다。「두두러진돌이 매맞는다」고하나

차라리 매맞으면서 눈물흘리고 살법은하여도 安全無難한 맵돌노릇하기는願치않었다。僞豫言者 하나니아가 헛된豫言을 하였을때에 그年內로 죽을것을豫言하야 그대로 實現되였고(第二十八章)、갈대아軍의 包圍를當한 시드기야王이 예레미야의입에서 둥굴둥굴한 融通性있는慰安의말이 나오기를 再三次 懇請하였으나 獄中에 얽매인 不自由한 身勢이면서도 始終이 如一하게 王位와國家의 泰安치못할것을 明白히 말하여버렸다。眞實하게살고저하는者는 모나지않고 살수는없는 모양이니 이點으로보아도 예레미아의傳한 義의宗敎는 世上 智의宗敎와는 判異하다。

五、無儀式의人 예레미야는 祭司長의 아들이었으나 저自身은 職業的祭司長이 아니었을뿐더러 職業的祭司長과先知者들에게 嘲弄과逼迫을 받었음을보면、저는無資格者이며 宗敎界에는素人이오 門外漢이었든모양이다。저가 萬國의 豫言者로 세움을받을때에도 어느大祭司長에게서 按手禮를 받은것도아니오 어느敎派에서 免許狀을얻은것도없었고、單身으로 여호와앞에서서 하나님의强制에 못이겨서 자복하고 豫言者로 被命된것뿐이다。그簡單하고 實된儀式에對하야 오늘날 發達할수있는 絶頂까지 發達한 凡百儀式을比겨보라 얼마나 煩雜하고虛된가。儀式이外形的으로찬란할수록 內容的으로는 空虛하여지는것이 가리울수없는 事實인듯하다。今日의 學校卒業式、特히米國系統의 女學校卒業式처럼 그式이 굉장한것이 다시없으나 卒業하는者의學力은 그式과反比例이며、今日의結婚式처럼 요란한것을 前에못보았으나 오늘날처럼 離婚이流行하기도 前無한일이오、今日의牧師委任式을보건대 마치 群狸가 屍體에모이듯이 遠近의敎權者들이 成群類集하야 그威儀를 돋우어주나 不過旬日에 그人工的으로회칠한 假飾은 벗겨지고야만다。現代와같은 虛僞의 世上에處하야 우리는참된 大豫言者의 就任式이 넘어 質素하였음에 놀랄뿐이다。

六、天然과人生 現代敎育에서 科學의對像으로 배우는天然은 죽은天然이어서、말도못하고 숨도못쉬는것이오 單只人間에게 利와害 어느편인가하는것이 最大關心事이다。그러나 예레미아의 본天然은 可히 듣기도하며 속살거리기도하는 산天然이었다。現代人이 植物學을 工夫한다면 花瓣의數는 몇개인데 合瓣이냐 離瓣이냐、雄蕊는몇개요 雌蕊의花柱는 어떤形象이며 子房은 몇室로되였나하고 數를計算하며 形態를 寫畵하면서 가장科學的으로 가장精密하게 研究하는듯하나、結局은 樹를보고 林을못보는데 빠지는일이不少하며、장구벌레를 걸러먹고 駱駝는삼키는듯한 滑稽가 한두가지뿐이아니다。마는 예레미야는 巴旦杏의 一枝를볼때에 晝夜不息하고 깨여役事하

시는 여호와의 거룩하신經綸을 看取하였다。이點은 近代科學의徒가 利害關係로만 取扱함보다 옛날東洋人들의 自然觀이 유다의豫言者와 相通하는바있는듯하다。雪中梅에 先驅者를찾으며、秋菊에大器晩成을 讚歎하며、泥池에 솟은 蓮花에淸廉과 崇高를느끼며、落落長松에 忠節을思慕하는等은 모다 우리祖上傳來의 天然觀이었다。이런眼目으로써 山上垂訓을읽으면『……空中에나는새를보라 심으지도않고 거두지도않고 庫間에들이지도아니하되 하나님아바지가 養하시나니……너의가어찌하야 衣服을爲하야 念慮하느냐 들에百合花가 어떻게자라는가 생각하여보라 勞苦도아니하고 紡績도아니하나니라。그러나 내가 너의게 이르노니 솔로몬의 至極한 榮光으로도 그입은것이 이꽃하나만 같지못하였느니라……』는말슴에 說明을加하지않고라도 納得할수있다。

예레미야는 學問的으로 體系를 組織한것이 없었으나 이처럼 天然을 觀察하고는 거기서 여호와의聖意를 無限히 자아내였다。獅子의 咆哮와 軍馬의蹄音도 豫言의泉이었고、無花果와 鑛石도 여호와의音聲을 傳達하는器具였다。全篇을通하야 天然現象에關한 材料가 頗多하나 一一히 擧論함을略한다。

七、神에對한親押 무릇舊約의神 여호와는 敬遠할神이오 親近할神이아니었다。그리스도에依하야「아바 아버지」라고 부르게되기까지 여호와神은 可恐可畏할神이지 親愛할神은 아니었고、멀리서 禮拜할神이지 가까히가서 하소연할神은아니었다。그런데 예레미야에 이르러서 비로소 新約的神으로의 過渡期라고할까 漸移地帶라고할까 모세의 두려운神으로부터 예수의사랑의아버지가 現顯되여진다。이點이 許多한 舊約的豫言者의 무리중에서 예레미야가 獨特한地步를 點하는 所以라고한다。저는 여호와께 祈禱한다기보다 사랑받는子女가 父母에게 空然한 지벙질하듯하였으며(一五・一〇—二一)、自己를 母胎中에서 죽이지않었다고 하나님을致怨하며 들벙질한일도 있었다(二〇・一七)。이처럼 예레미야는 躊躇없이 間隔없이 하나님께 親近하였다。從來의 이스라엘民族의 神觀에一大階段을 지은사람이었다。

八、治安妨害의人 只今은 예레미야의記錄한 文字를 聖書에 編纂하야 六七百餘國方言으로 번역하야 나라마다 禁止함이없을뿐인가 사람마다 읽어야할 文字인줄로 是認하게되였지만、當初에 예레미야가 口述한것을 바룩이 筆記하여가지고 예루살렘聖殿에서 朗讀하였을때는 當時의 方伯들과 官員들과 宗教家들이 이것을듣고、그內容에 大驚失色하야 急히王께告하니 王은 治安妨害라고하야 그記錄을 押收하여다가 실실이찢은後에 燒火하여 버렸다。著者 예레미야와 筆記者及朗讀者인 바룩은 亡

命逃走함으로써 간신히 목숨을救하였다。

一時는 燒却되였으나 그後에 約二十餘年을지나서 다시 神命에依하야 바룩에게 筆記를命하면서 예레미야가 두번재 口述한것이 大體로 今日우리에게 傳來하게된冊이다。그中 第一章으로부터 二十五章까지는 예레미야自身이 最初에 記錄하였든대로 記憶에依하야 再述한것이오、第二十六章으로부터 第四十五章까지는 大體로 바룩이라는 예레미야의 秘書格으로 侍從하든者가 記述한것이오、第四十六章以下와 其他處處에 揷入된句節은 오래傳來하는동안에 後人들이 故意로 添書한것과 或은 筆寫하는中에 無意識的으로 混雜된것이있다。原來 不穩文書의 取扱을받든冊인故로 歷史의變遷에따라 風波와患難도 많었으려니와、著者自身도 二十餘年前에 豫言했든것을 記憶에 依하야 再述한것이니 條理井然하게 原著대로 口述할수도없었을것이며、또한 一個問題를 論著한것이아니오 그때 그때에 當해오는 事變에對하야 하나님의經綸을 判別說明한것이니 그內容을 一見에曉然하도록 分解表示하기는至難하다。故로 大略 그發表된 年代順으로 配置하여보았으나 그年代順도 正確을期하기는甚難하다。어쨋든 各色災難을 다 겪그면서도 이런文句가 우리에게까지傳해진것은 온전히 하나님의 攝理인것을 感謝하면서 忍耐의마음으로 大豫言者의 啓示에 傾聽할것이다。

예레미야槪綱

第一編 유다에對한豫言 (本예레미야)(一・一—二五・三八)

緖言 (一・一—一九)

甲、豫言者의居住及年代 (一・一—三)

아나돗사람 힐기야의 아들 예레미야 유다王 요시아 十三(年前六二六年)、여호야김 (即位、前六〇八年)부터 시드기야王 十一年(前五八六年)까지。

乙、예레미야의 聖召—自叙傳 (一・四—一九)

1、聖別 (一・四—一〇)

하나님의 强制、예레미야의 맡은 使命

2、巴旦杏가지와 끓는가마 (一・一一—一六)

여호와의 覺醒、北敵의來襲。

3、鐵柱와銅垣같이 든든하라(激勵의말슴)(一・一七—一九)

豫言 (二・一—二五・三八)

一、요시아時代의豫言(예레미야의靑年時代)(二・一—六・三〇)

1、이스라엘의過去와 現在 (二・一—三七)

가、옛날曠野를 지날때의 信從에反하야、沃土에사는

今日의 背恩忘德 (二•一—一三)
나、墮落한現狀。 애굽과 앗수르에 向背未定한外交、 바알神을 崇拜하는宗敎、 頑固하야 悔改할 餘地없이된 社會。 (一四—三七)

2、救援이有望乎 (三•一—四•四)

가、不貞한妻이스라엘은 여호와께 歸還乎 (一—五)

〔附〕 南(유다) 北(이스라엘)兩國의罪惡比較、이스라엘의罪 유다보다輕하다 (三•六—一八)

나、歸還은 絶望이아니다。 (三•一九—四•四)

여호와는 不貞한妻이스라엘을 待함 (一九—二二)

懺悔의告白 (二一—二五)

赦宥의約束 (四•一—四)

3、北敵來襲의軍馬의蹄音이救援에先行。 (四•五—六•三一)

가、破滅하는者의進軍 (四•五—三一)

堅固한城으로 避難하라、敵如熱風來。 (五—一八)

유다의慘狀을 豫見한先知者의悲痛。 (一九—二九)

不徹底한悔改는 罪惡의淸算不能。 (三〇—三一)

나、悔改없는百姓에게 臨하는審判。 (五•一—六•三〇)

審判을避치못할 유다의墮落相。 (五•一—三一)

義를行하고 眞理를求하는者一人도없다。 (一—一八)

하나님을蔑視하고、不義한財物만蓄積。 (一九—二九)

豫言者는거짓말、祭司長은貪慾뿐이요、百姓들은 그것을 좋아한다。 (三〇—三一)

여호와를 無視한百姓의運命。 (六•一—三〇)

老少모다 捕虜되리라。 (一—一五)

拒逆한百姓에게 容赦없는審判。 (一六—二六)

試金者예레미야로써하여도 鑛滓不盡。 (二七—三〇)

二、大槪여호야김時代의豫言 (六〇八—六〇四年)。 (七•一—二〇•一八)

1、聖殿門大說敎(여호야김即位頃) (七•一—一〇•二五)

가、聖殿에 빙자하지말고 行實을悔改하라。 義와愛를行치않으면 聖殿도실로처럼滅하리라。 (七•一—一五)

〔附〕 百姓은 天后와異神을拜하니 저들을爲하야 祈禱하여도 不應하리라(轉入) (一六—二〇)

나、燔祭와犧牲은 要求하심이아니다。 오직 여호와의 말슴을들으라。 (二一—二八)

다、예루살렘아 痛哭하라。 偶像崇拜와 도벳사당에서 子女를焚殺한까닭에 滅亡하리라。 (二九—三四)

라、王과方伯의骸骨까지 發掘되고 百姓은 살기보다 죽는것을 願하리라。 (八•一—三)

마、유다의罪狀과刑罰。 (八•四—二二)

空中에나는 鶴과燕과 두루미보다못한百姓。 (四—九)

〔附〕 妻와田土를 奪取하리라(參六•一二—一五) (一〇—一二)

두려운審判、여호와의悲哀。 (一三—二二)

바、悔改할줄모르고、墮落腐敗한百姓에게對한 여호와의復歸。 (九•一—二六)

유다社會의墮落相〔썩은社會의代表〕 (一—九)

國破山河破。禽畜까지滅絕하리라。 (一〇—一一)

이일의理由를 알者누구뇨。 (一二—二二)

〔附〕 智力、富에依支하지말고 다만여호와를 아는일을 자랑하라〔轉入?〕 (九•二三—二六)

〔附〕 偶像崇拜의虛事〔挿入?〕 (一〇•一—一六)

사、捕囚의期臨迫하니 準備하라。 (一〇•一七—二二)

아、祈禱。사람은自己行步를自定치못하오니 震怒하지마옵시고異邦人에게 怒를푸소서。 (一〇•二三—二五)

3、네브갇네살來侵 (六〇五年)頃의豫言。 (一一•一—一二•六)

가、언약〔申命記律法?〕遵行이必要。虛僞의禮拜는無益한일이다。 (一一•一—一七)

나、故鄕아나돗人들의 예레미야迫害。예레미야의祈禱及惡人이盛함에對한 問答。 (一一•一八—一二•六)

다、유다는 捕囚되여가리라。 (一二•七—一七)

라、두가지譬喩。 (一三•一—一四)

(1) 유브라데江에 썩은麻帶。 (一—一一)

(2) 술담은 술병。 (一二—一四)

一四

마、大患難에當할 準備있으라。 (一三•一五—一七)

3、여호야김晚年(五九八年)頃豫言。 (一四•一—二〇•一八)

가、유다百姓을 代身하야 예레미야懇求함。 (一四•一—一五•九)

第一次 懺悔의祈禱。 (一四•一—九)

여호와의答。빌지말라 不聞하리라。 (一〇—一六)

예레미야의눈물晝夜不息。 (一七—一八)

第二次 當代百姓의罪와祖上의惡을告白。 (一九—二二)

여호와의答。모세와 삼우엘의 祈禱라도 不應하리라。患難은旣定한일。 (一五•一—九)

第三次 豫言者된苦衷을呼訴함。 (一五•一〇—一八)

여호와의答。너를强하게하마。祈禱의力。 (一九—二一)

但一一—一四節은 挿入乎?

나、災難에處한非常時生活。 (一六•一—九)

娶妻無用(一—四)、服喪廢止(五—七)、宴樂社交謹愼(八—九)。

다、祖上의罪보다甚한百姓이니捕囚되리라 (一〇—二一)

但(一四—一五)와 (一九—二一)은 挿入된것。

라、深刻한유다의罪。 (一七•一—四)

사람을믿는者는 詛呪받으리라。 (五—八)

여호와는 마음을살피신다。 (九—一三)

마、예레미야의祈禱〔復讐를願함〕。 (一四ㅡ一八)

〔附〕 安息日聖守〔挿入乎〕 (一七・一九ㅡ二七)

바、土器의教訓ㅡ附예레미야의祈禱。 (一八・一ㅡ二三)

사、오지병 깨트리는教訓ㅡ附 바수르가예레미야를 監禁함。 (一九・一ㅡ二〇・六)

〔但、一九・一ㅡ二〇・六節은 二六章과二七章間에入할것?〕

아、예레미야의怨嘆。 生日을詛呪함。 (二〇・七ㅡ一八)

三、大概시드기야時代의〔五九七ㅡ六年〕豫言。 (二〇・一ㅡ二五・三八)

1、시드기야王과 예레미야의問答。 (二一・一ㅡ一〇)

가、느브갓네살의侵入을當하야 시드기야王이 예레미야에게 使者를보냄。 (二一・一ㅡ二)

나、예레미야의答。 降服하는者는 살리라。 (三ㅡ一四)

2、王과豫言者에게對한豫言。 (二一・一ㅡ二三・四〇)

가、王家에對한豫言。 (二一・一ㅡ二三・八)

序言。 義와愛를不行하고 偶像崇拜하는故로 王家는 滅亡을 不避하리라。 (二二・一ㅡ九)

(1) 살룸은捕囚中에서죽으리라。 (二二・一〇ㅡ一二)

(2) 여호야김은 라귀처럼埋葬。 (一三ㅡ二三)

(3) 여고니아와 그母의悲命。 (二四ㅡ三〇)

(4) 다윗의집에서義로운枝를生起。 (二三・一ㅡ八)

나、僞豫言者에게對한豫言。 (二三・九ㅡ四〇)

豫言者의腐敗가 百姓의墮落根源。 (九ㅡ三二)

故로僞先知者와祭司長을버린다。 (三三ㅡ四〇)

3、二籠의無花果〔여고니야捕囚直後〕 (二四・一ㅡ一〇)

가、바벨론에捕囚되여간者는善한無花果。 (一ㅡ七)

나、예루살렘에殘留할시드기야等은惡果。 (八ㅡ一〇)

4、七十年間捕囚될豫言〔바벨론全盛期인 六〇五年갈게미시戰爭때〕 (二五・一ㅡ三八)

가、審判을避치못함은 예레미야의 二十三年間 웨침을不顧한까닭。 (一ㅡ七)

나、바벨론王 느브갓네살로써 諸國을滅함。 但바벨론의全盛은七十年間이라。 (八ㅡ一三)

다、나라들은破器와같이흩어지고、牧者들은도망할곳이 없어 부르짖으니、全土가荒廢에歸하도다。 (二五・三四ㅡ三八)

第二編 예레미야의生涯〔바룩의記錄〕 (二六・一ㅡ四五・五)

一、聖殿大說教。 審問及無罪判決 (二六・一ㅡ二四)

여호야김〔六〇八ㅡ五九八年〕即位頃

〔附〕 우리야의死ㅡ예레미야의危險 (二〇ㅡ二四)

二、軛을自負하고 諸王들께 바벨론에降服하기를 勸하다

시드기야〔五九七ㅡ五八六年〕初期。 (二七・一ㅡ二二)

三、豫言者하나니아와辯論ㅡ하나니아의死 (二八・一ㅡ一七)

四、바벨론에捕囚된同胞에게 致書함。 (二九・一―三二)

家庭을建設하고七十年間살림을計劃하라。 (一―二三)

僞善者스마야와論戰。 (二四―三二)

(附)慰勞의書(傳記의中間에挿入된것)。(三〇・一―三一・四〇)

이스라엘의罪가重하나懲罰後에救援。 (三〇・一―二四)

시내山의約契約을破棄하고新約成立。 (三一・一―四〇)

五、아나돗土地를買收함(시드기야王十年)。 (三二・一―四四)

族下의土地를買收하야 國土回復의意를豫言함。

六、예루살렘과 다윗家의回復을豫言。 (三三・一―二六)

七、예루살렘과 시드기야王에關한豫言。 (三四・一―七)

八、奴隸釋放取消에對하야시드기야王을詰責。(三四・八―二二)

九、레갑人의順從을 배우라。 (三五・一―一九)

一〇、豫言의口述―예레미야記의來歷。 (三六・一―三二)

(여호야김四―五年(六〇五―四年)의일)。

第一回記錄은 聖殿과王宮에서 朗讀한後에 押收燒却。著者와 筆記者는 亡命隱身。第二回口述한 記錄이 後世에傳來한 本書의骨子。

一一、시드기야王의請援事件(예루살렘包圍中)(三七・一―三八・二八)

예루살렘의燒滅을豫言。 (三七・一―一〇)

反對者들에게拘留投獄을當함。 (三七・一一―二一)

泥土의井에投留되다。 (三八・一―二八)

一二、바벨론王 느브갓네살의예레미야優待。 (三九・一―一八)

一三、미스바의 예레미야(예루살렘陷落後) (四〇・一―四一・一八)

게달야로因하야 갈대아人의手에서救援。

一四、애굽에移住한예레미야。 (四二・一―四四・三〇)

故國에있으라 애굽으로가지마라。 (四二・一―二二)

예레미야와바룩이 애굽으로잡혀감。 (四三・一―一三)

天后崇拜를攻擊함。 (四四・一―三〇)

一五、바룩에게 여호와의言을傳함。 (四五・一―五)

(여호야김王四年의일)

第三編 異邦에對한豫言(非예레미야) (四六・一―五二・三四)

一、애굽이바벨론에게敗滅함에對한豫言。 (四六・一―二八)

二、블레셋人의滅亡을豫言함。 (四七・一―七)

三、모압을審判함。 (四八・一―四七)

四、암몬(一―六)、에돔(七―二二)、다메섹(二三―二七)、게달(二八―二九)、하솔(三〇―三三)、엘람(三四―三九)、等의審判에對한豫言。 (四九・一―三九)

五、바벨론을審判하는날이스라엘復歸하리라。(五〇・一―四六)

六、이스라엘의復讎로 바벨론을 嚴酷하게審判함。 (五一・一―五八)

七、冊을 유브라데江에投함(바벨론의 永遠한滅亡) (五九―六四)

八、시드기야王의叛亂과 예루살렘攻略。 (五二・一―三〇)

九、바벨론王이 여호야김王을優待함。 (五二・三一―三四)

요한복음 (試譯)

趙誠斌

『내 너의들 열두제자를 고르지않었느냐? 그러나 너
의들중에 하나는 악마다』
라고。71(이는 가롯 시몬의 아들 유다를 가르킨것이다。그
는 열두제자중의 하나이었지만 예수님을 팔려고 하였
기때문이다。)

第七章

1이후에는 예수께서 갈릴리안에서 돌아다니시면서、유
대사람들이 죽이려고 하여서 유대는 돌아단니시려고
않었다。2그런데 유대사람들의 장막절이 가까우나 3그
형제들이 예수님게 엿주어
『여기를 떠나 유대로 가시지요。그 행하는일들을 제
자들게도 보이세요。4누구든지 세상에 나타나지기 원하
면서 묻처서 행하는사람은 없지않습니까。이런 일들
을행하시려거든 자신을 세상에 나타내시지요』
라고。5(이는 그형제들까지도 아직 예수를 믿지않었기
때문이다)。6이에 예수께서
『나의 때는 아직 오지않었다。마는 너의들게는 언제
든지 괜찮다。7세상은 너의들을 미워하지 못하지만
나는 그하는짓들이 고약하다고 증거하기때문에 미움
받는다。8너의들은 제사에 올라가렴、나의때는 아직 오
지 않어서 이제사에 아직 올라안가겠다』
라고。9말슴하시고 그저 갈릴리에 머물으시였다。10그러나
형제들이 제사에 올라간뒤에 예수께서도 남몰래 올라
가셨다。11제사에 유대사람들이
『그가 어듸 있나?』
라고 하며 예수를 찾아 12군중의 의론이 열등하여젔다
어떤사람들은
『예수는 선한사람이다』
라고하며 또 다른사람들은
『아니야。그는 민중을 미혹시킨다。』
라고도 하였다。13그러나 유대사람들을 무서워서 예수에
대한 이야기를 들어내놓고 하는사람은 하나도 없었다。
14제사도 반쯤된때 예수께서 성전에 올라가서 가르치
시기 시작하나 25예루살렘사람들중에
『이는 저이들이 죽이려고하는사람이 아닌가? 26그런데
아 시방 들어내놓고 말하여도 그들은 아모말없어요!
관원들은 이사람이 그리스도인줄 정말로 알었을가?
27아니 우리는 이사람이 어듸서 온것을 아는데요。
그러나 그리스도께서 오시는때면 그 어듸서 오시는
가를 알사람이 없지안어요?』

라고말하니 28이에 예수께서 성전에서 가르치시면서 웨
쳐 말슴하시기를
『너의들 나를알어? 내가 어듸서 온것을 알어? 그
렇지만 나는 자진하야 온것이아니다。나는 보내여졌
다、참되신어른으로부터 보내여졌다。너의는 그이를 아
지못한다。29마는 나는 그이를 안다。나는 그이로부
터왔고、그이가 나를 보내셨기때문에』
라고하시니 30그들이 예수를 붙잡으려고하였다。그러나 그
때가 아직 이르지 않었기때문에 손을 내들어 붙잡는
사람은없었다。31그러나 무리들중에는 믿는사람도 많어서
『그리스도께서 오시드라도 이사람보다 더 많이 기적
을 행할가?』
라고도하였다。32바리새교인과 제사장들은 군중이 예수
에게대하야 이렇게 수군수군하는것을 듣고 부하들을
파견하야 붙잡으려고하니 33예수께서 말슴하시기를
『내가 조금 더있다가 나를 보내신 이 에게로 간다。
34너의들은 나를찾으리라。마는 만나지못할것이다。너
의는 내가는 곳에 오지못한다』
라고하시니 35그유대인들이 서로들 묻기를
『이사람이 어디로 갈가? 우리가 저를 만나지못하리
라니? 헬라사람들중에있는 표류동포에게로 가서 헬
라사람들을 가르치려는가? 36그게 무슨뜻일가—「너의
들은 나를 찾으리라 마는 만나지못할것이오 너의는
내가는 곳에 오지못한다」고 하다니?』
라고。
37제사 끝나는 큰날에 예수께서 서서 웨치시기를
『누구든지 목마르거든 내게와서 마셔라。38나를 믿으
면 성서에 이르는대로 그배에서 산물이 시내물과같
이 흐를것이다』
라고。39(이것은 예수를 믿는 사람이 받기로된 성영을
의미하심이라、아직 성영은 내리지 않었다。예수께서 아
직 영광을 받지않었었기 때문에) 40이말슴을들은 군중
에는
『이 어른은 참으로 저 선시자이시다』
라고하는 사람도있고
41『이 어른은 그리스도이시다』
라고하는 사람도 있었다。그러나 어떤사람들은
『무얼 그리스도가 갈릴리에서 나오게되었나요 42왜? 성서
에「그리스도는 따윋의 자손이며 따윋이 살던 벧을레헴
촌에서 나오리라」고있지않습니가?』
라고 말하였다。43이에 예수때문에 군중이 갈라졌다。
44그중에는 예수를 붙잡으려고한자도 있었지만 아직것 손
을 내드는 자는없었다。
45그래서 부하들이 제사장과 바리새교인들께로 돌아오

城西通信

一九三五年六月十六日 (日) 午前中은某敎會敬虔한長老來訪。盡心盡力하야忠誠을다하는敎會일이 오직한사람ㄸ문에 틀어진다는 內情을 吐說하고 善策을주선하자는 意圖이었으나 나인들 별수없었다。方策이없는것이아니오 모르는바가 아니나 알고도實行하지않으니 別수없이된다。敎役者 스스로判斷하야 辭職하지 아니치못하겠다고해서 辭職願書까지 提出햇든것을、明日의衣食을念慮하고 다시 그자리에 물앉아버렸으니、아무리 웅변을 쁘린대도 牧師의말은 발서 信徒의耳膜을 흔들수없이되였다고한다。하다못해 老會나 總會의 機關으로써 이런경우에 轉任이라도 시겨주었으면 敎會에기치는 害毒이 적으려니하나 이도 잘안되는모양。그대로둔다면 牧師는 夜盜蟲以外의것이 못될것이 애닯은일。長老와 걱정을함께하면서 敎會를爲하야 祈禱하다。(午后集會如前。오늘은 山上垂訓初頭를講하고、豪雨를무릅쓰고 來參한정성을 賞하기爲하야 英詩하나를 더講解。

六月十七日 (月) 聖朝第七十七號를 다시編輯하야 提出하다。朝鮮歷史는 題目도둘수없이된까닭이다。(意外의人으로부터 葉書如下『어느듯 벌서 자람은 더위를말하게 되였읍니다。山野에 온갖草木도 一年一生에살앗든 本意을達코자 기운차게 검푸루러졌으며、水田속에 올창이도 水中에 버서나 大氣을 呼吸할 準備中인듯이보임니다。저는軌道를잃고 荒野에서서 바른方向으로 발을옴기기가 이다지도 힘이드는지요。每月初旬이면 先生님을 對하는듯한 聖書朝鮮도 今月에는 中旬이되도록 奉承치못하야 孤獨을 一層더 느낌니다。先生님의 健康을 祈願하오며 이만꿋임니다』

六月十八日 (火) 普成專門學校對 朝鮮日報社싸움問題가 세상에 요란하다。(小鹿島葉書一枚如下하다『金先生任前上白是。예수그리스도의 無價로흘려주시는 寶血이며 先生任의 無價로주신 聖書誌는 同一하준로 生覺하오며、어찌感謝치않게씁니까。然而나 先生任 그간 主ㅣ十字架안에서 우으로주시는 寵恩과 平康을 몸에늬이시고 健康이 浩動하시온지 主그리스도 안에서 비나니다。日後도 다시 小生은 자세한말로 上書하겠으며 主의얼골 뵈올때에 先生任께 뵈옵겠읍니다。一千九百三十五年六月十四日 小鹿島 盲友俱樂部 一讀者拜』

六月十九日 (水) 六月號가 무슨故障이나고、照會하나식둘식。무던이들 참고待하였다고하나 今後로도「먼저 받은것까지가 終刊號요 새로가거든 創刊號인줄」알아주기를 다시부탁한다。主筆의 게으름도있으나 主筆의 마음대로 일즉일즉 보낼수없는 內情도 살피기를。(咸兄短信如左『글월只今받자왔읍니다。平康을빕니다 歷史가 不揭되는것은 무엇이 不穩하다는지오。或 들으셨으면 可及仔細히 알려주시기 바랍니다。그리고 今後 그처럼 어려울形便이면 隆史내기를 中止함이 좋겠읍니다。그것을 犧牲하고라도 聖朝는 서야하겟습니다。이번號分도 今日發送은 하엿는대 보시고 조곰이라도 念慮되는點이있으면 아야 그만두십시오。今番도 回數가 너무길어도지고하야 可及簡單히 쓰랴던것이 林慶業에잡히어 턱없이 길어져서、「五百年」은畢할 豫定이던것이 그리되엿습니다。文句가 問題라면 얼마던지 곳치겠으나 思想이 問題라면 不得已 그만둘수밖에 없읍니다 眞理이기만하면 主는 他方法으로라도 하게하시겟지오。이만』

六月二十日 (木) 저녁후에 동내長老敎會의 區域集會에서 고린도後書四章七節以下에依하야說敎하다。○六月號의督促은 不絶『六月號 聖朝誌가 不着하엿나이다。무슨 理由인지、小生늘 靈肉間 複雜하게 지나노라고 이제야묻습이다。速히 보내주시기를 伏望하오며 或 무슨變動이 有하옵거든 詳細히 回示하여주심을 바라나이다。그리스도로 平康과 多福하소서』

六月二十一日 (金) 李洙卓의 無罪放送이 長安의話題。弑父罪라는 累名을쓰고서 九年間 囹圄의人이었고、初審復審에 두번식이나 死刑宣告를 받았든몸으로서 第三審高等法院에서 白日下의 사람되여 나왔으니 奇異하다면 奇異한 일이다。그러나 우리의興味는 다른點에있다。더完全한 辯

識士인 예수그리스도가 우리의 仲保者로 서는날, 九年은 고사하고 九秒도 不要하는더 完全한 法庭에서서 至公無私하고 完全無缺한審判을 받을날을 聯想하고 우리靈魂은 뛰놀기를 마지안한다。원수의눈에 보이는바는 勿論, 친구의 눈으로보아도 僞善者임이 틀림없고, 동생들이나 친척의 눈에도 可憎한者이고, 自己스스로의 判斷으로도 죽어 맛당한 罪人이라고 告白하지 아니치못하는 罪人의 괴수가, 至純至聖하신 主그리스도의 審判臺앞에서 一片의 信仰으로써 今日의 李洙卓처럼 白日下에 濶步할것을 생각하니 눈굽이 먼저 뜨거워짐을 깨닫는다。

六月二十二日 (土) 今日 本誌第七十七號의 出版許可를얻어 印刷所에廻附하다。상금도 照會督促은不絕。『拜啓 貴社에서 發刊하옵는 聖朝誌를 購讀하고저하야 先月十五日頃 誌代半年分 九拾錢을 振替로 付送하였아옵는데, 六月末頃이 되옵는데도 聖誌가 到着되지 안이하옵고 아모消息도 없아오니 大端이 失禮되옵지마는 如何하신故障이시온지 자서히 살펴주시기를 千萬故待하옵니다。(六月十九日)』

六月二十三日 (日) 午前中은 출당콩의 덕을 만들다。午后二時에 예수傳의 第八講。

六月二十四日 (月) 第七十七號 印刷되였음으로 今日發送。今日도 六月號의 照會葉書가 왔으나 發送한 後인故로 答信을略하다。○夕에初面의 兄弟來訪하야 神學工夫할 方途를 教導하여달라는 부탁이다。或이나 사람을잘못찾은것이 아닌가하야「나는 神學을 工夫한일도없고 神學校에 推薦할만한 教職者도아니오 다만中等學校에서 博物과 地理科目을 가르키고있는者」라고한즉「聖書朝鮮으로써 당신이누구인것을 알고왔다」하며, 或이나 學費를 求得하라는 心算인가하야「聖書朝鮮의 發刊때문에 사람을 기쁘게할때 쓸돈은 도모지 餘裕가없노라」고 明言한즉,「學費는 넉넉히가졌다」는것。因하야 비로소 所信을말하니,「語學을 힘써하여가지고 聖經을읽자」는것이다。

六月二十五日 (火) 넘어遲滯되니 本誌의廢刊을 念慮하는이가 있음도 無理아니다『拜啓 氣體가 安康하시오며 貴社도別故가 없는지요, 急하여 詳細한安否도 들이지안하고 貴誌의消息을 先히 願問이올시다。○○氏에게도 今月號配達안되였다하오니 聖朝誌續刊에對하여 前者부터 여러번 發表됨에따라 여러가지 推測이 生하여 今日까지繼續하다가 簡單한 回示라도 願聞이외다』。來月號도 期約할수없으나 그러나 主그리스도의 許하시는날까지 續刊되리라。如意치못한 이세상에서 혹시이번처럼 늦게되더라도 過히念慮하지말라。

六月二十六日 (水) 여러先生과함께 某氏의招待를받아 市內國一館에參宴。지금은 老婆가 다되였으나當代의名妓 趙牧丹과李竹葉諸氏의 朝鮮固有의歌詞를 듣는 歡待를 받다。現代에 流行하는 歌曲보다 深重하고幽遠한맛이있는듯하다。

六月二十七日 (木) 滿洲短信如下『聖恩中에 平康하시옵소서 六月十四日 ○○校로부터 歸巣하였나이다。聖書朝鮮六月號는 오지않었나이다。或 發行이못되였는지 漏落이온지 알수없아와 今日까지 기다리다가 글월을드리나이다。聖朝誌의 內容에 對하와 어느것인들 貴하지않음이 아니오나 特히 聖經研究를 더많이 發表하여주심을 切望하나이다。그리고 성경研究는 全部뽑아서 成本하려하오니 可及的獨立된 頁內에 실려주시면 합니다。或 너무무리한 要求나 안일는지요? 神學校學友中에 先生님의 福音傳達의勢를 理解하는이가 不少하더이다。더욱힘쓰시옵소서。』

六月二十八日(金) 某某督敎會代表 二氏의連名으로써보낸「牧師逐出通告書」라는것을接하고 驚且悲。逐出當하는편에 當하는 理由가 相當히 있었다할지라도 逐出하는편의 處理方法이 甚히穩當치못함이 不快하다。저教會代表者같은이들이 예수當時에 있었드면『너의들중에서 罪없는 사람부터 먼저 돌을던지라』고 命하실때에 第一첫번에 投石하였을것이오, 저들은 女人을打殺하는것이야말로 저의들의「基督敎道德과 體面을 維持하기爲함」인줄 確信하였을것이니 可恐可憎한 일이다。꽃는사람들이나 꽃기우는 牧師나 좀더 紳士的으로 人間

답게 行動할수는 없는것인가몰라。〇嶺南來信如下『今番聖朝誌에對한 受難으로 얼마나 胸襟이 散亂하심니까 무엇으로 慰勞하여들일찌 모르겠나이다。오직그리스도御前에 付託하여듬니다。앞으로 繼續하기가 어려우나마 萬難을 무릅쓰고라도 中止치마려주소서。이番號에도 頁마다 눈물없이는 읽지못하겠압고 句句마다 低頭치않고는 견대지못하였읍니다。眞理는 分量으로나 文章으로 發現될것이 決코 안인것을 더욱 切感한바이외다。오직 平凡한것에 크게恩惠가 있는줄아옵나이다。小生도 그동안 解譯出版에對하야 늘祈禱中에있아오며 原稿도쓰는中에 있아옵나이다。조곰이라도 主의榮光이 된다면 微力을다ㅣ할가하나이다。부대 貴誌를 廢刊치마르시고 單一頁이라도 좋사오니 繼續出版하시옵소서 無理한 要求일넌지요』

六月二十九日 (土) 京畿道學務課主催로 京城府內 各中等學校職員庭球大會가 明日이라고 養正學校도 職員中에서 選手三組를 選定하야 必勝을期하면서 猛練習中。이選手의 一人으로 被選되였으니 今日도 해지도록 練習하고 明日도 午前七時부터 出動하여야할터이나 原稿쓰는일과 主日集會의準備를爲하야 不得已 單獨行動하다。同寮의마음을 마추지못함과 上位의어룬의 뜻을 받들지못함은 마음에 甚히괴로운바이나 無可奈何。永遠한福音을 傳하는일을 爲하야는 다른凡百事가 從屬的으로 存在하여야되는故。〇小鹿島에서도 照會督促이 如下『구름속에 發하는 하나님 산말슴의 江가에서 달로 때로 生命的인 말슴의洗禮를받아 말슴 그대로인福音 即한聖書그대로를 喇叭을 부르시는 先生任、羔羊예수그리스도의 염통에서 샘같이솟아 시내처럼 흐르는 生命의빨간피 꿀보담 꿀송이보담 더욱달콤한 福音의단젖을 無限으로 먹고마심을 믿사옵고 머ㅣㄹ니서엿보아 限없시 기뻐하나이다。先生任께서 下送하신 貴山上垂訓과 聖朝誌는 又愛讀又耽讀할때마다 生命躍動이 不少하옵나이다 然이옵시나 此處 小生이 甚히窮急沓沓하옵는바는 愛慕하는 聖朝誌 今月號七十七號가 여지것 오지안이하오니어쩐일이오니까 무슨事故가有하온지 尤甚念慮이옵나이다。오ㅣ曠野에女人같이 해산의受苦를 하시는 先生任 今日의赤龍 即法과 조직에게 迫害를받는다고 한하지마옵시고 꾸준이 나아가옵소서主예수께 凡事에 비옵나이다。갑갑한小生에게 속히통긔하옵소서』

六月三十日 (日) 午後二時에 聖書研究會。今日로써今學期를마치고 一旦休暇。閉會後에 會員中有志者와함께 漢江에船遊水泳하다。〇어떤誌友의 短信一節에『貴誌六月號는 반가히받어서 잘읽었읍니다。六月號를받으니 새로創刊된것같은感이 胸中에 떠오르나이다。그렇나事實 每月每月의 創刊이아니고 무엇이겠나이까。새創刊이 늘 게속되여지기를 祈禱하나이다』

七月一日 (月) 某牧師의言行을 詳細히 記錄하야 告達하는書類를읽고 憤慨하며 恐懼을 不禁。사람이 스스로 手腕있는줄알고 智略이 能한줄로 自處할때에、기어히 恥辱을當하게하는것이 하나님의 性質이신듯하다。여호와는 蔑視當하지않는다。

〇小鹿島音信

『漸漸더워저가는이때 여러先生任들께서는 主의祝福으로 聖事業이 日益發展하는줄믿고 기뻐하나이다。就白 뜻밖에 福音을맛볼때 넘치는恩惠를 하나님께感謝하는 남어지를 느낀그대로 붉은마음에서 올어나는感謝를 上白하여 스스로 滿足을느끼고저함이 나의本意였건만 不足한筆端이 自己本뜻에서 脫線되였든가? 數卷의聖朝誌를 下送하시오니 철모르는나로 부질없이 便紙함이 도리여 後悔가됩니다。그러나聖朝四四號四冊과 七三號一冊七六號一冊은 이미下送하신것이오매 天父께서주시는 선물로 알고 기쁨으로 받었으며、萬의 一이라도 報答하기爲하야 모르는兄弟들에게 난우어 주었읍니다。勿論 그들도 나와같이 熱讀하고있읍니다。그러나 聖朝는 하나님의福音인줄 믿사오나 그裏面에는 사람의手苦가 莫大하오니 값없이 사람에게 手苦끼침을 즐겨하지않읍니다。내가 萬一 참된福音의探求者이라면 下送하시지 않드라도 사지않고 빌려읽을수 있읍니다。안이現在에읽고있읍니다。盲人俱樂部로 보내시는것이나 또는 病舍로보내시는것을 그들은自

근들 만의福音으로 獨차지하지않읍니다。그럼으로 나는언제든지 빌려다읽읍니다。이것이 오히려 마음便하고 誠意것탐독할수있읍니다。莫大한書冊을받고 通知次로몇말슴 나의本意를 사뢰옵고저하며 貴事業나날이 發展하심을빕니다。

一九三五、六、二六日

全南更生園四 尹 一 心」

七月二日 (火) 當直하면서 밤갚도록原稿쓰기。〇大阪 九州地方에 三十年來의大水災報導되다。

七月三日 (水) 六月號聖朝가 如意치못하게된데서 맥이빠진後、對案을 對하여도原稿쓸수없이되여 今日까지에 겨우 七月號의通信을 畢하다。

七月四日 (木) 七十八號의 卷頭短文이容易히써어지지않는다。집에서 않되면 學校로、學校에서 잘않되면 집으로도라와서쓰고 하기를數日間。쓰다가 버리고、썼다가찢고 하기도數次。번번이難産이었지만 이번은 各別히甚하다。今日도 博物室에서여러時間채 孵卵中의 암탉처럼 原稿紙를옴켜안고 앉었다가、기어히 成産이않됨을忿내여 心火를풀라고 蹶起한것까지는 可하였으나、그바람에 宿直室에서 置碁三回에及하다。바둑도 三판二敗하였으니 心火우에 心火를더하였거니와、그동안에 二時間半이라는時間이 永遠히 流失되고 만것을깨다르니 怨痛함과 未安함이 새삼스럽게가슴에 북바친다。博物室에 숨겨서 切齒痛哭。한번잃은時間을 다시잡을 도리도없으니 다만 스스로 責하기 爲하야 새벽까지 執筆、오늘할일을 간신이 다하다。

七月五日 (金) 새벽에 닭장에 족제비侵入。悲鳴에놀라 救助하니 當幸히 병아리와母雞 모다 害받음이없었다、過夜한 덕인가。授業時間外에는校正。

七月六日 (土) 授業時間만마치고는 校正 또校正。새벽四時까지에 初校는 畢하다。〇某學父兄의來信如下

『主恩中 氣體候安寧하시며 閤內泰安하심니까。生이 家兒〇〇을 貴校에 入學以後로 一次도 進謁치못하옴은 未安莫甚이외다。그러나 實로 믿사옵기는 우리主예수그리스도의 은혜와 先生님의嚴訓을 疑心없이 믿음니다。또 告白하올말슴은 앞으로 上級學校가 문제임니다。집에 經濟上形便이 넉넉지는못하오나 貴校를 맞친後어느學校든지 보내서 修學케하올 豫定이온데 저는 兒孩를 生產하였을뿐이지 機能도 形便도 未知하옵고 다만 先生님께依託하올뿐이외다。〇〇의말을 들은즉 神學을 志願하는 모양이나 저는 다른專門科를 하나 더마치여가지고 神學에 有意하라고 勸告함니다。또는 宗教上信仰이라는것이 金보다 貴한줄암니다。마는〇〇은아직 幼兒로서 너무 信仰이 過度할가함니다。先生님은 信仰에도 그리스도의 眞理를 잘 아시는줄 믿고 여기까지 말슴함니다。〇〇은 身體가 너무弱하기때문에一便으로 生覺하올때에 그 工夫에 끝까지나아갈가하는 疑問도 스스로 念慮힘니다。經驗도 知識도 아모것도 모르는 이사람은 兒孩에對하야 生覺나는대로 重言復言 數字로仰達하오니 諒解하신後에 將來를 爲하시와 一任하여주심을 갚히 바랄뿐이외다。餘不備白

七月五日 〇 〇 〇 白』

健全한教育方針이라고 贊同。

七月七日 (日) 自由할수있는 첫 日曜日。彰義門外某先生을 尋訪하고 逐次에弘濟院火葬場을 지나면서 죽엄을생각하고、鞍山을넘어 奉元寺길가에서 멍덕딸기를 따먹으면서 歸路。

七月八日 (月) 全職員을 請招하여가는某氏還甲宴에失禮하고 校正。〇不良少年으로 有名하다가 落第하고 歸鄉한 生徒로부터短信一節에：『저는 여기온후 아모 변고없이 잘있읍니다。前日在學時代에 實行하든日記는 이때까지 實行中이올습니다。云云」하야 强制로 督促하야 구찬케굴든일이 지금은 고맙다고한다。이 生徒때우는生徒之末이오 人類의 찌겨인줄로 알았든것인데、一二年間修業하고 敎師의미움받다가 歸鄉한지 積年한今日에도 이런뜻을가젔거니와、在學當時에 學力優秀하고 品行方正하야 敎師의 寵愛를받으면서 卒業까지하고간者로서는 一去한後에는 葉書한장없는者가 한둘뿐이아니다。人間事如此。

七月九日 (火) 세부란스醫院肺結核療養

城西通信

所에 入院中인 擔任生徒尋訪。關西大學神學部에 在學中인 李君歸省中 來訪。大阪附近의 朝鮮人基督敎會事情을 많이듣다。○張道源牧師의緊急來信에 答하였으나 東問西答이 아니면 當幸乎。

七月十日 (水) 第七十八號의 出版許可되여 印刷所에 廻附하다、朝鮮歷史의 原稿에는 秀吉의 辭世의노래가 露とおち…라고 있는것을 圖書課西村先生이 露とおき…라고 訂正하였음은 고맙기 限없는일인동시에、校正者인 나自身의 無學不識을 깊이慚愧하다。

七月十一日 (木) 延專對東京文理大學籠球試合參觀。肉體的技術以外에 心的要素가 勝敗의重要役割을 하고있음을다시배우다。

七月十二日 (金) 第七十八號 印刷되여 今夕發送。

七月十三日 (土) 第一學期考査시작。

七月十四日 (日) 예러미야記를 읽을수록 古代史知識의 缺乏을 痛感。

七月十五日 (月) 監試採點外의 時間으로 執筆하랴니 무더니 바쁘다。

七月十六日 (火) 滿洲短書如下『惠函을 받자와 보옵고 再三奉讀하였아오며 在外同胞의 靈化를勸하신 最後一行에 感激의 淚를 不禁하였나이다。聖書朝鮮 六月號는 ××을젖여 數日前에와서 받아보나이다。敎務에當하시면서 餘暇에 執筆하시여 每月 冊을新面目으로 내여놓는 先生님의誠意는 驚嘆하오며 깊이 同情하나이다。만주奧地는 그만두고 鐵道沿線安全地帶만으로도、年來로亂을避하야 모여든同胞가 많사오나 그들에게 福音을주는일은 衣食問題보다 時急하외다마는 吉林樺甸서 南雜木까지 七百餘里沿線地帶와 남잡목서 興京通化輯安三四百里 우리同胞 아니사는곳이 없이 살고있는바 牧師三人、傳道師五人이 일하고있으나 傳道보다 예불守가 敎役者의일이오니 불은 內地로부터 니르러야할줄 三年前부터 生覺하고있었나이다。그러나 傳道區域問題로 아모나 傳道하기어렵게되고 있는것은 寒心事이외다。先生님보내신 山上垂訓과 푸로테스탄트의精神 도 眞理主張에 굳센바있어 感受할줄알었더니、非難하는者있어 아직 몇부 남겨두었사오며、貴한冊을 거저주는理由가 어듸있느냐?고 先輩의疑心도받었나이다』。疑心可笑!

七月十七日 (水) 陸軍大臣과 敎育總監이 意見衝突하야 强硬手段으로 敎育總監이 辭職되였는대 그 影響如何가 頗注目處라고 新聞이 報道。○오래病床에있는兄弟로부터『主예수의恩惠로 늘平安을 누리시기 비오며、저는 하나님의慈悲로써 猶豫해주시와 아직 前樣을維持하오니 感謝하옵나 다。

前番ト書後로 보내주신 聖書朝鮮은 一月號서 七月號까지와 五〇號、一九號두卷 받었음니다。號마다 넘치는眞理는 미련한 저에게 예수信仰의 터를닦아주셨읍니다。感謝한말슴 感激한말슴 어찌形言할수 있겠읍니까? 더욱 先生님께서는 이役事로 말미암아 健康에無理를 많이하시는듯 惶恐함을 마지못합니다。또七六號五月三日分 城西通信文이 R兄님의글이아닌지오。兄의 健康에 前만못함이 있는듯 驚愕을不禁합니다。先生님 聖誌의代金 보내들이지못하와 늘不安한속에 있읍니다。저의 집에는 二月后 더욱不幸이 接踵하와 僅少한誌代를 부끄러우나마 只今送金치못하오니 容恕하옵소서。先生님께서 誌代를 追求하시는것도 아니오、病者로서 例外取扱하시는줄도 아옵니다마는 저 스스로 이 사랑의 빚에 괴로워하오니 이뒤 저의請求하올때까지 請어주시기 비옵나이다。오직 眞實한祈禱의속에서 R兄과 先生님과함께 살고 두분의平安을 빌기에 힘쓰고있나이다

一九三五年七月十五日

○○○ 올림』

그저 받아 可한사람은 도리어 받지않으니 이도걱정。

七月十八日 (木) 宋斗用兄來信에 感激。

『敬愛하는 金敎臣兄에게!

咫尺이 千里라드니 너무 近處인듯인지는 알수없으나 너무도 無信하게 지냄을 自愧하지않을수 없읍니다。그리고 燈下不明이라드니 또한 事實인가봅니다。새삼스럽게 말하기는 열적사오나 말하지않고는 백일수 없아오니 또한 數言을 上達하는 바이올시다。實相은 去番梧柳學園敎師問題로 惠函을받고서 即時 答書를쓰라든것이

개으르고 眞實치못한 緣故로 此日彼日하다가 지난 十四日(日)에 聖朝誌七月號를 받게되였읍니다。 때마침 胃腸病으로 因하야 一週間以上 헌죽으로만 지난까닭인지 元氣를 잃고 自由롭게 出入이나 運動을 하지못하고 病床에 누어있었음으로 그야말로 첫表紙부터 끝表紙까지 한숨에 (但呼吸數로는 열이나 百이안이였을것은 勿論이겠지마는) 모조리 자리에누은채 읽었읍니다。 그리고는 聖朝誌에 對하야 새로운認識을 가지게되는同時에 其存在의 理由와 價値에對하야도 一層더깊이 一層더確實히 또 明白히 알려짐을 느껴깨닫게되였읍니다。 그래서 「聖書朝鮮이 이러한것이였든가」하는 異常스러운 自問이 일어나게되였읍니다。『따은 안인게안이라「장인의바린돌이 집모퉁이에 요긴한돌이되나니 이것은 주께서 일우신것이오 우리눈에 기이함이라」하고主예수께서 말슴하신바가 여긔에도 事實로 나타나 하나님의 役事를 사람이 測量치못할것을 實地로 배우게되였구나!』하고 自答이 또한 마음에떠올으게되였읍니다。 그래서 即席에서 榮光과 感謝와 讚頌을 우리敎主 예수그리스도의 이름으로 거룩하신 하나님아바지께 들이지않을수 없였나이다。 同時에 感想을聖朝誌主筆에게 알리라든것이 또亦是 하로이틀 밀려서 지금에야 (十六日밤十一時半이지나서)、 여러날동안 장마때문에 볼수없든 달을 반가운낯으로 對하면서 펜을들고있나이다。 엇저는 虛弱하였든몸도 元氣를때우恢復하게되였고 또 오늘부터 學園도休暇를 하게되여 마음을 턱놓고 몇말슴들일수있께 되였읍니다。 生覺나는대로 몇말슴 들이고저하오나 以此諒知하여주심 仰望不己이옵나이다。 却說!

聖書朝鮮! 변변치못하고 微微한아모보잘것없는 적은雜誌(小第의함부로말함을 容納하소서)、 그러기에 宗敎를말하나 宗敎界에서 알어주지않고、 基督敎를 말하나 敎會에서 본체도않는雜誌、 아니아니 도리혀 없우아여기고 嘲弄하고 嘲笑하고 虐待하고 妨害하여 마지안는 形便없는 可憐한 雜誌、 달달이 解産하기에도 無雙한困難苦痛을 當하며 짓밟히고 辱먹으면서 겨우겨우 목숨만붙어、 아모맵시없는 悄悄한모양으로 가고오는 자최도 모르게 世上을 向하야 懦弱한다리를 떼여놓는聖書朝鮮!

世上에서 아는者적고 만난者드믄、 있나없나 알기어려운 聖書朝鮮! 아! 聖書朝鮮! 이렇게 生覺하자니 創刊時代가 回想되지않을수 없게되여 「혼다메(本立)」에 끼여있는 創刊號를 끄내여 이러저리 뒤저거려보니 그야말로 憾慨無量하여、 머리속에떠도는 過去의일을 回顧하니 果然 무엇이라 形言할바를 아지못하겠나이다。 엇젯든지 宋斗用따우가 덤비여서 原稿를쓰며 또는 同志云云하였으니 其內容과 價値는 不問可知일것입니다。 그렇나 多幸이 (그러나 사람으로서는 不幸하고 쓰라린일이 었재떠는) 이제는 聖書朝鮮도 「몬지」와 「독녹」을다떨고 보담더깨끗하게 보담더純粹하게 되여졌으니 이도또한 偶然이 안일줄로 알때자나이다。 그렇나 저렇나 聖朝는 亦是시원치못한 存在에 지나지못하는것인줄 아옵나이다。 그는 무슨 機關이나 組織團體에 所屬되지못하였으니、 아모權威가 없으며、 야즉까자 主筆를비롯하여 筆者들이 聖朝만을 爲하여서 일하지않으니 「書生의遊戱」며「생각만좋고 實行이없는것은 空想이오 말만좋고 實地로일우워놓는일이 없는것은 空論이라」。實行이없고 實地로일우워놓는일이 없으니 事業이안이라。 그렇고보니 結局 聖朝는權威없고 事業이안인 書生의 遊戱에 不過하니 어찌딱하지않으리요?

可歎可歎 寒心且悲痛萬萬也!

오! 그러나 權威를가진 敎會에서 어떻게알든지、 大事業家 또는 大先生님들이 무엇이라 말슴하시든저、 못나고 庸劣하고 愚鈍하고 夢昧한 小第는 아! 人生半平生을지나 三十有余歲가되여 또한 아모것도 안인者이며 信仰生活十年에 야즉도또한 그날그날을罪와싸와 苦悶하고 哀痛하는罪人의 魁首임을 免치못하는 宋斗用은 敢히 말하고저하나이다。 聖書朝鮮아! 過去를 論치말라 나는 一個讀者以外에 아모것도 안이니라 그나마도 忠實한便도 되지못함을自白한다。 그러나 한讀者로서 公平하게 是非를 말할뿐이다。 내가 무슨關係있어 너를 가라우며 덮어주랴? 더구나 내

良心은 또 내信仰은 그것을 許諾치안음에랴? 아모리보아도 너는 모든사람의말파같이 『書生의遊戲』 品에지나지못한다。 그러나 한가지 記憶할것은 書生의遊戲는 곳 無用之物 或은 無價値한것이라고는할수없는것이다。 이에 도리혀 興味가있고熱心이있고 더구나 利害打算이없는것과 名譽慾地位慾 또는 體面保存하기爲하야서의 外飾僞善이 없는것과、또 生活保障의 必要가없으니 따라서 奸邪阿諂詭譎策略等等이 없는것이 特徵이안인가。 거짓없는 遊戲라면 그얼마나 貴하고 純眞한것일가? 오나! 人間은 나면서 傳統的乃至形式主義者(Catholic or Formalist)이며、事業的乃至社交的動物 (Working social animal) 이라하니 어느누가 事業에 生嘗이없으랴? 그러나 무슨일이나 事業化할때에 벌서거긔는 不純과 野鄙가生하며、따라서 生命없는 機械的인 形體만이 남나니 무슨價値가 있으리요? 못나나잘나나 生命있는것이 참것이지、보기좋고 아름다울지라도 生命없는 人形이나 機械에 어디참이있을것이냐? 그래도 사람은 너나없이 一에도事業 二에도事業、처음도事業 마지막도事業하야 事業을求하고 事業을行하고 事業에살다가 乃終에는 事業과같이 亡하고 事業과같이 죽나니 이러한異常한 또矛盾된일이 어디있을가? 燈火에 덤벼들어 結局 그불에 타죽고마는 버레와같이 事業을渴急하고 思慕하다가 事業緣故로 敗家亡身함이 또한 人間의悲哀가안이고 무엇일가? 오! 그러하니 聖書朝鮮아! 너는 언제까지든지 『書生의遊戲』 그대로이기를 千番萬番付托하고 衷心으로 바라는바이다。 헙버나 事業化하지말고 生命이充滿하야 언제나 自由롭게 無限無窮한 靈의世界에서 躍動하라、感謝에춤추고 歡喜에노래하라、世上은 幼稚하다거니 말거니 權威가있다거니 없다거니 書生의遊戲라거니 안이라거니 事業이 못되여 못쓰겠다거니 쓰겠다거니 念慮말고 귀를기우리지도말고 安心하고 오즉 끝까지 아모不純이없는 遊戲로만 熱心하라。 全心全力하라。 그래서 平凡하고도 特殊하며 無力하고모 有力하며 幼稚하고도 高尙하며 볼품없고도 아름다운 無價値하고도 有價値하여 다른아모것으로도 代身할수없는 遊戲가 되여라!

『저가……마른땅에서 나는 근주와같어서 모양도없고 맵시도없으니 우리가본즉 볼만한것과 사모할것이 없도다。 저는 사람에게 멸시를받고 슬혀바린바 되여 간고를겪고 질병을아는 자이라。 사람들이 얼굴을 가리우고 보지안이하랴는것같이 하야 저를 멸시하고 세상이 천하게녁였으며 저는 과연 세상의질병을지고 세상의근심을 예였으니 세상은 생각하기를 저가 하나님께 매를맞고 견책을당하고 곤고를 당하였다 하였도다。 (이사야五三의二—四)』 聖朝야 너의本質、너의職分、너의向路는 다만 이것뿐이니라。 이以上도안일것이요 이以外에는 없을것이요、이以下에서는 안이될것이니라。

오! 聖朝 三十페지未滿의얄따란 보잘것없는 적은雜誌、알수없거니와 創刊以后 거의 十年이 迫頭하면서도 오히려 讀者의數 百에서 오르내리는 못난雜誌、그리면서 大膽하게 「聖書를朝鮮에」「朝鮮을 聖書우에」라는 分에不適한 豪言壯語하는 어리석은 雜誌、나는말한다 가림없이 忌憚없이。 네아모리하여도 權威있는 某某機關雜誌처럼 百餘乃至數百페지나되고 廣告料만하여도 維支할수있는 大宗敎雜誌 또는 各敎派、各敎會、各信者가 모다 歡迎하여 數千數萬의 讀者를가지는 人氣좋은 雜誌는 되여보지못하고 말리라。 더구나 네가무슨 힘에 「聖書를朝鮮에」「朝鮮을 聖書우에」이는 그야말로 空想忘論이 안이고 무었일가? 웨? 하고묻는가? 보라 「너는 생각만좋고 實行없으며、말만좋고 實地로일우워놓은 일이없는」 다만의 遊戲이니까! 聖書朝鮮、동모는 類를따라 모인다든가、못나고적은 참意味에서 보잘것없는 정말無價値한나는 宋斗用은 또 그러한것이 좋와 더구나 가면 갈수록 지내면 지낼수록、밝히똑똑이 알려지는걸。 오!또다시 自白하오니 나는 適去도말고 未來도말고 現在그대로가 罪人이야。 머리끝에서 발바닥까지 梅毒쟁이나 문동이처럼 더럽고 냄새나는 罪에파묻히고 옥매여서 아모리도못하는 可憐한 慘憺한 身勢이야 (그러나

其實은 悖逆함으로 自滅하는 可憎한 存在이라면!」)아! 나는 괴로워, 나는슬퍼 이罪때문에 나의 願하는 善은 조곰도行치못하게하고, 願치안는 惡을 行치안이치못하게 하는罪。아! 무서운罪, 진저리나는罪! 罪에서 먹고마시고 또 자고깨며 날로 罪와 싸우고 罪와같이 사는 나는 敢히 말하노니, 聖書朝鮮이 그리워, 眞情으로 그리워。그 主筆이안이고 그 筆者들이나 讀者들이안이고 聖朝를通하야 하나님의 役事로 나타나는 그事實이 그리워 衷心으로 그리워。나는 하낫 疑心이 가슴에 늘 묻혀있나니 그것은 하나님께서 果然朝鮮을 記憶하시고 矜恤이녁이사 權威의손을 펴시고 사랑의役事를 行하시나 안이하시나? 이生覺이 언제나 떠날수없어。이 事實如何는 나自身의 興亡과 死活의問題를 意味하고 支配하는故이다。그런대 인저는 내가 疑心없이 믿나니, 하나님은 朝鮮을 사랑하심을, 三千里江山다안이돌아보셔도좋와, 二千萬民族, 다모든체하셔도좋와, 오즉 朝鮮의南端에 손바닥만한 저 小鹿島를 돌아보시고 또 거긔에있는 二千人의「우리의 문둥」이中에 오즉 한사람을 사랑하신다면 그것으로 滿足滿足大滿足, 이는 곳 朝鮮全體를, 白衣族全部를 돌보시고 사랑하시는 무엇보다도 큰 事實의 證據인까닭이다。오! 感謝하도다。讚頌하리로다。하날에게시는 거룩하고 홀로하나이신 하나님, 우리아바지가되신 당신은 永遠無窮토록 모든 榮光받으시기에合當하도소이다。할렐루야 아ㅣ멘。東天이 밝어옴은 太陽이 솟아오르는徵兆일진대, 길거리의 오랑캐꽃이나 할미꽃하나는 넉넉히 和平한 봄이 돌아옴을 證據함일진대, 小鹿島의 문둥이 하나를 사랑하시는일은 곳 三千里江山 二千萬民族을 사랑하시는 證據이여서 조곰도 틀림이없는까닭에 나는 기뻐! 나는 感謝해! 나는 滿足해! 小鹿島에있는 문둥이하나를 사랑하시는 우리主님, 生命의主 나의 모든것이되시는 우리救主예수그리스도를 나는滿足해! 나는 그리워! 나는仰慕해! 나는渴望해 나는 全幅的으로 信賴해마지않어!「그리스도의 福音心臟에서」「宇宙에 充滿한 하나님의사랑 全幅에서」「참眞理의 新春을맛보면서」그리고 또「福音안에서」其外여러가지 事實을 通하야 小鹿島의몇 문둥이가 예수의살을먹고 피를마서 靈으로 新生함이 確實하니 이는 곳하나님의 特別하신 恩惠의 役事가안이고 무엇일가?

그런대 나는 이事實을 聖朝를 通하여 알엇고, 또 聖朝가 저문둥이에게 光明을 所望을 能力을 慰勞를 주엇다하니 아! 聖朝야 너는 福되도다。네가이러한일을할줄은 또 하는줄은 참으로 아지못하였노라 事業이 무엇이냐? 한個의 靈魂은 宇宙보다못하지않은 價値가있나니 聖朝가 萬若 한靈魂을 慰勞할수있다면 그보다더큰 더거룩한 事業이어대있으랴? 數를보는人間은 亡할것이다。量이안이라 質이貴하고 또 要求되는바이니라。그러기에 九十九머리의羊을두고 한머리길잃은 羊을 찾는일이 하나님의役事니라。「나는 義人을 求하러온것이안이오 罪人을 부르러 왓노라」하고 우리主님은 말슴하셧으니 聖朝萬若문둥이하나를 慰勞할수있다면 다시 더求할것이 무엇이랴? 事業? 그것이 무엇이냐? 너의 할事業은 職分은 義務는 또 使命은 아마도 저可矜한 癩病患者한사람을 主님께로 하나님앞으로 引導하는일일것인가 하노라。이것이 곳「聖書를 朝鮮에」「朝鮮을 聖書우에」가 안이고 무엇일까 아! 偉大한 또 永遠히 남어있을 참事業이로다。아ㅣ멘。聖朝야 너어찌 이일을 하느냐? 너언제 이렇게 되였느냐? 알지어다 모를지어다, 아마도 이는 하나님의 役事인가 하노라。知者有乎아 無乎아! 오! 그런대 우리문둥아! 나는懺悔하노라。自白하노라。謝過하노라。萬若 문둥이가, 더구나 게다가 盲人된者가 感謝하고 찬송하고 기뻐하다면 全身이 健全한者인 나는 어찌할것인가? 또 萬若 먹고입는것을 남에게 依支하야 生活하는者가 滿足하고 不平하지않으며 信仰하고 順從한다면, 衣食을 어느程度까지 念慮할 必要가 없는者인나는 어찌할것인가? 아! 嗚呼라 나는 괴로운者로다 나를 죽엄의 몸에서 건질者 누구인가? 먹고입을것이 足하면서, 더구나 몸에 아모疾病없으면서 찬송하지 않는者 감사할줄 모르는者 滿足과 歡喜를 가지지못하는者 아! 저는 禍있을진저。저를 배였던胎는 不幸함이여, 저를 世上에 나게한날은 詛呪받을진저! 오! 敎臣兄! 敬愛하는 畏友 金兄님 너무 支離하게 되였읍니다。그러지않어도 한참 바뿌실터인대 容恕하소서 이게 겨우 밤샘하면서 쓴것이랍니다。엇쩌녁 열시쯤넘어서 쓰기始作한것을 지금 아침 五時半이 되도록 쓴것이 이거랍니다。무었을쓰고 있는지도 알수없읍니다。近來 없는 밤샘 또한 痛快한일이고 感謝한일입니다。그런대 兄님 小弟는 胃腸病으로 因하야 一週間以上 죽만먹고 지내니 몸은 매우 衰弱하여졌읍니다。그러나 肉體弱할때 靈은 좀强하여짐을 體驗하게된일 果然 감사합니다 아! 萬若苦痛, 患難, 悲哀, 疾病이 조곰이라도 主님에게 가까히 할수있는것이 된다면 願컨대 癩病患者라도 되여지이다。먹고 입을것이 없어야 하나님을 참으로고 섬기게된다면 願컨대 乞人이되여지이다。가을이면 벼섬이, 여름이면 보리가마가 또 콩섬이 감자가마가 번갈어서 광에 혹은 마루에 차곡차곡 채여지는일, 이것이 滿足일가요? 成功일가요? 祝福받은일 恩惠받은일 일가요? 或은 그러할지도 알수없읍니다。그러나 其實은 그러면 그러할수록 靈은 시들고 마르며 따라서 良心은 限없이 比할대없이 괴로옴을 어찌하리요?

오! 나의 前途, 果然 캄캄합니다。爲하여 祈禱하여주서요。물에 빠저 허덕이고있나이다。分秒를 다루고있나이다。主여 罪人을 건지소서。아마 너무잘못됨이 또는 甚히 지나침이 많을것같읍니다。容恕하시고 또 諒解하여주소서 그러면 펜을 던지고 지친몸을 자리우에

一九三五年七月十七日아침六時 二十分前에

(一一三〇九日되는날 아침에)

(설혼한번째돌을 음녁으로두날남겨놓고)

못쓸人間罪많은 小弟 宋 斗 用 拜上』

七月十九日 (金) 第一學期의 考査를畢하다, 〔病魔와 不如意한 環境에서 싸우는 消息에『先生님 無心한生을大端히 꾸짖어주십시요 生의無誠意로因하야積阻가 數個月을 犯하오매 다시뵈올낯이 없을만큼 罪悚萬萬이옵니다。

日氣不順한此際 先生任 道體鴻恩中 萬康하시며 宅內均安하심을 仰祝하옵나이다 生은 主恩과先生任의 遠念之澤으로 恒常 아모 緣故없이 保健과 敎會에 나가고있아오니 伏幸이로소이다。

去三月에 歸巢한後 곧上書하랴 하였으나 此日彼日한것이 自然오늘 上書하나이다。其間聖朝誌도二部나 K君에게서 받어보았읍니다。病도德澤으로 差度가있는것같사오나 아직도 神經衰弱이 倂發하야 오락가락하고있읍니다。아직完全한 肉體가되지 못하옴으로, 就職에도 關心안하고있읍니다。마음이 散亂하오니 自然사람은弱하야서. 信仰生活도 흔들리기가쉽고, 只今은곧 가시덩쿨에 뿌린種子와같은 信仰이되여있읍니다。今番楊平에온것은 某醫生을 보려왔아옵다가 한十余日을 滯在하게되든中 當地長老敎會에도 暫間들렸아옵고 人心도들어보고 하였아오나 亦이곳에도 敎人이빛을내지못하고, 하물며長老任들의 非基督敎人的行爲에 當地人士들은 大端히憤慨하고 더구나 沒理解하는것을 보고마음이 앞었읍니다。昨夜에도 村에頑固老人과 밤十時까지 傳道兼討論하였아오나 참너무理解치 못함에는 가슴이 답답하였읍니다 生도信仰이 떡弱합니다마는 때때로 警醒하게되오나 작고現在環境이 順調롭지 못하오므로 흔들리게되는때 너무답답함니다。아모 準備도 없이왔아오며 村에서 紙筆도없아옴으로 鉛筆로 罪悚함을 不拘코 當地에 와서 들은바 본바에感想을 暫間알외오니 先生님 깊이깊이 容恕하시고 눌러보아주시옵기만 千萬伏望하옵나이다。

乃乃安寧 하시옵소서。

七月十五日 楊平村一隅在小生〇〇〇上書』

七月二十日 (土) 第一學期의 學業을마추고 生徒들은 今日로써 休暇。但敎師는 成績調製에晝夜沒頭〇本誌主筆은 七月三十日부터. 八月三日頃까지 四五日間平壤方面에 旅行하게되겠나이다。誌友와知人도찾고저하나 籠球選手를引率하게될터임으로 如意하게 될는지未可知하니 미리諒察를바라나이다。

金敎臣 著

山上垂訓研究 全

四六版 二四五頁 定價七〇錢・送料五錢

聖朝文庫 第一卷

咸錫憲 著

푸로테스탄트의 精神

菊版半・三十二頁 定價金拾錢・送料貳錢

前者는 基督의 代表的 敎訓을 平易하게 解釋하야 基督敎의 眞髓를 闡明한 것。後者는 루터以來의 宗敎改革의 眞意를 再考하야 舊敎로 退化하는 新敎徒에게 一大警醒을 주고저한 것。二著모다 半島의 氣候風土의 產이오。우리가 最善의 선물로 半島에 보내는 바이다。

聖書的 立場에서 본 朝鮮歷史（續）

一、信仰生活과 歷史理解 六一號
二、史觀 六二號
三、聖書的 史觀 六三號
四、世界歷史의 輪廓 六四號
五、朝鮮史의 基調 六五號
六、地理的으로 決定된 朝鮮史의 性質 六九號
七、朝鮮사람 六七號
八、堂堂한 出發 六八號
九、列國時代의 苗床 六九號
十、鎔鑛爐中의 三國時代 七〇號
一一、高麗의 다하지 못한 責任（一） 七一號
一二、同 上（二） 七二號
一三、同 上（三） 七三號
一四、受難의 五百年（一） 七四號
一五、同 上（二） 七五號
一六、同 上（三） 七六號
一七、同 上（四） 七七號
一八、同 上（五） 七八號
一九、同 上（六） 七九號

京城聖書研究會

지난 六月末日까지 山上垂訓의 大綱을 工夫하고、七月八月의 二個月間은 休講합니다。이 休暇中에는 定規의 集會는 없읍니다。主께서 許하시면 新秋九月十五日（第三日曜）부터 如前히 예수傳 工夫를 계속하고저 하나이다。

舊約聖書大旨（續）

創世記大旨 三八號
出埃及記大旨 三九號
利未記大旨 同
民數記大旨 四〇號
申命記大旨 四一號
여호수아大旨 同
士師記大旨 四二號
路得記大旨 四四號
삼우엘上書大旨 五四號
삼우엘下書大旨 五五號
列王記上書大旨 五六號
列王記下書大旨 五八號
歷代志大旨 五九號
에스라―느헤미야書大旨 六〇號
에스더書大旨 六二號
約百記大旨 六三號
詩篇의 大旨 六五號
箴言의 大旨（六六） 六九號
傳道書의 大旨 六八號
雅歌의 大旨 同
이사야書大旨 七二號
예레미야記大旨 七九號

以上「大旨」는 極히 簡潔하게 一書를 一回에 講하야、누구에게든지 聖書의 要領을 알게 하고저 한 것。從來의 年度本으로한 特價는 撤回하고 今年度부터 第五十九號 以前 古本은 每一冊에 十錢으로 減價하다。

本誌定價

一 冊 拾 五 錢
六 冊（送料共） 前金九 十 錢
十二冊（一年分） 前金壹圓七拾錢

要前金。直接注文은 振替貯金口座京城一六五九四番（聖書朝鮮社）로。

取次販賣所

京城府鍾路二丁目八二 博文書館
京城府鍾路二丁目九一 耶穌敎書會
京城府堅志洞三二 漢城圖書株式會社

昭和十年八月一日 印刷
昭和十年八月三日 發行

京城府外龍江面孔德里一三〇ノ三
編輯發行者 金 敎 臣
京城府堅志洞三二
印刷者 金 鎭 浩
京城府堅志洞三二
印刷所 漢城圖書株式會社

京城府外龍江面孔德里活人洞一三〇ノ三
發行所 聖 書 朝 鮮 社
振替口座京城一六五九四番

【聖書朝鮮】第七十九號 昭和五年一月二十八日 第三種郵便物認可 昭和十年八月一日發行（每月一回一日發行）

【本誌定價十五錢】

金敎臣主筆

聖書朝鮮

第八拾號

昭和十年(一九三五)九月一日發行

昭和五年一月二十八日第三種郵便物認可
昭和十年九月一日發行(每月一回一日發行)

目次

우리의願치않는일 (再次購讀規定을말함)

우리가 다 信實할진대 盟誓할必要가없다。비ㅣ하고 對答하였으면 永遠히 비ㅣ요、아니하고 拒絶하였으면 永遠히 아니 이다。簡單明瞭하고 信實無疑한일이다。이일한가지만 實行된다면 세상煩惱의半分以上은 消滅될것이다。그런데 우리가信實치못한탓으로 盟誓를세우고 保證과擔保를要求하게되니 이런일들은 발서樂園에서 쫓겨난以後의苦悶이오 죽엄의道程의 姑息的手段에不過한일이다。苦痛과悲哀가 우리가슴에 사모칠수밖에없다。

우리가 맞나보든사람중에 가장姦巧한人物하나가 常習的으로 使用하는말은「金錢上에對하여는 如意치못하지만 其他의凡事에야 우리처럼信實한사람이 어듸있더냐」고 自己를辯護하는버릇이었다。材料되는것이야 金錢이나 或은其他의 무엇이었거나말거나 비ㅣ或은 아니라는 말슴이虛空에돌아갈때에 우리가 디디고섰든 大地가飛散하는일과 마찬가지의慘景이다。特히 우리가敬愛하며 信賴하든聖徒에게서 이러한일――비ㅣ가 아니로化學的變化를일으키는 事變을 發見할때에 우리는甚한寂寞을 느끼지아니치못한다。우리의 친구를責하거나 나自身을恨하랴는것이아니라 다만人生의 寂寞함을 오래느끼며、잘못하면 主그리스도에게對한信仰心에 動搖를招來하는수도 없지못하다。故로 우리는 나自身부터도「비ㅣ한것은 비ㅣ라하고 아니한것은 아니라고만」하고저 힘쓰려니와 他人에게도 비ㅣ가 아니로變化할機會를 주지않도록努力하여야 할것인줄로안다。

本誌의外上賣買를 아주斷念한것도 過去十年에近한經驗으로써 친구에게對한敬意를 더喪失치말고저함이어니와 第七十七號에 購讀規定을發表한後로도 自己에게만特別例外를許하라고 懇請하는친구가不絶함을보고 우리는甚히 괴로웠고不快하였다。한다고했으면 하는것이지 다시「事實宣言한대로實行할터이냐」고問議가 어째생길까。이는勿論 在來의出版業者들의 卑劣한因習에依함도 있겠지만는 우리의誌友들까지 이러한陋習에捕虜된것은 섭섭한일이라고 아니할수없다。

聖書朝鮮은 더큰일을하고저願치안한다。오직聖徒들의不信을發露하는機會를 만들지않고저하는것이 한가지所願이다。

朝鮮사람에게苦痛이 적지않으나 上下階級과農商工의別을勿論하고 다같이呻吟하는것은負債의苦悶이다。本誌가朝鮮半島에有益을 끼치지못한들 雪上加霜으로 誌代의負債를 이百姓에게 지울수야있으랴。하물며貧困한聖徒들에게。過去八十號를發刊할동안에 聖徒들의 負債한것만하여도 後日天國에서計算한다면 相當한巨額에 達할것이다。地上負債에다가 天國負債까지 지우기는願치않는다는것이 둘째所願。그러니 前에公告한대로 小鹿島와 滿洲를除外하고 (一)繼續하야 購讀할이는要前金(前金이盡하면中止) (二)誌代가 어려운이는 無代로請求하라。殘部있는限 進呈함。但 發行部數는有限하고 그저줄데는多數하니 달마다繼續할義務를 질수없음을諒察하라。(三)主筆의私信代用으로 或時보내는것은 代金을考慮할것이 아님은勿論。(여러분의 照會에對하야 이로써回答에代하고、彼此다시는 重言復言이 없고저하나이다)。

上層構造。 넓은意義의社會主義 또는唯物主義에造詣깊은學者가 基督教의信仰運動을評하야 「上層構造」에 不過한일이라고하였다고해서 在來의單純한信仰에 多少의疑雲이動치아니치못한다고 來告하는敎友가있다。論旨는 이러하다고。衣食住의生活問題가解決安定되여야盤石같은基礎우에建築할수있을것인데 現代의不合理한社會에 그대로靈的生命이니福音이니하고 떠드는것은 모래우에建築함과다름없는일이니 于先 테크노클라시의實現을向하야—即基礎工事를爲하야 全力을 다할것이라」云云。

基督教는阿片이니라고 할때보다 上層構造이니라고함은一段의進步라고 할수있다。天地를創造하신 하나님과宇宙에 嚴然한道德律을無視함이아니나 朝夕에脅迫하는生活苦에 견딜수없으니 무엇보다도 빵의分配부터公平하게하자고할진대、우리는 이러한社會主義者에게同情할법은 있어도 反擊할理由는 없으며、더구나 우리信仰에動搖받을根據는全無하다。貧富의懸隔을 없이하고、不勞所得으로遊蕩하는者없이 누구나 다勤勞의땀을 먹을것이라고함은近代人의發見한新思潮가야니라二千年前예수基督의 가르킨敎訓이요 生活이었다。다만論者는社會改造로써 先決問題라고하는代身에 우리는信仰으로써基礎工事라고믿는다。어느편이眞理인것은實驗이判定한다。故로 우리는自己의實驗을良心에비추어告白하며 時勢의利不利에不關하고福音을傳한다。

幻覺乎。 哲學을專攻하는 젊은學者가 그該博한學識과緻密周到한 論鋒으로써「基督教는要컨대 一種의幻覺에不過한것이니 無識한者에게는 一時的安心劑가될것이나 多少라도學問한人士에게는 何等威力이없는것이라」고함을듣고 自己의信仰에 理論的根據가薄弱한듯하야 愴惶한 얼굴로來談하는兄弟가있다。

實相 우리도科學的方法이如何한것임을 多少學習한者이요。그方法이現代人類生活에 얼마나 고마운것인줄도 잘아는者이다。科學의健實性과 哲學의緻密性의卓越함에比하면 아모리바울의理論과 오거스틴의組織이라할지라도 基督教는要컨대 幻覺에不過하다는說에贊同치 않을수없음을우리는自認한다。但이것은人生이 죽지않고 長生不老하는靜的世界라는것을前題로하고서 말슴이다。

그러나宇宙는 쉬지않고動하는宇宙이다。새生命은創造되고 낡은生命은 죽어가는宇宙이다。죽엄이라는 크다란要素、人生의半以上을 차지하는事實을 통트러넣고 思考熟慮하여보라。哲學者의思索이야말로 幻覺이아니며 科學者의歸納이야말로 空虛가아닌가。故로哲學者로하여금 우리의信仰을嘲弄하게하라。우리는 바울과함께『내가福音을 부끄러워하지아니하노니福音은諸信者를救援하시는 하나님의能力이시라』고웨치며、『死亡이나生命이나今事나將來事나우리主그리스도의 사랑에서 우리를斷絶할者없나니라』고。

愛敵의愛。 어떤 文學的素養이 깊은聖徒가 이르기를 「무어니무어니하고 떠들어도 사랑이第一이다。 某某先生과 그에게서 배운聖書朝鮮執筆者들도 사랑의缺陷이 큰病이니라。 원수를爲하야 眞心으로 祈禱할수있게되지못하면 虛것이다。 나는近日에愛에關하야 깊이默想하노라」고 하더라고 새로운 사랑의教義에感嘆하면서 우리에게反省을促하는友人이있다。

實로 고마운忠告。 귀에 거스리나藥되는苦言이다。 다윗이 다윗된것은 그敵사울을容赦할뿐아니라 爲하야祈禱한데있었고、 主예수가世上을떠날臨時에 弟子의발을 씻으면서附託하신 새로운教訓도「너희가 서로사랑하라」 하심이었고、 使徒바울도『然즉 信과所望과愛 이三者는恒常있을것인데 其中에 第一은愛라』고 結論하였다。 이렇게보면 基督教는全體로 사랑의宗教요 그밖에 아무것도없는듯이도 보인다。 그러나 우리의神經을 가장銳敏하게하야 참基督의愛와 似而非의愛를判別하기에 努力하지않으면안될다。 그리스도와 그十字架를 除한사랑은 世上에歡迎받는宗教家들이 常習的으로 부르짖는사랑이다。 義의骨筋이없는쉐멘콩크리같은사랑만을唱道하면 社會의讚辭를받는줄을 우리가 모름이아니다。 우리先生도勿論完全無缺한이는아니었지만 무엇보다 惡을爆擊하는義의威力이强烈하였음으로 뭇小人들이 저를忌避하며毀謗하였다。 義의爆擊的要素를뽑아낸愛를 우리에게勸치말라。

唯一의救援。 世上에는 孔子 釋加 소크라테스等의聖人들도많고、 回回教 印度教 其他百千가지宗教도있어서 各其착한教訓과救濟의길을 가르쳤는데、 何必基督教로서만 救援을받을것이냐。 모든宗教中에서 基督教가第一高級의宗教요 世界的으로 有力한宗教라고 한다면 容或無怪하다고 하겠지마는、 基督教만이唯一한救援의길이라고함은 넘어獨斷的 偏心이아니냐고 抗辯하는 젊은學生들의 質問을받고、 從來의 信條대로 現場의對答은하였으나 다시생각할수록疑雲이消散하지않는다는 某教師의告白에接하야 함께心靈的苦痛을未免하다。 原理와現實의差異를 생각하면서。

果然 王者의生活보다豪華롭게生活하는飽食한豚과같은羅馬法王들도 예수의이름으로天堂가고、 饑渴한野犬같은教職者들과 賣官賣職의變態로된諸職들과 學校 病院等等의宣教會機關에寄生하기爲하야 假面쓴教徒들까지 基督教徒라는것만으로써救援되고、 異教의 모든聖賢君子들은 모주리永遠한滅亡에 떠러지리라고 믿기는 참말어려운일이다。 現實基督教會를볼때에 우리의良心이一層苦痛한다。 그러나宗教는理論이아니오實驗이다。 다른 어느聖賢의名으로써君의罪의處分이되여君의마음에安定을얻었으며、 어느宗旨에依하야君의永生의確信을把持하여보았는가。 說明을案出하지말고 君의體驗을記憶하라。 또한 唯一神이宇宙를創造하시고 그獨生子예수를通하야救援하심은가장合理한일이아닌가。 偏狹을웃으랴거든웃으라。 우리는예수의唯一의救援만을바란다。

聖書的立場에서본朝鮮歷史

咸錫憲

二、受難의五百年 (七)

十四、福音傳來 그러나 그歷史의문허진殿堂을 다시 세우는일은 單純한復古만이어서도않되고 症狀治療的인改善만이어도않된다。徹底한自己革新이오、새로운歷史的成長이아니면않된다。古記를研究하며 古俗을探査하야 닞었던歷史를 곧혀알고 埋沒된文化를 다시캐내는것이 新生의運動에 없어서는아니될 必要한일은일이나 그것만으로는不足하다。古史古典을研究하는것은 民族的自我의統一意識을 길으기爲한것이오 그意識을가지고는生長하는 現在의歷史에 道德的으로 깨지않으면 않된다。故로 古典의研究는 生命意識을 誘發하는限에있어서만 意味를가지는것이오 古典그自體가곧生命이될수는없는것이니 古典主義에만멎는 新生運動이 必然的으로 沈滯腐敗하고마는實例를 西洋文藝復興期의 南歐의歷史가 보여주고있다。

그런故로 千年昏迷의길을걸은 朝鮮이 이제다시自我에돌아온다하여도 그는千年前 三國時代의 朝鮮에復舊할것이아니다。그렇게는될수도없거니와 意味없는일이다。자기는 어제밤잣으나 깰때는 오늘아침의生命을가지고 오늘의일거리를가지고 오늘의사람으로 깨는것같이、朝鮮이自我를 잃기는 千年前에하였으나 깨는이때에있어서는 近世의朝鮮으로깨지않으면않된다。朝鮮을研究한다함은 죽은過去의墳墓를캐는일이아니라、永遠한意味를가지는 朝鮮의個性을알미오、그個性을가지고 자라나는歷史의現在에對하야가지는 使命을깨달음이다。이意味에서 實學一派의 사람들이事實求是를標榜하고 恒常現實에立脚한議論을 하려힘쓴것은 當時를爲하야 慶賀할일이었다。그러나 또그現實論은對症治療만을아는 拙劣한醫員의일이어서는않된다。當時朝鮮의形便을말하면 林將軍의말과같이 久病之人이 喘息奄奄의狀態에빠진것과마찬가지인대 가지가지로 일어나는症狀에對하야 藥을쓰는것도 必要는하나 그보다도爲先、그藥이效力이나기爲하야 元氣있는피로 輸血을하고 門을열어 清新한空氣를呼吸식임이 더必要하다。어느時代에나時弊矯正을부르짖는 經世家들의議論이 恒常그個個로보면、理致에合지않은것이없으나 事實에있어 實效를내지못하는것은 그病症이發하는 根本的缺陷을 生理的原理에依하야補充하지못하고 나타나는症狀을 다스리기만 하기때문이다。그리스도가 病人을곧힘애 病그것을물리치기前에 몬저「네罪를赦하였다」或은「네믿음이너를낫게하였다」한것은 肉體만아니라 精神的、歷史的治療에있어서도 眞理다。當時의 窒息되고 貧血이된朝鮮을爲하야는 新田制、

新稅制、新學制하는 모든藥이 다 必要치않은것이아니나、무엇보다도爲先 社會에팍들어찬 沈滯固陋한 汚氣를헤치고 淸新한生命力을가진 精神的雰圍氣를 너어주며 가슴속에 새元氣로벌덕이는 信念의心臟을깨워주는것이 緊要하였다。그러나이는 單純한現實論만가지고는될수없는일이다。낡은옷조각을 이리쏠고저리쏠아 補綴하여도 結局낡은옷이오 새것이될수는없다、衰頹한山寺의 기우러진佛壇밑이나 固陋한儒生들의 냄새나는 儒巾속에서는 아무리 勇氣를뽐내여도 참生命있는것이나올수없다。그것만으로는 않된다。그以上의것 單純한學問以上의것이要求된다。무슨論 무슨說이아니라、새信念、새元氣、生에對하야 全혀새로운元氣있는 態度를取케하는 새生命의힘、그것이必要하다。一部의研究家를 끌어올수있는 어떤思想이아니라、새벽하늘과같이 全民衆을生動식히는 맑은大氣와光明의가득찬 社會가아니면않된다。即 새宗敎가必要했던것이다。그리고事實 이生命의宗敎를爲한길은 이미準備되여있었다。

이제우리는 福音이朝鮮에들어오던니야기를 하지않으면 않되게되였으나 그말을하기前에 爲先當時世界의大勢에對하야 一言할必要가있다。이제世界는 從前과다른 새意味의時代에 들어왔고 따라서 福音傳來의事實도 그것과의 關聯에있어서야 正當히理解할수있기때문이다。

十五六世紀는 人類史上에있어서 特異한時代다。 그人間의自己發見때문에、그自由運動때문에、그近代社會의出産때문도그렇지마는 그事件들의背後에숨는 意味를生覺할때 더욱그偉大에놀라지 않을수없다。무엇을爲한自覺이며 무엇을爲한 自由며 무엇을爲한 有機的社會인가。일즉히 偉大한바울은 西洋文明의 샘구멍인 아데네의아레오바고에서 歷史的大雄辯을吐하야 神의宣言을 代行한일이있다。

「各나라百姓을 한血脈으로지으사 온따에 居하게하시고 저의年代를定하시고 居하는地境을限하셨으니 하나님을 찾을지라……」

여러民族 國家의興亡이있고 時代의變換이있는것은 그目的이 人類로하여금 하나님을찾아 알게하는것이라는말이다。人類의歷史있은以來 오래동안 東洋은東洋이오 西洋은西洋 내民族은내民族 네民族은네民族으로 統一도없고 連絡도없고 제各기孤立한 歷史의길을 밟아오고있었다。그러나 時代는쉬지않고 이宣言의完成을向하야 나아가千五百年이지나간때에 時期는到來하였다。어떤眞理가實現되려할때는 몬저人類가 그것을理解할수있는 環境과生活經驗을준後에 그眞理를提示하는것이 攝理의손이 흔히取하는妙道다。아담의全子孫을 한 에클레시아안에統一하려함에 몬저自由意志를가지는 人間이必要하였고、또緊密한有機的連帶關下에서 그地上生活부터가 統一的이될 必要가있었다。이를爲하야 文藝復興이오 科學이오 機械의發

明이다。福音의世界的傳播、이것이十五六世紀가 가지는根本意味다。

봐틔칸의사단이 三層冠을쓰고앉어 基督敎王國의呪文을 人民의목에단때에는 人間의自由란없었지만 十字軍遠征하는동안 그呪文符가 떠러지자 熱情의南歐사람은 爲先人間을爲한 反旗를들었고 그불길이 드듸어 알푸스를넘어 윗텐베르히의森林에 以信得救의 炬火가높이들리어 自由의精神이이미 막을수없는大勢로된때는 벌서 제노아水夫의아들의 一片信念의손으로 이때것감추아두었던 地球의 다른半分이 처음으로開放되여 世界史의本舞臺가 열린때였다。福音이世界的으로 퍼질때다。葡萄牙는西쪽을、西班牙는東쪽을、하며 世界를兩分하여가지고 忠實한 使役者같이 競爭을하여가며 世界의구석마다 傳播하기始作을하였다。그들의目的은 勿論商利에있었던것이오 傳道에있지않었다。或傳道생각을하였다면 朦昧한土人을속이는 手段으로爲하여나 하였을것이다。그러나 그들이알었건 몰랐건、善意로했건 惡意로했건、福音은 그들을機械로 自己갈대로갔다。또一便 로마敎會에서는 新敎의勢力이 날로盛하야감을보고 거긔對抗하기爲하야 新開拓地를 東洋에求하야 印度、支那、安南、日本으로 傳道者를 派遣活動하였다。그들이참으로。傳道의精神으로 했는지 或은敎派心으로했는지 그를 우리는모른다。그는神이 스스로알일이다。그러나 무슨動機로했던지 福音은 種子와마찬가지로 뿌리는손의 淨汚에關係없이 그生命을가진다。그리하야 基督敎의씨는 東洋의良田에 곳곳이떠러졌다。이때에活動한것은 에스이다派(耶穌會)로서 그創始者의 一人인 푸란씨쓰•사비에르가 印度에온것이 一五四二年이오 그보다七年後인 一五四九年에는 日本에傳道하야 切支丹宗勃興의始作을일우었고、그後支那에傳道하다가 一五五二年南支那上川島에서 歿하였으며 그後 同派의宣敎師가 陸續하야 東洋에와서 힘썼다。

이것이 福音이 朝鮮에들어오려할때의 世界情勢였다。그러는동안에 朝鮮은世界와의接觸이없이 歷史의 비탈길에서 꺼꾸러지며 밋끄러지며 내리굴고 있었다。콜롬보가 新大陸을發見할때에 우리는成宗朝腐爛한社會에 醉하여있었고 獨逸서 新敎運動이 바야으로盛한때에 우리는士禍의狂舞中에빠졌고 太平洋에 西班牙 葡萄牙 和蘭諸國商船의去來가 奔走하고 西伯利亞 印度에 露英의軍刀소리가 요란한때에도 우리는壬辰亂 丁酉亂 女眞亂 李适亂으로 눈뜰겨를이없었다。남들이새로운 科學的硏究에沒頭하며 그結果놀랄만한 發明發見이 뒤니어나오는때에 우리는黨論에 熱이올라 지내였다。그러나大勢의물결은 쉬지않고 半島로밀려왔다。

壬辰亂時에 天主敎宣敎師 쎄쓰페데쓰가 小西行長軍에

따라와 傳道를計劃하야 본일이있다。그러나 終乃機會를 얻지못하고갔다。

亂後에는 捕虜로잡혀가 그때九州地方에 盛하였던 天主敎에入信한사람들이 本國傳道를 計劃한것이 數次되는듯하나 그것도 다 失敗에歸하고 말었다。

仁祖때는 遣明使鄭斗源이 北京에서 天主敎敎師를맛나 火砲 自鳴鍾 千里鏡 天文書籍等을 얻어가지고 온일이었다。天主敎에關하야도 勿論들었을터이나 오직그曆法을 輸入하야 使用하는대 止할뿐이오 思想的으로 큰影響을 받은것은없다。

其後孝宗때에 하멜以外三十餘人의 和蘭사람이 濟州島에漂着한일이있었으나 十餘年間을붓잡아두고 구경거리로 알었을 뿐이오、基督敎나 世界事情에關하야 反省해보는 何等刺戟을 얻지못하였다。

그렇듯 外來의모든刺戟이 다 無効로돌아갔다。남들에 있어서는、或基督敎와 商品이석겨오며 鐵砲와福音이兼하야와서 大勢의强制侵入도 있었으나、朝鮮에있어서만은 마치그런 被動的入信은 無用이라는듯이、언제까지던지 스스로깨기를 기다린다는듯이、웨치는 大勢의 波濤소리는 門밖에높을뿐이오 終是侵入하지않었다。그러나 全人類의 總合演으로되는 近世以後의歷史에있어서 朝鮮혼자 世界의 圈外에 자고있을수가없고 福音이온天下의 따끝까지 宣布되여 모든民族을 다불러세우는때에 朝鮮만이 거긔對하야 귀를막고 있을수없었다。하물며 안으로 오란狂亂以後 비로소自我의맑은意識이 새로히 떠올으려하는때에 있었어리오、果然마게도니아 사람과같이 江건너便에서는 福音의使者를向하야 오기를請하는날이오게되였다。

肅宗으로 英祖에니르는동안에 天主敎의知識이 차차퍼지게되였다。이는每年北京에去來하는 冬至使의便을通하야 輸入되는것으로 이때는 아직宗敎라기보다 一種新味있는 學問으로歡迎이되여 天主學 或은西學이라고불렀다。그信奉者는 大概南人으로서 當時西人의勢力에눌려 不遇한狀態에있는 그들은 自然現社會에對한 不滿을품고 反撥的인 思想을가저 實學으로기우려짐애、그들의눈에 이新來宗敎의 淸新高尙한 道德的方面이 非常히魅力을가졌던모양이다。

福音의權能이 自己를利用하려던者를 도리어 捕虜로삼아 器械로逆用하는일은 흔히있는일이다。天主敎의新奇한 說敎을 自家藥壺中의것으로 만들어 그博學을 자랑하려던南人學者들이 드듸어福音에사로잡히어버리고 말었다。正祖七年 一七八三年겨울에 冬至使의 書狀官으로갔던當年二十七歲의靑年인 李承薰이 北京에서 天主敎師의 傳道를듣고 入信受洗하고 돌아옴애 爲先그의姻戚되는 李家煥、丁若鍾、丁若鏞하는 사람들을爲始로 南人中의 有

識者가 多數히 共鳴함애、漸次퍼지기始作하야 熱烈한信仰團體가 成立되였다。이것이 朝鮮基督敎會의 第一石이다。

「傳道의歷史를 펴보면 어떤時代 어떤나라에있었어나 傳道師가 몬저渡來하야 弘法이開始된다。그런데 神의攝理는 얼마나奇妙한가。何等直接傳道없이 朝鮮敎會가 創始된것은 全혀特筆할만한일이다」하고 말하는사람도있지마는(楠田斧三郞、朝鮮天主敎小史)、이事實을 우리가이때까지보아온 朝鮮歷史와 비취어볼때 實로深大한意味가있음을 생각하게된다。西洋文明의물결이 南支那에도오고 臺灣에도오고 種子島 薩摩에도오고 黑龍江邊에까지오는때에도 왜그中央에있는 朝鮮은 그대로두며、또 오되 宣敎師는 終乃오지않아 이便에서 손을내밀때까지 기다리는것인가。戰國時代末의 九州地方의 大名들과같이 武器나商利를爲하야 天主敎를 歡迎했던것도아니요、支那에서와마찬가지로 天文、幾何、代數、砲術等 西洋學問을爲하야하였던것도아니오、우리에게있어서는 처음부터 救生救世의道로 研究하는것으로 始作하였고、마츰내 이便에서머리를숙여 洗禮를求하게되였다는것은 非單敎會史에있어서뿐아니라、一般歷史를 理解하는데있어서도 닞어서될수없는일이다。이는朝鮮사람이 特히哲學的 宗敎的素質이 豊富해서된것도아니요、朝鮮의思想이 基督敎에가까와서된것도아니요、오직朝鮮사람이 自己의處地가 짚대라도 붓잡으여야할만치 빠저가는 狀態에있음에 눈이띄였기때문이오、攝理가 그렇게만들었기때문이다。

核心이한번생기자 信仰은 猛烈한形勢로 퍼저나갔고、그퍼저나가는 첫信仰의불길은 드듸어 썩은물같이 沈滯된社會에 强烈한 震動을 니르키기始作하였다。처음에天主學이 一種學問으로 學者의書案우에만있을때는 아모힘있는것이 되지못하고 나라에서도 別로干涉하는것이없었으나、漸次實踐을命하는 宗敎信仰으로되여 基督敎의本色을 나타내게됨애、社會에는 이異樣의敎風에對하야 嫌惡의念을 품는사람이많고 더구나 敎徒들이 父母의祭祀를廢하며 先祖의位牌를 버리는것이 甚히人心을 激動식여天主學을 邪論이라排斥하는소리가 漸漸높아가게되였다。그리하야 나라에서도 李承薰이北京에서 入信하고온 三年後인 正祖十年에 天主敎禁止의令을發하고、支那로부터거기關한 書籍輸入하는것을 嚴禁하기로 하였다。

이禁令에 첫번犧牲으로걸려 最初殉敎者의 榮冠을쓴것은 全羅道珍山사람 尹持忠、權尙然二人이었다。그들은兩班出生으로 官職을지낸일도 있었던사람으로 信仰에들어왔더니、祭祀를廢하였다는理由로 告發되여、最後로 先祖位牌에 禮하고 異敎를바리면 容赦한다는 官吏의强要하는말을 敢然히拒否하고 斬刑을快受하였다。

이일後 敎徒들은 指導者의必要를느껴 北京天主敎堂에 宣敎師의派遣을請하였더니 逼迫이甚한故로 容貌가비슷한 사람을보낸다하야 支那人神父周文謨의渡來를보게되였다。그는 蘇州出生으로 어려서 父母를잃고 일즉부터 天主敎敎育을받아 神父가되였더니 一七九四年겨울 驛夫로變服을하고 鴨綠江을건너서니 當年二十四歲의靑年이었다。京城에到達한後 숨어居하면서 七年間을 힘써 傳道한後 드듸어 殉敎의거룩한죽엄을 異國에남기는날이왔다。

이때님금正祖는 蕩平策을써 南人時派에屬하는 蔡濟恭을 信任하야썼는대、時派는天主敎와가까운 因緣이있었던 關係로 그리큰迫害가 낼지않었다。그랬더니 一七九九年과 그翌年에 濟恭과正祖가 前後하야 돌아감애 西人이 다시得勢하며 南人打倒의策으로 天主敎에對하야 大彈壓을 加하게되였다。때는一八〇一年 純祖元年辛酉의일이니 李承薰、李家煥、丁若鍾이죽고 其外죽은者가 三百名에達하였다。저有名한學者 茶山丁若鏞이 流配를當한것도 이때의일이다。周文謨는 一旦鴨綠江까지 避하야갔으나 靈感에接하야 다시돌아와 自首하고 鷺梁津頭에 受刑하였다。

周文謨는죽을때에 今後三十年間 朝鮮敎徒는 牧者를잃으리라고 豫言을하였다고傳하는대、果然 그後三十餘年間 殘存敎徒의 努力에도 不拘하고 終是敎師의渡來를얻지못하고 敎徒가離散하는 狀態였더니、一八三六年에 비로소佛人神父모방이 義州로潛入하는대 成功하고、그뒤를니어 사스탕 암베르兩人이옴애 다시敎勢가떨치기 始作하였다。그러더니 一八三九年 憲宗五年己亥에 갑작히 逼迫이再起하야 三人의敎師는잡히어 온갓苦楚를겪근後 死刑을當하고 敎徒中에도 죽은者가 數十名이었다。

이後얼마동안은 警戒가甚함으로 敎勢는潛行的으로되다가 朝鮮人最初의神父인 金大健의活動으로 一八四五年에 다시宣敎師가오게되고、그後哲宗朝鮮에들어가 朝政이解弛함을따라 敎師가陸續하야옴애 其數가十二人에達하고 敎徒도 數萬을算하게되였다。그러다가 高宗三年丙寅에 大院君의大虐殺에 數萬敎徒와 九人의外人敎師가죽었고、그로因하야 洋亂事件이 생겨 鎖國令을發하더니 大院君이 失脚하고 開國을함에및어 逼迫이漸次쉬게되였다。

新敎派는 天主敎보다 떠러저왔다。一八三二年에 獨逸宣敎師굿즈라푸가 傳道를目的하고 忠淸道沿岸에온일이있었으나 成功치못하고、一八六六年洋擾當時에 崔蘭軒이라는 英國人토마스가 米艦을타고왔다가 뜻을일우지못하고 平壤에서 慘殺된것은 世上이잘아는바다。그랬더니 그後英人쫀•로쓰라는사람이 滿洲에와있으며 朝鮮傳道를目的하야 聖經을翻譯印刷하야 많이들여보내였고、一般으로布敎가盛히되기는 一八八二年 韓米條約이 締結된後의일이다

이것이 福音傳來의 歷史의◯槪다。李承薰이 北京에서 歸國하면 一身을福音에밭여 傳道에힘쓸것을 約束하고、돌아온後 百數十年의 歲이흘으는동안 朝鮮의教會는 形言못할苦難逼迫中에 싸호며자랐다。眞理에목이말은그들은 그를찾저 滿洲로 支那로 헤매이며 한사람의 指導者를 끌어들이기爲하야 凜烈한朔風이 살을찌르고 鴨綠江、豆滿江氷雪우에서떨기를 辭讓치않었고 一條의傳道길을얻기 爲하야 怒濤가날뛰는 黃海우에 片舟를依支하야 漂浪하는것도 두려워하지않었다。喪服下에 겨우官憲의눈을避하며 下水口를通하야 國境을넘으며 窟속에숨으며 山間에 숨으며 그러다가 最後에는 讚頌聲裡에 死刑場에臨하던 勇敢한宣教師의일、誹謗과逼迫을견대며 믿다가잡힌즉 從容히 縛에就하고 죽인즉欣然히 칼을받던 거륵한 殉教者들의일、죽일스록 漸漸더퍼저가는 信仰의불길、넓어서 感激하지않을것이없이 綿綿로꿈인것이 傳來當時의福音의 歷史다。賢明해지고 有識해저서 妥協잘하고 方便을잘쓰는 現今의信者는 저들의祖上은 그렇듯素朴했고 그렇듯 懸命的이오 그렇듯 直入的이오 그렇듯猪突的이었음을 알어야한다。時代는漸漸 危機의迫來를 豫感식이는이때에。

오란受難後 正覺은 回復되기始作하고 新生命의 빛은 提示되였다。光明이이기어 새時代를 지을것인가、暗黑이 다시 新生의 새싹을 삼키고말것인가 이危機一髮의際에 있어서 福音의戰士들은 勇敢한態度를 보여주었다。그때의 朝鮮을생각하고 그殉教의 歷史를읽으면 이런일이果然있었을가하고 疑心하리만한 勇戰의모양을 보여주었다。苦難에依하야 洗練되고 福音에依하야 新生된魂은 그러했던것이다。

十五、再顚落 그러나暗黑의힘은 너무도컸다。生命은 또한번 底流로되지않으면 않되였다。廢墟우에솟는 生命의새싹、昏睡에빠진 病人의눈瞳子에 떠올으는 意識의微光、放浪의길을헤매이던 蕩子의돌려놋는 悔悟의첫발길、이는얼마나 感激스러운일이며 얼마나嚴肅한 事實이며、얼마나거륵한詩인가。이일이 朝鮮歷史우에있으려하였던것이다。오랜暴風雨의밤이 지난後 陰雲의사이로 黎明의첫光線이 올려쏘는것같이 千年苦難의길을걸은後 歷史의地平線우에 新生의가는一線이 떠올으기始作하였던것이다。그러나 돋아나든새싹이 짓밟혀버리고 맑아가던 瞳子가 다시낌을어지고 돌렸던발길이 다시빗나가고만다면 이는

얼마나 憤한일이오 悲痛한일이오 안타가운일인가。이일이實地로 朝鮮歷史우에 생긴것이다。

黨派의싸홈은 그뿌리가 굳고깊어 英正兩代의 努力에도 不拘하고 完全히 蕩平할수없었다。그痼疾에 굳어진맘은 新智識의힘에向하야도 福音의빛에 向하야도 다門을굳이닷고 열지않었다。四色의싸홈은 끈힐날이없고 國政의紊亂은 갈수록甚하야젔다。朝廷에는 님금이 어린것을타 外戚이專橫하고 地方에는 貪官汚吏가 百姓의膏血을 긁었다。돈이必要하면 賣官賣職을하고 勢力이所用될때는 階級門閥의防牌로써막었다。

歷史는 漸漸더逆轉하기始作하였다。實學도無用이오 朝鮮研究도 어대로가고 福音도潛流요 기든것은 내새나는상투밑에들어있는 尊周大義밖에 없었다。그리고는 弱者라고는 하나끼치지않고 다삼키려는 西洋文物의 巨波가닥처들어오며 列强의壓迫이 날로甚하여가는가운데서 國策의樹立도없고 國民的覺悟도없고 何等歷史的理想도없고姑息之計로 오늘은親淸 來日은親露、臨時臨時를 彌縫하야가며 一身의榮辱을 다투기에만 汲汲하였다。이後의壬午軍亂、甲申政變、甲午更張、庚戌合併의 細細한 이야기

를 다하지않는다。大院君은無識했거니 閔妃는陰邪했거니누구의일은 痛恨하니 누구의일은 그고기를씹고싶으니하는말을할必要도없다。神은 이歷史의指針을 발서 顚落의方向으로 쑥돌려놓았다。

이것으로 우리의 苦難의歷史의 瞥見이끝났다。回顧하면 아 三國時代以來 千數百年間 그걸어오는길이 얼마나 艱難崎嶇하였음이어! 눈물과피로 걸었다기보다 긔었고 긔었다기보다도 구을러온것이아닌가 그리고 五百年의受難도 오히려 不足하야 돌아오려던 回復의氣運도사라지고 다시 受難의언덕길을 구을러나려가는 그뒷모양을보며 아니다。우리自身이 只今 그길을굴고 있음을意識하며 이章을畢하기로한다。

요한복음 (試譯)

趙誠斌

니 그들은
『왜 그를 끌어 오지않었어?』
라고 하길래 46부하들은 대답하기를
『아무도 아직 이사람같이 말한사람이 없어요』
라고。47바리새교인의 대답이
『너의들 역시 미혹되었나 보다? 48관원이나 바리새교
인들중에 믿는사람이 있느냐 어디? 49률법을 모르는
이무리들아 조롱 받을지어다!』
라고。50그들중에 (앞서 예수께로 왔었던) 니코데모 라
는사람이 말하기를
51『그러나 우리들률법은、위선 그사람 말을 듣고 그 허
물을 탐지하기전에야 심판합니까?』
라고하니 52그들의 대답이
『그래 너도 갈릴리에서 왔나보다? 찾어보렴。 선지
자가 갈릴리에서나오는 일이없다』
라고。

第八章

『53그래서 제가끔 집으로 돌아갔으나 예수께서는 그
오리부산에 가셨다。 이른날아침 성전에 돌아오셨는데
민중들이 다 그앞으로 오니 앉아 가르치셨다。 3이에
학자와 바리새교인들은 간음하던 현장에서잡힌 여자를
더부리고와서 한 가운데 세우고 예수님께 하는말이
4『선생님 이여자는 간음하다가 그당장에서 잡혔읍니
다。 5모세께서 률법에 이런자는 돌로 치라고 명령
하셨지만 선생님 의견은 어떻읍니까?』
라고。6(이렇게 말한것은 예수를 시험하야 고소할 근
거를 얻으려는때문이였다) 예수께서는 몸을 굽흐려 손
까락으로 땅에 글씨를 쓰시였다。 7그들이 물어서 마
지않길래 예수께서 일어나서
『너의들중에 죄없는자가 먼저 돌로처라』
하시고。8또몸을 굽흐려서 땅에 글씨를 쓰시였다。 9그
들은 이말슴을듣고는 나많은자부터 하나하나씩 죄다 가
버리고 나종에는 예수와 그앞에 서서있던 여자와만 홀
로 남었다。 10예수께서 쳐다보시고
『여인아 그들이 어디있니? 너를심판하는 자가 없느냐?』
라고。하시니 11여자의 말이
『아무도 없읍니다 주여』
라고。예수께서 말슴하시기를
『나도 심판않을터이니 가라。이제 다시는 죄를 범치
말어라』

고」
[12]그러고 예수께서 또 그들께 일러하신 말씀은
『나는 세상의 빛이다。 나를 따르는 사람은 어두운
가운데를 걷지않을것이며 생명의빛을 얻을것이다』
라고。 [13]바리새교인들의말이
『그대는 그대자신에대하야 증거하고있지마는 그증거는
참되지않어』
라고。 [14]예수께서 대답하시기를
『나는 비록 내자신에대하야 증거한다할지라도 나의
증거는 참되다。 그것은 내 어디서왔으며 어디를가고
있는것을 알기때문이다——너의들은 내 어디서왔으며
어디를가고있는지를 모른다。 [15]너의들은 겉모양으로 심
판한다마는 나는 아무도 심판치 않는다。 [16]그러나 내
가 만약에 심판한다면 나의심판은 참되다——내가 홀
로인것이아니라 내자신과 나를 보내신이와 같이 있기때
문이다。 [17]또한 너의들 률법에 기록되기를 두사람의 증
거는 참되다고하였으니 [18]내가 내자신에대하야 증거하며
나를 보내신 아바지께서도 내게대하야 증거하신다』
라고。 [19]이에 그들의말이
『그대의 아바지는 어듸있서?』
라고。 하니 「예수께서 대답하시기를
『너의들은 나도 모르지만 내아바지도 모른다。 나를
알었드라면 내아바지까지도 알었을것이다』
라고。 [20]예수께서 성전안에서 가르치시면서 이와같이 연
보궤옆에서 말씀하셨지마는 그의때가 아직 오지않었기
때문에 붙잡으려고 하는자는없었다。
[21]그러고 다시 그들께 말씀하시기를
『나는 가버린다。 너의들 나를 찾으리라。 마는 자기
죄속에서 죽으리라。 내 가는곳에는 너의들 오지못한다』
라고。 [22]이에 유대사람들의 말이
『내가는 곳에는 너의들 오지못한다」 라고하시다니?
저이가 자살하시려는가?』
라고。 [23]예수께서 말씀하시기를
『너의들은 아랫세상에서 나와있고 나는 우엣세상에서
나와있다。 너의는 이세상에 속하고 나는 이세상에속
하지않는다。 [24]그렇니까 내가 너의를 죄속에서 죽으
리라고말한것이다。 너의들 내가 누구라는것을 믿지않
으면 죄속에서 죽을것이다』
라고。 [25]그들이
『누구세요? 당신은』
라고하길래 예수께서 말씀하시기를
『내가 왜 끝까지 말해야만 할텐가? [26]나는 너의들께
할말과 심판할일이 많다。 하지만 나를 보내신이는 참되
시니 나는 그이게서 들은대로 세상에 일러주는것이다』

라고。 27이것은 아바지에 대하야 하신말슴인데 그들은
깨닫지 못하였다。 28이에 예수께서 말슴하시기를
『너의들이 인자를 쳐들은 다음에는 내가 누구인줄
알며 나는 자진하야 무슨일을 하는일이없이 다만 아
바지의 가르치심을 받는대로 말하는줄 알리라。 29나를
보내신이는 나와같이 계시다。 내가 늘 그뜻에 합당
한 일을하니까 나를 외롭게 두시지않기때문이다。』
라고。 30이와같이 말슴하시니까 예수를 믿은 사람이 많
었다。
31이에 예수께서 자신을 믿어오든 유대사람들께 가
르켜 하신 말슴은
『너의라도 내말에 살기만하면 참으로 나의 제자다。
32또 진리를 알리라。 그러고 진리는 너의를 자유롭
게 하리라。』
라고。 33그들은
『우리는 아부라함의 자손이며 아직것 누구의 노예
된 일이없어요。 무슨뜻입니까 「너의가 자유로워지리라」
고 하심은?』
라고。 하길래 34예수께서 대답하시기를
『진실로 진실로 내가 너의게 일은다、 누구든지 죄
를 범하는 자는 다 노예다。 35그래 노예는 한가정
에서 언제든지 머물지않고、 그집아들은 언제든지 머
물어있는다。 36이러니까 아들이 너의를 자유롭게하면
너의들 참으로 자유로워질것이다。
37너의가 아부라함의 자손인줄 내 안다! 마는 너
의들 나를 죽이려고하는것은 내말이 너의들안에 들
어앉지못하는때문이로구나 38나는 아바지앞에서 본것
을 말하며 너의는 너의아버지게서 들은대로 행한다。』
라고。 39그들은
『아부라함이 우리들 아버지신데』
라고하니、 예수께서 말슴하시기를
『너의가 만약 아부라함의 아들이라면 아부라함이 한
대로해라。 40그러나 지금 너의는 나를 죽이려고하다니
―아바지께서 들은 진리를 일러주는사람을 죽이려
고하는구나。 아부라함은 그렇지않었다。 41너의는 너의
아버지 짓들을하고있다』
라고。 그들의 말이
『우리는 불의의 자식들이 아니얘요。 우리 아바지는
오직 한분이신 하나님이신뎁시요』
라고하니 42예수께서 말슴하시기를
『하나님이 만약 너의 아바지라면 내가 하나님께로서
왔으니까 너의들 나를 사랑할터이다。 나는 자진하야
온것이 아니라、 하나님께서 보내시였다。 43웨 너의는
내말을 깨닫지 못하느냐! 이는 너의들이 내하는말을

들을수 없기때문이다。44너의들은 너의들아버지 악마에
속하여서 그아버지 원대로하려고한다。애초부터 살인하
는자는 그악마다。너의게는 진실됨이없기때문에 진리
에는 들어서지못하고 거짓말을할때면 본성 그대로를
나타낸다。이는 그가 거짓말쟁이오 거짓말쟁이의 아
버지기때문이다 45그렇지만 나는 진리를 일러주기때문
에 너의가 나를믿지않는다。46너의들중에 누가 나를
책잡을소냐? 내가 진리를 일러주는데도 너의들이 나
를 믿지않는것은 무슨때문이냐? 47하나님께 속한사람
은 하나님의 말슴을듣고, 듣지않는 너의는 하나님께
속하지않기때문이다』라고。
48유대인들의 대답이
『그저 딱들어 맞었구려。 그야말로 사마리아사람이며
미친사람이라고 우리가 말한말이。』
라고하길래 49예수께서 대답하시기를
『나는 미친것이아니다。나는 내아바지를 존경하고 너
의는 나를 없우이역인다。50나는 내자신의 영광을 목
적하지않는다。그러나 나의 영광을위하야 애쓰시는이
가 계시니 그이는 곧 심판이시다。51진실로 진실로
너의게 이른다, 사람이 만약 내말을 직히면 그는 영
원토록 죽엄을 보지않을것이다。』
라고。52유대사람들의 말이
『이제 정말 그대가 미친줄 알겠네! 그대가「사람이
만약 내말를 직히면 영원토록 죽엄을 맛보지않을것
이라」고 말하다니! 그대가 53그러면 우리들 아버지
아부라함보다 더 위대하단 말인가? 그이가 돌아갔
으며, 선지자들이 돌아갔어。그대는 누구라고 주장하
는셈인가?』
라고하길래 54예수께서 대답하시기를
『내가 만약 내자신에 영광돌린다면 나의 영광은 헛
된것이다。만, 나의게 영광돌리는 이는 내아바지—
즉 너의가 너의들 하나님이라고하는 그이시다。55그러
나너의는 그이를 깨닫지못한다。나는 그이를 안다。그이
를 모른다고한다면 너의들과같이 거짓말쟁이 될것이
다。그러나 나는 그이를 알고 그말슴을 직힌다。56너
의들 아버지 아부라함은 나의날을 보게된것을 기뻐
하였으며 이것을 보고서 즐겨즐겨한다。』
라고。57그러니까 유대사람들의 말이
『그대는 오십세도 못되였는데 아부라함을 보았어?』
라고。하길래 58예수께서 말슴하시기를
『진실로진실로 너의게 이른다。나는 아부라함이 나
기전부터 생존하여왔다。』
라고하시니 59그만 그들은 돌을 집어 예수에게 던지려고
하였다。마는 예수께서는 피하야 성전밖으로 나가시였다。

그리스도의能力的 信仰中心안에서

先生任의 平康과 健康을 主任께 如實이비옵나이다。

오ㅣ모든罪惡이 千波萬濤로 搖瀾亂雜한 大ㅣ患難인 이ㅣ末世의險路에서 新郞이되신 예수그리스도와 바른關係로하야 아름다운婚姻生活을하시는 福音의僕이여、怒한波濤가 孤獨한一葉片舟를 思情없이모라부처 危險한難關에서 寂寞을感하게함같이、되지못한 不信의 暴惡한誹笑와 嘲弄에서 無時로갈마드는 慘憺한事變에서 얼마나 안타가운 苦盞을마시며 그ㅣ寂寞을 感하시나이까。灰칠한墳墓같이 外形만粧飾하고 內容에는 惡臭나는 現敎會를보시고 얼마나 哀惜의熱淚를 뿌리시나이까。오ㅣ末世를當한 福音의랍팔이여 그렇다고 㥦하지마사이다。꺼리지도마사이다(요한의靈感에) 믁시二十二章十節에「또我의게言하되 此冊의預言한言을 印封하지말라 時가近하니라 不義한者는 그대로不義하고 穢한者는 그대로穢하고 義론者는 그대로義롭고 聖한者는 그대로聖할지라。볼지어다我가 速히至하리니 我의게 賞罰이有하야 各人의行爲대로 報酬하리라」하였소이다。如此히 저ㅣ될대로되여가고 저갈대로가는것을 長歎息한들 무슨所用이있아오며

옛날先知 이사야의慟哭이 이ㅣ惡한世代와 무슨相關이있사오리까。오ㅣ二十世紀에 殉敎의忠僕이여 彼輩들은저대로두고 잠잠고任의處分만기다려 글안인聖書 말안인任의活말슴으로 聖徒끼리만 交換하는일이 任의聖意인가하나이다。오ㅣ때를當한 福音의랍팔이여 나날이 當面하는悲運과 逆境을 조곰도꺼림없이 달게받아들이사이다。이는 任의榮光드러낼 자료가되리이다。果然眞實한 聖徒에게 악착한苦盞이 없지못함도 任의뜻인가하나이다。아ㅣ罪人을위하야 죽엄을사양치않고 犧牲의祭物이되신 그ㅣ愛의任이 눈물한방울이나 헌듸하나이라도 當身의聖愛가안일진댄 우리에게 얻지주오리까。故로 苦盞이든 甘盞이든 任이주신 선물임애 辭讓말고받자이다。아ㅣ任의忠僕이여 오히려 이ㅣ모든 慘憺한 雜種의分子가 聖徒의 날카로운批判과 그리스도의福音의 날선劍에 征伏되여 信仰의資料가되리이다。即 이모든事件을 資料로하야 光明의아침을 速히對하리로소이다。또한여긔에서愛의任은 白石、새벽별을주리이다。아ㅣ行人같은 나그내가任의本鄕尋去하니 염치없는衆犬들은 사납게도따라오며독살서리짓는고나。그러나 무리개가 캐아모리짓드라도任의本鄕 찾아가는 나그내의바뿐길을 防害치는못하리라。智慧있는 나그내는 짓는개를인하여서 걸음더욱 빨리지리니 이도任의 指示인가함이다。

아ㅣ그옛날 바벨론에 느부갓네살왕의 臣下들의 慘憺

한 猜忌로서 七倍나 더ㅣ猛烈한 풀무불에 던짐을입은 三靑年은 머리털一個도 傷치않고 人子와함께 걸었으니 오ㅣ神秘하도다。任의造化여 惡輩들의 猜忌、바벨론의불풀무 그것들이 사드락과 메삭과 아벳느고를燒滅키는姑舍하고새로히任을逢喜케할 機械物이되였드라。오ㅣ眞實로 신기하도다。아ㅣ波瀾重疊한 今日 不信의猜忌와 七倍나더한 誤解先輩들의 불풀무에서 任을만나 同行하는 福音의랍팔이며 當身의머리털一個도 害하든못하리라。

오ㅣ眞理로 엿보건댄 이것이 任의뜻인가 하나이다。또한 말만하여도 무시무시한 暴惡한 獅子굴에 被投한 다니엘이지만 굶줄인獅子인들 어찌 任의품에안긴 다니엘을 敢히 害하여내였으리오。아ㅣ니 굶주려 사납든 그獅子는 따뜻한 겨털로 도로혀 다니엘을 보호하였으리이다。고로 그ㅣ獅子는 다니엘과 하나님사이에 密接한 교제가있도록 한機械物에 더ㅣ지나지않는다。아ㅣ時는末世임니다。오늘의社會 今日의敎會로나 敎派爭鬪、黨派爭鬪、猜忌와分爭、惡談과詛呪、妒忌와不平、이것없는社會어대있으며 이것없는敎會 어대있는가。오ㅣ말만하여도 소름이끼치나이다。이것이 굶주려 사나운 獅子굴이안이고 무엇이겠음니까。

오ㅣ任의新婦 福音의랍팔이여 暴惡한獅子 날카로운어금니우인 이ㅣ逆境의 難關에서 愛의任과 密接한關係로하야 任께서주는 福音의銳敏한劍 眞理의弓箭 祈禱의爆彈으로 膽大하게 自由롭게휘두루며 또한投彈하야 不信의 磽田의 心臟을 餘地없이 突破하사이다。現今 第二바벨론의 焰治를 可惜말고 破改하사이다。今日의 사나운獅子굴들을 智慧있게 爆擊하사이다。

오ㅣ此事가 任의命令임애 任이勝利케하리이다。

아ㅣ愛의先生이여 當身이任의 愛의心臟을받아 現敎會를 사랑한다할진댄 안인것은 안이라고 랍팔을불며 似而非한 不義는 絶對容納없이 突破하는것이 任의眞正한愛인가하나이다。例컨대 火藥을지고 焰治를들어가는 愛人을 그대로두는것이 사랑일까。그렇지아니하야誘導하다가不聞하면 채쭉으로라도 打誘하는것이 眞情한사랑일가。아ㅣ讀者여 兩者中 一을擇할지어다。이것이 任의뜻인가하나이다。오ㅣ任의新婦 福音의僕이여 있는誠意다하야서웨치다가 愛責타가 그래도안들거든 차라리 다ㅣ그만두고 고요히、잠잠하고、任의품에안기여서 任이引導하는대로任의뜻에順從하여 서로을면서 우스면서 復活의新面目을對하는 그때까지 꾸준이突進함이 愛의任의聖意인가하나이다。오ㅣ愛의先生任 이것도 말뿐 글뿐만될가바 두렵소이다 오ㅣ主任이어 當身의 처분대로 「아멘」됩소서。

(以下張道源牧師의敎會妥協說에對한意見六十八行은 이미 主筆의公言한바와大同암으로省略함——編輯者)

오ㅣ親愛하시는先生任 때가 末世인것만큼 惡도 極度에 達하였나이다。모든雜輩들이 千態萬態로 搖濁亂雜하여지니 甚히어지롭도소이다。어째뜬 이것저것을 다ㅣ不問하고 우리의新郎되신 任의福音光線에 暗黑의性稟을 밝히옴을 받아 任의引導함을順從하여 失足함이없이 勝利의旗발을 이땅우에 只今부터 不絕이永遠히 힘차게들 날리사이다 오ㅣ先生이여 여긔에「아멘 주여 쉬오시옵소서」가 속히 일우워지리이다。

오ㅣ聖朝야!

할일이多大한聖朝야 그대의할일이 甚重하고나。어떠한 逆境에도 躊躇치말고 어떠한境遇에도 끄치지마라。愛의任의 祝福의날에、眞理의나래 生命의나래는 그대의背後를 擁護하였노라。그대의前途에서 役事하고있나이라。山中의 岩穴에나 曠野의 土堀에도 任이指示하는대로 辭讓말고 突進하라 꾸준이進行하라。恐怖에서 安正으로、逆境에서 順境으로、暗黑에서 光明으로、이땅에서 天國으로、膽大하게進就하라。오ㅣ뜻깊은聖朝야 그대는 地上의付屬品이 안인 福音의付屬品이였나이라。사람의智慧로된 作品이안인福音의 付屬品이였나이라。사람의智慧로된 作品이안인 어린양 任의피로말미암은 活産物이였나이다。그대는 僞善者輩의 口舌에枯燥된 케케묵은議論이안인 任의指示로된 實地이였나이라。오ㅣ聖朝야 부다치는逆境에서 갈마드는 事變에서 愛의任이주는대로、悲運이나 不運이나 眞理로 征服하야 永遠으로 無窮으로 成長하여가렴으나。그대는 이ㅣ成長의法、生命的인 信仰의法을 任의擇한 新婦에게 랍팔불者이니라。

아ㅣ聖朝야 그대는 말안인말이되고 글안인聖書가되여라。그대는 사람의名譽나 知識을 자랑하는 類似의雜誌가안이로다。其類에서 全然的으로 超越한 任의榮光드러낼것이였나이라。요한이 밧모섬 無人絕島에서 聖靈의感動을닙어 받았든 그ㅣ活福音 白石을 傳播하라。그대는活靈感에서 任의게받은 그ㅣ活말슴을 랍팔을부러라。아ㅣ聖朝야 그대는 예수의痕跡 쌋든데만 남은現敎會(빈무듬)과 因緣을끊은지가 발서 오람이안이냐。빼빼마른敎理와 法만잡고 生命없는 해골이되여가는 이웃의게 쫓김을當한지가 발서오라지안이냐。오ㅣ聖朝야 그대는孤獨하고 艱難하고나。옛날 니로왕 의게 慘酷한迫害를받고 多幸이 免해나온 요한사도는 머물을수없는 로마의門前을떠나 밧모라하는孤島에 숨어있으면서 孤獨하였으리라 艱難하였으리라。그러나 요한은 祈禱와默想으로 隱秘한 恩惠를 받았느니라。任과 바로사괴이면서 深奧한靈感을 받았나이라。아ㅣ孤獨한 요한에게 구름같은 간증者들이 親近한벗이되였으리라。艱難한者같은 요한에게 감초왔든 만나 即 活福音의印을 任이떼여주었음애 靈的富饒한者

그리스도의能力的信仰中心안에서

가되였나이라。

오ㅣ孤獨한聖朝야 그대의 밧모섬은어딘가。深奧한意味에서 그대도 無人孤島에있느니라。第二니로왕인 組織敎派 憲法團體에 害를받고 人情과形便 親舊와道德의게 쫓김을받아、孤獨한 無人島에있느니라。그대는 거긔에서 敎權輩들이 가지지못한 더ㅣ深妙한 秘密한體驗을가지라

아ㅣ聖朝야 그대는 여긔에서 날마다事事 變變의背後에 任께서 配定하는 靈感그대로를받아 랍팔을부러라。어린양愛의任이 함께하는그대는 孤獨이안이였나이라。活福音을全的所有한그대는 艱難한者가안인 世上에 드믄 富饒한者이니라。오ㅣ聖朝야 그대는 任의품 深底에품겨 갈마드는 寂寞을歎함도 꺼림도없이 自滿自足을 그대로하야꾸준이 天國路를 突貫하여라。그대는 過去에恩惠되였든것을 그대로붙끈쥐고있을것도안이라、날과때로 各事變에任이 福音의印을 띄여주는대로 새로운恩惠 새로운信仰으로 無時로 成長할자이니라。

오ㅣ聖朝야 그대의앞길은 사나운險路가많고 거츠른荒野가 重疊하다。그러나 平坦의 任은 始終이如一하게함께하시리라。아멘。

아ㅣ聖朝야

1、信仰에걷는者
걸음 걸음
갈수록茫寞코
孤寂하다

逆境과悲運이
늘危險하여도
든든히너任만
依支하라

2、慘憺과暗黑을
當한대로
豊饒한恩惠가
있으리니
앞으고쓰려도
늘落心말고서
潺々코네任만
바라보라

3、親近한이웃이
늘떠나고
너모든存在가
毁損되며
네人間事實에
늘죽임當하나
네任이계심을
기뻐하라

4、暗黑과光明을
關心말고
逆境과順境을
分別말라
나날의事變이
네任의意이니
우에서준대로
울고 웃자

一八

(靈의親族인愛兄의作譜美)(곡은 찬송가一四九章과같음)

오ㅣ親愛하여주시는 先生任이여 이모든것은 靈感으로된것이오니 未熟한점이 있드라도 사랑으로보옵소서。그리고 咸先生께서 衷心受苦하시는「受難의五百年」이 七十七號에 停止되였음을 섭섭하야 매우기달리옵드니 今番七十八號에 반갑게 耽讀하옵다가 손에드렸든貴誌는 그ㅣ몇번이나 따에떠러젔는지요。病들어씨들어이눈에는 눈물이고이지아니치못하였나이다。그러나 끝으로는 喜心으로써主께感謝를 마지아니하였나이다。無限한 感讚의말슴을紙面關係로 이만끊치나이다。一九三五、七、二二日 文信活拜上。

城西通信

一九三五年七月二十一日（日） 集會의責任은없고、終日 第一學期成績調製。(滿洲佳信如下『金教臣先生님 先生님을 對面하와 뵈옵지못함을 늘 遺感으로 生覺하오나 先生님의 血誠으로 짜여지는 聖朝誌를通하야 靈的으로 깊이사괴여졌나이다。聖朝誌를 받아 읽을때마다 感激의눈물을 떨우기도 여러번이옵고、限없는기쁨에 날뛰인적도 한두번이 아니였사오며、이賤한 몸의 過去를도라보고 現在의 生活에쉾이여 悔恨、自責、새로운勇氣를 얻음도무릇 몇번이였든지요? 今夏에는 한곳에 자리를 잡고앉어서 聖朝誌의 再讀할 機會를 얻음이 敎生에게 더할수없는 貴한 期會이오며 耽讀、吟味하여 얻어지는 그힘은무엇으로 比할지요? 沙漠에서 飢渴에瀕死한 行旅가 오아씨스를 發見할때에 滿足과기쁨 그勇氣 이러하다할가요? 敎生은 十四年間 敎會에다녓습니다。그동안많은說敎를듣고 敎生自身이一年間主의聖役에從事하기도하였아오나 基督敎에對하야 信仰에대하야 說敎하는이自身이何等의神에對한体驗이나 信仰上經驗이없이 理論만의 宗敎를가지고 떠드는說敎를들어서 배왔고 또남에게 주었을뿐이였읍니다。只今生覺하오면 하느님앞과 사람앞에 얼마나 부끄럽고 罪悚하온지요? 敎生自身이 其生命을 体驗하지못하였음에 其生命을渴仰하야 마지않는 많은 다른사람에게 其生命이신 예수께로 引導식힐能도없고 또 그들로滿足을 느낄수있는 다른아모것도 줄수없었으며、敎生自身이 枯渴한生靈들에게 水의效用을 말하고 물의勢力이나 물의成分을 理論的으로 말할수있었으되、그들에게 枯渴한靈의 참만족을 느끼도록 事實의물을 줄수는없었든것이였나이다。오ㅡ敬慕하는 先生님! 저는 이여름에 聖朝誌를再讀하는데서 마듸〱心靈의 奧底에서 솟아오르는 靈의소리를듣엇고 先知者의 기운찬 웨침을 느꼈나이다。저의鈍筆로는 저의느낌의 萬分之一을 그릴수도없고 다쓴다하드라도 오히려 先生님께는 未安함이되옵기 그만으로略하옵나이다。이번 七月號를 받자와 一一히 通讀하옵고 先生님의 苦衷을 더한층갚이 同情하오며、그리스도를向한 一片丹心 變할줄이없이 長々流不息하는 江河의誠力과 巍々高不動하는 山岳의志慨로써 千波萬波의 難航을突破하시고 聖朝誌를 더욱發展식히심이 主께向한 絶大事임과 同時에本誌를 貴愛하고 기다리는 多數信徒의 企待에 符함인줄 自負하시옵소서。敎生은微誠을다하와 先生님을爲하야 祈禱하겠아오며 同時에 左의 聖經節을 적어올리나이다。「行十八9、10、목二10」。無理한 要求가아닐는지모르오나 聖朝誌를 鮮文으로한면 滿洲讀者에게 많이읽힐수있아오며 그것이 저의간절히 바라는바이오나…… 어떨는지요? 그리고 鮮文으로 傳道紙를 出版發賣하시면 좋겟습니다。本誌를鮮文으로하실수도없고 또傳道紙도 만드시기를願치않으시면 未安하오나 달리 또 한가지受苦를 끼치겠읍니다。다른것도 아니옵고、先生님은 養正高普에 게시오니 或時貴校에서 쓰다버린 등사판이라도 求하실수있아오면 (或다른學校에서라도) 價格과 其他仔細한 通知를주시면 感謝하겠읍니다。이곳서 石版을使用하라면 原紙型 百枚에 七十錢이듭니다(반지百枚三十錢印刷費四十錢) 그러니까 聖朝誌에있는것을 단幾頁만 鮮文으로곧혀서 五十部만박어내여보내라도 印刷費가 不少하겠아오니 등사판이必要함니다。이곳에는 出版許可같은 制度는 아직없읍니다。그리고聖朝誌에 실린 論文을 鮮譯함에는 原意에어기지않도록 誠意를다하려하오며、재힘이不足하오면 ×××에게신 ○○○兄께도 依賴할수있나이다。何如間 先生님의高見을 듣고자바라오며 바쁘시오나 回示下敎하심을바라나이다。

先生님! 本縣(邑內)內에 白衣族이 三百여戶나 奧地에서 도적때문에 못견디어避來하야 生活하여온지 三年 或 四年재인데 그中에有望한 靑年이四十餘名이나 모히中

毒者가되였나이다。이것이在滿吾族의 共通的現狀입니다。울어야좋을까요? 웃어야좋을까요? 先生님 기도많이하야주소서。

一九三五年七月十六日 교생 ○○○상』

한글로만 쓰라는要求는 滿洲에서뿐아니라 內地에서도 종종要求가 있었다。キング誌와같은 通俗的잡지가 되게하라고 懇請한이도있었다。(本誌第六十七號의城西通信)。主筆도 그要請의 맞당함을 깨달어 그目的으로써 多少勞力하여보았다。우선漢字를 적게쓰며, 때로는 純한글로써 卷頭의短文을草하여보았으나 勞함이甚함에比하야 그効果는 얼마못되였다。「한글로 썻대도 亦是相當한 漢文素養이있는 이들이라야 알어볼만한 한글이라」고 評하는이도 있었다。한글로만써서 더넓은 讀書層에頒布하고싶은 생각도 없지않으나、平易하게 쓰는일이 甚히어려운일임을 發見하였다。사람에게 各其다른使命이있는것처럼 本誌의分野도既定된것이있는듯하다。少數는 本來覺悟한바이다。但 嶺南地方에서는 聖書朝鮮의 이缺陷을補充하기爲하야 「信友」라는表題로써 第一號가 旣刊되였다하며、이제또한滿洲에서 한글譯으로發刊된다면 이두姉妹誌에依하야 漢文字의不便을 느끼는이들의 便宜가 클것이다。其他에 小鹿島에서는 癩患者兄弟길이 한글譯으로 輪廻하며、癩盲人에게는 눈뜬癩兄弟가 朗讀하야 一時에 여러盲人들께 들려준다하니 감샤하고 황송한일들이다。

七月二十二日 (月) 第一學期學業成績發表。晝夜兼行이나 다름없이 한가지일을畢하고보니、그다음에는 第七十九號의校正가음이 机上에待하고있다。○連日豪雨에 養正學校마즌편 西界洞에서는 一家崩壞하야 親子四人이 同時에慘死하고、京義線一山ー金村間 一時不通。

七月二十三日(火) 終日校正。一日如三秋의생각으로. 歸省한 生徒의來信에曰『(前略)……此地는 每日雨天이올시다마는 農作物의害는 그다지 없는모양이올시다。그리고 온날 첫번붙어 叔父님께서 책망을받었읍니다。旅費도付送하기前에 그렇게도집에오구싶으니 將次 數十年두고 客窓生活하겠으면서 그러고야 어찌成功을하느냐고 大端히 꾸지람을 들었읍니다。門生의生覺으로는 하루라도 일즉이오면 그래도 大端히 기뻐하실줄 알었든것인데 도리어 책망을받었읍니다。嚴父兄의 敎訓이라는것을 더욱感銘하오며 聖書研究時에 先生님께서 일러주신말슴을 終夜자면서 다시다시生覺하였읍니다云云』 可히信依할만한學父兄!

七月二十四日 (水) 學校博物室에서 새벽에 찬송 기도中에 聖靈이 日來의豪雨처럼 쏟아붓듯이 浸臨하다。○近日장마에 漢江增水十메돌을報한다。麻浦一帶는泥海化

○今日도校正。읽은것을 再讀三讀 五六次나 返復하는일은 決코愉快한일이아니다。智者와策士는 하루도 참고견딜수없는 노릇이다。그러나校正만하고서 聖朝誌가 每月되여나갈수있다고하면 열번백번 校正하래도 내가擔當하여하려니…… 이런생각도없지못하니 可謂痴者乎。

七月二十五日 (木) 印刷所에 가서校正하고 또 가지고와서校正。○先金이盡한讀者의短信에曰『貴誌購讀規定을보고即時付送하려는것이 近日에는如意치못하와送金치못하오니 實로未安하나이다。九月中旬 平壤神學登校時에先生을 訪問하기로 心定하였아오매 其時에는 無違清算하겠아오니 繼續하야 貴誌를發送하여주시기를바람니다。이것도規程에없는 事實이라서 良心에許諾되지않으면 不得已 九月에 七月號까지 合하야보든지 或其間이라도 送金할形便이되기를 企待하고있을수밖에 없음니다。餘不備

一九三五年七月十八日 ○○○上』

심히 간곡한要請이나 例外를 만들지않기로 作定하고 卷頭의別文과같이 趣旨를再次宣明하다。販賣商略으로는 아주않된일인줄 알면서도 우리의信仰 우리의世界가 이런일에있는줄앎으로로 (적어도 現今은) 當分間은 옳다고믿는대로 固執한다。

七月二十六日 (金) 總督府에 갔든길에 前부터心中에 願하든바 小鹿島事情을 알

고저하야 學務局社會課로부터 여기저기 찾다가、結局 小鹿島는 警務局衛生課의 管割에屬함을 알었고、때 마츰 全鮮衛生會議開會中이어서 小鹿島更生園長周防正季博士가 出府中임을 안때의 기쁨은 形言할수없었다。但 今日은會議와宴會가連續되여 面談할름이없다함으로 朝鮮癩豫防協會槪況及事業報告라는 二種의印刷物을 얻어가지고歸來。歸校하야 宿直하면서 읽으니 昭和八年二月 朝鮮現在癩患者總數는 一萬二千二百四十二人인데 官私立病院에收容된數는 아직도五千人未滿이며、이癩豫防協會의事業에協贊함에는 巨大한財産을 要하는것이아니라 年三圓식 五個年에十五圓을 據出하든지、또는一時에十圓을據出하면 終身正會員이된다는等。잘못하다가 更生園長을 놓질가 두려운생각으로 長文의便紙를 써보내여서 退京前에 기어코面談할 機會를許하기를懇請하여두고 小鹿島를 꿈꾸면서 就床하다。○近日은小鹿島아니면滿洲 滿洲아니면小鹿島。그中間半島는 敎權者와 神學者에게맡겨라。今日도滿洲來信에『매우 苦待하든 聖書誌七拾七號를 받고 이여 글월을리라하였지만 學校考査도있고 또게을러서 못들이다가、요며칠전 葉書片紙를 한장써놓고 어데나갓다왔더니 건넌방어린애기가 죄다찢어버려서 또못붙이고있는中、昨日아침에 또聖書誌七拾八號를 받잡고 게으름을 後悔하면서 罪悚스러움을 느끼면서도 너무나 苦待하든터임으로 죄다읽었읍니다。生에게 늘있는病인 精神昏迷중도잊고、大禁物이라고하는 神經에 소름이끼치면서 펴붙는聖靈을 억제할수없었읍니다。또昨日저녁七拾四號를 뜻밖에받고나니 너무感謝하여 兩눈에는눈물을 禁키어려웠읍니다。奔忙中에서도 歡喜와所望을 恒常가지시고義로 運命하시는 先生님을 머리속에 그리고 無限이 힘을받습니다。城西通信을읽고 先生님 그동안肉身苦痛이 어떠하셨든것을 알고 健全하셨으면하고 기도에念을 늘가집니다。放學이되니 참으로 生에게는 더욱 孤獨함을가지게됩니다。小鹿島兄들의 熱心있는 글월들을읽고 小鹿島가 그리워집니다。지금은 몸때문에 그런生活을 主로하지마는 나타나지를못함니다。그러나 主님이健全한몸을許하시면 愼重이生學해서 先生님들께 議論을하여서 膽大히싸와보려고 함니다。이번放學은 病治療로 一個月을지내기로 하였읍니다。한學期收穫은 靈眼으로 보오면 아이들께 사랑을 들어낸것뿐이고 처음가르킬때보다 싸움이적어진것과 多情스러히지내게된것等임니다。何如間 主의뜻이 일우기를爲하야 量으로보아 매우적으나 質로보아 큰일을하야 볼까함니다。來來先生님健康하서서 目的하신 그일을 서슴지말고 앞으로 싸와나가시기를 바라오며 붓을 놓습니다。

一九三五年七月二十日 小生 ○○上」

七月二十七日 (土) 總督府衛生課에가서 更生園長周防博士를 面會하다。小鹿島更生園島瞰圖一枚를 펴처놓으니 南部、北部、東部、西部、하는 우리誌友의居所가 모다 指摘할만하다。一時間未滿의 會談이였으나 有益하고 반가운 會合이었다。小鹿島에는 宗派를不容한다는것이 快開의一。몰로카이島와 달라서 小鹿島訪問은 까다러운制裁가없다는것이其二。但 恨스러운것은 誌友의 누구누구라고 個別的으로 消息들을수없음이었다。○夕에는市外某氏의 强請에못니겨서 新築한住宅의 落成式에 參席하는同時에 氏의引導하는 敎會의勉勵靑年會創立會에 講話及質疑卽答 約二時間。疲勞한肉身으로 歸來하니 밤十二時正刻。

七月二十八日 (日) 農事하는 某兄弟로부터 秋收의첫이삭을 정성것造荷送致。사랑으로준것을 눈물로써받다。農夫의秋收로써 祭뫼를 지은때에 犧牲으로 잡아들일育畜은 어듸있단말인가。兄弟를向하야 感謝하기보다。主를우러러보고 心身이떨린다。○照會一枚『凉炎이甚하온데 氣體는康健하온지요 夏休中無事하옵기를 伏願하나이다。七月號聖朝誌를 拔하지못하여 甚히 畓畓하여 片紙하와 誌代先拂치못한關係로 貴誌六月號所揭대로 處分當한 讀者인데 方

今誌代만 拂込하면 萬事無事할터인대 形便上 誌代는未安하지만 年末에拂込하겟음니다。만일 拂込에만限한다면 高利債라도 얻어付送之計耳』참아 高利債金을 내라고는못하다。個人으로나 團體로나 債金은滅亡의第一步。

七月二十九日 (月) 昨夜過食。온밤苦痛 今朝泄射、當然!〇鑛物講習會로入京中인Y君來訪、밤十二時지나도록歡談。唯物論者의 上層構造說、哲學專攻者의幻覺說、某聖徒의 사랑唯一說、青年學生들의 普遍的救拯說等에關하야 所信을答하다。〇歸省學生의書信에『(前略) 門生 拜別以後 即時大田에와서 水害로 自動車不通이라 二十五日에야 歸家되여삽는대 家親欠候가 大端하야 極히 病瘦한몸으로 病席에呻吟하시는 樣은 참으로뵈옵기 惘망하오며 돌아가시면 어쩌나하는生覺이 먼저납니다。더구나 어제막 집에들어오니까 아버지께서 한참보시드니 아모말도없이 돌아누으서서 大端이 슬퍼느껴우시니 門生의 生覺으로는 그緣故를解得치못하겟나이다。오래간만에 만나니 너무반가우서서 우시는지 或은 父母病에도不故하고 하로바삐걸어오지않엇다고 痛嘆하심인지 解得치못하겟으나、前에는조고만일이라도 걱정을하시고 집안사람들이 호랑이같이 무섭다고 누구나 다무서워하엿던 어른이、이제는말도 잘못하시고 분한일이있으면 고만느껴우실뿐이니 切臨한 마음이 안이일어날수없으며 뵈옵기 너무나 애처럽슴니다。(下略)

十年七月二十六日 門下生 〇〇〇上書』

달리는 말께서도 네려서 다름박질하고저하는것이 古代東洋人이엇것마는、三十키로못되는 一日行程에도 自動車라고갈때까지遲滯하는것은 現代敎育의 罪過가아니고 무엇인가。寒心事。

七月三十日 (火) 小鹿島葉書如下『謹啓 酷暑中 여러先生任께옵서는 日益康旺하옵시기비오며、딸아서 聖事業이날로 主의뜻안에 일우어짐을 感祝하나이다。小鹿島에는 여호아의 恩惠로 信仰戰線에 異狀없아와 二八〇〇의무리가 홍으로天恩을이어서 國家社會의同情을 날이갈수록 느껴기뻐하나이다。感謝하옵게도 月前에 數冊의聖朝를 下送하옵시고 이제 또 第七七號의 聖朝를주시니 너무나 惶悚하와 感慨를이길수없나이다。南部또는 盲友會에서로 닷토아가며 손에쥐면讀破하기前에 놓을줄모르는形便임니다。數頁의 조이엿만 참된福音을실고 가장천하고 가장不幸한 우리社會에서는 매장當한지 이미오래인 우리를찾어준 聖朝에게 받아느낀 感謝를 조고만조이에 실으려니 또한 靈의交通을 切實이느끼나이다。無禮를 용서하옵소서 聖朝할렐루야 아ー멘 更生園西部 〇〇〇上』

〇今夜에籠球選手一行十二名으로平壤向發。

七月三十一日 (水) 午前六時二十分에平壤着。午前은休息 午後는平壤師範學校에서練習 〇서울某雜誌社出張員이 平壤까지와서 싸우며빌며 誌代를收金하는 모양을보니 더욱先金制度를 固守할必要를느끼다。

八月一日 (木) 全鮮中等籠球大會에 午前은 西鮮의覇者 海州高普를 이겻으나、午後는 도리어光成高普에게 敗退하다。〇夕에誌友Y訓導來訪하야 運動競技와는 別다른世界에서 呼吸하다。

八月二日 (金) 突然的事變이생겨서 다른試合을中止하고 午後三時車로歸京。連日의장마로써 大同江水흐려서 滄溢한것이、맑은물로써 綾羅島의風景을 자랑하기보다도 無際限으로發展하는 商工業都市 平壤를象徵함에 一段더 格이맞은듯도하다。

八月三日 (土) 第七十九號를 全體로다시 編輯하게되다。〇次次代金을 보낼터이니 聖朝誌를繼續하여 보내라는附托이 아직도 連續不絕하나 一一히回答도못하다。個個의事情에는 同情을不禁할것도많으나 우리는 좋은 雜誌를發刊하며 或은讀者되기前에 우선眞實한 人間이되고볼것이다。〇嶺南消息에『强하지못하고 참답지못하고 眞實치못하고 사랑치못하는苦가 日日이甚하옵나이다。根本自我란如斯한것이니 一言으로말한다면 信仰으로 全生活을 삼지못하

는者이라는 悲嘆의소리가 저절로 發하지않고는 마지못하겟나이다。今月號聖朝誌도받은지 오래되였읍니다。句句字字가 모다生命으로 움직여 잠자는靈魂에 큰糧食이되였아옵에 眞心으로 感謝를 돌리옵나이다。더구나 最近에는 小鹿島愛族들의通信이 連載되여서 더욱恩惠됨이많읍니다。萬一癩人마다 모다 그러한恩惠에參席할수있다면 누가癩患者됨을 不倖이라고 하겠읍니까。아ㅣ健康의不倖함이여。또本號城西通信五月二十三日記事를通하야 特히 小生의게 恩惠됨이컸읍니다。果然때때로 迷信的으로 進行할때가많사오며、嚴然하 法則을無視하야 脫線的態度와 非理의祈願을敢行할때가 許多합니다。이는 至聖하신 하나님을 試驗하며 反逆하는 不信의妄動이라고 않이할수없아옵나이다。나는이記事에배움이컸아와 信友 몇사람을 對하야서도特히 이記事를 말하여주기도 하였나이다朝鮮歷史를 쓰시는 咸先生님의 努力을眞心으로 致謝不已하나이다。참으로 우리讀者에게 無上의有益을 끼치고게십니다。나는 우리咸先生 우에 主의祝福이 豊盛하시옵기를 祈求不已하나이다。過般 小生이貴誌를 鮮譯出版하려고 하든것은 先生님의 指示대로 今日에야 비로소 本道警察部로 許可願을 發送하얏나이다。其間 여러가지 事故와 자저가 있었아오나 小鹿島文兄通信을읽고 더욱操急하여졌나이다。나는 小數의무리들을爲하야 主가 此事를許諾하시기를 祈願不已하옵나이다。謄寫版으로 印刷하는것이며 또職務의 餘暇를利用할것인바 于先 飯若湯 여호와神의 性格에對한 一考察、主여믿어지이다、人生의救援은何處로볼어 等의小量으로 提出하였삽고、題號도「聖書嶺南」이라고 하라든것을「信友」라고 變更하였나이다。乞加禱하시기를! 如斯한 일을하는中 聖書朝鮮의 手苦와 努力이 非常함을 더욱切實히느꼈나이다。俗說에 寡婦의 서ㅣ름은 同年寡婦가잘안다고 하던이마는 聖書朝鮮의非常한努力도 倍前覺得하야 已往에는 종종누어서聖朝를읽든 못된버릇이 있었아오나 最近에는 그런惡習을 바리기로하였나이다。凡事를通하야 모다나의게만 恩惠되는 일뿐이로소이다。一平生 허덕어려야 남주는것은 하나도없나이다。아ㅣ크도다主의사랑。이番에는 다만 小生의 近況과恩惠의 一片을알려 들이는것뿐이로소이다。참으로聖朝誌는 나를가르치는 唯一의 指導者임을致賀치않을수가 없읍니다。來來 그리스도로平康과多福을 누리시옵기를 祈願不已하나이다。 一九三五年七月二五日 ○○○拜上』

八月四日 (日) 平北「우리누가」의 餘暇에傳道하는 詳報를接하고 感謝。

八月五日 (月) 第七九號를再編輯하여 今日다시 出版許可願提出。○神學世界誌第二十卷第四號에 金昌俊牧師의『朝鮮基督敎의滿蒙宣敎問題』라는글을 大多한 興味와贊同으로써 읽었다。다만 滿蒙에는監理 長老等等의 敎派가있어서는 안될것이確然한데 어째朝鮮에는 있어도無妨하며、朝鮮監理敎或은 長老敎神學을 卒業한 敎役者가그各自의 宗派의派遣을 받아가서 無宗派의基督敎를 産出하여 낼넌지 곱작히 信憑하기어려운일。○咸兄短信『보내신 假刷받어보았읍니다。新聞報道에依하면 그뒤로는 水亂이甚한、모양이온대 얼마나놀라시고 苦로우십니까。年年히 이렇게오는 災亂도災亂이려니와、이를當하는 사람의몸은도리어 그것으로無感覺해지나봅니다云云』。

八月六日 (火) 牧師를 逐出宣言하였든敎會에서 喜信來『(前略) 月前○牧師에게對한 「逐出通告書」를 發送하온것을 至于今生覺하오니 저의들의 妄動임을 聖靈의指示하심을따라 知得하는同時에 우리하나님게 깊이悔改하였읍니다。우리들이 ○○○牧師를 永永바린 사람이라고하야서 그런行動을 取한것이안임을 아라주시며、또○○○牧師가 年來로 모ㅣ든하는일 하는行動이 하도異常함을 본저의들이 그렇게하는것이 ○○○牧師를 衝動을 주기爲한行動임을 亦爲諒察하야주심을 바라나이다絕對로 저의들이 사람의不祥事를 널리宣

傳할라는心情은 於初붙어 없었나이다。左右間 일言하고보오니 다 그릇되였옵니다。첫재로 그리스도의몸인 敎會를辱되게 하였옵니다。저의들이 간일 그리스도의榮光을損傷식힐일이라고 알았드면 어찌그런 方式을 取하였겠옵니까。하나님께 對한不忠 그리스도의榮光을 損傷식힌일 이일에 對하야 深刻한悔改를 하였나이다。○牧師의 度態가 보기에 넘어도歎息됨에따라서 그렇기된것이올시다。○○氏는 이에對하야 引責辭任을 하였옵니다。아초에 ○牧師가 引責辭任할 態度가나타났으면 여북 좋았겠옵니가? 그러나 우리들이 引責辭任만하는것이 큰問題가 아니옵고 그의全人格이變하면 하는것이 더욱바라는바이올시다。多忙하신 先生님게 이런 어지러운일을 알려드려 未安千萬이올시다。그러나저의 形便을알려드리지 아니할수없음을 저는 아는故로 이렇기번거이하나이다。千萬容恕하심을 伏望이로소이다。來來聖靈祝福이더욱나리시기를 伏祝하나이다。或下敎하실바있압거든 下敎하시기를 바라나이다。

一九三五年七月二十九日 敎弟○○○上』

彼此聊徒답게만 處할것이다。

八月七日(水) 第七十九號의 出版許可되다。今日宋兄來談留宿。○滿洲에서 傳道者의音信『暴炎之下에 先生님苦生이 어떠하시오릿가? 主님께긔도드리나이다。×× 省○○縣을 떠나 이곧까지온지가 十二日재되나이다。장마를 무릅쓰면서 汽車로 或은馬車로 五百餘里를 北쪽으로오는중 우리동포들의 눈물겨운生活을보고 또보왔나이다。복음전하는일처럼 어려운일은 없음을 지금에야 깨달었아오며 불상한生靈들에게 복음을주지아니치못하는것이 우리信仰人의 處地라는것도 더욱더각오하였나이다。先生님! 이땅을爲하야 긔도로도와주시옵소서。秋收할것은 많으나 일군이없나이다。이곳저곳을 다 돌아서 一介月餘後에나 歸家하게되겠나이다。前番○○에서 上書하온일은 ○○에서 回答받었을터이오나 오늘은여긔 내일은저긔로 巡禮傳道者의길이오매 집소식도 들을길이없나이다。돌아가는길에 處理할려이오며 집에서 편지드리지못하고 흩흩이 떠남이 얼마나마음에 괴롭습니다。寬容하시옵소서』

八月八日(木) 母親님모시고 東小門外에 落水治療。

八月九日(金) 柳達永君來訪。先進農村視察談과就職論。○어떤歸省中生徒의 體驗談『(前略)……家親病患이 날마다 差度가있어옵니다。近日에는 飮食도잘잡숫고 더러 걸어다니시니 家內가 모다和平하압고 집안끌이되는것같사오니 以是伏幸이오나、門生歸鄕時에 計劃은 아주全滅되야 입때까지 學習하나 못하얐아오니 원통하기짝이 없사오며、試驗後卽時 맘을놓고 낫에낫잠을 많이잣더니 마라리야病에 걸려一時는 熱이四十度나 훨신너머 죽을줄알고 죽엄에臨하야 急작히 兩手을合하고 제발죽지 말게합소서하고 祈禱를 들인적도있아오며 此病으로하야 他人의病이 얼마큼 苦痛됨을 깨달으며 身體健康의 必要를 如實이깨달았나이다。요사이에 Village 詩를 大綱暗誦하옵는대 읽어볼수록 그중에 힘있음을느끼오며 先生님이興奮하서서 譯하시든樣이 只今도 눈에 선―하야 더욱趣味가있아옵나이다(下略)。八月六日門下生○○○拜上』

八月十日(土) 楊能漸氏의怪手腕으로써 咸興가서 낙수질하든 이야기大興。漁夫가 本職인先生도 時勢를잘못맛남인가。

八月十一日(日) 午前九時에 鷺梁津을 떠나 冠岳山에 올으니正午。戀主庵에서午飯午睡。三幕寺길로 下山하야 新林里淸溪에서 沐浴하다가 午後七時頃에 漢江鐵橋를건너다。○未知의癩患兄弟의患難記一節에『이땅우에게시오나 예수그리스도의 사명을메고 희로애락간에 천국생활을 하시는 김선생님 그동안얼마나 자미있는 생활을 하시는지 간절히알고 싶사옵나이다。연하시와 이렇게 혹독한더위에 모든자회를위하야 국가를위하야 또한주를믿는다고 하나마 참진리을 알지못한자를위하야 희생적수고를하시는 선생님、주의긔게로쓰시는

귀하신 육까지라도 건강하신지 간절이알고 싶사옵나이다。 연하시와 부족한 저에姊명은 釜山病院에 있든 千文變이올시다。 그러나 저는 부산병원서 十年이라는 긴세월늘 뜻없이도 보냈옵니다。 그리하와 선생님은 저를 잘모르실줃 암니다마는 저는 육적으로는 선생님을 삿봉하여서 자미있는 이약이도듣지못하였아오나 령적으로는 시시로 교통하였옵니다。 또한 무형인겨도로는 늘교통하였옵니다。 또한 저를자세이 모르시오면 그는小鹿島에있는 文信活兄任의게 무르시면 잘아실것입니다。연하시와 제가 말하지아니하여도 저의들이釜山서 어떠한 핍박을받고 있엇든것은先생님은 잘아실줃을 암이다。 그러나 文信活、李邦佑、何外烈、女子部 李斗連、金珍珠李今順、尹玉順、李貴連、具七先、金鳳喜이외도많이있지마는 특별히 이兄제들과 저와 결심하기를 우리가 성한몸이되여서 사회에나가서 일하지는못할지라도 같은癩患자의게라도 주께서 이몸을불러가실때까지참생명인 주의복음을 전할나니고 한것이예수그리스도의뜻이 지의육신사상을 전부삼키시고 바울선생과 바나바를 갈리게하신뜻이 저의들의게 림하여서 산산이흩어지게하심도 주의뜻인줃을 믿습니다。그리하시와 저도 釜山病院서 白退하고 나와서 小鹿島을갈라고생각하였는대 우연이 主님의뜻이 저의뜻을 막으시고、去年九月일본을오게되였읍니다。 그래서 큰배로오지못하고 적은 사ー선으로 오는수중에서 큰풍낭이 일어나서 하로동안이면 일본을오는배가 밤七夜晝八日을 船中에서 아모것도 먹지못하고 한三十名되는사람이 다ー죽는다고 소동을하였옵니다。마는 저는 주의뜻만믿고 그리스도의 생명을가지기때문에 안심하였옵니다。 그러나 그때지는 바울선생께옵서 로마로가시든 수중에서 큰풍낭늘만남을 생각하고 살든지죽든지 주의 뜻만의지한것이 불행중다행으로 내지에내려서는 아모장해가없이 이곳病원에입원하여서 말할수가없이 잘있아오니 만분안심하옵소서。 연하시와 이곳와서 형편을보오니 육신의먹고 입는것은 모든것이 풍족하고 말할수없이 좋사오나 령적으로는많은고통이 됨이다。 이病院은 사람이 九百三十名가량되오나 믿는사람은 一百五十名밖에안믿습니다。 그러나 신앙은 자유이올시다。 그러나저는 그들가온대도 많은사랑을받습니다。 례배볼때에 풍금으로 찬송도인도하기도합니다。 그러나 제가 이곳을올때에 책도 모도동무들을 다ー갈라주고빈몸으로 온때문에 많은유감으로 있옵니다 그래서 釜山서보든 聖書朝鮮이 많이생각나서 선생님의게 두어준글을상서하오니 특별사랑하시는 마음으로 每月에聖朝 두권식만부송하시면 금전은 되는대로 부송하겠음니다。 이곳도 釜山서 온사람은 십여명있아오나 저와같은 신앙인여동생이 하나있옵니다。 釜山病院에있든李貴連이올시다。聖書朝鮮을 나보다도원합니다。 좌우간 부끄럼을무릅쓰고 편지를 하오니 이편지를보시고 聖書朝鮮誌를 수백난지중이라도 부송하옵심을 긔도하고바람니다。 연하시와저의 형편을 다ー말할랴면 저이좁은입으로는 어떻다고 말못하며 붓으로기록할랴면시간관계로 다ー못하고 여불비상서。 朝鮮名은 千文燮 日本名은 川上文雄 上書』

八月十二日 (月) 平壤서 朝鮮最初의自動車ギャング出現하였다고 야단들。 이稀罕한犯人은 內地人 熊谷濱次郞氏라고。

八月十三日 (火) 入市途次에擔任生徒家庭尋訪。中途退學生徒의 家庭도訪處찾으니漸漸善良한사람되는듯 함이快事。 실상 本來善良한生徒보다 不良少年이改過遷善하는것이 敎師에게는 더큰興味다。(昨日東京서 永田中將이 陸軍省軍務局長室에서 執務中에 狙擊當하야 絶命하였고 犯人은最近에 轉勤辭令을받은 某聯隊現役中佐라고新聞이急報。 ○今夜午前하시반까지執筆。

八月十四日 (水) 咸兄消息을알고安心。『原稿쓰기에 困難을느낌은 아마兄의 몇倍인가봅니다。 生解은있고 글은안되고。 알품는 닭같이 들어앉었어도 안됩니다。 이番號通信中의 兄의글을보고同感同情。』云云。

案內 (養正三十週年紀念會)

養正學校에서는 九月末에(二十八、九、三十日의三日間) 創立三十週年을 紀念하는 여러가지儀式과 事業中에 生徒及職員의 作品을陳列하는 展覽會도 있겠고 그中에는 聖書朝鮮도 八十號까지 一隅에 陳列될것 갈습니다。宗敎學校에서도 一個平敎員의主幹誌를 이런때에 陳列하라고 할리가 萬無하지마는 宗敎—特히 基督敎와는 毫厘의因緣도없는 養正學校當局이 마치自己自身의일처럼 第八十號까지 成長한 聖書朝鮮을 장하여하며 놀라워하면서 期於코出品하기를 强要하는 溫情은 實로 눈물겨울지않을수없는 事實이다。提出하라는 要求도 急하고 强하였거니와 너머도 일이 企待하지못하던 突現事임으로 마치 선잠을깨여서 미처 精神차리지못한 사람처럼 어리멍멍한中에서、出品하기를 約束하여버렸고 그뿐인가 발서 敎務主任先生의 親筆로써 陳列場에붙일 說明書까지 쓰셨는데、그珠玉같은 文句가 過分함이 도리어 主筆된者를 赤面케함이 多大함은 어찌할가。何如間 神奇한일이다。養正學校에關係없는이라도 이珍光景을 어듸 한번와보라 敎權者와神學者들도 平信徒의小任、書生의遊戲를 와보라고하라。그리고 우리는 奇蹟을 行하기를 기뻐하시는 主그리스도의발아래 더욱자복하야、「後에在한것을 忘하고 前에在한것을 執하라고 標竿을向하야 疾走하고」저하노라。

京城聖書硏究會

一、講師 金敎臣
一、場所 聖書朝鮮社內
一、日時 每日曜日午前十時—正午。
〔注意〕九月第三日曜(十五日)부터開講。
聽講料每回十錢 但會員은每月二十錢。

主께서許하시면 右와如히 新秋에 다시 開講할터인데 現在의參席者는 거의全部學生으로서 年齡과智力까지 거의均一한 一班을成하야 特色이 있게되였을뿐더러、場所가 이미滿員되였음으로 이것은 純全한 學生의集會로하고、따로一般的集會를 府內에 열고저한다。九月初로부터 十月上旬까지 養正學校의 紛忙期이므로 不得已 十月中旬頃에나 開講하게되겠다。詳細한것은 十月號에廣告하려니와 大槪左와如히 될것이다。(豫告)

一、日時 每日曜日午後二時부터約一時間。
一、場所 鍾路五丁目七一九復活社天佑堂。
一、聽講料每回十錢。但 貧者에게는 無料聽講券을發行함。無料聽講券을要求하는이는 每回그前日(土曜)까지에 講師에게서 直接求得함을要함(日曜當日에는不取扱。)

復活社天佑堂
大學通
東大門
鍾路五丁目
電車停留所
至鍾路

本誌定價

一 冊 拾五錢
六 冊 (送料共) 前金九十錢
十二冊 (一年分) 前金壹圓七拾錢
要前金。直接注文은
振替貯金口座京城一六五九四番
(聖書朝鮮社)로。

取次販賣所

京城府鍾路二丁目八二 博文書館
京城府鍾路二丁目九一 耶穌敎書會
京城府堅志洞三二 漢城圖書株式會社

昭和十年九月一日 印刷
昭和十年九月三日 發行

京城府外龍江面孔德里一三〇ノ三
編輯兼發行者 金敎臣
京城府堅志洞三二
印刷者 金鎭浩
京城府堅志洞三二
印刷所 漢城圖書株式會社
京城府外龍江面孔德里活人洞一三〇ノ三
發行所 聖書朝鮮社
振替口座京城一六五九四番

『聖書朝鮮』第八十號 昭和五年一月二十八日 第三種郵便物認可 昭和十年九月一日發行 每月一回一日發行
【本誌定價十五錢】

金教臣主筆

聖書朝鮮

第八拾壹號

昭和十年(一九三五)十月一日發行

昭和五年一月二十八日第三種郵便物認可
昭和十年十月一日發行(每月一回一日發行)

目次

우리의 吹笛

우리는 피리부는者이다。춤추는사람이야 있거나말거나 불대로 불었다。或은地方에서 或은京城市의內外에서。이제十月中旬부터 다시京城市內에서 聖書를工夫하는一般的集會를開始하고저한다。우리의 피리에 춤추기를願하는이는 와보라。첫재로 專門 大學에工夫하며、또는 이미卒業한이들을向하야 福音을 하번 들어보기를勸한다。偶然이었으나 우리의集會場所는 大學通入口에占據하게되였다。우리가 大學生或은一般인테리層을 向하야福音을放送하고저함은 저의들識者만이特히天國에 들어갈希望이많다고 豫想하여서가 아니오、同時에 우리의學識이 넓고깊어서 足히識者들을敎導할만한資格을具備하였다고 自矜하고저하여서 그리함도아니다。오직 아는것은 學問그것에는安定도없고 救援도없다는것이오、오직能한것은 學者들面前에서라도 福音을부끄러워할줄 모르는것뿐이다。故로 와보라 朝鮮의모든不信者인識者여 얼마나 뻔뻔하게基督敎를믿는者가있는가고。諸君이學識으로써 우리를嘲笑하고 우리가信仰으로써 諸君을可憐타고본들 彼此에 무슨利益이있으랴。어서 와보라 듣고보라。

다음에 市內外의基督敎會信徒에게 부탁한다。旣成宗敎의敎派사이와敎會사이에 보는바와같은 信徒爭奪의杞憂는全然無用한일이니 그런心事로는 一人도叅席하기를願치않거니와、旣定事實로 우리를指目하야 無敎會主義者라는 稱號로써 부르며 예수의敎理를曲解하는者、一般信徒를迷惑케하는者라고思惟하든이는 와서 듣고보라。어되가 그릇되였으며 어되가害毒을 길이는것을 보고摘發하라。個人個人의 비위에 맞지않는다고함은 無可奈何의일이나 예수의聖旨에不合하며 聖書의明文에 拒逆된다는것이있거든的確히 指示하고서是非하라。間接에 또間接으로 橫說竪說을信憑하고서 自他를害하고있음을 보고참지못하야 基督敎會信徒의叅席을願하노라。참으로 예수를믿고 그福된音信을 이百姓에게 傳達하기爲하야는 우리는讓步하지못할條件을 固執한것이없고、聖書의眞理우에朝鮮을建立하기爲하야는 單하루라도遷延할必要를 느끼지못한까닭이다。우리의 마음門은 모든眞實한兄弟를向하야 開放되여있는故이다。와보라 듣고보라。

나종으로 모든孤寂한兄弟여 모이자。聖賢君子의社會에서非行의緣故로 出立할곳이없이몰리운者여 오라。와서예수의消息듣고再生을企圖하라。絶望中에서希望을把持하라。宗敎的聖徒의國體中에서 異端者로烙印을받은者여 오라、와서聖徒되기前에 좀더徹底히野人되라。天使노릇못하는것을 슲어말고 普通人間되기를 힘쓰라。眞人이되라。

하나님과 사람앞에서 良心에빛우어福音을證據하고저하니、모든人生의疲勞者여 와서 예수의 메우시는 멍에를 메고 걸으라 人生을。그멍에는 가비여운까닭이오、主예수는 모든疲勞한者와 罪에呻吟하는者를 慰勞하며 救濟하기爲하야 오신이다。

聖書朝鮮의刊行趣旨

孔夫子의말슴에 朝聞道而夕死可矣라는것이있음은 누구나 다 잘아는바이며、自古及今에拒逆할수없는眞理를道破한것이다。一片의菓子나一杯의藥酒보다도道義의敎訓一句를 더욱尊重하며、입은衣服이厚하지못하고 먹은飮食이飽食에이르지못하였을지라도 옳은말슴 한마듸 듣는것으로써無上의榮光으로알며 無限한滿足을 느끼는데에 사람의사람된所以가있다 道를 들은者는一生을成功한사람이오 못들은者는一生을失敗한人間이다 故로朝聞道而夕死라도可하다는것이오· 또한聖書에 『사람은 빵으로만 살것이아니오 하나님의입으로 나오는 모든말슴으로써 살것이니라』 고함도 이뜻이다。

그러나 사람은道를듣는데에 끄칠것이아니라道를行하는데까지 나아가야 할것이다。마는道를行하는일은容易한일이아니다。옛날부터「力行」이라고하거니와論語에도見義不爲無勇也라고하야勇氣의必要함을 말하였으며、新約聖書에도使徒바울의말슴에 『善行하기를願하는 마음은 나에게있으나 그대로成하는것은無한지라。내가願하는善은行치아니하고 도리어願치아니하는그惡은行하는도다……嗚呼라 나는苦로운者이로다。誰가 이死亡의身에서我를救援하랴』 고悲鳴을絕叫한일이있다。이와같이道를行할勇氣의缺乏을 깨다르며、善을行할能力의全無함을自覺하야 苦痛과煩悶을 느끼는일은 東西古今에人類의共通한經驗이다。多少와强弱은且置하고 이러한體驗이全無한人間이있다면 그는人形을 썼을뿐이지實相人間은아닌者이다。故로 이苦痛을體驗할뿐만아니라深刻하게體驗하면深刻할수록 그는深遠하고高貴한人生을生活하는者이다。

道를 듣고善을行하랴고勇力을 다하다가苦悶을體驗함은貴한일이나、거기에 끄처서는亦是失敗이다。그難關을突破하는일이 一層더貴한일이다。難關을突破함에는信仰이라야된다。信仰이라고하면科學的敎養도없고近代思潮 特히唯物論的思想을呼吸치못한愚夫愚婦들이나云謂할것인줄로아나 이는大端히淺薄한人士들의所行이다。故로所謂인테리層의輕薄과唯物主義者의反宗敎運動에對하야信仰의立場을 푸로테스트(抗辯)하고저함이 本誌發刊의一大趣旨이었다。信仰은爆發彈과같은것이다。土木工事에鍬鋤만으로는 큰工事를할수없으며、戰爭에銃劍만으로는 큰戰鬪를할수없다。廣大한岩磐을찌어낼때나堅固한要塞를攻擊할때는必然코爆發하여야所期의目的을達할수있다。이爆彈을주는것이基督敎聖書의眞理이다。故로 바울先生의말슴에 『福音은諸信者를救援하시는 하나님의能力이시라』 고하였다。이「能力」이라는글字는 「다이나마이트」와同義의字이다。우리는 이能力의爆彈을聖書에서發見하야 于先나自身에實驗하야보고서 一家親戚과同胞民族이 이眞理를發見하기를願치아니치못하며、朝鮮에基督敎가傳來한지約半世紀에及하였으나 아직까지는先進歐米宣敎師等의遺風을模倣하는域을不脫하였음을遺憾으로알어、純粹한朝鮮産基督敎를解說하고저하야 聖書朝鮮을發刊한것이다。願컨대朝鮮에다基督敎의能力的敎訓을傳達하고 聖書的眞理의基盤우에永久不滅할朝鮮을建立하고저하는所願이 聖書朝鮮이라는形態로써 約十年前부터今九月까지第八十號가旣刊되었다。(養正高等普通學校第三十週年紀念展覽會에揭示한原案)

沈奉事의所願

夏節도거의 다가는八月그믐 가까운 어느날저녁 라듸오드라마沈淸傳에 우리는 크게感激함을 마지못하였다。貞烈의標式인沈淸의 이름만하여도 朝鮮心의臟腑가 몹시 울렁거리거니와 우리가懺悔의 눈물을制止할바를 몰라함은 特히沈淸의父親沈奉事의心事였다。

供養米三百石을 받히고저함은 盲人의 눈을뜨게한다는 夢雲寺부처님의 靈能을信奉한까닭이었다。눈뜬後에 所願이 무엇이냐。世上을 남과같이 보고저함일것이나 沈奉事의心地를 作者로써 말하라면 그렇게漠然하고 허미한所願이아니었다。눈을뜨면 서울 鍾路通 구경온다는것도아니오、昌慶苑사구라 구경은 勿論꿈꾸지도 못하였을것이오、天下의奇觀絶勝을遍遊하자는것도아니오、다만一日一時刻이라도可하니 光明을 볼수만있다면 「내딸淸의 얼굴을 보리라」는것이 最大唯一의所願이었다고한다。오직 「내딸 淸의 얼굴을!」

世上에佳人이 많다한들 盲夫의全幅的信賴에價値한貞烈의妻보다 더아름다운것이 他에 어듸있으며、人間에奇觀이 많다하기로 지아비에肖似한 아들과 지어미에彷彿한 딸이出生하야 한살두살식 자라갈수록 한겹지두겹지식 가리운幕이벗겨저서 아들의音聲은 곧 그아버지의音聲이오、딸의姿態는 곧 그어머니의姿態로變化하는일처럼 神奇한일이 또 어듸있으랴。淸의音聲이溫雅함과 그性格이銳敏함과 그孝誠이極盡한것等의 무릇아름다운素質은 하나例外없이 그母의게서遺傳된것임이 疑心없으니、그妻가 그리울수록 沈奉事에게는 그딸이 사랑스러워지는것이오、그딸이 고맙고 놀라울수록 一瞬間이라도可하니 그姿態를一瞥하고싶었다。그딸에比할진대 金剛山丹楓도願이아니오、日月星辰도 보나마나。오직 「내딸 淸의 얼굴」을 一見하고싶은데에 盲人의所願은集結되였다。이따문에 赤手空拳에도 오히려供養米三百石을 劃策하였다。

할일이 많다는것은 아직까지 平生의使命을發見하지못한是證이오、所願이 많다함은 眞情한所願이없는 까닭이다。眞實性이缺乏한까닭이다。보라盲人이아닌 우리에게 各自의所願이 얼마나많은가 손을 가슴에 언고 內察하라。單一치못한 우리의所願을發見한것이 懺悔의시작이오、成就된所願이許多한것을 感謝할줄 모르는自我를發見한것이 沈奉事의靈前에 痛嘆을制止치못하는所以이다。우리의 딸과아들의 얼굴에서 天下의奇觀을發見치못하면 우리의眼球는 없어도可한器官이아니며、우리子女의容貌에서 여호와神의無際한恩寵을 읽어내지못하면 우리는奉事가 되여 맛당한者들이아니냐。이제 나의心靈이一變함이없을진대 큰禍가 내몸에 미출줄알아 나는 라듸오앞에서 울었노라。

安息과禮拜

姜濟建

安息에關한規定은 하나님이주신十誡命中 第四條에있다。그러나 그열가지 誡命中에 이것만은 다른모든誡命과다른 特異한點이있다。다른誡命은 모다사람으로하여금 罪를犯치않게하기爲하야 주신것인데 다만이安息誡命만은 하나님이 恩惠로주신것이다。故로 七日中하날을 聖日이라하고 福을주시었다하였다。이것은 安息日을지키는때에 잇어서아니될 重要한일이다。

人類의始祖아담夫婦가 犯罪하므로 하나님은 그들을樂園에서 쫓아내고 이마에땀흘려먹게하였다。이렇게 勞働事業을하게된것은 마치懲役과같은일이다。이렇게하시는것은 하나님의公義시다。그러나하나님은 慈悲하신하나님이라 비록저의가 犯罪하므로 罰하신것은것이나 그本意가 죽도록하라는것은아니었다。그苦役으로因하야 悔改하야다시 살도록하신것이다。그런故로 그勞役함을 불상히녁이사 豊盛하신矜恤로 七日中에六日만 勤히役事하고 第七日은安息하는制度를 베푸신것이다。

그런故로 安息日을지키는者는 六日間은일하고 七日에 安息하는것이 合當하다。六日에役事를 勤히하는者라야 安息을 누릴수가있다。萬一 六日에 勤히일하지않으면 이安息이 恩惠가되지못하고 도리어役事를시키는것같이 생각될수가있다。또일을하되 自己의맡은職務는 私役이아니오 公役인줄알어야한다。即그일한結果를 제가取하고 自己의하고싶은事業을 하는것같으나 그根本을생각하면 내가하나님의命하시는 職務를하는줄로 깨닫는사람이라야 安息을恩典으로알고 感謝히받을수있다。

安息日을지킨다하면 곧일하지않고 노는것인줄로아나 노는것만으로도 安息日의뜻이 다되지못한다。事業을停止하라하신것은 士農工商間에 그職務를쉬라하신것이지만 安息中에도 사람으로부터 家畜에이르기까지 生命에關係되는일이어던 맛당히할것이라고하셨다。예수는「사람이安息日을爲하야 난것이아니오 安息日이 사람을爲하야생긴것이니그런고로사람이 安息日의主人이니라」하시었다(可二、二七—二九)또外樣으로는 일을하지않으나 그規例를지키기때문에 心中에 事業에對한念慮가 그날에끊지지않는다면 이것은決코 事業을쉰것이라할수없다。차라리그보다 하나님의뜻을 나타내자는생각으로 假飾없이 일함이 더나을수있다。그러나勿論 될수있는대로 事業을避하는것이合當하다。비록하나님의뜻에合當한대로 아름다운規則을세울지라도 그를濫用하면 勞役이되기는一般이다。

故로安息日에 쉬라하신것은 原則을주신것이다。이밖에

安息과禮拜　四

別다른條件을 만들必要가없다。各自가 이誡命을지킬때는 良心의自由로할것이오 法으로나 規則으로 지키기만할것이 아니다(로마二章 二八ㅡ二九)。그리고 오직이날을 恩惠로알아 眞心으로 하나님께禮拜하고 洗禮베푸는것으로 지낼것이다。

禮拜 의뜻은 簡單히말하면 하나님을尊敬하야 받들어 섬기는禮式이다。이禮式이始作된것은 創世紀時代부터다。아담의夫婦가 罪를얻고 이世上으로 쫓겨나온後 두아들을 두었으니 장자는가인이오 차자는아벨이라。가인은밭을갈아 농사하는지라 그所得之物의 처음나는것으로擇하야 하나님께 祭祀를드렸고、「아벨은 羊을치는牧者라 그먹이는羊中에서 처음난者를잡아 祭物로드리었다。그리고 하나님은 가인의것은 받지않고 아벨의祭祀를 즐겨받으셨다고 聖經에있다(창세기一章 一ㅡ八)。

그렇듯 禮拜의歷史는 人類의歷史와 始作을같이한다。靈魂을가지는 사람이있는곳에 하나님에對한 禮拜가없을수없다。그러나 하나님의뜻대로歷史가 進展이되는동안에 禮拜도 그 뜻에있어서나 形式에있어서나 變遷이있었다。始祖時代로부터 아부라함、그의孫子야곱의때에 이르기까지는 간간히 하나님의 나타나신곳에 돌단을쌓고 祭祀하는것으로써하였고(창二十六章二十五)그後하나님이 아부라함으로더부러言約한것을 記憶하야 모세로하여금 이스라엘民族을 埃及에서 救援하야내실때는 四十年동안을 曠野에서 帳幕을짓고 거기서祭祀를 行하였다。가나안에들어온後는 한王國을이룸애 예루살렘에 큰殿을짓고 그안에 法궤가있으며 돌비가있고 아론의집팽이가있음애 이殿을가르쳐 聖殿이라하고 소와羊과 비닭이를잡아 祭祀하는法이있었다。그지키는 規例中에 가장큰것은 유월절이라 各處에 사는 모든百姓들도 一年에한번 이때에는 모다예루살렘으로모혀 이節期를지키며 祭祀하였다。

이때의禮拜의 重要한意味는 贖罪에있었다。이스라엘民族이 罪人의資格으로 救贖함을얻기爲하야 하는祭祀였다 故로저의들中에서 代表者를뽑아 祭祀長으로세워 모든사람을 代身하야 贖罪하는祭祀를 드리게하였다。또聖殿을 예루살렘에세우고 거기서만 祭祀를드리게하는데도 뜻이있으니 그一은 하나님이 이스라엘民族을 埃及에서 救援하야내온것、그二는 하나님이 이스라엘民族과 같이게시는것、그三은 將來에 메시야로 끝까지 救援하실것을 잊지말고 記憶하라는것이다。

그禮拜는 메시야가오기前인 中世代에必要한禮拜였다。그러나 이미메시야가온 이末世代에있어서는 그禮式도 다지나간것이다。이때는 모든儀式을 廢하야버린時代다。예수께서는 사마리아女人과 問答하시는中에 이일에對한것을 이미 밝히말슴하시었다。

「女人아 나를믿으라 때가이르리니 이山에서나 예루

살렘에서나 너의아버지께 禮拜하자아나하리라。 너의는알지못하는것을 禮拜하고 우리는아는것을禮拜하노니 救援함이 유대사람에게서 나온지라。 때가이르려니와 지금도그때라。 아바지께 참으로禮拜하는者는 神靈과 眞理로하리니 아바지께서 이렇게自己에게 禮拜하는사람을 찾으시나니라。 하나님은 神이신故로禮拜하는者가 神靈과 眞理로할지니라(요한四章二十一―二十四)

이로써보면 지금우리믿는者의禮拜는 옛날舊約時代의것과 같을수없다。 하나님을 尊敬하고 섬기는 態度에있어서는 勿論다를것없으나 그內容의뜻에있어서는 같지않다 저들은 罪人의資格으로 救贖함을얻기爲하야하는 禮拜였으나 우리는罪人의資格이아니오 예수안에서 이미救贖함을얻었는故로 새사람이니 곧義人의資格으로 나가는것이다。 故로 우리는 피를흘리는 贖罪祭를 드리는者가아니오 「거룩하고하나님을기쁘게하는산活祭를 몸으로드리는것이다(로마十二章一)。 두려움으로만 하는것이아니오 感謝하므로 讚頌하고 聖經을읽고 祈禱하므로 禮物을드릴것이다。 또 우리가 直接하나님앞에 나가지못하는때에있어서는 中間에있어 우리를代表하는者를 通하야서만함애 여러가지儀式이必要하였으나、 지금그리스도로因하야 바로하나님에게 나가는때에있어서는 그모든것은 所用이없다。 그런故로 儀式의禮拜가아니오 神靈과眞理의禮拜다。

【第十二頁의續】呻吟하는야宇宙와같이 宇宙의完成、「의가거하는새하늘과새따」(後베드로三의一三)이出現하기를참기다림이 있게되는것이다。 果然믿어삶에 나의信仰의生涯에 그렇게 責任、連帶責任을지게됨은 自然스럽은일이요 또당연한것이다。 내가예수그리스도의 그길로生命을받게되었으니 내가 그렇게살게될것이事實이며 내問題解決뒤에自然히짐이오는 것도당연한것이다。 또한우에서주시는사랑을 받아맛보았으매내어찌사랑을아니하고 견딜수있으며 (一요한四의七―一一、一九)당신께서 당신을全部로주시어구원하시었으니 이제우리몸全部받히어삶이 당신의뜻대로질머질것이고 順從함이 넘우나도당연한것이다。 縱의問題가解決되매 橫의問題가따라서 解決되어진다함이이를니름일것이다。 그러고果然이것은우리에게 信仰의眞理性、確實性을 곧十字架의福音이眞理그대로임을 예수그리스도自身이眞理自身이심을 더욱明確히보여줌이어서 찬말로그처럼나토하여곰 더깊은恩惠中에들어가게하며 더크게살게하야주시는것이되며 相對者곧 世上사람에게傳道하야悔改의길 信仰의길에들어가게함에이에서더좋은것이 없게되는것이다。 主안에서兄弟된者로 이 世上에같이살게하야 주신者로 서로責任지고 돌보게됨은그렇게당연도하려니와 이에서그야말로 歷史도살어오고 宇宙가살어오게도되며 여호와하나님에게感謝만이 솟아나게 되는것이다。

信仰의길

李贊甲

一

우리는確實히 하느님아들예수그리스도 十字架의恩惠로 그를믿음으로 罪赦함받고救援함얻었다。멸망할罪、썩어질 肉에서赦함받고 救援함얻었다。여호와하나님께서는 그처럼獨生子예수그리스도를 이世上에보내시어 온젼히우리를 깨끗하게하사 우리로하여금 당신을아바아버지라부르게하셨고 당신의나라의生活을 하게하셨다。어느누가아무리이를否認하며 이에서떠러트리려하여도 할수없는것이다。우리가다만 고기덩이모양으로 世上罪에빠저헤매일때에 恩惠中에책망받아悔改하야 예수그리스도믿어 救援얻게된때의生覺을하여보며 또한至今날마다의生活에서 世上과싸우며 예수그리스도를 따르는것을生覺하여보면 그것이하늘과따이다름처럼딴나라입과 어둠을바리고 빛을向하야따라감을보게되어 참아옛그『마시고먹자來日죽으리라』(前고린도一五의三二)『옛사람을벗어바리라 이는 꾀이는욕심을따라 썩어가는者』(에베소四의二二)라한罪惡의生活 所望없는生活을다시볼수좇아없으며 새롭은이『새사람을입으라 이는하느님을따라義와 및眞理의거룩함으로써 지으심을받은者』(에베소四의二四)『범사에점점자라 저에게까지니를지라저는머리니곧그리스도라』(에베소四의一五)한새롭게난몸으로 당신의나라生活을하야 자라게됨에놀라지 않을수없는것이다。그렇다『오호라나는 괴롭은사람이로다 누가이사망의몸에서나를구원하랴 우리주예수그리스도를인하야 내가하나님께감사하노라』(로마七의二四―二五)한막막해가든숨이 터저시원히쉬게되는듯 무섭은벼락이침에강한번개빛세듯 極端의悲鳴에서 光明의환히로홀연히들어서게되는 장쾌한이말슴은 나의말이되지않을수없는것이다。이리하야나는예수믿는者가되는것이다(요한六의二八―二九)。奇蹟中에도 奇蹟인根本的革命을받은者되어 全혀딴것으로다시남 딴새나라의生活을비롯하게된것이다(요한三의三참조)。참말로우리는 이렇게하나님아들 예수그리스도로말미암아 罪赦함받고救援함얻어새生命으로 하늘나라生活을하게되었다。예수그리스도 이렇듯이 그는하나님의 獨生子로世上에오셨고 十字架에달리시사 우리罪를친히담당하야주시며 새生命을주셨다。하늘문을열어 끄으러올리어 그나라生活을 하게하셨다。아!『世上罪를지고가는하나님의 어린양』(요한一의二九)은『무리를위하야 목숨을바려속죄하야주려함』(마가一〇의四五)이시라하신대로 당신의榮光과거룩하심 그나라와그義를들어내시며 일우심이게시고저우리의罪를 친히질머지시고 우리의 生命이되어주셨으니 이제 피할수없는罪人인 우리는

이말할수없이추하고 끝없이 그릇된것에서도 그恩惠를힘입어믿기만하면 그십자가의피를믿기만하면 내罪는消散되어떠러지고 義롭다함얻으며 그샘솟듯하는 恩惠의作用으로다시남을얻어 眞理의길로나아가게되는것이다(로마三의一九ㅣ二七、요한一의一六ㅣ一七참소)。 이들이經驗을어찌몽롱한가운데 흡이어버리며 아니라고否認할수있으랴。 이는宇宙的變化곧죽었다가 다시나게된산事實인것이다。 우리가다른아무것이라도모른다할지언정 이는모른다할수가없으며 (로마八의三八ㅣ三九참조) 모든것을똥으로여기고 예수그리스도만알기를원한다하는것도(빌립보三의七ㅣ九참조)이러하기때문이다。 그렇다우리는다른모든것은 못할지라도 信仰만은하야그러하신永遠하시고 사랑이신당신에게 우리全部를들이어맡아다스리게하며 당신의뜻을일우어 들이게할것이다(로마六의一三)。

참말로이는 그恩惠로그를믿음으로됨이다。 내가힘써서가아니라 恩惠로주심이요 行함으로가아니라 믿음으로됨이다。 사람이罪야피할수가있을가。 사람이進化途中에있느니不完全現狀이니하야 그것을피하고설명하려하나 결국 『내罪가항상내앞에있다』(시편五一의三)한애달픈소리와 『내속곧내육체속에선한것이 하나도거하지아니하는줄안』다 (로마七의一八)하야 『나는죄인이로소이다』(누가一八의一三)할때사람의그것은잘설명되며 정당히處理될길이보이는것이다。 참말로義人은없나니 곧하나도없어 모다罪알에있는이世上이다(로마三의九ㅣ一八)。 그리하야아무도힘써서 行해서義를얻으며 구원얻은者는없다(갈나디아二의一六)。 그러나사람이란언제든지 近視眼이고아래에속한者이다。 徹頭徹尾背叛者요自己中心이다。 앞을 우에를보려하지않는다。 제所見제몸덩이만알아 하나둘헤이려고만대들고 요것조것둘러마춤만해보며 한번시원히벗고 솟아大氣를呼吸하며 統一을보려하지않는다。 우에서나리는비 뚜렷이서있는燈臺를 生覺지않고웅덩이만파려들며 내발뿌리보기만바쁨이사람이다。 하늘에게신내아바지를 依支하지하지아니하고제힘을내세우며 당신의경륜을생각지아니하고 내지혜만을쓰려함이사람이다。 그리하야내心算이 맑앟게들이어다보이며 내醜함이들어내일뿐이게함이사람이다(창세기三의一ㅣ七참조)。 아모리 律法이명한대로 또는良心을좇아힘써보고 行하려한들 所得이무엇이랴。 그러면그럴수록내가안다하고 行한다는일은모다요런것이요 이렇듯못쓸것임을알어 결국내가힘씀은 行함은나는아지못할 것이라는것을 告白하게되며(로마七의一五)그렇게하여봄은 오직罪를깨다름밖에 더할수없는罪人임을알게됨밖에없게된다(로마三의二〇、七의九ㅣ一〇)。 이에서힘쓰고行함의길말고 은혜!十字架功勞의길을 許諾하셨나니곧律法外에믿음으로 義롭다하시는길이다(로마三의二一ㅣ二二)。 그렇게行하려면 行하려할수록괴롭고 무거워질뿐아니라 恩惠까지에도 恩惠되지못하게하나니 참말로律法의일을行함으로가아니라 福音을듣고믿음으로 聖神을받은것이다(갈나디아三의二)믿을때 모다던지어맡기고 믿기만할때우리에게는 罪짐이벗겨지고歡喜가오게된것이다。뜻밖에 너무나도뜻밖에아무값은없었는데 全혀恩惠로聖神의役事로 從來와는딴生活의原理 딴나라의生活을하게되는것이다。내가사는것이아니라 당신을믿음으로당신이살어주심을 받아살게되는것이다(갈나디아二의二〇)。이하나님에게로돌아가는길 恩惠의길 구원의길 直通의길은놀랍기도하다。그가쁘신뜻대로世上을創造하시기前에 그리스도안에서 우리를미리택하사아들을삼으시어 恩惠의榮光을讚美하게하시랴는 永遠한경륜을(에베소一의三—六)일우시려 罪를범한것이恩惠를주시는것과 같지아니하신法則으로써(로마五의一二—二一참조)믿음의祖上아부라함에게서豫視되었(로마四의三)다가온전히일우시게하시었나니 참말로人生은律法알에서 나타날믿음을기다리며 蒙學先生인律法에게 引導받아믿음으로 義있게하시는자리에니르게하심에 이제믿음이왔으니 어찌蒙學先生알에있으랴(갈나디아三의二三—二五)。果然우리는무슨내힘 내行함을애쓰며 내세우려하야다시그런괴롭고 무겁은길을걸으려할것이아니라 모다던지어맡기고 믿음에나아갈것이다。『수고하고무겁은짐진사람들은 다나에게로오라 내가너의를편히쉬게하리라』고(마태一一의二八)約束하신대로우리의범죄함을인하야 내어줌이되고 우리를義롭다하심을위하야 다시살으신(로마四의二五)곧우리에게 지혜와의와거륵함과 속죄하심이되여주신(前고一의三〇)예수그리스도에게나아가赦하심과 救援하심을받으며 우리의全所有가되게할것이다。절대로우리는어리석게도 또그괴롭고무겁은길을가려하야 두렵게도예수그리스도의 돌아가심이헛된것같이까지하지말고 우리눈앞에밝히보이는 예수그리스도의十字架를明朗하게바라보며 나아가게할것이다(갈라디아二의二一—三의一)。

감사하다。우리에게이런絕對的恩惠의 길이열리어있으니 그고민 그멸망가온데에서 근심하며걱정만하야 세월을보내다가 시들어지고말려할것이아니라 담대히당신의十字架를쳐다보며 당신을딱붓잡아罪赦하심받고 救援하심얻을것이다。조곰도주저하지말고 이恩惠의잔채에참여할것이다。이리하야 설혹밝히따라가는信仰의 걸음을걸어감에나의弱함無知다믄에당신을의심하며 中路에서헤매이는일이있게될지라도 그리고다시금나의잘못 나의罪가가리워가든길이막히고앞길이캄캄해지는듯할때가 있게될지라도 또한그렇게明朗하든信仰은 소산되여버리는듯하게 마귀는나의弱點을틈타어기묘하게 요리조리고개를들지못하게할지라도 그렇게내에게生命의말슴 그寶庫가破產되는것같으며 光明하게보이든世界는가리워질지라도 딱붓잡고信仰만은하야 이런때에믿는믿음이야말로 偉大한참믿음인줄을알고 우리연약함을테휼하신우리의큰대제사장에게 좀더담대히나아가 입이맛본그당신의자비로때를따라 돕는恩惠를얻을것이다(前베드로二의一—五、히부리四의一四—一六)。 그렇다그런苦痛이 내가예수그리스도를몰으고 당신의나라를몰을때보다 몇倍나더견딜수없이 괴롭고무겁으며두렵고떨림이있게될지라도 그러할것이다。 그것도또한아모리 면하려애쓰어야 내힘 사람의힘으로는할수없는것이니 점점더死亡의골짝을 巡禮케될뿐이니 그리고또그래도그러는동안까지는 비록내가버린子息같고 당신에게서떠러진것같으나 오히려더같이하시고사랑하여 주시는것임이니(야고보一의一二、히부리一二의五—八참조) 참말로이는보호하시는중에 일층더가라침이게시려심이요 일층더光明의나라에처들어 올리려하시는役事이시니(前베드로一의五—七、히부리五의八—九、一二의一一참조)。 그래알패요오메가시며 全知全能하시고 거룩하시고사랑이신하나님아바지天地萬物을지으시고 사람을내이신그뜻을 원만히일우시고저 그같이하심이니(로마八의一八—三〇참조)。내모든수단방법을勇士같이 끊어버리고일즉이나를 그렇게福音을일우어주시며 구원하여주신당신을굳게믿고 내全部를ㅣ아직도내놓지못한것 숨김없이내놓아 그대로告白하며나를現在있는 그대로들어던지어맡기면 그리하기만내곁에서기다리시든主께서는 일변내그집을친히 걷우어치어주시며당신의平安을 물붓듯끼처주신다(요한一四의二七참조)。아니主로말미암아 화목함을얻어하나님을 즐거워하는자리에까지니르게하신다(로마五의一一)。내이제무엇을 꺼리어바잼이있으랴。勿論罪와심판이 그처럼까지엄숙한것이다만은 그러나사하심과구원하심은 엄숙하기보다는당신은사랑이시요生命이시사(一요한四의一六、요한五의二六참조)이를나타내시어일우시려는것이어서『하나님이그아들을世上에 보내신것이世上을 定罪하시려하는것이아니요 그아들로世上을구원하시려하는것이라』(요한三의一七)하심같이 마츰내는모다구원하시고 살리시고야말으실려하심이 당신의뜻이실것이니(마태一八의一二—一四、누가一五의三—一〇、요한六의四〇참조)내가무엇하나잘하고 잘못함이問題이기보다는 내全部를들이고못들임이 곧믿고아니믿는것이問題이며(마가一의一五、요한三의一八、마태一七의二〇—二一참조) 여기에서 내모든問題는해결되며 당신의뜻은일우시게될것을알고 내들이기를믿기를힘써『믿음을주장하사온전케하시는 예수를바라보』게할것이다。나는全혀부스러진것으로 뷘것이되어당신으로살며 나를위하는것은全혀말고당신을위하야나아가 당신을더욱더아는데에만니르며 더합당한禮拜를걷우시게만하야 들일것이다。이것이하나님아바지께서 우리에게向하신뜻이며기뻐하시는바이요 또한人生의맛당한일이요 全目的인것이다。

信仰의길

二

그러나다시또하나의 큰問題는있다。물론信仰은그렇게당신과나와의問題이어서 내하나님아바지를 불려찾으며내問題解決 내救援問題에배밥브어 어대까지든지이꼿을보고야말려하는것일것이지마는 또한가지큰問題 信仰에重大性의問題가있다。그런나의問題는모다解決되어 光明한속에서信仰의길을걸어갈때에도 또뜻밖에앞길이막히고 캄캄함이掩襲해오군함이있기때문이다。다시더앞을向하야 나아갈수가없고 막막해지군하는때가있다는말이다。이것은내가相對하는이들로말미아마 오는것이다。그이의不足 그이의罪곧그이들의집으로말미아마 오는것이다。(로마八의三八—九의三참조)이드또내自身을위하야부르짓듯이부르짓게도되며『이것을어찌하랴』『어찌하면좋을까』하여지며 가든길이딱걸리어더나아갈수가없고 그길을더치고 헤치어갈수도없게되는것이다。물론이때에이것의根本的解決도 하나님아버지에게맡기고예수그리스도의十字架 나를救援하신당신을쳐다보며 그를부탁하야 당신의救援의일을기다리는것밖에 더없는것이겠지마는 또한이때에는내救主예수그리스도의뒤를따라 당신이世上罪 내罪를지시고곧世上의집 내집을代身지시고가신것처럼 내가지고 그짐을내가代身지고 나아가는것이다。『내가이제너의를위하야 괴로웅받는것을즐거워하고 그리스도의남은곤란을·내육체에채우노니 이는그몸된교회를위함이라』(골노새一의二四)。『이를위하야 너의가부르심을닙었으니 그리스도께서 너의를위하야 곤란을받으사너의게본을끼쳐 그자최를따라오게하신지라』(前베드로二의二一)하심『그리스도의남은곤란을내육체에채움』『이를위하야 너의가부르심을닙었음』이다。설혹내가잘하였드라도책임지고 하물며무엇을잘하였으랴 그것은내탓으로 알어내가책임지고누구를 무엇을원망할것도 남으랄것도없이 내가그짐을지고걸어나아가게하는것이다。이때에야비로소예수께서 하나님아들로써 人子로이世上에오시게된것과 (요한三의一六—一七참조)·우리의疾病근심 허물 罪惡을인하야 친히贖罪祭物이되시고처 우리의代身가장보기싫은모양으로 온갖刑罰을받으시면서도 스사로謙卑하야입을열지않으시고끄을림의(이사야五三참조)心情을조금이라도알수있으며 그막히었든길은 곽열리고光明은 쑥오게됨을받어 새기운얻어더큰世上을씩씩하게 걷게되는것이다。그렇다이렇게하는데에서야『우리가우리에게 죄지은자를사하야준것같이 우리죄를사하야주옵시고』(마태六의一二)하는기도가울어나와무엇인지엉키었든 가슴이풀어지며 원수를사랑하고 핍박하는자를위하야기도하는者되여하늘에게신아버지의아들이됨을보며 그가온전하심과같이 너의도온전하라고(마태五의四三—四八)하신뜻을알게된다。그렇게自己는自己걸음을걷는것이지마는 相對한그이의잘못 罪곧그이들의집을내가책임지고 代身지고가기위할것이다。 예수그리스도께서 世上에오시어걸으신一生 아니世上에오신그것부터 그러하심이지마는마즈막에는 오직그十字架에달리심밖에더길이없어 그것을向하야 나아가신것같이 오직당신의뒤를따르는 小그리스도人인우리도당신의질머지심처럼지고따라가게할것이다。 여기에서光明은오고 길은널리는것이다。

참말로여기에서그『옳다』『바르다』하는것이 그『사랑』『生命』의根源이없이는있을수도없는것이요 또그『옳다』『바르다』하는것으로 어디까지든지용서가없는듯이 들고나서는것도 결국은그『사랑』『生命』을 온전히傳해주기위하야서의준비인것임도 더새롭게알게되어 그嚴한律法과전혀恩惠인信仰이보이며 예수그리스도의그十字架 곧예수그리스도그自身이 점점더明瞭하게알게되어가는것이다。 예수그리스도의뒤를따라 내가질수있는대로 代身지고감! 우선얼마나더욱더나의멸망할것에서 구원하신無限하신 恩惠에끄을리게되며 그相對하는이에게 또한十字架의福音을무엇보다도더밝히보이며救援의길 光明의나라로 引導할수있게될까! 또한한갖不滿 不平뿐인나를 건질수있을뿐일까 그『옳다』『바르다』하는것만을 가지고나섬으로써 말러지고굳어져서그律法가진유대의바리새같이 人情조차없어지지며 自己는남에게무거운짐을지우며 집어먹을대로집어삼키면서도 남을책잡고판단하는것만으로 能事를삼는가장못된根性에서 건짐받어얼마나 그十字架의根源에들어가 感謝의生涯로生命샘의공급을받게되며 참산福音의말슴을 힘있게傳하는者가될수있을까。 따라서이제야비로소 내가나서나의마땅한 내가질머질짐을지고 당신이許諾하시고 기뻐하시는人生의길제법하날나라百性의길을걸으며 제구실을하게됨같아 前에없이나는恩惠中에있는것이고 사랑속에있는者되며 生命이움직이게되며 眞理를걷게되는것이다。 나스사로도豫期치못했으리만치眞人이되며 光明이찬사람이되는것이다。 내利속만보는사람이아니고 남을섬기는사람으로 조혀우에屬한사람이되고 우에서支配하는당신의 사랑하는아들 獨生子를닮어가는아들이되는것이다。 당신이질머지시라면 어떠한짐이든지지며 그야말로地獄에라도당신의뜻이면 順從하겠다는恩惠中에있게되는것이다。 우에게신하나님아바지를 나의맘을다하고 성픔을다하고뜻을다하야섬기며 니웃사랑하기를내몸과같이 하게되는것이다(마태二二의三四ㅡ四〇)。 사랑이신당신을알게되며 나는그사랑에쏠리어人間의 속맨미충에들어가게되는것이다。

아! 참말로여기에서하나님아들 예수그리스도의친히이世上에오시고야마신것(요한三의一六ㅡ一七참조)、 그十字架를향하야 突進하신것이(마가一〇의三二참조)明朗하게보이는것이다。 당신이오신것이조혀하날나라 光明한나라세우실것만임을밝히보시고(마태四의八ㅡ一〇、 요한六의一五、 一八의三六、 마

信仰의 길

대一六의二三참조)그나라를뜻하시고 일우시는아바지의뜻대로 順從하시는것이 당신의일로만아시고 全部맡기고오직그十字架만을향하신것을조금이라도 엿볼수있는것이다。 그같으신 당신이 『내가곧길이요 眞理요生命이니 나로말미암지아니하면아바지께로 올사람이없으리라』(요한一四의六)하신것이또한알려지며 일즉이죽임을당하신어린羊에게 새노래와큰音聲으로 그가서실地位와받으시기에 合當한찬양을련하야들이다가 아바지와같이어린羊을바라보며 『보좌에앉으신이와어린양에게 찬송과존귀와영광과 권세를세세에돌릴지어다』하는극구찬송이나오고 이찬송이끝나자靈物은『아멘』하고 長老들은업드려敬拜함이(묵시五) 보여지는것이다。 그十字架만이보이는것이다。 당신의뜻만이보이는것이다。 곤란만이보이는것이다。 그寶血만이보이는것이다。 그빛남만이보이는것이다。 오!十字架의길! 그길만이보이는것이다。 여기서밖에 더光明의길이어대있을가。 예수그리스도의걸으신 길밖에 다시갈길이어대일가。 사랑하시되끝까지사랑하신길! 弟子들의발을씻으신길!(요한一三의一〇) 그것이 마츰내당신의일 人類의일 宇宙의일을解決지으섰다。 『대개인자가온것은섬김을받으려함이아니라 섬기려하고무리를위하야 목숨을바려속죄하야 주려함이니라』(마가一〇의四五)하신그대로이었다。 그리하야十字架에달리신 예수께서는『다일우었다』(요한一九의三〇)하시는말슴을 마즈막으로하시고 殞命하섰다

世上은暗黑하였다。 그絕頂에달했섰다。 그러나이때에야열리었다。 光明의나라는아주일우어지기 비롯하게되였다(누가二三의四四—四五참조)。하날에서일운것같이 따에서도일우시게되였다。 모든問題는解決되였다。 아! 十字架의길! 예수그리스도를따르는 길밖에어대있을가。 世上에아모런말、아모런主義主張을 내세운들무슨所用이있을가。 내가낮어지고 괴롭기前에야 남은들재로내自身인들어찌올리며 平安해질수있으랴。 아모라도내가입든때묻은옷 내가 하여야할일은 내가손수씻고 또하는때에야 問題없이원만히그힌옷입게되며 輕快하게되는것이며 다른이의것에對한것도 그런態度를가지는때에야만 비로소問題는열쇠같이解決되고 끄으러올닐수있게되는것이다。 어대든지하나님께서 부르시어남을섬기게하신 그것이있는곳에는빛이요 엄이든게되는것이다。 하나님아들예수그리스도의길! 十字架의길을걸어 永遠한問題、光明한나라의問題는解決될것이다。 그렇다이렇게하는때에야 어떠한손해를내가相對하는 이로말미암아 이百姓으로말미암아 받더라도意味가있어지는것이요 또한때로의뜻하지아니한苦痛、至今의우리의困難도意味가있어지는것이다。 아니山이뭃어진대도 든든히설수있고 온人類가뒤흥크러混亂투성이가되어도 열닐길이生기는것이다。 내生命은偉大하게자라고永遠한問題는해결되는것이다。 내가지고감이있음에 『하나님의뭇아들이 나타나기를기다리는』【第五頁에連續】、

요한복음 (試譯)

趙誠斌

第九章

1예수께서 길가시다가 갓날때부터 눈멀은사람을 보
셧는데 2제자들이 묻기를
『라비여 이사람이 갓날때부터 눈멀은것은 누구의 죄
때문이겟읍니까? 자기의 죄 때문입니까? 부모의 죄
때문입니까?』
라고。하니 3예수께서 대답하사
『자기의 죄나 부모의 죄 때문이아니라、이는 그에
게 하나님의일이 나타나 지기위함이다。4이 낮사이에
하나님의일을 바삐 해야한다。밤이 온다。그때는 누
구든지 아모일도못한다。5내 세상에있는사이는 세상
의 빛이다。』
라고。6말슴하시고 땅에 침을 뱉어 침으로 진흙을 이
겨서 눈먼사람의 눈에 발으시고 말슴하시기를
7『가서 시로암(보내여진것이라는뜻)의 못에서 씻어라。』
라고。그래서 그냥 가서 씻었드니 볼수있어서 집으로
도라갓다。8그러니까 이웃사람들과 이왕에 그가 구걸
하든것을 본사람들은 말하기를
『이사람이 앉어서 구걸하던 사람이 아닌가요?』
라고。
9『아하 그사람이 얘요』
라고하는 사람도 있고
『안입니다。비슷하기는 비슷하지만』
라고하는 사람도 있었다。그가 자진하야
『그사람이올시다 제가』
라고하였다。10사람들은
『그래 어떻게돼여 네 눈을 떳느야?』
라고하니 11대답이
『예수라는 어룬이 진흙을 익여서 제눈에 발으고『시
로암에 가서씻어라』고하셧서요。그래 가서 씻었드니
보입니다 그려』
라고。12그들이
『그사람이 어듸있느야』
라고 물으니
『모릅니다』
라고 대답하였다。
13그들은 앞서 눈멀었던사람을 바리새교인들게로 더부
리고 왔다。14예수께서 그의눈을 씻어 뜨게하신것은 안
식일이였다。그러니까 15바리새교인들은 어떻게 볼수있

요한복음

게 되였느냐고 다시 물었다。 그는
『그이가 제눈에 진흙을 발으고 내 이것을 씻었드니
시방 보입니다』
라고 하니 16바리새교인중에는
『이사람은 안식일도 직히지않으니까 하나님으로부터
온것이아닙니다』
라고하는 사람도있고 또 다른사람들은
『죄인이 어떻게 이런 기적을 행할수있겠어요?』
라고도하야 의견이 서로 갈라졌다。 17이에 그들은 그
눈멀었던 사람에게 거듭물어
『네눈을 뜨게하였으니까 그사람에게 대한 네 의견은
어떠냐?』
라고하니 이사람의 대답이
『그어른은 선지자입니다』
라고。 18인제는 유대사람들이 그가 소경이였든것이 보
게되었다고는 아직 믿지않고서 눈떠워진 사람의 부모
를불러 19묻기를
『이는 갓날때부터 눈이멀었다는 너희 아들이냐? 그
가 지금 어떻게되여、볼수있느냐?』
라고。 20그양친은 대답하기를
『그 우리아들인것과 갓날때부터 눈멀은것은 우리압니
다。 만 21지금 어떻게되여、볼수있는지는 우리 모릅니

一四

다。 또 누가 그눈을 띄웠는지도 몰읍니다。 저하고 물
어보시지요。 저가 장성하였으니 제질로 제대답을 하
겠읍지요』
22(양친이 이렇게 말한것은 유대사람들이 두려웠기때
문이었다。 그것은 유대사람들이 벌서 예수를 그리스도
라고 고백하는사람은 제명하기로 협약하였기때문이다。
23이렇기에 그양친이 「저가 장성하였으니 저하고 물어
보라」고 말한것이다) 24그래서 그들은 눈멀었든 사람을
두번째 불려서
『이제 하나님을 찬송하여라。 우리가 잘 아는바이지
만 이사람은 죄인일따름이야』
라고하니 25이에대한 그의대답이
『그어른이 죄인인지는 저는몰읍니다。 다만 한가지 아
는것은 저는 이왕 눈멀었든것이 지금은 볼수있는것
입니다』
26그들은 또한번 더물어
『그가 네게 무얼했어? 어떻게 네눈을 띄웠어?』
라고하니 27그가 대답하기를
『제 벌서 일너들였는데도 들지않으시면서 웨 자꾸만
들으려고 하세요? 당신네도 그제자 되고싶읍니까?』
라고하니 28그들은 화를 내여

靈感에서

아ㅣ苦難에歡喜하는 忠實한聖徒들아!

悲運에讚美하고 逆境에춤추워라。이는 福音안에있는消息이오 하늘아버지의 養子된證據로다。眞實로 너의들이 福있는者로다。겟세마네東山에 애끌는任의祈禱 갈보리山上에 가엾은任의 苦刑은 오ㅣ罪惡에덥비고 死亡에悲哀하는 萬代의罪人을 爲함이아니든가? 아ㅣ 그리스도의 熱血에젖어 死亡과陰부를 征服한聖徒들아 피땀의 그ㅣ祈禱 가엾은그ㅣ苦刑은 너의의갈길이오 너의의격글바이로다。이는 곧任의心臟을 닮아가는靈이오 福音의印을開折하는 聖徒의일이로다。하나님의뭇子女가 나타나기를顧待하는 萬物들이 오ㅣ聖徒들아 너의의榮光을얻어 너의의살과 너의의피로 調和되여 自然스러운 그ㅣ福音의世界卽天國인새예루살렘을 이루고있나이라。아ㅣ福스룹도다 患難에질기는 聖徒들아 너의의앞에는 사납든獅子도꼬리를치고 奸巧한옛배암(肉)이 誘惑을못하리라。이ㅣ얼마나 아름다운生涯이냐。하늘의萬軍이 오히려부러워하리로다。그ㅣ얼마나 福스러운 비밀이냐。天使가 알가바도尤甚두렵도다。

새예루살렘、수정같은 琉璃바다(福音光線)에 統治를받아 歡喜에춤추는 聖徒들아 너의의밟은 그땅은 꿀과젖이흐르는 가나안의福地(福音)이요 너의의먹는糧食은 감추왔든마나(生命)이오 너의의 입은옷들은 變化山上에서 베드로가 보고놀라든 예수의흰옷、卽任의피로지은 勝利의白衣로 화하리로다。아ㅣ聖徒들아 永生의任이 함께하노니 死亡을잊어바리리로다。富饒의任이 함께하노니 艱難함을 잊어바리리로다。오ㅣ新郞되신 愛의任께서 감추왔든生命을주노니 飢渴을 잊어바리리로다。四時長春으로 흘러나리는 生命水시내로 引導하노니 永遠히渴함을 잊어바리리로다。卽任이 너의안에運動하고게심애 그만이오、하늘全幅이 너의것임애 고만이였나이다。空中에나는참새한마리도 深谷의岩間에滿發한 白合花한송이에도 오늘있다가 來日아궁에던지는 野草하나이라도 生命의氣運을부러넣어주시거던 又況聖徒들에게랴。아ㅣ이를 切實이信仰하는 勇敢한聖徒들아 苦難에기뻐하고 患難에질기리로다。任이밟든 그ㅣ길을 아니가고어찌하며、任이마신苦盞을안마시고어이하며、任이받은 苦境을아니받고어이하리。不信의世代들은 우리들을 바려도 우리任은迎接하야 기리품어주옵소서。當身을生覺하여 이ㅣ마음이 기뻐다할진댄 任의形像을 닮아가는聖徒들이야 그ㅣ얼마나하리요。

오ㅣ任이여……더ㅣ더ㅣ充滿하게 完全하게 確實하게 하옵소서。아ㅣ任의품에 깊이안긴 二十世紀의聖徒들아! 不完全한 이世上 平安이 滿足이 自由가없는이世代 罪惡의칼날은 날카로워지고 무시무시한暗黑은 사납게도덤벼드는고나。거츠른돌작밭같이 얼크러진荊田같이 갈길은

險惡하고나。毒蛇의毒牙들은 상하려하는고나。그러나 그것들이 敢히害치못하리라。慘憺에 潛伏된心靈들이여 恐怖치마러라。勝利의 任은살아게시나이라。任께서 선물로준 白馬를타고(勝利) 입으로나오는 福音의利한劍으로 그ㅣ모든惡輩를처서 물리치고 主의품안으로 더욱突進하리로다。옳다ㅣ不完全에서 完全으로 暗黑에서 光明으로 死亡에서復活로 肉에서靈된 그ㅣ승리의任이 우리의갈길이아닌가。——로고쓰가 肉身이되여 이따우에살아 恩惠와眞理가 充滿함이 너의의糧食이아닌가。

아ㅣ不幸스러운 聖徒들아 나날이當面하는 慘憺한事變에 그悲境에 따갑고쓰리워 견델수없더라。福되도다聖徒여 꺼리지도말고 落心치도말리로다。오 이모든참담 이모든암흑은 그대들의 信仰에征服을當하야 하늘을건는대도음이되리라。그ㅣ옛날任의 짤막한平生生活이 慘憺과暗黑이아니든가。齷齪한十字架가아니든가。아ㅣ그는 母胎부터十字架이였다。그의母親마리아는 다윗의血統이오 유대에서世代로名族이든 巨門의處女이고 또는모세의嚴格한律法아래있는 純潔한處女로서 요셉과定婚하고 成禮하기도前에 孕胎함이되였다。모세의 律法에비추어서는 餘地없이돌로처죽임을 當할處地이다。아ㅣ마리아의 그ㅣ苦痛 그ㅣ苦悶이 어떠하였을가。그는알지못한 秘密한눈물을 한없이흘려스리라。故로어머니마리아의 胎中에있든 그ㅣ예수는 十字架가아니고무엇이랴。오ㅣ우리주任은 母태로부터 三十餘年의生活全部가 말로形言할수없는 逆境이로다。옷음한번이없는 暗黑이오悲運이다。

아ㅣ任의 그短縮한生涯 그ㅣ암흑한險路는 아버지의榮光드러낼 權能의材料가아니든가。하늘의全幅을 나타낼秘密의役事가아니든가。이ㅣ奧妙한 信仰의創造인 秘密의攝理는 그ㅣ누가알았을가 主가알었으나世人은몰랐으리라、그리스도의靈의 創造의妙手에 사로잡힌福스러운 聖徒들아 齷齪한그ㅣ苦難、慘憺한그ㅣ十字架는 任이주신선물이로다。울릴때울고 옷길때옷으리라。오ㅣ그대들의 눈물도 主의눈물이오 그대들의옷음도 主의옷음이로다。그ㅣ옷음 그ㅣ눈물에 聖徒들의信仰은 自由스럽게자라리라。靈智는 넓어지고 讚頌은 넘치리로다。이는主를만진經驗이오 아버지를뵈올資料이리라。喜勞哀樂을 같이하는 아ㅣ모든의聖徒들아 生命의任 愛의任 예수그리스도께서 거치른빈들이되여 荒蕪하고 腐敗한이따 即不信의이世代우에 그대들을두시고 게심도 當身의뜻그대로이며 또한信仰의 사람만들어 永遠한讚頌 無窮한榮光을 받고저하심이로다。故로逆境에 歡喜하는者福音의人이오 悲運에讚美하는者 信仰의人이로다。이가 天國의화분이아니고 무엇이랴。肉暗을突破하는 오ㅣ二十世紀의 聖徒들아。

그대들의 前途에는 失敗도失望도없는 無窮한勝利이로다。當하는萬事 破壞되는事變등은 福音의印을開折하는열쇠가되리로다。아ㅣ이를 通過하면서 눈물겨운그ㅣ讚頌은

열줄거문고의 音律의曲調가되여 님의귀를 질겁게하는아름다운樂器가되리로다。말만이아닌 空想만이아닌 거짓이아닌 信仰의妙法에서 實地요眞實이였나이다。

이를 경험치못한者누구이냐。아직너는 不信이였나니라 아직육으로나서 육대로사는者이니라。아ㅣ現敎會 所謂그리스챤中 이ㅣ뜨거운經驗을가진者 그ㅣ얼마나되는가。아니 있는가없는가? 現敎會敎人들아 人間의쓰라린 傷處를가지고 이ㅣ뜨거운經驗을가지라 福音光線에서 고침을받어라。오ㅣ天國은 아직못가도 天國에살며 主와함께먹고마시는聖徒들아 보지는아니하였을지라도 眞理로보고만지며 기뻐하리로다。分明이 죽을사람이나 永生의白石을얻은聖徒들아 아직얻지는못하였지만 永遠無窮의나라 새예루살렘은 그대들의心靈에 創造되고있나니라。

예수말슴하시대『天國은 여기있다저기있다 할것없이信仰者의마음에있다』고 하시였다。

아ㅣ이땅을 福音의世界를만들어 저ㅣ天國에 突進하는今日의聖徒들아 그대들의앞길을 막을자 世上에그ㅣ무엇이냐。悲哀도 反逆도 死亡도 飢饉도 사탄(肉)도 天使도 敢히막을者없으리라。聖書에曰『아바지께서 내가보내인者는 다ㅣ내게로올것이며 또는 내게오는사람은 결단코한사람도빼앗기지않겠고 빼앗을者도없으며 惡한者가만저보지도못하리라』말슴하셨나니라。오ㅣ울면서 기뻐하는聖徒들아 그ㅣ歡喜그ㅣ所望은 끊을者도없고 빼앗을者도없으리라。그대들의 비밀한內容을 그ㅣ누가 알아줄것인가。아ㅣ님은 아라주리라。또한聖徒끼리만 秘密을서로交換하리라。하나 肉으로나서肉으로사는者 이ㅣ秘密을 도무지 모르리라(롬八〇七)。

아ㅣ聖徒들아 聖徒들아 今日의聖徒들아 苦難에기뻐하고 患難에즐기라 悲運에讚美하고 逆境에춤추워라。새예루살렘 即福音光線이 그대들의背後를 발서덮었나니라。光明한아침 해빛이 쉬 속히오리로다。할렐루야아멘。님이여 오시옵소서 오시옵소서 否絕이否絕이 恒常臨하시옵소서。宇宙에감초인 大ㅣ秘密의 約束을 聖徒의 고막에나타내여주소서。速히 이루시옵소서。아멘

오ㅣ先生님 無知한徒輩들의妄彈된批判을當하면서 얼마나 안타까움을 感하시나이까。얼마나괴로움을 느끼시나이까。福音의 利한날선劍으로 그것까지 정복하소서。天國路로 향하는先生님의걸음을 빠르게催促하는機械物이되리이다。조금이라도 꺼리지마옵소서 그것이곧殉敎의生活이였나이다。오ㅣ今日의殉敎者들이여 피와살을쏟으시옵소서。아ㅣ愛慕하는 우리先生님이여 小生이無秩序한微한글을敢히또올리나이다。容納하시옵소서。이ㅣ無儀式 無秩序한글을 眞愛의心情으로 고처보옵소서。이는 小生의靈感대로소이다。愛의先生님 그ㅣ貴重한時間을數次虛費되게함을未安千萬이외다。福音안에서 찾아뵈온愛의先生님 됨으신사랑만依支하여 安心하고 이글을拜送하나이다。오ㅣ先

生님 巨大한理解가계실줄믿사옵나이다。오ㅣ親愛하시는先生任八月九日午前十一時半에聖朝誌舊本二十冊받자옵고 너무나惶悚하옵고未安합니다。一分의값도없이 많은冊子를恒時받사옵고보니 懦弱한이등에負債가重하와 견딜수없오이다。빈주먹만불끈쥔 이것들이 어찌하오리까。오ㅣ우리先生님이여 主와함께 우리를불상히녁이소서。우리를위하야犧牲의피를 끝까지흘리소서。賞은 우리主님께서 가푸리이다。

오ㅣ하늘에게신 우리아바지여 先生님과 우리사이에오고가는내막을 當身은 밝게아리로소이다。아바지 아바지 우리는 아무것도없는 빈손든者이옴애 이ㅣ사랑의 負債를어찌하오리가。아바지여 當身이가푸시옵소서。아멘아멘 『內村鑑三論에答하야』란 先生님의글과 其外에 여러先生님들의글等을 한참에다ㅣ읽고 句節句節이 아멘아멘의同感은마음深處에서 自然스럽게 充溢하나이다。感謝와讚頌과榮光은 主예수께로돌리나이다。 그리고 八月十二日 聖朝七十九號、十三日六十五號、十五日에六十一號 數次拜受하였나이다。읽을때마다 所感이不少하옵나이다。

값없이 보화를던저주시는 先生님 內村先生님께대한글들이 그립소이다。聖朝誌舊本에 記載된것이있아옵거든뵈여주옵소서。小鹿島 靈의親族들이 特別問安하옵나이다。

그리스도의 福音光線안에서 無窮한榮光 永遠한平康을無限히 누리시옵소서。할렐두야 아멘。(下略)

一九三五年八月十九日 염치없는 文信活 拜上

【城西通信의續】께바치고 참다운信徒가되여나가겠읍니다。이××에朝鮮人의禮拜堂이 어데있는지모르고더욱히先生님께서說敎하시는敎會로다니구싶으니 指導하여주심이如何하심니까。九月七日〇拜上』

九月九日 (月) 昨日書信을接한某마리아를今日午後에尋訪하다 다시契合할 餘望없음을보고 悲憤不已。

九月十日 (火) 咸兄來信에『(前略)「歷史는 今後남은것이「生活에 나타난苦悶狀」「苦難의意味」「歷史가 指示하는 우리의使命」等三章이 남았읍니다。三回로畢하야今年中에 다되였으면좋겠는데어찌될지오云云』

九月十一日 (水 小鹿島의새벽消息『오늘새벽은 유달리落葉이많이쓸렸있옵니다。컴컴한東天이 아즉도새기前에 집지에서 흘티오는 새벽讚美소리는 파라다이스를如實이말하누것같옵니다。그러니가 훌연이東쪽한울이 별안간환ㅣ하여 마치讚美소리에應하시는 聖神의빛인듯십습니다。

先生任 이아름다운自然과讚美와는 잘ㅣ 配合되는것같읍니다。그래서 生은하나님이 이땅에運動하심을 더욱느끼니다。보담도昨昨日에찾어준 聖朝九月號와 二〇號十冊으로 느낀感激를 새삼스러이깨닫고 只今이片紙를씁니다。쓰면서도 十字架에달리신主께서아즉도사라계서 役事하심을 더한층느끼나이다。아즉도날이덜새여컴컴합니다。亂筆을容恕합소서。一九三五、九、一〇日새벽』

九月十二日 (木) 秋夕。한울은높고 달은밝고 마음은 뛰놀고主예수그리스도를向하야。

九月十三日 (金) 氣溫急下。바야흐로秋色。今日 市內雲泥洞에柳錫東兄을 叅訪하고 久阻하였든情懷를 풀다。듣고보니 其間에有形無形의群小惡鬼輩徒의劃策이많었다고。우리自身이試惑에 들지말고兄弟들로하여금蹉跌없게하기爲하야 友誼의復舊가必要함을切感。

九月十四日 (土) 製圖와籠球監督。

九月十五日 (日) 聖書硏究會。今秋의第一回、會合時間을午前十時로變更하다。所有物의多寡와生命이라는題로聖書硏究의意義를再考하다。午後물에산에。郊外의秋色漸入佳境。

城西通信

一九三五年八月十五日 (木) 本誌第八十(九月)號의原稿를 印刷所에 보내다。(利太利對에티오피아戰爭은 아직까지도 新聞紙上에서만危急한 모양이다。

八月十六日 (金) 京城博物教員會採集會에參列키爲하야 午前七時半發車로仁川行。歸途에誌友某氏 驛頭까지 餞送하여주어서 이야기하는中에 內心으로 故李容道牧師를 무想及하지아니치못하다。李牧師의末年에 무슨失手있었든지 世上問題된後의 彼를 만나지못하였음으로 알수없거니와 우리에게 남은彼의印象과 저가紹介한 친구들을 보아서 아무리하여도 저가惡人이라고는 判斷되여지지않는다。나무의善惡은 그열매로 알고 사람의如何는 그 친구로써 判別함이 古今의通則。(歸宅하니 東京으로부터 藤澤音吉氏來訪。『人間內村鑑三』을著述할터인데 그材料蒐集으로 旅行中이라고。內村先生의親筆로쓰인 原稿數枚를주고가니 이런紙片도 所謂內村弟子라는무리들과 世上骨董品을 사랑하는者들께는 발서寶物化된것을 可히推測。不遠에內村神社建立의議도 全無할것같지않으니 內村先生을爲하아 哭한들快하랴。두고간古原稿紙를 要求하는이가 있거든 없어지기前에 二錢切手를添하야申込하라 勿論無代進呈할터이니。

八月十七日 (土) 休暇中當直으로登校。

八月十八日 (日) 午前中은 生徒五六人과함께 물에산에。蓬萊町—龍山—梨泰院里복숭아밭—漢江里의鷹峰아래藥水—水鐵里의水道配水池까지一週。(午後는母親님모시고 東小門外清溪洞上流의瀑布에서「물마지」의 物理治療。

八月十九日 (月) 博物標本室에 펭키塗替하기爲하야大整理。整頓과燒却。힘들기는 하나 때때로 하여야할일。(家人들은 것먹는아이까지 모다清溪洞上流로 물마지。輔國門으로서 北漢山城에 出入하는途中의 이瀑布에 前來하는固有한 이름이없었다면 「養老瀑布」라고나 부를까하고 생각을 오르네리다。서울近處에 없는方法이나 物理治療의効果는多大하다。多少의設備를 加하였으면 非單우리家族뿐아니라 널리京城府內外의 老父母들의健康을 이곳에서 再建할수있을듯。胃腸病 眼疾 皮膚病等은勿論이오 其他류마티스 婦人病等等의 有名無名의病에効果의範圍도 꽤 넓은것이다。

八月二十日 (火) 登校하아鑛物標本整理

八月二十一日 (水) 鑛物標本整頓의틈을 타서校正。

八月二十二日 (木) 高城金成實氏入京中 而談。우리의共通한 친구를爲하야 祈禱할수있었음을感謝。(小鹿島의嘉信如左

『金先生님膳物를받고

내가敬慕하고 가장사랑하는先生님게 몽당鐵筆로써 삼가 이글을올리나이다。主筆先生님께서는 한손으로 養正高普敎鞭을잡고 또一方으로는 聖朝誌編輯等多方面으로 奔忙하심도 不拘하시고 南鮮一隅多島海바다 무른물우에 섬中에도 가장작은小鹿島를 잊지않으시고 사랑의선물을 아니괴어던 血淚의선물을 받을때마다 惶悚하고도 未安함을 禁치못하겠읍니다。先生님小鹿島는 文字그대로 小鹿島입니다。怒濤가襲擊할때에는 쓰러질듯한小鹿島, 고요한날은조으는듯 默想하는듯 瞑想에깊이잠겨 이섬에 거츨고恨많은過去를回想하고 追憶하는듯한小鹿島 先生님께서는 누구보다도 이島民을保護하고. 사랑하시고 깊이同情하시는 갸륵한뜻으로 每月十二日頃에는 無代價로 無條件으로 福音의眞理 基督教의根本精神과 聖書原理그대로 한결음더나가人間에進路와道德을실고. 落望과詛呪에 彷徨하고 暗黑에싸여서 孤島에서 社會의情勢를모르는우리에게 社會의消息을傳하고、보다더 滿洲를爲始하야 海外의 새로운뉴스를 滿載한聖朝가 到着할때마다 小生우새로운感想 새로운感謝 새로운그무엇을느끼고 聖火의爆彈이爆發하더이다。아!先生님 지난八月어느날午後에 小生의눈에는 하염없는 눈물이흐르고. 不意에그무엇에 어더

맞은것처럼 머리가띵함을느꼈읍니다。그것은무엇입니까 그것은그리스도의 純眞한愛에發露인 先生님의선물이였읍니다。不足하고 아무功勞도없고 아무것도안인小生에게 相當히高價인 훌륭한冊子 山上垂訓研究이란선물、先生님 나는내自身에게 이렇게反問합니다。너는聖朝社에무엇을주었느냐 聖書에도 말하기를 남에게對接을받고저하면 너의도 남을대접하라는 聖訓이있지않느냐 그것을알면 어찌하야 값도주지않고 남에 선물을받느냐하고 반문하였읍니다。아!先生님 나는慾心쟁이 野心쟁이가안인가하는 의아스러운生覺이남니다。小生은 嚴肅한良心에 酷毒한苛責을받고 이心情을慰勞하고 安定시킬곳을 찾어나갔읍니다。내가日常좋아하는 고요한海岸白沙場에 조심스리앉어서 銀波金波가수없이뛰노는 바다우에 指向없이떠나가는帆船을바라보면서 이런空想을하였읍니다。이몸마저 海水되여 俗世에 醜한맘을 淨潔히씨처 海水와永遠히同行할수없는가하고 중얼거렸읍니다。先生님이곳은섬인니만치 바다가좋읍니다。손을내밀면 海水를움켜쥐리만큼 바다가에있읍니다。小鹿島癩族에 쓰라린歷史를실고 바다물은千古에變함이없이 始終如一하게 오로지흘르고있읍니다。悠悠히흐르는 바다물을타고平和의王國을찾어 自由의「유토피아」를찾어 이몸도물결따라 永遠히千里고萬里고 億萬里라도 浮萍草같이 흘러가고싶을만치좋읍니다。九萬長空 悠悠히빛이는밝은달아래 小生은홀로앉어서 先生님선물에對하야 이렇게生覺했읍니다。金先生에게 多大한恩澤을입고 나는무엇으로갚을까 長長한앞날에順風이불겠지하고 漠然한生覺을했읍니다。아그렇다 나는癩에捕虜는되였으나 明日에太陽과같은 아니、불같은希望을갖이고있는靑春이않인가。히미하고 실오락지(絲)만한그무엇을向하야 永遠한未來를바라보고 힘차게邁進하리라。希望에불타는 이런空想을하다가 문득左와如한 聖火誌에실린 詩調한句節이 記憶났읍니다」

靑春아네게 눈물이있느냐
잦어지기전에 맘껏울어라
눈물은靑春에 가장큰힘
다만義를爲해 울어라

靑春아 네게우슴이있느냐
슬품이오기전에 맘껏웃어리
우슴은靑春에 가장큰武器
다만義를위해 웃어라

靑春아네게 피가뛰느냐
식어지기전에 맘껏싸워라
싸움은靑春에 가장큰자랑
다만義를爲해 싸워라

先生님 同情品에對하야 小生은뼈가저리도록 울어도웃어도、피가되도록 몸부림을치도 오히려못갚을줄압니다。先生님小生은 아직 스물다섯고개도 채못넘은 꽃다운靑春이올시다。나는過去에誤謬을淸算하고 永遠한앞날에 期必코좋은靑春이되여서 당신에선물을갚으려함니다。되도록將來에 偉大한先生에性格을 模範하여서 小生도義를위해 울고 義를위해웃고 義를위해奮鬪努力하고 싸우려하나니다。私利私慾이 遍滿한이時代에 當身만은貴聖朝誌를 必要하다고認定하면 無代價로 五千部식이라도 躊躇하지않고 小鹿島患者를위하야는 供給하여주마하신 先生님、當身은小鹿島문둥이에게 全財產을 喜捨하느심이올시다。오ㅣ同患들아 이論文을보았느냐、보았으면 敬虔한誠意를 모아 痛哭하고 滿腔에謝禮를하여라 우리도先生을위하야 聖書朝鮮의將來를위하야 獻身하자 아니犬馬之力을傾注하자。先生님十燭燈밑에서 頭序없고 선선히도라가지도않는 펜작난을넘우해서 罪悚합니다。끝으로先生님貴體健康과 아울러聖書朝鮮의壽命이 永遠이라는 앞날을向하야 우렁찬소리가發하야 腐敗한全世界人類의 心臟과耳膜을 餘地없이치기를 小生은두손을合掌하야 거듭거듭바라면서 (끝)

一九三五年八月二十二日

南生里이에서深夜 『金桂花拜上。

祝聖朝社 黃仲五 玉祚錦 廉萬石』

八月二十三日 (金) 登校하야 博物標本整理의틈틈에校正。○某高普校長先生의音信에『金兄 오래隔阻하였읍니다。보내주신聖朝誌로서 金兄의近況을알었읍니다。聖朝誌를 每號下送하시나 感謝함을 이기지못합니다。每月定하여놓은 讀者가 발서되였어야할것인데 이제까지온것이 부끄러운일이외다。이번에 入學志願을하겠아오니 定規로 入學을許하여주시기를 바랍니다。

얼마前에 鄙地에서 病氣療養中인 鄙校前校長○○○先生을 訪問하였더니 談話中에 兄의健康을묻길래 大端身體가 健康한분이라고하였더니 보내주신 聖朝誌에서본즉 金兄께서 기침을하신다는 記事가있더라고하였읍니다。저도 그런記事를읽은記憶이남니다。S先生은 自己가病中이라 他人의健康問題를 곧생각하시는모양이나 제가느껴진것은 金兄의일이 過重하다는것이었읍니다。中等教員生活中에서 그와같이 自己의氣魂을 부어넣은雜誌를 每月校正까지하여 내놓는다는것은 누구나할수있는일이못되고「참으로용하다」고할수밖에없읍니다 힘드는일이니만큼 金兄의健康까지도 念頭에올랐든것이외다。云云(下略)』 이入學志願에對하야入學試驗問題를提出하되 「中世紀의神秘主義와 루터」라는題目으로써 聖朝誌十頁分(略一萬二千字)以上의論文을 提出하여야 許可한다는것이었다。

八月二十四日 (土) 母親님모시고 . 清溪洞養老瀑布에 물마지하면서 アン・ジャドン傳을讀了하다。비위에맞는 飮食物을勸해주는이가 있는것처럼 좋은傳記를 골라보내주는이가있음은 나의靈的비위를 바로마춘것이니 고마운생각도各別。但이번冊은 卷頭의文章이 넘어華麗하여서 몇頁만읽다가 嫌症이생겨 던저두었든것을, 보내준이의情誼를생각하고 억지로 읽었드니「가나」의酒宴과같이 처음맛보다 나중맛이漸佳。처음은 文章의修飾이많고 나종은事實의記述이充實하다。美文은虛飾이오事實은雄筆。무릇傳道에 뜻하는兄弟는 이 젊은夫妻의實記를 一讀할것이다。

八月二十五日 (日) 金宗洽兄來訪。楊能漸氏까지合席하야 旣往及將來를談論多時。

○小鹿島消息如下

『愛의先生任

先生任先生任 愛의先生任 몇번이나부르면 이마음이 씨원할까요? 사랑의빛을너무도 무겁게진小生은 진시라도 몇자의글이나마 先生任께올려 이무한의感謝를萬의一이라도 표하랴는 生覺이 微微한 이生의마음에 壘壘이싸여있었더이다。그리하오나무슨말을올려서 이마음에끌어올르는 感謝를표할가하는마음에 이리生覺고 저리生覺다보니 七八個月이란時日이 그자이로흘러가버렸나이다。容恕하시옵소서 그리스도의그無限하신사랑과함께 一冊二冊을要求하는小生等에게 이제와서는數十冊이란 수에달하는聖朝誌가 癩界의땅에떠러저 고달픈우리의心靈들을 한없이 躍動시키나이다「옥토에떠러진씨가되여 結實함이百배나 二百배나되나이다」오—愛의先生任수十冊에달하는聖朝를 無代金으로보내시면서도 代金을받고보내는그便보다 오히려기쁘시게 보내주시는 先生任의그熱烈한愛心 아—이를본小生은微微한글이나마 붓대를아니잡고는 견딜수없나이다。文兄앞으로오는 聖朝誌한질은 小生이받아보나이다。每月每月빠짐이없이보내주시는、先生任의愛心인 聖朝誌를빈손만내밀어 받기만하니 오—先生任받을때마다 이얼골을붉키면서 다못우리구주예수님께 感謝할뿐이외다。先生任 이感謝이愛心이無代金 이모—도를구주인 예수님께맡겼아오니 우리주님께서 담당하서서 先生任께갚으려하오니 받으시옵소서。先生님小生은 심히孤寂함이설설합니다。따라서禁치못할것은 눈물이람니다。따뜻한어머님의무릎을떠난지도 발서오래이외다。愛情을난우든兄弟와離別한지도、또한인연깊은故鄕의山川을 등진지도발서옛날이라고 부를자리로흐르고마렸나이다。이모—도가 微微한이記憶에 또하微微한 이두뇌속에는 사러지지않고 꼭박키여있나이다。母性愛母性愛 오—어머님의무릎을 떠나든그순간 病마에끌리

여 머ㅣㄴ나라로떼여보내는 어머님의마음 兄弟들의愛情이 모ㅣ도가 小生의짤막한生涯中에 가장눈물겨운일이엿으며 큰비극中에하나이엿더이다。그일을生覺하고 눈물을흘러나이다。개암이 채박휘돌듯이 조고만한명 이外에는다시 더自由가없는 孤島中에서 넓은저社會自由있는저世上 오ㅣ父母兄弟故鄕의山川이 모ㅣ도가그립고 보고저하야 외로옴을느꼈나이다。흐르는 이눈물을누가 딱가줄자없나이다。누가위로할者없나이다。

오ㅣ先生任 感謝에노래하게하며 歡喜에 춤추게하는 愛心으로보내주시는 聖朝誌만이 唯一의벗이요 唯一의慰勞이엿고 唯一의平安이되나이다。自由있고넓은저社會 아ㅣ그는 사자의아궁이와같이 두렵고도무서워요。거기에는 누가반가히 歡迎하리없고 기쁘게손을잡아 대접하리가없는 저社會를 小生은무서워하나이다。또한 惡이極度에達한저ㅣ社會 사자의 니(牙)빨이 나는무서워요。

天國列車를탄 小生等에게는 적은島中이나마 이곳이곧(待合室)天國列車를탄 우리들에께는 聖朝誌만이틀림없는車表이외다。문둥이문둥이 이글자三字만보아도 소름이 끼치는 이문둥이들을 이처럼사랑하시나이까? 同情하시나이까? 우리라는 書字를붙여「우리문둥아」라고多情하게도 부드러온음성으로서 親히불러주시는 愛의先生任이여 발서 쓰레기통에바린바된 우리문둥이들로 先生任의문둥이를 삼으셧나이까?

「聖書를朝鮮에」「朝鮮을聖書우에」여기에서 數年동안을勞力하시는 先生任우리癩界우에 聖書를세웠나이까? 처참하게도떨고있는 가련한靈魂들을 聖書의이불로써 따뜻하게덮어주셧나이까?「적은者하나의께行하누것이 곧내게行한것이다」오ㅣ先生任아바아바지보시기에 이가얼마나아름답고 이가얼마나妙하겠나이까。많은상을받으시옵소서 無限한祝福을받으시옵소서。그리스도예수의께로 부터오는 이恩惠와祝福을聖朝에수고 하는여러先生任들과 무한이받으시옵소서。그리하야이땅덩이가 뒤집혀저서 天國化하도록 힘차게웨치소서。오ㅣ聖朝聖朝고적에 울고있는 이小生들을 얼마나慰勞하였난지요。聖朝를손에들고 첫페ㅣ지로부터 字字준준이 읽을수록 유순하게흘러오는 이산말슴들은 고적에서수려우는小生等의마음을 얼마나어루만지주었난지요、오ㅣ愛의先生任 가장천한문둥이를 도우려고 울면서옷어주시나이까요。果然先生任은 우리의랍비요 우리들은 先生任의 문둥이가되였음을 한없이즐기나이다。그리스도안에 찾어뵈온 先生任 靈으로 보고사핀者이오며 靈的교통은날로때로 여전히교통하자이다。비옵나니 聖事業이 날날이 새로워저서 목적한바의「聖書를朝鮮에 朝鮮을聖書우에」되여지이다。

헝클방클한글이 너무나같어저서 최송죄송하옵나이다。용서하시고 눈ㄴ보아주시옵소서 小生이역시 위장病으로 날날이괴로옴을당코있나이다。오늘 또朝食을먹지않고 고요히 책상에의지하였드니「혼다메」에곱헌 聖朝誌가 一二冊이안이옵고 數十冊에達한 聖朝가 곱히여있으니 이는小生이 조고맞이의受苦가없었고 조고맞이의勞力이나 또한一錢이란금액도없이 빈손을버려받아곱은 것이외다。이數十冊에達하는책을받아 연약한生命에 비료를삼으면서 엿태껏感謝함을 표하야 한字의글도 올리지못함이 自身으로부터 부끄러옴이 북바처올라와 [illegible]패한이 얼골을 붉키나이다。그리하야 다시는더참을수도없어 한자의글도옳게쓰지못하고 한마대의말도 바로하지못하는 이小生은부족함과 부끄러옴을무릅쓰고 힘없는이손에붓을잡고 先生任先生任 愛의先生任마음깊이 불르면서 이글을썼나이다。이연약한가슴을 떠밀고올러오는 감사 先生任에께 다올리지못하고 부족한筆手가허락지안하여 微微한붓을놓읍니다。

내내健康함과 聖神의能力으로서 날날이 役事하시옵소서。

一九三五年八月十六日(金)철없는河外烈은 愛의先生任께 진심껏올리나이다」

八月二十六日 (月) 擔任班生徒死別의報에놀라다。昨日漢江에서 船遊하다가 溺死

하였다하니 그父母의悲痛은 더욱甚할것。慰勞하고저市內冷洞에尋訪하야 屍體곁에서 暫時默禱。그祖母呼哭曰「상설아 너를사랑하시는先生님이오셨는데 너는어디로갓느냐 불러도대답이없고。十八歲에 키나작。나!」云云하니 實로痛絕한光景이다。함께 울수밖에別途없었다。史君의最後의通信은如下。

『放學한지數日이 넘도록 問安을드리지못하야 무어라고 말슴여쭙기어렵습니다。요사이日氣는 매우덥사온대 先生님氣體候一向萬康하옵신지요。저는 이곳오날날 每日學課를復習하오면서 身體를鍛鍊시키고 낮에는水泳을하면서 自然을벗사마 家事를조력하고있읍니다。前日에는 仁川가서數日間있다가近日에야 집에와있읍니다。할말슴은많사오나 이만끝입니다。

八月二十三日門下生 史相高 上書』

八月二十七日 （火） 今日約十枚의通信을받은中에 封緘三枚는 癩患兄弟의消息이니 可히盛하다할것이다。其一、二는小鹿島에서 其三은 熊本縣에서온것。小鹿島의一은如下

『金先生님前上白是

불꽃같은夏節의 마지막警鍾도울린지 半個月이經過하고 萬物의涼涼한가을철을마지하야、아니 우리靈魂의가을을마지한때 先生任氣體候安寧하시며 聖事業이 日益繁昌하심을 멀ㅣ니朝鮮南端에서 祈禱하나니다。就伏白

하나님의 거룩한事業에[illegible]一秒동안이라도 虛費치아니하시는 先生님의鴻大하신 功勞를 먼저 하나님앞에感謝드리고 남어지를느낀대로感謝를드리고 머ㅣㄹ니서기뻐합니다。沙漠에서 生水를尋訪하고있든 이어린아이를 하나님께서는 肉眼으로 뵈옵지못하신 저ㅣ서울서쪽에게신 先生님을通하야 나의渴症을免하게하신 하나님의恩惠感謝罔極하옵니다。今月二十日 午前九時頃에「聖朝誌」七拾九號가「盲友俱樂部」를 經由하야 敎弟의게로와서 기뻐게받아서 初頁로붙어 終頁까지 두번에分하와 一讀하얐으나 不學無識함으로 참뜻을알수없어서 하나님앞에참뜻을가르처주시라고 빌었드니 矜恤히보시고 愚昧한祈禱이나應하시기로 再三읽기를 始作하얐읍니다。읽은中에 모ㅣ다가貴重하신말삼이옵지만 더욱히 귀여운聖句는「軟弱하고孤獨한사람과 질그릇에담은보화」이두聯句를읽을때 敎弟의가슴에 傷處가瞬間에 깨끗함을받은것같고 敎弟의渴症을生命水로 免케하야주심을 感謝하와 기쁘고기뻐서「할렐루야」를부르짖으며 읽고읽고또읽을수록「꿀과젖」이끊임없이흐릅니다。그리하야 기쁨에넘처서 天父主前에「오ㅣ하나님 感謝합니다。主여主의攝理가아니였든들 어찌 서울서쪽에게신 金先生님과 南端조고마한섬한모퉁이에서 있난이아이와 알았을이요 하나님恩惠感謝함니다。사랑하신하나님 祝福하신우에 더욱더욱先生님을 祝福하시와 健康케하시며 하나님을더욱榮華롭게하야 주린靈魂많이 구원하도록祝福하야주옵시기를 罪많은者이나 우리를구원하야주신 예수의이름 받들고 祈禱합니다。아ㅣ멘」以上과같이 祈禱하얐읍니다。現世肉으로는 뵈옵지못하나 靈으로는 交通하다가 天國에가서는 뵈올줄믿고기뻐합니다。사랑하신先生님……肉體가世上에게실동안에 우리를爲하야 거룩한 일 많이하시고 生命水의샘으로 목마른靈魂많이 引導하야주시기를誠意를다하야알외오니 慈悲하신마음의로 下燭하야주시기를 머ㅣㄹ니서비나니다。

一九三五年八月二十二日 崔光鎬拜上』

○또熊本서온것은 이러하다。

『김선생님전상서

감사함을느끼지못하야 두어자을 상서하옵나이다。일기는식히더운이때에 모든불신자를위하야 부름으로 노력하시는 김선생님령육간 복음의광선이 되시옵심을 주님께 복축하옵나이다。연하시와 저는미안하고도 감사한것은 선생님께옵서 책을 三日間에十二卷을 부송하여기로 주님을상봉하것같이 김선생님을상봉한것같이 반갑게받아서 조선사람믿는이가 十餘名이상되는대 책볼사람은四五人됩니다。그래서 책을갈라주었드니 책이자미있다하면서 지금자미있게봅니다。진작편지를할터이온대 형편에의지하야 늦었아오니 만번용서하옵소서 여불비상서 　千文燮拜上』

八月二十八日 (水) 아침에 에베소書工夫。夕에李昌鎬君來談。大阪近處의基督教界消息을 많이듣다。○今日까지九月號校了。

八月二十九日 (木) 早朝에 빌립보書硏究。夕에 라지오 드라마沈淸傳을듣고 涕淚를禁키어려웠다。한게취一枚를 젖히고 洗面하고야 사람을對하기까지 울은것은 무슨까닭인가。다름이아니라 沈奉事의一言이爆彈처럼 나의靈台를擊破한까닭이다。(卷頭文參照)○밤十二時에 全日本中等學校 陸上競技大會에서二百餘校를制覇하고 凱旋하는養正選手들을驛頭에맞우다。

八月三十日 (金) 小鹿島文信活君來書。別文「靈感에서」가 그것이다。○夕에沈淸傳의라지오드라마感銘。亦是 우리의心臟은 軍談보다도 探偵小說보다도 春香傳이나沈淸傳에 몹시 울리우는듯하다。貞烈의後裔에信仰의聖徒가不出할것인가。(信仰에 눈뜨는 어떤 마리아의來信에『(前略) 임의信仰과는멀게기웠으나 主님의(先生님)感化로 人間으로써 宗敎를믿지않으면 人間다운 人間이못되믈 自覺하고있는今日은 自然히 信仰生活을하게되며 一日에몇번이던지 무릅을꿇고 머리를숙이고 祈禱하게됨니다。只今에와서 웨? 只今에와서 宗敎를理解하게되고 信仰없이는 살수없다고 뉘우치게됨은 聖스럽은先生님의 人格的信仰의感化인줄로믿읍니다。

끝으로 未練한小生을 많이指導하여주시기를바람니다。○○에移舍한지 몇일이안되무로 좀바뻐서이만끝입니다。

八月二十九日 門下生 ○○○拜上』

우리는 다만「와보라」고 그리스도를紹介할다름。우리自身은 질그릇의破片。

八月三十一日 (土) 九月號도産苦中에두고 八月이다갔으며、할일다하지못한대로四十日休暇도 지나가버렸다。嗚呼!

九月一日 (日) 當直으로登校。지난四十日을回顧하며 新秋의 새學期를企案하다。

九月二日 (月) 學期初에 例와같이擔任班에對하야訓話。全學期의計를立함으로 二時間에亘하야 잔소리하다。夏季休暇中에받은生徒들의 書信約百數十枚中에 옳게쓴것은殆無하고 한글綴字法에至하야는 實로言語道斷。因하야 今番은 特히文章修練의必要를力說하고「學燈」七月號와「한글」第三卷五、六、七號等의李光洙氏文章論을 座右에備하기를薦하다。博物敎師의脫線이 每樣如斯하야操心不已。

九月三日 (火) 우물과 마당에 세멘補工。滿洲에 자라는百姓에게 聖書를敎授하는某敎師의通信을接하고 爲하야祈願。

九月四日 (水) 九月號겨우出産되였으나 産苦에 시달려서 第九、十頁에 誤植이二十五字나 된것은遺憾千萬。追後로訂正할次。

九月五日 (木) 北國牧者의音信如左

『謹啓 先生님 時節은 박귀는듯싶사옵나이다。朝夕의찬맛은 가을의氣分을 確然히傳하야주옵나이다。其間宅內諸節이 다安寧들하시겠지요 先生님의苦鬪 멀니서보고만있읍니다。先生님께는 반듯이 勝利의기뿜이 늘같이하실줄믿습니다。모든것을 다이기신 그리스도께서 같이하시무로『사망을이기신主 산자의머릴세 죄사함받은 우리도 그함께왕되리』。항상主의손이같이하시옵소서。先生님 小生의 이北國와서牛羊과같이한지도 滿一年이되였읍니다。人生앞길누가測量하오리까 어듸를가나 生命의糧食은 늘있는줄믿읍니다。

先生님 苦熱에貴體 늘 살피시옵소서 主께서늘같이 하시는줄은믿사오나 或時는限定이있는 肉身의몸으로 너머過勞를하시는듯하와 或時念慮됨도없지않읍니다。生은別일없이 羊들과每日싸우고있읍니다。妻子도다이곳으로왔읍니다。北國에있어 高句麗의魂을찾아보겠읍니다。先生님 이北國일수록 조선의魂은 드문듯합니다。自我의覺醒 조선再建等等모든것이 主의攝理。(下略)』

九月六日 (金) 滿洲曠野에서 素人으로福音傳하는兄弟의消息에接하니 마치 어느使徒의書簡을對함같다。

『金敎臣先生님主恩中 道體平康하시옵소서
八月十日分불이신惠書를 今日에야 拜讀하옵고 感謝千萬이옵나이다。그동안○○까지 七百여리를도라서 今日歸巢하였나이다 北쪽으로 眞理를사랑하는熱이 뜨겁게불붙더이다。남아있든山上垂訓硏究十四冊은 이번에다돌리였나이다。부탁하신대로 참불만한이에게만 주었읍니다。

○○단녀나오는 一個月餘에 世上은변하였읍니다。主께서 工夫하는일을 只今막으심인지 ○○一帶의水害는 三百餘戶同胞의게 한결같이및이는동시 敎生도一粒米를거둘길이없아오매 不可不 工夫는中止하옵니다。(中略) 한五日間묵어서 ××로올라갈作定이외다。○○○氏도 잦우맞날터이외다 聖朝誌九月號부터는 ×氏와同住所로보내도좋고 그대로보내도 받을수는있읍니다。등사판에對하야 詳細하신글월을받자오니 감사합니다。古物이면 代價와運賃이 얼마나들넌지요。다만未安하고 섭섭합니다만 當分間은 또한어찌못할가봅니다。어찌하든지 冬期에는 ○○으로갈듯하오니 그때 어떻게하여보을까하옵니다。倍前愛顧하여주옵소서』

九月七日 (土) 某兄弟를通하야 誌友任愚宰氏의 病狀을詳細히듣고 一憂一喜。「不過盤根錯節이면 無以別利器라」고, 信仰의健否는 不治의宣言받은病床에서라야 判明하여진다。우리의信仰選手여 끝까지 그처럼 씩씩하라。

九月八日 (日) 뭍에산에。安國洞集合、李鼎燮先生을 病床에慰問하고 白岳山—城北洞—補土峴—文珠峰—養老瀑布—淸溪洞으로서 東小門。○君은 마리아의怨痛한音信을받고 同情不禁하다。

『(前略) 先生님 小生은 여게拙筆을들어 한마듸말을 올리고저합니다。只今××에가게시난 陸軍×少佐와四寸오빠의仲媒로 父母님의承諾下에서 二年前에 서울로시집을 왔읍니다。그야말로 틀림이없는 完全히착한사람이라고 그約婚當時 그를아는사람들은 異口同聲으로 稱讚을하였고 저의親戚一同이모다 선을보고 新郞이얌전하다고 稱讚을하였읍니다。그는그當時 ××會社支部長으로왔다가 다시京城에올라왔읍니다。시집을오고보니 그는얌전은하였으나 그의事業이 事業이니만치 섭섭한點도 없지못해있었으나 얌전한家門의後生이라는것으로 如何한苦痛이 있드라도 이시집을살겠다는마음으로、참말 그렇게禮拜堂에 가고싶어도 媤父母님을 어려워서 한번도못나가니만큼 시집사리를 他人들이 얌전히하였다고 모다원기니말입니다。시집사리에는 注意에注意를加하여 바뜨러오니만큼 媤父母님의사랑을 많이받었으나 當者가 서울시골로다니면서 正義에違反된行動을하니 떡도좀좀하였읍니다。그리하야意見衝突이 잦우생기였읍니다。

그意見衝突에原因은 이것임니다。저는자탈때 남을속인다든가 그런일을하는것을못보니만큼 異常하게보이고 싫었읍니다。그리하야「日常그職業을버리든가 그렇지않으면 같이宗敎에들어가서 正義의道를밟읍시다。웨!良心에 苛責되는일을하세요」하고그야말로 진절머리나게 원기여왔으나 今番地方出張事件의 滋味없는消息이왔기에 또話여하는말을하였드니 火를내면서『당신과나하고는 性格이틀리니 당신은聖스러운宗敎家나 聖스러운敎育家안테로 시집을갈사람이데 方面이틀리게 外交事業을하는사람안테왔으니 어찌意思가맞을理致있으랴。

도적질을하여도 손이맞어야쓰니 서로갈라지는것이 可하다고하면서 당신은 나에게限해서 刑事같이生覺키우니 同居할수없다』고하니 問題는커서 ××에서 여러사람이 올라온結果에 彼此諳어버리게되였읍니다。先生님 世上에異常한사람도있고……

모든것이 小生의運命에 밀밖에없읍니다。先生님波弄世間에태여난 人生에게 무엇이 足합이있으렵니까마는 世上이 하도철통하야 食不甘寢不安으로 죽고싶은生覺뿐임니다。

先生님 淺識薄學의徒로써 未練한付託을 함니다만 職業을좀紹介하여주시기를 渴望함니다。小生은今後에 철통한一生을 主님

【以下第十八頁에連續】

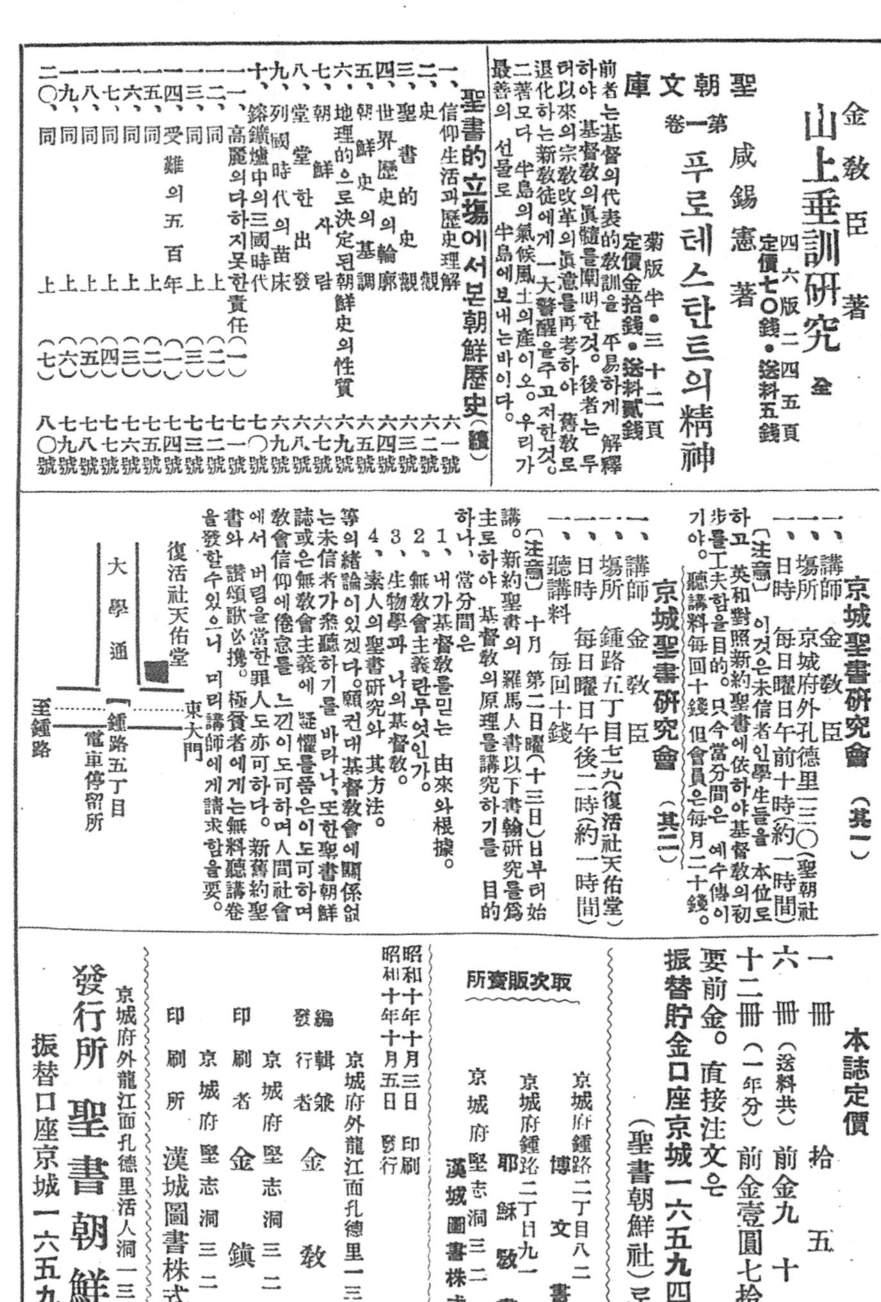

金敎臣 著

山上垂訓研究 全

四六版二四五頁
定價七〇錢・送料五錢

聖朝文庫 第一卷

咸錫憲 著

푸로테스탄트의精神

菊版半・三十二頁
定價金拾錢・送料貳錢

前者는基督敎의代表的敎訓을 平易하게 解釋하야 基督敎의眞髓를闡明한것。後者는 루터以來의宗敎改革의眞意를再考하야 舊敎로 退化하는新敎徒에게 一大警醒을주고저한것。二著모다 半島의氣候風土의産이오。우리가 最善의 선물로 半島에보내는바이다。

聖書的立場에서본朝鮮歷史(續)

一、信仰生活과歷史理解 六一號
二、史觀 六二號
三、聖書的史觀 六三號
四、世界歷史의輪廓 六四號
五、朝鮮史의基調 六五號
六、地理的으로決定된朝鮮史의性質 六九號
七、朝鮮사람 六七號
八、堂堂한出發 六八號
九、列國時代의苗床 六九號
十、鎔鑛爐中의三國時代 七〇號
一一、高麗의다하지못한責任(一) 七一號
一二、同上(二) 七二號
一三、同上(三) 七三號
一四、受難의五百年(一) 七四號
一五、同上(二) 七五號
一六、同上(三) 七六號
一七、同上(四) 七七號
一八、同上(五) 七八號
一九、同上(六) 七九號
二〇、同上(七) 八〇號

京城聖書研究會 (其一)

一、講師 金敎臣
一、場所 京城府外孔德里一三〇(聖朝社)
一、日時 每日曜日午前十時(約一時間)

〔注意〕 이것은未信者인學生들을 本位로하고 英和對照新約聖書에依하야基督敎의初步를工夫함을目的。只今當分間은 예수傳이기야。聽講料每回十錢 但會員은每月二十錢。

京城聖書研究會 (其二)

一、講師 金敎臣
一、場所 鍾路五丁目七一九(復活社天佑堂)
一、日時 每日曜日午後二時(約一時間)
一、聽講料 每回十錢

〔注意〕 十月 第二日曜(十三日)부터始講。新約聖書의 羅馬人書以下書翰研究를爲主로하야 基督敎의原理를講究하기를 目的하나、當分間은

1、내가基督敎를믿는 由來와根據。
2、無敎會主義란무엇인가。
3、生物學과 나의基督敎。
4、素人의聖書研究와 其方法。

等의緒論이있겠다。願컨대基督敎會에關係없는未信者가來聽하기를 바라나、또한聖書朝鮮誌或은無敎會主義에 疑懼를품은이도可하며 敎會信仰에倦怠를느낀이도可하며 人間社會에서 버림을當한罪人도亦可하다。新舊約聖書와 讚頌歌必携。極貧者에게는無料聽講卷을發할수있으니 미리講師에게請求함을要。

本誌定價

一冊 拾五錢
六冊(送料共) 前金九十錢
十二冊(一年分) 前金壹圓七拾錢
要前金。直接注文은
振替貯金口座京城一六五九四番
(聖書朝鮮社)로。

取次販賣所

京城府鍾路二丁目八二 博文書館
京城府鍾路二丁目九一 耶穌敎書會
京城府堅志洞三二 漢城圖書株式會社

昭和十年十月三日 印刷
昭和十年十月五日 發行

編輯兼發行者 京城府外龍江面孔德里一三〇ノ三 金敎臣
印刷者 京城府堅志洞三二 金鎭浩
印刷所 京城府堅志洞三二 漢城圖書株式會社

發行所 京城府外龍江面孔德里活人洞一三〇ノ三 聖書朝鮮社
振替口座京城一六五九四番

【聖書朝鮮】第八十一號 昭和五年一月二十八日第三種郵便物認可 昭和十年十月一日發行 每月一回一日發行

【本誌定價十五錢】

金敎臣主筆

聖書朝鮮

第八拾貳號

昭和十年(一九三五)十一月一日發行

昭和五年一月二十八日(第三種郵便物認可)
昭和十年十一月一日發行(每月一回一日發行)

目次

보는 눈·듣는 귀

細胞學을工夫할때에 生物學用의顯微鏡을使用하여야하며 鑛物學을實驗할때에 니콜裝置한鑛物學用의顯微鏡을通하여야하며 天體를觀察할때에望遠鏡의偉力을빌어야 볼수있는것이니 生來의肉眼은決코萬能의器官이아니다。細微한것과遠隔한것을 볼랴면 各其相當한器具를 써서 生來의器官을補助하여야 그目的을達할수 있는것이다。世人이色眼鏡을忌避하나이는自然科學的敎養을缺한 탓이다。染色術의技能이없이는 微生物學이나細胞學에 一步도進할수없으며 니콜의裝置없는顯微鏡으로서는 安山岩一片도鑑定할 장수없으며 分光器와寫眞器의効能에依하지않고는 宇宙의消息을探知할方途가 없으니、이는 다 色眼鏡의功力이 아님이없다。이처럼 物質界의探求에도 眼鏡을 써야하며 色眼鏡의 힘을 빌어야한다。하물며靈界의奧妙한理致와生命의神秘한機能을 보고저할때에眼鏡이없이 될것인가。靈界의色眼鏡은 곧 信仰이다。이信仰을蔑視하면서人生을 살고저하는者는 顯微鏡과望遠鏡을無視하면서 天然界를硏究하고저 힘쓰는學者와 마찬가지나 그勞의大함에反하야 所得이全無할것은明若觀火한事實이다。故로信仰이라는眼鏡을 쓰라。

顯微鏡이나望遠鏡의効能이 크기는크나 누구든지顯微鏡에 눈을 닿이면 細胞의內容이 다보이며、아무든지望遠鏡을透視하기만하면 宇宙天體의運行이 다 알려진다는것은 決코아니다。우리가數時間乃至數日을 두고 찾아도 볼수없든것이 高明하고信賴하는敎授의指導에依하야「여기있다 저기있을것이라고」指示하여준때에야 비로소 染色體가보였다核이보였다 角閃石이보였다 斜長石이보였다 衛星이보였다 星雲이보였다 하고 驚歎의 한숨을吐하는것은 흔이經驗하는바가아닌가。即보아서보이는것이아니라 알고보아야 보이는것을 우리가 自然科學에서經驗안다。故로敎授가必要하며天才가있어야한다。信仰이라는것은 마치顯微鏡이나望遠鏡같은眼鏡所屬이다。그中에는 좋은것도있고 궂을것도있다。高級의것도있고低級의것도있다。우리가萬一『나는眞理오生命이오 길이라』는 最高唯一의靈界의天才예수의敎導에依하야 예수를救主그리스도로믿는色眼鏡을通하야 宇宙와人生을觀察할진대 우리의눈은 宇宙에 가상微妙한것과第一遠隔한것까지살필수있을것이오、우리의귀는 人生의가장 아름다운音波와靈界의 가늘고 고요한音信을聽取할수있는 器官이될것이니이른바「보는눈 듣는귀」는 예수그리스도의敎導에順服하는데서 생긴다。

佛國寺多寶塔과石窟庵佛像의美를高普三學年生徒에게 累累히說明하여도 所謂「牛耳誦經」의嘆을不禁하니、아직어린生徒들께는 눈이있으나보지못하며 귀가달렸으나 듣지못하는까닭이다。書畵音樂과彫刻演劇을觀賞하기에도「보는눈 듣는귀」를修練하여야하거든 天國의音信을 들으며 生命의機微를把握하려는者가 信仰의訓練이없이 될소인가。謙卑한心情으로써 예수그리스도의指點을待하야「보는눈과 듣는귀」를所有할진저。

村井先生歸國에際하야

主筆先生님에게 우리癩病者의親友요 同患를위하야 꽃다운靑春까지 犧牲한村井純一氏라는「癩患者의리빙스톤이라」는別名까지있는 人物을紹介하겠읍니다。이분은至今으로부터 三十五年前日本○○縣○○村이란곳에서 太陽이유난히빛나는어느날孤孤의聲을치고出生하야 兩親의深厚한惠澤으로 鄕里普校를거처서 高等師範學校를優秀한成績으로卒業해가지고 그곳某校의敎鞭를잡고勤務하고 또一方으로는 文藝方面에도多大한關心은勿論이오村井兄은畵家였읍니다。듣건대兄은일즉이日本全國그림作品展覽會時에 優等當選이몇번이나되였고 同年에キング紙上에 앞날에希望이있다는激勵의評도받았다합니다。

主筆先生님 나는默默히生覺해보왔읍니다。村井兄은惡疾에걸리지않했드라면 文人은될지모르나 반다시훌융한畵家는되였으리라고生覺했읍니다。이모든것을미루워보아 氏의天才를넉넉히斟酌할수있읍니다。唯一의秀才인氏가 不幸히도近代醫學上으로 不治病이라는 레푸에걸려서 本國某病院에治療하다가 愛情이豊富한氏는 自己一身에安逸과幸福 무엇도度外視하시고 處地가같고環境運命이같은 朝鮮癩族을 깊이同情하시는바있어 滄波萬里검푸른玄海灘을건너와서 今日에更生園이라는이동산을開拓하였읍니다。그當時에는 思想程度와文明制度가 이곳은文字그대로原始的이요 內部에는暗黑과煙霧가끼인 참담한島民의情景이요 外部로는荒廢한曠野와같이꺼칠고 殺風景이돌고 雰圍氣에쌓인 이섬에患者들은 목마른사슴이가 시내를찾듯이 自己들을引導할일꾼을 渴望하였다합니다。때에神의攝理로許諾하심인지 暗黑에서光明으로 荒蕪地에서芳草東山으로 갈한대서生命水로 死線에서永生浦口로指導할 眞正한牧者는來島하였읍니다。누구냐하면 곧내가方今이야기하는 話題의主人公이엿읍니다。

主筆先生님 多忙하시지만 귀를기우려들어주십시요, 村井兄은 이섬에온即時로 現今東部敎會崔秉洙氏 北部敎會李彩權氏黃仲五氏세분을爲始하야 몇몇同志들과一致協同해서 손을잡고步調를一致하야、村井氏란農夫는 머리에手巾를동이고 신을들매고 팔을걷고 이島民의文盲退治와 또한便으로는時代思潮를말하고 新思想을高吹하였다합니다。敎友의信仰을培養하고 小鹿島를爲하야 東奔西走하기를休息치않고 滿九年間을하로같이 끊임없는活動을하였다합니다。어떤때에는學園日語敎授로 敎會의傳道員으로 때로는互助會書記로 同患을위하야 多方面으로血汗을뿌린村井兄이오。이야말로 숨은功勞者요 숨은功德家이엿읍니다。

村井先生歸國에際하야

二

主筆先生님 世人이말하기를 人生史上에 자기國家나 同族이나 단체나事業을남기고 간사람을가르처 曰偉人이라할진댄 나도村井兄을가르처 癩人의偉人이요事業家라고하고싶습니다。 永世不忘의記念碑를建立해도 無關하다고봅니다。 아ㅣ創世以後로村井兄과같은분이 몇사람이나되였는지요。

金先生님口辯없는小生의말이나마 좀을지마시고들어주소서。 村井兄은癩患者의機關誌인 라사로(ラザロ)라는雜誌編輯兼發行人으로 한때는 야릇한筆棒을휘돌려서 癩界에多大한衝動과刺戟을준때도잇엇읍니다。 레벨이ㅣ그리높지는못하였으나 氏의血淚의結晶體임에는 틀리지않읍니다。 아ㅣ村井兄 不足한 우리를다리시고春風秋雨十餘個星霜을同笑同泣하는가운데 때로는抑鬱함과 悲哀와冷情飢餓와 쓰라린事情 누구에게말못할逼迫等 그와同樣의形形色色의事實을 抑制하려야할수없는 모든難關을 오로지村井兄 당신은그리스도에信仰으로 씩씩하게突破하고 종용한微笑로사두시든村井兄、모름직이당신의性品이 생각하면 할수록 다시금그립습니다。 百萬名이라도抱容할수있는 兄의寬大하고柔順한性格 兄의高尙한人格高遠한理想 언제나平常時와같이泰然自若하고 喜悅이滿面한兄의樂天的인精神、溫柔겸손한品行 이모든것이兄이歸國하신뒤에 回想과追憶을하면할수록 記憶에새롭습니다。 八月十六日午後兄의一生을通하야 가장印像깊고情들고恨많고 九個星霜의 일러요 보금자리요 아니靑春까지 바린 어섬을등지고 아득한水平線우로사라지는 兄의影子를바라보면 나는쓸쓸한海岸물결치는海岸을힘없이 건일면서 안타까운눈물을흘리든그날이 내一生을通하야 記憶에서 씨서버릴수없는날이라고生覺합니다。

오ㅣ사랑하는村井兄! 나의서림을呼訴하는兄! 봄없는내生涯에兄마지떠났으니 외로운海岸에서내홀로 눈물집니다。

村井兄 당신이떠나신그날夕陽에 우리在園者一同의눈물은말할것도없고 南生里前海에波濤소리좇아 兄의떠나섬을哀悼하는듯이 구슬푸기들려오더이다。 今回不得已한諸事情으로歸國하여스나 兄의精神과心琴은아즉도小鹿島에徘徊할줄앎니다

主幹先生님 이야기가 길어저서 떡으나罪悚해서結辭를하려함니다。 조금만 기다려주소서。 村井兄 끝으로永遠한主의祝福이 있기을바라며 아울러健康하시옵소서。

金先生님秩序없는小生의 이야기를海諒하소서。 落葉이지는晩秋에나 꽃이피는맛듯한봄날에나 村井兄의이야기를 다시금金先生님耳膜에들려들일까하나이다。 村井兄벌서當直巡視는督促을함니다。 이제는 더쓸랴야쓸수도없고 이만둡니다。

兄도制限된時間을잘아실줄암니다。 兄이떠난지一個月이지난 그어느날밤에 구즌비가나리는深夜에 멀리게신兄을 追憶하면서 이글을써서 京城에게신金敎臣先生에게올리나이다。(끝)

∨ 小鹿島 南生里에서 金桂花

癩盲人俱樂部

一言으로 癩人盲友俱樂部라하면 世人은同情을지내憎惡에가까운 느낌이생길것이나 一般社會人이말하는不幸과聖經이證明하는不幸과는 根本으로부터그性質이大異하니 即肉과靈 이렇게그標準點이 다르다。이렇고보니癩盲人반듯이不幸이라볼수없을것이다。朝夕으로變하는 世人의心理와같이 섬나라 日氣도 자조變하니 비바람요란한 여름날이나 눈보라사모라치는 겨울날에도 盲友會의 멘버ㅣ를보라!

보이지않는눈 傷한다리에 疲困한몸을 옴겨 一片丹心으로禮拜堂에向하는光景을! 가다가失足하여 넘어지면 그자리에 쓸어진채祈禱하고 다시가는 그信仰이야말로到處「至聖所」이다。肉은不過四尺의집행이에、靈은 참生命인十字架를依支하고 邁進하는 이믿음에는 옛날모세를聯想케된다。모세가 집행이 한개를依支하고曠野에나간것같이 이네들도 집행이한개면 어떠한風雨에라도 能히預備하신聖殿까지 갈것을 믿는同時에、구리뱀을 처다본者면求援을얻은것처럼 十字架를依支함으로求援얻을것이所望의全部이니、아츰에일즉이禮拜堂에가면點心도굶고 저녁도못먹고夕陽傳道會까지 맞어야돌아가는盲友를보고도 復興이없다면 그는곧魔鬼의子息이오 다시서지못할者이다。

健康한肉體를가진信者여 당신네들에게果然이와같은 믿음이 있는가? 없는가? 한번反省하야보사이다。

事業에失足할때 그자리에 없데여祈禱하고 다시일어나邁進할 믿음、患難의비바람 逼迫의눈보라가襲來할때 오히려邁進할믿음、享樂과幸福에는 굶줄이드라도 끝까지主를섬길 믿음이 있는가? 없는가? 病든몸에 하로終日 굶는다면 生理的으로 비치여生覺하여 起動도滿足히 못할것이라推想할것이나 웬일일까? 이네들의 입에서는 祈禱와讚美가 끊일사이없으니 저ㅣ믿음에 이恩惠가있는것은 聖經으로 빛이여 秋毫도矛盾이없다。

讚頌할지어다ㅣ 이네들은 모다 욥을배왔으니(욥一、一八)(三、一六) 患難、疾病、不幸、다ㅣ問題外이다。하나님의祝福으로 健康을持續하는 世上의信者들이시여、당신네들에게 이와같은準備가 되었읍니까、다시말하면 욥을 배왔읍니까。運命이란 사람의힘으로左右할수없는威力이니 昨日에 東方에 가장富豪이였든(一、三下半) 욥은今日에 無一分의貧者요(一、一五ㅣ一七) 오늘에健全한肉體의所有者이었든몸이 來日에惡瘡에걸려 기와조각으로 긁을것을 사람으로서누가預測할수있으리오。이와같은試驗이 닥처올때 참고견댈믿음이 備準되었는가。

癩盲人俱樂部 四

世上에 가장慘憺한癩盲友! 눈어둡고手足잃고 全身의神經은 죽어지는듯한刺痛 아ㅣ옵이여 당신의苦痛이 보담더하였든가요? 그러나 이네들은 如何한逆境에도 봄과같이讚美하기를 잊지않으니、여름이면 그늘을찾어 겨울이면 다락에모여 祈禱와讚美와査經으로 모ㅣ든苦痛을이기고 나가거늘、하물며健全한肉體의所有者로서 이와같은讚美가 없다면 이야말로 참으로 불상한 生命일것이다。天國을希望하는者여! 苦痛과患難이올때있거는 저ㅣ南쪽 조고마한 섬中에 或은 오아시쓰를찾어 或은 다락에모여 우렁차게讚美하는癩盲友俱樂部를聯想하고 길이참고 싸우사이다。

나의사랑하는 盲友여!敎弟가 삼가엿줍나니、使徒베드로도 예수를모른다고 詛呪까지 하였으며 (太二六、七〇ㅣ七二) 욥과같은 順從과 忍耐의聖者도 自己의生日을詛呪하지 않엇는가(三、一)。동생의偏見일던지 모르겠으나 盲友會의熱誠도 昨年에比하야顯著히退步되였다。嗚呼라! 나의敬愛하는盲友여 누구를依支하고 누구를배우는가?敎會에서 復興會를 열기를、精心祈禱會를열기를 所望하는가? 肉眼이밝어지기를? 남과같이健康室에서活動하기를所望하는가? 나의敬愛하는 盲友諸兄이여 귀있으면들으라! 하나님의眞實한종 우리의 金先生이울리는警鐘을!

「所望이많다함은 眞情한所望이 없는 까닭이다」! 果然우리의所望은 單하나뿐이 아니엇든가。熱誠이 없는敎會에서 自己를버린肉體에서찾는所望이 우리의信仰發育에 얼마나妨害가되엿는가? 고요ㅣ이反省하고 奮然이일어서라!그리고다시한번 우리의所望을集結하자! 「내딸의얼골」을 一見하고저하는 沈奉事의所願과같이 우리主예수의慈悲하신얼골을보기를! 三百石供養米는 없어못바치들아도 다ㅣ썩어냄새나는 이몸을바치어 이所望이 일우어지도록邁進하자。

一九三五年十月九日 聖書朝鮮第八十一號의「沈奉事의所願」을읽고。 西病舍에서 尹 一 心

編者曰 文筆에經驗많은某先輩가 말하기를「小鹿島에는 어찌 그런文章家가 많으냐、癩病은才士에게만 골라다니며 걸리는게야、몇號몇號의某某의글을보아!一般社會에서도 넉넉히記者生活을할수있는 手腕이아닌가。哀惜한일이어」云云大家의裏書를얻고 主筆의平日의생각에 大誤없었음을 그윽히 기뻐하다。생각건대小鹿島兄姉들의글월은 造作하여낸것이아니라 湧出하야 生成된文章이다。知識的으로探索하야 낸것이아니라 信仰的으로躍動하야 흘러넘친餘波다。技巧를修練하야 된것이아니라 깊이 信仰을培養하야 開花한꽃이다、산信仰이흘러서大文章을成한것뿐이다。本誌의 讀者적은것을 念慮하는 친구가있드니 이제三千에達하는「우리문둥이가 本誌를待한다하며、本誌의記者가 無常함을不安해하는 讀者가있드니 이제小鹿島에서 飛來하는嘉信을一一히 揭載할진대 每朔紙面의 狹窄을告할터이니 또한奇事가아닌가。南海岸의小島小鹿島는 天國을觀察하는 나의望遠鏡이다。讀者도 이眼鏡을쓰고보라。

聖書的立場에서본朝鮮歷史

咸錫憲

十三、生活에나타난苦悶相

歷史는 두가지로깉는다。하나는 뒤에깉는것이오 또하나는 안에깉는다。普通一般으로 歷史라할때는 뒤에깉는 歷史를 가리처하는말이다。國朝의興亡、人民의變動、戰爭의勝敗、産業의盛衰、學問藝術의隆替等은 다過去의史實로 깉어 或은사람의記憶속에 或은文獻遺物속에 그자최를남긴다。그러나 歷史는 그것만아니다。그밖에 現在의산事實로 生命의內部에 깉는것이또있다。消化된食物과같이 効果를나타낸 身體運動과같이 그原形그대로를 깉히지못하나 산生命으로 民族的存在안에깉어서 그體格으로되고 容貌로되며 心理性格으로되고 風俗、信仰으로되는것이있다 前者는 紙面이나 金石우에 記錄이되는것이나 後者는 歷史를産出하는者 저自身의顔面우에 그「心臟의肉碑」우에 記錄이되는것이다。前數章에서 우리가보아온것은 朝鮮民族이 그뒤에깉이고온歷史였다。高峯우에서 山野를展望하는것같이 歷史의塔上에서 鳥瞰할때에 四千年間變轉의모양이 一一히指呼할수있게 眼下에나타났다。그 헤매이는모양 그 꺼꾸리는모양 그 애쓰고呼哭하는모양이 迂繞曲折하는 河流와같이 歷然히보이였다。그러나 우리의 보지않으면안될것이 또하나있다。그는 이民族의生命안에깉은歷史다。四千年苦難의歷史가 그들의 니마우에 音聲우에 心情우에 어떤記錄을 남기고갔는가하는것이다。故로우리는 이제歷史의高塔우에서하던 鳥瞰을그만두고 一步를 저의 面前에나아가 그苦勞者의얼골우에 一瞥을加하기로한다。

苦難은 이기는者에게는 他山의石이되나 거기壓倒를當하는者에게는 破滅의災難이다。千年苦難에 壓倒되여버린 朝鮮은 그때문에 生命의破壞를當하였다。魂은그躍動力을 잃고 맘은明和를뺏기고 元氣를꺽기우고 勇氣를떠러졌다。退嬰的이되고 消極的이되고 固陋에빠지고 卑俗에떠러졌다。그런故로 高麗時代以來로는 宗敎、文學、美術、風俗할것없이 모든文化가 一路衰微의길을밟을뿐이오、三國時代에있어서 보는듯한 生命力豊富한 雄壯하고優雅한 思想이나作品을 볼수없이되었다。苦難의悲痛한文字는 그들의骨格에도 顔貌에도 音聲에도 그리고그心臟우에도 갈로삭인듯이 깊이삭여지고말었다。

信仰、 爲先生活의 中軸을일우는 宗敎에있어보면 苦悶相은 如實히表現이되여있다。麗朝以後에는 外樣으로는 佛儒兩敎가 다盛行하였다。佛敎는 極盛의新羅時代의 뒤를 니어 오히려盛하였고 儒敎는 麗朝初期에 鬱然한形勢로 니러나다가 中途一時衰하였으나 末頃에 宋學이輸入됨으로붙어 李朝에들어와서는 全盛을極하였다。 그러나 가다가或時、斯界의大家들이 나지않은것은아니나 一般民衆의生活을 支配한것은 健全한佛敎思想도아니오 儒敎의根本敎訓도아니다。外樣으로는 佛敎式의國民이라할수도있었고 儒敎風化에젖은百姓이라고 할수도있었으나、참 산信仰이있었고 高尙한道德이 살어있었는가하면 그러치못하다。 切迫해오는苦難에 窒息을當하는 그들은 充分한 精神的呼吸을 行하지못하고 自己스스로吐하는 汚氣를석거 一種不健全한 大氣를만들어 그를마시고 또吐하였다。宿命觀이라는것이 그것이다。思想은 生活의 結果요 또動機다。受難中에서 吐出이된 이思想은 後에는 全民族의 心臟을痲痺식이는 精神的雰圍氣가되여버렸다。

宿命觀의思想은 朝鮮에만獨有한것이아니라고할수있다。어느社會에서나 人智가發達되지못하고 不可抗力의支配를많이받는時代에있어서는 흔이있는思想이오 더구나東洋은全體로 이思想이盛하다고볼수있다。佛敎에도 儒敎에도이思想이있다。그러나 朝鮮에서같이 그렇게甚하고 그렇게害毒을많이끼친곳은없다。그러면그것은 웬까닭인가 그는다름아니오 그받는苦難때문이다。宿命觀은 壓迫된者의哲學이다。生命의籠城이다。奴隷의信仰이다。苦難을超克하는者는 戰鬪的人生觀을가진다。그러나 거기壓縮을當하는者는 自殺을하지않는限、宿命의人生觀을가지고 自慰하고 自棄한다。朝鮮사람의눈에 宿命觀의眼鏡이씨여진것은 生命의戰鬪線上에서 거듭오는 苦難의猛襲을못견대여 退却의一步를 取한때붙어다。

한번 이思想이 생긴後는 全民族의魂을 墮落식여버렸다 進就의氣像이없어지고 經綸의意志가없어젔다。그리고모든것을 運命에맡겨버리게되였다。個人의 生滅浮沈으로붙어國家興亡에 이르기까지 萬事는다 數로되는것이오 努力으로할수없다는思想이 腦裏에깍박히게되였다。故로前途의開拓이必要치않고 運命의豫知면足하고、硏究가所用없고 天數의解釋이重要하였다。그리하야全民族이 風水敎徒가되여버리고 讖書信者가되여버리고말었다。그런데 나라에서는더구나李朝에서는 이弊風을 깨치지는못하고 더욱助長식였다。自己네의地位를安固히하야가지고 요 적은江山안에서苟且한榮華를누리기爲하야 全民族을 盲者로만들기로하였다。石碑를만들어 집줏묻었다가 캐내기와、讖書를故作하야 民間에流布식히기와、이런일을하야 百姓에게서 革命의氣分을除하고 社會改造의意念을抹殺식이려고、天數니運數니하는 思想의磨돌을 民衆의목에달아매였다。그리하야民衆은 그苦難에 그邪計에 가라앉는배와같이 浸浸然衰頽의海底에빠지게되였다。그러나 그骨髓에사모치는 苦痛이야 어찌닞으리오。그런故로 自己는無力한줄로 自棄하는中에서도 그苦難脫出의願은 없을수없다。天時의到來나

超人間的 指導人物의出現을 기다리는 思想은 여긔서나아왔다。只今의苦難은 不可避나 天道의公正을믿는것은있는故로 配布의박귀는때가오는것을 期待하는것이오、自己가어떻게할수는없으나 새社會에對한 念願은 懇切한故로 救主의出現을 바라는것이다。

그러나 宿命觀은 攝理觀에서 멀지않다。그다른것으로하면 正히一百八十度나 그出發點에있어서는하나이다。그런故로 한번轉換을하기만하면 自棄는信賴로되고・沈滯에서躍動으로나가기 어려운것아니다。이렇게生覺할때에 福音에對한準備는 될대로되였음을알수있다。

藝術、 朝鮮의藝術은 全般에亘하야 一個悲哀의情緖가 흐르고있다는것은 흔히듯는말이다。그리고 이는 거즛이아니다。三國時代以前은 아니그렇지만 적어도麗朝以後 李朝에있어서는 事實이다。藝術은生活의表現이라고、그 生活이受難인以上 그 부르는노래 그 그리는그림이 悲哀苦悶의表現이아닐수없다。또文化의遺產으로같은 藝術品의分量으로보아도 朝鮮은貧者임을 감출수없다。그것도名作品으로같어있는것은 大部分古代에 屬하는것이오、現代에갓가울수록貧弱해지니 어느것이 受難의歷史의證左가안인것이없다。

詩歌는文學의粹라하는대 歷史上의記錄으로보면 古代에있어서는 매우燦爛한것이있었던모양이나 只今에깉은것은極히적고 그나마도 少數의사람이研究하는 考古의材料가되였을뿐이오、近代것으로는 民衆의입에 오르나리는것이많기는하나 모도가다悲嘆이오 그렇지않으면 姑息的頹敗的生活氣分에서나오는 野卑俗劣한것뿐이다。詩篇에서보는것같은 或은딴테나 밀톤에서보는것같은 사람의靈魂을깨우치는 生命의詩는그만두고라도、民俗의純厚를읊는것이라던지 明快한靑春의노래라던지 말세이유의노래와같이 國民의襟度를넓히며 氣槪를높이고 熱血을끌여올리는 國民의노래좇아도없다。이는그民族的魂이어떻게시들렀고 그國民的理想이 어떻게萎縮되였음을 證明하는것이다。奴隸의입에서는 노래가나올수없다。이것을옛날의三國、渤海사람들이 詩文으로써 일음을隣邦에날리며「連日歌舞」라「歌呼力作」이라하던것과 아울러생각하면 今昔의感을禁할수없다。苦役이 徒刑囚의입에서 노래를뺏는것같이 千年苦難은 이民族에게서 詩歌를빼아사버렸다。

近來 固有文化를尊重한다하야 아리랑 양山도를 敎室에서가르치는곳도있으나 實로嘔逆을不禁하는바다。固有라는이름은좋으나 그는頹敗의골목에서나온것이오 墮落의입술에서 나온것이다。그것을생각한다면 그것이어찌 將次(十七字略) 賢母良妻가되려는 處女의입에서 나와서좋으리오。淺見도至極한것이다。

남들사이에있어서 民衆文學이發達하는 近世에있어서 朝鮮에서도 小說이流行하였다。그러나그思想은 軍談物語를

除한外는 退嬰的隱遁主義아니면 悲哀의情緖넘치는 苦悶文學이다。名作이라는 沈淸傳、靑香傳、謝氏南征記等이 다受難朝鮮의描寫아닌것이없다。그들은自畵像을그렸던것이다

彫刻、繪畵、工藝品等에있어서는 高麗朝에까지도 아름답은것이 없지않으나、그것도 高句麗나 新羅에서 보는듯한 雄偉한것이못되고、李朝에들어와서는 惰氣滿滿 實로참아볼수없는것이되여버리고말었다。假令 例를들어말한다면 江西에있는 高句麗時代古墳속에같은壁畵나、佛國寺石窟庵等에現存한 新羅時代의彫刻을 近世의作品들과比較하면 그構想의뛰여남과 手法品格의 妙하고높음이 到底히後者의 追從할수있는것이아니다。보아서印象이 前者는산生命의表顯이오 後者는죽은模倣中에도 拙劣한것이라는感을 禁할수없다。그는後代의사람이 素質이退化되여서가아니다。藝術은自己描寫以外에 나갈수가없는데 自己의像이 그렇듯俗惡한것인故로 免할수없는일이다。

藝術中에도 一般民衆의理想을 가장 잘表示하는것은 建築이다。建築은곧그時代그民族의 生活理想이 實際로具像化된것이다。一民族이 所與의環境을資料로삼아가지고 自我를어떻게發顯하는가하는것이 建築이다。故로그建築을보면 그民族의 胸度와 智能을알수있다。希臘人들은 맑은理知와銳敏한感情의所有者였는故로 그들의지은建築은 그들自身을보는것같이 高雅優美한것이오、로마人들은 어대까지 힘의사람들이었는故로 그時代의建築은 堅牢壯重한것이다。佛敎寺院은 곧佛敎의表顯이오 꼬식建築은 中世의敬虔한信仰그대로라고할것이다。朝鮮의建築도 우리自身의肖像이안일수없다。 滿洲、平壤、慶州等地에같은 古城址、古墳、古宮殿址等을보면 그規模가廣大하고 氣韻의生動하는것이있으니 이는그作者들이 그만한襟度와 氣像과技能을갖었던까닭이오、近世의建築은 漸漸그規模가倭小하고 調和를잃어 氣像의雄偉한것을 볼수없이되였으니 이또한그作者의 理想 技術의 나려간것의所致다。試驗하야눈을들어 언덕밑 골짝이뒤에 게딱지같이붙어있는 一群의農家를보라。그를보고「悲哀의巢」라할것밖에무엇있나。그倭小함은 그民氣의낮아젔음을 表하는것이아니고무엇이며 그緩漫한傾斜를지은 屋上에 탑수룩한草蓋가덮여있는것은 잔즈러지고 弱해지고 壓迫밑에잡이들고 貧困에졸리는 그生活의象徵이아니고무엇인가。土壁小窓에 陰沈한그房에서 明快한氣分이어찌나리오、차라리悲嘆의場所에合하다할것이오。便所도없고 下水道도없는 그집은 어찌꾸준한生活戰의 本營이라하리오、차라리오늘밖에알지못하는過客의 姑息的으로맺는 休憩所라함이맛당하다。外國에旅行을하는이는 다른나라農村의風景과 比較하야보면 그느끼는바가 더욱깊은것이있을것이다。다른나라에서보면 農家도能히 數十名이居處할수있는 大規模의것이있으며 草屋

에도 屛집이있고 그修裝이 아름답고永久的인것이있다。우리의집이 그렇게적어지고 그렇게陋醜해진것은 貧困때문만이아니다。그보다도 우리에게 遠大한理想의 삶것이없고 確實한計劃의 선것이없기때문이다。貧困은 그것과 싸우려는勇氣가없는民族에게만 붙어있는것이다。

風俗、 그밖에 一般風俗의 가지가지를보아도 맛천가지로 苦難의烙印이 찍혀있다。

爲先 近世以來의 朝鮮사람같이 趣味모르는生活을하는國民은없다。富豪의집은特別例外지만 一般民衆의집에는庭園의修飾이 거이없고 花卉의栽培를모른다。다른나라에는다 國花라는것이있는데 우리게는 그것이別로없다。無窮花가있다하며 槿域이란말도있으나 事實에있어서 남들이櫻花를 사랑하며 薔薇를좋와하며 牧丹을貴해하는것같이無窮花를사랑하는가하면 그런것도없다。近來로와서 그것을意識的으로 奬勵하려는이들이있으나 이는最近의일이오그前은別로一般的으로 翫賞하는버릇이있는것같지않다。生의悅樂이란 이百姓에게서는 因緣이멀었던모양이다。

趣味의缺乏을表示하는事實의 또하나는 年中行事가없어저가는것이다。勿論거기는다른原因도있다。그行事라는것은本來가大槪 宗敎的儀式에서起源하는데 現今은 幼稚한宗敎는漸漸衰하야감애 그것이그原因의一이라하겠고、또近來로新舊文明의更迭로 옛날習慣이 모도깨지니 그것도原因의一이라할수있다。그러나다른나라에서보면 本來의宗敎的意味를잃어도 漸漸藝術化하야 길게되고 新舊風俗이갈려도새形態로繼續되는것이있다。그런데朝鮮에서는 없어지는한便뿐이다。이는그原因이따로있다。即 朝鮮사람은 그럴만한 生活의餘裕를가지지못하기때문이다。趣味란 先天的素質에도依하지만 古記에依하면 朝鮮사람은 決코趣味性이적은民族이아니었다。生活이最低點까지 나려갓기때문이다。

다음에 風俗에서또한가지 注意할것은 一般으로姑息的氣分이 가득한것이다。집에出入口를完全히 만들지않는것이라던지 便所、下水道의設備가不完全한것 室內修裝이極히簡單한것이 다그것이오 產業을하되 千年反復으로 그方法대로할뿐이오 冒險을하야 改良을試驗해보는버릇이없는것、伐木만알고 植木을모르는것、子孫을길러서 어서樂을보려고 早婚식이고 隱退하는것、이모든것이 다姑息的인생각에서나오는것이다。이모든風은 다 苦難의暴君이 朝鮮사람에게 지어준것이다。그리하야 마치 죽지못하야 살어가는囚人과같이 趣味도없고 來日도없이「진지잡수섰읍니까」「많이잡수십시오」하는 人事를주고받으며 그리고 일마다 거름마다 無意識的으로「아이구죽겠다」는嘆息을거듭하며 그날그날을 더듬어 오게되었다。

이것으로써나는 이拙劣한描寫를 끊기로한다。拙劣이라

합은 그美를損하야서가아니다。그 醜 그 慘을 如實히 表할수없어서다。그러나十는 名工을代身셔워 讀者의앞에 그任을다하리라。

諸君들은 일즉佛國의名匠 로단의作「娼婦이엇던女子」라는彫刻을 본일이있는가。나는그實物을보지못하였으나 그影寫만을보고도 이것이朝鮮의像인듯한感을 禁하지못하는者다，내 그그림을보니 한老婆가 上半身을 앞으로꾸부리고 한손을 등뒤에붓쳐 가락을꾸부려 苦悶을表하며 한손을드리워 힘없이자리를붓들고 다리를굽혀 거려앉었음애 그고개를 깊이숙였는지라 全身에살은떨려 마른뼈가두드러지고 목은빠지고가슴은욱으려져 極度의老衰를보이고있다。金色의美를자랑하던總髮은 헛트러져 시었고、秋波를사람에게보내던 明眸는 움으러진확속에서 볼수도없다。幾多의男子에게 사랑을팔던 그紅唇은 落齒로因하야홈으러지고 많은游蕩子를 誘惑식이던 乳房은 시들고말아 悲嘆에삭은가슴을 보기싫게되었다。當年妖艶의姿態를가지고 淫蕩無節制의生活에 靑春이恒常인줄로지나던 彼女를假想하고 比하야봄애 悽然함을禁할수없는지라。大槪저는 一生을남을爲하야산者라。壓迫을받고 蹂躙을當하고物件같이取扱을當하고 獸類같이待接을받었다。그뿐아니라自己스스로가 自己를喪失했고 自我를侮辱했다。그러나그는지금 어떤代價를받고있나。一身에같은것은 더러움의記錄이오 悲慘의記錄이다。世上에彼女를同情하는者없고 救하는者없고 往年에그를愛弄하던者도 冷冷然一顧하는者없고 인제 저는 社會的處罰下에 可憐한存在를 남의世上에붙이지않으면않되게되었다。그렇듯생각하고 나는彼女를向하야 侮蔑의感을품었다。그러나讀者여 彼女는나를놓지지않었다。숙으리고 거듭떠보지않는눈과 담을고말하지않는입은 내게그보다以上의것을要求하였다。그렇다 그以上의것이 있지않으면않된다。單純히悽然한느낌이나 侮蔑의念以上의것을 그에게들여야한다。尊敬을들여야한다。彼女는 社會의罪惡을 代負하기때문이다。老娼女여 그대는社會의罪惡을 代負하는者다。社會의 無知와殘忍과 卑陋와虛僞、人間속에들어있는獸性、人格속에숨는魔性、이모든것이 纖弱한그대의一身에 질머졌던것이다。그때문에 그대는 處女性을뺏기고 人間性을잃고 靑春을虛費한것이다。社會는그대앞에謝罪하고 尊敬의意를表하지않으면안된다。

모든사람들이唾棄하는 醜속에 嚴肅한美를發見한 로단은 果然名匠이다。讀者여 우리도 로단이되지않으면않된다。亞細亞의大陸에서 太平洋에通하는 큰길가에앉어 千年그悲慘한모양을 歷史의舞臺우에 나타내고있는 이老娼女앞에 이受難의女王앞에 嚴肅과尊敬의念을가지고 머리를 숙일것이아닌가。

條約·審判

姜濟建

條約

基督敎는 約條의宗敎다。 다른宗敎에서말하면 信仰이란 宇宙의根源이되는神에 自己를合致하는것이라던지 그기뻐하는 功德을많이쌓아 그것으로賞을 얻게되는것이라던지 그렇지않으면 沈思와瞑想에依하야 宇宙의根本原理가되는 어떤法則을體得하야 거기서睿智와神通을얻어 人生의우에 超然할수있는것이라고 말할수가있다。 그러나基督敎는그렇지않다。 基督敎란 이宇宙의創造主인神이 人類와의사이에 約條를맺으므로因하야 成立된宗敎요 우리의信仰이라는것은 그約條를지키는일을말합니다。예로부터 사람들이 힘을合하야 어떤大事를이루려할때는 約條를行하는일이있다 假令歷史上에 有名한것으로 例를들어말하면 支那春秋時節에 齊桓公이 諸侯를모와 覇業을이루고 夷狄의侵入을 막으려할때에 蔡丘에모여 壇을쌓아盟誓를行하고 피를마시었으며 三國時代에 劉備、關羽、張飛三人이 天下濟度의 큰뜻을둘때 桃園에모여 白馬의피를마시어 兄弟의義를맺고 生死를같이하기를盟誓하였다。 또이스라엘歷史에있어서도 律法으로救援을얻게할때에 모세가牛羊의피를써서 約條를行하였다。 그와같이 사람들이서로 良心의眞實에訴하야 일을이루려할때에 그를保障하는것으로 約條를行하는것이있었다。 그리고거기한가지注意할것은 約條에는 恒常피가 特別히神聖한意味를가지고 있었다는것이다。 그러나大概이것은 다儀式이다。 얼마던지깨칠수있는 또不完全한儀式이다。 그러되그것을 輕視치못하였다。 臺灣의生蕃은 只今도 서로約束을할때는 그옆에섰는나무에 허물을짓거나 섰던자리에 돌을파묻어 그信憑을삼는다고한다。 印章을찍고 連帶保證을세우는 所謂文明한 사람의눈으로보면 果然可憐하리만큼 幼稚한일이다。 그러나그들은 그것을神聖視하야 眞實을지키리만큼 素朴淳厚하다。 모세가牛羊의피로써한것도 이臺灣人들에서더든든할것없다。 要컨대 이는다 將次올것의 그림字와階梯를일운것이다。 그러고最後에 그아들의피로써하는 約條를지으셨다。

우리가믿음으로 救援을얻도록하신 예수의新約은 곧그獨生子의피를 흘리므로써세우신 하나님의條約이다。(고前十一章二十三—二十六) 이같은約條는 前에도없었고 또다시있을수도없는 最終的條約이다。 舊約이있었으나 이는그代行者로 그때에適當하게하신것이오 이예수의피로하신新約은 하나님저自身이 自己와人間사이에 罪로因하야생긴 不和를 根本的으로 除去하기爲하야 몸소사람의形狀을取하야 우리中에와서 締結하신것임에 이以上더 고칠必要가

없고 고칠수도없다。이는사랑의至極에서 나온것이오(요三章十六)限量없는 恩惠에서나온것이다。(에베소二章八)그런고로 이條約은 거룩한條約이다。(히부리二章十一)

條約에는 章程이있다。하나님이 아들예수의피로써하신條約의章程은 곧新約全書二十七卷二百六十章이다。이를新約이라함은 하나님의하신 言約이기때문이다。이것은 그의聖神이 制定하였고 天使가 考察한것이다。(베前一章十二)이章程은 完全無缺한것이다。하나님이 이世上을사랑하야 最終的으로 永遠히救援하기爲하야 세우신것이기때문이다。믿는者는 이條約內에 入參하는會員이다。會員이란 모든것을一切버리고 無條件的으로 이條約의遵守를 盟誓하는者다。故로이章程에對하야 條件을붙이고 疑義를말하는者는 어떤智識이있고 어떤德行이있더라도 信者는아니다。天國의百姓이아니다。

그러나 盲目的으로좇는것은 또信仰이아니다。그條約의意味를 充分히깨닫고 信從하는것이아니면안된다。이章程의大要는 이를세가지로 說明할수있다。(一)은合一主義다(요한十七章十一—十一) 새言約의目的은 하나이되는일이다。예수를通하야 하나님과人間이 하나이되고 따라서모든人類가 하나이되는것이다。이宇宙에 슬픔이들어온것은 이合一이깨어지므로因한것이다。그런故로그리스도 犧牲이되어斷崖우에 다리를놓아 人生으로하여금 건너가 하나님에合하게하는約束이다。(二)는平等主義다。(로마二章六—十一)하나님은眞實하고 公平한하나님이라。何等의差別을베푸지않는다。사람의世上에差別있는것같음은 外樣에屬하는것뿐이다。하나님의悲慈의눈으로볼때 民族의差도없고 貴賤의別도없고 寡多의輕重도없다。그사랑에있어서는 九十九에對한것이나 一에對한것이 다름이없고 그義에있어서는 ‖이스라엘‖이나 異邦의다름이없이 各各그良心의行한대로갚으신다。人類의救援은 그遺傳이라던지 그賢愚라던지 그强弱이라던지 그業績이라던지하는 外貌의일로하시는것이아니오 모든靈魂을 한결같이보아서하시는것이다。(三)은平和主義다。(누가二章十三) 이世上에和平이없다。人智가發達해도文明이나아가도 和平만은아니온다。사람의마음속에하나님이居하지않기때문이다。和平의第一日은 하나님이사람의속에들어오시는날부터다。그리스도誕生할때에 地上에和平함이있을지어다、讚美한것은 이때문이다。人間의和平은個人의修養이나 國際條約으로 올것이아니오 하니님의條約을지키므로써야 될것이다。

近時文化의盛함을따라 基督敎에對하야도 研究를하는者가많고 聖經에對하야도 批評을하는者가많다。그러나研究는좋으나 이章程以上에 以外에나가려는것은 愚事다。致會에도 各其생각하는바를따라 主張이달라 派가생기나 그리스도안에서는 一以上으로 갈라짐을 許치않는다。하나님의條約은 完全하야 하나이기때문이다。(고前一章十) 或어떤解釋으로 어떤規則으로 어떤奇術로 이章程밖에 다른條件을 加入하며 變更하려는者가있더라도 이章程에不合하는以上 그는모두異端이다。福音은 하나뿐이오 둘이있을수없다。(갈一章八ㅡ十) 예수께서 猶太人에게말슴하시기를「너히가恒常내道에居하면 참내弟子가되리라」(요한八章三十一) 라고하였다。하나님의百姓은 그의條約에 忠誠하는者라야할것이다。

審判

하나님이 天地萬物과 人類를 創造하시었는대 그中特히사람에對하야는 自己의形像과같다고하였고 或그百姓이라 종이라 심지어그子女라고까지하였다。이미그렇듯 貴히녁여 다른物件과다르게 사랑하셨으면 敎訓이없을理없었다。일즉부터誡命을주셨으니 그誡命은 곳하나님의敎訓이다。그誡命이있은後 사람이善惡을 分辨하고 하나님을참으로알게하였다。善이란 하나님의말슴대로 遵守하는것이니 善의열매는 義로움이오 義로움의열매는 永生이다反對로 惡이란 하나님의말슴을거사리는것이니 惡의열매는 罪요 罪의열매는 死亡이다。(로마二六章二ㅡ二十三)

그런즉 誡命이있으면 거긔對하야 治理하는것이 없을수없으니 이治理는곳 律法이다。或은先知者를보내며 或은帝王을식히며 或은聖賢敎師를식혀 여러가지로 引導하며 責望하야 다사려오신것은 곳 이것이다。이律法이있어사람의行한것의 是非曲直을 가리어 罪를罪로定하고 義를義로나타내는것이니 바울의말한대로 律法이아니면 우리가罪를 알수없다。하나님은 이것으로써 人生이 自由로善惡을가리어 自己의完全하신뜻을 일우게하시었다。

그러나 自由있는곳에는 責任이있는것이오 責任이있으면 그結果를 받지않으면않된다。그런故로 審判이있다。하나님은 審判의하나님이다。사람의行한것을따라 良心을따라 賞罰을주시는하나님이다。善한者를 福주어 數千代까지 니르게하고 惡한者를 禍주어 三四代까지 니르게한다고하였다。하나님은 사랑이라고하나 決코 어리석은父母의사랑같이 無分別한肉愛를주는이가아니다。一定한目的下에 敎訓을하며 自由를주어 行케하고 그結果에따라私情없이 報應하는 秋霜같은一面을가지는 하나님이다。學問이進步함을따라 人格的으로게시는神을 疑心하는思想이퍼지고 거기따라 審判을迷信視하는傾向이 많아졌으나그結果는 오늘날같이 道德이解弛해지고 人心이奸惡해진것밖게 所得이없다。그런進步는 進步가아니오 退步다。이케라도 이世上이救援을 얻으려하면 하나님의審判을 두려워하야 敬虔한맘으로 그誡命을遵行하지않으면않된다。

그러면審判은 어떠形狀으로오느냐。여러가지가있다。個人的으로오는것도있고 社會的으로오는것도있으며 今世에

오는것도있고 末世에오는것도있으며 物質的으로오는것도있고 精神的으로오는것도있다。 롯의안해가 소곰기둥이된것은 個人으로받은것이오 노아時代의 洪水審判、한사람이命令을어기어 戰利品을 감춤으로 全이스라엘軍이 罪를받은것은 社會的으로받은것이다。사람의身體에는 死亡、疾病、安易、困難이있으니 이는 物質的으로 現世에서받는것이오 良心에거스리는일을하야 心中에苦痛을 免할수없는것은 精神的으로받는것이다。疾病、死亡이 審判이라고하면 科學思想으로는 反對할터이오 또事實에있어서 어그러지는것이있다。故로이는個人的으로 即時的으로臨한다는意味에서 取할것은아니다。예수도 弟子들이 소경을가르처 저가누구罪로 소경이되였느냐할때 그는아모의罪로된것도아니라고하였다。그러나 疾病이人間에 存在하는것은 그理由를 道德的으로解釋한後에야만 비로소알수있는것이오、死亡 더구나 幼兒의죽음같은것은 直接케自身이나 父母는 勿論아니라하고라도 人類에對한 神의審判으로생각할때 許多히 貴한眞理를 가르치는것이있다。左右間 모든疾病、모든人間의死亡 苦痛이 다는아니라하고라도神의審判이 그것을通하야오는것은 事實이다。또良心의苛責같은것도 單純한學問的인생각으로는 그저사람의心情의일로알지만 不義를行한後 苛責의念도 아니러난다고하면 이世上은 實로어찌되였을지를 推測할수없다。故로 이것은分明히 善惡의報應으로서 人類의反省을促하는 神의일이라함이옳다

또그밖에 소돔 고모라의일이라던지 예루살렘이 로마에亡한것처럼 今世에 局部的으로 오는것도있다。그러나정말 크고完全한것은 이世上끝날에오는것이다。그를大公審判이라한다。이때에는 上下億萬世의 모든사람 모든民族이 生者死者의別이없이 帝王奴婢의다름이없이 누구나다 大審判臺앞에 서는날이다。그때에隱密한것이없고 勢力財物이어떻게할수없고 辯士도 才子도없다。모든사람은赤裸裸한靈魂으로 설수밖에없다 그리하야 神은여긔對하야 遺漏없고 私情없는判定을하신다。저의생각대로가아니라 사람의한것대로 갚우시는것이다。예수의傳한말슴대로하실것이다。그리고 그때에모든사람이 하나님을義롭다할것이다(로마三章)。

最後에한가지생각할것은 信者도審判을받겠느냐하는것이다。信者中에는 우리는이미審判의免除를當한줄로알고 심지어는 우리는 이미義롭다함을얻었으니 어떻게行하던지罪人이될수없다하야 安心할뿐아니라 亂暴하게하는者까지있다。勿論聖經中에도 解釋에따라 信者에게서 審判을免除한것같이 뵈는곳이없지않으나 그러나또明瞭히 信者도받을것을가르쳤다。洗禮요한이 유대人을向하야 아부라함의子孫되는것이 너의를救援할수없으니 悔改에合當한열매

를맺으라한것은(마태三章九ㅡ十) 그리스도人에게도 마찬가지다。主여主여하는者가 다天國에 들어가지못한다한것은 예수自身의말슴이오(마태七章十一) 야고보書에도「스승된우리는 더욱많은審判을받을줄알라」(三章一)고하였다。그밖에도 注意하야보면 到處에서 찾어낼수있다。信仰이란 무슨資格을주는것이아니오 마음의態度에있는것이니 그로써어떤特典이있는것같이생각하는것은 世俗的外樣的생각이다。

(城西通信의續) 서울놀바리지안이하였든들 안이病이들지않고健康을持續하였든들 발서地獄불속에 빠지고말慘酷한靈魂이되였을것임니다。極度의煩悶과苦痛으로 눈까지멀어 靈肉이아울너暗黑속에서곤두박질치든저는詛呪하든서울이엇만 떠날랴니 눈물이엿읍니다。그러나生覺하면 그길이 救援의길이였든가십습니다。病들어끼때문에故鄕을떠낫고 故鄕에있을수없기때문에小鹿島에를왔으며 小鹿島에 왔기때문에靈肉이아울너 빛을보게되였읍니다。

先生任 救援이란病者에게만 있난것이안이엿만 왜저는健康할때에난求援을언지못하였아오며 眞理란 우리들만에所有物이 안이어늘 왜저들은 못언읍니까。우리들의祈禱가不足한탓일가요。이런생각을하며 읽기始作한城西通信도 한숨에맞이고筆頭로부터다시읽어「沈奉事의所願」이란 頁을읽고느낀바있어저의 唯一의模範인盲友俱樂部員들의信仰生活을곰곰히生殺하고 別紙와같은것을 써보았읍니다。펜을들면 사뢰고싶은말이 참으로많으나 너무罪悚하여그만쏩니다。저의無禮한點은重重히寬容합시기비오며 萬事가主의뜻대로享通하시기늘ㅡ빌젔읍니다。一九三五年十月十日小鹿島西部 尹一心 上白」

(第十八頁「信仰의길」續)

仰의길에서 오즉生命의問題는解決되고 그야참우에서오는眞理의知識을 날마다얻어 당신을아는知識은더하고 내生命은 자라게되기따문인것이다。

아! 나는이길밖에모른다。다른모든것은 나는모른다。오즉하나님아들예수그리스도의 十字架를믿고 또한내가지고가는길밖에모른다。이信仰의길밖에모른다。이信仰의길에서 내問題는解決되며 당신은알게되며 붓잡음은있게되며 永遠을보게됨을안다。十字架를믿고 十字架를지는일! 이길밖에나는모른다。主께서 나로하여금 당신이榮光中에서 이世上에오신길! 이世上에서걸으신길! 마즈막에 오직그十字架를향하야突進하신길! 그十字架에달리신길! 하나님아버지에게 부탁하신길! 그光明만을보고向하신길! 하늘나라에올라가신길! 모다救援케하신길! 모다回復에두신길! 그勝利의길! 榮光의길! 옳걸으신대로믿어따르게만하여주신다면 나는여기에서 더바랄것이없고 여기에서 더要求할것이없겠다。여기에서당신의問題는 解決되었고 人生의問題는解決되었으며 宇宙의問題도解決되었다。光明은가득이차게되였고 永遠하신聖意는 일우어지게되였다。나는信仰에 이길밖에모른다。모르기를바란다。이단길로단김에것게되기를바란다。

‖一九三五、三、八日記‖

信仰의길(完)

李賛甲

三

나는이것이 信仰의길인줄안다。나는信仰에이길밖에모른다。하누님아들예수그리스도의十字架로 내가救援받고 당신의뒤를따라 내가十字架를지고가는길! 이길밖에는모른다 이것이人生의救援의길이오 人生의걸을길인줄안다。이길!이信仰의길밖에 나는모른다。나는여기에서 믿음으로救援받는다하고(요한三의一六) 믿기만하면 배에서生水가江같이흐르리라(요한七의三八)하신信仰의唯一性、信仰의萬能을본다。그리하야 무엇을지키고아니지키며 무엇을하고아니하여야한다는것은모른다。모처럼 얻은自由를같지않은것들로씨워 점점더복잡하게하고 迷路로이끄는 그런모든것은몰은다(갈나디아二의四―五、五의一―一二)。그래 나는이제는安息日을지키고 아니지키고(갈나디아四의八―一一참조) 捐補를하고아니하고(마태一五의四―六참조)、敎會에들고아니들고(빌립보三의一七―二一참조)、洗禮를받고아니받고(갈나디아五의六참조)를 나는모른다。나는信仰에이길밖에모른다。내가救援받고 내가지고가는길! 이길에서나의信仰은 이러나고자라며 하늘나라는 밝아가고누리게된다。그리하고 또이길에서야만 비로소모든다른날에는 이世上사람들과區別할수없도록 如前히自己만알고、利만을따르고、속이고、出世하다가도主日만되면 그렇게모든것을 혼자누릴수있는어떤特有한種類의사람인듯이 어느듯거기에맛당한딴模様을차리고 모여경건스리禮拜본다하야 또한自己의滿足의延長이면서도 한갓安心處가되게하는 그런「安息日宗敎」가아닌참된安息日、이제 至今의景어질장막인 이모든것다버서바리고들어설 永遠한나라 至今도날마다맛보는 그때를像徵하는참된安息日을지키게됨을알며(히브리四의一―一一참조)感謝의捐補、내眞心의 울어남에서의捐補라기보다 내所有내손아구리에든것을 쓰다가남음을드림같아 이름을적으면많이出捐되고 아니적으면 적게出捐하도록 점점쪼라들어갔음에다가 感謝禮拜捐補、復活主日捐補、聖書公會主日捐補、農村主日捐補、꽃主日捐補、生日捐補、또무슨捐補하야每主日捐補밖에도 그렇게이름들을붙이어 연다라있게하고 그러고 또무슨義捐、무슨義捐하야내세워 억지로마른나무에 물을짜려대들듯하면서도 심지어律法時代의十一條說까지끄집어내어 한法的으로까지臨하게하며 氣막히게도 내이는것이많고 적음을따라 在世時의禍福、오는나라에있을곳의草家、瓦家說과같은말하기를 일수로하기도하야 出捐케되어 겨우所期의일들을유지되어가게하는 그런捐補가아닌참捐補、내全部를바치어사는가운데 속에서기쁨으로自然스리나와 多少가關係없이 쓰기에不足함이없도록되는참捐補가됨을알며(前고린도一三의三참조)、敎會、敎會하야그敎會를中心하고—敎派를따라 이름들이다르기도하지만은—우에로上會라는老會、總會가있어 때를따라모여 議論하고 決議하야指揮命令라는것과 또부속으로主日學校、傳道會、勉勵青年會、基督敎青年會 또或少年會무슨會하야 敎會의 그많고잘組織된堂會、諸職들을도아 傳道、尋訪、勸勉、查經、復興會노무엇을開催、紀念、施賞하며 분주하게얽어매이기에힘쓰어 忠誠된일꾼 敎會의發展하야 地球의表面에곤대곤대헌디더덩구모양의 —敎會堂같음의 盛況을이루어가게됨을기뻐함과는 根本으로다른 예수그리스도를머리로하야 하나님의욋子女들이 各各그몸의기관과지데의노릇을함에 自然스리너히가 世上의빛과소곰이라고하신대로 여기저기處하게하여주심따라 날마다의生活로 빛나게기운차게 빛과소곰노릇도하게되며 또한自然스리 그얀말로聖徒가交通하는것으로 서로만나게도되며 또한主의이름으로 모이게도되는 恒常하나님아버지께서 같이하시는하늘門이열려있는맑진正體로生命이차어 宇宙的으로자라는 참된산敎會를알며(이사야六六의一—二、에베소一의一五—二三、前고린도一二의一二—二七、마태一八의二〇참조)、한참說敎하고는 사람대접같지도아니하게이러서서 이름을씨우라하야 얼마동안다니면學習주고 또얼마지내어問答만通過되면 靈의狀態 속의變化는어찌되었든지 施行되는洗禮가아니라 聖神의役事로信仰을通하야 깊이悔改하야 重生되는때에 곧예수그리스도우리를위하야 十字架에죽으시고 아버지의榮光을인하야 살게되신당신과合하야 우리옛몸이죽어장사지내고 우리도또한 새로살음을얻게됨에 눈물과함께있는 참된洗禮를안다(로마六의一—一一참조)。오직이信仰의길에서만 비로소참된意味로의 이모든것들도있게됨을안다。舊約의眞意를알고新約의이룸을본다。그렇다福音에는 모다이루어지었으니 예수그리스도는 律法의마춤이시니(로마一〇의四)、예수그리스도는全部이시니(골로새一의一二—二〇、二의二—三참조)、예수그리스도안에있으면그만이니(마태一二의一—八、골노새二의一六—一七、요한一五의一—一〇참조)、믿는것은내가죽고 예수그리스도로사는것이니(로마八의九、갈나디아二의二〇참조)、무엇을더要求하며더하려하랴。그러고 이제傳道者는 聖殿은이福된消息、福音의말슴、하나님의말슴만을말하는者、이말슴만을말하는곧이다。그리하야욋信者는 그말슴을들어 主의얼골을보아 더靈의眼界가열니며 信仰에힘을얻어 그恩惠에그사랑에몰리워 저의몸을더기쁨으로 산제사로들이며(로마一二의一)、더일층사랑하게되는者이다。(一요한四의一九)決코安息日에쉬어야만된다(요한五의一六—一七참조)、捐補하여야만한다(마태九의一三、二三의二三참조)。敎會?洗禮?하고 强迫의또强請의 그러고舊約的의儀文을論하는 律法을

다토는(로마七의六、듸도三의九참조) 者가아니요 그런곧이아니다。 그모든것을벗고소사나 오직하나님의말슴 그福音의말슴、生命의말슴、예수그리스도만을 불붓듯말하는者이고 傳播되는곧이다。 그리하야그다른모든問題는 그렇게自然스리 眞理롭이되지아느려야안을수없는것이 또한基督敎의特徵일것이다。 그福音만을말하지아니하고 다른것을말하며行하거나 第一로삼는것은거즛先知者요(갈나디아一의六—一〇、마태二四의二四참조) 또강도의굴혈이다(마태二一의一二—一三、마가一一의一五—一七참조)。

나는언제인가어느有力하다는牧師가 어느新報에『敎會에염증을내는靑年들에게』라는큰題目을걸고 걱정을많이하는것을본생각이난다만은 生命에 生命의供給에무슨염증일것이랴。 죽어가는者에게 生命을부어줌에웨염증을내이며 새空氣、새량식을供給하여줌에 무슨염증이생길수있으랴。 무엇이나오래계속하면 염증을내이듯하는그런것은—現代敎會에서牧師勸師가또權察이巡察하듯하여야 敎會에서무슨일이있다어야 무거운몸을니르키어 느린거름으로 아모目的도精神도없는듯이 모이군하는그런것은있을수도없거니와 恒常저이들은 그生命의말슴傳하는者對하며 그곧에가기를다시더없는기쁨 즐거움으로알것이다。 그렇다 이生命問題만을풀을수없는내罪問題 亦亦해지는내永生問題만을 취급하여주어 이것의赦免의消息 씨언히生命水를되리마시게됨에는 이信仰의길의分明한啓示에는 오죽感謝와歡喜만이있을것이다。 至今現代敎會에단니는이들로 참을수없어지어 물너나게됨이많어짐은 이福音、이生命의말슴을傳하지못함에 어찌할수없어뚫고 나아갈길을찾게되는것이아닐가。 참말로 그사람의노름 그것의返復에 내生命을窒息 生長을방해함에견딜수없어 光明한地球우에 이찬란한宇宙에 그빛나는十字架만을 내生命의救主예수그리스도만을 찾아뛰쳐나오는것이다。 가이없다 그러한現代敎會이니하나님의말슴인 聖經까지도 하나님과사괴이는 祈禱까지도 내에게산生命의량식 生命의呼吸으로아모힘도 아모效果도 주지못하게하고 도리혀그아말로 염증이나게되도록 늘텁텁한것으로만글어주어 내참아그대로는더지체할수없고 더보고있을수없게되는것이다。 누가 제生命을누름에 窒息케함에참는者있으며 견딜者있는가。 다른모든것에는 참음도 환란도 必要도要求도되지만은(로마五의三—四、야곱보一의二—四참조) 이에는 決코할수없는것이다。 이는흘너온歷史가 證明헤주는바이요 참生命의靈에있어서는 다시더말할것도없는것이다。 참말로 信仰만은 하느님아들예수그리스도믿음만은 당신을따라감만은—거기에 고생과 어렵음이있더라도 얼마든지하여도우리에게 더깊은感謝와讚頌이있게하며 설혹때로暗黑이오고그것이쉽게물너나지않더라도 또한점점더깊은데를더듬게되다가 더光明가운데있게됨은무엇일가。 그렇다。 이信 (一五頁續)

요한복음 (試譯)

趙誠斌

너나 그제자지! 우리는 모세의 제자들이야! 29모
세의게 하나님께서 하신 말슴은 우리 알어도 이사람이
어디서왔는지는몰은다。』
고하기에 30그사람이 대답하기를
『이상한뎁시요! 그 어디서 부터인지를 모른시다니!
그어른이 제눈을 띠우지않었읍니까? 31하나님께서는
죄인의게는 귀를 기우리시지않지만 경건하고 그뜻을
순종하는 사람에게는 귀를 기우리시는줄 앎니다。32개
벽이래 소경의 눈을 띠운사람이라고는 들어본일이없
읍니다。33이어른이 만약 하나님으로부터 나오지 않
으었다면 아무일도 못하시겠지요。』
라고하니 34그들이 대답하기를
『그래 네가 죄속에서 나 가지고 우리를 가르치는터
이야?』
라고하며 내쫓었다。
35예수께서 내쫓었다는말을들으시고 찾어만나 말슴하
시기를
『너 인자를 믿지?』
라고 하시니
36『그어른이 누구십니까 주여? 일러주십시요。제가 믿
겠읍니다』
라고。37예수께서
『너는 그를 보았다。너하고 말하고있는사람이 그다』
라고하시니 38그는
『주님이시여 믿습니다』
라고하야 예수님를 예배하였다。39그때에 예수께서 말슴
하시기를
『내가 이세상에 온것은 심판때문이다。볼수없는 사람
을 보게하고 볼수있는사람을 눈멀게하기때문에 왔다』
40예수님과 같이있던 바리새교인들은 이것을듣고
『그래 우리도 소경이란말이요?』
하고 물으니 41예수께서 대답하시기를
『너의가 만약 눈 멀었드면 죄없으리라。그러나 사
실 너의가 보인다고 주장하니 그죄가 그저 머물러
있다』

第十章

1『진실로진실로 내 너의게 이른다、양 우리에 문으
로 들어가지않고 딴데로 넘는자는 도적이다、강도다。
2문으로 들어가는사람은 양의 목자다。3문직이는 그

에게 문을 열어드린다。양은 그 소리를 듣는다。그
는 자기양의 이름을 불러서 이끌어낸다。[4]그양을불
러내고서 그들의 앞에서서 간다。양이 그소리를 아
니까 따라간다。[5]다른사람에게는 따라가지않고 도리혀
다라난다、다른사람의 소리를 모르니까。』
라고。[6]예수께서 이비유를 말슴하셨어도 그들은 그무
슨말슴인지를 깨닫지못하였다。[7]이렇기때문에 또 예수께
서 말슴하시기를
『진실로진실로 내가 너의게 이른다、내가 양의 문이
다。[8]무릇 나보다 먼저 온자들은 도적이다、강도다。
양은 그들에게 듣지않었다。[9]내가 문이다。누구든지 나
로말미암아 들어오는사람은 구원을 얻고、출입을하며
꼴을 얻을것이다。[10]도적은 도적질하고、죽이고、멸망시
키려고서밖에는 오지않는다。내 오는것은 양에게 영생
을 얻게하며、더욱 더 풍성하게 얻게하려는때문이다。
[11]나는 선한목자다。선한 목자는 양을위하야 생명을
버린다。[12]목자도아니며 양도 자기양이아닌 삯군은 일
희가 오는것을 보면 양을 버리고 달아난다。(일희
는 양을 빼앗으며 무리를 흩어지게한다。)[13]그는 삯
군이니까 그양들을 돌보지않기때문이다。[14]나는 선한
목자이니 나의양을 알고 나의양은 나를 안다。[15]아바
지께서 나를 아시고 내 아바지를 아는것과같다。그
러니 나는 양을 위하야 생명을 버린다。[16]나에게는
이우리의 양 말고도 또 다른양들이있어、이들도 인
도하여야하겠다。그들은 나의 소리를 들어서 마츰내
한무리에 한목자가 되리라。[17]이렇기때문에 아바지께
서는 나를 사랑하신다。즉 나는 다시 생명을 얻기
위하야 생명을 버리는때문이다。[13]내게서 이것을 빼
앗는사람이 없다。내 자진하야서 버린다。나는 이것을
버릴권위가있고、다시 이것을 얻을 권위가있다。나는
이 명령을 내아바지께서 받었다。』
라고。[19]이런말슴때문에 또 유대인들중에는 분쟁이 일어
났다。[20]그중에는
『저이가 악귀에 붓잡혀서 밋었어요! 그말을 어떻게
들어요。』
라고 하는사람이 많었다。[21]다른사람들은
『이것은 악귀에 붓잡힌 사람의 말이안인데요! 악귀
가 소경의눈을 떠울수있어요?』
라고하는 사람도있었다。
[22]때는 예루살렘에 수전절이 있은때라、겨울이였다。
[23]예수 성전에서 솔로몬 현관으로 걸어 다니시는데、
[24]유대인들이 에워싸고 하는말이
『언제까지 우리를 의심하게할터입니까? 당신이 그리
스도거든 명백히 일려주십시요』

城西通信

一九三五年九月十六日 (月) 北滿一帶를 縱橫으로濶步하고 다닌일이 있었다는 某 젊은女牲의前半生의懺悔談을 듣고 戰慄함을禁치못하다。세상에處하야 子女를 가지는일、特히 딸子息가지는일은 이모저모로 憂患의始作인가보다。彼女를爲하야憐憫을難制、그父母를爲하야同情의歎息을不禁。

九月十七日 (火) 지난日曜日午后 물에 산에遂次、黃昏에 愛犬을 文珠峰곡다기에 얻어두고 찾지못해서 애쓰는某老人의 개를 救助하여주었드니 그老人으로부터 深厚한謝意에 極上品菓子一箱을添하야왔다。老人이 먼저自己姓名을通함에 끌려서 나의姓名을 答하지 아니치못한것이 禍가되여今日 이러한不當한禮物을 받게된것을深悔하다。必要한때는 無禮를敢行할것인가 或은虛答을 通用할것인가? 어쨌든 極小한善行에對하야 過大한謝禮를받음은 甚히不安한일。받은菓子를 그날同行하였든 生徒들과 家兒들께 나누어 今後로도 山中에서나 街路에서나 더욱善한 隣人되기를願하야 마지못하다。

九月十八日 (水) 滿洲事變記念로 終日終夜요란하다。全校生徒들 龍山練兵場에서 演習光景奔觀。(嶺南通信如下『七月廿五日에「信友」의創刊號 許可願을提出한것이 아즉도 許可가되지안습이다。그동안 數次警察의 調査가있었고 今日午后에도 警察署에呼出되여 한동안 取調를當하였나이다。罪없어도 警察이라면 무시무시하게 生覺되는弱者를 全能全愛의 主에수께서 잘保護하야 주시더이다。第七十九號 聖朝「예레미야后記」를읽다가「萬一잘못하면 豫言者의 肖像속에서 또한번 긴한숨소리가들릴것같어서」의 句節을보고「잘못하면 信友로하야 聖書朝鮮의 빛(光)을 가리울가 두려운 生覺이났음이다。나는 오직그리스도의聖意에 全任하고 期待하고 있을뿐이로소이다。主가 이루어주시면 할것이요 不然이면 自我의熱情으로 妄動치는안이하려고하나이다。」「信友」의 더딤을 알려드리려고면말슴 記ㅏ하나이다。來來 그리스도안에서 平康을누리시옵소서」

九月十九日 (木) 새벽東天에 下弦달과 牧牛、參宿等의 燦然한榮光! 宇宙는 넓고크다。(籠球監督의 틈을타서原稿。

九月二十日 (金) 大阪新聞은 美濃部博士의 不起訴된것을傳하고 同時에 博士의 聲明書를 報道하다。(今日午后에 日比野寬이라는 七十老人이 來校하야 마라손講演及實地指導가있었다。모다偉哉。

九月二十一日 (土) 湖南에서佳信飛來「拜啓 달마다 참生命으로와서 小生의 시드른氣魄을 이르켜주는 聖朝誌는 九月달에도 變함없었읍니다。聖朝를기다리다가 받는날이면 表紙、目次、內容、社告、一字를 빠짐이없이 卽席에서 讀破함은 前每月과 같았사옵거니와、九月號를 본다음같이 가슴이터저오며 心火가이는때는 없었읍니다 聖朝誌가 每月一日을넘고 또 週를지나고도안오면 依例히「참朝鮮歷史를배는 產母의苦여!」하고 불일듯이 알고싶은마음을 抑志로눌느며 主筆의心苦를 덜려하였읍니다。더욱이 七七號의있어야할「受難의(五)」가 빠진때는 이한讀者의 마음이 主筆의 마음에야 比할수있겠읍니까? 그러나 九月號에서 읽어지지 않어야할 朝鮮歷史가 聖書朝鮮誌에 連載하던「聖書的立場에서본 朝鮮歷史」라는 글과같이 읽어진것을 當面하올때 無限히우는것도 적은慰勞가 되지못하였삽고 곁에서보던안해의「배우는사람이 그런게 가르치는이의마음이야 오작하렸가」하는말도 慰勞되지못하였읍니다。正하게떼여 製本을하여놓고 再讀을始作하면서「너는正말 朝鮮의行進을 그린冊임으로 朝鮮의그것과같이 出世하기가 그렇게어렵고나」하였읍니다。다시七四號所載에 맞어서 새希望에 躍動하였사오나 다시금 시금 十字架를 覺悟하였읍니다。九月號「城西通信」에서 滿洲와小鹿島 에對한 先生님의 思輪을보옵고 그前부터 生覺과祈禱가 없지못하던 두가지事實에對하야 더욱 深刻하

여겨옵니다。麗水癩病院에서 九年間 治療를받던 靑年한분을맞나 벌서 四五個月을 懇談中에 覺悟한바있사와 至今부터 最少의 犧牲이라도하노라고 一週一次式 全家族이 禁食하기를 作定하옵고 그代價로癩病讀者의 誌代로하던지 滿洲傳道者의 誌代를 小助하려고 施行中이오나 微弱한生覺을 미리이야기함이 우습기도하오며 또한便으로는 誌友가 百名이면 一食代를五錢으로하여도 一週에五圓 一個月에 二拾圓이되는것을 生覺하와 우리뜻을 적으나마 深刻히 施行해보고저하는 마음이없지못하였읍니다。制度와 敎理에 化石이되거나 一種遊戱化된 썩은敎會를 직힘보다는 肉의 生命問題는 解決을지은 癩病의게나 將來에무엇이 하나되려는 滿洲에同胞의게 所信을 證據하면서 主와같이 살고싶음이 많읍니다。이즈음에는「主여 제가무엇을하고있읍니까 나는어쩨이같이 生命이 躍動이없나이까 오ㅣ하늘生命주시옵소서」이렇게웁니다。先生님앞에 끝으로드리옴은「聖書朝鮮은 苦難의 朝鮮에서 지극히 적은 唯一의 生命管임니다」하는이말임니다。

九月二十日 小生 ○○○』

九月二十二日 (日) 午前十時에 마가一章二九ㅣ四五節에依하야 예수傳이야기。○美濃部博士가 그聲明書를取消하였다고。

九月二十三日 (月) 今日부터 養正學校創立第三十週年紀念展覽會場準備。其外에籠球選手監督과校正。○滿洲消息에接하야 目前雜務에 煩勞하든心靈을 높이大陸의南北에 날려 적지않은慰安을 招來하다『정성것 보내주신 聖朝二十號열권과 八拾號와 翌日 또七拾九號를 손에너을수있어서 滿足히 靈魂히 慰勞를얻었읍니다。이暗黑한 地帶에서 先生님들의 말씀을듣는것은 참으로 하나님앞에 謙遜함으로 나아닌部分이 움즉임을 보는것과 同感을느끼옵니다 今年數個月을 回顧함에도 그렇고 至今도 그렇고 未來도그렇것을 미리짐작하지안함으로 말한마디하기가두렵고 떨여고 態度가지기가떨였고 빛이 하날에서 빛내는것과같이 예수그리스도가 이렇다고하는것을 드려내는데는 너무나두 어렵읍니다。韓通以下인 보잘것없는生에게 그런重任을 맡기는것도 主님께 感謝하지만 先生님들과 貴重한 여러兄들을 靈으로사괼수있음 感謝不已함니다。先生님 來來健康하서서 굳세게 싸와주심바람니다。

九月二十四日 (火) 展覽會場設備만하여도 日夜에 餘剩이없는데、大會를앞둔 籠球選手의監督과 出版期日이臨迫한 聖朝誌의校正。文字대로 眼鼻莫開。

九月二十五日 (水) 새벽부터 밤까지展覽會準備。틈을타서午前午后二回의籠球練習과校正。連日 選手들과合宿。○小鹿島消息에 心身이一新하여짐을 깨닷다。卷頭의「村井先生의 歸國에際하야」라는것이그것。

九月二十六日 (木) 降雹。午后四時半에 全朝鮮中等學校籠球選手權大會에參戰。第一回戰에 이번大會의 最大强敵인 平壤崇實中學팀을 四十對三十一點으로 悠悠히 이겼으니 今回의優勝은 거의 確定的이라고 自他가 論評함을 듣다。○鐵道工場에 勤務하는 未見의兄弟의 來信一節『(前略)今日은 貴社發行하시는 聖書朝鮮을 伏讀하였든바 그內容은 如實히 이末世의 險路에서 五尺短身을 安定할고작이없어 煩悶과 苦痛、그리고 이腐敗하여 墮落하여가는 社會人類에 맞치暗路에 一閃의 燈明과같이 或은 一線의力線과같이 搖瀾亂雜한 이現社會人에 그한줄기의福音、따뜻한 音波의 諸先生任의 善導의말슴은 참으로 이地境에서 多數한煩悶者 苦惱者들을 充分히 救하였으라고 깊이깊이 느껴든바이올습니다。그리고 小生도 諸先生任의 善導의말슴 一句節을伏讀하고 적지안한 한가지 鐵쪽같은 好感을 느껴마지아니하였나이다。여기에 感謝의뜻의 一書를 올리오며 此後에 變치않고 많은善導를 願하옵는 바이올습니다。九月十五日 鐵道局京城工場M職場內 ○○○白』 주먹에鐵槌를 휘둘르는이들의 感懷는健實。

九月二十七日 (金) 展覽會準備의 막날

校正도하여야하겠고、籠球大會에도 叅觀하여야하겠고하야 不得已 탁시를驅馳하야 時間를買收하다。必勝을 期하였든籠球가 오히려 弱軍에게 今日慘敗하다。運動競技는體力의 强弱으로써 決하는줄로알었으나、體力보다도 精神的要素가 더큰敗因을 作하는것을 다시깨다른것이 今番의收穫。强者에게 눌려서 지는것도 怨痛하거니와 弱者라고 輕蔑하다가 敗하는것은 더욱痛忿하노릇。○小鹿島短信如下하다。『金先生님 지난번에 林井先生歸國에 際하야란 片紙를 先生님게한후에드르니 林井氏가 歸國하야 엇던事情으로 村井이라고 改正하였다함니다。읽으실때 村井이라고 보와주소서。就白 本院工事는 完成되고 오는十月二十日頃에는 盛大한 落成式을 擧行한다함니다。위하야 祈禱하심을 小生은 仰望합니다。初秋에 金先生님 貴體大安을 仰祝하나이다。小鹿島南部 金桂花白』

九月二十八日 (土) 午前四時에 起床하니 今日이 養正學校 創立第三十週年紀念式날이라。午后二時부터 天下의 諸名士가 雲集하야 盛大히擧式하실터이지마는、나는 나대로 나의眞心대로 樣式대로 또한 이날을紀念하며 祝福하지 아니치못하야 이른새벽 博物室에서 홀로紀念式을 擧行하다。로마書八章에서부터 朗讀하랴니 第九章三節의上半까지 읽고는 목이막혀서 中斷。『대개 나의兄弟 곧 骨肉의親戚을爲하야 내가 그리스도께 끊어지는대까지이를지라도 願하는바로다』라는 바울先生의 一句가 몹시 나의肺腑를 찌르는故。過去三十年間의 養正學校出身者와 現在學生徒六百名과 將次蓬萊丘上에 因緣을맺을 어린靈魂들과 또한 養正學校에關係한 모든先輩들과 同僚들을爲하야「내가 그리스도께 끊어지는대까지 이를지라도 願하는바로다」라고 말할수없는것인가 있는것인가

九月二十九日 (日) 밤낮學校에留宿한지 一週日만에 昨夜에 처음으로歸宅하였으나 作品展展會만은今日까지繼續함으로 聖書工夫의集會를臨時中止하고登校。今日로써三十週年紀念事業도畢하고籠球監督의任務도一段落되였으나 校正은아직도未完中인데 疲勞는一時에發露하는듯하다。

九月三十日 (月) 展覽會場의 整理中에 틈을얻어 校正하랴니 마치 큰罪惡이나犯하는듯하다。時間을 도적질하는것도 勿論罪惡이겠지。○夕에 宋兄來談。梧柳學園의改善되는樣이 기쁘지않을수없다。

十月一日 今日부터 京城府 本局管內의電話가 自動式으로變更되다。午前八時半에朝鮮總督府施政二十五週年紀念式에叅列。午前十時부터校內大運動會。比較的 閑暇한所任한것을奇貨로 運動會進行함을傍觀하면서聖朝誌를校了하다。一人分의任務를다할것을다하면서 하는일이지마는亦是未安千萬한 마음은難制。運動會끝난後에宴會에叅席하다。

十月二日 (水) 校內整理로休業。梧柳學園에先生을紹介하기爲하야往返。다시는紹介者가 되지말라든誓願을破하고 또 이모양。

十月三日 (木) 朝鮮에 天主敎布敎된지第一百五十年이라고 平壤에서 紀念大會盛況인듯。○伊에開戰의 號外돌다。戰爭을禮讃하는바가 아니지마는 不可避로 치더야 할일을 當面하는것은 破腫하는일처럼 시원한일이다。○近日은 宴會接踵하여 賓로 苦痛。非常時의 好景氣에因함인가 八道珍味는 卓우에 넘치고 絶代佳人들은 左右에 侍從드나 참아 宴會席上에 펴치놓고 校正할수도없으니 時間없는일이苦痛이다。몸은 宴卓에倚하였으나 마음은 聖朝誌를待하는 誌友들께 往來하지 아니치못하니 苦悶이생긴다。意를決하고 今夜의 宴會는謝絶하고 十月號發送의 準備를 하였으나新聞紙上에서 某顯官의 明四日 一日間의宴會푸로그람을 보고 一日一回식 一週日을 連하지못하야 困憊하여진 나 自身과比較하야 多大한敬意(?)와 同情을 表하기를 躊躇할수없었다。그 푸로그람은如斯四日午前九時、同十時半、午后零時半、同二時半同七時等等。적어도一日에大略五回니偉哉。

十月四日 (金) 今日第八十一號發送 ○避하다못하야 今夜의宴會에는 叅席치아니

치못하여고、主客의 인사말슴이 交換된때를 엿보아 月夜에 도적이 隱身하듯이 主人의 눈을속여 會席에서 避退하다。피로운일。但今夜는 生來처음으로 露西亞式洋食의 待接을받아 地理學的 參考된바不無하다。氣候風土와 飮食과 民族性의 相關性이 興味의所在處。(嶺南通信如左『그리스도로좇아오난 平康과 福을누리실줄 믿습니다。小生 오래職業苦로 呻吟하든中 自然스럽게 退職하고 明日(十月三日) 尙州를出發하야 歸鄕하기로 되엿읍니다。앞으로 무엇을할는지 未定이오나 家業에從事하야 商業、農業 두가지를 當分間兼業할가합니다。오직 主께맡기고 나아갈뿐이로소이다。弱한者를 도아주시는대로 무삼일이던지 할수있겟나이다。이제 醴泉서만나뵈옵고職業苦에對하야 말삼하올때에「何時던지 하나님이 빼내여주시는대로 하지요」하시든말삼이 記憶됨니다。참으로 하나님께서 일우어주심이올시다。퍽 自由스럽고 기쁨니다』 大使徒바울의말이 聯想된다。「富裕한때에處하는法을알며、가난한때에處하는法도 알었고」就職한때에處할줄도알려니와 또한退職한때에處할줄도 아는도다。

十月五日 (土) 授業後에 慶州旅行에關하야 第三學年生徒들께 잔소리하다。苦樂을 함께하는中에 善한 친구가되며 또한 平生의 친구를 發見하라는等。

十月六日 (日) 午前十時에 마가복음第二章 처음十二節工夫하고 밤十時車로 慶州向發。一行百十二人。(咸兄來信에曰『바뿐일이지나고 지금은 안정이 되엿읍니까 弟亦日間이야 겨우일이끝낫읍니다。雜誌는 今番은 무슨檢閱問題는 없겟읍지요 弟는 昨日 平壤단녀왓읍니다。天主敎傳來百五十週年紀念으로 史料展覽을한다기로 일부러 時間을 내여갓던것입니다。볼만한것도 몇가지있었읍니다。初代當時에 漢文으로 飜譯刊行했던 聖經도있고 黃嗣永帛書의 謄本도있었고 金大建神父의 肖像도보았읍니다。그들의일을 生覺하고 感激과 感謝가 넘치면서도 엇전지 來往하는 天主敎徒를 볼때는 가엽슨느낌을 禁할수없었읍니다。그런대 只今 急히付托하는것 하나있읍니다。姜老人이 지금傳道길을 떠나겟답니다。客死를 覺悟하고 나서겟답니다。이老將이 늙지않었읍니다 果然 듣고나서 勇躍하는것을 不禁합니다。그런대 그를爲하야 傳道紙를 만들어주시기를 願합니다。그것이出版法에如何하게되겟는지 그를速히 알려주시오 글은弟가生覺도하였으나兄도그中에表示하야 必要한點을 가라처주시면좋겟읍니다 萬一떠나는날이면兄이던지弟던지 누가하나 誌上에短文을실으면 어떨가합니다 貴意若何요。(下略) 十月四日 咸弟拜』

十月七日 (月) 早朝에 大邱에서 乘替하고 午前九時半에 慶州西岳에下車。例와如히 案內者를排하고 獨自의案으로써 鮑石亭까지 巡覽하다。

十月八日 (火) 午前中에 栢栗寺를訪하야 異次頓의古事를 새각하고 邑內의博物館을 參觀한後에 佛國寺向。影池에서 古人의眞實性을 묻고럽이 들여다보다가 掛陵에參拜하고 佛國寺에이르니 黃昏。多寶塔과 無影塔도 充分히 賞할결을없이 客舍에旅塵을 떨다。달밝우매 물소리높고!

十月九日 (水) 他校의例를 버리고 案內者의指導를 물리치고 不便을 참으면서 佛國寺에 一泊하는것은 새벽東海에 日出하는 偉觀을 吐含山頂에서 바라보고저함이었는데、好事多魔인가 妖雲이東天을 갈이가리워서 今番計劃은 如意치못하였으나 새벽四時에 提燈登山한意氣만은壯하였다。下山하야 朝飯後出發、午后二時에大邱着。直路로 一行이 啓星學校에가서 各其第三學年對抗籠球試合。連日의睡眠不足과 過勞에도不拘하고 우리選手善戰하야 勝利는 우리편에 있었으나 勝負보다도 兩校의親睦이 現著함이있다。第二次로大邱師範學校로向하는途中에 우리의強한消息이傳하여진故인가 師範學校選手들이散退하여試合不能이라는報를接하니 此所謂不戰勝이라。戰術의極致! 大邱에敵할者없으니籠球를旅館에任置하고市內見學。午后十一時半車로北向出發。

十月十日 (木) 午前五時半에天安着。乘務하고 溫陽溫泉와서 入浴休息。特히健脚者만이 五粁쯤되는 顯忠祠를叅拜。午后十時半에 歸京解散하니 이에責任을 다하게하여주신 感謝의念이 북바쳐오르다。

十月十一日 (金) 學校는 休業」 但登校하야 籠球練習을 監督하다。() 咸北音信如左『拜啓時下晩秋之節에 先生님尊體恩惠中安康하심을 仰祝이오며 여러先生님들께서도 安寧하신준알어 감사한마음 끝없사옵나이다。今日聖朝誌는 감사히받었읍니다。先生님 今番京城市內에서開講하심 많으신결과을 얻을준민으며 先生님우에 더욱主님의도으심같이 하시사 듣는사람으로 基督敎의 참生命을 把握하야 主께많은榮光이 나타남을멀리서 祈願하옵나이다。先生님의말삼을 듣고싶은마음 泰山같사옵나이다。願하옵누바는 先生님께서 今番講說하심을 되도록 速히聖朝誌에記載하심을간절히 원하옵나이다。今番聖朝誌의 城西通信에 마리아氏의 身上의 記事를읽고 나는나의 지금까지의 虛僞의行動 虛榮의慾心에서 살든것을 限없이뉘우쳤읍니다。사람은언제나 強直한行動이 必要하며 潔白의生活에는 더욱直實된行動이 要하는준민읍니다。저는只今것 빛가운데서 살지못한듯良心의苛責을 얼마나 暗黑의慾心으로 죽였는지모르겠읍니다。現世의生命을 生活을圖하기爲하야 얼마나 不義의마음을 가졌었는지요。朝問道而夕死可矣라는 眞理를알고도 또 원하면서도 마음은 또한편 世上의虛榮을 얼마나 思慕했는지요 二重의生活 先生님 只今나의마음은 끝없는 空虛에있읍니다。나는 앞으로 어찌해야좋을지 도모르겠읍니다。先生님 좀묻는말삼은 內村全集을 京城서 部分식 살수있는지요 즉 한책식 살수있는지요 또價格은 얼마인지요 그리고 先生님께서 アンジャトツン傳을 말삼의記事를봤읍니다。價格얼마인가요 事實은 生은 아직도 信仰에 확실한 獨步의자리에 서지못하얐읍니다。따라 聖書硏究에도 趣味를가지지못하고있읍니다。책도事實은 熱情的 感情的 愛國的 民族的 이러한記事가 늘 자미롭게 읽게됩니나。그리되여 自然聖朝誌中에서도 咸先生님의 歷史를 第一로 그후 城西通信 또先生님의말삼의 바눌로찌를뜻한 말삼등이 가장 感銘的으로 읽읍니다。先生님 바라옵는바는 많으신指導와 좋은冊字을 좀紹介하야주시면 힘자라는대로 사서 볼가하오니先生님께서 읽으시고 사람게 권하신책이있으면 좀記錄하야通知해주심을 바라옵나이다」저뿐만안이라 안해도亦是저와같음으로 간절히付托하옵나이다。제게合當한책과 또 婦人들게 合當한冊字도 알리워주시옵소서 奔走하신 先生님께 말슴올림未安하오나生覺나는대로 몇책만적어주시옵소서 ○○上」

十月十二日 (土) 四時間授業。籠球監督과明日集會의準備。이러타나니梧柳學園第一回의 大運動會에도 叅席치못하야 母親님께 責망을 받았으니 至當한일압뿐。

十月十三日 (日) 午前十時에는 本社에서 마가복음 第二章十三—十七節에依하야 예수傳이야기하고 午後二時에는 市內復活社天佑堂에서 一般集會의第一回。

十月十四日 (月) 授業後에籠球監督。慶州旅行에서撮影한寫眞을現像하다。서툴은솜씨지마는 스스로造化하는 興味無盡哉。

十月十五日 (火) 今日이養正學校의 開校紀念日。새벽에博物室一隅에서 이學校에 모여오는 어린生徒들이 眞理를探求하기에 汲急한學徒들 되여지기를祈願。○小鹿島嘉信如此『金先生任前。달이밖귀면 廉恥없이聖朝를기달이난 自己를發見할수있읍니다今日도 틀림없이찾어온聖朝를對할때自己가聖朝를알게된原因을生覺하게됩니다。同時節數는 記憶할수없으나「모—든일에合同하야有益하게되나니라」하신말삼이聯想됩니다。果然저난 거진洞里마다禮拜堂이있다십히한 서울에나서 거기에서二十二年間이나 살았으며 비록規則的이나마數個星霜을每日三十分式聖經을배윗것만眞理난커냥오히려하나님을詛呪한 불상한靈魂이였읍니다。萬一에 제가父母兄弟의 愛情에있끌리여 (以下第十五頁續)

金敎臣 著

山上垂訓研究 全

四六版二四五頁 定價七〇錢・送料五錢

聖朝文庫 第一卷

咸錫憲 著

푸로테스탄트의精神

菊版半・三十二頁 定價金拾錢・送料貳錢

前者는基督敎의代表的敎訓을平易하게解釋하야基督敎의眞髓를闡明한것。後者는루터以來의宗敎改革의眞意를再考하야舊敎로退化하는新敎徒에게一大警醒을주고저한것。우리가二著모다半島의氣候風土의産이오。半島에보내는바이最善의선물로다。

聖書的立場에서본朝鮮歷史(續)

一、信仰生活과歷史理解 六一號
二、史觀 六二號
三、聖書的史觀 六三號
四、世界歷史의輪廓 六四號
五、朝鮮史의基調 六五號
六、地理的으로決定된朝鮮史의性質 六九號
七、朝鮮사람 六七號
八、堂堂한出發 六八號
九、列國時代의苗床 六九號
十、鎔鑛爐中의三國時代 七〇號
一一、高麗의다하지못한責任(一) 七一號
一二、同上(二) 七二號
一三、同上(三) 七三號
一四、受難의五百年(一) 七四號
一五、同上(二) 七五號
一六、同上(三) 七六號
一七、同上(四) 七七號
一八、同上(五) 七八號
一九、同上(六) 七九號
二〇、同上(七) 八〇號

京城聖書研究會(其一)

一、講師 金敎臣
一、場所 京城府外孔德里一三〇(聖朝社)
一、日時 每日曜日午前十時(約一時間)

〔注意〕이것은未信者인學生들을本位로하고英和對照新約聖書에依하야基督敎의初步를工夫함을目的。只今當分間은 예수傳이기야。聽講料每回十錢但會員은每月二十錢。

京城聖書研究會(其二)

一、講師 金敎臣
一、場所 鍾路六丁目二〇(復活社大講堂)
一、日時 每日曜日午後二時(約一時間)
一、聽講料 每回十錢

〔注意〕十月第二日曜(十三日)日부터始講。新約聖書의羅馬人書以下書翰研究를爲主로하야 基督敎의原理를講究하기를 目的하나、當分間은
1、내가基督敎를믿는 由來와根據。
2、無敎會主義란무엇인가。
3、生物學과 나의基督敎。
4、素人의聖書研究와 其方法。
等의緖論이있겠다。

休講及開講

十月下旬부터十一月上旬까지略三週間 講師가東京方面에旅行하게되였음으로 그동안은 右記의聖書研究會 其一、其二모다 休講합니다。校務를떠고가는걸음인故로(養正高普籠球選手引率) 沿道의誌友를尋訪할自由없음을遺憾으로아나이다。主께서 許하시면 聖書研究會其一(午前十時)은 十一月十日부터 再開講할터이오研究會其二(午后二時)는十一月十七日부터場所를變更하야 復活社大講堂에서 續講하고저하나이다。十一月十七日은 無敎會主義란무엇인가 누가無敎會主義者인가라는第二講。東京留宿所는 本鄕區弓町二丁目三 西城館

本誌定價

一 冊 拾五錢
六 冊 (送料共) 前金九十錢
十二冊 (一年分) 前金壹圓七拾錢

要前金。直接注文은振替貯金口座京城一六五九四番(聖書朝鮮社)로。

取次販賣所

京城府鍾路二丁目八二 博文書舘
京城府鍾路二丁目九一 耶穌敎書會
京城府堅志洞三二 漢城圖書株式會社

昭和十年十月二十五日 印刷
昭和十年十一月一日 發行

京城府外龍江面孔德里一三〇ノ三
編輯兼發行者 金 敎 臣
京城府堅志洞三二
印刷者 金 鎭 浩
京城府堅志洞三二
印刷所 漢城圖書株式會社

京城府外龍江面孔德里活人洞一三〇ノ三
發行所 聖 書 朝 鮮 社
振替口座京城一六五九四番

【聖書朝鮮】第八十二號 昭和五年一月二十八日 第三種郵便物認可
昭和十年十一月一日發行 每月一回一日發行

【本誌定價十五錢】

金教臣主筆

聖書朝鮮

第八拾參號

昭和十年(一九三五)十二月一日發行

昭和五年一月二十八日(第三種郵便物認可)
昭和十年十二月一日發行(每月一回一日發行)

目次

크리스마스

크리스마쓰가 돌아온다。過去一個年間의恩惠를 곰곰생각하야決算하기에 適當한名節이다。지나간해보다도 새로운탓인가 今年에 더욱豐盛한恩惠를받은것같다。첫재로今春以來알려지게된 癩患兄姉들의音信으로 말미아마 展開된世界의燦爛한光景이다。이는 이前에想像도 못하였든世界요、企待하지도못하였든消息이다。文信活君의初一信는 우리에게九天보다도 더넓은世界를展開케하는 端緖가되였으니 이것이文君의意識으로 된일이아니오 우리의所願으로成就될바가 아니었음은勿論이다。짐작컨대 무릇高貴한人生眞理는 이와같이意外의時 意外의所에서 意外의人을通하야 오는듯하다。即가장귀한眞理의世界는 探求로써 찾아내는것이아니오 啓示로써 받게되는것임을 우리는 깨달었다。今年一個年間에 다른 아무런幸福에參與할수없었다할지라도 小鹿島와其他의癩患者들을「우리문둥아」하고 부를수있는世界를所有하게된것과 저들을通하야證明된 招理論的 實體의天國을 明確히把持하게된것으로만하여도 우리의 잔은 넘치고넘쳐흐른다。生來의盲人은 누구의탓이냐고質問하는者를向하야 主예수의對答은「아무의 탓도아니오 하나님의榮光을 나타내기爲함이니라」고 하셨거니와、數多한「우리 문둥아」兄姉들의 그자리에있음이 또한헛된存在가 아닐뿐인가 성한자에게天國을指摘하는所任의자리라 고할진대 兄姉여暫時의世上에서 좀더 참고견디어야 할것이아닐까。

(以下十一行略)

여기도 削除部分임

하나님중심의신앙으로돌아오라

『독사의 종류들아 누가 너의를가르쳐 장래의 로하심을 피하라하더냐。 그런고로 회개함에 합당한 열매를맺고 맘속에생각하기를 아부라함이 우리조상이라 하지말라。 내가너의게 이르노니 하나님이 능히 이돌로도 아부라함의 자손이되게하시리라……』

이것은 광야의선지자 세례요한이 그세례를 받으려나온 바리새교인과 사두개교인을보고 발한책망이다。 왜그는이런 격분한 말을했던가。 저들이 량심의 갈급함이 없이 형식으로 외모로 나왔기때문이었다。 사람의 량심우에 『주의길을 예비하며 그첩경을 곧게』하자는 그의눈에는 외모의믿음은 간교한 독사의일같이 가증하게보이었던것이다。

이제 이같은부르짖음을 우리는 그리스도신자에 향하야 보낼필요가 있는때가 왔다。 은혜와 진리가 흘러넘처사막같은 이세상에 생명물을 공급하는 오아시스이어야할 하나님의교회는 저자신이 물이다한 우물처럼 타말라 보기싫은 신조의죽은껍질만을 남겼을뿐이다。

오늘날의 신자를 향하야 그대는 믿는자냐고 물으면 그렇다고 대답한다。 그러나 그믿음이란 어떤것인가。 교회명부에 이름이있는것이오、주일과 기도회에 열심으로 출석하는것이오、날마다 성경보고、목소리를높여 찬미하고、장강류수의 기도를 들이는것이오、연보를하고 구제하는것이다。 그리고 그것밖에없다。

오늘날의 신자를 향하야 그대가 예수를믿는목적은 무엇이냐고물으면 곧 대답하기를 죄속함을 입어 영생에들어가기위하야서라고한다。 그러나 사실이그런가、그보다도 생활이 나아지기위하야 남의신용을 얻기위하야 인격수양을 위하야 사회사업을 하기위하야 믿는자가 더많지않을가? 그증거로는 저의중에 자기죄를위하야 슬퍼하는자가없다。 그들은 죄라면 살인강도나 간음、사기같은 법률상의 죄로만알뿐이오 그것이 없는한 자기는 의인인줄로안다。 기도할때는 습관처럼 『저는 죄인이오나……』하나、머리를 들고있는동안은 자기가 죄인이라는생각은 조곰도없다。 영생을 원한다고하나 그영생이란 늙은이에있어서는 욕심밖에 더되는것없고 젊은이에있어서는 내용없는 말밖에 되는것없다。 불신자가 누리는 세상영화에서 털끝만한것도 빼시않고 다누린후、천당에가서 불신자는 못가지는 복락을 또한가지 더얻자는것이니 욕심의 변태가아니고 무엇이며、몸은비록 죽으나 우리의사업과 정신이 후에 길는것이라고 생각하니 렘뷔인말만아니고 무엇인가。

오늘날의 신자는 말마다 하나님의일이라고한다。 그러나 그하나님의일은 어떤것인가、교회를 세우는것이다。 유치원을하는것이다。 농촌사업을 하는것이다。 하기아동성경학교를 하는것이오。 청년회 하령회를 하는것이다。 그리고 그것을 하기위하야 불신자에게도 기부를청하고 남의보조를받고 운동을하고 교섭을하고 선전을한다。 거기도 수완이있어야하고 책략이있어야하고 우량한성적을 말하는 높은수자의 보고서가있어야한다。 오늘날의 신자는 전도를 열심으로한다。불상한령혼을 구원하기위하야 한다고한다。그러나 그불상한령혼은 끌려서 어대로가나 하나님에게로가나 예수게로가나、아니『우리장로』교도가고 『우리감리교도』간다。때로는 좌우편에서 끌려 그가련한양은 갈팡질팡하는수로있다。그것을 없이기위하야 구역의설정이있다。저기는 네구역、여기는 내구역。재산분배를 청하는사람을보고 『누가나를 너의우에 법관과물건나누는자로 삼았느냐』고 책망한예수가 그구역을분배하였을가。

특히말하면 오늘날교회의 신앙은 죽었다。그정통이라는것은 생명없는 형식의껍질이오、그진보적이라는것은 세속주의다。이제교회는 결코 그리스도의 지체도아니오 세상의 소금도아니오 외토운령혼의 피란처조차도 되지못한다。한수양소요 한 문화기관이다。

기독교는 그런것이어서는 안된다！다른종교는몰라도 적어도 기독교만은 형식에떠러지고 세속주의에 빠져서는 안된다。그리스도가 십자가에 못박인것은 바로그형식의 종교와 세속주의를 박멸하기위하야서가 아니었던가。이제다시 그와영합하는것은 분명히 그리스도를 배반하는일이다。그리스도를 믿는자는 그를 생명으로아는자가 아니면 안된다。그에게 절대복종하고 절대신뢰하는자가아니면 안된다。그가 명령하기를 부모나 형제나 처자보다자기를 더사랑하라하였으면 그대로하는것이오、날마다 제십자가를 지고따라오라하였으면 그대로하는것이다。믿음이란 그저말로나 외모의행동으로나 하는것이아니오 자기의건생명을 그리스도에게 넘겨주는일이다。종래 자기표준 인간중심으로 살던것을 그리스도표준 하나님중심으로 사는일이다。자기에대하야 죽고 그리스도로 사는일이다。그런고로 신앙은 안에있는것이오 밖에있지않으며 량심에있고 행동에있지않다。하나님의 요구하시는것은 통회한 령혼이오 제사가아니다。고로 모든교회규모를 다직히고 외양의행동을 선히하여도 『나』를 하나님에게 밭이지않는이상 신앙은 아니다。내령혼이 구원얻기위하야 내인격이 높아지기위하야 내가영생하기위하야 내가족 내민족이살기위하야 하나님을 부르는것은 아무리 열심이있고 경건이있어도 신앙이 아니다。그는 내재산 내세력을모으려는것보다 정도는 높을던지몰라도 『나』표준 『인간』중심인데서 변함이없다。그리고 이것처럼 하나님이 미워하는것은없다。죄란 살인강도를 가르침이아니오 하나님을 거역하고 사람이 자기중심이되는것이다。

회개하지않으면 안된다！오늘날의 신자는 그거즛신앙에서 뛰여나와야한다。그 나표준의 태도를 버리고 그문화주의 살림을폐해야한다。모든것을 다 하나님에돌리는 하나님중심의 믿음에돌아와야한다。불신자에게 회개를권하기전에 저자신이 몬저회개할필요가있다。 예수는 바리새교인더러 천국문에서서 자기도 아니들어가고 남도못들어가게한다고 책망하였다。오늘날교회의 떨치지못하는 원인은 불신자에게있는것아니오 신자자신에있다。형식주의 문화주의의 거즛신앙을 가지고있는한 오늘날의 신자는 역시 천국문에 가로막아서는자다。아아 무서운일이여！ 저의는 속히 이무서운자리를 떠나야한다。회개하고、성령을 고쳐받고、성경을 고쳐읽어！

내뜻대로 헤매였던 탕자가 돌아옴같이 삶신앙을 돌우찾어 하나님게로 돌아와야 한다！

요한복음 (試譯)

趙誠斌

라고。[25]예수께서 대답하시기를
『내가 벌서 일러주었는데 너의들 믿지않는다。 내 아바
지일홈으로 행하는 일들은 곧 나에게 대하야 증거
한다。[26]그러나 너의들은 믿지않는다、나의양이 아니니
까。[27]나의양은 나의 음성을 듣고、나는 그들을 알며
그들은 나를 따른다。[28]내 그들게 영생을 주니까 그
들은 결코 멸망하지않을터이며、그들을 내손에서 빼
앗을 사람이없을것이다。[29]그들을 내게 주신 내아바지
께서는 모든 무엇보다도 위대하시니까、아바지손에
서 능히 빼앗을자가없다。[30]나와 아바지는 하나다。』
[31]유대인들이 돌을 집어서 예수님을 때리려고하였다。
[32]예수께서 대답하시기를
『내 아바지께서부터 선한일들을 많이뵈워주었는데 그
어느일때문에 돌로 치려고하느냐?』
[33]유대인들의 대답이
『선한일때문에 돌로 치려는것이아니라요、하나님을 망
영되게 말하며、당신은 사람이면서 자기를 하나님이
라고하니까 말슴입니다。』
[34]예수께서 대답하시기를
『너의들의 율법에 씨여있지안느냐?「내、너의들을 신
이라고 말한다」고。[35]이와같이 하나님의 말슴을 받은
사람들을 신이라고 불렀을진대 (성서는 폐멸될것이아
니다) [36]그래 하나님께서 특별히 깨끗하게하야 세상에
보내신사람이「나는 하나님의 아들이라」고하였기에 어
찌 하나님을 망영되게 말한다고하느냐? [37]내 만약 내
아바지의 일을 안는다면 나를 믿지말어라。[38]그렇나
내 그일을한다면 비록 나를 믿지안는다할지라도 그
일들을 믿어라。그러면 아바지께서 내안에게시고 내
아바지안에 있는줄알것이다。』
[39]그들은 또 예수님을 붙잡으려고 찾었지만 그 손을
피해서 달아났다。
[40]이에 예수께서 요단강건너 요한이 처음 세례 베푸
시던 곳에가서 거기 머물르시니 [41]많은 사람들이 예수
님께와서 하는말이
『요한은 참말 아무 징조도 행하지않으셨지만 이어른
에게대하야 하신 말슴은 모두가 참말인데요』
하며 [42]예수를 믿는사람들이 거기많었다。

第十一章

[1]어떤 앓는사람이 있는데、라사로라고했다。마리아와

요한복음

그의 형제 마르다가 사는 벧아니 마을사람이었다。 2이
마리아가 주님께 향유를 발으고 머리로 발을 씻은 사
람인데 병든 라사로는 그의 형제였다。 3자매들은 이에
사람을 예수님께 보내여「주여 좀 보십시요、당신께서
사랑하시는 사람이 앓습니다。」고 엿주었다。 4그렇나 예
수께서 들으시고 말씀하시기를
『이병에 죽기까지는않지만 하나님의 영광때문에、하나
님아들이 이것으로 영광을 받기위함이다。』
라고。 5예수께서는 마르다와 그의 자매와 라사로를 사
랑하시었다。 6라사로가 앓는다는 소식을들으시고、그 게
시든곳에 이틀동안을 더 머무시었다。 7그리고 이런후
에 제자들께
『우리 다시 유대로 가자。』
하고 말씀하시니 8그제자들이
『라비 요새지금 유대인들이 선생님을 돌로 치려고 했
었는데 또 그리로 가시겠읍니까?』
하고 엿주었다。 9예수께서 대답하시기를
『하루에 열두 시간이 있지안느냐? 사람이 만약 낮
에 걸으면 넘어지지 안는다. 이세상빛을 보니까。 10그
렇나 밤에 걸으면 빛이 그사람가운데 없으니까 넘
어진다。』
11이말씀들을하시고 또그다음에 말씀하시기를
『우리친구 라사로는 잠이들었다。 그렇나 내 잠깨우려
간다。』
고하시니 12제자들의 말이
『주님이여 그가 잠이 들었다면 회복되겠읍지요。』
라고。 13예수께서는 지금 그가 죽은것을 말씀하셨는데
제자들은 누어잔다고 하시는줄로 알었다。 14이에 예수
께서 명백하게 말씀하시기를
『라사로는 죽었다。 15내 거기 있지않은것을 너의들
위해서 깁버한다、너의들 나를 믿기위해서。 그렇나
우리 그사람게로 가자。』
라고。 16디두모라고하는 도마가 다른 제자들게
『우리도 가서 가치 죽읍시다。』
라고 말하였다。
17그래 예수께서 와보시니 그가 무덤에있은지 나흘이
나되였였다。 18벧아니는 예루살렘에 가까워서 한 오리쯤
되였다。 19유대인들이 마르다와 마리아를 그 형제일때문
에 위로하려고 많이왔었다。 20마르다는 예수께서 오
신다는 말을듣고 나가서 맞웠다。 마는 미리아는 그저
집에앉어있었다。 21그래서 마르다는
『주님이여 당신께서 만약 여기 계셨드면 저의형제는
죽지않었을련만! 22그러나 지금이라도 당신께서 하나
님께구하시면 하나님께서 주실줄압니다。

檢閱에依해 削除當한 朝鮮厂史의 貴함이여

朴碩鉉

傳道紙發行 【社告】

卷頭의 「하나님중심의 신앙으로 돌아오라」는 一文은 朝鮮長老敎會의 産母라고할만한 八十老翁姜濟建先生이 그老軀를不顧하고 傳道巡禮의途에 登함에際하야 맛나는同胞에게 주고저하야 印刷한傳道紙의原文인데、實相인즉姜翁及咸錫憲、金敎臣三人의合作으로된것이오(城西通信十月二十二日 日記叅照)우리三人의共同責任으로宣言하는바이다。 이것을傳道紙로 五千枚를印刷하였다。本社의傳道紙로하야 이것을善히配付하랴고하거니와 萬一우리誌友들도所用하고저하거든 十枚에三錢切手一枚식、百枚에二十錢식의實費를 負擔하고 널리使用하기를薦한다。

聖神 • 異蹟

姜濟建

聖神 聖神은 곧 하나님의神(靈)인故로 그本相이나去來動靜을 말이나글에 表示할수가없다。 예수께서 니고데모를對하야 가르치실때에도 이것을 바람으로譬喩하야 말合하시었을뿐이다(요한十三章八)。 故로 우리가 지금말하자는것도 聖神의거륵한 그本體에 關하야서가아니오 오직그感化 即 사람의맘우에 作用하는것에對하야서다。 聖神이 우리사람우에 일하실때는 반듯이 良心에作用하야 그것을 움즉이게하는 한勢力으로 나타난다。 故로 이것을 聖神의「感動」이라 或은「感化」라하는것이다。 그러나 사람의良心은 自由이니만큼 聖神이 그우에 일하려하실때는 自己에 反對하는 다른勢力이 또있음을 發見한다。 이를情慾이라한다。 그런故로 聖神의 作用을 말하려하면 自然 그것과 情慾의일과가 어떻게다른가를 說明하는대 依하는것이便하다。

이제使徒時代 아나니아의일을 實例로들어본다면 (行傳五章一ㅣ十一) 다른사람들이 各各所有를 팔아올때 그도 自己의所有를 팔아왔으니 이로써보면 그도 그일이 善인줄은 알었던모양이오 自己도 善을行하려 하였다고할수있다。 그러나 半分을감초고 그 남아지를 全部인처럼 가져다바치는 그心中을 가만히살펴보면、 첫재 그는이것을 外樣으로하였다。 善을맘속에 즐거워하야 誠心으로한것이아니오 다른사람에끌려 外貌로하였다。 그다음은 그는善行을가지고 一個功績으로알었다。 自己의 있는것을팔아 다른사람에게주는것은 一個자랑할만한 成績이되는것처럼알었다。 그善을하는대서 大端한 自負感 自己滿足의생각을 가진것이었다。 그런故로 이제 한거름을 더들어가 찾어보면 이런생각을하는 그밑에는 自己中心의 생각이 구렁이처럼 업대여있었다。 自己를爲하야서다。 善을하여도 다른사람을 利롭게하자는 眞心에서 나온것이아니오、 善인故로 즐거워한것이아니오、 그렇게하여야 自己의 善行이드러나겠는故로、 自己에게 榮光이 돌아오겠는故도、 利益이 돌아오겠는故로 하였다。 이것이 情慾의생각이다。 이外飾主義、 이功績主義、 이自己中心主義가 信仰의中樞를 먹어치우는좀이다。 그런故로 하나님의 震怒가 베드로를通하야 무섭게나타나 그거줏의 두夫妻가 即席에서 慘變을當하였다。

聖神의일은 이와反對다。 남을爲하는 참사랑에서 하는것이오 하나님中心으로하는것이다。 예수의 하신일을보면 조곰도 自己라는것이없다。 하나님의 아들이오 根本하나님이시요 無限한能力을 가지시었으되 그權能을 한번도 自己를爲하야 行使한일이없다。 自己가 利하기하야 自己

의이름이 나기爲하야 自己에榮光이 돌아오기爲하야 自己의事業이 일우어지기爲하야 한일이없다。아초부터 그能力을 自己의技能이나 技能으로 알지않었다。모든것을 어느때에있어서나 恒常 하나님에게 榮光이 돌아가기爲하야하였고 그의뜻이 일우어지기爲하야 하였다。하나님에게서 보고들은대로 할뿐이오 自己뜻대로 하지않는다고하였다。마지막에 죽기까지 그렇게하였다。이것이 聖神의일이다。하나님을爲하야 하나님의뜻대로하는것。

베드로가 敎會의 고객이를먹으려는 이무서운 情慾主義를 그 두읽사귀때에 根絶하야 버리기爲하야 人情으로하면 過酷한듯도한 嚴罰을 나리었건만도 아니니아主義는 그後오늘까지 죽지않었다。敎會안에는 그뿌리가설이고 엉키어있다。그리하야 오늘날은 敎會의이름으로하면 무엇이던지 聖神으로 되는일인줄알다。敎會 卽 聖神이되어버리고말었다。그러나 敎會는敎會요 聖神은 聖神이다。牧師長老의 職을行하야도 하나님을爲하야 하지않고 自己利益을 爲하야하면 그는 敎會의일일지언정 聖神의일은아니오、自己의 產業을 하더라도 自己利益을 取치않고 眞正한隣人愛와 하나님을 恭敬하는맘으로하면 敎會事業은 못되더라도 聖神의일은 堂堂히된다。聖神의感動이란 사람의맘에 하나님의 眞理를알려 그의뜻대로살도록 良心을 움즉이는 하나님의 神(靈)의일이다。

異蹟 聖神에對하야 한말을 異蹟에對하야도 할수있다。聖神에對하야情慾이있는것같이 異蹟에對하야邪術이있다。異蹟이란 하나님의權能을發揮하는일인대 또 似而非의異蹟이있어서 信者를 迷惑시키는일이 많이있다。

異蹟과邪術은 어떻게다르냐 우리는 또 같은 使徒行傳에서 例를들어 說明하기로하자。八章에보면 스데반이 殉敎한後 信徒가 흩어짐을따라 福音이 사마리아로 들어가기 始作함애 그城中에 빌립의傳道를 받아 믿게된 시몬이라는 妖術師가있었다。그러나 그가믿게된것은 福音의眞理를 깨달어서가아니오 빌립의 行하는異蹟이 自己의 妖術보다 偉大한것을보고 놀라서 믿은것이었다。그런故로 사마리아에 그렇게 福音이 퍼진다는消息을듣고 베드로와 요한이 勸勉하기로나려가 信者우에 祈禱하고 按手하야 聖神받게하는것을보고 눈이 둥글해지는同時에 불같은慾心이 일어났다。그리하야 두使徒를向하야 돈을들여 그權能을 사려고하였다가 베드로에게「돈과 네가 함께亡하라」는 무서운責望을 들은일이있다。이妖術師 시몬의생각이 사람들의 異蹟에對한誤解를 代表하는것이다。

그는 異蹟을가지고 一個神通한 技能으로알었다。그런故로 돈을받고 傳하야주기를 請하였다。또그다음은 이것으로써 利益을얻자는 物慾的인 생각이있었다。그는使徒들의行하는 異蹟을 自己가 本來行하는 妖術과 같은種類中에 더크고 能한깃인줄로 알었던것이다。그런故로 그가 돈을 받혀 그秘法의 傳授를 請한대서 우리는 그의 卑陋함을 憤慨하는이보다 차라리 그無知함을 可憐히생각한다。

이제敎會안에 信仰은墮落되고 異蹟에對하야 이시몬流의생각을 가지는者가 얼마나많은지알수없다。우에는 自牧師로부터 아래는 平信徒까지다。異蹟을 行하노라는者도 그렇고 그를보고 感嘆한다는者도그렇다。누구는 祈禱로써 病을고친다、누구는 魔鬼를떠른다、所聞이한번펴지면 天使가 나타난듯이떠든다。이제 그異蹟行한다는것을보면 어떠한가。이사람이請하면 祈禱해주고 저사람이 願하면 按手해주고 그中에 或되는것있고 或 失敗되는것있고 마치 賣藥商을 보는것같은 感이있다。그리고는 그뒤에 物質의報酬있고 名譽의要求가있다。

저는 그리스도에게가보라 그가언제 病人고치기를 賣藥者가 患者오기를 기다리듯이 百이고 千이고 辭護치않고하였나。그는 恒常 마지못해하는것같이 그行하실必要있는때에 行하였을뿐이다。그런故로 오늘날의 異蹟行한다는者가 하는것같이 或 고치고 或 못고치는일이없었다。예수가언제 祈禱를하였다가 病人이 낫지않은일이 있나、곳치다못곳치면 믿음이 不足한탓이라하며 하나님의뜻이아니라 하지마는 하나님의 뜻아닌것을 行하자고 달려드는 그런억지의異蹟이 예수에게 어대있었나。예수가 언제病人을고치고 禮物을받었으며 稱讚을듣고 기뻐하였나。하나님의 아들이라할때는 嚴히警戒하야 보내었다고하였다。예수가 언제 異蹟을行함으로써 自己의能力을 자랑하려하였나。돌로 떡을만들라할때에 斷然 排斥하지않었나。그런대 오늘날 異蹟師는 自他가 다 그것을 行함으로써 信仰的으로 高級에있는것같이생각한다。

斷然 異蹟이아니다。사단의邪術이다。사단도 그邪術로써 그權能을 나타낸다。病을고치고 못고치는것이 問題아니다。病을고치는것으로하면 巫女도 하는수있다。그中에 하나님의 거룩한뜻이 들어있나 없나 그것이問題다 예수의異蹟은 언제던지 그뜻이 여기있었다。하나님의權能을 나타내며 그의뜻을따라 自己가왔으며 그의뜻으로 赦罪하는 權勢가있다는것을 나타내기爲하야서 하였다。조곰도 이것을 自己의能으로行使하지않었다。이런故로 當時에 病者가許多하였으되 그不具者를 다 고친것이아니오 그中어떤者를 고치신것이다。萬一 自己能力行使를 한다던지 病을고치는것이 根本目的이라면 왜 이런制限을 하였으리오。오늘날 傳道라는이름을 빌어가지고 專門職業者같이 病人을 고치려다니는者나 또 그를보고 미처따라다니는者는 自己네가眞理를더럽히며 그리스도의聖을冒瀆함이莫大한줄알어야한다。

所感여섯편

李贊甲

信仰의저한사람

信仰! 信仰으로사는 私가없이 自己는 全혀죽어 예수그리스도로사는 예수그리스도의 모양이 그 Glory—榮光이 어리워사는 信仰의저한사람!

그많은 煩悶과 苦痛中에서 藝術에 또 放浪의길에까지 떠나려다가 福音의消息듣고 예수를맞나믿어 따르게되었다는저이 그얼골도 그生涯를 살게된저이 저와같은이들이있어서 나사렛예수는 하느님아들로 그福音은 生命의말삼으로 예나다름없이 아니 文明의尖端을 것는다는 現代에는 더욱 잘證據되며 나타나게될것이다。

貴하고 사랑스럽다。 그렇게사는 저이가있어서 거느리니 그를通하야 그곧에빛이 비최임이 어떠하냐。 시내山이 嚴然히 서있음같아 그를中心하고 싸고도는 空氣는늘 깨끗하고 거룩한상싶다。

언제 그가 自己를 傳道者라더냐 누구를오라고 끄을더냐 別달리함이있더냐 무슨獨特함이있더냐 人間의모든事實을 그대로 취급하면서도 높이살아있는 참말로 嚴然히소사있는 한큰山과같이 무슨透明體와도같이 그같이빛을받아 서있음도 장하려니와 거기가 自己들의 노닐터맘껏 배불릴터전인줄알고 어느새모여들며 맘대로 거기서 뛰며놀음도 또한 보아만하다。

信仰의사람! 信仰이없는世代여! 敎會 그敎會가없으면 至今 그모양으로 하지않으면 어떻게 福音을傳하며 主의百性을 기르겠느냐?는어리석음이여! 너부터 信仰으로살어라。處하게하시는대로 處하야살어라。

生命의救主! 全能의王 예수그리스도는 몬저 네맘門을열어 너만 順從의길에 들어서면 네아모리못났고 어리석어도 잘당신의榮光 그말삼을 너를通해 나타내시며傳케하실지니 信者여 傳道者여 한번 크게 눈을뜨고 깨다름이있으라。(一九三五、一月下旬의所感)

信仰의걸음

가령 어떤說敎를 잘한뒤에『우리는 이제다같이 그렇게되기를위하야 祈禱합시다』하면 그자리가 그禮拜堂이떠나갈듯이 큰소리 우름소리 부르짖는소리 悔改의소리로 뜨겁게 불이니는것같이된다。 그러나 그렇게 說敎하고라도 아모말하지않고 閉會하면 그저그만이다。 흩혀여진다。各各 저갈데로가고만만다。

그러나 이와는 判異하게 무슨말한마대를듣고도 갈사록 그것이 속깊이새여지며 煩悶해지여 몸둘데를 몰라하다가 마츰내 빛이 다리비최고 한 消息이들림에 놀나 밝힘얻으며 얼골이빛나어지게되는이가있다。

이런者가되고 이런이들을 맞나기위하야 이걷는걸음! 이것이 敎會와 달리걷게되는것의 分岐點이아닐가。고요한소리 強한끌림 祈禱하는맘 主만을 依支하는者 제발걸음을띄게됨 꾸준히걷는걸음 그것으로 나아가게하려는것이 그맘성일것이다。다른아모것도 아닌줄안다。참말로 또한 그것이 오직信仰의 걸음일것이다。

이牧師 저講道師 또復興會 査經會 나는 다싫다。純眞한사람의 걸음으로걷는 信仰의사람! 그에게 나는가서 귀를기우리겠노라。나의빈어삶에깨우침 채찍질 북돋음 돌보아줌을 받겠노라。

아! 이朝鮮 이江山에 그러한 信仰의사람들이 일어나며 永遠을 살게되기를! 그렇게제구실 제발걸음을걷는무리가 生기는 새참朝鮮이되기를 또한 바라며 마지아니한다。(一九三五•一•二七)

敎會의 式樣

至今 敎會의일하는式樣은 아마도 뽑아놓는것이요 떠드는것이랄수밖에없다。엄이트며 자라나게되는것이지를못한다。그래서 모다가 一時的인것이요 眞理에서 멀게되다。따라서 暗黑의노름과 幼稚스럽음도 면치못한다。

바라건대 그生覺과 그허울을 敎會 이朝鮮의 敎會가 뿌리부터 뽑아내여 버서버리며 이宇宙의運行에따라 모든生物이 엄이트어 자라는것이되듯이 그光明한 당신의나라에서 뭇靈魂이 참生命으로 자라는것이되였으면 얼마나기쁘고 좋을가。

이제 그모든 式樣은 或程度에따라 어느限度까지 改善도 될지몰으나 根本的으로 아주 그根性을 말쪽뽑아내며 버서나서 眞理로 生命으로 자라게되기는 오직우에서오는 能力 그빛을 더한층 다시맛봄에서라야 할것이다。(一九三五•五•六)

基督敎는禮拜가아니다

基督敎는 禮拜가아니다。사는것이다。살기는 그저 그모양대로 살면서 禮拜못보아서 걱정이요 근심이며 살기는 그저 그모양대로살면서 主日禮拜만보면 그만이요 滿點이다。

이것이 푸로테스탄트가있는 家庭의 至極한 悲劇中의 하나일것이요 現代敎會의 참혹해지는 根本原因일것이다。基督敎는 禮拜가아니다。사는것이다。偶像敎가아니다。生命敎이다(마태九의一三、一五의一ㅡ九、마가一〇의一七ㅡ二二、요한四의二〇ㅡ二三、六의五二ㅡ五八、로마一二의一、히부리一三의一五ㅡ一六、시편五一의一六ㅡ一七、미가六의六ㅡ八참조。

(一九三五•七•二八)

所感 여섯편

그것이 人間의일일까

그것이 人間의일일가。偶像이지。받기만하는데에 무슨 人間性이 있을수있답。人間性은 주고받고 아니 속깊이 울어나는 그人情답게 섬기는데에 있지아니하나。받기만 하는데에 人間性은없다。그것은 生命이 枯渴되는데의現象이다。

저렇게 속이굴어 으레히받을것인줄만알고 똑똑한世上의 契約書같음을 만글어서까지 받을것은받으면서도 主의使者라고하야 禮物 선사品 飮食! 이렇게받기만 하는데에는부처 偶像이아니면 乞食이다。乞人이다。

現代敎會의 牧師를 中心하고 이른바『사랑하는 兄弟姊妹』들의 지나는 그참혹한形便은 또한 참아견디어하지못할것이다。(一九三五•八•一)

傳道者問題

自己의分을 몰으는것처럼 어리석음이 없다는말은 옳은말이다。그일이 果然 基督敎의일일진대 겸손히 물너나서 내손으로 내살림을 營事케함이 옳을이가 얼마나많을지몰은다。내손수번것 먹으며 또쓸데에 쓰게하면 얼마나 깨끗하고 아름답게되여질가。

그러면 眞理는 맘이돌고 오렴을 펴기비롯하리라。傳道者! 敎會가세운 傳道者말고 우에서 직접 보내시는참傳道者! 그들은 서기비롯하리라。그로通해 傳하시는말슴이 山과들을넘고 건네며 생갈이 이江山에 흘려나리라。섬者가 서지못하며 일게될것이 되지못하는것이 이혼돈無變한 人間의 罪惡中에 이런탓도 얼마나 큰것일지를 몰은다。(一九三五•八•二)

誌友에게協議함【社告】

크리스마쓰 돌아오면 산타클로스翁을聯想합니다。우리도各自의分에應하야主그리스도의 이름으로써感謝의뜻을表하고싶읍니다。本社는 이번聖誕前으로 小鹿島癩病兄姉들께 若干의선물을 보내고저準備하고 있읍니다。萬一誌友中에서 願하는마음은 있었으면서도 오는날까지實行할機會없어 此日彼日로延引하였든이가 있었으면 十二月十五日까지本社로 보내는대로 合하야送附하고저합니다。勿論우리는 救濟事業으로 큰일을 企圖하는것이아니오、大海의一粟에不過하나마 主예수안에있는 情을表하고저할따름이다。物品이나 金錢이나 種別을不問하며 數量의多少를不關한다。몽당鐵筆로 글쓴다하니 鐵筆한개라도 可하거니와、오직 나의 兄弟妻子에게 보내는 眞情으로써 色彩한것이면 足하다。十二月十五日까지。

城西通信

一九三五年十月十六日 (水) 滿洲소식을 接하고 다시금 피리 불 힘을 가다듬었다。『이런暗黑地帶에서 여러先生님과兄妹님을對할수있는榮光을가진者는 幸福者라아니할수없읍니다。이번도눈물에 매우더던 生이 小鹿島兄妹의 글월에는 양뺨에눈물을 禁키어려웠읍니다。 이곳은 小鹿島에比길바아닌 寂寞江山입니다。어떤때는生혼자 가슴에손을올려놓고 悲壯한느낌을 가지는때가 한두번이 아닙니다。혼자하나님을 찾아나가는 그야말로 괴롭다면 괴롭습니다 말한마디行爲하나가 다두렵고 떨렸읍니다 그런탓으로 좀알려지는것같은 感이있으나 一葉舟가大海를 저어가는듯합니다。더구나 愛惜하게 生覺되는것은 旣成敎會信者에게 誤解를받는것입니다。그러나 後援者그릇게시키는者가 있어서 넘어질듯넘어질듯 익여나갑니다。 모든썩어질것은 世上에맡끼고 썩지아니할 그것이 일우어지도록 하라는野心을 품은것이 延命을시켜줌니다。지금보잘것이없는 그릇이나 主님께서 깨끗이쓰시랴면 하실줄알고 나가는探險者의 資格으로 나가옵니다。어떻게하야 먹을까 어떻게하야 名譽를낼까하든生이 지금은 不足하나 어떻게하야 主의榮光을 들어낼까…主님께榮光을 돌릴까가 目的이 되였으니、地獄의아들이되고 天下가 떠든대도 느껴진대로 걸어보려고 함니다。그러나 弱합니다。어떻게하시던지 내게맡긴 사람은 하나도 잃어바리지안이한다는 愛情으로 북도두아주심바랄뿐입니다。先生님의 짐이 肉을낀사람으로過하나 孤獨하나 그대로힘있게 그자리에서 힘있게굳세게되리를 부려주시오。아무게가 추지안이한다고 해도 몇사람이출자가 있나이다。誌價에對하야 조급한生覺을가지고 있읍니다。그러나 生이今年俸給받은벼를 따라 고이고이 들이자는 것이기때문에 아직까지있읍니다 이곳事情그전과같이 盜賊이많습니다。그런데기뿐일은 모루히네를없애자는 可決이있은것이고 今日부터 實行中입니다。會議에 生도參席하였는데 無言者의 기쁨은말할수 없읍니다。그런데滿洲國人은 警察署에서하고 朝鮮人은 朝鮮人끼리 禁하기로되였읍니다。實行되었으면 좋겠다하고 바라는맘으로 있을뿐입니다。先生님靈肉이 아울러 健全하시기바라며 이만긋침니다

小生○○○上書』

十月十七日 (木) 午前中執筆。午後 京城運動場에가서 籠球監督。第一回戰은 快勝하다。歸途에漢城圖書에 들려校正。

十月十八日 (金) 某未見의 姉妹로부터 『뵈옵지못옵하였니다 마는 先生님을 敬慕하야 마지않옵니다。C氏를通하여 聖朝誌를 알게되였읍니다。××先生님의 聖書硏究會의每主日은못가나 出席함으로 ××先生님을通하야 알게되는同時에 先生님께로받은 金先生님의 著述인、山上垂訓을 읽게되였읍니다。自己는 朝鮮語를몰으니 丫을준다고 하면서저를줌으로 感謝히받었읍니다…』意外의곳에서 意外의人에게 읽여지는모양이다

十月十九日 (土) 平北來信如下『敎務와 편즙에 奔忙하옵신先生。우리主님 예수그리스도의 恩惠와平康이 恒常豊盛하옵시기를 仰祝하옵니다。보내주신 今月號聖朝誌도 拜讀하였아옵니다。춘임에甚한饑의 貴여운注射였읍니다。先生님讀破하신 書籍中信仰의도움이된 書籍이有하오면 聖朝誌로 알게하야 주시옵시며 五厘切手六〇枚를同封送呈하오니 聖朝誌古本三八로 至四〇號까지 參冊을下送하여주시오며「病床의友」가 有하오면 同封下送하여주시면 卽時代金을 仰呈코저하오며 先生님認定하시는 出埃及講議가有하오면 下敎하여주시오며 或現本이有하오면 同封下送하여 주시옵소서 (中略) 그리스도우리主님의 은총이같이 하십을祈禱하면서

一九三五年十月十七日

○○○ 上書』

良書를敏活하게 輪讀하는機關을 만들고저 하면서도 아직것實現에 이르지못함이遺憾

이다。

十月二十日 (日) 午前十時예수傳硏究。마가第二章一八ㅡ二二節에依하야 基督敎의特徵을述하다。東京旅行準備로 午後集會는休講。○朝鮮神宮競技大會에서 養正籠球部優勝하다。○小鹿島에서 기쁜請牒이왔으나갈수없다。『그리스도의生命全幅을 無時로各事件事變에서 取得生活하시는 親愛하신先生님 우으로變遷이없이 쏟아지는 恩寵과平康을 無限히받자와 누리시기를 恒常主예수께 懇禱하옵나이다。또한恩惠로말미암은 貴聖朝誌우에도 先生님의貴宅中에도聖靈의役事와 그리스도의 祝福의聖手가否絶하옵시고 如實하옵시기를 凡事에 懇求하옵나이다。先生님 요사이얼마나 아름다운生活을 하시나이까 머ㅡㄹ리서 眞理로엿보와 形言할수없이 그립소이다。先生님알외올말씀은 陽十月二十一日에 更生園락성식을 성대히 하옵나이다。各處에서 손님이많이 來話하실터인대 先生님께서도 餘暇있아옵시면 一次다녀가시는것이 어떠합니까』云云。主께서善한機會를주시기를所願。

十月二十一日 (月) 海州療養院에서『先生님 問安過히늦었읍니다。이것은 다저의罪입니다。저는先生님의게는 큰빚진者이외다。인제는너무나 他人의게 빚을많이저서무어라 더말할길이없읍니다。이것도 하나님의 넓은사랑으로 인함인줄 암니다마는이惡魔는 如何히하여야 저의게서 떠날는지오 다못沓沓합니다。其間주신 큰敎訓은머리에 늘삭이고있읍니다。아직다소건강은있으나 저의환경으로서는 큰일이외다 이일을 如何히하여야 좋을는지오。先生님저의無信한罪를 容恕하여주옵소서。두더쥐生活과같게된 연고인지오 衣食足以後禮節이라는 말이맞느라고 그러는지오 先生님저의聖經學院에서 갖춘바 全部冊들이 仁川여관에있는데 그것을先生님께서 許락만하시면 貴社에 들일生각있는데 어찌할가요제가갚아야할 돈二圓과 冊상자만은 저의게로보내야하겠고 冊만은 갖어갓으면 좋을터인데요』云云。아모것도不要. 오직君에게 健康과恩寵을願할뿐。

十月二十二日 (火) 五山咸兄의 音信에『갚어가는 가을날이 참아름답습니다。平安하시며 宅안다안령하십니까 弟無事히지납니다。假刷는 받자와 訂正하야 李兄에게로돌려 곧보고 붙이게합니다。

姜先生의傳道紙草稿를 同封하여 보냅니다。여기對하여는 兄의意見을 特히묻는것이오니 고치거나 加入할必要있는點을 自由로하여 주십시오 姜先生의 平日말이 三人譯據라고하야 每月의글도 自己의原意에弟가 敷演改刪하고 金兄이 贊同하여서 하는것이맞당하다 합니다。더구나 이번것은姜先生만안이라 우리도 쓸만한경우있으면쓰면 어떤가하는 생각도있사오니 생각하야 하시기바람니다。참신앙의主張表明에있어서不足한것이있으면 넣어야하겠가 교회의不信摘發에있어서不當한것있으면 빼야겠읍니다。그리고 보기쉽고簡單明瞭하여야하겠는데 잘보시고 생각대로하시기바람니다。

體裁는 一枚紙에하야겠지오 可及費用적도록하시오 許可없이 될듯하오면 그대로受苦하여 주십시오。그리고 우리도쓴다는대 贊意게시면 枚數도좀늘이십시오 姜先生은 本來 信者相對로 그中에도 程度를보아할것이오 뉘게나 함부로 주지는 않겠다는것입니다。그리하여 百枚假量이나 하여달라시는것입니다。그러나 己往하는것이면 百枚만은 너무적은듯도합니다。

그리고 매우 悚懼한말이나 今年冬期集會의 工夫를이제야 始作합니다。兄이보시지못하였더라도 日、英文에 敎會史 現在에求할수있는것 紹介하야 주십시오

姜先生은 이미떠났읍니다

十月二十一日 成 弟 拜』

冬季集會에는 例와같이 咸兄께 大部分을期待한다。誌友들은 萬難을 排하고라도이찬스를 놓지지말라。朝鮮歷史를 드지못한것을 後悔하지말고 基督敎史를 들을機會를 버리지말라。

十月二十三日 (水) 旅行出發前에發送하려고 第八十二號의印刷를督促하였으나 一

日의差로써 기어히發送하지못하다。

十月二十四日 (木) 養正高普籠球選手七人을 더부리고 午前十時五十分車로東京向發。車窓에出沒하는 山川의地形을工夫하면서 聯絡船에乘移하니 「鮮人」의取調가各別히甚한것은 「鮮人」의生命이各別히貴여운탓으로그럽인줄 짐작하다。

十月二十五日 (金) 새벽에下關에到着하니 山林이 豊裕하게 욱어진것이 一景이오, 驛頭와街路에白衣人이 多數한것이 또한一景。終日終夜 山陽線 좁은列車中에서 흔들리다。

十月二十六日 (土) 午前七時에東京着。西城舘主人老婆及多數의養正同窓出迎。本鄕區弓町의 西城舘에下宿。午前中에東京文理科大學叅訪。午後는同校體育舘에서籠球練習

十月二十七日(日) 豪雨。東京天文臺생긴以後의첫記錄으로 數時間동안에 東京市의大部分이 水國化하다。文理大室內코트에서籠球練習。○今日午前十時에 丸內海上빌딩八階臺에 열리는塚本聖書硏究會에叅席。聽講料每一回에 叅拾錢으로 約三百名會衆이熱心筆記하는光景은 필경全世界에 類例없는 現象이안일까。諸般事가 사람답게整然한秩序中에行하여지는일도 모다驚歎不已。各自의專攻에學位가진 專門大學들도 있거니와 會員의過半數는 히브리語와 希臘原文으로써 聖書를읽는靑年男女들이니 盛大하지않다할수없도다。

十月二十八日 (月) 籠球練習外의時間을틈타서 東京市外阿佐谷에 信仰의先輩들을叅訪。먼저驛의南편으로 永井久錄翁을찾으니 火災以後에 新築한淸楚한住宅이 翁의祈禱터으로 適合함을보다。무르며對答하면서 久積하였든情懷 채다놀리기前에 時間의흐름이三또四刻。座席을옴겨 驛의北편에淺野猶三郎先生을 그書齋에訪하니 月曜日의「訪問日」이라고 時間의制限없이 安心하고長談論。信仰論이나 行爲論이나 兩傾이다 나에게는有益하다고答하고, 鮮滿傳道의再起를促한것은、六十翁의健康이 오히려靑年을勝함이있음을 본까닭이었다。日沒할때에辭退。

十月二十九日 (火) 籠球試合第一回戰。今日은快勝하나。○夕에荻窪 片山 徹兄宅의晩餐에被招。兄은理學士로서 現在陸軍士官學校敎授요 希臘語와 히브리原文에 能通한 聖書學者이면서 聖書朝鮮의 讀者로繼續된지 발서五六年。七輪에スキ燒를 끌이면서 가장親密한友誼로써 聖朝誌에서獨特한힘을얻음을證據하야 나를慰勵하니 또한 눈물겨옵지않을수없다。兄은中學時代까지 京城에서 成長하야, 朝鮮語에能通하며只今도 養正出身李建杓君을通하야 新綴字法等을 學習不怠하는中이라고。但其外他의同學의信仰諸友들은 各其分散하야 一座에서相對할機會를 언지못한것이 未安하기도하고遺憾스럽기도하다。

十月三十日 (水) 새벽에 깨였으므로多少讀書하다。今年도冬期集會의工夫가 不備하야 客舍에까지 叅考書를 携帶하였으나臨渴掘井의歎이없을수없다。亦是「빛은五山에서」인가。또咸兄께過大한勢力을 强要할수밖에없을듯。○今日籠球第二回戰도 이기다。○今夜巢鴨에 某某友를訪하였드니 學生時代의 單純熱烈하든信仰은 消散되였고學問에對한眞摯한 硏究熱도沈滯하야 羅典希臘等의 古典書籍과 聖書註釋冊子을賣却하겠다는 姿態를보고 悲哀를 먹음고辭退하다。저는 말마다마다 不平이오ㅣ師友社會와自己地位에對하야ㅣ남은것은 돈저경뿐이었다。一에도「돈」 二에도「돈」 三에도「돈」。嗚呼미끄러진信者。

十月三十一日 (木) 籠球第三回戰에敗退하니 全責任이監督者에게 있는듯하야 苦心不已。籠球처럼戰略이 巧妙複雜한競技가없는데 나는戰略의人이못되니 現在에도拙劣한監督者일뿐더러 將來에도 發展向上할素質이없는 我인것을痛感하다。우리는保健에必要한運動을 질겨하나 競技하는選手를指導하는데는 技能도없고興味도 못가졌다

十一月一日 (金) 籠球에敗하였으나 團體의關係로 먼지歸京할수도없어 銀座通에敎文舘과 基督敎書類會社와 丸善書店을巡

訪하면서 聖書註釋數卷을買得하다。東京에서 볼만한것은三越 白木 松屋 伊勢丹等等의百貨店도아니오、帝國劇場 歌舞技座寶塚淺草等의劇場도아니오、단스홀도 勿論아니다。다만右記數處의 外國書籍商店과 神田 古本屋을一巡하였으면 나의東京은用務의主要部分은 다한심이다。東京이넓다하여도 우리에게關係한世界는 極小部分인것을알다。(今夕에片山兄과함께 東京帝大聖書研究會에叅席。大學敎授와現學生及卒業한學士等十餘人의 小集會이었으나 眞實된熱烈한信仰의덩어리었다。아모스書研究。矢內原敎授의請促에依하야 나도簡單한感話를 述하였으나 軍國帝都의學源인 東京帝大에如此히 純粹熱烈한信仰의 底流있음을보고서는 感激을製禦하기어려웠다。陸海軍이强하지아님이아니나 그러나日本將來의强은 차라리靈界에있지않을까。누구던지可하다 하나님을 榮華롭게하는者가 아부라함의子孫이다。

十一月二日 (土) 東京高師의舊師를訪問한外에는 神宮外苑에競技를 구경하다。〇夕에養正同窓會의 歡迎會에 金淵昌先生及庭球籠選手들과함께叅列。卒業生의行動을보니 大體로 오려알깐 암담의悲歎을不禁。但 其中에도 本來家庭敎育이 옳은家門의子弟들은 過히甚하지 않었다。慰勞의宴이었으나 눈물을 가슴속에 삼키면서 閉會를待하지 아니치못하다。이밤에 倉町老人을맞난것이 意外의慰安이었다。

十一月三日 (日) 孫基楨選手의應援方策을協議하노라고 集會時間을 놓처서 無敎會集會에는 갈수없었고。처음洗禮받은 牛込區矢來町홀리네스敎會에갔으나 별안간今日이野外禮拜日이되여서 叅席치못하다。(午後一時에出發하는 孫基楨을應援하기爲하야 養正選手及同窓生들과함께 自動車로써 六鄕橋까지 따라往復하니 이것이二時間二十六分四十二秒로써 人類有史以來의最高記錄을짓게될줄이야 어찌豫測하였으랴。뛰는途中에「先生님의 얼굴이 보이도륵 自動車를 앞서몰아달라」는 우리選手의要求에는 車窓으로서 뛰는選手에게 加鞭하랴는 敎師의눈곱에 뜨거운눈물이 잦우돌지 아니치못하였다。(今夜十一時車로 東京發歸途에登하다。

十一月四日 (月) 終日車中。밤에關釜聯絡船의客이되다。

十一月五日 (火) 아침에釜山上陸。너그러운三等車室이 고마웠다。夕七時半着京。無事히選手一行을 父兄의손에 돌우맡긴것이最大의功績이었다。

十一月六日 (水) 와보니誌友任愚宰氏에게 發送하였든 第八十二號가「受取人死亡返送」이라는符籤붙은대로 돌아왔다。家族과親戚과隣人들의 逼迫中에믿어나온듯인가 어느날別世하였다는 訃音한장도 볼수없이 저는世上을떠났다。아마도善人은 이世上에 오래있을수없는게야。저가本社에보낸最後의書信은 다음의葉書一枚와 振替通信文이다

『(葉書)主안에게신先生님 감사하옵나이다。小生은 月餘前부터 病으로누었다가 結局이곳에入院하였나이다。지난十四日入院하였나이다。病名은 肝硬化腹膜炎이라하오나 나날이成績이좋습니다。오직感謝不已올시다。誌代를 올리지못하와 罪悚합니다。九月號가發行되옵거던 惶悚하옵니다마는 이곳으로下送하여주시옵소서。誌代는 追後보내들이겠아온즉 特別例外로 取扱하여주시옵소서。이만上書하옵니다 八月二十五日』

『主恩中 安寧하시옵니까 小生은安洞病院에서 不治라하야 退院하옵고、至今은漢藥을써보고저 積善洞一六一番地 積善旅舘에 留宿하면서 그앞聲振醫院의藥을쓰고 있나이다。아마四五日間이곳에있을가봅니다。不治의病!처음에는 落心千萬이였아오나 그러나主님의役事로믿고 安心하고있나이다。身苦心安이란 이것인가보옵니다。祈禱많이하여주옵소서。聖朝誌이곳으로 下送하여주시옵소서。但九月號만—그러나늦게되옵거던 五丁里로下送伏望(振替)。九月三日』

들건대 저는病床에서도 內村鑑三先生의著作을讀譯하면서 最後까지 泰然한믿음으로써人生苦戰을 凱旋하였다고。

聖書朝鮮一九三五年度 自七二號至八三號 總目錄

感想

小鹿島文集

詩歌

漢詩

雜

正誤表

城西通信

『聖書朝鮮』第八拾參號附錄

昭和十年十二月一日發行(每月一回一日發行)昭和五年一月二十八日第三種郵便物認可
編輯發行兼印刷人 高陽郡龍江面孔德里一三〇 金敎臣

第四回 本誌讀者 冬季聖書講習會

講題 基督敎史의研究 咸錫憲
바울書翰의研究 金敎臣
(課外講話 數人)

日時 一九三五年十二月二九日(日)午后二時부터
一九三六年一月四日土午前까지
(每日午前午后二回식集會)

場所 京城府鍾路六丁目二一〇之九號
復活社講堂

聽講料金 全期間 五拾錢也 每一日貳拾錢也

一、適當한場所를 얻었음으로 今年은京城市內에 集會하게되였고 따라서 公開的意義가前보다 많게되였다。

一、直接間接의本誌讀者以外에라도 參聽無妨、但出席하고저하는이는 姓名年齡職業을並記하야 十二月二十日內로 本社에到着하도록申請하고 聽講料金은出席當時에持參할일。

一、宿泊은 各自의任意로 定하기를願하나 本社에依賴하는이에게는 申請順序로三十人까지는 一泊二食에五十錢식으로 週旋하고저함。

一、寒冷한時節인故로 可能하면各自用毛布一枚식携帶하기를願함。

一、本會는 世間에流行하는 復興會나傳道大會와는其類가 다르다。어디까지든지學究的態度를持續하는바이니 헛된期待로써參席하면 失望이클것이다。

一、今番集會의豫定順序는如左。

日 \ 曜 \ 時間	前一〇—正午 (二時間)	后二—五·時 (三時間)	后七—九時 (二時間)
30 月	바울書翰 金敎臣氏	基督敎史 咸錫憲氏	
31 火	同 (第二回)	同 (第二回)	質疑或은 課外講話
1 水	同 (第三回)	同 (第三回)	
2 木	同 (第四回)	同 (第四回)	質疑或은 課外講話
3 金	同 (第五回)	同 (第五回)	
4 土	同 (第六回)	同 (第六回)	感話祈禱會
5 日	日曜講話 咸錫憲氏	日曜講話 金敎臣氏	

正誤表

【一九三五年度中에서發見된것】

頁	段	行	誤	正
一		末二	十字上의	十字架上의
二		末四	사이야	이사야
二五		末五	듣늣하다	듣듯하다
四八	中	一六	拜哲	拜啓
六二	下	末七	道蹟	異蹟
七四		末四	하지많을	하지않을
九一	下	五	怜恤	矜恤
二〇一	上	一	○概다	梗概다
同	同	二	歸國하면	歸國하며
同	同	三	歲이흘으는	歲月이흐르는
同	同	四	싸호며	싸우며
同	同	五	찻저	찾어
同	同	末六	죽일스룩	죽일수룩
同	下	一二	돌려놋는	돌려놓는
二〇二	上	三、六	싸홈	싸움
同	同	六	굳이닷고	굳게닫고
同	同	同	끈힐날	끊일날
同	同	第十行과十一行사이에(「十四行略」이라고記入)		
同	同	末二	榮奪을	榮進을
同	下	一一	…보며 아니다。	보며 아니다、

以上以外에라도 發見한것이 있는이는 敎示하여주시오、正確한것을 만들기에協力하사이다。

金敎臣 著

山上垂訓研究 全

四六版二四五頁
定價七〇錢・送料五錢

聖朝文庫 第一卷

咸錫憲 著

프로테스탄트의 精神

菊版半・三十二頁
定價金拾錢・送料貳錢

本社의出版物은現在右記二種뿐이다

聖書的立場에서본朝鮮歷史(完)

一、信仰生活과歷史理解 六一號
二、聖書的史觀 六二號
三、世界歷史의輪廓 六三號
四、朝鮮史의基調 六四號
五、地理的으로決定된朝鮮史의性質 六五號
六、朝鮮사람 六九號
七、堂堂한出發 六七號
八、列國時代의苗床 六八號
九、鎔鑛爐中의三國時代 六九號
十、高麗의다하지못한責任(一) 七〇號
一一、同 上(二) 七一號
一二、同 上(三) 七二號
一三、受難의五百年(一) 七三號
一四、同 上(二) 七四號
一五、同 上(三) 七五號
一六、同 上(四) 七六號
一七、同 上(五) 七七號
一八、同 上(六) 七八號
一九、同 上(七) 七九號
二〇、生活에나타난苦悶相 八〇號
二一、苦難의意味 八二號
二二、歷史가指示하는우리使命 八三號
二三、(以上歷史全部및部식殘品이있읍니다) 同

京城聖書研究會

一、講師 金 敎 臣
一、場所 鍾路六丁目二〇(復活社大講堂)
一、日時 每日曜日午後二時(約一時間)
一、聽講料 每回十錢但會員은每月二十錢

〔注意〕 從來로 午前(本社에서)午後(復活社에서)두번식日曜集會하든것을 今十二月一日(日曜)부터 午後一回로合하였다 講師의時間과健康形便으로보아서 차라리하루日曜日에 한번集會를忠實히 하고저함。

一、두集會를合하게된故로 本來市內集會에計劃하였든바羅馬人書以下의 書翰研究는當分間中止하고、예수傳工夫를 그대로繼續할터이다。十二月一日부터 「예수一生의轉換期」라는題로써 마가복음三章七節以下를 漸次로講할豫定。但十二月二十九日과 一月五日의二回는 예수傳을 休講하고 一般傳道講話가있을터。

一、一般集會는 午後二時半부터 시작하나 本來學生班에出席하든 會員들에게는 別室에서二時正刻부터 三十分間英文聖書의解說이있은後에 一般集會에合致함。

一、京城聖書研究會의 入會規約은如左。

1、**忍耐**。一旦入會叅席하거든 적어도三年間은 繼續하라。萬不得已하거든一個年間을。무릇高貴한眞理를 배우라면一二回의聽講으로써 되는것이아니다。

2、**信義**。時間嚴守。遲刻되거든 차라리돌우가라。缺席하게될때는 그事由를미리通知하라。

3、**義務**。聖書와讚頌歌持叅。每週聖句暗誦。定額의會費負擔。

本誌定價

一 冊(送料共) 拾五錢
六 冊(一年分) 前金九十錢
十二冊 前金壹圓七拾錢

要前金。直接注文은 振替貯金口座京城一六五九四番 (聖書朝鮮社)로。

取次販賣所

京城府鍾路二丁目八二 博文書館
京城府鍾路二丁目九一 耶穌敎書會
京城府堅志洞三二 漢城圖書株式會社
京城府鍾路九丁目七一九 復活社天佑堂
東京市神田區神保町一ノ一 三省堂書店

昭和十年十二月三日 印刷
昭和十年十二月五日 發行

京城府外龍江面孔德里一三〇ノ三
編輯兼發行者 金 敎 臣
京城府堅志洞三二
印刷者 金 鎭 浩
京城府堅志洞三二
印刷所 漢城圖書株式會社

京城府外龍江面孔德里活人洞一三〇ノ三
發行所 聖 書 朝 鮮 社
振替口座京城一六五九四番

金敎臣主筆

聖書朝鮮

第八拾四號

昭和十一年(一九三六)一月一日發行

昭和五年一月二十八日(第三種郵便物認可)
昭和十一年一月一日發行(每月一回一日發行)

目次

嗜好를不問

飮食먹을때에 씹는소리 器具소리 내는일은野卑한일이라고 배웠음으로 우리는 될수있는대로 野卑한風習을 버리고 高雅한習性을 얻으려고 힘쓰지아니치못한다。그런데 우리의信賴하는 한친구를食卓에請하였드니 저의食事하는樣은 猿類의喧嘩함이라고할까 豚類의貪食함에比할까、짝짝거리는 입소리와 꿀꿀삼키는 목구멍소리等等이 아무리割引하여보아도 不快함을禁하기 어려웠다。그러나 이것으로써 우리의信依하는친구를 버릴것인가 決코아니다。먹고남은 떡부스러기도 열두광주리에 모우게하시는것이 無에서有를創造할수있는權能을 가지시며 宇宙萬物을支配統治하시는 여호와의獨生子 예수그리스도의 物品에對한節制의模範이다。하물며果實의榮養分은 果皮와果肉의融合한境界에 많다하거든 우리의 잦우相從하는 친구하나가 果實을 대접하면 寸板같은 껍지를 버껴버리고 주먹같은果肉이 남은채로 괘기를 버리는習慣을目睹할때에 우리는 잘못하면聖書에빛우어서 친구의惡習을是非하고저하나、이도 또한危險한일이다。主人된때에는 오직精誠것設備하야 대접하였으면足하다。먹는法에依하야 친구를取捨할것이아니다。

言辭는率直하고簡明한것이 貴엽다。마는 질겨遠曲한語法을使用하며 잦우暗示에依하야 自己의意思를 通하고저하는 친구를 對할때에 우리는憤氣좇아制止할수없다。그러나 참으라、저의話術은全體의一部分에 不過한것이다。저의 다른部分에 더크고貴한것이 있을진대 不快한 저의言辭도 참어야할것이다。나의嗜好로써 判斷할진대 可히友誼를斷할만한 친구가 甚히 적음에反하야、主그리스도의救援의標準으로써 볼때에는 退却하리보다 容納받을사람이 大多數인것이 내눈에甚히奇異하나 또한萬古의事實이다。그대로 感謝한 일이로다。

우리는以前에 나의性格 나의見識 나의道德 나의信仰으로써 친구를衡稱하였다。나의天秤에不合한것은 모주라棄却하고저하였다。그러나 이런것들은要컨대 나의嗜好品이 兄弟의 그것과는 다르다는데 不過하였다。食卓을對할때에西洋식으로 敎養받음이없는者라도可하다。그가 그리스도의사랑을받는者라면 우리도 사랑하여야하며、果實의食法과言辭의表現이 나의 비위에 맞지않더라도可하다。저가 예수의피로써贖한者일진대 내가 어찌저를輕蔑히보랴。茶飯事에도 이려하거든 하물며 靈界의奧妙한일과 信仰의秘密한일에 어찌나의性癖만을 固執하랴。때는非常時의 殉敎를要求하는 時代에處하였다。祈禱黨이거나 救濟家이거나 聖神派거나 聖書派거나 莫論하며、長老敎、監理敎、聖潔敎會와其他의 敎派를 우리는不問하리라。다만生命을바쳐 여호와 한분만을禮拜하고저하는者는 우리의敬慕에價値한者이다。

新年의展望

阿弗利加大陸의東北隅에科學伊太利의橫暴가없음이아니었고、亞細亞洲의中央平原에多少의「事變」이不起함이아니었으나、그래도大體로본一九三五年의世界는無事하지났다고 할수있다。非常時의警鍾을亂打하며 防空練習으로市民을訓鍊하였든것이單只練習에만 끄치고, 實際로 우리집웅에爆彈이 破裂한일없이우리鼻目이毒瓦斯에腐爛한일없이國際危期인三五年을通過한것은千萬뜻밖에僥倖이라고 할수밖에없고 無事한一年의大晦日을보낼때에 크게한숨을吐하야一息을感謝하지아니치못하다。

그러나 새로오는 一九三六年은果然어떠한一年일까、解消되지않은「非常時」가 그대로延長되는것인가、더욱濃化되는것인가、或은倫敦에열린海軍軍縮會議의成果로써 온世界에平和의享樂을約束할것인가。萬一銃砲의소리 귀밑에 들리고 爆擊의 科學戰이窓前에展開된다면 이는非常時局에 우리가豫測하였든바이니 놀랄바없을것이며、또한誤算이생겨서라도 無事平穩한一年을 보내게된다면 우리는 그僥倖을 다시感謝하리라。마는 戰亂에빠지든지 或은沈鬱한「非常時」가 延長되든지를勿論하고 한가지明確한것은 暗黑의權勢가 日復日澎漲할것이다。空襲은避할수도있으려니와 이暗黑이全地를덮는 大勢만은 어쩔수없는過程인듯하다。歐米列國에低迷하든暗雲은 드되어昨年度에至하야 朝陽을 자랑하는東洋天地까지도 餘地없이 가리워버렸거니와、이暗黑의度와勢는 今年에一步를更進할법은있어도 退步할수는없을것이다。

暗黑이全地를支配할때에 일어나는現象은 무엇인고。光明과 暗黑의對立이오、基督과基督에屬한者의逼迫이다。故로

> 빛이世上에臨하되 사람이 제行하는일이惡함으로 빛보다 어두운것을 더 좋아하니 이것이罪를定한것이라。악을行하는 사람은다 빛을 미워하야 빛으로 오지아니하나니 이는 그하는일이 책망을 볼까 두려워함이오。眞理를 좇는사람은 빛으로 오나니이는 그하는일이 하나님을 힘입어行한것을 나타내고저함이라。

고 主예수께서道破하시는대로이다。도적이 달빛을 꺼리듯이 暗黑한世代에서 가장꺼리어排擊不息하는것은 光明과眞理이다。그러므로基督敎徒의迫害는 暗黑時代의必然한現象이다。佛敎와儒敎와天道敎와普天敎徒와 崇神人組合의 무당 판수들까지도 問題없다。다만基督敎徒가 是非거리된다。이는 저의가特히惡人이라거나 惰怠한國民이라고해서가아니오 오직基督에屬한光明의子女들이기때문이다。理由는 「크리스챤」이라는것뿐이다。

이제朝鮮이라支那라할것없이 米國이라英獨이라할것없이 基督敎會는沈滯하여졌다。進退維谷에빠졌다。이때에暗黑으로써全地를 덮는것은 人類를詛呪하여서가아니라、鍍金을 벗겨버리라는것뿐이다。우리는一九三六年에暗黑이盛勢함을怯낼것이아니라。信仰의純眞을爲하야洗煉精進할것이다。信仰은巨大함을不要한다 겨자씨만하여도 오직純眞하면足하다。

基督敎徒의覺悟

우리는無害한 생각으로、善한마음으로써 예수믿으라고勸한일이있었다。五里霧中에彷徨하는青年期에 예수를 믿으라고 勸함은 바른길을찾어 誘惑에빠짐이없도록 하고저함이오、無事平穩한者에게信仰을 말함은 後에患難風波를當할때의準備가 되라고함이오、迷信에 붙잡혀許多한雜神을敬拜하는者에게 傳道함은 萬物의靈長으로創造를받은 人間本然의品位를 찾어 高貴한自由를 享樂하게하고저함이오、支離滅裂한家庭에 예수를 모시라고함은 저와 저의家庭이淨潔함을 얻어 子子孫孫에 이르도록 여호와 주시는福祉를 누리라는것이오、老少不問하고 그리스도의復活의能力을 把持하라고 함은 人間으로서避할수없는最後의大敵 죽엄에게 삼키우지말길을預備하라고 함이었다。要컨대 예수그리스도를 믿는민음은 모든惡에서떠나는길이오 참된意味의幸福을招來하는일이니 나의父母妻子와親戚은勿論이오 나와같은洞內에 사는이와 같은學校에서 배우는이와 같은일터에서 일하는이와 同車同船의過客까지라도 한사람例外없이 모주리 그리스도를 믿으라고勸하는것이 사랑이오善心인줄로 알었다。

그러나 昨今世態에 暗黑의勢力이 넘침을 보고는 從來우리의態度에多少修正할것이發見되었음을 否定할수없다。從來로 우리는 大多數의人이 모주리 예수믿고 모주리幸福받고 모주리天國들어가기를願하였다。故로 이웃사람도 勸하여보았거니와 우리子女들까지도 이길을 밟아오기를心願不已하였다。마는 이제當하야 다시 생각건대 나의 사랑하는子女들께 참아 예수믿으라고敎導할수없다。平和한隣人에게信仰生活을薦할수없다。이전에는 예수믿는일이 禁酒斷煙의効도되었고、或時는信者인敎師와信者인職工이 먼저就職되여 主人의歡心을 산일도 없지않었으나、이제부터는 그렇지않다。職務에怠慢한일이 없어서도 基督敎徒이면不良한敎師요、主人을속인일이없어서도 크리스챤이면 不良職工이된다。다른아무까닭이없이라도 예수믿는다는것만으로써 社會에容納못할悖子逆賊으로追窮을 받을때가왔다。그終局은 무엇인가 殉敎의刑場이待하고 있을따름이다。故로人間된생각으로는 참아 이길이 幸福되다고 말할수없다。

今日까지의聖書朝鮮은半島의大多數를向하야 安全信號를 휘둘렀다。예수믿으면安樂하고 亨通하리라고信號한일이 不少하였다。마는今後의聖書朝鮮은 危險信號를 날리게되었다。예수믿는일은職業에不安하며 生命에危險한일이니 安全을求하는이는 다—背敎하고 물러가라고 多數의사랑하는同胞를向하야警笛을 불지아니치못한다。다들安全地帶에避하야 그生命을保存하며種族을維持하며 이世上福樂을 싫큰누리고 않은 무릎이귀넘도록 長壽한後에 極樂世界로가라。오직少數의兄弟여 危險한줄 알면서도退却할수없는者만은 예수를 따르라。그리고 그가要求하시는 피를提供하자。

聖書槪要 (二〇)

金 敎 臣

예레미야哀歌의大旨

紀元前五八六年에 예루살렘城의 陷落된것을 유대國의 滅亡으로보고 吊歌를 부른것인데, 每年第五月(압달) 即 現今의八月九日 聖殿壞滅의記念으로 禁食하는날에 朗讀하기爲하야 編纂한 五個의 歌曲이다。

本來 히브리聖書에는 이冊名을「에레미야의哀歌」라고 부른일이없고「에ㅣ카ㅣ」또는「키ㅣ노ㅣ트」라고 부르든것이다。「에ㅣ카ㅣ」라고함은「噫라!」는 뜻인데 第一章初頭의字를取하야 冊名으로한것이다。모세五經이나 或은 東洋古典의 冊名을 부른것과共通하다。「키ㅣ노ㅣ트」라함은「哀歌」라는뜻인데 이冊全體의뜻을 取한것이며 마소레本其他에서 使用한例를 發見할수있다。그러나「예레미야哀歌」라고는 부른일이 없든것을 希臘語로번역한 알렉산드리아本(所謂七十譯)에至하야 예루살렘陷落後 예레미야가 앉어울면서 이노래를 불렀다고 添書하야, 그後부터 예레미이의 作歌로알고 現今우리가 使用하는 舊約聖書와 마찬가지로 이冊의位置를 예레미야記 다음에 두게되었다。마는 實相인즉 作者未詳한것이오, 一人一篇의 作歌이라기보다 여러사람의 別個의作歌를集合한 各章各個의哀歌요, 一卷의冊이아니라 卷皮에筆寫하야 룻記 에스더書等과같이 集會에서 朗讀하든것이다。故로一時는 士師記와 룻記를一卷에合하였든것처럼 예레미야記와 예레미야哀歌를合하야 一卷으로 計算한때도있었다。

本書는五章으로 되었다。第一ㅣ四章은 所謂알파벧歌로 되어 歌曲의各節이 히브리語 알파벧順으로된것이 마치 詩篇第百十九篇과 방불하야 二十二個節식으로 되었다。但 第三章만은 한字를三節식返復하였으므로六十六節이되었다。

第五章은 例外로 알파벧歌가 안되었으나 節數만은二十二節 即 히브리 알파벧數와一致하다。그러고 第一、二章은 一節이 三行식으로 쓰이었고 第四章는 每節이 二行식으로 第三章은 單一行식으로 쓰이었다。

또 第一章는 알파벧順대로 틀림없이되었으나 第二ㅣ四章에서는 各章의 中間쯤되는「아인」과「페」의順位가轉倒되어「페」가「아인」의前節로 記入되었다。그理由도不明하며 解釋上에 큰問題가 될것도 없는듯하다。

第一ㅣ四章에서는 大概各行의比例가 前半에强音三、後半에二로되어 前半은 길고 後半은 쩌르다。Budde 는이調子를 研究하야 所謂「哀歌的韻律」이라고 命名하였는데 이스라엘民族의哀歌는 흔히 이러한調子로 되었다고한다。

이獨特한韻律은 히브리原文이 아니고는 充分히鑑賞할수 없는바이나 英文譯에模倣하야試譯하여보면左와같이된다。

1、彼女를 困苦케하는者는 머리가되고、
저의 원수가 亨通하도다。
2、여호와께서 彼女를 煩惱케하시도다、
저의罪가 많으므로。
3、저의 어린子女들(까지)도 捕虜되도다、
대적의 앞에서。 (第一章五節)

이처럼 한節句의前半은 强하고 길며、後半은弱하고 짜른것이 哀歌全體를通하는形式이라고 할수있으나 또한 그렇지않은部分도 있으므로 一律로 規定하기는 어렵다。

예레미야哀歌의 作者에關하야는 學者間에 異說이많다 傳統대로 예레미야의 作이라는것을 辯護하려고 努力하는이도있었으나 無理가적지않다。Eichhorn은 눈물의豫言者 예레미야의作임을 主張하기爲하야、哀歌五章이 서로 統一이없으며 調子와 用句가 各章各異하게 보이는것은 이哀歌를 一時에 一處에서 지은것이아니고 著作한時日에 間隔을두었고 環境과 心理에變動이 있었든故로 同一人의 作品이라도 이처럼 相違할수있다고 說明하였으나 亦是窮한辯明에 지나지못하며、其他에도 歷史的背景과(de Wette) 思想的發展을(Ewald) 探索하야 어떻게든지哀歌五章의 統一的關連을 찾으려하며 傳統的信念을固執하고저하는이가 없지않었으나 大概自家撞着에 빠지지 아니치못하였다。哀歌가 예레미야의作이아니오 또한 一個人의著作도 아니라는理由의 몇가지만 들어도如左하다

外的證據로는 첫재로 七十人譯의卷頭에 『이스라엘이捕虜되어가고 예루살렘이 滅亡한後에 예레미야가 울며앉어 예루살렘을爲하야 이哀歌를불러 吊告하였다。그러고 말하기를……』라는 序言이있고 또 羅典譯文에도 이와같은文句가 있으나 이러한譯文을 譯出한 原本인 히브리原文에는 이와같은 序文이없으니 이것은 後世에 飜譯할때에 添附한것으로 볼수밖에없으며、둘재로는 哀歌의位置가 히브리 原本에는 예레미야記에 붙어있지않고 Kethubhim or Hagiographa 안에包含되어 所謂「五卷物」即 아가、룻記、哀歌、傳道書、에스더書等과 함께있었다。

內的證據로는 第二章九節에 「그先知者도 여호와께默示를 받지못하는도다」하는句가 예레미야著作說을 否認하는것이며、第四章十七節도 예레미야에 合當한 語調가아니오、同章二十節도 亦然하다。第一章은 알파벧順序에틀림이없고 第二―四章은 모다「아인」과「페」의順位가轉倒되었으니 이것도 한사람의 作이 아닌證據이다。故로 이哀歌는 예레미야의作이 아닐뿐더러 第二、四章이 一人의作 第一、五章이一人의作 第三章이 一人의作이라하야、적어도三人이 各其다른時代와 다른環境에서 著作한것이라고 하는것이 近代學者의 大勢라고 할수있다。

예레미야哀歌의槪綱

第一章 〔哀歌調〕 (一・一―二二)

(1) 詩人이 예루살렘을 吊함(第三人稱) (一―一一)
但9b及11b는 예루살렘自體의 呼訴(第一人稱)。

아! 寂寞히 앉었느뇨、本來居民이많든 서울!
本來列國中에 크던者가 지금은 寡婦와같고
列邦中에 公主되었든者가 이제隨從드는者 되도다。
저는 밤새도록 곡하고 또눈물이 그뺨에있고、
저를 慰勞하는者는 本來 사랑하든者중에 하나없고
그 친구도 背叛하고 마츰내 원수자 되도다。
……………
예루살렘은 罪에 罪를犯하야 바리움이 되었고、
저를 높이든자들이 저를蔑視함은 赤身을봄이오、
저가 스스로 悲嘆하며 물러가도다。

(2) 예루살렘 自體의 歎歌。 (一・一二―二二)

가、過客을 向하야 예루살렘自身의 可憐한姿態를 하소연함〔第一人稱〕 (一二―一六)

나、詩人의敍述―慰勞할者 없는지라 시온을。〔第三人稱〕 (一七)

다、다시 시온이 百姓에게 呼訴함―하나님을 背叛한者에게 責罰은 當然하다고。 (一八、一九)

라、시온城이 直接 여호와께 祈禱함―예루살렘의不幸을 慶祝하는 심술궂인 對敵들도 함께 復讐해줍소사고。 (二〇―二二)

第二章 〔哀歌調〕 (參照 예레미야 一四・一五―一八) (二・一―二二)

(1) 詩人이 이스라엘의 慘狀을吊함。 (一―一二)

가、이스라엘全國의不幸。
여호와의審判으로 住居와都城을 毁破하심。 (一―五)

나、特히 시온의不幸。
聖幕과 公會의處所를 破毁하며、시온의節期와 安息日을 廢하게하시고、聖所를 미워하사 對敵들로하여금 聖殿안에서 헌화하며 狂態를 부리게하시다。 (六―一〇)

다、詩人의斷腸之歎―婦女와 乳兒의 患難을보고。 (一一―一二)

(2) 詩人이 百姓을 警告하며 慰勞함。 (一三―二二)

가、先知者들은 虛無한默示를 보고 원수는 입을버려 흉보고、여호와는 긍휼히 녀기지않으시니 慰勞의 方策이없다。 (一三―一七)

나、벗들은 나를 속였으되 여호와는 義로우시다。여호와를 불러 懇求하라。 (一八―一九)

다、시온自身의 祈禱 〔第一人稱單數〕 (二〇―二二)

聖書概要

第三章 〔歎歌調〕 (三•一—六六)

宗教的意義가 가장깊고、作詩의技工으로 보아서 第一巧妙한作法이다。예루살렘陷落과는 關係없는 어떤個人의經驗을 記述한것같이도 보인다。

(1) 悲歎〔第一人稱單數로 되었으나、國民全體를 一個人으로代表하야 記述하는일도 적지않다。例之、詩篇第三一、三五、五一篇等等〕。 (一—三九)

가、悲歎(견딜수없는 困苦)。 (一—一八)

나、祈願。 (一九)

다、信賴의表現。 (二〇—二四)

라、患難의意義。 (二五—三九)

여호와께서 고생을 人生에게 시키시되、단 마음으로 하시는것이 아니다。따리는者에게 뺨을 向하야 恥辱을 배불릴지어다。謙遜으로써 사람이 여호와의救援을바라고 종용히 待望하면、或 구원을얻으리라。

(2) 悔改。 (四〇—四七)

가、悔改——悔改하고 여호와께歸還하자。 (四〇—四二)

나、새로운悲歎。 (四三—四七)

(3) 悲歎의歌。 (四八—六六)

가、詩人의添述。 (四八)

나、예루살렘을爲하야 痛告함。 (四九—五一)

다、歎歌。 (五二—六三)

라、祈禱의應答——敵을詛呪함。 (六四—六六)

第四章 〔哀歌調〕。 (四•一—二二)

(1) 詩人이 예루살렘을 吊告함——今昔의差。 (一—一六)

가、昔日의榮華와 現今의 慘狀——乳兒는 목말라울고 母는 子女를 煮食한다。 (一—一〇)

나、罪源은 職業的宗教家에게있다。 (一一—一六)

(2) 王의運命〔예루살렘의悲歎〕。 (一七—二〇)

(3) 詩人의豫言〔예루살렘은 救援되고 에돔은滅亡〕 (二一—二二)

이章은 第二章과함께 예루살렘城의陷落을 目擊한者의筆致라고하야 그描寫가 가장生氣있다。

第五章 〔歎歌調〕 (五•一—二二)

(1) 예루살렘의悲歎。 (一—一八)

가、祈禱。 (一)

나、예루살렘의 殘留者를 痛歎함。 (二—一八)

財産의 剝奪。 (二—六)

支配者의 暴虐은 父의罪果。 (七—一六)

시온의荒廢。 (一七—一八)

(2) 예루살렘의祈禱。 (一九—二二)

讚美。 (一九)

여호와여 救하옵소서。 (二〇—二二)

The Village Blacksmith

H. W. Longfellow (1907—82)

Under a spreading chestnut tree,
    The village smithy stands;
The smith, a mighty man is he,
    With large and sinewy hands;
And the muscles of his brawny arms,
    Are strong as iron bands.

His hair is crisp, and black, and long,
    His face is like the tan;
His brow is wet with honest sweat,
    He earns whate'er he can;
And looks the whole world in the face,
    For he owes not any man.

Week in, week out, faom morn till night,
    You can hear his bellows blow;

촌 대 정 장 이

柳 錫 東 譯

밤나무 큰그늘밑에
촌 대정깐이 서있는데
대정은 힘세인사람이라
손은크고 심쭐이졌으며
팔뚝엔 억센筋肉이
쇠줄같이 뻗이었다。

머리는 곱실곱실 검고길며
얼굴은 탄皮빛으로되고
이마에는 구슬같은 땀이흐른다。
그는힘껏 버리를하야
빗이란 하나도없이
世上을 홀로 活步를한다。

一週日이 가고는오나 아츰부터저녁까지
그의 풀무소리는 쉬지를않고

촌 대 정 장 이

You can hear him swing his heavy sledge;
With measured beat and slow;
Like a sexton ringing the village-bell,
When the evening sun is low.

And children coming home from school,
Look in at the open door;
They love to see the flaming forge,
And hear the bellows roar;
And catch the burning spark that fly,
Like chaff from a threshing floor.

He goes on Sunday to the church,
And sits among his boys;
He hears the parson pray and preach,
He hears his daughter's voice;
Singing in the village choir,
And it makes his heart rejoice!

It sounds to him like her mather's voice.

땅땅땅……한결같이 울리는
그의무거운 마치소리는 맛치
저녁해가 西山에걸릴때
중이 울리는 촌 종소리와같다。

兒孩들은 學校에갔다오는길에
門속으로 드려다보니
활' 활' 불ㅅ길이나는熔爐
야단스러운 풀무소리
타작마당의 겨같이 날르는煙火
모다 그들을 기쁘게한다。

그는 日曜日엔 敎會堂에가
兒孩들과 함께 앉나니
牧師의 祈禱와 說敎'
그리고 마을樂隊속에
그의 딸소리가 들리면
그의마음은 기쁨에 넘친다。

이는 마치 딸의 어머니가

Singing in Paradise!
He needs must think of her once more,
How in the grave she lies;
And with his hard, rough hand,
He wipes a tear out of his eyes.

Toiling—rejoicing—sorrowing,
Onward through life he goes;
Each morning sees some task begun,
Each evening sees it close;
Something attempted, something done,
Has earned a night's repose.

Thanks, thanks to thee, my worthy friend,
For the lesson thou hast taught!
Thus at the flaming forge of life,
Our fortunes must be wrought;
Thus on its sounding anvil shaped,
Each burning deed and thought.

天國에서 노래하는것 같어서
다시한번 그안해를 생각하게되어
뫼속에있는 그안해의光景이 눈에 아릿아릿
그는 뻣뻣하고 험한손을들어
눈물을 씻는다 씻는다。

勞苦ㅣ歡喜ㅣ悲哀ㅣ
이로써 그는 一生을 지내간다。
일을 始作하지않는 아츰이없고
일을 끝내지않는 저녁이없다。
일을 計劃하고 成就하야
一夜의 安眠을 얻는다。

나의貴한 벗이여
그대가 가르치는 教訓에 感謝하노라。
果然 人生의 熔鑛爐에
우리의 運命이 作成되고
人生의 鐵모루에
우리의 熱烈한事業과 思想이 成就된다。

新年을맞으면서

내사랑하는 信友여! 全世界的으로 非常時오 危機沈滯라고 떠들든 一九三五年、따라서 第二次 大戰이 勃發한다든 乙亥도 거이 커무러졌다。아니 永遠한 過去로가고말었다。사랑하는 信友여 고달픈煩悶과 焦燥恐怖等 쓰라린 괴롬속에서 이한해를 보내고 다시금 우리는 질거운마음으로 東天의 불끈솟은 아츰해빛과함께 歡喜의新年을 맞게되였다。그리고 各新聞雜誌에서는 新年이라는 新字로 繡놓을것이다。信友여! 우리도 過去에 고리타분한 煩悶苦痛을 힘있게박차버리고 한숨과 눈물과 모도들合하야 一九三五年과함께 奮然히 葬死하여버리고 새해아침 우렁찬鷄鳴聲을듣고 새로운憧憬에 큰돗을 높게달고 새로운信仰의길로 出發하자。信友여! 一九三六年에 世波는 順調도울줄압니까。그렇다면 이는 斷然코 誤算이다。一九三六年을 航海하랴면 거기도 亦是 暗礁가있고 사나운 白波靑濤가 限없을것이다。그러나 信友여! 우리는 그옛날 골고다의 基督이 흘리신 寶血로 鞏固한柱礎를놓고 信仰으로 投錨하고 그리고는 百折不屈의 굳센勇氣와 意志를가지고 萬障을突破하고「受苦하고 무거운짐진人生아 다 내게로 오라」하신 그리스도를向하야 遠大한義意를가지고 달려가자。우리가맞이한 新年에도 慘憺한事變이 나붙끼고 견댈수없는 逆境이있고 또는 피눈물이 있을것이다。그렇다고 信友여 墮落해서는 아니된다。눈물과 逆境이없는 國家나 社會는 改造와 向上을볼수없다。逆境이있어야 向上이있고 改造가있다。내 敬愛하는信友여 新年劈頭의 勇士여 새抱負 새理想 새勇氣 새希望 새믿음 새精神 새目的 새義意 새기쁨 새사랑을가지고 새로운길로 돌진하자。그리하야 묵은누룩을바리고 새등어리로 化하자(고전五〇七)。새로운舞臺에 登壇한信友여 一九三六年 새로운十字架旗빨밑으로오라、黃人도 白人도 黑人도 紳士淑女도 農事軍도 不信者도 街頭에룸펜도、誰人을 莫論하고 十字架의門이開放되였을때오라。타임은흐르고 地球가回轉할수록 人生의命은 짧어지고 刻一刻 天國은 가까워온다。사랑하는信友여 一九三五年前에 유대曠野에서 우렁차게 웨치든 洗禮요한의 嚴肅한소리가 들리지않느냐。新年을當한吾人은 더一層 悔改하고 새로운自覺을 招來하고 反省할必要가있다。信友여! 新年을맞이한 吾輩는 主義 思想、目標를 革新하는 同時에 모름직이 우리들의生活一切가、보다더 內外가 全部面目一新이 展開되고 兼하야 靈魂의 光明한 새아츰 即 理想에 天國을바라보며 靜謐한 마음으로 一九三六年를 맞이하기를 切望하는바이다。(小鹿島南生里 金桂花)

婦女는敎會가운데서잠잠하라 (上)

李 贊 甲

1、基督敎는무슨運動이아니다。

基督敎는 무슨主張이나運動이아니다。眞理요生命이다。그러므로 예수그리스도의事實과 그福音은 明朗하고 산것이어서 어느누가 이를認證하고 내세우려 하지않어도 그自體가 서있는것이요 자라는것이다。사람은 다만 제눈을 뜨고보며 받아들이기만하면 되는것이다。悔改하고順從함이 信仰에唯一의條件이요 唯一의길이다。決코 제무엇이있어서 主張이나 運動함같음이 아닌것이다。그리하야 匠人의바리어 집모퉁이에要緊한『돌』이된 이우에떨어지어 깨어진者도많었고 이『돌』이 그우에떨어지매 가루가되여진者도많었다(누가二〇의一七ㅡ一八참조)。또한 제 各各 제所見대로求하니 어찌十字架에못박힌 그리스도가 합당하랴。오직 부르심을받아 順從하는者에게만이 그는 하나님의 能力이시요 하나님의智慧로 알려지어 따르게 되는것이다(前고린도一의一八ㅡ二五참조)。그러나 하도異常하게 우리는基督敎에 信仰에 이單純하고도 純粹한것을 보게되기보다는 거기에 恒常많은 갈랫길 複雜性을본다。그것이 基督敎全部 信仰行動인듯이 主張하며 運動함을 본다。近來의敎會안에 婦女運動곧婦女敎權ㅣ講道權과 治理權運動도 그하나일것이다。이는또한 우리에게 한갓疑訝뿐아니라 斷然아니라함을 말케한다。우선至今敎會의婦女들이 참信者일진대 그런順從、信仰的態度로 聖經中人生에對하야 智慧와知識으로부터 言行을主로말하야 가르친 敎訓集이요 格言集인 잠언가운데 그끝에 貴하게도 쓰히워있는 婦人에對해서는 다시더할수없이 理想的인것(三一의一〇ㅡ三一참조)을通過하고야 이러고 저러고할것이다。그러나 그運動이옳고 그름은 第二로하고라도 至今그렇게 婦女敎權ㅣ女權ㅣ言權을主張하며 내세우는 그이들이 그말슴대로되기를 알뜰히바래며 努力이나하고 아니 그런것을 한번注意깊게읽고 生覺이나하고 그런말 그런 運動을할가。점점 그말슴과는 멀어지는思潮에 물들이며 現在朝鮮의 格에맞지도않는 敎育을받은 所謂新女性들이 쓸어나오는것을보며 이를生覺하면 이것좇아 疑心치않을수없는것이다。亦是所謂그運動은 至今흔히볼수있는바인하나님의 敎會에서는 밖에서어야할 곧밖에 무리들이 어지러워가는 現代敎會 그큼즉해보히는속에 들어가서 저마끔 저토라하고 王座를차지하려는것같은 그러고 또그런問題도아닐것을 問題라고내놓고 討議한다는것같은것의 하나라고 아니할수없는것이다。

2、眞理는거슬림에있다。

언제든지 眞理는 平和는 나에게 거슬리는데에서 내가죽는데에서 眞面目으로 그本質을 잘나타낸다。主께서는『누구든지 나를좇으랴거든 自己를이기고 제十字架를지고 나를따르라』(마태一六의二四)고하셨다。아초부터 나에게 順平케하고 나에게幸福을 더하게하려함이 나의信仰에對한所願 나의目的일진대 主의當時의 어떠한少年과같이 아야 물너남이 마땅할것이다(마태一九의一六―二二참조)。그렇기때문에 基督敎는 예수그리스도는 우리에게 얼마나 거슬리고 머뭇거리게하였을까。그러나 오직거기에만 길은 眞理는 生命은 있음을 가르치어보인다。참말로 至今敎會는 그렇게 나아가려하지마는 聖經은 이렇게命한다。『부르심을 받을때에 네가종이되였더냐。렴려하지마라 혹놓일수가 있으면 그대로지내라』(前고린도七의二一)하며『종된자들아 육신으로된 너의주인을 모든일에 순종하대 눈가림만하야 사람을 기쁘게하는자와같이 하지말고 오직주를 두려워하야 성실한맘으로하라』(골로새三의二二)는 것이다。『그대로지내라』『모든일에순종하라』이얼마나 苛酷하며 엄청난말이냐。그러나 또한이와같이 婦女에게對하야서도 말하였다。아니그以上이다。『각사나이의 머리는 그리스도요 녀인의머리는사나이요 그리스도의머리는 하나님이시라』(前고린도一一의三)고 原則的으로 秩序를정함이있고『안해된자들아 너의남편에게 복종하라 이는주안에서 마땅하니라』(골로새三의一八)하고『부녀가 조용하고 온전히 순종하므로 도를배울것이요 부녀가 가르치고 사나이를 주관하는것을 허락지아니하노니 오직조용할지니라』(前디모데二의一一―一二)하였다는말이다。이밖에도 이에對한말슴이 한두곳만이아니다(되도二의九、에배소六의五―八、前되모데五의一四、되도二의五等파이밖에도)。그리하야 舊約時代에 그럴뿐만아니라 新約時代곧福音이 傳播된뒤에도 이와같음을 말하는것이었다。얼마나 또한놀랍고 딱한일이냐。이것을 옛적封建時代의 쾨쾨묵은思想、新時代에 落伍된思想이라하며 또한賢明한이로 이렇게 저렇게 說明도하려함에 불구하고 이는 그대로가 基督敎的인態度이요 基督敎에서 首肯해지는思想이다。『남을 부리려함이 마귀의뿌린씨요 섬기려함은 하나님에게서 뿌려진씨라』하는말과함께 툭하면 껑충뛰여올라서서 朝鮮을 줌을느고 世界를휘잡을듯 基督敎精神、社會奉仕를 잘말하는 地上天國運動者들인 저들로서는 더구나 좀生覺해볼것인것이다。이렇게 섬길줄아는것이 그렇게 살줄아는것이 사랑하는 아바지의뜻 하늘나라의일을 遂行하게되는것인것이다。내가 信仰에깨우치며 깊이들어갈수록 좀더낮어지고 좀더섬기며 앞을바라보며 光明으로걷게되는것이 참信仰의 길인것이다。 그러하야 그속에 참平等、참自由가 있게되여지는것이다。

3、事實이 이를말하고있다。

참말로 그가운데서는 果然 다길어내일수없는 眞理가 있어서 참平等、참自由도 솟아올으게하야 이基督敎가 이福音이가는곳마다 黑奴解放、女子解放等 온갓좋은運動이 일어나게되는것이다。生覺하여보라。그렇게아니하는거기에 무슨平等이있으며 自由가있을것인가。거기는 마츰내殺伐이있고 滅亡이 따를뿐인것이다。이제그렇게하고서의 한家庭을보자。그家庭은얼마나 平和롭고 平等이며 또얼마나 自由롭고 躍動됨이있을것인가。그러나 그렇게生覺지아니하고 現代所謂新式家庭을보자。論爭이있고 殺風景이있고 찡그린얼굴 불상한아기들을본다。거기 平等이있고 自由가 있다하야 自由結婚을하고 同等權利를 찾는거기에 果然 그것들이있든가。글세거기는 暗黑한 舊式家庭보다 不平이더많고 離婚이란 그참혹히 茶飯事같이 일어남은 무엇을말함인가。過渡期라는 얄미운 거짓말말어라。先進했다는 나라들은 어떻다드냐。점으도록 過渡期이었드냐。그런態度로의延長 적어도그『누가크냐』(누가九의四六-四八참조) 하는 마귀의씨의엄이 發生을 다시敎會에 내놓으려함은 그것을論斷하려함은 그어지럽고 不信的인것을 털어놓게까지됨밖에 무엇인가。그렇게運動하야 그모든權利를 얻었으면 무엇이 그리기쁨이며 果然그곳에願했든 平安이 가득해질가。이미運動이라고 그런運動을하려거든 웨何必同意者를 겨우求하야 圖章을찍어 나의敵便인 적어도 相對하는者들에게 要求함이있으며 또기다리다가 고마움의춤을 추려고하는 곰팡내나는 노릇을하려할것이 무엇일가。現代社會運動線上의 一部인 그女性運動으로 勇氣있게나서서 싸우다가 勝利의춤을 추려함이아니었든가。그것은 그릇됨같아서 옳은길을밟음이이것인가。敎會의婦女의일이 그런것이든가。참말基督敎를그런노릇으로 만글려든가。聖經은 그렇게命하지아니한다 眞理는 그것을拒否하고있다。

4、종과婦女에對한바울의思想。

이러하야 우리는 基督敎가 聖經이가르치는 果然끊질줄모르도록 솟아나는 眞理를보게되나니 우선 이미例를든 使徒바울의思想을 다시좀더 살피어보더라도 그렇게종된者에게『그대로지내라』『모든일에순종하라』라고 命하면서 그뒤에연하야 오는말 아니그말부터에 그넘실거리며뛰고있는 主의自由、主의일을볼수있는것이다。『그대로지내라』는말이있는곳에『각사람이 부르심을받을때에 그있는처지대로 지낼지어다。부르심을받을때에 네가 종이되

婦女는敎會가운데서잠잠하라

였더냐 렴려하지마라 혹좋일수가있으면 그대로지내라 사
람이 주를힘닙어 부르심을받을때에 종이라도 주께는 놓
인자요 또이와같이 매인대없이 부르심을받은자는 그리
스도의종이니라。 너의는값으로 사신것이니 사람의종이되
지말지어다。 형케들아 각사람이부르심을 받을때에 그있
든처지대로지내여 하나님을 가까히하라」(前고린도七의二○
ㅡ二四)고하였으니 그흐르고있음이 날뛰고있음이 歷然히
보여지지아니하는가。 사람이 信者가됨에 모든것을다벗고
矣아나 새나라에있게되는것이어서 모든것을 다버리고말
生覺이나며 아주모든것을 一新께할 生覺도있으나 그러
나 무엇보다도 몬저내生活을 一新케하며 革新치않으면 아
니될것같이알아 거기에만 全力을다하는동안까지는 아
직도 저는普通修養이나 異敎를하는이에게서 불수있는무
슨決心、맹서로 生日또는 새해첫날에 하듯하는것같은것
일지언정 아주참自由를얻은者로 宇宙全體를 내舞臺로하
야 내가있는處地가 어떤處地며 내가하는일이 무슨일이
었든지 이宇宙를지으시고 支配하시는이에게는 곧一主께
는놓인者」로 그것을점령하고 그것을나에게 化하게하야
거기서도 全혀自由롭게 새로운生涯를 할수있는者는 못
되는것이며 따라서 저는아직도 世上을 다 이긴者이지
못하야 世上의일에 이리몰리고 저리몰리기쉽도록 危險
한者이어서 오히려 그대로있어서 그것을 克服시키며나

一四

아가는者보다『하나님을가까히하』게되지못하는것이다。勿
論우리에게 生活도改善이되며 處地도 바꾸이게됨이있어
지어 向上또는 爽快함도있지마는 이미우리에게는 그렇
게主께서『값으로사신것』이어서 아모것도우리를 얽매이
거나 누를수는없는것이다。 그리하야 그넘실거리는 自由
가있는곳에는 내가부르심을받을때에 그있던處地대로 곧
그런종된處地속에서도『사람의종』이되지않을수있어서 바
울은 그런極端의 矛盾같으면서도 全篇을通하야 自由가
넘친말을 그렇게하였다。 이와함께 그處地대로있어서 하
는일은 무엇이든지 또한 主의일을하는것으로 될수있어
서『모든일에순종하라』하는말슴이 있는곳에는『종된자들
아 육신으로된 너의주인을 모든일에순종하대 눈가림만
하야 사람을기쁘게하는자와같이 하지말고 오직주를 두
려워하야 성실한맘으로하라。무엇을하든지 맘을 다하야
주를섬김으로하고 사람을섬김으로 하지말라。 이는 주로
말미아마 유업의상을 받을줄앎이니 너의는 주그리스도를
섬기는자니라」(골노새三의二二—二四)하였다。 우리가 무슨
일을하든지 거듭난뒤의일은 그前의生涯와는 根本的으로
달라 모다가靈의일이되며 眞實케되는것이다。 모든일을通
하야 外樣으로 되지아니하며 主를섬김이되는것이다。 내
가 어떠한불상한이를 구케한다할때 決코前과같이 다만
그가불상하야 구케로만 하게되는것이아니라 더깊이 그

이의靈과 사괴는것이되며 그를돌보아줌이 곧主를섬김이 되여지는것이다 (마태一〇의四〇―四二참조)。 모든일에있어서 그렇게靈의意味、靈의收穫을 얻지못하는者는 아직도 거듭난 참信者는못되는것이다。 그러므로 信者는 무슨일을하든지 主의일을하는者이니 종이된處地에있으면 主人을섬김에서 主를섬김같이 『모든일에 순종하대……사람을 기쁘게하는者같이 하지말고……主를섬김으로하라』 하야 사람이기뻐하고 아니함은 問題도아니고 그를通하야 그속깊이 쑥들어가서 主를섬김만으로 하라하였으며 따라서 그렇듯헛된일이아니어서 그遺業이 반듯이있을것을 말한뒤『너의는 주그리스도를섬기는자니라』하야 斷案을나리었다。이깊은뜻을生覺하면 우리 어떤處地에서 무엇을하든지 主께서 계서주시며 光明이빛우임을 볼수있다。그렇다 내가술비를끄으나 구걸케될지라도 오히려 그가운데서 主께서 계서주시어 光明이가득차있고 靈의收穫이 眞理의知識은 더욱더부려 가게될것이다。 그리하야 이렇게 넘실거리는自由 날뛰는生命은 마츰내主앞에서는 靈에있어서는 오직하나이된것을『너의는 유대사람이나 헬라사람이나 종이나 자주하는자나 남자나여자없이 다그리스도예수안에서 하나이된지라』(갈라디아三의二八)하며差別도 優劣도있을수없이 하나임을말하였다。따라서『世上의소금』『世上의빛』(마태五의一三―一六참조)이라 하신대로 『떼여먹지말고 오직그충성을다하야 범사에 우리구주 하나님의교훈이 빛나게하라』(디도二의一〇)하야 그使命을말하고 이미우리가『사람이 주를힘닙어 부르심을받을때에 종이라도 주께는 놓인자요 또이와같이 매인대없이 부르심을받은자는 그리스도의종이니라』함을보고 맛본대로 우리가 모다自由하는者이나 또主의종이라한 바울은『주인된자들아 의와공평함을 종에게베풀지니 너의게도 하늘에 주인이계심을알지어다』(골로새四의一)하야 信者는누구든지 主의종! 곧아마도 不足한사람에게는 사람의종인 處地같음에있어서야 원만히 行할수있는참종! 그主人이계심을말하며 公平하게 兄弟로 그렇다 그는마츰내 『이후로는 종으로둘것이아니요 종에서 뛰여나 곧사랑한兄弟로둘자라 내게특별히 사랑하는자어든 하물며네게랴 육신과主로 상관된자니라』(빌레몬一六)하게도되여 종은이世上에서도 종으로결코 알것이아니라。저를놓아 내兄弟로알것을 말하고야말었다。이와같이 婦女에對한말은 더욱그렇게 不變의法則같이 男主女從을말하고 그저順從할것으로말하며 게다가 또或時나 머리를들으려할때에 눌러버리듯함을 깊이파며들어가고 또들어가노라면 亦是종에對한以上으로 普通의생각으로는 상상할수도없었던 참말로 主의啓示를 特히밝히받은者라야 비로소 말할수있는나라가 점점展開됨을 아!그鐵甕城같이 얽맨듯한것을

웃적웃적끊으며 나오는소리가 들리는것같음을 보임이있다。果然그같었든 그나종이 어떠하게되여있음을 볼수있게되는것이다。물론그렇게 婦女에게는 苛酷하고도 峻烈하게 그저『복종하라』『오직조용할지니라』를말하야 몰아들어치며 男子에게는『사랑하라』(베소五의二五참조)『괴롭게마라』(골로새三의一九참조)의정도로말한 바울은 이世上을지나는동안까지의 일에對해서는 언제든지 그런精神이 흐르고있음이 보이지마는 여기에와서는 男女에게對한觀念이 거의一變해지어있는것을 볼수있는것이다。말하는가운데 男女에게ㅣ特히 늙은婦女에게『착한것을가르치게』라하야 家庭的의敎訓을 맡은것을보히며 젊은婦女에게는『그남편과자녀를 사랑하며』하야ㅣ그알에『그지아비를 순복하게하라』는말도있기는하나 퍽으나도 서로 사랑스럽게 말하야 다同一한尊敬과 溫情味가 다북이들어있음도 볼수있으려니와 더구나 다른데와같이 男子에게는 어쨋든 權威를주며 女子는 눌려놓은것이아니라 그렇게찬찬하게도 男女를 다시금늙은男女、젊은男女로 논아서까지『謹愼』이라는말을 거의모다넣어 合當한 그만한짐들을 各各지워보이는것이었다(되도二의一ㅣ八참조)。이리하야『복종하라』『오직조용할지니라』는말이 東洋의在來의 道德과外面上같으면서도 그內容이 달려있었음이ㅣ그어두움을 뚫고나와야할것이 훨신나오게됨을 볼수가있는것이다。이러한바울은 實際的인 婚姻生活을할때에 前에혼자 지날때와는달라 男便은안해에게 안해는男便에게 서로主張하며 서로支配받을것으로 各各그몸을 스스로主張하지 못할것을가르치며 같이지날때에 어떻게 서로 操心할것까지말하야 그야말로同等、同權일것이어야 할것도말하였다(前고린도七의三ㅣ五참)。그리하야 東洋의道德、그男子가 自行自止하며 얼마든지 맘대로 畜妾할수있는 그못된것을 막을재간이없는것과 같은것으로는 생각할수도없는것을 말하였다。그러므로 이도또한『너의는 유대사람이나 헬라사람이나 종이나 자주하는자나 남자나여자없이 다그리스도예수안에서 하나이된지라』(갈라듸아三의二八) 한대로인것이다。나의主안에 사랑스러운 그안에 靈에있어서는 그全體에있어서는 하나인것을말한 그대로이다。이러하게여러가지로말한 바울은 다만그夫婦를 그저그대로만 보고싶지는않은것이었다。점점더進行되여 靈의眼目으로 보는것이다。그리하야 그리스도와 敎會와의關係를 들어지아비와 지어미의關係를 말하려는것이다。그래서 이에對한 여러가지로 말하는가운데『볼래저몸을 미워하는자가 하나도없고 이에양육하야 보호하기를 그리스도께서 교회를보양함과같이하나니 우리는 곧그몸의지체라 이러함으로 사람이그부모를떠나 그지어미와합하야 그들이 한육테가되나니 이오묘한것이크도다。내가 그리스도와 밑교회를 가르처말하노라』(에베소五의二二ー三三참조)하야 主와 우리와의關係가 어떠한것을 보이어 이렇게 夫婦의關係를말하였으니 夫婦가同等이니 同權이니하는것이 무엇그리 신기로운말이랴。問題는 모다解決되었다。이에서더滿足한것은 이에對하야서는 더볼수없을것이다。우리는 곧 그리스도의 支體가됨같이 한사람이지어미와합하야 한몸이된다함! 참말로이뿐이면그만이다。우리는主께서 우리를어떻게 하실것을보아 본받어갈것이다。바울은 다시더말할수없도록 夫婦의關係를 깊게말하였다。다시더갈데가없었을것이다。오!이제저이의눈에는 主앞에있는男女사랑하는아들과 딸들이 때때로 보이었을뿐일것이다。그리하야 그는어떤때 男女問題를 이야기하다가 마츰내『그러나주안에는 사나이뿐이요 녀인이없는것이아니요 녀인뿐이고 사나이가 없는것이아니라。녀인이 사나이에게서난것같이 사나이도 녀인에게로났으나 오직모든것이 하나님에게서났나니라』(前고린도一一이一一ー一二)라고 불연듯吐하고야 말었을것이다。그리하야 그속에ㅣ그처럼 女子를따에떠러치듯 떠러침같으며 심하게도 속박한듯한그속에 이처럼빛나는存在、自由의天地、生命의中樞인 靈魂의事實上날뜀이 열려있게됨을 確然하게볼수있는것을 말하였다。

〔聖朝通信第二十四頁의續〕

는 기뿜의人으로 突變하다『先生님의 한분의手苦가 큰功을 이루어감을 갈수록切感케됨니다。今月號聖朝도 받든即夜에 初頁로부터 表紙의廣告까지 한숨에 다ㅣ讀破하였나이다。字々句々에 어느것이 生命아닌것이없고 읽어갈수록 눈물、感嘆、悔改、所望等으로 크게復興되였나이다。마는 한가지 섭섭한일은 歷史의記載가 없어서요。앞으로도 勇戰勇鬪하여 주시기를 眞心으로 仰視하옵나이다。小鹿島 同志의게 若干의物品이라도 보내여 저들의 慰勞가될가하야 小生도 數月前부터 마음에懇切함이 有하였습니다。多幸히 먼저 말슴들인 一金三十八圓을 資本하야 方今 明太장사를 繼續합니다。年年히 여기서 남은돈은 저들을爲하야 쓰고저하옵난데 今年 크리스마스부터 多少라도 보내랴고함니다。送料의關係로 小生이 直送하겠읍니다。우리 이일에대하야서도 今月社告를보고 퍽은 깁버하였읍니다。우리 그리스찬은 모다同感일터이지요、오직 主예수께만 榮光이되여지이다。小生 아모래도 이곳(故鄕)에못있고 또 客地에 流離할것같음니다。心靈의平安과 當初의理想이 모다 깨여집니다、언제나 平和한나라에서 마음것 뛰고질겨할는지 참으로 信者가 살기 不當한世上이올시다』云云。

十二月十三日 (金) 數日前에 市內세부란스醫專 學生基督敎青年會員 某君이來訪하야 懇請함으로 來十六日아침 同校禮拜堂에 說敎하기를 受諾하얏드니(아무條件附도없이)、今日電話로써『先生님말슴은 學生修養에 有助한것으로만 하여주시오』라는 制限을 附하여왔다。이것도 米國式예수敎會에서 成長하는 青年들의 常川행세인지 모르거니와、우리가 先生의對接받자기보다도 東洋古來의禮儀가破滅되는일과 基督敎眞理가 安價한取扱받는것이憤하야 受諾을 取消하기로 決意하다。생각할수록今日現在의 우리는 衣食이足하고 할일이많은 사람이다。何必구구한 걸음을 걸을것이 있으랴。

聖朝通信

十一月七日 (木) 滿洲消息一節에『……事實집에 나와보니 今夏水災로 一粒의穀을얻지못한고로 강낭이를 사다가 그대로 삶아먹고 근근 연명을하오며 그나마도 겨울은 가까워오는대 옷이 이미떠러지고 양식을 求할길도 어렵게되니 답답함이 여간아니외다。「너의는 먼저 그나라와 그義를求하라」는말슴을 열번스무번 되푸리해도 그뜻을理解하지못하야 聖朝誌에실련咸先生님의 本節講義를읽고서야 위안을 얻었나이다云云』 想像도할수없는 難境인듯하야同情不禁。

十一月八日 (金) 小鹿島音信과詩에接하야 하나님의權能과恩寵을感激不已『뒤죽박죽。主筆先生님小生이올린 何等의價値없는글을 貴誌卷頭에所載함에對하야 生은넘우感激해서 무엇이라고 答辭할말이없옵니다 모도를不拘하고 罪只人間에罪惡을 홀로지고가신 그리스도의사랑인줄알고 感謝에意를表하는바이며 따라서村井兄에 追憶談이揭載된것은 나自身의榮光인同時에 한걸음더나가 小鹿島癩族全體가 기뻐하고 榮光이라고生覺합니다。왜그러냐하면 이섬에幾多에業跡을남기고가신 村井兄을 敬慕하기때문이올시다。先生님運命과 서름이남다른特殊地域에處한 우리들中에도 普校는勿論이요 或은中等學校를거처서온이도있고 또는正式階段을밟어오지않고 獨學을熱心이해서 多讀多作한 文學的素質을가진 文學靑年들이있어서 自己서럼과 느낀그대로 怨恨이가득찬 눈물겨운서러운怨情을 呼訴하려야할곳도없고 글로創作한 血淚記를發表할紙面도없는 우리에게 貴誌에서는、한푼에價値도없는 우리글을 無條件하고連載해준다는말을듣고 우리둥무는 입에침이(唾) 없이 感謝를하고있읍니다、

先生님그중에도 特筆할것은 朴大根氏、柳重吉氏兩兄은말하기를 우리機關誌인들 이에서더親切히待遇해준수있나 하고말합니다 이곳重要人物들의意見을 들어보건대 貴誌發刊費用의若干에 援助라도하기爲하야 앞으로 別다른土臺를세워서 積極的으로後援하자는 議論이紛紛합니다。

先生님 今年內로 四十餘名에信友를가지고나아갈 우리敎會는 敎派를超越하야 하나님에聖恩과 예수의사랑으로 앞으로나갈뿐니외다。어느敎派에 所屬한敎會가아니오니 同一한立場에선先生님 質로量으로助力하야주십시요。小鹿島는 어떤곳이라고 紹介할生覺이있으나 誌面關係로 못하겠읍니다。小鹿島南生里에서 金桂花

詩 하나님나라로

사랑하는 님이여
나는 가야할 몸이외다
나는 그대에溫和한품속에 안겨서
熱情의 사랑을 다받지못하고

오—님이여
나는 당신의곁을 떠나기를
몇번이나 몇번이나 躊躇하였다
그러나 님이여 나는알었아외다

虛無한現實의 보금자리를 위하야
永遠한幸福을 犧牲할수 없다는것을
님이여 그대가주는 麻醉劑를
나의게 勸하지마오

神經이昏迷하야 갈길 더딀가하노라
님이여 나는 가야할 몸이외다
未來의幸福을 바라보면서
저아몰—한나라 그이가 계신곳으로

사랑하는宋判用兄에게 들입니다
南生里에서 金桂花』

十一月九日 (土) 東京消息듣기爲하야柳錫東、宋斗用兩兄來宅。鼎座談論多時。內村先生의傳한福音이 無敎會主義라기보다 純粹한福音主義로써 健全한發育하는것、特히靑年男女間에 希臘語히브리語의原文으로써聖書研究하는 熱誠이盛大한것은 (神學生以外의平信徒들) 甚히부러운일이라는것、다만

學識뿐아니라 그性格爲人이內村 藤井型의「日本人中의日本人」이 없지않은것, 日本基督敎會內에植村 高倉諸氏의後繼者될만한人物이있다는것, 日本監理敎會內에 革新獨立運動이 盛旺하다는것等々을報告함은 기쁜일이었다。오직內村鑑三正傳을 發行한다는「忠僕」藤澤音吉의 不當한商略을傳言함에는 다시금激忿치아니치못하다。

十一月十日 (日) 별안간에精神作興詔書奉讀式을 擧行한다고하야登校參式。今日午前集會는臨休。○嶺南通信의一節에『……日前에醴泉安兄書信을接하니 崔泰瑢氏가來하야 家庭에서集會하였다는理由로 敎會에責罰問題가 생기였다나요。이러한消息을들을때마다 無益한興奮이 不無하오며 그들을爲하야 눈물을難禁이로소이다』云々。家庭集會까지 干涉한다니 敎權者의亂舞도 또한可觀이로다。天國문을 가로막고선者라는것이 저것들이아닌가 보라。

十一月十一日 (月) 朝鮮中央基督敎靑年會主催의 籠球聯盟戰에參正도參加하야 今夜부터出戰하다。

十一月十二日 (火) 김장준비시작되다。但今年은 京城附近무 배추大凶年。○上海消息如下『黃浦江에갓득찬 東海潮水도빠진十一月二日〃午에 生은聖朝誌를 再讀하였나이다。小鹿島消息글월엔 아무리毒性을 뒨二十世紀機械靑年이기로 어이感淚가 今無하오릿가。高尙한그들의信仰生活을 全幅的으로 들여다볼때 癩患아닌 이몸의惡臭를비로소맡었읍니다。人生에 다른길에서살지않는 그들은 上帝의품안에안키여 大神秘를맛보며 지내는것임니다그려。참으로靈感으로써 苦悶에서歡喜하고있는 거룩한主의百性이외다그려。같은肉體로 그들의肉感이오작하오릿까 마는모든것을 主께맡긴그들의生活은 손을내밀면 바다물을만질수있다는海邊언덕에서 金波銀波가 수없이뛸때마다 새에루살렘을讚美하며 그때에自由스러운自己들의몸의 變化를預想하고 즐겨뛰는그들의 眞善而美한靜靜에있어서 이를攝理하는主께感謝하며 이使命에治力하신 先生任을 無限이흠모하옵니다。몽당철필을들어서썼다는 그文句를나려볼때에 句節句節에뼈가지리고 가슴이미여집니다。해여진헌겁같은 손가락으로 生活의前後를 그리여준그들이, 너무나 애처러우며 福받어보임니다。그들은 이時刻에죽어도 이땅과이하늘을 다차지한 사람임니다。人類軌道에 있지도않었고 보이지도않는 높은자리에앉엇고 큰希望을가지고있읍니다。그들 마음속에는벌서 上帝의天國이 創建되여젓고 그生活을하고있습니다그려。不具者라면 여기서더끌일 不具者가어데있겠습니까 그러나그들은 絕對의觀念이두터워 春期를義를爲해을고、웃고、싸우고있습니다그려。先生任! 차다리 이生이 生의眞理를모른다면 永遠히썩는몸이되여야 맛당할것임니다。義를爲해울줄도모르고 우슬줄도모르고 싸울줄도모르는 儀式이없는 버러지임니다。사람으로나아가는사람이되고 사람된사람의 行實을하고 사람다운終結을 짓는事業을 이生은무엇을紀元으로하고 하여볼수가있읍니가。쌓은지백이 敎門의子息이였다고하여도 波亂많은 途程에자진事物로 傷한몸과마음이果然小鹿島民의加한 一個患者입니다그려。이각는꿈을 언제깨이여 捕縛된膝腐에서 解脫을받을수가있을는지 自身은 아득하고있읍니다。一定한設計된 進路가없는 人生이란 一生을失敗함이나 同一할것임니다。否은江山에理論으로는 相當한 今日敎會의形態가 이 풀수없는疑惑을 풀수가있스며 時代를밟고 天路를넘어설수가있는지 肉體과靈魂으로부듸처서 한없이苦痛을하나이다。厭世主義같은信仰은 갖고싶지않고 좀더科學的인 信仰을세워서 이땅이福音天地가되는實況을보고싶습니다。

人生門을 이제야열고서 設計하려는弱한生에게도 크신體驗과敎訓을덜어서 指導하여주시옵길 간절이바라옵니다。

民國二十四年十一月二日 餘不備 上書』

十一月十三日 (水) 授業時間外에는 晝夜로籠球監督。今夜第二回의勝戰。

十一月十四日 (木) 夕에崔泰瑢氏來訪。

聖朝通信

새로敎會를創設하게된 動機와經過의大略을 알려주기爲한 訪問이라고하매 더욱惶悚千萬。可否莫論。다만默默히 들을따름이었다。

十一月十五日 (金) 比島獨立。케손氏大統領就任。아브라함 링컨 의나라萬歲!

十一月十六日 (土) 全勝을期하였든 養正籠球部가 今夜 對徽文高普戰에 一點差로敗하다。痛忿한일。

十一月十七日 (日) 午前은 예수傳工夫 午後는 復活社講堂에서「無敎會主義란 무엇인가 누가無敎會主義者이냐」라는題로써 續論第二講을述하다。數年前에 神學指南誌上에 論評되였든말이適中되여 朝鮮最初의 無敎會主義者로 指目받든崔泰瑢氏는 敎會人이되여버렸고「養正高普의 金敎臣氏와聖書朝鮮誌의筆者몇사람들」이 無敎會主義者로 남앗으니「無敎會主義란것은 내가 말하는것이오、無敎會主義者란 곧나라」고 하여도 無妨할터이지마는 無敎會主義란것은 姜濟建先生의傳道紙에 記錄한것이면足하며、無敎會主義者란 姜濟建翁이오 스데반이오 루터오 使徒바울이오 예수自身이 또한無敎會主義者라고述하다。

十一月十八日 (月) 昨日夕陽에 市外로 散步갓다가 過然한機會로 某미숀學校先生의入宅式하는 晩餐會에參席치 아니치못하게되다。新家庭에서 田園生活에適合한 野菜의晩餐을推想하면서 좇아갓든것이 某料理店別莊에案內되여 肉林酒池의餐卓을 對함이 意外의一。六人의座席에三人의 妓生이侍從들뿐인가 그遊興法의徹底함이 意外의二。今日까지 京城市內外의 大小宴會에 參席히여보아스나 술은 잔에따라 마시는것을보앗고 妓生은 或歌舞의程度를 不過하였것마는「이先生님들처럼 술은 병채로 마시고 妓生은十二分으로 活用하는會席은 生前처음보는 光景이었다。이에比하면 不信學校敎師들의宴會는 적어도「점잖다」고 할수있다。宗敎의弱要는 들이어 사람을恐化시김이 甚하다、[illegible] 치림 간신히 빠지돌아오면서 宗敎々育의危險에 戰慄不禁。

十一月十九日 (火) 지난二月十一日大田刑務所에서 假出獄하였든 島山安昌浩翁이 昨十八日로써 滿期되였다고報導。

十一月二十日 (水) 養正出身某庭球選手가 近日에喀血을 시작하였다고「病床ノ友ヘ」一二卷을 보내달라는 消息을接하고 놀라다。卒業한지 不過數年에鋼鐵같은 그健康體가 발서喀血하는身勢될줄 누가推測하였으랴。在學中에는勿論、卒業後에도 저는 聖書배울機會가 없지않었으나 健康을信恃하는 저는 이런方面에는 一顧의價値도不認하였었다。이제當하야 저는病苦의威勢보다도 悲觀의深淵에 스스로沈溺하고저하니 저를救助할方策이 어데있으랴 可嘆할也。

十一月二十一日 (木) 小鹿島에서「聖朝誌를받고서」라는 글월이와서 數萬援軍보다도 더큰힘으로써 나의靈魂를 重躍하게하다。『聖朝誌를받고서。길고긴가을밤 고요히잠놀자는대 새벽첫시를告하는 닭의소리와같이 우렁차게웨치 四十萬聖徒들의 耳膜를울려고、아ㅣ이罪惡에捕虜된 二千萬大衆의 굽으러진길을 바로잡기爲하야 胸中에刺戟을 이르킨聖書朝鮮、아ㅣ저의使命을 다하고 깨끗한聖書朝鮮誌、어너便으로보아서는 蹂躪을당할뜻도하였고 嗚呼廢刊까지할야고하든 聖朝誌가 今日에이르러서는 莊莊하고 우감聲를發揮하야 참된福音을傳播하는것을 實로感謝罔極하나이다。이와같이貴여운 繕物인冊字를 惚忙中에도 不顧하시고 十一號十冊과 十七號한冊를아울러 下敎하야주심을 卽時로感謝에 글월을올리려하였으나 그時間을넘은以上 誠意가不足함으로인지 此日彼日 한三四日 輕過하고서 運命의作亂이라할가 試驗이라할가 眼疾이發하야 오늘까지 止滯되였으나 每日惘忙한마음은 떠나지는아니하였읍니다。然니나 부끄러운것밖에 달리말할수없읍니다。

金先生님 寬大하신사랑으로 容恕하옵시기를빌어 마지않읍니다。그러나先生任 이冊字는 옛날여호와께서 이스라엘民族을 埃及에서 모세를通하야 가나안으로 引導하야오면서 中路인曠野에서 굶주일때 우으로

二〇

(만나)를나려서 飢饉함이없이 四十年동안 生涯를 보내게하심과같이、사랑하는 先生任을通하야 幼兒같은生에게 거룩한冊字를 주신줄로밑고 하나님에게 榮光돌리며 先生任에게 肉的으로 괴로움도참고 難境을 달게받으시고 右手에聖書를들고 左手에ハンゲチ를쥐고 血汗이흐르면딱고 또흐르면 딱고 福音을웨치며 餘暇있는대로 書齋에 依支하야 原稿를熱熱하게 著作하시와 信徒에게는勿論이오 不信者인 二千萬大衆을 爲하야 黑暗의張幕안에서 光明한빛을못보고헤매는人生 아니後生을爲하야 雪中에한들기의 아리따운꽃송이가 香氣를내는것같이 先生님熱情的勞力을하야주신 功勞를感謝들이고 홀로 기뻐하나이다。

先生님이시여 生의秩序없는 拙筆로難記하였으나 容恕하옵시기를 바라나이다。

사룰말슴은 先生님氣體候 主안에서安寧하옵시며 貴社日日旺盛하옵기를 滿腔에誠意를다하야 빌고있나이다。끝。誤書가많을지라도 慈悲와사랑으로 容恕히시기를忠心으로아뢰나이다。

一九三五年十一月二十一日

小鹿島西部에서 ○○○』

十一月二十二日 (金) 午前十一時에 延禧專門學校의 禮拜時間說敎로往返하다。養正出身으로서 延專에進學하는者 不少한것과、延專主催의全朝鮮中等學校陸上競技大會에連하야十年間을 養正이優勝하고있음과、同全鮮中等學校籠球選手權大會에 連二個年재 養正이優勝하기를 시작한것等으로서 보아도延專과養正의關係가 淺粗한것이 아니지마는 特히延禧의松林과淸溪는 나個人의信仰生活에 없을수없는祈禱텀이었으매 延專의 敎壇에서서 내가主예수를證據하려면 욱어진松林과 맑은 바람이和應하는듯하고、눈오는 새벽에 놀라든 꿩과 토기와 喬木을診察하든 딱따구리와 풀밭을 기여가든개암이와 松蟲의種類들까지 나의隣人으로 環座聲援하는듯하다。이러한靈的故鄕에서 빌립보三章一—一四節에 衣하야 바울과함께 復活의信仰을告白함은 甚히愉快한일이었다。但이날說敎를爲하야 授業時間까지 免除하야주면서 欽然히贊同을表하여주신 養正學校當局의 好意的理解와寬容은 뼈에사겨感謝不已。

十一月二十三日 (土) 休日이였으나 登校하야 終日籠球監督。

十一月二十四日 (日) 午前十時에 예수傳工夫。마가복음第三章一—六節。午後二時에復活社講堂에서「生物學과 나의基督敎」라는題로써講話。

十一月二十五日 (月) 湖南通信에 이런것이왔다。『先生님 그동안 그리스도안에서 平康을누리실줄믿습니다。또 日前까지 두어번올린글은 次例로 보서을듯함니다。오늘 또若干의所感을 적어올리며고 鐵筆을잡었음니다。先生님의 超人的愛로惠送하신アン、ジャドソン傳은今日에야겨오 一讀을終了하였음니다。나는그동안 이冊子를 精誠스리讀破하야 先生님의 惠送하신本意의 萬一이라도應코저 日日이觀心하야왔아오나 늘家務에奔走하야 時間의餘裕를難得이였나이다。또歸家한後에는 安息日이없나이다。이는老衰한肉親이 새벽부터 밤까지 勤勞하심에 其子息된나만이 安息할수없는 第一의理由이고、其二는 小生과如히 惰怠한者로서 敢히安息의恩惠에 參席하기惶悚한것이 第二의理由이올시다。또退職當時부터 數年間職業苦로 煩惱함과 또微力이나마 主의聖意에忠實하게 服從하랴는野心으로 肉體에比하야 過度한勞力、勞心等이基因이되여서 神經이極度로衰弱한結果 每夜十時頃이면 依例히就寢하는때문에 밤으로도 늦도록讀書치못합니다。

이러한理由로 先生님의惠送하신 本意에 返하야 其間틈々이읽노라고 今日에야겨우 一讀한것이로소이다。

나는이冊을始作하야 끝까지 눈물로읽엇나이다。其中에도 오늘만은 더욱많이울게 되였슴니다。그리스도를爲하야 異域에서남모르는 悲哀의잔을 마시는 夫妻의生涯에 이마음이 찌여지는것같은 앞음으로同情이 되오며 때로 神의無慈悲、無能을怨望하게까지도 生覺이낫습니다。오늘은 그들의 孤寂하고辛酸한生活狀이 얼마나 나의마음을 찔으는지 남모르는눈물이 옷을적시게까지 되였나이다。

이冊을 다읽고나서는 主가 小生을特히 사랑하시사 이러한 좋은冊子를 주셨음에 깊히感謝하야 또한其感謝의눈물을 한동안 흘리면서 祈禱하엿나이다。나는이러한冊子를읽을때마다 누구보다도 더祝福받는者인것을느껴 感謝와讚頌을 들이옵니다。

나는 이날에받은바 恩惠와所感을 倒底히發表할수없아옵고 다만 先生님의 像想에一任합니다. 나는根本벗(友)이없는者이올시다。或世俗的벗들이 全然없음은 안이로되 그들이나를바리고 내또한 그들을바렷나이다。이無友의小生에게끝까지벗(友) 아니指導하여주시기를바람니다』云云。우리는事業의成功을願하기보다 차라리 이러한音信의交通을願하며 思想의交換을 기뻐하는者이다。聖書朝鮮社가世上에 아무業績을 남기지못하고 없어질지라도 聖書朝鮮社가存續하는날까지 孤寂한靈魂에게 右와같은 기쁨을供給하는機關이였다면 本懷이에서 더할것이없다。그自体의所任은 다하였다。

十一月二十六日 (火) 今夜의 籠球戰에 失敗하야 徽文、中東、養正의三校가 다시 首位爭奪戰을 하게되다。

十一月二十七日 (水) 病氣로 休學中에있든 擔任生徒郭環炘의訃告에接하고 놀라다 저는寡婦의獨子! 彼의死에對한感慨를 彼의級友들에게述하다。

十一月二十八日 (木) 宋斗用兄으로부터 來十二月三日이 梧柳學園第四週年紀念日인데 當日은學藝會를開催한다는葉書。

十一月二十九日 (金) 籠球延長戰의結果 徽文은中東을, 養正은徽文을, 中東은養正을 各勝하야 再次首位同率。○咸兄葉書『平安하십니까 校正은하루 延滯를식혀 未安하게되엿읍니다。傳道紙는어찌되엿읍니까 奔忙하신中어렵습니다。費用은 얼마나될는지요 集會무로그람이 어찌되엿습니까。新聞에基督敎學校神社參拜問題가 重大化한다고 緊張됨니다。우리가殉敎의時代를 當하는가봄니다。健在하십시요。十一月二十七日』

十一月三十日 (土) 崔泰瑢氏來談。復活社講堂을 買賣交涉中인데 自己가買收한後이라도 現在와마찬가지로 聖書硏究會에使用하라는 好意的提議와、無敎會的立場에서서 個人의確信을告白하는 態度를持續함도 必要하다는 勸勵의말슴을感謝히받다。○東京通信『(前略) 東京驛에서 發車前十數分間先生님의 高遠하신訓話를 拜聽하옵고는 生은先生任의訓話一句一句가 骨髓에徹하는듯한感銘을 늣겼습니다。先生任의 訓話는 비록 短時間에極히 簡單한內容이라할지라도 生에게는充分히 激勵의말슴이고 鄕의糧食이었든同時에 生의過去 在東京生活을 回顧할 原動力이되여든것임니다。

在東京生活三年間을 反省하올때에 果然 自己는先生任의 訓話와平行하는努力을 未嘗試驗하였든가를 自問하옵고 生의無智하음을 깨달앗습니다云々 (下略)』

十二月一日 (日) 今日부터 午前午後의 二回集會를合하야 午後한번에 하다。午後二時부터學生班、同三十分부터 一般과合하야 예수傳工夫。예수一生의轉換期라는題로써 馬可福音第三章七―十二節을講하다。○歸途에擔任生徒數名과함께 市內昌成洞에郭環炘의母親을 吊問하였으나 慰勞할言辭를 發見하기 어려웟다。○平壤서神社參拜問題擴大되여 十萬學生을收容하는 미슌學校는 全部廢校될運命이라고 報導되다。

十二月二日 (月) 四十三年間 半島에奉仕한 에비슨老博士 今日午後三時에退京歸國의途에登하다。親不親을勿論하고 遠路에 老夫妻의 泰安을祈求하지 않을朝鮮사람이 있으랴。○現朝鮮의二千三百萬人口에文盲이 一千六百萬人。全鮮四人이一二三七九人中에 七千人은 一字無識이라고。

十二月三日 (火) 夕에初雪數片。○시골서上京한學生一人을說諭하야 還鄕시키다。

十二月四日 (水) 平壤某專門學校에對하야「神社參拜는않더라도 校內에서式하라」는 學務局電報가있어서「旗行列과敬意를 表하

거로되였다」고報導。○昨日 故吉善宙牧師의葬儀에 會葬者二千餘名이였다고報。過去五十年間朝鮮基督教界의人物은 大小高下의差는있어서도 總括하야말하면 大多數인右翼은 吉牧師타입의聖神派요 少數인左翼은 消化不良한 批判學者몇사람이였다。今後에는 學問과信仰을 完全히合金한健實한 學者出現의時代乎。

十二月五日(木) 邊域消息에『前略 嚴冬의猛寒에 先生님尊體淸健하옵신지요 또 여러兄弟들도 主恩中 健康함을 祈願합니다。前에 下送하야주신 アン、ツャドツン은 받어서 받었다는 消息이라도 上書했어야할 것을 너머도 게으른탓으로 한장소식奏아 上書치못함을 넓히理解하여 주시옵소서。讀後의感을 아ー이冊을 보내주신 先生님 또 이글을쓴先生 더욱히 アン、ツャドツン 더욱히 愛의主 이冊에서 當하는모든苦難 무엇을 爲하야선가? 財物인가 名譽인가 地位였는가 世上의 눈으로볼때는 얻은것은 아무것도없다。얻은것이라고는 愛妻와 愛女를잃고 많은苦難과 죽엄을當한것밖에 무엇을 얻엇는가? 現在의나를 돌아볼때 職務에는 將來에對한 希望에는 妻子에對한責任感은 아ー나 다시한번 크게覺醒을要求한다。이글을읽고 나의눈은 良心은 悔改의督促을받아 나의눈물을 기달이며 나의奮發을지달인다。나는 職務에도 忠實치 못했다。將來에對한希望(靈肉共) 도 妻子에對한責任도 如何든 現在의나는 全部가 零이다。全部가 虛이다。오ー主여 이글에서배워 오직 당신의攝理를 順從하야 면저 그나라와 그義를求하여 당신의뜻을奏는데 나의全希望을 두게하소서。이글을쓰든때와 이제의마음 또다르니 얼마나 미련한자일가요』。또한 嶺南短信에『不信의小生은 空然한孤獨、空然한悲哀、空然한煩惱로 日日이 焦操하든次。意外 惠葉을奉讀하오니 무어라고 形言하오릿가。即時房안에들어와서 感謝한祈禱를 올렸나이다。主는恒常 나를 如斯히 保護하시고 慰勞하심에도 不拘하고 恒常 不信에서 彷徨하고있나이다。感謝의눈물 悔改의눈물이 交雜하였나이다。오늘은 ××A兄과R兄의 封書도有하야 더욱 慰勞됨이컸읍니다마음을 더놓았읍니다。참으로 聖徒의交通은 如斯히 慰勞되며恩惠됨이큼니다。부대 主안에서 一이되고 끝까지 指導하여주시며 함께울며 함께웃사이다。앞으로凡事를 主께付託하고 待望하며고 하나이다。늘 加禱하여주시옵소서 先生님의 多福과 聖朝의益昌을 爲하야 主의御前에仰禱이옵나이다」느낌은 一、二가 안이오나 잘表現이 안이됨이다』云云。우리는 이러한通信을먹고 사는者이다。

十二月六日(金) 新聞紙에依하면 平壤基督教學校에서는 去四日에『校內에서式典擧行하고 敬意만表코 神社參拜에는 不參、提燈과 旗行列에는 從前대로參加」하였다고하며。慶南老會에서는「信仰尊重의見地에서 神社參拜不能」이라는 決議하였다고。○亦是新聞報導에依컨대 一年間에滿洲가는朝鮮人 六萬餘人、其中에서五千餘人은 歸還하며、現在在滿同胞八十三萬人이라고。

十二月七日(土)「參拜與否를決定할 長老教平壤老會禁止」라고報導。警察에서 宗教集會를 禁止하기는 初事云云。○東京片山兄으로부터 新約聖書研究의 參考書를記錄한 便箋八枚의長書信을받고 感激不已。이러한益友를 許與하시는 主예수를 우러러볼뿐이다。

十二月八日(日)갈팡질팡하든 復活社講堂의 賣買問題도 一段落되여、이제인즉 적어도 冬季聖書講習會까지는 確實히 借用할수있게되였으므로 今日 出席會員數人의 助力을얻어 大掃除를 行하다。居移氣라고 우선 淨潔하고야볼것」午後二時부터 學生班 同三十分부터 一般集會에서「傳道나敎育이냐」라는題로써 馬可福音第三章一三ー一九節을講하다。○出版督促如下『敬啓 貴社繁昌을 祝禱함니다」小生 今般未安하오나 左記事項에關하아 回示하여주심을 切望하나이다。貴社에서 發刊하는 聖書朝鮮誌上에 連載하옵든 咸錫憲先生께서 執筆하

聖朝通信

신 聖書的立場에서본朝鮮歷史는 여기 M氏께서 빌어봤읍니다。 그런데 그책을 單行本으로 出版하지 않으시렵니까。 꼭좀알려주십시요 그책은 꼭 單行本으로 出版하였으면 꼭한卷 사겠읍니다。未平하지만 꼭좀 알려주시기를 切望하나이다。餘는不備」。 첫재로 出版費用이 問題다。 그러나 咸先生의執筆한대로 全文을印刷할수있는世上이라면 아무것을 팔아서라도出版하련마는。

十二月九日 (月) 倫敦에 海軍軍縮會議가 再開된다고報하나 各國은 誠意를가지고 모인다는것보다 智囊의人物이 모였다하니 會議의結果도可知。人智로써 平和를招來할수는 絕無한故。○某宗教學校在學生의通信에 『先生님前上書。主님의使命을 다하시는 先生님 얼마나奔走하시겠읍니까。敎務와 아울러 聖朝誌를 發行하심에對하여서는 感謝함을 올리지않을수가 없읍니다。未安하옵난것은 今日도 先金切의 貴誌를받고 謝罪가 連發나오나 一邊으로는 聖誌를 接할적에 기쁨은 比할수가없나이다。 벌서 여러번의 冊을받고도 誌代를上送치못할망지 上書一枚委아 올리지못하였음을 未安千萬이오니 容恕하여주십시요。○○은 아직 今日은 비가끌임없이나리며 덥기가 限量없읍니다。今日은 日氣가 不順할뿐만아니라 덥기가 例年에 比하여서 퍽으나 높은모양입니다。 先生님의뜻을 (誌上을通하여서) 恒常 본받고저하오나 未鍊한몸 또한 軟弱한몸을일운 小生은 主님을생각하는 時間도 漸漸 늘지못하고 더욱畓畓한 生涯가 거듭니다。 모든것이 不順임을 이社會에서 求코저함이 亦是不當한줄로 믿읍니다。小生은 基督敎學校에入學하여 여러가지로 信仰의도음이 될줄알었든것도 今日에와서는 反對로 나의信仰을 물드리며 漸漸 그새엄을 시들리게하오니 寒心합니다。校內나 風紀를보아도 말할수없는 그무엇이 循環하오며、近日은 先生님도 旣知이시겠지마는 神社參拜 問題로서 ○○一班이 注目하고 있읍니다。 참으로딱한事情은 닥처왔읍니다。今月號 誌上에쓴 贊甲氏와같이 基督教는 禮拜보는것이 目的이아니고 사는것이 目的임을 말하였읍니다마는 참으로 앞날에 우리앞에는 많은 어려운일이 닥처옴을 禁하기어렵습니다。참으로 學校問題도 크려니와 信仰問題가 尤甚합니다』云云。

十二月十日 (火) 猝寒來襲。○某姉妹로부터『主님에 거룩하신 恩惠와 사랑이 恒常先生님과 함께 하시누줄믿고 감사하옵니다。先生님을 通하야 役케하시는 主님의 生命에能力은 갈수록 더욱 感激한마음이 깊사오며 몇靑年兄弟들과함께 聖書朝鮮을받아 읽을때마다 저이들에 어리고 약한 心靈은 다시한번 主님의 偉大하신 生命에 接하여 새로운 힘과용기를 얻게됩니다。 모든감사와 영광은 오직 主님께 돌리오며 더욱 더크신 恩惠가 先生님께 恒常함께 하시옵기를 祈禱 하옵나이다。매우약소하오나 一金二圓 付上하오니 小鹿島 兄姉들에게 聖誕선물보내실때 보태써주시옵소서 十二月九日 ○○』

十二月十一日 (水) (五行略)○咸南蓋馬高地에서 意外의 因緣으로 誌友된未見의 兄弟의短信에『聖恩中先生님 氣體平康하십니까? 敎生은 基督의十字架의 血條를 通하여 先生님을알고 誌友가된지 不過三四個月이오나 信仰上隱然이 欽慕된지는 오라소이다。그리스도의磐石에서 靈泉을 마심으로 그의앞으로長成하여가는 信仰의걸음에 없지못할 聖徒의交際가 祝福스럽소이다。 이미 聖書朝鮮으로 많은靈感과靈力을 얻사오나 今後도聖朝誌와 因緣을끊고 싶지않음니다。云云。』

十二月十二日 (木) 猝寒不退。 새벽에早起한날은 이미勝戰한者의快味를 못내感謝하거니와, 昨夜는 宿直室寒氣에 시달리면서 熟眠을不得하다가 아침七時의. 라듸오를 겨우듣게 起床하야 惰弱한自我를 悲觀痛憤할즈음에、別紙短信이飛來하니 自我에關한 嘆息을잊고 彼와함께 主를찬송하

(以下第十七頁下段에繼續)

殉教의 精神

咸錫憲

近日 新聞報道에 依하면 平壤을 中心으로 長老派敎會에서는 神社不參拜問題로 一大難關에 逢着하고있는모양이오 그것때문에 當局과의 交涉의任에 當하는 代身者의一人인 쬬지●맥큔(尹山溫)氏는 記者를보고 그所感을말하야 「五十年宣敎에 이런苦憫을 하여보기는 처음」이라고 하였다고한다。나는 그記事를 읽으면서 스스로 同情의 嘆息이입에서 나옴을 禁치못하였다。그말을듣고 그들의 또 우리의일을 생각함에 마치 生後처음 經驗하는 不安과 恐怖의念을 품으면서 試驗場에 向하는少年의 모양을 보는듯한 느낌이있다。이때까지 平和의學園에서 입으로만 외었던것을 秋霜같은 試驗官의 눈앞에서 試演하야보이지 않으면 안되는때가 온것이다。

神社參拜의 可否를 只今 여기서 論하려하지는 않는다 그보다도 이事件이 提示하는 더큰問題 더 根本的인問題에對하야 注意하야 두자는것이다。神社參拜問題는 생각하기에따라서는 매우 簡單한問題다。異神의 崇拜로보지않고 先祖의 恭敬으로 본다면 아주 容易히 解結할問題다。그러나 問題는 그것만이 아니다。神社參拜問題만으로보면 그렇지만 또 가지는 意味에서는 그렇게單純한것이 아니다。五十年基督史에서 于今껏 問題없었던것이 只今 問題가 이러났다 하는대서 우리는 그神社參拜問題를 無事解結한뒤에라도 將次 第二第三의 問題로 政治와 宗敎間에 交涉이생길 可能性 或은 必然性內에 우리가 놓여있다는것을 알어야한다。故로 우리는 이問題를 그歷史的必然性과 世界的重大性에 있어서 把握하지않으면 안된다。水面上의 一小氷角은 그밑에 숨어있어 莫大한 運動量을 가지고 前進하고있으며 數萬噸의 鐵甲船이라도 다키만하면 一觸下에 微塵으로 부스려는 巨大한 氷山의 表識인것같이、이問題는 只今世界史上에 일어나고있는 어떤 偉大한 事件의 一角인것이다。

五十年宣敎에 처음當하는 苦憫이라 實로 同情을 不禁하는 哀訴다。그러나 우리는 單純한 同情만으로 끄처서는 안된다。그事件이 世界的性質을 가지는것같이 이愁訴도 쬬지●맥큔一人의 가슴에서 感情的으로만 나온것이아니오 全世界 크리스챤이 가지는、或은 가지게될 苦憫의 代表的 一吐出이다。五十年의 信敎生涯를 가지는 저에게는 五十年來처음일것이나 全基督敎界로 보면 이는 數百年來 처음이오 朝鮮에 傳道하는저는 朝鮮의 特殊事情으로因하야 當하는줄알겠지만、그根本意味를 알고보면 이는 朝鮮에만 限定된 問題가 아니다。全世界

의 크리스챤이 當하지않으면 안될 運命的일것이다。商業上用語를 빌어말하면 그동안 基督敎의 景氣가 좋왔다。數百年間 크리스챤들은 貴公子와같이 자랐다。社會的上座에앉어 敎師의 尊稱을듣고 國家의保護밑에서 堂堂活步를 하였다。그러나 이제 그景氣의 가는날이 왔다。經濟的不景氣가 紐育街에 나타나기前에 宗敎的不景氣는 벌서 歐羅巴에 일어났었다。러시아에일어나고 伊太利로돌고 獨逸을 휩쌀때에 將次 그렇게되리라고 豫感했던 회리바람이 只今우리를 그圈內에 삼키게 始作한것뿐이다。오늘날의 問題는 오늘에와서 된것이아니라 國家主義를 高調하기로 作定하던날에 이미 胚胎했던것이오 國家主義는 또 어느누구만 特別한 國民性이나先見之明이있어한것아니오 世界大戰이 일어나던때에 이미 大勢로 豫定해놓은것이었다。大戰에 依하야 世界機構가 깨지던날 그날에 世界의魂을 떠미이는 크리스챤에 患難의 宣言은 나린것이었다。이러고 이는 十八世紀以來의것이다。

쬬지•맥퀸氏는 그가 朝鮮에올때 어떻게온것을 回想해보면 이런境遇에 어떻게 處할가하는것을 좀더 迅速히 決斷할힘을 얻을것이다。그는 어떻게 朝鮮에왔던가 福音의 使命에依하야서라고 할것이다。果然 福音의使命으로다。그러나 그를태워 太平洋을 건느게한그배는 뉘배였던가。그는 異常하게도 맘몬의 아들들의 所有였다 맘몬의배에 福音의使徒가탔다。놀랄만한일이다。그러나이것이 十八世紀以來의 西洋文明이다。宗敎改革運動이 드다어 大勢를 決定하게되어 自由의웨ㅅ침이 西歐天地에 가득하게되자 伶俐한 맘몬族은 이自由의 아들들을 逆用하야 世界征服의 策을세웠다。그리하야 저는 이에許하기를 「信敎自由」의 公法으로써하고 이는 저에바치기를 「文明」의 讚辭로써하야 이두對敵의 兄弟는 「近代國家」라는 한배에올라 自由主義의 暖流가 흐르는대로 世界의 구석구석을 찾게되었다。幾多의 野蠻國은 그親切한 征服者의 軍刀로써하는 保護誘導를 받아 文明國이 되고、信敎自由의 法律下에 敎會는 世界의구석마다 서게되었다。그러나 언제던지 그럴수는없다。自由主義는 涸渴하고 世界大戰의 大礁에 부디쳐 배는破船을 免할수 없이되었다。그리하야 大變動이 일어나게되었다。吳越同舟도 배가無事한때까지만이다。배 그 自體가 깨지게되는 때에 吳越同舟일수없다。맘몬은 그本來의 狂暴性을 露骨的으로 發揮하게되었다。自由主義같은것은 그의一時의 利用뿐이요 終始 그의關知할바아니다。基督信者들이 鐵柱로믿었든 信敎自由의 標札은 뽑히고 命을좇지않는者는 죽인다고 威脅하기 始作하였다。이것이 이른바 非常時打開의 國策이다。히틀러敎會는 獨逸만이아니오 있

다가는 어느나라에나 다 일어날 一時現狀이다。數百年
間平和속에 자라며 公許信仰을가지고 歲月좋게 지나던
크리스챤우에, 禍있을진저！
世界大戰이 새로가져온問題는 아주많다。그러나 그많
은問題中에서 宗敎에關한것처럼 크고 重한것없다。十九
世紀에있어서도 宗敎가問題되지않은것은 아니다。그러나
그는 科學上思想上問題로 學者思想家에게 問題가되었을
뿐이오 民衆의 生活로서 問題된것은 아니었으며、또되
었다고 하더라도 社會的으로 浸透的으로 되었을뿐이었
다。그러던것이 大戰을 轉換點으로 宗敎는 俄然民衆의
生活로서 大問題가 되게되었다。그리하야 各國이 다같
이 여게對하야 組織的干涉을하는 方策을 取하게되었다
이는 宗敎改革以後 처음되는일이다。오늘날 事實에있어
서 信敎自由의 公法이大部分破棄된것은 議論을 더기다
릴것도없는 일이다。그原因이 이에있느냐하는것을 論하는
것은 只今의目的이아니다。오직 오늘날 크리스챤이 過
去數百年間과같이 그렇게 歲月좋게 지날수없는일이오、
이大患의 時代를 이기고나갈 大覺悟가 있어야한다는것
을 말할뿐이다。近日의世相을 靜觀하면 로마時代에 돌
아간듯한 느낌을 가지게하는일이많다。弟子가 先生보다
낫지못하다고、로마帝國의 後孫인 近代國家는 그根本性
格에있어서 그外에 出하는것이없다。얼마많은 良民들이
오직 基督을믿는다는 理由로 不忠不孝의 罪名下에 犧
牲이되었는가 오늘날의 國家들도 그以上의 賢明을 가
지지못하는듯하다。그러나 그들은 로마滅亡의原因은 거
게있는것을 알어야한다。基督敎에對한 組織的迫害！이
世上權力이 最後에依支하는것은 그것이다。그러고 이蠻
的行動이 第一再現된다면 世界는 어찌될가。
그러나 우리는 爲政者를爲하야 念慮 或은責望할겨를
을 가지지못한다。世上權勢가 自己의利益을爲하야 最後
最高의力을 쓰려할때에 賢明한宗敎敎師의 體面을 차리
면서 理로써 諒解시키려고 오히려 努力을하는者가 있다
면 어리석은者이다。그보다 우리는 우리自身이 어떻게
할것인가 하는것을 생각함이 더緊急하다。過去에있었던
듯한 家族同僚의 逼迫이라던지 反對되는 思想主義者의
非難이라던지 社會群衆의 騷動같은것은 茶飯事다。이제
萬一政治的勢力으로 組織的方法을써서 迫害하는날이오면
어떻게할터인가。여기對하야 미리 覺悟하는바가 있지않
으면안된다。社會主義의 巨頭佐野、河上과같이 轉向을할
터인가 獨逸의敎會같이 히틀러萬歲를 부를터인가。이때
에와서 愁訴만을 하여가지고는 所用이없다。拳鬪試合者
와같이 꺼꾸러지는者는 漸漸더事情없이 窮迫하는것이神
의버릇이다。敎師에 敎師根性있는것같이 神에는 神根性
이있는듯싶다。學生時代에 試驗을詛呪하던者도 敎師가되

면 될수록 難題를골라 試驗하는것같이、神은 平易한條件에서 生命을 기르고싶은생각이 없는모양이다。저는自己를가르처「없는者에게서는 있는것까지 빼앗는者라」하였다 그리하야、그는 다시人類에게서 殉教의피를 要求하는날을 定한듯하다。故로 우리는 이때에 殉教의 精神으로써 스스로剛해지는것밖에 길이없다。信仰은 剛鐵과같은것이다。버티다못버티면 부러지는것이 信仰이다。軟鐵같이左로꾸부리면左로꾸부러지고右로꾸부리면右로꾸부러지는것은 信仰이아니다。信者는眞理를 生命으로한다。어떤困難이 있어서도 眞理를 지키는것이오 그主張을 貫徹할수없는 境遇는 스스로 犧牲이됨에依하야 그眞理인것을 證明하는것이다。이精神을가져「殉教의精神」이라한다。基督教는 殉教의宗教다。殉教에依하야 일어난宗教요 殉教의精神을 가지는者만이 믿을수있는宗教다。이는 歷史가證明하는 일이다。教會는 十字架의木材로지은 方舟요、그運行은 殉教者의 피로써되어왔다。거룩한 木手가 예루살렘城外에 人類救援의方舟를 뭇자 그것은 勇敢한使徒들의 흘리는피로 地中海에 進水하였고、그배를 엎질으려 로마의怪龍이 毒牙를휘둘으자 許多聖徒의 흐르는피는 그大帝國을全部잠가 배로하여금 自由往來하게 하였을뿐아니라、드디어 알푸스의高峯을넘어흘러 라인、웨젤、에르베、따쉬、셴、론、모든河水로、흘러나리고 또봐海峽을 건느고 빨틱內海를 잠가 그배로하여금 歐洲天地에 아니가는데없이 하였다。그러나 이미 로마教會의 信仰形式으로 化하고 배의運行차차더디려하자 문듯 獨逸의原頭에 自由의물결이 높이날고 許多勇士 그가운데 뛰어들어 形勢를 타배는 太西洋을 품고 新大陸에건느고 印度洋太平洋우에로 다라 世界의구석구석에 이르게되었다。그때에 배는 벌서 停滯하기를始作하였다。맘몬의 商人은 方舟에擬하야 그배를짓고 正直한여러信者는 奸商에속아 그리스도와 벨리알이 同船한듯이 보이던 時代는 暫間이오、教會不振의 부르짖음이 漸次로 들리게되었다。

오늘날 몇개의 熱心있는 人士는 듸베라바다에 船夫와같이 애써 배를저어나가자고 하것마는、밑에殉教의血潮말은것을 어찌하리오、그들의팔은 突然히 꺾어지려하고 그들의 목은 쓸데없이 말라터지려한다。그러나 그배의 主人인 하나님은 그거룩한使命의 배가罪惡의世上에서밑바닥이썩는것을 참아견대지못한다。巫徒에向하야 前進을命令한다。그러나 物質文明의 옅은판우에 어쩔수없이 박아놓은이배를 떼내는것은 殉教의피外에 아무것도없다。基督教徒의 世界的殉教時代의來臨을 말하는所以다。一千九百三十六年이온다。政治家에게는 軍備充實의해요、經濟家에게는 景氣恢復의 해일른지 모른다。基督信者에게는 무엇이올까 아마 殉教의刑塲이가까와지고 있을것이다。

第四回 本誌讀者

冬季聖書講習會

講題 基督教史의研究 咸錫憲
바울書翰의研究 金教臣
(課外講話 數人)

日時 一九三五年十二月三十日(月)午前十時부터
一九三六年一月五日(日)午后五時까지
(每日午前午后二回식集會)

場所 京城府鍾路六丁目二一〇之九號
復活社講堂

聽講料金 全期間 五拾錢也 每一日貳拾錢也

一、適當한場所를 얻었음으로 今年은京城市內에 集會하게되였고 따라서 公開的意義가前보다 많게되엿다。

日曜 ＼ 時間	前一〇—正午 (二時間)	后二—五時 (三時間)	后七—九時 (二時間)
30 月	바울書翰 金教臣氏	基督教史 咸錫憲氏	
31 火	同 (第二回)	同 (第二回)	부라우닝의思想 柳錫東氏
1 水	同 (第三回)	同 (第三回)	
2 木	同 (第四回)	同 (第四回)	質疑或은 課外講話
3 金	同 (第五回)	同 (第五回)	
4 土	同 (第六回)	同 (第六回)	感話祈禱會
5 日	日曜講話 咸錫憲氏	日曜講話 金教臣氏	

一、直接間接의本誌讀者以外에라도 叅聽無妨、但出席하고저하는이는 미리承諾을要함。不然하면場所其他準備의 關係로叅席을拒絕하는境遇도 있을것이다。

一、各其筆記할準備로紙筆은 携帶할것이며聖書朝鮮第六十號(一九三四年正月號)以下를持叅하면 더욱可합。

一、本會는 世間에流行하는 復興會나傳道大會와는其類가 다르다。어디까지든지學究的態度를持續하는바이니 헛된期待로써叅席하면 失望이클것이다。

一、今番集會의豫定順序는如左。

敬祝聖誕 謹賀新年

聖書朝鮮社
金 教 臣

本來 年賀狀에對한興味도 못가졌거니와 前年부터 國家非常時에處한 教育者끼리는 모름지기年賀狀같은虛飾을廢하라는 분부가 네린것을甚히고맙게알며、또한尙今도非常時가解消되지않은것도 고맙게알면서、年賀狀이라고는一枚도 않읍니다。太陽曆過歲와年賀狀廢止는 科學的教育을받은非常時國民으로서 依例히實行하여야할것으로 實行中입니다。누구에게만 안들인것이아니라 아무에게도 안들였고 못들였읍니다。右記「敬祝聖誕 謹賀新年」은 해마다 잊지않고根氣차게 賀狀을 던저주시는 이들께對한惶悚한뜻을 表하는廣告올시다。널리容納하여주시오。

一月五日의講演會

冬季聖書講習會의 最終日인 一月五日(日曜)午前午後의二回集會는 우리의一週間工夫하던바의 總括이되는同時에 一九三六年以後의 信仰態度를宣明하는바 있겠다。同志는勿論이오 反對하거나 疑訝하는이들도 이機會를 놓지지말고들어보라。但 當日만 叅席하려는이는聽講料二十錢。

~~~~~~

老 대정장이 는 聖書研究會員들에게 原文대로暗誦시긴것。그려넌生涯의健實함이 부러워서紹介함。譯文은柳錫東先生의것이니 틀림없을것은勿論。
~~~~~~

金敎臣 著

山上垂訓研究 全

四六版 二四五頁
定價七〇錢・送料五錢

聖朝文庫 第一卷

咸錫憲 著

푸로테스탄트의 精神

菊版半・三十二頁
定價金拾錢・送料貳錢

本社의 出版物은 現在 右記 二種뿐이다

聖書的 立場에서 본 朝鮮歷史（完）

（以上歷史中에 一七、二二、二三은 出版못하게되엿다。其他의 것은 若干식 殘部잇다）

京城聖書研究會

一、講師 金 敎 臣

一、場所 鍾路六丁目二〇（復活社講堂）

一、日時 每日曜日午後二時（約一時間）

一、聽講料 每回十錢但會員은每月二十錢

〔注意〕 臨時聽講이나 或은 會員入會는 自由

一、主께서 許하시면 新年第二日曜日（一月十二日）부터 馬可福音第四章 以下에 依하야 예수傳研究를 繼續할터이다。但十二月二十九日 과 一月五日의 二回는 예수傳을 休講하고 一般傳道講話가 있을터。

一、本會會員의 大部分은 基督敎家庭에서 生長하지 않었고、敎會禮拜나 主日學校에도 參席한 經驗이 없고、非宗敎學校의 生徒들인 故로 예수傳工夫도 極히 初步로 細密하기 보다 簡潔한 輪廓을 紹介하기를 爲主로하는 中이다。

一、一般集會는 午後二時半부터 시작하나 本來學生班에 出席하든 會員들에게는 別室에서 二時正刻부터 三十分間 英文聖書의 解說이 있은後에 一般集會에 合致함。

一、京城聖書研究會의 入會規約은 如左。

1、忍耐。一旦入會參席하거든 적어도 三年間은 繼續하라。萬不得已하거든 一個年間을。무릇 高貴한 眞理를 배우랴면 一二回의 聽講으로써 되는것이 아니다。

2、信義。時間嚴守。遲刻되거든 차라리 돌우가라。缺席하게될때는 그 事由를 미리 通知하라。

3、義務。聖書와 讚頌歌 持參。 每週聖句 暗誦。定額의 會費 負擔。

本誌定價

一 冊（送料共） 拾 五 錢
六 冊（一年分） 前金九 十 錢
十二冊 前金壹圓七拾錢

要前金。直接注文은 振替貯金口座 京城一六五九四番（聖書朝鮮社）로。

取次販賣所

京城府鍾路二丁目八二 博 文 書 館
京城府鍾路二丁目九一 耶 穌 敎 書 會
京城府堅志洞三二 漢城圖書株式會社
京城府鍾路九丁目七一九 復 活 社 天 佑 堂
東京市神田區神保町 三 省 堂 書 店

昭和十年十二月廿六日 印刷
昭和十一年一月一日 發行
京城府外龍江面孔德里一三〇ノ三

編輯兼發行者 金 敎 臣

京城府堅志洞三二

印刷者 金 鎭 浩

京城府堅志洞三二

印刷所 漢城圖書株式會社

京城府外龍江面孔德里活人洞 一三〇ノ三

發行所 聖 書 朝 鮮 社

振替口座京城一六五九四番

【聖書朝鮮】第八十四號
昭和五年一月二十八日 第三種郵便物認可
昭和十一年一月一日發行 每月一回一日發行
【本誌定價十五錢】

金敎臣 主筆

聖書朝鮮

第八拾五號

昭和十一年(一九三六)二月一日發行

昭和五年一月二十八日(第三種郵便物認可)
昭和十一年二月一日發行(每月一回一日發行)

目次

城西의 變遷

「城西通信」이라는것은 本誌를 同人制로하였을때에 鄭相勳君이 使用하든것을 그대로踏襲하야 昨年度까지 온것이다。新年度부터「聖朝通信」으로 改正함에및어 通信의由來와 城西의風景을 한번 돌아보고저하노라。

通信은本來 編輯餘言을 記錄하는것이었는데 차츰本社의重要事件을 通知하는것으로되고、또한讀者欄設置의 要求에應하는것으로 誌友의來信을 紹介하는것이 많게되니、그順序를좇아 日附를添書한즉 어느듯 日記體로되여버렸다。本誌主筆은 일즉부터 友人의書信을 大概蒐集保管하여두는 習慣이있었고、또한廿歲頃以後로 日記를써온것이 只今은三十餘卷에 達하였는데 貧弱하고 狹窄한書齋에 언제까지든지 日增하는書信軸과 日誌冊을 쌓아둘수없어 不得已이것을 燒却하여야할 境遇에當到하였다。그러고본즉 保管하고싶은書信은 이通信에印刷하여두고、記錄하여두고싶은事件도이通信에 실어두고、今後로는 狹窄한書齋의空間을利用하며 二重日記의勞를除하고저 한것이다。

大部分은 來信이라할지라도、老大家의日記라면 公開도하려니와 一個젊은中學校敎師의日記에 무슨價値? 勿論그렇다 지금도躊躇함이 없지않다。그러나 이번「病床에서의消息」을읽고 우리는 더욱平日의所信을 굳게하였다。私와公이 없은이아니나 하나님앞에서行한事 記한文은 私인同時에公일수있다。一介結核病靑年의病床記일지라도 그것이 지어만들어낸것이아니오 眞實한心靈의 記錄일진대、學을자랑하며 文을自肯하는 老大家의文章보다도 至大한價値있는것임을發見하고 우리는膽大하여젔다。學者에게는 學者의日記가있으려니와 職工에게는 職工의日記가있을것이다。우리는外樣의是非를 介意할결으이없고 오직記錄의材料되는 그날生活에充實하고저 애텔것뿐이다。

城西의十年! 十年은 한뉘라고한다。何故로 城西인고、地理學上으로보아서 溫帶의大都市에는 市의中心에서西便쪽이라야 居住地가되나니 이는偏西風地帶인까닭이다。未來의大京城을보고 우리는都城의西便에占據하였다。七八年前까지도本社의周圍에는蓮池가羅列하야 開花하는소리가 아침空氣를振動하였고、개구리소리가 저녁鼓膜을騷亂케하였었다。十分未滿에 호로스山에 오르면 반디불날리는松林中에서默想할수있었고、二十分未滿에 白雪에가리운懿寧園꼴작에들어가면天成의祈禱턱을 맘대로利用할수있었다。君子는大路行이라하였대도 일부러火葬場小路를擇하야 通學함은、一은衛生上의함이오二는碑石에나타난 人間性을默想하고저함이었다。그러나只今은火葬場에는鐵筋콩그리의高等小學校가서고、감나무밭은住宅區로化하고、蓮池는 아스팔트新作路되고、懿寧園松林은延禧莊文化住宅地로化粧하였고、來四月부터 本社의周圍一帶가京城府로編入된다고 歡聲이 낭자하니、世上과逆行하는聖朝社는 어디로든지退却하여야하게되었다。于先은地域에制限되지않도록「城西」를「聖朝」通信으로하였다。그러고 우리의生活中心을 고요한저녁보다도 거룩한새벽에두고저한다。

今後의朝鮮基督敎

將來를 말하랴니 過去에溯及하지 않을수없다。傳敎五十週年을 記念한때에 吉善宙牧師와같은 朝鮮基督敎界의重鎭이 世上을떠나게되니、우리에게는 더욱 過去五十年과 未來五十年이 思索의材料된다。五十年間布敎에三十萬 또는五十萬을算하는 聖徒는 그 어느한사람도 聖靈의祝福이없이된이는 없다고하여도 過言이아니다。朝鮮敎會의五十年歷史는 確實히 恩寵의歷史였다。民族的으로 敎育이普及되지못하였음과 社會의秩序와 組織이없었음과 全體로貧窮함과輕薄한것等等의 우리의缺點을 헤아릴때에、半島의過去五十年傳敎의歷史는 온전히恩惠로된것이오 異蹟으로된것이다。이렇듯이 恩惠로된役事를 가장具現한聖徒의一人은 故牧師일것이다。吉牧師의引導하든 復興會光景을 某外國人이 記載한바에依하건대「堂內에는 全能한이의 얼굴이나타났다。純潔하고 거륵한 불에타는 얼굴、그것은完然히 예수自身이지 吉牧師가아니었다……」云云하였으니 平壤의章臺峴敎會에는 이런光景이 한두번뿐이아니었다하며。또한이와같은聖神의役事로써 各處復興會를 引導한 大小復興牧師는 十指에 넘을뿐인가 十人의十指로도 오히려不足을 느끼리만치 過去及現在의半島靈界에는「聖神牧師」或은「復興牧師」가많었다。

過去의朝鮮、無識暗昧한時代에는 聖神의役事로오는길이 確實히恩惠의길이었으나、半世紀를經過한 今日以後로는 그길이 반듯이唯一의길이 아닐뿐인가 우리는 聖神의役事라는것을 故意로警戒하여야할時代에處하였다。一九〇七年의大復興이 元山에서始作하야平壤에波及하였든것처럼 近來의似而非한聖神役事도 元山으로부터平壤에蔓延하게되었다。聖神은貴하고重하나 자칫하면 平日의聖徒까지 巫女와같은「女先知」의膝下에自服하여버리니、이는聖神이라는美名의熱만돋우고 理性의常軌를抑壓한데서發生하는 一種의流行性熱病이다。이다우熱病患者는 毫로 西北地方뿐이랴 京城市中央이나畿湖嶺南地方에도없지않다。이제는 이러한基督敎的巫黨의徒輩를整理하여야하며、聖神熱病患者를退治하여야한다。

過去는 그대로可하다。五旬節의聖神降臨이없었드면初代基督敎의元氣를 못보았을것이오、二十世紀劈頭의大復興이없었드면半島靈界의今日이없었을것이오、사람이聖神으로因하야重生함이없으면 예수를主로믿지못한다。그러나 우리는大多한危險을不顧하고 웨치노니「今後五十年은 理性의時代요研究의時代라」고。食鹽注射같은復興會로써熱을求하지말고 冷水를끼처서熱을식히면서 學徒的良心을培養하며 學問的根據우에信仰을再建할時代에處하였다。지나간五十年間의朝鮮基督敎徒가大體로「聖神타입」이었다면 今後의그것은「學究타입」이되기를 우리는期待한다。그러나前者가恩惠로되었든것처럼後者도恩惠로되여야할것은勿論이다。學問과信仰이完全히合金을成한것이라야今後에닥처오는殉敎의世代에能히견디어설것이다。

病床의友人에게

本誌를編輯하여오든中 今番號처럼 混亂한번은 前無하였다。그것은「病床에서의消息」을 印刷하게된까닭에 생겨난 混亂이었다。이글을 읽기는 발서오랏고、이글을 敬愛하는 친구 特히同類의重患에 누어있는友人에게 一讀을薦하고 싶은생각은 當時부터懇切하였었다(聖朝通信十二月二十三日分參照)。그러나 편지그대로 輪讀하려니 中落되거나 汚損될 것이 나의不安인同時에、이글을 읽키고싶은兄姉는 하나나 둘뿐이아니다。故로印刷하기를 뜻하였으나 이는甚히親密한者사이에 授受한親展私信이라 이것을印刷公表함은 極히淺薄한行動같고 무슨 거룩한것을 冒瀆하는感도 不無하였다。이렇게 생각을 오루네릴동안에 二月號의編輯期日도 닥쳐와서 于先은 다른原稿로써 植字組版까지하였다가、아무리해도 이글을傳하여주어야할데가있고 또한 이글이라야 慰勞될데가 있으므로、印刷所에對하야는 未安千萬이었으나 編輯의大部分을突變하야 이글을 실께되였다。그리하야 今番號는「病床消息號」가되였다。

이글이 내손에 들온것을奇貨로알고 이것을印刷發刊함은 괴로운일이나、이글쓴이가 本來사람에게 보이려고쓴것이 아니오、사람을 가르키려고 쓴것이 아니며、이글의 受信者의 마음이 또한 그러하다。故로 나는 이글을橫領하야 印刷하였으나 純全히 나自身을爲하야 한일은 아니다。

우리는 일즉이「病床の友へ」라는冊子를 肺病患者에게 多數히頒布함으로써 難治의病患에 누어있는心靈을 慰勵하고저 하였거니와、이제 이「病床에서의消息」을接하니 이것이야말로 우리가期待하면서 얻지못하였든것이다。다만 言語와環境이一致한 朝鮮産이라는것뿐아니라、그穩當하고 堅固한意氣와 그單純하고 不動하는信仰은 前者보다 굳세고 높아서 우리의目的은 二重으로達하였다。

溺死者의 九十九퍼센트까지는 怯을먹고 죽는것이라고하거니와、肺結核患者가 亦是그類를未免한다하니 우리가特히 이글을傳達하야 精讀을薦하고저하는所以이다。貧에處하야 貧을삼키고 病에臥하야 病을삼키는 心境이 高貴하다, 이「病床에서의消息」의 筆者는 最近까지 基督敎를 極力反擊하든 兄弟였으나、이제生死의境을 徘徊하기三春秋에 嚴然한人生의事實에부다쳐서 예수를救主로믿고 全萬事를 그에게信依하는信仰에 이르렀다고한다。讀者는 이「消息」中에서 저가 얼마나 서틀은信者인것을 짐작하기 困難치않을것이다。저는長江流水的祈禱를 할줄모를것이오、저는牧會者들이 尋訪할때에 하는常套도 모를것이다。저는文字대로「信仰界의素人」이다。이것이 우리의期待하는「無敎會信仰」이라는것이다。牧師도監督도없이 서틀은대로「素人」인대로 獨立하야 主그리스도앞에서 信仰으로 生長할수있는것이 참信仰이다。

오래病床에있는 信仰的「富者」요 靈界의「玄人」인×君과、아울러四十五萬肺結核同胞에게 이「病床消息號」를 들이노라。

R兄에게들이는病床에서의消息

至極한사랑이신 R兄 弟를 보고싶어 하시는兄 近況이나마듣고저 하시는兄! 弟이제 顏色은憔悴하고 形容은 槁骨이올시다。然이나 兄! 屈原이旣放에 行吟澤畔하던날과는 趣와 아울러 度가달읍니다 文字대로의蓬頭垢面이 올시다。마는 또한 蠻카라 書生의 일부러式도 아닙니다。뼈에닥어붙은 가죽에 느는것이 주름이오 자라는것은 수염뿐인 한낫患者。

바지 저고리 버선에 꿰어진 고무신끌고 마당에나선 내모양을 보면 풀밭에노든 아이들도 비슬비슬 도망을 치는데 兄은어찌 그리도 보고싶어하십니까。얼마나 궁금히生覺하신 남여지 家弟에게까지 그러한편지를 쓰셨소。兄은實로 十字架사랑의 充滿이라 믿거니와、家弟집에없어 回答을 못쓰는데 兄의기다리심은 얼마나 하리까。弟다행히 體力의少康을 얻은지라 내일을 잘아는 내손으로 이消息을 씁니다。

야릇한運命의飜弄인지요 일즉이想像도 못해본 重患을 얻어 西으로東으로 헤매게되는지 세가을。高農에있던날 朝鮮의昆蟲을 整理하겠노라 壯志를 세웠던學徒는 다섯해 뒤 오늘에 三年病床을 질머진채 高原病窓에 恨閑日月을 보내고 있는것이니 世事無常함을 限없이 느끼거니와、이동안 얼마나한 괴로움의 길을걸어 왔던가 스믈다섯해 지난길에 이三年이란동안이 三十年이나 되는듯 支離아득한 느낌좇아있는데

편지로 편지로、冊으로 冊으로、그림으로 그림冊으로 甚至於 人形으로 끊임없는慰勞와激勵와信仰의鞭韃을주신 兄께 한번도仔細한病消息을 傳한記憶도 나지 않으니 이제 어듸서부터 써야할가 暫間망서립니다。然이나兄! 내가水原驛頭에서 눈물로兄들을 作別하던일

春川에서의 悶悶하던 半年間

다시希望을 西海의 물결치는곳白沙靑松에부치고 海州로向하던일

南山下 療養院半年間에 격은일

求하던希望 찾지못하고 絶望의가슴 부둥켜안은채 쫓은비눈물함께 故山으로발을 돌리든일

또다시 내집에서의 몹시도 괴롭던 두달

이사이에있어病者인내가世上에서받은賤待는 어떠하였고 父母며兄弟며 親舊醫師 看護婦 乃至世上사람들이 나마음에 어떻게映像되었던가 人生을 보는눈은 어떻게變했고 내스스로의 얄궂은 運命은 얼마나 詛呪했던가、이러한것을 모다쓰기로 한다면 그것은 오히려數篇의小說이될것이오 내이제 氣力도 못되거니와 兄도 또한 바라시지 않으리다。내가 마지막으로 나의 居接을 이동그재마루 草堂에定하고 집을나온지도一年三箇月에 지

낫읍니다。

R兄에게들이는病床에서의消息

옮겨오던當時 날마다 婦女子들이 우레 주레와서는 身熱에 못견대하는 나를 구경감인냥 끼웃거리며 떠들든 때의不快

밤에 좀도적이들어 마당의 나무를 들어가려든때의일

아츰에 널고간 이부자리 비는오는데 걷을수는없고 비맞어 찬이불을 뒤집어덮던 生覺

잔디에 타는불이 내한칸집을 삼키려고 煙焰이 사납던날 버선발로 기여나가 끄던때의 그놀라웠음

강아지가 병아리를 아작아작먹는것을 눈앞에 보면서도 어째는수없어 홀로엎데어 痛哭하던일

이러한쓰린 記憶을 더듬기도 오히려 奔忙을 느끼는데 이것은 直接病苦아닌 마음의苦라 할者입니다。

兄! 나昨年가을에 마음의쓸쓸을 닭아보고저하던 格아닌 時調몇首를 적사오니 웃고보십시오。

「한세상 어려운줄 모른바 아니로되
내앞길 이대도록 險할줄은 몰랐더라
뜻밖에 大難을 겪으니 꿈속인가 하노라」

「아무개 죽단말이 아마도 거짓말이
아무리 人生을 草露같다 하기로니
이다지 虛無한줄은 모른채로 왔노라」
—四寸죽단말듣고서—

「愛國歌 높은소리 病室에 울리도다
愛國兒 그누구뇨 安靜잊고 나와선제
안개 갉은속으로 아츰해는 돋더라」

四

「좋으나 궂으나 百萬事 다귀찮다
보기도 싫은지도 듣기도싫은지고
입으로말을 하기는 더욱 피뤄하노라」

「山堂에 밤비몇자 기려기 나노매라
초마물 처렁처렁 기러긴 끼룩끼룩
恨많은 病主人 홀로 잠못들어하더라」

「뷘찬장 아무것도 없은줄 알면서도
문열고 배(梨)찾는마음 가엾기도 하여라」

「熱올라 화난판에 파리하나 입에앉다
화김에 후려치니 파리는 간곧없고
쩡그런 상판우에다 내가내뺨 치더라」

「人生이 苦生이라 釋迦별서 말했거늘
病人生 이몸으로 喜悅어이 바라리요
차라리 苦生이나마 실컨하여 보리라」

「天地도 잊었노라
病上에시든몸이 聾瞽啞같이 하여
오로지 때돌아오기를 기다릴 뿐이로다」

「壁우에 파리하나 아츰부터 까딱없네
치우냐 배고푸냐 자느냐 죽었느냐
病이면 무슨 病이관대 安靜 그리하느냐」

「잠깨어 눈을뜨니 새벽아즉 어두운데
어데서 웅얼웅얼 글소리 들리도다
성하던 그지난날에 새벽공부 그리워라」

「寒天明月夜에 病床에 구으르며
　괴로이 한숨지고 人生恨을 하는차에
　　어데서 悲曲單簫는 남의恨을 돋우나니」
「올사람없는 줄은 번연히 알면서도
　門風止 울때마다 행여 누가올라 하고
　　반기는 이내마음은 나도몰라 하노라」
「病舍에 밤비오면 쓸々더욱 느께웨라
　어둠에 홀로누어 깊은想에 잠기온제
　　벗찾는 귀또리하나 머리마퇴 우더란」

病의程度는 어떠한가? (自覺症候로 미루어본病勢一瞥圖略) 海州以後로 聽診器대어 보지못했으니 仔細한 程度를 알리없읍니다。 괴로움의 程度를 났기 쯤은 나와 하나님뿐이오 우리집에서도 어듸가얼마나 아픈지 어제와 오늘이 어찌 다른지를 알理없는데 이는 조혀 病者인 내가 病에對해 말아니하는 까닭입니다。

「가슴이 아푸오 찔으오 어깨가 뻐근하오 가슴이달리오 숨이답답하오 泄瀉를세번했소 머리가또아프오 열구리도걸리오。

痰이 어떠하였소 뒤를사흘재 못봤소 가슴에서똑똑소리가 들리오……」

兄! 이러한 구중중한症勢를 一一히말해서 醫師아닌 어머니나 동생들의마음을 괴롭게할 무슨必要가있읍니까。至極히漫性인病 一進一退 하루도 아츰과 저녁으로變하는症勢를 「좀더해요」하고말할必要는 元체없지마는 「좀나어요」한댓자 아무慰勞도안됩니다。 부질없이나의 괴로움을 呼訴함으로써 「저렇게 아퍼하는것을 醫師도안보이고 藥도 안써주고 그저 뉘여만두니 어쩌잔말이냐」하고 울음이 터저나는 어머니를 본다면 남은가슴 마저터저버리고 말것입니다。「이내좀 나었단 말은 좀못들어 보는구나」하시며 아버지嘆息하신다니 복통할일이오마는 事實에 지나치는 거짓말이야 또어찌 하겠읍니까。

나! 病前에도 말이많은 편은 아니엇지마는 病後로 입이몹시도鈍해졌읍니다 病에對해서만이 아니라먹는 거나 其他一切 말아니합니다。

「먹고싶은 것이 무엇이냐。돈없는줄알고 말 않는모양이나 돈생기면 그래두 해다주지。말이나좀 해야 속이 시원치않겠니?

「別로 먹고싶은것 없어요」합니다。

남의말 듣기도싫고 하기도 싫은지라、사람보기도싫고 누구 찾어오는것 더욱 귀찮어 합니다。

찾어오는이가 손아래 사람이라면 누은채로 對答대신 고개나 끄덕했으면 고만이지마는、어른 이라면 괴로워도 일어나 좀나은체 해야겠고 對答一一히 해야겠고 인사도해야 겠으니 적지않은 괴로움이 올시다。

말하기싫은지라 두입설은 붙었고、눈이무거운지라 大

R兄에게들이는病床에서의消息

概는 감은채로 누었는데 喜怒哀樂에對한 反應도 迅速지못합니다。勿論 한창 괴로웠을땐 呻吟의聲과 苦惱의色을 發表치않은바 아니나、그後웬만큼 견듸게 된다음부터는 萬事에無表情如하야 對하는이로 하여금 本意아닌 未安을 가지게합니다。

兄! 나의親切한舊友한분은 注射藥을十餘圓어치나사들고 찾어왔었고 현데내가 過히 반가워 하지않는듯하매 그는失望하야「무슨冊을 보내줄세」「便紙를 자주함세」하더니 一去에無消息이되었소。나 海州서 도라오던當時 C兄이 찾어왔었으나 面會謝絕 中이라하야(事實그때는甚히 괴로운때였지마는)아직까지 맛나지않은 채로 있읍니다。

이미 이러한지라 웬만한 사람쯤이면 왔거나 말거나 본체만체 하니까「이사람이 나와 틀린일이나있나?」「精神의 異狀이생겼나?」하고 生覺했는지도 모르나 나는 그들이 準備해 가지고온 말을 압니다。

「좀 어떠한모양이냐」「먹는건 무엇이냐」「대관절 아픈데는어데냐」「顏色은좋은데運動을해서氣運을 좀채려라」。

대개 내病勢의特徵으로 잔기침이 드물게 하루번 있을度程요 咳소가殆無하고 呼吸困難과 胃腸衰弱으로 困해 생기는 얼골붉은 病候가있읍다

「藥을안쓰면되나 藥은 漢藥이第一이야」

「三年묵은 호박을 求해보게」

六

「경첩의알이 神効하답되다」

「노루피를 자시오」「무슨피를 자시오」…

무릇 오는사람마다 醫師아닌 사람이 없는데 이러한類는 오히려 그親切을 느낄수도 있지오마는 맨손바닥으로 온 주제에 한다는 수작이

「무엇이고 먹고싶은것을 작고만 사달래서 억지로 라도 많이만 먹어라」

甚하면「용한 점쟁이가 우리집게있소」「藥도 안들리들면 하는수없지 무당에게 물어 보는것이 어덧소」

「소경에게 경을읽히게 돈을 몇十錢주시오」

이런때마다 눈딱감고 못들는체는 했소마는 實상 속으론「이餓鬼같은 자식!」하고 귀뺨을 울리고싶은 興奮을抑制하느라고 身熱은 더욱높아만 갔었오。兄! 내가 사랑많은父母兄弟의看護를 떠나서 이렇게 혼자있기로 했다는것은 첫재는病苦以外인 人間의憂悲苦惱를 떠나자함이오 둘재는郊外에臥起함으로써 나의過去를 길러주든 貊都江山에 다시한번 도라가 맑은空氣 솟는 샘을 마시고 行雲流水와 草木禽虫을 벗삼아 疲勞된肉과靈을 恢復하자 함이었나이다。

이제 客적은 訪問客으로 말미암아 마음의平安이깨지는것은 참으로窒塞할 일이었읍니다。내萬若 經濟의許諾함이 있었다면 深山의庵子를 찾었을지도 모를것이오。허

나 그도못한 나는 生覺한끝에 「禁無斷出入」의 패말을세우고 「面會謝絶」을 窓에써붙이고 다시房안에는

> 오는이 보시오
> 볼일없이 오지마시오
> 病에對해 묻지말고 말하지마시오
> 볼일끝나면 곧가시오
> 오구 가는데 인사마시오

자못宏장한 揭示를했읍니다。

白堂의生活이半年이지난뒤로는 오는이가 없게되었읍니다。마음의安靜이 이에생기고 마음의安靜은 다시症狀의緩漫을 보게되었으니 기쁨 이를배 없읍니다。우리집에서도 내性味를 잘알뿐더러「病이 다났다거든 오십시오」봄에나 오십시오」「一年에 두세번만 오십시오」어머니도 잦우오실必要없읍니다」하야 집어른들도 잦우 안오십니다。동생들만은자주 다니는데 더욱 다섯째동생만은 하루한번 두번學校에 갈겸 올겸들렘니다。朝夕을나르고 반찬을 갖어오고 나무를 사오고 머리를 깎어주고 봄내닭의장을 지었고 가으내 부엌을맨드러준 내가가장 힘입고있는 고마운 동생입니다。내가말잘않으니까 그는 오는길로 내얼굴을 듣어보고 異狀의 有無를 읽읍니다。氣象이웬만해 보이면「오늘學校에서 先生을몰아냈어요。伊太利가 에디오를치는中이오」하고 世上消息도傳하고「오늘닭이 알낳어요?」하고 묻기도하는데 집에도라가서는 나의一擧一動을報告하나 봅니다。

兄! 나의親兄弟에서 다름이없는周到한用意로써病弟를生覺해주시는兄! 兄은 아마 우리집의 內容도알고싶어하시리다。兄은 아마 외아드님이신가 부든데、나는 내아버지 어머니 九男妹七兄弟의 둘째아들이외다、내 어버이 나로말미암아 晝夜勞心하심 形言할수없는데 아버지 지난二月에糖尿病겪으신後로 더욱老境에드셨소。

兄의 아버님께서는 늘 筋力이좋으십니까 寄宿舍에서뵙던적이 어제일 같읍니다。우리집 春川에서 한두해사는 사람이면 신주사네를 모르지 않읍니다마는、內容의하나인財政은 恒常 外樣을 따르지못하고 數三年來商業이如意치못함으로부터는 자못窮에빠졌소。아이들授業料가 밀려 學校先生이代納을하고 있다는둥、學校를 고만두자는둥、집이마구샌(洩)다는둥。이것은十餘日前 귓결에들은말이고 이以上 仔細한일은 나도모르니 더묻지마시고 우리집의 궁검스러운 外樣이나 보아주십시요。(中略)

兄! 貧과窮은 이제朝鮮江山에넘치오。지금의 나로서 우리집의 窮만을 恨할것이아니오。恨해 미칠바아닙니다 오늘하루 먹었고 입었고 누울수있었읍만 無限感謝라고 生覺합니다。(地圖略)

R兄에게들이는病床에서의消息

그다음 兄이 알고싶어 하실일。

起動은 어느程度로 하는데 自炊어떻게하고 먹는것은 무엇이고。그래果然 孤寂하지는 않으오? 하고물으실게니。이사이하로동안 王儉할아버지像 主의像 兄의寫眞이書夜로 말없이보고 게시는 고대로를近況으로하렴니다。

새벽에잠이깨는것은 네시 쯤인데 오좀이마려워 깹니다。(時間表略) 날이밝기까지는 아직도 相當한 時間이 있으니까 좀더 자려고애씁니다。하나님 하기도하고 天道教呪文도 외여보고 或은 여울물흐르는것을 生覺하야 精神을集中해보나 대개 잠은 더안옵니다。그리는中에 닭이 웁니다「밤사이 平安하오? 나도 잘잣소」하는 드키 닭이울어대는데 甚히 반가웁니다。닭이 몇차례를울고나면 教會의 여섯시鍾이 울립니다 뗄렁! 하는 그칫소리와함께 나는 하나님을 부릅니다。

「하나님이시어 밤사이別故없었음을 感謝합니다。오늘하루 또 이天地를對하게 하여주시나이까 부대 이하루 平安을주시압소서。나어 가는하루 되게하여주소서。하로바삐 저의使命에 살어가게 해주시압소서。저의 父母兄弟님들에게도 이하루平安을 주시압소서。멀러게신 R兄、K先生님、B判事宅에도 平安을 주시압소서。모든朝鮮사람 모든 불상한사람에게 힘을주시압소서。主예수그리스도의 이름으로 비나이다。아멘」

누은채로 祈禱합니다 그다음、이따가 이러나서 할일을 生覺합니다。

八

(봄여름、가으내 불안때고 木寢臺에자고 있었으나 이새는 이불을 요들 방석 미처있는대루 깔구 덮구 房바닥에서 잡니다)。일어나서 바지입구 寢臺우 대야물에 수건을짜서 얼굴문대고 주전자물에 입을가시고 마스크대고 두루마쓰고 나가 솥에 쌀을 한공기넣고 아궁에 불을때고……이렇게生覺하는中에房이환해저서 장지를우의 時計글字가 보일만하면(七時半쯤) 일어나서 아까生覺한 順序대로 합니다。그런데昨今襲來한酷寒에 세수물、자수물 수건、걸레、쌀、꽁꽁얼어붙으니까 이順序가좀바뀝니다。

아궁지 불이타면 手巾짜널고 오좀누고 닭의장門열고 하는새 十五分쯤지나면 솥에서 뚜루루 소리가 납니다 그다음 火로에 불을담는데 이 불담기 재치기가 第一 귀찮은 일이외다。귀찮아도 하는수없지오 고물개로 그러내서 삽에담아 火爐에부으니 재가 보야케일어납니다 몬지 뒤지버쓰기 싫으니까 부엌으로 避塵을합니다。손이실여 주먹을 쥐었는데 먹을것을 주나하고 닭이쭈루루 따르고 또한떼는 부엌으로 들어가 뒤적질을 합니다。미운생각에「이 고현닭! 알도 못낳는꼴에 말만일기고!」후달겨쫓으니「먹지않고 어찌알을 낳라요? 당신은 먹지않으면 알은姑捨하고 똥이나 누겠소!」자못抗변이 甚합니다。내더말 아니하고 들어와 火로房에 들이고 왜주걱으로 솥의 밥을푸니 닭은 또들어와 「그밥이나 좀주구

려ㄴ합니다。나를바라고 있는닭 사뭇 주리(飢)는 그닭들이 가엾게 生覺되는지라 아깝지아니하노라 밥한주걱을 떨굽니다。兄! のらくろ는 개가말을 합디다마는 내집엔 닭이말을 합니다。

飯찬은 집에서 장만해다줍니다。김치、깍두기、콩나물보끔、두부지짐、동태국、고등어 토막쯤、마련해다 놓았으니까 이간냄비를 火爐에얹고 입으로 나르면 되는데 무한쪽 콩한알에 辛苦있음을알고 질거나 설거나 내손에 된밥이라生覺하매 感謝의祈禱가솟아 나옵니다。밥이 끝나면 그자리에 누웁니다。일어난때부터 約한시간半 걸리는데 無論힘은 듭니다마는 견딜만한 程度요、萬一두시간이 넘는時는 그後에 오는影響이 큼니다。消化가 進行됨을 따라 氣分이 차츰變합니다 脈이뛰고 머리가후끈대고 가슴이 무겁고 속이보깨고 끄억끄억 연방 트림이 쏘다지는데、漢寇를 모라내고 四郡을回收하노라 高句麗의 對漢持久戰은 오늘도 始作된 모양입니다。

두시間 安靜後일어납니다。일어날때엔 언제나 主를부르고 일어납니다 일어나는 길로 聖經을二、三節읽읍니다。봄에求한英和對照新約한卷이있는데 그동안은 펼처지는대로 二、三節式읽었고 있었으나、좀 차례로보고저 이사이使徒行傳을 보는데 方今 第三章이 끝났읍니다。

冊을덮고 아츰먹고난匙箸를 씻어놓고 바가지에 쌀(三回分) 세공기를 떠서 씻어두고 또安靜합니다。찾어오는이가없으니 조용합니다 누어서 반자(天井)에 紋이를세고 壁의 그림을보고 或은 窓밖의 지나는구름을 보는데、귀를기우리면 때외는(報時)닭의소리 밤나무숲에 울어예는 까마귀소리 송아지소리! 山마을의고요를 느끼게하나、또한편 精米所의 쌀찧는소리 自動車소리 엿장사 가웨소리 새우젓장사 도루묵장사 악쓰는 世苦의雜聲도 들립니다。安靜後 또잠간일어나는데 이番에는 요강소제를 합니다。

兄! 겨울해는 病室에도 짧읍니다。어느새時計가 세시를 가르치면 해가 三岳의 마루에서 한발쯤 된곳에 빗기며 夕陽이南、西窓으로 房에 가득이 듭니다。이番에는 일어나 아츰과 마찬가지로 저녁을 지읍니다。닭은 무이를 찾어 終日 나갓다가도 내가밥먹을때가되면 용하게도 찾어들어 窓아레 비키고서고 밥덩이떨궈주기를 苦待합니다。

밥이끝나면 또 누읍니다。그後 時間半쯤지나 齒솔과소금으로 이를닦고 일곱마리 닭이 다들어갔나 디다보고 닭의장門을 닫읍니다。이래서 하루가갑니다。或氣分이좋은 날이면 내가좋아하는 朝鮮의 古史도 좀보는체 時調도 한首쯤 외는체、걸레를 발에찜어 먼지도 좀미는체(肺를 運動시킴이 좋지않다는理由로 발을쓰오) 대뜰의 닭의 똥도쓰는체 하나 드믄일이외다。

R兄에게들이는病床에서의消息

그렇나 몇일에 몇일은 괴롬이 더한데 가슴이 千斤같이 달리고 일어나기 힘들어 세時間 네時間式 누은대로 있읍니다。自然밥짓기 싫으니까 밥을 않하고는 먹는 道理없을가。「찬밥이 않남았던가 솥에 누룽밥이있을法도 하다」하고 꾀를부리나 한번 하나님을 부르고 자리를 일은뒤는 如前히밥은 되니까 神奇한 일입니다。

兄! 이것이 弟의 하로 일의全部입니다、댄님을 매는 일도없읍니다、沐浴을 하는일도 없읍니다、日記를 쓰는일도 新聞을 보는일도 없으니까 오늘이 몇일인지 무슨曜日인지 묻지않고 아지못합니다。

三岳山의긴(長)그림자가 앞들을 덮은지도 오랩니다。山골작이 뭔마을의 이른 저녁煙氣가 가로펴저서 眼界는 어둠의幕에 가리워 집니다。二十里半面벌 스치고 오는 모진 바람만이 事情없이 나의 病舍를 흔듭니다。

燈은 남포가 하나있으나 石油내맡으면 머리아픈지라 特別한 일이있는外는 大槪어둠속에 누어있읍니다。눈을 떠도 어둠 감아도 어둠뿐이니까 사나운 바람소리에 귀나 기우려듣고 누웠을 뿐인데、저녁밥이 삭아(消化)짐을 따라 낮동안 病苦에 시달림을받던나는 차츰 내精神으로 도라갑니다。하루동안에 가장氣分이좋은것이 이밤 저녁입니다。그러나 그反面 主의품에서 버림을 받아 人間으로서의懊惱에 잠기는것도 이밤저녁이 올시다。

一〇

電氣會社의 바퀴도는소리 바람의 사이사이 애끊는듯한 단簫소리 들릴적도 있읍니다。蓄音機의戀歌소리 흘러 올적도 있읍니다。시들었으나마 젊은이외다。하염없이 흘러가는 이靑春을 生覺하고 果然몇날이나 더누었으면 일어나게 되는것일가 기쁨의발을 집으로 옴기는것은 그어느제나 될것인가。

人生이 우습노라、죽엄도 무섭지 아니하노라、樂觀한체는 하오마는 定함없는病床의 앞날을生覺하는 마음은 어느덧 슬픔에 잠기곤 합니다。空想은 禁物이니라 낮에본 歷史며 聖經이며를 되푸리하야 想의 轉換에 애를쓰오마는、달밝은밤 구즌비 나리는밤 形言할수없는 쓸쓸을 느끼게되오니 生에對한愛着이라는弱點을놓지못한것은 어쩔수없는 事實이라、兄에게 들이는속임없는告白이외다。오늘도 달은밝읍니다 열일헤 밝은달이 窓으로 흘러들어 房에가득합니다。나는 저달을 볼때마다 西湖에 뜨던달 寮窓에보든 달을 生覺합니다。兄! 異性의 戀愛를 느끼지아니한 弟로서는 弟의過去學窓生活만이 唯一한 아름다움의 記憶입니다。그렇읍니다 東寮가 나의 사랑이오 昆虫이 나의 오직 하나인 愛人이외다。

달은더욱 밝읍니다。追憶의 실마리는 다음에서 다음으로 풀려나옵니다。牛乳한甁을 셋이서 난화먹든일、兄의葡萄酒(汁)를 두구두구 빼서 먹든일、내가 누깔砂糖을

사왔던일、또는 다다미房에 뒹그르며 朝鮮을 말하든그날! 오오 다시오지못할 아름다운 過去의 장막(帳幕)의속에 가리워진 그지난 날이 限없이 그립소。그리워도 안타까워 해도 다시는 보지못할 그때를 꿈에나마 보려고 나는꿈의 나라로 들어갑니다。

밤에잠은 잘옵니다。혼자있게된後로 不眠症에 괴롬받는일은 全無하게 되었읍니다。열時쯤이면 어대서 喇叭소리가 들리는모양이나、大槪는 喇叭소리 못듣고 아홉時나 아홉시半쯤이면 잠드러 버립니다 그뒤 오좀이마려우면 한番깹니다。밤에는 요강에(唾口兼用인)눕니다。

요강、요강에 오좀을 누면서「요강은 朝鮮家庭의醜物이니라고」꾸주람 무릅쓰며 할머니 요강을 바숴버리든 옛일을 몇번이나 뉘우쳤읍니다。兄! 내가 가장미워하던 바가지 하고 요강。지금은 하루도 없지못할 것으로 얄지않은 恩顧를 입고 있으니 이무슨 諷刺입니까。

敬愛하는 R兄이시어! 이글을 쓰기始作한지 近十日에 近況은 舊況이되었나이다。「너、올겨울 봄시도 춥단다 그러다가 혼자 얼어죽으면 어쩌려니」「그러다가病더치면 안된다」하시고 父母님의 걱정하심이 클뿐더러 只今의 症狀으로 구지 고집부릴것도 아닌가하야、다시 집에서 밥을 날라다 먹기로 했읍니다。이래서 二十日의自炊는 끝났읍니다。(舊十一月十九日)

R兄에게들이는病床에서의消息

一一

兄! 나는 앞에서 醫師가없으니까 病의程度를 잘알수없다고 하였는데、그대신 나는 내손으로 이따금 診察을 해봅니다。

거울을들고서 광대뼈솟은 얼골을 노려보고、눈의쌍가풀을 세여보고 입을열고 혀바닥을 보고 口腔을보고、다시누어서 귀를기우려 가슴에서 똑똑하는 소리가 들리나 안들리나 손바닥을肺에대고 입으로 소리를 내어 振動의 如何를 살피고、손가락으로 이곳저곳 뚜드려 音의淸濁도 區別하고、또는 손으로 胃腸을 주물러硬軟도調査합니다。

이 自作醫師는 診察을 마치고 말합니다。

『당신은 이동안 繼續해서熱을 보지 않었을뿐더러 이제 聽診器도 없고 X光線照射도 할수없고 痰檢査 大小便檢査없이 權威있는診斷을 내릴수는 없소。마는나는 당신을 가장 잘아는醫師야 허니까 아까와 같은 簡單한 診察의 結果로써 말하건대、에ㅣ당신의病症勢 여러가지 아직도 다남었읍니다。듣기 민망하시겠오마는 당신의療養期限은 앞으로도未知數에 屬합니다。

허나 한가지 甚히반가운 일은 病의進行하는 힘이 緩漫해졌다는 事實입니다。이를火災에 譬하건대 焰氣는 아직도四方에서 일어나오마는 사나운 불꽃만은 차츰꺼져가는 모양이니 不遠에 煙氣도 없어질 것이오。

生覺해보시오 당신이 한때는 起床함에 오히려 남의扶축

R兄에게들이는病床에서의消息

을 要하지 않었었소。 가슴이 몹시달리니까 食事時에 반드시 壁에 기대어 먹지않었소。 便所에 다녀 오는데도 몹시 힘드렀지오。 그後로도 三十分의起動이 힘들었거든 이새는 한時間半이나要하는自炊를 하지않었읍니까。 勿論 起動後에 힘들어하는 樣은 나도 아오마는 그래도 할수있었으니까 한것이아니오! 그만큼 당신의 病은나은것 아외다。 무릇겨울은 病이 더치기 쉬운때외다 앞으로는 自炊도 안하게되어 無理한起動도 있을理없으니 더욱操心하되 몸을恒常덥게구시오。 당신은 胃腸도 弱합니다 모조록 量을줄이고 오래씹어 자시고 消化안되는肉食을바라지마시오。 당신은 입에맞는것이 있으면 過食하는것이 탈입니다 그胃腸에는 사과 한개가過한대 어찌하야 아까도 두개나 자셨소。 어쩨로 말해도 그렇소 당신어머니가 보내주신 떡을 한번에 그리많이 먹으니 食後에 괴로워하지 않읍니까。 더욱 修養하시기 바랍니다。

그렇나 한가지 칭찬할것은 당신의 그療養의 態度입니다。 勿論당신이각금 幸되지못한肉을恨하고 支離한病生活에 화내는것을 보기는 하오마는、 醫가없고 藥이없으되 不安해 함이없이 오직 하나님만 믿고 나가는 그精神은 至極히 좋소。

「하늘은 스스로 돕는者를 돕나니라」한것은 스마일의名言이오마는、 하늘은 당신과같이 自助不屈하는 사람을 반드시再起식히여 당신의使命을 다하게할 것이오。 뭐! 自己말에 使命이란말을써서 無妨한지요 잘못이면 바루잡아 주시기 바랍니다)。 그뿐아니오 당신이 변변치는 못한 사람이나、 당신을甚히 애껴하는 사람이있읍니다。 당신의 父母님이 그러합니다 兄弟님들이 그러합니다 그이들의 晝夜勞心은實로 당신의想像以上이올시다。 그러나 나는 特히당신의親舊한분이 당신을生覺하고 있음을 말하려는 것입니다。 그이는 당신이 한번病席에 누은후 오늘까지 꾸준한 祈禱를 올리고 있읍니다。 당신은 그이를 爲하야 서의祈禱를 잊는적이 있었으나 그이는 決코 잊지아니합니다。 참으로 정성입니다。 하나님은 그러한이의 祈禱를 받아주십니다。 그렇습니다 당신이 눈물로 끝마친 華城三年의生活이 그한분親舊였었음으로써失敗아닌 뿐더러 도루혀成功이라는 당신의 그生覺대로 입니다。

그이는 당신이 이승에서 믿고 손잡고 나갈 親舊요 同志인同時에 이승에서의命이다하는날 다시 저승길의길동무입니다。

당신은 아마 飜手作雲覆手雨 紛紛輕薄何須數 君不見管鮑貧時交 今人此道棄如土 라한古詩를 記憶 하시리라 믿소마는 詩中의今人이 古人된지 이미오래인 오늘、擧世가 唯物唯利를 일삼아 末世然해가는 이께에、 그러한

親舊를 갖었다는것은 둘도없는 幸福인가 합니다。世上에는 당신보다 몇갑절 不幸한 사람이 數없이있읍니다。 그러하되 오히려 한사람의 同情을 얻지못하거늘 只今당신에게 넘치고있는 그많은 사랑을 生覺해보시오 그恩惠를 갚고저 努力하기 爲하야서 만이라도 당신은 다시일어나야 할것이니 療養에 더욱 힘쓰시오。

당신이 남의말 듣기귀찮어 하는줄 알면서도 이같이 數多를 떨었음을 未安히 生覺합니다。 더구나 醫師로서 古詩를 講하고 交友를 論했음을 僭越히 녁입니다。

何如間 당신의病이 겨울만 탈없이 지난다면 봄부터는 한層 順調롭게 나어가리라는 것을 豫言해둡니다』

醫師의말은 끝났읍니다。

兄! 나는 하나님을 믿읍니다。 오직 하나님만을 믿읍니다。 비록 내祈禱는 하나님께 達하지못하는 恨이있더라도 兄들의 祈禱만은 主께 達할것을 믿읍니다。

兄! 남들은 只今의弟를 어떻게보는지 모르겠읍니다마는、弟自身은 언케나 이믿는마음 主는 반드시 나를 다시일으켜 주시리라。

내앞에 뭐지않어 希望이 비추리라는 이믿는 마음이 있으므로써 이렇게 하고있는 것입니다。

이믿는마음、希望을 바라보는 마음이 있으므로 나는 콩을심어 一年의計도 세웁니다、밤을 심으고 칙백의씨를뿌려 十年의計도 세웁니다。 兄! 나얼마前에 마늘도 심으게 하였읍니다 何必마늘이 口味에 당겨서가 아니외다。 嚴冬을 꾸준히도 참는 그마늘이 一陽來復하는날 大地를 뚫고 솟아나는 그푸른 싹과한가지로 와질 내自身의 希望을 바라는 마음으로서 입니다。

兄! 나의R兄! 비록 여러날을두고 쓰기는 했읍니다마는 이만큼 길게썼다는 것을 스스로 대견히 生覺합니다。

쓰다 쉬다하여 自然條理닷지 못한 글이되었고、오래 안들든 붓이라 拙筆에 亂筆을 加했으니 보기 힘드시겠읍니다。 비록 仔細치는 못하지마는 只今의 弟를 대강이나마 눈앞에 그려보실수 있을가합니다。

끝으로 한말슴 보탤것은、이글은 兄에게 들이는 消息인 同時에 우리집에 보내는 消息도 될것이고、兄我交友의 一端을 알리울 必要도 있는지라、弱點을 吐露하는 부끄러움을 무릅쓰고 집에가지고가서 한번 읽어보고 封하고 投函하라고 吩付합니다。

主後一千九百三十五年十二月

크리스마스를 열흘앞에 바라보면서

白堂病舍의 바람사나운밤

兄의 至極한사랑을 지고있는 病中의아우 신그철

R××兄机下에 올리나이다。

第四回冬季聖書講習會에서

申兄에게들임 〔前編〕

柳 星 泉

이글을 쓰기前에 먼저讀者여러분에게諒解를求함니다。題目에서 보시는바와같이 이글은個人이個人에게 보내는私信임니다。그런故로 실상인즉公開하고싶은마음이 적어서 여러분이 잘아시는宋과用氏에게 이番講習會記錄을 쓰시도록數次나 밀우어왔으나好意의謝絶을 當하였읍니다。또 나는나의恩師金敎臣先生께서特히나의게 이글을 쓰라고하시는그眞意를 너무나 잘알기때문에敢히固辭치못했읍니다。또한가지는 우리는集會中에서「모임에參席하고 싶은 마음이살(矢)파같으나 어찌할수없는事情으로 못간다」는書信들파特히小鹿島兄弟들의 불타는信仰으로集會를祝福하는 글들이날로飛來함을 본 나는 實로感激에 넘첬읍니다。

이러한事情과 感激아래 나의至極히 사랑하는 病床에누은一友에게 들이는 이私信을 실으오니 苦悶속에서 모임을 記憶하며 祝福하는 兄弟들이여! 나의 愚鈍한 頭惱와 거츨은붓으로쓴 적은分量의 私信으로나마 이번모임의 千의한部分이라도 엿보아 아실수가있다면 나에게는 分外의 幸인줄압니다。

第 一 信 (一九三五年一二月 二九日(日)晴 찬바람)

申兄! 나의親愛하는申兄!

날카로운 바람속에 三五年도 저물어가오。올해도 또 동그재마루우에 恩寵이 나리옵기빌면서 午後에 活人洞으로 向하였소。멀ㅣ리 五山으로부터 咸錫憲先生과 李贊甲氏가 벌서와계시고 梧柳洞서宋과用兄弟분도 오시였소。金敎臣先生께서도集會準備로 밤에야 돌아오시였소。

滿一年만에 서로 사모하며憧憬하든先生과弟子와親友들이 主안에健全한몸으로 한자리에 모임애 綿綿한情話로 밤이깊어감을 깨닫지 못하오。말슴의中心은 主로朝鮮基督敎에對한것이오。敎會를痛嘆하기도하며 自身을反省하기도하오。兄!純敎會안에서 자라난姜濟建老人이 누구보다도純無敎會信仰을가지심은 奇異한일이라하겠소。그러나 純然한眞理를追窮하는姜老人에게는 當然한일인가하오。한번도뵈옵지는 못하였으나 여러先生과聖朝를通해서 主의길을開拓하시는勇將을나낡이 사모하야 마지않소。

兄! 나는 잠잠한가운대 「主의길을 걷는者여 謙遜할지어다」。「스스로優越한者여實로 가엽도다」「眞理의길을 걷는者 恒常외롭도다」이렇게 중얼거려보았소。兄!밤도 임에깊었소 主께서兄안에게서恩惠베프시압기 간절이비오。

第 二 信 (一二月三〇日(月)晴 몹시차다)

申兄!몹시찬아침이외다 水銀柱가零下一六度九分에이르렀다하오。죽은듯이고요한孔德里刑務所東便비탈에華麗한都市서울의裏面을 말하는慘憺한貧民窟桃花洞에서도 실같이 가는煙氣가七百餘戶의 괴로움을呼訴하는듯이 일어나오。

우리는定刻三十分前에復活社에갔소。講堂을쓸고 걸레질

치고 불을피었소。十時半에「샘물과같은寶血은 임만흘피로다 이샘에罪를씻으면 다깨끗하겠네」(舊찬송七二)소리높여 讚頌한後 金敎臣先生의 뜻깊은祈禱로 開會하였소。兄! 때는正히年末이아니오。劇場과 料理집은 밤과낮으로超滿員이오。各百貨店에는 大混雜을 이루었을것이오。그러나申兄!復活社講堂이 비록크기는하나 너머나空席이많소。섭섭한現象이오。世上에서볼때얼마나 쓸쓸한 모임이리까 그러나 하나님쪽으로서볼때決코 쓸쓸한 모임이아니리라고믿소。이번거로운속에서虛榮의都市한便에서 몇사람을擇하사貴한眞理를 배우게하시니 진실로感謝하오。

午前에는金先生의 바울書簡研究中 데살로니카前後書와바울의生涯概略에對하야 말슴하셨소。(順序와要領의別表는略함)本書는新約中에도第一처음으로 씨워졌고 바울書簡中에서도最古의것이라하오。 우리는 이書簡中에서初代基督敎의 깨끗한眞情과 뜨거운사랑과 끝없는希望이 넘침을보오。그時代가 그립소 初代基督敎는 우리의信仰을恒常 바로잡을수가 있을것이오。先生의 말슴은 몇번이나옛적 데살로니카에서 現實朝鮮으로 돌아오고 돌아오고하오。데살로니카前書 一章十節 까지에 基督敎의 全要素가包含되여있음을 우리는보오。無盡藏의大鑛脈이오。내가前日蝀龍窟探勝次로 平北에갔을때에 蝀龍窟을包藏한山이 極히얕고平凡하야 失望을느꼈으나 一旦그入口에 들어섬에 그雄壯한規模와 奇異한風景에 驚嘆치않을수 없었소。本書一章은 分量이적으나 그안에 基督敎의 큰眞理와 큰敎理를 감춘곳이라하오。

또 데살로니카後書에있어서 特히 나의注意를 이르킨곳은 바울이 當時 데市信徒들의 再臨에關한信仰이極히不健全하야 再臨熱狂에빠저 狂信的現象이있음을 거듭거듭警告한點이오。近來에는 朝鮮안에서도 間或이같은 現象이있다하니 格別注意할바인가하오。兄! 내가兄을生覺하는 마음으로는 先生의말슴의 한句節도 나의感覺한것의 一部도 빠짐이없이 알려드리고싶으나 여러가지点으로보아 이는 不可能한가하오。큰鑛山이 다이나마이트로 粉碎된곳에서 몇개의 鑛石을兄에게 보내게되었다면 나에게는 實로 큰 기쁨이오。

午后에 우리가一年前부터企待하든咸先生의敎會史(基督敎史)가始作되였오(目錄은略함) 우리가敎會史를工夫하는目的은삼우엘•그린의 말과같이 그리스도의王國이 이따우에어떻게생겼으며 어떻게자라왔는가를 아는데있는것은勿論이오。또「우리는方今非常한時期에逢着할랴한다 이때에우리는 하나님의統治를 아는同時에 그곳에서 큰敎訓을發見하며 우리가 어려운일에 부닥칠때에 우리의解決點은歷史에서 찾을수밖에없다」는咸先生의말슴도至言인가하오。

午后五時까지 第一編 使徒時代의 講義가끝났오。이時

代에基督教가 小數의使徒들의힘으로歐洲의方方谷谷에까지 거갈이急速히傳播됨은 하나님의攝理임을疑心할수없오。

煙氣와티끌이 가득한 西쪽하늘에 녹쓰른 초생달이 떨고있오。밤에는 聖朝社에모여 胸襟을 헤치고 各自가 平素에疑心하든바를 討論하였오。主로 偶像崇拜 祭祀 神社參拜에關한 問題였오。偶像의區分에 들어가서는 確然한區別을 定하기는 어려우나 結局은 信徒各自의信仰에 依한 良心에 비최여 判斷할것이라고믿소。절 과崇拜와는 저절로 區別이설줄알며 朝鮮서 는 問題가 되여오는 祭祀는 西洋사람들이 生覺하는것과같이 보고싶시는않소 이는 偶像崇拜라기보다 自己를사랑하던 父母 祖父母의 忌日을 記念하는 形式이라고 生覺하오。그러나 내 이 形式이 좋다고 固執하는것은 斷然코아니오。또 權力이 우리의믿음을 試驗할때는 우리에게는 오즉殉教가있을따름이오。兄! 벌서 열한時가지났소。主안에게서 平安히 쉬소서。동그재마루우에 恩寵이나리옵기 간절이빕니다。

第三信 (一二月三一日(火)晴)

申兄! 나의사모하는申兄! 三五年度日曆의 마지막장이 오늘로서 찢어질것이오。고요히 一年을回顧하오。나의머리속에는追憶의 한조각 한조각이 끋달어 떠올르오。먼東이틀때 松林속에서主여 主여! 부르짖는 젊은이 어둔밤 반작이는별아래「主여! 그를救하기에必要하면 나의팔을 끊으 소서。나의다리를 끊으소서」웨치는 사나히。나는三五年의끝날 그의마음속에서感謝의讚頌소래를듣소。

申兄! 괴로운一年었이소。그러나 感謝의一年이었소。나의兄! 頑强한敵의槍劍이 兄의陣터를 짓밟을때 兄은 머리와팔에 피묻은 繃帶를 동이고 傷한다리를 끌며 몇番이나 넘어지고 몇番이나 일어났소。나는 兄이 뻔적이게鍍金한 납(鉛)槍(現代醫學)한개만을 쥐고 必死의힘으로 휘둘음을 보았소。그 척척 휘여버리는 槍끝에는 한사람의敵도 쓸어지지않을때 兄은 얼마나失望하였소。나는 내가 昨年이달 梧柳洞으로 갈때 食事時間과便所에 가기外에는 起動치못한다는消息은 오늘까지一刻도 잊을수는없소。나의心臟한便에 깊게사겨졌기 때문에。

親愛하는申兄? 兄이 납槍을 집어던지고 이제 굳은방패 (에베소六章十節以下)와 날카로운槍(意志)을 힘있게 잡은지一年이오。兄이 비록極度의疲勞에 빠졌으나 兄의 武裝을본敵은 벌서 동그재마루우에서退却의달음질을 치고있지않소。兄! 이것은兄이 싸움터에서 나에게 보내주신三十餘枚의 피묻은記錄속에서 나는確實히 보았소。兄! 그괴로움속에서 그많은記錄을쓰신兄의至極한友愛에 나의 두볼에는 뜨거운 눈물이 몇번이나 몇번이나 흘렀소。兄! 世上에서至極히貴하고아름다운것은亦是사랑인가하오。兄! 어떻게 보던지 우리에게는 勝利와感謝의一年이였소。

우리는 오늘부터聖朝社一室에서研究會를繼續하오。教會史는第二編 戰鬪時代(一〇〇ㅣ三一三)이오。우리는이곳에서 하나님의眞理와世上의權勢가 부닥처 싸우는幾多의悽慘한光景과 幾多의아름다운光景을 볼수있소。帝王의毒牙아래 흐르는殉教의피가 로ㅣ마帝國의全部를적시고 넘처서峻嶺을넘고長江에흘려 信仰의씨가歐洲一帶와波斯 中央亞細亞의 구석구석에까지 뿌려짐을보오。基督教가實로鬪爭의宗教오 殉教의宗教오 거룩한宗教인것은 이時代를보면 더욱明確히알수있소。殉教者들은 帝王들이 이世上에서 할수있는 모든慘虐의逼迫斷末魔의死苦아래서도耐苦忍從 最後의一刻까지眞理를爲하야 굽히지않음은 진실로基督教精神의眞面目인가하오。八十六歲의 폴리갚이 背教를勸함에答하야「내가 八十六年間 그를섬겼으되 적은잘못도發見치못하였노라。내어찌生命의主를背叛하랴」하며「나로하여금 이火刑을견디게하시는이가 또動搖치않고견디게하실터이라」하야 못박히기를拒絕하고 타는불속에서 泰然히殉教함은멀ㅣ리 로ㅣ마帝國時代의 한光景이겠으나、우리의피를 흘려야할時代는 앞으로果然얼마나 남었는지오。基督教는피로始作하야피로닦고 피로傳播되는宗教임을 볼수있오。터ㅣ툴리안이「殉教의피는基督教의씨다」(直譯하면基督教徒의피는教會의씨다)라고 한말은 진실로 그렇소。四年前에지은 나의詩「아츰의부르짖음」몇節이 새삼스러이 떠올려중얼거려 보았오。

一、略

二、어희야
떠희야
아츰놀이 떠온다
옳은者 우에는
직히난이 있나니
젊은勇士 젊은勇士여
旗발높이 날리며
江山이봄 맞으려
最後의一人까지
우리의 고흔피로
이江山을 물들여
우리봄 맞으려
最後의一人까지

三、어희야
떠희야
曙光이 빼친다
正義의 勇士여
굳세게 뭉처라

四、어희야
떠희야
긔운찬 아츰이다
우리힘이 아니면
우리피가 아니면
거츨은 이동산에
봄이올리 없나니
봄맞으려 나가자
最後의一人까지
最後의一人까지

다음은 金先生의 갈라디아書研究。本書는 루ㅣ터가特히 좋아하던 書翰이오 또 우리無教會信仰의徒들이가장愛讀하는 것이라하오。루ㅣ터는 이書翰으로 中古時代의썩은 로ㅣ마教會를 부서버렸오。우리는 갈라디아 書의精神을 確實히 잡어야 할것이오。밤에는 어제밤의討論을 繼續하였오。三五年도 남어지한時間으로 終幕이오。主兄！함께 올一年동안의恩寵을感謝합시다。主안에平安히。

第四回冬季聖書講習會에서

無教會信仰과朝鮮

咸錫憲

一、無教會信仰과朝鮮이라고 題를걸어놓음에 自然無教會信仰이란 어떤것이냐하는데對하야 一言을辯할必要를느낍니다。그러나無教會論을하자는것이 本目的이아닌 이時間에있어서는 그細論을略하고 오직 簡單한一語로 이렇게말하야둡니다。無教會信仰이란 하나님만을 알자는信仰이라고。卽 바울이가르치고 루터가主張한그대로、믿음으로만義롭다함을얻는다는信仰 그대로를 가지자는것입니다。信仰에는 本來 形容詞가붙을수있는것이아닙니다。무슨的信仰 무슨主義信仰이라는것이 있을수없읍니다。信仰은오직하나뿐입니다。形容詞가붙으면 完全한信仰이아닙니다。그런데實際에있어서 種種의形容詞를붙인 信仰의主張이있는것은 모두그時代그境遇의 弊害에鑑하야 하는말입니다。오늘이題目을 내거는때에도 當初는 信仰과朝鮮의將來라하고싶었읍니다。그러나、그저信仰이라고만 하여가지고는目下의形勢를 心中에두고생각할때、快然하지못한것이있는故로 特히無教會信仰이라했읍니다。何如間無教會信者라는名稱을듣는우리는 하나님을믿고 그리스도를믿고 그의十字架를믿읍니다。그러나 三位一體論이어찌되었던지 그리스도論이어찌되였던지 거기對하야 別로깊은興味를 느끼지않읍니다。洗禮의必要를 느끼지않고 祝禱에依하야 聖餐떡이變하야 그리스도의살이되며 그것을먹어서야만 그리스도의生命을받는다는말을 分明한迷信으로생각합니다。모든人的權威의束縛을避하는反抗兒들입니다。그렇읍니다。우리는오늘날의教界에對하야 再푸로테스트를 하자는것입니다。그런故로 듣는者에對하야 우리言說에一種不遜의作行하는것을自認합니다。그러나우리는 거룩한하나님앞에있어서 스스로깨여진土器인것을告白하기躊躇하지않는者입니다。

그러면 그信仰은 朝鮮에對하야 어떤信念을가지는가。그信仰을가짐이 朝鮮과무슨關係가있는가。教會의信者가 우리를對하야 흔히하는責望은 獨善主義라는것입니다。그러나 우리는果然보기싫은修道僧입니까。萬一그렇다면 禍있을진저 입니다。아닙니다。우리는朝鮮의救援이없이 우리自身의救援을생각하지못하는者입니다。우리는「나의兄弟곧骨肉의親戚을爲하야 내가 그리스도에게서 끊어나는데까지니를지라도願하는바로라」하는말을읽을때마다感激하기를마지못하는者입니다。以下에있어서 나는無教會信仰은 朝鮮에對하야 어떠한信念을가지고있느냐。無教會信者는朝鮮의救援史에있어서 어떤地位에있는가를 말하여보겠읍니다。

二、基督教는싸움의宗教입니다。싸움에도 攻勢的싸움입니다。世界征服을目的으로삼는 싸움입니다。이世界를惡魔

의손에서 奪取하야 그리스도에게服從시키려는일입니다。故로基督을믿는다함은 곧그의號令에服從하야 惡魔에向하야 挑戰하는일입니다。그리스도는 그弟子를派遣하야 傳道하게할때에 다음과같은宣言을發하였읍니다。

「내가世上을和平케하려 온줄로알지말라。和平케하려온것이아니오 兵器를이르키려 왔노라。…」(太十章三四)

兵器를이르키려 왔다고하였읍니다。事實그리했읍니다。그는 길지못한地上生涯를 싸움으로一貫하였읍니다。生魚의가는곳에 반드시波動이 나는것같이 猛虎의가는곳에 반드시風雲이이러나는것같이 저가가는곳에는 恒常衝突風波가생겼읍니다。그는問題의人物이었읍니다。그리고그責任은 恒常저自身편에있었읍니다。저는挑戰者였읍니다。征服者였읍니다。그리고그目的은 世界奪回에있었읍니다。人類의犯罪로因하야 失守된世界를 다시하나님의恩惠안에 奪還하자는것입니다。信仰生活을가지고 싸움이라고 認定하는이에있어서도 그싸움이란것을、몰려오는逼迫에抗爭하야眞理를死守하는것이라고만 생각하는이가있읍니다。그러나이는消極的인생각입니다。그리스도의마음은 그런것만이아닙니다。積極的으로攻取運動을하는것입니다。昇天에臨하야이스라엘의回復을묻는弟子들을보고 그는對答하야 말슴하시기를

「聖神이너의에게 臨하시면 너의가 權能을얻고 또예루살렘과 온유대와 사마리아와 따끝까지 이르러 내證人이되리라」(傳一章八)

하였읍니다。世界를征服하는 權能(뒤나미쓰)의宗敎가基督敎입니다。故로아무리 생각없이읽는사람이라도使徒行傳의各페지에猛烈한戰鬪意識이 넘치는것을看過할수는없읍니다

宗敎에는 두가지種類가있다고 볼수있읍니다。하나는社會의上流階級으로 始作되여下層으로나려오는것이요、또하나는反對로 下層社會에서 이러나上流級에미치는것입니다。儒敎나佛敎는 大體로前者에屬한다할수있고 基督敎는後者에屬한다할수있읍니다。前者의布敎는 敎化의形式으로되고後者의것은 征服으로됩니다。基督敎는 權能에依한征服의宗敎요 敎化의宗敎가아닙니다。初代敎會가로마帝國과싸와이긴것같은것은 그現著한例입니다。우리朝鮮에올때도 그러했읍니다。目前에도 어떤座席에서 누가基督敎敎職者의子弟에 不品行者가많은原因을 說明하야말하며「牧師라는사람들이 本來그前에 無賴惡徒들인데 갑작히基督敎로改善한사람들이므로 自己는비록 尊敬을받는 이되었으나生理的으로되는 遺傳은 一朝一夕에變하는것이아님으로 그子弟에는 本來의惡性이 들어나는것이라」고 하는意味의말을하는것을 들었읍니다。子弟의惡行이 果然遺傳인지아닌지 그는모르겠읍니다。그러나近來의 新進敎養의 牧師말고 第一世의牧師들中에 無賴淪落의人이 많었던것은 事實입니다。처음에逼迫이甚했던것은 基督敎의 가르침을 미

위한때문도있겠지만、또그것을믿는者가 大槪無賴賤輩였던것이 큰原因입니다。그런것을 그들은 天主學쟁이 예수쟁이 미친놈、죽일놈의 誹謗攻擊을 드러가며 勇敢히싸와征服의 걸음을걸어 오늘날에이르렀읍니다。지금은(그대로 좋다는것은아니지만) 特別히思想的으로反對를하는 少數外에는 一般의常識으로는 高尙한人格修養에 基督敎敎養이 가장좋다는것은 누구나認定을하게되었읍니다。

그런대 이렇게社會의指導的勢力의地位에선 朝鮮의基督敎는 그까닭으로 발서戰鬪意識을 잃었읍니다。外樣的으로 世上을이긴基督敎는 도리어世俗主義의 甘汁을먹고醉하야 本來의使命을 잊었읍니다。이것은朝鮮만아니라 世界的입니다。十六世紀의 改革運動이 지나간後는 局部的으로는 多少例外도있었지마는、世界의大勢로는 基督敎와世上은 休戰狀態에있읍니다。基督敎가完全勝利를하여서가아닙니다。敵과妥協을하야섬니다。硝子단추알을가지고南洋阿弗利加土人의國土를속여사는商人들은廉價의自由主義의鍍金文字를가지고 單純한基督徒들을 買收하였었읍니다。그리하야基督徒들은 物質文明의豪華로써채운滿腹이 무거워活動不能에 빠지고말았읍니다。朝鮮에있어서도初期의빛나는歷史가 지나간後 基督敎라면 無識한老人의天堂을부르는일이나、比較的富裕한個人의修養밖에 되는것없었읍니다。그러나時代는 또한번變하려합니다。自己의敎會를 捕虜狀態에서 救하려는 하나님의攝理에서 나오는것인줄로믿습니다。眞理의勇士로서의 信者의意味가 强調되는때가 또오는듯합니다。醉한술이깨고 悲壯한聖軍歌로써 前進의意氣를 이르킬때가 오는듯합니다。世界에넘치는 非常時氣分은 그時代의到來를말하는 宣布인듯합니다。基督敎가 그本來의生命을가지는限 싸움이 안일수없읍니다。

三、이싸움은世界的입니다。氷山이屹立하는 南北極으로부터 椰子樹그늘깊은 赤道地方에이르기까지 이싸움없는곳은없읍니다。明暗의別이있는곳은 善惡의싸움이있는곳입니다。그戰線은 하늘 이가에서 저가까지뻗혔읍니다。겨우數千里、數百里、어떤때는實로 손바닥만한땅을 얻기爲하야서로다투는 이世上에있어서 이것은想像만하여도壯快한일입니다。그러고 우리는 다그戰鬪員들이라니까 氣運이날수밖에없읍니다。그러나우리의勝利는 이戰線上에서의自己의地位를明確히認識하므로야만始作이됩니다。우리섰는地點의重大性이 알려진後에 비로소覺悟는커지는것입니다。그리면우리朝鮮은 이그리스도의戰線에서 어떤地位에서느냐。

우리가지는信仰의 가르침에依하면 朝鮮은 이戰線上最重要地點에섬니다。軍士가싸움을할때는 그戰線의어느部分이나 重要치않은곳없읍니다。물샐틈이라도있으면 큰일입니다。그러나 다그렇게重要한中에도 特別히全體戰局의勝敗大勢를決하는 어떤地點이있읍니다。明治三十七八年 日

露戰爭에있어서 가장慘酷했던것은 旅順싸움인데 그旅順싸움의 勝負를決定한것은 二〇三高地입니다。旅順은極東의要害地이니만큼 露國도周到한設備로決死의抗戰을하였는故로 그攻擊이甚히困難하였읍니다。그런것이 全港內를俯瞰하는 二〇三高地를 占領하므로 말미아마 마츰내勝利는 日本의것으로決定이되게되었읍니다。저有名한 나폴레온의運命을決定한 워털루싸움의勝負도 몬•산•쟌이라는 조고마한 高地로因하야 決定이되었읍니다。敵將웰링톤이 才略으로보아서 到底히나폴레온을 따를수있는것아니지마는 그가이긴原因은 오직沈着한英國人氣質을發揮하야 그高臺를지켜 磐石같이不動한대 있다는것입니다。必勝을期하는 나폴레온도 몇번突擊을試驗하야 그高臺를빼앗아보았으나 英軍의猛烈한逆襲을받아到底히支持할수없었읍니다。그리하야兩軍의屍體로덮인 그高臺는 드디어英國軍의占有한바되고 거기다不意에獨逸의援軍이와서 佛軍은全滅을當하고 나폴레온은 센트헬레나의길로떨어지게되었읍니다。 萬一나폴레온이일즉부터 그高臺奪取에成功하야 援軍이오기前에英軍에向하야總攻擊을行하였다면勝利가그에게돌아갔을것이疑心없었읍니다。이제우리가 全世界的信仰의싸움에서볼때朝鮮은 그리스도對사단의 이世界戰線에있어서、二〇三高地요 몬•산•쟌이라는것입니다。基督敎가 萬一朝鮮을信仰化하면 世界는救援될것입니다。그렇지못하면、人類의運命은가엾은것입니다。朝鮮사람의손에世界의運命이달렸읍니다。

이런말을하면 우리의無識을 웃는사람이있을것입니다。狂信이라고辱할것입니다。政治的으로 世上的으로생각하면그런것입니다。어림없는妄想입니다。그러나信仰으로하면、事實입니다。그리스도를믿는다하고、朝鮮사람의손에 世界의運命이달렸다는 信念을가지지못하면 저의信仰은 껍질이오 죽은것입니다。그리면 웨그러하냐。더、우리는世界의不義를 지기때문입니다。우리는世界사람에게 바림을當한者들이기때문입니다。그리스도가世上을이김은무엇으로써입니까。그리스도는 世上을이기려고孔子나孟子처럼列國의宮廷을 찾아단녔읍니까。아니했읍니다。冬夜天上에빛나는星斗와같이歷史上에燦爛히빛나는 幾多英雄들처럼 熱血의靑年男兒를募集하야革命軍을組織했읍니까、아니했읍니다。滔滔數千萬言의經世論을發表했읍니까、큰學校를建設했읍니까、宏壯한復興會를하였읍니까、모도다아니했읍니다。그러면무엇을하였읍니까、저가世上을이긴것은 어떤軍士의힘으로써입니까。갈릴리湖畔을徘徊하는 그를따라가보았다면 우리는그가一群의漁夫로더부러있음을發見하였을것입니다。예루살렘市街를通하는그를 좇아가보았다면 우리는그가 소경벙어리、절눔바리、半身不遂、稅吏、前科者、娼婦、精神病者의 떠돌고 밀치고、싸우고、하는中에둘려싸인것을發見하였을것입니다。이것이 그의軍隊입니다 。그가軍士를募集함에는愛國心을挑發하는煽動的文句를 쓰지않었읍니다。

「受苦하고 무거운 짐진사람은 다내게로오라」

「여호도窟이있고、空中에나는 새도 깃이있으되 人子는 머리둘곳이없다」

「完全한사람은醫員이쓸대없고 病人이라야쓰나니라…내가義人을부르려온것이아니오 다만罪人을부르려왔노라」

그리스도가 世上을征服하려할때에 애쓴것은 貴顯人을맞나자는대있지않었읍니다。有爲男兒를얻자는대있지도않었읍니다。社會의下水口에나려가 이들汚穢物을 주어모으는대있었읍니다。남들이손도대이지않으려는것을 親故로待接하며 불려왔읍니다。그러나이下水口가 그리스도에게는 二○三高地요 몬•산•잔이었읍니다。그는十字架로써 이것을직혔읍니다。世上사람들은 侮蔑하야 구덕이같은人生이라합니다。그러나 이구덕이같은衆生의 꿈을거리는 그下水口야말로 사단의堅壘를爆擊시킬雷管을묻을곳입니다。그런대朝鮮이란 오늘날世界에있어서下水口以外에 아모것도아닙니다。그렇지않다면公娼街입니다。世界의모든不義가 다여기모였읍니다。儒敎의殘滓、佛敎의枯骨、東洋文明의腐屍西洋文明의毒蛇 모든것이 다여기있읍니다。富裕한사람들이安心하고安樂한家庭生活을 하기爲하야 모든慾火에볼타는獸人은 우리가處分합니다。그런故로우리가二○三高地라는것입니다。世界의運命이우리손에있다는것입니다。世界를救하기爲하야 그리스도는朝鮮을 반드시要求하는것입니다。

四、그렇다면여기우리使命이열립니다。假令우리가政治家를생각한다면 어떤政治家를 참말偉大한政治家라하겠읍니까다른사람의생각은몰라도 내생각으로는 社會의被壓迫階級의民衆을 살길로指導하는사람이라고합니다。그理由는 上流社會를爲한施設을아무리잘하고라도 下層에虐待받은民衆이있으면 國家는威脅을 느끼기때문입니다。國家의運命은下層民의손에달린것이지 決코上層民에게있는것이아닙니다。爲政者의才能의尺度는 下層社會에對한施設에있읍니다。主婦의資格은 房치장이나 옷치장보다 쓰레기통에 더잘나타나는것이오、京城府尹의治績은 鍾路街上이나 本町에나타나는것이아니라 下水道設備에나타나는것입니다。全身이다健康한것같아도 냄새나는발가락하나를 잘爲하지못하면그健康이통틀어지는것같이 全世界問題를다解決하고라도、한구석에虐待받은 小民族이있으면 그文明은病든文明입니다。世界를救하는 누가있다면 그는罪人、病人을불러救하는 그리스도밖에될것없읍니다。

基督徒의使命은 그리스도를爲하야 이二○三高地우에、이몬•산•잔우에十字架를꽂아놓는것입니다。남들은 다貴한것을爲하야 다토것만、基督徒는賤한것을爲하야 다토아야합니다。남들은 다有用한物件을얻으려 애쓰지만、基督徒는無用한物件을爲하야애쓰어야합니다。남들은 다才能있는

人物을求하지만 基督徒는 惡漢、無賴輩를 찾어야합니다 남들이다 社會的大事業을하야 貢獻하려하는때에 基督徒는 下水口를占領하기爲하야 싸와야합니다。크리스챤! 저는淫慾에미친一個사나히를 서로끌려하는 娼女와같이 따뜻한사랑의품과慰勞의말을가지지못하는 歪曲된心情의所有者들을 서로마자들이려 싸워야합니다。世上사람들은 그들을가리처 一片의腐肉을다투는 畜生이라할것입니다。그러나그것이眞理의命하는바인담에는 할수없읍니다。歷史가證明을합니다。뿌리가깊은대比例하야 가지가올라가는것같이、바림을當한사람의層에 나려가는이만치 救拯運動은힘있어집니다。歐羅巴에처음福音이들어갈때 먼저맞난것은、빌닙보江邊의 無名의女人들이었고、그傳道의基礎가선것은 當時文明都市인 아덴에가아니오 고린도며 고린도에서도 富民이아니오 逃亡人부리스길라의入信으로부터始作입니다 其外歷史에있어서도 時或帝王이나貴人을通하야 基督教가 들어간일이 없지않으나、언제나民衆層에뿌리를박지못하면 자라지못하였읍니다。基督教는 文字그대로 성한사람에게는쓸대가없고 義人은 부르지않습니다。

五、그러나 이二〇三高地를奪取하고十字架를그우에세울者는 누구입니까。이下水口에들어가 爆發의地雷를 묻을者는 누구입니까。無教會信仰을가지는者밖에없읍니다。病人에同情하는者는 같은病人이오、決死隊에應募하는者는高位에있는者가아닙니다。自身이病痛을 느끼는것이없고罪意識을가지지못하는教會信者에게戰鬪意志는없읍니다。人間智慧의機械를가지고 이高臺를占領할수는없읍니다。一命을神에맡기고肉彈이되여 스스로떠러지는者가아니고는不能합니다 朝鮮을福音化시키는것은 떠드는宣傳으로될것이아니라默默히남모르는동안에 地下道를파는것으로야만될수있읍니다。

남들이責望하야말하기를 無教會信者는 冷하다합니다。個人主義的이라합니다。果然스스로 그것을告白합니다。나自身스스로 내손이 너무깨끗한것을 슲어합니다。그러나그는 無教會信仰이 그릇되여서는아닙니다。도리어아직依賴하는것이있고 純無教會的이되지못하야서입니다。無教會信者는 아비도없고 어미도없이 荒野에떠러진 馬賊의아들같은것입니다。저에게人情味의不足함은 그出生의勢로 그리한것입니다。그러나그를馬賊으로그냥자라게하십시오。漠北萬里를匹馬로叱咤往來할때 누가저를 冷하다하겠읍니까。누가저를 山僧같다하겠읍니까。無教會信者를 無教會信仰대로 자라게하십시오 그리스도軍의 便衣隊로 別働隊로 자라게하십시오 平信徒대로素人傳道者대로 자라게하십시오。基督教界의 孤兒대로자라게하십시오。法衣를아니입겠다는 頑瞑을 그대로두십시오。그것이 저로하여금 下水口의潛行事業을 쉬이하게할것입니다。地下道掘鑿工事를 容易케할것입니다。몬•산•잔占領의機會를 더많이얻게할것입니다。

聖朝通信

一九三五年十二月十四日 (土) 세브란스 醫專學生基督教青年會에 說教受諾의取消를 通知하였드니 그非禮의 釋明이率直함과, 아울러來明日에臨迫한 早朝의禮拜說敎를 只今 拒絶함은 사람을 狼狽케만드는일이 되겠음으로 不得已今番은 그대로 說敎하기로 受諾하지 아니치못하다。○小鹿島로보내는 크리스마스 선물을添한 佳信數通。그中에 慶南來信은如下『神佑의恩寵에서 兄体 平康하사이다。就小爲替○圓○錢을 兄이發刊하는 傳道紙百枚代貳拾錢과 殘○圓을 小鹿島兄姉에게 小許의 크리쓰마쓰 善物로 傳하야 주시면 感謝하겠습니다。云云』

十二月十五日 (日) 今日 午後二時에는 學生班、同二時半부터「예수狂人이냐 世上이發狂乎(職業根性的宗教家의惡臭)」 라는 題로써 마가福音第三章二○ㅡ三○節을 講解하다。五山 姜濟建翁의「人皆謂狂自謂非狂」이라는 詩句를 聯想함이 많었다。人生이狂者라는評을 받은일없다면 可히論談할價値없는者也。聽衆에 某미슌學校敎務主任先生이 參席하였다가 養正學校生徒들은 試驗週間인데도 이처럼 出席하느냐고 매우讚歎하고가시다。昨十四日(土)부터 來二十日(金)까지 第二學期學期試驗中이나 저들이 如前히 英文聖句를 暗誦하여바치고 새것을 배우랴고하는 意氣는 實로 볼만하다。敎師된者의머리 自然히 숙어지지않을수없다。○小鹿島通信如下『變함없는 福音안에서。恒時思慕하는先生님 그리스도의 秘密한 攝理안에서 福音光線에밝히옴을받아 靈의創造를 有形無形으로 지여가심을 小生은 멀리서 窺視하와 自然한 喜悅이 넘치나이다。十一月上旬에 先生任의 愛慕하든下書를받아 奉讀하옵고 西天에 小鹿島가 떠보이는듯하다는 先生任의 衷心愛情을 말로形言할수없아와 主께感讚을마지않었나이다。眞實로靈의親族인 오ㅡ우리敬慕하는先生任 不運의立場에서 寂莫을느끼는者들에게 慰勞가 크시나이까。이럴때마다 그리스도의 사랑을먹고 마시는 深感이 充溢하나이다。聖朝誌友에게 다傳하였나이다。先生任의 聖業을爲하여 凡事에主께 비옵나이다 今番不運에싸인 癩族들이 一千四十一人이添加하였나이다。小生은南部에서東部中央里로移居하였나이다』

十二月十六日 (月) 午前八時 四十分에世富閑偲醫學專門學校禮拜에說敎하다。요한福音第四章一ㅡ三四節에依하야 患者를尊敬하며 同情하는것이 診察의 秘訣이라고述하다。○某誌友로부터『任愚宰兄은 去十月二十三日부터 主오실때까지 잠들고 있읍니다』고 通知하여오다。

十二月十七日 (火) 午後降雪。昨夜어떤 宴席에서 意外의人으로부터「職業根性的宗敎家의惡臭」云々의題로講演함은 世人의惡感을 사는所以라고 好意的忠告를듣다。但 忠告하여주는이는 基督敎에 全然門外漢이라 예수對 當時의宗敎家의關係를 說明함인줄은 모르고、이演題로써 現職牧師와長老輩를 크게攻擊하고 余輩의立場만 辯護하기를 일삼었든줄로 推測한模樣。○S로부터 R이라는 誌友에게보내인편지를 兩便에 모다無斷으로 玆에揭載한다。『R兄 兄께쓰고저 조히準備되었을때 兄書를 또받었읍니다。主恩中 平安을누리시는듯 기쁨測量없사오며、K先生님도安寧하시고聖朝役事에 꾸준히獻身하고게시리라 믿나이다。

兄! 저번주신 두번글도 보았읍니다。兄들의 至極하신사랑 主의사랑으로 弟또한할없이 지나오믈 기쁨으로傳하나이다。

弟狀ㅡ 가을바람이 起하므로부터 頭痛이없어진듯 大端히좋아하고 이지음은 相當히 起動하고있습니다。身熱은 있는모양이나 마음은 퍽 膽大합니다。가끔 無理한起動을 하고는「主여 主여 오즉 主만 믿나이다。한時도 떠나지마시고 지켜주시옵소서」합니다。

數日前부터自炊합니다。밥나르는 동생이 가엽고 내가이제남을 爲하야 할수있는 唯一한것이 남에게끼치는 手苦를덜하는것뿐이라하야、主께빌고 許諾을 받었읍니다。

兄！ 兄의靈에 弟가살고있는 까닭이리까 弟의靈에 兄이 또한 無時로살고게시어 떠나지아니하오니、兄我眞實로 奇緣에 맺혀슴을 느끼오니 오로지主하나님의 거룩하신 經綸이신가하오。다만 하로가三秋같이 지리하되 三秋또한 一日의 延長인 一律한 病苦의生活이라 倂할것이없고 쓸勇氣찾지못하와 兄께 궁금을끼침니다。

兄！ 罪悚합니다。家弟××君에게보내신 글과冊을 이제 또받았읍니다。넘어 황감하고弟의 無信을 뉘우처 눈물짐니다。

兄！ 弟의精神生活乃至信仰生活에對하야는 過히念慮하지 마십시오。信仰이아닌들 人生을 주므르고 生死를뜨더보기 三年、죽엄이 눈앞이라한들 이제무슨 落望이있고 무슨 悲觀이있으리까。합을며 예수信仰에서 眞生을찾고저 애쓰는 몃수에있어서리까。처음에는 食前祈禱도 이은적이있었으나 이새는 꿈에도 主를찾고 呼訴하게쯤 믿음에 젖어가오니 兄도 기뻐해주시오。어끄제밤엔 末世로라！ 濁流奔放하고 怒濤濁天하는대 사람과짐이 數없이 떠나며 울며불며 救援을찾읍데다。듣기에 그들은 罪지은 사람이라하오。또한편 물없는 언덕 산머리를따라 數많은사람이 우스며 노래하며 뛰는듯나는듯 힘안들게건누데 천국으로가는 信徒들이라합데다。꿈의主人公이 亦信者들틈에 끼여 노래하는것이였읍니다。비록꿈이였으나 分에 넘치는 榮光이였고 感謝였읍니다。

兄！ 兄께서 期約해주서든 聖書研究會엔 이번에도 못감니다。主의뜻이면 來年겨울엔 갈수도 있을가합니다。멀리서 貴會를爲해 祈禱나올리고 있으리이다。

兄！ 兄의自愛를비오며 이만 펜을놓읍니다。何如間 弟의病이 더하지않고 오히려 나어가는 편이라는것을 짐작하시고 기뻐하야주시옵소서 봄까지 또한번쓰리다。○(君은 方今出京中 不在家라하옵니다。그리고 配達夫가 昭陽通신을 못찾고 花開町으로回送되여 이번回答도 이리 늦었슴니다。

一九三五年、十二月四日」

十二月十八日 (水) 小鹿島로 크리스마스선물 第二次發送。○科學知識普及會라는데서 젊은女外交員을 보내여 寄附金求乞하는것을 斷然拒絶하여보내다。이것도 圓滿한 君子의 處世法이 아닌줄알것마는 속에넘치는「無用한興憤」이 表現되지 않을수없었다。基督敎도 朝鮮에 들어오면 衣食의具가되였고 科學도 半島에와서는 求乞의材기되니、우리도 自然科學의徒라 科學을爲하야 興憤치않을수없음을 非科學의徒輩는 容納할진저。이科學的 寄生蟲을退治하지不過一時間에、어떠靑年이 一枚封書를 携帶하였으므로 學期試驗監督으로 분주한 中이지마는 忙手開封하니 이는또한 詐欺的 寄生蟲이라。自稱「敎弟」라고하여 宗敎的理解를 誘引하려고하며、養正學校의 孫基禎選手는 朝鮮民族의 存在를 外人에게認識하게할者라！고感嘆表를 셋식이나 쩟었으니 크게愛國心을 움지겨보랴는 心算임은勿論。六七頁되는 長書翰의要領은如下。孫選手를伯林에보내서 優勝케함에는 借力秘方으로써 補藥을 먹여야한다。이處方은 하나님의 恩惠로因하야 某牧師에게서 얻은것인데、試用한後로는 每朝起床時에 지지개가 나니 이는身體가 매우發育하는證左요、뛰면뛸수록 一時間이든지 二時間이든지 숨차지않을뿐인가 漸漸더힘난다。但一秩을 짓는데材料代金 約三十圓을要하니 先送하라는것이고、處方은 써보내지 않었다 이全文을 記載하면 實驗心理學上으로본詐欺文學의 材料도되겠지마는 넘어庸劣하야 讀者의눈에 보일수없다。今日하로에 이런 寄生蟲類가 두번식이나侵犯하니 내가 얼마나 못난者로 보였는고 하고 생각하면 스스로悲觀하게된다。

【社告】 이번號의聖書講習會記를草稿한柳君은 本誌二頁分으로擔當한것인데 原稿로 七十餘枚、組版하니十六頁。다시縮略하고하여도尙今十二頁半、그래도意의半을 못썼으니全體로改稿云云。이글도中斷、通信도中斷 其他組版된것과原稿대로不載한것도많었으니 筆者와讀者의寬諒을並求하나이다。

金敎臣 著

山上垂訓研究 全

四六版二四五頁 定價七〇錢・送料五錢

咸錫憲 著

聖朝文庫 第一卷

푸로테스탄트의精神

菊版半・三十二頁 定價金拾錢・送料貳錢

本社의出版物은現在右記二種뿐이다

聖書的立場에서본朝鮮歷史(完)

一、信仰生活과歷史理解 六一號
二、史觀 六二號
三、聖書的史觀 六三號
四、世界歷史의輪廓 六四號
五、朝鮮史의基調 六五號
六、地理的으로決定된朝鮮史의性質 六九號
七、朝鮮사람 六七號
八、堂堂한出發 六八號
九、列國時代의苗床 六九號
十、鎔鑛爐中의三國時代 七〇號
一一、高麗의다하지못한責任(一) 七一號
一二、同 上(二) 七二號
一三、同 上(三) 七三號
一四、受難의五百年(一) 七四號
一五、同 上(二) 七五號
一六、同 上(三) 七六號
一七、同 上(四) 七七號
一八、同 上(五) 七八號
一九、同 上(六) 七九號
二〇、同 上(七) 八〇號
二一、生活에나타난苦悶相 八二號
二二、苦難의意味 八三號
二三、歷史가指示하는우리使命 同

(以上歷史中에一七、二二、二三은出版못하게되엿다。其他의것은若干식殘部잇다)

五山聖書研究會

一、講師 咸錫憲
一、場所 平北 五山村
一、日時 每日曜日午前十時(約一時間)
一、聽講料 每月定額負擔
(只今요한福音研究中。)

京城聖書研究會

一、講師 金敎臣
一、場所 鍾路六丁目二〇(復活社講堂)
一、日時 每日曜日午後二時(約一時間)
一、聽講料 每回十錢但會員은每月三十錢

〔注意〕 臨時聽講이나或은會員入會는自由 現今마가福音에依하야 예수傳研究中。一月中에 三回에수의譬喩를 工夫하엿고、二月에도 譬喩研究를繼續할터이다。但二月第四日曜日(廿三日)에는 北漢山登山

一、京城聖書研究會의 入會規約은如左。

1、**忍耐**。一旦入會叅席하거든 적어도三年間은 繼續하라。萬不得己하거든一個年間을。무릇高貴한眞理를 배우랴면一二回의聽講으로써 되는것이아니다。

2、**信義**。時間嚴守。遲刻되거든 차라리 돌우가라。缺席하게될때는 그事由를 미리通知하라。

3、**義務**。聖書와讚頌歌持叅。 每週聖句暗誦。定額의會費負擔。

傳道紙 十枚에 三錢切手한장。百枚에 二十錢으로널리 利用하기를 誌友에게 薦하나이다。우리의傳道紙로알고쓰시오。

本誌定價

一 冊 (送料共) 拾 五 錢
六 冊 (一年分) 前金九 十 錢
十二冊 前金壹圓七拾錢

要前金。直接注文은 振替貯金口座京城一六五九四番(聖書朝鮮社)로。

取次販賣所

京城府鍾路二丁目八二 博文書館
京城府鍾路二丁目九一 耶穌敎書會
京城府堅志洞三二 漢城圖書株式會社
京城府鍾路五丁目七一九 復活社天佑堂
東京市神田區神保町一ノ一 三省堂書店

昭和十一年一月三十日 印刷
昭和十一年二月一日 發行

京城府外龍江面孔德里一三〇ノ三
編輯發行者 金 敎 臣

京城府堅志洞三二
印刷者 金 鎭 浩

京城府堅志洞三二
印刷所 漢城圖書株式會社

京城府外龍江面孔德里活人洞一三〇ノ三
發行所 聖書朝鮮社
振替口座京城一六五九四番

【聖書朝鮮】第八十五號
昭和五年一月二十八日 第三種郵便物認可
昭和十一年二月一日發行 每月一回一日發行
【本誌定價十五錢】

昭和五年一月二十八日(第三種郵便物認可)
昭和十一年三月一日發行(每月一回一日發行)

金教臣主筆

聖書朝鮮

第八拾六號

昭和十一年(一九三六)三月一日發行

目次

"I have never united myself to any church because I have found difficulty in giving my assent, without mental reservations, to the long complicated statements of Christian Doctrine which characterize their Articles of Belief and Confessions of Faith. When any church will inscribe over its alter, as its sole qualification of membership, the Master's condensed statement of the substance of both Law and Gospel 'Thou shalt love the Lord thy God, thith all thy heart and with all thy soul and with all thy mind, and thy neighbour as thyself' that church will I join with all my heart and with all my soul."

Abraham Lincoln. (1809—1865)

大統領 린컨의 信仰

現代地理學의 中心興味는各地의産物如何에있고、産物中의最大産物은 아무래도人物이라고 할수밖에없다。印度帝國보다도沙翁의價値를 더크게評價한것은 카ㅣ라일의奇癖이 아니었다。우리도 北米合衆國을工夫할때마다 차라리北米大陸全體가 發見되지않었거나陷沒하여버리고서는 人類의生活에 큰影響이 없을수도 있었으려니와 萬一아브라함 린컨의出生이없었드면 非單北米大陸의意義가 없었을뿐더러、全人類의寂寞이 얼마나甚할까 함을推想만하고도 몸설이 끼치기가非一非再하였다。

合衆國이 큰나라인故로 그大統領이有名하여진境遇도全無하지는않었으나、린컨의境遇는正히反對로 저가偉大하였으므로 저의 나라까지 커지게하였다。그러므로 彼의偉大한性格、生涯、文章、雄辯、治績等에關하야는 온世上이熟知하는바이니 贅言을不要하는터이나 다만 彼의宗敎에對한態度는 우리를 놀다게 하는바있으므로 우에彼自身의一句를引用하였다。

아브라함 린컨은平生에聖書를 愛讀하야 그文章과雄辯에까지 聖句의影響이濃厚하였다하며 祖上以來의篤實한信徒이었으나、저는終生토록 敎會에參屬한일이없었다한다。그理由는 이렇다。「敎會信者들의信仰個條와信仰告白을表明하는 煩長하고錯雜한基督敎會敎理陳述에對하야 精神上의保留함이 없이는應諾할수없는까닭이라」고。그리고 萬一어떤敎會에서든지 律法과福音의 實質을壓縮한 主예수의陳述ㅣ『네心情을다하며 性品을다하며 힘을다하야 主너의하나님을 사랑하며、또한 네 이웃을 네몸과같이 사랑하라』는 말씀을 敎會員되는全的資格으로하야 敎壇우에 써붙이는敎會에는 나의心情을다하며性品을다하야 參加하리라」고하였다。

朝鮮敎會들의母敎會있는米國、敎會主義의祖國인北米洲에 이와같은無敎會信者가 있을수있었으랴고 疑訝하기도할터이지마는、米國을代表하는 가장사람다운사람이오 潔白한良心과健實한生涯를 가진린컨에게 敎會가 그렇게 보였든것도當然한일이라할것이다。建國元勳이오科學界의恩人인벤자민 푸랑크린의 無敎會信仰과함께(本誌第十號參照) 健全한米國人의生涯에注意할것이다。煩多하고複雜한敎理와 監督이니牧師니長老이니하는「重臣블록」의存在에 少毫의疑問도 생기지않는이는 畢竟밀지않고라도天堂갈만한好人들일것이다。마는健全한 人間에게는 當然한疑問이있고 正當한保留를主張함이있다。

無敎會問答

問。聖恩中 先生님氣體平安하십니까? 寶血안에서 福音의使者되신先生님을 靈界에서交際하게된것을 主께感謝합니다。敎生이靈界生活에 들어온지十年에 아직信仰의知識이淺短하고 靈的經驗이薄弱하와 敎界處身上어찌하여야할던지 躊躇中에있아옵나이다。最初入信當時에는 單純히 예수敎라는宗敎를찾어入敎할뿐이오、長老敎니監理敎니安息敎니聖潔敎니各敎派의存在與否도몰랐었으나 長久한時日을지나오는오늘날에 基督敎會內에分派가多數한것을生覺하며 예수의祈禱中 當身의弟子가 하나이되기를祈禱한眞意에違反된것을알뿐아니라 各敎派의敎理와信條가多少다를뿐더러 敎派心의偏狹을느꼈읍니다。그리고처음求道生活當時는 信神思想이濃厚함에比例하야敎會의모!든儀式과規則을 잘遵奉하여왔었고 誠心으로神의기뻐하시는일은 全力을다하야힘써보았으나 結局은自己의誠力과善行으로得義할려는 生覺밖에 다른意味가없었읍니다。純全히行함으로救援얻고저하는努力中에 眞實로基督의寶血을經驗하고 믿음으로救援얻는다는眞理를안것은 아니었읍니다。罪苦에서 근심과걱정이寢食을잊는데까지니르렀던 서(이때는福音을모르던때이니까) 自然不滿과煩悶이加重하여갈뿐이오 罪苦에서 근심과걱정이寢食을잊는데까지니르렀던 것이로소이다。그러나以信得義의主의가벼야운멍에와 쉬운짐을밖우어진以後 自然이마음에平和와喜悅의샘이흐르고 生命의聖神의祝福으로 나날이 내靈이 새로워가는向上長成의길을밟게되였읍니다。그리고보니 이때까지熱心으로 順從遵守하여오든敎會의制度와規則은 나에게그물이되고 敎權에對한疑心도없지않어졌나이다。그리하야 나의信仰自由보다 敎會의拘束이 나를捕縛하려는거기에 自然푸로테스트的態度를가지게됨애 四五年前부터敎權者들의注意를받어「無敎會」라일러주더이다。그러나 저는敎會는하나이요 信仰은같을것인데 나더러「無敎會者」라니 大體「無敎會」란무엇이냐하는疑問도 가지게되였읍니다。그리하여無敎會主義者가누구인지 그들을찾어 그疑問을깨치고 나의信仰에合致되는데가있으면 和合하려는生覺에서 몇해前「神學指南」誌의金某의記事中에서 先生님의姓函을알고 以來信仰의同志가그립던敎生은 昨秋에비로소聖朝誌를通하야 因緣을맺게되었읍니다。그러나아직敎生은 信仰의弱點을가지고있는者외다 많은指導와鞭韃이있아옵기를바라나이다。幾年前어떤雜誌에서 李龍道氏의「敎理와信條를超越하고 聖書로돌아가자 敎派를超越하고 그리스도로돌아가자」等等의幾個條文을보고 同感된일이있었는데 敎界에先見이없고 理解가없는敎生은 아직 머믓거리고있을뿐이외다。大端未安한受苦를끼치게되오나 左記몇가지疑問을 解答指導하여주옵소서

一、敎會란무엇인가? 二、敎會에憲政이至當하며 敎權行使의必要가무엇인가?

三、新約聖書中 使徒、長老、執事、監督等敎職者가있는것은 初代敎會에組織과制度가있었던것이아닌가?

四、예수가洗禮와聖餐의儀式을命하신것은무슨뜻인가?

五、마태第十八章十七節에수말슴하신敎會는 어떤敎會인가?

六、無敎會主義란무엇이며、初代敎會와現代敎會와의 各各다른點들은무엇인가?

先生님未安하오나 右質疑에疑心을품지말고 親切한解答을주시옵소서。그리하야敎生의曖昧한態度를 鮮明히가지게하여주옵소서。現代敎會에對한疑問도있고 無敎會에對한疑問도있아오니 下敎하여주소서。拙筆에亂筆을容恕하시고받어주소서。大端未安한付托이옵나이다 너무길어져煩雜하여졌사옵기 이만끝이나이다。(二月三日 ××上)

答。敎會에屬하야 主그리스도에게忠誠하고저하나 敎會의 버림을當하야 不得已無敎會를 알어보고저하는 마음이動하였다는 이兄弟의書信을接하고 于先 同情을不禁하였다。이兄弟는敎派가 무엇인지 敎會가 무엇인지도 모르고 오직單純히主그리스도를 믿으려고하였다。그런데 敎會와敎會사이에派爭이있음을發見한것은千萬뜻밖에 일이었고、一九三○年에 비로소「無敎會主義」라는文字를 보았는데 이는聖書朝鮮에서 본것이아니라 朝鮮長老敎會平壤神學校機關誌인「神學指南」에실린金某의글에서보았으며、無敎會信者와는尙今한사람도親面이없는데自己의忠誠을다하야助力하는自己敎會에서「無敎會主義者」라는烙印을 받었다고한다。凡事가意外이지마는 이것도 또한意外이다。聖書朝鮮誌보다도敎會의機關誌가 더有力하게無敎會主義를宣傳하며無敎會信者들의集會에서보다도敎會堂禮拜에서 더能律있게無敎會主義者를製造한다。

質疑의六個條에對하야 一一히學術的議論으로써立證하랴면 本誌六個月分의紙面을提供한대도 오히려不足할터이며 또한只今이에問答하는 우리는思想을弄絡하는有閑階級의廢人들이 아닌故로 極히簡單한實踐的結句만을左에記한다。

一、예수를救主로믿는信徒들이會合함을 敎會라고합니다(但그會合하는場所를敎會라고通用하는수도있다)。

二、憲政이至當할理가萬無하며 敎權行使의必要가全無한줄압니다。人間은本來政治的動物이니까 王노릇하고싶으나王될八字를 타고나지못한人間들이 宗敎界의愚夫愚婦들을 모여놓고 生來에憧憬하든虛榮心을滿足시키기爲하야 憲政이니敎權이니하고 惑世巫民하는짓인줄로압니다。憲政의發達과敎權의確立에關하여서야 아무리보아도近來에派生或은創設되는敎會들보다는歐米洲에서移植한長老敎會監理敎會及聖潔敎會等이勢力의範圍가廣凡하다할것이며、그보다는天主敎會야말로完全無缺한組織體라고 자랑하지마는 그發達한憲政과確立한敎權인들 우리가主그리스도를對하는데에 무슨所用이있읍니까。

三、主그리스도의昇天後에 時日이經過함을따라 此種敎職이 생겼든것 같읍니다。初代敎會라고하여도 一括하여말하기는 어려우나 예수믿는單純한信仰이冷却하면할수록 組織과制度가盛하여졌든것은事實이외다。

四、그地方과時代에따라必要하였든것같습니다。文字대로解釋하랴면 土曜日을安息日로嚴守하는安息敎人이可하며 割禮黨이라야天國갈수있을것이지마는 今日우리에게安息日과割禮黨等이 쓸데없는것처럼 洗禮와聖餐等儀式도無用한것이오。

五、유대人의會堂이아니고 예수믿는信徒들이會合한곳이었읍니다。(一)과同義의敎會。

六、初代敎會는單純히예수만믿는것이었고 現代敎會는「敎會至上主義」를信奉하는一種社會運動團體로보입니다。無敎會主義이란 무엇인가?하는問題는 本誌의旣刊八十六號에論한바이며 未刊終刊號까지論할題目이올시다。于先은本號及前月號의咸錫憲君의文章을읽어보시오。本誌第十號의「벤쟈민•푸랑클린」의敎會에對한態度、第十九、二十號의「內村鑑三論에答하야」라는文들을 보시오마는實相인즉本誌全體가―目次에서廣告欄까지無敎會信仰의 덩어리인것을看取하여야할것이오。

無教會【上】

咸 錫 憲

一

基督教는 하나님의 啓示에依한 宗教다。하나님의啓示라함은 반드시어떤天來의音聲이 超自然的인現象으로 들리는것을 말함이아니다。그러한것은 基督教가아니고라도 어떤宗教에던지있다。그보다도 人間의思惟範域을 뛰어난、거긔서는지어낼수없는 生命的인眞理가 思想的으로가아니라 事實的으로、偶發的으로가아니라 歷史的으로 나타나는것을 가르처말함이다。사람의思惟는 眞理를깨달을수있다。그러나 그는恒常 部分的으로 分析的으로 模寫的으로 될뿐이오 全的으로 人格的으로 生命的으로 하지못한다。基督教는 그러한 사람의思惟的產物이아니오 生命的으로 人格的으로 나타난 眞理에根據한宗教다。그러기때문에 基督教가 思想的으로 取扱을當할때는 恒常矛盾이있다。教會問題같은것도 그中하나다。한편으로보면 基督教는 確實히 教會的이다。그리스도도 使徒도 傳播한것은 「하나님나라」或은 「하늘나라」였고 그「하늘나라」가臨하기를 기다렸다。이點은 佛教같은 다른宗教와 比較해보면 더明瞭해진다。佛教도 人間制度를 말하기는하나 어대까지個人的이오「佛의나라」라는것이없다。即 個人이 自己의信仰或은功德으로 自身을救하는것이 問題의始作이오 또終局이다。基督徒는 그렇지않다。저의祈禱는「하나님나라」로始作하야 「하나님나라」로끝난다。그렇듯 基督教는 教會宗教다。그러나 또다른한편으로보면 基督教는 個人的이다。그眞理의 말슴的인까닭으로 그信仰의生命的인까닭으로 個人的이지않을수없다。믿는者는 그리스도의살을먹고 피를마시지않으면 안되고、하나님은 各個의靈魂이 自己自身을 그손에받히기를 要求한다。나를따라오려거던 自己를이기고 날마다 제十字架를지고 오라고 그리스도는말한다。이말을듣고 어떤사람이라도 信仰의個人性을 否認할수없다。이러하기때문에 萬一辯論으로써한다면 教會絶對必要論者와 教會無用論者는 다같이 한聖經과한歷史에서 自己네의論據를 發見할수있다。故로 비록聖經을 根據로하여가지고라도 一方이他方을 論詰으로써 說服하려는일은 無用이다。兩方은다各各 自己의神學體系를 세울것이다。그리하야 理論과歷史 兩方面의知識의軍勢를 總動員할것이다。그러나그싸움은 世界大戰과같이 混亂과悲慘以外에 아무것도 가저올수없다。基督教는 辯論할것이아니오。生活할것이다。教會問題도 學問的態度로가아니오 實踐的인態度로 臨하여야한다。

實踐的態度로서 臨할때 教會問題는 至極히 重大하야 信仰의根本에 關係되는것이된다。이問題에關하야 左或은

右의態度를 取함에따라 우리의思想이아니라 信仰이 옳을수있고 긇을수있다。教會問題의重心은 教會名簿에 이름을두느냐 안두느냐하는데있는것이아니라 그것을問題로 信仰의性質이 갈린다는데있다。基督教는 지금無教會問題를 課題로 한成長의過程에 達하였다。無教會主義는 지금그主張하는者의 數가어떻게적고 統一이어떻게없더라도 無視할수없는 한勢침이다。教會主義者가 아모리辯論的으로 이것을克服하려하여도 또하였다假定하여도 그는資本主義者가 社會主義者에對하는것같이 自身안에는 保守的인것을 相對者안에는 進步的인것을 認定하지않을수없을것이다。無教會主義는 理論的主張이아니라 歷史的主張이기때문이다。

二

問題의매치는곳은 教會가絕對必要하냐 아니하냐 即教會없시는 信仰이不可能하냐 없시도可能하냐 하는대있으나 쓸대없는 語句의싸움을避하기爲하야 몬저「教會」의語義를 밝히할必要가있다。

「教會」라는말이 表示하는 內容은 세가지가있다。一은 그리스도를머리로삼고 宇宙間에 오직하나만있는 神靈한 人格的인團體니 聖經에 그리스도의新婦라한것으로서 이를불러 神靈한教會 或天上教會라하는것이오、二는 그리스도를믿는다고 告白하는 現實의人間이 一定한組織下에 모혀있는團體니 現實教會 或은地上教會라하는것이오、三은 場所的意味로 쓰이는것이다。그中第三의것은 問題될것없고 教會問題를論하는대서 問題되는것은 第一 第二의兩者인대 第一의神靈한教會는 하나님自身이 絕對統治를하는나라 곧 하늘나라임에 그것을 否認할者는없다。거긔는 疑心이있을 餘地가없다。이教會는 個個의 信者를 超越하야 存在하는 絕對的인團體다。하나님은人間을 이나라에부르는것이오 우리의信仰은 이나라에 入參함이다。마치自然人이 母胎에서떠러질때이믜、아니다 그보다도그의 成生그自體부터、自己意志를超絕하야 存在하는 民族의一人인것같이 信者가그리스도로말미암아 靈으로날때 이믜教會의一員이다。父母가朝鮮사람이면、英國에가서낳거나 아푸리가에가서낳거나 朝鮮사람인대 變動이있을수없는것같이 靈으로난以上은 어떤時代 어떤文化속에낳던지 不關하고、하나님의教會의百姓이오、流浪의愛國者의가슴안에도 祖國이있고 저自身이 그祖國의품에안겨있는것같이 아무리無教會主義者라도 하늘나라를 思慕않고 그籍外에 있을수는없다。故로問題되는것은 第二의 現實教會다。現實의人間이 法皇 監督 或은牧師로있어 固定한教會憲法——그憲法은、根據는어대두었던지、人間의合議에依하야 制定된것이다——에依하야 統治되는 地上教會다。로마教會、루터教會、長老教會等 하는것이다。教會없이 信仰은

不可能하다할때의教會가 天上의唯一公教會를 가르치는것이라면 問題없으나 이地上教會를意味하는것이라면 우리는 잠잠히있을수없다。그는分明히 眞理에違反되기때문이다。

三

現實教會를主張하는사람은 이教會는 神靈한教會의影子라 그러니까이것을 是認하지않으면안된다고한다。勿論사람이 肉體的存在를 이物質界에가지는限 天上의教會는 地上에 投影될 必然性을가지고있다。無教會主義者도 教會의 地上投影을 否認하지는않는다。그러나그投影은 純粹한것이어야만한다。現實教會를 神靈한教會의投影이라할때 教會主義者가 犯하는根本的過誤는 人間主義를 肯定하는일이다 그들은 하늘나라의機構를 人間的것으로 模寫하는것으로써 地上天國인줄안다。말하자면 그들의 이때의天國이란 도리어根本的으로地上的인것이 虛空에投射된것에不外한다 그러나이는잘못이다。하나님의教會의 成立要件은人間이 自己를죽은것으로 宣言하는일이다。사람이自己를 죽을者로 認識하고 그리스도에서 救援을發見할때 信仰은생기는것이다。故로天上의教會가 地上에投影이된다는것은 制度의 模倣으로되는機械的인것이아니라 克服에依한 生長的意味의것이아니면않된다。산것이죽을것을、靈的인것이肉的인것을 삼키는일이어야한다。人間的인것에依하야될것이아니라 人間的인것을 全的으로否定함에依하야 天上의榮光이 實現되지 않으면안된다。故로地上의現實教會가 眞正한意味로 天上의影子이고저하면、一切의人間主義를抛棄한사람의 團體가아니면안된다。人間的技術이 있어서는안된다。人間的熱心이있어서는않된다。그리하야 그리스도의빛으로 하여금 흐림없이 人間속에들어오게하야한다。그런데歷史上의現教會는 分明히 이와反對의길을 걸어왔다。人間主義를가지고 거륵한빛을 흐리었다。教會史는 거륵한團體안에 人間主義侵入의歷史다。生命代身에組織을、自由代身에 權威를、體驗代身에儀式을代入한歷史다。하나님나라가 臨하기를 기다리는것으로 滿足지못하고 物質的暴力으로 끌어내리랴는것이現實의教會다。教會를擁護하려는者는말한다 時代가 지남을따라 하나님의眞理는 이教會를通하야 漸漸더나타났으니 이教會는 神의嘉納하는바아니냐고。果然 그런듯하다、그러나 아바지의愛가드러남은 반드시아들이 孝子이기때문은아니다。蕩子우에 父親의愛는 더잘나타난다。父親의愛가들어난理由로 蕩子의行爲를 肯定할수는없다、教會主義가 아무런辯明을하더라도 自己生活이 나갔던惡鬼가 다시도라온生活임을 감출수없다。

教會內에있는 人間主義、이것을教會主義라고한다。人間的意思를가지고 教會에臨할때에 良心은生命的인信仰을 輕視하고 外的機構를維持함에依하야 世俗的要求에 應合하려는 事業心을가지게되여 그리스도本位에서 敎會本位로 기우러지기때문이다。 그리고現代敎會의 特色을表示하는말로서 이에서더適當한것이없다。 그들에게이미 그리스도와의 人格的關係가 關心이아니다。 敎會라는 一團體의道德的勢力에依하야 社會救濟를하자는 皮相的인생각이 大部分이다。 그러면서도 이름은 하나님의 거룩한敎會에 빈다。여기現代敎會의 바리새的僞善이 들어있다。 敎會主義는바리새主義다。 유대敎안에 하나님의律法이있었던같이 現敎會안에도 하나님의어떤것이 들어있지않는것아니다。 그러나그는 꼬르반式으로 인故로根本態度에있어서 人間的이다。 一에도敎會, 二에도敎會, 敎會絶對本位主義를 부르짖을때 外觀上매우 하나님을爲하는것같으나 根本에있어 一個의人間的結社의 超個人性의主張에不外한다。 敎會의聖壇우에는 지금하나님이아니라, 一個의「社會」가 앉어있는일이많다。 그리하야 그超個人的社會力을가지고 거룩한能力의 行使를하려한다。 더구나一時群衆心理的興奮에依하야 感激이있을때 그는「恩惠」로 「聖神의能力」으로 假裝되여 個人의良心우에 絶對的인勢力으로臨한다。 이境遇에 여기 反對하는것은 매우危險한일이다。 곧 하나님에對한不敬罪로 몰기때문이다。 스데반이죽은것은 이러한情勢에서였다 人間主義는 하나님에忠實하려는個人을 유대人의敎堂에서몰아내여 그리스도에보내였던것같이 그리고 그들에게「머리둘곳이없이」하였던것같이 現代의敎會에서도 可憐한少數者를 저들이그리스도에 直屬하려는罪로 逐出하야 稅吏와 罪人의社會로보낸다。 그러나 우리는確信한다, 그리스도는 그들과같이하고, 거룩한하나님의公敎會는 이可憎한個人主義者들間에投影되여있다고。

四

하나님의敎會는 松茸같이 외대기둥으로 支持하는것이 아니면안된다。 그리스도만으로 서는것이참敎會다。 複雜한 組織이必要치않다。 組織은人間主義의表現이다。 絲瓜가썩어저서 수세기가같는것같이 하나님의말슴의 生命이죽은때에 組織이들어난다。 生命의坩堝안에는 結晶이없다。 結晶은冷却한後가아니고는없다。 現敎會에緊密한組織이있다면그는生命이식은證據다 이것은歷史上에 照然한일이다。 生命이橫溢하는 使徒時代에 信徒사이에는何等組織이없었다 現敎會의意味로하면 原始基督敎는 敎會를가지지않었다。 敎會憲法도 規模도 聖俗의別도 아모것도없는, 거룩한敎會를 그대로表現하는 單純한信仰團體였다。 그러나그團體가漸漸 커저 現臨하는 그리스도의容姿를 가리우고團體로서의意識이 차차人格的生命의躍動을凌駕하여감을따라 固定된組織의必要를느끼게되여 드디어 로마敎會에까지니르게되었다. 이事實을指摘할때는 어떤敎會主義者라도 反對하지못한다 「果然이오」하고 降服한다。 그러나다음瞬間곧「그러나 사람은不完全한것이니까……」하고 辯明이나온다。이는 거이公式的으로되여있다。이것이敎會主義다. 그말하는意味는이것이다。即 理想으로하면 사람이그리스도에 直히連絡되었으면 그것으로足하지마는 現實의人間이란 不完全한것인故로 一旦團體를일운 다음에는그것을 維持해가는 規則이없을수없다는것이다。이現實論은 正當한것이다。 그렇다、果然그렇다、敎會主義는 現實主義다。十全을期하는매우親切한主義다。그러나「귀있어들을者는 들을지어다」할때그리스도는 現實主義者는아니었다。殘酷한理想主義者였다。組織을是認하려는사람은 그歷史的必然性을말한다、그리스도의當時에는 直接그의人格的感化에 依하야되지만한번團體가成立되면 個人으로는어떻게할수없는、團體自身의가지는 社會的法則性에依하야 一定한組織에들어갈 必然性을가지고있다고한다。一個歷史的社會的觀察로보면 이옳는은말이라하겠으나 大體그必然性을지어놓는것은무었인가 人間主義밖에 다른것없다。敎會가萬一人間的으로 完全히죽은者의 모힘이라면 그런일이可能할가。組織의必要를말함은 죽었을人間이 아직채죽지못한대起因하는것이다。 지금에있어組織的敎會의必要를말히는사람의맘을 心理的으로解剖하면 무엇이있나。組織이없으면 敎會는烏合之衆의混亂에빠질것이오 混亂하면無力하고 敎會가無力하면 基督敎는衰滅하고말것이다。組織이야말로힘이다。基督敎로하여금 有力한宗敎가되게하지않으면안된다。——大體로이러한生覺이들어있다。이는그리스도가 分明히排斥한 物質的인생각이다。그러한 必然이라면 그리스도의當時에도充分히 있었다。四千名五千名이 牧者없는羊같이 따라다닐때 人間的인생각으로하면 그는무엇을느꼈을가。바리새敎人들이 죽일生覺은많으되 「호산나」라고 前後擁圍하는群衆을두려워하야 敢히손을대이지못하는것을볼때 人間으로한다면 저는어떤暗示를못얻었을가더구나刻刻으로危急해오는 形勢를보면서 어떤處置의必要를 않느꼈을가 그만한波紋을 이르킨그가 多少라도組織的인方法을 講究하였다면、그렇게寂寞한最後를 가지지는않었을것이었다。事業으로본다면 저는完全한失敗다。겟세마네동산의場面같은것은 政治的眼目으로보면 거이醜態요生前에같이하던 核心團體인 使徒團좇아 社會的勢力으로하면 그가죽은後는完全히消散되었다할것이다。使徒行傳에새敎會의니러난것을곧보기는하나 그는 따로새生命에依한것이오 生前의繼續이아니라。그의肉體의死와同時에 그의事業도죽어 다시復活한것이다。그러나그렇게한것은 그가無才하여서가아니었다。一切의人間的인것을 쓰지않었기때문이다。그의生前에는 敎會아직없었다고하지만、그는그가敎會를만들지않었기때문이다。만들可能性이얼마던지있었던것은 다른모든宗敎敎祖의生涯를보아 證明할수있다。社會的必然性의所以로組織的敎會를 是認하려함은分明히非그리스도的 생각이라하지않을수없다。 (續)

自我를살피자

그대는 그대自身을알라

讀者여 때는오란옛날 히랍의大哲人소크라테스가 民衆에게 絶叫한敎訓의一句이다。우리는 다시금過去一年을 卽一九三五年을 고요히回顧하고 反省해보자。지난그날에 우리는眞正으로 自我를살피었는가를。所謂基督信者로써 하나님께로부터받은 귀重한自我를 餘地없이 짓밟어논者가 幾萬인가 生覺해보라、自身의尊重한 良心임에도不拘하고 過去一年에있어서 一圓에良心을 放賣한者도있고 或은高價로 良心과自我를 賣却한人間도있을것이다。甚至於는 썩은밥한덩이에歇價로 良心을팔아버린 乞人도있을것이다。이것은 低級한衆人에게만 있는것도아니다。훌륭한政治家도 高尙한人格者도 熱烈한宗敎家도 自我를돌보지않고 醜態를敢行하는者가 橫行함을볼수있다。그들중에 或者는 自我를살피지않고 無條件하고 남의罪惡을辱하고誹謗한다。아!兄弟여姊妹여 同生의眼目의티만보고 自身의들보(棟)를 보지아니하는今日의 民族아 크리스챤아 禍있을지언저。外飾하는너의여하고 義憤하신그리스도의 高喊聲이 우리의耳膜에 들려오지안느냐。우리는 또다시 嚴正한自己批判과「그대는그대自身을알라」하신 古哲學者에말을 우리頭腦에彫刻하고 默想하자

筆者는 또다시記憶한다。우리의良心은 黑幕이란것을。

「가마귀검다하고 白鷺야웃지마라 겉이검은들속좇아 검을소냐、겉희고 속검은이는 너뿐인가하노라」하고 人間의假面를잘그린 古來朝鮮이낳은 李恒福先生의 詩調한句節이다。賢明한讀者諸君이여 興奮된筆致를 늘여놓는筆者는 潔白한人間이냐하면 아니라 慚愧함을不禁하겠다。나亦是過去에錯誤를뉘우치고 未來에참다운사람으로서 正義人道를爲하야 堅實한信念과 不屈의精神을갖이고 讀者와함께彼岸을 스타트 하려는 正確한意圖임을 잊었어는아니된다。사랑하는讀者여 지난해에過失을悔改하고 今丙子年에는 確固한決心으로 自我를살피고나아가자。全宇宙를주고도 살수없는 거륵한 예수의福음과 또는孔子와 소크라테스의倫理와 自己를살피는마음으로 걸어가자。不義에서 正義로 利己에서公義正道로 墮落마에서復興으로 絶望에서 遠大한希望으로 勇往邁進하자。그리하야 예수그리스도의眞理의新春을 맞보랴는우리는 좀더自我를 重大視하고 金塊보다도 더價値있는自身의良心을 競賣式으로팔어서는아니된다。露骨的으로말하면 팔지말어야한다。그리하는중에 우리의信仰은 完全域에達하게된다。거기에서 生의意義와 自我를 深大히살필것이다。讀者여 거듭거듭 忠告는 一九三六年에는 남의허물만 泛論치말고 나自身을 잘觀察하는方道로 씩씩하게 還元하자。오ㅣ사람아 信友여 「그대는 그대自身을알라」하는哲言을 다시금記憶하자。

소크라테스毒盃를읽고 小鹿島 金桂花

第四回冬季聖書講習會에서

中兄에게 들임 (後編)

柳 星 泉

第四信 (一九三六、一、一、水、晴)

中兄! 三六年의첫아츰이오。 煙氣와 티끌이 자욱한 刑務所굴둑보 하늘로 피빛같은日輪이 솟음은 悽恰한光景이오。 둥구재마루에는希望의아츰이 壯嚴속에 밝어서 힘찬 해人발이 兄의집窓에 비치었을것이오。 兄의祈禱소리가 들리는것같소。 오늘아츰兄我의祈禱는 아마도一致한곳이 있을것이오。

아츰에 모임을祝福하는葉書들이 날려오오。 그中에서消毒藥에 잉크가 분친封套들이小鹿島兄弟姉妹들에게서 왔음은先生님宅어린이들이 먼저 알어 보았다하오。(小鹿島更生園에서나 오는文書는 消毒하였음으로 잉크가 퍼졌고 藥냄새 난다。)나의靈魂은春川으로 다시小鹿島로또다시太平洋한가온데 몰로카이島에서 헤매이며 저偉大한聖者다미엔의 무덤앞에섰오。

설날아츰이라 豊盛한飮食을 기쁘게 난왔오。 先生님宅김치가格別한珍味라 過取하야 물켜는분이 많아 天眞하게 서로 조롱하여 웃는소리가높소。 一同中에서第一키적은분이宋斗用氏요。 果일의第一적은것은恒常氏의앞에 먼저갖다놓고는一同은웃소。 키는 작으나 누구보다도 健康體의所有者이오。 昨年에 들인記錄으로 兄은梧柳골異常한農事꾼을 곧回想하시리다。 近日에는 梧柳學園의일까지 보시므로 더욱 바뿌시다하오。

敎會史 (二編七章敎會內部生活—三編二章敎會의組織과生活)苛酷한 試練의時代가 콘스탄틴大帝에 이르러一端끝이고 무서운邪敎 異端의이름으로 迫害의피속에서 자라온基督敎는 一躍로ㅣ마帝國의國敎로公許되었오。 基督敎는急한速力으로傳播되었오。 그러나自己三寸에게反感을가진 쥬리안帝가即位함에 異邦宗敎는 여러가지로實生活에適合하도록裝飾하야 急速히復活시켰오。 뿐만아니라基督敎徒에게鐵槌를 나려 撲滅을期하였소。 洗禮와傳道를嚴禁하며 財產을沒收하고 다시異敎徒에게까지 迫害를國家的으로奬勵하였소。 안디옥에있는 바빌라스殉敎者의무덤을 異邦人의손으로 파내버릴때 信徒들은 그棺을메고 偶像撤廢의노래를 높게부르며 주帝의앞을훨훨히걸어가는 그光景을 머리에 그려보오。 주帝가 죽엄의자리에서「오! 갈릴리사람들아! 너의가 이겼도다」말하는 그心境。

데오슈ㅣ스帝가 基督敎를國敎로確定하고 異邦宗敎에게彈壓을加할때 거리거리에燦爛하던偶像은 一朝에그림자를감추었고。 特히 우리의注目을끄는것은 그많은敎徒中에서한방울의殉敎의피도 볼수가없음이오。 兄! 生命이없는곳에 어찌 殉敎의피가 흘르리까。

이제 完全히 外部에서 받는迫害는 없었었으나、이로부터는 三位一體가어떠니、聖餐의葡萄酒는 피로變하느니않느니、洗禮는 어린아해에게 주는것이 옳으니 않으니미사가어떠니 무엇이어떠니、껍댁이만을 붙들고 같은信徒들끼리 싸우며 미워함은 實로可數事요。그들은神學上의極히 纖細한言句裝飾으로 殺氣가찬가운데四分五裂함은何必그時代만을 가지고 말할것이 아니라 우리의발밑이같은模樣인가하오。眞正한基督敎徒에게는 派도없고監督도長老도存在할必要가없오。오직 예수와聖經이있을뿐이오。

金先生의 **고린도前書研究**。이書簡은 바울이商業과學問의 中心地인 고린도市(人口七十萬)偶像이 거리에차고道德이極度로頹廢한 고린도市、여기에보낸것인만치 實際問題에關하야 가장많이論及한것을 볼수있오。오늘날 우리의日常生活에 있어서도 우리가 그글에서배워야할것이甚히많소。第十三章 愛의讚歌와 第十五章復活論은 우리에게 永遠의生命과無限한希望을 말하오。講義를듣는中 滿足과 기쁨이 넘치오。內容에比하야 研究의時間이 넘어짧음은 多少遺憾이오。(復活問題만은 明日로)

主여 今年中에도 굳은믿음안에살어 헤매임이 없게하시고 모든誘惑과患難을 이기도록 하여주소서。둥그재마루우에 恒常 恩寵이 나리실줄 믿사오며、저의들의友愛를 길이길이 保存해주소서。半島의어둔무리가 모다主의품에돌아가光明을보게하소서 主여 간절이 비옵나이다。

第五信 (一月二日(木)晴)

申兄! 날이 매우풀리고 서울의上空도 오래간만에개였오。聖朝社뒤언덕에 올음애 南으로漢江一帶의들이넓직하게 깔리고 北에는三角 北岳의靈峯들이默默히廢의都 漢陽을 보고섰오。발아래刑務所옆에는 黃土빛의囚衣를입은한떼가 둘式둘式 鐵鎖에매인채 거름桶을 메고 오가오。홋지와 걸레를담은바구니를 억개에메고 辱설을하며가는아이들、公同墓地의 무덤우에서 풀뿌리를 캐는아이들은甘井洞 梨木洞 貧民窟의少年들이오。움집도 이곳저곳에보이오。이것이聖朝社附近風景의一部이오。

敎會史 (三編三章主要著作者— 四編一章回敎와基督敎)

第四信에서 말한같이 基督敎는學者의손에서暗黑化하고있오그들은基督敎本質에서 멀리떠나 껍질을붓들고 서로異端이라하며 피를흘리오。信仰도變態化하고畸形化하야 初代時代의 그아름다운信仰은 찾어볼수없고 不自然한過度의禁慾과 여러가지苦行을行하는무리가 날로 늘뿐이오。죽기가쓰고 자지않는不眠派、밤낮으로아모일도않고祈禱만 하고단기는祈禱狂、날마다 춤만추는舞踊派、甚히높은 기둥우에서 거의平生을 보내는「柱男」、聖靈을받었다고橫說竪說削치며 거리로 돌아단기는狂信의무리等等。學者들은 또

다시三位一體다、마리아의永久處女性이다、예수의單性이다兩性이다、煉獄說이다無垢受胎說이다等等의問題를 내세우고平生을싸우며讒誣하며破門하는것이 일이였든것같소。

兄! 實로暗黑時代요。基督教도 이쯤되면 큰일이오。巾兄!이時代가 저와같이歷史를읽는 우리로하야 歎息의 소리를 높게하나、그래도 그어느구석엔지 비록 그릇되었을지라도眞理를探求할랴는 굳은憧憬의 한줄기熱情이 흐름은 看過하기 어려울 것이오。그때 狂信의畸形信徒가 거리를 헤매고 教會집안에는偶像이차있는 그때 基督教聖經과猶太教의感化로 마호멭에依하야 일어난 사라센의回教徒가 腐敗한基督教의偶像崇拜를痛烈이嘲笑하며殘忍한迫害의손을加하였음은 實로偶然한일이 아닌가하오。」

고린도前書十五章研究(復活問題)

復活은 푸로테스탄트信仰의土臺인同時에 基督教의死活問題이오。復活이없으면 우리는 참生命과永遠한希望을 基督教에서求할수는 없을것이오 萬一우리의生命이七十年으로끝이라면 예수도 바울도 其他여러使徒들도人類를속인 큰詐欺漢이오。또 바울의 말과같이一生을 속어지낸基督教徒들같은 불상한者는 이世上에없을것이오。科學的知識이豊富한者가「大體어떤 方法으로復活하며 또 어떤貌樣으로復活하느냐」하는嘲笑的質問에對하야「어리석은者여 네가 뿌리는 씨가따속에서 죽지않으면 살수없음을 못보느냐。또 뿌리는씨에따라 그자라는 풀의形態가各各다른을 못보느냐」(三五ー三四)하는 바울의答은 實로 簡單明確하오。우리는같은炭素가 숯도되고金剛石도됨을 보며 게자씨만한一粒種子에서 하늘을 찌를듯이 자라는 나무를 보지않소。

金先生께서「우리는 어데까지던지理性에빛외여 熱하기쉬운信仰을 冷水를처가며 믿을것이다」하심과 咸先生께서「우리는 두눈을 말동말동뜨고서 믿는다」라고하시는 말슴들은 나의平素에生覺하던바와 딱符合됨을 깨닷겠오。

講義를 마추고 祈禱가끝나자 正式許諾도없이 어제부터傍聽하든 한사람이 별안간 소리를 높이여「金教臣氏!……나는 미친사람이오。사람이 거듭나지 않으면復活을 알수없고……至今은 말한대도 들을리없음으로 고만두오。後日에는 自然히 알날이 있을것이오」하고俳優의臺詞같은 語調로 알수없는 몇마디를남기고退場하였오。場內에는 數分間 異常한沈默이繼續되었으나 一同에얼골에는 쓸쓸한 微笑가 떠도오。우리는 한兄弟에게서 그의簡單한來歷을듣고 있음즉한일이라生覺하였고、나의머리에는 教會史의 어떤部分이 떠올르오。우리의祈禱속에는 그를爲한部分도 있었오。밤에 咸先生님과市內의 거리를 걸어보았오。屠蘇에醉한都市는 어두운굴형속으로 쉬임없이 걸어가오。重病의徵兆가 곳곳에보이오。兄! 사모하는兄! 主안에게서

健鬪하소서。

第 六 信 (一月三日 (金) 晴)

兄의葉書 받았읍니다。

希望의 서울아침 壯嚴속에 밝았세라
새마음 새옷으로 님의앞에 꿇어앉어
올해는 부대光明을 보여주소 빕내다。

이것은 三六年度初에 兄이부른詩오마는 또한 나의마음을 그대로 읊은詩외다。 兄! 웃고서 詩아닌 나의詩이오나 읊어 보소서

성내인 波濤우에 넘노는 難波船아
어둠속에 헤매일제 絕望인들 몇고빈가
해뜨자 바람이잘때 櫓소리가 들리네

兄! 萬事는 最後의一刻이 重要하다고 歷史가 忠告하니 굳세게손잡고 믿으므로 앞에보이는 救助船이 올때까지 꾸준히 기다립시다。 그後에 우리가 光明을찾어 힘있게 걸어갈날도 目前인가 하오。

敎會史 (四編三章敎派의싸움—六編三章修道團)

兄! 나는 四信에서도 五信에서도 暗黑時代 暗黑時代하고 웨쳐왔소。 그러나 오늘에는 그暗黑時代라고쓴것을取消하오。왜그러냐하면 그時代를暗黑時代라고하면 오늘배운十世紀의歷史는 무슨時代라고 이름할수가없기때문이오。 그詳細한것은 쓰고도싶지않소。 곱게 싹트기始作한 兄의信仰에 極히적은分量의光線도水分도養分도 될것같지않어서。 이時代를一言으로하면 學者들의無用한論爭과憎惡、誣陷의繼續、 法皇의陰謀、 狡猾野心、 淫亂、 慘殺、 暴力、 等等의가진悖行惡憾、 各敎會의 더러운權力싸움 法皇의破門作亂과 帝王의武力과의싸름。

兄! 너머漠然하니 몇個의揷話를 골러봅시다。 腐敗한社會속에서 이를痛擊하며、 偶像崇拜撤廢 마리아의永久處女性否認을明確히하고、 憎惡할만한僧侶制度를非難하며、 바울書簡尊重과 新約의權威를 소리쳐부르짖은 파울리칸派十萬餘殉敎의鮮血은 逼迫하는軍兵의 말발굽에 차여 철벅철벅 소리를내며 흐르오。 兄! 그러나 이피가 後日 宗敎改革鬪士들의血管속에 흘러갈줄이야 이때의무리들은 꿈에도豫測치못하였으리라。 또한便 學者들은「예수의單一意志論」「猶子說」「新豫定說」「聖餐」이따위看板을세우고 차우고 또皇后들은 偶像復興에全力을 다한後 敎會안에서偶像앞에 香불을피우고禮拜를하고 키쓰들을하며 異跡을求하였다하오。「偶像의異跡은 사탄에게 속음이라 불상한무리여! 彩色한 偶像을보고서야 主의계심을 아는무리여!」 찰스大帝로하여금 이같은嘆聲을發케하였다하오。東西의敎會들은晝夜로妬忌하며 權力을 얻기에 주린일희와 같소。 法皇들은 僞造의法皇令으로 또는僞造의皇帝寄進狀等으로詐欺하기에 바쁘오。 兄! 이것쯤은 오히려寬容

하라。十世紀에들어가 로ㅣ마의狀態는 筆舌로 몿이지못한다하오。兄！이光景을보라！實로半世紀에亘하야 보기드문美貌의꺼풀을쓰고 莫大한黃金의勢力을 쥐인 傍若無人의亂淫의계집「데오도라」三母女의손에法皇이 서기도하고廢하기도하고 幽閉시켜 죽이기도 하였다하오。이法皇들은大概가 이三母女의性慾을滿足시키는道具의男妾이였다하오또는 그들의 私生子이었다하오。오ㅣ法皇의거룩함이여！兄！ 法皇의人物은論할必要도없소。史家는이時代를포루노크라시(娼女政治)라고 부르오。그런氏는「法皇權의歷史는 基督敎의歷史가 아니다」라고 까지말하오。事實에있어서 法皇權은 完全한世俗的權力이오 그안에서 基督의精神이窒息當한지는 벌서 옛적일이오。法皇들은 다시法皇位의賣買를始作하오。兄！나는 法皇에對하야더쓰기를 고만두오。兄도 더읽기를願치않으리다。兄！그러나 이것이歷史의全部는 아니오。이따위는歷史의表面의흐름이오。우리는內部에 있어서 그리스도의精神이 어떻게 흐르고 있었나를 알必要가 있을것이오。

十餘萬의殉敎者를내인「파울리칸派」의生存한一族은 다시「보고밀」이라는團體로 勃興하야 腐敗한世上에서산信仰으로살아淨化를 꿈꾸었소。그들은 嚴格한敎團을 組織하고 偶像撤廢 男女同等權認定、禁慾、戰爭否定等을 斷行言明하며「미사는 惡魔의行爲다」「참聖餐은生命의떡을 먹는것이다」라고 膽大하게 웨쳤소。兄！그들이異端의이름으로 法皇의逼迫을 받었음은 말할것도 없소。

베렝갈은「聖餐은完全한迷信이다」라고斷言하였다가法皇의甚한逼迫아래 本意아닌取消를 하였다하오。弱하나正直한그는 良心과法皇과의 사이를 비틀거리며「아ㅣ괴롭도다하나님이 나의무거운罪로因하야 勇氣를 주시지않으시므로 法皇의狂態에 당황하야 뜻아닌 對答을 하였도다」고하늘을 우러러 부르짖었다하오。良心이 있는者로서同情치 않을수있으리까。이사람들의 뒤를이어 아고바루도클라우디 넬두스等 眞理外에는 아모權威에도 두려워않는다는勇士들 新敎前의新敎徒들이 끈달어出現하오。또僧院改革을爲하야 싸운이들도있었으나 人間性을根本的으로否定하며하나님의말슴을誤解하야 이미그릇된 土臺우에선僧院을 어찌바루세울수가 있겠소。土臺부터 다시세우지않으면 될일이 아니오。그런故로 그들은失敗하였소。

兄！우리는 이어둠속에서 眞實로主를 따르는充實한 하나님의종들이 默默한가운대數없이 살고있었다는것을看過해서는 안될것이오。이같은信徒들이 있었기에 後日루ㅣ터로하여금 暗黑의城壁을 깨트려부실수가있게 하였던것이오。이時代에十字軍의出征도있었으나 너머有名하기에略。

바울書簡中 고린도後書研究

바울이 에베소에서 고린도前書를 보내고 마게도니아

에서 데도스를만나 고린도敎會가 바울의書簡으로말미아마 悔改함이많고 또 바울을 사모하는生覺이 간절하다하는 기쁜消息과, 또한便에는 바울을 疑心하며非難하는反바울主義가 勢力을 가지랴한다는 슬픈消息과를 아울러 들었소。 이때에 바울이 이書簡을 쓴것이므로 바울의感情과個性이 第一잘나타나있어 바울을 아는데는 가장必要한글이라하오。四•十六ㅡ十八과八•十三ㅡ十五는 特히 나로서 興味깊은 곳이었소。밤에는質疑問答을하고 五日에行할講演會廣告를 늦도록一同이 썼소。

兄! 要領이없이 긴 글이라 弱하신몸에 疲勞를더할가 惻하오。굳은信念下에 一時도 放心하심이없이 늘조섭에 注意하실줄 믿소。主안에 굳세소서。

第七信 (一月四日(土) 晴)

申兄! 「우리의集會는 벌거숭이 모임이외다」하면 兄의얼굴에는微笑의주름살이 잡혀지리다。그러나 나를믿는兄은 「果然그렇다」하고首肯하리다。내가 거리의한무리를부뜰고 이렇게 말하면 「미친젊은이로군」 한마디를 던지고 서울의거리塵煙깊은 속으로살아지리다。兄! 一平生에 한번도 벌거버서보지 못하는사람이 그數얼마리까。그가 옷입은 우리에게서 버슨몸을 보지못함과같이 우리는沐浴桶에서도武裝한그를보오。우리가 벌거벗고世上을濶步하여도 아모危害를 받지않는때가 언제나오리까。나는 늘「하늘나라百姓들은 모다 벌거벗고 단기리라」하고生覺하오。主여 우리로하여금 永遠히 벌거벗게하소서。

우리는 午前中에 市內몇곳에廣告를 붙였소。廣告術이幼穉함이 數世紀는 떨어진것같소。그래도 聖朝社로서는有史以來처음인大大的廣告라하야 一同은爆笑하였소。

敎會史 (六編四章스콜라學派ㅡ七編三章改革會議)

우리는 이時代에서 하나님이주신理性과良心에依한非僧侶的素人宗敎가 長久한사이 빛을가리운權力과傳統과形式과僧侶와의宗敎에反抗하야 猛烈히挑戰함을보오。東녘하늘이 훤하게밝을때 컴컴한魔殿안의僧侶宗敎는漸次로 그自體가暴露됨에따라 理性과良心의民衆은僧侶가 붙인 누더기를찢어버리고 聖書를通하야 하나님과直接交通을始作하게되오。힘찬해人살이 뻗힐것도 앞으로 數刻이오。

「스콜라學派로因하야 神學의發展도 큼이있고 「우리는無價値한僧侶에 服從치않겠다」「우리는 사람에게보다 하나님에게 더服從한다」 고主張한 왈덴스團과, 聖餐 十字架死者洗禮等을反對한 알비젠團은 僧團에게慘酷한被殺을當하였소。그러나 그흘린피는 마치 한알의씨가 땅속에서썩을때 몇百곱의씨가달린 여러個의이삭이 나옴같이 數없는眞理의鬪士들은 뒤를이어 나타나오, 니콜라스는法皇을찾어가責하고 法皇으로하여금謝過케하며 「救援은僧侶보다도 自己信仰과聖潔에있다」「惡法皇과惡僧侶와惡僧正은 아모것도 아니다」라는 타울러의 웨침에對하야 史家들은「이것은 하나님에對한呼訴오 人間道德의 墮落에對한 부르짖음이다」라고 까지말케하오。聖經의各地方語飜譯과 니콜라스디루ㅣ라의有名한 聖經註釋等이 民衆으로하여금 하로하로僧侶를떠나 主와 가깝게하오。이때에도 主의眞理는 아모도 모르게널리널리 퍼지고있소。改革의 새人별이라고하는 위클리푸는 聖書英譯과 敎會의그릇된敎理를指摘하야 로ㅣ마에挑戰하였고、그의感化를 가장많이받은 보헤미아(체코슬로바키아)의學者 존•홋스는 先生의뜻을繼承하야 그精神을鼓吹하며「참敎會는 基督敎信徒自體이며 그敎會의머리는 그리스도이다。法皇이 그머리가 될것이아니다」라고 明確히言明하였소。그가 皇帝의 身上安全保證의 承諾을받고 宗敎會議에 나갔을때에 會議는 그를異端으로裁判하야 그에게取消를强要하였으나 最後까지 自己의主張을 굽히지않고、一四一五年에 마츰내 불속에서殉敎하였소。그가刑場으로 끌려갈때 自己의著書가 불속에서 猛烈히 탐을보고、빙그레 웃었다하오。ㅣ「나의著書를 다 태워라、나의부르짖는眞理는 永遠히 살리라」하는듯이。또 그가刑場에到着하자 法皇과僧侶를 거륵하게믿는純眞한 한老婆가 하나님에게忠實하겠다는一念으로 이마에 흐르는땀을 씻지도않으며 홋스를태울 나무단을熱心히날르고있는光景을보자「O! Holy simple!」「오! 聖스러운單純이여!」이렇게 말하였다하오」우리는 여기에서 改革勇士홋스의偉大한一面을보오。

땅속에묻혔든 위클리푸의屍體는僧侶의毒手로 다시태워서 홋스의재(灰)와함께 바다에 던졌다하오。古人이「위클리푸와홋스의재(灰)는 바다우에 흐르고흘러서全世界에 푸로테스트하고있다」라고 한말은的中된名言인가하오。

홋스의同志 제롬은 홋스의 죽엄을보고 두려워서 自己思想을取消하였다가 再審問에當하야慨然히反省하고 自己의 取消를 스스로再取消하고 欣然히處刑을받았소。史家가「소크라테스도 이보다 더泰然하게는 못죽었으리라」라고 말함을보아도 우리는 그人物을能히推測할수 있을가하오。

우리는 이아름다운歷史에感激하는同時에 當時僧侶의根性이 얼마나殘忍 邪惡의魔性이었든가를 엿볼수있을가하오。法皇과僧侶는 實로天國門을 가로막는사탄들이오。오늘날敎會에있어서도敎職者들은 깊이反省하며自覺하는 바가있어야 할것이오。敎職者들이 權力으로써 信徒를責罰하며 敎會에서追放함 같은것은前者와 그區別의分岐點이 果然어데인지 나로서는 알기어렵소。

却說 위클리푸 홋스 제롬等의죽엄을痛憤히아는 自由와義憤에타는 보헤미야人民들은 사탄에對하야勇敢한叛旗를 높이들었소 一四二〇年에 말친五世法皇은 勅令을나

려全歐洲의浮浪의惡漢 無賴의徒를召集하야 十字軍이라는 美名을붙여가지고 一擧보헤미야에突進시켰소。그러나掠奪하려간法皇軍이 眞理를爲하야殉教的精神으로싸우는 보헤미야軍을 익일수는 없었소。連四回出征에連敗의쓴잔을마신十字軍은 十萬의步兵과四萬의騎兵으로第五回十字軍을編成하야 무서운凶威로最後의突擊을 했으나、防備없는農村과小邑에 殘虐한暴行과掠奪의狼蹟을 남기였을뿐으로 또다시 보헤미야軍에게慘敗를免치못하였소。爾後보헤미야教會는 비로소 카도릭教會에서 어느程度의獨立을 보게되었소。

이時代에歐洲一帶는 大黑死病이流行하야宛然한地獄을 이루었다는事實도 記憶치않을수가없소。死亡者의數가約二千五百萬이었다하니 그慘憺한 모양은想像하기도어려울것이오。「惡의權勢는一時오 끝일날이있다」함은 果然옳은말이오。베도라 보카치오 단테 에라스마스들의豪筆이 붓을모아僧侶의腐敗를攻擊하고 다시사보나로ㅣ라 도마스아켐피스等이續出하야 이미改革의必要는充分히認定되고 改革의길도講究되었으며 改革의機運도 익었으며 民衆은改革을渴望하고 있으나 改革에는 超人的힘이 아니고는 될것같지않었소 오즉改革에當할 사람만이 없었소。

이때 一四八三年一一月一〇日에 獨逸아이스레ㅣ벤이라는小邑 가난한鑛山業者의집에 말틴●루ㅣ터의 呱呱의첫소리가 울렸소。이소리는人類歷史의開闢이 目前에가까왔음을 알리는 우렁찬鍾소리었소。

兄！咸先生님의教會史는 여기서 마추었소。내가 이편지에쓴 것은 感銘깊은 몇토막이오。이것으로 우리集會의 몇部分을 賢明한兄은 짐작하실수 있을가하오。

밤에는 質疑討論이 있었고 또 한兄弟로부터貧民窟의 그悲慘한實狀과乞人들의 可憎한內部生活의 이야기를 들었소。나의입은옷이 않으고 먹는飮食이쓰오。나는 少年다미엔아 나무寢臺에서자던 心思를 이제야 알겠소。

밝은날에는 復活社講堂에서 우리의信仰態度를 宣明하할 講演會가 있을터이오。講題는 다음과같소。

今後의朝鮮基督教 金教臣先生
하나님中心의信仰 宋斗用先生
無教會信仰과朝鮮 咸錫憲先生

講演의要旨는 各先生들이 紙上으로發表하실듯하야 뒤ㅅ날로 미루오마는、僧侶들이들으면 위클리푸 훗스 케롬以上의異端이라고할것이며、理性과良心이完全히죽지않은者이면 시메리오가 파울이칸討伐을 갔다가 파울이칸派에共鳴함과같이 無教會信仰의正當함을 깨달을가하오。나는 教會史의 군데군데를生覺하며 다음과같은數年前 나의詩를 읊으며 聖朝社뒤언덕을 거닐고있소。

一、불어라
비바람아
밀려라
怒海야
옳은길 이앞에
두려움이 누구랴
내홀로
이곳을
결단코 지키리

○ ○

二、문허저라
泰山아
타오너라
불길아
외로운 이한峰이
永遠이 빛나리니
내홀로
이峰을
끝까지 지키리

○ ○

三、짖어라
惡魔야
오너라
槍劍아
한줄기 밝은빛이
이곳을 비최나니
내홀로
이곳을
永遠히 지키리

兄의靈이 聖朝社우에 늘 오가고 있음과같이 나의靈도 恒常둥그재마루우를 떠나지못하오。나의親愛하는申兄！今年末에는兄과함께歡喜에넘처集會에參席할수있도록 우에서恩惠베프시압기간절히 빕니다。祈禱하며 꾸준히 가다립시다。主안에 平安한 마음으로 굳세소서。 (끝)

(第二四頁의續) 事實은크었다。비록女王은벌서 眞理性에서意味가적은한時代한國家에限할事實을가진 人物이어서그런지 歷史페지를들출때나한번것돌녀보아질事實일지몰으나우리가날마다밥먹듯할敎訓을줌이무엇일까。비록時代가生기고 英吉利極盛時期를일우엇음에불구하고그러리라 장하였다。孟子의어머니의事實！三遷之敎、買肉食之、斷機等의그記錄은平凡한것같고또으레히그럴것인것같으면서도 女子로의모범또先進으로 속깊은敎訓밝은빛을世上에한큰存在 事實로 샛별처럼나타나서흘여가는女子界일사록 가르침이있고빛을發하고있음을보게되지않는가。이에또한우리는數많은無名의어진婦女들！ 그事實들이보인다。참말로오늘날의世上이되여옴에 때로그우렁차게 웨치며끄어올린快男兒들을보게도되지마는 그속의힘차게벋이고있는기둥들 婦女들을본다。그큼이보인다。

(聖朝通信의續) 崔○○눈입二枚 李○○妹弟가四枚이올시다。至極히微微한것이오나 能力的信仰中心에서愛의先生任을 愛慕하는心情으로 또한 聖朝를眞心사랑함에서 들이는것이올시다 이것이眞實로 옛날 예수當身 과부의 葉錢두푼이안이고무엇이오리까 愛의先生任사랑으로받으시옵소서 이ㅣ사랑하는姉妹들은 聖朝誌를 이렇게사랑하면서도 漢字不通으로未讀하게되니 可惜합니다(中略)

愛의先生任 이ㅣ片紙를다ㅣ써서끝을맺고나니 또한 親愛하는信妹두분이 郵票十五枚를가지고와서 親愛하여주시는 愛의先生任의게付送하여 달라고懇託을합니다。이ㅣ姉妹들은 先生任을 眞情愛慕하는분들이였읍니다。愛의先生任 主와함께사랑으로어르만저주소서。金○○孃이十枚 朴○○孃이五枚이올시다。 聖朝一冊을가지고이ㅣ두분이熱心愛讀합니다。그러고 이곳형매들이 先生任사진이라도하번보았으면하는懇願을 품고있읍니다。愛의先生任 慰勞하소서(下略)」편지한장에三錢切手四十枚를 따로따로 봉여서貽送한것이다寡婦의二分뿐이랴 實로惶悚한일。

一月十六日 (木) 晴 새벽東天에金星과 木星이甚히接近하다。

婦女는敎會가운데서잠잠하라 (下)

李 贊 甲

5、이에對한 베드로의思想

우리는 이같은深奧한 바울의思想을보고 이에對한 베드로의 그깊은思想을 또한볼수있는것(前베드로二의一八一三의七조참)을감사한다。靈의눈 곧永遠한 참自由의눈을뜬 베드로는 無限한 自由롭은中에서 『너의가자유하나 자유함으로 악독을 가리우지말고 오직하나님의 종으로행하라』(前베드로二의一六)하야 그넘우自由롭은中에서 自己만으로는 잘못惡用케될것을보며 眞理의종 곧하나님의종으로걷는것이 참自由이면서도 잘나아갈것을보는 그는 종에對한것으로 婦人에對한것을 연하야보며 말하게되는것이었다。그리하야 몬저 『사환된자들아』하고 부르고는 어떻게말할것을 비롯하게 되는것이다。『모든두려워함으로』 그렇다 사람에게對하야 무슨 그리두려워하여야만 할것이있으랴。벌서우에계신 萬有의하나님 아바지에게對하는 態度이었다。그리하야 그런態度로『주인에게순복하대 선하고 온유한자에만아니라 또한까다로운자에게도 그리할지어다』하야 어대까지든지 靈的으로보는것이다。信仰의 눈이 뜨지못한者에게는 白痴가아니면 이럴수도없거니와 더구나 이런말도남을 勸할수는없는것이다。義롭은者에게는 或몰라도 못된者에게까지야 어찌그렇게 할수있을까 그러나 靈의눈이뜬者、저는平安에서보다 困難에서 더빛남、위로가옴을 보는것이다。이런것으로 그런處地에서도 그렇게밖우어 볼수있는것을 베드로는잘보고하는말이다。그리하야 그는 『사람이애매히 곤란을받어도 하나님을생각하고참으면 이는아름다오나』하야 그것을 그順服의價値를 證明하려는것이다。그는 『애매히』곧까닭없이 世上에서 쓰라린困難을當하는 數많은 사랑하는兄弟들을보면서 이를말하는것일것이다。우리는 어떤누가 信仰은없다더라도 困難中에서 모든일에 참아꾸준히 나아가는것을 보아도 그는實되고 든든해보이며 同情이가고 좋아보이기는하는것이다마는 그것은 이제열매를맺을것으로『아름다워』보이지는 못하는것이다。그리고 平安하지나면서 하나님을生覺하고 나아가는것보다 患難中에서살아계신『하나님을생각하고』그얼골에빛나는 所望으로 그生涯를 지어나아가는것을보면 더욱더『아름다움』을보게된다。그렇다 그가『애매히 고란을받어도』그無雙한 불스럽은가온데서도 오히려『하나님을생각하고』그와사괴이며 全所望을명요하게 거기에두고 빛나는얼골로『참』아 꾸준히그모든것을 헤치어나아간다면『이는아름다와』이에서 더한것은 없을것이다。참말로 옛고리를메고도 一向씩씩하게 걷는

이에게 『그가信者이거니』『저는하나님을 사랑하는者이거니』하면 말할수없이 아름다워 보이는것이다。내兄弟여 사랑하는이여 하고 껴안고싶은것이다。그에게는 빛나는所望만이 아름다운나라만이 보이어지는것이다。그리하아 그『순복』에 그쓰라린속에 아름다움이 있음을보이는것이다 그는다시 더한걸음들어가『너의가죄가있어 매를맞고참으면 무슨칭찬이있으리요 오직선을 행함으로 고생을받고 참으면 이는하나님앞에 아름다오니라』는말로 좀더그아름다움이眞價、그리고 그아름다움은 어떠할것을 말하야 證明하려는것이다。世上은罪가있어서 매를맞어도 피있게 避할길、辯明의妙策을찾으려는 그惡毒을보는것이다。罪가 있어서 맞음도『참으면』제법 무던스럽은것이다。그러나 그는無價이다。『무슨칭찬이있으리요』오직『선을행함으로 고생을 받고참으면』거기는 限없는값이 있는것이다。高尙한빛이 發하는것이다。이를 世上에서는 或못난이라고 조롱도할는지몰으며 또는다만 異常한사람으로 돌리고말는지도모르나 하나님앞에는 絶對的의값 하늘나라의 아름다움이 되는것이다。그럼으로『이는하나님앞에 아름다우니라』하야 우에『하나님을생각하고 참으면 이는아름다오나』를 훨신들어내어 榮光스럽은앞에서 칭찬이無雙할것을 말하는것이다。그리하야 그『순복』에 어쨋든『그리하』는 그『순복』이 어떠하며 또어떠할것을보인것이다

落望中이고 그身勢를 면할길은없어 날마다닥치는 일은 하면서도 落望中인 저에게는 이말을들어 勇氣百倍하리라。고개는들리고 그닥치는일에서 빛남은보리라。그리하야 모든일에있어서 最善을다하게하야 더욱하나님앞에 아름답게 하게하리라。그러나그뿐일가。오ㅣ이런者가 일어나기를 이땅우에서 일어나기를 기다리는것이다。그럼으로 베드로는 그만自己도모르게 一般信者의立場에 선이들에게하는말로 변하야 들어가는것이다。그사환이 信者이어서 그를向하야 말함이 어느듯 一般信者로써하는 그일로보게되면서『이를위하야 너의가 부르심을닙었으니』하야 信者의世上에 處하야서의 使命에까지 말하게되었다는말이다。따라서 이는물론 우에서와서 곧예수그리스도께서 우리를위하야 困難을받으시어 救援해논데에서와서 비로소 그렇게 따르게된것이다。그럼으로『그리스도께서 너의를위하야 고난을받으사 너의게본을끼처 그자최를따라오게하신지라』한것이었다。아!深奧하고도 偉大하게들이어다봄이어! 어떠한집의 苦生에겸하야 賤待받는 그無名의充誠된 信者로의사환이 어떻게 그집의일들을 責任진 곧 그집을질머지다 싶이하고 꾸준히 걸어가는것을 그렇게 값있게 貴하게보면서 또한그것이 곧信者의걸음걸음으로보면서 우리主께서 이世上의일들 곧이慘憺한滅亡케될 世上을질머지시고 걸어가심에까지 들어갔다。당

신의 十字架에까지 들어갔다는말이다。 그리고 그充誠된 사환이 主의자최를따라 十字架를지고가는것으로 보이기도하였다는말이다。 그리하야 우리信者는 各各어느處地에 있어서나 『본을끼쳐』 주신대로 우리主의 『자최를따라』 갈것을—가장 잘 그充誠된 사환의處地에서됨을보면서 充誠되히 十字架를그렇게지고 나아갈것임을 말하게된것이다 이리하야 베드로는 自然히 하나님의 어린羊 예수께서 世上罪를지시고 어떻게 가시든모양이보이며 따라서 그렇게하심으로 世上에 어떤일이 일어나서 일우어가게된것이 全幅으로 보이는듯하였을것이다。 이에무엇을 여러가지로말함보다도 이를 그대로말하야 그本을끼치심이 그結果가 어떠한것을보이어 어떻게따를것과 또 그結果도 어떠할것임을 은연中 말하게될것이다」 그리하야 니어서 『저는 죄를범치아니하시고 그입에 궤휼도없으시며 욕을받으시되 대신욕하지아니하시고 고란을받으시되 발악하지아니하시고 오직공의로 심판하시는자에게 자기를부탁하시며 친히나무에달려 그몸으로 우리죄를 담당하셨으니 이는죄에서 죽은우리로하여금 살게하야 의를행하게하심이라。 저가매를맞아 상함으로 너의는 곧침을얻었나니 대개너의가 전에는양과같이 길을잃었더니 이제는너의령혼의목자 곧감독에게 도라왔나니라』 하는 잘그모양 그結果를 如實히 다시더할것도 說明을要할것도없이 말하였다。 베드로는 이렇게 그忠誠된 사환의일로 우리主의일에까지 말하고는 더욱 그눈에는 光明이 赫赫하게 빛남을 보았을것이다。 예수그리스도로 말미암아 뭇사람 뭇일이 모다所望이있게됨을 보았을것이다。 따라서 오직 예수그리스도의 뒤를따라 忠誠되게걷는일만이 더욱더저의눈에 眞價로또所望으로 보이었을것이다。 이리하야 그는必然的으로 가장人間의苦役을지고 가게되는 婦女들이 더욱더보이었을것이다。 그럼으로 그는 담박『안해된자들아』 하고 불려지었을것이다。 그러고는 『이와같이 그남편에게순복하라 그리하면 도를순종치않는자가 비록 가르침은 받지아니할지라도 그안해의 행위로말미암아 감화되리니』 하야 婦女의집中에도 그가장親關心、모든집의代表인 남편에게 어떻게할것과 그렇게하면 거기에 밑일일을 말하는것이다。 우리는 여기에 『이와같이』 라는 그말이있으매 다시더 說明할것도없는것이다。 물론 이때까지말하여온『……바와같이』 라는것이다。 예수그리스도께서 하나님의뜻을따라 世上罪를지시고 順從하신바와같이 또信者인 사환이 그것이뭇信者가 各各제處地대로 十字架를지고 감처럼지고 따를것과같이 信者인婦女로 남의안해가되여 그짐을지고감이 또한 곧信者로 各各十字架를지고감으로알고 나아가라는말이다。 그러하면 그일이 하나님의 願하시는일뿐아니라 또한 그『世上의빛』『世上

의소금』이라(마태五의一三―一六참조)하신대로 그使命도함
이어서 설혹그가 不信者였더면 비록 어떤敎訓은 아니
받더라도 그행위로 感化할수도있다는말이다。그렇다『이
는 너의의두려워하며 정결한행위를봄이라』또한 무엇그
리두려워하랴。언제든지 信者는 하나님을두려워하는 경
건한態度로 무엇이든지 對하게도 되는것이다。그넘우도
하나님의 거륵하심을받드는 高尙한 두려움으로 自己를
對하며 그거륵하심을배운 정결한행위가 그를一그둔하고
못된 그이일지언정 움직인것이다。그렇다『너의 단장은
머리를꾸미고 금을차고 아름다운옷을 닙는것같이 외모
에단장하지말고 오직맘에 숨은사람을 없어지지아니할것으
로 단장하되 온유하고 단정한성품으로하라』하신대로하
니 그살림自體의값이 果然어떠하랴。따라서 아모리보아
도 잠시잠간일 겆에발린것으로 世上을向하야 사는것같
지아니하고 무엇인지 그속에 光明의世界를사는『숨은사
람』그永遠할것인것으로 그처럼『온유하고단정한성품』이
니 어찌그를 驚異의눈을뜨게하며 屈服하게인들못하랴。
果然그는 貴한것이다。그貴함은 社會를舞臺로하는 男子
와같이 사람의榮光、칭찬은받지못하나『이는하나님앞에 지
극한보배니라』함같이 하나님앞에『아름다움』을뿐아니라 보
배中에도『지극한보배』일것이다。『온유하고 단정한성품
을가진 한男子의안해、한家庭을떠인婦人、그로말미암아 모
든것이 成立되고 秩序가있게되고 일우어감이 있게되는것
을보니『하나님앞에 지극한보배』인 同時에 世上에서도
숨은보배 至極한보배라고 저들을向하야 부르지않을수도
없는것이다。그리하야 베드로는 過去의婦女들을 생각지
않을수없을것이다。그렇게 말하도록새 그렇게살었든 어른
들이 그리워지는것이며 또이를말해야 더確實해질도 있
을것이다。그럼으로『대개옛적에 거륵한 부녀들도 하나
님을바라고 이렇게단장하야 그남편에게순복하였으니 가
령사라가 아부라함에게복종하야 주라칭하였은즉 너의가
선을행하고 아모두려운일에대하야 놀라지아니하면 곧사
라의딸이되리라』하야 옛적婦人어른들이 어떻게걸은것을
곧『하나님을바라고』『이렇게단장하야』『그남편에게 순복
하였나니』라는말로 보이고는 믿음의祖上 아부라함의안
해 사라를들어 그『……딸이되리라』하야 女子의집 그
길이 아니곧女子로의 十字架의집 그길을 잘보인것이다
이러하게말한 베드로는 다시男便된 사람들을向하야 付
托하지않을수없어『또한남편된자들아 지식을따라 안해와
함께살고 귀히대접할것은 녀인은더보다 더연약한그릇이
요 또영생의은혜를 함께누린자가됨이니』하야『함께살고』
『귀히대접』을말하며 男便된者로안해를 어떻게알고 對할
것을 곧그가 연약할수록 더욱내가 그보다더려지어 그렇
게一또한그야말로平等、尊敬할것을 잘말하고 더구나『영

婦女는敎會가운데서잠잠하라

생의은혜를 함께누린자가됨』이라는 우리主께서 그貴하시고 보배로우신 피로사신 그嚴正한恩惠의 事實로함께永生을누리게된 事實을提示하야 사람이 제맘대로헛트로못할것을보이면서 오는나라 아니靈에있어서는 至今부터같이걸을것을말하야 참말로거기는 그런平等、尊敬만이아니라 平和、自由가넘치는것을 보이었다。따라서 『이렇게하면 너의기도가 막히지아니하리라』는말로끝을맺어 저희의 信仰이그렇게하고야順하게 내主와사괴여질것을 말하였다。自己의 가장가까운者 끝까지『함께살고』「貴히대접』할者 더구나함께 永生의恩惠를 누리게된者인 제안해를賤視、薄待하는者에게 무슨信仰이있으며 사랑의 하나님과 사괴일수있으랴。그리하야 男子로써 信仰의要訣은自己의 안해에對한것의 如何에있음을 잘말하였다。이와같이 베드로의思想도 종과婦女에對한 그집을그렇게意味가 깊고重한것을보이며 어떻게하여서 비로소그平等、自由도오게되는것을 보이었다。

正誤』第八四號一六頁下段六行『東洋의道德』과「그男子가』의사이에넣을것』

그도一夫一婦라하야 또렷하게敵 體라는貴한말까지있기는하나 유감스럽게도女必從夫 三從之道라는것이있는 그우에 또그甚한七去之惡 三不去라는섯까지있고 더구나所謂庶人의우에라는무리들은 正妻外에도떳떳하게무엇무엇하는 결달리들을定해놓고느릿느릿하게두는것도있어서 全혀안해가남편에게對한義務뿐을强히말하며 女子를아주파묻어버리듯하게되여결국男子의한所有같이되게하고

二二

6、예수의말슴

참말로저이들은 그러하게嚴正하고 무거운짐을지고가는것이다。저이들이있어서 모든것이 如前히維持되여가지도아니하는가。그리하야 그것은 예수그리스도의일 우리의살길所望의길을 열으신 일이있어서 마츰내 그意味는 그렇게까지있어지고 빛남이있게되었다 참말로信者로써 종이나婦女들처럼 各自의處地에서 그런嚴正하고 무거운짐아니진정한 意味에있어서 그以上의짐을지고 順從、順從의길을걷지않으면 아니된다。그것은거짓이다。그렇다 이런참된信者들이있어서 모든것이 아니 곧世上이 維持되며所望이있는것이다。또한 여기서만十字架는알고 그빛남을보는것이다。그리하야 그종과婦女들의지는집 그길은 信者로의 지는집 그길의가장 標的으로되었다。果然그러한것이다。예수께서도 종의譬喩로 기다리고깨여있는 종과知慧있고 眞實한聽直에게『주인이띠를띠고 종을자리에앉히고 앞에서 수종하리라』『주인이그있는바를 다맡기리라』(누가一二의三五―四八참조)하야 至今信者는 그가누구요어떤者이든지―그가 自由하는者이거나 종인者이거나 다主의종으로 따에있어서 깨여忠誠하게 나아가야할것을가르침과함께 종、참종、永遠한종은 罪를犯하는者이어서罪를犯하면 그가어떤處地 무슨일을하는者든지 『다罪의

『종임을말슴하시며 당신의道에있으면 또한 그가누구요 어떤者이든지 참당신의弟子가되며 진리를알아 놓임받아 永遠히 아바지의집에 있을者임을 말슴하시어 『그런고로 아들이너의를 놓아주면 너의가 참놓이리라』(요한八의三一―三六참조)하야 自由가 오직당신에게 있음을말슴하시었고 그리고 바리새教人들이 모세의 命을들어 안해를한所有物처럼 맘대로 내바리는것여으로 시험할때 『한몸』짝『지어주심』이라하시며 모세는 그렇게말했으나 사람을내신이의 本來의뜻은 그렇지아니하심을 말슴하시고(마태一九의三―八참조)더구나 復活이없다하는 사두개教人들이 또한바리새教人的인 觀念으로 婦女를 하늘나라에까지 한男子의안해로 끌고올나갈것을꺼리어 물을때에 『그릇알았도다』하시며 부활때에는장가도 아니들고 시집도아니감이 하늘에있는 천사와같으니라』(마태二二의二三―三三참조)하시어 男子나女子나 말할것없이 그때에는 모다버서난 진정한解放의 하늘나라生活이 있게되는것을 보이시었다。그렇다 결국바울이나베드로나 곧聖經에말슴한 그속에 이런것이있으니 이를맛보며 나아가는者들로 어찌恒常빛남이없겠으며 이世上에서도 그런自由運動、解放運動等 가장좋은것들을·갈수록 이어두운人間에先導者的인일로 産出인들 아니하게되랴。果然우리가 겸손하게 態度만가지면 能히 그奧妙함과 그充滿함에 無限히 끄을리며 맛보게되여있는것이다

婦女는敎會가운데서잠잠하라

7、움지길수없는 큰기둥인婦女들。

참말로우리가 그렇게생각하야 男子나女子가 各各제分을、지키어나아가면 얼마나主의사랑에서 기쁘게榮光을돌릴수있을까。저 中世紀에禁慾主義가 流行하야 修道院으로 男子와女子들도、많이쓸리어갈때에오히려 그當時의敬虔한女子들은 대개家庭生活을하여갓다함을들었으며、또基督教가로마나라에 들어가서 國教가되게한큰原因은 家庭에對한婦人들의힘― 그착실한家庭生活 아이들에對한充誠된義務를한데에서 發端하였다함을 보았다만은 그런敬虔한女子들의걸음에서나오는 婦女들의고요한順從 그教育의열매는 한家庭에꽃이피게하고 나라를뒤집어놓고야말었다。이스라엘의 오늘날의그런存在나마있음이― 아모保護없는流浪民族으로는 생각할수없는 그런存在로 기적같이 있음이 오직選民됨에있다하야 쓸어버리면말할것없겠지만은 그들이그選民됨을그렇게나마 유지케됨에는그것을감당하는값에 있다고도할것이다。그들이自己네의 獨特한精神으로살아 가라치며 그로말미암아婚姻을自己들끼리힘써하며 言語等自己네의風俗들을어대까지든지 쓰어나아감에는 아! 그들이 밖에나아가서는 아모런教育 아모렇게석이어단닐지라도 家庭에들어가서는 오직自己네의것들을지키어나아감에있다

고하니 果然家庭은 나라는 女子가있어서成立이다。저가 없어家庭은 나라는 온전한世上은없다。그리하야이스라엘은오늘의그存在를 世界의歷史上에도特有한자리를 점령하야있다。저極히不信者에게까지 選民의뜻을한번거들떠생각케하며 그맘을흔들고야만다。偉大하다。이스라엘의存在여 그家庭이여 婦人들이여 저가기둥이요。저가그나라의精神이다。朝鮮의俗談에도『호라비는구걸해도 과수는호지넉하고산다』는말이있지만은 과연朝鮮婦人들! 信者인저들이 저이들의직분을깨다라 순순히지키어나아간다면 그家庭은 일어나고 조선이살것이다。조선은새롭은所望이있고빛남이 있을것이다。어찌하야 新時代이니 文化이니하며 밀녀오는外來의風潮에만버밀리어 그것만에취하고 그것만을좋다하야 제精神을 잃어제직분도못지키며 딴꿈을꾸기도하야 점점이렇게혼란이게할뿐인가。그런社會運動 女性運動者들의뒤를앙금앙금따라 멸망의굴형에만들어가려할뿐인가。물론男子도그렇지만은女子로는더구나女子로의할일이얼마나많은가。설혹女子로써맛당히그런것을할것이라한다더라도 그보다몬저하여야만할일이泰山같다。義務를못함에權利는있을수도없다。그런것부터할것이아니다。그런것은할것이아니다 恩惠받은바울이참말로 『부녀는교회가운데서잠잠하라』하며 女子의位置、態度를가장철저하게 分明하게한말은 (전고린도一四의三四―三六참조) 至今도眞理다。끝날까지眞理일것이다。永遠히眞理性의것이다。

8、歷史的婦女들을回顧

우리는과연婦女로써過去에뚜렷이行한이들을생각하야보면 더욱알게됨이있지아니할까。舊約의룻、그룻記를생각할때、그가엽게된媤母나오미를對하야『나를권하야어머니를떠나돌아가고 어머니를좇지말나하지마옵소서』(一의一五―一八참조) 하는말을비롯하야 女子의心情고대로를吐하고 따라가女子로의일을 그처럼까지다한 그아름답고도貴한룻의一生!그맘 그情景은至今의事實인듯이 우리에게새롭이 그립워집이있으며 그룻記는千秋萬代에活敎訓을얼마나줄것인지 舊約의한冊으로되여있음은 과연그럴일입을더욱느끼게한다만은 舊約의士師時代에一女子로써士師된 드보라를생각할때에 그當時에그가그처럼二十年동안이나 이스라엘子孫을괴롭게하든 야빈王을처물리어 四十年동안이나그따이太平하게하였으며 또한그가그當時에일홈이어떠하게컷고 物論이많었을것을막론하고(四와五참조) 무엇이우리에게사라옴이있는가。어느듯우리에게그의일홈 그의그림자는걷어지며 감추어지지아니하누가。一個불스럽은婦女로써 다만그아름답은心情으로 고요히自己의길을걸은룻은 눈물지도록살아옴이있으나 一民族의어머니라고까지불너지었든士師드보라는간데가없다。果然빅틀女王보다孟子의어머니의(第十七頁에續)

聖朝通信

一九三五年十二月十九日 (木) 어떤貧寒한兄弟의來信一節에 『……小鹿島兄弟들에게 양말하나도 付送못하는 이신세……아ㅣ참으로小鹿島의信仰이 부러워요, 그生活이 부러워요。이생각 저생각할때는 불이나게先生님께나가고 싶으나 참未安한말슴이오나衣服이 넘어 남루하야 갈수없읍니다云々』

十二月二十日 (金) 第二學期試驗終了。採點과校正에眼鼻莫開의狀。今夜도某宴會叅席을拒絶하고 일하다。

十二月二十一日 (土) 答案採点에 疲困하면 聖朝의校正, 校正에疲困하면 돌우採點。其外에 明日曜集會의準備。夕에는 校長先生으로부터 年末慰勞의宴을 明月舘에 設하시어叅席。食卓을待할동안에 聖朝誌의 校正을 안할수없이 하고앉어스니 或이曰「妓生겨데서도 글字가보이느냐?」고 또妓生曰「그게무언데 그다지熱誠이시우?」라고。이옥고食卓이 열리매 떡 국수 갈비 파일 할것없이 무릇實質的으로 營養될만한 것은 모주리 먹고, 내앉은近處에는 빈그릇만 남게될때에 먼저退席하야 나오다。故로或이稱하야 「물장수」라고 함은 무던이잘먹는사람이라는 뜻이라하니 至當한別號라고 이것을 달게받다。

十二月二十二日 (日) 午前工夫未完하였는데 金成實, 鄭西雲兩氏來訪。崔泰瑢 白南鏞兩氏의任職式에 叅列하기를 誘引함으로同行。市內照格洞九七番地까지 가기는갓으나 先住食口의移轉騷動으로 會場整頓이 미처되지못하야 擧式에叅與치못하고 復活社集會로 다름박질하다。午后二時에學生英語班, 同三十分부터 「基督敎徒의親戚觀念」이라는題로써 마가三章第三十一節以下를講하고 예수傳今年度工夫를 마추다。

十二月二十三日 (月) 昨夜에는 某君으로부터 『先生님! 이 피젖은記錄을 읽어주시오。骨髓에서솟처나온 이記錄을 읽어주시오。저는 소리처 울었읍니다。主께 부르짖었읍니다』라고添書하여보낸 편지—라기보다 肺病으로 三個年間누어있는 闘病記또는 凱旋記를 읽고 나도 울었거니와, 울기보다 快哉! 萬歲! 할렐루야! 를連唱하지아니치못하다。이런友誼가 朝鮮에 아직殘存하고나 하는것이感激의一, 이런信仰이 내가朝鮮에 企待하는信仰이고나 하는發見이感激의二, 信仰이病을이기고 死를征服한다함은 이런地境이로구나 하는것이感激의三。내가慰勞하려해도 慰勞안되는 兄弟에게 이記錄을輪讀시겨스면 慰勞되런마는 或이나中絶되면 어찌할까。極親사이에授受한親展書信이니公表하기는承諾지않을것이라。차라리 내가 이記錄을横領하야聖朝誌에發表할까 하고생각을 오르네리다。

十二月二十四日 (火) 새벽 한시半에 잠깨였으나, 늙으면 잠못자서 걱정이라는데 젊었을때 한잠 더자도 팬찬으려니하고 그대로 누어있어도 十分, 二十分 지나도록 잠들지않어, 다시 생각을 돌우켜「神經衰弱病者처럼 일부러 잠오기를 애써待할것이야 있나」하고起床。안올라거든 그만두어라。二時부터羅馬書를 通讀한外에註釋冊工夫시작。四時거의될때에 첫닭이울고 五時近하야 두번재닭이우니, 바야으로 눈덕이 무겁고 잠오기시작。그러나 오랄때에 안오던 잠이라 내가容恕할수없어 우물에나가冷水세수하야 잠을쫓아意氣를 부리다. 때에參宿은 이미西南족에 숙어지고 北斗七星도 비껴섯고 金星은南山우에 솟았다 ○登校하야第二學期學業成績發表。聖朝新年號의出版許可濟。어떤 친구와住宅問題로會談。花月食堂에叅宴。宴席에서 하든校正을 또印刷所에가서 밤十時頃까지校正。

十二月二十五日 (水) 새벽 三時半頃에 洞內長老敎會의聖誕새벽讚揚隊來訪。窓前에서 부르는『한밤에 양을치는자, 그양을 지킬때, 주모시든 천사 림하고, 큰영광 빛외네』하는 소리에 놀라깨다。우리는聖誕劇에興味를 가지지못하나 聖誕새벽讚揚隊만은 每年고마워한다。○午前中은 印刷所에가서 校正完了。夕에宋斗用兄來談。

十二月二十六日（木）아침配達은小鹿島音信二枚를傳하다。一은誕聖祝賀狀、二는如下

『前略』저는兩親을비롯하여兄任들 누님아우 족하等比較的家庭的으로는幸福인便입니다。그러나 저들은 하나님을 모르고 靈에對하야 아모런觀念이없이 썩어질肉과物質을爲해 惡着한世上과 싸우는 말하자면唯物論者입니다 보담 저로서 볼때에 慘酷한靈魂입니다。이런데다 저만은 하나님의慈悲하심으로 主를알게됨을 感謝아니할수없아오나、저들을두고 自己만이天國에 가기에는 너무나가슴이터지려하나이다。그럼으로 제가슴에는 恒常暗雲이 살아질사이가 없읍니다。더구나 聖經을읽으면 읽을수록 主의오심이 急迫하여진것같에 더욱焦燥해질뿐입니다。그래서 片紙마다 勸勉도힘써보았으며、事實대로 告白하면 近日의 祈禱는 全部가 여기에集中되였다하여도 過言이안입니다。主의뜻에 合當하다면 應諾하실줄믿사오나 제의言筆은 저들의 心靈을 覺醒식이기에나 信仰에들어갈 動機를주기에는 너무나 無力합니다。그래서 聖朝의 힘을비는것이 最善의 道인것을 깨닫고 이제切手로 半年分紙代를 同封하오니 下記住所로 每月一冊式 六個月보내주시기仰望합니다。本人이 自發的으로 聖朝를 求하게될때를 하나님께 빌고 또그렇게될때까지 紙價는 제가들이려합니다。同住所의 本人은 저의仲兄이온대 本來熱情的 性質의 所有者인만큼 人生의참길을 찾어보려고 苦悶함은알었었으나 近頃에는 極度의 煩悶으로 神經衰弱에까지이르렀다합니다。原來부터 돌놓으려는熱誠과 自己思想과意志에 살려는 情神에는 일즉부터 敬慕하는바이였음으로、그가萬一主안으로 돌아오게된다면 全家族을 救援하지않고는 견대지못할것을 저는믿읍니다。그럼으로 一次歸省하여 傳道하고싶은 生覺은 간절하오나 病이病인만큼 敢行치못하고 生覺다못해 廉恥를不顧하고 이말을 上白하오니 爲하야 善導하여주심을 仰望하나이다。貴重한 時間을쓸데없는곳에 虛費하실것이 罪悚하와 이만上白하오며 生의紙代는 후이주시는 아바지께서 주실줄믿고 廉恥없이 해를넘기나이다。

一九三五年十二月十二日中央里○○上白』

읽고 感淚를難制。日前에도 友人某氏가來談曰「聖書朝鮮은 문둥이雜誌라」고。至當한 말合! 고마운 말合! 榮譽의極!

十二月二十七日（金）冬期集會用敎材를 謄寫하다。〇約束한日字가 지나도 印刷所에서 今日까지製本이 못되였다고해서 홀로憤懣不禁。아무事業도 經營하기를願치않으나 聖書朝鮮專用의 印刷所만은 하나企圖할생각이 때때로 일어난다。더구나 이번처럼 校了한지 三四日되여도 冊이안될때마다。小雜誌라고 밀리울때마다 그래。

十二月二十八日（土）聖朝八十四號 겨우今日午後에 出來하야 即時發送。年末까지한일도一段落。〇某新聞社로부터「基督敎人의絶叫」라는題로써 原稿를 請하였으나 臨迫한冬季集會의準備를因하야執筆不能。

十二月二十九日（日）午前八時에成錫憲 李贊甲兩兄入京、午後二時半에 復活社講堂에서「素人의聖書硏究와其方法」이라는 題로써講話。〇小鹿島消息如下『먼저眞心으로 크리쓰마쓰를 奉祝하오며 先生님과및讀者諸賢께네려는 아바지의恩惠가 크리쓰마쓰를 通하야 倍前하옵기를 仰祝하나이다。

小鹿島에 廉恥없는 저이들（聖朝讀者）은 聖神의 役事하심과 聖朝의여러 先生任의 사랑하심으로 여호와의 慈悲하신 恩寵中 靈肉에 아울러 日益健全하옵는 一同을代言하야 拙筆을들어 感謝하나이다 就伏白『兄弟妻子에게 보내는 眞情으로써彩色』하신膳物을 앞놓고 저이는 넘치는感淚를 抑制하지못하옵고 다만 무릎을連하여 머리숙여 祈禱하였을뿐입니다。더욱이慶北에게신 ×××氏께서 膳物과함께보내신 惠書에는 참어읽을수없을만큼 枯渴한저이의心靈에흘러넘쳤나이다、昨二十三日에 下書를 奉讀하옵고 先生님의 尊意와 여호와의指示하심을따라 盲友會와 今年에새로分立된 光州刑務所 小鹿島支所에 불상한 兄姉를

爲하야 膳物의一部를 主任牧師님께 依託하옵고、文兄을비롯하여 李、金、尹、四人의不足한祈禱로 하나님의 指示를딸아 特別히 어려운兄弟몇분과 誌友十七人에게聖朝를通하야 날이신하나님의恩惠와 主예수의 사랑을 나누었나이다。感謝를들이고싶은마음 各者의가슴에차고 넘치오나 一一이여쭘이 오히려페가될가하와 밀우어感謝한말슴여쭈어 달라는 一同의뜻을딸아 보내주신펜으로 ×氏의사랑실은 便箋의첫장을빌어 拙文으로感謝를 들이나이다。一同의感謝를 代筆키에는 너무나不足한敎生이 무슨말슴으로 저이의 心中을 여쭈오릿가。사랑하심으로 拙筆이나마 小鹿島에 있는讀者一同의 心中에서 울어나온 感謝의微志로 받으시옵기 仰望이오며、多大한膳物을보내주시고 陰으로 陽으로 도아도아주시며祈禱로 도아주시는 諸賢에게는 下書말슴을좃아 一一이 感謝치못하옵고 先生任앞에 이글을들여 여호와께榮光돌리나이다。한데보내신 傳道紙는 四人이相議하와 一舍도 빼지않고 全病舍에 傳布하겠읍니다主任牧師 失田先生께서도 이에對하야는大端이기뻐하시고 贊成하였나이다。同紙를通하여 하나님의 恩惠와 眞理가 이땅에躍動하옵기를 무릅을連하고 머리모아 祈禱하나이다。敎生의生營에는 同紙를 主任先生에게까지라도 읽어주시도록 譯하여들일가하오나 敎生의淺筆로써 本意에損傷이있을가 念慮하나이다。들이고싶은말슴 重疊하오나 紙面關係上 이만줄이옵고 不具上白하오며、主예수의 平康中에 新年度에는恩惠倍前하옵기 비오며、一同을 代言하와感謝와한께 크리쓰마쓰奉祝의 말슴들이나이다。一九三五、十二月二十四日

小鹿島讀者一同을代言하야 尹一心 上白」

十二月三十日 (月) 오늘부터 聖書講習會始講。○小鹿島크리쓰마쓰消息『이제첫새벽에 예배당으로부터 들려오는○○의 종소리와 찬양대의노래하는 소리는 섬전체를 움직이더이다。떠에일천구백삼십오년전베들레헴 말구유에 전개되였든 광명한빛이 靈眼에보이며、버레같이 더러운마음구유에 구주탄생함을 받은동시에 곧갱생원전체가 천국으로 변한듯하더이다。이것이크리쓰마쓰를 마지한감이었고 새신앙을주고기쁨을주는○○종소리。끝』 封書또하나『福音의종 金先生任 우리主예수그리스도心장에서 무난하나이다。聖朝誌를통하야 先生任의 心장속에움직이시는 사랑을알었읍니다。先生任을 肉眼으로는 뵈옵지못하였으나 그리스도 福音안에서 心鑑으로는 부절히 조석을 전였읍니다。世上이 알지못하고 宇宙가모르는 하나님의사랑의 약동이金先生任마음가운데 운동하시사 小鹿島에우리 뢰환자와밀접한관계가 있게하신하나님의사랑 이리군글 저리군글한 장인의바런돌을 누가알어줄까요 小生은金先生任이라고 생각하나이다。오ㅣ先生任 聖朝誌매월매월에 小鹿島에十여권식 보내시나이까文兄의 이름으로오는것 한질은小生이봅니다。聖朝誌를받을때마다 小生의마음은 두근두근하야 견디지못하겠옵니다。사랑의빛을너무많이받은 小生은 하늘에계신 아바지보시기에 부끄러운것뿐이올시다。小生이때까지 감사의회답이없고 보매 죄송죄송하옵나이다。우리主任의 크신사랑으로 용서하소서。오ㅣ사랑의 金先生任이시여 또한크리쓰마쓰를 통하야 많은 선물을 보내셔습니까。이貴重한선물을받은 독자들은 선물을 앞에두고 감사의긔도를 올리고 눈물을흘리고 기뻐하였옵니다。(下略)

천업는小生 ○ ○ ○ 拜上」

十二月三十一日 (火) 世上은歲末로 요란하나 우리는 바울李翰과 基督敎史의工夫에有閑。○滿洲通信如下『오래동안 글월드리지못하였읍니다。先生님보내주신 十一月號는 받아읽고 지금도 十二月十五日이되였는데 또廉恥없이 바라고있읍니다。받을때마다 깃뿜이있는것은 참친구의말이써워있고 따를만한 先生님의말슴의 씨워있는것입니다。이런 罪의暗黑江山에서 自身을疑心할때까지 非一非再인데 참으로生에게는 등불이되나이다。얕은信仰 經驗으로

미루어 生覺함이 마치 主께서 復活昇天後에 使徒가 主님의在世 當時에行한것으로 알려여지는것같은 感으로느끼옵니다。今年一年동안 아무것도 모르는生이 主님주신 靈을가지고 살음으로 말미암아 걷운것이 若干있음니다。이것이 世上的인것인가아닌가하는것은 맘속에 赤心의證明으로알수있읍니다。平生의所願이 兒童에게 眞實된 敎育으로 식혀보려는데있엇는데 若干成就된듯함니다。가르키는方面에 不足으로느낀것은 많았으나 此地學父兄들의 要求만큼은 하여들일수 있었읍니다。참으로朝鮮서 想像할수없었든 滋味가있었읍니다。中國人의 一間의家屋을 빌려가지고 하였는데 溫突에 煙氣도 푹먹어보고、사흘걸러면 한번식 구들장을 드다르지않으면 아니되는 經驗도 자미있게 맛보았읍니다。그런 德澤인지 信用에더단南道學父兄委아信用을하게되여 왔읍니다。그러기에根本에길은 다르지마는 옳으면 옳은줄로 아는心情은 같은가보아요。어려석은 일같읍니다。(中略) 敎會의評은 이렇다고함니다。「잘믿기는하나 敎會에아니오는것이 섭섭하다」고 某長老婦人의 말슴이며 一般에評이라고 함니다。또그렇게 낫타남니다。아무래도 自己편이 아닌것이 퍽遺憾인것같이낫타남니다。그러나 여러이모여서 것즐거운것 같이하는것보다도 眞理를 더사랑하기 때문인데、그들을보면 同情의念이 살을찟어서라도 알릴수있었으면 하는生覺도남니다。모든것을 眞理를 爲해서는애끼고 싶은生覺이 없읍니다。그러나 너무나도距가 갔기때문으로 아무래도 휘는편이고 레벨을낮후는傾인데 좀良心에 꺼림니다。그러나 할수없는 일인것같읍니다。(下略)」。아무데로 그렇지마는 特히滿洲에必要한것은 좋은敎師와 善한傳道者와 仁慈한醫師。우리敎師의 健在를祈願不已。

一九三六年一月一日 (水) 晴。午前은登校叅式。午後는 바울書翰을 講하고 敎會史를 배우다。보낸바없는데도 不拘하고 年賀狀이飛來하야 眞理를探求하는 마음을 多少散亂케하다。

一月二日 (木) 晴。今日고린도前書第十五章에 依하야 復活問題를 工夫하는中에 聽講者中의 一人이 狂態를演하고 退席하다。但 彼는聖朝誌의讀者도 아니오 今番講習會에 正規手續하고 叅席한者도 아니었다。叅席하기도 變態的이오 退席하기도 變態的。彼는豪語曰「때가 이르면 알려니와……사람이 거듭나지않으면復活의眞理를 알수없느니라!」고。復活의眞理처럼高貴한것이없으나 또한 復活論처럼 危險한것도 다시없다。자칫하면 發狂한다。何如間 今後로는 더욱規定을嚴히하고福音을分配함에 一層洛嗇하여야 할것을經驗하다。

一月三日 (金) 晴 午前午後의工夫를마치고夕飯後에 來日曜日集會廣告를 쓰다。

一月四日 (土) 晴。午前中은 各其分擔하여 明日集會廣告紙十餘枚를 市內要處에부치고、午後에基督敎史畢講。聖書的立場에서본朝鮮歷史와 世界歷史 에連하야 基督敎史의前半을工夫하고、明年에는 푸로테스탄트史를배울터이다。

一月五日 (日) 晴。午前十時半부터復活社講堂에서講話。或이曰「三位一體」라고하니「三題一論」이라는뜻。

一月六日 (月) 小寒、晴。金亨道氏를面會하려다가 못하고 咸兄今夕退京。

一月七日 (火) 雪。登校當直。今冬처음大雪이나一寸도不積。東京某敎友의印刷한年賀狀에『新年にあたり貴家の御安泰と世界の平和、ことに日本人の國民的良心の覺醒とを祈申候』라고。

一月八日 (水) 晴。第三學期始業。擔任班에長時間訓話。이「無用한잔소리」때문에칭찬보다미움받음이 더큰줄알면서도不可避。

一月九日 (木) 晴 늦잠자고 새벽皆旣月食을觀察하지못하여一大損失。(世上에는求職하는 아우성소리 높은데、이것은官職에任命된者의 良心의苦痛소리『官吏로서傳道』하는者의苦衷에同情不禁。

(以下六行略)

一月十一日 (土) 晴 昨夜어떤篤信兄弟의來訪이있어 十二時지나도록 無意味한空談을듣고앉었섯다。저가貧病者인故로 괄세못하였으나 十時以後의長談을嚴然히拒絕하지못한것을後悔。어느나라에서든지夕九時以後에는訪問안하는것이常識。

一月十二日 (日) 晴。復活社構堂에서午後二時부터 今年度第一回의聖書研究。예수傳研究의續으로 譬喩를工夫始作하다。歸途에西洋人敎會모리스홀에參席。○湖南어떤牧師의通信如下『(前略)此地敎會에맛처서는 言語道斷이외다。生이이끌온後一年이되였으나 입으로부르짖은것은 虛空을친셈이되겠읍니다。이事實이此地에만限한것이고 全鮮敎會는 이렇지안키를 晝夜로祈願합니다。正直을保存하는 이十字架가참으로어렵습니다。다만하나님앞에感謝하옵는바는 一二人의貴한靑年을맛난것임니다。그렇나 이靑年들도오래동안敎會信仰에젖어서 그머리에깊이자리잡은偶像을 빼어내기에는 참으로어려운것같음니다。(中略) 우리聖朝誌는참으로孤獨을늦겼읍니다。그렇나犧牲의道가 犧牲의裝飾한朝鮮歷史舞臺에와서 犧牲의一粒이되면 그만이지요 그다음에는 하나님의뜻에맡길뿐임니다。

先生님 生은또떠남니다。(中略) 故鄕을떠난지七年만에 드러가게되옴니다。오직生으로서의自覺은 마태十六章二十四、五節이오며 今年에불을찬송은二二五番옴니다。生은主의큰일군될野心이不足하옵고 오직한방울의피를흘일때에 흘너야함니다。聖朝一月號에「新年의展望」은 글자그대로 生의것을삼아야함니다。(中略) 聖朝誌一月號를받고 더욱先生님의特別하옵신 사랑을感謝하겠읍니다 先生님神靈한交際의婚祭壇은聖朝를通하야朝鮮에이保存될줄믿습니다。九日 ××生上』

一月十三日 (月) 드디어感氣에 들리다。今日午後에某氏와의誤解를一掃하다。和解된때의기쁨! 예수를平和의主라고稱하는뜻을感銘。

一月十四日 (火) 晴 새벽 하늘에 金星과木星이 날마다接近하여진다。○小鹿島에消息에『(前略) 先生님時時刻刻으로世上과멀어저가는生에게는 聖朝를읽으면서부터하나둘식 동무까지멀어감니다。안이오라同伴들 버리지아니치못하나이다。原因은聖朝라는戀人이생겼기때문이겟지오。聖朝만이眞正한사랑으로나를對하여주는 唯一의善한同伴임을發見하였기때문이로소이다。이번에도새하얀옷을잘가라입고 찾어준사랑하는동모가나에게는첫기쁨이였나이다。새해에처음맛본사랑이였나이다。世上이버린나를이다지도사랑하여주는聖朝는 나의不足한点을 깨우처주는嚴格한동무이옵고 가슴을어하소연할수있는 唯一의이므러운동무이외나。先生님견댈수없는이感謝를 누구에게돌리오릿가。이不足한生에게 이와같은좋은同伴을 언기에무엇이잇나이까? 다만그리스도의役事하심인줄긔삽고 榮光돌리나이다。(下略)

正月初八日 小鹿島 尹一心』

一月十五日 (水) 晴 小鹿島에서原稿多量으로到着。但발서編輯後가되여서 二月號에는 印刷가不能。其中通信一節에『(前略) 이ㅣ철없는小生이 未安莫甚함을 어찌다ㅣ形言하오리까。過去一年間 無代로多大한冊字를奉讀하엿사오나 一九三六年에는 아모쪼록하여도 誌代送金을할려니한 決心을하고온것이 一事도如意치못하여 쓸때없는空想에지나지못하였나이다。그리하어小生은 한동안깜함을느끼였읍니다 片紙가늦어진理由도그ㅣ까닭이올시다 然而나 할수없는事情을우리主任께마끼고 哀啼는祈禱로 慰勞를받고있나이다。오ㅣ愛의先生任이여 小生이惶悚하옵기는 말만좋고實行이없게되였읍니다 人間意外의사랑으로 主와함께 厚이容恕하여주옵소서。三錢郵票二十枚를 拜送하오니 微微한것이오나 사랑으로받아 聖朝送料에補用하옵소서。또한 그리스도의靈的呼吸을한가지로쉬고사시는姉妹두분이 郵票幾枚式을拜送합니다 (以下第十七頁에續)

聖書朝鮮舊號特價

(自創刊號至五九號)(五個年分) **特價 三·五〇**(送料共)

右는或이나 찾는이가있을까하야 創刊以後 初期의分을 따로 秩을마춰 두었은것인데 本社의移轉準備로 今番에右記特價로整理함 現存九秩。 先金注文到着順序로發送。 其他의第五十九號以前號殘品있는대로(切品號도있음) 一冊五錢식으로割引散賣함。 但 以上特價割引은四月十五日까지需應함。

第六十號以下八十六號까지는定價대로。

聖書的立場에서본朝鮮歷史(完)

自六十一號至八十二號中 十九冊의歷史號는 敎派를超越하고要求하는이가多數하였다。 單行本出版을慫慂하는이도많으나 當分間은 實現困難。 十九冊한秩마추어서 定價二圓八十五錢(送料共)。 殘品僅少。 但 某誌友의熱誠으로이歷史號의 正誤表만따로만들어준것이있으니 要求하는이는送料二錢을要함。

山上垂訓硏究號(完)

第24 25 26 27 29 30 31 32 33 34 35 36 37號

舊約聖書大旨(一書一講)號

第38 39 40 41 42 44 54 55 56 58 59 60 62 63 65 68 69 72 79 84號

地理學的으로論한朝鮮의運命

第六十二、六十九號

天然界에關한硏究號

第1 4 7 9 10 12 13 16 17 70 71 74 79號

無敎會에關한是非號

第3 10 19 20 31 32 35 61 74 76 77 83 85 86號

聖書朝鮮의態度表明號

第1 25 37 47 60 63 67 68 73 75 76 77 78 81 85號

南岡李昇薰先生記念號

一七、六四號

內村鑑三論에對한答辯

一九、二〇號

病床消息號(肺病患者에게)

八五號

癩患兄姉의信仰實記號

第七五號以下

京城聖書硏究會의消息

三月第四日曜日까지는 從前대로午後二時부터始講하고、 第五日曜日과 四月第一日曜日의二回는休講。 四月第二日曜日(十二日)부터는午前十時에再開할터이다。

本誌定價

一 冊 (送料共) 拾五錢
六 冊 (一年分) 前金九十錢
十二冊 前金壹圓七拾錢

要前金。直接注文은 **振替貯金口座京城一六五九四番**(聖書朝鮮社)로。

取次販賣所

京城府鍾路二丁目八二 博文書館
京城府鍾路二丁目九一 耶穌敎書會
東京市神田區神保町一ノ一 三省堂書
茂英堂(大邱)
信一書館(平壤)
大東書林(新義州)

昭和十一年二月廿八日 印刷
昭和十一年三月一日 發行
京城府外龍江面孔德里一三〇ノ三
編輯兼發行者 金敎臣
京城府堅志洞三二
印刷者 金鎭浩
京城府堅志洞三二
印刷所 漢城圖書株式會社

京城府外龍江面孔德里活人洞一三〇ノ三
發行所 聖書朝鮮社
振替口座京城一六五九四番

【聖書朝鮮】第八十六號 昭和五年一月二十八日 第三種郵便物認可 昭和十一年三月一日發行 每月一回一日發行

【本誌定價十五錢】

金敎臣主筆

聖書朝鮮

第八拾七號

昭和十一(一九三六)年四月一日發行

昭和五年一月二十八日(第三種郵便物認可)
昭和十一年四月一日發行(每月一回一日發行)

目次

入學試驗光景

單百名募集에應募者 實로一千四百六人。이것도 三月十四日午後四時正刻까지에 手續遲刻한者를 假借함이없이 싸움 싸움拒否하고서 이數字이다。우리는 이應試者를十五六班에分隊整列하고 高級擴聲器를使用하야 受驗一般에關한注意를 일러주고 臨時天幕敎室까지增設하였어도 오히려机床不足、先生不足。故로 馬糞紙板으로된代用机床과 臨時監試先生履用等等 開校以來의大騷動이었다。

이윽고 生徒들은 各其敎室에吸收되고 蓬萊町一帶에市를 일우었든學父兄들은 運動場內에 들어설수있게되었다。室內에서受驗하는 어린이들中에는 緊張한餘地에番號姓名을失記하는者도 있으며 或은小便을 앉은자리에서 싼者도 보이거니와、窓外에서徘徊하며停立한대로 한時間두時間을待하는學父兄中에는 白髮이盈盛한祖父、角帽를 숙여쓴兄叔、高普女學生制服의 누님들、젖먹는 아기를 업고섰는 어머니들、別수없는줄이야 彼此모르는바아니것마는 그래도敎室쪽만 바라보고있다。이안의 모양과 저밖의光景을對照해보면서 敎壇에섰는敎師의 가슴으로는 막을수없는感淚의潛流가 흐르고 흐른다。

무슨 까닭에 이群衆이 이야단들인고。저들이願하는대로 十四對一의比例로優勝者의榮譽를獲得하고 入學된다하더라도 別달리神通한일이 없을뿐인가、結局은期待에反하였다는失望의材料밖에 成果가없다는痛嘆을發함은 哲人賢者를待할것도없이 五個年後에卒業하고 나갈때마다 저들이 異口同調로 부르짖는「演說」이다。五個年後에定한不平과 今日의非常한 저熱望! 受驗者와保護者들의愛情과熱誠이 아름다웁지 아님이아니다 (以下一行略)

예수 대답하야 가라사대ㅡ내가 진실로 진실로 너의게 이르노니 너의가 나를찾는것은 이적을 본까닭이아니오 떡을먹고 배부른 까닭이로다。썩을 양식을위하야 일하지말고 영생하도록 있을 양식을 위하야 일할지어다라고(요한六章二六ㅡ七)異蹟의떡먹은後의數千群衆을向하야發하신 예수의 말슴을記憶하면서、蜃氣樓를 잡으랴는 千四百餘名의天眞한 어린이들과 그들의父兄母姉들과 또한 그들과差不多한敎師自身을想及하니、憐憫의情 憎惡의憤 懺悔의淚가胸中에交錯하지 않을수없도다。永生의糧食보다 썩을糧食을爲하야、참된 여호와하나님보다 눈에보이는偶像을爲하야 더욱熱誠을 다하는것이人間이라 할지라도、敎會堂마다空席이 많은데 學校마다定員超過에困疲하니 果然이것이 옳은現象인가。그러나마나 學校에入學하는일이 곧 사람되는길이라면 얼마나安心되랴。

無表情과僞表情

『말하기 싫은지라 두입설은 붙었고、눈이 무거운지라 大槪는 감은채로 누었는데 喜怒哀樂에對한反應도 迅速지 못합니다。勿論 한창 괴로웠을때엔 呻吟의聲과苦惱의色을 發表치않은바 아니나、그後웬만큼 견디게 된다음부터는 萬事에無表情如하야 對하는이로 하여금 本意아닌未安을 가지게합니다』云云。이는 三年以上 肺患으로鬪病하고있는 한兄弟의實記이다。이처럼無表情한故로 저의親切한舊友한분은 注射藥을十餘圓어치나 사들고 찾어왔다가 一去에無消息이 되여버렸고、또한病室의壁에다『볼일없이 오지마시오。病에對해 묻지말고 말하지마시오。볼일끝나면 곧가시오 오구 가는데 인사마시오』라고 써붙이고 大槪는窓前에서 面會謝絕하여 보내는故도 不遠千里하고 찾어왔던舊友도 그번이 막걸음이 되고만다고한다。이兄弟의無表情은 單只先天的氣質뿐도 아닐터이오 또한後天的修養의結果뿐도 아닐것이다。實로長歲月의鬪菌에지친元氣의、한마디말 한찌푸림 한웃음도 等閑이할수없는、헐은수작은一切不許하는 生理的必要와心靈的洗練이 自然히 이까지에到達하였을것이다。果然 甚한病苦는 人生의 모든 不必要한「헐은수작」을 剝脫하여버리고 無表情如한嚴肅한 人間의實質的部分만을 남겨준다。

生物學者다ㅣ윈은 動物과人間의諸般表情을比較硏究하야 茅大한著術을發表하였거니와 所謂高等動物에至할수록 表情이多種多樣하고能난하며 萬物의靈長인人類에至하야 表情의絕頂에達하였음은勿論이다。特히現代의人은 表情이곧生活이다。君子之交淡如水라고 하였으니 참으로敬愛하는友人에게 無表情以外에 어찌表情할것인지를 우리는 모르것마는 今人들은表情으로 벗을사고 表情으로 벗을판다。眞情으로 사랑하는妻子에게는 無表情以外에 表情하는方途가없는줄로 우리는 알었건마는 今人들은活動寫眞에나 볼수있는砂糖같이 달콤한表情이없으면 苦痛이 생겨난다。平生에思慕하는 先生과 瞳子같이貴여워하는弟子에게對하야 無表情以外에 그情을 실을그릇이 없는줄로만 우리는알었드니 現代의師弟들은 表情으로弟子를買收하고 顏色으로恩師를裏切함이茶飯事로다。甚至어는 基督敎會內에까지 表情은 가장큰政策이오商略으로通用되였다。아禍있을진저。無敎會信者의一大缺陷은 저들에게親切味가없는일이라고한다。多情한表情이없음뿐인가 恒常抗議的(푸로터스트)이오 爭奪的不遜한態度가 보임은事實이다。無敎會信者는活動寫眞같은濃厚한歐米式表情보다 儒敎傳來의淡薄味를 좋아하며、基督敎會內의現金取引式表情보다 佛敎徒의木石같은無表情을尊崇하나、그보다도姦邪한現世에處하야는僞表情의必要를 느낌이甚大한者이다。信賴치않는처、愛之重之않는처・敬慕하지않는처、미워하는처、孝道않하는처、愛國心이없는처 하지않고는 內心의鬱憤을 處置하지못한다。

眞과美

「그런고로 내가 너에게 이르노니 목숨을爲하야 무엇을 먹을가 무엇을 마실가 몸을爲하야 무엇을 입을가 렴려하지말라」 목숨이 음식보다 중하지아니하며 몸이衣服보다重하지아니하냐。空中에 나는 새를보라 심으지도않고 걷우지도않고 곡간에 모와드리지도 아니하되 天父께서 기르시나니 너의는 새보다 귀하지아니하냐。너의중에 누가念慮하므로 목숨을一刻이나 더하겠느냐」또 너의가 어찌衣服을爲하야念慮하느냐 들에百合花가 어떻게 자라는가 생각하여보라……너의는 먼저 그나라와 그義를求하라 또한 이모든것을 너에게 더하시리라」

는山上垂訓을 講解하는 한宣教師가 朗讀한後에「얼마나 아름다우냐(Isnt it beautiful?)고 물을때에 우리는 일즉이經驗하여보지못한憤激의感을 느꼈다。聖經은 아름다운思想을美文佳句로써表現한데에其眞價가있나 決코아니다。美醜의問題가아니라眞僞의問題다。眞理이냐 아니냐 이것이問題의序言이오結論이다。宏壯한建築의教會堂이없고 名匠의壁畵가없고 美人의讚揚隊를不要하며 抑揚自在한青山流水같은 教職者의祈禱가없이라도 聖書를배우며 基督을믿어사는데에 우리의態度가存하니、世間에流行하는基督教와區別하기爲하야 無教會信仰이라고도 別稱하거니와 實相은 예수의宗教가此外에무엇인고。

二

感謝와興味와事業

近日어떤教會의請함을받아 卒業生送別禮拜에說教하였다 主役의說教者는 처음에登壇하야 朝鮮人人口二〇四三八一〇八人中에 文盲者一五八八八一二七人인데 諸君은文盲을免하고 四五四九九八一人中의一人에參加하였으니 朝鮮人으로서는 크게幸福된者라고 할수있거니와、普通學校에就學者는 四十二人에一人식、中等學校에는一二三九人에一人식、專門及大學에는 二九二三八人에一人식의比例로就學하는데 今春專門學校를卒業하는이들은 얼마나感謝한일인가。又況幼年으로부터青年期에亘하야는 生理的疾病과精神上誘惑이 가장甚한때인데 危厄을免하고心身에傷함이없이 造物主여호와神을信仰하는恩寵까지占有하면서 學窓을떠난다함은 어찌表現하면感謝의念을 다表해내랴。諸君의몸은私有할것이아니라 半島의祭物로神殿祭壇에獻할 感謝의덩어리니라고 緖論을述하니。

다음에婦人班을代表하야 南別宮에支那使臣을迎接하든逸話로부터 一場의才談을演出하고、다시男班을代表하야當教會牧師가登壇하드니 主役說教者의感謝說을取消하고「새로운일꾼이社會에增加할것이아말로 自己가祝賀하는本旨이노라」고力說不已하다。來客에對한非禮를 무릅쓰고까지事業熱을注射하지않고는 不安하여못견디는教役者도可憐하거니와、教會란것은 才談으로써消日하는場所인줄알게한것과、保育學校、某專門學校를卒業하는兒輩에게 事業家라는自負心을注入한것이 今日基督教會의不振을招來한大原因이아니라고 누가斷言하랴。

無敎會 【下】

咸錫憲

五、現實의敎會는敎權의主張을가진다。 個個의信者를超越한組織體로서의敎會가 命令的인權威를가지고個人우에臨한다。聖經解釋에있어서 生活에있어서 信者는敎會의制定하는대 服從하지않으면안된다。理論은어찌되었던지 事實에있어서 信者와敎會員은 하나이다。故로信仰에들어간다함은 一定한條件을受諾하고 敎會의統治權下에 들어가는말이오 처음부터單純히 그리스도를믿는다는일이아니다。傳道者도 純全히 그리스도의이름으로 傳道하는것이아니라 敎會의이름으로 敎會員을 만들기爲하야한다。求道者가單純한眞理를爲하야 찾어갔다할지라도 敎會堂門안에들어서면、밖에서는 豫期못했던 一個社會가 威壓하는空氣로써 그안에있음을發見하게되고、그後여러가지 歡迎과勸勉敎訓의말을들으나 要約하면「그대가 天國에들어가기爲하야는 이敎會에들어옴이 絶對必要한일이오 그리스도를믿으려면 몬저이敎職者를믿지않으면안된다」하는것이다。그리하야그는 敎職者로代表되는敎會라는 一個權威와 服從關係를맺고서게될때 그것을信仰이라고한다。

그러나 이것은正當한일일가。敎會의主張으로하면 信仰이란服從이다。敎會의命令에服從치않고 聖經을正解할수도없고 合當한生活을할수도없다。敎會의意見으로하면 信仰은恐怖에依하야 成立되는것이다。그러나이는잘못이다。宗敎學者들은 그런말을한다。그러나적어도基督信仰에있어서는 그렇지않다、信仰은恐怖로써 생기는것이아니오 사랑으로써 생긴다。하나님의敎會는 人身供奉을하던 異邦宗敎와같이戰慄에依하야 서는것이아니오 愛의連結로써된다。敎權에服從함에依하야 信仰이생기는것이아니오 反對로 하나님을사랑하는——그사랑은 그리스도가親히가르친다——信仰에依하야 地上의敎會가成立된다。敎會主義者들은 이點에對하야 顚倒된생각을 가지고있는듯하다。

이顚倒된생각이、사랑이어야할信仰을服從으로誤解하는、이꺼꾸로된생각이 敎會로하여금 여러가지 顚倒된論을하게한다。그들은말하기를 敎權은 그리스도에게서받은것이오 그를代表하는것이라한다。그러나 이는사람을속이는時代錯誤의말이다。그리스도에게는 代表者가있을수없고 그가世上에온後로는 하나님을傳하는 一切의代表者가 있을수없이되었다。그가오기前에있어서 人類는人間的代表者、仲介者를 必要로하였다。그러나그가온後는 無用이다。基督敎의眞理가 道德도아니오 律法도아니오 福音인理由는 過去時代僧侶의손에專有되어있었던 天國門을빼앗어 自由開放하야 사람으로하여금 이대로 이罪人의몸대로、僧侶도 敎會도 其他아모것도必要없이 直接神앞에 나가게하는대있다。故로 이제또그리스도의代表云云하는것은 유대主義로逆行하는일이다。大體敎會의信者는 예수가무엇을爲하야 뉘손에죽었는가를 다시생각하는것이맛당하다。저는異邦不信者의손에죽은것이아니오 敎職者의손에죽었다。오늘로하면 法皇、神父、監督、牧師의地位에있는사람들의손에죽었다。무엇을爲하야죽었나 그敎權을깨치기爲하야。信者는習慣처럼말하기를 그리스도는 世上罪를爲하야 죽었다한다。그러나 그는單純히 抽象的인 一個名詞下에 죽은것이아니다。그를죽인罪는具體的으로 祭司長 바리새敎人하는 敎權者에代表되었고 그리스도는 그것을爆擊하기爲하야 自己가肉彈이된것이다。大部分의信者가注意하지못하는이事實、即 그리스도에抗戰한罪의勢力은 不信者로가아니오 敎權者로表示되었다는 이事實은 信仰의眞理를 깨닫는데있어서 가장緊要한일이다。하나님과사람을 敵對關係에두는것이 곧罪요 罪는곧人間主義인데、이人間主義의最高部는 宮廷에있었던것도아니오 軍營에있었던것도아니오 銀行、研究所있었던것도아니오 도리어 神에게들이는祭壇밑에 있었던것이다。지금도있다。故로예수가 傳道를하되異邦에별로하지않고「이스라엘잃어바린羊」에 몬저한것은單히人間的愛國心으로가아니오 世界救援싸움에서 敵의本營을 爲先爆擊하자는 作戰的意味가있었던것이다。그리하야드디어 自己가죽기까지하야 目的대로일우었다。그런데이제또다시 僧侶根性을發하야가지고 우리가神에直接가는길을막고 代身해주마 仲介해주마하는것은 願치않는親切이라기보다 歷史의逆轉이오 우리生命의掠奪이다。

敎會는또말한다。眞理는個人이 自由로解釋할것이아니오聖靈은敎會에臨하는것인故로 敎會에服從함이安全하다고。果然사람을誘引하는말이다。그러나萬一 聖經의自由解釋이틀렸다면 예수도틀렸다。福音書를보면 그가얼마나 自由롭게 (敎會의傳統에拘束안되고) 聖經을解釋했던지를알수있다。또安全이라하지만 安全을期하는데 信仰은없음을 알어야한다。信仰이란 靈魂의自由를爲하야 冒險을하는일이다。敎會를만드는心理는 安全을바라는心理다。그러나「사람이죽을때는 혼자죽는것이다」라고 누가말한것같이 天國에는各自가제발로 들어가는것밖에 道理가없고 제발로걷는限 冒險이지않을수없다。天國에는 階段을집고올라가는것도아니오 團體로制引하야 들어가는것도아니다。그리스도라는 唯一의案內者의말을듣고 單거름에跳躍하야 들어가는것이다。쉬운階段이있는것같이 團體로가면값싼것같이말하는것은 聖殿을變하야 商店을만드는 敎權者의일이다。그러나 우리는묻는다、사람中에누가 自己十字架를지고 또餘力이있어 남의十字架까지 져줄者가있느냐고。

權威는蒙學先生이다。사람이하나님의사랑을 모르던때의일이다。그리스도의옴으로「아바지」인 하나님을아는 이때에있어서는 權威는必要치않다。사랑은自由로운것이오、膽大한것이다。過去時代는 代表하는祭司가必要하고 모든사람은服從하였으나 지금은그리스도로因하야 사람마다祭司다。다하나님과面接할수있다。品行方正한長子와 放蕩한次子가 다같이아바지의 입마춤을받는때다。長子도그長子인理由로 品行方正한理由로 特權을主張할수없고 次子도 그放蕩했던理由로 종이라하며 멀리서기를許치않는다。이편에서 못가더라도 아버지편에서나와맞는때다。이때에있어서先生인척하고父子의틈에介入하야禮儀、道理云云하는者는 썩어진 바리새主義者다。自由의生命은 그런것을排斥한다。

六、權威의主張이 眞理에合치않은것인證據는 그것을爲하야敎會가制定한 聖俗區別制度에 잘나타나있다。어떤權威던지 그것이自己地位를 確保하기爲하야쓰는方法이 重要한것이두가지가있다。一은 遠隔主義요 二는神秘化主義다。即自己와統治받는者의사이를 可及距離있게하는것과 彼此間에있는 支配關係를 될수록神秘한것으로만드는것이다。敎會의聖俗區別이라는것은 이作用을하는施設이다。平信徒는 敎職者를 면屆臺의階段밑에서 仰視할뿐이오 面對하지못하며 敎壇에는雲霧가서린中에서 거룩한態度로 모든것을行한다。故로單純한良心들은 거기威服되어버린다。이것을爲하야 敎會內에 必要不可缺한것이 儀式이라는것이다。거룩한儀式처럼 信者를 뜰밖으로 내몰고 아모것도아닌象徵안에 事實로무엇이 있는것같이 생각하게하는것은 없다。故로僧侶의宗敎는 儀式의宗敎다。

歷史的으로볼때 儀式은 過去時代 하나님이 그代表者를通하야 말하던때에있던것이다。當時에는 儀式이正當한意味대로 行使될때 敎育的인意味가있었다。그러나敎權의橫領을行한 僧侶들은 自己네의僭稱하는 神聖을保障하는器具로 이儀式을惡用하였다。그리하야人間을 가르치기보다도 그良心을漸漸더 어둡게하였다。바울이유대主義를撲滅하려 必死의努力을한것을보면 그弊害가얼마나하였음을알수있다。靈的인眞理에直接接하는 使徒時代에있어서 儀式이라할만한것은 別로없었다。洗禮와 主의晩餐이있었으나 모다象徵的意味로할뿐이오 儀式그自體안에 무슨効果가있다는思想은없었다。그런것이組織이 漸漸複雜하여감을따라 單純했던儀式에種種魔法的意味가붙게되었다。洗禮의물그것안에永生을주는能力이있고 祝福後의떡은實質的으로 그리스도의살이된다고하는等이다。지금보면分明히迷信이지만當時사람은敎會가行하는것인故로 率直히받었고 그것을받는限 敎職者는 하나님의 거룩한代表者인것같이 알었다。

그러나 人間의魂이自覺이되고 知識이進步된 今日에 그런魔法的能力을말하는것은 어리석을뿐이다。그리하야敎會는 다른說明을붙이기始作하였다。이번은心理的說明이다。사람이란 先天的으로 그信仰의客觀化를願하는傾向이있다

儀式이란 곧客觀化된信仰이다라고。그러나 무슨說明을붙이던지 이것이人心을 敎權에붙들어매는 힘있는끈인것은 事實이다。敎會的敬虔은 이等崇嚴한儀式의注射로 繼續이되어간다。그러나 그러한信仰은 얼마나可憐한信仰인가。萬一具體的事物을떠나서 抽象的으로생각하는能力이 豐富한者일수록 進步된者라면 敎會主義는 一個敎育思想으로라도 確實히退步의길을걷는것이다。그들은「볼지어다 때가오리니 山에서도 禮拜하지않을것이오 예루살렘에서도 하지않을것이라……하나님은神이신故로 禮拜하는者는神靈과眞理로禮拜할지니라」한말에 公然히反對하는者들이다。

聖俗의區別도 儀式도 다眞理에反하는일이다。예수의宗敎는 遠隔의宗敎가아니오 面接의宗敎며、神秘의宗敎가아니오 平易의宗敎다。사람을 하나님에接近시키는것일수록、眞理를修飾없이簡明하게 들어내는것일수록 眞理다。그리스도는 벗은몸으로 十字架에달렸다。僧侶들은 그우에絢爛한法衣를뒀으며、그앞에香을피워 그리스도에對한 尊敬을하는줄로아나 그는人間主義밖에안된다。거기依하야 그는一個藝術的陶醉慾의 滿足을얻던지、그렇지않으면 官僚的自慢感을 느끼던지、또그렇지않으면 恍惚하는 善男善女의 주머니를엿보는것밖에없다。

七、無敎會信仰이 敎權、儀式에反對할때、敎會主義者는 그를非難하야個人主義라한다。그러나이것은 事實일가。無敎會主義를 形式的으로取扱할때 그는確實히個人主義다。저는敎會를떠나 孤立한存在를가진다。그러나 無敎會主義를 一片의形式으로보지말고 實質的으로볼때 그評은決코 맞은것이아니다。外見上으로하면、無敎會主義者는 個人靈魂의救援만을 目標로하는것같다。그러나저는 決코 佛敎徒는아니다。저의第一念願은 하나님나라가臨하기다。이宇宙의嘆息이끝이는날이오기다。저가獨立하는것은 님금에忠誠하기爲하야 封建君主를버리는일이다」君命을거즛稱하던 諸侯의눈으로하면個人主義者같을것이다。絶對統治의君主의 눈으로하면君國에忠誠하는者다。저는무엇보다도爲先 人間的으로 죽자는者인대 그에게個人主義가있을餘地가없다。

다음은 그個性을尊重하는理由로 個人主義라고도한다。이것도 無敎會信仰을 一個思想으로본다면 그럴만한非難이다。無敎會主義者가 個性의絶對價値를 불으짖는것은事實이기때문이다」그러나이것도 다시생각하면 아니그렇다。基督敎를 思想的으로본다면 個人主義도아니오 社會主義도아니다」서로矛盾하는듯한 두主義가 有機的으로 統一되여있는것이야말로 基督敎의特色이다。事實에있어서 基督敎에서 强한個性尊重의 思想도나왔고 또社會思想도나왔다。이것은基督敎가 生命的眞理인證據다。理想的인社會가있다면 그社會에서는 至極히적은者하나라도 無視當하는點이 없는곳이어야할터인대 우리는이것을 基督敎에서

본다。無敎會主義者로하여금 個性의尊嚴을 새로히부르짖게하는것은 個人主義가아니오 敎會라는 物質的權威下에 人間을屈服식이랴는 敎會主義다。基督敎는 個性을沒却하는것이아니라 도리어 그價値를絶對的인것으로 높이는일이다。敎權에反對하는理由로 無敎會主義를 個人主義라하는것은 敎會를가지고 生命인사랑에依한 團體로알지않고 權力에依한 支配關係의團體인것처럼 誤解하는 人間主義에서나온말이다。敎會는個性우에 君臨할것이아니오 個性 안에있을것이오 個性을通해서있을것이다。地上敎會가 아무리하나님의것이라하고라도 하나님自身이아닌 一個「것」인담에는 個人의靈을從屬식인다는것은 救援의眞理에 違反되는일이다。하나님나라는臨할것이다。그러나今後의世界에는 個性의主張이減少될것이아니라漸々더커갈것이다。權力的統治를하려는敎權은 이미過去時代에屬하려하고있다。

無敎會主義를 個人主義라非難하는대는 以上과같은 機械的權力關係의立場에서하는外에 또近來의 社會科學의思想에 影響을받아가지고오는것도 있는듯하다。近世에와서 社會科學의發達에따라 人生觀이매우變하였다。從來에 사람을個人的으로만 即 個人을 自足的인것으로만보던것이 지금은人間이란 根本에있어 社會的存在요 個人이라는것은 單純한抽象에不過한다고 생각하는思想이 盛해졌다。이思想은 人間의自己發見史上에서 確實히一大時期를劃하는것이라할것이다。이에依하야 우리의 人間에對한理解는 一段깊어졌다。그런대이思想이基督敎에도 影響을주어 從來의個人的福音에對하야 社會的福音이있어야한다고 力說하는사람들을 보게되었다。無敎會主義가 敎會主義에反對할때 그는個人主義어서안되었다。個人으로는 信仰이不可能하다하고 非難하는말은 直接間接그러한思想의 影響이 있는듯하다。個人對社會關係를 個人對敎會關係에 適用할때 社會를떠나 生活이라는것이없다하는말은 敎會를떠나 信仰이없다하는말이된다。그러나 이適用은果然옳을가。社會關係에있어서 問題의重點은 物質的또는精神的으로되는 個體個性間의 相互關係다。그러나敎會에있어서 問題의重點은 相互關係에있는것이아니오 하나님의말슴對 人間性에있다。社會關係에있어서는 部分對全體의 平面的關係이나 敎會에있어서는 神對人間의 上下의關係다。敎會에있어서는 個體가問題되는것안이라 人間그것이總體的으로問題가되는것이다。故로여긔서는 一人間社會로서의現敎會는 社會關係에서와같이 個人에對하야 優越權을主張할 무엇이없다。究極에있어 社會나個人이나 同質이기때문이다。이境遇에 權威를가지는것은 天上의敎會다。그런대이敎會는 組織的關係의敎會가아니오 全體가個體안에있고 個體가全體안에있는 人格的인敎會다。故로 個人이기때문에 信仰不可能이라는말은 成立될수없다。

個人主義라는말과同時에 無敎會主義者가받는非難은 主觀的이라는것이다。即 無敎會信者는 敎會를모르는故로 그信仰은 客觀性을가지지못한 저一人의所信에지나지않는다는것이다。그러나이것도 맞지않은말이다。客觀性의根據를多度性에두는 科學的眞理에서 하는말이면 그는옳은말이다。科學的觀察에서는 누가보던지 언제보던지 恒常同一한現象을얻는것이 客觀的인것이다。自己혼자는아무리그렇다고보아도 一般다른사람이 그렇게보지않으면 眞理라는主張을할수가없다。所謂井底蛙의所見이라는것이다。그러나 信仰에있어서 客觀性이라는것은 그런數的性質의것일수없다。科學的客觀은 法則的인것인데 法則이란結局 多度性을根據로하는것인故로 거긔서는一般의意見이 最後的權威를가진다하겠지만 信仰의客觀性은 法則에있는것이아니오 生命的인眞理에있다。萬一數的으로한다면 佛敎徒의國에서는基督敎信仰은 主觀이라할밖에없다。勿論그렇지는않다。信仰에서主觀이란 個人的意思라는 意味의것이아니라 人間的이라는意味가아니면안된다。數千名敎會의可決이라도 人間的이면 이는人間主觀이오 單一人의告白이라도 사람의靈魂을살리는神的이면 이는億萬代에 審判하는權을가지는客觀的인것이다。그러고個人인故로 神的인것에 到達할수없다는法은없다。그는祭司宗敎時代의 옛思想이오 그리스도以後에는 無意味한말이다。예수는 골방에서祈禱하라고分明히가르쳤다。

그러나一切의辯論을그만두고 事實로써 判斷하게하라。無敎會主義者의 좁은主觀이어대있는가。저는 하나님앞에서 自己를죽은者라한다。그것이主觀인가、그러하면 그리스도도 主觀主義者다。저는 사람은믿음으로만 救援을얻는다고한다。그것이主觀인가、그렇다면 베드로도主觀主義者다。저는 一切의儀式은 얽메는것뿐이오 아모意味없다한다。그것이主觀인가 그리하면 바울도主觀主義者다。基督敎의根本眞理에關해서 어느것을無敎會主義者는 曲解하던가。聖經의眞理를말하면 敎會의信者는 그것은좋다。그것도同感이다하고 贊成하며、敎會의弊害를말할때까지 果然이라고한다。그러고는「그러나 敎會에오지않는것만은………」한다。그렇다 그敎會에들어가지않는것만이主觀이다。그러나그것은 마치 그果實은다좋으나 그나무만은좋지않다하는것과 다름없다。그러한批評은「敎會란 하나님의말슴이있는곳이다、그敎會에屬치않는것이니까 그것은一片의主觀이다」하는形式的論法에서나오는것이오 事實을無視한것이다。無敎會信者가 牧師의손을뿌리치고 敎會堂에서脫出한것은 獨斷에서演繹한것이아니오 良心에向하야 挑戰하는事實에못견디어 決論한일이다。누가알리오 敎會萬能을主張하는 그思想이야말로 人間的主觀이아닌가함을。

八、그러나그렇게말함은無敎會主義者가 自己를義롭다하

가爲하야서가아니다。 저는깨여진土器다。 缺點투성의人間이다。自己主張을할 무엇이없다。오직 그안에담기는 無敎會的인眞理가 歷史的重大性을띄기때문이다。한말로써하면 無敎會主義는 敎會를否認하는것이아니라敎會主義를排斥한다。거룩한敎會를 否認하는것이아니오 그地上의 投影까지도否認하는것이아니다。 現敎會안에들어있는 敎會主義를 미워한다。 敎會는 그리스도의 사랑에依하야 發生할것이오만들것이아니다。 그런대 現敎會안에는敎會本位로 人間的努力으로 敎會를만들자는主義가 들어있는故로 그것을미워한다。 그리고敎會主義를 미워함에依하야 自己自身을否定한다。 우리는우리自身안에 敎會主義에固定하려는 先天的傾向을 가지고있기때문이다。 無敎會主義는 人間否定主義다。 團體거나 個人이거나 그것이問題아니다。 團體인까닭으로 不可하다는것아니오 個人인故로옳다는것이아니다그렇게생각함은 無敎會의眞意를알지못한것이다。 敎會를判斷하려는 傲慢에서가아니라 人間主義를물리치고 謙遜하기爲하야서다。 非社交的인 個人的性格에依하야서가아니다人間本位를싫여하는 眞理로因하야서다。 孤獨을좋아하는者같이생각하나 어찌孤獨을自取하리오 누구보다더 敎會를願한다。 그리스도에依하야 連結되는 兄弟姉妹의敎會 그는얼마나부러운것인가。 그러나虛僞를犯하야서까지 享樂을貪할수는없다。 그리스도인들 어찌孤獨이좋아서 最後에겟세마네에서까지 홀로祈禱하였으리오 人間이들어와서 아니되겠는故로 不得已한일이었다。人間은社會的動物이라고哲學者는말한다。 그렇다 그는眞理다。 人間은社會的이다。故로참人間的인것은 卽人間의强點은 個人的인대보다 社會的인대 더들어있다。 自由信者보다 敎會信者에 人間的인것이 더들어있다。 그런故로 人間主義를미워하는 無敎會主義는 敎會主義를미워한다。

無敎會主義는否定主義다。 언제던지否定的이자는主義다。靑年性을 永遠히 가지자는것이다。 傳統에對하야 反抗的、批判的인態度를取하던 靑年思想家도 老熟하면保守的이되는것같이、 어떤信仰도그나타날때는 푸로테스트的이나 마츰내는 一個體系를일우어 固定하고마는것이다。 無敎會信仰은 永遠히體系를 일우지말자는것이다。 現實을 無視하는理想主義者라는 非難을들으며 人間修業이不足한偏陜漢、粗野漢이라는 辱을들으면서라도 固定化하려는 時流에反抗하자는것이다。 그런故로저는 極端으로나간다는말도 듣고 內容이貧弱하다는評도듣고 甚하면 遊戲氣分으로 猜忌心으로 남의일에反對하는者라는 말도들을수있다。 저는그모든것을알면서도 그人氣없는일을한다。 그는數千名의會員은 永遠히얻지못할것이다。 다른무엇이 다되더라도 無敎會派가社會的大勢力으로는 되지못할것이다。 될만하게되면저는再反抗을하고脫出하기때문이다。 그의所願은曠野의預言

者와같이沈滯하는敎界에向하야 한個웨침을보내면足하다。

그러나저를 消極論者라고 誤解하야서는안된다。저는積極的으로主張하는 眞理가있어서 反抗을하는者다。저는神絕對中心主義者다。人間主義를排斥함도 하나님絕對中心이기爲하야서요、敎權을反對함도 그것이하나님에對하야 貴族主義이기때문이다。저는하나님의 絕對統治下에成立되는信仰의떼모크라시를主張한다。思想的으로볼때 떼모크라시는 時代에뒤젔는지않섰는지 그를모른다。그러나靈魂의要求도볼때 예수로因하야 모든사람이 다같이子女요 다같이祭司요 一首의價値가 九十九首의價値에서 輕치않다는聖書의떼모크라시는 天來의福音이다。故로저는 自己信仰에오는 一切의干涉拘束을 排斥한다。그러나그는 權力의떼모크라시가아니오 愛의떼모크라시다。하나님에對한 絕對服從에依하야되는 絕對平等 絕對自由의나라다。나라라기보다 집이다。敎會는 國家的이기보다家庭的이어야할것이다。法權이支配하는대가아니라 사랑이和合하게하는곳이다。故로하나님에對한 絕對服從이라함은 곧하나님에 向하야온전한사랑을들이는일이다。無敎會主義는 하나님만을사랑하자는努力이다。그를爲하야 敎會를버린다。그러나眞理는逆理的이다。生命을아끼는者가잃고 버리는者가 永生을님는것같이、敎會에固着하는者는 도리어잃을것이나 이地上에서 敎會를버리는者는、永遠한하나님의敎會를가진다。

(第十二頁에서續) 單純히手續의어그러진것만이있다면 그成就가되지못할뿐이오 害를받을것은없지만、合當치않은祈禱를하는中에는 自己는비록 하나님에게하는줄로 알지라도不知不識間에 空中의權勢를잡은者에向하야하는 일이있게된다。그때는 그所求를받지못할뿐아니라刑罰까지받게된다。祈禱中에或異像을보고 氣壓되며 失性하며 或迷惑하는者가 있으나 이런것들은 모두하나님으로말미암지않은證據다。故도예수께서 말슴하시기를 祈禱하야 迷惑에빠지지말라하였으며 또는「내이름으로祈禱하라」하시었다。

(第十七頁의續)에 지내지못하는것들이다。아니 그리스도를 울리는것이며 神을嘆息케하는것이다。예수의聖誕祝賀는信仰者의一常生活의凡事에있어야한다。信者의心臟에다 그리스도의形像을 凡事에誕生시켜야하며、또한 그리스도의誕生을不絕히歡迎祝賀하는生活이되여야한다。信者여 어느便이 하나님의聖意에合當하겠느냐? 右하든 左하든 其中에 唯一의眞義를擇하라。

아今日의信者여! 眞義를擇하여 그대는 永生할者이오不義를擇하여 그대는敗亡할진저。(끝)

로고쓰를 함께呼吸하여 靈과眞理로 걸으시는 親愛하여주시는愛의先生님 宇宙에充滿한 그리스도의秘密의眞理를 凡事에發見하여가심을 所望하야 主예수께恒常祈願하나이다。愛의先生님 以上의보잘것없는글은 小生이切實히 感한대로쓴다고한것이 拙筆의소치로內容이 確實치못합니다。充分치못한대는增加하여주옵소서。一九三六年三月十一日 文信活 拜上」

祈禱

姜濟建

祈禱를하는法은 東西洋을勿論하고 太古부터있다。우리나라에서도 예로부터 山川에祈禱한다、或하늘에祭祀하여빈다 하는말이있으며、支那에도史傳에有名한것으로말하면湯님금이七年大旱에 스스로罪人의모양을하여 비를빌었다고하였다。그後에聖人孔子도「丘之禱久矣」라하였으니 어떤形式으로하였는지는 알수없으나 何如間많이祈禱하였던것은事實이다。中世代에나려오며 저舊約에서 有名한것으로는 엘니야의祈禱가있고 사가랴의祈禱도있고 바리새敎人들도많이祈禱를하였다。그런故로 主께서저들을責할때에큰길거리에서 重言復言祈禱한다고하였다。이로써보면 祈禱하는風習은 어느時代에나있었다。祈禱는사람의天性에서自然히나오는것이다。어느特別한사람만이하거나 어떤한때에始作이되여 퍼진것이아니라 사람인담에는 祈禱하는것이있고 사람의사는곳에는 祈禱의壇이있었던것이다。

그러나 우리그리스도人의祈禱는 그러한意味의祈禱와는다른것이있다。믿기前에는 그런祈禱로만도 足하였을는지모르나 믿은後의祈禱는 그보다크고깊은意味가있다。첫째우리의祈禱는 하나님이許諾하신祈禱다。山川에나 木石에나 禽獸昆蟲의形像에向하야하는 迷信的인것이나 漠然히蒼天을向하야 하느님을불으는것이나、또는참말希臘사람모양으로 아지못하는神을向하야 願하는것이아니라、우리는하나님편에서 求해라 求하면주마 하고許諾하신것을 求하는것이다。이렇게하신것은 하나님의無限한사랑에서 나온것이다。그는우리를救援하시는일에對하야 不足한것이없이 充分히하시었다。그러나그래도 우리肉身의弱한情地를體恤하시어서 그저두시지못하고 어대까지돕기爲하야 祈禱하기를許諾하신것이다。아들예수그리스도가왔음애 그가人間을救하시는일로는 할바를다한것이나、그러나우리가歉弱함애 그를爲하야 다시길을베풀어 우리가 危急한때에언제나呼訴하야 救助船을請할수있게하신것이다。故로우리祈禱는 그것이弱한靈魂의哀訴인限 保障된祈禱다。저편에서 주겠는지아니주겠는지 알지도못하는것을 온갖阿諂으로써 好意를얻어 所願을成就하려하고 精誠을들였다가 일우어지지않으면 곧背叛하는異邦的祈禱와는 아주다르다。

둘재는 許諾하실뿐아니라 主自身이直接가르쳐까지주신祈禱다。弟子들이 祈禱를가르쳐달라고 請할때에 너의는이렇게祈禱하라 하시고 가르쳐주신것이 오늘날우리가主祈禱라부르는것이다。主祈禱는事實 우리祈禱다。信者의祈禱는 거기서 어그러저서 될수없다。勿論 우리가 實地로하는 祈禱에있어서는 반드시主祈禱만아니오 그보다많은

말로서 여러가지를 求하지않으면안되는것이 많이있다。그러나 그는外樣이오 그根本意味에있어서 우리祈禱는 主祈禱의外에 버서날수없다。主가가르치신것은 祈禱의言辭를 가르치신것이아니라 그題目을가르치신것이다。故로우리祈禱가 그題目에맞은限 保證된것이다。

그러나 그렇다고해서 하나님便에서 許諾하신것이오 가르처주신것이니 함부로求하기만하면 다받는가하면 그렇지않다。許諾하고가르치는것은 하나님便의일이오 사람은 사람便에서 또合當한것이있어야한다。即適當한手續을밟으어야한다。國家의일로譬喩하면 나라에서 鑛產을奬勵하고 그請願方式을 公布할때 權利로하면 어느國民이나 다할수있다。그러나事實로 그採掘의許可를 얻는者는一定한手續規定에 合한者라야된다。그러면그手續이란무엇인가 一은 適確한目的이오 二는 信用이오 三은身分이오 四는 實力이오 五는 實行이다。即그鑛山을 許하야주면 經營하겠다는 確實한目的을 갖인者로서 信用있는人物이오 相當한社會的地位를갖이고 事業을進行할만한 實力을갖인者며 即時實行에着手하는者아니면않된다。우리祈禱에도 맛천가지의條件이必要하다。目的없이하는祈禱를 하나님이들으실수없는것이오 熱心있는目的이있어도 우리自身이 하나님의信用하는人物이오 求하는그것에合當한 地位에있고 그것을 行使할만한道德的實力이있어 實行하는者가아니면 않된다。故로各사람은 自己에合當한祈禱가있어야한다。예수께서는 自己의祈禱는 恒常고요한곳에서하시고 사람들을參與시키지않었으며 變化山에올을때에도 三弟子만다리고갓고 다른弟子는 山下에두었다。그렇게한것은 祈禱에는 거기合當한資格을갖이는일이 必要하기때문이다。十字架를目前에두고 겟세마네에서祈禱하실때도 弟子는一人도 許치않고 自己홀로하시었다。그들은아직 그場面에설資格이없었기때문이었다。

이러한故로 祈禱에는 眞僞두가지가있다。그手續이合當한祈禱면 참祈禱요 그렇지않으면 거즛것이다。참것이면 반드시여러사람 여러말이기를要求치않고 거즛것이면 아무리多數한사람과 重言復言하는 千萬言이라도 아무所用이없다。이點에있어서 共同祈禱를 매우삼갈 必要를알게된다。많은사람이모혀 떠드는목소리로 祈禱하면 힘이있는줄로생각하는이가不少하지만 이는마치하나님을 大衆의示威運動에依하야 讓步하는 어리석은君主와같이 생각하는일이다。아모리多數라도 資格에合當치않은者들이면 그熱心은 神에對하야 強制를行하려는 暴動에不過하는것이다。公義와眞理의하나님이 그것으로 움즉여질수는 없는일이다。

祈禱가거즛것이면 그成就를 얻지못할뿐아니라 도리어罰을받는危險이있다。하나님에게들이는祈禱가 (十頁으로續)

크리스마쓰에對한 나의反感!

年年이 陽歷으로 十二月二十五日인今日을 救主예수의 聖誕日이라하야 在來의信者들이 此日을 尊崇視하여왔음은 勿論이지마는 現今敎人들도 亦是 이날에 各色設備로써 宏莊하게尊重視하고있다。然而나 萬代萬民을 救援할 메시야예수가 猶太國‧벧을레헴 오양간에서 誕生 하였다는 證據는 確實이있지마는、十二月二十五日에誕生하였다는 年月日은 細密한證據도없다。나의信仰經驗으로 信認하기는예수의誕生日을 하나님께서 絕對 秘密로둔것같다。

新約聖書中 馬太福音 누가福音에 예수誕生의記事가 明白히 揭載되여있지마는 何年何月何日何時에 誕降하였다는 事實은 到底히 찾어볼수없다。萬一 救主예수의 誕生日을 人類歷史 宇宙史背後에 現顯하여 當身이榮華롭게 되였을진대 全知全能하신 하나님께서 如何한 境遇를通하여서라도 明白히 들어내엿을것이아닌가。그리고 예수께서도 사랑하는十二弟子와 三年間이나 함께있으면서 當身에게對한 여러가지說論를 다ㅣ하였지만 自己의 誕生年月日은 一言도함이없다。그는마지막 晩餐의 宴會에서도 當身의 誕生年月日에限하여는 一分子도 남기지않고 秘密을지킨것이다。그런대 現代의 聖書解釋家들中에 或者는 예수誕生한때가 冬節이라고、或者는解하기를 夏節이라고하며 各者의解釋이各異하다。然而나 冬節이든 夏節이든 예수께서 秘密에돌리고 聖書歷史가 亦是 그렇게하여온것을 現信者가 왜ㅣ그날을 造作으로 制定하여서까지하야 예수의 誕生日을 記念祝賀한다하고 일부러 그날을 尊重視하며 안이甚하면 偶像化하고 있는가?吾人은 此事를痛憤이 生覺한다。

然而나 信者라고하면 누구를勿論하고 救主예수의聖誕을 眞心感讚의榮光을 안이돌릴수없고 日常生活에서 입으로感激의讚美가 넘치지안이치못한다。萬代萬民의 生命糧食이되여주시랴고 말로形言할수없는 하늘의 榮光을잇으시고 不完全한 世上에 罪의形像을取하여 誕降하신 그ㅣ救主예수의 聖誕을 나도亦是 感謝와 讚頌과 榮光을 안이돌릴수없고 또한一時인들 잊을수없다。하나 그러나 明確지못한 誕生日을 사람의推想으로 造作하여내여 마치 朝鮮人이 所謂佳節이라고 期待하고있는 八月한가위나 正月初하로를 쉬이는것같이、今日의信者들도 十二月二十五日을 佳節로 制定하여두고 年年이宏莊한 形式을 꿈여 이날을쉬이며 自足해한다。아 이까닭에 하나님께서 獨生子예수의 誕生日을秘密에付하였고 예수께서도 또한 沈默을守하섰다。

여기에서 옛날모세의實例를들어 像徵的으로 對照하여

述하고저한다。果然 舊約聖書는 新約의寫本이오 또한 影姿인만큼 시내山에서 모세에게보여준 聖幕의休庭는 곧 예수의自身을 가진것이다。舊約의全內容이 예수自身에와서 完成된故로 舊約의事實을들어 現基督敎狀態를 對照하야 像徵으로말할수있는것이다。

故로 옛날이스라엘民族이 埃及에捕擄되여 慘憺한難境에서 酷毒한受難으로 悲嘆의熱淚에 자어있었다。아慈悲하신 하나님께서는 矜恤이넉이시고 모세란先知를擇하야 捕擄된 이스라엘大衆을引導하여獰惡한埃及을脫出하였다。오 하나님께서 밤이면불긔동으로 낮이면구름긔동으로 對敵이後逐하야 危險한 極難境에 到達하여는 紅海를처서 陸路를만드러救援하였고 其後 廣野에到着하야 四十年이란長久한歲月이 흐르는동안에 주리면 만나를나리워주고 渴할때 磐石을처서 甘水를내여마시게하였으며 고기먹고저한즉 고기를주어 먹게하였다。

아 하나님의恩惠를 寤寐不忘할일이것만 無知하고 强暴한 이스라엘民族은 하나님의能力으로救援을받았음도 不拘하고 얼핏하면하나님을 怨忘하고 얼핏하면 돌을들어 모세를처서 죽일려하였다。故로 하나님은 모세를 시내山上으로불러 律法을주웠든것이다。其後모세가 시내山에서 날어오기를더대함애 이스라엘民衆은 모세兄 아론을 向하야 또한怨忘하며 볼으짖기를 「埃及에서 우리를引導하야나오게한 모세는 어찌되였는지아지못하게스니 우리를爲하여 神을만들어 우리앞을引導하게하라」고하였다。아民族의怨忘에 打擊을받은 아론은 恐怖心에 떨리는音聲으로「너의안해와 子女의귀에 더러운금고리를 빼여가지고오라」하였다。그래서 그들은모름직이 가지고와서 金송아지偶像을 製造하여 고앞에祭壇을쌓고 하나님代身에 모세를섬기게되였다。現今所謂敎役者中에도 아론과 恰似한類의 敎役者가 無數히많다。敎人들의 怨忘과批評에 恐怖하야 眞理가 안인줄알면서도 하나님의뜻에 비초여良心에苛責이됨도不拘하고 敎人들의마음만 살랴고한다。오 남을引導하는 傳道者諸君들이여 怨忘과批評을 들을지언정 誤解와指目을 받을지언정 안이 망영된批判이波亂重疊할지라도 主의聖意대로 引導하기에 躊躇치마라。예수도 山上에서說諭하시되 「是는 是라하고 非는非라하라」고(마六〇三十七) 예수께서또한 十二弟子를 傳道派遣할때 論하시되 「몸은죽여도 靈魂을 能히죽이지못할者를 두려워하지말고 오직身과 靈魂을 能히 地獄에 滅하시는者를 恐怖하라」고(마十〇二十八)。또한 使徒바울이 고린도敎人에게 敎訓하되「대게 내가 너의중에서 예수그리스도와十字架에못박힌것外에는 다른것은 아주안이알기로 作定하였고、내가 너의中에居할때에 弱하며 恐怖하며 甚히 떨었노라 내言論과 내 傳道함이 智慧의 고흔말로하지안이하고 다만 聖神의나타남과 權能으로하야 너의信仰이 사람의 智慧에 있지아니하게하고 하나님의權能에 있게 하려하였노라」 고(고前二〇二-五)。今日의 所謂傳道者輩여 智慧의고흔말로 敎人의귀만 즐겁게하고 높은信仰에 바로 서서 하나님의權能으로하라！또한本論을繼續하 고저한다。

그後에 하나님의 指示를받은 모세는 두法碑를 兩肩에걸머메고 시내山下를 내려오게되었다。그래서 얼마를 나려오다 들으니 聖殿歌도아닌 異常한노래소리가들렸다 그래서 漸次漸次 近處에와서보니 금송아지·偶像앞에서 춤추고노래하며 먹고마시는그들을보왔다。아ㅣ義憤이充天해진 모세는 터저오르는義怒를 참을나야참을수없어 걸머젓든 두法碑를 思情없이집어던지며 아ㅣ이ㅣ타할 悖逆한民族들아！하고高喊을 질은것이다。아ㅣ人間의本質은古今을 勿論하고 이와같이 그릇되었다。對象이錯誤된 이스라엘民族은 捕擄에서 救援하여나온 여호와하나님을떠나서金송아지偶像을造作하야 引導者모세를 代身하였든것이다。아니 그들은 하나님을 信仰하지않고 모세를信仰한 까닭이다。故로 對象이錯誤된 이스라엘民族의 心理를잘 監察하신 하나님께서는 모세의屍體와 死亡한年月日까지를 들어내지않고隱藏하여바렸다(신명긔三十四〇六參考)。이 句節을읽어보면 여호와께서 모압따幽谷에 葬死하였으니 오늘날까지 그墓를아는 사람이없드라는 말이있어도 모세의屍體를 이스라엘民族이 어떻게하였노라는 句節은 舊約聖書中에서 도모지찾어볼수없다。아ㅣ眞實로異常하다。웨ㅣ하나님께서 그들의引導者인모세를 그들의 目前에서 死하게하여 그들이埋葬하도록하지않고 何必 모압深山幽谷에 埋葬하여바렸는가。人間道德的倫理로나 사람의人情上으로 비치어보와서는 當然히 그들의目前에서 別世하여 그들이安葬을하여야될일이아닌가? 하나그러나 하나님의經綸 하나님의攝理는 그렇지않다。故로 하나님의經綸과人間의思想과는 本質的으로 大ㅣ矛盾이다。

아ㅣ人間의 心理狀態를 먼저監察하였든 하나님께서는 모세의屍體를 隱藏하지아니치못하였으리라。모세가 시내山에올라간지 不過四十日夜가 그다지 長久한時日이아니지마는 金송아지를 造作하야 하나님代身에 모세를崇拜하였든 그ㅣ大衆이 萬一 모세의屍體와 死亡의年月日을 알었든들 어찌되었을가?

아ㅣ저ㅣ무리들은 모세의死尸를 하나님처럼 崇拜하였을것이다。그ㅣ까닭에 여호와하나님께서는 모압深山幽谷에 埋藏하여바렸든것이다。果然 하나님의攝理 하나님의神秘 하나님의聖意는 實로이러하다。世人이알지못할 大秘密이다。아ㅣ모압山深谷에 모세屍體를 隱藏하여왔든 하나님은 萬代萬民을救援할 救主예수의誕生年月日도 絕對秘密을지켜서 聖書歷史 人類歷史에 現顯하지아니하였든것이다。

모세가 시내山에서 더되옴을 틈타서 金송아지偶像을造作하야 모세를崇拜하였든 이스라엘民族이 萬一모세의死体와 死亡의年月日을 發見하였든들 더ㅣ宏壯히崇拜하였을것은 事實인거와맛찬가지로, 하나님께서 秘密로두었든 예수誕生日을 일부러造作하야 그ㅣ날을代尙하고 그ㅣ날을尊重視하는 現代所謂信者들이 萬一救主 聖誕年月日을 確實히現顯하여 두었든들 尤甚하였을것이다。이까닭에 예수께서도 三十三年間이나 世上에게시면서 아모의게도 自己의生日을말하지아니하였다。또한 예수誕生日을 그렇게造作하였어라도 하나님의聖意에 適合한 眞理일것같으면「죽을지언정 主를 저바리지않겠다」는 베드로가 造作宣傳하지아니하였을리가없고、其外에 主를爲하야 죽도록忠誠한 모든使徒들이 말하여오지않었을리가없다。

보라 使徒바울이 主를篤實이信仰하였고 또한 그리스도를徹底이体驗함에서 恩書를十四回나記錄하여 各處로보내엿지마는 救主예수의誕生日을 記念祝賀하라는 句節은一句도없지안는가、오ㅣ信者여! 여긔서한번返省할 理念이있지안는가? 年年이그날을祝賀하여오는 傳例가있으니까 안이 지나간 많은基督敎先輩들이 重要視하여왔으니까 우리도이날을 記念祝賀하겠다고 固執할것이안이라 하나님의義意인가 안이인가를 分別하야 徹底이覺悟할것이다。信者의體面維持로 祝賀狀이往來하고 떡을만들어 敎會堂에서 서로分食하며 禮拜堂講壇周圍를 燦爛하게꾸며놓고 美人의讚揚隊를 壇上에세워서 激朗한목소리로唱歌를하며 甚하면舞蹈이 버러진다。그ㅣ뿐인가 所謂講壇에서聖劇이라는 名板을붙이고 보기좋게舞臺를꾸미고는 거기에서 예수의形像을만들고 마리아를꾸미고 요셉을꾸미고天使를꾸미고 박사와 목자를꾸며서 마리아가예수를誕產하는 形容을하며 天使가現夢하는 숭내를내고 博士가膳物드리는 形容을한다。이러한類로서 크리스마스를 歡迎하는祝賀라하며 現信者는 이것으로 하나님께榮光이되리라는 希望을가지고 스스로自足해한다。하나 그것이그리스도를 熱望하는衷心、아니 그聖靈을받아들이는 眞心에서 끌어 나오는 眞事等일까?또한 不信者의마음을 感化시길能力이될까? 아니다。이모ㅣ든形式等은 信不信間青年男女의 耳目을사는데에 適合할는지모르나 그리스도를榮華롭게하거나 不信者의마음을 感動시켜 그리스도의精神을 그들의마음에 채워줄聖靈의일이되기는萬無하다。似而非한 非眞理를 絶對容納치않든 예수께서 그類의形式을 기뻐할것인가? 아ㅣ信者여! 例를보라 登壇하는男女가 顔面이나빤빤하고 몸집이나맵시좋게하며 聲音이나激朗하고 曲調만좋으면 耳目을기우리지만、어떠한信者가眞正한意味로 聖書一句를 조곰기쁘게朗讀한다면 그만厭

憎을가지는者가 一敎會를치고도 半數以上이그러하다。登壇한 男女의心理가그러하고 壇下에서聽見하는男女가亦是그러하다。故로 거기에무슨 넘치는恩惠가있으며 그것들이 어찌 하나님을榮華롭게할 祝賀가되겠느냐?

嗚呼 今日의信者여! 明明白白한良心을가지고 하나님의聖意에 비치어보아라。그리스도를마음에 받아들이고저하는 懇切한心情인가?自己의技藝를 들어내어自矜을 하고저하는手作인가? 이는根本的으로 하나님의經綸과 聖意에는脫線이다。故로 猶太敎人의 形式과 儀式과 外飾을 餘地없이禍있으리라고 叱責하시든 예수께서 이와같은形式과 外飾을 기뻐하실理가없다。기늘이길이참으시든 하나님께서는 愛怒하신다(出埃及記三十二〇10節)。보니「너는 나를막지말라 내가저의를 震怒하야滅하고 네子孫으로大邦을이루게하리라」하였다。하나님의 이말슴은 最高唯一의神인自己를 對像하지않고 금송아지偶像을만들어 모세를對像한 이스라엘民族을 恨하여全滅하겠다는말슴이다。그리고(出埃及記三十二〇十二)에 이러한 모세의懇求가있다。「求하옵나니 主의震怒함을끄치사 이禍를主의百姓에게 나리시기를뉘우치소서」란哀다는祈禱가있었다。故로 하나님은뉘우치시고 나리겠다하시든 禍를나리지아니하셨다。이와마찬가지로 現敎會信者輩들도 하나님의聖意와原理를떠나 모―든儀式과 制度와 形式에만 魔醉되어 聖靈의嘆息이 하날에서모치게한다。아―기늘이참으시든하나님은 各各事變에서 震怒를나리고저 너는내손을막지말라하시나 그러나 慈悲하신主님은 哀다는音聲으로 손과발에뚜렸한 못자욱과 창에맞은옆구리를 내어놓고「오―아바지여 이를보시고 좀더 참으소서 올만더 참으소서」하시며 哀訴는祈禱를하시고 있을것이다。그래서 하나님은 길이길이참으신다。

아―信者여―精神을차려深覺하라!

아―信者여―눈을떠서反省하라!

그렇지않으면 不遠에禍있으리라。오늘날의敎會가 漸々退敗하여짐은 무슨原因인고。形飾과 制度에 魔醉된 그대들의不健全한 罪가아니고무엇이냐?아―今日의信者輩들아 그대가하나님의選民이어든 徹底히自覺하여 懺悔의血淚를뿌려라。淺薄한 그體面 그形式 그制度에 拘束되어 不健全한信仰生活을하지말고 그모든法과 形式에서 우으로오는眞理로 解放을받아 成長發育하는 信仰이되어라。

信者여 예수그리스도의聖誕祝賀는 十二月二十五日에만 有限한것이아니다。祝賀狀이往來하는體面維持에 있는것도아니다。떡을만들고甘酒를만들어 宏壯한宴會를함에있는것도아니다。聖劇이라는名板을붙이고燦爛한舞臺우에서 예수誕生의形態를 숭내를냄에 있는것도아니다。그모든것들은 다사람耳目의要求를채워주는 作亂노름 〔第十頁에續〕

信仰의父金元三氏訪問記

朴大根兄의紹介로 全世界에稀有한篤信者한분을알았다。그옛날누가福音二〇二十五節에있는 시므온을聯想키된다。記者는지난一月어느날 小鹿島倫敎現下人口一千二百餘名를抱擁하고있는 中央里信仰의父元三兄에訪問記를써보겠다는 漠然한欲望으로 急速히進軍하였다。때마츰中央食堂에서는 正午를告하는구슬픈警笛이울고있었다。情든故土를떠나望鄕病에허덕이는우리들에서름을呼訴하는듯하였다。元來벽창호인記者는忌憚없이 希望에불라는마음으로 體面도不關하고 元三氏房으로드려가來意를말하니 氏는자못謙遜한態度로「무엇다ㅣ하나님의恩寵이지오 나는 有名無實님니다」하고 筆者를正面으로向하야開口하신다。聖朝誌愛讀者여 놀라지말아 筆者와同席한話題에主人公 이ㅣ분은全南羅州一寒村의胎生으로 二十二年前에不幸인지幸인지 惡疾로因하야 大正十一年頃에本園에入園하기되였다한다。同年으로부터基督信者가되여 春風秋雨滿十個星霜을一次의缺席도없이 禮拜出席한圓滿한분이다。나의讀者여十年이란 歲月를經過하는그동안 發風雨치는그날과 고달푼病魔로呻吟한날이 그몇번이겠느냐 고요히生覺해보라。肉體나健康하냐하면 아니라盲人이오 不健康은말할것도없다。弱한身體盲人으로서 人間一生을通하야 짧지않는 이十年이야말로 健康者의三十年보다도 久遠하다하겠다。그나그뿐이냐하면아니라 盲人임에도不拘하고 남의눈을빌어默示錄全部와 베드로前後書、야고보、요한一書全體를외우신다하며 또는十年主日工課要節全部를暗誦해서 現今도글자하나誤字없이외운다하니 이얼마나熱心家이냐。이熱誠이야能히北氷海를녹일것이며 目下차듸찬全鮮信友의心臟에믿음의 爆彈이될수있으며、따라서信仰의代表的父라하겠다。主의苦難을同感하는意味로兄은 一週日間式禁食한것은 枚擧하기難할만큼많다。그리고主日食事全部斷食하기를 一個年間이나하였다한다。氏는晝夜를不問하고 同患을爲하야 敎會를爲하야 不信者를爲하야 더나가全世界人類를爲하야 祈禱하기를 休息치않는다。아니이것을日課로定하였다。아ㅣ讀者諸君이여 이런信者가地上을通하야 몇사람이나될는지!

以上과같은 信仰의實話를듣고 믿음이弱한記者는 등골의찬땀이흐르는反面에 氏를欽慕하고싶고 尊敬의意를不禁하였다。當年四十七歲인兄은 病으로早老함인지 벌서머리는白髮이盈盛하다。天國이머ㅣ근지않는兄이여 加一層奮發하야 熱烈한믿음의勇士가되여주시오할뿐이다。眞實로信仰의아버지元三兄이여 당신은 이웃사랑하기를 네몸과같이하라하신 그리스도의 둘도없는忠僕으로아는바이며、오로지이誡命을 兄은글과말로만이아니오 참다운實踐家로아옵나이다。結論으로兄이여 즐거운者로더부러歡樂하고 우는者와한가지슬퍼하고 可憐한盲友俱樂部員과함께 길이ㅣ길이사랑의울음을 울어주시기를希望하는바이다。이런偉大한篤信家를갖인 우리小鹿島敎會는 다시없는無上의榮光으로알고 바야흐로 피빛놀이西天으로기ㅣ우러지려할때 元三氏自宅을 祈禱하는마음으로 記者는 고요히退席하였다。 (南生里에서 金桂花)

筆者가앞으로 두어분의信仰家되시는兄妹를 紹介코저하오니 讀者들의寬恕를바란다。

聖朝通信

一九三六年一月十七日（金）晴。간밤에 零下二十度一分。今年度의最高記錄。○지난 冬季休業中에 同窓의某友가 滯京數日間에三四次來訪하였다가 期於히相逢치못하고갔더니、日間은 遠來의誌友某氏가 滯京中數次來訪한것을 못맞나다。그럴理萬無하지마는 마치面會를 忌避하는것같이도되였다。이는 집과學校와印刷所와語學會等에 去就하는時間의長短이 一定치못하고 齒車처럼輪轉하는때에 機會좋게되여야 面會하게되는故이다。一人分의職業을가진外에 雜誌하나 하여가는者의處地를洞察하고 過히怒여워마시라고 知友에게 빌수밖에없다。

一月十八日（土）晴。간밤은十九度七分。凍慄한말이지마는 机上에서執筆하기도 凍傷한手足이 甚히괴롭다。日間은 추이에견디는것이能事。

一月十九日（日）晴。午后二時에는 學生班의英文解釋、同三十分부터 譬喩研究第二回、○崇實校長尹山溫氏罷免의報道。

一月二十日（月）晴。參與하여야할宴會있는것을 저편에서 能動的으로免除하여주어서 고마웠다。可謂知己之親乎。實相우리는 宴會의趣興을沒理解하는者이다。다만避할수없는때만參加하야 沒體面하고 貪食飽腹爲足者。

一月二十一日（火）晴。大寒날。咽喉를傷하야 充分한授業不能。每年이때면傷하나不可避。틈틈이校正。

一月二十二日（水）晴。따뜻하달수는없으나 三寒이지나 四溫이臨한날 漢江銀盤우에서 養正學校氷上大會열리다。擔任生徒들께 어름어는寒國에生長하야 스케ㅣ링 하는恩惠를感謝하라는것、이몸이죽어가서 무엇이될고하니、蓬萊山第一峯에 落落長松되였다가、白雪이滿乾坤할제 獨也靑靑하리라고 읊은六忠臣墓가 저기라는것等을說敎。

一月二十三日（木）晴。嶺南消息에「日前上書后에其翌日朝 聖朝舊號第七○號「不變의變動」이라는 記事를 偶然이읽게되여 괴롭든心盛에 큰慰勞를받었읍니다。「二兎를쫓는者一兎도못잡는다」「人間은萬能이아닌것을 知覺함이 一段의進步였다」「土器를製作한이의意志가問題다」「焦急한生覺을버리고 메어진멍에를 남을하지말라」等句節에皆皆아멘이였읍니다。어떻게 마음에慰勞가되고 기뻤는지 句句字字가 곧나의現今心鏡狀態에對한 아조慈悲로운勸勉이였읍니다。그저아ㅣ멘이로소이다。當身이 또놓어주실때까지 이대로服從하오리다하고 奏達하였나이다。너머小生의일에對하야 關心치마르소서 多數한羊들을向하야 重大한使命을받드러나아가시는 先生님께 종종不信에小生으로하여금 괴로움을 드리게되는일이眞實로 恐縮하오이다。

最近에는 小鹿島의文兄等의 편지로도퍽慰勞를받고있읍니다。日前仰託하온바 傳道紙는到着되였읍니다。至極히感謝함으로써拜受하야 내自身이傳道를받었삽고 이것을聖意에可合하도록配付하려고 하옵나이다。（下略）一九三六、一、二〇夜 ○○○拜上」

一月二十四日（金）曇。夜雪。陰曆설날이라고 學校에서도二時間만授業。얻은時間으로多少讀書。午后에 警務局圖書課에가서 本誌二月號許可濟된原稿를찾고 途次에病床에焦燥한마음으로 누어있는某君을尋訪하다。

一月二十五日（土）晴。아침에 눈을쓸다。昨今兩日 連하야 설노리招宴이있음을 謝退하고 書齋에籠城하다。

一月二十六日（日）晴。午后二時부터復活社講堂에서「農事와天國의理」라는 題로써 예수의譬喩工夫。歸途에學生數人과함께 西洋人敎會에參席하다。

一月二十七日（月）曇 夜雪。授業外에는校正。近日은 尹校長과 馬牧師를爲하야 自然히 祈禱하게되다。

一月二十八日（火）晴。來月號를 발서五六回째校正하였으나 尙今도誤植이發見된다。効果없이時間을 浪費하는일같아서 할수없으나 不可不하여야할일이니無可奈何。○某神學生의短信에「山上垂訓研究는 神學

校에서 歡迎+歡迎이올시다。先生님기뻐하십시오……」하였으니 그럴법도 있을까몰라

一月二十九日 (水) 晴。授業後에 印刷所에가서校了。但이번에는 三月號校正까지거의畢한셈이다。○某神學生의來信에 『(前略) 其間聖誌는 매우반가히 받아보았아오며 더욱이復活社講堂의 集會에對하야 消息을들을때마다 반가운生覺을 禁할수없으며、또한이集會가 主任의攝理안에서 참된福音을傳하는 集會인줄믿음으로 참된福音을 要求하는者만이 모임으로 점점繁昌하야지기를 祈願하야 마지안이하옵나이다。「더욱이 新年을마지하야 主任께서 반석옹에세우신 聖朝社로하여금 기쁨없는社會에기쁨을주며 한줌뿐인社會에所望을주며 껍질만남은 敎界에참믿음을보여주며 어둠에서 줄고있는敎界에 指針의職分을다할수있도록 많은祝福을나려지이다」라고 遠地에있는小生은 오ㅡ즉如此한祝辭를 新年을맞이하야 聖朝社에게드릴다름이로소이다。

一九三六年正月二十四日夜 ○○上書』

一月三十日 (木) 晴。寒氣가 조금눅릴듯하드니 今朝의氣溫이 다시零下十八度一分로降下하다。今年같은 추이에도 朝禮時間에 라디오體操二回식하고 體操時間마다室外에서하고 十分休息時間마다 兒童을敎室外에 쫓아내고 敎師들만暖爐周圍에 모여앉는普通學校消息을듣고憤慨。이는敎育學이나 心理學的素養으로 敎育者의資格有無를論할것이아니오 人情의有無가問題요「人情」이라기보다 牛豚의「畜情」이라도 있다면 못할노릇이다。武藏野學園같은普通學校를 다시 꿈꾸어마지못하다。

一月三十一日 金 晴。零下十八度七分로氣溫漸降。登校授業을畢한後에 二月號出來하야發送事務。皮封쓰는일、붙이는일、郵便局及京城驛에搬出하는일은勿論이오 市內書店에配達하며 收金하는일까지 單獨으로하다。書店에서는「先生이 이처럼親히 다니시느냐」고하나 大體로慰勞의말인지 嘲弄의뜻인지 모르겠다。主筆兼發行者兼事務員兼配達夫兼收金人兼校正係兼記者兼日曜講師等等。其外에 博物敎師兼地理敎師兼英語數學敎師(劣等生徒에게)兼家庭敎師(寄宿生徒에게)兼籠球部長兼籠球協會幹事兼博物學會會員兼博物硏究會會員兼地歷學會會員兼外國語學會會員兼職員運動選手兼戶主兼學父兄等等。月光에 빛우이는 가없은自我를 헤아리면서歸宅한때는參宿이中天에 솟았다。

二月一日 (土) 晴。近來의酷寒에結氷交通杜絶의機를乘하야 仁川서는 게한섬에九圓 장재기一馬車에六十圓까지暴騰하였다고

二月二日 (日) 晴。午后 復活社講堂에서「善惡共榮의世界」라는題로써講話。하나님의無限大와 나의無限小를痛感하다。

二月三日 (月) 晴。後雪。某新聞社에서市內有名한敎育家들을請招하야 各其高見을聽取한後에 社說을論한것을읽고寒心。現行法規의一學級五十名制限이「敎育家?」의怨恨의焦點인듯하며「多年經驗家」인某校長의意見대로하면 一學級에二百四十名收容하였든때가 成績이優良하였더라고。敎育의理想도 쓸데없고學說도不顧하며 一에도經驗二에도經驗。但저들의經驗이 고무신工場經驗이 아니었드면幸이오、저新聞의社說이盲者盲人을案內하는格이 안되고말었으면僥倖。

二月四日 (火) 晴。地理敎授의 參考로大英百科辭典에서 大統領아브라함 린컨의事跡을읽다가 그도敎會에參加하지않은 基督信者였든것을 알고 吾意를强케하다。彼의態度는前號卷頭에記錄한바와같거니와 이런것은 우리가無敎會信仰同志를 求하기爲하야 일부러 찾아낸것이 아니다。

二月五日 (水) 晴。立春。母親님이 손수끄려주신艾湯을마시고 무쪽을 먹으면서今日의立春을記念하다。이는 우리집祖上以來의遺風이다。代代로農事집인故로 立春은一年中에도 가장意義깊은節이다。모든貧者와 病者와獄中에있는 兄弟를爲하야記憶。

二月六日 (水) 曇。某稅吏의讀後感에曰『孤寂하든中 第二月號 聖朝를拜受하야 한숨에 첫頁로부터끝까지 讀破하고 크게復興됨이 有하였나이다。그所感、그기쁨、그慰勞一一이 記上할時間도없거니와 또表現

할才操가없아오이다。오직世上無用者인小生에게 眞實한賓玉이오生命이됨을衷心으로感謝하는바이오며 이役事에 더욱盡忠하시기爲하야晝宵로祈願不已하나이다。一九三六、二、四、○○』

二月七日(木) 曇。죤·스튜아트 밀氏의傳記를읽다가 저도無敎會信者임을 發見하고 놀라다。米國英國의代表될만한人物들은 거의모다 敎會外의基督徒들인일이 奇異하기도하나 또한宜當한일이다。한번歐米各國의 無敎會信者列傳을草하야 朝鮮基督敎徒의警醒을促하고싶은 생각도 不無하나 無益한일일줄알고斷念。아브라함 모세와數多한先知者들이왔었어도 悔改안할놈은 기어히悔改안하였으니까。

二月八日(土) 曇。后雪。 十年을 하루같이敎會에 忠誠을다하여믿든 信者로부터 近來에 自己敎會에서 自己를「無敎會主義者」라고 모라치니 大體로 無敎會主義란것은 무엇이며、또한「敎會主義」라는것은 어떠것이며 예수敎라면 하나인줄만알고 믿엇느니 예수敎안에도 各派가있어서 서로猜忌하야마지않는 모양이니 自己의態度를 어떻게定할것이냐는質問。三錢切手三枚를添하야 回答을要求하였다。이未見의兄弟를爲하야 同情을不禁하거니와 아무것도 不辨하는純眞한信徒에게 無敎會主義者라는 累名을씨우고 快哉를부르는 敎會主義者들의心理도痛歎事。

二月九日(日) 晴。午後集會에서「善한隣人의意義」란題로써講話。「病床消息」의反響如下『眞理의敎導傳達의任을 다하는 聖朝誌야말로 事業中事業이요 慈善中慈善이외다。病床消息記를 初讀、再讀中 特히自醫自診後의敎說에 至하야는 鈍感한나에게도 感淚의자자남을 不禁하였나이다。신氏의懇曲한 情境에對한 同情의涙도涙려니와 이稀罕한 文章에나타난 R氏의影子가 나의興味의焦點이였나이다。不遇의벗을爲하야 變함이없는 心情과持久的祈禱。虛荒한人世에서 眞人을맞는 感이不無이오며 이런이를 우리聖朝誌의벗으로 가지게된 幸福感이 가득하외다。지난集會에 未參한恨을품고 오는冬季集會에는 萬難을 除하고라도 參會를期必코저祈願합니다。(下略)』

二月十日(月) 晴。某校先生이 聖書的立場에서본朝鮮歷史號十九冊을求하기爲하야 來訪。그單行本出版을懇曲하게慫慂不已。

二月十一日(火) 晴。立春以後로 冷水에 세수하면서 祖上以來의家訓을銘心하다 全身冷水浴하는데比하면 問題도 될것이 없지마는、于先은立春날부터 冷水세수 하는일만이라도 窮行하야 農民先祖의遺風을守直하고저할뿐。

二月十二日(水) 晴。오늘硝子切器로써 硝子끊는 法을練習하여 多數히失手한後에 매우自信이생김을 發見하고 甚히愉快하였다。얼마큼만 練習을積하면 必要한境遇에 硝子箱을 지고나서는것이 獨立生活을計함에는 天幕商보다 簡便할듯하야 매우滿足한感을 느끼다。

二月十三日(木) 曇。小鹿島의 긴편지에接하야 기쁨이컸다。

二月十四日(金) 晴。原稿用紙새로一萬枚를印刷하여오다。

二月十五日(土) 겨울以來로 咽喉와氣管支를傷하야 신고하든중 今日診察받으니 무엇보다 日光이藥된다고。그러나 어려운藥이다。現在의處地로는。

二月十六日(日) 晴。午后集會에「蕩子의歸還」이라는題로써 路加傳第十五章講解(滿洲에서 中國人의古屋一間을 借得하야가지고 學校하는敎師의來信에接하고 뛰어가서 함께하고싶은 생각이 간절。

二月十七日(月) 雪。某氏의招待하는宴會까지辭退하고執筆數刻에亘하였으나結局一枚原稿도不成하다。차라리、먹고즐길것을。

二月十八日(火) 晴。某氏曰三十九歲이냐 或은四十一歲이냐고。예수를五十歲未滿이라고하든일聯想。

二月十九日(水) 曇。寒書齋의 잉크가 또 얼었다。녹이고 녹여서 이제는褪色잉크。○崇實學校敎授會及敎員會의 決議란것을紙上에 보고 寒心。

二月二十日 (木) 晴。授業後印刷所에가서校正。

二月二十一日 (金) 晴。連日校正。今夜도十時頃에印刷所로부터歸宅。

二月二十二日 (土) 曇。「新興生活」誌를읽고 所得이 많다。○今日도下學後校正。

二月二十三日 (日) 曇。聖書硏究會員의有志와함께 北漢山에오르다。輔國門을 넘어서부터는全山이雪景。장쾌한行軍이었다。

二月二十四日 (月) 曇。不在中에 救世軍이라自稱하는者가와서 聖朝一冊을 騙取하여가다。救世軍에게 雜誌詐欺를 當하기數次。○校正또校正。

二月二十五日 (火) 晴。紙上에서李鼎燮先生의李景雪孃에對한 追憶文을읽고 多感久歎。○校正完了。

二月二十六日 (水) 晴。東京兵亂의報片을듣고놀라다。○三月號檢閱濟。

二月二十七日 (木) 雪。滿洲通信一節에『(前略) 그래서 손을벗고달려드니 生徒도본받는것이 적지아니하는듯합니다。한두學生은눈에눈동자와같이 입에혜와 같음으로그이에게 聖經을주고싶은 生覺이懇切하고몇靑年이 또指導를求하고있는態度가 더더보이니 더욱마음이動하옵니다。生과같이있는 二十歲되는 一家靑年이있는데 이럭저럭聖朝를보더니 敎會도가지아니하고 敎會로勸하여도 가지아니하니 生의責任이 큰줄을알수밖에없읍니다。해서今日試驗紙를맥이고있다가、그뜻하고있든 靑年이왔드라니 生은두려운生覺을하면서 말하였더니 好意로贊成을表하므로 아직農철까지는 每日朝六時에모여서 聖經硏究會는 아직 不足하니할수없고기도 會式으로 몇몇이모여서 始作하려하옵니다。主許하시면 또널리할것없이 共同耕作을하여서 秋期若干나는돈으로有益한冊字를 사다볼心算이옵니다。그리고××鎭附近 滿한人心을 고치고 全滿에및일野心을가지고나가옵니다。기도많이하여주십빕니다。그렇게生覺을하고보니 걱정이적지않게生起옵니다。冊字를보게하도록하는것도全責任이生에게있는것같습니다。그렇게하려면夜學도되야하겠읍니다。先生님直接間接으로힘이 및어주시기 바라옵니다。(下略)』

二月二十八日 (金) 晴。아이들이 各其自己의器具를 自己의責任으로 保管할必要가생겨서 石油箱과 蜜柑箱等破櫃를修理하야 櫃네개를塗紙設錠하야 分配하다。明年쯤에는 또하나 만들어주어야 分爭을豫防할수있을듯、木工도興味있는일이다。

二月二十九日 (土) 晴。嶺南短信如下『超人的愛로던저주신「新興生活」은 今夕에拜受하와 今夜十一時二十分에 初頁로부터끝까지 讀破하였읍니다。나는두어頁를읽다가 不知中空中을向하야 오ㅡ主여 감사합니다。외로운이子息에게 거ㅡ룩한벗(友)을주시고 또한其벗을通하야 이런貴한冊子를下賜하심에 主는分明히저를 사랑하시고 아바지는確實히 나의게祝福하심이다」라고부르짖기를 마지아니하였나이다。先生님많은말을드리지아니하오니 以上簡單한부르짖음으로써ㅡ小生의心情을살펴주소서。더욱참답게살고저祈願하옵고 小生도이冊字를繼續購讀할가합니다。來來多福하소서 最近小鹿島癩族들과便紙로 큰慰勞를받고있읍니다』

三月一日 (日) 晴、午后集會에서「예수奇蹟과天然法則」이라는 題로써講하다。千萬意外에 東京陸軍士官學校 片山敎授參會하야聖書硏究會員에게 勸勵의말을 주어 一同에게感動이 컸다。○今夜七時부터 市內某敎會勉勵靑年會의 卒業生送別禮拜에說敎하다。밤十一時頃에야歸宅。

三月二日 (月) 晴。市內一流印刷所의連名으로써一齊히印刷料金을引上한다는通牒。

三月三日 (火) 晴。卒業式。例에依하야式대로 式하다。今夜某宴席에서 王中의王(King of Kings) 이라는 洋酒한병에(一升도못될것) 一金十二圓也라는것을 처음見聞하다。또한同時에 二十五本든煙草한갑에一金八圓也라는것이 消煙되는것도見學하다。그리고 그產地들을記憶하야地理工夫하다。

三月四日 (水) 晴、授業以外에無爲。

三月五日 (木) 晴。遺傳의法則과進化論을講義하면서 讚頌의感激을難制하다。

三月六日 (金) 晴。紹介者의 責任으로 頭痛거리가 생긴中인데도 不拘하고 今日도 某君의就職을 周旋하지아니치못하다。

三月七日 (土) 曇、夜雪。學校에서 滿洲國地圖를걸고 軍事講演이있어서 地理學上에 多大한 收穫을 期待하면서 傾聽하고저하였더니、講話中에 地理에 關한것은 甚히 稀少하고 大部分은 思想講演、特히 猶太教에關한 宗教講說인데 그대로 事實이라면 露國은可憎한 나라라고納得된다。但 누구나專門以外의道에入足하면脫線하기 쉬워。○五山咸兄暫時來談、數刻後退京。

三月八日 (日) 雪。三月號에 揭載하였든 無教會問答의 設問者인兄弟로부터 信仰告白文을接하고 그愼重한態度에敬意를不禁하다。但無教會의길은孤獨、被迫、悲哀、犧牲의길이니 미리二重三重의覺悟를爲要。

信仰告白文

聖父洪恩中 先生님氣體候錦安하옵십니까 神寵하신 하나님의 거룩한攝理안에서 열린 聖徒의交際에 聖旨의完成이있기를 祝願하나이다。罪人이 靈으로나서 神國의一員으로 靈界의 여러先生님들과交通하게된것을 生覺할때마다 主의寶血이 뜨거움과 그사랑의 갚고넓음을 더욱느끼나이다。親疎의 限도없고 種族과 國境의別도 없이 모든階級을 超越하여있는 基督의 聖愛에 삼키워 至極히 微少한者에게까지 時間과 精力과 勞苦를 기우려주시는 先生님의犧牲에 滿腔의感謝와 贊意를 表하나이다。月前에 上達한 質疑에對한 解答과無教會信仰에對한 咸先生의 說示等을 再三精讀하옵고 그眞髓를 多少判覺하였읍니다。그리스도와 結合 아ㅣ니合體하는 內的生活에 聖靈의生命이 活動하고있는것은 事實입니다。이神靈的勢力에 恒常支配를 받는것은 即 新生한 크리스챤의 不可避한事實이오 必然的情勢라 할것입니다。그러하여 이에反抗하는 肉的勢力에 對하여 싸우는것이 우리聖徒들의 生活의始終이라할진대 人間主義의 儀式과 人權을 擁護하는組織과 制度는 無要한것이란것을 알었삽고、이러한것들과 無關係 即 無妥協하게살려면 無教會信仰이여야 하겠다는 覺悟도 가지게되였읍니다。主만을向하야 聖書를通하야 聖靈에 啓導되여 信仰에入하고 眞理에서 삶이 無教會信仰의 精神이요 主張인것도 비로소 깨달었읍니다。悟性의 열쇠가열리는곳에 이때겄 夢中에보아오던 모ㅣ든말슴도 새意義의 光明을띄고 나의意識에 들어오나이다。내가 받은 主의救援과 聖靈으로된 特典을 가장잘保持하고 完成하는길은 無教會信仰、組織도없고 統制도없으나 神의統治를 받는 거룩한 教會、純全히 우리의良心이 主와直屬하여있는 態度를 不變하는信仰이 無教會信仰이였음을、또 이런信仰으로서야 어느때까지던지 俗化되지아니할 戰鬪的氣分이 濃厚한 義兵의士로서의 크리스챤이되는것을 覺得하였읍니다。幾個月前 어느親友便에 咸先生著「푸로테스탄트의精神」이란 팜프레트를받어 읽은일이 있었읍니다마는、無教會信仰만에있어서 그精神을貫徹하고 戰鬪的技能을 可能하게한다는것을 確信하게되였읍니다。先生님 이것은 教弟의長久한 時日을 教會內에서 지나오는동안 받은바 나의 信仰經驗에 빛외여 가장 나의信仰의本質을 維持發展하기에 有理한方面으로 方向을 轉換하는 率直한告白이외다。너무도쉽사리 남의主張에 共鳴되는感이 없지아니하오나、實은 오래동안 밟어온나의信仰의 階梯와 外部的으로받은衝突 거기에서 나의信仰의 態度를 鮮明히하여야할必要에서 出發한 나의究極的結果였음에、所謂 易遷的輕率과는 그類가 다를것입니다。先生님 教務에 編輯에 日常事務에 文字그대로 眼鼻莫開일怱忙의 先生님께 이렇게 支離한 長文의描述을 들이게되는것은 甚히 未安한感이 있아오나、일측 質疑에 解答을 請하였었고 信仰態度問題도 있었삽기 奔忙의 先生님께 如是未安을 끼침니다。容恕에 容恕를거듭하시오며 이글은 나의 信仰告白文으로 받어주소서。

三月六日 ○○○拜上」

○今日午后에 게라센 의豚을 講하다。

三月九日 (月) 曇。어떤牧師로부터「…現代教會型의教會는 여기서 맛보겟읍니다 教會人의 社會的地位와 名譽가 여간이안닙니다。二月號聖朝는 小生의氣魄을 또다시 淸潔하엿읍니다。언제든지 일이지난다음마다 하나님께 늘 感謝합니다」云云。○今日부터 學年末考査시작。

三月十日 (火) 晴。陸軍紀念日이라고飛行機소리 요란하다。

三月十一日 (水) 晴。동내마다 우물이 말라서 소동。○印鑑證明의 必要로써 世上이 複雜多難함을 비로소 깨닫다。

三月十二日 (木) 雨。監試及採點。

三月十三日 (金) 雨。今年度考査畢。

三月十四日 (土) 曇。就職紹介는 다시 않기로 盟誓盟誓하였대스나 今日某君의就職이 거의確定됨을듣고 亦是一安。

三月十五日 (日) 晴。午后二時半에 야이로의딸 講解하야 馬可福音第五章까지畢하고 今學期의終講。主께서 許하시면 來四月第二日曜日부터 再開할次。

三月十六日 (月) 今日부터 三日間入學試驗。지난 土曜日午后 四時正刻에 遲刻한것은 싸움싸움拒絶하면서 〆切하니 一百名募集에 應募者一千四百六名! 講堂은 勿論이오 庭球場에까지 天幕教室을假設하고。試驗机床不足 監試先生不足。窓外의學父兄群을 바라보면서感淚가솜을 潸流함을 깨달으니 이는年年이回帰하는 나의持病。

三月十七日 (火) 曇。某校校務主任先生來訪。某君의就職에對하야 人物保證을進言하다。○某專門學校教授로부터 養正出身으로 自己學校를 今番卒業하는信者를爲하야 感謝祈禱會를 열터이니 遠路를 不拘하고 來參하여달라는 招請狀에接하야 低頭感激하다。그一節에曰『その後相變らず御無沙汰で失禮ばかり重ねましたが、御健勝の御由、福音の道の爲に慶賀に堪へません。偖三年前本校に入學しました○○君、幸にして平坦なる學生生活を終られ、今回無事卒業されました。養正高普五ケ年の間 彼を手塩にかけられた先生の御胸裡にも、さぞかし一味欣懷を禁じ得ないものがあらうと推察罷在りますが何かの拍子で橫道に外れはしないかと秘かに心配して居つた小生も、實に愉快でありますす彼の任地に去る前に 先生を××にお呼しして 彼の爲に前途を祝つてやりたいと存じますが、今月中お暇は ございませんか。

任地と申せば彼は(多分先生のお祈りに由つたのでありませうが)意外にも心地良かりさうな働き場所を、而も先生のお膝もと近く與へられました。××の某女學校にせよ、○○○にせよ。餘り彼の爲に好ましくない勤先と考へて居りましたが、急に××の學校の話が始まり、而も新卒業生としては破格の高給で招聘されましたから 話の纏つたのを聞いた小生も實に愉快でありました。願はくは彼がこの收入を 身邊のプチブル的慾望に費さず、上より委ねられたものとして 賢く費さんことをであります。(下略)』

三月十八日 (水) 晴。入學試驗第三日。身體檢査와 口頭試問이 있었으나 聖朝編輯으로 밤낮 紛忙하여하는者라고해서 特히 今日은 休暇를被命。이런特別待遇에感激하야 午前午后를 書齋에서일하고 夕에 最後判定會議에만 末席에參加。또參宴。○某訓導의기쁜書信 一枚飛來『累月上書치못하와 罪悚無比이외다。先生님께서는 小生이 恒時直感하는바와같은 叱責을 하셨을듯生覺되와 혼자서 謝罪하는一面 홀로히 赤面을하옵나이다。小生이 直感하옵는바는 即 在校時代에는 多蒙厚恩하와도 卒業後의年數가 많아질수록 그의反比例로 師弟之間의 義理가 朦朧하야지는點이올시다。然이오나 其間上書奏아 久闕하옵은 無他오라 六學年受驗生의 指導에 早朝와夜間의 餘暇를 빼앗기와 如此히 되였사오니 口實과같은 罪悚하온말슴이오나 下諒하야주심 懇望하옵나이다。前例를보오면 大概農村學校에서는 上級學校의 入學成績이不良하옵고하와 大端遺憾히 녀겨오든바 今年에는 教育者의 社會奉仕、國家奉仕는이것이라고 生覺하옵고 盡力하였삽든바 今

日現在 ○○校一人 ○○高二人 ○○農一人○○校一人이 合格되온 模樣이올시다。本校로서는 開校以來最初이온듯。學校職員은勿論地方民이 모다 기뻐하옵나이다。

이것이모다 年數는 淺短하였사오나 平素의先生님께서 小生에게 敎化하야주시온「先生님의精神、熱誠」의 恩惠로 伏想하와 感謝하옵을 禁치못하겠사와 昨夜××에서 歸校하와 卽爲上書하오니 小生의微衷를下諒하시와 其間의久闕하옴을 寬恕하야주시옵 伏望하옵나이다。(下略)

三月十六日 小生 ○ ○ ○ 上書』

三月十九日 (木) 晴。小鹿島來信。其一

『먼저 先生님의 體道萬旺하심을 비오며 惠書와함께 咸先生님의 尊稿도 잘ㅣ拜領하였나이다。넘치는 感激과感謝는 形言할수없아오며、現在에 生은 注射液이化膿하여 昨日切開手術을하여 이글도 事實은尹君에게 付託하여 代筆하게되였음으로 生의心中에 차고넘치는 말슴은 後日에엿줄려하나이다。就伏白「信仰生活」卷末에「無敎會誌의暴言」이라는글을 尹君이먼저 發見하고 同文中「聖經을 禁하지아니하는以上 最後餘存인 靈的生命의 糧道까지끊는 餓鬼輩이라」怒號함은 不可합니다。況 該誌上孫傳道師云云의 孫氏의게드르면 事實에도 相違있음이리오』云云에對하여 實로生은 可笑롭지아니치못하였나이다。그럼으로 尹君과마조앉어 當時를 回顧하고 지나간追憶談을 난호든中 마참 先生님의 下書를뵈오니 더욱感激하였나이다。原來 남의欠을 暴露식임이 生의本意가 아니였고、오히려 當時의逼迫은 生等의靈을 길우어주는 副食物格이였음으로 當時에當한 억울한事情과 마음을 自制할려하였으나「孫傳道師에게 들으면相違있으미리오」하였으니 本意는안이오나 펜을들지아니치못하였나이다。同封하온것이 當時에 우리가 어떠한處分을 받았다는가를 간결이 記錄한것이오매 參考해보아주시면 幸이오며、쓰랴고하니 참아 한便으로는 분함이 比할대없으나 또한便으로는 筆跡이 自然 우둔해집니다。첫재로는, 當時를 그대로쓰자면 필경은남에欠을評하게되니까、또한便으로는 이것이 모ㅣ도가 다ㅣ우리의수치요 基督人의수치될것이 참으로 生의마음을 찌르나이다。그럼으로 大略하고 記錄하엿읍니다。孫傳道師가 그렇게 否認했다고까지는 生覺지않습니다。그를 撒變洞에있을때에비추어 生覺하더라도 그런否認은 없었으리라고 믿옵니다。孫氏는 生이傳道者로서는 第一敬慕하는분이오 第一 참된生活을하는者라고 生覺했읍니다。그는實로 癩患者로더부터 먹고 마셧읍니다。끝으로아뢸말슴은 그들의 所行은 괘씸하오나 사랑으로容納하사 寬容하심을빌고 傷處가 좀더아물어 팔의自由를얻는다면 細細이上達하옵기로하고 이만 올리나이다。來來平康하심을 主께비나이다。 一九三六、三、一六日 文信活 白』

三月二十日 (金) 小鹿島來信의 其二。

『先生님 去初六日에 某兄弟에게「信仰生活」卷末을 읽어보라는말을듣고 집에와서 곧읽고 「無敎會誌의暴言」을 찾어보았읍니다。文兄은그때 右腕을手術하고 누엇었읍니다。生은 文兄에게 同文을朗讀하여주었읍니다。이리하여 生과文兄은 同誌를앞에 놓고 三年前에 撒變洞이야기에 그날을보냈읍니다。翌日에 先生님 下書를받은 文兄은 生이밖에서 돌아오매 아픈팔을버틔고 무엇인가쓰고있었읍니다。生은 놀라서 묻게되니 먼저先生님이보내신 咸先生님의 原稿를보여주며 다음에 ハガキ片紙를 生에게보여주었읍니다。事實에있어 文兄의傷處는長一吋半深이一吋可量이나되는 手術을 받은 몸으로 글을쓸程度가못되였읍니다。生覺다못하여 生이鈍筆을들어 代筆하게되여 自然昨日이 더디게되였읍니다。文兄은 다만 그들의非行을 끝없이同情하고 이번 글쓰기에 매우 괴로운양입니다。文兄의心中은 사랑하는者를 사랑하는것보담도 미워하는者를 사랑하라는말을 深刻히느끼는 模樣입니다。유달리 요사이는 바쁨으로生亦是 틈틈이쓰게되여 誤字와 亂筆이되어 더욱罪悚합니다。文兄의心中을 下諒하시고 同文을參考하심을 伏望이옵고 文兄의傷處는 其後로는 治療成績이良好하와 앞으로 二三週日이면 全快를볼것을 믿습니다。生과는 한방에있는 關係上便宜點도 없지않습니다。一九三六、三、一六日 尹一心 白』

佐藤得二 著　東京 刀江書院發行

日本的教養の根據

日本地人論

定價金 壹圓

佐藤敎授는 超凡의 志를 품고 半島의 重要한 各園에서 靑年薰陶에 從事한지 十有餘年 能히 朝鮮人의 談話를 解할뿐더러 能히 朝鮮語로써 就任演說을 할만하며 多年來로 聖朝誌와 같은 小誌를 購讀하는 等 朝鮮에 特別한 關心을 가진이가 아니고는 企圖할수 없는 일。今番이 著書는 地理 博物 歷史 等의 多方面으로써 靑年의 健實한 敎養의 根據를 論述한것。地理、博物敎師인 記者에게는 各別한 興味있었으나、靑年과 靑年을 指導하는 職務에 있는이는 누구나 一讀하여야할 快著임을 薦함。

金敎臣 著

山上垂訓硏究 全

四六版 二四五頁

定價七〇錢・送料五錢

聖朝文庫

第一卷

咸錫憲 著

푸로테스탄트의 精神

菊版 半・三十二頁

定價金拾錢・送料貳錢

本社의 出版物은 現在 右記 二種뿐이다。前者는 近來에 神學生間에 緊要한 參考書로 使用된다고 報告가 種種 있으며、後者는 信仰의 型化를 防止하며 冷却하려든 信仰에서 重生을 促進하는 선물로 使用되여 敎友間의 警醒을 이르킴이 많었다。

新興生活

月刊。一部五錢 一年六十錢

振替東京八四一五七番。生活切下げ號(五號)도 有益하였다。그릇된 淸貧主義로써 累를 近親에게 及하게하는 朝鮮基督徒는 이 雜誌와 그 新興生活叢書에 依하야 經濟生活의 整理를 企圖할것이다。

五山聖書硏究會

一、講師　咸錫憲

一、場所　平北 五山村

一、日時　每日曜日 午前十時(約一時間)

一、聽講料　每月 定額 負擔

新學年度의 四月부터는 一層 革新緊張한 精神으로써 硏究를 始作한다。參席하려는이는 冷하거나 或은 熱하여야 할것。微溫的 態度는 全然 禁物이다。

京城聖書硏究會

一、講師　金敎臣

一、場所　鍾路六丁目二〇(復活社講堂)

一、日時　每日曜日 午前十時(約一時間)

一、聽講料　每回十錢 但 會員은 每月 廿錢

(注意) 臨時聽講이나 或은 會員入會는 自由。現今 마가福音에 依하야 예수傳 硏究中。三月中에 三回 예수의 奇蹟을 工夫하였고、四月부터 마가 第六章 硏究를 繼續할 터이다。但 四月 第二日曜日(十二日)부터 第二年度를 始講。午前十時부터는 學生班의 英文聖經解釋 同三十分부터 一般講話。아직 基督敎會에 參加함 經驗이 없는 靑年學生들을 爲主로 하고 特殊한 宗敎的 傾向이나 素質이 없는 者를 相對로한 聖經解說이다。聖神의 感動을 받는다고 떠드는것보다 理性의 納得할 程度로써 聖書本文의 眞意를 把握하기에 注力하고저 한다。來聽은 隨意나 親疏의 別없이 規約의 準守를 要함。

本誌定價

一冊	拾五錢
六冊(一年分)	前金九十錢
十二冊(送料共)	前金壹圓七拾錢

要前金。直接注文은 振替貯金口座 京城一六五九四番(聖書朝鮮社)로。

取次販賣所

京城府鍾路二丁目八二　博文書館

京城府鍾路二丁目九一　耶穌敎書會

東京市神田區神保町一ノ一　三省堂書店

茂英堂(大邱)

信一書館(平壤)

大東書林(新義州)

昭和十一年三月三十日 印刷
昭和十一年四月一日 發行

京城府孔德町一三〇ノ三
編輯兼發行者　金敎臣

京城府堅志洞三二
印刷者　金鎭浩

京城府堅志洞三二
印刷所　漢城圖書株式會社

京城府孔德町(活人洞)一三〇ノ三
發行所　聖書朝鮮社
振替口座京城一六五九四番

【聖書朝鮮】第八十七號　昭和五年一月二十八日 第三種郵便物認可　昭和十一年四月一日發行 每月一回一日發行

【本誌定價十五錢】

昭和五年 一月二十八日 第三種郵便物認可
昭和十一年五月一日發行(每月一回一日發行)

金教臣主筆

聖書朝鮮

第八拾八號

昭和十一年(一九三六)五月一日發行

目 次

假敎會

某基督敎雜誌에(平壤서發行) 「假敎會」라는題目이 있음을보고 甚히奇異한感想이 생겨남을 깨다랐다。짐작컨대 그「假敎會」라고指稱받는것은 故李龍道牧師의同志들이 組織한 예수敎會인模樣인데、이와같은意味의말을 京城市內長老敎會의某有力한現職牧師가 自己敎會의復興會席上에서 朝鮮福音敎會(崔泰瑢氏의監督하는)에對하야 使用한일이있었고、또最近에某基督敎雜誌(京城서發行)는 以上의 두敎會와其他의 長老敎會及監理敎會等에서 派生한敎會들을 一括하야「私生兒敎會」라고 統稱한것도 있었다。우리는 저敎會나 이敎會에關係없는者일뿐더러 도모지 敎會와는相關이없어서 無敎會信者라는別號를 받는者이니 이런일에對하야는 別다른感情도 맺아질일이 萬無하지마는、假敎會니私生兒敎會니 하는 指名을받는敎會當局者로서는 아무리聖徒라도 그心情이平穩하기 어려울것을 推量하야 一片의 同情이全無할수도 없었다。그러나 敎會의 싸움은 敎會끼리 할터이니 어느편이果然假敎會되고 어느편이正敎會될터인지 우리의焦心할바가 아니오 容喙할範圍가 아니다。다만 우리는 이런機會에 「敎會」라는槪念을 明確히하여둘必要를 느낄뿐이다。

假敎會라고 일칼때에는 正敎會가 있을것이다。正敎會란 어떤것일가。正敎會가 있다면 하나뿐일가 二個以上存在할수도 있을가。甚히興味있는問題이다。萬一에 敎會信徒의多數한편이 正敎會라할진대 朝鮮全體로서는 長老敎會만이 正敎會요 監理敎聖潔敎其他諸派가 모조리假敎會或은私生兒敎會가될터이지마는、地方에 따라서는 監理敎가正敎會되고 (監理敎地盤에서) 長老敎가假敎會或은私生兒敎會의稱號를 自負하지아니치못할境遇도 있을것이다。그러나數의多少라는것이 敎會의正과假를 分別하는標準이 못될것은 敎會人들도 잘아는바이다。萬一 分派하야 뛰여나간편(或은 내쫓긴편)이 假敎會요 殘留하야會堂或은敎權을保持한편이 正敎會라고 할진대、今日朝鮮에서正敎會라고 自稱하고저 하는長監兩敎와全世界의 루터의徒는 모조리假敎會或은私生兒敎會요 로마天主敎會만이 唯一의公敎會라는說을 肯定하고야말게되니 이는新敎徒의自繩自搏이다。萬一에西洋人의金錢으로써移植하고 西洋人의監視下에 있는것만이正敎會요 朝鮮人自身의創設한것은 假敎會라고 한대도可笑로운일이오、聖神의許諾과祝福으로써된敎會라야만 正敎會라고 한다면 聖神을一手販賣하는勇士가 各敎會에 적지않을것이다。

要컨대 信仰이枯渴한때에正派假派의宗派싸움이 生起하는것만은 隱僞할수없는事實이다。生命없는 이스라엘民衆은아브라함의 子孫인것을 자랑하였으나 主는路傍의石塊라도 아브라함의後裔될수있음을 警告하셨다。깊이생각할진저。

基督敎信仰의基盤〔復活〕

福音書를 읽은 사람은 예수그리스도 라는 完全히 敗北한 一生을 가진 同情할만한 一個靑年이 있었든것을 看取하기가 어려운 일이 아니다。예수의 三十歲以前의 行蹟은 福音書에도 詳細치 않으니 且置하고、三十以後의 公的生涯만 大觀하라。예수의 敎訓은 學者들의것과 달라서 權威가있고 能力있는 異蹟을 많이 行하였으나 그런것은 그故鄕사람들과 當世의 學者 宗敎家들의 讚歎을 받지못하였을뿐인가 도리어 嘲弄과 蔑視의 具가 되었다。于先저의 故鄕인 나사렛사람들은 말하였다。

…여럿이 듣고 異常히 넉여 가르되 「이사람이 어듸서 이러함을 얻었나뇨。또 이사람이 받은 지혜가 어떠하뇨。그손으로 行한 이런權能이 어떠하뇨。이사람이 마리아의 아들 木手가 아니며 야고보와 요세와 유다와 시몬의 兄이 아니며。그 누의들이 우리와 함께 여기 있지아니하냐」하고 싫여버렸다

고한다(마가六章二—三節)。또 當時의 中央宗敎界에서는

네가 무슨權勢로 이일을 行하며、또 누가 이權勢를 주었느냐

고 詰難하야 마지않다가(마태二一章二三節) 나종 十字架에 걸고서는 「저가 다른사람은 구원하였으나 제몸은 구원치 못하는者라」고 嘲弄하였다。親戚故友에게서는 狂者의 稱을 받었고(마가三章二一)、鄕黨의 無視함이 如上하였고、中央敎界의 嘲弄이 또한 如此하였거니와、예수의 言行에 醉한듯이 따라다니든 弟子들은 若何하였든가。四千或은五千의 群衆이 湖水의 이편에서 저편까지 寢食을 잊고 좇아다닌일이 없지않었으나 이런무리들은 所謂「異蹟을 보고 따르는것이 아니오、떡을 먹고 배부른맛에 좇아다니는者」들이었으니 말할바가 못되며、三年을 두고 特別訓育한 十二使徒가 있었으나 其中一人인 가룟 유다가 背叛하였을뿐더러 겟세마네 祈禱로부터 깨여 지키는者 一人도 없었고、敵手에게 잡힌後로는 애오라지 베드로 하나가 멀리 隨從하야 예수의 地上에 남긴무엇이 存留할듯이 보였으나 此亦是 鷄鳴聲을 待하지 못하야 三次예수를 否認하고 自己를 爲하야 도망하였다。十字架上의 예수는 「엘리 엘리…」라고 하나님과의 交涉以外의 온갖 地上關係를 完全히 淸算하고 말었다。

예수는 當世大家의 門下에 배와서、履歷書를 修飾할만한 學問도 없었고、當代中央敎界의 承認을 얻을만한 宗敎的 權威를 받은것도 없었고、鄕黨에 돌아오면 그 評價가 一個木手에 지나지못하였고、社會에 나가서는 부러워할만한 賢弟子를 薰陶한 業

績도없고、後世에 자랑할만한哲學的思想의體系를 남긴것도없이 三十有餘의春秋오히려盛한靑年으로서 夭折하여버렸다。果然夭折하였다고 우리는 말한다。幸여나 예수에게도 勿踰矩하든孔夫子의壽를許하거나 또는釋迦의命을 빌리거나、하다못해 毒杯를 마실때의 소크라테스의春秋를許하였다하더라도 人間된立場으로서 볼만한成功을 後世에 남겼으리라고 哀嘆하거니와、人間으로서 볼때의 예수는 果然 夭折이오失敗요殘滅이었다。예수의生存期—特히 그公生涯의 三年間의 生涯는 마치鐵槌를 돌에 칠때의閃光같은存在가 없지않었으나 閃光은閃光이었다。閃光이 지난다음에는 아무 건대기도 잡을수없다。예수의十字架以後에는 예수의 親戚故友도없고 鄕黨도없었고 思想體系도 남은것이없었고 弟子도없었고 使徒도 없었고、다만 남은것은 「엘리 엘리 라마 사박다니」라는 悲哀의音波가 空氣를振動하고 있은것뿐이었다。예수는 죽어없어진것이오 基督敎는流産된胎兒처럼 日光을 보기前에 永遠히撲滅當하고 말었다。自古及今에 完全히敗北한一生이 있었다면 예수의一生이아니고 무엇이랴。

이처럼完全히敗北殘滅되었든 예수와基督敎가 有史以來의最大英雄兒나폴레온으로하여금 헬레나孤島의閑居에서 그윽히 나사렛사람 예수의日益漸盛하여가는 絶對勝利를讚嘆하야 마지않게한것은 무슨까닭인가。이는 예수가 죽은지三日만에復活하였다는事實外에는 說明할鍵이없는 萬古의 수수꺽이다。첫재로 牧者를 친때의 羊떼처럼 四方으로消散하였든 弟子와使徒들이 旬日을 못지나서 예루살렘에集結하야 솔로몬行閣에서 웨치며 『하나님 앞에서 사람의 말에 듣는것이 하나님의말슴을 듣는것보다 可한가決斷하라』고 官憲의制止에까지抗拒하는 硬骨漢으로 化한데는 큰事變이 없이는 생길수없는事理이다。事變이란 무엇인가 即예수의復活을 目睹한事變이었다。또한 다소의사울、스테반의殉敎를可하게 녀였고、모든 예수의徒를撲滅하기에快感을가지면서 東奔西走하든 사울이 十字架의福音을傳達하기爲하야 當時文化世界의首都인 로마에까지捕囚의몸으로 끌려다니기를自願하게 된데는 一大變革이 일지않고는 안될일이었다。一大變革이란 即다메섹途上에서 復活하신 예수를目睹한體驗이었다。生前에 學派도없었고 門閥도 없었고、社會와抗爭할만한團體도組織함이 없었고 後事를依托할만한弟子도養成한것이없이 三十靑年으로夭折하야 事半途中에서 朝露와같이徹底히敗北하였든 예수가 十字架後의不過一世紀에 벌서當時의全文明世界인羅馬帝國을征服하였고、不過二十世紀인 今日에 全世界에君臨하야 일즉이 저自身의豫言한대로 萬王의王으로 靈界를統治하게되었으니、이는復活이라는鍵이 아니고는解明할수없는 萬古의秘義이다。

信者든지 不信者든지 基督敎는理論이나思索으로 組織한것이아니오、復活이라는事實우에建立된 宗敎인것을 認識할것이다。故로基督敎의基盤은 復活이라는「事實」이다。(一九三六年四月十二日의復活節述)

聖書的立場에서본世界歷史

咸錫憲

緖言 一

우리들의世界歷史

일즉이우리는 本誌上에서 「聖書的立場에서본朝鮮歷史」를말하였다。 그리고 그는 苦難의歷史요 그苦難의짐은 朝鮮이 저自身의罪로因하야지는 因果報應的인것일뿐만아니라 世界史的인意味가있는것이라고 하였다。實로 저自身을爲하야 또어린羊의新婦가될 이世上을爲하야 그弱한 억개우에 世界의不義를 지고가는것이 朝鮮의使命이요、理想이다。그런故로 우리가、朝鮮을알기爲하야는 반드시世界의歷史를 앎이必要하고、우리의할바를 다하기爲하야는 世界史의意味를 깨달음이 緊要하다。

聖書우에 발을 집고서서 廣大無邊한世界의 悠久한歷史우에 視線을던진다。이렇게想像만하고도 그偉大한것때문에 自己의두손끝이 銀河의 이가에서저가에 닿는듯한 느낌을갖인다。 그러나 이를壯絶이라할가 快絶이라할가 하나님의보낸 大先見者거나 그렇지않으면 거룩한뮤즈의 도음을입은 大詩人이아니고는 이偉大한일을 能히 할者가없다。모세 이것을했고 다윗 이것을했고、이사야 예레미야 바울 요한이 이것을 했으며 或은 딴테 밀톤이 이것을能히하였다할지라도、그魯鈍함이 老馬에서 더하고 그맘의濁汚함이 오히려도야지를 부러워하는 筆者같은者들의할바아니다。그러나 또 大眞理、大事業은 大自然과마찬가지로 모든사람에向하야 開放된것이다。큰者도 적은者도 自由로거기 오르고 그를맛보고 그를말할수있다。우리는 三尺의小兒가 萬二千峯의秀麗를評하는것같이 素朴한觀察力을갖이고 世界의歷史를 論談하리라。

聖書의史觀이 어떤것인가하는것은 前年朝鮮史를말할때에 簡單히말하야둔것이있음으로 只今은反復치않고 여기서는 오직 그러한觀點에서 世界史를 달을때 實地로는 어떤歷史가 나오느냐하는것만을 數言添加하고저한다。

첫재 우리가말하는 世界史는 宇宙的歷史다。歷史라고하면 人間의일인줄로만 알기가쉽지만 人間의歷史는 人間만의歷史가아니다。歷史를갖이고 周圍八萬里의 地球上에서만 發生한일이오 거기서만 끝지는일이라고 생각함은 잘못이다。

歷史를말하는사람中에는 흔히 事實의因果關係를밝힌다해서 區區些細한人間事를 詳細記述하기에 貴한努力을 써바리는사람이 많으나 그는마치大自然의偉觀을描寫하려하야 一木一草를 고대로 그리는사람같이 忠實한듯하면서 도리어 어리석은일이다。사람은宇宙的産物이오 宇宙를代表하는者

요 宇宙에向하야交涉하는者임애 人事는人事만으로 달아서 알것이아니오、宇宙的大局을보는 큰눈을갖이고 宇宙와산關聯에있어서 달으지않으면안될터。 저의存在에 宇宙的理由가있고、저의하는일에 宇宙的意味가들어있다。 그런故로朝鮮歷史를正當히理解하려면 世界를알必要가있는것같이 人類의歷史를 正當히理解하려면 宇宙史的인 觀點에서하지않으면안된다。

다음 우리의말하는歷史는 精神的解釋的인歷史다。歷史는그叙述의主眼點을 事實 그것우에두느냐 그事實을解釋하는 說明우에두느냐 하는대따라 記述과 解釋의 두가지가있을수있다。事實에忠實하려하는史家는 人類의生活에對할때自然科學者가 그研究의對象에對하는것과 같은態度로써對한다。저는그것을 一個現象의系列로알고 그사이에들어있는 因果의關係를밝히려한다。이歷史叙述의方法은 事實自然科學의發達에따라 誘發되였다。그리고 그眞摯한研究的인態度에있어서、또옛날의 여러史家들이 빠졌던 偏見에서 歷史를救하야 一個獨立한 學問의地位를준대있어서 적지않은功績이있다。 그러나同時에 大罪를犯한것이있으니 歷史에서 意味를빼여버린것이다。聖書의 가르침으로하면 自然科學까지도 究竟에있어 一個意味를말하는것인대까지 向上하지않으면 안될것인데 科學的方法은 元來意味解釋的이었던 歷史에서까지 그것을奪取하야버렸다。그러나 그때문에 人類가업은것은무엇이냐하면 오늘날에 보는듯한 精神的混亂이다。食料品倉庫안에서餓死하는者가있다고하면 그어리석음을 웃겠지만 오늘날世界는 事實精神的으로 食料品이山積한倉庫안에서 주리고있다。그많은食料品을 料理하야 먹게하는者없기때문이다。事實記述의歷史가 必要치않은것은아니다。 그러나 오늘날 우리는 史料의報告보다 그의意味를理解하야 精神의糧食으로하는일이 더急務다。意味를表示하지않는 事實의記錄、그는料理되지않은 食料品과同樣이다。故로우리는 專門的인歷史를 食料品倉庫業者되려는 研究家에게付托하고 우리自身은 中學校에서 얻을수있는程度의 資料만을 갖이고라도 먹을수있게料理하는일을 하야보자는것이다。

그런故로 우리의歷史는 分析의歷史가아니라 綜合의歷史요、專門的歷史가아니라 常識的歷史다。우리民衆의歷史다。因果關係를 闡明하는것이라면 冷靜한分析的方法에依할것이지마는 산全一體로서의 意味를把握하는일은 人格的인綜合作用에依하지않으면 안된다。

다른말로써 또하면、우리는常變者中에서 不變者를찾는다。歷史는變遷을記錄하는것이라고 普通생각한다。그러나 歷史에는 또變하지않는者가있다。變者外에 不變者가 따로있는것이아니라 變者는곧不變者를말하는 말이다。故로普通科學的歷史를쓰는사람들이 大概人類生活의 變轉相을如

實히表現하자고만 努力을하지마는 그는잘못이다。 도리어歷史는 究極에있어서 不變者를表現하는것이아니면 안된다。變하는것은外요 變치않는것은內다。 前者는時空界에出生된者요 後者는超時空的인生産者다。 歷史가前者만을目標로하는限 그는動相을말하였을뿐이다。 그러나必要한것은 動相이아니오 動者다。 움즉이는모양이아니오 움즉이는者다。或은 한거름더나가서 움즉이게하는者다。「歷史의흐름」이라고 말하시만 果然歷史는한편으로보면 흐르는것이다。 埃及도 흘렀고 바벨론도흘렀고 漢나라 唐나라도흘렀다。秦始皇도 씨자도흘렀다。流轉不息이야말로 歷史의本相이라고하겠다。 그러나아니다。흐르는저들은 흘러갔으되 恒常한個意味를 꿨치고갓다。 河水는 쉴새없이 거품을지으며 흘러가되、(그보다도흘러감으로)河流는 轟然한音樂과共히宛然히 같은것같이 事象의變轉하는 歷史의裏面에는 一貫하는存在가있다。歷史는흐르면서도 흐르지않는것이다。흐르지않는것이기 때문에 흐른다。우리는歷史의河水가아니라 河流를찾는다。

그러나 우리가찾는、歷史의背後에서는 그不變者는 科學者가 現象의背後에찾는 法則과같은것은아니다。科學者가찾는法則은 機械的인것、關係的인것이다。 그는知識的探索에依하야 알수있는것이지만 우리가 歷史의背後에서찾는 不變者는 그런機械的不變者가아니고人格的不變者다。即固定的不變者가아니라成長的不變者오、反復的不變者가아니라 創造的不變者다。흔히「歷史的法則」이라고말하지만 우리가찾는것은 法則이아니오 生命이다。歷史에는 自然科學에서 말하는것같은意味의 法則은없다。法則이 있다고하면 그는學問上의말로表할수있는種類의것이아니라 行動에依하야알수있고 生活에依하야表할수있는것이아니면안된다。故로法則이아니오、意味다。歷史는 一個意味를完成하기爲하야 자라는一個的인것이다。이一個인것이있어서 恒常끊임없는 生命의流轉相을 보게되는것이다。個人의一生을일우는 모든行動의背後에 人格의主體를 認定하지않을수없는것같이 世界史의背後에도 一個主體가 선다。

世界史가 이미意味를갖인것이라면 그는行動的인것이지않을수없고 行動的인것이라면 그主體는人格的인者이지않을수없다。單히 理法的(Principle)인것아니라。一個人格(Person)을 갖인것이어야한다。人格없는곳에 行動이 있을수없고 行動的인것이아니고 意味를갖일수없기때문이다。그런故로 우리의歷史는 一個能産的인 人格的存在者를 말하는歷史다。요한의말을빌면 말슴(로고스)의歷史다。太初부터 하나님과같이있었고 저自身곧하나님인 로고스야말로 歷史를낳는者다。眞理에對하야 知的態度로向하려는 思索家中에도 이 너무 直接生命的인말에견대지못하야 不滿을가지는者가있다。저有名한 페테의「파우스트」안에있는 파우스트의煩悶은 그런사람들의것을 代表한것이라 볼수있다。宇宙의神秘를 知識的으로 解決하려는그는 요한福音첫머리를 펴놓고 그 로고스를譯하야 말슴이라 한것에不滿을품고 다른말로翻譯하야보려고、 애써「생각」이라했다「意志」라했다 마지막에 業이라고譯하였다。그러나 그瞬間에 惡魔의誘惑이들어왔다。 페테는 이것으로써 近世人의맘을말하였다。 저이가理知主義로 다라난때에 歷史는말슴에서 意志로 意志에서事業으로 墮落하였고、 그瞬間惡魔에依하야 頂門에 一針을맞은것이다。

「太初에 말슴이있으니…말슴으로萬物이지은바되였다」 ||이대로眞理다。이宇宙는말슴을갖인宇宙다。歷史는法則의 나타남이아니다 機械의움즉임이아니다 物質의變遷過程이 아니다。삶말슴의 나타남이오 그말슴에 도라감이오 말슴하고있음이다。요한은 또 이말슴의本質을說明하야 愛(아가페)라하였다。우리의歷史는 아가페의歷史다。 歷史現象의 背後에서는 人格者는 아가페다。宇宙의모든現象은 이사랑의말슴을發하는 音聲이다。히말라야의高峰도 미시십피의長流도 太平洋의巨濤도 이사랑의말슴을表하는符號다。 雲線우에옷는 千紫萬紅、林間에부르짖는 壯妙한音樂、清流속에 꼬리치는 銀鱗、絕壁에떠러지는瀑布聲、波間에부서지는月色、모든것이 이말슴의表現안인것없다。그러나自然보다도더 이사랑의말슴을發하는것은 人間의歷史다。언케던지따뜻한 어머니의품、秋霜같이嚴한가운데도 봄바람같이溫慈한것이 들어있는 아버지의音聲、하늘우에별보다도 더많은것을말하는 愛人의눈瞳子、隣人의樂憂을보고喜悲를같이하는 同情心、不幸한者를보고 칼을빼는 自己沒却의義俠心、이모든것들은 이사랑의말슴을 모르고는 理解할수없는 謎語들이다。말하지말지어다 때로利害서로衝突하야 干戈를걸으고、憎惡의念이달리는곳 나라는나라와갈라지고、階級은階級과對立하야、學問의精細 科學의奧妙를다들어 同類相殘하는데쓰는 쓸아린일이있다하야 이世上은 弱肉强食의 修羅場이라고。이모든것은 다變形된 사랑의 말슴이다。慈母怒하였다하여서 親子는對敵이라할것인가。 어린天使죽었다해서 人生은虛無한것이라할가。愛人은死別하야 永遠의愛를 가슴속에심는것이오 義人은犧牲으로되여 不變의義를 歷史안에살리는것이다。죽음이없다면 어찌 罪를낳었으랴、戰爭이아니면 누가正義의貴한줄을 가르쳤으랴。「苦」없이 「愛」는있을수없다。그렇다 우리의歷史는 아가페의歷史인故로 苦難의歷史다。아가페란 죽음에依하야 사는者다。

하나님은사랑이라、苦難에依하야 사랑을배우는、사랑을 行하는 人類의歷史는「하나님에게」의過程이다。하나님을아는、하나님에도라가는길이다。自然神觀에서 人格神觀에、本能生活에서 神的生活에。

天國

姜濟建

사람이 하나님을 面對할수는없다。肉의耳目으로天國의모양을 볼수는없다。天壤이懸隔하고 明暗이路殊함애 靈界는어대까지靈界요 肉界는어대까지肉界다。이와 저는 떠려진者요 連接한것이아니며、 서로막힌것이오 通할수있게되지못하였다。이것이當初붙어 그런것은아니었다。太初에 하나님이宇宙萬物을創造하심애 그거륵함과 기쁨으로하시였다。故로 지음을닙은것속에는 그지으신者의榮光이 들어있었다。故로 그지으신者의 「永永하신能力과神性」이 直接들어나지는않었으나 오히려 「그지으신萬物로보아 알수있었다」(로마一章二十) 그러나人類始祖의 犯罪함으로붙어 事情은一變하였다。하나님의榮光을 目擊할수있고 그목소리를直接들을수있던 樂園은 人類에對하야 禁斷의世界가되여버리고 萬物은즐거움을잃고 歎息으로써 날을보내게되였다(로마八章十八二十五)。그리하야 天國과 이世上의사이에는 넘을수없는 담이 생기게되였다。罪의담이다。天國門은이때문에 우리에對하야 막히고 世上은暗黑의權勢밑에屈服하게되였다。그리게됨에 人類의얼골에서 그前에있던 하나님의榮光은사라지고 사단과同處하야 땅속에 버려지처럼썩어질것을 주어먹는것으로써 달콤한것으로 알게되였다。天國의모양은 그에게接할수없는것이될뿐아니라 무서운것이되여버렸다。始祖가樂園에서떨며 쫓겨나온以後 人類는하나님의現臨을 듯기만해도 무서워 견대지못한다。舊約의하나님은 사람이 가까히할수없는 하나님이었다。(出埃及十九章十二、)

그러나人類는 또天國을찾지않고는 못견대였다。靈魂은비록 그것이捕虜狀態에있다고는하더라도 그本鄕을思慕하지않을수없었다。그리하야 사람의가슴속에는 알수없는나라에對하야 戀慕하는맘이 抑制할수없이 니러나고 創世以來許多한사람들이 그를爲하야 煩悶하고 애를태웠다。그러나그들을爲하야 可憐한것은 當初붙어 天國의모양을直視하는特權이 剝奪되여버린것이다。光明을잃은것이다。한번樂園에서 쫓겨나옴애 人類를支配하는것은 暗黑이다。故로그들은 可量없는世界를 오직自己들이가지는 微弱한知識의燈불로 더듬지않으면안되였다。罪로因하야墮落이된人性은 이現世界밖에 알지못하게되였는故로 神聖한世界에對하야는 漠然히推測을할뿐이오 거긔對하야 아노라고한것이 結局無形한世界라고 하는것밖에없다。聖이나佛이偉大한敎訓으로 알려주었다할지라도 要컨대그것이 茫然未然한것을 말하야 줄뿐이오 눈으로보고 손으로만지게하는것이아니었다。또깊이 思索硏究하는 學者哲人이나와

高尙한知識으로 주었다하더라도 究竟그것은 有形之物을 論하는것뿐이오 靈界에對하야는 無形神秘의一語밖에나가는것이없다。故로 그모든일은 담밖에일일뿐이다。天國의모양을 엿볼수없이 가로막는담밖에서서 때或時흘려나오는 거룩한音響을듣고 그모양을假想하고 推測하는것에 지나지못한다。그리고그推測을基本으로하고 宗敎를만들고 道德을세웠다。그리고보니 人類의生活凡事에 儀式이重要한것이 되였다。儀式없이는 하나님을恭敬하는데서 그誠意를表할길이 없기때문이다。靈界에對하야는 無形이라고밖에할수없고 가진것은 이物質의世界밖에없음애 自己네의가지는것으로써 有形한儀式을만들어 그것으로써神靈한 世界의것을 表하야온것이다。그러나儀式은어대까지儀式이오 거긔直接 天國의靈光이있을수는없었다。犯罪以後靈界의 一大缺陷은 榮光을모르는일이다。自然에美가있고 人生에道德美가있다고는하나 거긔榮光은없다。實生命이죽은世界이기때문이다 榮光은天國에만있는것이다。故로 예수께서는 이榮光이란말을特別쓰시다。聖賢哲人의生涯에 崇高한光輝가있으나 하나님의榮光은없다。從來의宗敎道德에 高尙深奧한것 있으나 天國의榮光은없다。

그러나 하나님은 이世上을언제까지 그대로두실수없었다 自己의形像대로지었던 人生의얼골이 언제까지나 罪惡의塵埃속에 묻처있는것을 참아견댈수없었고 이별이반짝이고 花鳥가歌舞하는 아름다운世界에 一抹의愁雲이낀것을 언제까지그저두실수없었다。그리하야末世代에 獨生子를보내여 世上의救主로세워 生命의길을 다시開通하였다。뜻이하늘나라에서일운것같이 따에서도일우기爲하야서다。物質이靈에 삼킨바 되기爲하야서다。예수가十字架에못박히심애 聖殿揮帳이갈라듣고 聖人들이 니러낫다하였으니 이는天國門이열린것을말함이다。十字架로 罪의담을헐고 人類에向하야天國의榮光을 全幅으로開放한것이다。오란苦痛과눈물의歷史後에 하늘나라는다시열리었다。우리는 예수께서 하나님을 直接보는것이오 만지는것이오 그의가르침에 前에숨었든 奧妙한것이 發現되여있다。故로 그는 말하기를 「내가길이오 眞理요 生命이라」(요한十四章六) 고하였다。

이제天國門은 人類에向하야 自由로열리었다。담밖에서서 머뭇거릴것도없고 舊儀式에 머물러있을것도없다。그는다過去時代의일이다。이제 믿는者에게는 天國은直接的으로 열린것이오 하나님은本體대로臨하시는것이다。悔改하고 예수를믿어 神으로 새사람이되는것이(요한三章五-七)오직그資格이다。이제우리는 예수의 발자최를 따라가는者가되면 天國에 들어가는者다(베前二章二十六)。예수밖에 다른救主가없다(行傳四章十二)。

『無敎會誌의暴言』을읽고

小鹿島 文 信 活

「信仰生活」第五卷第三號 卷末에 「無敎會誌의暴言」이란 題目下에 聖書朝鮮主筆을 攻擊한글을 읽었다。無敎會誌가 暴言을하였는가 아니하였는가 이것은 내가相關할바아니오、聖朝主筆을 攻擊하거나 말거나 또한 내가相關할바아니다。然이나 同文內容에들어가 終末의二三文句에는 아모리世上에 바림을받은 이름없는 患者이기로 事實에關係깊은 나로서 한마디말이 없을수없다。

同文筆者曰 「聖經을禁하지않는以上 最後의餘存인 靈的生命의糧道까지 끊는餓鬼輩들이라고 怒號함은不可합니다」하였으니 聖朝誌나 信仰誌가他惡靈을傳함이아니오 聖書가敎現하는바 예수그리스도를 具體的으로 確實히證據하는以上、聖朝誌를 絶對 禁止하자는野心은 그리스도를證據하는牧者의할일일가? 信者의靈的生命의 糧食이란 聖經에만 絶對局限되었는가요? 信者의靈的生命은 宇宙에充滿한 하나님의攝理를따라 多方面으로서 生長하는것이 或은聖經으로 자라나고 或者는 祈禱로 詩와讚美로 或은 偉大한信仰家들의 說敎로 글로、이와같이 헤아릴수없는 各方面으로 神은 우리의信仰과 靈的生命을 길러주신다고 生覺한다。故로 누구를勿論하고 그사람이어떠한方面으로 恩惠를받든지 그生命을 길러주는것이있다면 그自體의如何를不問하고 그에게는靈的生命의糧食이되는것은 否認할수없을것이다。當時에 우리에게는 聖朝誌또는聖靈이 役事하심에서 深奧한靈感을받은 某某先生님들이 주시는書信等이 우리의信仰과生命을 얼마나 길러주었으며 自足을느끼게하였는가는、오ㅣ직여호와가 아실뿐이다。그럼에도不拘하고 何等理由없이 이글을 읽지못하게禁止할뿐아니라 公衆에서無條件하고 自白을시키려고「다시는읽지않겠노라고 自白하라 不然이면院長에게말하여 退院을시킬것이다。우선敎會法대로 自白하기를期하고 休職시키노라」이것이所謂 牧會者의말이었으니 長老敎의憲法을 그다지도尊重視하는 그들이 어찌吸煙하고蓄妾까지하는者에게는 休職시킬줄을몰랐던가。「汝等의信仰과行動」에는나무릴곳이없으나 公衆이저다지誤解하고 騷擾하니 이제萬一汝等을處罰치않으면 余의立場이 어찌되겠는가?」이것이當時主任牧師 親히나에게한말슴이었으니、우리가얼마나 억울한 逼迫을받었든가를 넉넉히알수있을것이다。이리하여우리는 休職을當하고、公衆祈禱까지 禁止當하였으니이것이 靈的糧道까지 禁함이아니고 무엇이랴! 聖經이란 읽기만하면 生命의糧食이되는가。聖經에서 얻은기쁨에 뛰놀지못하게하고 聖經에서얻은 喜悅을빼앗으며 聖經그

대로를、行치못하게하였으니 聖經을禁함과 다른點이어데 있을가? 基督信者의最高特權인祈禱! 信者의生命을左右하는祈禱! 그러나 우리는 이福스러운祈禱좇아 自由롭게 들일수없었다。所謂敎職者되는者들이 信者의 祈禱內容을 엿들고다니며까지 祈禱를礙害하였으니「聖經을 禁하지않는 以上 生命의糧道까지 끊었다고 할수는없다」고。그러면基督信者로서 祈禱없이는 살수있을가! 糧道를끊지않은것과 呼吸을막는것과 어느便이 生命을害하려하는 惡行일가?大衆이두려워서 自由意志를잃고 억울한處分임을 알고도大衆의 그릇을 깨우쳐주기는고사하고 生靈에뛰노는 몇兄妹를罰함이 果然全身을 이들에게바치고 하나님의事業을하는 牧者였든가? 哉鑾洞敎人이 끝까지 나를붙든다면 옷자락이라도 비어바리고 차라리 深山에들어가 광이를들고 팔밭을쫓겠노라! 이것이 哉鑾洞을떠나 港西敎會로 가려든 牧者의말이었으니 果然 全身을癩病院에던진 牧者였든가? 여기에서도自由意志를잃고 周圍의形便에따라 哉鑾洞敎會에 있지아니치못하였으니 이것이果然 全身을 바친行動이었든가? 남의것을論함이 本意가아니다 欠이라면筆者亦是 自由意志를잃었었다。衣食住三者에 억매어서 아닌것은끝까지否認치못하고 退院當함이두려워서 主의뜻대로行치못하였으니 自然筆跡이 둔하여짐을느낀다。끝으로 「孫氏에게들으면 事實에도相違있음이리오」하였오니 有無轉變은 浮世의常事라 드니 孫氏의轉變에는 놀라지아니치못한다。孫氏自身은 그들을 얼마나哀惜히보았으며 哀痛하였든가。孫氏가아직××神學校에 살아계신以上 當時의哉鑾洞을 回考할수있을것이다。

「당신들이 나에게奉給을 支拂하기어려워그렇다면 당신들이먹는밥을 한술식적게먹고라도 당신들과같이 살고싶소」 이것이氏가哉鑾洞을 못잊어하고 간말슴이다。아니라그眞心이었음을 우리는볼수있었다。이와같은精神을 가지고도 哉鑾洞을떠나지 아니치못하였으니 孫氏에게한 그들의心理가 어떠하였으며 孫氏의感化로 聖靈에게사로잡힌 우리가敎會當局에게 얼마나미움을받었는가는 더말할必要도없을것이다。氏가 쇠뙤(富民町)으로 떠난뒤로 孫氏를미워하든 그들의화人살이 우리에게向하였음은 心理的으로보아 當然한일이라고 할것이다。쇠뙤로가신後로 우리는 여러가지口說로 外出許可를얻어 三十里길을다름질하여 우리의處地를 하소연한것이 非一非再였건만 不過四五年에 잊었드란말인가。「우리를害하는것이아니라 하나님을對抗하는것임을알고보니 참으로불상하기가 比할데없읍니다。 滅亡을스사로自取하는것을 生覺하니참답답하외다。나는참으로 哉鑾洞敎人이라면 다ㅣ사랑하는데 참으로그들의아지못하고 하는짓을보니 어찌눈물이흐르지 않겠읍니까? 나는只今부터 더욱기도하겠읍니다」이것이아직도 保管되어있는 孫氏의 數通書信中一節을 그대로謄寫한것이니、孫兄이여 이와같은書信을 우리에게준것을 어느새 잊었든가요? 묻노니孫兄이여 只今으로부터六年前 우리와한가지먹고마시며 아닌것은어데까지라도 否認主張하고、眞理라면 萬難을헤치며絕叫하든 그입으로 事實을 否認하고싶읍되가? 孫兄이여 이제당신은 否認하더라도、차라리衣食住三者를잃더라도 靈的生命의 糧食을 自由로吸收할수있을곳을 찾기로決心하고 눈물로截蠻洞을떠나 定處없이헤매이든 몇兄妹가 現在小鹿島에살아있는 以上 一言도讓步할수없다。당신은 알리로다 癩患者로서 截蠻洞을떠남이 얼마나冒險인가를 잘——아시리다。그러면 이冒險을敢行치아니치못한 우리의立場이 얼마나외로웠든가를? 截蠻洞의 當時를 좀더쓰랴면 여호아를 두번울림이 될가 두려워 이글을쓰기에 몇번이나 주저치아니치 못하였다。孫兄당신도 이글을읽기를願치않으시리다。하는수없는程度에 自己를밝히기爲하야 事實에直接關係者인 쓰라린立場에서 相違없음을 證明합니다。

一九三六、三、一二日

奇 緣

主 筆

얼마前에 千萬뜻밖에 「信仰生活」이라는 雜誌一卷이配達되였으나 注文한일없는雜誌가 配達된理由를理解치못하여 疑訝할즈음에 그卷末을 보고 「無敎會誌의暴言」이라는文을 읽어보라는意味인것을納得하다。信仰生活誌의主筆은 前에神學指南誌에 內村鑑三論을揭하야 無敎會信者에게挑戰한일이있어서 不得已答辯한바 있었으나、其後로는態度가一變하야 參考書의問議도 있었고 注文去來도多少있게되며 過次에尋訪하려라는音信까지도 받었든處地인데 今番에「無敎會誌의暴言」이란것을 던진것을接하니 人心의無常變轉에 또한 놀라지않을수없게된다。勿論私는私요公은公이니 親密한友誼를保持하면서라도 眞理를爲하야 當當한論陣을對布할수 있는것이오、또한 그렇게해야만 되는것이다。그러나 「無敎會誌의暴言」이라는文은 條理整然하게事理를辨白하려는 論文도 아니오 그저感情이爆發한 故意의惡談에不過한것임을 發見할때에 信仰生活誌主筆과의 奇異한因緣을 느끼는同時에 이에對한反駁文은草하지 않기로 作定하였다。

(1) 神學指南誌는 朝鮮基督敎界에最大勢力을 가진長老敎會平壤神學校의機關誌이니、누구의文이었든지 그機關으로써挑戰할때에는 이에對하야辯駁할勇氣도 났었으나、이제信仰生活誌는 듣건대 純全히個人의誠金으로써 예수信仰을傳布하기를 目的하는것이라하니 서로 싸울相對가 아닌가한다。

(2) 論旨가 眞理問題에關한것이라면 明白히할必要도不無하나 惡意辱說에對하야는 答하면 싸움이될뿐이다。

(3) 農村敎役者와癩病患者에對하야는 自己홀로만眞正한同情者라고主張하고저하였으니 이를「愛의橫領者라」고告訴할수도없는바이라 單一人이라도不運에處한者를 同情하는이가 더있다면 고마운일。

(4) 다만「事實」이옳다 아니다 하야 孫氏까지引用한것은 孫氏에게는失禮千萬의 줏인줄 아나、이왕孫氏를利用하였고 事實이니 아니니 하였음으로 當事者인文氏의答이如上하다。

疾病

小鹿島 尹一心

百萬의大敵을 두려워하지않든 亞歷山大王도 疾病이라는 一個無形의敵에게는 人生의無力함을 痛嘆하였다한다마는 可惜타! 이는動物的肉體에 부다치는 疾病의쓰라림을 부르짖음에不過하다。果然人生이란 英雄이나 匹夫의差別없이 疾病이란 말만들어도 獅子와같이 두려워逃亡할여 몸부림치며 毒蛇와같이 꺼리어 戰慄하고만다。

우리에게健康을주소서! 함은 萬人의 切望하는바이며 身體는萬事의本也! 라함은 疾病의쓰라린、體驗에서 울어난 絕叫이었스나 要컨대이는「너의生命이 무엇이냐 너의는잠간보이다가 없어질안개니라」한 (雅四—一四) 聖아고보의말슴을 깨닫지못하고 不過七十에없어질 草露人生의將來임을 生覺지않고 于先오는幸福과 享樂만을求하는唯物主義者들의 안타까운所望이었으니 萬里長城을 一朝에쌓고 永生不死藥을求하려든 秦始皇과같은 사람이라할것이다。健康을所望함이 萬人의切望이오 疾病을忌厭함이 人間公有의心事이라 하겠으나 畢竟은 人間七十古來稀라는絕對의哲言과 人生을안개에 譬諭한바와같은 有限相對의動物的生命의 範圍內에局限됨이 아니었든가! 이렇고보니 이所望이어찌 참된幸福을求함이되겠으며 이忌厭을어찌 絕對의恐怖라 할수있으리오。故로욥과같은聖者는 蓋瓦조각으로 全身을긁고도 오히려不足하며 재ㅅ속에들어앉어서도 讚美하였다하며 全身에傷處가있어呻吟하며、富者가떨어터린 부스럭이로 배를채우든 라사로는죽으매 天使가받들어 아브라함의품에 두엇다한다 (누가一六—二〇 參照) 約百記를一種의神話로認定하는 所謂識者들이나 聖經을否認하는 어리석은사람이 있다면 나는 저들에게 이와같이 부르짖고싶다。

욥의事跡을否認하고 라사로의最後를 疑訝하는者들이어 눈이있으면 와서보라。世上을등진詛呪의 生地獄에서 (저들의말에依하면) 最後를마치는 나의兄弟들을。몸은비록 人生의最大의苦憫期인 죽음에處하였으나 그얼골에는歡喜가充溢하니 라사로의最後를 如實이 그려내지않는가! 귀있으면와서들으라 斷末魔의부르짖음이아니라 오히려讚美오히려 祈禱! 하는 그기쁨으로、새나라로 길떠나는 이光景을! 疾病이것이 무슨恐怖가되며 이것이 무슨힘을갖었는가。힘이있다면 그것은 畢竟은 없어질肉體의生命을短縮식일뿐이오 썩어질肉體를좀먹을뿐이다。그럼으로疾病그것의 힘은 우리에信仰에는 何等의힘이못된다。욥과같은神話的 聖者가아니라 가장淺薄하고、가장不倖한 疾病의人문동이에게도 永生의기쁨 있는가! 없는가! 와서보라

健康한肉體를가지고도 조고마한疾病에못이겨 한숨과눈물지는者있으면 이제絶對魔病과싸우는 우리의입에서 나가는 말을 귀를기우려들어보소서。博學能筆로서 豪華로운자리에앉어發하는 紙上美文이아니라、問題인疾病의 그늘속에서 부르짖는 쓰라린體驗에서 울어나오는干證이다。

당신의苦悶이、머지않어끝날것이오 健康을熱望하는兄弟들이어 당신의所望인健康이란 無限絶對가아니라 有限的生命인 肉에屬하였음을 警醒하사이다。

썩어질糧食을爲하야 일하지말고 永生토록있을糧食을爲하야할지어다(요六ㅣ二七) 하신말슴은 果然무엇을意味하였든가。썩어질이肉身을爲하야 轉輾不息하는 人生에게對한 大警告가아니엇든가。故로다시한번警醒하사이다。썩어질糧食을爲하야! 안개와같이 살아질 肉體를爲하야 戀戀하지말고、永生토록있을糧食을爲하야 일합시다。아니라 우리의눈앞에 가루막혀있는 永遠한苦痛이오 絶對無限的死亡의 關門이되는 마음(心靈)의疾病을見하사이다。이야말로絶對無限的 死亡의前程이오權勢이니 여기에健康을保持하는者 이는永遠한勝利者가될것이오 이疾病에걸리는者그야말로 끝없는苦痛에 헤매일것이며 永遠한死亡에 이를것이다。그러면心靈의 疾病이란 果然무엇인가?

動物的生命을끊어 死亡에 이르기까지 肉體를 좀먹음을 肉體의疾病이라할신대、靈魂을 死亡식혀 硫黃불구덩이에 거굴어트리는것을 靈魂의疾病이라할가한다。大體病素이란(靈•肉의)外部에있는것이아니라 內部에있는것이니 肉體의病素는 體內에寄生하고 靈의病素는 마음에寄生한다。이마음에寄生하는病素이란 곳사단이라하는것이니、사람의마음속에潛在하야 自己의魔力을發揮하려한다。 이것을곳 心靈의 疾病이라할것이다。故로 우리는 마음속에寄生하는 사단의(信者에게는本能、或은試驗이라할가)勢力을抑制하기에 全力하여야 할것이다。疾病 果然무섭다! 肉體의病 아닌게아니라 무섭다! 마는마는

心靈의疾病 아!이야말로無限의苦悶과恐怖이오 絶對的死亡의關門이다。萬一動物的生命이 끊어질그날까지 이무서운心靈의疾病을 治癒치못하면 머지않어絶對無限의 硫黃불구덩이에서 永遠토록呻吟할것이다(默二〇ㅣ一五) 故로 우리는 먼저心靈의健康者가 되여야할것이다。

예수親히 말슴하시기를『성한사람은醫員이쓸데없고 病든사람이라야쓰나니 내가義人을 부르려온것이 아니라 罪人을 부르려왔노라』하셨으니 우리는다! 心靈의病者이며! 世上에罪人 即義롭지못한者이니 이제罪人을 부르려오신 예수그리스도앞에 나갑시다。먼저마음에寄生虫을抑制함으로 義롭다하심을입어(羅五ㅣ一上半•九上半•一六下半•一八下半) 아버지의聖前에굳게서서 靈의健康을確得하야 堂堂毅然하게 새예루살렘向하야 邁進합시다。이健康이야말로無

限絕對의 幸福이오 個人個人의環境과立場그대로에서 엇을수있는人間特有의 最高特權이오 至上의禍祉이다。願컨대 永遠한 이禍祉! 最高의 이特權! 우리의것을 맛기에 이몸을아끼지맙시다。『그런고로 우리가 겁내지아니하니 이것사람은 후패하나 속사람은 날로 새롭도다。 대개 우리에 잠시받는 환난의 경한것이 우리를 위하야 지극히크고영원한영화의 중한것을 일우게함이니、우리가 보이는것은 돌아보지않고 보이지안는것을 돌아봄은 보이는것은 잠간이오 보이지않는것은 영원함이니라』(고後四ㅣ一六、一八)함은 使徒바울의말슴이니 우리도보이는것 卽안개와같이 살아질肉體에만 戀戀치말고 몸은비록疾病의捕虜가되여 五尺病床을 自己의天下로서 呻吟할지언정 心靈만은 날로새로워 光明과歡喜가充溢한 저ㅣ새나라를憧憬、아니 거기에서濶步雄飛할것을 믿고 기뻐합시다。보십시오 저ㅣ새人하얀구름저便에 빛나는 寶座에 앉어게신主님이 우리를오라고 소리처부르시나이다。

오ㅣ疾病아 올랴거든오라!쓰라린苦痛아、너오랴거든오라 이몸은썩고썩어 詛呪의權化가될지언정 主님의손짓따라 달음질할련다!

主筆先生任 이것은지난가을에 數日間甚한 苦痛中에서 얻은所感이였나이다。써논지는벌서數個月이 되오나 正月號에通信을읽고 느끼는바있어 不足함을生覺지않고同封하나이다 「느낀그대로에 怨恨이 가득찬눈불겨운 怨情을呼訴」함이아니오라、信仰의 기쁨에서 맛본所感입니다。疾病의쓰라린苦憫에서얻은 救援의소래였나이다。故로 어떠한사람앞에도 오히려부끄러워 하지아니하나이다。 一九三六、一、七、

(第十八頁에서續)

덤벙이는 監理敎會에서는 女子의 活動舞臺같은것은 벌서 問題도아닌듯이 女子牧師說이 있은지오래이고、그래도 완고인신세를 지군하는 長老敎에서는 언제나 깨겟느냐?는 조롱을면치못하면서 작고대두되는 그런問題들을 한갓法的으로 겨우막누라고하는 模樣이니 硏硏들하기 그지없다。使徒베드로의 지우는 탄식소리、더구나 그使徒바울이 지금있다면 또 무엇이라할까。그때에처럼 단연容恕없이 쏜살같이 吐한말은 좀더强한態度 매운목소래로『부녀는 교회가운데서 잠잠하라』와함께『우리에게나 하나님의교회에는 이런규례가 없나니라』하야 단번에 잡아끊고말것이다。응당 그리하리라。再昨年宜川總會時에 어느牧師한분이 그願書를 討議할때에 不可의뜻으로 내놓고 거슬리는말을 하였다고해서『그牧師』라는말로『그놈』이라고 하는말까지 돌았다고도 하더라마는 그런主張、그런運動의思에서는 그런말이나오지 않을수도 없는것이다。基督敎界에서 무슨提唱、活動하기는 둘재로 改悔의길에서도 멀기가끝이없는저들은 다만겸손하야 과연『집에서그남편에게무러』(前고린도一四의三五) 배우며 다시금그런못된『自我』는 죽이고거듭나는 根本的인悔改의 길을 밟도록할것이다。『一九三五•一二•八日夜脫稿』

婦女는敎會가운데서잠잠하라(下)

李 贊 甲

9、한큰事實。

이에서 『주의 게집종이 오니 말슴대로 일우어지이다』(누가一의三八)하고 그모든말과 일들을 맘에삭이며 (누가二의一九、五一참소) 끝까지 그당하는 苦痛을 잘받아감당한 (누가二의三四―三五、마태二의一三―一五、누가二三의二七、요한一九의二五―二七참조) 그리고 또한끝까지 다만 한겸손한 人間으로 잘 順從하야 깨다라 마츰내 믿어 받들게된 (요한二의四、마가三의三一―三五、사도행전一의一二―一四참조) 요셉의안해、聖母마리아! 그맘성 그明朗하고도 良順한 婦人의 맘성이보인다。누가能히 따르지못할、그래、그목이 곧기쉽고 돌같이 굳기쉬으며 저만을알려하고 저만을위하기쉽은 男子로써는 감당하기어렵은、婦女로써 가장큰일을 人生으로써 가장큰일가온데 하나일 그일을받아 감당한婦女! 人生을救援의길에 올리실때 그役事를 잘받아 順從한 요셉의안해、聖母마리아가 보인다。『부녀가……해산함으로 구원함을 얻으리라』한難句라는말슴도 여기에서 解釋의 열쇠는 되지않을까。『녀인의 후손은 네머리를 상할것이요』하심은 종당에는 이렇게勝利의 길에설것을 約束하심이었을것이다。과연 그孕胎와 解産하는 受苦에서、『너이의 소원은 지아비에게있고、지아비는 너를 주관하리라』함에서、또한受苦와함께 死亡을받게된 아담을、저주받은따를 救援하시는役事가 『모든 산자의 어머니』된、그리고 그타락의 責任을 더加重하게 지게된 해와―女子에게서 이따우에 첫거름을내디디게됨이 順序듦으실것이 아니시었을까。좀 語弊가될지몰으나 女子는 그렇게 女子의 길을걸음으로 그모든것에서、또 그모든것을 救援해내고 解放케되게됨이 당연할것이아닐까 하는말이다 (창세기三의一五―二〇、前되모데二의一一―一五참조)。우리는 이깊고 깊은뜻을 거듭생각해야 할것이다。누가『어머니의 사랑으로 모든것이비롯한다』고 하는말도들었고『어머니의 사랑은 나보다 앞서누나』하는것도 느끼었지마는 그런母性을 갖일수있는女子、좁혀 남을위하는맘성을 갖인者가 아닌者로누가 그를받아 감당하며 順從할수인들 있으랴。女子로 罪가들어왔으나 女子로 다시 그렇게 救援의役事의길이 열릴수있었음을 깊이생각할일이다。

10、自己가저야할짐을 버림은큰罪惡。

아마도 그렇게 信仰에있어서 女子의짐、곧十字架의짐은 오직 婦女로써의 길을걸음에 가장 잘걸을수있으며 과연 그로부터 主께서 人生에게 뜻하신바가 또한잘나타내게도 되는것이다。웨그런天職을、아니곧져야할 十字架의 집을버리고 딴길로、싫다고 딴길을取하려 가로다라나려하는가。그輕薄、그울리는 꽹과리와 같은것이됨을 크게 두려워할것이다。自己가 져야할짐、許諾하시는 十字架를 지지아니함은 다른곳에가서 다른것으로 그以上 큰짐、苦難을지고 갈지라도、그는잘못이요、또 秩序를紊亂케하는者이다。眞理의 反逆者이요 罪惡이다。멸망의길이다。勿論 男子라고 다社會的인일이랴。그렇지아니할것이다。내處地、내資格、내分을따라 더구나 分明한指示를 따라 지고 順從할것이다。그러므로 되모데에게『오직너는 모든일에 절제가있어 곤란을견대고 전도인의 일을 하고 네직분을다하라』(後되모데四의五)고 간곡히 권하기도한 바울이언마는 모든사람들을 各各어떻게대하며、가르치기를 말하는中、특히 과부에대한것에는『오직과부가 자녀나 손자가있거든 몬저그집에서 孝를행하야 부모에게 갑기를배호게하라。대개이것이 하나님앞에 받으실만한것이니라』하야 그孝가 하나님께서 깁거이걷우시기에 좋은것임을말하고 다시이를미루어 一般에게도 할말이있음을따라 그알에 나리어가다가『사람이 만일 자기일가를 도라보지아니하고 더욱 자기집안사람을 도라보지아니하면 믿음을 배반한자요 믿지아니하는자보다 더악하니라』(前되모데五의一ㅣ八참조) 하기도하였다。그렇다 自己에게 맛당한일、당연히 하여야할일을 하지아니하고 뛰쳐나아가 活動한다한들 무슨所用이랴마는 世上에는 이런뒤밖우이는일이 많지아니한가。글세 自己에게는 맛당한分도 아니건만 主의일이라하야 敎役、傳道하며、나아가덤비면서 어떤다른이들이 自己에게 맛당한일인 무슨 產業을하면 그것은/世上의일이라하며 敎會일은 덮어놓고 하나님의 일이라하야 점으도록 自己는 남에게 自己의집을지우며 집어먹을데로 먹으면서、점점어지럽게하는 그렇게 그어둠속에서 不信的인 眞理를모르는者의行爲를하는 무리들이 至今은 또 얼마나많은가。그리하야 저이들때문에 하나님의말슴이 얼마나막히며 하나님의일을 그릇되게하고 自己도 最後의 衰殘한길을 걷게됨이 얼마나많은가。과연 저들은『믿음을 배반한자요 믿지아니하는자보다 더악하』게된것이다。그렇게 自己가맛당히 지어야할짐、十字架를지고 걷지않는者는 如何한 큰일、美名을띤일일지라도 그는잘못이요 眞理의反逆者 곧하나님의뜻을 거역하는者이다。順從 곧信仰의 態度는아니다。하나님의뜻은 質에있고 量에있지아니하다。

11、그러면女子는活動의길이 全혀없을까。

그런데 이렇게말한다하야 이미靈에있어서와 오는나라에대하야 말한바도있음에 불구하고 女子에대하야 다만『賢母良妻主義』라고 할는지도모르며 또 한갓法的으로얽

매입이 아니냐고 할는지도모른다。그러나 이상은하다。이世上에있어서도 女子에게 한男子의 안해、어진어머니의 그런크나큰 事實들을보고 감히무엇이라 말할수도없음을 느끼지마는 그런所謂 한『主義』라는것에 局限하며 그저 그만한것으로 알고맒거나、그런 한法的으로 監獄속에 넣어버리듯 할수는없는것이다。오직 女子를내이시며 즈신맘성、그로부터나오는『돕는짝』(창세기二의二(참소)의 길、잘받아길은 삼上엘의 어머니의길 (上삼우엘一의一五—二八참조)을 순순히밟으며 또그로、그맘성으로 좇아서만 되는 特別한일을 주실때가게시거든 그것도잘받아 감당도하여라는것이다. 참말로 그맘성을갖인 婦女들! 數많은어진안해、어진어머니를 그렇게보지마는 또한 그고요한 아름답은態度는 主의當時에 十二弟子、七十門徒外에 別로 택하지도않었건마는 한婦人團이라고 부르게되도록 主를따르며 저들의財物로 隨從도들고(누가八의一—三참조) 그리고 昇天後에 弟子들에게 분부하신대로 예루살렘에 모일때에도 叅席하야 같이힘써 祈禱한 그들은(사도행전一의一二—一四참조) 어찌보면 十二弟子들보다도 오히려그 信仰의 獻身的精神은 때때로 곳곳이나타나 그들의信仰 그들의한일은 初代敎會에 한基礎石이되였다。그러나 그들은 오직 全部를들이고 순순히따름이었다。決코 現代敎會의 婦女들과같이 무슨運動이나 主張을 내세움이아니었다。그러한가운데서 오히려 그들은 그時代에男子의所有物에 지나지않었다는 社會的地位에서 넘우나도 뚜렷하게 버서났으며 初代敎會의 重要한자리를 점령도하였다。靈에있어서 男女가 同價値임을、오는나라에서 어떠할것을 들어내보이었다。事實上 初代敎會에 저들婦人들이없었드면 우선敎會의 婦人들의處地는 어떠하였을까。아모리 基督敎의 根本精神은 그렇지않다더라도 婦人들은 남의집손님格이 었을지모르고 그地位는 오히려從屬的이었을지모른다。만은 저들이있음에 그根本精神은 잘빛나고있으며 또 事實로 휩신고어올리었다。참말로 저들의存在는 福音傳播에、또 人間우에 없을수없는것이었다。그러나 그것은 決코決코 무슨言權을 얻어웨치여서가아니고 敎權을얻어 改善을圖謀하여서가아니다。어대까지든지 女性답은 그自順하고도明朗한 아름답은거름에서다。이것을 잊어서는아니된다。그렇다 그單純한 하나만을 알아굽힐줄을 몰으는맘성、한번 일으킴에 結末을보고야마는 熱情의맘성、그런女性의맘성에 불꽃이붙어일어나게된 짠딱크의 事實도본다。敵國의 審問에 끝끝내 하나님이 시키서서、그렇게하였다는 어린處女 짠딱크는 最後의 死刑場 아니 그펄펄붙는 불속에서— 勿論 佛蘭西의 音이었겠지마는—『예수』하고 소리를처、主를부름에 그만 敵軍으로하여금『우리가 敗하였다』하는 警歎

의 降服의말을 發케하고야말었다더라마는 이런奇蹟的인 事實을받어 감당한女性! 그는또한 女性의자랑임과함께 人類의 자랑일것이다。使徒바울도 그렇게까지 婦女에게 原則的이다싶이말하면서도 어데까지든지 그맘성、그態度를 지키면서의 祈禱나預言을할것을 말한것도있고 또執事의職도될것을 말한것도있다。(前고린도一一의五、前듸모데三의一一참조) 그러할것이다。어떤누구에게 그런恩惠、또그런길이 달리準備되여 있는것도 없지않을것이다。그로써는 그女子에게 주신맘성、그態度로 걸으면서 그使命을 다할것이다。마는 그렇게 거슬리는態度로 公同的으로일어나 圖章을찍으며 運動하며 떠들음은 眞理롭은態度도 아니려니와 그것은 곧 眞理의反逆이다。秩序를 紊亂시킴이다。自己가 져야할짐을 지지않으려는 發惡이다。제길을바리고 가로다라남이다。基督敎가 무엇인지모르는者다。福音은 그렇지아니하다。그런맘성 그런態度에는 들어가지아니한다。

12、結 語。

그러하건마는 現代의敎會는 이렇게 寒心하다。한때의 그고린도敎會가이같었든가 고린도敎會에서는 뜻밖에 그自由思想、어찌하야 그自由가옴은모르고 그대로 그自由를누리려는 婦女들이있었는가보다。하나님께로부터 그렇게오는 참眞理의 自由임을 생각지아니하고 멋도모르고 男子와같이되고 아니男子를 디디고올나서겠다는 생각이 아마 여러가지模樣으로 나왔는가보다。그리하다못해 男子의模樣과 同一하게채리고 나서면되는줄알고 머리模樣부터같이하며 앞서나아가려는 걸뜬婦女들이 있었는가보다。얼마나不自然스러웠고 寒心하였으랴。混亂이었고 沓沓하였으랴。그리하야 『잠잠하라』하기도한 바울은 또한 단연 『만일녀인이머리에 무엇을쓰지않거든 깍을것이요: 변론하려는자가 있을지라도 우리에게나 하나님의교회에는 이런규례가없나니라』(前고린도一一의三—一六참조) 하고 強硬하게 흥분되여서 말하였으리라。이 바울의말을 귀가 있어들은자는 들었을것이다。그래서 그뒤는 그런폐해는 別로없었는가。따라서 저中世紀의 경건한婦女들이 있고 로마의 저런 큰일까지도 있어지었는가。그러나 人生의 그릇되군함은 누가추측하랴。늦가로、라난다。그런寒心한것은 至今은 世界를휩쓸며 이江山에도 그런것부터 몬저 侵入하려한다는말이다。時代는 달라서 그形式에서나 좀달너서인가。바울이 하도어이가없어서 차라리『깍을것이요』하였음에 좋아라고 그命을따름이든가。몸머리부터 말대가리 속냑처럼깍으며 달려드는것이다。몸차림이나 新式으로차리고 男女의 자리나터놓고 않으며 討論이나같이하면 된줄알고 저렇듯들어서는 模樣이다。언제든지 제법進步的인듯이귀며 世上에 (第十四頁의續)

祈禱의靈이되자!

祈禱는何者뇨? 祈禱는靈의呼吸이오 生命의氣息이다。信仰의사람은 祈禱로生活하고 祈禱로成長한다。이祈禱를通하야 그리스도와結合하며 宇宙와 信仰의사람과한가지로 그리스도靈에게 含消되는것이다。故로祈禱는信仰者의一常生活에 一時一刻을 떠나살수없는 生命의呼吸이다! 例를 들어말하면 따우에萬有가 呼吸하여사는 이空氣를 一時도 떠나 살우없는것이나 마찬가지다。이呼吸이끊어진者를稱하야 死尸라고한다。그는不遠에 朽弊하며 惡臭가振動한다。

그와同理로 祈禱가 끊어진者의게는 生存權이없다。生命과 이모相關이없는 骸骨이되여가는死體이다。다시말하면 그리스도의靈的呼吸에서 끊어진死尸이다。곧예수그리스도의 福音光線과 何等의相關이없는靈이다。

오ㅣ靈의親族인 信者의兄妹들이여! 祈禱하사이다。祈禱의靈이되사이다。이는그리스도와 活사괴임이오 하나님아버지와 秘密한交際이다。

아ㅣ信仰의사람들아 하나님아버지와 密接한 이야기를하고있느냐 그대는 森羅萬象의背後에運動하는 하나님의神秘한攝理를 體得한者이오、凡事에서 그리스도와 바른關係를하고있느냐、그대는 宇宙에對한 그리스도의깊은 約束을 體驗할것이다。宇宙萬物의祈禱的生命이 祈禱하는聖徒의 心靈으로더브러 그리스도와合하야 無窮한生命속에서 祈禱의靈을 一體로 지여가도다。

오ㅣ神秘하도다 祈禱로서 그리스도의靈과 聖徒의靈이結合되며 또한 宇宙的全生命과 合하난이라。不然하야 祈禱에서 끊어진者는 宇宙와 萬物과 絶倫된者이오、우흐로는天倫과도 아모相關이없는 사탄의子息 곧 肉으로나서 肉대로사는者이다。祈禱의呼吸을否絶이쉬고 살지못하는 所謂信者여 그릇된方向을反省하야 眞正한信仰으로돌아와 祈禱의靈인그리스도를 否絶이呼吸하여 너의自體가祈禱의 사람이되여라! 그리하여야 活靈이될것이다。

아ㅣ그리스도의 福音心臟에젖은 今日의聖徒들아ㅣ 凡事에祈禱로 이날을걸으며 恒常祈禱로 祈禱의靈을닮아가라 祈禱는生命의運動이오 靈의本能이로다!

二千年前猶太國벧을레헴 馬구유에서 誕生한그이는 곧祈禱의사람이다。그는 凡事에祈禱가 안이고는 一事一去도行한일이없다。그예수는 細密한分子하나이라도 하나님과密接한 사괴임에서 아버지뜻을물어 아버지뜻대로 살아간祈禱의사람이다。故로 그리스도는 祈禱로 成長한靈이되여生命의至聖所가되였고、聖徒들은 그리스도인 祈禱의靈을받아 祈禱의生命으로 化하여가는것이다。오ㅣ거룩하고 眞實하도다。그리스도의 祈禱에生命이여 이祈禱와合하는者

祈禱의靈이되자!

는 福된者이로다。아멘!

보라 저ㅣ예수께서는 末期에到達할 十字架의事實을 앞에다두고 겟세마네東山에서 血汗이흐르도록 애끌는祈禱를하시다가 사랑하는弟子들이 疲困에못이겨서 困히잠늘 보시고 애타는心臟을 겨우진정하시며 부들어운音聲으로 「너의가一時間을 깨여있지못하느냐 깨여祈禱하여 試驗에 들지않게하라」고, 그ㅣ몇번이나勸勵하였는가 오ㅣ疲困한 心身으로 굽울어진弟子들은 主任의愛訓도 選擇할勇氣없이 그대로 코만골고 困히잣든것이다。애타는心情에 嘆息의苦닯은音聲으로 再番말삼하시되 「마음은願이로되 肉身이弱하도다」라하셨다。

오ㅣ우리主任의哀타는 그ㅣ心情과 嘆息에苦닯은 그ㅣ音聲을 疲困에못이겨 잠에醉하였은 그ㅣ弟子들은 뜨거운心臟으로 따갑게받아들였든가? 안이 그ㅣ弟子들은 愛의꿀방울이 뚜덕뚜덕 돗는듯한 主任의안타가온音聲에놀내여 무엇이라고 對答할줄도 몰랐든것이다。

아ㅣ오늘날의 所謂信者中에도 彼와類似의狀態에 錯誤되여있는者 忖度할수없다。닥쳐오는世慾的波亂과 無時로對立하는 肉의强한事實에시달리어 虛榮의 단잠을 읽우고있다 故로하늘의全幅이되신 예수그리스도께서 現今도피흐르는 그손으로 굽으러진各者의 마음門을 뚜달이며 哀타는聖音으로「내가발서臨하였으니 깨여祈禱하라」고웨치지만 自己들의淺薄한信望、觀念、人爲的인 모든儀式、制度、規模에醉하여 잠만 일울뿐이오 깨여祈禱로살줄은 모르며 피흐르는眞理의손으로 良心의門을뚜다리고선 그리스도의祈禱의靈을 바로받아 그祈禱的生命과結合되여 살줄은모른다。福音光線에統治를받아 否絕한祈禱生活이되여 그리스도와 否絕한 산 사괴임에서 모든儀式의글자글자 그대로살면서 靈化시킬줄은모른다。良心을通하야 現出하는 그리스도에 聖音을들어 놀라떨줄만알았지 그뜻을깨달아 祈禱로서 사괼줄은모른다!

嗚呼ㅣ今日의信者여 하나님의擇한選民이어든 凡事인祈禱로걷고 恒常祈禱로生活하라。그리하여야 靈智는넓어지고 信仰의知識은 깊어가리라。

오ㅣ果然그러하리로다 祈禱는聖徒의生命呼吸이오 即生存權이로다。이ㅣ祈禱에서 끊어저 살았다하는者그누구이뇨 아니 너의들은 餘地없이 死者이니라。저ㅣ以上에 말하여 온바와같이 祈禱는 信者가一時를끊어살수없는 靈의呼吸이라고하였고、또한그리스도를中心으로한 使徒바울도 眞心教訓하되 쉬지말고祈禱하라하였다。그리면 어찌하여야 쉬지말고 恒常祈禱로呼吸하는 生活이될가? 글자 그대로한다면 信者마다 누구를勿論하고 다ㅣ人間界를떠나고 物質界를떠나서 深山幽谷이니 골방에들어가서 아침부터 저녁까지 저녁부터 아참까지 무릎을꿀고 머리를숙이고 始終이如一하게 祈禱를하고있어야 할것이 아닌가? 世上에 이와같이 祈禱를하고있는者 그ㅣ몇사람이나되는가? 不然한者는 千이면千 萬이면萬이 다ㅣ救援을얻지못하고 죽은死體가될것은 事實이다。하니 그도 아니다。그는根本的으로그릇된觀念이다。그렇게固執死守하는者는 하나님의뜻을 返逆하는者이다。아모리人間界나物質을떠나서 深山深谷이나 골방에들어가 무릎을꿇고 눈을감고 終日토록 밤새도록 熱心祈禱할지라도 그리스도와 발은關係로한 活祈禱로通하야 眞理에 全的解放을 바치지못한者는 自己觀念的所望을 要求하는것뿐이다。이와같은祈禱에는 하나님의뜻 그대로가 저들의心靈에 나타나지 않는다。

彼等은 하나님의 뜻을알아 그뜻대로要求하기는且置하고 各事變에서나타나는 하나님의聖意를 彼等의淺薄한所望으로 도리어 硬固한墻壁을둘너놓고 祈禱하여 自己들의 所望대로안되면 하나님은 내祈禱를應答치않거니하야 成就하여줍시사고 울며불며야단이다。甚하면落望하고失望한다。或者는 異常한빛이 나타나기를祈禱하고 或者는 神秘玄妙한 雰圍氣에들어가고저 이러한形形色色의 利己的慾望 一一히들어 말할수없는 彼等의欲望을가지고 禁食祈禱니 山祈禱니하며 랍팔을불고있다。彼等은 이렇게하여야 信仰이健全한줄알고 또한그것으로 예수는 다ㅣ된줄안다。

故로彼等은 祈禱의根本精神을 不知함도不顧하고 이렇게만하면 死後天堂간다하야 스스로自足을가진다。그래서 제가젠체로 肉이靈인체로 배를내밀고 自慢自傲하는者 多多하다。그러나 그것으로서 否絶한呼吸的祈禱 遠永한生命的祈禱는 되지못한다。再言을거듭할것없이 彼等은 根本的祈禱原理에서 떠난者들이다。即祈禱의사람 예수그리스도와는 발서相關이없고、肉대로나서 肉대로사는者들이 될지언정 靈으로나서 靈으로呼吸하는者에 否絶한祈禱는못된다。이렇다고하야 特別祈禱를하지말라고 하는것은안이다。勿論信者라고하면 그ㅣ生活에特別祈禱가 없어서는아니된다。하나님의뜻을알아 그ㅣ뜻을實行할 能力을얻기까지 그뜻그대로가 聖徒안에와서 興成되기까지 特別祈禱도必要하고 深山幽谷도必要하다。골방도必要하고 終日의祈禱도必要하다。然而나 一種거기에다 局限된觀念을두어서는 안된단말이오 그것만으로쉬지않고 恒常의呼吸的祈禱가 되지못한다는말이다。(未完)　다음계속

祈禱의靈이되자!

(聖朝通信의續) 써낼수는 없읍니다。今番에 나는 文章을지어내는文士가 안인것을 切實히 깨다랐읍니다。雜誌의主筆이라고 해서 모다一律로 보지마시고、隨筆한장도 못만들어내는者도 있다는것을 살피시고 今後로는 文士의名簿에서 除名하여버려주시기를懇願하옵나이다」

聖朝通信

一九三六年三月二十一日 (土) 曇後晴。休日임을利用하야 全家族으로 市外北漢山麓貞陵里에逍遙하다。여러가지點으로 住宅建築을躊躇하였으나 近日解氷의 맑은물 흐르는淸溪와 閑寂한周圍의山林들의 魅力에 끌려서 드디어 貞陵里移舍를決定하다。萬一여긔까지도發展(所謂)되여 環境이 요란하게될때는 北漢山城안으로 再移舍할覺悟로。現今은 北漢山에서나려오며들재집이다。

三月二十二日 (日) 曇。日曜集會는 쉬고、建築에關하야 木手와交涉次로 貞陵里往返。途次에北漢山麓에서 홀로禮拜祈禱。○R君의短信에曰『××신兄은 매우順調이며 昨年에 깐 닭들의產卵함을 唯一의滋味로 병아리깔空想에 時間을 보내고있다고 합니다。罔極하옵신主님의 사랑속에서』라고。過冬한 마늘싹은 얼마나 푸르렀을까。願컨대 모든病床의友人들의 窓前에는 푸른 마늘의 回春을告함이準備되여있고、胸中에는 병아리의孫子의孫子까지 養育하여낼餘裕가 있기를。

三月二十三日 (月) 晴。學年末成績會議에서 擔任班에不得已落第한者七八人。좀더 할길이 있지않었던가 하매、擔任教師의自責이없을수없다。○今日에市外貞陵里오막사리建築을請負人에게契約하야 맡기다。一個月限으로。

三月二十四日 (火) 晴。通信簿와學籍簿整理等으로 年度末의紛忙이商人의 섯달그믐날과 마찬가지다。○十年만에 洋服한벌 맞후었드니 그致賀인사를 미처 다 받지 못할 형편이다。○某訓導의短信에

『先生님 主恩中尊體萬安하시오며 母校諸先生님께서도均安하옵신지오。小生은先生님의汗血의結晶體인聖朝를通하여 많은恩惠를 받음에比하여 一字도上書치못하였아오매 先生任의寬容을비나이다。日前×××氏를偶然한機會에 알게되여 其後問病갔더니 머리맛헤聖朝를發見하여K兄을信者로對할때에 一般教會人보다 別달은感想을일으키였옵니다。仰慕하는先生님 小生은不足하고 罪人입니다。사랑하는 朝鮮의아들딸들을 訓導할 이 使命이너무나 過度합니다。그러나 나의主님 앞에설때 聖朝를읽을때 나의게適當한方法과 힘을주더이다。先生님 더욱 聖朝를爲하여 小生의指導를爲하여 努力하여주소서。

一九三六、年三月二十一日 餘不備上書』

三月二十五日 (水) 晴。學校에서는 學業修了式。틈틈이校正。밤에는國一舘에서盛大한宴會에參席하야 妓生에도 種別이많음을 알다。書畵에能한者、歌詞에能한老妓、流行歌나 간신이 흉내내는 모던걸、또아무것도 할줄모르기로能한者等等。例에依하야 相當히飽腹된때에早退하랴니 學校에서 無斷早退하는生徒의苦衷을同情치 아니치못하다。歸途에印刷所에들려 假刷를찾아가지고歸宅。새벽二時頃까지校正。

三月二十六日 (木) 晴。校正도未畢이나 오늘하루는完全히提供하기로作定한날。午前中에水原向發。信仰을 維持하면서 高農을 卒業하는 R君의前程을心祝하려는 佐藤教授宅에陪賓으로參席。或은三人鼎座하야談論 或은 카메라를 들고觀萬堤、八達山、華虹門等地로 徘徊하면서 새로敎師되려는者에게 먼저얻은經驗을口傳하야주다가、未盡한 情話를割愛하고 午後八時車로 다름박질。

三月二十七日 (金) 晴。終日 印刷所에 가서校正。

三月二十八日 (土) 晴。校正外에 建築工事하는 貞陵里往返。

三月二十九日 (日) 晴。今日도集會없는날。注文하였든 梨苗木一百本到着하야 新築住宅地空地에 植付할準備하다。

三月三十日 (月) 四月號檢閱濟되여 今夜十時頃까지校正을畢하다。

三月三十一日 (火) 晴。曇。校了되였든것이 工場의差誤로써 一頁分이破損되였다하야 다시組版校正하다。今日은 製本되여 나올터이든것이 一日間遲滯되다。

一九三六年四月一日 (水) 晴。新學年度

의始業式。擔任班인第四學年甲組生徒에게滿二時間訓話하다。一年之計는初하루날에 있는까닭에。○四月號聖朝第八十七號가出來하였으나 表紙가昨年度以前과같은色으로 되였음으로 다시印刷所로還品하다。○今日부터本社所在地인龍江面도 大京城府에編入되고洞、里를 町、通으로改訂하였다고 新聞이報道한지는 오랐으나、名稱의變更뿐이지實質的으로住民에게 影響되는것은 아무것도없는듯。

四月二日（木） 後雨 雪。登校授業。저녁에 城北洞 飮碧亭宴會에叅席。이런位置에 이러한施設이있다는것을 처음見學하다○今夜 印刷所에가서 表紙를改正한聖朝誌를 찾아메고오다。印刷所에서 갖다주기를待할수없어서。

四月三日（金） 雪。아침에聖朝發送。○貞陵里에植木하려갔다가 눈개비에 맞어 절반役事도 못하고歸還하다。但今年도三四百本의 포플라挿木은 하다。

四月四日（土） 晴。好壽敦女高를辭任하고東京文理科大學에入學한 楊君來訪。그壯志를羨望不已。

四月五日（日） 晴。今日까지聖書研究會는中止。○前高敞高普校長沈駿燮氏의別世하였음을紙上에서보고 놀라다。

四月六日（月） 雨。某新任敎師의所感如下『××에 와서 비록期日은짧으나 所感이 實로많읍니다。詳細함은 다음機會로 밀우더라도 ××人民이堅固한生活安定을얻어、無心코市街를거닐때에라도 마음어느한便구석에 한愉快를느끼게하는感이있는것은 朝鮮사람으로 너나를勿論하고 共通되는바라고生覺합니다。그러나 이皮相的外態를 지나서 한발안으로들어가 心靈的狀態를解剖하면 義狹心과同情心은 삭은 뿌리도 오히려찾기어려울狀態가 안인가합니다。이곳에義와愛의 참信仰의씨가 싹트기어렵겠음을깊이깊이 슬퍼합니다。 이곳百姓이야말로天國에들어가기는 駱駝가바늘구멍으로 들어가기보다 어렵지 않을가합니다。

數많은 베니스의商人이 모인곳。

數많은 가롯유다 들이 모인곳。

한사람이라도接하면 接할수록 不快를甚하게하며 歎息을길게합니다。

心臟에서 터지려는 憤怒의爆發을 抑制하는 괴로움이여! 슬픔이여!

忍耐를工夫하고 벙어리의生活을 繼續하야 깊이깊이 下水道의 끝자메까지 딸아가볼가합니다。

鬱憤이甚할때에는 고요이祈禱도하며 聖書를펼치며 或은×嶽의 높은峰을 바라보고×高를둘러직히는 포푸라의숲을 건너다 봅니다。

그리다가 一學年敎室에들어가면 天眞한어린이들의 터질듯이 充滿한生氣와 넘칠듯한喜悅에찬 얼골을對할때에 모ー든것을 다잊어버립니다。

그러나 저들도 一年後에는 모도다 오리색기 가 되어버릴려이지오。

아랫쪽幼稚園에서는 六七歲의 어린이들이그네에 매달려 흔들거리기도하고 널판으로만든 비탈에미끄 터지기도 하고 양지쪽에서통곱질 하는樣 先生에게 떼쓰는樣모도가하나님이 읊으시는 詩의 나라입니다。天使의나라입니다。自我를잃고 하나님나라를 讚頌하기도합니다。

오늘은 一學年을다리고 禮拜堂에갑니다。

咸先生님의「無敎會」는 實로明確하오며愚鈍한 저에게도 한層더굳은確信을 갖이게하였읍니다。이글을 쓰시게하신主께 진실로感謝하오며 于先全朝鮮에있는 自稱基督徒들에게 읽혀줌이 急務이겠으며、힘이및이면外國語로飜譯하야 온世上에보내야 할것이라고痛絶이 느꼈읍니다。반다시 單行本으로出版하야주옵소서。그리고費用은 저에게도負擔식혀주시옵기 간절이願하옵나이다。

一九三六年 四月五日 ○○○上書』

長文의上書이나 餘未盡未盡이로소이다。

四月七日（火） 曇 後晴。仁川內里敎會의紛爭事件이紙上에報道되다。相當히深刻한모양이니念慮不已。天道敎에도紛爭이있는듯。

四月八日（水） 雨風。職員會。官規肅淸軍規肅淸에應하야 우리도校規肅淸。괴로움

도不無할터이지만 如何間반가운消息이다。○今日有故하야 擔任班全體를責罰。괴로운것은 受責하는者보다敎師의心情。

四月九日 (木) 曇。伊에戰爭尙今不息。滿洲國을처음承認할나라는 伊太利이라고報道。

四月十日 (金) 晴。새벽에懿寧園에散步하니 祈禱의松林은 거의全滅狀態인것이寒心。○下學後는貞陵里에植木。

四月十一日 (土) 晴。授業後 宴會를缺席하고 貞陵里에役事。

四月十二日 (日) 晴。새벽三時頃에 洞內長老敎會의 讚揚隊員이復活찬송을合唱하면서 來訪함은感謝千萬。○今學年度最初의聖書硏究會。場所는從前대로復活社講堂。但時間은午前十時에 시작하기로하다。今日은「基督敎信仰의基盤」이라는 題로써 復活主日을 記念하다。

四月十三日 (月) 晴. 住宅資金關係로殖產銀行에出入하다。 그手續의複雜함과 그條件의不利함에大驚。아무에게서도 貸借하지말것이지만 特히銀行에서 借用할것이 아님을痛絶히 느끼다。 銀行에서는 아는것이金錢이오、時間이나人格이나 信用이라는것은알바가 아니라는風景。一生一回의經驗乎。

四月十四日 (火) 後雨。下學後에 市內靑木堂宴會에參席하다。實로頻繁한宴會여! 會席에서 또다음宴會 그다음宴會의 무로그람이成立되는것을보고는 啞然하지 않을수없었다。寃哉!

四月十五日 (水)晴。一時曇。職員中에서今春에普通學校에入學한兒童이八人이있어서壽ㄴ午餐으로써 入學을共同祝賀하니 이런것은 오히려遊戲다워서輕快한일。우리도그八分一을 負擔하다。

四月十六日 (木) 晴。今夜도宴會있음을謝退히고 午後貞陵里에기서 감자를 심으다。建築은遲遲不進。

四月十七日 (金) 晴。저녁에 洞內에서편싸움이 일어나서 한참요란하였다。한편은 父子兄弟等의一家率이오 다른편은不良少年같은五六名黨派。처음에는 兄弟黨이優勢하야 不良少年中하나를잡아 니ㅅ발 꺽고 流血이 낭자하게 때려주더니、다음에는 「앞으로―가!」라는軍呼와 함께 不漢黨派가突擊하니 一家가全滅하는듯이 老幼의아우성소리。때에 行客하나이 나서서中裁코저하니 「누가 당신을法官으로 세웠대소?」하고 反抗하는樣은 나일 江畔에서모세 에게抗拒하든 이스라엘百姓 그대로의根性! 嗚呼。

四月十八日 (土) 雨風。봄비 시름없이잦우쏘다지니 집질하는主人의 마음이 한없이焦燥하다。○에티오피아는 드듸어國都危急을報한다。우리의祈禱에는 種種詛呪의句가 석기지않을수없다。○或어問曰「『自古聖賢皆寂寞 惟有飮者留其名』이 안이냐고。冷水만마시는黨을 說服시키고저하야 빙정대는수작인것은勿論。

四月十九日 (日) 曇。午前十時부터 學生班에英文解釋。마가福音第一章을 英文으로 暗誦하는者數人되다。同三十分부터「故鄕傳道의失敗」라는題로써 마가복음第六章一―六節을 講解하다。肉體와精神上疲勞가一時에 겹치서 午睡休息。

四月二十日 (月) 晴。凡事가流行。近日에는高普設立이大流行。어서、安岳、慶州、羅津等等 雨後의竹筍。따라서流行하는것은銅像또銅像。

四月二十一日 (火) 曇。伊太利强行軍이急迫하야 에티오피아 首都아디스아베바撤退의報。○今日學校當局으로부터 基督敎는國體明徵에抵觸、當初就職言約時부터 校內에서基督敎宣傳하지 않기로條件附가 아니었드냐? 等等의再警告를 받다。再警告가아니라 발서數十번째의再警告。무슨뜻인지는모르나 如何間올날이올것이다。○今日夕에도宴會 於大觀園樓上。歸途에印刷所에 들러督促。○途次에某長老를 맞나昨今長老敎會의內紛、特히京畿老會의 混亂狀態의詳報를 聽取하고、敎會에 갈이關係하지않는者의 幸福을感謝하다。長老는 이에對하야警告文을草해서 月末부터金剛山에 열리는修養會에 보내달라고 하나 別效를期待할수도없

여斷念。

四月二十二日 (水) 雨。後晴。얼마前에 B랏셀著「宗教와科學」이라는冊을 읽고 廣告에서 보았든內容에 같지못함을發見하고 적지않게失望하였드니 今日다시同氏의著「왜 나는基督信者가아니냐」(Why I am not a Christian)라는小冊을 읽고 『하나님의 미련하다 하는것이 人間보다 지혜있고, 하나님의弱하다 하는것이 人間보다强하니라』는(고前一章二五節)句의 如實한眞理인것을 새삼스럽게 느끼다。○嶺南消息如下『聖朝(三月號)를拜讀하고 기쁨과感謝로所感을써 두었다가A兄에게廻覧식힐 必要가있어A兄에게보내였던이마는、아직返送이없어 即時付送치못하였나이다。今月號도받은지오라면서도 從容한餘暇가없어서 今日에야겨오再讀까지하였나이다。其前에는 拜受當日에 依例히一讀은맞었는데 今月부터는 어찌겨를이없는지 旅行中에는「가방」또外出時에는「보게트」속에너어가지고 단이면서도 못읽었읍니다、奔走하였드래도 生命的이였으면 오작좋았으리까마는 날마다날마다 不少한時間을 酒席에서 消費하노라고 그랬읍니다。때에는이것이왜안죽고 사는고하는嘆息이不無합니다마는 그래도이苦綱을 벗을날이올것같아서 그날그날 겨우숨쉬여가면서 사라갑니다、爲禱하소서、職業의選擇이 참으로必要한줄더욱느끼나이다。오늘도 聖朝를通하야 큰復興이되였고、先生님의 膏血에서出生된것임을、더욱深覺하면서 感激의눈물이 옷깃을적시였나이다。愛慕하는先生이여 끝까지聖朝를爲하야 피땀을흘리소서 懇切한所叫이로소이다』。

四月二十三日 (木) 晴。授業後에貞陵里土役監督。今日 庭樹約二十本植付。今春은 挿木과果木까지合하면 나의關係한植木이大略一千本。그중에서 몇本이長成하야 半島江山을 푸르게할것인지는 모르나、每年一人一本식이면二千萬本、十本식이면二億萬本 百本식이면二十億萬本을 每春季에 심을터인데、그렇게되면不過十年에 헐벗은山河가 새로운衣裝을 하려니 하고空想한다。○咸南興南地方에서 古塚中의古物을 發掘하였다고鑑定依頼의作이來到。○얼마前부터 某雜誌社에서隨筆을 써보내라고 原稿를督促하나 筆者인先生이 어떻게쓴것이「隨筆」인지를 알지못하야 민망。生來로 作文時間(學校의) 外에는 글월 짓는法을 배운일없고、不得已하야聖朝에 쓰는以外에는 文筆을戲弄하는일이 없는者인故로、이런때를 當하면 體面維持가困難하다。

四月二十四日 (金) 曇、後雨。새벽에 慈寧園松林을逍遙。하루라도 더荒廢하기前에、活人洞을 떠나기前에、한번이라도 더 祈禱의 텀을 찾고저하야。但 복주물藥水까지 枯渴한것도 無理가 아니다。天然도無心치않을진대 係된 이름「延禧莊」을 부치고 松林을 버이고 清溪에 세멘土管을埋沒하는樣을 곱게볼理가萬無하지。○授業後에印刷所에就하야校正하다。조고마한不注意로發行日이數日間遲滯하게될듯하야後悔。

四月二十五日 (土) 晴。授業後에職員會。無論種別하고 多數人士의會議席에서는 輕忽히意見을 말할것이 아니라고 他人에게도 가르쳤고 自身으로도 刻心하였것마는 今日도 참지못하고發言 多辯。閉會後에自身의輕한性格을 홀로 슬퍼하다。○지난二十日까지 某雜誌의原稿를 써보내라는것을 못썼고、雜誌社의 懇切한請託으로 今二十五日까지延期는 하였으나、드디어 今日까지도 쓰지못하여서 다음과 같은 謝過狀을 써서 原稿대신에 보내기로하다。『………貴社의懇曲한附托과 再三督促하시는誠意에感激하야 이번은 기어이 써들이고저 決心했읍니다。實相 몇번이나 쓰려고 對案했댔읍니다。마는「隨筆」이 써지지 않습니다。今日까지 이미 쓴글中에 所謂「隨筆」에屬할것이 있었는지不知하오나、나는 隨筆을쓸라고해서 쓴일은 한번도없었나이다。基督教의信仰主唱이라던지 聖書研究라면 全然못쓸것도 아니겠지마는、이런것은 貴社의要求도 아니오 貴誌에 어울리지도 않을것이외다。그러나 藥도안되고害도안되면서 읽기에 자미있는美文을(以下廿一頁에)

執筆者 玉川直重、神田盾夫 黑崎幸吉、鈴木俊郎

月刊 **ギリシヤ語聖書研究**

一冊三十錢 一年分三圓

聖書를希臘語原文으로 읽고저함은 一般信者의懇切한要求이나 英獨佛等先進國語의하나에 能通치못하고는 入門할수없었다。本誌의出現에依하야 日本文만으로써 能히希臘語를讀習할수 있게되였다。本誌는今年三月號부터 第三年度에入하였는데 初步의人에게도敢當할수있도록 되였으며 第一、二年度에旣刊된號를 要求하는이에게는（文法이必要）左記特價로提供한다。

第一年度 十二冊（各一圓五十錢（送料共）但一第二年度 十二冊（一冊식이라도右比例로散賣

發行所 兵庫縣武庫郡本山村北畑五〇五 **ギリシヤ語聖書研究社** 振替東京五八六五二

金敎臣 著

山上垂訓研究 全

四六版二四五頁 定價七〇錢・送料五錢

聖朝文庫 第一卷

咸錫憲 著

푸로테스탄트의精神

菊版半・三十二頁 定價金拾錢・送料貳錢

本社의出版物은 現在右記二種뿐이다。前者는近來에神學生間에 緊要한叅考書로使用된다고 報告가種種있으며、後者는信仰의型化를防止하며 冷却하려는信仰에서 重生을促進하는 선물로使用되여 敎友間의 醒을이르킴이 많었다。

極東라디오商會

京城鍾路五丁目電停前

店主 宋琰秀氏는 일즉이 水原高農을卒業하고 다시東京高師를卒業한後 實際半島의敎育界에從事하기도 數年이었으나、天禀이器械工作을 즐겨하야 朝鮮天空에飛行機의爆聲이 들리기前부터 農學校寄宿舍에서 飛行機模型을 만들어 작난하던趣向을 버릴수없어、斷然히敎職을廢履같이 버리고 米洲에渡航하야 生來의素質에따라習得한것이新興라디오技術。現今京城市內의 各學校와外國人間의高級機械의組成과修理는 거의全部宋先生의손을 거친다고한다。그志向의卑俗하지않음과 그技術의世評이있음을薦한다

京城聖書研究會

一、講師 金敎臣
一、場所 鍾路六丁目二〇（復活社講堂）
一、日時 每日曜日午前十時（約一時間）
一、聽講料 每回十錢但會員은每月廿錢

〔注意〕 臨時聽講이나或은會員入會는自由現今마가福音에依하야 예수傳研究中。五月初에는 마가第六章의洗禮요한의死부터 工夫。午前十時부터는 學生班의英文聖經解釋同三十分부터 一般講話。아직基督敎會에叅加한經驗이없는 靑年學生들을爲主로하고特殊한宗敎的傾向이나素質이 없는者를相對로한聖經解說이다。聖神의感動을 받는다고떠드는것보다 理性의納得할程度로써聖書本文의眞意를把握하기에 注力하고저한다。來聽은隨意나親疏의別없이 規約의準守를要함。

本誌定價

一冊（送料共） 前金 拾五錢
六冊 前金 九十錢
十二冊（一年分） 前金壹圓七拾錢

要前金。直接注文은 振替貯金口座京城一六五九四番（聖書朝鮮社）로。

取次販賣所

京城府鍾路二丁目八二 **博文書館**
京城府鍾路二丁目九一 **耶穌敎書會**
東京市神田區神保町一ノ一 **三省堂書店**
茂英堂（大邱） **信一書館**（平壤） **大東書林**（新義州）

昭和十一年四月三十日 印刷
昭和十一年五月一日 發行

京城府孔德町一三〇ノ三
編輯 發行者 金敎臣
京城府堅志洞三二
印刷者 金鎭浩
京城府堅志洞三二
印刷所 漢城圖書株式會社

發行所 京城府孔德町（活人洞）一三〇ノ三 **聖書朝鮮社**
振替口座京城一六五九四番

【聖書朝鮮】第八十八號 昭和五年一月二十八日第三種郵便物認可 昭和十一年五月一日發行 每月一回一日發行

【本誌定價十五錢】

金教臣主筆

聖書朝鮮

第八拾九號

昭和十一年(一九三六)六月一日發行

昭和五年一月二十八日(第三種郵便物認可)
昭和十一年六月一日發行(每月一回一日發行)

目次

職人의 根性

新約聖書를 읽은이에게 第一可憎한人間으로 印象박힌것은 누구인가。가롯 유다보다도 可憎한人物은 勿論바리새教人과書記官들이다。卽 當時의教會主義者요教權者이었든者들이다。저들은 安息日에病고치는것을是非하며 洗手하지않고 밥먹는다고 質問하든 形式主義者요、表裏相反하는生活하야 회칠한 墳墓같다고 책망받든者들이오、소경이 소경을 引導할뿐 아니라 天國門을 가로막고서서 自己도 들어가지않고 다른사람도 못들어가게 하든者들이었다。故로 예수께서 「禍있을진저!」라고하야 저들을맞나는곳마다 책망하셨고 우리가 또한 저들을 미워하게되였다。

이에反하야 敬愛할만한人物을 聖書에서 배운것이있으니 稅吏마태가共一人이오、漁夫베드로 안드레와 세베대의아들 야고보 요한等이共二오、醫師누가가共三이오、奴隸빌레몬이共四요、天幕職工바울과 브리스길라와아굴라의夫妻가共五요、木手요셉과 그의아들 예수가共六이다。이스라엘百姓의末路에及하야 가장敬虔한宗教的生活을 할러이었든 바리새教人과祭司들은 僞善과貪慾에빠져버리고、學識과教權을一手에掌握하였든書記官과學者들은 遺傳해온形式과愚昧한固執을墨守하는것을일삼어서 이스라엘國民의上層에서 하나님의榮光이 떠나버린지도 오랬었는데、한갓 下層階級인稅吏、漁夫、醫員、奴隸、職工、木手等만은 「이스라엘사람中의 이스라엘사람」들이오 그心地에可賞할바가 남어있어서 저들流汗階級을通하야 하나님의榮光은 恢復되고 萬民救援의大業은完成되였다。

現代朝鮮半島의 인테리層에多大한期待를 가지지못하며、宗教 特히基督教의教權者와神學者에게 큰所望을 둘수없는 우리는、朝鮮에도 무슨榮光이 있다면 그것은必然코流汗層을通하야 나타나려니 하고、우리의所望을下層에 붙이고저 하였다。우리社會의上層이 저와같이腐爛하였을지라도 우리가全然히落心하지 않음은 우리에게도 이스라엘百姓들과같은職人들이 있거니하는 自負心이 있는까닭이었다。그런데事實은 果然그런가。우리는近日에 草堂을 建築하기爲하야 첫재로 木手와交涉이있었고 다음에 미쟁이 石手쟁이 鐵工 硝子工 電工 植木職 鑿井夫 모군等을接觸하면서 主人된者의利害로써 傷心하였을뿐아니라 實로白衣族의前程을 헤아리고 長太息을連發하지 아니치못하였다。正直은 저들의嘲弄감이오 責任回避術은法學專攻의辯護士나政治家보다不下하며 酒肴를食하기는都市의教育者들과相等하니 醉하면泰平이오 깨면不平이다。이틈을타서支那人職工은潮水같이 일텀을占領한다。宗教를專門하는教權者의根性에 못하지않게職工의根性이可恐可歎함이있도다。世上에貴한것은 專門家의技術이어니와 世上에醜惡한것은 專門家의心術이로다。

山으로오르라

小人閑居爲不善이라 하였으나 信者는閑居또는孤獨하여야만志操가 맑아지고 所望이遠大하여지고 善을行하는能力을 把握할수가있다。보라文化人들의 頻繁한會合또會合을。不信社會의舞踏會와宴會席場과映畵場에서 淨潔한것을期待할수없음은 論할것도 없거니와、所謂敬虔한 무리들의會合도 五十步百步가 아닌가。社交로生命을 삼는 基督敎靑年會內에 積極信仰團이 보금자리를 틀고앉은것도 事勢當然한일이어니와、今日의老會 總會 年會와 其他宗敎人의 大小會合에 그어느곳에서 우리의心靈이聖潔하여지며 우리의志操가淸淨하여짐을 期待할수있스랴。

社交的動物이라는別號를 받은 人間들은 社交또社交요 會合또會合인때에、無時로群衆을避할따름인가 가장親近하게 隨從하는弟子들까지도 물리치고 山으로 바다로 沙漠으로逃避한이가있으니 곧 예수그리스도의生涯가 그것이다。예수는受洗後 聖靈을 넘치게받었을때에 曠野로 다름질하였고、許多한群衆에게說敎하고 治病하였을때에 外邊荒蕪地에 居處하였으며、安息日에奇蹟을行하고는 바다로離去하였고、떡먹은五千名大衆이 王으로推戴하고저 하면 祈禱하려山으로 오르셨고、最後十字架의試煉을 當하야는 겟사마네동산에 숨어祈禱하셨다。예수는 홀로居할때에 모든能力이注入되였든것이다。龍馬가솟아뛰기前에 반듯이 뒷걸음하듯이、電氣器械를使用한後에 다시蓄電하듯이、戰鬪의前或後에 반듯이 홀로閑處에避하신것이 예수의 모든智慧와能力의源泉이었다。

人間世苦에疲困한兄弟여、虛人된社交에서 歡悅을滿喫할수없는身勢를 痛恨하지말고、누어있는 그病床과 한숨쉬는 그貧에서 깊이孤獨의 샘물을 마시므로써 높이聖潔의恩惠를받고 크게能力의實質을把握하라。病과貧은平地의山이 아닌가。敎友의冷薄을恨하는이와 世上의順風을 자랑하는이나、學識의拔群을自肯하는이와 信仰의靈能을確信하는이나 다같이 山을向하고 山으로 오르라。信者가 山에서閑居할때에 저의靈魂에는防腐劑를 뿌리는것이며 永生의補藥을 마시는것이며、저의생각에서 時所에制限된 모든煩惱는 影子를 감추고 永遠無窮한宇宙的大問題만이 占領하게되며、모든참된 智慧와確信 特히 現世의虛人된榮光을 廢履같이 버리는決斷과 最後의敵인死에對한主그리스도의 態度까지를 山에서 닮을수있고 山에서 살리움을 받을수있다。

눈을 들어 山을보니 도음 어데서 오나

하고(詩第百二十一篇) 우리도 노래할것이다。獨善其身이아니라 先善其身의必要는 確實히있다。먼저 山으로오르라。

敎會가 거룩하냐

二

거룩하지 안인것을 거룩하다고 하는일은 無害有益한일인줄로 漠然히 생각하는이도 있으나 決코 그렇지않다。참거룩하지 않은것을 거룩하다고稱하는일은 重大한害毒을 그民族 그國民 그信徒에게 주지않고는 마지안하는法이다。 敎會가 거룩하냐、이것도 重大問題가 안인것이아니다。

「敎會」라고하면「天國」이란말과混同하야 곧神聖한곳으로 速斷하는信徒가 있을뿐더러、저들을敎導하는敎師들까지도 言必稱聖堂이니 聖會니 聖餐이니 또는 하나님말슴의敎會性이니 云謂한다。 그러므로敎會라는데가 特히 하나님을禮拜하는聖所인듯이、거긔서禮拜하여야만 되는것같이、거긔라야만 하나님의 말슴이 特別히 나타나며、聖靈의恩惠가特히臨한다는듯이、따라서敎會를通過하여야만救援에叅與한다든지 적어도 더有利한길便利한길이라는듯이誤解하게만든다。

우리는敎會에關하야 專心全力으로 이에關心한經驗이없는者이니 이렇다고論斷하기를躊躇하거니와、敎會의門外漢인素人의見解를 忌憚없이 말하게한다면 今日基督敎會의不振은 全혀 거룩하지안인「敎會」를 거룩한것이라고 假稱誤信한데에 起因한다고 일러주고 싶다。

敎會堂이라는 建築物이 거룩한것이 못될것은 「하나님은 이山이나 저山에서禮拜할것이아니오、오직靈과 眞理로써禮拜할것이니라」는 主그리스도의 말슴으로써 明白한일이니、敎會에서 들이는祈禱만을 特別히 嘉納하실理가 萬無한것이며、現實敎會란것은 本來부터 稅吏 娼妓 罪人들이 悔改하고 모여 시작한일이오、全家產을 팔아獻納할때에도 그半分은隱諱하는者들이 모인곳이다。使徒者時代의敎會에도 社會의下層階級의人物들이 모였거니와 우리朝鮮敎會의歷史도 마찬가지로 常民이 모인곳이오 貧者와無敎育한者가 모인곳이오 罪人들이 모여서 痛悔하든자리가即敎會였다。이렇게말함은 敎會를辱하고저함이아니라 오직 그眞狀을 말하고저할뿐이다。

敎會에서「거룩」이라는槪念을除去하고、敎會堂이라는것은 부엌간이나工場이나 마찬가지建物인줄알고 아무데서祈禱하여도 들으시는神이시니 敎會堂에서祈禱하여도 應答하시려니 생각할때에 敎會에祝福이臨할것이다。거룩한敎會에만 하나님의 말슴이 나타난다는固執을 버리고、善惡人의別이없이 한갈같이雨露와陽光을 주시는 하나님이시니 罪人의괴수들이 모인 이敎會에도 그말슴으로써養하여주시려니하고 謙卑하게本然의 자리에 설때에 참神의音聲을 들을것이다。現實敎會는 契나組合이나 會社모양으로 互相의便益을 圖謀하는곳이라고본다면 敎會를 冒瀆한다고할까。

聖書的立場에서본世界歷史

咸錫憲

緖言 二

聖書史觀과進化論

聖書의立場에서본 世界歷史가 어떤性質의것이냐 하는것은 大綱말하였다。다음에本論에對한豫備로 또밝혀야 할것은 進化論問題다。이問題는 어떤사람에게 어서는 이것으로因하야 信仰을가지느냐 아니가지느냐 하게되기까지 重要한것인대 그것이 그렇게되는까닭은 實로이것이 歷史에關係되기때문이다。故로世界歷史를 意味的으로 理解하려는우리가 爲先여기對하야 明確한觀念을 가지는것이 極히必要하다。

普通一般사람의생각으로하면 聖書의世界觀과 進化論과는 서로敵對한다。創世記의記事대로하면 萬物은하나님이 六日間에 지으신것이오 人類도그中에하나로 그主人公으로 지은것인대 進化論에서는 말하기를 모든生物은 어떠한 때에創造되여 한모양으로 繼續되는것이아니라, 至極히簡單한 單細胞生物에서부터 漸漸變遷하야 複雜한組織을가지는 여러種으로된것이오 우리人類도 그過程에서 생겨난것으로 오직매우複雜한組織을 가질뿐이라고한다。故로 萬一 進化가事實이라고 하면 聖書의宇宙史는 거짓말이오 따라서하나님이란 存在하지안는것이라고 하게된다。이런생각은 不信者는勿論이오 信者라는사람中에도 現代의科學敎育을 多少라도 받었다는사람은 아니가지는이가 거이없고 그中에도 銳利한良心을가진이는 이때문에 적지아닌煩悶을한다。그러나果然 進化論과 信仰은 兩立하지 못하는것일가。그것을밝힘에는 다음같은 몇가지事實을注意할必要가있다。

一、은 進化의意味를 明確히하는것이다。사람에 따라서 進化라는말의뜻을 誤解하는이가많은모양이오 그中에도甚한것은 거기어떤道德的意味가 包含되여있는듯이 생각하는일이다。即進化라고하면 道德的으로 價値의向上이생기는 일인줄로아는생각이다。그러나이는큰誤解다。가장큰進化論의學者들이 同聲으로主張하는것은 進化라는그名詞안에는 寸毫만한道德的意味도 들어있지않다는것이다。進化란 進步는아니다。變化다。오직變한다함이다。單純했던것이 複雜해진다는말이다。故로우리가 잊지말고注意할것은 進化論이란 生物界의 變遷過程을說明하는것이오 그存在의意味나價値를말하는것이 아니라함이다。即進化論이란 生命現象에對하야 그것이어떤意味의것이냐(What is it?) 하는것을 가르치는것이아니오 그것이 어떻게되여서 있게 되였느냐(How it has come to be there?)하는 것을가르치

는것이다(셀릭만●社會科學大辭典)。이意味에서 聖書와 進化論과는 全혀그目的하는바가 다르다。聖書는 사람의靈魂에向하야 이世界의精神的意味를 말하야주자는冊인대、進化論은 理性의要求에應하야 그變遷過程을 說明하야주자는것이다。우리가宇宙에對하는態度는 한가지가아니다。或慾的으로對할수도있고 或知的으로對할수도있고 或情的으로對할수도있고 또或人格的으로對할수도있다。그리고이各態度에따라 經濟、知識、藝術、信仰等의活動이나온다。이제進化論은 生命의歷史에對하야 知識的으로對하는일이오 創世記는人格的으로對한것이다。故로聖書를科學書로取扱하는것도잘못이오 進化論을價値的으로 取扱하는것도잘못이다。生物이進化하였다는말을할때 惡魔의말이라도들은것같이 무서워하는사람은 이混同을行하기때문이다。

二、進化의事實과 進化學說과를 區別하여야한다。進化의事實이라는것은 事實의歷史로 生命界에實地現存하는것이오 進化學說이라는것은 그進化의事實은 어떻게하여서 생겨났겠느냐 그原因에對하야 說明하는것이다。生物界에 進化의事實이있는것은 오늘날에있어서는 否認할수없는일이다。날마다 나아가는研究는 우리의 모든疑心을헤치고 믿지않고는못견댈種種의證據를 보여준다。그런대도不拘하고 그를否認하려하는것은 그動機는아무리좋은대서나왔다하더라도、옳은일이아니다。귀를가리고 방울을盜賊하는것

四

같이 그는頑瞑한愚事다。先入見을固執하지말고 虛心坦懷로 眼前의事實을對한다면 모든生物間에 一個連系가있고 그構造가大體로 同一한案으로된것을 否認할수없는터인즉 創世記의記事를 文字대로形式的으로 解釋하야 特殊創造說을 主張하는이보다는 모든生物은同一根源에서 派生한것이라함이 맛당할것이오。地層間에化石이 儼然히存在하야 單純에서 複雜으로나온것을 보여주는것이있다면、그것은 하나님이萬物을創造할때 草案으로했던것이라는等、그것은 그前에있다가 墮落滅種한것의遺骸요 只今生物界는새로지은것이라는等 苟且可笑한說明을 할것없이 그대로認定함이 公正한일이다。하물며家畜 野菜의變種이 只今도宛然히생기는것을 實例로들어 生物의可變性을말하며 胎兒의形態、無用機關等을 實證으로삼아 人體의構造도 太初부터固定한것이아니오 變한것이라할때 무엇으로써 아니라할가。事實以上의權威는없는것임애 歷然한事實이 進化를 證據하는것이라면 그앞에首肯하지 않으면않된다。

그러나 進化의事實을 是認함은 進化論全部를 承認하는것은아니다。그原因을說明하는 學說에對하야서는 別問題다。이제進化論과信仰이 衝突하는것은여기서다。即進化의事實은 같이認定하지만 그原因에關하야는 우리는進化論者들과所見을달리한다는말이다。進化學說이라고하나 거기는하나만이아니오 種種의學說이있다。라마르크 或은

라마르크派와같이 生物의生活環境의影響과 遺傳의勢力을 進化의原因이라하는者도 있고、따윈派와같이 生存競爭에 依한 自然淘汰를主張하야 그것을原因이라하는者도있고、쇼펜하웰모양으로 盲目的意志를말하는者、베르그손모양으로 創造的進化說을 主張하는者 있는가하면 또 오스본 모르간等不繼續說 突變化說을主張하는者도있고 最近에와서는 宇宙放射線說이 새로硏究되고있다。進化論의紹介를 하는것이 本論의目的이아닌以上 이等學說에對하야 一一히說明할必要는없으나 한가지注意할것은 在來로進化論이라면 곧따윈學說인줄로 알리만큼 有力했던自然淘汰說이 매우弱해지고 突變化說 放射線說等 根本原因을不可知라 하는說이 優勢해진것이다。따윈說에依하면 生命의現象은 物質的인것이나精神的인것의區別없이 唯一根據에서 連續的으로 變化되여 나온것이오 따라如何히複雜한精神現象이라도 物質的變化에까지 還元식일수있는것이라 하였으나 突變化說에依하면 物質과、生命과、精神은 連續하는것이 아니라 別個로 階段的으로突現한것이라고한다。事實의忠實한硏究에依하야 學問은그만치 謙遜하야진셈이다。進化의現象이 어떤 알수없는 宇宙的放射線의作用에依하야 되였다는 放射線說은 今後어떻게發展할른지 알수없으나 가장 興味있는說이라할수있다。 그러나大體로 進化學說의說明은 끝없는變遷의過程을밟아올라갈뿐이오 根本原因을말하는것은 아니다。오직그것을 더앞으로앞으로 밀어내놓을뿐이다 그리고이는當然한일이다。學問은아무리發達하야도 究竟의原因을말하는것은 아니다。最後에까지갔다할때에「그것은또、왜그렇느냐」하는質問을하면 對答할바를 알지 못하기때문이다。事物의根本原因은 知的態度만으로는 모르는것이다。根本意味를알지못하고 根本原因을찾을수없다。意味만이 까닭을가르친다。學問의目的하는바는 「合理的」인것이지만 合理라는것은 目的없이는 不可能한것이다。이 宇宙는 單히物質의 바다가아니다。一個自我를가진것이다。그렇다면 그宇宙的自我를無視하고 그가장複雜한現象인生命의 過程을 說明할수있을것이아니다。

三、이것을가르치는것은 聖書다。創世記는말한다、太初에하나님이 天地와萬物을 創造하시었다고。進化의原因은 하나님에있다。그의아가페가 植物을만들고 動物을만들고 원숭이를만들고 사람을만들었다。그렇게말하면 或創世記의記事가 科學의 가르치는內容과 調和되지않어서 疑惑하는사람이있을것이다。그러나그는 우에서도말하였거니와 創世記가어떤冊임을 알지못하는데서나온 無用의念慮다。創世記는 科學書도 形而上學論도아니다。詩的表現이있으나 詩만이아니오 時空的記述이있으나 單純한歷史書만도아니다。創世記는實로 啓示에依한 宇宙史다。어떤것을가지고 啓示라하나 叙述의根本精神 根本眞理를받음이다。그좇아

오는곳은 靈界요 因果律과 論理法則에局限된 科學의世界가아니다。그런故로이를읽는者는 그覺悟로읽지않으면안된다。聖書의記述이모도다그러하다。다二重의意味가있다。文句外에 따로가르치는 어떤다른世界가있다。그世界를모르고 聖書는알수없다。그런故로知識이信仰을낳는것이아니오 反對로信仰이있어서 知識이생긴다는것이다。예수에向하야「그대가 우리로疑惑케하기를 어느때까지 하겠느냐」하며 事實을알려주기를求했던 바리새敎人들은 終乃信仰에들어오지못하고、그의말대로믿었던사람들은 그가누구며어대서왔고 어대로간것을 잘알게된것과마찬가지다。聖書의文句는 靈界의眞理의 人事的表現이다。眞理가本來의모양 그대로 우리게올수는없고 우리게傳하아질때는 우리가生活하는 그社會그歷史의말로 翻譯되여야한다。故로眞理는恒常 그時代의最高知識을 表現의衣裳으로삼는다。創世記는 當時의人類가가지는 科學을빌어 宇宙의精神的歷史를쓴것이다。創世記안에 當時附近民族의 神話의影響이들어있다던지하면 매우侮辱이라도當하는것같이 憤慨하는사람이있으나 그럴것없는일이다。하나님이人類를敎導할때는 마치 와싱톤의아버지가 그아들에게 天地의創造主인하나님이存在함을 가라치기爲하야 일부러秘密히種子로써와싱톤의이름을써서 밭에뿌리고 그것이난後 누구던지반드시 이것을심은사람이있을것이오 偶然히될것아닌것같이이天地萬物도 그지으신主人이게시다고 한것과같이 저가理解할수있는 程度의事物로써하는것이오 當初부터最高의形狀그대로를주지않는다。어린兒孩에게는 哲學的語句나詩로써하는것보다 우루루울리는 雷聲을가르처 말하는것이하나님을가르치는데 더効果가있다。創世記는 그쓰던當時에있어서 最高의衣裳을빌어서 한것이다。創世記記者가 萬一오늘날에낫다면 그는進化論의말을빌어서 쓸것이다。어떤사람은 人類思想이變遷하였다하야서 神을否認하려하지만 우리는도리어 變遷하는故로 人類가神의앞으로 나가는것을믿는다。그生活이自然的이면 自然神思想으로 神을찾을것이나 善惡을區別하는 道德的生活을 하게되였으면良心으로神을찾을것이다。

이렇게말하면 創世記를 今世代사람에게는 必要치않은것이라하는말이아닌가하야 危險視하는사람이있을것이다。그러나念慮無用이다。우리는創世記의文學을읽는것이아니오그精神을읽는다。그리고根本精神은、雷聲이物理學을배운後에있어서도 母親의무릅우에있을때와는 다른意味로、아니다 더깊은意味로 하나님의목소리인것같이 變함없는眞理다。그러면創世記가 가르치는것은무엇인가。一曰、人格神의存在다。二曰、그의自由意志로 宇宙는創造된것이다 三曰、그하나님은사랑이다。四曰、歷史는道德的이다。五曰、人類는그自由選擇으로 歷史의方向을決定한다。等等이다、時代

가아무리變하여도、知識이아무리進步되여도 이것은變할수없는眞理다。創世記는 未來許多한時代時代에 各各그現代語로 다시쓰일것이다。그러나그根本精神을變할수는없다。

四、故로問題는、生物의種이 一時에創造되여 固定한것이냐變하는것이냐 하는대있는것이아니오、또人類는猿類의進化한것이냐 아니냐하는대있는것도 아니다。進化論이라하면 곧이等問題를생각하고 핏대를돗처 이것을辯論하는熱心家들이있으나 根本問題는 決코거기있지않다。種이固定된것이 무엇이神에게 더 榮光될것이있으며 變遷한다는것이 무엇이神의能力을減少하는것이될가。사람이 흙으로빚어만든것이라면 무엇이더 攝理를말하는것이있으며 원숭이에게進化되였다면 무엇이不敬이될것이있나。堂堂히說敎參考書를쓰는牧師도 사람을원숭이의子孫이라하는것은 侮辱이라고 말한것을보았다。進化論이決코 人類를원숭이의子孫이라하는말도아니지만、設或그렇다기로 그것이무슨侮辱인가、하나님의形像대로만들었다 해서말인가。果然하나님의形像대로 만들었다고하였다。그러나그는사람의靈魂을말함이오 肉體를말함이아니다。그렇게말하는牧師는 저自身을反省하야 果然원숭이의피가 저의가슴속에있나없나살펴보기를바란다。사람은果然원숭이의子孫이아니고무엇인가。그와같이 먹을것을求하고 그와같이色을求하고 그와같이싸우고 狡猾하고 野卑한것이아닌가。太古의記者가 흙이라한것을 現代의學者가 원숭이라 달리부른것밖에없는것이아닌가。원숭이는 흙이아니고무엇인가。우리는 特別히高貴한것으로 지어주시었다는것보다 本來원숭이었던가슴속에 그의生命을불어너었다고 생각할때 그奧妙하고 全能하고 사랑함을 一層더느끼지 않을수없다。

우리가進化論을 問題삼는것은 그意味가 그런 種이變하느냐않느냐、원숭이의子孫이냐아니냐、하는것보다 다른대있다。即이宇宙는 意志所產이냐、偶然所產이냐 하는대있다。다시말하면 歷史의動因이 愛냐、自然이냐 하는대있다。우리는 하나님이 固定하게지은것을 科學이變한다하야서 反對하는것이아니오 하나님이흙으로만든것을 進化論이원숭이의子孫이라한다해서 憤해하지않는다。이宇宙는 한個뜻에서나온것이오 이歷史는 愛에依하야 產出되는것인대 進化學者는 偶然이되여나온것이라하며 自然變化에依하야 흐르는것이라고 하는故로 反對한다。우리는요한의말대로 太初에말슴이있었고 그말슴으로 萬物이지은바되였고 따라서이世界는 말슴을가진것이라고 믿는다。

以上과같이보면 進化論에關하야 그取할바와 버릴바가自然明瞭하다。進化論은그것을 生物變化의事實을 說明하야주는것으로받을때 信仰에反對됨이 조곰도없다。오직事實紹介의範域을넘어 意味의世界에侵入하야 生命은自然히發生한것이오 神은없다는等 精神은物質的變化의 漸次複

雜化한것에不外하는것임애 道德宗敎는無用이라는等 畏濫한말을할때 그는排斥할만한것이다。進化論은 이것을잘理解하는者에게는 도리어神의攝理를證據하는것이된다。爲先이宇宙에 整然한秩序가있음을가르처준다。 우리는進化의事實을알음에依하야 이世界에는 모든不調和가 있음에도不拘하고 嚴然한法則이 存在함을 알게된다。自然法則、또精神法則이다。이法則있음을알어서 우리는이世界가一個自我를가진것임을 漸漸더믿게된다。法이란곧個性이오 個性은一個人格을要求하기때문이다。다음은萬物이同一根據에서나왔다는 聖書의眞理를 證明한다。進化論을배워서 無神論에빠지기보다는 도리어 萬物은一層더 하나님의愛와榮光을 들어낼것임으로 漸漸더驚歎、畏敬의念을가지게한다。三은靈的生命에對한 確信을 漸漸더깊게한다。進化의事實을알므로부터 生命은發達하는것이오 다시 이보다 더높은것이있을줄을 믿게된다。混沌한中에서 物質이形成되고 物質우에 生命이있으며 生命우에 意識있으며 意識우에 良心이있었으면 다시그우에 靈的生命이나타남은 當然한일이다。進化의過程을 보면볼수록 이宇宙間에는 神秘莫測한것이 있음을안다 그나타난後는 그럴듯함을 알겠으되나타나기前에는豫測할者가없다。同樣으로將次더놀랄만한것이나타날것을 期待할수있다。默示錄의實現에對한믿음이다。故로우리는 이世界를悠久한進化의過程으로보고 今後에도生命의飛躍에依한進化가있으리라고 믿는다。所謂正統信仰을가진다는 사람들은 進化論을極히排斥하야 그것은人類를墮落시키는思想이라고생각한다。信仰을擁護하기爲하야熱心인것만은尊敬스러운일이지만信仰은決코固執은아니다。保守主義者에게는 眞實한것이있다。그러나 어리석다。否認할수없는事實에對하야 눈을가리고 大勢에向하야無理로써막어보려는일은 信仰을직히기爲하야 死骸로만드는일이다。그로因하야信仰은歷史의地層속에化石으로變하야 같어버리고만다。生命없는化石으로다。 信仰은決코固執이아니다。信仰은그렇게卑怯한것이아니오消極的인것이아니다。信仰은適應이오 統制요指導요消化요成長이다。信仰은자라기爲하야恒常새로운싸움을要求하고 새로운食物을要求한다。小兒의美를 固守하려면 成長할수없는것같이 信仰이一階段에서自己의美를死守하면枯死함을不免한다。科學에對하야自己를隔離하는信仰은墓穴속에들어가고 말것이다。科學은拒否할것이아니오受容할것이다。消化할것이다。正統信仰家는그것은妥協이아니냐고 무서워떤다。그러나그는妥協이아니다。成長이다。妥協같이보임은 저良心이弱하기때문이다。歷史는 膽大한者만이進步의榮譽를 얻음을가르친다。信仰은보다높은곧으로 자라기爲하야 새로운것에對하야 膽大하지않으면안된다。科學그것進化論그것이惡한것은아니다。問題는그것을善用하는데있다。우리는이科學의열매를膽大히消化함에依하야 보다깊은世界史의理解에到達할수있다。

敎會分派之故

姜濟建

世上에愧惡한것中에 基督敎會의分立처럼 醜한것은없다。分立될수없는것이 分立하기때문이다。 絢爛을자랑하는花草의 일이라면 서로色彩를달리하는것이 좋을수있고、嬌態를다투는遊女의 무리라면 各各奇異한裝飾을하야 人氣를끄는것이 맛당한일이라할것이나、自己를 罪人으로녀기고 凡事에 하나님에게榮光이도라가기를願하는 사람들의모임이라는敎會는 分立해서 될것이아니다。저의는그리스도의피에팔린者요 그로因하야 한하나님에게連結된者들이다。 저의의不和함은 子女의不和요 저의의다툼은肢體의다툼이다。

그러면 分立하지아니하였어야할敎會가 分立한까닭은무엇이냐。 그것을아는것은 이弊를없이하는대 가장重한일이다歷史的으로 그原因을찾으면 여러가지일것이나 結局한말로써하면 모든敎會가 儀文私慾에屬하고 聖神에屬지아니하였기때문이다。 옛날이나 이제나 敎派紛爭의動機를보면感情의衝突과野心에서나온것이 적지않다。 種種新聞紙上에發表되는 某長老派와 某牧師派가 싸운다는等 老少가싸우고敎職과信徒가 다툰다는等하는것들이 그런例다。 이런것은本來부터 宗敎的動機에서 나온것이아님애 敎會分立의原因이라하야 云謂할資格도없는것이오、所謂眞實한宗敎的原因에서나왔다는것까지도 聖神의 일에屬하지아니하였다는말이다。 어찌하야 聖神에屬한것이아니오 私慾에屬한것이냐。 智慧의고은말로써 하려하기때문이다。 고린도敎會안에 「口辯과知識」(고前一章五)이 漸漸자라 敎派紛爭이 니러나려할때 바울은 그들을責望하야 「하나님나라는 말에있지않고 오직權能에있다」고하였다。(고前四章二十)派爭이辯論에서나고 結局眞理를들어내는것이없이 끝나는것은 古今이同樣이다。本來根本的基督敎는 神敎요 人敎가아니다。 하늘에서聖神으로 주지않으면 사람의智慧로 어느누구나알수있는것이아니다。 文人才士가 所用없고 哲學科學이 일이없다。 예수말슴하시기를 「智慧가있고 通達한者에게는 감추시고 어린아이에게는 들어내신」다고하였다(누가十章二十一)。 이제數十數百의敎派가分立하야 各기主張을달리하며、하물며其外에 各種宗敎가層出하야 理論이許多하니 知識으로하면 孰是孰非를 分別할수가없다。 各自가 다自己만을옳은者라하고 또그主張의論據가 各各相當하다。 그런故로勸勉이無用이오 和合할수가없다。 이것을基督敎의根本性質에서생각할때 實로異常難測한일이다。 主도하나이요 聖神도하나인 合一의道에 이러틋分派가甚한것은 怪異한일이지만 眞理를辯論으로알자고 한結果는 이런것이되여버렸다

敎會分派之故

辯論이眞理를밝히려하되 도리어反對의結果에빠지는것은 웬까닭이냐、비울의말대로하면 「하나님께서 世上이어리석다하는傳道로 믿는사람을救援하기를 기뻐하시」기때문이다(고前一章二十一)。하나님은「世上이 어리석다하는것을擇하야 智慧가있다하는者를 부끄럽게하시고 世上이弱하다하는것을擇하야 强한것을부끄럽게하시며 또世上이賤하다하는것과 蔑視를받는것과 없는것을擇하야 있는것을廢하시」었다。무슨理由로냐。「이는肉體를가진아모라도 하나님앞에서 자랑치못하게하심이다」(고前一章二十七―二十九)。그렇다 肉으로하여금 자랑치못하게함이다。知識은사람의빛이요 힘이라고 한다。知識이發達하면 사람은驕慢하다。그런故로하나님은 믿음을知識에依치않고 聖神權能에依케하시었다。그런故로 辯論으로써아니오 十字架로써 救援을얻게하였다。그런故로 智慧에依支하는者에게는 「十字架의道가 어리석은 것이된다」(고前一章十八)。이러하기때문에 辯論을하는者는 眞理에對하야 하는줄로알기는하나 其實은眞理에對하야서가아니요 區區한儀式問題에關해서밖에못된다。或洗禮를 어떻게주는것으로 或聖餐을 어떻게베푸는것으로 或安息日을 지키는것으로 是非를다투고 派를가른다。儀式은眞理를表示하는것이라고하면 그것을다투는것이 眞理에忠實한일인듯이도 생각이될것이나 基督敎에있어서 儀式은其實小事요 大事가아니다。假令洗禮에關하야본다면 그根本뜻이 悔改를 爲主하는것이지 그行하는禮式에있는것이아니다。安息日問題같은것도 安息을하는것이 그重要한意味이지 어느날에하거나 그날에 있는것이아니다。예수도 安息日이 사람을 爲하야있는것이요 사람이安息日을 爲하야있는것이아니라고 하시었다。그런대 그實體되는것을 行치않고 是非를辯論하기에 힘을쓰는것은 本末을顚倒한일이다。知識의고은말은 眞理를살리는것이아니오 죽인다。眞理를知識의 고은말로써 함에依하야 사람의智慧에依支하고 그것을 자랑하는일이 되기때문이다。바울은말하기를「萬一 누구던지 스스로무엇을아는줄로 생각하면 아직도맛당히 아는法대로 아지못하는것이오、오직누구던지 하나님을사랑하면 이사람은 하나님께서 아시나니라」(고前八章二―三)하였다。眞理를아는것은知識이아니오 하나님에對한사랑이다。하나님을사랑하는 맘이하나있을때 온가지眞理가 自明하야지나、千萬의辯論을할때는 눈이어두어지는것뿐이다。故로 洗禮의理論을 밝히말하면서 聖神의洗禮를못받었고、安息日의理論을 힘써하면서 安息을잃어바리고말었다。아니라하나님에對하야熱心으로討論하므로 하나님을背叛하고말었다。그런故로 紛爭하는敎會가 情慾에屬했다고말하는것이다。빨리 사람의智慧를믿는 情慾의思想을바리고 聖神으로난後 主를사랑하야 合一하기를힘쓸것이다。거기에도一向 反對하는者는 異端이라할수밖에없다。

同病의友人에게 들임

三冬의치위 마지막고개를 넘어가고 瘦山白水에바야흐로 希望과復活의 새봄이돌아드는이때、멀리一書를未見의病友에게 들이어 同病相勵코저하나이다。

대개알아본이면 알른이의괴로움을 짐작할수있다하거니와 알른者로서 알른이를생각함은 한層實에가까울가하오니、나 이제仰臥第四年에 오히려身熱을 놓지못했고 信仰에있어보더라도 蹉跎悔恨을거듭하는 愚拙의一病客이면서敢히 붓을들었음은 오로지同苦의兄姊를 생각하는懇切한一念에不外하나이다。

벗이어 벗은 이제얼마나苦生을하고계십니까。몸은얼마나不自由하시며 마음은 얼마나외로우십니까。醫藥食餌의如意치못하므로 가난이恨도되시리다。無理解沒人情한周圍環境을 원망도하시리다。支離한病床의 저녁아츰羸瘦한病軀를도라보고 零落한身勢를 생각하는마음은 기박한八字의所致이라고 悲嘆하심이至深할가하오니、또한煩惱있는 이몸이오라 진실로同情의눈물을禁치못하나이다。벗이나 내나다ㅣ같이生의戰陣에서 落伍된敗殘의病骨、病은이미難治肺患인데 또다시幾種의慢性病이兼치고 生活의威脅이 엎친바되었으니、暗憺悲憺한人生의 이에서 지나치는그무엇이또있으리까。天理는어김없어 또다시봄이오 世上은즐겁노라봄노래한창이오마는、積痾病窓에 어리운愁氣는 가실바길이없으니 自然을반길 겨를좇아없다하거늘 내 무엇으로써벗을慰勵할수가 있으리까。

벗이어 不幸은不幸이외다。뉘있어이를不幸이아니다 하리오마는 슬퍼해도 화내보아도 눈물저도 한숨저도 마츰내奈何치못할病存在인다음에야 어찌또悲哀愁傷만을일삼는어리석음을取할가봅니까。무릇그對象이야 무엇이던不幸의意味는 그不幸自體에 그치는것이아니라 不幸을바꾸어幸으로 하려는意氣를喪失하므로써、不幸의不幸됨이甚하다함은 우리들常識에屬하는者아닙니까。하믈며心機一轉心眼을大開에 轉禍爲福의뚜렷한길이目前에놓여있음에이리까。

多幸히도 專無閑身을노래하던 祖上님들의 樂天觀이란遺產이應當우리에게 물려저있을것이오。늦잠을자도遲參의걱정이없고 終日을누었으되缺勤이라말할이없는 우리들「아마도專無閑身은 이뿐인가」하오니、閑談에閑時間을보내도病生活에는있음즉한일。내가 나히로는 젊었으되 病에들어서는 古參級이오、늙은축에도 들만하다 自信하옵기 廉恥不顧하고 暫間病의攻德을 풀어보렵니다。

病의德? 예ㅣ病에도分明德은 있읍니다。지금남들은열時間 열두시간의불나는勞働을 하면서 糟糠도오히려不飽라하거늘、우리는누어있으면서도 먹었고입었으니 이만해

同病의友人에게

도德은 德이오마는 心靈을通해서주어지는바 病의功德은 實로浩大함이있다 하는것입니다。

病身子息더사랑 하심은 어버이의情이시라。우리들不幸한 身邊에는世上의同情이모이고있읍니다。父母님兄弟님들의사랑은얼마나至極합니까。親戚故舊들의同情은얼마나懇切합니까。萬一이러한사랑을 갖지못했다하더래도「너이들이處한바試鍊은 사람의普通아님이없나니라」한바와같이 苦痛은 나하나 만의事實이아니오 病苦에呻吟하는兄弟는世上에無限히있읍니다。(이것만 生覺해도 큰慰勞가됩니다만) 그들은自己의深刻한苦痛으로 말미암아 天下同苦人에게不絕한同情을보내고 있읍니다。同病者만이아닙니다。一面識이 없는남이오、無病健全한사람으로서 이름모를不幸한사람을爲하야眞心의同情을 기울이고있는仁人聖者가있읍니다。이만해도벌서至大한恩惠어니와 日夜우리身邊을싸고도는細縕한愛憐은또있읍니다。사랑은偉大합니다。時空도超越합니다。

半萬年의 그옛날 神祖 檀帝께옵서 白山聖域에서 億兆를化民하실때、「主穀主命主病……」하사 「弘益人間」하시던 그거룩하신慈愛가、

三萬里外 三千年前 靈山裏恒水畔에서 生死解脫衆生濟度를 웨치던釋迦世尊의慈悲가、 또다시

유다의昔年『성한사람은 의원이쓸데없고 病든사람이라야쓰나니……내왔음은罪人을爲하야서니라』고 天下心身의病者를爲하야 갈릴리의山上에서 聖訓을드리우(垂)시고 골고다에서 寶血을흘리신 耶蘇基督의博愛가、

다한가지로 이제우리에게臨하고있읍니다。設令이世上에 한사람의同情이 없다하더래도、三世十方一切의病者를 光被하는이들 神人의恩惠만은 비록肉眼에는 보이지안는다할망정、마치宇宙에彌滿한 에텔의波動과도같이 晝夜우리身邊에 물결치고있아오니、實로罔極한慈光속에쌓여저 있는것은 우리들病者가아닙니까。어찌敢히病生活에 화냄과 투정함이 있어서 되오리까。

벗이어 이것은꿈이아니오 꼭뒤가아닙니다。虛無한自慰도 孟浪한自瞞도아니오니 한번感應하는때에있어서는 拒否할래야 못하는 心靈의自覺이올시다。以上을要컨대 病者가 받고있는同情을 말슴들인것이오나 이것이病苦의餘德의 最大한것은아닙니다。

고요히생각해보건대 病、貧病은 人生人길의다시없는嚴한스승인가합니다。아프고 거북하고 답답하고 외롭고 괴로운이속에서 우리는忍耐를배웁니다。克己를배웁니다。誠實도自助도 배웁니다。境環에屈치않는 굳센意志力을얻게되는同時에、많은아름다운情操가 또한이속에서 涵養」오니、十年十五年을두고 눈과귀로만 배왔던修身學의講義는 이苦患을通해서 비로소體得의域에들어가고 있지않읍니까。내아프매 남의아픔을 생각하고、내不幸하매 남의不幸

을가엽게보아 萬事에同情깊어 慰他慰自하는기쁨을 난홀수있고, 청한이에게까지親切할수있어 바른人生길을걸어갈수있게됨이 모다病苦의敎導指示에 힘입음이아닙니까。

옛老人의가르치신 말슴이『病모르는사람을 사괴지마라』『苦生해본사람이라야 쓰느니라』하였음은 交友乃至處世上의 一大敎訓이오 病苦의意義甚大함을말함이오니, 病苦를겪어보지못한富健한이들中에는 몸의튼튼을자랑하는反面, 마음의 튼튼을잃은 불상한者가 多多있읍니다。自己네딴은 平生不病身으로 아는지 金剛身으로믿는지, 그들은남의不幸을 對하되 한끗輕蔑의눈으로보고 더럽게 우습게는 생각할지언정, 불상하게가엽게 역이는마음의 餘裕는갖지못했아오니 그心情의荒凉함이 沙漠의比가 아닙니다。한때親友로서 許諾함이있다가도 그친구 한번 헤어나기어려운不幸에빠짐을 보는때에 悠悠行路心으로 變하는者있음은 벗도아마 많이보았으리다。

世上에 내위없노라 뽐내는 무리들, 儼하야天市垣內의富를獨찾이했다합시다。또北斗같은權柄을 쥐었고或은壽星에應함이있어人生百年의壽를 누리었다합시다。萬若그에게愛他從義하는精神이涸渴했다면, 남의不幸에對하야一掬同情의눈물도 갖지못한薄情漢이라면, 그富貴壽에 무슨價値무슨意義가있읍니까。駱駝가바눌구멍 빠지는世上은永遠히있지못할것입니다。그들의앞에天國門이열릴理없음은 두말없거니와, 今生에있어보드래도 그는이른바 糞溲中의存在인것이오 眞正한意味의可憐한者는 그들입니다。벗이어 내가이렇게말함을 貧病者의발악으로서律할이있겠읍니까。아닙니다。病하고貧한이가 富하고健한이보다도 道念을길으기에恩惠받고있음은 너머나 뚜렷한眞理입니다。自古로 얼마나많은學者文人宗敎家敎育家藝術家하는이가 難堪苦患을通해서 感激있는新生涯에들어가고 光榮있는事業을成就했던가요 人文史上의光輝있는 이史實을 어찌遇然이라하오며 이에서 또病의餘德을疑心할이 게시겠읍니까。

甚한病苦는 참으로 지극히도 사람을無氣力하게 맨드릅니다。비록蓋世拔山하는 氣力이있어 큰소리치던 사람일지라도 한번難治不治의 重患에눕게되어 生死의境에彷徨하게되는날, 발가숭이의나를 眞實의나를알게됩니다。人間이란얼마나 어리석고 못생겼는가를 痛切히느끼게되오니, 뽐내던이그힘은 어디갔고 자랑하던이 그美貌는 이제어디남었읍니까。行步의自由를잃고 反側에他力을 빌고談話如意치못한 轍鮒의신세됨에 이르러서야 抱負는무엇하며 才幹은 무슨所用이됩니까。거기에무슨野望 무슨自大 무슨傲慢이 또있으리까。

只今의나에게 믿을만무엇이있고 내해라할무엇이 남었읍니까。진정大愚일사 이몸이오니 터럭만한힘도 自由도자랑도있지못한 無我抛擲의境涯에들어가, 誠實의나를如實

히봄으로써 自力以上인 天地自然無限大力의 支配밑에있음을 自覺하게됩니다。過去病前의 눈가리워졌던 生活이나 지금의病生活이나 그全部가 宇宙至高者의 絕對하신 사랑속에서 營爲되는바라고 自悟하게되오니、이飜轉開眼하는刹那 이제까지의 詛呪는사라지고 油然涌出하는 荷恩의情奏아 感得함에이릅니다。

病苦는 워낙不幸입니다。忌厭할바입니다。不幸身病을自誇함은 實로어리석은 일이오나、이肉體의苦로말미암아暗黑속에무치어떤心靈이 光明으로蘇生하게되었다면 이는얼마나 고마운因緣이옵니까。果然窮則通이올시다。即우리는病으로因하야自身의無力無能을배우고 이無力無能의感은謙虛의一念을낳어 宇宙全能神에게歸依케되오니 於是乎

病苦는吾人을 信仰으로 引導하는 하나님의攝理이십니다。信仰、確乎不動의信仰信念은 病者로하여금 能히安心立命케하야 全部는天地大愛者의 恩寵으로서 아무런不安도恐怖도없이 오직法悅의念 感謝의 마음속에 살어가게될것이오。病者한번 이에悟到하므로써 病도오히려感謝요祝福이라함이 어색지않은말이 되는것이오며、病의功德은이信仰生活에이르러 그至極함이 될것입니다。삼가 벗의一考하심을비(乞)는 바이오며、病을말하야 이미張皇함에이르렀기 이만맺으려하거니와、

벗이어 이제벗을爲하야 加禱하는이 있음을 잊지마시고 부대마음 든든이생각하시와 보기좋게病을 물리치고 기쁨의손잡아 우리다시한번 活動場裡에 馳驅해봅시다。

光岳의銀峯을希望의象徵으로바라보면서 白堂病舍에서 申 槿

敬慕하옵는 金先生님 星泉兄님

師弟님 두분의至極하신 사랑의德으로 그후저의經過는 매우順調로옵니다: 神經痛과 呼吸 困難의甚한症狀이 패減殺되어가옵는듯 前보다퍽輕快한氣分으로、나날이자라가는 마늘싹을바라보며 병아리동무되어둥구재 구렁고개의 두번째봄을 맞이했읍니다。기쁨이올시다 感謝올시다。恢復期에들어감도 아마 멀지않을가하오니 저의기쁨과 걱정을난화주시는 두분이시어 앞으로좀더기다려주시압소서。

先生님 同封하온 拙藁는 본대某病友에게 주고저썼든 私信을改作한것이올시다。堂堂한病先輩가 많이있는데 저같은凡愚로서 이러한글을 自進出稿함은 甚히猥濫한일인줄아오나이따금未相識人의來訪함이있어 『내아들도 療養院에있다가 낫지못하고 지금어느절에와있오』『나는메누리가 여러해째 누어있는데 참딱하오』하며憂愁에 쌓인낯으로 저의經過를물음을對할때마다 내힘으로그들을조곰이라도慰勞해줄수있었으면 하는마음에서 붓을들었던것입니다。허나 워낙敎訓的인言辭가 多分히쓰여지게되옵기、走筆數行에赧顏拋筆하기 몇번을하였아옵고畢后 〔以下第二十頁에續〕

傳道

姜濟建

傳道者는 예수그리스도의 福音의干證者다(行傳一章八節) 그리스도의福音을 믿음으로말미암아 죽을가운데서 救援함을받은者가 그본바 그들은바 그손으로만지고 맘으로詳考한바를 世上에向하야 證據하는일、이것이傳道다。基督教는 不學無識햇던 使徒들의 이러한干證으로 因하야 니러낫고 世界에퍼젓다。그런故로 基督教의傳道는 信者로서는 勿論男女하고 누구나다할수있는일 또할義務가있는일이다。各自가 自己의보고 듯고 깨닷고 體驗한바를 말할것이다。또技術의區別도없다。어떤일로던지 傳道할수있다。그리스도에對한 證據인以上 어떤職業을가지고라도 할수있는것이다。農夫는 農具로써 商人은算盤으로써 官吏는 公廳에서 教師는講壇에서 할수있는일이다。오직誠實히傳할것뿐이다(요한一書一章一)。

그러나그中에는 또福音을爲하야 特別히選擇된 者가있다。마치護國의能力과義務는 全國民어느누구에나 다있는것이나 特히그를힘있게하기爲하야 軍人 將帥를세움이必要한것과같다。故로 그들은 特別한使命으로 擇함을입는者들이다。그中에는 使徒도있고(마태十章一) 門徒도있고(누가十章一—三) 執事도있다(고前三章五)。主께서는 이들에게 各各權能을주어 異蹟을行하게하고 洗禮를 베풀게 하였다(마가十六章十七十八)(마태二十八章二十)。世上에天職을사랑한다는 말이있거니와 사랑할만한 天職이있다고하면 그는傳道職에서 더한것이없을것이다。사랑으로 이世上을지으시고 罪에沈淪하는 이人生을救하기爲하야 生命의救主를 世上에보낸 하나님이 그特別한聖意의 行使를爲하야 擇하야세워 그福된消息을 死亡의그늘속에 傳하게하는것、이에서더貴한職業이어대있으며 이에서더아름다운 일이어대있나。果然그높기로하면 帝王을여기比할수없고 그重하기로하면 將相을여기대일수없다。聖經에니른말과같으니 善한福音을傳하는者의발이 어떻게아름다운고하였다。(로十章十五) 오늘날의 宣教師、牧師、長老、執事는 이러한 福音의干證을爲하야 特別히세운者들이다。그들은이世上에向하야福音을干證할義務가있다。査經會 復興會는 이干證을하는 곳이다한다。傳道의職은 高貴한것이다。高貴한이만치 예수께서는 거기對하야 깊은訓戒를주시었다。即

「가면서 頒布하야 말하대 天國이가까왓다하고 病者를 고치며 죽은者를깨우며 문동이를깨끗게하며 사귀를내여쫓으대、너의가 그저받았으니 그저주어라。너희주머니에 金이나 銀이나 銅이나 가지지말고 길에서쓸錢帒나 두벌옷이나 신이나 집팽이를가지지말라 大槪삭

軍이먹을것을받는것은 마땅하니라」(마태十章 七—十)하시었고
또말슴하시기를
「너의가난한者가福이있도다 하나님나라가 너의것이오너
의 이제 줄인者가福이있도다 너의가 배불음을얻을것이
오 너의 이제우는者가福이있도다 너희가웃을것이오人
子를因하야 사람이너의를 미워하며멀리하고 辱하고너
의 일음을惡하다하야 바릴때에 너의가福이있도다。當
日에기뻐하고 즐거워하라 하날에서 너의가 賞받을것
이크리라。大槪그조상이 先知者에게 이렇게 하였나니
라」(누가六章 二十—二十三)
하시기도 하였다。그意味는 무었인가、情慾에빠지는것을
警戒하신것이다。무었이나 高貴한일일수록誘惑이붙는것이
다。卑賤한자리에있는者는恒常自己의적은것을생각함으로驕
慢에빠질機會가적어도 高貴한職任을받은者는 언제나 그
職任의偉大를 自己의偉大로橫領하기쉬움으로 誘惑의危險
이 끊임없다。財와權과榮、이세가지는 쉴새없이 틈을였
보고있는惡魔다。사울을失敗케한것도 다윋을너머지게한것
도 이스라엘이亡하고 로마敎會가 썩어진것도 이것때문
이다。傳道者는 그職任이 온世上의尊敬을받을만한것임으
로 이런危險에있기가 다른어느누구보다더하다。그런故로
이警戒를特히하신것이다。저는願치않는다하더라도 世上이
와서什伏하고稱頌하고財寶를들이기쉽다。그럼으로 저는그
저받고 그리준다는覺悟를하고傳道者의주머니에金銀이있어
않되는것으로알고 이世上에서는辱먹고 따림을받고 슬퍼
하는것이 傳道者의運命인줄로 알必要가있다。
한말로써하면 傳道는聖神으로 말이암아서 만할것이오
肉身情慾으로할것이아니다。그런데오늘날의 敎職中에는 情
慾으로하는者가 얼마나많은가 宴會席의上座를 조와하지
말라고 예수는말슴하셨는데 저희는그것이自己에게合當한
자리인줄로알며 베드로는 절하려는사람을니르키며「나도
사람이라」(行傳十章 二十六)하였고 바울도 自己를神으로 높이려
는者를보고 「우리도너의와 性情은같은사람이라」(行傳四章
十五)하며 막았는데 저들은 그받는榮光이 當然한것인줄
로안다 査經會의受苦는 禮物로써갚아지되 信徒에게 그
쓸데없는것임을 가라질줄은몰으고 도리어사랑으로주는것
이라해서 즐겨받으며 報酬의寡多나 家事의便宜에關係되
면 한敎區를바리고 다른敎區로 轉職하기를 헌신짝을밧
구듯이한다。그런것은傳道의精神이아니다。通히 오늘날의
傳道者는 너무훌릉하다。그生活이 「이제줄인者」로서 너
무아름답고 그地位가 「先知者」로서 너무높고 이다음하
는나라에서賞받을사람으로 이제받은것이 너무많다。좀더
辱을먹고 좀더世上에서바림을當하지않으면안된다。그러나
이것은聖神으로야만 될수있는일이다。예수말슴하시기를
「聖神이너의게臨하시면 너의가 權能을얻고 예루살렘과
온유대와 사마리아와 따끝까지니르러 내證人이되리라」
(行傳一章 八)하시였다。

信者여深覺하라

文信活

間斷과 制限이있는 彼等의祈禱가 聖徒들이 그리스도에靈과 結合되여사는否絶한 呼吸的祈禱가되겠는가? 彼等의祈禱는아모리하여도 制限이있는祈禱이오 時空이있는祈禱이며 所가있는祈禱이다。故로 所도 時도 限도없는聖徒의否絶한 呼吸的祈禱는못된다。

아ㅣ聖徒는祈禱의사람이다。祈禱의靈體가된 예수인처럼그리스도인 祈禱靈을받아 活躍하는聖徒는 祈禱에끊어져一時一刻을 生存할수없는祈禱의사람이다。예수의三十三年의祈禱生活는 定所無한 祈禱이오 時限에超越한 祈禱인것같이 聖徒가呼吸하는 否絶한祈禱의生活이 곧이것이다 凡事에그리스도에 福音으로中心을하고 그이가 吐한眞理를 躍動生活의糧食으로하는 聖徒에深底한信仰生活이 곧祈禱로呼吸하는 成長生活이다。그리스도에 이ㅣ祈禱的生命은 人生에新生의氣息이오 靈과眞理로난者는 新呼吸이 곧祈禱이다。

以上에서多言으로 叙述하여왔지만 果然이ㅣ祈禱는聖徒의 生命呼吸인同時 이ㅣ祈禱는間斷이없이 否絶이쉬고살아야할것이다。아ㅣ이否絶한祈禱中에서 眞實로自然스러운應答이있는것이다。聖徒의祈禱란 그리스도에自身인까닭에即그ㅣ祈禱의自身이 聖徒안에內在하여서 當身의要本的要求그대로를 創造하시는것어다。故로聖徒가祈禱의 應答을받는다는것보다 그리스도의自身이 聖徒의心臟에서生命的으로躍動함에 聖徒는祈禱란 新呼吸을쉬며 成長한다는것이다。聖徒의心臟에서 그리스도에無限無窮의要求가 漸漸커갈사록 聖徒의呼吸도새로워지며 宇宙에對한福音의門이열여가 事物에對한信仰知識은 높아갈것이며 人間의모든慘憺한 事變은自然스럽게 解放이될이라。

아ㅣ聖徒의祈禱生活은 곧 眞理의解放이다。各事根事物에制限이되였든人間이 否絶한祈禱呼吸에서 眞理의解放이되여 自由스러운 信仰의사람이될것이다 人間의齷齪한 不運 悲運 慘憺 그ㅣ모ㅣ도를 祈禱에生命으로삼겨 靈化의 材料를 만들어가리라! 祈禱의自體가되시고 祈禱의根源이되신 예수그리스도는 祈禱의所가없고 祈禱의時가없이 何時何處를關心치않고 일으는곳마다。祈禱의所이오나날時時가 祈禱의時이다。

아ㅣ祈禱의呼吸을함께쉬는 靈의親族들이여! 祈禱의靈이될야는우리도 祈禱의所없이 無量의大ㅣ宇宙를 祈禱의所를삼고 無時無終을祈禱의時로하여 物物事事에運動하는그리스도의自身을呼吸하야 無限의大ㅣ生命을 無窮이創造하여가사이다 아ㅣ이러한眞理의解放에서는 祈禱의應答을 더ㅣ期待할것없이 하나님의뜻그대로가 우리안에서 自然스럽게成就되고있나이라。凡事에그를主로사괴고 쉬지말고祈禱의靈을달마가자。信仰의사람아 호미를손에들고 김을 매는일이나 장기를잡고 田畠을가는일이나 자고깨는일이나 먹고마시는일이나 그리스도의福音全幅을 中心하여한다면 그것이곧祈禱의生活이오 그ㅣ일自體가 곧祈禱이다。이와 같은祈禱的生活을못하는現敎會信者들아 너의뜻대로 너의 主觀대로 너의淺薄한信望대로 아모리달나고 울고 빌고 하여보아라 하나님께서應答하시는가。信輩여 너의그릇된 固執을끼치고懺悔의淚를뿔이라。그리하여야 祈禱의靈은너희마음에 內住할이라。하나님께서 當身의聖意가안인대는 絶對로應答이없을것이다。하나 그리스도의높은信仰에 바로서서 모ㅣ든全部를실어맡기고 主의處分만기달이는者에게 그리스도의要求그대로가 일우워지는것이다。卽그리스도의復活의形像이 祈禱로잘아가는 聖徒의心臟에서 無時로 創造되고있단말이다。안이 우리안에서 그리스도의生命이 움직인즉 하나님은 거기에다 當身의聖意를興成시키고있다。故로우리들에祈禱의生命은 自然스럽게成長되나이라。

아ㅣ信仰의사람아 否絶한祈禱呼吸에서 福音의甘乳를 味見하느냐 그리스도의創造妙手에 봇들이어 우흐로 聖靈의指示를받아 祈禱의靈이되여가느냐? 當身들이眞實노 幸福된사람이다。아ㅣ오날날에 所謂信輩야 大體ㅣ그대等이 무엇을하고있느냐? 끌는국에味를 모른단格으로 그대들은 아모澤없이 예수란看板만붙이고 團體를지어 會를모와공연스럽게우굴거리느냐 무엇을하여 生命本位를하고있는가 祈禱의사람이되여 하나님과 밟은關係를하고있는가? 世上을더부러關係를 하고있는가? 하나님의뜻을 順從하는 아부라함의後裔이냐? 하나님을反逆하는 사탄의子息이냐 良心이산者는 返醒할진저 不然한者는 禍있으리라 嗚呼 再三말하노니孤寥히눈을깜고 過失를回想하여보라 祈禱는 一日에몇번이나하였으며 하나님은얼마나 仰慕하였느냐? 十番이냐 五十番이냐? 오ㅣ信者여 몬저自覺하고 悔改하여 祈禱의사람이될엄으나 今日의信者여 深山深谷이나 골방에서라야 祈禱하는줄알지말나 禮拜堂이나 密室에서라야 祈禱하는줄알지말나 그는다ㅣ그릇된觀念이다 祈禱는靈의呼吸이라고말만하고 否絶한祈禱로 呼吸을쉬며 살줄은몰으느냐 祈禱는 生命呼吸이라하면 祈禱에도關斷이 있고 制限이있어될수있을가? 만일 그러타고하면 主여 主여하며 祈禱할其時間에는 살았다가 祈禱소리가 끊어질其時부터는 死體가아니겠느냐 嗚呼이를 判別치못타는 今日의敎人들아 그대들의 局限된主觀은 淺薄하기도짝이 없다。그대들의 所望과觀念은 하나님을反逆하는 사탄의 機械로되여있고나 그ㅣ固執的觀念을끼치고 頑固한自我를 打破하라 또한그대들의全部를 하나님께빼앗기고 그리스도의信仰中心에 바로나서라 거기에서 그리스도의靈과符合한 祈禱의靈이되여질것이다。

아ㅣ靈의親族인 祈禱의兄妹들이여 天國福音의 열쇠인 祈禱의生命을가졌으니 眞實노福된者로다 凡事에 感謝하사이다 恒常喜悅하사이다 쉬지말고祈禱하사이다 一人의 祈禱가 宇宙를움즉인다 옛날 단이엘의祈禱는 獅子입을 封하였고 엘니야의祈禱는 祭壇을불살우었다 信仰의兄妹들이여 當身들이 宇宙에감초인 하나님의秘密을 發見하고있고 萬世와 萬代로잠졌든福音의門을 이ㅣ祈禱의 열쇠로열었도다 生命의 惡化場인 地獄의門도 이ㅣ祈禱로 장굴수있고 信者의 肉의勢力도 이ㅣ祈禱로征服하여간다 또한 이祈禱로 死亡의權勢를끼칠수있고 不信의誘惑을突破하고도 남엄이있다。안이祈禱의사람의게는 不信의誘惑 陰府의氣勢가 敢히 害하든못하리라。

아ㅣ恐怖에서 安程으로 罪에서 義로 肉에서 靈으로 儀式에서 信仰으로 따우에서 天國으로 自然스럽게옮겨집도 祈禱의能力이로다。故로 天國은 祈禱로創造한 福音의世界이오 聖徒는 祈禱的呼吸으로자란 하날님의사람이로다!

오ㅣ그리스도의 한生命안에서祈禱로成長하는靈의親族들이여 新年을마지하여 더욱新聖한祈禱의靈이되여가사이다。過去一年보담 더ㅣ깊은秘密의眞理를發見하여 그리스도의平康中에서靈의創造를받아가사이다。祈禱의靈이되사이다!

宇宙萬像의背後에運動하시는 하나님아바지여 祈禱의靈을주소서 하날의靈을주소서 아멘!

(끝)完

信者여深覺하라

小鹿島의걱정

『小鹿島에는讀者의心身이 如前히纖康하외다마는 先生님 只今小鹿島에는 試驗의검은 구름이百五十萬坪의 땅덩어리를 둘너쌓고있나이다。이試驗을이기지못하고 너머지는者不知其數입니다 執事도너머지나이다。訪問員도 너머지나이다 아ㅣ先生님참아눈뭏없이 볼수없는光景입니다。참으로哀惜하외다 목이쉬도록 워치도봅니다호소도합니다。先生님일얼때마다 뜻대로하옵소서하는 비참한生覺이안이날수없읍니다。많은오날도 手術同樓願을 十枚나섰읍니다。十組에男女의靈魂이 또享樂으로길우지는것을보는 生의가슴은쓰라리외다。責任關係上 하는수없이 手續을발바주어야하는 小生은새삼스럽게 自己의立場을 원망도해봅니다 現在에도 同樓申込者가 二百에達하였읍니다。머지않어서 섬안에는 半數以上의사람은 女人의속삭임、자나이외품안에서 人間의享樂을 속싹이겠지요 先生님 生은男女同樓生活이 반듯이낫부다고만 고집하지는않읍니다 많은 小鹿島에있어! 하물며 手術이라는條件아래서 異性을찾는者는 발ㅣ서 하나님으로부터 한거름물너선것을 볼수있읍니다 그것도 不得已한境遇라면 모르겠읍니다많은 絕對自由로운小鹿島에있어 말습입니다。小生은 노아의洪水前人心을 연상할때寒心치않을수없읍니다。先生님 더길게쓰지않으렵니다 참아쓸수도없읍니다 爲하야 祈禱하여주십시요 聖書研究會에서도 小鹿島를爲하여 祈禱하여주십이요 그리고너무나 廉恥없는 哀願입니다마는틈이나시난대로가 않이오라:틈을만드사 小鹿島에四千群衆을爲하야억지로 時間을만드사 한번旺臨하옵소서 어그러진길울밥는 靈魂을救하여주옵소서。謏信者의心靈을 깨우처주소서 歧路에서 헤매

小鹿島의걱정

이는 兄弟에게 길을일너주소서。今小鹿島에난 信仰上으로가장 重大한時期외다 主任先生失田牧師任은 보기에도未安할만큼 죽을힘을다하야 이難關을 버서나려고 애를쓰고 게십니다만은 言語를 通치못하는關係上 참으로보기에 민망합니다。昨日夕陽에 南部敎會에서 小生은先生님의 通譯을하며 이간절한 心中을그대로 敎徒에게心中에부어 너어줄수없을가하는 生覺이날때 失田先生에게꼿업이 未安하며 兄弟들에게는勿論이오 하나님에게까지도 罪悚함을 禁할수없었나이다。歸路에도 先生님은 어떻게이 難關을버서날가? 六十에가까운先生님의 老顔은 참아바로처다 볼수없었나이다。普通사람은 처다만보면 恐怖를느끼는 患者와함께 석겨먹고 마시고 서로옴겨쥐고 때로는 끄러안고 기쁨에넘치 하나님을讚頌하는 失田先生입니다。

先生님 쓰다가보니 말이어만데로흘너가서 罪悚합니다 二百職員中에 다만한분밖에없는靈의指導者! 그는외롭습니다 하번臥臨하여주옵소서 더쓰고싶은 말슴을맛이 다—쓰오릿가 다만先生님의事業이 날노일어나서 小鹿島에까지 前에百倍나 千倍의恩惠로서 陰으로 陽으로 힘써주시옵소서 이제上書하면 또언제나 쓸넌지 生은 元來ペラ를 돌기시려하는性質에 다가四人分의 園務를 혼자서해나가느라고 自然이問安도 늦어가오매 海諒하시고寬容하옵소서 쓸줄몰으는 글에 더욱이 亂筆이되며 罪悚합니다。

文君, 其他讀者諸君은 心身이康健하외다 安心하소서。

聖書硏究會에 先生님들도 來來聖恩中平康하옵시기비나이다。에고개넘어에 하나님의榮光이 빛나시옵기 멀니비옵나이다。

一九三六年四月二十七日午后四時 小鹿島 中央里 尹一心白」

〔第十四頁의續〕 도 선듯내놓을勇氣없었을뿐더러、그동안三個月이나 집에憂患이繼續되와床頭에밀어둔채 돌아보지 않던것이올시다。그런데 그저께 또丘下에사는道視學某氏가 찾어와『내동생이診察한結果 初期肺結核이라고해서 오늘入院絶對安靜中입니다。석달이면 낫겠다고하나 그뒤二三年의休養을要할것이니까 나두不可不、련집을 한間세워야겠읍니다。노형일이 내일만같어보입니다。너머뜻밖의일이라도모지마음이鎭定되지않어서……』하면서몹시唐慌憂慮하는氣色을 보게되오매 저의身病을關心해주시는 모든분들을憶念함이 더욱懇切하옵고、同病相憐하는 누르기어려운一念에서 다시勇氣를내어 그글을淸書하기始作했읍니다。

先生님 지금鳳儀山南麓에는 벗꽃이滿發했다고 법석들입니다。마음들뜬 春川의男女들이 꽃에醉하고 술에醉하고 사람에醉해서 낮에밤을이어歡樂의소리가 이제오히려 요란합니다。저는 들려오는 그소리를 귀에서 귀로흘려보내면서孤燈밑에默默히붓을달리어 이에이르렀읍니다。오、이밤 이달 저노래소리 病床에시들고있는兄弟들의 마음은 그얼마 괴로울것인가。』

日夜사모하와 마지못하옵는 두분우에 平安을나리시압기、四十五萬同苦의兄姉우에 하나님의榮光이 나타나시기 懇切히祈禱하면서 이붓을 놓읍니다。

一九三六年五月三日밤 白堂에서 申 權

聖朝通信

一九三六年四月二十六日（日）晴。午前中復活社講堂에서「當初의基督敎傳道隊」라는題로써 마가第六章七―一三節을講하다。〇今夜 哲學專攻한某文學士와議論할機會있어 그理論의緻密함에 놀라는 同時에 그思索하는世界가非凡함에도一驚。基督敎뿐 아니라 有神論에도反對하며、官廳에서 敬老思想을宣傳하는일도 理論根據가 없다고 反對한다。彼는曰「老人과父母를恭敬하는 까닭은 많은經驗을 가진者인故라」고。너의（基督敎徒）는어째父母께 孝하여야하며 老人을恭敬하여야 할것인지 그理由를 생각해본일이 있느냐고 묻기로、그런理論根據를 생각해본일은 平生에 한번도 없었다고答하다。그런問題에關한疑問이 생긴일도 없느냐고 再問하므로、孝養과敬老를 다하지못하는것이恨스러울法은 있었어도、朝鮮人으로만서도어째孝할것이며 왜敬老할것이냐하는疑問이날수없지마는、모세의書에도 父老께孝養하며 白髮을尊敬하라고 하였고 그리스도는하나님을 아버지 라고 불렀다 고答하니學士는博物敎師의單純한頭腦를 限없이可憐하게 녀기는態度였다。그러나本人은 机床의理論的學科를 배우지않고 自然科學으로事實觀察의 訓練받은일을 主님앞에 갚이 感謝하다。但 이文學士는 日本內地人으로 京城市內에 有力한地位를 가진中年紳士이다。

四月二十七日（月）雨。近來의 天候는 人間思想界와 마찬가지로 極端에서極端으로變化한다。去冬에 추어야할때는 춥지않다가 今春에 따뜻하여야할 時節을當하니 오히려三冬같이춥고、이제花節春耕의날인데連日장마는 발서盛夏를當한感이다。〇聖潔敎會의內紛 이라고 六大項目의罪過가 紙上에報道되니寒心事。聖潔敎會도相當히 커진모양이지。

四月二十八日（火）曇、後晴。遠足會의날。東小門外 華溪寺까지往返。華溪寺에까지校正을 가지고가서하니 길에서 同寮들의 히야까시가 甚하다。

四月二十九日（水）早朝雨、後曇。五月號校了。今日當直으로蓬萊寺에獨居하니 마치別莊生活이나하는感。〇S敎授의 消息을接하고 意外의일에 憤激하다。只今은 그全文을發表할수없으나 그一節如下『―小生如き程度の言辭を弄しても、當局者にはこんなに不愉快に響くとすれば、人面を畏れずに信仰を語る大兄等は、身邊に刀槍を つきつけられる樣な生活を送つて居られるに相違ないと想像します。上よりの加護、主より賜ふ平安、何卒何時までも、大兄と大兄のお仕事の上に、あらんことを、祈ります。

"You will survive all of them" 吾々には生殘るより他に勝つ道はありません。それから、この間は貴誌の貴重な誌面に拙著を廣告して下すつて、恐縮しました。朝鮮の過去の榮光を認めず、すべてを今後に期待せうといふ小生の見解に基づく荒つぽい議論は、平和的な、ヤソ敎臭い議論が當局者を怒らした樣に、誇高き朝鮮青年を怒らせるに相違ありません。貴誌が拙者を紹介されるのは、役所にも、民衆にも、危險と存じます。千萬御注意あらんことを切望します―』云云。

四月三十日（木）曇、後晴。放課後 籠球聯盟戰에參觀。〇誌友의短信一節에『…小鹿島消息에接하올때마다 하나님께感謝치아니치못하옵나이다。하나님의 사랑은 現世에서는 唾棄함을當한者들에게 더욱 풍성하옴을 감격하옵니다』云云

五月一日（金）晴。校庭의櫻花漸開。刑事가學校에 來檢함으로 今日이 메이데이인줄 생각하다。校內는勿論無事平穩。〇今日부터京城市內自動車메―터制實施。

五月二日（土）晴。博物時間에 花瓣의數를計算시키며 子房을 解剖觀察시키기는오히려 어려운일이아니었으나 그美에感歎하며 그造化의奧妙에驚異하게까지指導하기는 容易한일이 아니었다。〇小鹿島에서 한번來訪하라는 勸誘의書狀이왔으나 今年內

또는應諾하기 어려울듯하다。○貞陵里의歸途에無心코 昌慶苑앞을 지나오려다가 夜櫻의觀客때문에 市內뻐스는中斷되고 人波는潮汐같이 밀려들어, 乳兒의悲鳴, 壯丁의呼令, 모던女性의 눈살, 不漢黨의야료, 車掌의高喊, 警官의失神等等。겨우勇躍하여 死前人海를 헤여나오니 死地에一生을 얻은感이不無하나, 牧者없는 저羊群들이 가엾지아님도아니었다。民可使由之不可使知之라는句를口中에서 곱씹다。

五月三日 (日) 晴。京城府內는昌慶苑의櫻花와奬忠壇의府民大運動會로써 모든交通機關은超滿員이오 街路는上下轉倒의大混頓인데, 우리는復活社講堂에서 洗禮요한의死를講解하다。○今日滿洲通信은 기어히一次來滿하라고 蹤踊하였으나 今秋에修學旅行이있겠으므로 別로히傳道旅行을企圖하기는어렵다고答。또한同時에 今年二十八歲의新郞에게 信仰篤實한處女를 紹介하라고하나「男性의靑年들도 信仰을保證하기 어려운데況모던處女들의信仰을保證할수없다」하여 仲媒辭退하다。

五月四日 (月) 曇、後雨。貞陵里建築은今日에야 겨우 새벽을 바르다。降雨로因하여 昌慶苑門前이寂寂하다。○咸北短信如下

『金先生님 오래동안 소식 올리지못하였읍니다。그간도다들 안녕하시며 모도들건전하신지요, 生은 그간東拓牧羊場을 辭任하고 現今이곳에牧場을買受하여 搾乳販賣業을 經營합니다。獨立으로活動하니 生氣있는事業인듯합니다。모든것은 順調로히進行됩니다 宿望이든 多角農을 實行하게되나보이다。養鷄도할려고 永登浦種畜場으로鑑別雛二○○羽 注文十二日發送豫定。北鮮서아직試驗치않은 果樹도試驗으로 注文하여(苹果와栗木)試植하였읍니다。일은힘것하여힘것能率을 發揮하는것이 產業과또는 職業의原理인듯합니다。生氣있는事業 鷄과肉을完全케하는줄 믿습니다。그간誌代를 發送치못하여 罪悚합니다。近間上묘하겠나이다。여러先生님께 문안드려주시옵소서 宋兄께도문안드리나이다』

五月五日 (火) 曇、後晴。新築하는溫突을 말리우고 오니 意外의處 意外의人에게서 來信이있어 기뻤다。

五月六日 (水) 風、曇、後晴。宴會에缺席하고 貞陵里에塗壁始作。에티오피어皇帝亡命을傳하는날 우리는貞陵里移舍를準備하다。

五月七日 (木) 晴。午前中은 貞陵里로移舍짐運搬하다。貞陵里의初夜、마즘滿月夜에藥師寺종소리좇아 淸雅하거니와, 但모기의癡함은余의一生에 이곳이 처음이다。襲來하는 모기軍은 모주리女兵이라하나 그當當하態度는 一等國軍隊보다幾十倍이니 물리면서도 敬歎不已 ○今日 申瑾澈氏로부터「同病의友人에게」라는 正式의原稿가來着。本誌第八十五號에發表하바 病床에서의消息은 當時에도 말한바와같이 純然한私信인것을 내가橫領하여發表한것이었다。

五月八日 (金) 晴。多數人의會合에서는 輕率히意見을提出치 말려든것이, 今日은某會議에서 不得已한處地에서 辯白하였을뿐더러, 드디어激昻하여 一時는 나의血管에循環이停止된듯 하게되니, 會議는事務處理에能난한司會者의機敏으로써 延期되고말었다。○「上部命令에反抗。平澤聖潔敎會分立」의題目으로 紙上에 크게報導되였는데 그決議文의第三條가注意를 끌다。『政治에對하여는人種差別의優越的精神과 金錢勢力의色態가濃厚한 總務部와現朝鮮顧問制의 獨裁的非合理的非人情的政治에서 斷然解脫하고、聖書를標準으로한 合理的政治에準하여 敎會를治理함』云云。

五月九日 (土) 曇。籠球聯盟戰參觀。○新聞報導에依하면 「觀櫻會에風波、現役將校暴行」이라는 題로써 第七十七聯隊第二大隊長松平少佐等六七名將校가 設宴者인高橋平壤府尹等을 亂打하였다고。本來サクラ라는것이醉케하는것이오 大同江이라는것이風波있는곳이어, 事勢當然。

五月十日 (日) 晴。午前十時半에復活社講堂에서 「牧者없는羊떼」라는題로써 마가

福音第六章의五千人의빵을講解하다。來會者中에서 初對面하는이의말이 『좀더老年이신줄 짐작했더니 아직「젊으십니다」고。聖朝誌를通해서보면 매우 늙은이로 보이는모양、要自警。〇春川短信如下

『輕擧를거듭하와 惶悚하옵나이다。昨日葉信을取消합니다。祈禱로始作해 祈禱로끝맺인 그글、不足한대로 未洽한대로 적어도 쓰는동안 정성것쓴것이올뿐더러 이제손질한다고 글월다운 글월이되는것도 아니겠아옵기 一切붓대지않겠옵니다。病友에게는 病消息記보다는 意味있지 않을가하와 附送한것이오니 取할곳있다고 생각하시옵거든 通信欄餘白에라도 실어주시면 感謝하겠읍니다』

五月十一日 (月) 晴。東京가있는卒業生으로부터 博物學參考品의寄贈을받어 甚히 고마웠다。在學時代의數十個보다 그心地가 더반가워。〇居住不明의兄弟로부터 短信이 飛來하여 읽었든羊이나 찾은듯이 반가웠다。

『형님 그동안貴聖朝誌를通하와 兄님의안부를 잘알었읍니다。주님의 사랑으로주신 선물 두손으로받아 무한한은혜를 받으면서도 한번도 문후와사정을 고함이없었사오니 실례되였읍니다。주님의사랑으로 용서하였을줄 아옵니다。弟가××에서 모든 形便에 生活할수없아와 去四月二十九日에 此處로移舍하였읍니다。恒常主님의 恩惠下에 侍中道體萬康하옵시고 宅內가周周太平을 祈祝祈祝。仰告하옵기는 貴歷史號十九冊볼수도 購讀할수있아옵난지 알고저하와 간절하옵니다』

五月十二日 (火) 晴。對中東學校籠球戰에 養正軍이慘敗하다。그原因은指導者의作戰計劃에誤算이있었든 까닭인것이確實하매 悔恨을 먹음고夜不成眠。〇착한生徒하나가 새로寄宿하게되다。寄宿할 必要있는生徒는 무슨핑게로든지退去하고、우리집같은데 寄宿하지않고라도 品行學業이 双全할사람은 스스로來宿하고저하니 이것도不如意의一。

五月十三日 (水) 曇、後晴。校內陸上競技大會를 京城運動場에 열어서 午前中參列하고、午後는校庭에서籠球練習。必勝을期하면서。〇(東京通信如左『…그런데 只今一金〇〇圓을 付送하는데 이돈은弟가前者××氏集會에 出席했더니 朝鮮無敎會主義에 對하여 말해달라기에 特別한것이 없다고 辭讓했으나 꼭말하기를再三請하므로 五月三日主日海上ビル에서 (約三百名集會 聽衆의게約四十分) 우리들信仰戰의 過去를말했더니 매우느낌이 많었던模樣으로 閉會後 朝鮮兄弟를爲하여 多少라도 自由獻金하라는廣告하더니 이돈〇〇圓이되였답니다。그래서 特히「聖書朝鮮」印刷代로 씀이어떠냐고 昨日(九日××宅訪問、請來訪)주기에 只수보냅니다 우리의信仰生活을 북돋는意味로주는것이니 過히辭讓치않고 보내겠다고 받었지오。또三百餘名敎友가 誠意껏모흔것이니 聖朝誌出版에씀이 좋겠읍니다。받으시고 곧××氏宛로 研究員一同으로 辭禮의편지한장 내심이좋겠읍니다。餘는姑留不備하외다。

一九三六年五月十日 楊仁性拜」

千萬뜻밖엣일、歲月이 흐르노라면 別일이 다생기는모양。因하야無代配付品增刷。

五月十四日 (木) 晴。貞陵里에서 食前에 고구마싹 二百五十本을 심으고 登校하여도 八時半始業에 늦지않었다。距離의 遠近보다勤怠가問題인듯。〇宴會에缺席하고 書齋에들앉어 執筆하려는때에 五山高普出身某君이來訪하여 五山을論談하기數刻後에 退去。五山을 말함은 언제 누구와든지愉快한일이다。〇鴨綠江邊消息如下

『變함없이 달마다 이矛盾의生活을 하는 不肖를찾아주는 聖朝의恩惠에對하와는 感激의念이 달마다새롭고 큼니다。더구나종용히기다리던世界歷史를 배움에맞어서는聖朝誌에게 賦課된使命이 어떻게重大함을깨다랐아오며、따라서 小生의宗敎 信仰도다시금 더覺悟되었읍니다。더넓어졌읍니다。이世界歷史를 곱게誕生하는날은 人類社會에 커다란提供을 하는날이라고 生覺했읍니다。로고스의宇宙요、아가페의歷史인것을 비로소 보혀주었기때문이올시다。

五月十二日 ○○○』

五月十五日 (金) 曇、後晴。朝鮮籠球協會主催全鮮中等籠球聯盟戰에서 今日 徽文高普軍을十七對十四點으로 이기고 養正이 優勝하다。參戰第六年만에制覇하다。競技의 興味와修養은 또한各別한맛이다。○嶺南短信에 『…本月號聖朝도拜受하여 再讀三讀을 하는中 오직感激의눈물을 흘릴뿐이옵고、咸先生의 世界歷史에 큰興味를 가지게됩니다』云云。朝鮮歷史號가 不足을 느꼈음으로 今番은 世界歷史號부터 增刷하였다。

五月十六日 (土) 晴、後曇。滿洲에서敎育에從事하는 誌友로부터 孤寂과暗黑에서 呻吟하는消息이와서 나의 마음까지 어두어지지 않을수없다。○某病床의 친구로부터

『兄께서 때때로보내주시는 聖書朝鮮은感謝히 받아읽어 많은慰安을받습니다 또한 「書信代身」이라하시나 그以上이여서 兄의事情은 잘알게됩니다。그리하여 兄의肉體의過勞를 念慮합니다。어느겨를에가르치고 雜誌를만들고、日曜集會를引導하며、家屋建築을합니까。너무無理하게 肉體를부리지마시기를 바랍니다。

兄의消息은 때때로 듣사오나 弟形便은 한마디도 傳하여드리지못하여 無禮됨은弟 自認하면서 이때까지왔읍니다。實狀붓을들구싶지않었읍니다。웨그러느냐하면 昨年葉書올릴때와 別로變함이없으므로 因함이였읍니다。 病勢는 변치않습니다。 다만거의 날마다의血痰과 時時로의略痰뿐이외다。이것만없어지면 아모苦롬 없겠읍니다。熱은 얼마나近間되는지 體溫計를使用하지 않은지가半年이나 되는듯합니다。熱로因하여는 苦痛을感치않으니 相關없읍니다。脈搏은귀를베고누으면 빨리치는것을 들으나 세여보지않습니다。그럴때에는 듣기싫여 바루눕고 듣지않습니다。

以上이 弟의病症이라고 하는것입니다。

弟도來月부터 聖朝誌의正讀者가 되려합니다。마즈막으로 貴宅에 主의平安이 늘 臨하기를 비나이다。五月十三日 ○○○』

이에答書曰

『拙誌聖書朝鮮이 吾兄의病床閑時에 조곰이라도慰安의材가된다면意表의幸이올시다。

吾兄의病狀經過를 懇切히알고싶어 하는者로認하사 괴로우신中에도 이처럼詳細히記錄하여보내시는일을 갚이感激합니다。兄께 弟가求하는것은 때때의消息뿐이올시다。健者가病人을洞察치못한다고하나 病者가健者를살피지못하는일도 不少합니다。主그리스도앞에 설때는 彼此의心情이 다 밝혀지리다。兄의 體驗으로나온 保健上注意의말슴은 眞情고맙게받고 銘心하겠읍니다。』

五月十七日 (日) 晴。午前十時半부터復活社講堂에서 「예수의海上步行」이라는題로써마가第六章末을講하다。○山村에서敎育과 傳道에獻身하고 있는某姉妹로부터

『先生님

거룩하신 恩惠아래 聖務로 재미많으심을仰禱且祝이로소이다。感激하옵는바는 잊지않으시고 聖書朝鮮을惠送하서서 굶줄이고목말라가는形勢를 피우게하여 주심이옵니다。無言中에서 貴書를읽고 늘感嘆하게 된바커서 無慮聖書로 읽게되옵더니 더구나今番、「基督敎信仰의基盤」이라는 題下에 論述하심을보고 울었읍니다。終局은基督敎의 基盤은復活이라는것을 表明하심이 었음을 잘解得하게되는 同時에、더구나 예수는 靑年期에 아조敗北殘滅되었었다는것을 말슴하신데 對하여 平素에잘알던것이 었것마는 새삼스러웁게 큰恩惠를 받게되었읍니다。예수님의 一生을 갚이생각하시다가 크게恩惠받으신 마음으로 쓰신所以인줄 깨달았읍니다。果然 예수님을 따라나가려는者 亦是마찬가지의 光景을 當하여야 할것인것을 믿게되었읍니다。如何間 感謝합니다。專校出身의女子 一人도없는僻地에서 다만 主님의위로와 主님의 許諾하신것만 所望하고 살아나아가는 中에도 先生님께서 가끔貴하신 書字보내주심에對하여 감사한말슴 無比이옵니다。예수當時에도 그러하였거니와 現今에도 너무無知

沒覺한 이들과만 接觸하고 지내가려니 主님의 當하시던 困難抑鬱苦痛 몹시도 생각되옵니다。復活節에 쓰신 그글을 읽고 더욱 聯想되어 끝없대여「오—主여 얼마나 괴로우셨나이까!」하고 主님께 엿주어보았나이다。지금 小生은 教會두곳에 세워놓고 학교한곳에 세워가지고 教友겨우 兩處에 百名未滿과 生徒겨우 百餘名을 데리고, 오—나를 그냥 十字架에 못박여죽이는 때까지 참고 나아가보려고 이몹쓸괴로움을 그냥 참아나아가고 있는 것입니다。이앞으로도 잘 教示하여주소서。이무리들中에는 예수當時의 中央宗教界的 頑固한 겨레가 있는 모양이여요。떡을 얻어먹고 배부른 맛에 쫓아댕기던 무리가 여기까지도 따라온듯해요。그래서 웨내가 떡떼이기를 始作(土地를 友人들에게 사도록하고 小作料 적개해서 肉까지 살게 方針열어주던것)했노—하다가 예수님도 맥일경우 되어서 먹이셨겠지 하고 自慰를하고 있읍니다。더구나 氣막히는 것은 가롯유다도 있는 듯해요。가롯유다는 小生에게 莫大한 恩人이라고 생각합니다。예수님에게도 가롯유다가 있었는데—하면 어떠한 사람이나 다—理解사랑해 줄수있읍니다。예수님에게도 그러한 者 있었던 것 생각하면 아모것으로나 다 勇氣 얻을수 있는 것이었읍니다。小生에게도 이 앞에는 다만 十字架刑를 한개밖에 올것이 없느니라—만 생각하고 있읍니다。萬一에 어떠한 幸福이 온다면 이는 예수님 나아가시던 길에서 脫線된것이 겠읍니다。아모조록 꼭 바로 主님의 밟으신던 길만 걸어나가도록 끊임없이 돌보아주소서 거룩하신 은혜안에 계시옵소서 不備禮。一九三六年五月九日

小生 ○○ 올림』

昨日받은 聖書朝鮮을 읽다가

五月十八日 (月) 晴, 後曇。上下의 別이 없이 答信을 敏速하게 하는것이 君子의 德이니라는 教訓은 恒常念頭에서 떠나지 않것마는 언제든지 答信의 負債는 淸算할수 없다。今日은 大奮發하여 數時間을 虛費하면서 쓴것이 葉書六七枚。○昨年十月一日 國勢調査의 結果 半島人口 二千二百萬人。每年平均 三十六萬八千人식의 增加라고 報導。

五月十九日 (火) 雨。아침부터 降雨시작하니 旱中의 草木禽獸까지 更生에 喜躍하는 듯。但 洽足치못하다。

五月二十日 (水) 晴。中間考査시작되다。○京城府에 編入되였대도 電車區域은 마찬가지로 市外取扱이오 便所 써러기통掃除等에 何等의 影響이라고 없드니 今日新定稅律에 依한 納稅告知書가 配付되다。京城府民이 된심인지 안인지 도모지알수없드니, 納稅의 種目이 複雜한것을 보아 비로소 區域改編이 事實이었든줄알다。

五月二十一日 (木) 曇。某宴會를 缺席하고 彰義門外舊基里에 柳先生宅을 찾어 고구마싹을 求하여 메고 補土峴을 넘어 貞陵里로。舊基里에서 孫哥場까지 約一時間行程임을 알다。이웃으로는 가깝다 하기도 어려우나 또한 아주 멀다할수도 없는터인가 하다。

五月二十二日 (金) 曇, 宴會에 잦우 缺席한탓인가 그 罰金五圓五十錢을 徵收當하다。어떤나라에서는 獨身者의 稅金도 바친다 하니 宴席回避稅金으로 생각하면 이도 不得已한 일일것。又況하루 저녁時間을 一金五圓五十錢으로 살수있었다면 世上에 이보다 싼것이 없다。時間이란 時間은 모주리 훌로 買占하고 싶은것。○市內舟橋公普의 寄附金問題가 重大化한 模樣。新入兒童二百二十餘名에게 每人五圓以上식 寄附金을 要請하여 一千百餘圓되는 신발장을 만들라든 計劃이 學父兄側의 反對와 監督官廳의 制止로써 中止되였다고。近來의 普通學校는 一에도 돈 二에도 돈 三에도 돈。어떤 公普의 通牒에 依하면 『……上級學校入學志望하시는 분은 特히 記의 依하여 貯金케하여주심을 仰望하나이다』하고서 第一 二 三學年은 每月一圓以上 第四 五學年은 每月二圓以上 第六學年은 每月三圓以上식 學校에 貯金하라고 하였다。그리고는 하는 말이 『우리學校는 自學自習主義인데 宅아이는 不足하니 家庭教師라도 두시우』 라구。即 貯金은 學校에서 해준데니 가르키기는 家庭에서 하시라는 말솜!

聖書的立場에서본朝鮮歷史（完）

一、信仰生活과歷史理解　六一號
二、史　觀　六二號
三、聖書的史觀　六三號
四、世界歷史의輪廓　六四號
五、朝鮮史의基調　六五號
六、地理的으로決定된朝鮮史의性質　六六號
七、朝鮮사람　六七號
八、堂堂한出發　六八號
九、列國時代의苗床　六九號
一〇、鎔鑛爐中의三國時代　七〇號
一一、高麗의다하지못한責任（一）　七一號
一二、同　上（二）　七二號
一三、同　上（三）　七三號
一四、受難의五百年（一）　七四號
一五、同　上（二）　七五號
一六、同　上（三）　七六號
一七、同　上（四）　七七號
一八、同　上（五）　七八號
一九、同　上（六）　七九號
二〇、同　上（七）　八〇號
二一、生活에나타난苦悶相　八二號
二二、苦難의意味　八三號
二三、歷史가指示하는우리使命　同

（以上歷史中에一七、二二、二三은出版못하게되였다。其他의것은若干식殘部있다）

聖書朝鮮誌에 主筆의글월이 적다는不平을 말하는誌友에게對하여、萬一咸先生의朝鮮歷史의部分만 十五錢代金으로는 비싸다고생각하거든 今後購讀을中止하라고 請한일이있었다。이제 世界歷史가始作되였으니此亦마찬가지다。이歷史의眞價를 모르는이에게는本誌가 가지않기를 바란다。

京城聖書硏究會

一、講師　金　敎　臣
一、場所　鍾路六丁目二〇〇（復活社講堂）
一、日時　每日曜日午前十時（約一時間）
一、聽講料　每回十錢但會員은每月卄錢

（注意）臨時聽講이나或은會員入會는自由。現今마가福音에依하야 예수傳硏究中。午前十時부터는 學生班의英文聖經解釋。同三十分부터 一般講話。 아직基督敎會에參加한經驗이없는 靑年學生들을爲主로하고 特殊한宗敎的傾向이나素質이 없는者를相對로한聖經解說이다。 聖神의感動을 받는다고떠드는것보다 理性의納得할程度로써聖書本文의眞意를把握하기에 注力하고지한다。來聽은隨意나親疏의別없이規約의遵守를要함。

本誌定價

一　冊（送料共）　前金　十五錢
六　冊（一年分）　前金九十錢
十二冊　前金壹圓七拾錢

要前金。直接注文은 振替貯金口座京城一六五九四番（聖書朝鮮社）로。

取次販賣所

京城府鍾路二丁目八二　博文書館
京城府鍾路二丁目九一　耶穌敎書會
東京市神田區神保町一ノ一　三省堂書店
茂英堂（大邱）
信一書館（平壤）
大東書林（新義州）

昭和十一年五月三十日　印刷
昭和十一年六月一日　發行
京城府孔德町一三〇ノ三

編輯兼發行者　京城府堅志洞三二　金　敎　臣
印刷者　京城府堅志洞三二　金　鎭　浩
印刷所　漢城圖書株式會社

京城府孔德町（活人洞）一三〇ノ三
發行所　聖書朝鮮社
振替口座京城一六五九四番

【聖書朝鮮】第八十九號　昭和五年一月二十八日 第三種郵便物認可　昭和十一年六月一日發行 每月一回一日發行

【本誌定價十五錢】

金敎臣 主筆

聖書朝鮮

第九拾號

昭和十一年(一九三六)七月一日發行

昭和五年一月二十八日(第三種郵便物認可)
昭和十一年七月一日發行(每月一回一日發行)

目次

悔悟錄

○書堂敎育에서 新式學校敎育으로 變革되던 過渡期에敎育받는 우리는、暗誦을唯一한武器로 알던 옛날舊式方法보다 理解와應用을 致力하는 새로운方法이 훨신 좋은것이라고 讚嘆不已하였다。古人은 聞一而知十하는才士를칭찬하였지마는 現代式敎育을받은이는 누구던지 하나를記憶하면百가지는應用할수 있을것이라고 짐작하였다。그러므로 勞力함이 적고 効果를 크게얻으면 그것이最上의才요 當然한捷經인줄로 알었다。漢學者式으로 暗記만 일삼는것은 바로低能兒의 할일이라고까지 速斷한일도 있었다。그러나近日에及하야 깨다라지는것은 暗誦하는일이 亦是學問의大部分인듯하다。決코低能兒만이 暗誦함을 일삼을것이아니다。公理 定理 方程式 原子式도暗記하려니와 國語와外國語의單字도 暗記할것이며 熟語와文法과大家의文章과無名氏의詩歌도 暗誦할것이며、年代가暗記할것이며、博物名稱도 그렇고 地名이 또한그렇다。四書三經이 그렇고 佛典이 또한 그렇거니와 聖書는 더욱暗誦을要求한다。東西古今의 註釋冊을 모주리涉獵했던들 무슨有益이 있으랴。오직 本文그대로暗誦하야 主예수와같이 曠野의試惑에 빠질때에도 聖句로써應戰하고聖句로써生活하면足하다。聞一而知十한다는姦計와 新式敎育이라는美名下에 惰怠를貪하야 마지않든自我를 뉘우치고、百句를暗記하였다가 一句를活用하였으면 分數에넘치는 일인줄로알고 이일을 힘쓰고저한다。

○敎室에서 배우던生理衛生의學問은 우리에게多大한興味를 일으켰었으나 그와同時에 多大한恐怖心을培養하였다。所謂滋養分이豊富하다는肉食이라도 먹은後에는 方今살찌거니하고滿足도하였으나 카로리가不足한感이있을때는 實質的으로弱해지기보다 먼저怯을먹었고、박테리아니 菌이니함에至하면 恰惶의極이었다。차라리 이제는 營養이니 카로리니 비타민이니 호르몬이니하는等의 時代術語를架上에 던지고、人間의加工이 적은 天然한食物을 悠悠히 씹어삼키고、日光과大氣에 쏘이는 人間本然의生活에 復歸하고저한다。忙殺은忙殺한다。悠悠히 살것이다。

○鉛筆과鐵筆이생기고 萬年筆을 使用하며 謄寫版과 타잎 라이터가 發明된今日에 毛筆이 무슨所用이며、習字는字形을 가추면足할것이지 거기 무슨筆法이 있을것이며 熟習을要할것이냐고、有閑老人들을慨嘆하였다。그러나 近日에至하야 多忙한中에도毛筆의妙味를 비로소 느낄뿐더러、筆跡은爲人을表現한다는古語가 漸次로證明되여짐을 깨다를때에、自我의惡筆拙筆은 곧心靈上懺悔의材料로 보여진다。새힘으로 먹을갈아 소힘으로一劃을긋든先人들의 그忍耐와力과誠을思慕하면서 毛筆習字를練習하고저하니 이는名筆되기를期約하고서가아니라 心靈懺悔의致誠工作이다。

發行遲延의理由

上旬도 거의지나가는七月九日인데 七月號의原稿가 尙今 끝나지못하고 只今이글을 쓴다。바로一旬이遲延되였으나 이제또警務局檢閱까지通過하야 印刷發送하기까지는 順調로워도一週間以上을 要할터이니、本月號가誌友의손에 傳達되기는 아무리速하여도 七月보름이 지난後가될듯하니、자주遲延되는 本誌로서도 今番은正히記錄的遲滯라할것이다。其理由如何。

一은 家事俗務로因함이다。單히古典을 읽는儒者도 粟筵이流失됨을不覺하고熱中하였다하거든、期待하는讀者를가진月刊物을著作하는者가 些小한家事에拘碍하느냐고 誌友의責망을待하기前에 나의心靈이 스스로 몹시苦煩하였으나、今春以來로建築하야 六月二十日에 貞陵里移轉까지와 또移舍한後의整理와 數十年來의大旱에 枯渴하는蔬菜果苗의情況等、또이것을 가꾸는老親弱妻의 困苦를傍觀할수없어 校務의餘暇에는 먼저닥치는일 걸리는物件을處置하다가、낮에 밀리면 밤에나할까하고 밤에 밀리면 새벽에나 할까하면서 今日에至하였으니、이忠誠치못한主筆의怠慢을 誌友의同情에 海諒을求할수밖에 없다。

二는 나의大範圍의失望이다。實相은 이失望때문에 執筆하여도 文章을 이루지못하였다。失望의첫째는 友道에對한것이다。우리가 하나님다음에 믿는것은 少數의友人인데、이것들이朝三暮四의格이다。한마디말에 기뻐하고 다른 한마디에는怒여워함이 마치娼女輩의表情과같이 그神經이敏活하다。이런무리가 友誼니 무어니하자니 失望이없을수 없으며、그原因이 저편에만 있다면 나홀로나 高潔함을 즐기려니와、그輕薄한行動은全혀 나自身의菲德에 起因함이니 나에게苦悶이 생기지 않을수없고、執筆함에靈感이動할수없다。小數間의友道가 그렇거든 多數의讀者를向하야 무슨說敎냐고 사탄이 귀무지에서 지꺼린다。失望의 둘째는 實로 하나님께對한失望이다。우리는 하나님께 詐欺를當하였다는感이 없지않다。近來에 문둥소동이 일어남에 東大門外로부터西大門外까지 北漢山麓으로부터 永登浦까지 六十餘萬의大京城府民이 不過二三日內에모주리 「大復興」이 일어났다。癩病者가乳兒婦女를虐殺慘食하는것을 보았다 들었다는사람이 城內城外에 넘쳤다。數日間은 普通學校兒童을 一一히父母가携帶同伴하여서 各校庭은人海를成하였다。이때에 나는祈禱하는듯이 하나님을怨恨하였다。『主여 이 문둥이 소동을 보십시오。이처럼虛無맹낭한일은 一朝에 서울장안六十餘萬市民에게確固不動의知識을주며 「信仰」을 이르킵니다。우리가事理의非를說明하면 우리를狂人으로稱합니다 그런데 우리가京城市內外에서 예수그리스도의道를證據한지十年、其間에場所를移動하기十餘所、聖書朝鮮을發刊하기九十

號에、누가 우리의傳한消息을 그대로 믿더이까。저 문둥이 소문처럼確信하는이가 單한사람이나 있었읍니까。이제 또 七月號를發行한들 무슨所用이됩니까。당신은 우리를 속히시지 않으셨읍니까……」라고。그리고 속으로는 利害打算을하여보았다。「내가 예수믿더라도 聖朝誌를發刊하지말고 얌전하게만 있었드면 칭찬은못받는다하더라도 욕은먹지않으려따。오늘날 敎會의一部와같은 蛇蝎視하는待接은받지않으러니。萬一聖朝誌出版費用을 달달이 어느敎會에 獻金하였드면 가장有力한長老도 되였을터요、敎役者任命의實權도掌握하였을터요、天國入籍의有力한後補者도 되였을텐데、何必오늘날같은困苦中에서、地獄들어갈第一後補者로 指目받을必要가 있을까……」하고。이렇게 생각이 올으나리는동안은 펜을잡아도動치않었다。讀者여 遲延된理由如此하니 삶이고 깊은憐憫의情으로써 爲하야祈禱하여주기를 바란다。내가 하나님과 친구와 同胞에게失望함이커서 머리숙어졌을때에 또다시東쪽으로부터 하나님이 生存하시다는通知가 机上에 到着하다。奇異하다、榮光은 여호와 하나님께、할렐루야 아멘。

水虫의退治

文化人에게만 있는病으로 水虫(무좀)이란것이있음은 都會地에生活하는 누구던지 잘아는바이다。손과 발에盤據하야 每年夏節이면 一層甚한것같다。現代의 進步된醫術로써하여도 그根治策이殆無한듯하다。렌도겐療法이 가장効果있다고하나 高價하야個個人이 누구나治療 다받을수없는터이며、「폰포린」이라는液이있으나 此亦一時的方策이지 根治藥은 아니다。其餘他에 通俗的秘方으로 말하면 十指에 넘을뿐인가 數十指를 屈하고도 남을것이니、大槪治藥의種類繁多함은 하나도適確한効驗이 없다는것을 自證하는일이다。

우리는 同病相憐하는同僚끼리、六七月을當하면水蟲이盛하며 水蟲이盛하여지면 夏節이盛함인줄 알면서、서로醫員을紹介하며 賣藥을論하다가 昨年度부터 뽕나무태운汁이 가장有効한것을實驗하고 한번은安心하였다。再昨年까지 水蟲따문에 數日間식은缺勤하고야 夏節을지나던것이 昨年은水蟲缺勤이없이 지날수있었음도 뽕나무秘藥따문이었다。그런데 今夏에는 六月下旬부터水蟲同僚들은 或은 다리를절ㅅ고 或은水蟲缺勤까지 생기는데 水蟲病의先輩요張本人인餘輩는 아직까지水蟲의發動奏아感하지않는다。이는今春以來로 우리의生活樣式에差異가 생긴까닭밖에 原因을 짐작할수없다。解氷直後부터 발벗고 흙파며 太陽에直射되며 大氣에曝露되는時間이많고 淸溪에서 무릎까지 붉어놓고씻는 機會를가진者에게서는 水蟲軍이退却을始作한모양이다。故로秘藥을 애써찾지말고 人工的으로 造作한文化生活에서 脫解하야 原始的 天然스럽은 生活로復歸하면 文明病의大部分은 總退却할것인줄안다。「흙을밟고 大氣에쏘이라 그리하면 네몸에서 水蟲이退却하리라」「먼저 그나라와그義를求하라 그리하면 너의必要한 모든것을 더하시리라」

聖書的立場에서본世界歷史 (3)

咸 錫 憲

創始時代

時代의槪觀　이宇宙에　한始作이있고　그始作은　하나님의創造로써된다는것은　聖書의歷史哲學의　第一行이다。그런故로우리는　이悠久한歷史의　第一時代를　創始時代라한다。

무릇歷史를말하는者는　時代의區分을行한다。連續되여있는　歷史의흐름에　一定한句節을지어　全過程을　몇개의토막으로나눈다。그렇게하는것은　普通생각으로하면　論述의便宜를爲하야　하는것인듯만하다。事實普通흔히쓰이는　上古　中古　近古　하는區分法은　그러한　便宜主義에서나온機械的區分이다。그러나時代區分의　根本意味는　그런것만이아니다。單히便宜로만할것이아니라　時代의토막을짓는그일이　곧　一個의歷史理解가아니면안된다。마치人生의一生을幼年　少年　靑年　壯年　老年으로　時期를　갈러놓는것이機械的으로하는　區分만이아니오　그自體가　人生의한理解인것과같다。歷史上의時代를나눔에　機械的方法으로만　滿足하는것은　歷史를가지고　삶것으로알지않기때문이다。萬一歷史가살아있어서　成長的인意味를가진것이라고　생각한다면　時代를區分함에當하야　上中下하는것보다는　좀더成長的인　個性的인意味를表示하는　名稱을썻을것이다。機械的인區分法에있어서도　各時代特有의　特異點이없는것은아니다。또連接하는時代間에　因果의사슬이　달려있지안는것도아니다。그러나時代의意味가　그것만이어서는안된다。좀더全體로서의歷史와의關聯이　指示되여있지않으면안된다。即有機物의肢體가　全體에對한것같은　또는肢體와肢體間에있는것같은　삶關係를말하는것이어야한다。意味의完成인以上歷史는發生한것이아니오、創造된것이다。되여가는것이아니오、자라는것이다。故로우리는여기서普通쓰는　太古時代　史前時代　하는名稱을쓰지않고　創始時代라한다。

創始時代라고해서、이宇宙와人生은　하나님이지은것이라고해서、우리는이歷史로써　創世記의複製品을만들생각은아니다。우리는어대까지던지　科學의가르치는바를　利用할것이다。地球의誕生에關하야는　天文學、地質學、物理學의가르치는바를들을것이오　生命의起源에對하야는　生物學의主張하는바에　귀를기우릴것이오　人類의先祖의일은　進化論人類學　考古學에서　묻는것이있을것이다。그러나科學의아는것있고　또모르는것있다。事象의世界의일이라면　科學의分野에屬하는것이지만、意味의世界는　科學의能히할바아니다。그리고宇宙의第一日의關하야는　事象의世界에서　더듬을바아니다。더듬고저하야도　할수없는일이다。그는理知的

成層圈以外의世界에屬한다。科學은事物의起源을 될스록熱心으로 探究하는것이좋다。그로因하야 더욱많은 驚異와 더욱깊은神秘의世界가 展開될것이다。그러나 그것이 宇宙의元始는아니다。참元始는 正히永遠의가슴속에 찾지않으면안된다。그러나 그는知性에對하야 막힌世界다。信仰만이열고들어갈수있는世界다 億萬볼트의電力으로 白金의가는줄을熱하듯이 無限의아가페로 그대의心琴을熱하라。럴때 그대는 創世記의記者와같이 「太初에하나님이 天地를創造하시다」할것이다。그러고그以外의말도 그以上의말도 할수없다。그러나 또그것으로足하다。無에서有는 어떻게 나왔겠느냐고 묻는者는어리석은者다。造物者는무었을原料로 世界를만들었느냐고 質問하는者도 어리석은者다。그들은다 因果의사슬에얼매여 몸도움즉이지못하는 者들이다。宇宙의創造를가르치는 하나님의啓示는 成層圈의저짝에서 나려오는 宇宙線과같이 意味의世界에서온다。모든 人間的機械는 그것을測定할수있고 疑心할수있고 討論할수있다。그러나그것을없엘수는없다。그를拒否하려는者에게는 수수꺼기다。그러나그를信受하는者에게는 自明의眞理다。

이時代는 將次올 生命의歷史에對한 準備의時代다。混沌한가운대서 秩序가나오고 永遠의暗黑과 沈默이깨여저 光明과音樂이나오기까지에는 헤일수없는時間이흘렀다。이 하늘과이땅이 되여나오기前에 얼마나많은天體의 出沒이 있었으며 얼마나 許多한元素의 모히고헤짐이 있었는지 없었는지 그를알수없으나 거륵한이劇의舞臺가될地球가、그 얼골을나타낸後에도 生物이生存할수 있게되기까지에는몇億年의 歲月이지났고 마지막에 演出者저自身이 登場하기까지에는 또다시몇億年이흘렀는지를알수없다。저가나타난것을 只今부터百萬年前이라하더라도 學者들이地球의年齡으로計算하는 二十億年에比하면 겨우二千分의一에不過한다。그런대登場한그는 또大部分의時間을 本能의牢獄속에서하는 暗中模索에 쓰지않으면안되였다。

그러나이時代는 도리어그때문에 오는歷史의意味의偉大를 미리表하는時代다。整地作業에 多時를費함은 그싹을 꽃의貴함을말하는것이다。無限大의宇宙、無限大의時間、無限神秘의生命、이것을보고 우리는이歷史의偉大를 疑心할수없다。

一、宇宙의創造

神話에나타난宇宙論 어느民族이나 그文化의 根源을찾어올라가면 다神話에끗치고마는대、그神話의첫머리요 또中心이되는것은 宇宙論이다。이即宇宙는 어떻게하야서 있게되였느냐하는說明이다。우리를둘러싸고있는 이大宇宙는 오늘날우리에게있어서도 驚異의存在요 끊임없는疑問의흘려나오는곳이지만 世界新來의客이었던 原始의人間에게는 더구나도그렇다。大體로原始人이라면 누구나未開者로 蔑視하려는생각이많으나 그들은事實 意外로놀랄만치活潑한精神活動을가지고있었다。個人의一生에있어서도 나이어린때일스록 驚異를품음이 많은것같이 原始의人間은오늘날우리보다도 훨신더强한 驚異念를가지고있었다。그랬기때문에 그들은 宇宙의根源은무었이냐하는 이大問題에對對하야 滿足한解答을해보려고 熱心으로努力하였다。그리하야생겨나온 精神的產物이 神話라는것이다。神話라고하면 지금은荒唐無稽한것으로만알지만 그것을낳아놓던當時의人間에對하야는 決코그런것이아니었다。그는實로저회의 全精神力을짜내여서 된것이오 또 그生活을指導하는信仰이요 哲學이요 科學이었다。그러면 그들은 그神話라는것으로써 이宇宙의根源을 어떻게說明하려하였던가。이제아득한옛날부터 各民族間에傳하는 神話를보면 여러가지의宇宙論이있다。其中에는 이스라엘民族에게있었던것같이 非常히高尙한程度의것도있고 에스키모 인디앤間에있는것같은 極히幼稚한것도있다。그러나그모든것에 共通으로들어있는 한낫根本思想이있으니 그는곧 이宇宙의根源으로 어떤創造者를 認定하는일이다。그創造者란 或神人的性能을가진者도있고、或一個鳥獸나 植物에不過하는것도있지만 左右間 宇宙存在의原因을 어떤創造者의 創造에돌리는것만은 共通한特色이다。그리고 勿論이것이 神話的宇宙論의 核心을이루는것이다。그러면、그것은 왜그리했을가。누구나흔히하는對答은 그들은未開했기때문이라는것이다。未開는勿論未開했다。그러나 그生活의다른部門 例하면 藝術같은데나타난것을보면、그들은決코 現代人이想像하는것처럼 朦昧하지는안었다。그보다도우리가 좀더同情하는맘을가지고생각해보면 보다깊은 理解에니를수가있다。即그들은아직 宇宙와삶關聯內에 生活하였기때문이라고。原始人의生活은 宗敎的이었다는것은누구나아는事實이지만 宗敎란곧自己自身을 宇宙的全體와의 삶關聯內에發見하는일이다。그들에게는 宇宙는自身을包含하는 삶全一體였다。따라서 그根源을찾는것도 單히好奇心으로가아니오 生活的要求로서였고 거기對한解答도 知的滿足을주는것만이아니라 人格的滿足을주는것이어야하였다。그리하야서自然히創造說로된것이었다。

哲學的宇宙論。 그러나人類가그렇게 意識生活에서 결음을나위고있는동안에 어느듯禁斷의열매를먹고 知識主義로 떠러지기始作하였다。그리하야 이問題에對하는 態度도變하야 知識的으로되여버렸다。그렇게하야생긴것이 哲學的宇宙論이니 東洋에서하면 陰陽五行說、西洋에서말하면 希臘古代의 宇宙哲學等이 모도거기屬하는것이다。그間에는 種種의學說이있어 여러가지로 宇宙의根源을 說明하려하나 다같이가지고있는特色은 어떤非人格的인 힘을가지고 宇宙의發生原因으로하려하는것이다。東洋에서兩極을가지고 希臘에서 或물을가지고 或불을가지고、或理念이라는것을가지고 宇宙의根源으로 생각한것等은 모도그것이다。勿論그中에는 宇宙의背後에 神이라는것을認定하는者가없는것아니나 그神이라는것은 法則이라던지 道라던지하는것에 名詞를가라부치거나 그렇지않으면 汎神論的인것에지나지안는것이오 決코創造의神이아니다。

天文學의發達。 그런대 그처럼知識主義가 生겨나오며一個變化가이러났다。即問題의中心이 根源에서 構造로옴긴것이다。原始의人間은 生活的인또는宗敎的인態度로對했더니만큼 宇宙의생긴까닭을 緊切한問題로삼았고 어떻게되였느냐하는것이라던지 어떤構造냐하는것을 그닷問題삼지안었다。그랬던것이 知識的인態度로臨하면서부터는 反對로 왜이렇게되였는가하는것같은 宗敎的 道德的問題는問題가아니오 그보다도어떤過程을지나、現在어떤構造를가지고있느냐 하는것이 더關心事가되였다。더구나이것을도운것은 天文學이었다。本來世界文明의 發源地라는 埃及바빌론에는 일즉부터 天文觀測이盛하야 天體에關한知識이 相當히進步되여있었다。그리고그때의宇宙構造는 아직天圓地方說을 버서나지못하였더니 그것이希臘人의손에들어오면서 大發達을하게되였다。宇宙哲學硏究의目的을爲하야 天文學에발을들여놓게되자 知的天分이 豊富한그들은熱心있는觀察에依하야 地球의둥근것을 發見하고 遊星에關한새知識을얻었다。더구나이天文學은 西紀前百五十年頃에도레미라는 天才的人物이남으로말미암아 大完成을보게되였다。그는從來의天文學을 集大成하야 完全한宇宙體系를세우고 各별의運行에對한計算公式까지完成하야 古代의天文學으로하여금 거이다시더할餘地가없게하였다。그리하야그의著書는 十六世紀까지 唯一의權威를가지고 使用되였다。

그러나 그宇宙構造는 根本에誤謬가있었다。即地球를宇宙의中心으로하고 그周圍를 모든별이 月、水星、金星、太陽、火星、木星、土星의順序로싸고돌고 그밖에恒星이있다고하였다。오늘날우리가보면 이잘못된 天文學을가지고異常하게도 千數百年을 支持하야왔다고 疑心이나지만 元體宏大한距離에있는 天體인지라 若干順序가밧귀여도 甚한差異가나타나지안는것이오 거기다도레미의計算이精確하였는故로 年年히多少의誤差가생겨난간것이事實은 事實이나 그리큰것이아니였다。그리하야사람들은 이偉大한天文學者를信用하는餘에、敢히疑心을품지못하고 지나왔다。그러나 아무래도 年年늘어가는것임으로 終乃疑心을품는者가 차차생겨나 十六世紀에와서 니른바코페르니쿠쓰의變革이이러낫다。即從來의地球를 不動의中心으로하고 모든天體가돈다고하던것이 깨여지고 太陽을中心삼고地球가도라간다고하야 地動說이서게되였다。普通알기에는 地動說을몬저主張한것은 코페르니쿠쓰라하지만 事實은그보다百餘年前 니콜라스라는사람이있어 몬저地動說을말하였다。그러나 그는勿論이오 코페르니쿠쓰좇아도 自己의學說을發表하지못하고 죽었던것을 그의死後 그의弟子인갈릴레오가비로소 世上에發表하였다。生前에하지못한理由는 로마敎會의 反對때문이다。地球가돌거나 太陽이돌거나 그것이基督敎眞理에는 아모關係가있을것이아니것만 敎會는오랜동안 도레미의學說을公認하야왔는故로 거기反對하는者는 敎會의權威를無視하는것이라하야 彈壓하였다。갈릴레오도 一旦發表는하였으나 敎會의抑壓에못견대여 所說을取消하지않으면안되였다。그러나地動說이眞理로認定되든것은이미大勢였고 더구나 이갈릴레오의손으로 望遠鏡이發明됨에 갑작히天文學의새世紀가열리게되였다。그리하야케풀라 뉴톤하는偉大한學者들을것처 現代에보는듯한 놀랄만한發達을보게되였다。

科學的宇宙論。 十九世紀學問의 特色는 起源硏究에있다고한다。모든學問이 各各自己네의部門에있어서 事物의起源을찾었다。人類의起源。種의起源、文明의起源、道德의起源、日무슨起源、日무슨起源。天文學도거기빠지지않었다그들도새天文學에依하야 世界의起源을說明하려하였다。그리하야생긴結果는 機械的宇宙觀이다。옛날信仰은全혀깨여지고 宇宙는 一個機械로되여버렸다。神의創造가아니다。物質의法則이다。여기까지와서생각할때 人間은옛날의宗敎的宇宙觀에서 哲學的宇宙觀을지나 科學的宇宙觀에 이르는동안에 道德的見地로하면 確實히墮落의길을걸었다。文明은덮어놓고進步라고만생각하는 오늘날에있어는 아모도여기對하야是非를 말하려하지않으나 그러나그間에있어서人類는그文明의出發에있어서 分明히逆의方向을取하였다고膽大히 宣言하는것은聖書다。그런故로이렇게볼때 科學的宇宙論은 宇宙에對하는人間의態度에있어서 確實히人間을그릇치었다할것이다。그러나그러면 科學은害뿐이오 功은없는냐。勿論아니다。다른것은 그만두고 天文學에있어서우리에게 이大宇宙의構造를 가르처준것만으로도 아니그렇다。近世以來發達한天文學이아니던들 우리는 時間空間에對한 正當한觀念좇아얻지못하였을것이다。宇宙의莊嚴과偉大를가르치는것은 이科學이다。

宇宙의構造。 이宇宙는얼마나큰가。우리地球를出發點으로삼아가지고 그릏헤아려보기로하면、地球에서 月世界에가자면 一秒光時가든다。即每秒間에三十萬키로를가는光線을타고가면 바로一秒後에到着된단말이다。그러나같은速力으로 太陽에까지가자면 八分이나든다。다시 太陽系의맨끝에까지가자면 八時間을要한다니 우리太陽系眷率이사는집도 자못크다고할수있다。그러나이것을 우리가 밤하늘에서보는 반짝이는별에가본다면、그별과같이 이짝이또반짝이는一點에 不過하리라고한다。七夕이면牽牛織女가눈물로맞난다는 저銀河水는 事實은無數한별들이모힌것이 하도먼곳에있기때문에 그렇게뵈인다는것인대 그全體는 마치凸렌즈와같이 가운데가多少두텁고둥글하게생긴것이고 우리太陽系食口는 그한편가ㅅ짝에갓가히 부터있다고한다。그리고이것을가라처 銀河系의宇宙라한다는대 그直經을타고 건너便에건너가자면 몬저말한그光線으로 十萬年을가여야한다고한다。그러나놀라지말라 이것만으로도 觀念에넣을수없이 아득하거던、오늘날天文學者가 發見한것만하여도 이銀河系宇宙外에 적어도그만식한宇宙가 二百萬體가있다고한다。이것이이른바大宇宙라는것이다。그러나아직우리사람의能力으로는볼수없는 大宇宙의邊外에 暗黑속에는 또어떤 大宇宙가있는지없는지 그는아무도斷言할수가없다。이것이이宇宙의空間的大다。

칼라일은 일즉이불렀다——

여기힌날이왔도다
浪費하지말지어다
永遠에서 이날이나와
다시永遠으로 밤에는돌아간다。

이宇宙는空間的으로 無限大일뿐아니라。또時間的으로無窮大다。우리地球의年齡을 學者들은二十億年으로 計算하는대 太陽의年齡은 七、〇〇〇、〇〇〇、〇〇〇、〇〇〇年이라한다。그런대우리太陽은 恒星中에서 比較的젊은이다。그리고보면 이宇宙의年齡은 헤아릴수없는 길이를가지는것이다。

산宇宙 이것이科學의가르치는바다。그것을듣고 이제우리는 옛날問題에 다시도라오지않을수없다。父祖의遺産을 遊覽에다써버리는 遊子와같이 우리는無限大의 宇宙의市場을求景하노라고 옛날信仰을 다홑어버렸다。그러나이제는 그偉大함에놀라 다시옛날의 길을떠나던때의目的에도라가지않으면 안되게되였다。이모든것은 都是무엇을意味하느냐고。

이제우리가 科學의가르치는바를 듣고나면 이世界는實로 非常世界라는感을 禁할수없다。그宏大한空間에 그아득한時間에 가다가한모통이에 이한世界가생겨났고 그우에生命의歷史가 펼처지는것은 尋常한것이라고 하기에는너무도奇異한存在라하지않을수없다。그리고學者들의말에依하면 오늘까지에아는知識으로는 우리의地球는 이大宇宙의안에서 唯一의生命世界라고한다。生命의生存에는 一定한自然的條件이必要한대 그條件에비추어볼때 地球以外에는 거이볼수가없다고한다。그러고보면 非常世界에 非常生命이라。그리고그가운대 반짝하는 한불꽃을타가지고、그안에저無限大의宇宙를念함 그는非常中에서도 非常이라할것이다。

非常한것이기때문에 그는創造된것이다。 一定한目的下에 지은것이다。 人類의歷史는 悠久하다고 흔히말하지만 그 悠久도 大宇宙의過程안에있어서는 한閃光에지나지않는다。 이것과저것을 한대부처생각할때 저것은이것을爲하야서된 久遠한準備임을알수있다。 數分間의眺望을爲하야 連日峰谷에 가어오르는것이 登山家의일이오、 十日에못차는榮華를 보고저 數年의受苦를하는것이 꽃을栽培하는者의所爲다。 貴한것일스록 큰準備를要하는것이라 이歷史를보고저 이 大宇宙를지은것이다。 그러나또우리는안다 이宇宙의宏大로 因하야 이歷史의偉大할것임을。

그러나이와저는 서로딴것이아니다。 이는저의안에있는것이오 저의꽃이오 저는이의뿌리다。 이와저는 하나를이루는 삶것이다。 宇宙는 삶것이다。 자라는것이다。 原始의人間은 이것을 삶었다고했고 삶것으로待接하고 交涉했다。 科學은이것을 죽은것이라하고 죽은것으로無視하고掠奪했다。 그러나 우리는 다시이것을삶것으로 待接하지않으면 안되는때가왔다。 無視當한 宇宙의 復讐를 次次當하기때문이다。 現代의混亂은 죽은物件取扱을當한宇宙의 復讐라고、 賢明한맘의所有者는말한다。 (L • P • 짝스 『삶宇宙』)

(第十一頁의續) 는 志操를 持續하였을뿐더러 그를 理解치못하는 여사람의 萬否當한 惡評도 無限히 받은것이다。 果然波瀾重疊한 그의 一生은 世上에서 흔히 그 例를 찾기어려울줄 믿는다。 그러나 그는 最后까지 그 모―든것을 참고 나간것이다。 그의 從事한 事業은 容易히 巨萬의富를 獲得할수 있는것이였으나 그러나 自初至終으로嚴正不變克己勉精으로 一貫하였다。 어찌하면좀더 人類의生活을 幸福스럽게하며 어찌하면 이世上을좀더 美化改造시길가 하는것이 그의 생각이였다。 (續)

社告

咸錫憲先生의 「**聖書的立場에서본世界歷史**」는 前에本誌第六十一號以下에連載하였든 「**聖書的立場에서본朝鮮歷史**」의姉妹篇이다。 本誌의從前繼續讀者를 相對하고 執筆하는 것이므로 먼저「朝鮮歷史」를 읽었을것을 推測하면서 쓴것이다。 故로 처음으로 이「世界歷史」를 읽게된이는 따로 卷末廣告대로의「朝鮮歷史」號를 閱讀할것이며、 먼저「朝鮮歷史」를讀了한이는 이「世界歷史」까지 읽어야 「**聖書的立場에서본**」 歷史의完結을 볼것이다。 贊不贊間에 이咸先生의歷史는 朝鮮傳敎五十年以來에、 따라서半萬年有史以來에 前人未踏의地域을開拓하는 筆致인것을 認識하면서 읽기를薦한다。

大植物學者바ㅣ방크先生과그의業蹟에對하야 〔上〕

楊 仁 性

自由民主國의 鄕土인 米國이 産出한 偉人中에는 워싱톤이나 링컨같은 大政治家는 누구나 다 아는것이며 또 人類가 永遠히 歷史페ㅣ지에서 그이름을 빼지못할 大偉人인줄 안다。그들은 米國의 建國者일뿐아니라 全人類의 恩人이요 大經綸家라 하여 萬人이 다讚仰하여 맛당할것이다。그러나 그 他에 近代米國에 한異彩를 發하였을뿐 아니라 全人類에게 莫大한 恩惠를끼친 바ㅣ방크先生을 잊어서는 안될것이다。 그는 다만 人類의 恩人일뿐 아니라 實로 「自然界의 恩人」이라는 名稱을받어 맛당할것이다。저 佛蘭西人이 나파룬을 崇拜하기보다 파스톨先生을 더 推仰한다는 事實은 베ㅣ컨氏가 말한 『有効는 偉大의量이다』 "Usefulness is the measure of greatness" 는 말을 우리에게 잘 證明하여주는줄 안다。果然 有効가 偉大를 定하는 尺度가 된다면 바ㅣ방크 先生은 워싱톤이나 링컨보다 더큰 偉人임을 우리는 否認치못할것이다。 그는 植物生活에 異常한 革命을 이르켰을뿐 아니라 只今까지 全然 不可能하다던 植物界의 神秘를 開拓하여 우리人類生活에 福利를 끼칠 無盡藏의 寶庫를 提供하여 준것이다。그로말미암아 全人類의 富는 增加하였고 同時에우리의 食糧은 크게 裕足하여졌을뿐더러 오ㅣㄴ地球는一層 美化를 받은것이다。植物의 生活은 그로말미암아새生命을 얻었고 따라서 그遺傳과 環境으로 좇아나오는 微妙하고도 斬新奇拔한 發展은 우리 人類와 더깊은 斷金의 交를 가지게된것이다。風流詩客은 꽃의 美를 노래하고 愛果者의 味覺은 爛熟美香에 興奮받은지幾千幾萬年이였으나 그러나 그들은 다만 自然界의 賜物인 그대로를 讚美하고 味賞한데 不過한것이다。따ㅣ원은 「種의起原」을 論하고 멘델은 生物界의 遺傳을어떤 法則아래에 집어넣은것이다。그러나 바ㅣ방크는 그들의 業跡을 追從하여 어떤 局限된 實驗室이나 研究室에 蟄居한것이 아니고、널리 自然界에 나가서 깊이 그 품속에 들어가 多種多樣의 材料로써 그 神秘와 活躍을 研究한것이다。그래서 따ㅣ원이나 멘델

이 能히 接觸치 못한 自然의 神秘를 把握한것이다。또 다른 植物學者가 數種 或은 數十種의 材料도 써 얻은 結論을 誇張高唱하는 사이에、그는 數千數萬 때로는 數百萬의 植物을 가지고 얻은 確乎不拔하는 結論을 찾어낸것이다。所謂 「生物界의 法則」이라는것은 大體도 實驗的測定인만큼 比較的 確實無僞한것이지만 넓은 自然界의 現象을 깊이 研究할때 決코 法則(人爲的으로 制定한)에만 準據하는것이 아니고 往往飛躍的 또는 突發的變化를 現出하는것이다。그리하여 이러한變化는 實로 人爲的 「種의交配」 「異花授精」等의 方法으로써 法則以上의 法則과 新生面을 打開하는것이다。于今까지 「遺傳은 一種 暗黑의運命이다」라고 생각하여왔으나 바ㅣ방크氏는 『遺傳이란 다만 쉬히 感應하는 生命力에 對한 過去 모든世代가 준 環象의總結量」에서지내지못한다는 結論을 내리게된것이다。그는 果然 適者生存、自然陶汰의 理法을 超越하여 「種의交配」의 새열쇠를 찾어낸것이다。그리하야 그는 다음과같은 植物界의 原理를 말한것이다。『植物界의 法則과 그 裏面에 潛在한 原理에 關한 나의 持論은 여러가지點으로 보아 다른 物質論者의 學說과 反對되는것이다。나는 깊이 人間力以上의 힘을 믿는다。從來 나의 研究한 모든것에 依하면 生命없는 物質的 宇宙가 여러가지힘(Energy)에 支持되여있다는 普通觀念을 버서나 宇宙는 絶對的으로 모든것이 生命、靈、思想(或은 그命名은 무엇이던지 좋지만)으로도 되여있다는 觀念을 가지게 된것이다。모든 原子、分子、植物、動物 或은 遊星은 그 組織된 單位物力의 集合體가、보다 一層 強한 物力에 依하여 持支되여있다。그리하여 그 모든것들은 우리가 想像키어려운 生命的勢力이 橫溢充滿하여있지만 다만 우리가 그것을 모르는데서 不過하는것이다。이 地球上에있는 모든生命은 이를테면 無限大의 힘속에 묻치여 있는것이다。宇宙는 半死半生의것이 아니고 完全한 生命的活動體이다』라고 觀破한것이다。果然 바ㅣ방크先生은 조곰한 研究室을 떠나 大自然을 接觸하는 活教育을 받었다。

그리하여 宇宙의無限大의 힘을 發見하는 同時에 種의交配라는 試驗을 通하야 宇宙의 大原動力이 永久히 活動하여 모든 過去環象의 總結量이 遺傳이라는 事實을 現出하는 大原理를 發見한것이다。「바ㅣ방크」先生은 所謂 大學敎育을 받지못하였다。다만 多少의 書冊을 涉獵하여 스스로基本知識을 얻은것으로써 一生을通하여喫苦研鑽한結果 그專門科學에 있어서도 世界的泰斗라는名稱을 받은것이다。그는自少로 여러가지風波와貧困에 부닥기면서 百折不屈하 (以下第九ㅣ에續)

요한복음〔試譯〕

故 趙誠斌

自第十一章二十二節 至第十二章五十節

라고 하기에 23예수께서 말슴하시기를
『너의 형제는 다시 살것이다』
24마르다의 말이
『비ㅣ끝나는날 부활할때에 다시 살줄 앎니다』
라고 하기에 25예수께서 말슴하시기를
『내가 부활이다 생명이다。나를 믿는사람은 죽는다하
더라도 살것이다。26무릇 살아서 나를 믿는 사람은
영원히 죽지않을것이다。이사실을 너 믿느냐?』
고。27그가
『비ㅣ주님이여 당신께서는 세상에 오시는 그리스도 하
나님의 아들님이신줄 믿습니다』
28하고서는 가서 가만히 마리아를 불러
『선생님이 오셧는데 당신을 불러요』
하니 29마리아는 그냥 그말을 듣고 얼는 일어나서 예
수님께 나갔다。30예수께서 아직 마을에 들어가시지않
고 마르다가 마준곳에 그냥 계셧다。31마르다하고 같

이 집에서 위로하고 있든 유대인들은 그 얼른 일어
나서 나가는것을 보고 그가 곡하려 무덤으로 가는줄
짐작하고 따라갔다。32이에 마리아는 예수 게신곳에와
서 보고 그 발아래에 업대여서
『주여 당신께서 여기 게셧드면 우리 형제는 죽지않
었겟읍니다』
라고 엿주었다。
33예수께서는 그가 울고있고 같이온 유대인들까지 우
는것을 보시고 속이 상하고 답답하여서 34말슴하시사
『어디다 두었느냐? 그를』
라고 하시니 그들이
『와서 보십시요』
35예수께서 울으시었다。36이에 유대인들의 말이
『보세요 얼마나 저를 사랑하셨는가!』
고。37그중에 어떤사람들은
『소경의 눈을 띠운사람으로서 저를 죽지않게 할수없
을가』
라고。38예수께서 또 애를 태우며 무덤에왔다。그래 무
덤은 굴인데 돌이 가루막혔다。
39예수께서 말슴하시기를
『돌을 치워라』
하시니 죽은 사람의 자매 마르다의 말이

『주여 벌서 그는 냄새납니다。 죽은지 나흘이 됩니다』
라고 40예수께서 말슴하시기를
『내 네게 「믿으면 하나님의 영광을 볼것이라고 말하
지 않었느냐?」』
라。 하시니 41사람들이 돌을 치웠다。 예수께서 눈을 드
사 말슴하시기를
『아바지여 제게 들으신것을 감사들이옵나이다。 42항상
들으시는것을 저는 압니다。 그렇나 이렇게 말슴들이
는것은 옆에선 군중을 위하야 당신께서 저를 보내
시었다는것을 믿게 하기때문이올시다』
43이렇게 말슴하시고 나서 음성높이 웨쳐
『라사로야 나오나』
라고 하시니 44죽은사람이 나왔다。 손발이 뵈로 감긴채
로 그리고 얼굴도 손수건에 감겼다。 예수께서
『풀어서 보내라』
고 말슴하셨다。
45이에 마리아게 와서、 예수께서 행하신것을 본 사
람들이 많이 예수를 믿었다。 46그렇나 그가운데는 바
리새교인들께 가서 예수께서 행하신 사적을 일려준사
람들도 있었다。 47그렇니 제사장과 바리새교인들은 의회
를 열고 하는말이
『우리 어떻게 할가요? 저사람이 기적을 많이 행하
는데 48저를 그양 두다가는 사람들이 죄다 저사람을믿
을것 같읍니다。 그렇면 로마사람들이 와서 우리토지
와 민족을 빼앗을 터인데』
라고。 49그중의 한사람으로서 이해의 대제사장 이였든
가야바가 말하기를
『너의들 아모것도 몰라 50한사람이 백성을 위해서 죽
고 국민전부가 멸망하지 않는것이 너의게 유익한것
을 모르는도다』
라고 51이것은 자기 스스로 말하였다기보담 이해의 대
제사장이니까 예수께서 국민을 위해서 52한갓 국민뿐만
아니라 사해에 흩어져있는 하나님의 아들을 한데 모
이기위해서 돌아가실것을 예언한것이니라。
53이에 그날부터 예수님을 죽이려고 의논하였다。
54그러니 예수께서 유대인들가운데를 다시는 걸어다니
시지않고、 거기를 떠나서 그 황야 근처 에브라임이라
는 성에가서 제자들과 같이 그곳에 머물렀다。 55유대
인의 유월절이 가까우니까 몸을 정결케하려고 절기전
에 촌에서들 예루살렘으로 많이 갔다。 56그들은 예수
를 찾으며 성전에서서 서로들 하는말이
『어떻게들 생각하십니까? 저가 절기에 오지않을가
요?』
라고 하였다。 57제사장과 바리새교인들은 예수님을 붓

잡으려고 그 거처를 아는사람이면 알리기를 미리 명
영하여 주었다。

第十二章

1유월절보다 엿새전에 예수께서 베다니에 오시였다。
여기는 죽은 사람가운데서 다시 살리신 라사로가 있
는 곳인지라 2예수님을 위하야 잔치를 가추고 마르다
가 신부름하였다。라사로는 예수님과 함께 앉은사람들
중의 한사람이 되였다。3마리아는 값이 비싸고 귀한
나루도의 향유 한근을 갖이고와서 예수님의 발에 발
으고 자기 머리털로서 그 발을 씻었다。이에 향유의
향기가 집안에 꼭찼다。4그 제자의 하나이면서 예수
님을 팔랴는 가롯 유다가 하는말이
5『웨 이 향유를 삼백 데나리에 팔아서 가난한사람
에게 주지않어요?』
6이렇게 말하는것은 어려운 사람을 생각하여서가아
니라 자기가 도적이며、돈가방을 맡아 그속에 넣어둔
것을 빼여내였기 때문이다。7예수께서 말슴하시기를
『그냥두어。이기름은 나의 장사날에 대한 준비를 하
게 8가난한사람은 항상 너의들과 같이 있지마는 나
는항상 있지않는다。』
9유대사람들중 많은 백성들이 예수께서 여기 게신
것을 알고있다。예수때문뿐만 아니라 죽은 사람중에서
소생식히신 라사로를 볼려고 왔다。
10그렇나 제사장들은 라사로도 죽이려고 의론하였다
11이는 그이때문에 많은 유대인들이 가서 예수님을믿
었기때문이다。
12그다음날 절기에왔든 백성들이 많이 예수께서 예
루살렘으로 오신다는 말을 듣고 13종예나무 가지를 들
고 마중을 나와 웨치기를
『호사나! 복스럽도다 주의 이름으로 오시는이 이스
라엘의 왕』
이라고 14예수께서 어린라귀를 얻어서 올라타시였다。
이것은 기록하여서 15『시온의 딸아 두려워말어라。보라
너의왕은 어린라귀를 타고오신다』고 한것과같다。16제
자들은 처음에 이런일을 깨닫지 못하였지마는 예수께서
영광을 받으신 후에 이일들이 예수님께대하야 기록된
것과 사람들이 그이의게 대하야 이렇게 한것들이 생
각났다。17이에 라사로를 무덤에서 불려서 죽은사람가
운데서 소생식히신때에 예수님과 함께있든 군중은 예수
님게대하야 증거하였다。18군중이 예수님을 맞운것은
이와같은 징조를 행하신것을 들었기때문이다。19그때에
바리새교인들이 서로 하는말이
『보렴으나 너의들 게책이 소용없는것을。보라 온세상

이 그를 딸아가는도다』
20성전에서 예배하려고 절기에 올라왔든 사람들중에
헬라사람 몇명이 있었는데 21갈릴리 벳사이다에서온 필립
에게와서 청하기를
『선생님 우리 예수님께 뵈올려고 합니다』
라고 22필립이가서 안도레에게 고하였다。그렇니 안도
레와 필립이 예수님께가서 일러드렸다。23예수께서 대
답하시기를
『때가왔다、인자가 영광받을때가 24내가 진실로 진실로
너의게 일은다。한알갱이의 보리가 땅에떠러저서 죽
지않으면 단 한알갱이대로 있을것이다。그렇나 썩으
면 열매를 많이 맺을것이다。25자기생명을 사랑하는
자는 잃어버릴것이오 이세상에서 자기생명을 미워하
는 사람은 생명을 보존하야 영원한 생명에 이를것
이다。사람이 만약 나를 섬기랴거든 나를 딸어라、
내가 있는곳에 나를 섬기는사람도 있을것이다。26사람
이 만약 나를 섬기면 내 아바지께서 그를 귀히녁
이시리라。27지금 내속이 상한다。내 무어라고 할
가? 아바지여 이때를 면하게 구원하야 주옵소서。
그렇나 나는 이일때문에 이때까지 이르렀읍니다。28아
바지여 아바지의 이름을 거룩하게 하옵소서』
이에 하늘에서부터 소리가 있어 말하기를
『내가 벌서 내영광을 나타내였다。또 다시 나타내리
라』
하시니 29옆에섰든 군중은 이것을 듣고
『우뢰가 낫다』
고 하고 다른사람들은
『천사가 그에게 말하였다』
고도 하였다。30예수께서 말슴하시기를
『이 소리가 온것은 나때문이아니라 너의들 때문이다。
31지금 이세상 심판이다。지금 이세상 임굼이 쪼겨날
것이다。32내가 만약 땅에서 쳐 들기워지면 모든사
람들을 내게로 끌어오겠다』
33이렇게 말슴하여서 자신이 어떠한 죽엄으로서 죽
을것을 표시하셨다。34군중의 대답이
『우리는 율법에서 그리스도께서는 영원히 생존하시리
라고 들었는데、웨 당신은 인자가 쳐 들기우리라고
하십니까? 그 인자는 누구십니까?』
라고 35예수께서 말슴하시기를
『좀 더 빛이 너의들가운데 있다。빛이 있는 사이에
걸어라 어두운것이 쫓아오지못하게。어두운 가운데서
걸는사람은 어디로 가는지를 모른다。36빛이 있는동
안에 빛을 믿어라 빛의 아들이되게』
예수께서 이렇게 말슴하시고나서 피해숨으시였다。37이

렇게 그들앞에서 징조를 많이 행하시였어도 그처 그
를 믿지않었다。 38이것은 선지자 이사야가 하신 다음
과같은 말슴이 성취되려는 때문이었다。
『주님이여 누가 우리의 소식을 믿었읍니까? 누구의
게 주님의 팔이 나타낫읍니까?』
39이렇기때문에 그들는 믿지못하였다。 즉 또다시 말
슴하시기를
40『그들의 눈을 어둡게하고 마음을 완고하게 하시였다
이것은 눈으로 보지못하고 마음으로 깨다지 못하며
두려서지 못하야
내가 낳게할수 없게 하려는 때문이다。
41이렇게 이사야가 말슴하신것은 그 영광을 보았기
때문이며、예수에게대하야 말한것이다。 42그렇지만 관원
중에도 믿은 사람이 많었다。 하지만 바리새교인들때문에
예배당에서 쫓겨날가 두려워서 고백하지않었다。 43즉 그
들은 사람으로부터의 영광을 하나님으로부터의 영광보
다 더 사랑하였기 때문이었다。
44이에 예수께서 웨처 말슴하시기를
「나를 믿는사람은 나를 믿는것이 아니라 나를 보내
신이를 믿는것이다。 45나를 보는 사람은 나를 보내
신이를 보는것이다。 46나는 세상에 빛으로서 들어왔
다。 나를 믿는사람은 누구든지 어두운가운데서 살지
않게 하기위하야서다。 47사람이 비록 내말을 듣고서 직
히지 않는다 하더라도 나는 그를 심판하지않는다。
이는 내가 온것이 세상을 심판하려 온것이 아니라
세상을 구원하려 왔기때문이다。 48나를 배반하고 내
말을 받아들이지 않는자를 심판하는이가 있다。 즉내
가 한 말자체가 끝나는날 그를 심판할것이다。 49이
는 내가 자진하야 말하는것이 아니라 나를 보내신
아바지께서 친히 내 말할것 이야기할것을 명영하시
였기때문이다。 50나는 그 명영이 영원한 생명인줄안
다。 그렇니까 내 하는말들은 내아바지께서 내게 하
신말슴 그대로 곧 말하는것이다。

編者曰 요한복음은 趙君이 東京있을때에 거의 全部改譯하였든것인데、달마다印刷하는 동안에 譯文의不滿을 느낀데도있고、年年이變動되는 朝鮮語綴字法에 마출必要도있어서、改譯한것을 다시改譯하면서달달이 五六頁식發表하든것인데、이部分의原稿를 提出하였을때에 以下「趙誠斌君의一生」이라는글에 있는바와같은事件이突發하야原稿用紙까지 回收當한채로 中斷되였든것이다。讀者는以下主筆의文을읽은後에 이 요한복음試譯의部分을再讀하기를 바란다。

趙誠斌君의 一生

主 筆

○一九三六年五月二十九日밤중에 趙誠斌君이 죽었다는 通知를 그翌日아침에 받고 一疑一驚 悲且痛 그어느것으로써 表現할바를 오래 알지못하였다。趙君은 養正高普에서五個年間 病故의缺席이 하루도 없었을뿐더러、生來로今年二十五歲에至하기까지 病患을 모르고 자랐으며 東京苦學數年間에 저의 미쳔은 오직天稟의健康뿐이었는데、이제病故도 傳함없이 忽然히 갔다고하니 事實같지 않은 事實에直面하야 疑訝하는것이나、그보다도 저에게 對한 나의敎育工作이 中斷된대로 現世의結末을 짓게된 것이 遺憾이오 痛憤한일이다。

○只今부터四年前봄에 養正學校에서 第一學年부터 五個年間 擔任하였든班을 卒業시켜보내고、오리알깐 암닭 모양으로 余輩는 깊은沈鬱과悲哀에 빠졌었다。第一學年 入學當時보다 幾個의數學公式을 暗記하였고 幾行의外國語를解得하고 나간다할지라도、五個年이나致力한 擔任班 生徒들의 憧憬하는世界와 그敎師의 살고저하는 人生과는 天과地처럼懸殊하고 東과西처럼相逆하믈 目前에보고 敎師된者의 心中에安慰가 있을수없을뿐인가 깊이意를決함이없이는 견딜수없었다。이때이었다。消息을 傳하는者의 말에

『養正高普出身者로서 今番에 京城帝大豫科의 學科試驗에 合格한者가 두사람인데 其中하나가 口頭試問때에 이렇게 對答했대 글셀

問、世界에 第一좋은冊이 무었인줄 아느냐

答、바이불(聖經)이 올시다。

問、〔놀란顏色으로〕: 너는 耶穌信者이냐?

答、네 예수를 믿습니다。

問、너의家庭도 모다 信者이냐?

答、아니올시다 저만 혼자 믿습니다。

問、〔다시 놀라면서〕…어떻게되여 믿느냐?

答、우리學校擔任先生 金某가 예수믿는故로 나도 믿습니다。

라고 하니、試問하든 配屬將校가 매우不快한 表情으로써「나가라」고 도어를 指示하드래。……그렇게 대답한 것이 不利하지나 않었을가』云云。

이렇게 應答한者는 勿論趙君이오、大豫에 入學되지못한것은 信仰告白때문이 아니라 水泳하다가 귀에물든것이 中耳炎되여서、身體檢査에 問題생긴 까닭이었다는것도 追後로 알었다。

○이大學豫科의 口頭試問이 지나기까지 趙君에게 그

리스도를믿는 信仰이 있는줄은 우리도 몰랐거니와、畢竟 다른사람도 알사람이 없었을것이다。趙君은 入學試驗準備로 英語會話배우기爲하야 某米國人의 바이블클라스에 數朔間 參席한外에는 아무敎會에도 出席한일이없었고 우리聖經硏究會에도 한두번 傍聽할따름이었다。이러므로 彼에게 信仰이 있을것을 期待하지 못하였으며、設令 믿음이 있었다할지라도 現代靑年의一生運命을 左右하는 唯一한登用門으로 思惟하는 官立京城帝國大學豫科의 入學試問에서、又況非常時局의 陸軍將官앞에서 저처럼明白하게 信仰을告白하리라고는 秋毫도 생각지못하였던 敎師로서는、놀라지않을수없는 消息이오 感激하지않을수없는報告요 두려웁지않을수없는 事實이었다。靑出于藍而勝于藍이라더니 信仰의長成과 告白하는 勇氣로는 趙君은 그敎師보다 幾十倍이었다。當時에는 理科에合格못된 君의運數를 恨하기도 하였으나、只今알고보면 趙君의靈은 當時에 발서 大學敎育을 卒業하였을뿐만아니라、實로 人生을卒業한者의 修練이 準備되여 있었든듯하다。

○趙君의 學友들中에는 읽든聖書도 東京간後로 들처보지않는것이 順境을行하는者의 常事인데反하야、苦學하게된趙君은 畔上賢造先生의門을 자조 뚜드렸고、또한淺野猶三郎先生의 講筵에參하기를 게을리 않하였다。特히 文字대로「적은것을 적다역이지 않우시는」忍耐의傳道者 淺野先生은 趙君을爲하야 요한福音講座를 特設하였으므로、每週木曜日마다 對膝聽講하기 年餘에及하였으니、其間은 勿論先生한분과 生徒하나인 聖書講座이었다。內村先生의高弟인 두분先生께 師事한後로 趙君의信仰과 聖書知識에는 括目相對하게하는바 있었으며、特히 요한福音은「나의福音」이라고稱하리만치 淺野先生의特設講座의指導로써 깊이味解하였다。趙君의靈的幸運도 幸福이어니와 淺野先生의 한사람相對의傳道、貧寒한朝鮮靑年一人을爲하야 每週一回식 數年을繼續하는 그根氣! 甚히무서운양반이다。이것은手段이나政策으로 될일이아니라。

○晝耕夜讀을 뜻하고 서울에 돌아오後 얼마동안 彰義門外의 耕牛先生果園에서 農事實習하고있었으나 그結果는 雙方의深刻한失望으로 마친듯하였다。雙方을信賴하는 나로서는 그어느편에理由가 있는지 分別치못하였으나 追後로 重大한缺陷이 趙君의性格에 생겨있었음을發見하였다。

○趙君은 農事를斷念하고、私立學園에 敎師노릇하기도 斷念하고、市內세브란스醫專病院藥局에就職하였다。하로는 藥局內에서 聖書硏究會를引導하는 光景을報告하면서、聖書硏究에專心할것인가 或은藥劑師 또는醫師試驗을準備할것인가하고 問議함으로、前者를擇하야 傳道者되겠다는志

望은抛棄하고、後者를定하야 代代로 傳해오는 趙氏家業을 繼承하기를 決定하여주었다。君은 其後로專心受驗準備하야 변또 두개를携帶하고 아침에出門하면 午後六時까지職務를畢하고、다시圖書館에 들려서 消燈할때까지工夫하고、밤十時後에라야 돌아오는日課를 每日返復하였다。今年六月에 施行하는 藥製師試驗에는 期必코合格하리라고 刻心하면서 저는肉身을 過度히酷使하였든것이다。

○이보다 먼저 昨一九三五年겨을 크리스마스前 어느날、趙君은 聖書朝鮮誌에連載하든 요한복음(試譯)을 中止할것과、余의主裁하는 集會에出席못할것과、余의門前에出入못할것을宣言받었다。趙君의伯父는 市內에서 큰漢藥房을經營하며、親父은淸凉里에서 醫生開業中이오、從兄들도 市內數處에散在하야 各其醫生開業中이다。그런데도不拘하고 骨肉보다 思慕하는맘으로 聖朝社近隣에 단간房을얻고 그母子가 來宿하든터이니、이宣言을받은者도 받은者려니와 一切의絶緣을 宣言하는者도 尋常한心事로써 할수있는일이 아니었다。

○이絶緣을宣告한理由는 무엇인가。勿論 趙君은法律的罪人이 아니었고、또한道德的罪惡을犯한것도 아니었다。다만 新約的사랑의基督敎를알뿐이오 舊約的義의宗敎를몰랐다。信仰的自由를 고맙게 알기에急하였고、儒敎的東洋道德의 嚴然性에低頭하기를 닞었다。이미안것으로써 아는체하고저하였다。조심성이 없어졌다。이것은 마치三角山盤石下의 毛髮만한 龜裂이었다。그러나 龜裂이야말로 全三角山을 崩壞하게하는素因이다、不遜은 信仰道德界의 終點이다。成長은 中止하게된다。이危期를 洞察한敎師는 渾身의勇力을 다하야 破門을宣告하였다。微妙深高한眞理의問題는 理論으로 納得시킬수있는것이아니다。오직 否는否!라고하고、나는나의領域을 嚴然하게 固守하는수밖에없었다。敎師一人이 無視當하는일이라면 참기도하려니와、眞理가蹂躪當하고 信仰이誤解되고、하나님을無視하게됨에 이를때는 斷然코 푸로테스트 하지않을수없다。些少하게보이는일에 過酷한宣告를 내리는敎師도 酷毒하다면 하겠지마는、이것도 敎師된者의 마서야할苦杯의一이다。

○現代敎育에는 敎師라는것이없다。高等普通學校의 敎師라야 官公廳이나 會社銀行의 一係員에 不過하게 生徒들께보이는것이오 敎師自身이 스스로處하는世相이다。이런世態에서 趙君은 그敎師를 옛날意味의 스승으로알은듯하였다。그러므로 그敎師도 全責任으로써 最上의길을 敎導하고저 하지않을수없었다。實相인즉 敎師自身보다도 더높은길을 걸키고저하였다。故로 趙君이 現代靑年의 共通한病 ── 當然하다고 行하는길을 걷고저할때에 絶緣宣告가 생겼다。水準以下라고 問題된것이아니라 普通水準에 떠러졌다고 是非한것이다。

○絕緣半年後인 今年五月에 至하야는 適當한機를보아 宣告를 解除하고저하였었다。過不如未及이라는 두려움도 생겼으나、今春以來로始工한 貞陵里家屋建築까지 겹처서 寸時의閑을 얻지못하면서 此日彼日로 밀리는동안에 忽然히趙君은 떠났다。果然 忽然히갔다。五月二十九日夕飯까지 何等異狀이없이 먹고 잔것이、밤十一時頃에 큰소리 두어마디치고서 곁에 누었든 그冊親도 잠깨지않게 종용하게忽然히갔다。醫師는心臟痲痺라고診斷하였다。後에 들으니 그敎師에게絕緣當한것이多大한苦痛이었고그로因하야 悔恨의 눈물을 적지않게흘렸다고한다。그렇게深刻하게悔悟한줄 알었드면 하는생각이 敎師의마음에생긴때는발서「容恕하노라」는音波가 저에게達할수없는때이다。아!

○우리는 사람의敎師가 될資格도 없는者이오 되기를願하지도않는다。或時趙君과같이 스승으로 對하는者가 있다면 이는悲哀의 始作인가한다。世上에어리석은者가 적지않으나「基督敎란 이런것이야」「우리先生의意見도 이럴테야」「하나님의 聖旨는 이렇다」하고 獨斷하는者처럼 不治의大患에 걸린者는 天下에다시없다。그런데 現代의靑年들은 擧皆例外없이 이患者들이다。世上에悲痛한것은 가장理解하노라하고 信賴하노라 하는者를 向하야 노!라고 拒否하는일처럼 悲痛한일이 다시없다。그러나 敎師가 敎師된限은 이「노!」를 連發하지아니치못하나 苦杯이다。

○요한복음(試譯)은 저가理解한대로 完全히 改譯할터이오、只今쯤은 完結되였을터이었던것인데、上述한理由로서 中止되였었다。이제彼의 짧은一生을 回顧하면서 그 遺稿를 마저 印刷하거니와、偶然한 일이었지마는 바로 라사로가 죽었다는消息에 예수가 울었다는것과、그죽었든 라사로를「라사로야 나오나」라는 한마디로 다시살게하였다는事實과、마리아가 나르도油를 예수께붓고 저 머리털로 씻는場面의 改譯이다。趙誠斌君의 짧은信仰生活은 그것이 짧았을망정 나르도香油를 예수의발에 부은一生이오、彼가 彼의敎師에게對한 精誠도 또한 그러하였다。쩌른一生이었으나 趙君은 나르도香油를 主예수께 부어들임으로써 人生의 할일을 다한者요、밀알하나가 썩어 여러알을 結實할準備가 다된者이었다。

聖句

예수께서 울으시었다(요한복음 一一章三五)

내가 부활이다、생명이다。나를 믿는사람은 죽는다하더라도 살것이다。(요한복음 一一章二五)

또한 저의가 하나님알기를 싫여하매 하나님께서 저의가惡한 마음을 받은대로 내여바려 합당치못한일을 행하게 두셨다。(로마書一章二八)

聖朝通信

一九三六年五月二十三日 (土) 晴。放課後에 養正出身者로서 今年度에上級學校入學生祝賀會가 있어서 參席。談話中에興味있는것이 三件이니、其一은 럭비選手로서卒業後에圖門鐵道에就職하였든所感의痛快함이오。其二는 籠球選手로서卒業後에浪人(受驗準備者)一個年間의周到綿密한受驗作戰計劃으로京醫專入學談이오、其三은 文學青年으로서 某專門學校를憧憬하고入學한지不過一朔에 발서某敎授도 보잘것없고 某先生도別것이아니더라는才子의輕薄한自慢談이었다。이才子에게 普通學校一學年때의先生을尊敬할줄 아는날이 있기를 內心에祈願不已。其他에 協成神學校에 一人入學된것은 養正學校의異彩라고할가。

五月二十四日 (日) 晴。復活社講堂에서 午前十時에는 學生班、同三十分부터「形式的宗敎와眞宗敎」란題로 마가福音第七章前半을 工夫하다。그第十五節은 實로偉大한發言。自明한眞理인만큼 解說하기困難하다。

五月二十五日 (月) 曇。中間考査完了。生徒들은 오늘부터雀躍、先生들은 採點이 시작。

五月二十六日 (火) 曇、後晴。午後에年中行事로 全校가朝鮮美術展覽會에參觀。途次에 醫專病室에某君을尋訪하고지 하였더니 바로昨日에退院했다고。나의人事不敏은每事如是。○貞陵里에 今日부터掘井工事시작。日氣더워진後로 沐浴군들이 많아서、개천물을 못먹게된 까닭。

五月二十七日 (水) 晴。孔德里와貞陵里와學校에 往來頻繁하게되므로 今日에自轉車一台購入하다。但蓬萊町一丁目 松本自轉車鋪主人朴昌成氏는 柳永模先生이 絕對로支持하시는터이라。全的信賴로써 買賣할수있음은 愉快한일이다。이러한信依할수있는職人이 서울長安에十人만 있었어도!

五月二十八日 (木) 曇。滿洲奉吉線에서 詳細한汽車里程時間表까지抄錄하야 보내면서 來訪을促한다。秋季에修學旅行班을引率하게되면 途次에 二三友人을 맞날것이、무엇보다도 기쁨이다。但 「金錢이 問題가 아니옵고 時間이問題외다」라는 말대로이다。書信上으로만交通하고 彼此面識이없는者끼리 驛頭에서 더듬어 初對面할光景等을그려보다。

五月二十九日 (金) 晴。授業外에校正。○自轉車로써通行하면 全然다른 서울이展開되여보임을 發見하다。電車타는 階級이다르고、自動車타는階級이 다르고、步行하는社會가 다르며、自轉車道의社會가 또한別것이다。自轉車군의大部分은 몸을賤職에두어 남에게奉仕하는層의 人士들인것을認識할때에、數日來로 이社會에參列하게된自身을 돌보아 人生行路에서 一階段昇級이나한듯이 못내자랑스러워하다。

五月三十日 (土) 晴。登校하니 某生徒편에서 訃告一枚。趙誠娍君이昨夜十一時에別世하였다는消息。半信半疑。○鑿井工事五日만에完成。今日펌프施設까지畢役하다。샘물 판것이있고 蔬菜심은바있으니 사람에게 求할것이없으면 스스로足하다。

五月三十一日 (日) 晴。今日은 市內集會를 쉬고、有志會員들과함께 北漢山中腹溪谷에 모여 路加福音第十二章十三—三十三節을講解하다。나의說敎가 大自然의說敎를妨害함이 없도록 힘쓰다。○枯渴하는蔬菜에汲水하는것이 近日의日課。

六月一日 (月) 曇。近日에 某誌友를通하야 養正高普第一學年에入學한 어린生徒의 「特別」한指導를懇請하는이가 있었음으로 受諾하는答信을 發送한後에、다시생각하니 實質不伴한 헛된文字의受授에不過한것이라는苛責을難免。一日四六時中에 學校에있는時間은 不過여섯時間이오 其他는 大京城市中에 放置한심이니 特別敎導란것은人事거리의修辭뿐이다。故로 實質的指導를 바라거든 下宿生活을中止하고 우리집에寄宿케하야 起居를같이함이 必要하거니와、萬一에라도 自然히基督信者된다면 父兄의異議가 없을것이냐고 反問하였드니、예수

쟁이되는일만은 斷然코反對한다는 回答을 接하야 商議中斷。예수쟁인敎師에게 自己子女의指導를依托하고싶으나 自己子女가基督信者되는 일은不肯하며、或時 自己妻子들은 基督敎的으로 敎導하기를願하면서、自己만은不信하려는紳士도 있었다。先生과 하나님을 番犬으로利用하려는徒輩!

六月二日（火）曇。本誌八十九號發送。春川消息을 반갑게 받다。

六月三日（水）曇、小雨。흐리지 않는 날이別로없어도 좀처럼비오시지않더니 수日小雨。路上에散水車가一過한것만도못하니 待雨의渴은 아직도不醫。Ⓥ伯林올림픽大會에 마라손選手로出戰하는 養正第五學年孫基禎이 東京으로부터入京하야 學校及一般社會聯合으로 盛大히 歡迎會。

六月四日（木）晴。兩量未洽에 旱天은 또繼續된다。或은 하늘을 원망하며 或은 白衣族의罪惡과 怠惰를悔改하면서 비주시기를祈願하다。（孫基禎等一行 陸路로伯林向發

六月五日（金）晴。말라죽는蔬菜와庭樹等을 참아볼수없어 움물과 개천에서汲水하야延命。疲困한때는「모다 타죽어도 모른다」고 뿌리쳤다가 目不忍見이라「오늘까지 물주고 來日은 안준데야」하면서 또 汲水。氣盡하야 화를내면 식구가 번가라 慰勵하면서 今日에至하다。이렇게 자리운 것이니 근대 한닢사귀、마늘 한뿌럭이가 어찌貴하고 맛나는지、食卓의感謝는 갔이 머리가 수겨지지 않을수없다。月夜에 자정지날때까지汲水하면서 年年이農産物의初收穫을 잊지않고 보내주는兄弟들의愛와誠을 反芻하지 아니치못하다。소가 먹었든 모시를 다시씹어 삼키는것처럼、昨年、再昨年、再再昨年으로溯及하면서 感謝하고받었든 兄弟들의汗血의선물을 다시씹고 또 곱씹었다。받었을때마다 感謝히생각하지않은바가 아니었으나 이제 나스스로 한모종 오이를 길르며、한폭이 생치를養하며 한뿌리 마늘을延命하면서보니 前日의感謝는虛言의感謝였다。不然하여도 淺薄한感謝였다。友人의誠意를 못다認識하였고 거룩한地域을蹂躪해던것같해서 悔悟의 눈물을 물에섞거 뿌리다。

六月六日（土）曇、後晴。울타리 없는 집이라。北漢山城이 北편을 막었고 南漢山城에大門을달었다。市內의倭小低暗한집에서 혼난터이라 바락式일망정 採光의窓은 넉넉하고도 넘치니、아침엔늦잠자고지하되 밝아서 잘수없고 저녁엔疲勞로써 베드로의 무리처럼 쓰러저 잔다。아침엔 켬이 올어 기운을 도두고 저녁엔 모기물어 忍耐力을養하니、속에信仰이 있는때는 凡事가讚頌이다。明日集會의準備로因하야 今夜는孔德里書齋로 들아오다。

六月七日（日）晴。復活社講堂에서 수로보니게女人의信仰을 講解하고 畢會後에 學生班의受驗準備講話를 듣다。

六月八日（月）曇。授業後는 貞陵里우물周圍의充土工事。

六月九日（火）小雨。詩人은 福있는者를比하야 노래하기를「此人은比컨대溪水邊에 심은나무가 時節을 따라 열매를 맺으며 그닢이 마르지 아니함과같다」고 하였는데、近日의大旱은 시내를乾沙場으로 만들고 드듸어溪邊의큰닢 나무닢까지 마르게 한다。可歎事。

六月十日（水）晴。時의紀念日이라고、사이렌소리 크게들리다。（地方의優秀한某女訓導로부터 京城에轉勤할意向있음을請託받아스나 周旋力이問題。

六月十一日（木）晴。近來로 活人洞家屋의賣買交涉이頻繁하나 아직未決中。不遠에本社도移轉할運命인것은事實。

六月十二日（金）晴。活人洞家屋賣買件으로 鄭再雲氏와會談。賣買라고하면詐欺나 盜賊의心地가 아니고는 할수없는世代에、우리는實情을吐露하고 公正한評價를認定하야 不過數言에 仲介者도不要하고 賣買는 成立되다。하나님 앞에서發言한것外에 아무契約도없이 形式도없이。活人洞에서 聖朝第十六號以下八十九號까지의發刊과 二女一男의 선물을받은外에、이르 헤아릴수없는

鴻恩을 이미받았거니와、이제 讓渡할때에 鄭先生과같은信仰의人과商議하게된것은 實로二重三重의祝福인줄로 깊이感謝하면서。오늘부터移轉한 準備하다。

六月十三日 (土) 晴。近日 京城附近에는 문둥이 소동이 생겨서、문둥이三千名이 배를타고와서 어듸어듸에 上陸하였다는등、어듸서女兒를誘致하여갓다는등、별별虛無맹낭한소문이 一波萬波를 이르키어傳播된다。愚昧한民衆이可歎可歎。

六月十四日 (日) 小雨、後晴。午前復活社集會에서 愛의心과信仰이란題로써講話。

六月十五日 (月) 曇。登校授業外에 이사짐荷造와普通學校兒童의 轉學運動으로文字대로東奔西走。一學級에七十餘名식 찬데다 轉學시기자니 無理는無理。○貞陵里百性이 채다 되기前에 賦役부터當하다。

六月十六日 (火) 晴。兒輩의轉學問題로因하야 阿峴公普와惠化公普를巡訪。學父兄으로서의 轉學難을經驗하다。○生徒一人이 海州療養院으로 가게되여서 申瑾澈氏의글이실린號 數卷을 품겨보내다。

六月十七日 (水) 曇。移舍荷物을輕便히하기爲하야 約二十年間 모아두어떤 受信封書葉書들의 殘品을再讀하면서燒火하기에 數日을 要하였다。詩的價値있는것만 남겨두었든것이니、불태워버리기는 아까운것뿐이었으나 모주리 태웠다。○轉學交涉으로 阿峴公普에就議하다。

六月十八日 (木) 曇、小雨。家具運搬시작。醬한馬車와 冊한馬車를 先發隊로今日실리다。○宴會缺叅。

六月十九日 (金) 雨。雨中에 第二回運荷로 두馬車실리다。○雜誌記者某君으로부터如下한小鹿島訪問計劃을듣고 내가 가게된이만치나 반가운맘으로 온갓 부탁을하다。

『金敎臣先生 六月十八日 ○○○

「聖書朝鮮」을通하야 先生님의 외로우신 健鬪를 뵈옵고 맘속으로는 感謝를 드리옵니나。무더운日氣에 엄마나奔忙하시옵니까。저는그간 「어린이」와「少年中央」으로 삯재처럼 슬프게 자라나는 우리아기네의 벗이되어주다가、그것들이 經營難으로 스러지자 시방은 뜻하지않은 興味雜誌「中央」의編輯을 맡아하고 있읍니다。 그러하온데 이번에 제가 雜誌일로 小鹿島엘 다녀오기로 되었아온데 初行이라 어리둥절하겠읍니다。혹 先生님께서 아시는분이 게시오면 한분紹介해주시옵소서、主로 문둥이 療院을 보러갑니다。六月二十二日날쯤 떠날라고하나이다。』

○今日午后에皆既日食을觀察하기爲하야北海道에서는各國學者가 야단일터인데京城은雨天。但구름사이로部分食이 暫間보이다。

六月二十日 (土) 雨。熱雨시작되여 菜穀의枯渴을 免하게됨은 기쁜일이나、移舍運搬中斷됨은 걱정감이다。하는수없이 荷物은 새主人鄭兄께任置하고 家率만 더부리고 소돔城을脫出하는 롯의一家처럼京城市街를通하야、市의東北이오 北漢山의東南麓인貞陵里小屋에 全食口가移轉하다。寄宿하든學生四人이 通學距離關係로 한께올수없음은 遺憾千萬이었으나、또한鄭再雲兄같은이에게 依托할수있었음은 望外의幸。

六月二十一日 (日) 漸晴、夏至。今朝七時半에 咸兄이校務를띠고 五山으로부터上京。午前은復活社講堂에서 咸兄의說敎를듣고、午後는 貞陵里새집에遠朋을 맞우다。但 今日까지 前後七馬車의移舍運搬을 畢하기는하였으나 한가지도整頓하지못하다。

六月二十二日 (月) 晴。今日부터午前八時始業、三十五分間授業이어서 午後는 이사짐整理。○柳承欽先生의訃告를拜하고悲痛不禁하다。先生은同鄉의先輩로서 後輩에게 官界出身을 잦우誘導함을 그대로追從치못하였으나 先生의溫情만은 잊지못하였다。先生은時代順應의道를 잦우說敎하였으나、才智出衆한先生이 自己의才智에依하야處世한當然한結論이었다。信仰의道를 걷고저하는者에게 先生의一生은 恒常큰敎訓으로投影하지않을수 없었다。惜哉!

六月二十三日 (火) 曇。이사짐整頓이尙今未畢。整列되지못한書籍은 隊伍를 잃은 兵隊처럼 何等威力을發揮치못한다。近一朔間은 보금자리를 얻지못한 암닭처럼 알

자리만보면서 一行의執筆도 못하다。○宴會欽席。

六月二十四日 (水) 晴。東京消息如下

『聖朝를 昨夜까지一讀하였아오며、朝夕으로刺戟을바다 憂鬱하든마음에 여긔와서 처음으로 속시원한맛을 맛보았읍니다。學校에서 받아갖이고 그자리에서 日記의몇句節을 拜讀하옴애 果然 痛快 하였아옵니다。母校에서 先生님의 銳利한말씀을듣던것과 조곰도 달은氣分이없었읍니다。마치 先生님이 앞에 서게신것같았읍니다。生覺하면 生覺할수록 感謝합니다。學校에있었을때나 조곰도달음없이 사랑하여주시와 指導하여주시옴애 앞으로도 더욱더욱 많은指導를하여 주시옵기를 바라옵니다。先生님 康健하시여 더욱 社會에 獻身하시여 많은結果를 얻기를 바라오며、쓸데없는말이너무길어저 多事하신先生님께 未安하옵기에 이만上書하옵니다。

門下生 ○○○上書』

六月二十五日 (木) 晴。昨日까지 登校하였든 擔任班生徒하나가 急性盲腸炎으로 昨夜入院手術하였는데、生命의危安은 明朝까지의經過를待하여보아야 判明된다고 來報。人間의목숨이란 本來이런것이인줄 모르고 過히信賴하다가는 過한失望을 맛보게된다。○近來에朝鮮中央日報紙上에 文章을戱弄하는 卑劣하고毒惡한 人物評論이連載됨을보고 文人과新聞의墮落을爲하야 悲痛을不禁하며 이러한文章을容納하는 朝鮮社會를爲하야 慨歎不已하였더니、李軒求氏(朝鮮日報에) 朱約翰氏(中央日報에) 等의 當當한反駁論文이 出現함을보고 비로소鬱憤의一端이 消散함을感하다。

六月二十六日 (金)曇。이사짐整頓도 거의 一段落되려는今日에 意外의貴客을 迎接하야、땀으로培養한馬鈴薯를 삶아놓고 우리집의 자랑거리인冷水를 마시면서 談笑數刻。

六月二十七日 (土) 曇、小雨。海州救世療養院消息如下

『그리운母校를버리고、그리고 또同窓生을 버리고 遠方으로와있는 門生은 이러한것을 運命이라고 生覺해야하올지 무엇이라고 하올지를 모르겠오이다。門生은 이곳으로온後 早速히上書코저하였아오나 웬病者는 그리도많사온지 療養院이 滿員이여서 이곳救世病院에있다가 또다시 이곳療養院에 오게되였아와、目的場所에서 上書드리고저하여서 여짓것 上書치못하고 이제야 上書하옵는것을 容恕하여주시압소서。

요사히日氣는 고루지못한此時에 先生님 氣體候萬安하옵시며 校長先生님 以下 諸先生님게서도 別故없아온지요。이곳門生은 無事하오니念慮하여주시는 德澤이올시다。이곳에와서 病床에있아오니 더욱 더욱生覺나옴은復活社講堂集會올시다。이곳은西洋예수敎에서 建設하였다하옵니다。그리하여 이곳院長은西洋사람이오며 예수敎專門이기로、누구든지 가든오든 찬송가를부르면서다니오며 아침이면 늘찬송가를으며 기도하며하오며、門生은 이런것을 보오니 기뿌기도하오며不快하기도합니다。가만히거동을보면 정말實際的같지않고 形式的같아오이다。그中 한두사람은 어떨는지모르나、보기에 그허는貌樣이 이상하게生覺이들으며 復活社에서 門生들이배우는 聖書와는 도모지 다른氣分입니다。門生이갖지않게形式的이오니 무엇이오니 알겠아오리까마는 너무도예수敎 예수敎하는것같아오이다 病床에있아오니 이런저런生覺이 모도나오며 空想나는것무어라말할수없오이다。그리하여느끼는바는 門生이信仰에들었으면 어떠할가 生覺이나오면、하로바삐信仰에들어가자는 生覺이懇切하옵나이다。日前부터이러한生覺이 있었아오나 自身으로는 될가십지않합니다。이곳사람들처럼 늘聖書冊을 가지고당기여야 信仰에들는지요。

病床에누었아오니 信仰生活이 必要한것같사오이다。헛된空想을 눌으려하면 무엇하나믿는것이 있어야될것같사오이다。門生은 하로終日空想으로 困難이오이다。門生의 病床 生活은 門生마음대로 하는것이 아니오라 醫師에힘을빌리여서 生活하오니

熱이있다하여서 조곰도 나다니지말라하오매 아직까지醫師에말대로만하옵고 景致柔은自然과는 趣味를붙이지 못하엿사오이다。하여서 特別한治療를 하지않고 있옵니다。以後로次次 治療方法이 달라질는지요。門生의生活主義는 安靜이올시다。이곳서도 安靜主義下教하여주신것과같이 이곳서도 安靜主義로하여 門生은이것을 따를뿐이외다。

仔細한바는以後로 種種 上書하옵겟아옵고來來氣體候一向萬安하옵기를 伏祝하옵고餘不備上書하옵나이다。

昭和十一年六月二十四日

門生 ○○○ 上書』

六月二十八日 (日) 雨。未洽하던中에또비를 주시니 甘雨요 慈雨。(復活社에서 마가복음第八章一—二〇節을 講解하다。

六月二十九日 (月) 曇。京城博物教授研究會에 叅席키爲하야 午前九時부터午後四時까지 京城師範學校에出席。그다음養正에서宿直。

六月三十日 (火) 曇。滿洲에서 大豆라 작하는實話를듣고 그規模의 큼에 놀라다。○某雜誌에서 某名士의銘心錄中에 「酒席早退」라는 一項이있음을보고 크게安心을얻었다。學生들에게對하야 早退하지말라고 訓戒하든 習慣으로因함인지 宴席에서早退하기도 큰罪나犯하는듯하야 每樣不安을 느껴떠니、今後로는膽大히 早退하리라고 內心에決意하다。○每日一章식읽은 家庭聖書輪讀이 昨夜까지에 말라기第四章을 讀了하고今日은 馬太福音第一章을 돌우 시작하다。

聖書的立場에서본朝鮮歷史(完)

(以上歷史中에一七、二二、二三은出版못하게되였다。其他의것은若干식殘部있다)

聖朝誌에 主筆의글월이 적다는不平을 말하는誌友에게對하여、萬一咸先生의朝鮮歷史의部分만十五錢代金으로는 비싸다고 생각하거든 今後購讀을中止하라고 請한일이 있었다。이제 世界歷史가始作되였으니此亦마찬가지다。이歷史의眞價를 모르는이에게는本誌가 가지않기를 바란다。

本社移轉通知

京城府外崇仁面貞陵里三七八番地

聖書朝鮮社

金 教 臣

(1) 지난六月下旬부터 右記住所에 移轉하였읍니다。其間郵便物은多少遲滯되였어도 틀림없이接受하였으니 安心하시오。

(2) 行政區域대로쓰면 京畿道高陽郡 崇仁面貞陵里三七八番地이오、略記하라면 京城東小門外貞陵里라도 郵便可達。

(3) 찾으시는이는 東小門外敦岩町뻐스終點에서 貞陵里藥師寺앞、或은 北漢山羊牧場隣家로 찾아주시오。

(4) 本號를 定規讀者以外에 보내드린것은 移轉通知를 代身하고저한것이오。

(5) 本社의振替口座京城一六五九四番은 從前대로變함이 없읍니다。

京城聖書研究會消息

七月第二日曜日(十二日)까지續講하고、七月第三日曜日부터 九月第一日曜(六日)까지休講。九月第二日曜(十三日)부터 秋季開講하고저합니다。休暇中은 北漢山麓 本社에서 每日曜日午前十時에 家族的集會가있겠읍니다。誌友의來參歡迎。

【聖書朝鮮】第九十號 昭和五年一月二十八日 第三種郵便物認可
昭和十一年七月一日發行 每月一回一日發行

本誌定價

一冊(送料共) 拾五錢
六冊(一年分) 前金九十錢
十二冊 前金壹圓七拾錢

要前金。直接注文은 振替貯金口座京城一六五九四番(聖書朝鮮社)로。

取次販賣所

京城府鍾路二丁目八二 博文書館
京城府鍾路二丁目九一 耶穌教書會
東京市神田區神保町一ノ一 三省堂書店
文化書店(元山府) 茂英堂(大邱)
新聲閣(咸興府) 信一書館(平壤)
向山堂(東京市) 大東書林(新義州)

昭和十一年七月十四日 印刷
昭和十一年七月十五日 發行

京城府外崇仁面貞陵里三七八
編輯兼發行者 金 教 臣
京城府堅志洞三二
印刷者 金 鎭 浩
京城府堅志洞三二
印刷所 漢城圖書株式會社
京城府外崇仁面貞陵里三七八
發行所 聖書朝鮮社
振替口座京城一六五九四番

【本誌定價十五錢】

金教臣主筆

聖書朝鮮

第九拾壹號

昭和十一年(一九三六)八月一日發行

昭和五年一月二十八日(第三種郵便物認可)
昭和十一年八月一日發行(每月一回一日發行)

目次

〔本社移轉通知〕

夏季休暇온다

하나님의恩寵을 힘입어 우리는 날마다當하는 職務와勤勞를 忌避하고저 안할뿐더러 그자리와 그일을 無限한感謝로써 하루하루를 보내는者이다。그러나 休暇는 亦是반갑고 愉快하지 않은것이 아니다。特히 四十日間의夏季休暇를 앞에當하고는 맘속에 넘치는 기쁨을 감추랴도 감출수없다。例年에는 博物教師로서의 採集研究會合에參加하라는일과 運動部長으로서의 合宿監督의義務도 被命되였고、또한福音傳道 讀者尋訪이라는等企圖도 自進하야計劃한일이 없지않어서、夏季休暇가 오히려一年中에도 가장奔忙한일도 있었으나、今夏는 二日間 當直하는外에는 아무義務도 없고 아무計劃도 없나。그러나 매우기쁘다。

他鄕에서 工夫하던學徒들처럼 오래 그립던故鄕으로 歸省하고저하야 기쁜가。우리의 境遇는 그것이 아니다。綠陰이욱어진高原이나 白砂青松의海岸에서 避暑의生活을營爲하고저하야 기쁜가。우리의形勢는 그것을不許한다。또는竹杖芒鞋에 해와 같이 일고 해와 같이 쉬면서 八道江山의 名勝古跡이나 悠悠히巡禮하려고 기빠함인가。우리의心境는 이러한東洋的道人化하기에는 아직 넘어 젊었다。夏靈會 其他心靈의特別修養이나 聖徒의會合을期待함이 있어서 그런가。그것도 願할뿐이오 達하지못할일이다。

이번休暇에는 完全히安息하고저하야 우리는 이것을 기다림이渴한것같다。天國은 놀고먹는 懦夫의나라가 아닐것을 짐작하나 그래도適當한安息이 있을곳으로 推測하야 우리는天國을 사모한다。每週一日의安息日을 日曜講話와雜誌編輯에 더분주하게使用하는者로서는 心身의休息을要求함이 마치旱天에萎凋한草木이 水分을要求함같다。아무施設도 더하기를願치않으며 環境을 바꾸기도 바라지않는다。北漢山麓의茅屋 이대로可하고足하니 沒體面하고 한여름의完全休息을願하야 休暇를向하면서 우리의靈과肉이 아울려雀躍한다。우리도 좀 閑暇한 맛을보리라。

聖朝誌의出版을爲하야 數次入市하리라는 豫想以外에는 이여름이 다가도록 東小門안에 넘어가지 않으리라。서울을 보지않고 서울사람을 만나지말고 아무도訪問할것없이 野人으로서樵夫로서 이한여름을 살고지고。願치안는學徒들을 애태워가르키랴든立場을 벗어나서、목마른 사슴이 시내물을 찾듯한渴急으로써 東西의大先生님들을 書齋에모시고 배우리라。생각할수록「不亦說乎」이다。마는 배우기보다도 기쁜일은 무엇인가。主예수를通하야 하나님과交通하는일이다。호렙山上은 아니지마는 北漢山麓이다。四十日間은 時計를 보지말고 默想도하며 祈禱도하리니 어찌 기쁘지않으랴。主여聖靈의交通을 許하시옵소서。(七月十五日記)

이스라엘傳道에局限한理由

論할것도 없이 基督敎는 全世界를救濟하려는 世界的大宗敎이다。 그런데福音書를 읽는者로서 누구나없이 疑訝不禁하는것은 예수가 그十二弟子를派送하야 天國福音을 傳하게하실때의 傳道訓에 예수께서 이 열둘을 내여보내시며 命하야 가라사대 異邦길로도 가지말고 사마리아고을에도 들어가지말고, 차라리 이스라엘 집에 잃어바린羊에게로 가라 고(마태十章五、六節)하셨을뿐더러, 수로보니게女人의懇請에對하야도 예수 이라사대 子女로 먼저 배불리 먹게할지니 子女의 떡을 취하야 개게 던짐이 마땅치 아니하니라 고(마가七章二十七節) 親히自己自身의態度를表明하셨다。 如此한句節은 예수의全世界救援 全宇宙救援의大經綸과 矛盾되는듯하다하야 그句節의解釋을緩和하며 剝削하고저하는努力도 적지않었으나 그것은徒勞였다。 아무리辯明하고 보아도 예수는그弟子들에게 異民族에게는 가지말고 自己同族에게만 가라고 하신것이오、 예수自身의一生이 亦是同一한方針으로 이스라엘近族에게 天國소식을說하시다가 그同族의 손에잡혀서 十字架에 걸리셨다。 解說이 어렵다고 事實을 굽힐것이아니다。 예수는徹頭徹尾 이스라엘民族에게局限하야 傳道하셨다。 其理由若何乎。

첫재로 덞리通用되는說明은 이스라엘選民說이다。 이스라엘百姓은 하나님의 特殊한恩寵을 입은 選民이니까、 이百姓에게 福音을傳하야 救援을 얻게함은 곧全世界에 救援이臨하는 첫階段이라고。 이것도 한가지解說이 안되는것은 아니다。 그러나 全世界가 한집같이된 現代에處한 우리에게는 이說明만으로서는 어데인가 不滿이있고 不服이 남었고、목구녁에 걸려 넘어가지안는 무엇이 殘存함을意識하지 아니치못하였다。

둘재로 愛國心이旺盛함으로써 全世界에冠絕한나라의 어떤學者가「예수의比類없는愛國心이 예수로하여금 이스라엘傳道에만 局限하게한것이라」고 說明한것을 읽을때에 우리는 卓을 뚜드리면서 快哉를 불렀다。 難解의句節을 解釋함에 確實히一步를 내디딘사람을 發見한까닭이였다。 적어도 陳腐의臭가 없어진것만이라도 大成功인줄 알았다。 그러나 예수의一平生을 이스라엘傳道에만 局限하였다는 理由의全體가 解明된것같지는 않었다。 滯症만난 사람처럼 무엇인지 上腹에 웅치우고 드티지안는것이 남아있음을 우리는 恒常 괴로워하였다。

나종으로「人間主義의最高部」인 敎會精神、敎權者들을爆擊하기爲하야 그리스도는「이스라엘 잃어바린羊」에게만傳

道하시다가 나종「自己가肉彈이되어서」十字架上에 죽으신것이라는 咸錫憲君의說明(本誌第八十六、七號의「無敎會」參照)을 읽음에 미처서 비로소 多年間積滯하였든것까지 一時에瞭下한感을 느꼈다。이스라엘 잃어바린羊에게 局限하야 傳道한것은 人間主義의最高發達한것 即敎會主義를爆擊하기 爲함이오。그爆擊用의肉彈이 곧 예수自身이였다고。우리의 管見으로써 말하라면 이咸錫憲君의見解는 틀림없이 百尺竿頭에更進一步한것이라고 본다。創見이다。讀者는 이것을 認識하면서「無敎會」를 再讀하고、이見解로써 福音書를 다시通讀하여보라。한줄기의光明이 비추이나 않나、

예수그리스도를傳하라

우리는 學問的으로 第七日安息敎會가 참基督敎會인지 아닌지를 硏究해본일이 없다。다만 저들의集會에參席하여서 奇異한感에 못견디는것은、저들도基督敎徒라고 自稱할뿐더러 長老敎보다도 監理敎보다도 가장正統의信仰을 가젔노라 가장正當한聖書解釋을 하노라고 장담하는데、저들은 아침이나 저녁이나 밤에나 낮에나 說敎도「安息日」이오、演說도「安息日」이오。求道者에게도「安息日」부터 說明이오、數十年來의 自己敎會員에게도「安息日」로써단속한다。安息日論은 主예수의「安息日은 사람을爲하야 있는것이오 사람이 安息日을爲하야 있는것이 아니니、이러므로 인자는 또한安息日의主人이 되나니라」는 말슴으로써 이미結論된줄 알았더니、彼等은「弟子가 스승보다 낫아서」安息日에 關하여는 主그리스도의說을 補充展開하지않고는「安息」하지못한다。故로 主그리스도를 사모하나 安息日을 사모할줄 모르는 우리는、彼等의會合에 興味를 가질수 없다。

「聖潔」이라는것이 基督敎의 큰要素의 하나인데 異議가없을것이나、聖潔에至하는 特別한捷徑이나 있다는듯이、聖潔의一手販賣權이나 掌握한듯이、새벽祈禱會에도「聖潔」이오 저녁査經會에노「聖潔」이오 平信徒들에게도「聖潔」을慫慂하며 敎役者에게도「聖潔」을 自負하게함은 도리어 偏하게함이오 病되게함이된다。그리스도의 나타나는곳에 聖潔이 따르나니 聖潔敎會에서 主그리스도를 高唱한다면 누가聖潔敎人되기를 꺼려하랴。

敎會니組織이니 하는것이 必要하다고假定하라。今日朝鮮의 큰敎派들처럼 諸職會와當會로부터年會總會에 이르기까지 밤낮組織이니 憲法이니 十一條니하여보라 信者에게 남는有益이 무엇인가。故로主日과三日禮拜에서도 예수를力說하며、年會와總會에서도 그리스도를 傳하며 나타내는일을主로하고 다른事務處理를 副業的으로하라。長監敎人도 예수를高唱하며 聖潔敎安息敎人도 그리스도를 主役으로하라。그리하면 우리도各派의 小異를讓步하면서 長老敎人도되고 安息敎人도되리라。너나없이 예수그리스도를 뚜렷하게傳하라 그일이基督敎의 알파요 오메가니라。

聖書的立場에서본世界歷史 (4)

咸 錫 憲

二、生命의創造

生命의出現 元始의時代에 한사람의旅行者가 地球우에나타났다면 그는어떤모양을 보았을가。그가萬一 오늘날우리와같은 精神作用을 가졌다고 假定한다면 우리는 그의 旅行日誌에서 이러한一節을 읽을수있을것이다。

하늘은四方이 빽빽한구름으로 덮이였고 무서운소낙비가 때를쉬어 나려쏟는다, 구름의往來는 매우어지럽고 그떠러지는 틈틈으로는 눈이부시는 太陽의光線이 나려쏘군한다。或一陣의淸風과함께 密雲이걷기고 神秘의深靑色하늘이 들어나는데 저짝地平線우에는 七色의이ㅣ치가 半空에솟았다。그러나그것도 暫間이오 또暴雨가 나려쏟는다。遠近四方으로는 大小여러개의火山이 서있어 불꽃과煙氣를 空中에뿜고있는데 때때로무서운 音響과同時에 激震이일어나 몸을支持할수없어지고 磐石의地面이 쩍쩍갈라지는수가있다。火口로붙어 새빩언熔岩流가 솟아나와 猛烈한形勢로 나려닷는것이 보이기도하며 異常한까스냄새와 재가날려나려 地面에덮이기도한다。골짝이에는 數없는瀑布가달려 요란한소리로 나려찟는대 그물이흘려나려가는 바다ㅅ가에는 모래와 火山灰等이 밀려나려와서 다른곳과는다른 부드럽고 물렁물렁한 沖積層이생기고있다 果然 壯絶凄絶의世界다。그偉大와 壯嚴을 形容할말을 나는가지지못한다。그러나 나는 滿目密雲과 暗褐色岩石과 紅焰뿐인、그리고 들리느니 雷鳴과地動뿐인 이世界에서 寂寞과恐怖때문에 견댈수없다。………

勿論이는 科學이推測하는 바를가지고 想像한것에不外한다。그러나 적어도이는 되는대로하는말이아니다。그世界는 참으로壯絶의世界다。그러나 生命이없는世界다。우리의旅行者가 寂寞을느낀것은 그때문이다。宇宙가萬一 이대로만끝났다면 歷史는없었을것이다。生命없는곳에 歷史는있을수없다。歷史는곧 生命의가는길이다。생각하여보라 봄날이와도 한떨기紅綠이있어 大地를繡놓음이없고、變變蝴蝶이있어 그悠蕩한 光明의바다에 춤추는것이없으며、가을달이밝아도 百虫의音樂이 이를노래하지않고、數行의雁陣이 그그림자를 어지럽히지않는다면、이宇宙는 얼마나寂寂하였을것이겠나。여름의大海에 푸른물결이높아도 一隻銀鱗이 그사이에꼬리를 쳐서야만 참으로 시원함이있는것이오、겨울의江山에 힌눈이덮여쌓여도 無數한生命이그밑에서 자라는줄아는故로 비로소興이있다。生命없이 宇

宙에는 榮光이없다。이宇宙는 삶것이라고 우에서말하였지만 그삶것은 이生命때문에 삶것이다。마치鷄卵이있어서 그가운대 胚盤이생긴것은 事實이지만 그鷄卵이 生命을가지는것은 도리어 조고마한 胚盤때문인것같이, 이宇宙의 進化過程에있어서 生命이나타난것은 事實이라도 그宇宙를 삶것으로만드는것은 이生命의힘이다。萬一이宇宙가 終是한낮生命을 낳아놓지못하고 말었다면 그는胚를가지지못한鷄卵같이 썩어짐을 免치못하였을것이다。그렇다 이宇宙는 알이다。哲人칸트로하여금「더욱더욱 이를생각하여볼수록 漸漸더욱 더驚嘆과畏敬의念이 가득참을느낀다」고 感嘆케한 이大宇宙는 生命의一大巨卵이다 神秘의힘이 그안에들어있다。成長이 그안에서니러나 外殼을깨트리고 榮光의 雙翼을 神의玉座앞에 떨칠 生命을 낳아놓을것이다。

그生命이孵化되기爲하야 우리地球는 오랜苦熱의時代를 通過하지않으면 안되였다。드되어 때가와 이宇宙안에는 一大事件이일어났다。火山의活動이 次次쉬어 雷鳴도드물어지고 陰雲이걷기어 溫慈한太陽빛이들어나 주름살진 검은바위와 怒한물질이뛰어노는 地球의面을 慰勞하는듯이 비추일때 바다까 보드러운흙속에서 한소리가들렸다。그소리는 至極히적어 아모리微細한소리를 들을수있는 聽覺의所有者라도 들었을수없는소리였다。無聲이다。그러나 이는 宇宙에 새時代가왔음을宣布하는 偉大한소리였다。

四

한微生物의 움직이는소리였다。生命이나타난것이다。들으라 無生의宇宙에 生命이나타났다。어대서왔는가。우리는 그를모른다。아마하나님 저自身 寂寞한大地에向하야「많이 삶것을내어 繁殖케하라」할때에 스스로 그흙속에서 나온것일것이다。그러나 어쨌던 새로偉大한時代가 온것은 事實이다。우리는꾀테와같이 노래하자。

해는언케나 變함없는 調子로
동무별을 다리고 合唱을부른다。
그리고 그가여야할 一定한軌道를
霹靂의 걸음으로 걷고있다。
天使中에아무도 그를 헤아려알者는 없어도
보기만하여도 힘을얻으며
말할수없이 崇高한 그萬物들은
宇宙의 첫날에도 比할이만큼 壯嚴하다。
(「파우스트」天上의序曲)

生命의起源 生命은어떻게 생겼느냐。이는아마 永遠의神秘다。信仰의飛躍에依하야 하나님의 거룩한 가슴속에 들어가지않는限 이는永遠히풀수없는 수수꺼이다。生命의起源은 生命의意味와 別個의問題가아니다。意味를모르고 그起源을알수없다。그러나 近世의科學은 그意味와는 關係없이純全한 現象的探索에依하야 生命의起源을 說明하려한다。이意味에서 科學은 그根本態度를 고치지안는限한 無用의勞力이라 할수있다。그러나 生命의歷史의 說明을해보려는 우리歷史에있어서는 現代의文明人이 이問題에對하야 어떻게생각하고있는가를 말할 義務가있다。故로以下에서 簡單히그것을 紹介하기로한다。

自然發生說 宇宙의境遇와 마찬가지로 生命起源에있어서도 사람의마음이 素朴한信仰의줄에 달려있을때는 創造說을믿었다。그러나 知性의發達을따라 宇宙와生命을分離하야 생각하게되자。生命의發生에對한 合理的說明을要求하게되였다。그리하야 먼저나오것이 生物은無生物로부터 自然히發生하였다는說이다。例하면 모래에서 벼룩이 **난다**는것같은것이다。

隕石說 自然發生說은 科學이發達되지못한 時代에있어서는 一般으로믿기운 說明이였으나 次次生物에關한知識이進步되어「生物은生物에서만난다」는 事實이알려지게되자到底히믿을수없이되였다。그러면 生命은 어대서났을가。宇宙物理學의가르치는바에 依하면 地球는그誕生의 처음에있어서는 生物이살수없는 白熱狀態였다。그런것이 우에서말한것과같이 漸次식어감을따라 地殼이生기고 그岩石의地殼이 風雨의作用으로 分解되어河流로運搬되어 沖積層이생긴後에 비로소있게되였다。그렇다면 本來無生이였던地上에生命은 어떠케낫였을가。그리하야 案出한것이隕石說이라는것이다。即다른天體中에 어대生命이있다가 그것이隕石으로 地上에떠러질때 거기生命의種子가 따라왔으리라는것이다。이것을主張한것은 獨逸의헤름홀츠와英國의 켈빈卿이다。그러나 隕石이地上에떠러질때는 거이다燃燒되어버리고마는데 그런高熱에 生命이갈어있을수는 到底히不能할것이오、또近來의研究에依하면 宇宙間에 生物의棲息이可能한 條件을가진곳은 地球外에別로發見되지않는다고한다。그럴뿐아니라 設或隕石으로온것이 事實이라하더라도 그는生命의起源을 定處없는空中으로 떠밀어보내였을뿐이오 참說明은못된다。

泛種子說 이것은 生命의原理는 宇宙안에 처음부터잇는것으로서 地球에잇게된것도 그星雲時代불어라고하는說로서그中에는 풀라이어와같이 微原子의運動을 말하는者도있고리히타와같이 生命의原種은 不絕히 天體로부터放射된다는 放射脈說을말하는者도있고 빼ㅣ크와같이 生命의原素가 無限한時代로부터 宇宙에있였다고하는者도있고、아레니우스와같이 宇宙間에遍在한 生命의微粒子가 太陽의光波를타고 왔다고하는者도있다。그러나 그어느것이였던지生命의참起源을 說明했다고 볼수는없다。오직轉嫁했을뿐이다。

以上의學說들은 生命은生命에서만 나온다는定理를 직히기爲하야 地球內의生命의起源을 外界의어떤 旣存生命에 求하려하는、主張들이다。그러나 近來科學의 研究結果는 이外來說을 積極的으로도와주는 有力한 證據가없는데 한便으로는 一八二八年 뵐라가尿素를人造하야 從來有機物과 無機物사이에는 嚴然한區別이 있다고믿던것이깨여지매、生物도要컨대 無生物에서 나온것이라는主張이盛하게되였다。

無生物進化說 이들學說의 先驅가된것은 따윈의進化論이다。그는生物의種의 起源을研究한結果 微生物에서부터 進化한것이라고하였다。그리고 거게서推論하야 그微生物은 無生物로부터 自然進化에依하야 나왔으리라고했다。勿論이는 一個獨斷이오 어떠케하야서 그進化가일어났느냐하는것을 說明하지는못한다。그러나 이進化學說로因하야 從來모든사람이믿어오던 特殊創造說의思想이 많이動搖되었는故로 科學者中에는 덮어놓고 自然進化說을믿으려하는傾向이 많이생겼다。그리하야 物理化學者 生物學者中에는 여러가지假說을 세워 生命의起源을 밝히려하는사람이있게되였다。

蛋白集成說 太古어떤때 空氣와溫度의 適當한때가있어 炭素、水素、酸素、窒素等의元素가 複雜한化合을하야 蛋白質을形成하야 그것이生命이되였다는 學說。

六

硝酸암모니아說 硝酸암모니아를가지고 生活物質의起源이라하야 이것을中心으로 或種의合成作用이생겨 그것이生物이되였다는說。

靑素說 太古의 어떤때에 炭素와窒素의化合物CN即靑化物根이 생겨가지고 그것을土臺로 生命의特質이라는 原形質이 되였다고 하는學說。(木村德藏著、生物學と生物進化)

이런것들이 모다그例다。그러나 元來이러한假說로 生命의起源이 說明이될理없였다。이러한學說들은 自然科學이 새로일어나매 그힘에過大한信賴를가진 學者들의 傲慢이라기보다도 차라리無邪氣한 自負心에서나온大言壯語다。從來의宗敎道德的인 世界觀에對한 反動으로 機械的世界觀이 人心을風靡하게되매 그들은 몇개의새로發見된 自然의法則으로 興奮된머리를가지고 自信을吐하게되였다。宇宙안에는 法則以外에 아모것도없다。人間의理知는 그法則을붙잡음에依하야 모든神秘를 풀수있고 따라모든것을 支配할수있다고。그러나 事實은어떠했나 그들이 아무것도아닌、一直線으로만 올라갈수있을줄알었던 平凡한듯하던山은 정작올라가면갈수록 無數한골짝이와 到底히넘을수없는絶壁이 四方에있어 처음에單純하게보았던것이 잘못임을알게되였다。近來科學에서 率直한不可知論이 많이나오는것은 이때문이다。그리하야 生命의起源에있어서도

物理化學의힘으로 說明해보자던 從來의膽大한 學說보다는 一層謙遜한 見解를가지는 說이나오게되였다。英國의로이●몰간같은學者들이 主唱하는 突變化說같은것이그例다。이說에依하면 生命은 自然進化의過程에서 突然히나타난것이다。元來따윈學說에서는 우에서말한것과같이 生物의進化는 無生物에서부터 하는 連續的變化에依하야 되였다고하였으나 研究가나간結果는 事實에있어서는 도리어그렇지않고 突然하變化에依하야 되는것이많음을 알게되였다。突變化論은 그것을高唱한學說로서 生命의起源에서도 無生物에서 連續的인變化로 되여나왔다고보지않고 突現한것이라고한다。그럼으로 生命은無生物과는 全然다른階段에屬하는 것이매 無生物을取扱하는 機械的方法으로는 說明할수없다고 하는것이다。마치酸素와水素가 化合하면 酸素도아니오 水素도아닌 그것과는全然性質이다른 물이되어나오는 것같이 生命은物質에서 나오기는한것이되 그것으로는 說明할수없다고한다。그러면 그前에없던 生命의特質은 어데서나왔으며 어찌하야나왔을가。突變化說은 여가對하야는 說明하는것이없다。故로이것은結局에있어서 生命起源不知論이라할것이다。生命에는 無生物에서 끄집어낼수없는 獨特한것이 있는줄알었다。그러나그것이 웨있는지모른다。이것은弱點이라면 弱點이나그러나分數모르는 大言壯語보다는 낫은 率直이다。

以上의모든學說의 主張하는바를 들어보면 그들이다갈이 한개의偶像에 붙잡혀있음을 알게된다。그는物質이라는것이다。그議論은各各다르나 다같이 어떤物質的인 原因에到達치지않으면안된다는생각은 一般이다。그들은불러「科學的」이라한다。科學的으로 探索한다던가 科學的으로闡明한다고한다。그러나 그科學的이라는 背後에는 物質的이라는註가붙어있다。物質的인것이아니면 科學的이아니라고한다。最近에와서는 이思想도 大部分修正이되어 量子에는 個性이있다는等 電子에는自由意志가있다는等하는말도들리나 아직一般사람의 머리에는 執拗하게붙어있다。그리하야 따윈以來의 機械論的인見解에對하야 不滿을가지는 突變化說에서도 實在하는生命에까지 가지않고 物質的인것의 特異한化合關係라는데 멈추고말었다。이것을우리눈으로보면 웨率直하게 神의創造라고하지 않는가하는것이 異常하게보이지만 科學者에게는 그렇게쉽게되지않는모양이다。勿論科學이라는것이 조곰웬만한것은 다神의倉庫안에 밀어넣고만다면 研究發達은 到底히바랄수없는것인즉 可能한限까지는 合理的說明을 하여야할것이다。그러나 理性에도 自然 極限이있으매 그以外에屬하는世界에對하야는 謙遜하지않으면 안된다。그런데十九世紀以來로는 理性萬能 物質萬能의偶像이 人心에固着하야 떠러지지않는다。故로무엇이던지 物質的인 說明을 붙이지않고는 말지않으려한다。生命은하나님이 創造한것인라할때는 마음에釋然한것을 느끼지않으나、蛋白質로되였다던지 靑素로되였다던지하면 究極의說明이 붙은것같이녁이고 安心한다。이는一見硏究心이 旺盛한것같이 眞實한生活態度인것같이 보이면서도 아니다。우리보기에는 도리어 그다음의 또原因을묻지않는것이 異常하다。生命이靑素化合物에서나왔다하자、그靑素라는것은 그러면웨생겼느나 하는것은 웨묻지않나。그러故로이것은 眞實한硏究心이라기보다 漠然한感情의 作用이라할것이다。時代의空氣라고도할수있다。物質萬能主義의生活이 사람의眞理探求心을 感覺的인것이아니면 解得을 못하리만큼 低下시켰다할것이다。그러나 이나게말함은 生命現象에對하야 科學的으로 探求하는것이 잘못이라는것이아니다。크게探求할것이다。그러나 그릇된推斷을 하여서는안된다。眞理探求心의 程度의低下라한것은 要컨대輕薄한 推斷을함을 말함이다。分娩의事實을알지못하고 幼兒를본다면 아무런學者라도 아무리그生活現象을 仔細히觀察하더라도、아마그것이 肺呼吸을모르는 母體라는딴世界에있다가 分娩이라는 한突發的事件으로부터 現在의生活이 始作되였으리라고 推論할者는없을것이다。아해自身이라도 그어머니가 말하지않는限 알수없을것이다。生命의起源에있어서도 그러하다。生命의物質的現象을 觀察하야 그根源을 推定하는일은 그와같이 危險千萬이다。現在의科學者의 假說이 틀린것인것은 그것을 生命界의實際에 證驗해볼때 分明하다。生物의生活에 認定하지않을수없는 目的性같은것은 機械的起源說을가지고는 到底히理解할수없는것이다。

生命人造와宗敎 그리고 이生命의起源에關聯하야 한가지興味있는問題는 生命人造論이다。우에서말한대로 自然科學者들은 生命이無生物에서부터 化學的化合作用에依하야 生겨났다고하는데 萬一그러하면、지금도化學作用에依하야 生命을人造할수있을것이다 하는생각에 그것으로機械說을 實證하여보려 애쓰는學者가많다。그리고萬一 그것이 成功된다면 生命은 어떤神秘로운 造物者의힘으로創造되였다는것이 迷信임어 判明될것이오 그렇게되는날은 宗敎의根據는 문허지는날이라고한다。宗敎家中에도 여기念慮를품어 熱心으로 反駁하려는이도있다。그러나이는兩便이다徒勞다。生命을人造할수도없고 한대도 生命이無生物에서 自然發生했다는結論이 반드시 나오는것도아니오宗敎가없어질것도아니다。學者들은 尿素人造한데 크게自信을얻어 이제科學이 더發達만하면 生物을人造한다고豪語를한다。그러나 그렇게無識한말은없다。科學이發達하면有機物은 人造할것이다。그러나 生命은안된다、生命은個性을가지는것이오 個性은歷史를지는것이다。生命은 歷史

的産物임을 저들은잊은것이다。生命現象을 人造하는것은 可能할일이나 歷史를人造할수는없다。有機物人造와 生命人造와는 區別해야한다。그러나 百步를讓하야 生命을人造하였다하더라도 그것은 곳 生命은無生物에서 自然發生을 했단말은못된다。假令어떤사람이있어 石窟庵의佛像을模寫한다자。아무런才操를가지는者라도 그一劃一刻을꼭같이 옮길수는없을것이오 設或 옮겼다하더라도 그것은 藝術은아니다。模造한것은 技術이오 藝術、아니다。藝術은 人格의産物이오 人格을模造하는法은 없기때문이다。그러나 그模造品을 藝術品이라고 萬萬假定을하더라도 石窟庵佛像은 原作者의人格乃至信仰의 所産이아니오、누구나만들수있다는 말은못된다。理由는 藝術的創作이라는것은 一回的인것이기때문이다。生命의境遇에도 마찬가지다。或은反問하야 模造品을보고도 原作品에서와 同樣으로感興을얻지않느냐 할지모른다。事實이다 그러나 그때의感興은 두가지다。原作者에對하야는 藝術家로서의讚嘆을、模作者에對하야는技術者로서의稱讚을 돌릴것이다。그리하야終乃 가이사의것은 가이사게로、하나님의것은 하나님게로 도라간다。模造되였다하야서 藝術家에 侮辱되는것없는것같이 生活物質을 人造하였다하야서 造物者의權能과榮光에 損될것이없다。疑惧不安의 宗教家여 安心있을지어다! 宗教가 그렇게 生命을人造하느냐 못하느냐하는데라던지、進化論이 眞理냐아니냐하는데 목을매는宗教라면 實로可憐한宗教다。그러한宗教는 사람을救援하기는姑舍하고 사람에依하야 自己를救援하기에 餘暇가없다。내생각으로하면 無生物에서 進化하야 生物이나왔다는進化論은 다事實이다。反對되기는姑舍하고 信仰을가지기때문에 事實이다。創世紀에는 무엇이라 했나。

「하나님이 갈아사대 따이 풀과씨맺는 나물과 各各그種類대로있는 實果맺는果木을 따우에내라하시니 그렇게 된지라……하나님이 갈아사대 물이生命있는 動物을번성케하고……」(一章)

땅이生命을내고 물이生命을냈다고 分明히말하였다。科學이 땅과물에서 生命의起源을 찾어냄은 當然한일이다。科學의잘못은 찾어낸데있는것이아니오 잘못推斷하야 自然的으로되였다고한데있다。動植物은 그만두고 사람까지도 흙에서나오것아닌가。흙에서나오라하야서 나왔다는것을 그事實을 조히나 가죽에쓴 聖書에서 發見않고、岩石과生物의 얼골에쓴 聖書에서 發見했다해서 하나님은없어진다고 하는사람이나、그런다고 神經過敏이되는者나 다어리석은일이다。創世記가 默示로 된것이라면 科學은그默示를 實驗하려는것이다。

大植物學者바ー방크先生과그의業績에對하야 (中)

一〇

楊仁性

〵바ー방크先生은 一八四九年三月七日米國「마사츄ー셋」州「랑카스타ー」라는 조그만한 시골에서 誕生하였다。그아버지는 英國出身으로 相當한敎養받는 紳士였고 그어머니는 蘇格蘭系의 血統을받은夫人이였다。아버지께서는 讀書에對한趣味를얻었고 어머니께서는 人生의모든것을 좀더美化시키자는 갸륵한熱情을 받은것이다。이두가지貴한精神이 그로하여금 一生을通하여 植物界로써 새生命을얻게하였고 따라서人生生活에美化를 어느程度까지 가지게하것인줄믿는다。先生은 남달리 어렸을때부터 꽃과 및모든植物의生活狀態를 特別히注目하여본것이다〵第十三次子息으로 태여난그는 物質的으로는困窮의境을벗지못했지만 시굴에태여난關係로 自少로植物을 接觸하는特典을 充分히가졌든것이다。어느날 그누우나(姉)가 한포기의 꽃을그에게주었는데 自己房으로가지고 가는동안 花瓣하나가 떨어졌다 그는이꽃살 하나를 어찌하면 [illegible]음과같이 부쳐볼가하고 終日그꽃을 만지고부치고 또부쳐보았다 한다。

또어렸을때 누구에게서 鍛仙人掌심은 花盆하나를 얻어가지고오다가 떨어트려서 盆은破損되고 仙人掌은부러졌다。그는 그날의悲哀를 世上떠나는때까지 잊지않고 이야기하였다고한다。그러나 이일이因緣되였든지 그로부터 半世紀後에 그젊을때의벗 곧鍛仙人掌을 硏究하여 只今은남들이 싫여하는 가시(刺)를除去하고 훌륭한香味를加하여 모ー든動物과 人間에게도 必要한食料植物을만든것이다 果然이것이야 人類의敵을變하여 親友를 만든것이라하겠다。小學校다닐때부터 다른先生들과 生徒들이깊은人生問題를論議할때 바ー방크는 한쪽의꽃과 空中에높이나는 종다새의소리를듣고 거기에興味를 가졌든것이다。랑카스타ー市에는 比較的整頓된 中學校가있었으나 家勢가넉넉지못한氏는 그도마칠수없었다。農閑期에 조금式다니고 年中大部分는 父親과같이農事에從事하였든것이다、多幸히近處에 圖書館이 있었으므로 틈을타는대로 거기에出入하야 良書를選擇하여 自然科學에對한 修養의길을열었든것이다。特히米國의大詩人이오 哲學者인 에머ー슨氏와後日大科學者된 아간쓰氏가 그父親과兄弟들의 親한벗이였든關係로、그들로부터 많은影響을받는好機會를얻었다。그後마사츄ー셋州우스타ー市에서 한職工노릇을하였다。그

報酬는甚히적고 일은大端히들었지만 그는조금도落心치않고 始終如一하게 勤務하는同時 한편으로耕作機械에對한 研究를거듭하여 改良式新機械를 發明하여 農夫의힘을많이 덜었을뿐더러 將來大發明家라는 囑望을받게되었든것이다。이러한研究로써 그의出世或은「成金」의길은 坦坦하였지만 그길을버리고 좁은길 即犧牲의길을 擇하게된것이다。그의生의目的은 全혀이世上으로써 좀더美化시키고人生生活을 좀더潤澤케하여보자는 一念이라고 하여過言이아니겠다。美를사랑하는 마음은植物生活에 一大革命을이르켜 그로써오는美로써 비로소滿足을얻었든것이다。이리하야 어느날 여러햇동 일하든 工場을버리고 多少貯蓄하였든 小資本을가지고 野菜園藝를始作한것이다。그中에도 어前부터 特히趣味를가졌든 馬鈴薯改良에全力을다하야 어떤馬鈴薯類의 特徵을發見하여가지고 累年研究한結果所謂오늘날「바ㅣ방크、포테토ㅣ」라는優良種을 產出케된것이다。이馬鈴薯야 참말漸次衰微의 길을밟는 馬鈴薯에一大革新을이르켜 오늘날全世界에 그恩澤을주는것이다。

그는이馬鈴薯(改良種)를 某富豪에게 專賣權을주고 그代償으로 一金一百五十弗의돈을 얻어 이로써 그의一生大事業을開拓하는 機軸을삼은것이다。每日炎天下에 長時間沒頭研究한 結果日射病에걸려 生命이危篤한때도 있었지만 奇蹟的으로 그도낫어가지고 年來希望하든 自由의天地即米州西部「칼리포니아」로 向하게된것이다。떠날때그의行裝에는 但十個의改良種馬鈴薯와 數弗의돈뿐이었다고한다。加州에到着한때는 一八七五年即 그가二十六歲血氣方盛한青年期였다。여기에서 그의激烈한 奮鬪生活은 開幕케되는것이다。當時加州는 아무리 오늘날같은豐饒한生產力을包藏한 土地였지만 어느누가敢히 着手하여開拓하자는 勇氣를갖지못한 不毛의荒野였다。그야말로 百折不屈의精力을가진 바ㅣ방크先生이아니면 到底히生念도못할것이다 그는거기에 가장適當한 種苗와計劃을 가졌지만 能히 着手할生念을못한것은 初面不知의生疎處라 朝飯夕粥도못할形便일뿐더러 머리둘곳도 갖지못하였다。이리하여飢餓線上에서 헤매다가 때로는不得已 市場터에가서 개가먹든뼉다귀를 주어다가 飢餓를免한적도 한두번이아니었다고한다。아ㅣ이世上! 얼마나無情하며 偉人을賤待하는곳인가? 全人類의恩人바ㅣ방크先生을 그처럼蔑待!

겨우어느날 하種苗所에 雇傭사리로 들어갔으나 말할수없는 薄俸이라 室料도支拂할수없어 農場한구석 溫室밑에서잣든것이다。이리하는동안 營養不足과 過勞가原因되어 極히衰弱한데다가 雪上加霜으로熱病에걸려 呻吟하게되었다。마는天佑의德으로 얼마後九死一生으로 回復의길을밟게되었다。이러한困窮에서도 그는조금도 落心치않고 倍前의앰비숀과 鐵石같은意志、金剛石같은 決心을구

大植物學者바ー방크先生과그의業績에對하야

준히가지고 나갔든것이다。數年間苦生하면서 얻은조그만한 實習地에다 여러가지種子를 부어實驗한結果 많은好成績을얻였으나 이에滿足치않고 한걸음더나가 植物의改良乃至創造者가되려는 野心을가지고、研究하여未久에 實로神通奇拔한 新種을着着現出시켜 世人의耳目을놀래게 된것이다。그리하는동안 어느날意外에 某農場에서 二萬株의 苗木注文이들어왔다。普通方法으로 이二萬株를만들려면 적어도二箇年以上의 時日을要할것이나 바ー방크氏는 그의膽大한機智를 發揮하여 九箇月間에 이注文을滿足시키고 따라서非常한利潤을 얻게된것이다。이오얏(李)은 今日世界無比의 名聲을가진 所謂「加州李」가된것이다。바ー방크先生은무엇보다 正直을 그의事業의第一義로 하였으므로 누구나바ー방크農場의 苗木이라면 두말할것없이 信用하게된것이다。

그러나 여기에 한難關이생기게된것은 이제까지 많은 惡戰과苦鬪로써 相當히基礎잡아놓은 種苗事業을 中止하고 植物改良이라는 新事業에着手케된 事實이다。그의知己와友人은 모다一口同聲으로 그無謀한企圖를 嘲笑하며 挽留하였다。차츰好成績을 얻어不遠에數百萬의 富를얻을것은 明若觀火한데 그事業을中途에 廢止하고 또新事業을始作함은 無謀한中에도 愚昧한計劃이라고 四方으로非難이들어왔다。그러나 그는心中에깊이가진 풀량이確實하였으므로 一八九三年에 드디어 이제까지하여온 種苗事業을閉鎖하고 新生面을開拓할改良事業을 始作한것이다。

新種을만드는 所謂改良事業은 莫大한費用을 要할뿐더러非常한努力과 忍耐를가저야한다。그러나 그로부터얻는 利益이란 甚히尠少한데 그名聲이벌서 歐羅巴全體에퍼저 날로殺到하는 注文에는 利益은姑舍하고 오히려損害볼地境이였다。또여기에한 큰試鍊이들어온것은 社會一部人士가운데서 그의不自然한 植物을만들고 奇怪한變種을 世上에提供하는것은 天父의뜻을 어그리고 따라서人類의敵이라는 陋名을씨우기 始作한것이다。어떤날에는 牧師가찾어와서 여러가지로 說敎하고 敎會에出席하기를 强勸하므로 다음主日에出席한즉、모ー든敎人가운데서 바ー방크는 新種을作成하여 하나님의能力을 冒瀆하고 全能한創造力을否認하는 背敎者라는 說敎를하였든것이다。大體로 牧師란 東西古今을勿論하고 이런凶測한 人物이많었든것을 斟酌할수있다。또한편에는親切한模樣으로 그에게나와 新種을많이讚仰하고 몇몇가지 얻어가지고 돌아가 그로써 自己名聲을내고 제가만든惡種으로써 바ー방크의名譽를毁損한것도 한두번이 아니였든것이다。그러나眞理와正直은最後의勝利를얻는法이라。그의淸高한人格과至誠한研究는合하여非常한業績을 나타내고야만것이다。그러나 우리는아무리 忍耐力이强하고 研究의誠이非常한그도 한 〔第十四頁에續〕

번이되는믿음이참믿음이다 (야고보二章二十二節)

姜濟建

俗談에 「一隻之樂이 所望을잃을가저푸다」 하는말이있으니 이는 외짝사랑의 쓸데없음을 말한것이다。 사랑이란 서로사랑하여서만 참사랑이오 외짝으로하는것은 사랑이 아니다。 같은眞理가 信仰에도있다。 외짝믿음은 쓸데가 없다。 하나님을믿는다고하면 그저하나님을 恭敬한다던가 敬畏한다던가, 그러치않으면 나혼자서 하나님을사랑하거니하고있는 일인줄만아나 信仰은 그런것만이아니다。 내가또하나님에게 信用을얻지못하면 안된다。 이것을가르처 번이되는 믿음이라고한다。

믿는다는말은 本來朋友間에 직혀야할道理를 表하는말이다。 朋友有信이라해서 東洋에서는 古來로 五倫의하나로 곱아왔다。 그런데 이朋友間의道理를 表하는말로 우리가하나님에對하는 態度를 말하게된것은 決코偶然이아니다。 벗이란 二心交密하고 萬事相通曰友 라하는것임애一方이아니오 雙方이다。 故로그사이에 직혀야할道理인 信은 相互的인것이아니면안된다。 이짝이 저짝을 믿기만하야서는 信이있는번이라 할수없는것이오 저짝이 또이짝을믿어서 서로믿어서만 참벗이라할것이다。 世上일을보면 내가남을믿는일은쉽다。 그러나 남이나를믿어주기는쉽지않다 참벗이 얻기어렵다는것은 이때문이다。 그런데 信仰에서도 마찬가지다。 내가하나님을 믿는다고 하기는쉬운일이다 그러나 하나님이果然나를 自己를眞心으로 믿는者로 信用해주는지않주는지는 疑問이다。 그리고 하나님의 그信用이있어 應答되지않는限 우리믿음이란 結局어리석은게집의 외짝사랑이다。 예수當時에도 許多한무리가 따라단이며 그를믿는다고 하였으되 그는 「自己몸을 저의에게 依托하지않였다」 고하였으며(요한二章二十四) 또 主여主여하는者마다 다天國에들어갈것이 아니라하였다。 (마태七章二十一) 내마음으로는 天國에 다들어가게 되는줄알고 갔던일이 門前에서 「내가너의를 알지못하노라。」 (마태二十五章十二) 하게되면 그런狼狽는없다。 그런故로 하나님이믿어주는信仰이 안되면안된다。 말하자면 하나님의 번이되지못하면 안된다。 그저하나님을 敬拜한다고만 하지않고 特히 믿는다고하는대는 그렇게 갚는뜻이있다。

聖經에보면 하나님이아부라함을 벗이라고했다고한다。 (이사야四十一章八)웨그랬나。 아부라함이本來 메소보다미아

번이되는믿음이참믿음이다

사람이라。그곳은故鄕이오 親族이있고 繁華한곳이오 떠날수없는 形便이였으나 하나님이 어떤理由로 저다려命하야 떠나라할때 順從하야 하란을向하야떠났다。또그나이 九十九歲요 안해사라의精血이 끊어진때에 오직하나님의 全能을믿음으로 이삭을나앗다。또그이삭을잡아 祭物로발이라할때 人情으로 참아못할일이로되 믿음으로 하나님은없는것을 있게할수있고 있는것을없게 할수도있는이로 믿고 命한대로 가멜山으로가 다른事情을 말할것없이百歲에얻은 외아들을죽여 祭祀를들이려고 칼을들었다。그럴때 하나님이 그아들 죽이기를 끊치고 따로豫備한 슈양으로하라함으로 그대로順從하였다。그러나하나님이 세번 아부라함의 忠誠을試驗함애 아부라함이 다順從하였다。그런故로 이것을 하나님이 옳다하야「네가 내번이라」하신것이다。그뜻은「네가나를 그처럼참믿는다。이제는 내가 너를믿는다」하신뜻이다。即 이제부터아부라함은 하나님의信用하는 人物이된것이다。이것이 저가信仰의아버지라는일음을 듣는理由다。

하나님의忠僕으로 信用을얻지않으면 우리信仰은所用없다。그리고 그信用을얻은때에 이미 종이아니오 번이다。예수말슴하시기를「이제는 내가너의를 종이라하지않고……親舊라하리니」(요한十五章十五)하였다。어떠케하야 忠僕의信用을얻을것인가。아부라함같이 主의뜻대로順從하는것이다。야고보가이것을가르쳐「行함으로말미아마 믿음이完全하게된다」(二章二十二)하였다。行한다함은 하나님에게서報酬를얻을 理由로삼기爲하야 功德으로삼기爲하야 하는것이아니오 저에對한忠誠으로 하는것이다。하나님은「꿑은사람이라」(마태二十五章二十四)우리가 마음을있는데로다주어 全幅으로信賴하고 그하라는데로 樂從하는것을 보지않으면 決코그의마음을 우리게주어 우리를믿어주지않는다。저는 입설에발은 말로하는 사랑에속는 이가아니다。

〔第十二頁의續〕 때不可不有의援助者가必要하였든것을 잊어서는안되겠다。이때마침그의熱誠과事業의將來를同情하는 한援助者가나타난것이다。그는 곧世界的富豪이고 또大事業家인카ㅣ네기氏다。氏는 每年一萬弗式十年間十萬弗의돈을提供하기로約束한것이다。이것이곧바ㅣ방크로하여금 참말安心하고自己의事業에全力을다하게한劃期였다。카氏가그의事業을援助한理由는 두가지라고한다。一、바ㅣ방크의事業는 人類의幸福을增進시킴에有効한것 二、바ㅣ방크의研究는學術的研究로서 後世에傳할充分한價値가있는것 等이다。果然이十年間十萬弗이라는金錢는 카ㅣ네기自身의利益이나 名譽를目標로한것도아니고 또바ㅣ방크一個人의利益이나 事業成就의뜻으로 준것도아니다。實로全人類의幸福學術研究의價値를 認證한結果이라하겠다。돈도 이렇게써야萬丈의生光이나고金錢의 참價値를 나타내는것이다。

聖書槪要 (二)

金 敎 臣

에스겔書의大旨

에스겔書는 舊約聖書中에서도 難解의書로서有名하다。特히 初頭와卷末이 甚하다。故로 유다人랍비들은 本書를三十歲以前에는 읽지말라고 訓戒하였다고 한다。

著者에스겔은 紀元前六二二年頃에 祭司의家門에出生하야 二十五歲될때까지 유다에서成長하다가、紀元年五九七年에 바벨론王느부갓네살이 유다를征服하고 유다王여호야긴과 함께 上流有爲의人物一萬名을捕虜로 바벨론에잡어 갔을때에 에스겔도 其中一人으로 잡혀갔다。但잡혀간데는 바벨론市內가 아니오 유브라데江의 一支流게발河畔의小都텔아비브이였다。捕虜들은 거기서 一種의居留地를 만들고民事上 宗敎上의自由에關하야는 比較的寬大한待接을 받으면서 生活하였다。이러한環境中에서 에스겔書는 記述되였다。預言書中에서 本書와같이 유다國以外의地에서著述된冊은 舊約에 다니엘書와 新約에使徒요한의默示錄이 있을뿐이오、此等세冊은 모다象徵과幻影의方法으로表現된것도 共通하다。

에스겔은 迫害를 받지않은預言者이였다。預言者라고하면 大槪「嘲笑와鞭楚、捕繩과牢獄、돌매와槍劍의害、窮乏과曠野의彷徨」等이 그生涯의附添物이다『선지자中에 누구던지 너의祖上이 핍박지아니하였느냐……』하고 이스라엘民衆을責망한 스데반의 부르짖음은 이通則을裏書한것이다。에스겔는 捕囚後五年에 預言者로서의召命을받었는데、初期얼마동안은 一般預言者와 다름없이 어느程度의迫害를 받은 일도 있었다。『성신이 내게感動하야 나로하여금 발로 서게하시고、또 나로 더부러 말슴하시며 이라사대 너는 가서 네집에 들어가 문을닫으라。너 인생아 볼지어다 저희가 줄을 네몸에 두어 結縛하야 그가운데로 나가지못하게 할것이오……』(三章二四、二五)라고。그러나 不遠에 에스겔은 捕囚會社에서 名聲이높아졌고、一般民衆의歡迎과 尊敬을받게 되였다(八章一、十一章二五) 그뿐만아니라 百姓들은 大小事間에 에스겔의門前에 모이어서 그意見을 듣는일을 一種의行世로 알게되였다。『인생아 네百姓의子孫이 오히려 담 곁에와 집門前에서 너를議論하며 各各그兄弟로 더부러 피차 말하야이르기를、請컨대 가서 여호와께로 무슨 말슴이 나오는것을 듣자하고 네게 오기를 百姓이 모이는것같이 하며、또 네앞에 앉기를 내백성같이 하고、네 말을 들으나 行하지 아니하니、대개 그 입으로 사랑을 많이

베프나 마음은利慾을 좇는도다。볼지어다 네가 저의에게는 音聲이 아름답고 풍류 잘하는 사람의 묘한 노래와 같으나 그러나 저의가 네말을듣고 준행치아니하는도다。云云』하였으니 (三十三章三〇―三二) 古來이스라엘預言者中에 이처럼民衆의流行件이된 사람은 類例없는일이다。그러면 에스겔은 그生涯가 平和스러웠고 社會에對하야 人氣높았기때문에 眞正한預言者가 아니였거나 或은低級의預言者이였든가。決코 그렇지않다。여호와의 말슴을 듣고 傳하는者면、그生涯가 平和하여도 富하여도 人氣있어도 預言者는 預言者이다。「預言者의生涯는 如此如此할것이라」「傳道者의言行은 이렇게하여야된다」는等 外形의方式에다 산人間을 마추어 넣으랴는人間固執을 깨트리기爲하야 平和한生涯의 預言者에스겔의存在하였음은 亦是하나님의 偉大한經綸을 찬송하게하는資料이다。

이스라엘民族에 預言者라는 獨特한型이있고、또한祭司라는特典이있다。前者는野趣滿滿하고 生氣潑潑하야 活火山의鳴動함과도 같다할진대、後者는 잘比하면仙女같고 못比하면人形같어서 規에依하야動하며 式에依하야止하는形式主義者이다。儀式과制度와傳統은祭司들의尊崇하는바이다 故로自由롭게 生命이躍動하는 預言者를逼迫하는 무리의首領은 恒常祭司長들이였다。그런데 에스겔은 實로 이後者에屬한—即 祭司型에屬한預言者이다。故로 에스겔의文章까지도 文人的形式을尊重하여 먼저主題를걸고 다음에 그內容을略述하며 차츰細目까지 詳述하는것이 彼一流의型이었다。그러므로 文章은構想을 깊이하였고 措辭를洗練하였다 할지라도 예레미야와같이 그文章에서 筆者의强烈한個性을 엿볼수는없다。實感을記錄한것이라기보다 想像을叙述한 筆致이오、經驗의人이라기보다 學問의人이다。에스겔이 祭司의子孫으로出生하였고、그性格과思想과文章까지도祭司臭 濃厚하였음은 預言者로서의 에스겔에게 名譽스러운일은 아니였으나、이것도 路傍의石塊로써 아브라함의子孫을 만들수있으며 匠人의 버린돌을 모퉁이柱礎石으로 쓰실수도있는 여호와 하나님의全能을 배우기에足한材料이다。徹頭徹尾 하나님의일은 外形에있지않고 內容은 하나님의意志如何에있다。勇將에게屬한弱卒이없고、여호와擇한바에不可함이없다。祭司型도無妨하다。

에스겔는 先天的으로 그思想과趣興이 祭司型이었을뿐더러、그環境이 저로하여금 더욱 中性的人物을 만들게하였다。저는二十五歲에捕囚되여 故國을 떠나게되였으니 亡國百姓의 現狀을目擊하면서 民衆을直接叱咤指携하던 經驗을 못가지고、다만傳來하는 通信에依하야 本國慘狀을 推測할뿐이오、捕囚中의閑時日을 讀書三昧에耽溺하야 널리東力의異國古典에까지 能通하였다。이처럼數千里에 相距하야 間接으로 選民의運命을 생각하며、大概讀書로써

學問을 일삼은에스겔에게는 이사야와같은 威嚴의強壓을 感할수없으며 예레미야와같은 純情에感激하기 어려우나 彼는 特히膽大한信仰의人이였다。當時의 이스라엘現狀을 目睹한者로서는 그將來에希望을 부칠수없는바이오、偏狹하고熱하기쉬운 따위信仰으로서는 벌서枯渴하야 自己의生日을詛呪하고 여호와를怨망하야 마지않을處地이였다。이때에 기우려진 유대百姓에게 다시中興의希望을約束함은 넓고깊은學問을 가지고 類달리豐富한想像力을所有하면서 멀리緩衝地帶에處한 에스겔이아니고는 못할役割이였다。

絕望한 유다國民을向하야 에스겔은 그本國歸還의約束을 預言하였고 (三十四章一—二七) 但只肉的意味의中興이 아니라 靈的更生이어야 할것을高調하며、그希望의原理는 『……내가惡人의 죽는것을 기뻐하지아니하고 오직惡人이 노리켜 그길을떠나서 사는것을 기뻐하노라。』 (三三章一一) 하는 하나님의聖旨에 두였다。彼의獨特한 筆法으로써彼의信仰을表現한것이 第三十七章一—一四節의「枯骨의復活」이다。여호와의命令一下에 骸骨이連結되고 筋이붙고 生靈이動하게되였다는 이信仰이야말로 當時의 이스라엘에게 要求되는信仰이오 이것이 에스겔의信仰인同時에 基督教의信仰이다。故로 에스겔書가 難解의書라 할지라도 이十餘節만은 에스겔書의核心이오 舊約聖書를通讀하는者의看過할수없는 個所이다。

「骸骨의復活」과 아울러有名한것은 「聖殿의淸流」를預言한것이다 (四七章一—一二。五里넘도록 건너갔어도 江幅의限을 볼수없는 그水量의豐裕함과、지나는곳마다 다당는곳마다 生物이繁盛함이 끝없는 그生命力、이열두節을 演繹하면 『내가 주는 물을 먹는 사람은 永遠히 목마르지 아니할지니、나 주는물이 그속에서 샘이되여 永生하도록 솟으리라。』하시며 (요한傳四章一四) 『……사람이 목마르거든 내게로 와서 마시라。사람이 나를 믿으면 성경에 이름같이 그배에서 生水가 江같이 흐르리라』고 (同七章三七、三八) 웨치신 主예수 그리스도에게까지 及하리니、預言者로서의 에스겔은 決코凡庸이 아니였다。

에스겔書의槪綱

一、예루살렘時代에關한豫言。(一•一—二四•二七)

(1) 에스겔이 預言者職에就함。(一•一—三•二七)

가、에스겔의預言의時代와 하나님의榮光 (一•一—二八)

나、에스겔의被召와職務。(二•一—三•二七)

(2) 예루살렘의運命에關한 네가지像徵。(四•一—五•一七)

가、예루살렘의包圍와捕囚의困苦 (四•一—五•四)

나、像徵의解釋 (五•五—一七)

(3) 이스라엘에對한審判。(六•一—七•二七)

가、이스라엘諸山의罪狀 (六•一—一四)

에스겔書의 槪綱

나、終末이 가까웠다 (七・一―二七)

(4) 罪와審判에關한 여러가지幻影 (八・一―一三・二三)

가、偶像崇拜의審判과罪의結末 (八・一―九・一一)

나、罪의都市의火燒 (一〇・一―二二)

다、여호와의榮光이消散 (一一・一―二五)

라、捕囚의預示 (一二・一―二八)

마、僞預言者의告發 (一三・一―二三)

(5) 이스라엘의眞實한悔改를要求함。(一四・一―一九・一四)

가、眞實하게悔改하라、葡萄樹의燒火 (一四・一―一五・八)

나、예루살렘의背恩 不實 (一六・一―六三)

다、朝三暮四의 유다王國에對한審判 (一七・一―二四)

라、賞罰 報應의原則 (一八・一―三二)

마、이스라엘方伯과君王에對한悼歌 (一九・一―一四)

(6) 예루살렘陷落의最後警告。(二〇・一―二四・二七)

가、罪惡의過去와 禍福의未來 (二〇・一―四四)

나、느부갓네살의 可恐할軍勢 (二〇・四五―二一・三二)

다、이스라엘의上下階級의罪狀 (二二・一―三一)

라、오홀라와 오홀리바兄弟의罪過 (二三・一―四九)

마、끓는 가마譬喩(예루살렘의滅亡) (二四・一―一四)

바、에스겔의喪妻 (一五―二七)

二、異邦諸國에對한審判 (二五・一―三二・三二)

(1) 隣邦에對한審判 (二五・一―一七)

(2) 두로에對한審判의言明 (二六・一―二八・二六)

(3) 애굽에對한審判의言明 (二九・一―三二・三二)

三、將來할王國의準備와變化 (三三・一―三九・二九)

(1) 個人의論理的敎訓(責任의歸趣) (三三・一―三三)

(2) 牧者의職責(爲政者의責任) (三四・一―三一)

(3) 세일山에對한審判 (三五・一―一五)

(4) 國土와百姓의更新 (三六・一―三八)

(5) 國民의復活(枯骨의復活) (三七・一―二八)

가、枯骨의復活 (一―一四)

나、두 막다기의譬喩(유다와 이스라엘不可分離) (一五―二八)

(6) 마곡따의곡에게對한審判。(三八・一―二三)

(7) 곡의滅亡과 審判의目的 (三九・一―二九)

四、메샤王國時의 이스라엘 (四〇・一―四八・三五)

(1) 聖 殿 (四〇・一―四三・二七)

가、東西南北의大門及卓과房과 행랑房 (四〇・一―四九)

나、聖殿의尺數와部分과裝飾 (四一・一―四三・二七)

(2) 聖殿職員과儀禮行事 (四四・一―四六・二四)

가、方伯들의出入門、祭司職의資格 (四四・一―三一)

나、土地의聖俗分配와秋收節其他의儀式 (四五・一―四六・二四)

(3) 聖地의美와區域。(四七・一―四八・三五)

가、聖殿의淸流(生命生)와聖地의區域 (四七・一―二三)

나、十二支派의分割 (四八・一―三五)

文明과結婚에對한一考察

楊仁性

文明과結婚에對한 關係는얼는 生覺할때何等의關聯이없을것같이생각되나 古今을通하여 여러民族과 國家또는個人을따라 調査하여볼때 甚히緊密한關係가 있는것을否認치못할것이다。大體로早婚은 國家、社會、個人에對하야 惡影響을주는것이다。勿論文明의 盛衰를左右함에는 政治、經濟、文學、藝術、宗敎等 그原因되는것이 많겠지만나는 이것을 生物學的立場에서볼때 早婚이라는 奇現象으로말미아마 父母의不充分한 遺傳性을子孫에게 傳하여 結局既成文明國은 漸次衰退의길을 밟게되고 未開國或은民族은 그대로野蠻的現狀을 벗지못하고 마는것이아닌가 생각한다。이것을 實際的例를들어 硏究하여보면

一、現代未開民族及國家의結婚期

一、亞弗利加에있는 未開民族中의하나인 풍퀘ㅣ스族은 女子가 十歲만되면 結婚하고十四歲에産兒 二十歲되면老婦가되고마는것이다。

二、南亞弗利加에있는 후ㅣ지族은 極히野蠻的民族인데 몸에는 衣服도 가리우지않고 漁獵으로生活하며 靑年이魚鳥를 捕獲할能力이생기면 女子를掠奪하여 一家를構成하는것이다。女子의結婚期는 十三四歲。

三、西北亞弗利加에있는劣等民族훗텐톳트族은 多少前二者에比하여 볼만한것이있고 道德的으로도過히망측(妄惻)치는않으나 女子가十二歲만되면 生産하기始作하는것이다。

四、봇슈만族은 훗텐톳트族의 退化한民族인데 食物은 昆虫、배암(蛇)、草根木皮等區別할것없이먹고 結婚은旣婚未婚의別이없이 女子가約十歲만되면 掠奪을當하는것이다 男子의身長은 五尺未滿의矮軀이다。

五、印度洋中에있는 앤다만島의 住民은 世界人類中가장劣等民族의하나이다。法律과道德이없는것은 勿論 物件을헤는 數字도一、二에서 지나지못한다。그러나 熱帶에사는만큼 早熟淫逸하여 女子가十二三歲만되면 産兒하나 生産期가 훨신늦인英人에게 敗北되여漸次衰退의 悲運에들어가고 마는것이다。

六、濠洲에住居하는 土人은 婦女子를暴力奪取하여 結婚하는習慣이 있는故로 女子를尊敬하는 生覺이없는것은勿論 恒常그妻를虐待하야 傷處가 몸에서 떠나지못하고 性慾을放肆함으로 女子가三十歲만되면 生産을中止하는形便이다。

七、「포리네시아」諸島의土民도 貞操의觀念이없고 女子가十歲만되면 結婚을始作할뿐더러 特히奇異한習慣은 初生兒로 第三兒까지는殺害하고 第四兒부터 養育한다고한

다。그意味는 後에生産한子息이 初生兒보다 優秀하다는 觀念에서 나온것인데 이것은一種無意識中에 晩婚이早婚보다낫다는 優生學的學說을 立證하는것이다。

八、米國加州에사는 뎃가ㅣ인데안族은 漁獵으로 食物을取하나 魚鳥를얻지못할때는 草根木皮또는昆虫으로 延命하는것이다。女子가十三、四歲면、結婚하고 二三兒를生産하면 벌서斷産하는것이다。

九、에쓰키모ㅣ族은 北氷洋寒帶에사는 民族인데 靑年이膃肭獸、獵虎、等을捕獲할能力이생기면 結婚하는데 男子가十六七歲 女子는多少늦인模樣이다。一般으로身長이極히矮小하다。

十、파다고니아人은 南米에사는 民族인데 知識도多少進步되고 品行도方正하며 體育도尊重한다。女子가十七歲될때까지 結婚하지않고 暴力的으로 結婚하는現象은없다 大體로 諸인데안族中에最高位를 占領하는것이다。

十一、埃及人、最古文明國의하나인 애급民族은 古代에는 相當히晩婚이였든 模樣인데 차츰早婚의 弊風이생겨서 現代에는男子가 十四五歲만되면 婚姻하는者가많아 그精神及肉體上에 많은惡影響을 招來케된것이다。

十二、印度民族도 早婚의弊風이있다。全體로 그런것은아니나 그原始族인 와라리ㅣ族은 男子가十五六歲、女子가十二三歲면 結婚生活에들어가는것이다。

十三、支那民族도 大體로早婚의 弊風이있다。古代에는孔子나 老子같은이의 傳記를보아도 相當히晩婚의風이있였든模樣인데 近代에와서는 男子가十五—二〇歲까지 娶妻치못하는것을 一種羞恥로 생각하게된形便이다。이것이오늘날埃及、印度와같이 支那의悲運을 招來케된大原因의하나이아닌가 生覺한다。

十四、우리朝鮮은어떠한가。往古의일은모르나 近代에와서 大國支那의弊風을 本받는지 男子가二十歲以內 甚하면十二三歲에 結婚하는例가 于今적지않게流行되고있다。아ㅣ이것이 不知中오늘날의 軟弱한朝鮮을 비저낸큰原因이아닐가?

二、文明의先驅者인 古今世界偉人들의 出生時 父親의年齡

某學者가 世界歷史上에나타난 六〇〇의偉人들 出生時父親의年齡을 調査한것을보면 甚히놀랄만한것이많다。그러나 나는여기에그中에서 내가알만한約六十名의 人物들만選出하여보면 다음과같다。

(가) 父가五十歲以上에出生된偉人

아리스토테레스　알후렛드大帝　모세
오ㅣ거스투스　베ㅣ콘　釋迦牟尼
孔子　큐비에ㅣ　뚜랑클린　라이푸닛츠
핏트　토레미ㅣ二世　세네카　솔로몬　等

(나) 父가四十五—五〇歲까지出生된偉人

따 테 따ー윈의祖父 글랫드스톤

훔볼트 헉슬레ー 밀 톤 오ー웬等

(다) 父가四十一—四十四歲까지出生된偉人

비스말크 크롬웰 따ー윈

라말크 페ー타ー大帝 웨브스타ー等

(라) 父가三十五—四〇歲까지出生된偉人

카ー라일 빠ーㄴ즈 게ー테 골드스미쓰

렘부랜트 워싱톤 왓 트 말사스

넬 손 뉴ー톤 쉑쓰피아 실렐等

(마) 父가三十一 三十四歲까지出生된偉人

에머ー슨 켄 트 밀 라스킨 웨ー링톤

베ー토벤 바이론 갈리레오 링 컨 룽쎄로ー

마코ー레ー 몰트케 라ᄯᅡ엘 等

(바) 父가二十五—三〇歲까지出生된偉人

ᄯᅡ라데ー 라이엘 뮤라ー

그랜트 리빙스톤 그레ー 마호멧트等

(사) 父가二十五歲以下에出生된偉人

나폴레온 한니발 等

以上은 六〇〇人中에서 約一割을選出하였음으로 仔細한 것은 알수없으나 大體로그父親의年齡이높을수록 偉人의 比例가많다는것이다 (휠ー드氏)

그러면 以上實際的例로써 早婚하는民族일수록野蠻的地位를 벗지못하고 또아버지의年齡이 높을수록偉大한人物을產出하는度가높다는것을 大綱推測할수있을줄안다。이것은遺傳學에서 말하는獲得性의遺傳이 그렇게한것이라고밋는다。即아버지의身體와 能力上에엇은性質은 使用의度와 그期間이길수록 比較的그分量이많을것은 定한理致다。그럼으로可及的使用의期間을길게하고 分量을많이하여 그좋은性質을次代에遺傳시키면 거기에自然히進化가있을것이다

이理論은空論이아니라 實際的으로 近代實驗遺傳學者들이 牛馬를飼育하여 實驗改良한結果 八九代間에一代의壽命을次代의그것보다 倍나延長시킨것이다。即生產의期間을 늦게하고그사이에 使用하여엇은 身體及性質上에나타난特性을子孫에게 遺傳시키게한것이다。(人爲的陶汰法)

勿論 우리人間에있어서는 다른下等動物과같이 人爲的으로陶汰시키기는 어려우나 (그러나米國、獨逸같은나라에서는 벌서惡質遺傳性을가진사람은 結婚을禁하는法律을設定한것이다) 一代로次代를가는 期間을길게하고 그사이에 心身을充分히鍛鍊하면 自然히陶汰가될것이다。그러면끝으로向後 어떠한民族、國家及個人이世界最高地位를 占領할것인가? 大體로早婚하지않고 父母의年齡이 相當히늦일때까지敎養하여 比較的完全한遺傳性을 엇은後結婚하여人口를適當히增殖하는民族及社會가아닐가 생각하는것이다。

聖朝通信

一九三六年七月一日 (水) 曇、後雨。今朝登校時에 黃金町네거리에서 交通巡査에게 「스톱」을當하다。自轉車通行의 規定에 不明한故로 이런事變。登校하니五分遲刻。歸途에木材商巡訪、울타리감購入。

七月二日 (木) 雨。밤새도록降雨、아침에 前川물이 相當히불었다。雨量洽足한모양。빠스와電車가 超滿員 大混雜。○歸途에孔德里에 들리니 懷舊의感이적지않다。

七月三日 (金) 曇。近來에는 宴會마다 모조리缺席하였드니 聖者로써 自處하고자한다는등 世評이 요란스럽게될 形勢이므로 今日은 함께 參席하고저하였다가 또다시 紛忙失禮하다。스스로 판단하여도 未安스럽고 격정스럽다。

七月四日 (土) 晴。今日도宴會缺席。昨今兩日은 울타리工事。

七月五日 (日) 晴。途中에서 自轉車빵크 나서 午前集會에五分間遲刻。마가복음第八章二十二節以下講解。今日 復活社 金牧師宅에서 生後一個月인 강아지 한마리 얻어다 길르기로하다。

七月六日 (月) 曇。에티오피아皇帝의國際聯盟에向한最後哀訴도 水泡로 도라가고 聯盟은도리어 伊太利에對한 制裁規約을解除하기로 多數可決하였다고。그런즉 全世界에現存한帝 六人이시라고。其一은 에티오피아皇帝 하일레·세라시어一世陛下、其二는 前獨帝윌헤름三世。其三은前불가리아皇帝펠지난드陛下、其四는 前삼皇帝프라지야데니포ㅡ크陛下、其五는前아프가니스탄皇帝마마누ㅡ라陛下、其六은 前西班牙皇帝압폰조陛下等等。失職한 帝位의末路에 御同情不禁。○午後에賞春園設宴에 不得已參席하였으나 早退如前。○某君으로부터「방애인소전」第六版의寄贈을받아感謝。

七月七日 (火) 晴。再昨日에新來한 강아지가 밤사이에 없어졌다。大騷動으로 찾은結果에 隣家의 세파ㅡ드犬이 물어다 죽인것이發見。惜哉。痛哉。憤哉。○任蘭宰君의 訃告에 놀라다。人生如露。

七月八日 (水) 曇。登校途次에 入院中의生徒尋訪。○吸煙中에 發見된生徒가 擔任班에 있었으므로 長時間說論後에 撻楚三十個를 따리다。저를 보낸後에 그리스도의 이름으로祈禱。實로二十世紀學校敎育의 一奇觀일것이다。

七月九日 (木) 小雨。七月號의原稿를겨우今日에야 完結하야 印刷所에廻附하다。今七月號까지는 何如間繼續될모양이니 此亦奇事。○意外의處에서 聖朝二十部의注文에接하니 이것도奇事。

七月十日 (金) 曇。昨日부터 第一學期考査시작。昨今兩日의 京城日報社說「落第廢止論」에 깊이感動하다。때마침 學期試驗週間임으로 敎務室黑板에다「七月九、十兩日 京城日報社說要錯讀」이라고特書하야 同僚諸氏의注意를 喚起하다。○第三種郵便物認可에關한 住所移轉届의件으로京城遞信分掌局에往返。○南平長老敎會堂의長老派와 敎役者派의肉搏戰이紙上에報道되다 聖戰!

七月十一日 (土) 晴。聖朝誌出版으로因하야 平素에 博物敎師된者의責任을 다하지못한바 많었음으로 그天職의 百分之一이라도 夏季休暇中에補充할까하야 다른中等學校博物敎師들 參加하는研究採集會合에參加하라는 校命을待하려하였더니、다른敎師들과의 均衡을 圖謀하기爲하야 아무일도 企圖하지않기를 願하노라는 學校當局의 意思를알었음으로 이에博物敎師로서의 良心의苛責도免除함을받고、休暇四十日間을 北漢山麓에 온전히 들앉아 히브리語文典이나 習讀하기로 決定하다。이런일을 생각하더라도 聖書朝鮮出版에 關한限으로는 우리學校같은學校가 世上에 다시없는줄로알다。博物敎師가 文典工夫나 하고있으면 學校일도바르되고 聖朝에는 勿論直効가 나고。○今日 어린이 타는 三輪自轉車하나 購入하니 내살된 正孫의 기쁨도 가쁨이어니와、四女에 一男 생긴집에서 至今까지 八年餘間의 女子用品만 사드리던집안에 男兒用玩具를 사주는 어버이의 기쁨도 못하지않다。

七月十二日 (日曜) 晴。아침에 헤티마덕을 만들고、午前十時半부터 復活社講堂

에서 마가복음第九章一—十三節의研究。이로써 今學期의集會完結。今日 金牧師宅에서 第二次로 강아지 한마리 얻어오다。이번은完全히 養育하고저決心。午後에는七月號의再校正。○神學世界誌에서 任英彬氏라는이의「組織? 無組織이냐?」라는 無敎會主義에對한論難을 읽고 놀란것은 (1)任氏는 無敎會信者와面識이없는 사람으로보이는것、(2)聖書朝鮮誌는 읽은일없고 特히最近發表된咸錫憲兄의「無敎會」를 읽지못한모양、(3)咸兄의「無敎會」란 論文을읽고서 거기對한反駁으로 쓴글이 이렇다면 任氏는甚히朦朧한 老人이시나 不然하면 該博한學識을 가졌어도 發表能力이甚히幼稚한 어룬이신것같이보이다。如何間朝鮮神學界의雙璧을 自任하는 協成神學의機關誌에 실린 論文으로서는 貧弱하다기보다 차라리朝鮮의羞恥를 感하게한다。어듸서 한번根據있는 無敎會排擊論이 出現하기를 期待한지 오라것마는 不幸히 아직未讀。

七月十三日 (月) 晴。午前中은 印刷所에 가서 校正하고 午正부터登校監試。점심時間을 얻지못하야 監試하는敎室에서 삔또。午後에는 雜誌件으로 警務局圖書課에 往返。○益馬高原에서 病席을 고마워하는 消息如下。「先生님玉體平安하십니까? 너무오래동안 消息을들이지못하와 未安千萬입니다。生이벌서 表記住所에 移來한지도今日까지 滿一個月이되오나 消息을들이지못한關係上聖朝誌도 ○○○에와서 中落되였는지 拜讀치못하였읍니다 그동안너무忽忙하와 如是通信이늦었아오니 容恕하여주옵소서。聖朝誌全部를 ○○○어느親舊에게 빌려주고 偶然이드러왔더니 住所도分明히몰라未詳한住所를 써보냅니다。來月分부터는表記住所로 付送하여주시옵소서。時間에餘裕없아와 讀書生活엔一大打擊을받습니다」午前六時半에나가午後十時에退勤케되니 나個人의時間이란 잠자는時間밖에없읍니다」今日은多幸이病으로 잠시休暇를얻어片紙도쓰고冊도봅니다。이런때에病은苦로움이아니라 도로혀大端기쁩니다。主께感謝합니다。아ㅡ멘」

七月十四日 (火) 晴。夜曾雨。「하늘은 하나님의 영광을드러내고 궁창은 그손으로 지으신것을 나타내여 보이도다……ㅡ」라는 詩人의發言은 읽을수록 觀察할수록 偉大한 自然觀이다。○午前中은 印刷所에 七月號校了。午後는登校監試。○近日에 훌륭한人士들이 本社近隣으로 移住하고저 市內로부터 住宅地探査로來踏하는이가不少。今日도 某先生夫妻來踏한結果 이洞內에서 第一좋은 位置는聖朝社요。다음은 그西隣이라고하야 畢竟우리西隣을 買收할것같은 意向。善한 이웃의來住를待하는 마음懇切하다。와보는이마다 本社의位置가 집터로서 殊勝함을 칭찬하면서「어떻게 이런좋은자리를 골라잡았느냐」고 하지마는「골라잡은것」이아니라 「생긴것」이오 分外의 줄이 그렇게 떠러진것이오 主께서 마련하야주신것이다。○本誌가發行日보다 遲滯되는일이 드문일이 아닌것과、그主筆이 다른職務를 가졌어 雜誌일에만 專心하지못하는줄 아는讀者들인故로、웬만히 늦어저도 좀처럼督促이라든지 照會라든지 하지안는法이오、이것이또한 彼此의情分인데、참다못하야 보낸照會二枚今日到着。그二枚가 모다嶺南發인것은 奇異하다」其一「웨ㅡ聖書朝鮮의發送이 이러틋 더듸오니까、또누슨變動이 生起였습니까。항여先生님의 貴體에 아모런事故나 없었는지요。발서十餘日前부터 날마다가다리고있읍니다 一次回示를苦待합니다。그리스도聖恩이 貴社와 先生님우에 豐盛히나려지어다」。其二「敬頌貴社益益聖恩中發展向上하심을 祈禱하는바이외다。聖朝誌七月號 아직 到着되지아니하오니 어떤故障이나있어 그러하온지 마치어린 아이가母乳를 思慕하듯하옵니다。或은主幹先生님의 身恙이나서 그러지나 아니하온지 알고저 하는마음 간절하나이다」

七月十五日 (水) 曇。昨夜에 시작할듯하던비가 不過數分後에 끗치고、또晴天이 될듯하야 待雨의失望。○모기에게 잠이깨여 새벽三時半에起床。蓄音機나 라듸오 보을 踏코 들려온다。藥師寺종소리 松林다 훨신詩的이다。前住所近隣에 無敎養한 富者가 있어서 밤낮高度의 擴聲機로써全洞內에 라듸오를放送하야 요란스럽게 굴

聖朝通信

더니 貞陵里에 온後로는 그妨害를 除한것이 一幸。但 附近에 文化生活하는이들이 없지않어서 피아노와 蓄音機소리가 全無하지는 않으나 彼此相當한距離를隔한 果樹園서게 삶으로 우리書齋의 靜肅을侵害할程度는 아니다。○忩繁한 하루였다。하루일을 順次로列記하면如下。午前四時頃부터詩第十九篇 以下四五篇을朗讀、祈禱及日記의一部分記入。今日쯤은 雜誌가製本出來하리라는 豫想으로써 皮封쓰기 시작。慾前에있는 도마도와 수세미(헤티마)가 助力을求하므로 食前에暫時 農夫노릇하다가 登校途次에 印刷所에 들러서 走馬加鞭格으로 다시한번 督促하고、登校하야 午後三時까지 試驗監督。於間에 使人으로 住宅貸金利子를 殖産銀行에拂込。監試하면서 벤또먹고 雜誌皮封쓰기繼續。今日로써 第一學期考査完了。答案採點하며 不良生徒責罰等 하는中에 製本되겠다는 電話를받고 午後四時에校門을나와 印刷所로 自轉車를 달리다。印刷製本된以上에는 一時刻이라도 速히傳達하야 待하는마음을 解際할가하야 印刷所給仕들의助力을얻어 먼저記名한 皮封부터發送하다。但本社事務員(家兄)들보다熟練이못되여서 皮封이 우습게 되였으나 急한터이니 그대로發送。今日午後五時半에 余輩가主人格으로 設宴할番이 되였으므로 正刻十分前에 印刷所發、全速力으로 會場인靑木堂에至하니 五分前。遲刻은 안되였지마는 早退할수없어 滿二時間接對。이二時間을 善用하였으면 雜誌大部分을 今夜車로發送할수있을텐데 하고생각하면 焦燥하기 짝이없으나 叅席하신 손님들爲하야 일부러 완완한척하면서 七時半散會時까지 참다。손들을 보내고는 京城郵便局에 들러 切手不足했던것幾部를 마저發送하고 堅志洞 印章舖에注文하였든 新住所의社用고무印을 찾고、市內書店數處에 七月號雜誌를配達하면서 東小門警官派出所앞을 어둡기前에 通過하고저 全速力으로 車輪을굴리다。黃昏의自轉車道路에는 저마다死力을다하야 疾走하니 生命아까운줄 아는사람들같이 보이지않다。頭燈을具備못한까닭으로 是非살까 두려함이다。當幸히警官의 是非에 걸리지않고 東小門을 나서 三仙坪을 지난때에 敦岩町 最終뻐쓰를 만나다。八時半에歸宅하니全身이 땀에 잠긴듯。一浴後에九時부터家人들助力으로 雜誌皮封싸기와氏名쓰기。十時지나서 마태복음第十六章을輪讀한後 식구들은 먼저쉬게하고 홀로皮封의氏名쓰기와聖朝通信記錄。十二時十五分前에 이르러 꺼꾸러지는자처럼就床하니 하루가 가다。일어나면서부터 누을때까지 一刻도 심심한時刻이없었음이感謝。

七月十六日 (木) 曇。멀리鷄鳴을들으면서 起床하야 세수하고나니 藥師寺승님의 讀經과鐘치는소리 들려오다。正히四時半된것。聖朝寺에서는 詩第二十五—七篇을朗讀하고 데살로니가前書를 通讀하면서祈禱。다섯時에 南편쪽山에서 꿩이 나래치면서 운다。八月號는 일즉이產出하려고祈且力。○第三種郵便物見本差出局이 西大門局으로부터光化門으로變更되여今朝에第一回納本。登校하야大掃際及採點。休暇中에 읽을課外책으로 (1)新約聖書 (2)번연의天路歷程 (3)롱펠로作에반젤린 (4)方愛仁小傳 (5)유—고—의레미제라블 (6)루소著에미—ㄹ (7)퓌히테述 獨逸國民에게告함等을 生徒에게 薦하다。各其內容紹介의말을添하야。

七月十七日 (金) 雨。昨夜밤중부터 바오시니甘雨요 또慈雨로다。○近來에京城市에는 輕氣球利用의 廣告가 大流行인듯하다。不遠에飛行機廣告도演出할터이지。○採點交附의날이라 正午五分前까지에 겨우擔任學科의採點을畢하야免責한것이當幸이었다。○遇然히 市內뻐스에서 M氏를만나 鮮光印刷所의改造된消息을듣고 歸途에鮮光印刷所에 들러서 支配人金教英長老의經營抱負談을聽取하는中、朝鮮에도印刷所답은印刷所가 出現될것을 內心에 기뻐하지않을수없으며 오랫동안祈願하여오던聖朝誌의印刷所는 이곳에서充足될것이 아닌가 싶었다。

七月十八日 (土) 曇。日間은 낮이나 밤이나 成績調製에 沒頭하다。今夕까지에通信簿記入을 마추고 宿直으로 蓬萊寺에留宿。○外地에留學하던 卒業生들이 따름따름 休暇歸省하야 母校를來訪하니 저들을

面接할때마다 반갑기도하고 부끄럽기도하고 憤氣나기도하야 空然히 마음만散亂하여진다。筋骨이健康한體軀로써母校를못잊어하는갸륵한心情을 보여주는일은 반갑고、日就月將하는 彼等의學窓生活로써「其間先生님은 얼마나 進步햇느냐」고 返問하는듯한 얼굴을接할때는 따뻔하고섯는敎師의 얼굴이 몸시 확곤확근하고 그心情이스스로 左衝右ㄴ할듯이激하여진다。그러나有益한것은 向上하는人物들과 面談하는時間이다。

七月十九日 (日) 霧。晴。今日午前十時부터貞陵里本社에서禮拜。普通學校第一學年과四學年아이 둘을相對로 主日學校를 시작하다。關西大學神學部에 在學中인李昌鎬君이 來參。누가福音第二章四十節以下에依하야 이야기하다。몇을前부터 매압이 울다。○閉會後에三回의 來客을接待하고 나니多少困疲하다。

七月二十日 (月) 曇。後晴。今日로써第一學期의終業式。待望하든 夏季休暇가 왔다。○隣國支那에서는 中央과 西南派의抗爭。今番으로써 中央政府의統一事業이 一階段더硬化할듯하다하니慶事。○歸途에 예수敎書會에 들려서 委託販賣의 上半期會計를받고、다시鮮光印刷所에 들려서 八月號부터 印刷할것을 最後로決定하고 原稿를手交하다。

七月二十一日 (火) 曇。今日午後에 安鍾元先生이 敬三老人으로 더부러 來訪하여 주서서、入宅一朔餘에 이런榮光이 다시없었다。吳葦滄先生은 七十有三歲의高齡에아직도壯者에 넘치는健康이었다。젊은主人이 老人을迎接하라니 오직感激이切實할뿐。前庭의 참외와 後庭의 샘물을 떠서돌이니 모다 달다고 칭찬하심도 惶悚한일。

○今日終日書齋를 지키라니 庭球하자고 請하는이도있고、장가 들자고誘引하는 친구도 있다。休暇니까 閑暇할줄로 알아서 서로慰安하고저함일터인데、今夜도 밤(새벽)두시까지執筆。

七月二十二日 (水) 晴。驟雨。印刷所로 가기爲하야 東小門을 넘어入市하다。社務로鐵道局圖書館에往返。途次에養正에 들려郵便物취심하다。途中에驟雨를 만나면서歸宅。願컨대 聖朝以外의 事件으로는 夏休中에 한번도入市하지말기를。○今夜이웃집에서 찬송가 연습하다。

七月二十三日 (木) 晴。午前中은 舊約工夫。午後는 도마도 밭에 덕을 만들다。○午後에連續的으로 來客三回。첫째번에는 田園生活하기爲하야 먼저高農에入學하겠다는學生에게、農事에關한知識과 技術보다도 흙과農村을 참으로 사랑하는精神을 培養할것이基礎工事요、高農卒業後에 十年間은 自己의修業을積하야 自身부터 老農된담에 他人을 指導할것이라고 述하고。둘째번은 婚談이가로 우리의貧困相과 無識함과 非모던的인 舊式訓育等等의缺陷을披露하다。셋째번은 우리의敬愛하는親友가 우리를毁謗하더라는報告를 携帶할터입으로「그런말을 일러주어도 조금도 怨하지도않고 고맙지도않소。두고 보니까 親戚과親友間의不和라는것은 間歇泉모양으로 大槪週期的으로 噴出하는것인데 그대로 모르는척하고 두어두면 不遠에復舊될것이오。가까우면 싸움도잦담니다。다만念慮되는것은 네가前에 나의 가까운親族을怨망하여보고、骨肉같이 지나든親友를 惡談하여보니까、듣는사람들이 돌이어 나를蔑視합디다。가까운處地에 섯는者를毁謗함은 하늘을向하야침배앗는 일과 마찬가지외다。그 침이自身의 얼굴에 떨어질것은定한일이외다。우리의親友가 萬一에라도 당신의 말과같은일이 있었다면 나를傷하려다가 自己自身의德을傷할가 두렵습니다」云云。接客으로多少疲勞。夕飯後는 찬송가 연습하다。

七月二十四日 (金)雨。昨夜以來로豪雨。개천물이 많이불다。舊約을工夫하라니 聖書에對한趣興이 漸次로復興된다。비 끊친틈을 타서 도마도와 헤티마 밭에施肥하다。○平澤聖潔敎會의脫退宣言書飛來하다。

七月二十五日 (土) 雨。개천이漸次增水하여 食前은 개천修理。洞內交通의一部分은 杜絶되고 松亭橋로만 돌아다니게되다。午後는鮮光印刷所에就하야八月號校正。初校는旣畢하여주었어 수고가 매우덜리다。

本社移轉通知

京城府外崇仁面貞陵里三七八番地

聖書朝鮮社

金 敎 臣

(1) 지난六月下旬부터 右記住所에 移轉하였읍니다。其間郵便物은 多少遲滯되였어도 틀림없이接受하였으니 安心하시오。

(2) 行政區域대로쓰면 京畿道高陽郡崇仁面貞陵里三七八番地이오、略記하라면 京城東小門外貞陵里라도 郵便可達。

(3) 찾으시는이는 東小門外敦岩町배쓰終點에서 貞陵里藥師寺앞、或은 北漢山羊牧場 隣家로 찾아주시오。

(4) 本號를 定規讀者以外에 보내들인것은 移轉通知를 대신하고저한것이오。

(5) 本社의振替口座京城一六五九四番은從前대로變함이 없읍니다。

京城聖書研究會消息

七月第二日曜日(十二日)까지續講하고、七月第三日曜日부터 九月第一日曜(六日)까지休講。主께서許하시면九月第二日曜(十三日)부터 秋季開講하고저합니다。休暇中은 北漢山麓 本社에서每日曜日午前十時에 家族的集會가있겠읍니다。誌友의來參歡迎。

【聖書朝鮮】第 十一號 昭和五年一月二十八日 第三種郵便物認可 昭和十一年八月一日發行 每月一回一日發行

聖書朝鮮의舊號殘品

今般本社의移轉機會에 本誌의 舊號가 多少發見되였다。其中第六十六號는絕版이고、어떤號는 極少數뿐이없으나創刊號부터 몇秩의殘品을 마출수있다。願하는이에게 左記特價規定으로 提供할수있겠다。但舊號中에는 汚損된것도있고 또不遠에 絕品될것도있다。

(1) 創刊號―五九號까지(五十九冊代) 金二・五〇(送料並) 每一冊에六錢、每一年分(十二冊)〇・六〇(送料並)

(2) 第六十號以下至九十號는 定價대로。

本誌定價

一 冊 拾五錢

六 冊(送料共) 前金九十錢

十二冊(一年分) 前金壹圓七拾錢

要前金。直接注文은 振替貯金口座京城一六五九四番(聖書朝鮮社)로。

取次販賣所

京城府鍾路二丁目八二 博文書館

京城府鍾路二丁目九一 耶穌敎書會

東京市神田區神保町一ノ二 三省堂書店

文化書店(元山府) 茂英堂(大邱府)

新聲閣(咸興府) 信一書館(平壤府)

向山堂(東京市) 大東書林(新義州)

昭和十一年七月三十一日 印刷
昭和十一年八月五日 發行

京城府外崇仁面貞陵里三七八
編輯兼發行者 金 敎 臣

京城府壽松町二七
印刷者 朱 貞 順

京城府壽松町二七
印刷所 鮮光印刷株式會社

京城府外崇仁面貞陵里三七八
發行所 聖書朝鮮社
振替口座京城一六五九四番

【本誌定價十五錢】

昭和五年一月二十八日(第三種郵便物認可)
昭和十一年九月一日發行(每月一回一日發行)

金敎臣主筆

聖書朝

第九拾貳號

昭和十一年(一九三六)九月一日發行

目次

孫基禎君의世界마라손制覇

八月十日早朝에 伯林으로부터 孫君마라손一着의電波가 다다른瞬間부터 沸騰하기 시작한全朝鮮의기쁨은 各新聞紙가 最大의文字로써 그功을賞하며 感謝를呈하고 各種雜誌가新英雄을 그리고 또그렸것마는 아직도 다하지못한바있으니 이感激의高潮도可然한일이다 올림픽競技 由來를 아는이는 마라손優勝이 곧그大會를征服하는일인것을 잘안다。「オリンピックで マラソンに優勝するほど 花やかなものはない、マラソンに勝てば オリンピックを征服したさいつても過言であるまい、その意味で孫君は全く幸福だ。「大阪每日」―南部忠平」라는대로이다。이와같은一般的意義의 기쁨과 자랑과 稱讚은世論으로써足하다고하고 우리는 우리의特殊한感想두어가지만 말하게하라。첫재로 孫君은 우리學校의生徒요、余輩도 일직이 東京―箱根間驛傳競走의選手여서 마라손競走의苦와快를體得한者요、孫君이 昨年十一月三日 東京明治神宮코ー스에서 二時間二十六分四十一秒로써 世界最高記錄을作成할때는 「先生님 얼굴이 보이도록 自動車를一定한距離로 앞서모시오」하는要求에 「설마先生얼굴보는일이 뛰는다리에 힘이될가」하면서도 이때에 生徒는教師의心臟속에熔融合一되여버렸다。六鄕橋折返點에서부터終點까지 車窓에 얼굴을揭示하고應援하는教師의雙頰에는 制止할줄 모르는熱淚가 視野를흐리게하니 이는師弟合一의化學的變化에서發生하는 눈물이였다。그結果가世界記錄이였다。이런處地에서伯林電波를 잡을때에 남다른感激이 없지못하다。

둘재로 올림픽優勝의感話로報道된바에依하건대「作戰에 있지않고 精神에있더라」는體驗을 孫君는告白하였다。「傲慢은敗亡에 앞선다」(箴言第十六章一八節)는것이聖書의教訓이오 하나님이 個人과民族과國家와帝王을向하야教育하시는 重大教材의一課目이다。前回올림픽 마라손優勝者 亞國자바라君이傍若無人한行動을하다가 無慘敗亡하는光景을目睹한孫君이「勝敗는作戰과體力에 있는것이아니오 精神의謙虛함에있더라」는眞理를體得하야 全世界에立證한일이 큰일이다。

셋재로 「養正學校의 그教舍와 그運動場이 이러世界一等의選手를내였다면 우리朝鮮이 永遠한競走場에서 勇者의冠을 쓰게될것을 믿음이 더욱 두터워갑니다」라는(咸錫憲君의祝賀狀)새로운希望이다。世人은言必稱 施設이오環境이다。마는 先進諸國은且置하고 朝鮮안에 어느高普가 그教室이養正보다 깨끗지못하며 그講堂과그運動場이養正보다 넓지못한가。(以下一行略)

넷재로 하나님의存在를 새롭게認識하게된다。마라손에는絶大한體力을要한다。그러면朝鮮人보다 體力이優越한國民이 없든가。있다。有限한筋力을最大効果로分配使用함에는科學的研究가必要하다。그러면科學的研究에 우리보다 나흔나라가 없는가。있다。마라손에는 무엇보다도忍耐力이第一이다。그러나朝鮮人이忍耐力으로世界一라는것은世界列强이不承認하는바이다。그러면 어재孫基禎君에게優勝의榮譽가도라왔나。識者에게는一大疑問이다。때에空中에有言曰「그의팔로 힘을보이사 저의心思에驕慢한者를흐트셨고……높은것을낮후시고 낮은것을 높이시며、强한者를 꺾으시고弱한者를 세우시나니라」고(路一・五一―五三)이것이 하나님의屬性이시다。孫君의優勝은 우리에게 심술구진 여호와神의現存을說教하야 마지안는다。

나의 無敎會

或이 와서勸誘하기를「內村鑑三氏의無敎會主義는 그時代와社會에對한一時的必要로 생겨난것이지 決코永存性을 가진것이아니다。그러니 너는 하루바삐 우리敎會에參加하라」고。누구는 또 말하기를「內村氏는英雄이였다。그런英雄的氣魄을 가진者가無敎會主義를提唱할때는 多少의效果도 不無하였지마는……。너는 어서 우리敎會에協力하라」고 다른이는示唆하되「無敎會主義란것은 敎會를猛烈히攻擊하는것이 그本然의使命이다。너도 좀더積極的으로 旣成敎會를爆擊하던지 不然하거던 어서 우리와協助하야 敎會事業을하자」고。又曰「內村氏在世中에는 無敎會主義도盛할듯하더니 그의別世後로는 그弟子들의不振함에反하야 敎會側의神學硏究가大盛況이어서 少壯學者들도敎會側에 오히려 많더라……너도어서敎會人이되라」고。其他에도誠心것하는忠告가不知其數。

이런때에 우리의 친구에게 第一먼저要求할것은「나는 나라」는것을 認識하라 는것이다。나는勿論內村鑑三이아니다。英雄이못되여도「나는나」요、神學說이變遷하여도「나는나」다。先生이 이랬으니 너도이래야 쓴다는論法은 나에게何等의權威가 못된다。이제 內村鑑三全集二十卷을 펴처놓고 頁마다考證하기도 성가신일이오、했대야 우리靈魂에別수없는짓이다。故로 無敎會를 論하던지 信仰을議하던지 一日「나는나」라는것을 認識하고서 할일이다。

첫재로 우리에게無敎會를論하는이中에는 우리가內村先生께서 無敎會主義를專攻한사람인줄로 아나 이는大端한誤認이다。近來에共產黨露國에서訓育받은靑年들이 그主義를宣傳할使命을띄고越境하거나 或은軍官學校敎育받은靑年들이侵入하야某種運動에獻身한다는報道에 놀란經驗을가진 人士들은 우리의無敎會도 곧 그렇게推想하고야만다。그러나 우리가十年에亘하야 內村先生께서 배운것은 無敎會主義가아니오「聖經」이였다。「福音」이였다。設令 內村先生의內心에는 無敎會主義란것을 建設하며鼓吹하려는心算이있었다할지라도 내가배운것은 無敎會主義가아니오聖書의眞理였다。故로無敎會主義에關한曰可曰否의辯論을當할때는 우리는大槪有口無言하니 이는 우리가專攻한部門이 아닌데 저편에서는 훨신熱情的으로攻究한問題인듯이 보이는까닭이다。

다음에 無敎會主義는 旣成敎會를攻擊하는것이本然의使命이라고하나 나의無敎會는 決코 그렇지않다。現今朝鮮基督敎界의雙璧이라고할만한長監兩敎派는 積極團問題發生以來로 自滅을目標로分爭또分爭이오、다음가는聖潔敎派는聖潔치못한問題로 脫退聲明또는法庭告發로써 此亦是自滅할때까지相擊할것이다。무슨毒心으로써 이에一擊을加하랴。敎會內에敬愛할만한聖徒가存在함을否認함이아니나 敎會全體로서볼때에 그整理와復興에希望을 두지못함은 現敎會內의頭領들의心理와一般이다。그러므로 敎會改革云云의一切의생각을念頭에 두지않고 오직聖書의眞理를배우며 自身을撻楚처서 그리스도의足跡을 따르려하는것이 우리의일이다。이래도無敎會主義라고 부르고싶거든 부르라。

極端의 道

儒敎의敎養으로 자라난우리는 어듸인지 中庸의道를憧憬하는 마음이 懇切하다。우리가 基督敎에歸依한後에도「네옳은눈이犯罪하거든 빼여버리라。두눈이 성한다로 地獄가기보다 외눈으로 天國가는것이 낫으니라。네옳은팔이犯罪하거든 찍어버리라……」하며、또는「나보다 그父母나兄弟나妻子를 더사랑하는자는 내게오기에合當치못한지라。나를좇으랴거든 그父母와兄弟와妻子들 버리고 自己의生命까지도 미워하는者라야 可하니」는等句節을 읽을때에는「설마 文字대로야……」하는 割引을하지않고는 中庸의道에서 어그러지는 不滿을 느꼈다。道를닦고修養을積하노라면 雙眼이具備하면서도 罪를犯하지안는域에達할것이오、父母께孝하며妻子를扶支하야 一家團란한生活을 하면서도 예수를따르고 天國에 들어갈길도 있을法한데……하면서 오래 망서렸다。

儒敎의家庭에서訓育을받은 우리는 어려서부터 장기와 바둑을배웠다。新時代의流行娛樂을 銳敏하게習得할技能과誠意도 못가진 우리는 祖上傳來의士君子의 娛樂을習得하야 上流는못되여도 中堅層은될만한技術을所持한일을 자랑까지는못하여도 社交場裏의 창피한꼴을免할수있다는듯이 고맙게 생각한일도없지않였다。故로 다른작난이없는代身에 機에臨하야 장기 바둑 一二局쯤은 괜찮으려니하고 스스로許하였다。

夏季休暇四十日을 貴엽게重하게迎接하고저하였더니 其中하루의半分을 圍碁에虛費하고말었다。原稿찾아가기를 印刷所에電話로付托하고 사람待하는半時間남어지 틈에 때마츰圍碁의一局이끝나고 새로운相對者에게挑戰하는仙客이 있어 三十分을內心에爲限하고對局하다。結果에 이겼으나 이기고 도망할수없느니라고 잡히다。第二局에졌으니 決勝하자고雙方이上熱하다。決勝에敗하다。本是無難히 이기든下手에게三戰二敗하였으니 忿氣는 이편에 오를수밖에。第四第五回로 점심때에 시작한작난이 불켤때까지及하다。親戚故友와師長에게까지 冷淡과無禮를覺悟하면서 맞이하四十日中의 半나잘은이렇게하야消費하였다。終局後에 남은것은悔恨뿐이다。博物室에 도라와 卓을치고呼泣하니 들리는 소리있어가르되「네가 尙今도 極端의道를蔑視하려느냐」고。이瞬間에 나에게는 바둑 장기에對한斷肢令이 나렸다。今日以後에 나의 손과팔에서는 바둑말 장기쪽을 들만한筋骨이 찌켜버렸다。

우리는 이런일이 모든사람에게通用되리라고는 期待하지안한다。從心所欲不踰矩하는地境에達한君子는 그대로可하다。이는 十層百層이나 높은素質을 가진賢者들이다。오직 우리는 한눈 한팔식 斷切하야 버리지않고는 듣지안는 低劣한人間임을自覺하였다。碁博을두되 時間을浪費안하며 飮酒하되醉치안하는 自由自在한士君子들을 부려움으로 높이 처다보면서、우리自身은 病者와罪人을 부르려오셨노라는 그리스도의 極端의敎訓을「아멘」으로甘受하노라。

聖書的立場에서본世界歷史 (5)

咸 錫 憲

二、生命의創造(續)

生命의意味 나는이우에서 生命의起源은 그意味를모르고는 알수없다고하였다。그는 어떤意味의말인가。

生命이란 무엇이냐 하는問題를 내놓으면 歷史를 말하는者로서는 分外의일인듯이 생각하려는 傾向이많이있다。그것은 哲學이나 宗敎에서만 생각할것으로만안다。그러나 그생각이 爲先修正하여야할 생각이다。歷史는結局生命의歷史다。國民의歷史거나 人類의歷史거나 文化의歷史거나 天然의歷史(博物)거나 究竟에있어서는 이大宇宙를 꿰뚫고흐르는 大生命의歷史다。그런故로 그主體되는 生命에對하야 明確한認識이없이 或은적어도 그것을믿으려는 眞摯한志向없이 正當한歷史理解는 있을수없다。醫學의 어떤部門을專攻하는者던지 生理學에는 다같이精通하지않으면 안되는것같이 生命의 어떤方面을 그일터로잡는者던지 저自體의根本性格과 그存在理由에對한 認識을 土臺로하지않으면안된다。生命의意味에對하야 아무興味를느끼지않는 史家의붓으로된歷史 그는一文의價値도없는것이라고 斷言하야서 틀릴것없다。

사람이自己까지를 그한分子로 含有하는 世界에對하는 態度에는 根本的으로 서로다른 두가지가있다。하나는現象的으로對하는것이오 또하나는意味的으로 對하는것이다。前者에서는 感覺的好奇心이 活動을하는것이오 後者에서는 人格的驚異念이 活動을하는것이다。그리하야 거기따라 두가지世界觀이생기고 두가지宗敎 두가지 哲學이생기고 두가지藝術 두가지科學이생긴다。우리가 우에서본 生命의 起源에對한 生物學者들의 모든說明은 다 그것을 現象的으로 取扱하는 態度에서나온것이오 歷史家의 任務는 事實變遷을 記錄하는데있는것이오 生命의意味를 찾는데 있지않다는意見도 亦是 그態度에서 나오는것이다。그러나 이는 그릇된態度다。元來 이世界는 偶然한 存在가아니오 意味를가지는 存在다。故로 意味를찾는態度로 對해서만 참眞、참善、참美、참聖에達할수가있다。모든現象은 어떤意味를 나타내는것으로 取扱할것이다。롱펠로의 有名한句節이 가르치는것같이

나더러 슬픈노래를불러 니라지말라
人生은 속절없는 꿈이라고。
靈魂에게는 죽엄이란 곧잠이오
世上일은 눈에뵈는그대로가 事實은아니니다。

눈에뵈는 그대로가 事實이아니다。보이는것은 보이는것以上의 意味를가지는것이다。그러나 勿論여기는 反對가있을수있다。그것은 各自가 생각하기탓이라고。무어世

界가意味를 가지는것이아니라 그대가 意味있는것처넘생각하는것이라고。果然 그럴수있다。그러면 事實을시켜判決시키는수밖에없다。世界는果然 無意味한것으로 取扱할수있는것인가。나비나래가 나무닢갈이생기고 자벌레의모양이 마른가지갈은것을 웨保護色이라고하는가 그는一種의解釋이아닌가。그렇게 解釋치지않는限 進化의事實을說明할수없어서 하는것이아닌가。도마뱀의 꼬리를찍으면다시돋아나는데 많이찍으면 빠리돋고 적게찍으면 더디돋는事實은 어떻게說明할것인가。生存의合目性이 作用하는것이라고밖에 할수없지않은가。그러나 目的性이라는것이都是무엇인가。도마뱀은 意識을가졌는가. 모르기는하거니와 그렇다고 證明할學者는 없을것이다。그렇다면 웨生存의目的을 爲한것이라고하는가。도마뱀의 意識有無를不問하고 어떤큰意志가 이生命의大流속을 흐르고있는것이아닌가。이미意志가있고 目的이있는限 누가그것을 無意味한것으로 取扱해마땅하다는者가 있는가。動植物의 生活에對하야 이미 그렇거니 그보다 높은程度의 일에對하야는 말할것도없다。自古로모든깊은 眞理는 有意味的態度로臨해서만 찾어냈다。조로아스타ㅣ、釋迦의宗敎가 그렇고 孔子、소크라테스의道德이 그렇고 칸트、헤ㅣ겔의哲學이그렇고、딴테、밀카엘엔젤로의藝術이 그렇고 뉴ㅣ톤、파라데ㅣ의科學이 그렇다。마치色으로 모든物體를 識別하는 根本天性을 가진人間인담에는 아무리無色이라는것을 想像해보아도 亦是그것이 一種의色인것같이、이意味의世界에있어서는 어떤無意味의 世界觀을主張하야도 結局 어떤意味를 가지는것이 될수밖에없다。世界를 아무意味없는 偶然한 存在라고보려는 唯物思想조차 結局은모든빛을 다否定하려다가 自己스스로 한가지빛이되는 黑色갈이 저스스로 또한가지 意味의主張이아닌가。

그런故로 生命의起源을 찾음에 現象的으로만 하려는者는 그心的態度에있어서 그릇된것이있다 하지않을수없다。사람인담에는 누구나 事物의起源을찾는 버릇이있다。그것은 웨있느냐고 反問해도 할수없는일이오 何如間있는것이 事實이다。아마 모든萬物은 그究竟의根源을 가지는것이오。人生이란「主여 당신안에居하기 前까지는 내게平安이없소이다」하는것같이 그根源에 到達하고야말運命을 가진것이기때문이라고 하는것이마땅할것이다。어쨌던 이는 우리의 人格의根柢에서 나오는 本質的傾向이다。그러나 이根本意味가 自覺되지 않은사람에게 있어서는이傾向은 單純한 好奇心으로밖에 생각되지않는다。即그들에게있어서는 人格的要求인것이 單純한知的要求인것처럼 取扱되어있는것이다。心的態度에있어서 그릇됐다는것은 이를가르친말이다。事物의起源이 다그렇지만 더구나生命의起源을 찾는것은 人間의魂에서 나오는 渴仰인故로 意味的인態度로 臨하지않으면 안될것이다。저에게있어서 生命의起源은 곧自己의 起源이기때문이다。어떠어

四

떻게되어서 存在하게됐다는 說明은好奇心을 滿足시킬수는없으나 이人生의맨밑에서 소사나오는 渴仰驚異의念을 滿足시키지는 못한다。生命의性格이 어떤것이며 그存在理由가 무엇임을 풀어주지 않으면안된다。事實우리는날마다 經驗하는일에있어서도 다만의現象을 보는者에게는 산것도 죽은것이되어버리는데、世界에向하야 意味的인態度로 臨하는者는 普通다른사람이 죽은것으로 보는데서도 生命을 見함을본다。

해가 차일에서나오는 新郞과같고
壯士와같이 그길을빨리가는도다(詩十九篇)

할때에 詩人에게는 太陽은決코 죽은것이아니오 저를向하야 말하고對答하는 산者였으니 이는 저가 이宇宙를하나님의榮光을 들어내는것으로 보기때문이였다。그러나反對로 이世界란結局 感覺에나타나는것밖에 아무것도없고 오직物質的 快樂을 누리는것이 人生의目的인者에게는 數千數萬의 生靈도 木石에서 다를것이없다。그런故로 貪慾을 채우기爲하야는 無罪한良民에 向하야 一齊射擊을行하기를 路傍의石塊를 차던지듯이한다。저에게있어서는 사람이란 그저한物件이오 決코산것이아니다。우리는 이런것을보아서 宇宙에向하야 意味的인態度를가지지않고는 決코生命의 起源을알수없으리라고 斷言한다。

生物學에서도 生命의特質에 對하야는 말치않는것이아니다。그러나 根本態度에있어서 現象的인 그것은 여기서도 單히理化學的인 說明을할뿐이다。炭素、窒素의 複雜한分子式을 가진것이라느니、成長을하는 點이라느니、榮養을取하는것이라느니、生殖을 하는것이니、排泄作用을하는것이니 感覺을하는것이니 하는等이다。그러나 生命의意味를 찾는者에게 이는東問西答이다。그런것을가지고魂의要求를 滿足시킬수없다。그보다도 위 生命이란 自由에向하는 努力이라고 하지않는가。生命은 恒常 보다높은自由로向하야 나가지않였던가。위生命이란 跳躍性을가진것이라하지않는가。生命은恒常 論理가 豫測하지못할길을跳躍에依하야 나가지않었던가。生命이란 위 叛逆性을 가진것이라하지않는가。生命은 暗黑에서 나와 暗黑을 삼키려하고 흙에서나와 흙을 이기려하지 않던가。生命은 위 矛盾의統一이라하지않는가。成長안에 老衰의原因이 있으며自己犧牲에依해서만 自己延長을 行할수있는것이 生活의原理가아닌가。智者의愚는 이러한것이다。

生命의存在理由에 關하야는 生物學은 全然말도 하지않는다。그러나理由를 생각하지않고 起源을말함은 어리석은일이다。意味의 이世界에서 理由없이 存在하는것은하나도없는것이오 理由야말로 저의存在의 機會와樣式을決定한다。마치 우리生活에있어서 모든所有品의 始作은必要에있는것과같다。집의必要를 느낀것이 집의起源이오옷의必要를 느낀것이 옷의起源이다。結婚의起源을 알고싶거던 두사람의夫婦에向하야 어찌하야 하가지로 生活

하는 理由를 묻는것이좋다。저이가 萬一對答하기를 우리가 서로 사랑하기때문이라하면 結婚의歷史는 男女兩性의 가슴속에 서로끌른사랑의 引力이있는데서 始作하는것이다。戰爭의起源을알고싶거던 莫强을자랑하는 나라의 軍神에가서 물어보라。웨戰爭은必要한것인가고。저萬一對答하야 말하기를弱肉强食은自然의法則이라고하거던 戰爭의 起源은利己心에있는것이다。그런故로 生命의起源을알고싶거던 宇宙萬物의根源에向하야「물은 웨 고기로가득하였으며 山은 웨 나무로덮였으며 골짝이에는 웨 꽃香氣가차여야하며 空中에는 웨 새노래가 높아야하느냐」고그것을爲先무른後에試驗管도 들고나가고 顯微鏡도 드려다볼것이다。말하자면 宇宙를먼저 사랑한後 研究하라는말이다。事物을 그存在理由에 있어서 理解한다함은 끝그것을 사랑하는일이다。참科學은 이宇宙에對한 사랑이있은後에 即 모든萬物을 저自身意味를 가지는것으로 崇敬하는맘이있은 後에야可能한것이다。그런데 그릇된科學은 그러하지않고 오직利慾의 眼鏡으로 모든것을보는 故로 이宇宙는 아무生命없는 죽은것、따라서 意味도 아무것도없이 저가얼마던지 慾心대로 處分해좋은것으로만보인다。그러나 宇宙는 그러한心情의所有者에向하야는決코自己의神秘의寶庫門을 열지않음애 그러한似而非科學者의 보는宇宙는아무美도 意味도없는 보기싫은것뿐이다。그런데 그것을가지고 宇宙의神秘를 찾었다고하는가고 생각하면 實로可笑로운일이다。그런事實을說明하는것으로 우리는 타골의 『生의實現』에서 다음같은 挿話一節을引用하기로하자。

어떤가을날 고요한저녁에 그는간지스河에 小舟를띠운일이있다。해가바로 넘어간때요 夕陽의燦爛한빛이 거울같은물에 비추었는데 저쪽으로 몇哩나되는 砂岸이 고요히누어 마치前史時代의 巨大한兩棲類가 업대여 그비늘을번쩍이고 있는듯하였다。絕壁을따라 배를흘려저서 나려갈때 문듯 커다란 고기한마리가 水面우에뛰여올라 燦然한金波를 던지고 사라졌다。『一瞬동안 多色의휘장이 것치고 그 뒤에있는 生의喜悅이넘치는 沈默의 世界가 들어낫다。그것은 自己의 神秘의깊은 住境에서 아름답게 춤추어올라와、저가는해의 無聲의交響樂에 自己의音樂을 더하고가는 것이였다。』그는마치 어떤 딴나라에서 그나라의말로하는 親切한 부름을받은듯 그가슴은 喜悅의電光에울리였다。그때에 갑작이 배끄리에서 櫓를젔는船夫가 매우 아까워하는듯한 語調로『아 그고기크기는하다!』하고 부르짖었다。『그는 그것을잡아 저녁상에 놓았놓것을 생각하고 한것이였다。그는 오직 自己의慾心을 通해서만 그고기를 볼수있였는故로 그存在의 完全한眞理를 보지못하였다。』

事物에對함에 사랑을가지고 하는것과 아니가지고하는것에差가 그러하다。그리고 그理由는 다른것이아니오 이宇宙가 사랑으로써 되였기때문이다。

六

聖經의創造說 이宇宙는 사랑으로되였다고한다。누가그것을가르쳤는가。聖經이가르친다。創世紀는 그첫머리에서 이宇宙와萬物이 하나님의 命하시는대로 생기였다고傳한다。그리고 그것이 하나님보시기에 좋았다。即저는스스로의즐거움으로 創造를行하신것이다。요한은 다시 이것을 깊이어서말하기를

『太初에말슴이있으니 말슴이하나님과 같이게시매 말슴은 곧하나님이시라。이말슴이 太初에 하나님과같이게서서 말슴으로 萬物이지은바 되였으니 지은物件이 말슴없이는 지은것이 하나도없나니라。生命이말슴에있으니 生命은 사람의빛이라』

한다。即 萬物은 말슴(로고스)로된것인데 그말슴은 곧하나님自身이였다고한다。全能한神이 自己스스로즐겨 自身을限定하야 萬物속에居하신다。故도 사랑이다。사랑이란自己스스로를 抛棄하는일이다。自己를抛棄하는故로 生命이다。自己가 萬一 永遠히 自己를主張한다면 永遠의죽엄이있을뿐이오 生命은없다。生命은自己가 時時刻刻으로 自己를抛棄함에依해서만 可能하다。이宇宙는 하나님의 로고스가 自己를抛棄하고 그永遠無窮의 자리에서 나려와萬物속에居함에 依하야 成立된다。果然 이宇宙는 하나님의로고스의 죽엄에依하야 사는宇宙다。그러나 그죽으심에依하야 저는 그永遠히 살으심을가진다。저는스스로나자지는가운데서 높음을가지는것이며 스스로苦難받음依에하야 自由로운것이며 스스로罪에 居함에依하야 거룩함을가지는것이며 죽는일에서 살으시는것이다。이것이하나님의愛요 이愛의道가 宇宙의道다。그런故로生命의起源은이하나님의愛 곧아가페에 있는것이오、그存在理由도 이아가페로서 일하는 하나님의 즐거움에 있는것이다。

宇宙와生命이 하나님의無限한 사랑으로됐다는 이說明은 宇宙人生의 事實에 비추어볼때 實로簡明直截、아무說明을要치않는 眞理다。人類文化있은 以來數千年、複雜한思想、苟且한學說이 오고가며 混亂한가운데 이簡單한眞理만은 變함없이있어서 마치騷亂한 街頭의雜音을 꾀뚫고쉬임없이들려오는 淸明한鍾소리와같이 부르짖어왔다。그리고許多한 單純한良心의 所有者들이 이소리를들어 魂의煩惱를 벗어버리고 平安한맘으로 數많은선물을 人類社會에주고갔다。그러나 個人에나 時代에나 良心의單純性을잃은때가있고 그때에사람들은 이簡明한 眞理를받으려하지안는다。그리고 머리를흔들어 反對하기를 理性을滿足시키지못하는限 簡單히믿을수 없다고한다。그러나理性에合하는것만이 眞理는아니다。理性은 모든것을 다아는것이 아닐뿐아니라 가장貴한것을 알지못한다。眞理란열쇠다。그것을가지고 宇宙의 어느現象에 가져다대이던지모도다 그神秘의門이열려 안에있는奧義를 들어내게되는것이 眞理다。理性은 그것을할수있는가。理性은 도마뱀의끊어진꼬리끝에담긴 神秘의門을 열수있는가。理性은蜜

蜂의正六角形蜂巢에 닫긴奧妙의門을 열수있느가。저는正六角形을 어대서배웠는지아는가。十萬의群衆이 一個女王이 있은則 安心하고 없은則 分散하는 理由를아는가。王蜂이 없어지면 雄蜂卵을 變更하야 女王을만들어내는 秘法을 說明하는가。理性은 이 길이五分에 차지못하는 적은 버러지의生活을 合理的으로說明할수있는가。저에게는 社會意識이 發達했다고하는가。그렇다면 蜜蜂은 사람보다훨신 進步된動物이라 할수밖에없다。알지못할것은 다 本能이라하지만、그런本能을 만들어내는 그自然이란 都大體무엇인가。알수없는『自然』이라고 하는것보다는 造物者의뜻이있어 그렇게만들었다고 하는것이 더 合理的이아닌가。그러나 옛사람이 말한것같이 最貴한것은 不可能言이다。그러나 말할수 없는것도 行할수는있다。그렇다 眞理는 行하므로 알수있는것이다。요한은말한다、

『사랑하지않는者는 하나님을아지 못하나니 하나님은 곧 사랑이시니라』(요一四章八)

하나님은 合理的說明으로 아는것이아니오 사랑을行하므로써야 알수있는이다。그리고 하나님을 모르고는 宇宙萬物을 알수없다。그런故로 사랑을行해볼것이다。山을사랑하고 물을사랑하고 도마뱀을 저대로對接하고 꿀버리를저대로尊敬하라、나를拋棄하고 現在에 죽어보라、그때聖經의 가르침은 眞理인가 아닌가가 判明될것이다。眞理는 말에 있지않고 事實에있음애 事實에依하야證明되는것이眞理다。聖經의主張대로 世上모든일을 解釋하야 그뜻이 풀리면 聖經은眞理요、理性의要求대로해서 알수없는것이있으면 理性은 完全한것이아니다。그리고 우리가 事實에서보면 이生命의世界는 하나님의 사랑의나타남으로된것이라고 하지않고는 到底히 그矛盾을 풀수없는것이 許多하다。더구나 生命現象中에 가장高貴한人事에 니를수록 그러하다。그런故로 우리는 하나님의아가페로 이宇宙와生命이創造된것임을 믿는다。事實을보고도 믿지않는者는 理性에中毒된者다。理性그것이 잘못된것은 아니나 그를使用하는 그心的態度에 틀린것이있다。그런사람들은 괴테에게 가서 그責望을들음이 좋다。

당신(하나님)이 저(사람)에게 하늘光明의빛을 이니즈셨던들
저는 좀더 보기좋게 살어사왔올것을、
저는 이것을불러 理性이라고 하면서
어떤 짐생보다도 더짐생처럼 삽니다。
당신앞에서니 말슴이옵거니와 저는
제가 보기에는 언제던지 날였다가 뛰였다가、
또 곧 풀밭에 들어가서는 옛날 노래를부르는
두다리가 기다란 메뚝이란 놈갈습니다。
풀밭에나 그저있으면 좋사오나
되는대로 듣창마다 코를박습니다。
(파우스트・天上의序曲)

聖經은研究가必要 (마태十三章十—十二)

姜濟建

예수께서 傳道하며 다니시던 當時에 좇는者가 五六千名이였다。어떤때 그群衆을向하야 種子譬喩도 말슴을하신일이있다。群衆中에는 或은이말을 슬혀바리는者도있고 或은 稱讚하는者노 있었다。그리고 그말을 다마친後는 다 各各自己갈대로 도라가버렸다。누가意味를 깨달었으며 누가깨달지 못하였는지를 알길이없다。그러나 모든 사람이 다헤여저 종용하야진때에 그의弟子들은 예수에게 나가서물었다「先生님 오늘群衆을對하야 種子비유로 말슴하신것은 實相무슨뜻인지 저이들에게는 仔細히알려주시기를 願합니다」하고。그럴때 예수는對答하시기를

「天國의奧妙한것을 너의게는아게하되 오직저의게는 주지아니하나니, 무릇있는 사람에게는 주어넉넉케하되 무릇없는 사람에게는 있는것도 빼앗나니라。그럼으로 내가저의게 譬喩로 말하가는 저의는보아도 보지못하며 들어도듯지 못하며 깨닫지못함이니라………」

하시고는 그譬喩의깊은뜻을 되풀어諄々히가르치시었다。이로써보면 예수가傳道를하시되 듣는사람의 程度를따라 어떻게智慧롭게 하신것을 알수있으니 即 그形便을따라 쉬운것으로도주고 어려운것으로도 주시였다。우리가 아미아는事實이지만 一般群衆은 卑近한種子譬喩를듣고도 다시찾아알려는 마음이없이 그저들어버릴뿐인 程度이였은즉 奧妙한것을 말하여도 堪當할수없는 사람들이였다。그런故로 普通種子를 심는이야기로 만하시였다 그러나 그中에 예수의弟子는 그러치않였으니 저의생각은 必是이러했던모양이다。先生님께서 씨뿌리는 말슴을하시니 섬마農事를勸하는 말슴으로 하실理는없을것이고 그러타고 無意味한 말슴을하시였을理는없다。반드시무슨뜻이있는 말슴일터이니 그뜻이무엇일가。그리차야 그들은 다시나가 물은것이였다。그리고보면 예수가비유로하신말슴은 그말의뜻도 있거니와 한편으로 그것으로써 하나는 떠러지게하고 하나는 다시 더 나가도록 만드는 作함을알수있다。

弟子들에게 다시말슴하신것은 天國의奧妙한뜻이라고하였다。奧妙란 참神秘한뜻이다。겉에 나타나있는 것이아니오 속에깊숙히 둘어있는것이다。天國의眞理만아니라 勿무엇이던지 世上모든物件이 輕하고賤한놈은 사람의눈에보기쉽게 드려나 있는것이오 貴重한것일수록 깊이싸워있다。自然에있어서도 그러코 사람의하는 일도그렇다。그런故로 貴重한것은 떼여보기前은 그것을알수없이 되여있는法이다。이제한가지 例를들어본다면 하나님이 우리肉身의糧食으로 주신 五穀百果는 우리게는 다貴重品이다。그런故로 그것은大概 밖으로 들어나 있는것이적고 여러

聖經는研究가必要

껍지에싸여있다。或은두세꺼풀 或은세네꺼풀이있어 사람이먹으려는 그대로는 될수없고 반드시自己손을대여 去皮作末을한後 먹게생기었다。이것는 偶然히된것으로 보는사람도 있을터이나 實相는 그런것이아니고 깊은意味가있는것이라고 함이마땅하다。爲先은 하나님의 恩惠를알게하기爲한것이니 아모리하나님이주신것이라 하더라도 그를받어먹는者가 그리먹기만 하여서는 그實도 感謝한것을 알수없다。내손을대여 實地그꺼풀을벗기고 속알을찾어내는동안에 참으로 그貴하고 感謝한것임을 알수있다。또그다음은 그렇듯내손으로 그속알을찾어내는 것이아니고는 먹어도 그참맛을 알수없다。그뿐만아니라 衛生에도 不合한點이많다。그리고보면 이自然物中에도 사람에게 糧食으로주실때 하나님이人生을爲한 極盡한사랑이 들어있음을 알수있다。그런것을 萬一 無識스럽게 막으로받으면 이는恩惠로 받지못하는일이오、또害까지받게된다。벗겨먹을 物件을 벗겨먹지않으면 그뜻도맛도몰으려니와 健康에해로운法이다。그뿐아니라 去皮作末이없이 그대로먹는것은 牛馬의糧食이오 사람의糧食이아니다。

聖經에對하야도 마찬가지다、五穀이肉身의 糧食인것같이 이것은 우리靈魂의糧食으로 주신것이다。그런故로이는몇倍에 더貴重한것이오、거기無限한 聖意가들어있는것이다。肉身의糧食이 그런닭에는 靈魂의糧食인 聖經말슴이 곁에보기쉽게 들어나있지않고 깊이깊이쌓여있을것은

定한일이다。우리를 사랑하시는 사랑에서 그렇게하시는것이다。實로聖經은 그대로먹을것이아니오 五穀을去皮作末하듯이 스스로힘을들이고 애를써 그쌓이고쌓인것 꺼풀을벗기고 참眞理의 속알을먹도록 생긴것이다。硏究하야 알게생긴것이다。예수가奧妙한뜻을弟子들에게만주신다고하신것은 이때문이다。肉身의糧食과같이 이것도스스로硏究하야 알지않으면 하나님의感謝한恩惠를알수없고 그참맛을알수없다、그뿐만아니라 도리여害가크다。去皮하지않은 五穀은牛馬의糧食이되는것같이 聖經을硏究하지않고받으면 도리어魔鬼의糧이되여버린다。(太四章一―四

이제敎界의 現狀을보면 聖經을더퍼놓고 하나님의주신生命糧食이라고는하되 去皮作末도않고 먹으려는 態度를가지는 사람이許多하다。그저牧師나 傳道師의하는말을 들고만있으면 되는줄알고 뜻도意味도 생각하지않고 입설에 익혀보기만하면 能한줄아는弊가많다。그러나 그렇게하면 스스로는하나님의 糧食을먹고있는줄 아는동안에 惡魔의糧食을먹고 中毒이되고만다。소는먹고도 後에삭임질을하는대 오늘날信者는 敎牧師의말을 통으로삼키고는 靈魂의糧食을 배불리먹였다고 感謝한다。그러나 저는消化되지못한 飮食의毒이 內臟을侵犯함을 깨닫는날이올것이다。事實現在에 이미왔다。敎會門으로부터 魔鬼의糧食으로誤用된 聖經말의毒氣가 쏘다저나옴이 얼마나많은지。

聖經은 硏究하여야한다。奧妙하다는 理由가거기있다。

聖書概要 (三)

金敎臣

다니엘書의 大旨

다니엘이란것은「하나님의審判」이라는 뜻이라고한다。

다니엘書는 彼의傳記와 豫言을記述한冊이다。全十二章中에 大體로前半六章은 傳記요 後半六章은 豫言이다。難解하기로는 舊約聖書中에서도 特異한冊이나 古代以來의世界歷史의大局推移와 그리스도의再臨에까지 깊이關連한信仰의書인故로 等閑視할수없는冊일뿐더러 누구던지基督敎의根幹을 더듬고저하는이는 一讀하여야할冊이며, 또한古來의著名한書籍의通則에不反하야 細末을學者的으로 詮索하기는 끝없이困難하다할지라도 靈의實質的糧食을渴求하는謙卑한平信徒가 그大旨만을把握하고저 함에는 그다지困難한일이 아닌가한다。學識을 자랑하는 神學者들에게는 다니엘書가 一種謎疑의 덩어리에 不過하고 何等의補添을 주는것이없으나, 實際的信仰의生活을思慕하는 平信徒에게는 다니엘書처럼 豐富한 滋養을 提供하는것이 다시없고 다니엘等의生涯처럼 能力있는信仰의生涯를 培養하는書籍이別로 없다。故로 우리는 다니엘書를 特히平信徒의聖書라고 한다。但 다니엘書의日字를計算하여가지고 예수의再臨은 오늘이다 來日이다 하고 巫女가算대를合하듯이하는 惑世誣民의怪惡한徒輩가 古來로不絶하나, 어대까지든지 健全한常識으로記述된 이冊을 健全한常識으로써 解讀할것이다。

紀元前 略六百年頃에 바벨론王 느브갓네살이 예루살렘을征服하고 許多한捕虜와掠奪을 하여갈때에 王伯과貴族과有爲한人物들을捕擄하여가는中에 다니엘 하난야 미사엘 아사랴等四少年은「흠없고 아름답고 諸才에通達하며 學問에優秀하며 知識이具備하야 可히王宮에侍할만한少年들로」뽑혀갔으니, 다니엘은 예루살렘高貴한門中의 出衆한秀才인少年이었다。

다니엘等의 네少年이 바벨론王宮에 옮기운後에 처음當한事件은 當時의世界最大强國인 바벨론王宮에서 주는 珍味의王饌을 그대로 받아甘食할것인가, 또는 이스라엘家庭에서敎育받었든대로 淨汚의區別을食物에 두고 菜食과冷水로써 滿足할것인가 하는 食物에關한問題였다。食物의問題라고하면『무릇 사람의 밖으로부터 들어가는것은 能히 사람을 더럽게 하지못하되, 오직 안으로 부터 나오는것은 사람을 더럽게하나니라』는 예수의 말슴을 福音書에서 읽은사람은 食物問題만한것은 아무렇게 하여도 無妨한일이라고 極히輕率하게處理하고저 할것이나 그러나 경우에 따라서는 食物問題도 그렇게 적은問題가 아닐뿐더러 信仰全體의存亡의分岐點이 되는때도 많다。다니엘等의境遇에 저便은 當時의文明世界를 모주리 支配하는 大帝國의專制君主가 征服者인威勢로써 王饌을 賜與하는것이오、이편은 朝鮮半島의半分에도不及하는 弱小國民이오 被征服者로 멀리 他國首都에 捕虜로 잡혀간 十四五歲의小年들이다。如斯한外的關係의權勢의重壓을拒逆하며 內的으로는 生物本能으로 粗食을 꺼리고 美饌을 食하랴는誘惑을 눌으고、母胎를 떠러진後로教養받은 選民固有의主義를 屈하지않으려함에는 多大한勇氣를 要하지않을수없는 일이다。後日의大信仰家를完成한 저少年들의 信仰生涯의秘訣은 이처럼 主義의把持力이確固不動함에 있었다。近來의青年學生들이 敦篤한信仰을 가졌다가도 社會人된後에 一朝에變節하고 마는것은 그就任歡迎會席上에서 주는 上官 또는同僚의 一盃酒를 拒絶못함에 基因한다。

王饌拒絶事件에 關聯하야 우리가 看過할수 없는것은 그拒絶의態度가 穩當하고沈着한것과 猶太人의家庭教育이 完全하였다는點이다。다니엘等少年들은 王宮에서定해주는 料理를拒否하고 自己들의要求하는粗食을擇할때에 宗教界에種種볼수있는 熱狂的信徒들처럼 無益하게他人의觸感을 傷하지 않었다。宦官長에게 出願할때에 『十日間試驗하야 菜蔬를食케하고 물을 마시게한後에 당신앞에서 우리의 얼굴과 王의飯饌을 먹은少年들의 얼굴과 比較하여서 보는대로 종들에게處分하옵소서』하야 極히溫順하게請하였다。속에不動하는確信을 包藏한者의言行은 恒常 表面이 이렇게 부드럽다。

孟母三遷之敎를讚歎하는 우리들이지마는 猶太人의家庭敎育은特殊한것이다。다니엘 하난야 마사엘 아살야等의 王饌을拒絶한때는 各其十四五歲의少年들이었으니 그일의 可否善惡은且置하고 저少年들로 하여금 그만한主義信念을確固把持하게한原動力은 저들의家庭에서 받은敎養、特히 그母親들의乳房에 달려서傳受한 어머니의敎育의힘이었다。오늘날猶太人이 全世界에서 미움을 받음도 저들의 特殊한家庭敎育때문이지마는、亡國三千年에 아직까지 그 民族이消滅되지 않음도 저들의 어머니의敎育의힘이다。奴隸의埃及에서 이스라엘族屬을救出하야 하나님의誠命을 傳達하여준 建國의偉人모세가 그어머니의乳房에 달려서 이스라엘敎養을 받은 奇異한攝理로부터 現代猶太民族의 存續에까지 想及하면 猶太民族은 그어머니들이 支持하여온 나라라고 하여도 過言이 아닐것이다。

다니엘에게當面한 두번째事件은 느부갓네살王의 忘却한꿈을 解明하라는 無理한難題였다。꿈의解釋도 本來어려운일인데 꿈을 일러주지도 않고서 그꿈을 알어내고 또解明하라는 二重의難題이다。古代專制君主의橫暴程度를 可히 엿볼만한事件이다。다니엘이 이런難題를當하였을때에 첫재로 한일는 무엇인가。다니엘은 얼마間의猶豫를 王께請하여가지고 다른三友의協同祈禱로써 全能하신 여호와의啓示를 待하였다。難事에處하야 自己스스로의 智囊만 쥐어짜며 自身의心情을焦燥하는外에 方途를 모르는現代人들은 옛날 다니엘等의祈禱爲始의生涯에 배울것이많다。特히同志두셋이 모여 懇求하는일은 우에서 主님보시기에 기쁘실이오 아래서人間들 보기에도 부려운일이다。

꿈의解明의內容이 바벨론王國 메대=바사帝國 希臘帝國 羅馬帝國으로부터 未來天國의來臨까지에言及하야 世界歷史의大系를提示한것과 第七章以下의豫言의內容이雄壯함을 아울러 생각하면、다니엘은 이사야나 예레미야等의祭司職家門의出身과도 다르고 其他의所謂學者型의豫言者와도달라서 恒常 現實世界大局을達觀하는 政治家的豫言者 (Statesman Prophet) 인 特色을 볼수있다。밤낫 讚頌歌와讀經과祈禱만을 일삼는 修道僧같은專門宗敎業者가 자칫하면偏狹하게되고 畸型이되고 固執둥이 되는데 反하야、專門家以外의平信徒로서 널리世界政局의趨移에着眼하면서 健實한信仰을 把握한이가 적지않으니、우리의 다니엘이 그사람이오 모세가 그사람이오 크롬웰이 그사람이오 大統領아브라함 링컨이 그사람이오 大宰相글랏드스톤이 또한 그렇다。

느브갓네살王의威勢가 그絕頂에 達하였다가 바야흐로 그頹勢에 기우러지려할때에 숫닭이 나래치듯한 威嚴을 한번 보이려고한것이 그九十尺에達하는 黃金偶像을 두라에建造하고 群臣으로 하여금 그앞에 禮拜하게한일이다。同様으로 다리오王의權勢 天下를威壓하였을때에 三十日間을限하야 王自身外에는 아므神이나人에게 祈禱도못하고禮拜도못하리라는 詔書를發布하였다。大槪나라가 膨張하여지면領域이擴大하여지는이만큼 國內의民族과思想노複雜하여지며 그複雜多端의度가 지나가게되면 國家는다시 瓦解分裂의길을 더듬게된다。그瓦解의運勢를當面하였을때에 最後의힘을다하야 如狂如醉의態로써 統制挽回의策을 꾀하려고 함은 東西古今의 國家가一様이다。그樣式은 느브갓네살 과같이 偶像을建立하기도하며、다리오 와같이 自身以外에 神을 두지말고저 하기도하며、또는 이와類似한方法으로한다。어쨋던지 國家의權力으로써 偶像禮拜를 그國民에게强要하거나 참神인 하나님禮拜를妨害하고저 企圖할때는、外形的으로 그國家의威力이絕頂에까지 發展된때인同時에 內的으로는 何等의道德的統制力을 가지지못하였다는것、即瓦解壞滅의運命에直面하였다는事實을 스스로告白하는 像徵이다。느부갓네살의 나라와 다리오의王位가 그랬던것과같이 同様의問題를 이르키는 今後의國

家들도 저들과同樣의運命을免치못할것은 早晩間의事實이니、箴言에曰『驕慢은敗亡케하고 傲慢한 마음은 顚倒케하나니라』고 (十六章十八節)

金偶像을禮拜하지 않였다는理由로써 告發을當하고 處刑을 받을때의 삿으락 메삭 아벳느고等의 試鍊받는態度에 참信者의規範을 볼것이다。저들은 여호와唯一神을 믿는믿음을告白하기에 沈着스럽고도勇敢하였다。『……느부갓네살이여 우리가 이일에對하야 王에게 對答할것이 없나이다。萬一그렇게하시면 우리가 섬기는 하나님이 猛烈히 타는冶中에서 能히救出하시고 우리를 또王의손에서救出하시리이다。 그렇게 아니하여도 王은 우리가 또한王의神들을 섬기지아니하고 세운金偶像에게 절하지아니할줄을 아옵소서。』라고。이것이怒氣와燃冶의刑틀로써 威儀를 돋우고發惡하는 征服者앞에 섰는 被征服者의答辯이였다。彼等이 이렇게強硬하게明白하게抗拒한것은 唯一神外에禮拜할神이 없음을 確信하는 眞理의信念으로 나온勇斷이오、따라서 自己를信賴하는 무리를 救援할慈愛와能力을 가지신 여호와神이신줄을 確信하였다。 그러나 그救出하시는奇蹟은 依例히可能하다고 壯談하지는 않였다。『萬一그렇게 아니하여도……』即 萬一 奇蹟으로써 燃熱한刑冶에서救援하시지 않는다고 하더라도…… 우리는偶像을禮拜할수는 없다는確信이다。舞臺에演出하려는脚本처럼 期待하는奇蹟이 아니다。生命을 바치고 勇敢하게單純하게信賴할때에 豫期以外以上의方法으로 나타나는奇蹟이 참奇蹟이다。그리하야 無限大한 하나님의慈悲와能力으로써 火燃中에서救出되였을때에 삿으락等三人은 限없이 굳센信仰能力을 自我에게經驗하였고、밖으로는 느부갓네살의政權이 미치는끝까지 敬神의詔書가 나리게되였다。信仰的眞理決行의果報는 恒常 이처럼六十倍百倍로 나타난다。

다니엘이 다리오王國의領議政의地位에 있음을 시기하는무리가 다니엘을謀陷하고저하야 結局은 神께祈禱하는것으로써 責잡였다는일은 다니엘의爲人을全的으로 表示하는事件이다。祈禱하는것으로써 問題삼기까지에 여러가지로 다니엘의缺陷을密探하였을것이니、이는 모든참된基督敎徒가當하는 共通한對接이다。저들은 惡行을 한일이없어도 世人의憎惡를一身에 받으며、惡意를 품은것이 없어도 틈에 기름 뜬것처럼 世人과는合하지못한다。故로基督敎徒의一擧手一投足은 批判없이容納될때가 없고、까닭없이 미움만 받는다。다니엘은 이點으로도信徒의模本이다。저가祈禱의故로 잡힌것은 예수가獨生子라고해서 잡힌일과恰似하다。彼가禁令에도不拘하고每日三次의祈禱를如前히繼續한것은反抗意識으로서가아니라 信仰의自然露出이다。속으로만 믿어도足하지않으냐 는理論은 아직 참信仰의體驗없는者의放逸이다。

다니엘書의概綱

一、前編 (傳記) (一·一―六·二八)

(1) 다니엘의 少年時代。 (一·一―二一)

가、예루살렘包圍。 여호야김捕虜됨。 (一―二)
나、다니엘等의四少年도捕虜되다。 (三―七)
다、다니엘等이 王饌을拒否하고 菜食을取함。 (八―一六)
라、다니엘等의 健康과智慧가十倍나勝함。 (一七―二一)

(2) 느부갓네살의 忘夢을解明함。 (二·一―四九)

가、느부갓네살의忘夢。 (二·一―九)
나、갈대아人과 바벨론博士들의失敗。 (一〇―一三)
다、다니엘이 느부갓네살의忘夢을解明함。 (一四―四五)
　다니엘等의四友의協同祈禱。 (一四―一八)
　啓示를받고 다니엘이 여호와를 찬송함。 (一九―三〇)
　다니엘에게 啓示된 꿈。 (三一―三五)
　꿈의解明。 (三六―四五)
　　第一世界帝國(바벨론王國)
　　第二世界帝國(바사帝國)
　　第三世界帝國(希臘帝國)
　　第四世界帝國(羅馬帝國)
　　最終世界帝國(天國)
라、다니엘의陞職。 (四六―四九)

(3) 黃金像 禮拜問題。 (三·一―三〇)

가、두라에 金偶像을建立하고 開幕式。 (一―七)
나、不禮拜로 삿으락 메삭 아벳느고告發當함 (八―一二)
다、王앞에서 삿으락等三人의勇敢한信仰告白。 (一三―一八)
라、하나님이 삿으락等三人을救出하심。 (一九―二五)
마、奇蹟을본느브갓네살이 하나님을讚頌함。 (二六―二八)
바、느 갓네살의敬神의詔書와삿으락等의陞叙。 (二九―三〇)

(4) 高樹夢을 다니엘이解明함 (四·一―三七)

가、느브갓네살이至尊하신唯一神을讚美함 (四·一―三)
나、바벨론諸博士와術客들의無能。 (四―七)
다、高가天에接한巨樹의夢。 (八―一八)
라、다니엘의解夢。 (一九―二七)
마、驕慢한 느부갓네살王에게天罰이臨함。 (二八―三三)
바、느부갓네살王의懺悔와讚揚。 (三四―三七)

(5) 壁上의怪文字를 다니엘이解明함 (五·一―三)

가、벨사살王의傲慢無比한設宴。 (五·一―四)
나、不可解의怪文字 壁上에 나타남。 (五―九)
다、王后의薦으로 다니엘이入侍하야王의傲慢을責함。 (一〇―二四)
라。解夢。 (二五―三〇)

마、갈대야王벨사살을滅하고 메대王다리오가統治。 (三一)
우바르신 =天國이分裂되여 메대와바사人에게賜與。
데겔 =王을秤量하야보니 不足하다。
메네 메네=나라運命을計數 終結。

(6) 다리오王의群臣들이 다니엘을謀陷함。 (六。一―二八)

가、다니엘이領議政(總理大臣)에就任。 (六。一―三)
나、監督과方伯들이 다니엘을謀陷함。(禁令發布) (四―九)
다、다니엘의祈禱生涯가法網에 걸리다。 (一〇―一五)
라、法規에 얽매여 다니엘을獅子窟에投入。 (一六―一八)
마、獅子窟에서도 生存한 다니엘을 發見救出。 (一九―二四)
王의讚頌과裁斷。
바、다리오王이詔書를下하야 全國民에게 다니엘의神 (二五―二七)
여호와를敬拜케함。
사、다니엘의末年。 (二八)

二、後 編 (幻影의豫言) (七。一―一二。)

(1) 다니엘의四獸의幻影。 (七。一―二八)

가、다니엘이 四大獸가海上에出現함을보다。 (一―八)
나、하나님의王國을 보다。 (九―一四)
다、幻影의解釋。 (一五―二八)

(2) 牡羊과山羊의幻影。 (八。一―二七)

가、兩角의牡羊과 西便의山羊。 (一―一二)
나、二千三百晝夜의燔祭。 (一三―一四)
다、가브리엘의慰勞와解示。 (一五―二七)

(3) 七十年과 七十週日의意義。 (九。一―二七)

가、예루살렘破壞後七十年을經하리라。 (一―二)
나、다니엘이 이스라엘百姓의罪惡을告白함。 (三―一五)
다、예루살렘回復의祈禱。 (一六―一九)
라、가브리엘이七十週日을告示함。 (二〇―二七)

(4) 힛데겔大江邊의幻影(大戰爭)。 (一〇。一―二一)

가、布衣金帶玉身電顔炬目銅肢巨聲의現幻。 (一―一七)
나、天使의慰撫。 (一八―二一)

(5) 世界列强의大勢에關한豫言。 (一一。一―四五)

가、希臘이 바사를滅함。 (一―四)
나、南邦과北國의鬪爭。 (五―二九)
다、로마帝國의制覇。 (三〇―四五)

(6) 이스라엘의將來。 (一二。一―一三)

가、미가엘의救援。 (一―四)
나、終末의告示。 (五―一三)

大植物學者바ー방크先生과
그의業績에對하야 (下)

楊 仁 性

바ー방크先生의 굳은信念은 百折不屈의忍耐와 끝없는 興味로써 植物培養에盡力하면 반드시 全人類를有益케할 新種을發見하리라는 것이였다。그럼으로 모든困難과 辛苦를排除하면서 다음과같은 세가지目標를 세우고研究한 것이다。

一、花卉、果實、樹木、野菜等의 在來種을改良할것。

二、野生種或은 退化한植物을 培養種에交配하여 兩者의 特性을 促進시길것。

三、從來世人이 不知하던 絕對的新種을 創成할것 等이 였다。

以上세가지 方法을實行하기爲하여 다음과같은 手段을 쓴것이다。

(一) 養殖作用 (Breeding)。二種의植物을 交配하여 第三의新植物을 創成하는것인데 그方法은 人爲的으로 한植物의花粉을 他植物의 柱頭에授粉시켜 그사이에 新植物을創生케하는것이다。이것은 自然界에서 新種이發生하는 共通的秘訣이지만 다른사람이 보지못한點을 그는깊이洞察한關係로 이것을第一로着眼하고 實驗한것이다。

(二) 人爲陶汰 (Artificial Selection)。生物界에는 自然的陶汰가있지만 人爲的으로 이것을實行하여 가장優良한種類를選拔하고 拙劣한種類를 除去하는方法이다。이것은第一의養殖作用과같이 新種創成하는데 不可分의重要緊密한關係를가진것이다。이두가지 方法은 말이나 글로쓸때 甚히 簡單하지만 實際實驗하랴면 甚히 非常한 勞力과忍耐와金錢 또는 時間을要하는것이다。單 한種類의植物을 얻기爲하야 때로는 數十或은 數百萬의植物을 심어야한다。即 그많은植物가운데서 神과같은 洞察力과極히銳利한直感으로써 가장優秀하고 純粹한 한줄기(一株)를選擇하고 다른 모든것은 불에태워버려야 하는것이다。이러한實驗은 往往一秒間의 不注意가數十年의積功을 水泡에도라가게하는일이 非一非再하다。따러서 그의事業은 恒常精神的緊張과 身體的勞力 또는 巨大한財政을 要하는것임을 推測할수 있을줄안다。氏는 生命의特色은 進步와發達과變化 또는飛躍에있는것을 아는同時、이것을잘操縱하고 增長하면 至今껏生命속에 숨었던幾百幾千의 能力이모다 發揮될것을굳게믿었다。한거름 나가서 遺傳과環境의微妙한作用은이것을 人間의意志로써 잘指導하고 補助할때 自然이表顯시키지못한 生命的神秘를 一段높은水準에올려갈것을 洞察한것이다。그리하여 이것을 先人의研究와 學說에依支하지않고 自手로써 實驗하여證明한것이다。實로地球上의 모든植物은 天地開闢以後에 처음으로참知己를 發見하고 얻었다하여 過言이아닐것이다。

大植物學者바ㅣ방크先生과그의業績에對하야

이제 그의創造한 新植物의重要한것을 大綱列擧하면 다음과갈다。

(1) 無刺仙人掌。 이것은前號에도 쓴것과갈이 그가 어렸을때 누구의게서 얻어가지고 도라오는途中 떠러트려서終日울고 아까워하든俗稱 鰕仙人掌이라는 種類를改良하여 人畜의食料에 適合한것으로 맨든것이다。 이로말미암아荒漠한 沙漠의天地는 우숨의世界로 變한것이다。

大體植物에도 各其性格과 意志가있다고본다。 어떤植物은培養하기쉽고 어떤植物은어렵다。 또어떤것은 잘馴化되나 어떤것은 十年二十年을 지내도 極히頑强하야 매우馴致되기 어려운것이있다。 仙人掌도 亦是이頑强한植物의하나로 바ㅣ방크先生이 多年間非常한 注意와硏究를 거듭하였으나 쉽살이馴化되지않였다。 그가自少로 이頑强한性格을가진親友를 一種憐憫의 情을가지고 어찌하면 좀더나은性格으로 變하여人類의 情다운벗으로 하여볼가勞力한것이다。 普通사람이라면 이頑强無變한 벗을사괴여 空然한時間과 勞力을 虛費하는것보다 天稟이溫順하여 잘馴化되는벗을 찾을것이다。 그러나 實로非常한 心眼을가진 그는 오히려頑强一徹의벗 仙人掌이 마음에 들었든것이다。「이만츰頑固强情의 野人이라면 將來 한모 쓸데가있겠고 全人類의恩人으로 맨늘수있겠다」는것이 그의信念이였다。

爲先 仙人掌이 內部에많은滋養을 貯藏하여둔것을볼때、環境이 極히 不利한沙漠에서 이만큼 忍苦와勞力性이豐饒하니、萬若이것을 沃地에移植한다면 반드시非常한 特徵을發揮할것이라는데 着眼하였다。 또 싫은 가시를 除去하여 사람과家畜의 飼料로한다면 人畜의幸福은 莫大할것이라고믿였다。

現今世界沙漠의面積은 約二十七億에ㅣ카ㅣ라고한다。 全米國의 面積보다 約六千平方哩가넓다。 年中絶對無雨地가아니면 仙人掌은容易히산다。 또草原으로되여 겨우半耕作할만한地面은 地球上에 約九十億에ㅣ카ㅣ가있다。 여기는勿論잘될것이다。 世界의 全沃土面積은 以上二地方보다 훨신넓어서 約二十九億萬平方哩다。 即百六十億에ㅣ카ㅣ에相當한것이다。 여기는勿論 아무故障없이 잘成長할것이다。 先生은 이러한計算으로써 未耕作地에다 仙人掌을 培養한다면 적어도 現在人口의 二倍以上의人畜이 살어갈수있다는 斷案을 나리운것이다。 또「仙人掌이 웨 오늘날 이러한形態를가저서 生物의敵이되였을가? 往昔에는仙人掌도 다른植物과같이 가시도없고 닢사귀도 있었을것이다。 現今에 多少 그런種類가 있으니 想必그러하였을것이다。 即이런形象을 가진것은 自己防衛上必要로써變한것이다。 모든動物의飼料로써 맛있는植物이 없기때문에 서로競爭하여먹은關係로 漸次 그迫害를避하여 오늘날같이 不毛의地沙漠에 避亂하였을것이다。 그리하여 沙漠生活에 適當한構造 即內部에貯藏한 水分發散을 防止키爲하여 줄기와 가지가 合하여 하나로되고 넓은表面을 적게하기爲하여 가시가된것이다(水分發散과 虫害를防止함)。 이런構造를

가진仙人掌은 아모리乾燥한土地에서도 九十五%以上의水液을 貯藏할能力을 가진것이다 사랑없고 情없는 世界에는 그는自立的手段을 準備하여가지고 씁쓸한 沙漠에退却하여사는 野人이라고 볼수있다。그럼으로 이를情과愛로써 사괴고 待接하면 반드시前과같이 가시없는 人類의親한벗이될것은 無疑한일이라고 믿었다。以上과같은仙人掌觀을가지고 그는比較的가시가 적은것을擇하여 培養한結果 처음것보다全然다른種類를 創生케된것이다。그試驗에利用된種類는 줄기가넓고 두터운「오ㅣ푼시아」라는種類였다。原產地는南米와 墨西哥地方이고 花色은 紅, 黃紫、等고흔빛이다。人工的授粉作用을하여 새種子를 맨드러繁殖시키고 數萬數十萬株가운데서 가장目的에 가까운態形가진놈을 選出하여 數代培養하되 嚴正한隔離를하고受精과陶汰를 極히愼重히한것이다。이렇게하기를 十年間繼續하였다。只今은 바ㅣ방크先生 住宅附近에 高가八尺假量되는것이 많은데 枝莖의長이約一尺 幅八寸 厚가一寸쯤되는 種類이다。勿論가시는 하나도없고 커다란果實을많이맺이는 世界的珍果이다。果實의形態는 마치胡瓜와같이길쯤하고 兩端이平扁하다。直徑이約二寸、長이約三寸五分 色은黃金色或은赤色이다。맛은甚히좋고 香氣는배、메론、或은 파인애풀 비슷한것이다。生食은勿論 料理하여도먹는것이다。더군다나 그成長이 迅速하여 한알의씨를심어 三年사이에 六百餘폰드의 食料를얻는것이다。米國政府에서 數年前그榮養價를 分析發表한것을보면 다음과같나。

改良仙人掌果分析表

水分	灰質	蛋白質	澱粉	脂肪	纖維質
九四%	一、四%	○、六%	三、五%	○、九%	○、六%

香味또는 成分上으로보아 實로 理想的果實이라하겠다。

(2) 無種梅。배과같은 香味를 가진것인데 加洲에는 甚히많고 極히重要한 農產物로서 많은收益을 얻는것이다。그種類도 여러가지가있다。

(3) 改良胡桃。在來種보다 껍지가엷다。처음에 넘우엷게한 關係로 새가쪼아서 被害가있었으나 곧처改良하여 多少두터이되였다。그成長이甚히速하여 十三年자란나무가 在來種의二十八年자란것보다 六倍以上에 達하는것이다。

(4) 早生栗。播種後 겨우十八個月만에 結實하기 始作하는것이다。朝鮮에서 所謂栗三桃四라는말은 바ㅣ방크先生으로 말미암아 折半으로 短縮된것이다。

(5) 샤스타ㅣ菊。日本種에다 英國種을 交配하여맨든 新種인데 꽃의直徑이 五乃至七吋까지되는 美花이다。

(6) 다리야。元來꽃은 고으나 不快한 내암새가 이꽃의價値를 떠러트리는 것임으로、改良에改良을加하여 木蓮花같은 香氣를내는 꽃으로 變化시킨것이다。

(7) 아마리리쓰。꽃의直徑이 二三吋로 十吋까지되는 甚히고흔 觀賞아마리리쓰다。

(8) 黑莓。꽃도 아름다울뿐더러 甚히 맛좋은 열매맺는

大植物學者바ㅣ방크先生과그의業績에對하야

딸기의 珍種이다。
(9) 토마도ㅣ포테토ㅣ。馬鈴薯에다 도마도를 交配하여맨
든 新種인데 地上에 가는根塊를내인다。이것을 生食
或은料理하여먹는다。
(10) 파인아풀 퀴ㅣㄴ쓰。파인아풀에다 말메로 를交配하여
만든 甚히 香味좋은 珍果이다。
要컨대 그의苦心과 研究는보다더 좋은꽃을 맨드러地
上을 아름답게 裝飾하여、香氣없는것에香氣를加하여 우
리의感覺을 즐겁게하고、적은것을크게 가시있는것을 가
시없게 毒있는것을 無毒으로變하여 조곰이라도 우리人
生生活에 有益케하고저 힘슨것이다。그리고 그의精神은
徹頭徹尾自己一個人의 利益이나 名譽를爲하여한것이아니
고 끝까지 全世界人類의幸福과利益을 目標로하여 한것이
다。아ㅣ貴한精神! 바ㅣ방크先生의 利他的精神이여!二
十世紀物質文明이 急速度로 發達하고 資本主義社會가 물
밀듯 全世界를掩襲할때 學者、政治家．事業家를 區別할
것없이 自己利益에만 汲汲한 이때인만큼 더욱그의精神
이貴함을 느끼지않을수가없다。
그의小邸宅이있는 산타、로ㅣ자 丘上에는 每年十餘回
의大炬火가있다고한다。그는다름아니라 그가極히 嚴正하
고純粹한 陶汰를하기爲하야 數年或은 數十年苦心하여培
養한植物가운데서 다만一株或은 二株를選出하고 다른數
千數萬 或은數百萬의植物을 아낌없이 태워버리는 불이
라 한다。培養試驗한 結果多少라도 新記錄을 내이지안

는것은 餘地없이 이불의洗禮를 받는것이다。勿論多年間
愛培하든 多數한植物을 불속에넣는것은 哀惜不已한일이
지만 남어지優秀한몇株를 爲하여 不得已한일이다。그러
나 世上사람은 이것을보고 그를狂人이라하였고 甚하면
大魔術師라고까지 批評하였다。「完全한것이 올때 完全치못
한것이 버리움을當하는것」은 自然界의 大法則이고 眞
理일것이다。自古로 偉人이란 가장큰眞理와 目的을達하
기爲하여는 다른어떠한것이라도 犧牲시키고 破壞시길能
力을 가진勇者임을 우리는 잘아는것이다。
米國大詩人 에머ㅣ슨氏가 말하였다고한다 「사람이 萬
若隣人보다 더좋은著書를하며 또더나은 說敎를하며 或
은 더좋은捕鼠機를 맨들면 그집이 비록沙漠가운데서슬
지라도 世人은 그門戶에 適當한道路를 맨든다」고。果
然바ㅣ방크先生이 산타로ㅣ자市에 住居함으로부터 世界
의學者園藝家들이 漸次그門을 두다리는者가 많게되였고
每年數十萬의 郵便을取扱하기 爲하여一等郵便局까지 設
立된것이다。全加州는 一九二六年先生이 別世하신後로 每
年三月七日을 記念日로定하고 學校와 모든機關이 休業
하고 大大的으로 祝賀하는것이다。一個微弱한 靑年이死
故無親한 他鄕에가서 그만큼成功한것도 장하다하려니와
全世界의大學者 또는 大研究家로서 偉大한足跡을 남겨
植物生活에 一大革命을 이르키고 우리人類에게 莫大한
幸福을끼친것은 날이갈수록 더잘證明될것이다。아ㅣ先生
의靈이여! 하늘에서 이地球가 漸次美化됨을 보시고 기
뻐하시고 慰安을받을지어다。

聖朝通信

一九三六年七月二十六日(日)(雨)。午前十時에主日學校의 第二回集會。使徒行傳第五章에依하야 아나니아夫妻의 이야기。○강아지가 滿二日間 아무것도 안먹고 苦痛中인데 目不忍見。개의經驗많은이의 診察에依컨대 瘟熱病이라는 사람의猩紅熱에相當한病에 걸린것이니 絕對安靜以外에藥도없고 먹일것도 없느니라고。依하야安置하고 回復을待할뿐。○連日의豪雨에 시내水量이豊裕하고 맑아서 급실급실 쉬지않고 흐르는樣은、에스겔書第四十七章에있는 生命水의清流를聯想하게하야 마지않는다。淨潔과 生成을象徵하는 이清溪에 몸을 먼저 一浴하다。저녁엔 찬송가 연습하고、밤一時三十分까지執筆。

七月二十七日(月)曇。시내의水量이漸減한다。오늘도 清流에 沐浴。○某教派의傳道師로서 熱心牧會하든이가 來訪하였기로、彼가弱少한 教派의教役者라는 如前한同情과親分으로써 握手迎接하여들이고 遠路에東小門外의本社까지 찾아준誠意를 깊이謝禮하였더니、勿驚 彼는 발서 福音傳道의人으로서 우리를 찾은것이 아니오 某生命保險會社의 勸誘員이라는 使命으로써 炎熱不顧하고 이문작이까지 探巡하는것이었다。因하야 別로 더할말이 없으니 不過數語에 彼는 大門을向하고 나가다。○午後는鮮光印刷所에就하야校正。

七月二十八日(火)雨。午前부터 印刷所에가서校正。休暇中은 東小門턱을 넘나들지 말자고所願이었던것이 聖朝出版을爲하야는 所願도 쓸데없다。○仁川近海(富川郡용유면龍亭里)에서 滿潮時間을利用하야 쌀뭇치(작은 숭어)잡이하는生徒의詳細한報告를 接하고 숭어의習性、漁業의器具、海邊生活相等에關하야 有益함이多大하다。

七月二十九日(水)曇。後雨。오늘도入市校正。今日 某氏의 誘引으로 和信商會屋上食堂에서 午飯을喫하면서、그施設의完備함에 놀라는同時에 이러한文化生活에熟練되지못하야 同行한이에게까지「시골뜨기」이라는 指目을 받게하는듯하야 內心에 未安함을 不禁하다。隣席에 앉은 某中學生이 익숙하고 능난한 솜씨로써 女給과 뽀이들을 頤使하면서 食堂홀을 獨占한모양으로 食事하는樣이 부러운듯도 하였다。但그學生은 下宿食費를 안주기로有名하야 이사가는곳마다下宿主婦가 잦우學校當局에 告發하는 生徒였다。○瘟熱病中의 강아지 기어히 죽었다。養犬은 斷念하는수밖에없다。

七月三十日(木)曇。小雨。出版物許可願에 印刷所變更屆를 添하여야 된다고해서 今日再手續하다。○滿三年半前에 卒業하고 나간生徒ㅣ不遠에醫師로서 社會의一員될사람의ㅣ처음 편지를接하니 기쁘지 않은것도 아니다。「(前略)先生님을 떠나 이끝에배우기를 시작한지도 어느듯滿三年이넘어 꿈지아니한 벳날로 생각됩니다。늙은이 아닌者 過去를 돌볼것없이 앞에놓인希望의 저언덕만 바라보며 나아갈이모름지기할일일것이나、젊은일지라도 어떠한機會에 문득 머리를 돌려 걸어온 뒷길을 바라볼적이없지안습니다。돌아보아 한쪽의 그림갈이 아름다운것도 發見될때이면 스스로 우숩기도하고 기쁘기도합니다。짧아도 해수로五年間을길러주신母校란 압만하야도 적지않은 因緣을 준양하야 언제나 돌을때 반가운소리가「양정」「C先生」「K先生」따위올시다。그 돌을때 반가이들고 볼때또한 좋게맞는 그것이 教育에숨은 큰 힘의 하나이라고 보아서 틀림없으리라고 저는보나이다。

그힘은 우리들을 든든이 保護하여주는 듯합니다。滿三年동안이나 先生님께 한장의 글월도 올리지않든者가 보기에 갑자기 붓들어 이렇쿵저렇쿵 여러가지 소리를 그저거려보내는 저를 容恕하여주시기 바라나이다。그러나 붓을들었으나 쓸말은 도저 없다고해도 좋으리만치 글월의 실마리를 찾을수없이 그저 붓가는대로를 적나이다。

비록 글월來往은없으나 양정校의 消息을알려면 양정雜誌가있고 新聞이있고 가다가或是맞나는 동무가 있엇나이다。或은 그렇지도 못하면 한해에한번식하는 學校御中의 年賀郵便이 었엇으나 그것은 오직生存與否報告書式에 지나지못하얏든것、그나마 先生님께는 가지않았을것입니다。그리도 去者日疎가되엿든 先生님과 저의사이에 인제또다시 지나간 그녯날에 弱하게나마 맺어진 師弟之情이交換되리라고 믿고 이글월을올리고는저도 부질없는 짓이나아닌가疑心을하면서도 붓을들은以上 내버리기는 싫습니다。

무릇 青年中所謂 좀안다는者에게는 아는것도 많지만 골치아프게 모를것도 많아습니다。저亦是 그런者이올시다。先生님 저에게 多少의 힌트라도 나려가르켜 주시옵소서。머지아니하야 社會의 一員이되자고보니 그念慮는 더스럽고 여러가지 二重人格的性格形成도 두렵습니다。結局은 單純하게 생각하는것이 第一捷徑이겟으나 그래도 그렇지않아 알고싶습니다。願컨대 그에對하야下示하여주시옵소서』。저들의消息을 待하는 三年間은 三十年같기도 하였으나、變함없이 進就하고 있는樣을 알고보니三年이三日도 같다。돌아오라 教師의心門은 누구에게든지 언제든지 開放하여있다。

七月三十一日 (金) 曇。暫雨。清凉里에 金貞植老先生을尋訪。積極團一派의 顚末에 關하야 가장信賴할만한 知識을 얻을수있었음은 意外의所得이었으나 알고보니 朝鮮基督教會도 寒心事이다。도저히 治癒의 術이있을것같지 않다。○高普第二學年生徒의 休暇中讀書消息如下。『(前略)私の今までの日課は主に昆虫採集と休暇課題帳の外は專ら、休暇前の先生の御言葉通り讀書に費ひやして居ります。炎熱の眞晝に申又一ッとなつて裸で讀書するのはよく寫眞で見受ける印度聖雄ガンジーを思はせ微笑にたへません。

元來私は文學とは云へる程ではありませんが少々趣味を持つて居りまして 今年の休暇は大いに讀書計劃を致して居ろところ はからずも休暇前先生の讀書禮讃に一層感じまして讀破に餘念ありまんが、何しろこの炎熱の爲豫定の通り進みません。先生樣には小小生意氣だと思はれろかも存じませんが、私は級中での讀書の方では今まで誰にもヒケはとつてゐないと思ひます。休暇以來は元々よりの讀殘りである アレキサンドル、デユマ作の「モンテクリスト伯」を讀破しました。今まで此程面白い小說はなかつたと存じます。先生より薦まれたユーゴーの「レミゼラブル」も相當は面白かつたが「モンテクリスト伯」の方がもつとも面白く讀まれました。私より先輩の やはり文學に趣味を持つてゐる者の指導によつて世界文學全集中の

ツルゲーネフ　父と子、處女地

ドストエフスキイ　罪と罰

チエホフ
ゴーゴリ　} ロシア三人集
ゴーリキ

アンドレ、ジード　狹き門

以上を休暇中に全部讀破出來ないとは思ひますが大概の「スヂガキ」だけでも知つて置きたいと思つて目下大馬力をカケて居るやうな次第であります…云云』教師된者의顏色이安在。

八月一日 (土) 曇。暫雨。補土峴밑 藥水庵앞에 수채를 걸고 母親님 물마지시작。물도 넉넉하고 瀑布도 많은것이 우리문안의 자랑。午後는 印刷所에就하야 한번다시督促하다。兼하야 滿洲에서注文온印刷物심부럼도 하다。○聖潔教會에서 郭載根牧師를 除外한 消息을알고 섭섭한感을 不禁하다。○歸省生徒들께 牧牛에 關한調査를 부탁하였드니、(1)도지소 (2)어우리소 (3)배내소 (4)익가리 等의種別을擧하야 詳細히來報。但 이것은 忠州地方의慣例。어떻게하면 世界에比類드문 우리소를 二千萬頭以上으로增殖할수있을까。

八月二日 (日) 曇。日曜學校에서는 삼우엘上書第十七章에 依하야 다윗과 골리앗의 이야기。休暇中의 生徒들께서 오는通信을 읽다가 如下한一枚를 發見하고 깊이感激하다。『(前略)終業式日에通信簿를 接受하야前學期에努力이 너무不足하얐다는것을알적에 너무惰怠하얐든것을 새삼스러이反省하지않을수없었읍니다。그러나門下生이二學年에올라갔을적에日記帳에家親이門下生의前途를위하야 斷煙禁酒하셨다고 記錄하얐을적에 옆에先生님의親筆로써「不肖한子息이되지말라」는教訓을써주신것을銘心하야 標語로삼아서 지금까지나려왔으며 血汗으로家計를保存하야가며 愚子로하야금 몇千名의同胞를代表하야中等教育을받게하야주시는仁慈하신家親의수고며母親의期待를 水泡에도라가지않도록 努力하라하얐읍니다마는 門下生의마음에는 너무도틈이많았읍니다。그러나先生님께서激勵하야주신教訓과같이門下生도 좀마우에들수있다는것을깨달았읍니다 그러고 모두가門下生이惰怠하야 失敗하야왔다는것도 깨달았읍니다。도라오는學期에는꼭優等을해서 그보다도實力을充分이養成하야서 父母앞에 부그럽지않은成績表를받아서 깁버하신는 얼골을볼라고합니다。이번成績은 참으로 父母뵐낮이없었읍니다。

이러한成績을 父母앞에내놓는것이 未安해서 그러고罪진것과같아서 저녁에 종아리채을맨드러서 家親앞에내놓고 謝罪의말슴을엿주었으나 家親께서는 조곰도怒하시는顔色이없고 웃는얼골로「全力을다한것이면足하다」하시며 다시아모말슴도없으십니다。平素에 매우嚴格하신家親이 그날은 매우仁慈하셨읍니다。그러고 그날저녁에 參考書사서工夫잘하라고 金五圓을내여주셨읍니다

門下生의 感情에 넘치는 것은 눈물뿐이었읍니다。아바지는 몇번이나 「目的은 成績이 아니다。實力이다」라고 말슴하야 들려주셨읍니다。家親께서는 參考書가 없어서 남과 같이 工夫를 못하는줄로 아시고 될수있으면 不自由한 工夫를 식히지않고 있는 實力을 發揮식혀서 上級學校에 入學되도록 하라고 하십니다 門下生은 世界에 둘도 없는 幸福者라는 것을 確實히 認識하얐읍니다(下略)」。아들은 百餘名中에서 恒常十番以內의 席次를 保持하는 生徒요、그 父親은 某新聞配達로 간신히 一家의 糊口를 計하는 이。高普에 入學한 그 아들에게 禁酒斷煙의 美風을 養成하기 爲하야 于先 自己自身부터 年來의 惡習을 一朝에 斷切하였다는 父親。敬畏할만한 父子인저。이런 父子를 發見하고 때때로 그 家庭을 訪問하야 가슴에 사무찼던 敬意를 表하는 일이 敎師노릇하는者의 特異한 享樂이다( )밤 十一時부터 한시간 伯林에서 보내는 世界올림픽實況放送傾聽。

八月三日（月）曇。夜雨。아침六時半부터 伯林올림픽放送에 惑하야 三十分間을 虛費하다。○昨日은 第一日曜日이어서 印刷工場休業。今日午後에 겨우 八月號製本出來하다。急한 것은 印刷所에 가서 直送하다。○安國洞네거리에서 李鼎燮先生을 우연히 만나니、堰堤決裂된 것처럼 이야기 洪水터져서、路傍에 서서는 안될 形勢에 隣近한 茶店을 더듬어 傾聽하기 略三時間。두세마디 대답한 外에는 先生의 長長流不息하는 思想의 洪流에 恍惚할뿐이었다。李先生과 방불하게 思索이 緻密하고 想苑이 豐裕하야 만나는 者에게 開口할 寸隔을 許치않는 同型서분이 따로 두어분 계신것은 實로 서울長安의 一大壯觀이라 할것이다。

八月四日（火）雨。夜來의 降雨에 前川이 매우 增水。雨中에 宋斗用兄이 來訪。今日의 宋兄과 昨日의 李先生을 만나뵌것이 모다 現夢이 先行한 일인 것은 奇異한 事。高等敎育받은 某文學士가 어떤 基督敎徒의 꿈을 論議하는 것을 보고 「二十世紀現代의 靑年들이 꿈을 信憑할것이냐」고 迷信같이 嘲笑하였거니와、꿈은 今日의 科學으로도 亦是不可思議의 일이다。

八月五日（水）曇、夕晴。留宿하면서 오래 阻隔하였든 懷抱를 풀고 宋兄今午後에 退去。亦是친구는 오랄수록 貴하다。오는 冬季集會는 梧柳洞에서 열자고 諸般接客의 準備를 宋兄께 부탁하고、講話맡은 사람은 그 工夫에 專心하기로 하다。○포플라 끝에 걸린 明月과 버드나무 밑에 흐르는 시내물소리를 그대로 두고 잠들기가 아까워서、자정 가까울때까지 庭內를 逍遙하다가 달빛이 막히지않도록 窓을 열어놓은대로 就床。

八月六日（木）曇。흐리고 개는 일이 定規를 밟지않어서 天氣豫報도 信賴할수없고 常識的經驗으로도 判斷할수 없다。뻔난틈을타서 母親님모시고 藥水庵瀑布에 물마지하다。北漢山麓의 風景이 近日의 水量을 얻으매 漸入佳境。

八月七日（金）曇。暫雨。요한文書의 工夫틈에 풀뜯기와 개천修理。○休暇中生徒들의 農村報道가 接踵來着。其中에 抱川郡永北面小山里에서는 洞內共助會에서 購牛契를 組織한지 三年만에 한집도 빠지지않고 소한필以上을 養育하게되였다고。可謂喜信。

八月八日（土）立秋。半晴。一時驟雨。母親님모시고 藥水瀑에 물마지갔다가 左足을 傷하다。奇異하게 出血中止되여 下山。

八月九日（日）曇。午前은 日曜學校。箴言第三十一章十節以下로써 東洋固有의 模範女性을 배우다。○今夜十一時부터 伯林올림픽에서 마라손 뛸 養正高普第五學年生徒孫基禎을 爲하야 祈禱하면서 就床。

八月十日（月）雷雨。午前六時半부터 伯林에서오는 電波를 傾聽。올림픽 마라손 實況을 듣는동안 주먹에 땀을 쥐다。孫基禎一着、南昇龍三着의 報에 가쁘지않은 것도 아니나 또한 눈물이 북바치지 않은 것도 아닙니다。○近日의 라듸오 天氣豫報는 날마다 虛言의 放送뿐이어서、소나비에 漸漸개천은 濁流로 激하며 今夏의 最高水準을 보이다。

八月十一日（火）雷雨。번개빛과 우뢰소리와 비ㅅ바람소리 너머요란하야 잠을 깨니、때는 午前한시인데 雨滴이 個個의 粒球로 떠러지는 것이아니라 바로 太平洋을 밀뿌리까지 겅겅드러다가 北漢山우에다 뒤집어 씨우는 光景이다。내가 只今 水中에 떠있나 하고 反問하여야할 天變地動。偉哉라 主여 主의 動하심。우리집 같은 家屋은 一個野營의 假屋에도 不及함을 깨달아 不安하기도 하나 感謝하기도 하다 ○日出頃에 매암이 울고 靑天이 보인것은 昨日과 같았으나、매암이도 近來에는 거즛放送함이 天氣博士들과 一般。終日豪雨에 前川堤防이 危殆하야 全家率의 힘을 다하야 潰裂을 防止하면서 天下의 農夫들과 걱정을 나누다。○今夜에 孫基禎의 마라손優勝을 祝賀하는 宴會가 開催된다고 請牒이 있었으나 例의버릇대로 宴會는 缺席하다。○新聞配達은三日間、郵便配達은 今一日間中斷되다。듣건대 淸凉里、纛島、麻浦等地는 交通杜絶이라고。

八月十二日(水)曇。天氣豫報에反하야 終日비오시지 않었을뿐더러 저녁에 별까지 총총하다。여러날만에 新聞도보고 郵便도받다。○聖朝誌八月號의第三種郵便物發行日字是非로 光化門局과 京城郵便局에 다녀오다。郵便局은 郵便局으로서의 權威를 主張하기爲하야 一字一點도 看過할수 없노라고 뻣치고、警務局은 出版에依한制定이있어 不動하고、彼此官權은 마찬가지니 어느장단에 춤추는것이 順良한百姓노릇하는道理인지 甚히難處한境遇에逢着하다。○午後에 崔泰瑢 鄭再雲 安商英諸氏來訪하야、시내에沐浴하며 소금에 삶은 馬鈴薯를 나누면서 敎會論과 無敎會論도 不息하였으나、그보다도 그리스도안에사는 友誼를 따뜻하게 할수있음이 고마웠다。○成兄短信如下「主안에健在를 빕니다。今朝孫基禎君의 마라손一等의報를接했읍니다。實로 懦弱의朝鮮을爲하야 萬丈의氣焰을吐한것이라하겠읍니다。養正의 그집과 그運動場이 世界의一等의 마라손選手를 내였다면、우리朝鮮이 永遠의競走場에서 勇者의冠을 쓰게될것을 믿음이 더두터워갑니다。」云云。

八月十三日(木)曇。漸晴。오랫만에 가루의晴天을 맞나슴으로 今日 무 배추播種。堆肥製作。○아이들이 馬鈴薯껍지벗기는것을 助力하다가 매우困難한 일이물發見하다。寒農家의 農繁期에 係日먹는食料品인데 이렇게 힘들고 품이걸이고서야 먹을수있을까。馬鈴薯의 簡便한料理法을아는이는願敎示。○咸興 安尙哲醫院開業通知를 받고 純粹한基督信仰의 醫院하나가 出現하는것을 기뻐하다。○白頭山途中의柳君短信에「東海岸의 아름다움과 높고푸른山들은 實로雄壯하고 秀麗합니다。古茂山서 茂山沿道에는 지금에야 들꽃이滿發하야 正히 아름답습니다。벌서부터 高山蝶인 ホソジロ蝶가 날고있읍니다。豆滿의急流도壯快합니다」(茂山에서)라고 하였으니 부럽지아닌것도아니고、平南勝湖里에서 三十六洞天의 探勝오라는 誘引도있으나 慾에限이없다。日來의 맑은물이 넉넉히 흐르는 前溪에는 물소리 끊지않고、北漢連峰은高山的凉風을 아끼지않고 보내주니、金剛山이라면 摩訶衍에 宿泊한것깔기도하고 妙香山이라면 普賢寺앞에 天幕친때 같기도하다。又況 포푸라끝에 밝은달 걸린밤에야 무엇을 더바라랴。

八月十四日(金)前晴、後雨。장마가 아주 지나간줄로만 速斷하고 天氣豫報도 듣지않고 아침부터 세멘工事를 시작하였다가中途에廢하다。○半自作農으로서 完全自作農을期하면서 勤農하는 젊은農夫의來信을 接하고 甚히기뻤고、하루라도 速히小作農의域을脫하고 自作農이되기를 祈願하다。「(前略)枯渴한저의靈에 生命水를부어주십은늘感謝하오며 聖朝誌를볼때에 聖朝通信은再三읽으옵는데 저에게는가모片紙할材料도없으며 그사이두어번은 片紙썼다가부치지못하얏음은事實입니다。公私間事務多煩中移徙하시느라고 얼마나 奔忙하셨겠습닛가 移徙狀況은聖朝誌와 ○○君께서잘알았습니다。이제 저의感謝함을 알리우고자합니다。本是農業家로서 育畜을飼養하지않으면 안되겠다는것은 아지요만 郡農會指導와農民誌에依하야 多角形農을하지않으면 안된다는소리에 더욱 귀가열려 道內有畜農里로選定되자 有畜農家에編入되여緬羊三頭、豚二頭、雞七首를飼養하는대 豚一頭는道種畜場에서 純系統빠ㄱㅣ스種豚으로 十圓에購入하얐아오며 숫닭一首도水原農事試驗場에서 咸州郡農會로보낸純系統白色레구홍種입니다。今年數個月間에雞舍、羊舍、豚舍、灰舍、堆肥舍、집다섯을 建設하였읍니다。祖父님은本是羊을귀여워하시는데 羊은아가시야닢을좋아하야 뒷밭果樹園울타리로심은 아가시야와 곳삼자싹은專혀祖父님께서 뜯어羊을飼養합니다。不過三個月사이에 벌서많은感想을느꼈읍니다。첫째로老少없이 부즈런하야집니다。저는아츰에일어나면 鷄舍로부터羊舍、豚舍까지飼料를 더줍니다、또저녁에도 꼭돌아보게됩니다。둘째로廢物利用한다는것을알읍니다。감자싸라이나 풀한줌이나 구정물한술도 헛도이버리지안케됩니다。셋째로는目的肥料를많이얻는것으로알었읍니다。先生님이農事에留意하신단말슴갈이저도 農事職業인관큼熱心입니다。今年耕作面積이 一萬一千餘坪인대 六千餘坪畓은全部小作이오며 五千餘坪田은全部自作農깁니다。四年前植付한 苹果百餘本은 發育이매우良好하야 今年間或結實까지보게됩니다。今年또苗木百五十本可量假植하얏는대 旱魃에殆半이나枯死하얐읍니다。언제나 이小作農이自作農으로變하겠읍니까。今況같으면 우리집은참農家답어滋味있읍니다。先生님諸般事에 指導하실말슴이나 가르겨주실일이없압거든 書信上으로라도 種種 가르겨주시기를 切望하오며 業인農事에도 知識이없어 더욱 育畜함에는 技倆이없아는 건 될터인데 農業에 對한 書籍이있압거든 惠借하야주시기를 切望이오며, 若없압거든 此에 適當한 冊名販賣店冊價等을 下敎하여주시기을 伏望云云」。自身은 農事에 對한 經驗과 知識이 乏弱하므로, 이러한 젊은 農夫끼리 서로 經驗과 知識을 交換하며 서로 慰勵하야 健全한 農業朝鮮을 建立하여가기를 祈願不已。

八月十五日(土) 曇。아침엔 舊約工夫、午前엔 來信整理、午後엔 채전修理와 上級學校及職業選擇을 相議하러 온 學生對話。저녁엔 執筆。○外樣으로 볼때에 서울 長安에서 第一幸福스러우리라고 남들이 부러워하는 理想的家庭안에서, 서름의 눈물과 한숨소리 끊일날이 없더라는 事實을 알고 새삼스럽게 놀라다。幸福을 專門的으로 追求하야 다지 않는 집에는 幸福이 오지않고, 幸福을 斷念하고 困苦를 覺悟한 家庭에는 저녁마다 하루하루 分에 넘치는 恩寵의 感謝와 讚頌이 저절로 흘러나와 마지않으니, 이 얼마나 두려운 일인고。누가 壯談할 者인고。○信仰의 首途에 나선 軟弱하고도 勇敢한 兄弟의 來信如下。「(前略) 聖朝誌를 熱讀하는가운데에서는 信仰生活은 人間에 있어서 無上의 基礎工事임을 깨닫고 그를 通해서 저의 生活을 對照하곤 합니다。咸先生님의 歷史는 超凡人하야 先知者的, 豫言者的 色彩를 包含한 것 같으며 그것을 읽을 期會를 가지지 못하는 者는 大端히 不幸한 者라고 생각합니다。生은 聖朝誌를 通해서 또 聖書를 通해서 信仰의 必要를 깨다름으로 多幸한 者라고 생각하오나 그러나 저는 남과같이 自由스럽게 내놓고 信仰의 길을 밟을 者못됩니다。父母의 禁止 洞里人의 妨害 非難等等이 無限합니다。그러나 우리의 일은 그러한으로써 戰鬪意識을 가지게하고 生來의 使命을 깨닫게하는 것이라고 생각합니다。生은 아직도 信仰이 굳지못함을 스스로 깨닫습니다。先生님이시여! 生으로하여곰 父母를 背反하고 그리스도와 또는 그리스도의 福音을 爲하야 목숨을 바치는 信仰兒가되게하여주소서! 洞里人과 싸와 故鄕을 등지고 不知의 行程을 걸어가는 人間이되게하여주소서! 愛가 充滿하신 先生님 그 사랑으로써 萬事에 어린 生의 將來를 指導하사 非常한 時期가 逢着할때 萬人의 앞에서 무쇠간구리로 찌져도 義를 爲하야 굴할줄 몰으는 者가 되게하여주소서ㅣ빕니다。그것이 主께 對한 生의 祈禱요 또 그같이 못될가 근심합니다。先生님의 門屛을 出入함으로써 「曠野에서 牧者없이 生育한 羊이 主人을 얻은 格으로」 聖書의 眞意를 맛볼수 있었고 祈禱를 배워 이오니 이에서 더큰 배움이 어데 있겠읍니까。그 恩惠는 白骨難忘이로소이다。先生님ㅣ 亂筆과 擱筆을 容恕하시고 곳여 보와주십시요。九月의 集會에는 出席하여 先生님과 여러 同僚들을 만나려합니다。내내 氣體萬康하심을 빌고 이만 긋칩니다」

八月十六日(日) 半晴。末伏날 물마지가 特效있다고해서 全식구로 물마지行。今日은 昨年에 開拓한 發老溪으로 가다。日曜日이고 末伏을 겸해서 途中에 처렵노리하는 때가 處處에 보이다。野外遊興도 이제는 一種流行인듯하야 少年들만 모여서 밥먹는데도 있고、女店員같은 때도 무리도 보이고、某官廳給仕小使團같은 때도 行人을 건드리면서 流行歌레코ㅡ드에 興나하며、다기 드리은 알 妓生들과 天幕속에서 歡狀에 如狂如醉한 紳士然한이도 보이고、아들딸 더부린 老夫妻와、新婚未久인듯한 配匹노 몇몇組가 바위틈 飛沫저편에 點在하겠거니와、天香園 賞春園近處에는 京城市內의「탁시」가 모다 나온것인가싶이 自動車市를 이루었다。好景氣如此하니 可謂天下太平인가。日沒後에 돌아오니 崔、李두先生님들外에 貴한손님 여러분이 空家에 다녀가신일이 未安千萬。

八月十七日(月) 晴。昨日의 過勞로 아무일도 할수없는데、午前中은 接客二回。처음은 生徒入學을 때쓰려고 찾우오는이오 두번째는 就職運動으로 오래간만에 上京한 靑年。모다 반갑기도하고 귀찮기도하고。午後는 滿洲에있는 兄弟의 依托을 周旋하기 爲하야 入市。大澤商會印刷所에 交涉。歸途에 骨肉의 近親을 맞우어 자정지나도록 情話。○今日 井邊의 세멘工事畢役。

八月十八日(火) 半晴。午前中에 柳先生父子두분이 山을넘어 말로오셨으나、昨夜留宿하신 來客을 爲하야 時間을 折半하지 아니치못하므로 오래 蓄積하였든 先生의 말슴의 洪水를 그대로 받지못한것이 一大損失。先生曰「趙誠斌君이 그처럼 悠작히 떠나간데는 必然코 뒤떠러저있는 우리들에게 크게 배우라는 敎訓이 있을것이라」고。깊이 感銘。

八月十九日(水) 晴。어떤친구의 家庭問題의 呼訴를 듣고 同情不禁。父母에게 責任과 怨망을 돌리려는 舊式家庭이라면 또 모르거니와、彼此專門敎育을 마추고 眞實

하고 熱熱한 戀愛結婚으로 남부러워하는 理想的新家庭을 일운지 未久에、젊은 夫人에게 空房을 지키게 한지 數個月이라니、悲憤에 불타는 夫人을 慰撫할 才操가 어디있으며 放縱無軌한 男便을 牽制할 鐵鎖가 어디있으랴。사랑의 道를 모르ㄴ이들이라면 義理의 道나 알려주련마는。無知한이들이라면 說教나 해주련마는。因하야 우선 夫人부터 예수 믿는 信仰의 길로 復興하야 每日聖書읽고 祈禱하는 生涯를 시작하라고 勸하다。戀愛至上主義로는 그 戀愛까지 喪失하리라。男便(或妻)보다 그리스도를 더 사랑하고 信賴할 때에 夫婦의 사랑도 얻고 家庭의 平和도 回復될 것이엇마는、明若觀火한 이 方程式을 解得치 못하야 몸은 날로 瘦瘠하여지고 精神은 朝夕에 混亂을 極하는 形狀은 目不忍見。○今日도 數回의 來客을 接하면서 틈틈이 執筆。

八月二十日(木) 雨。休暇中 當直의 番이 되여 登校。오래만에 市內쁘쓰에 타니 敦岩町에서 總督府앞까지 올동안에 까솔린 냄새에 멀미나서 嘔氣를 催하며、月餘에 市內共同湯에서 沐浴하라니 몹시 汚穢를 感지다、山間의 淸淨한 大氣가 아니면 頭痛을 感하며、溪谷의 맑은 물이 아니면 몸 씻기에 汚穢를 느끼니 우리도 어지간이 시골뜩이 된 심。된 것이 아니라 本然의 樵夫이니까。學校에 나오니 얼마前에 宇垣總督이 辭職하고 南大將이 新任햇다는 것、西班牙內亂이 月餘에 亘하여도 未熄中이라는 것、(以下三行略)

八月二十一日(金) 曇。岡山縣長島町國立癩療養所의 紛擾事件을 解決하고저 하야 內務省衛生局奧村理事官이 出張하야 禮拜堂內에 患者代表를 集合하고 第三次協議會를 開催하였든 結果、自治制는 許하여도 職員排斥은 不容한다는 回答을 받고 事件은 漸次惡化하야 患者七百餘名은 愛生園歌를 高唱하면서 示威行列하다가 園長까지 袋叩하였다(大阪每日十九日附)는 報道를 보고 우리 小鹿島는 恒常平穩한가고 念慮하다。

京城聖書研究會

講師　金 教 臣

場所　復活社講堂(鍾路六丁目二一〇의九)

日時　九月十三日부터(每日曜午後二時半부터 約一時間)

注意　聖書와 讚頌歌携帶。
　　　會費每回拾錢。

當分間은 馬可福音에 依한 基督傳의 繼續。家庭的으로나 敎會關係로나 基督教에 물들지 않은 未信者의 來參을 希望한다。

本誌定價

一　冊　(送料共)　　　拾　五　錢
六　冊　(一年分)　　　前金九　十　錢
十二冊　(二年分)　　　前金壹圓七拾錢

要前金。直接注文은
振替貯金口座京城一六五九四番
(聖書朝鮮社)로。

取次販賣所

京城府鍾路二丁目八二　博 文 書 館
京城府鍾路二丁目九一　耶穌教書會
東京市神田區神保町一ノ二　三省堂書店

文化書店(元山府)　茂英堂(大邱府)
新豐閣(咸興府)　信一書館(平壤府)
向山堂(東京市)　大東書林(新義州)

昭和十一年 八月三十一日 印刷
昭和十一年 九 月 一 日 發行

京城府外崇仁面貞陵里三七八
編輯兼發行者　金 教 臣

京城府壽松町二七
印刷者　朱 貞 順

京城府壽松町二七
印刷所　鮮光印刷株式會社

京城府外崇仁面貞陵里三七八
發行所　**聖書朝鮮社**
振替口座京城一六五九四番

金敎臣主筆

聖書朝鮮

第九拾參號

昭和十一年(一九三六)十月一日發行

昭和五年一月二十八日(第三種郵便物認可)
昭和十一年十月一日發行(每月一回一日發行)

目次

假死亡

얼마前에 商業用帳簿類와傳表 封筒等 印刷物購入의件을 依賴받은일이 있었다。印刷所에出入한지 十餘星霜에達하였다하나 이런種類의印刷物은 生前처음取扱하는 바이오、確然치못한注文書와 親切치않은印刷業者들 相對하고 이리저리交涉하는中의 勞心과不安은 正히本誌一個月分의編輯보다 못하지않은 괴로움이였다。내종에 當幸히 이런方面에 多大한經驗을 가진이의 詳細한製圖와考案을 얻어 豫想以上의物品이 될것같이 되였으나 그래도 注文者의 마음에 맞을것인가 아닌가 하는 不安은尙今도 남어있다。우리의 能通한方面 以外의일에는 善意의 일이라 할지라도 着手할것이 아니라는것을 이번에 切實히 느끼다 聖書에關한일과 學校에關한일外에 敢當하려는것은 원숭이 나무에서 떠러진때、생선이 물에서 나온때의心境임을 確實히알다。彼此의不經濟 이보다甚한일은 없다。

京城府區域擴張에依한 府會議員補缺選擧에際하야 本來부터 이런政治的業務에興味를 못가지던 우리는 設令有權者名簿에記名되였다 할지라도 府外로移轉한것을理由삼아 投票棄權을內心에作定하고 있었다。때마침 日曜集會의畢後에 基督敎會 革新演說을 企案하는學生의質疑에接하야 사마리아女人과의會談처럼 時間의 흐름을 깨닫지못하고 一問一答。眞理를爲하야 쓸時間과精力은 無制限으로 있다는듯이。紅塵을 털고 洞內의 淸溪를 건는때는 午後六時半。이때에電報一枚를發見하니日『투표급래×』。이미鎭定되었든 마음이 다시波動을 이르키기 시작하였다 。그대로 모르는척 할것인가。저다지沒體面하고哀乞하는것을 人間괄세가 過하지 않을까。心中의爭論이 끝나기前에 몸은投票場으로 向하였다。남은時間은三十分!最大의速力을다하였어도 遲參으로 投票도 못하고 돌아오니 其間에流失된것은時間이正히二時間車賃一圓半。남은것은 心身의過度한疲勞와 스스로責하는悔恨뿐。

聖書朝鮮의發刊이 없더도 問題는 다를것이다。聖朝誌를擔當한날까지는 友人과世上에對한態度가 類다르지않고는 되지않는다。하루中에 한두時間의 使用이軌道를벗어나도 그損그害를 다시補充할餘地없는 살림이다。『사람을기쁘게할것인가 하나님을 기쁘게 할것인가』함은 想像의世界의議題가 아니오 今日實生活의方針問題이다。天國과世上을 걸다고 섰는自我를 깊이悔恨하는同時에 政治的關心도 斷切한者요 友情도없고● 善한 사마리아人되기도 아주斷念한者인것을 友人들께通知하니 이는곧第一次的死亡、即假死의狀態인것을 알어주기를 바란다。傍若無人의 程度가아니라 死亡햇다는 訃告를 發送한다는뜻이다。

信仰의主觀客觀

無敎會的信仰은 主觀的信仰이라고 한다。無敎會를貶하는 말로서 이보다甚한것은 우리가 일즉이 듣지못하였으나 어떤意味로서는 이말이事實에符合한故로 어찌할수없이 主觀的信仰이라는評을 우리는 甘受하지아니치못한다。『無敎會主義者는 하나님 앞에서 自己를 죽은者라한다。그것이主觀인가……저는「사람은 믿음으로만 救援을얻는다고한다。그것이主觀인가……저는 一切의儀式은 얽매는것뿐이오 아모意味없다한다。그것이主觀인가』함에對하야는 咸錫憲君의解答(本誌第八十六、七號「無敎會」參照)으로 滿足하고 이에우리는 無敎會의主觀이라고 보이는것과 敎會主義者의 客觀性이濃厚한것 몇가지만比較하게하라。

無敎會主義者의主觀的인 하나는 저들이 祈禱다운祈禱를 할줄 모름에있다。저들은敎會에出席치 않는(다하는)故로 본데없고 들은데없고 본받을데가 없었다。故로主觀的要素가濃厚한祈禱는 型도없이 高低도없이 赤裸裸하게主께 아뢰인다。그러나 敎會에出席하야 復興傳道師의祈禱를 듣고 高明한牧師長老의長江流水같은祈禱를 귀에익히고 權威있는監督의祈禱型을본받은敎人들은 祈禱術의發達이極致에達하야 非單藝術的祈禱가 되었을뿐더러 그抑揚調子에까지統一이있고一致가있고普遍性을 띄어서 누가 듣든지「그것은 예수쟁이의 祈禱로구나」하는客觀性을 가진다。좀더敎會에 忠實하였다면 그것은 어느敎派의祈禱로구나 그것은 누구누구의 指導받은 祈禱로구나 할만치 그祈禱全體와 構成과語彙와 수작까지 神妙하게客觀性을 가진다。이런경우에 無敎會主義者는 主觀的이라는 別號가當然하나 主觀的이라는것이 必曰不可한것이아니다。敎會主義者는 聖書解釋에도 客觀性이 豊富하다。大槪몇割引식하야 信仰할것이라는 客觀的標準이있다。監理敎會에 公正한 割引率이있고 長老敎會에도있고 聖潔敎會에도있다。이公定率에過不足者는破門하는故로 各其敎派의聖經解釋은 實로「客觀性」이있다。이에反하야 無敎會信徒는 各其聖書의文字대로만解讀하려고하고 人間世上의「時勢」와習慣을分辨치못하니 이른바「主觀的」이라고 아니할수없다。

客觀性의濃厚한基督敎를求할진대 新敎派의 아무런敎派보다도 먼저天主敎公敎會에 갈것이다。미사도 客觀性이오 祈禱文도 客觀性이오、會堂과壁畵도 客觀性이오 그어느것이 客觀的信仰이 아닌것이없다。로마 바티칸宮으로 부터 서울明治町會堂에 이르기까지 一律이오 統一이오 누가보아도 客觀的基督敎이다。이天主敎에 푸로테스트한 루터의徒는 本來主觀的信仰이라는 誹謗을 받던 무리들이다。

나의基督敎

敎會에關係한이는 誘導或은攻擊하기爲하야 우리에게 無敎會論으로써 시작하며、無敎會主義者도 自任하는이는同情을求하거나 或은自己誇張을爲하야 無敎會論을 熱熱히辯論하고저하는이들이 있으나、우리는 예수믿는者이지 決코無敎會를信奉하는者가 아니다。「우리興味의中心은 예수와聖書에 있는것이오、敎會에는 있지않다。敎會組織의必要를論하는이가 있을때에 그虛ㅅ된 생각임을 우리가指摘할뿐이오、敎會에만基督敎的救援이 있다고 固執하는이를 만날때에 敎會外에도救援이 있다고 푸로테스트할뿐이다。萬一 敎會論으로써 우리에게 挑戰하는이가 없을진대 우리는無敎會論을 口舌에 붙일心算이 없는者이다。敎會가 基督敎의正道에서 脫線하였을때에 바른基督敎를 말하랴니「無敎會」라는 말을 使用하는것이지「無敎會」自體에는「敎會」와마찬가지로 아무生命도 없는것이오 愛着할것도 없는바이다。單純한 그리스도와 그福音과聖書가 우리의思慕하는것이다。

信仰의客觀性을高調할진대 結局은 大多數의基督敎徒가祈禱하는型대로 나도祈禱하여야하겠고、大多數의信徒가 가지는信條를 나도追從하여야하겠고、大多數의現代敎徒가 사는 살림을 나도 본받어야 하겠고、終局은天主敎徒에까지 이르러야 信仰의客觀性이가장濃厚할터이니 이는 우리가 참아 견듸지못할일이다。우리의祈禱는 아무런型에도 빠질것이 아니다。甚至於 主祈禱文이라도 文字그대로 踏軌할것이 아니다。우리가 예수믿는것은 全世界의基督信徒가把持하는穩健妥當한 信條를應諾하기爲하야 믿는것이아니다。우리살림이 비록昨今이一般으로 따에 붙어 飛躍하지못하는 버레와같은 살림이라 할지라도 우리가 예수믿기는 現代朝鮮基督敎徒의 大多數의 살림을憧憬하야 시작한일이 아니오、現代基督敎列國의 푸로테스트徒輩들의大多數를目標하고 出發한 걸음이 아니다。하물며 天主敎나猶太敎를關心하라는것이 아니였음은 勿論이다。이렇게 말하는 우리의高蹈的態度를 詰難하기前에 우리는 各自의 信仰의立場을反省하여볼것이다。萬一에라도 그리스도以外의 聖徒들이나敎會들의 共通點과客觀性에 符合하기를 目的한信仰살림이였을진대 차라리基督敎의名稱에서 離脫하는것이 可할것이다。故로 우리의信仰은 비록主觀的이라는 非難을받을망정 그리스도의信仰 그리스도의살림만이 突進하랴는 唯一한目標이다。設或틀린것이 있다할지라도 그리스도의 자리인無限을向하야 躍進을繼續하였으면 그것이主觀的信仰이라도滿足하다。우리는 周圍를環視하면서 客觀的要素에妥當하도록努力할餘裕를 못가진者이다。

聖書的立場에서본世界歷史 (6)

咸 錫 憲

三、人類의出現까지

生命의自叙傳 이제우리는 人類前의 生物의歷史를 찾으려한다。그러나 무릇過去의歷史를말할때는 먼저그根據로삼는史料가 어떤것인가를 注意할必要가있다。萬一그史料自體가 虛構로써된것이라면 그것을資料로삼아가지고는 아무리많은說明을하여도 아무價値가없다。그러면우리의 이人類前史는 무엇을史料로삼아가지고 말하는것인가。

歷史를말할때에 쓰는史料에는 세가지種類가있으니 一은記錄이오 二는傳說이오 三은遺物이다。그中記錄은 本來부터 後日에傳할것을目的하고 事件當時에쓰는 것임애 故意或은過失로 잘못記錄하는境遇를 除하고말하면 가장價値있는것이다。그러나 사람이 글자를만들어쓰며 記錄이라는것을남기게된것은 겨우五六千年內의일이오 그以上을 올라가면 발서끊어진다。그럼으로 글자가없는이時代의일은 先祖以來代代 입으로傳하야오는 이야기에依하야 아는수밖에없다。即傳說이라는것이다。그러나 그傳說도 傳하지못하는 時代가많고 더구나人類의맨처음時代로부터 그前時代에올라가면 全然없어지고만다。 그럼으로이때에는 그時代의것으로서지금기터있는物件 即遺物遺跡에 依하는 이것밖에 아모것도없다。이제우리가찾자는 生物의歷史는 遺物을資料로 삼아가지고 아는歷史다。

이렇게말할때 創世記가問題가되는듯하다。創世記는 天地와萬物의創造를傳하는대 그것은무엇을資料로삼아가지고 쓴것냐고。그著者가모세였는지或은그밖에누구였는지 그는 몰으나 何如間누가썼던지 사람의손으로쓴담에는 그當時에事實을 目擊하고쓴것이아닌것은 다시말할것이없다。그리고옛날은지금처럼 研究가 나가 遺物을地中에서캐내던지 한것도아니니 이것은全혀 想像의產物이아니냐고。想像이라면 想像이다。그러나 그러면 이것을眞理라는理由는무엇인가。우에서도말하였거니와 우리는이것을 宇宙人生의 實地問題에 實驗해보아서안다。이宇宙와이人生을 그創世記가가르치는것과같은것이라고假定하고 解釋해볼때 그렇지않고는도모지알수없던 모든意味가 남김없이풀리기때문에안다。그리고 그理由는 그것이想像은想像에 依한것이라도 더러운慾心이가득한맘으로 漠然하게하는 精神的작란에지나지안는 所謂想像이아니오、眞實한良心이 하나님의靈에 잡힌바되여 그의能力과叡智가 알수없는 方法으로 그眼光에作用함에依하야 永遠의事實을 透視하였기때문이다。그래서이것을가지고 神의啓示에依하야 된것이라하며 우리가그대로믿는것이다。

그러나사람의맘속에는 도마가들어있다。物的證據를 손으로만지지않고는 滿足하지않으려는 버릇이있다。그리고 하나님은또 그런맘에向하야「네손가락을펴 내손을만지고 네손을펴 내옆구리를만지고 疑心하지말고믿으라」하며具體的證據를내밀기를았기는이가아니다(요한二十章二十七)。그럼으로 生命의歷史에있어서도 啓示를주는同時에 또實地遺物로써 된 史料를주시였다。이는過去의 生物自體가 自己遺體或遺跡을 남겨서 된것으로서 말하자면生命의自叙傳이다。

그리기때문에 이것은그確實性에있어서는 疑心할餘地가없다。生命저自身이 自己의遺體를가지고 스스로말하기때문이다。그러나다못問題가 그解釋이어려운것이다。저가말을하기는하되 人間의말로하는것이아님으로 그것을理解하야듣는일이 容易한일이아니다。많은硏究家들이 이無聲의말을 제各기알어들었노라고 自己一流의解說을부려티기는하나 그뜻이各色이다。 그러나 우리가 무엇보다먼저알어야할것은 우에서도말한바와같이 이自叙傳에對하는 態度를爲先 바루하여야한다는것이다。即사랑의態度를 가지고臨하야야한다。어린이의喃語를 그慈母나家族만이 잘알아듯는것은 닉숙해서만도아니오 智慧로도아니다。實로저의맘을理解하고 저의맘이되여가지고듯기때문이다。우리가生命의歷史를아는대도 흔히科學의메스라하지만 차디찬메스만을가지고는 알수없는것이많이있다。먼저同情의따뜻한가슴으로 알아들을줄을믿고 이自叙傳을 펼치는일이必要하다。그럴때數많은도마는 이神秘한 創造의歷史를 어려움없이알수있을것이다。

地質時代와化石 그러면爲先 이自叙傳의 由來와體裁로부터 보기로하자。

지금우리가눈을들면 生命아닌것이없다。山에도生命이오들에도生命이오 空中에도 물에도 살것이가득하다。天地는 生命의소리로 生命의빛으로 生命의냄새로 生命의움즉임임으로 가득하다。 그러나이제 어느鑛山에 구경을갔다고한다면、坑道를따라나려갈수록 生物의그림자가 차차없어지고乃終에는 幽靈과같은 모양을가지고 일하고있는鑛夫저하나를내놓고는上下四面이 도모지岩石뿐이다。그리고밑으로나려갈수록 溫度가높아간다。우리가萬一거기서도 더뚫고나려간다면 마침내는冶匠의풀무안에 녹아있는쇠ㅅ물같이 白熱狀態의熔岩에 가게된다。勿論그를直接實驗해볼수는없는일이나火山의 活動에依하야 우리는그것을안다。그런대이地球에對하야 硏究하는이의말을들으면 우리地球가太陽에서出生이되던 바로그때에는 全部가 그러한 白熱의덩어리였다고한다。 그런것이漸漸식어감을따라 것껍질이생기게되였다。岩石이란곧그것이오 우리가사는地面이란그岩石이分解되여서된것이다。이地球의껍질을 地殼이라고한다 우에서 創造의第一第二日에 地球우에 訪問을갔던

旅行者의말을들을때 地面은全部굳은岩石이라한것은 아직 地殼이가지생기어 그대로있는때였기때문이다。 그러나그때 가본것과같이 그後오래동안 地球우에는 雷雨가쉴새없었다。 또地球가冷却을따라 주려들음으로 地殼에주름이잡히어 或 어떤곳이 터지기도하고 그러면그리로 火山이爆發하야 속에있는 熔岩이흘려나오기도하고。 그것이물을맞나서는 부서지기도하고 하야서 太古의그岩石은 많이破壞되였다。 이「世界의礎石」은 지금은 大部分이없어지고 現存한것은 地球우에몇곳에지나지안는다。 우리朝鮮이그中하나요 그다음은 滿洲、印度、北米、스칸디나비아等地에 있다。 그런故로우리는 文字그대로 萬歲磐石터우에 집을지은사람들이다。 그런대 그부스러진岩石과 火山爆發物은 어떻게되였느냐 하면、河流의作用으로 運搬되여 바다로 나려갔다。 우리旅行者는 발서그때 沖積層이생기는것을보았노라고하였다。 그리하야해가가고 世紀가가는동안에 層層히겹겹히싸이게되였고、싸이면自己의무게로 壓搾이되여 다시岩石이 되여버린다。 그런것이地殼의運動으로 그어떤部分이 다시물우으로올라와 陸地가된다。 그러면그것이또 分解되여 바다로나려가서는 沈積이되여 또올라와서는또 分解가되고이렇게反復이되는동안에 또한편으로는 地軸의 變動、地球軌道의變動等、여러가지原因으로 氣候의變遷이 많였고、地殼의運動으로 水陸分布의 變動이있고하야 地面은 生物이살수있는 부드러운흙으로덮이게되였다。

그러한모양임으로 萬一太古부터싸힌것이 連續하야 保存되여있는것이있다하면 거기는여러가지 性質의岩石을따라 여러層이 疊노여있음을 볼것이다。 이것을地層이라한다。 海邊地方이라던지 或새로山腹을끊고開通되는 道路를 旅行하노라면 우리는있다금 實地로이런地層이 規模있게 싸여있는것을보는수가있다。 그러나 太古以來오늘날까지의 地層이 한대이어있는일우없고 或끈이기도하고 或뒤집히고 석기기도하야 順序를알수없이된대가많다。 그러나各時代의岩石은 多幸히어데서나 같은性質의것임으로 硏究家들의 꾸준한努力에依하야 지금은 大部分整頓이되여있는 모양이오 우리는이로써地球의歷史를알수있다。 그리고그堆積作用이 얼마나한時間의 比例로되였는가하는것을 決定함에依하야 그年代까지推定할수있다。 그數는 千이나萬으로할것이아니오 實로巨大한것으로서 이것을地質時代라한다。 地質學에서는 全地質時代를 生物의存在與否와 地層의性質等에依하야 다음과같이 몇個의時代로 區分하는대 이것은우리가 生命의歷史를 말하는대 있어서 매우緊要하다。

一、無生物時代 (Azoic age) 或은始原代 (Archaean age)

1 無水時代 (Anhydritic era) ……地球우에아직海洋이 없었던時代

二 海洋時代 (Oceanic era)…………海洋이形成된時代

二、生物時代 (Zoic age)

一 始 生 代 (Archaeozoic era)

二 前古生代 (Proterozoic era)

三 古 生 代 (Palaeozoic era)

1、寒武里亞紀 (Cambrian period)

2、오르도비시아紀 (Ordovician periop)

3、志留里亞紀 (Silurian perriod)

4、泥 盆 紀 (Devonian period)

5、石 炭 紀 (Carboniferous perjod)

6、二 疊 紀 (Permian period)

四 中 生 代 (Mesozoic era)

1、三 疊 紀 (Triassic period)

2、珠 羅 紀 (Jurassic period)

3、白 堊 紀 (Cretaceous period)

五 新 生 代 (Cainozoic era)

1、第 三 紀 (Teriary period)

1、曉新世 (Palaeocene epoch)

2、始新世 (Eocene epoch)

3、漸新世 (Oligocene epoch)

4、中新世 (Miocene epoch)

5、鮮新世 (Pliocene epoch)

2、第 四 紀 (Quarterary period)

1、洪積世 (Diluvian epoch)

2、沖積世 (Alluvian epoch)

以上은 그自叙傳이 이렇게冊이매어졌으며 節目을어떻게 세웠는가를 말한것이다。그러면거기 記錄은어떤方法으로 되는가。모든生物을보면 그中에는 아메바나 菌類나 해페리(水母)와같이 몸이매우軟한것으로되어 죽으면곧 그 形跡도없어지기쉬운것도있으나, 大概는 木質部라던지 甲殼이라던지 骨骼이라던지하는等 容易히없어지지않는 굳은것으로 體構를이루어가지고있다。이것이매우多幸이였다 生物이라는것이 다一定한壽命이있는것이매 古代의生物이 산채로現今까지 있을수는없으나 그몸이딴딴한骨格이나甲殼을가졌는故로 그屍體가或물에빠저들어간다던지 地層의 變動으로 陸地던것이 물밑으로들어가던지 하게되면 그 우에모래나 粘土가堆積이되어 그屍體가썩어버리지않고 제 모양대로그냥갈는수도있고 或微細한鑛物質이 그자리에代入되는수도있고 或實地遺體가아니고 발자욱같은遺跡이라도 물결이적고 고요한바다밑인境遇에는 그박혀진印이없어지지않고 그냥그대로있어 그우에粘土같은 매우細微한 物質이쌓여、保存이되는수가있다。그랬다가그것이後에 地層의變動으로 다시陸地에올라와 어떤境遇에 發掘이되게되면 몇十萬年몇百萬年前의 生物의生活狀態를 고대로

볼수가있게된다。地質學에서 이것을化石이라하는데 生命의自叙傳은 全혀이化石文字로쓰인것이다。化石에는이밖에 매우드물게 그리고매우奇妙한 方法으로되는것도있다。琥珀속에 모기같은昆虫類가들어간다던지、西伯利亞凍土帶속에 코끼리가묻힌다던지 하야가지고 實物그대로가길는것 같은것은그例다。何如間이化石이라는것이 過去生物의歷史를아는데는 매우緊要한것이다。萬一이岩石의 페지에쓰인 奇妙한文字가아니던들 우리는 生命의神秘에對하야는 永遠히無知이였을것이다。그러나 記錄이多幸히있기는 있다하더라도 그것을읽기까지에는 또非常한努力이들였다。우에서도 말하였거니와 그記錄은決코 秩序整然하고 索引까지붙은 現代의 冊같은것이 아니다。順序가바꾸인것도있고 中間에 缺頁된것도있고 찢어진것도있고 變質된것도있고하야 그대로는 到底히읽을수없는 것이다。그런것을學問의여러 部門의도움을얻어 많은努力을한後 오늘날처럼 大體를알수는 있게된것이다。地質學者들은 이것을「岩石의過去帳」이라한다。

歷史에있어서 年代는반듯이 밝혀야하는것이나 이地質時代에서만은 年代를 말하기가어렵다。學者들이 제各기計算을 하기는하나 그差가너무도크다。地殼이形成된以來今日까지를 最小로計算하는사람은 約二千萬年이라하는데 크게計算하는 사람은 七十億年이라한다。故로우리가地質時代의 年代에關하야 아는것은 그各時代間의 比較年代밖에되지못한다。그러나어쨌든 그時間이 所謂人類의歷史時代를 標準으로하고말하면 거이想像을 뛰어넘으리만한 悠久한것임은事實이다。

最初의生命 어떤自叙傳을쓰는 사람이나 自己出生에對하야는 말할수없고 붓을대는때는 벌서自己意識이 相當히發達한 時代인것같이 이生命의 歷史도誕生에對하야는 알수가없다。어떤體構 어떤容貌를가지고낫던지 그것을알만한證據는 아무것도 없고오직後代의 生活을미루어推測하는수밖에없다。이우에列擧한 地質時代中에 始生代라한것은 오직이때쯤하야서는 生物이이미있였으리라고推定한것에 지나지않는다。그리고 그推定에 根據가없는것은아니다。그根據라는것은 이時代地層에서 石灰岩을 많이볼수있는일이다。石灰岩中에는 天然으로 되는것도있으나 生物의體內에있는 石灰質이 그죽은後에 沈澱되어生기는 것이있다。故로이時代에 石灰岩이大量으로 나오는것을보면 生物이 이미盛하였던 모양이라고하는것이다。

生物이처음으로 생긴곳이 水邊이였으리라고 하는것은모든研究家의意見이 一致하는 바인듯하다。그理由는 當時地球우에는 아직太古의 岩石으로덮이였고 溫度가너무높아 生命이살기에 不適當하였기때문이다。故로最初의生物은 아마原始의海濱에 水陸이 서로接하는곳에서 생겼으리라고 推測한다。우리는 그것이 事實인지 아닌지모른다。또어디서생겼던지 그리關心하지않는다。그런主張을하는이들은 生命은無機物中에서 어떤必然的條件밑에 自然發生한것이라는것을 證明하고 싶어하는말이다。그러나우리가보면 그렇게無用한것는없다。大體必然이라는것처럼우수운것은없다。必然的으로나오는것이면、神의創造라할수는없는것이라하는생각에 熱心으로 必然을찾지만創造에도必然이없는것아니다。이미發生된事實을 뒤에서따라가며 보면 必然아닌것이없다。生命은水邊에서 났는지모른다。或火山口속에서 나왔는지모른다。그리고어디서 나왔던지 學問이進步되면 거기서生命發生의 必然的原因을 찾어낼른지도모른다。事實「必然」이거기있기 때문이다。웨있나。神이命하였기때문이다。神의命令이야말로 必然의原因이다神이命令해서 되는수도있고 안되는수도있으면 神이아니다。神이命하면 必然的으로된다。저가水陸分離하도록 命한故로 分離한것이오、저가生命있도록 만든故도 땅이生命을내였다。오직科學은 映寫幕앞에서만보는故로 소리는그幕에서 나는줄만알고 必然을거기서찾는다。그러나信仰으로 幕뒤를들어가 보는者는 누가있어서 그소리를發하는지를안다。幕이란自然이다。그幕을바라볼때 生命은 活動寫眞映寫幕우에 機械의一觸에依하야 한景이突然히나타나는것같이 문득水邊에나타난다。그것을보고 發生이라하고싶은者는 自然發生이라 할것이오 創造라고믿고 싶은者는 믿는다。

生物이當初 地面에나타날때 어떤容貌를가졌던가 그것도알길이없다。오직化石도 끼치지못하는것을보면 오늘날우리가 顯微鏡下에 보는듯한 單細胞生物같이 매우적고軟한 身體를가진것이 아니였던가한다。

學者들의 말에依하면 地球우에、實로全宇宙안에、生命이發生할만한、好條件은、溫度로、光線으로、濕度로、其他모든것으로 生命이일어날만한 適好의時間은 오직單一次있였든듯하다고한다。그好運의時間은 웨地上에왔던가 또그奇妙한 好條件밑에 單一次생겨난 無組織 無武裝의生命은 어떻게하야서 敵對하는 全宇宙에서 그暴風과 그熱속에서 自己를擁護하고 擁護뿐아니라、그寂寞의宇宙에向하야 逆襲을 行하게되었을가。自己의발부친곳에서 一步의跳躍도하지못하는 理性만을가진者가 無生代의 地球를보았다면 어떤豫想을 하였을가 生物이처음난날왔더라면 또어떤 豫想을 하였을가 아마그는 生活不可能의宣告를하였을것이다。그렇지않으면 發生한그자리에 그대로固着할것이라고 생각하였을것이다。그러나 生命은 그런모든豫測에對하야 嘲笑한다。그리면서創造의길을걷는다。아마自己로서도 豫測하지 못하면서。「盲目의意志」라고는누가果然 그럴듯이한말이다。

聖書槪要 (二三)

金 敎 臣

호세아書의大旨

小預言書 호세아書以下 말라기書까지 合計十二冊을 通稱하야 小預言書라고한다。一、이사야書 。二、예레미야書 三、에스겔書。四、다니엘書。五、小預言書(或은十二預言書)라고、이사야書以下의 預言文學全體를 五卷으로 大別하는 수도 있다。그러나 小預言書라고해서 大預言書보다 一段低級의眞理를取扱했다는 뜻이 아니오、그人物에大小가 있어서 그렇게 命名한것도 아니다。小預言書中에合篇된 호세아 아모스等은 歷代이스라엘預言者中에서도 特出한 大人物들이오 그論述한眞理는 다른 아무런預言者에게도 遜色없을만한 大文字일뿐더러 新約에까지그影響이 頗大한大眞理를 다른預言者보다도 率先하야 唱導하였다。

내가 선을 원하고 제사를 원치아니하며
하나님을 아는지식을 번제보다 원하노라

는(六章六節)말은 그리스도가 頻繁히引用하시던 有名한 句節이며 (마태傳九章十三節、同十二章七節等) 이것이야말로 新約全體를通貫하는 大精神이라고 할것이다。犧牲이나儀式을固執하는것은 生命이涸渴한敎職者들의 一般的根性이다。敎會制度와敎職階級과 信仰箇條를 尊崇하는것은 모다 이러한 바리새主義의化身이다。이에對하야 犧牲보다도 善心을、儀式보다도矜恤을 貴하게보는것이 우리預言者호세아의達見이오 여호와의屬性이오 主예수의生涯였다。因하야 우리는 誤解하지말아야할것을알것이다 小預言書가 決코小問題를論한것이 아니오 小預言者가 決코 그 人物이凡庸하다는 뜻이 아닌것을。

著者호세아 예수보다 約七百五十年前 이스라엘預言者였다。上流社會와 祭司長敎職者等의 內情에도精通하였으며、田園生活의趣味와 理解를多分으로 갖였고、不義의 안해를因하야 多大한苦勞를 體驗한 사람이었다。

솔로몬王의 아들 여호보암의時代에 다윗王國는 南北二朝로分裂되여 南邦을 유대라稱하야 예루살렘에都邑하고 北邦을 이스라엘이라稱하야 사마리아에都邑하였다。유대는 山岳 岩塊 鹹湖(死海)의 나라인데 그南쪽으로 荒漠한沙漠이連하였고、이스라엘은 요단江流域의沃野와 갈릴리湖水의 風景을添하야 物産豊富한 우에風光明媚한別世界이었다。南北의差는 苦와樂 死와生의別만치懸殊하였다。호세아는 이北邦이스라엘産이었다。南邦의人은 굳은意志의人物이오 北邦의人은 뜨거운情의人物이 되도 成長하는周圍山川의 自然스러운薰陶였다。아모스 이사야

等은 南人을代表하며 호세아 베드로等은 北人의標式的人物이다。거기에各其長短이 있어서 意志의强者는 熱情의徒를蔑視하야 『나사렛에서 무슨善한것이 나랴』(요한傳一章四六節)고까지 極言하였다。果然이사야 예레미아 에스겔等의大預言者는 거이全部유대地方에서 輩出하였는데 北邦이스라엘에서는 著名한預言者로서 호세아一人이 있을뿐이었다。그러나「匠人이 버린돌을 柱礎로』쓰실能力을가지신 여호와께서는 베드로 요한 야곱等의 大使徒들을北邦에서 擇하게하였음따름인가 그獨生子예수를 이北邦에두어서「나사렛 사람」으로 부름을 받게하였다。아무도 아무것도 자랑할것이 없다。

南邦유대에比하야 景概絶勝한 이스라엘에 生長한호세아는 天然界를判讀하는것이 文字를 읽는듯 하였으니 이는저보다 七百餘年을隔한 예수와比較하여볼때에 天然이사람에게 미치는影響의 絶大함에 놀라지 않을수없다。

그날에는 내가 저이를爲하야 들즘생과 空中의새와 및따의昆蟲으로 더브러 言約을 세우고……여호와께서가라사대 그날에 내가 應答하대 나는 하늘에게應答하고 하늘은 따에게應答하고、따는 穀食과 새술과 기름에게應答하고 또 이것들은 이스라엘에게應答하리라

(호세아書第二章十八、同二十一、二十二節)

고하야 自然을 보되 畏懼할것으로 보는것이 아니라 情답게 親密하게 본것이 北邦 이스라엘人들의 特色이다。有名한 山上垂訓 예수의一句와比較하라。

空中에 나는 새를보라……들에百合花가 어떻게 자라는가 생각하야 보아라……그러나 내가 너에게 말하노니 솔로몬의 至極한榮光으로도 입은것이 이꽃 하나만 갈지 못하였나니라。

고。이스라엘의 大自然은 七百年을 隔하여도 變한없이 溫柔한중에서 全能한神을示現하였다。호세아는 이러한環境속에서 자랐다。

生活自體의預言 호세아의家系에關하여는 詳細히傳하는바가없다。오직 그父의名을 브에리라고 부르며、저의家庭生活은 慘酷한것이었다는것을 傳했을 뿐이다。그悲慘했던家庭生活은 比較的 자세히 記錄되었으므로 이에依하야 호세아의爲人과 그預言의性質을 우리는確實히 把握할수있다。大槪사람의眞價는 公的生活보다、私的生涯에서 全的으로發揮되므로 他는 알수없다 하더라도 家庭의人으로서 面目躍動하는 호세아를 알때에 우리는 호세아의 全人格을 알수있는것이다。

일직이 호세아는 디블라임의 딸 고멜이라는女性과結婚하였다。熱情的인 호세아의性格으로 보아서 저가 그新婦를 사랑하는 사랑은 꿀송이보다 더 달콤하였을것이며、彼의敬虔한生涯로 보아서 저는 그新妻의靈魂이 날

로 더욱 聖潔하야지기를 아침 저녁에 쉬지않고 祈願하였을것이다 이러한 結婚生活中에서 날이가고 해가 바뀌어서 三男妹까지 낳였다。그러나 호세아의 家庭에는 明朗한幸福이 오기보다 沈鬱한疑雲이 가리우기 시작하였다。貞淑하여야할 新婦고멜의行動에疑心이 생기기 시작하였다。疑心을禁하고저 힘쓰면 힘쓸수록 妻의行動은 異常하였다。

疑心하지 않을 사람을疑心하는일처럼 괴로운일이 없으니 호세아에게는 날로 이괴로움이 더하야 갈뿐더러 드디어 最後의 날이왔다。고멜은 人妻로서의 最大의罪惡을犯한것이 確然하게 發각되였다。그뿐인가 내종에는 男便을 버리고 出家하여 버렸다。

純情熱愛의人 호세아의胸中이 如何하랴。自己의 사랑하는半身이 背叛하였다。乃妻의叛心을 누가 참으리마는 特히 호세아와같은 愛情의人 敬虔의徒에게는 이일이單只 한家庭人으로서의慘劇으로 끄칠뿐만 아니라 實로 全人生에 對한信賴가動搖되는 大衝擊이였다。저는狂人처럼 憤하였고 絶望者처럼暴하야 背叛한妻의 나간門을 바라보면서 마음의 잡을바를 못얻었고 몸의 둘곳을 찾지 못하였을것이다。

때에 怒濤와같은 저의 가슴에、一照의光明이 비추이며 가늘고 고요한 소리가 들리기를 「호세아야 네가 背叛한妻를因하야 憤하냐 怒할것이다。當然한일이다。眞情사랑하는 까닭에 怒할것이다。憤할것이다。그러나 사랑하라。背叛한妻를 사랑하라。사랑하라」고。

아직 호세아의手足은 憤怒의痙攣을 禁치못하였을때이나 彼의良心에는「아ー멘」의應答이 생겼다。옳다 貞淑한婦人을 사랑하는 사랑이 아니라 淫蕩하고背叛한女人을 그대로 사랑하라는 사랑이다。호세아에게는 一段더높은世界가展開되어 世上에對한恥辱도不顧하고 落淪의妻고멜을贖하야 다시娶하기를 決心하였다。그리하야 背叛했던妻를 家庭에歸還시켜 모든罪를赦해주고 嚴히謹愼을命하야 참된悔改를促하고저 하였다。

이러한 苦杯를 마시게하야、사랑받는者보다 사랑하는者만이 알수있는世界의 秘義를 호세아에게 보여주었다。이體驗을 말함이 호세아의預言이였다。預言者는 여호와의代言者라하나 單純한蓄音機는 아니다。하나님의 言을 입에 담었다가 吐하는일이아니라 그靈魂과臟腑속에 吹入하여 一旦 彼의것이된後에 하나님의言이 吐露된다。호세아 가 新約的福音의 先驅者로서 人類救援의原則을 黎明期에 闡明하기爲하야는 이血淚의記錄으로된 結婚生活의悲劇이 必要하였다。反逆의苦와 反逆者에 對한愛의 깊이를 배워야하였다。

救援의原理 호세아는 結婚生活의慘酷한悲劇을 通하

야 견디기 어려운 犧牲을 바쳤으나、 이生涯를通하야 하나님의 人類救拯의深遠한秘義를 더듬어 찾었다。 豫言者는救援의原理를 提示한다。 第二章十四節以下에依하건대、

이러므로 내가 彼를誘하야 荒野로 인도하야 말로彼를慰勞하고、거게서 나오면 곧彼에게葡萄園을 주고 아골谷을 주어 所望의門을 사무리니 彼는 거기서 노래하기를 幼時에 埃及에서 나올때 같이 하리로다。

여호와 말슴하시기를 그날에 네가 다시 나를 바알이라 稱하지 않고 이시라稱하리니 내가 바알의名을 그입에서 除하야 다시는 사람이 그이름을 記憶지않게할것이오…。내가 너에게 永遠토록娶하되 義와公辨됨과 恩寵과矜恤을施하야 너에게娶할지라。내가 忠誠으로 너를取할지니 너는 여호와를 알리로다。

여호와 가라사대 그날에 내가應答하되 나는天에게應答하고 天은地에게應答하고 地는穀物과 新酒와油에게應答하고 또 이들은 이스르엘에게 應答하리라。

내가 나를爲하야 彼를 따에 심으고 矜恤히 녁이지아니한者를矜恤히 녁이고、내百姓이 아닌者를向하야、謂하기를 네가 나의百姓이라 하겠고 저의는 나를向하야 이르기를「主는 나의 하나님이라」하리로다。

라고、여호와가 反逆하고 姦淫한百姓을 救援하는 經路를가르킨 大文字이다。

救援은 여호와로 부터 온다。「내가」治癒하며 (第十四章四節)「내가」救援한다(第十二章十四節)는것이다。救援의原動力이 被救援者便의 무슨條件에 있지않고 온전히 여호와自身의 矜恤에 있다함은 호세아의 言明한바인同時에 新約에도 一貫한精神이다(에베소第二章八節參照)。

「彼를誘하야 荒野로 인도하야」라고。救援에 不可避한것은 荒野의苦盃이다。사람은歡樂의市井에서 여호와의音聲을 들을수 없다。이스라엘의救援에 四十年荒野가 있었던것처럼 우리에게도 救援의길을 걸으려는 者에게는人生의沙漠이 없지못하다。不治의身患 사랑하는者의死別名譽의毁損、事業의失敗等의 무슨模樣으로든지 孤獨하고쓰라린荒野가 먼저臨하고야 여호와의 救援의 가늘고 고요한 소리를 잡을수있다。

信者에게 苦難이臨함은 거게서終局을 짓기爲하야서가아니오 새로운 救援의 葡萄園이準備되어 있음을알리는途程이다。큰歡喜의 날에 이름에는「彼를 誘하야 荒野로 인도하야 말로彼를慰勞한다」하였으니 이것이 여호와의救援의原則이오、古來로荒野에 彷徨하는 靈魂들이 이何로써樂園을 恢復하였다。남다른 荒野에서 人間의同情과 慰勞를받을수없는 現代의 호세아들은 맞당히 本書를 깊이味解하므로써 그있는자리를 虛費하지말도록 힘쓸것이다。

호세아書槪綱

一、호세아의家庭悲劇의寓意 (一·一—三·五)

가、호세아가 不貞한婦人고멜을娶妻함 (一·一—二·一)

(1) 序 言 (一·一)

(2) 不貞한妻에게서 三男女를得하야命名함 (一·二—九)

長男이스로엘(列下九—十章) (一·二—五)

長女로루하마(矜恤을받지못하는者) (六—七)

次男로암미(내百姓이 아니라) (八—九)

(3) 改名(救濟)의希望。 (一·一〇—二·一)

百姓의增殖 (一·一〇—一一)

암미(내百姓) (二·一)

루하마(矜恤받는者) (同 上)

나、寓意의解明 (二·二—二三)

(1) 이스라엘이 여호와를 저바리고 바알神을禮拜한데對한神罰의預告。 (二·二—一三)

이스라엘은 바알과姦淫하였다。 (二—五)

將次받을것은 矜恤이아니오 神罰이다。(六—一三)

(2) 여호와는 이스라엘을 責망한後에、저를改心케하고 慰勞하고 다시娶妻하리라 (一四—二三)

다、호세아再次 淫女를娶함。 (三·一—五)

이스라엘은 오란試鍊을當한後에 여호와께로 돌아오리라 (預言者스스로 나라는一人稱使用)

二、이스라엘의罪와罰 (四·一—一三·一六)

甲、罪 狀 (四·一—八·一四)

가、여호와 이스라엘을 責망하심。 (四·一—九)

(1) 이스라엘의罪와 그結果 (一—三)

(2) 百姓의罪의責任은 祭司長에게있다。 (四—一〇)

(3) 百姓도祭司長들을 본받아 墮落하였다 (一一—一四)

(4) 유다는犯罪하지마라。이스라엘은 암소。(一五—一九)

나、百姓의支配者인祭司長과王의罪 (五·一—一四)

(1) 저들이 이스라엘을 墮落케하다。 (一—七)

(2) 이스라엘이當하여야할內憂外患。 (八—一四)

다、이스라엘의罪狀은 深且重。 (五·一五—七·七)

(1) 저이가 그罪를 뉘우쳐 내 얼골을求하기까지 기다리리라。 (五·一五)

이스라엘百姓의、悔改의祈禱 (六·一—三)

(2) 賤薄한悔改는無効。 (六·四—六)

(3) 이스라엘은 祭司長들과함께 選民된意義를忘却하고 不義를行하다。 (六·七—一一)

(4) 이스라엘은階級의 上下를通하야 沈淪腐敗의極이다。 (七·一—七)

라、政治外交上의墮落。 (七。八一八。一四)

(1) 이스라엘이 애급 앗수르에援助를請함。 (七·八一一二)

(2) 그러나 여호와께 求하지 않으므로 內憂外患이重疊하야 滅亡하리라。 (七·一三一一六)

(3) 外敵의襲來 (八·一一三)

(4) 祭政의墮落과 그結果。 (八·四一一四)

여호와定치않으신王의擁立과 偶像製造。 (四一六)

이스라엘은異邦人에게 삼킨바되였다 (七一一〇)

多數한祭壇은犯罪의階段일뿐、燒火의罰 (一一一一四)

乙、刑 罰 (九·一一一三。一六)

가、古今如一하게 背叛하는이스라엘。 (九·一一一二。二)

(1) 이스라엘은 애급 앗수르의 捕虜되리라。汝等의罪는 길보아의時代와 같다(士師十九章)。 (九·一一九)

(2) 이스라엘은 옛날부터 여호와께背叛。 (九·一〇一一七)

옛날에 저들은 바알브올에게 갔고 (民數二十五章一一三) (九·一〇一一四)

지금은 길갈로 간다。 (一五一一七)

(3) 石像의王과 石像의神 (一〇·一一八)

(4) 이스라엘代代의犯罪。罪의價는災害와滅亡 (一〇·九一一五)

(5) 옛날의 여호와 寵愛와 이스라엘의忘恩 (一一·一一七)

선지자로 하여곰 부를수록 멀리하는百姓

(6) 여호와의矜恤은 오히려不絶。이스라엘은 애급과 앗수르에서 歸還하리라。 (一一·八一一一)

나、責 罰。이스라엘의忘恩이神罰을招來 (一一·一二一一三。一六)

(1) 現在의 이스라엘은 祖上야곱의 不肖의子孫。야곱은母胎에서부터 여호와의祝福을 懇求했다 (一一·一二一一三·一四)

(2) 이스라엘에對한 最後의審判 (一三·一一一六)

이스라엘은尙今도 犯罪와偶像製作을不止한다。 (一一三)

여호와의震怒 드듸어發動함。唯一의神을 저바린 이스라엘을 獅子、豹、熊이되어서 殺害하리라。 (一三·四一一一)

悔改치않는 이스라엘을 全滅하리라。 (一二一一六)

三、赦 宥 (一四·一一九)

(1) 이스라엘의 참된悔改(豫言者의勸告) (一四。一一三)

(2) 여호와의嘉納과祝福。 (四一六)

(3) 이스라엘의更生(豫言者의言) (七)

(4) 여호와의 誓約 (八)

(5) 智慧있는者는 豫言의意義를 깨다르리라。 (九)

惡에게지지말고오직善으로써惡을이기라 (로마十二章二十一)

姜濟建

惡에게지지 말라는것은 무엇이며、善으로써 惡을이기라는것은 무슨말인가。善으로 惡을이기라할때 善과惡을 서로敵對하는 關係에둔것은 事實이다。그러나 敵對關係에설때 兩者는 同等의地位를 가진다。바둑을둘에 한사람이白을가지고 한사람이 黑을들면 두사람은 敵手다。白인고로 나은것도아니오 黑인고로 못한것도아니다。夏至가極熱이라면 冬至는極寒이다。熱과寒은 서로反對하나 同等이다。白人種있고 黑人種있다。그러나 白人種인故로 높은것은아니오 黑人種인고로 낮은것은아니다。마찬가지로、善이善이면 惡은惡이다。同等이다。그間에아무 優劣이없다。假令스데반의일을 例擧한다면、그가同族을爲하야 熱心傳道하다가 至於殉死까지 하였으니 그善이 果然善의至極이요、바울이 그것을 미워하야 逼迫하고 義人을 謀殺하였으니 그惡이惡之極이다。그러나兩者는 彼此同等이다。

그와같이 敵對關係에만질때 두사이에 이기고지는것이 없다。그러면무엇이 이기는것이냐。普通世上의 理法으로 하면 優勝劣敗다。優한者이긴것이오。劣한者敗한것이다。무엇이曰優한것이오 무엇이曰劣한것이냐 勢力의强한者優한것이오 勢力의弱한者 劣한것이다。바둑의 例에서말하면、白인故로이긴것아니오 黑인故로 敗한것아로되 及기아말 두어 다투게되면 집이많은者가 이기는것이오 집이적은者가 敗한다。그러면 善으로써 惡을이기라는것도 그처럼善의 勢力을强하게하야 惡의勢力을 威壓하도록하란말인가。남이戰爭을하면 우리는 平和宣傳을하야 世界的輿論을 니르키란말인가。世上이淫亂해지면 우리는 基督敎傳道를盛히하야 이社會를 基督敎化하란말인가。基督主義의 政治를하기爲하야 國會의椅子를 基督敎徒가 占領하도 록힘쓰고 基督敎主義의 經濟建設을 하기爲하야 會社工場을 基督敎徒가 經營하도록 하란말인가。아니다 아무리善의勢力을 增長시키인다하야도 그것으로 惡이없어지는것이아니오、全世界를 基督敎王國化하였다 하더라도 한사람의 惡人이있으면 저는 全世界의善에向하야 同等의地位를가지고 對立하는것이다。그러면어떻게하는것이 勝이냐。惡의惡된바를없어지 게하지않으면않되나。惡을삼키지 않으면않된다。惡을 맑자면 解毒하야 惡된所

惡에게지말고오직善으로써惡을이기라

以를 滅하지않으면않된다。例하면 生命이死亡을 삼키는 것과같이다。스데반의이긴것은 敢히죽은데 있는것이아니오、죽으면서도、바울을爲하야 詛呪하지않고 祝福한대있다。이것이참勝利다。스데반이 自己의善으로 바울을勸告하엿거늘 바울이그를 打殺하는 것은무슨마음인가 世上普通人情으로할진데 죽는자리에臨하야 그바울을 咀呪한다면 그럴듯하되 도리어祝福한것은 무슨일인가。그러나 萬一 스데반으로하여금 바울을咀呪케하엿다면 어찌되엿을가。바울이 自己惡으로因하야 一層惡化하야 自己身세를 그릇친것은勿論이오、教會의받는 迫害도어느地境에갔을던지 몰으는일이다。그런데 그하리지아니하고 스데반이祝福함으로 因하야特別히 擇함을닙어 惡을고치고 善을行하며 使徒가되여 異邦에널리 傳道하게되엿다。그리고보면 이것이하나님의 恩惠인것은 勿論말할것없는 일이지만 事實스데반의 祝福의열매라고 하지않을 수없다(行傳七章) 그런故로스데반은 勝利를한것이다。決코惡보다。強한勢力을 폄으로써한것이아니다。오즉惡의가지고오는武器인 憎惡를 사랑으로써 解毒함으로써다。惡이最終의 威脅으로쓰는 죽음을甘受함으로써 그것을無意味하게만들엇기때문이다。故로예수가 말슴하시기를、「너의를對敵하는 者를爲하야 福을빌며」하실때에우리에게 常勝의戰法을 가라치신것이다。바울도같은 意味의말을하야、「원수가주리거던 빵을주며 목이마르거든 물을주라」로마十二章二十）하엿다。

그런故로 信者의싸홈은 物質的世界를 다투는 사람들의일같이 勢力의 扶殖을다 투는것이아니다。그러다고하면 城밖에쫓겨나가 十字架에죽은예수는 가장可憐한殘敗者라할수밖에없다 또古代道德에서 보는듯한 堅忍剛毅만도아니다 참는것은 偉大하기는하나 勝利는아니다。그보다도원수를 사랑하는일이다。惡이우리를 襲擊할때에 견주는것은 世界가아니오 우리靈魂이다。우리良心을빼앗아우리로하여금「兄弟미워하는者」를 만들자는것이다。그런故로 싸호는 우리는 마지막까지 사랑을갖이지 아니하면 勝者일수가없다。

社告

老人或은 視力弱한이로부터 四號活字의 聖經을求하는이가 종종있으나 大英聖書公會에도 現今은 絶版中이오 急速히出版될것같지못하다고한다。古本이라도 讓渡할수있는이는 要求代金을並記하야 通知하여주시오 舊新約合本이라도可하고 別本이도可。但四號活字일것。

내주여 손들어

金　敎　臣　譯

一、내主여 손들어 날 이끄옵 소서
다만 主예수의 그길만 걸으리다
아모리 어둡고 험하다 해도
主님 뜻이라면 난싫다 않겠네。

二、내힘만 믿고서 내지혜 의지해
맘대로 앞길을 擇하지 않겠네
내가는 앞길은 오직 主뜻대로
당신께 맡기고 바른길 가오리。

三、내主여 나받을 苦樂의 잔은
당신이 擇하사 내게 주시옵소서
기쁜일 당하나 슬픈일 당하나
당신의 주시는 그대로 받겠네。

四、이世上을 主님께 온전히 바쳐서
하나님 나라로 만들기 爲해선
逼迫과 羞辱과 가난과 死亡도
올대로 오너라 主께 맡긴 몸이니。

舊讚頌歌 第二百十七장의曲調로할것。

이曲調는 스스로 불러도 좋거니와 우리처럼音樂的素質이 殆無한者로서는 멀리서 들기가 더욱 좋다。지금부터 約十年前에 멀리서 흘러오는 이노래를듣고 이曲調를 처음배운後로 우리가 부를줄 아는 數적은 讚頌歌中에서 이것이 가장 자주부르는 讚頌이되였다。會堂안에서 불러도 좋고 山上과溪邊에서도亦可。

이曲調에 마추는 讚頌歌가 外國文으로는 여러가지가 있는데 우리의舊讚頌歌集에 譯載한것은 그中에도 너무單調하고 너무强烈한것이어서 우리性格과 信仰傾向으로는 完全히符合하지 못함이 있었다。故로 다른歌詞를 飜譯하야 이曲調로써 부르고 싶었으나、元來 歌曲에關하야 無識한탓으로 스스로 불러서 즐기기는 하면서도 公表하기를 오래 주저하여 오던터인데、이번에 音樂에造詣깊은 金善玉女史의校閱을 얻었으므로 同一한信仰經驗을 가진 兄姉에게公表하야、朝夕의 讚頌인同時에 또한懇切한 祈禱로하야 서로 부르고저한다。우리는 이讚頌歌를 부를때마다 懺悔의눈물로써 臟腑를洗濯함을不禁하나니 이는過去의 걸음이 너무나 이讚頌과 相距가 먼까닭이오。우리는 이讚頌을 부르다가 목이 막혀버리나니 이는 將來의祈願으로써 이讚頌이 너무偉大한까닭이다。「나의讚頌歌」라고부르고 싶으나 아직은「내것이라」고 부를수없는 나의 찬송가이다。

거미줄·보슬비

李贊甲

거미줄

뜰앞 빨래줄에 걸리어놓어진 색기줄사이에 거미줄이 들어있다, 그거미는 제법安全地帶인듯이 밤사이에 살뜰하게줄을느리어 들고 한편색기줄에 가만히숨어있었다。 어린아이가發見하고 들여다보며 웃고있는 것을보고가니 그모양이였다。 가엾다。 自己는 가장좋은 곳을擇하야 生活을 計劃하려는것이 그모양일것이였다。 이제바람만한번 불어도 傷할것이고 빨래널을때 한번흔들리어도 문어질것이다。 글세 어쩌면 하필이뜰 저줄에 저렇게 根據없이 근空[illegible]리게하였을까。 어리석기 그지없고 가엾기 또 그지없는일이다。

하나님이 우리를 보시기에 그렇지않을까。 그렇다。 어느計劃어느일이 그렇지않으랴。 참말로 그하는일도 그러려니와 人生의生命조차 期約이없는데 그래도 그웃읍고 어리석은 計劃을하며 놀일을한다。 아! 이썩은색기놀음이여! 이아무힘없는 人生의살림이여!

그러나 이를볼때 또다시금 한 생각은 오는것이였다。 勇氣百倍해지는 것이였다。 그거미의 勞力이였다。 그거미의 犧牲이였다。 自己의計劃은 저렇게 어리석고 웃우워도 그勞力은어떠했으랴。 아! 그거미는 自己의색기를 기르노라 등에업은 색기에게 自己 몸全體를 犧牲한다。 참말로그勞力, 그犧牲의 값은無限이다,

人生! 그것에 무슨보잘것, 무슨貴여움이있으랴, 實또그거미와무엇이 다르랴마는 저가하나님의 사랑을 배우는것이 가장저이의 目的이라면 여기에 우리는 無限의勇氣가나며, 無限의 값을알게된다。 우리는 이처럼 어리석고 웃우운살림이라도 우리의 온眞實을 다하야 每日의 行事를하며 이生活을通하야 하나님의 사랑을 배우면, 一生에 다만한때라도 그사랑의빛이 한번이라도 비취였으면 저는人生의 最大의目的을 達한者이다。 저는人生을 산者이다。 아! 어리석고 우수운人生이라고 웃지말사。 우리에게 그런最大의 恩惠의길이 저十字架를通하야 열려있나니, 우리 그十字架를 向하야 直進하며 또자고가는길에 그사랑의빛을 받아살게되기만。 (一九三六、九、七)

보슬비

가을때이다。 近日거이 장마때와같이 하로걸음 한번式 오다 싶이 하는 비는 오늘도 저우에떠도는 그흐리터분한 구름에서 기어이 보슬비라도 나리고야 말었다。 맑은날, 그쟁글쟁글한 햇볕을기다리다 못해 이러날이

언마는、햇곡식 멍석깔아널고、햇고추 밟펴고 널었섰는데、보슬비는 나리니 놀랜사슴志向없이 다름질하듯 입하던것 내어놓고 저마큼 부리낳게 다름질하야、덮고담고 해서걷어드려었다。

하하、모두 걷어드리자 비는그만멈춘다。게다가 뜻아니했던햇볕도 멀게지는 구름을헤치고 내리쪼이려한다。송화라면송화요 우숩다면 우수운일이었다。

이것이 人生의노름이다。이것이所謂人生의 살림、이란말이다。때로나는 그런들人生이란 이런것이나하고 어이없이도 생각하였다。또내볕이어도보았다。그러나무슨所用이랴。그는오히려 우수운노름이었다 그래잠시잠간의 게으름不利用은 곰팡내나고썩는 그런大變事를 이르킨다。보슬비라도 最善을다하야 對하여야하고 暫時間의햇볕이라도金玉같이 알아 利用하여야한다。

그렇다 人生이란오직主께로오는 平安을얻어 더큰것으로살줄알아、비가오나 바람이부나 그런모든世界의일에 順應하면서도 내속에딴나라를 일우어가며 꿋꿋하게살아나아감에 人生다운것이있다。이런모든것을通하야 알아감이있음이 참人生다운살림을하는者이다。果然그바람그비를지나고나면 平安히지난때와 比할수있을까。내生涯에錦上添花를일우어준것이다。그렇다 그날그날 普通生活의 充實에오히려 特異함이있고 珠玉같은 眞理를數없이 發見하야내것으로 삼을수있다。

願컨대 하나님에게나 사람에게나 쓸데없는怨望과 남으람만을말고、저나라를向하야順順히 이나라를 걸어가다가 시원히벗어버리고 明朗하게 가게되옵기를。(九、八)

九月十四日 (月) 晴。後曇。午後授業을畢한後에 歸宅하야木手人夫들과 함께庫間二間을 세우다。木工노릇 하였으면 神經衰弱에 걸릴念慮는 絕對없을듯하다。

九月十五日 (火) 曇。登校途中에 自轉車에서 떠러저 손바닥 팔굽 무릅 三個處를傷하니 이제는自轉車軍。로서의洗禮를받은셈。○某新聞記者의懇請에 못이가여서投稿하기를應諾하여버렸으나 後에 생각하니 不可能한일을約束한것이分明하야苦心。○오래前부터 轉入學을附託하던 學父兄에게 가어히不可能하다는 最後的기별을 傳한때에그失望의 얼굴은 참아 모볼情況이었다。우리도最近에普校兒童의轉學으로 困憊한經驗이生生한處地인지라 父兄의心事에同情不禁이나勢不得已。○北漢山우에 小熊大熊까시오패아等이 燦然한밤!

九月十六日 (水) 晴。後雨。早朝에十二度八分로氣溫漸降。아침같으면 終日快晴할듯 하더니 午正에驟雨。夕에 흐리고 밤에雷雨。하로天氣의變化함이 世界政局의突變함과 방불하다。天氣博士가오늘도虛言의豫報를發表한것同情不制。

九月十七日 (木) 雨。讀友某君의商用帳簿其他刷印物等의注文取次의 請托을 받고 數處印刷所와 여러번交涉하야보았으나나의일처럼簡單히處理할수없어서 勞心非一。이렇게 어려운일일줄 알었더면 當初에拒絕하였을것을‥ 하고後悔하나 一旦受諾한일이니 結末은지어야 하겠고。金額은 싸고 物品은 좋고 考案은優秀하게해서 뜻에맞도록해야하겠고。不足代金은融通先拂하여야하겠고。僻地友人의便宜는圖謀하는것이當然한데 내가 마른일들은 이마双肩에넘처일에壓倒를當할 지경이고‥。○歸宅하니農作에從事하는友人이 葡萄一箱을 가저다주어 황송 또황송。○밤에는 夜學班에서 5—1=4, 도야지가 있소 等等을授業。

聖朝通信

一九三六年八月二十二日(土)。(曇)夜雨。宿直室에 빈대의 襲擊이 甚하야 安眠不得。三四次깨여 大小의 南京虫을 殺生한것이 三十餘匹。但 네시에 起床한것은 南京虫君의 惠澤으로 感謝。休暇中의 蓬萊山上 새벽은 종용하기 寒寺같다。博物室에서 詩篇의 군데군데를 朗讀하며 또한 찬송歌를 傍若無人으로 소리쳐부르는中에 聖靈의 感動이 如露如雨。博物室은 나의 예루살렘이오 나의 聖殿이다。原稿의 殘部를 整理하야 印刷所로 보내고 午後歸山。○小鹿島消息에「先生님 이다지도 日氣가 무더웁고 고르지못하온데 先生님의 聖事業은 日就月長하옵고 따라서 玉體萬旺하심을 只今聖朝八月號를 通하야 넉넉히 볼수있아오며 할렐루야 소리높여 먼저 聖恩을 讚頌하옵나이다。아멘。同時에 感激하옵기는 그다지도 바쁘신中에 罪많고 不義한 小生에게까지 貴重한 사랑의 손을 恒常 뻐처주시는 것이 새삼스럽게 새삼스럽게도 이제야 깨닫는듯한 感想이 生깁니다。元來에 罪人中에 罪人이요 不義한者中에 不義한者임은 自認하는바이오나 이러한 小生을 義롭다 보아주게하신 그리스도의 功勞와、小生의 心靈에 넘치는 恩惠를 주는 聖朝를 알게하신 그 크신 사랑을 무엇이라고 感謝하오리까。聖朝의 豊富한 內容보다도 小生의 가장 즐겨읽는 聖朝通信 그것보다도 이番은 선물이 自己의 손에 들어오는 動機가 無形으로 와서 無形인 心靈을 불태웁니다그려。讚頌과 榮光과 感謝를 아버지께 돌일뿐입니다。小鹿島께는 讀者의 身上이 無故합니다。文兄과 李兄은 形便에 依하야 北部로 移徙하였으나 心身이 如前健康합니다。小生은 하나님恩惠와 聖靈의 役事하시므로 如前히 가뿜과 所望이 가득합니다。그러나 視力을 넘어나 過度히 使用함인지 肉體를 너무 過勞함인진 외눈이나마 近日에는 각금 亂視地境에 이르러 聖朝通信을 한숨에 讀破하기에도 힘들었읍니다。남은 視力이 다가기전에 舊約이나 한번 通讀하려든것이 活字가 너무 잘어서 中止하게되고마니 너무나 抑울합니다。그러나 肉眼이 각우變함을 따라 心眼에 빛우이는 榮光의 나라가 反比例로 漸次 確然하여지는것을 認識할때에 手舞足蹈를 禁할수 없읍니다。두눈을 읽고라도 하늘나라를 얻는것이 어찌 가쁘지 않겠읍니까。三年間 全혀 못보든 小生에게 이만콤이라도 보게하신 하나님을 믿을때에 참기쁨이 생깁니다。就白 先生님 罪悚하오나 古本이라도 無關하오니 四號活字 舊約聖書를 求하실수있다면 한권求해주시기 바랍니다。이곳서는 到底히 求할수가 없읍니다。(下略)。

一九三六、八月八日 小鹿島 尹一心白」

八月二十三日(日)。(曇)。後雨。七夕 處暑前日播種하였든 白菜의 發芽不良하야 昨夕에 비맞으면서 再播種。白菜農事가 失敗될듯하야 念慮不已。고구마 두어개 파내여 試食하며보니 맛이 꿀보다 더달다。따에서 파낸것이아니고 하늘에서 떠러진것 같기도 하다。봄에 심을때일과 가을에 秋收하는일을 아울러생각하면 農事는 일일이 奇蹟이다。○全家族及隣人함께 益老瀑에 물마지行。○海州救世療養院通信에「(前略)그리고 申瑱澈氏의 詩調는 病床의 小生으로서 어찌나 마음에 慰勞되옵는지、마치 病床에 있는 小生의 苦痛을 小生自身이 써놓은듯한 感이옵기로 一日에도 數次읽사와 只今에는 暗誦을 하옵거니와 友人에게의 通信에도 그 詩調만 적어서 보냅니다。그러나 그 詩調는 성한 그네들이 小生처럼 깊이 느끼지는 못할 것이외다云云」

八月二十四日(月) 半晴。고요히 執筆하려는때에 支那人行商이 布木을 지고와서 妨害。憤然히 집을떠나 溪谷을 溯行。山中溪邊 바위돌 우에서 或坐或臥하면서 或은 默想하며 或은 草稿하다가 半日을 보낸後에 下山하야 印刷所往返。

八月二十五日(火) 雨。近隣에서 우리 農事를 구경오는 老婦女들이 종종있는데 오는이마다 讚歎이 激甚하다。우리 생각으로는 아직 未及한點이 多大한데「어쩌면 이렇게 農事할줄 아우? 호인들 농사 같애!」하면서 버러진 입술을 다물지 못하는것은、近處의 在來式농사보다 多少의 다른것도 있었지마는、그것보다도 前所有者의 無知와 怠慢이 土地를 甚히 瀆待하였던 탓인모양이다。前作者의 개이름이 非常하였음으로 後繼者의 僅少한 부지러와 흙을 사랑하는情이 洞內老人들의 注意를 끄은 模樣。「土地도 主人이 있는듯하다。인제기 밭도主人을맞나서!」하는 할머니들의意見은 마치 아브라함에게 가나안聖地를 約束하시는 여호와 하나님의 宣言갈이嚴肅하다。金錢으로 사는일과 司法官廳에登記手續하는일기 土地의主人되는 알이 아니오、흙을 사랑하며 부즈런히 땀흘리는일이 그흙 그땅을차지하는 일인것을 알다。今年우리農事중에는 혜티마(수세미)의結實이 가장優良하야 他의追從을不許할것이라고論評이 들리다。그種子의請求가 발서부러殺到。혜티마栽培 三年만에 비로소 希望의一部分을 今年에達한것이다。

八月二十六日（水）雨。日來의降雨에南川의水量이激增하야 徒涉은危險하고 朝來의暴風雨에 雨備가無効한데 安鎬三先生이 雨中에來訪。惠化公普第一學年에轉學可能하다는內諾을 얻고 一刻을 다투어 傳達해주려는精誠이었다。비 맞었다기보다 물에서 건저낸 쥐와갈다고할만한安先生의 모양을생각할수록 基督教徒라는 나自身을 깊이 부끄러워하다。우리는 친구의子女를爲하야 이렇게까지 赤誠을 다한일이 한번도 없었다。信者와不信者의 本質的差異가 어데있나 하고 甚히苦惱하다。因하야 惠化와阿峴公普를巡訪하였으나 오늘은 手續未畢。○印刷所에 가서 校正。歸途에 무지개 보이다。

八月二十七日（木）雨。阿峴公普第一學年에 在籍하야 市電三區를 通學하든 正惠를 惠化公普로移轉手續完了하고 한숨을 쉬다。京城府內公立普通學校에在籍하면서府內다른公普로轉學하는 일은 그야말로하늘에 별따기보다 더어려운일임을體得하다。特히貧者의 경우에 그렇다。어쨌든西部에서東部로의移徙가이에完結된십[?]이다。○昨日 우연한 機會에 京中老會와積極團편의將領되는이의게서 三四時間에亘한連續講座로써 基督教界의現代史를學問하다。우리같이教會政治의門外漢인者에게는 한마디 한마디가 新奇한消息뿐이어서 자못興味있을터이어스나 傾聽하는中에 잦우頭痛을感하다。우리의 鈍濁한頭腦로서는 京畿老會 京城老會 京中老會의分派와 西北(黃平)教徒의專擅과積極團이라는幽靈갈은存在의縱橫結社의錯雜한關係等을 到底히 실마리 잡아 腦裏에整理할수없고、우리의冷冷한信仰으로서는 아무편에도 加擔하야 力鬪할 熱誠이 생기지 안한다。故로 듣기만하여도 생기는것은頭痛뿐。講義듣기를畢한後에「基督教會에 깊이關係한일 없었던것이 하나님이 우리게 주신 最大의祝福이라」는것을 깊이感謝하다。識者의意見으로 하면 光州에 모이는 今年度總會가 朝鮮長老教會五十年史의最終總會 될것이라고。

八月二十八日（金）雨。後曇。간밤에風雨심하였다。京城南大門教會에서 崔明鶴氏를長老로推選하였던바 京城老會의拒否를當하야 無効에歸하였다는消息을 듣고 奇異의感을難制。崔氏는醫學博士요 世專教授일뿐더러 自少로長老教會에서成長하야 讚揚隊員으로 勉勵青年會員으로 教會諸職員이로저보다忠誠한教會員을 우리가 알지못하며 저보다溫順한聖徒를 일즉이 맞나지못하였던故。長老職이라는것이 大端히水準이 높은자리라는것(?)을 近日에 깨달었다。또한 消息通의傳하는바에依컨대 세브란스醫專에서는 崔博士를免職시켰는데 그理由는職員間融和를妨害하는者라는指目。또 그理由는 學生入學許可에賄物받는것이不可하다고 말했다는탓이라고。免職處分하기는 夏季休暇中인데 그理由는 學生들의不在中에 솜씨한것이라고。또 그理由는 靑年學生들이라는것은 事理의正否를判別하는 第六感이銳敏한 탓이라고。又曰 卒業生들과 在學生들이稱하는 崔教授의別號가 鐵筋인데 이는 崔先生의 體格이鐵筋콩크리같이 旺強할뿐더러 學校와教會에對한誠意及精力이 世專을双肩에 지고설柱礎요筋骨이라는 뜻이라고。우리는 崔博士를爲하야 슬퍼하기보다 崔先生에게 長老職을拒否하는長老教會가 寒心스럽고 崔教授를休暇中에埋葬하려는 세부란스醫專의將來를爲하야 念慮를 마지못한다。○今日도 印刷所에서校正。東亞日報가停刊되였다。 구녁구석에서 수군수군。○오래만에 明月을 보다。某氏의家庭問題를爲하야 忠告의勞를取하다。어려운役割이나 亦是 때로는 敢當하지 않을수없는役

割。意外에反響이適確한듯하야 主께感謝不已。

八月二十九日 (土) 小雨、後晴。午前中에 庫間지을材木購入。九月號校了。午後에 暫間물마지。○小鹿島에서 기쁜消息「聖恩中 貴體萬旺하심을恒常仰祝하옵나이다。就伏白今般에 우리 兄弟中 當園의公許로上京하게된 信友가있기로 先生님게 폐가될는지몰으겠으나 小鹿島의消息을아모妨害없이 알려들이기爲하야 一次宅에까지訪問하여달라는付託을하였음니다。君은醫務課의診察로傳染의憂慮가 別로없다는것을好期會로、自己는一切他人을訪問치않겠다는것을 억지로付託하였음니다。君의氏名은尹建錫 當二十一歲로本家가서울에있으며 昨年一月에病을알게되며 三月分、當園에入園하야 一時는世上을비관하고 눈물과한숨으로 그날그날을보내든中 多幸이 우리와알게되여以來로그리스도의救援과 사랑을깨닫게되여겨우마음을收拾하여 學院에가서 어린不運兒들을갈으켜나왔음니다。君은나이年少하며 또本人말에依하면 남을갈으칠形便과 程度가못된다고恒常 學生들에게나 一般에게未安이生覺하는模樣이나、學生들에게나一般同患에게많은사랑을받아오며、特이 어린이「홈」에서 같이울고같이웃는生活을하고있음니다。今年부터는 互助會方面에까지많은힘을 쓰게되였사오나 信仰에있어깊은眞理를몰으나 十字架의救援을굳게믿는 兄弟이외다。聖朝의愛讀者이며 우리(盲友會)聖書工夫會에는 輕病者로서 하나밖에없는出席者이외다。아주도가슴에 깊이 박였든술뭉이完全이없어지지못한듯하며 人間的 希望을빼앗긴少年의煩悶과苦痛에 때때로 괴로움을받는듯하나 그리스도의주시는 平安으로過去의 그림자와 이러나는 本能을消却시키려 努力하는 안탁가운兄弟외다。今般夏季休學을利用하야 本家에 傳道兼慶南北 全南各地에 患者療養院이나 또는集團部落을찾어보려 計劃하고 歸省하는模樣임니다 힘없는우리는君의이번길이뜻때로되가만 祈禱할뿐임니다 君을通하야小鹿島信仰形便과消息을仔細이들어주시기를伏望하오며 君은元來無言한便으로 뭇는말以外에는말을좀와하지않는 性質임으로 많이물어주시기를발아오며 君自身이眞理를배우고저願하는者이오며 善爲指導하여주십을빌고餘不備上白하나이다(八月末頃이나九月初에着京할듯싶습니다) 小鹿島에서는 八月十四日에出發하였습니다。

一九三六年八月一五日中央里 ○○○ 拜」

八月三十日 (日) 晴、後雨。午前中에來客두어분。今夏季休暇中의 最後의 물마제로 어머님 모시고 養老湯로。但오늘은全식구와 洞內두세家庭들까지 同行이였는데 驟雨를만나 老少모다 물쥐되여 下山하다。海外의喜信如下「主예수그리스도恩寵中多忙하신貴體安康하심을仰祝함니다。先生님 그러케일이많아서 어찌抽身하십니까。敎弟는 貴誌表紙로表紙까지 熟讀하는것이 常事이올시다。聖朝通信欄을볼때마다「이많은일을 어찌다하시는가。내라도곁에있겠으며、혼자하는말이있음니다。그리스도의寳血로通脈되아 한몸에肢體가된우리들은(敎會에말하는말리붙은敎理만이아니올시다)그中한肢體가넘우重한짐을 진것을알든지 무슨苦痛을하는것을알든지하면 自然이그肢體를爲하야 祈禱하기되오니 聖書가가르처주시는 그대로가 아면이올시다 저는누구누구를爲하야 祈禱하는것을公布하기실습니다마는 先生님을向하야 편을들게되오니 自然이쓰게되나이다(하나님께받을상이적지마는)。勿論朝鮮旣成敎會를爲하야 祈禱하나이다。特히聖朝誌와 福音敎會와小鹿島兄弟들을爲하야 朝夕으로 잊어지지아니하오이다。貴誌를通하야 小鹿島를알게되었으며 알게되오니 어찌지祈禱하게되였음니다。웨何必小鹿島를關心케되였는고하오면그곳에있는兄弟들은現世에는所望이끊어진肢體들인까닭이로소이다。짐작컨대小鹿島에도貴誌를通하야 生命의江물이되였는것같음니다。率直하게말하면 그런動機로貴誌를더욱重하게生覺하게되였음니다。그리고小鹿島에서 무슨問題가있는듯하오나 자서히알지못하야 궁금하오나 하나님이알으시니 넉넉하오이다。그리고그곳에있는兄弟들에게누가直接傳道하고있음니까。亦是궁금하오이다。또따말이나오나이다 現朝鮮敎會內에는別別問題別別敎派心 또私生兒敎會(氣絶할일)이런것들을들을때마다엣하고는다음에天國가서는이런일들이없겠지하고 혼자憤하여하며 혼자기뻐하나이다。정말하나님나라우리의本鄕

에가서야 무슨敎派무슨紛爭이있겠음니까。現世에서라노 우리들이 完全이죽은者로만있으면 아모問題될여지없지마는 우리가조곰만덜緊張하오면 靈의陣營이조곰만틈이있으면 못된肉이 기세를뽑낼라고하지않읍니가。또저는무슨敎派할때마다 늘異常한感이不無하오이다。우리들이彼此死刑받은罪人들이하나님의無限하신사랑으로因하여 그리스도예수를믿음으로死刑을免하야 永生을받게된者이면(羅六의二一六)같이하나님을讚頌하며 같이그리스도만을높이는者이면 이는그리스도人이며 한肢體가아니겠음니가。그러면당신께서 우리들을各各다른場所에두신대로 마끼진分대로忠誠것各其分을다하오면 기얼마나하나님이기뻐하시며 이얼마나당신의榮光이썩은肉을通하야 現顯하겠음니가? 그러나 못된人間主義가드러서 저와똑같으다하며 제國體가되여야한다하오니 이러케되는때위한肢體된恩惠된것을잊게되오니 可知이로소이다。저는이런問題가問題되지아니합니다。問題는누구든지 물과聖神으로重生한經驗을하였으면 그리스도를絕對服從하오면、하는이것이問題올시다。勿論重生한者이고 現在그리스도를中心하고生活하는者이면 같은兄弟오며같은肢體인故로 그의손을잡으면 땃뜻한가운이서로通하여지지않음니가。生命이枯渴한敎人들 組織만꼭꼭만든國體들이니 그러니밤낮앙글앙글하고있지아니함니까。하나님이시여 이런可憎한狀態를나려다보시는당신이어찌하시겠음니가。아ㅣ오직당신의게만달렸음니다。아ㅣ멘。先生님바뿌신데 넘우기러젓음니다。來來保重하시기를……」

八月三十一日(月) 半晴。午前中으로出來할豫定이었든九月號가 今日도 못된다고해서 焦燥不制。○某會議에參席하야 始終如一하게 沈默을지키다。無言의行이 難行은難行이나 行하고나면 快하고 全身이가비엽다。一時의熱을 참지못하야 滔滔 數百乃至數千言을 吐、하고서 結局은空中을때리는者의空虛感을收穫하고 悲哀의 잔을마시기도 한두번이 아니것마는、그래도 일에當面하야 할말을 아니하고참기는 果然어려운일。天下의責任이 모다 나에게만있는것도 아니나 精力의節約으로 보아서도 헛된곳에는 될수있는대로 容喙하지 않기로 하다。○歸宅하야 馬鈴薯의一部를 캐여보니 한뿌리에 數十個식 주렁주렁 달린光景이 造物主여호와를 찬송하기에 넉넉한說敎를 일러준다。이로써 夏休四十日이 다 갔다! 四十日의無爲는四十年의無爲요 一平生의失敗이다。企望이 컸던四十日이 最小의收穫으로써流失된다。

九月一日(火) 晴、夜雨。一二九二一。우리집 가장어린이의 第一千日。「어머니날보고 꾸지럼마오。옷고름 뗀것이 그리죄되오。이래뵈도골목에서 힘이세다고 골목대장 골목대장 불러줌니다」라는 노래를 우렁차게 불러서 貞陵골목에 기쁨이넘치다。○登校하야 新學期始業式。擔任班生徒五十四人이 一齊히健顔으로出席。반가운情을難制。約一時間은 生徒들편의休暇中感想을듣고 約二時間은 거기對한批判과 나의感想과新學期의企圖等을披露。「시작이 절반이라」고 開學첫날에 全班의出席을强制하야 渾身의精力으로써全學期의學業大綱을企圖하는것이 나에게許與된敎育勞作의唯一의天地이다。出缺만調査하고 싱겁게歸家시킴으로 缺席生徒가 많은始業式날에 그學期訓育의半을實施하고저하미 은근한期待요、天下의敎育事業을論할것없이 全校의六百名生徒를 걱정할것없이 다만擔任班五十餘名만을關心하고저하미 좁은길을걷는 敎師의그윽한祈願。午前일을 마춘때는 벌서心身의疲勞적지않다。○午正부터鮮光印刷所에就하야 九月號發送。마침 이때에 嶺南에서公務를 띠고 入京中인 某株式會社支配人이激忙中의寸時를割愛하야 約一時間의發送事務를來助하니 慰勵됨이不小。公務의時間을도적하야來訪한것이라고 들을때에 나의열믈도 확근하였다。時間도적질은彼此一般인故。○歸宅後 補土峴을 넘어舊基里에柳永模先生參訪。連日報道되는南鮮水災의「數字」가 우리에게切實한 느낌을 주지못하는痛恨과 完全咀嚼及自然療法의効驗等 有益한말슴을 들으면서 雜穀蔬菜主義의晩餐에參卓하야、조밥의맛이 우리의 옥수수밥맛보다 못하지않은것을 배우고 忽忽히歸路。달밤에北漢山麓溪谷을 거슬러 補土峴에오르니 秋天에 가득찬 달빛 별빛과 默默히 소슨北漢의崇嚴 秋虫의交響樂에 잠든

溪谷의神秘。尖塔이높이소슨敎會堂을所有합이없고「파이프오르간」의雅樂을 못갖인 無敎會者에게는 이런데가 가장嚴肅한禮拜堂이다。꿀업데여祈禱를 아뢰우고 宇宙를振動하는 大地의交響曲에 마추어 傍若無人의態로 찬송가를 웨치면서下山。○洞內夜學校設立에關한會談에暫參。매우興味있는하로 살림이었다。

九月二日（水）雨。昨밤중부터 豪雨시작。가을節을當하여도 끈칠줄 모르는霖雨에 할수없이雨傘세개를 더사다。○今夜부터夜學開始。두어婦人들의熱誠으로 洞內의無產少女들을 모여 文盲退治를 시작하였음에 刺激되여、田園生活로洞內에移住한친구들五六人이 모여 各其分擔授業으로써男性文盲退治하기로 되다。이일이完成되기까지 助成하기爲하야 當分間協力하기로되다。

九月三日（木）雨。水害에 死亡者二千餘行方不明者數千名이라는 數字의報道에接하여도 마치年中行事의進行에不過한듯한鈍感을 스스로 괴로워하다。때에東海岸에서救命의短信一枚「此處門下生은下念하옵신惠澤으로 救命만은 하였아오나 변변치못한家產全部를 流失하였나이다。暴風雨에 海水가 河川으로 溯流하와 더욱水害가甚하였아오며 東海岸一帶는 全滅임니다。云云」이런境遇의葉書一枚는甚히 반가운消息이다 移轉數個月後에도 轉居通知한장 아니보내는 讀者가 있음은 아무리解釋하여도 親切한行爲로는 보이지아니한다。誌代에「金덩이」를 준대도 서로「思慕하는愛情」에는比할것이못된다。○今夜 洞內夜學의第一回授業始講。一般勸學의訓話後에「가갸거겨」와「1 2 3 4」를 가리키러 文盲退治의業이 容易한일이 아닌것을 알다。

九月四日（金）曇、夜雨。聖朝誌印刷가 다른雜誌類의印刷에比하에 갑절이나困難하다는 말은從來로도 여러印刷所에서累累히 들었으나 그것은職人들의常習的으로 하는 말에不過하거니만 생각하였더니 今番에鮮光印刷所에서 그詳細한說明과實際의工程을 目睹하니 果然事實인것을 알었다。九月號의第十五六頁같은것은 꼭二倍의工程을要하며 聖朝通信以下의六號活字六頁에 一萬一千八百字를 심었으니 此亦是 文選植字校正에 二倍三倍의勞力을要하야 聖朝二十四頁는 다른雜誌四十餘頁의工賃을要한다고。印刷所에對하야 未安不勝。○學父兄中에서 孫基禎君의世界마라손制覇를祝한다는뜻으로 鬱陵島產 白檀製의煙草盆一個를送達。그志趣도 아름답고 香氣도可賞하나 煙草盆은 우리집에 둘곳이 없어 이好意의處理에腐心中。

九月五日（土）雨。擔任班生徒를 引率하고 九月下旬에南滿洲修學旅行할것이 決定되다。○東亞日報의 뒤를 이어 中央日報가 또休刊되였다고 수군 수군。近來의日氣와 같이 社會相도陰鬱未免。○某氏로부터「나의無敎會」라는 글에 對한答辯書가왔다。私信으로 온것일뿐더러 이글은 本來 누구 누구를爲하야 쓴것이 아니오 널리 우리의立場을 알리기爲하야 쓴것인故로私的問答에不應하고저한다。

九月六日（日）雨。비오시는 사이사이에 川堤修理와 便所통을 쳐서 무밭에뿌리는일을하다。○헤티마水製造法을記載한新聞紙片을 보내준이가 있어서 고마왔다。農事에關한일이면 헤티마栽培以外의件이라도 願敎示。

九月七日（月）雨。오래待하던 小鹿島親舊가來訪하다。島內의一般情景과 敎會의由來와誌友들의近況等을 보는듯이 알수있음은感謝無比。但 生活資料配給問題에도 적정을 難免이어니와 特히島內에서結婚問題가 發生한以來로 信者間에贊否의意見이兩立한 모양이오、信者와不信者의結婚으로因하야 敎會의責罰中에서苦惱하는兄弟도 적지않은듯하야 念慮不禁。信仰을같이하는者끼리 結婚함은 勿論 願할만한 일이나、그러나「信者」라는標準을 어데다 둘것인가。牧師나長老의家庭에나서 幼兒洗禮를받고學習을 서고 洗禮를받고 敎會生命錄에 記載된者를「信者」라고 許한다면 可恐한일이오 可笑로운일이다。多數의敎徒를統制하는데에 多少의規約이없을수없겠지마는 이런法規로써 서로 괴롭게 굴것이 아닐가한다。又況 一般世上과도 다른 小鹿島에서 어찌 그靈魂까지 苛酷하게追窮하랴。

九月八日（火）曇。小雨。授業後에 일족이歸山하야 母親님 모시고 白鸞澗물마

지로 養老瀑에往返。嶺南短信如下「先生님暫間이라도 뵈온일 마음에 퍽滿足하였음니다。더구나盜賊같고 毒蛇같은 이罪人이聖業에一時間이라도 助力하여드릴期會있었음이無上의榮光이었나이다

人間은他人의職을보고 부러워하는것이本能的인것같기도하오나 아모리紛忙하고 피를흘리고 땀을흘이고 惡評을듯더라도 그런聖業은로 時間과物質을費할수있다면 오작좋으리까眞實로先生님의立場이부럽습니다。참으로사는者의生活갈더이다。아모리生覺하여도 生은先生님의게比하야 죽은者이두군요。悔恨이不無하였음니다。別後和信에단여서數人의信友들의餞送으로 三時車로金泉와서交通杜絕이되여서 不得已湖南線으로도라 昨夕無事히安着하야 돌같이굳은마음에도 感謝함이不無하였나이다。願컨대 이罪人을爲하야 종々代禱하여주시기를 仰祝하옵니다。來來益康多福하시옵소서。이番길에好食으로써健康이될수없고 富貴로써滿足이 없음을더욱切感하였나이다。云云。」

九月九日 (水) 晴、後雨。劣等이오著名한不良生徒로 養正第一學年에서落弟하고退學하여간韓某로부터 또問候의葉書가와서、三年남은時日間의彼의根氣와誠意에感激不已。어려서 작난이甚하고 學課에底劣한것이必曰惡人이 아니라는것을 깊이 느끼다。人物의評價는 여러가지要素를考慮할것。○今夜宿直으로 蓬萊山에假宿。

九月十日 (木) 曇。紙上에「宗教家に呼びかけて、軍部が佛教事業を助成。廣義國防の見地から一肌。有力者を招いて座談會」라고報道。佛教는如此히하야隆盛하여진다。○休暇中에自作지으려든庫間을 長霖에 막혀저못짓고、昨日부터朴木手를請하야治木中。예수의業이木工이란 매우興味있게 보이다。○밤에는洞內夜學授業의當番이되여서 소송아지等을 가리키다。

九月十一日 (金) 晴。近來에 京城市內에서 警官의交通取締가 매우甚하게 되여서某署에서는二日間에二千餘件의法規違反者를摘發하였다고報道하는데、自轉車로써每日都市中心을通貫하면서 자주摘發되지 않은것만當幸。但自轉車道를改善할必要絕大하다。○오래만에 별있는 하늘을 우러러보면서 시내에沐浴。

九月十二日 (土) 曇。信仰의入門에서開拓者의勞를擔負하는某君來訪。實際問題에關하야對答。敎會의客觀的基督敎와는 우리의意見이 다를것을注意하다。○김장밭에除草와除虫으로 今身에땀투성이 된後 에淸溪에一浴하니 그맛이 比하야 形容할수없다。

九月十三日 (日) 雨。復活社講堂에서新秋의集會를 다시 열다。午後二時부터 學生들에게英文聖書、同三十分부터「救世主待望의欲求」라는題로써 今秋講話의序論을述하다。閉會後에「나의無敎會」에關한質疑에答辯하다。○五山消息一枚「前 터 聖書朝鮮社가 燦然한빛을發하야 우리를살리는가장有益한機關이라는것을 잘알뿐만아니라直接間接으로받은 影響은實로큰것이라고믿음니다。그럼으로너무 無心히지날수없어拙筆로나마 우리聖書朝鮮社에게서서 苦心하는 主筆以下여러先生님들에게 感謝한뜻을表하는바로소이다。이것으로滿足할수가없는우리聖書朝鮮社가 날을經過할수록 더욱光彩를나타내기를 祝禱하나이다。이아무것도몰으는愚者는 聖書朝鮮을直接으로 손에붕치는못하나 나의咸先生으로부터 每月讀書하게되여 나와조고마한中學校生活이오나마漸漸意味있는것이라고生覺됩니다。勿論나의母校는三十年이라는長久한 歷史를가지고있으니만치 實質的으로보아 우리社會에있어서 없어서아니될敎育機關이라는것을 再言할必要도없으나 더욱人格이高潔하신咸先生님으로부터直接가리침을받는저는 實로幸福이로소이다。如斯한말슴을하는것은 나의母校가理想的學校요 또는나의先生이人格者라는것을 말하려고하는 이아니고 우리社會가腐敗하여있으니만치 우리生活이腐敗하야보잘것없는것이지만 우리는그속에서도 살음의힘을 넉넉히얻을수있다는것을 말하는것임니다 것이우리聖書朝鮮社에서 일보시는 여러先生님의熱誠의惠賜라고믿습니다。바라건데後로도機會있는대로通信으로나連絡을取하야腐敗하고도苦難한中에서目標理想을達成하려고生覺합니다云云」「自己를낳은父母의偉大함을 알고、自己가모시는先生의高潔함을認識하며、自己가 배우는學校의尊貴함을 깨닫은이는 福있는者인저。」(以下第十九頁續)

淺野猶三郎先生主幹
祈の生活

一部定價 十錢
半年分 五十五錢
一年分 一圓

振替東京一一八一六七番 祈の生活社宛

淺野先生은 本誌第九十號第十八頁에 記錄한 先生이다。趙誠斌君을 爲하야 一人相對의 聖書講座를 特設하였고、그 前에는 現高敞高普校長金宗洽君을 爲하야 亦是先生一人、學生一人의 講座를 數年에 亘하야 開延한 일이 있었다。나의 下宿房과 寄宿舍에도 風雨寒暑을 不顧하시고 聖書를 講解하시기 五六年。夏季休暇마다 鮮滿僻地에 傳道하시기도 四五次였다。內村先生의 初期의 高弟이나 그런줄 아는이가 적고、獨立傳道三十餘年에 오히려 世上에 알리지 안한다。先生은 오직 默默하게 고요하게 祈禱의 生涯를 爲主하신다。今番의 雜誌發刊이야말로 平生의 沈默中에서 참다 못하야 웨치는 부르짖음이다。信仰의 實生活에 靈糧됨이 豐裕할 것을 기뻐한다。今九月十日에 創刊號發行。(金敎臣)

金敎臣 著
山上垂訓研究 全
四六版 二四五頁
定價七十錢・送料五錢

咸錫憲 著
푸로테스탄트의 精神
菊版半・三十二頁
定價金拾錢・送料貳錢

聖朝文庫 第一卷
本社의 出版物은 現在右記二種뿐이다。

京城聖書研究會

講師 金敎臣
場所 復活社講堂(鍾路六丁目二一〇의九)
日時 每日曜午後二時半부터 約一時間
注意 聖書와 讚頌歌携帶。會費每回拾錢

當分間은 馬可福音에 依한 基督傳의 繼續、家庭的으로나 敎會關係로나 基督敎에 물들지 않은 未信者의 來參을 希望한다。

休講、十月四日(第一日曜日)은 南滿洲方面에 旅行中인 故로 臨時一回休講。九月二十八日午前九時京城發。同三十日朝大連上陸、二泊。十月二日夕奉天着・漢陽旅館에 二泊。四日밤奉天發。五日 午前八時安東着、同日午後四時發、同十時二十分平壤着、中央旅館一泊。六日밤十一時平壤發。七日朝歸京豫定

本誌定價
一冊(送料共) 拾五錢
六冊(一年分) 前金九十錢
十二冊 前金壹圓七拾錢
要前金。直接注文은 振替貯金口座京城一六五九四番(聖書朝鮮社)로。

取次販賣所
京城府鍾路二丁目八二 博文書館
京城府鍾路二丁目九一 耶穌教書會
東京市神田區神保町一ノ一 三省堂書店
文化書店(元山府) 茂英堂(大邱府)
新聲堂(咸興府) 信一書館(平壤府)
向山堂(東京市) 大東書林(新義州)

昭和十一年九月二十日 印刷
昭和十一年十月一日 發行

京城府外崇仁面貞陵里三七八
編輯兼發行者 金敎臣
京城府壽松町二七
印刷者 朱貞順
京城府壽松町二七
印刷所 鮮光印刷株式會社
京城府外崇仁面貞陵里三七八
發行所 聖書朝鮮社
振替口座京城一六五九四番

金敎臣 主筆

聖書朝鮮

第九拾四號

昭和十一年(一九三六)十一月一日發行

昭和五年一月二十八日(第三種郵便物認可)
昭和十一年十一月一日發行(每月一回一日發行)

目 次

【冬季聖書講習會廣告】

우리의立場을 건드리지마라

朝鮮福音教會監督崔泰瑢牧師는 그主幹誌인「靈과眞理」第九十號의 거의半分이나되는十四頁에亘한大文字로써 우리의立場을是非하였다。우리가內村先生에게서배운것은無教會主義가아니오「聖經」이었다「聖經의眞理」였다 고(本誌第九十二號「나의無教會參照」한데對하야 『怜悧한말』이라고揶揄하였으며 『傲慢한態度』라고怒하였고、又曰「金兄이內村先生에게서無教會主義가아니고、聖經、聖經의眞理를배웠다는말은 그것이事實그렇게된일이아니오、그것은金兄의無教會主義에對한怪異한反省이다」라고斷言하였다。

아무리好意로써解讀하고저하여도 우리의常識으로는 할수없는것이、大體로崔監督은世上에自己의存在함을意識하나他人의存在는일부러無視하려는態度인까닭이다。十餘年來로 雜誌主筆하는이가「怜悧」라는文句를無意識中에使用하였을理가萬無하니政界나商街에서라면 모르거니와信仰宗教를論하는處地에서 「怜悧」라는累名은全然致命傷을주고저하는毒計가아닌가。

果然 崔牧師는 일즉이內村先生께 배울때에는그無教會主義뿐아니라 그音聲態度까지도 본받어서 一時는 보는者로하여금「第二의內村」이아닌가고疑心하게까지化한때도있었고、其後얼마동안은「天來之聲」에 귀를기우리면서 人間先生에게서는 배운일이없였노라고宣言하야獨創的基督教라는것을獨創한時期도있었고、다음에傍聽할생각으로神學校에出入한다던것이별안간에神學萬能의學者로化하야 一에도神學 二에도神學 三에도神學하게되어서 神學生以外의人으로서信仰을말하며聖經을論함은「無責任」또는「蠻勇」云謂까지하게되였으니、이는崔監督으로서는當然한길이오別로「怪異한反省」도아니였겠지마는、사람마다 얇미눈 남비처럼 끓다간식고 끓다간식고해야「客觀的眞理」를探求하는方途라고는 생각지않는다。內村先生에게서無教會主義를배워야만 잘배운것이오無教會主義外에는 배울것이없다고보는것은甚한「主觀」의塊다。

崔泰瑢監督은 일즉이內村先生門下에배운일이있었고 그著書를飜譯出版하였고 自己著書에內村先生의序文을얻어發刊하였고 또스스로內村先生의感化가深大하다고告白한일도있었으니、그대로無教會主義를遵守하여간다면 누구나그權威에對立할者가朝鮮안에는없을터이기마는、이제言言句句에神學을云謂하며 教派를創設하야自身그監督職에就任한今日에는 神學과教派問題에關한것이라면 「素人」들을緘口시키고야말作定이라할지라도 無教會主義一切에關하야는多少謙步가있고遜色을보이는것이當然한줄로 우리는期待했것마는、一邊朝鮮에神學이없다고 홀로慨歎하면서 또한「無教會主義에對한怪異한反省」까지念慮하여마지않으니 아무리職業的宗教家의根性을發揮하는老婆心이라할지라도分數가있을것이다。內村先生과無教會主義에關하야는 우리가認識한것主唱하는것을反省하라고促하기보다 自己自身을(누구던지)먼저反省할것인줄안다。

내가본內村鑑三先生

內村先生은無敎會主義의唱導者이니 「內村氏에게서萬一無敎會主義를빼면 그것은곧자內村이된다」고無敎會主義의權化로 보는이도있고, 內村先生은武士의子孫이니 基督敎的聖徒라기보다靈界의軍國主義者라虎視耽耽으로朝鮮半島의靈界에侵入하고저하는者라고漫評한이도있었고, 其他 貴族的人物이라느니, 亂臣逆賊이라느니, 僞善者라느니하야 보는눈이 다를수록 認識도달렀으나 우리로써總括하야말하라면 이런이들의觀察은 모주리 장님의 코끼리觀察에不過하다。 觀察이 그릇되였다기보다 오직 그一部分式을 보았을뿐이다。

우리의본대로 內村先生의全容을 말하라면 아무것보다도 먼저 內村先生은勇敢한愛國者이였다。基督敎的聖徒라기보다 첫재로皇室에盡心忠誠하고 國民을熱愛하는標式的武士요代表的大日本帝國臣民이였다。 그야말로內村先生의게서愛國者라는要素를 뺀다면 「곧자內村」이될것이다。 內村先生의毛髮부터 발톱까지가全部참愛國者의化身이였다고우리는 본다。

內村先生은 基督敎를本然의福音대로傳하였다。 無敎會主義라는 一個主義를樹立唱導한者로觀察함은大端한皮相的觀察이다。勿論內村先生은無敎會主義를提唱하지않은것이아니나, 그는一二의飛沫에不過한것이오 本流는恒常不變하는그리스도의福音自體를宣揚함에있었다。故로內村先生에게서無敎會主義를빼고라도 넉넉히聖經의中心眞理를 배울수있다 고 우리는말하였다。 崔泰瑢監督은 이것을「怜悧한말」이라 또는「無敎會主義에對한怪異한反省」이라 고부르나 決코「怜悧한말」도아니오, 「怪異한反省」도아니다。自己와同一한見解가아닌것은 「怪異」云謂하고 神學校의聽講生노릇한일없는者는聖書나宗敎에關한發言權을剝奪하려고함은 實로甚한「主觀三昧」에 잠긴者다。

內村先生의講筵에每主日六百乃至八百名의聽講者가있었고 그主幹誌「聖書之硏究」가三千乃至五千의讀者를가졌으나 그聽講者와購讀者가 모주리無敎會主義者였을까。決코그렇지않다。月前에京城와서 客死한長尾半平長老같은이는熱心한敎會信徒이면서大手町集會의中堅이되어서 內村先生께배웠고 佛敎徒들까지「硏究誌」를通하야 배운바있었다。各人各樣으로배울것을배워가는데 무슨「怜悧한말」이있으며「怪異한反省」이있으랴。

內村先生의有力한弟子中에 先生의無敎會主義를一段進展시킨이는塚本虎二氏요、先生의無敎會的精神으로써敎會攻擊을일삼지않고一般社會 政治問題에突擊하야 敎役者及神學者間에까지尊敬을받는이는矢內原忠雄氏요, 先生의無敎會主義는急進弟子들의主唱과大差있다고抗辯하면서敎會側에도圓滿한交涉을가진이는 淺野猶三郎氏이라는第一初期의首弟子가있고, 本間俊平氏같은이는一般社會에까지大歡迎받는內村門人인것은 말할것도없다。어쩌서一을옳다하고他를怜悧하다怪異하다하랴。

內村全集其他의先生著作이朝鮮基督敎界의敎役者와敎會員들에게까지 널리읽히는것은 그안에聖經의眞理가主題로取扱되였기때문이다。저들이所謂無敎會主義者로熱狂하지않는다고 누가「怜悧」하다「怪異」하다 할소인가。

對立抗爭의對象　　二

對立抗爭의對象

우리를無敎會主義者라고指目하면서 「敎會에反抗하며、敎會를攻擊하는立 으로의 無敎會主義이였다。無敎會主義이며敎會와의對立抗爭만에그存在理由가있는것이다」라 고함은 旣成敎團에對한 싸움꾼으로 우리所謂無敎會主義者들을 衝動하여내세우자는惡計로나온일이아니라면、이는無敎會主義에對한甚酷한無知로서나오는「主觀的」獨斷뿐이다。

「基督敎는……언제던지使命的인싸움을 질머지고있다」함은可하다。「歷史的基督敎가 다戰鬪의宗敎이였다」함도事實그렇다、그러나 이는「基督敎」란것이本來그렇단말이오 모든基督敎가 다그래야할것이다。何必無敎會主義에限한것이아니다。「無敎會主義이면敎會와의對立抗爭에만 그存在理由가있는것이라」함은 無敎會主義에對한淺識이오獨斷이다。이는無敎會主義를 크게그릇되게하는見解이다。우리로서忌憚없이말하라면 崔泰瑢牧師는實體의無敎會主義에서呼吸하며 살어보지못하고 神學的思索의慣習으로써觀念的으로自己一流의無敎會主義란것을創造하여놓고 거기다定義를부치며攻擊을加하는것갈이만보인다。

우리가 알기로는 無敎會主義者란것은宗敎專門學者또는職業的宗敎家가아니오 普通사람이오素人이오「門外漢」이다。저들은通常人間이오神學者가아닌까닭에惡意가없다。밤낮「無敎會主義이면 敎會와의對立抗爭에만 그存在理由가있는것이다」라는 僧侶냄새嘖嘖한法衣입혀놓은定義갈은文句를記憶하지못한다。싸울때는 뿔이부러지게싸우다가도協力할때는無敎會者인自己의立場을忘却한듯이協助도하며贊同도한다。條理整然한範疇에依하며規模에依하야 敵은敵으로晝夜不忘하고싸우려는것은神學者的생각이오、때로싸우며 때로和協하야 固執할立場도없는듯이軌道無定한것같고前後矛盾된것이無敎會者의걸음이다

無敎會主義의本領은 消極的으로對立抗爭함에있지않고 積極的으로眞理를闡明하며福音에生活하는데있다。때로抗爭이없지못하나 이는眞理가現顯하며生命이成長하는길에障碍物을逢着한때의一時的不可避의現象이다。無敎會라고해서 基督敎會만이그抗爭의對象이아니다。無敎會者는概念에사는學者가아니오現實世界에生活하는 산사람인故로 그時代그社會의現實에着眼하야싸운다。今日朝鮮敎會를攻擊함에는勇者가必要치않다。各自敎派의內紛에瀕死의傷處를입은 朝鮮敎會들을追窮함이通常人間心情으로의快事가아니다。無敎會는「敎會」와만 싸울것으로알어먹은데에僧侶的偏狹이있다。 敎會以外의것과도싸우는데에無敎會의精神이있다. 果然누가善한싸움을싸울것인가는主예수의恩寵을待하야볼것이다。

神學耶農學耶

實驗的으로科學과宗敎의關係를論함

内村鑑三
金敎臣 譯

余의只今事業은農業이 아니고, 傳道이다。내가只今耕作하고있는것은 土地가아니오, 사람의心靈이다。내가只今뿌리고있는種子는麥、粟、稗、玉蜀黍가아니고, 그리스도의福音이다。내가只今收穫하려고하는것은果實이나穀類가아니고그리스도로因하야救援받은사람의靈魂이다。또내가只今나꾸랴는것은鰊, 鮨, 鮭가아니고 사람이다。나는只今鋤를잡지않고 붓을잡은者이다。網을끄을지않고道를說하는者이다。그러나余는農學을修學한者이지神學을배운者는아니다。나는나의修學한바를行하며있는者는아니다。나는農學을배왔으면서 神學者의從事하는傳道에從事하면서 있는者이다。

故로余의同窓學友는曰 余는農學校의生産物이아니고副産物이라고。또正式의按手禮를 받은傳道師側에서 말하면余는傳道海의密獵者이다。余는農學者도아니오傳道師도아니다雌雄의性을難別할兩性動物같은者이다。

余는 때때로생각한다。내가萬一일즉부터 나는傳道에從事할者인줄 알았더면 余는農學을 배우지않고神學을硏究하였을것이라고。그리고今日實際傳道의業에從事함에當하야余는적지않게神學的知識의缺乏을感하는者이다。余의「히브리」「헬라」兩語知識은 얼마못된다。余는組織神學또는歷史神學또牧會神學 또辯證學또도그마神學에關하여는 아는것이殆無하다。나는形而上學을 모른다。나는靈魂不滅을哲學으로써證明할수는없다。余는心情과靈魂과精神의區別을모른다나는또近世의聖書批評學이라는것을 알지못한다。言語學的으로加拉太書가使徒바울의作인것을證明할수는없다。以賽亞書는一人의作인가二人의作인가를判定할수없다。나는또敎會制度에對하야全然無識하다。萬一이런일을 아는것이傳道者되는데必要하다고하면 나는조금도그資格을具備하지못한者이다。神學은 내게 맞지않고 나는神學에合當치않다。나는至今까지라도神學을 배우지않은일을 深悔하는者가 아니다。

이에反하야余는農學을 배운일을 적지않게神께感謝하는者이다。나는至今까지도農事에關하야非常한興味를가지는者이다。余는心中에苦痛을感한때에 敎會堂에들어가敎師의勸勉을받고저하지않고 田圃에運步하야 茄子와胡瓜가自己를太陽光線에暴露하야何等憂慮함이없이生長함을보고 偉大한慰藉를感하는者이다 余는敎會堂에芬薰을求하지않으나秋野에黃熟한稻香을 맡고서 神을讚美하려는聖潔한欲心을 이르키는者이다。余는淸流에鱗族을볼때는舊友를만난생각이오 그銀色鱗에太陽이反映하는것을보고는彼等과함께勇躍하고살은者이다。내가 시골傳道를좋아하고 都會傳道를싫여하는것은都會人士를 두려워서가아니오 나는農夫와함께農產物은사랑하는까닭이다。「金環을끼고華麗한衣服을입고會堂에오는」都會信者(야고보二章二節)를 보기보다는 바람에 나부끼는稻穗와 이슬맺은草葉을보고싶어하는故이다。나는 神은鄕村을짓고 惡魔는都會를建造했다는말은字義그대로 믿는者이다。

이러므로余는只今農業에從事안하나尙今도시골아이다。나는神學에關한것보다農學에關한知識이더많은것을神께感謝한다。내가萬一조금이라도神과그리스도에關하야 아는것이있다면 그것은神學書와神學者에게依한것보다原野와丘陵과河川과海洋과其中에있는凡者에게서 배웠다。하나님自身다음가는余의敎師는玉蜀黍다、甜菜다、馬鈴薯다、소다、말이다、鷄다、鴨다、駒鳥다、鮭다、鱒이다、鰊이다、鱈이다、그리고겨울밤淸空에솟은 오라이온星이오、알구추라스星이다。나를가르킨說敎師로서 이런것처럼雄辯인것은없다。나는彼等에依하야 하나님을알고 그리스도에게引導된者이다。

그리고基督敎의聖書를배우는데도 農學硏究는余에게無上의補助되었다。當幸히余의救主로信仰하는 예수그리스도는神學者가아니고勞働者이시였다。저는木手의아들이였으나、시골木手의아들이시였기때문에其思想이나言辭도農夫의것이였다。나사렛예수에게는希臘哲學도猶太神學도없었다。故로學者와같지않고權威를가진것처럼가르키시였다。그리고그權威있는者같은敎訓은 모두平易한農夫의말로써傳하였다。空中에나는새와 들의百合花。여우는 굴이있고 空中의鳥는巢가있다。葡萄樹、橄欖樹、芥種。처음은苗、다음은出穗、穗中에 알곡이結熟한다。播種하는者가 씨뿌리려고나간다。磽地、棘中、沃壤、結實하기가或은三十倍、或은六十倍、或은百倍。羊과牧者。豚의糧食인豆莢。薄荷茴香及모든野菜의十分之一。天國은 어디에譬할까、芥種같다、麴酵와같다。以上은 모두農家의言辭다。그意味를解得하기에神學은不必要하다。農業的知識을必要한다。나는福音書를읽고 이렇게생각한다。即福音書는神學을배우지않은者도알수있으나 農業을不知하는者에게는不可解라고。其優其美는田園生活에經驗있는者만이充分히 이것을納得할수있는것이다。

그리스도는勿論普通農夫는아니다。彼는勿論農業을가르킨者는아니다。彼는後世를說하셨다。赦罪를宣하셨다。贖罪와復活과昇天을말삼하셨다。저는地的言辭로서말삼하셨으나地에屬한者는아니였다。그러나天에屬한者이시면서도地의實物을떠나서 말삼하시지않으셨다。彼는「天國의福音」이라고말삼하시고、「絶對的眞理」라고는말삼하지않았다。「赦罪」라고말삼하셨다、「社會改良」이라고는 말삼치않었다。저는惡魔를逐出하셨다、新知識을供하야無學의幽暗을照明하려고는

않으셨다。그리스도는確實한地的言辭로서高遠한天의理를말슴하셨다。彼는들꽃처럼親近하기쉽다、마는 그처럼意味깊고難解하다。彼는하나님품속에서 나오신者이다。故로靑空이凝結해서化花했다고하는秋花인紫龍膽과같이親하기쉽고解하기어렵다。하나님이農家사이에顯現하신者、거룩한平民、不朽의神子!

天然學의長子인農學에由하야神을알게된余는 많은無益한疑問에煩苦를받지않었다。내게도勿論많은懷疑가있었다。그러나이것은人生의實際的懷疑요、哲學者나神學者의품는思辨的懷疑는아니였다。農學의硏究는 내게事實은事實로 이를信受하는習慣을주었다。何故로 니켈은硼砂에球褐色으로顯하며、코발트는靑色으로、망간은紫色으로顯하는지 그說明이없어도、褐色인故로니켈이라고信하고 靑色인故로코발트라고信하고 紫色인故로망간이라고信受하는悟性을받었다。詩人게ㅣ데曰「余는思考하는일에關하야思考안한다」고。何故로靑은눈에靑으로映하며、何故로赤은赤으로映하느냐、이런것은思考하여도無益한問題이다。우리는 하늘을우러러보고붉은故로알데바란星이라고判하며 푸른故로시리아스星인줄안다。科學者의알려고하는것은 存在의理由가아니오存在의有無다。事實의眞相이다。믿기어려운일은 우리가「不可有」라고생각하는일이아니오、實際에없는일이다。萬若實際에있다면 또있었던일이라면科學者는如何한일이던지 이것을信受하기를躊躇하지안는다。믿기어려운×光線의힘도信한다、無線電信의効能도信한다。우리는何故냐고反問하야 그說明을들기까지는 이를믿지안는따위일을 안한다。我等는神의子인同時에 또한天然의子이다。故로「위 何故로」라는疑問을 이르키지않고서 무릇事實을事實로信受한다。

이러習慣을얻었기때문에余는基督敎를硏究하는데도 많은無益한懷疑를免할수있었다。基督의奇蹟과같은것은 眞正한科學者로서는 이는不可有의事라고해서先天的으로拒否할일이아니다。實로있었던가이것이彼의알랴는點이다。萬若있었다는充分한歷史的證明을얻고 있다는充分한力學的、道德的理由를發見한다면 彼는何等疑訝할것없이 이것을信受할것이다。眞正한科學者는天然의事物及顯象에對하야는나다나엘같이眞正한이스라엘人이오其心中에詭譎이없는者가아니면안된다(約翰傳一章四十七節)。詩人롱펠로ㅣ는 彼의理想的科學者루이•아가시에對하야 노래부르기를

그는五十年前이였다
아름다운五月의 달에
아름다운 파이데보ㅣ의谷에서
어린악이는 그搖籃中에누였다」

늙은乳母의天然은
彼를 彼女의무릎에 안고

神學耶農學耶

이르기를『이에 한권冊子있다
너의 아버지는 이것을 쓰섰느니라』

『오라、나허구 함께놀자
사람의 未踏의地에 오라
그리고 거기서 사람안읽은
하나님自筆의記錄을 읽으라』고。

『아가시第五十回誕辰』中의三節

科學者의精神은 이것이다。嬰兒의精神이다。天然의事實을 그대로믿는일이다。奇蹟이라고놀라지안는다。또疑惑치안는다。事實은事實로信受한다。그리고 하나님께感謝한다。

나의基督敎의信仰은今日에至하야도이信仰이다。即事實의信仰이다。理由의信仰이아니다。實驗의信仰이다。何故로神이存在한가 나는모른다。나는다만神이게시믈알뿐이다。何故도 그리스도는余의救主이신가、나는잘모른다、나는오직 그리스도에依하야余의罪가消滅되고 나는神을볼수있어聖潔과義에關하야 생각할수있으믈안다。余는何故로聖書가神의言인가를잘알지못한다、오직聖書가余의맘을感動하게하미人의言과같지않으믈안다。魚는魚、禽은禽、獸는獸、人은人、그리스도는그리스도、나는이렇게믿는다。거기對해서는相當한說明도있을것이나 說明은事實의眞相을 모주리說明할수는없다。天然에關하야默想하는者가天然에關해서 잘아는者가아니다。그처럼 그리스도에關해서默想한다고 그리스도를잘알수있는것이아니다。天然을아는法은直接天然에接하는데있고、그와같이 그리스도를아는法은直接우리의靈으로써活그리스도에接하는데있다。二者를아는方法은同一하다。科學의方法은亦是宗敎의方法이다。信仰은實驗이다。科學과宗敎의다른點은其方法과精神에있는것이아니오、單히其探求의領域에있다。地의일을硏究하는것이地文學이오、天의일을硏究하는것이天文學이다。그처럼靈의일을硏究하는것이宗敎다。余에게있어서는宗敎는余의科學을靈界에옴긴것뿐이다。余는只今聖書를硏究함에도 일즉이鮑 練 熊等을硏究한것과同一한方法 精神으로써 하는者이다。

事實(Fact)、事實、事實。「天然의堅固한基礎우에 永遠히쌓은者는튼튼하다」。보이는天然은보이지안는永遠에達하는唯一의階段이다。사람은爲先「天然의堅固한基礎우에」서지않고서眞實과眞理와神께達할수는없다。天然의硏究로써宗敎硏究에入한余는幸福한者이다。

農學에서宗敎로옴긴余는 일즉이宗敎의實(Realiey)을疑心한일이없다。아니 萬若宗敎가實된것이아니라면 나는今日即刻에 이것을버릴것이다。宗敎가萬一다만哲學이라면、論理라면、方便이라면、政略이라면、世上을統治하는經綸이라면、余는今日即時에이것을 떠날것이다。空으로써充腹할수는없다。그처럼空論으로써人의靈魂을養할수는없다。사람의肉體에必要한것은政治論。과經濟論。과社會學。이아니오實의穀物。과實의肉類다。 그와같이人의靈魂에必要한것은神學論。과敎會論과聖書學。이니오、實의그리스도와實의聖靈이다。 이에至하야 그리스도의言이 더욱더욱深奧한것을 알수있다。

예수가라사대 진실로 진실로 너의게이르노니 萬一人子의肉을먹지않고 그피를마시지않으면 너의게生命이없다。내살을먹고내피를마시는者는永生하리라。 내가 마지막날에 이를 復活하게하리라。대개 내살은 참食物이오 내피는 참飮物이니라（約翰傳六章五十三—五十五節）

余의所見、또實驗한데依하면 사람이救援됨은眞理를배워서救援받는것이아니다。참生命을받아서救援얻는것이다。 神覺이열려서救援얻는것이아니라聖靈을받아서救援된다。聖靈은實로實在物이다。理가아니다。豪雨가 하늘에서내려서 마른땅을 적시듯이 聖靈은 하나님께서내려서渴한사람의靈을적신다。希臘人은理를말하고羅馬人은法을說했다。 그러나猶太人은神에依하야實을傳했다。故로理는이것을哲學者에게맡기라、法은이것을政治家에게讓渡하라、 그러나我等크리스챤은科學者의精神으로써實을求하리라。基督敎는理論家、또는經綸家의手에委置할것이아니다。

天然學으로써敎育받은余는世上아무런儀禮에도 견댈수없다。天然은그대로 아름답고 바르고 또敬虔하다。天然은別로禮服을입지않고其造物主를讚美한다。天然에僧侶階級은없다。特히聖殿이라고稱하는神을禮拜하는場所가없다。天然은純粹한平民이다。天然은直接하나님의創造한것이오、直接하나님게依支한다。故로天然的으로 하나님을禮拜하랴면自由獨立하지않을수없다。果然 余의獨立信仰은本是무터 크롬월의게서배운것이아니다。山의松林에서、空中을나는鳥類、大海를游泳하는魚族에게서배운것이다。余의庭前에피는萩도樑梢에우는蟬도尙今余에게「自由하라獨立하라」고告한다。天然을배우면 우리는敎則에束縛되지안한다。天然을友로하고天然의아들인我等은僧侶에게서注膏받으랴고안한다 詩人화잍만의言을藉用하자

Ah. more than any priest, O soul, we too believe in God; but with the mystery of God, we dare not dally.

嗚呼、아무僧侶보다도、내靈아 우리는神을篤信한다。

그러나 하나님의深奧한일을 우리는弄絡안한다。

天然學으로써成育한余는敎會의分離에 견댈수없다。天然은一體다。宇宙는「코스모스」라는것은整體의意다。天然은偉大한音樂이다。또偉大한繪畫다。天然에對照는있으나矛盾은없다。天然에依하야基督敎를研究하야 우리는바울과함께叫呼하지않을수없다。

그리스도는數多하게分할것이냐(哥前一章十三節) 天然은自由와、同時에一致를가르킨다。自由를重해하는 一致와、一致안에있는自由를가르킨다。

神學耶農學耶

實로天然의研究처럼 사람의寬容의性을養하는것은없다。가장狹隘하고 가장嫉妬깊은者는 恒常天然學을賤視하야마지안는神學者이다。科學者가科學的眞理를爲하야 人을燒殺한例는없다。그러나神學者가神學論을爲하야殺人하고 友人을謀陷하고、憎惡하고、嫉視한例는枚擧키어렵다。世上에可恐할、可憎한、忌避할것으로所謂「神學者의憎惡」(Odium theologicum)같은것은없다。그리고惡魔의이毒焰에서免하랴면하나님의天然을 배우는수밖에別途가없다。

萬若여기에 하나님道를研究하고저하는有爲의靑年이있다고하면、余는余의經驗에依하야 어느研究를彼에게勸할까。神學이냐 農學이냐。神學을學하는益은많을것이다。그러나農學을學하는益도決코적지않다。農學은農學을爲하야必要할뿐더러、神學을爲해서、傳道를爲해서도必要하다。곧思想의翼을乘하고昇天할것인가或은地에土臺를築한後에오를것인가。前者가或은捷徑일것이다。그러나墮落할念慮많다。後者에는「사람을塵土에붙게하는」憂慮가있다(詩篇百十九篇二十五節)、그러나安全하고健全하다。그리고余는空想에 다름질하기쉬운日本國의靑年에게向하야는神學을研究하기보다 차라리農學을研究하기를勸하고 싶은者이다。余는 이것을 생각하고하나님께서傳道에從事할余에게神學을修業하게하시지않고、도리어世上神學者들이傳道와는何等關係없는것인것처럼思惟하는農學을修業하게하신일을 至今와서깊이깊이感謝하지않을수없는者이다。

八

譯者曰。 이글는內村鑑三全集第九卷에서譯載하였다。짐작건대 內村先生의時代에도 神學을忌避하고는傳道者의資格이 없다느니、素人、門外漢으로서傳道地帶에密獵하야信仰을論하며聖經을講하는일은「無責任」하다느니 「危險」하다느니 「倣慢」하다느니하는 神學校卒業한敎役者들이 相當히跋扈하였던模樣이다。그리고는 天國門을 가로막고서서他人까지못들어가게하는무리들이。우리가只今이러한僧侶階級에對한答辯을草하려하여도 亦是先生보다 弟子가더클수없는연고인가 內村先生의旣述한態度以上으로 周到的確하게表現할技能이없으므로 차라리先生의文을借用하기로했다。또神學과博物學에關한內村先生의處地와譯者의境遇가全然一致하다(그規模의大小는別問題)

他人의信仰을「主觀的信仰」이라論하며、信仰態度의表明을「恰悧한말」이라고斷하며、聖經解說을「無責任」으로써評함은 그리스도아닌 通常人間으로서할수있는最後의斷案이다。우리는自進하야抗爭을願하는者가아니다 그러나우리信仰의基盤을 건드리는者에게對하여는事實의眞僞를闡明할義務있다。萬一우리의唱導한無敎會信仰에 그어느것이主觀的이며 無責任한것인것을擧證하는이가있다면 다시「客觀的事實」로써辯白하리라。

聖書的立場에서본世界歷史 (7)

咸 錫 憲

三、人類의出現까지 (續)

前寒武利亞代 生命이盲目인지아닌지 그것을우리는討論하려하지않는다。討論하려는 理性그自身이盲目인지모른다。何如間 諸種의事情으로 判斷해보아서 到底히發展할것같지않었던生命이 出生한以後 非常한形勢로 繁盛하야나간것만은 事實이다。始生代로부터 前古生代에 이르는동안까지 即古生代前을 地質學에서는 한데合하야 前寒武里亞時代라고도하는데 이前寒武里亞代의 末期까지에는 生物는이미 물속에그득하였다。오늘날까지의研究는아직이時代의 生物界의 直接證據가되는化石은 發見한것이 겨우數種에 지나지않는모양이나 바로이時代의 다음에오는寒武里亞紀에들어가서 벌서相當히發達한組織을가지는여러가지動物의化石이多量으로나오는것을보아서 이時代에이미動物이盛하였던것을 알수있고또이時代의地層에많이있는石灰岩은 그때에繁茂했던海藻類가지어놓은것이라고推定된다。

年代로하면 實로悠久한時間이라함이맛당하다。前寒武里亞時代의全長은 그始作이仔細치않은故로 明言할수없는것이나 地層의두터이로보아서 적어도 寒武里亞紀初로부터現今에이르는동안과 相等한것이오大概그보다긴것인데 어떤사람의計算과같이 寒武里亞紀初를 지금부터十五億年前이라고하면 生命이나타난것은 三十億年前以上이오 적게計算하는이의말을따라도 十億年은더된다。十億年！ 그는말할수있고 觀念할수는없는 時間이다。그동안에 生物은여러가지로 變遷하야왔다。그러나또한便은 十億年前의옛날과 거이틀림없는모양을가지고있는것도있다。

動物植物의區別도 이미이時代에있었다。生物學에서 定義를나릴라면 動植物의別은 없어지는모양이나 그러나우리가現在에 눈으로보는바에 生物이둘로大別되어 서로다른生活의길을 걷고있는것이事實인데 이것도生命史의 첫머리에서부터다。動物이몬저있었는지 植物이몬저있었는지 非動非植의 共通祖上에서 갈려졌는지 알수는없으나 同一한條件밑에서 더구나그發生의처음에있어서 서로다른길을걷게되며 다른길을걸으면서도 서로떠려질수없는 關係를가지고 살아오게되는것을보면 單純히「偶然」이라는一語로 說明해버릴수만은없다。지금도그렇거니와 始原의時代에있어서도 動物은植物을土臺로하고서야 生活을하였던모양이오 植物도 例하면繁殖에서와같이 動物의힘을빌어서 生存의目的을達한다。그렇게볼때生命은그안에여러分派가있고變遷이있음에도不拘하고 創造以來一個體임을알수있다。

三葉虫時代 이生命史의 朦朧한페지들을 뒤집기를얼

마하다가 묻듯塞武里亞紀에들어가면 모양이갑작이一變한다。첫재로注意를끄는點은 種類가많은것이다。植物은그닷하지못하나 動物에서는 脊椎動物을除하고 그外의原生動物、無脊椎動物은 現存한各種이 거이다있었던모양이다。그中에도特히發達하야 이時代의主人公의地位를가지는것은 三葉虫이라는動物이다 이것는지금은 絶種이되고말었으나 當時에는全盛을極하야 太古의바다에서 暴威를휘두루는者였다。故로이時代를 그일음대로 三葉虫時代라고하기도한다。둘재로注意할만한點은 이時代의動物에는 甲殼이發達된것이다。우에말한三葉虫도 全身이여러節로된動物인대 背面에는 굳은甲殼이 씨여있고 其外에도 海綿、珊瑚、貝類等과같이 體內或은體外에 角質의骨格이나 外殼을가진것이많다。말하자면 이時代는 武裝의時代다。우리가이時代生物의化石을많이얻을수있는것은 이武裝의德澤이많다。

그러면 當時의動物이 前에볼수없는 武裝을그렇게하고 어마어마한戰國時代相을 일우게된것은 웬까닭이냐고 그것이自然 問題가된다。거게對하야 進化論의解說는 이러하다。即 前塞武里亞紀에있어서 動物는生物資料를 植物에서求하였다。故로그러한平和時代에있어서는 아무도身邊의危險을느끼지않음에 大槪軟弱한身體의構造들을가지었다。그리던것이 그中에어떤一種의動物이 同僚의고기를맛보고動物食의習性이생기어 同胞相殘의暴威를부림애 이때껏無武裝의動物들은 제각기護身方法에 苦心하게되였다。그리하야생긴것이 甲殼이다。그러면 이太古時代의 軍國主義者는 누구인가。時代의王者 三葉虫이야말로 그다。그는마치强軍苛法으로 六國의弱한것을 덮어눌으고 天下를統一했던 秦始皇모양으로、弱肉强食의信條를 實行하야 印度를倂呑하고 世界의王者가되였던 大英帝國모양으로 和平한同僚의피를마시므로써 一時太古生物界에君臨하였다。이때萬一이三葉虫에 理性이있었다고하면 그는스스로永遠의王者가될줄로自任하였을것이다。그러나 生命의가는길은 그렇지않었다。强者는 永遠의强者가아니었다。

脊椎動物이나타남

塞武里亞紀가 끝나고 다음오르도비시아紀를 지나는동안에 生物은漸漸繁盛의길을걸었다。奇怪한모양을가진 三葉虫의暴威로 太古의水國에演出되였을殺伐의光景을생각하면 한편가없은생각도나고 어린아해같은 單純한愚鈍을부려 그것이全能한神이 지은世界냐고 質問하고싶은마음까지도있지만은 事實生命의歷史를보번 이일이있었는故로 向上의길은열리었다。지금까지平和롭던世界에 殺伐의時代가 갑작히오자 온갖動物은 제각기安全第一主義를取하야 堅固한껍질속에들어가게되였고 征服者인三葉虫도 漸漸더嚴嚴한武裝을하게되였는데 거기一派의微微한動物이있어 그와는딴方式의對策을쓰게되였다。그들은安全第一主義를取치않고 反對로冒險主義를取하였다。그리하야敵이襲來하면 껍질속에籠城하는代身에速히逃亡을하기로하였다。 그러나물속에있어서動作을敏速히하려면 무겁고鈍한 武裝이라던지 嶮한身軀를가지고는 不能하다。波動에對하야 身體를잘支持하면서도 그것을利用하야 進行하는대는 아무래도 細長한身體속에 一貫하면서도 屈伸自在한 骨格이必要하였다。 그리하야 이必要에適應하야나온것이 脊椎動物의先祖인 甲冑魚라는것이다。脊椎動物이란 등심뼈가있는動物이란말이오 甲冑魚란 頭部에甲冑같은 骨格을썼기때문이다。 이甲冑魚가 등심뼈를가지고 後半身을自由로놀더迅速히動作할수있게되였다는것은 實로대서롭지않은變化인듯하나 事實은이것이 生命界에 大變革을가저왔다。 그들은 三葉虫에對하야 敢히攻擊을한것은아니로되 오직 運動을敏活히하였는故로 그것이저이를 生活의優者로만들어 마츰내時代의强者인 三葉虫을잡아케치고 進化行列의 先頭에서게되였다。말하자면 저들은 冒險을하는者만이 生의發展을 完成할수있다는 生命의歷史의 한原理에 가까왔는故로 勝者일수가있었다」

安全第一主義를取했던 貝類等의運命은어찌되였나。 그들은敵이襲來하는때면 堅甲속에들어가면그만이였다。果然安全한길이다。 그러나그結果는 저들은永遠의保守가되고말었다。오늘날도오히려 太古時代와別로變한없는 껍질을쓰고 물밑의退嬰生活을하고있다。實로 카토릭主義의創始者는 이들貝類라고할수있다。

그러나甲冑魚도 오래가지못하였다。 그들도完全히自由主義者가되지못하였었다。아직甲冑의一部分을남겨쓰고 一時繁盛하는동안에 生活의餘裕를따라 몸집이나는 貴族모양으로 漸漸身體가巨大해지고 武裝이늘기始作하야 드듸어水底의殘敗者가되게되고 저들보다는더욱輕裝이였던 近代式의眞魚가 그자리를代身하게되였다。 이魚類가全盛한것은泥盆(데본)紀인故로 泥盆紀를魚類時代라고도한다。

生命이陸上에올라오다

지금까지우리가보아온것은水國의이야기오 陸上에對하야는 아모것도말하지않었다。이미말한바와같이 生命은本來 水邊에서생겼고 몬저물속에서 發展하였다。 그런故로 生命이나타난지오랜後에도 陸地우에는 아직寂寞하였다。 물속에서는 그렇게活氣있던寒武里亞紀에도물에는아직 아모生命의자최가없고 오르도비시아紀까지도그렇고 처음으로陸上植物의化石이나오는것은志留利亞紀다。이志留利亞紀는 進化史上에서는 매우重要한時代로서 前記 脊椎動物이생긴것도이때요 昆虫을처음으로보는것도 이時代다。生命이어떻게 陸地를占領하게되였던가 그것을說明할수는없다。大概이것도 脊椎動物의境遇에서와마찬가지로 前期의産物이아닌가한다。原始의生命에있어서 第一緊要한것은 물이였다 물을떠나서生命은살수없었다。生命이난以後에도 오래陸上이寂寞했던것은 이때문이였다。 그러나우리는이러한境遇를 생각할수가있다。 即 陸地가까운 水邊에사는植物은 潮汐干滿或은雨量關係로 자주가물에견디어보는機會가많였다。이것이드디어그들로하여금 마츰내는全然물을떠나 地中과空氣中의水分만으로살수있는 性質을가지게하였다。그리고한번植物이생기기만하면 自然動物의生息을보게된다。이志留里亞紀에는 이미昆虫의化石을보게되고 古生代全部를通하야 오늘날發見된것으로는 이미九百餘種의昆虫이있다。

이陸地植物은 石炭紀에들어 大繁茂를일우었다 오늘날에 캐여써도캐여써도 끝나지안는 石炭을보면 當時植物의茂盛이 얼마나했음을알수있다。前에 寂寞을견딀수없다고했던 우리旅行者가 이때 다시地球우에왔다면 저는그珍奇한 石炭紀風景에 讚嘆을마지않였을것이다。물이지분지분한沼澤가에는낮에도오히려 빛을볼수없는 原始林이 盛하였는데 그가운데들어가보면 어떤것은 數十米되는全身에 螺旋狀으로排列이된 비눌이돋고 三枝槍같은가지에다가細長한잎이 마치垂楊버들의가지같이 늘어진것도있고(鱗木)어떤것은 높이二三十米에 굴기가몇아름식되는樹幹에全身封印을찍은듯한 문이가돋고 잎은가늘고기다란平行脈이이어서 마치하늘을쓸른 커다란비짜루같는것도있고(封印木) 어떤것은마치지금의木賊같이 생겼는데 高가몇十米되는것도있고(蘆木) 또어떤것은 一見蘇鐵과같이 기다란樹幹의끝에가서 부채사늣같은잎이 둘려붙은것도있는데(코르다이테쓰) 그사이사이로는 여러가지의羊齒植物이 기어올라얼크러저있어서 實로奇異한風致를일우어가지고있다。그러나그러면서도 單調합니다。綠色밖에 아무것도없기때문이다 꽃이라고는한송이도없다。그리고 새노래도없고 아직토끼사슴의 뛰는것도없고 虎豹의怒呼하는것도없다。이무서운原始林의 寂寞을깨치는것이라고는 오직이따금들려오는 原始昆蟲의 붕붕하는날개소래다。그러나그昆虫이라야 오늘날에보는것같은 아름다운것이아니오 나래기리가 두자석자되는 무서운것들이다。故로間間히오는 그소리로 原始林의寂寞은 一層더하는듯하다。

그러나이는 다지나간것들이다。지금은그遺種을볼수없고 오직고사리種類가있어 當時의羊齒類의殘影을 보여주고있을뿐이다。그러나그들에依하야將次오는것에對한 準備가일우어졌다。萬一그들이아니였던들 다음에말하는 兩棲類가陸上에올라올수는 全然不能하였을것이다。不毛의太古大陸에開拓의첫발을 들여놓아 綠化運動을始作한것은 이들石炭紀의植物이다。

兩棲類 植物이그렇게 陸上에繁殖하는때에 그뒤를따라 陸地에올라온動物이 昆虫類말고 또다른것이있는데 그들에依하야 地球우에는 生命의偉大한 새時代가열리게되였다。지금우리人類까지를包含한 온갓陸上의脊椎動物은 다

거기서나왔기때문이다。그들의先祖는 本來魚類에서 갈려저나온것인데 魚類와같이 一生을물속에서만사는것아니라 陸地에서도 生活할수있는故로 이것을兩棲類라한다。魚類란、水魚의關係라는말이 表示하는것같이 本來물을떠나서는 살수없는動物이다。그身體構造가 水中에서만運動할수있게생기였고 食物이 水中에서만求할수있었고 더구나물밖에나오면 呼吸이끊어지게된다。그러므로陸地에올라오면 죽는수밖에없었다。그런대 이突然될수없는일이 事實에있어서 兩棲類에依하야 나타난故로 놀라지않을수없다。그러면그奇蹟은어떻게되어서 일우어졌느냐。이偉大한進展을시킨것도 植物의境遇에서와마찬가지로 古生代의沼澤地에 자주찾어왔던 가물이다。造物主가創造를할때는 恒常環境을使用한다。即生命의어떤새階段을 나타내려할때는 저들을爲先 一定한苦境속에넣어 스스로問題를解決하고나오게한다。故로 저가陸上의生物을지으려함에 水中에서저 을물아내는 環境을만들었다。우리가잘아는대로魚類는 물속에溶解된酸素를 아가미로呼吸한다。故로물이없으면 저에게는死亡을意味한다。古生代의魚類中에는 언제나가물의念慮가없는 安全地帶를求하야 海底海底로들어간놈도있으나 그中에는不幸하야 가물이자조오는沼澤에깃은놈도있었다。前者는勝者요 後者는敗者라할수있다。그러나이殘敗者로因하야 새進化의길은열렸다。저들은多數한犧牲을내는동안에 呼吸機關에 한조고마한變化를이르켰다。即아가미의一部分에 조그마한주머니같은것을만들어 물이말을때는 아가미代身에 그주머니로 空氣를直接呼吸하는대 成功하게되였다。即肺가생긴것이다。이肺를가진魚類、即肺魚類는 지금도그遺種이 印度、濠洲等地에 남어있어 그런生活을하고있는대 이것은古生代以來의苟且한生活을 그냥繼續하는殘敗者지마는 原始肺魚中에는 좀더勇敢하야 或은좀더苦境에窮迫되어 물과의關係를 아주끊고 肺로만살게된種類가있었다。그리고그런窮迫된生活을하며 웅덩이에서 웅덩이를찾어다니는동안에 或은그보다도 强者의追擊에 쫓기어다니는동안에 지느럼이가떠러지고 틈이있는짧은四肢를 가지게되었다。이것이곧兩棲類라는것이다。그러나이들은아무라도 過渡期를代表하는者였다。얼마안되어서 그同類中에서 보다進步된構造를가진者가나서 저이를驅逐하여버렸다。

中時代의王者爬蟲類 兩棲類는 上陸하는대成功은하였으나 突然물과無關係할수는없었다。한가지는그皮膚가乾燥에견디지못하기때문에 種種물에들어가야하는것이오 또한가지는産卵을물가운대하여야하는것이다。故로그들은 지금개고리의生活과같이 어린時代에는 水中生活이必要하였고 큰後도沼澤邊森林에서살뿐이오 乾燥地에올라갈수가없었다 그런대二疊紀에들어오면서 그보다도더徹底히陸上生活을하는種類가생겼다。그들은말은皮膚를가지고 알도물속에넣는代身에 알의外面에 물새지안는껍질을씌워 미리물을그속에함께넣어서 陸地우에서낳게되였다。이것이爬虫類

라고하는대 그들은 兩棲類에比하야 이有利한條件을가젔기때문에 끝非常한繁殖을보아 中生代의 三疊紀、侏羅紀에있어서 全盛을보게되였다。

爬虫類의勢力이 世界의王者로 發展하고있는동안에 兩棲類는反對方向을 것고말았다。이過渡期者는 運命을하늘에말기고높은곳을向하야 冒險을하는 開拓者로서의精神을 잃고 옛날의安全第一主義도 退却하기始作을하였다。爬虫類의威脅을避하야 옛故鄕인물속으로 다시들어가 甚至於는 모처럼얻었던肺를버리고 도로아가미生活을하는者까지 있게되였다。그러나그結果는무엇이왔나。四肢는退化하야、運動할수없이되고 醜怪한巨體를 湖底에가로뉘여 지나가는小魚群을 盜食하므로써 보기싫은生涯를보내게되였다。온갖動物中에 이보다더醜한形像을가진것은없다。그러나그것도三疊紀에絕種되고 지금現存한兩棲類는 後代白堊紀에起源한 數種이있을뿐이다。埃及의奴隸生活이 安全하다하야 건넜던紅海를 다시건넌者의運命은그러하다。

爬虫類의歷史는 進化史上에서 特히興味있는句節이다。지금까지있는 各種生物中에 石炭紀의植物을除하고는 이爬虫類에比할만치 勢力旺盛한者가없었다。中生代初에 그들이盛하기始作하자 陸地에기는놈이있고 뛰는놈이있고 물속에다니는놈이있고 空中에나는놈이있었다。或獸類의形像을한者、或도마뱀의形像을한者、或배암같은者、或새같은者를고기같고 강가루같은者、形容할수없는奇形을한者 여러가지것이있어 水陸空三界를 橫行하였다。草植하는者도있고 獰惡한肉食類도있었다。그리고 그體軀의크기가 空前絕後다。기리二三十尺은 大概요 그中에는百尺에지나는者가있었다。우리는 數千萬年前 中生代의原始林속을 이巨大한怪物들이어슬렁어슬렁거려다니는光景、사람같은것은 한입에몇개씩을 삼킬만한 무서운恐龍、雷龍하는것들이 이발을부리았고 싸우는모양을 想像하여볼때悽然이라할지 快然이라할지 形言할수없는 느낌을가지게된다。그러나 그보다도 더奇異한것은 그滅亡의 意外인것이다。그렇게全盛하던巨物들이 新生代에들어오자、자취를감추어버렸다。學者는거기說明을加하야 여러가지로말한다。或體軀가過히커저서 그랬다기도하고 食物의缺乏이라기도하고 氣候上의激變이있었으리라고도하고、여러가지로말한다。勿論어느것이참인지 알길이없다。그러나 그들이 一時地球의主人이였던것은 事實이오 다른動物의驅逐을當하는것도없이갑짝이滅絕된것도事實이다。아마巨大한것이 오고가는背後에는 보다巨大한힘의 움직이는것이 있었다고하는것이 마땅할것이다。저들이歷史의舞臺에서 形跡을채감추기前에벌서 다음에오는者가 登場하는것을본다。

모든것은다 自己의날을가진다。그날이지나가면 그렇게巨大獰猛했던 怪物들도 그커다란遺物을 博物館의一隅에놓여 生命의歷史우에일하는巨手의어떻게奧妙한것을 默默히말하고있을뿐이다。

南滿雜感

主筆

지난九月末부터十月上旬까지 約十日間 南滿洲一部分을 다녀왔다。聖朝通信의 그날그날消息으로繼續하여도 可한것이나 六號活字가 過多하면 職工과讀者를 아울러 괴롭게 하는일이 未安한것과、紙面不足으로 聖朝通信의一部를 割愛하지 아니치못하게 되는故로 따로떼어서「南滿雜感」이라고 題하였다。

「雜感」이라고하고 「紀行」이라고 안한것은「客觀的紀行文이란것은 그런것이 아니라」고 하는文筆專門家의抗議를 當할가 두려워 함이다。文章의型도 不辨하며 文士의慣習도 모르는 우리의 글월을 文章專業家가 그「客觀的」標準에 비추어 본다면 可笑로운데도 있을것이오 噴飯할句節도 있을것이오 甚至於 文章冒瀆의感도 不無할것을 우리가 推察한다。故로 첫재로는 專門的文筆家들이 우리글월을 읽지않기를 願하는터이지마는 第二防備線으로는 專業者들의 즐겨쓰는 型의概念을 借用하지 않기로한다。

우리는 文章의型을배운後에 그型에 맞도록 글월을 꾸며쓰는것이 아니오、속에 感想이 있으니 文字라는手段으로 表現하는것뿐이다。그것이論文體로 되였는지 紀行文體로 되는지 書簡體로 될른지 깊이考慮하지도 않고 또 그런型에 꾸며 마출 能力도裕餘도 못가진素人이오 門外漢이다。이런것을稱하야 文章界의無敎會者라고 욕한다면 그도 또한 甘受하리라。

九月二十八日 (月)快晴。滿洲方面修學旅行떠나는날。快晴한日氣에安心하면서 午前八時半에 京城驛集合。多數學父兄의餞送을 받으면서 九時車로仁川向發。稅關에서寫眞機와望遠鏡等의檢閱을畢한後 共同丸第三十六號에乘船。一行一百一名이四個室에分隊。閘門式仁川港을出發할때에 파나마運河通過의理까지 알고、芝罘를向하야 黃海의中央에 왔을때엔 四方에보이는것은 하늘과 바다가連接한것 밖에 없으니 太平洋中央에 나서도 이보다 더큰自然을眼界에 넣을수는 없음을 서로자랑하다。海中에서海上에日沒하는光景을 完全히眺望함도快事」明月은벌서東天에솟았다。日氣가甚히平穩하야 黃海를航함이 湖沼에船遊하는듯했으나、本是배人멀미習慣있음을 두려워서 午後에 낮잠자고 저녁에 일즉 잠드니 最近一週間의疲困이一時에 풀리는듯하다。

九月二十九日 (火) 快晴。다섯時에起床하니 威海衛편에燈臺불과 遠山들이 보이다。이윽고船尾쪽으로부터 등근해 바다를 뚫고 솟아나오는光景도 씩씩하다。威海衛

南滿雜感

港內에는 英國軍艦여럿이보이다。約一時間半지나서 다시 拔錨하야 正西로芝罘를向하다。그동안에 共同丸幹部로부터 航海에關한일과 共同丸構造에關한講話及案內가있어서 有益한學問을하다。午後二時頃에 芝罘入港。여기는 米國軍艦의演習根據地라고 近二十隻의大小軍艦이港의內外에碇泊中。日本軍艦은 狄一隻이居留民保護次로入港中。芝罘上陸의禁止令을받은 우리一行은 碇泊中의時間을利用하야 狄見學에往返。說明과案內는 甚히親切하였다。 밤七時餘에 大連을向하야出帆。金星은西天, 木星은南天인데 中秋明月이 船窓에 비추어 우리의旅趣를 더욱 돋운다。日沒光景이亦是壯觀。

九月三十日(水) 快晴。배는 새벽二時頃에 大連灣에 들었으나 夜間入港을不許한다고해서 日出을待하다。多幸히 海上日出을 한번 더바라보고 甲板上에 一行一百一人集合 朝禮後에訓話。二日間航行이 至極平穩하여서 우리처럼 배에弱한사람도 去二十八日乘船한날午飯부터 今朝飯까지 陸地와 다름없이攝取하였으나 生徒中一二人이 嘔吐하야 檢疫官에게注意받고 上陸。「뷰로우」의親切한案內로 資源館、埠頭、露天市場等과星浦同遊。歸途에 大連第二中學校에 들려서 籠球試合。接戰또接戰。前半은二十對二十一로一點敗하고 後半에優勢하야 結局四十五對四十一點으로 간신히이기다。東旅館에投宿。밤九時後에 生徒들께訓話。旅行道德을爲主로 가르키다。終日 매우덥다。

十月一日(木) 快晴。午前七時에 旅館을出發하야 旅順으로向하다。鐵路沿線에 보이는 農作物이北鮮地方의光景과恰似한것과 農家의構造가建築上에有利하게 보이는것等이 興味를 끌다。旅順港封鎖時의海戰과 鷄冠山塹壕戰의說明을 들을때는 울렁거리는 가슴을 鎭定할길이 없고 暗淚의底流에渴을醫하고도남다。天國을爲하야 靈을爲하야 아가페의 싸움을 저렇게 영악하게 싸울진대 못當할對敵이 무엇이랴。每日의 작란같은生活이 悔恨또悔恨。英雄烈士를說明하는案內者까지도 忠臣같이 보이며 豪傑같이 보이니 그도 그럴듯한일。時間不足으로 二〇三高地에 올라眺望하지못하니 咸兄의朝鮮歷史에對하야 뜨겁지못한듯해서 未安千萬。但 오란企圖가 瞬間에突變하는事의一例였다。關東州의始政三十週年記念으로旅順市街가 뒤죽박죽。博物館에서 高句麗好太王(永樂大王)碑文을 보고 不肖의子孫된恐惶不禁。午後四時半旅順發 向大連。車窓에 보이는 滿洲人農家에二種의國旗 꽂혔다。大連과旅順의 本國旗는右편에 滿洲國旗는左편에 꽂힌것도可觀。日 大體를 보았으니 奉天으로向發할터이나 沿道의景槪를賞하기爲하야 夜車를 안타고 大連서留宿하다。

十月二日(金) 大連은晴、奉天은雨。간밤에 禁令을犯하고 外出한生徒 있어서 昨夜十一時半부터 今朝다섯時

까지 守直하다。甲乙兩組生徒九十八人中(旅行叅加者만)에서 犯行者十四人。但 나의擔任班인甲組生徒는一人도 이에叅列치 않었으므로 여러가지感懷를 이르키다。첫재로 遇然의僥倖을 感謝하다。一行中에 아무事變도 없었드면 더할데없지마는、不祥한일中에서 나의直接責任지는 擔任班生徒가 온전히 避할수 있었음은 不幸中當幸이오、그는甲乙組生徒가 本質的으로 懸殊한差異가 있어서가 아니오、本是 五十步百步의 무리들인데 今番은 千萬요행으로 禍를避했으니 感謝한일。둘재로 敎師의 말을 順從하여주는 生徒들이 밉업다는 고마운 생각。滿洲方面의修學旅行이 도리어 生徒들의心靈을傷害하는機會가 된다고 警告받은後로、때로는條理를說하며 때로는威壓을加하야 累累히 잔소리하였다。敎師의期待하기보다도 더忠實하게 나라니 하여 잠든 나의生徒의數爻가 定員에 꼭 맞음을檢閱하고난때의 敎師의眼球는 뜨거웠다。저들은 何必 몸시도 딱딱한擔任敎師를 만나서 열시에 자라했으면 잘것으로만 알어먹었다。가없기도 하거니와 기특하기도하고 고맙기도한 나의生徒들。平素에 生徒를對함이 딱딱하였으니 그리스도의審判臺앞에 서는날 나는 얼마나 딱딱한審判을 받을까 하고생각하면 몸설이 낀다。

셋재로 祈禱의應諾에感激하였다。祈禱의有効無効를 科學的으로 論할진대 다만嘲弄의具가 될뿐일것이나、祈禱하는者가祈禱의効應을目擊할때는 다만感恩의淚를 뿌릴것뿐이다。不足한祈禱에對한 過分의應諾을 經驗하는일로서 우리의信仰生活은 連續된다。仁川 大連間의水路를擇한것과 心身上誘惑이 많다는警告들을들은後로 각별히祈禱하였다。或은學校에서 或은書齋에서 或은貞陵里골모에서 或은船頭에서 나의 말은生徒들의 肉身과靈魂을爲하야 眞實로 懇求하였다。科學的知識을 자랑하는徒輩야 嘲笑하거나말거나 나는 내主여호와神의 너그러우신恩寵、精誠이 온전치못하고 微微하기 버레와같는者의祈禱에까지 귀를 기우리시는 恩寵에 感激함을 마지못하다。넷재로 少數를 關心하는 버릇을 그대로固執하고저 더욱決心하다。養正學校에六百名生徒 있으나 나의關心은 第四學年이오 그中에도 第四學年甲組가最大關心이다。學校全體와半島敎育界를爲하야 祈求하는일도 없지않으나 그는 全局的으로 한덩어리로 取扱함이오、나의擔任生徒에及하면 그 한사람 한사람의呼名으로써祈願하게된다。그리고願하기는 한學級生徒定員이 敎育學說에合하도록 三十名以內가 되었으면좀더精誠을 다할수도 있으련마는 現在의六十名가까운 한學級은 敎師의 힘에 벅차다。우리가全朝鮮 全東洋 또는全世界人類를爲하야 關心하며祈求하는일이 없지않으나 이는亦是 大圈的으로 一括的으로 取扱함이오 少數인本誌讀者의일에及한때라야 個別的으로 呼名하야祈禱

하게된다。매우偏狹한 생각이오 固滯한일인듯하나 우리의現狀이 事實如此할뿐더러 今後로도 힘을다하야이偏狹한길을 걷고저한다。天下의敎育事業을歎息하지말고 오직 擔任班生徒를全校의模範이되도록 길르고저 힘씀이 平敎員으로서의最大의競爭事業이오(實相우리는 競爭心으로써 이일에當한다)、老會와總會와年會等의是非에參戰할것없이 少數의讀者에게 靈糧을豊富히供給하야 健實한平信徒의實生活에有助하고저 함이 聖朝誌主筆로서의 最小最大의關心事이다。

失敗地인大連을 등지고 奉天을向하야午前十時에出發。金州城外를 지날때는山川草木轉荒凉 十里風腥新戰場、征馬不前人不語 金州城外立斜陽。이라고 生徒들의口吟소리 들리다。金州地峽以南의遼東半島는 要塞를築造하지 않더라도 半島全體가天成의堅壘이다。滿蒙의大平原을 지키기爲하야 寒武利亞紀以前부터 이小半島를 만들어 두신이의意志、큰사람의 손바닥만한 이半島를 차지하는者가遼河와黑龍江流域의 끝없는大陸의主人이되도록 配布한 그意匠의巧妙、생각할수록 놀랍다。

鹽田들을 바라보면서 北進하야 渤海의重鎭이였던 熊岳城이 가까이 보일때는 水稻栽培도 沿道에 보이니 此亦是 우리들의 일터이다。驛의北편에 望小山이 보인다고 普通學校敎科書에서 배운 어머니의 情과誠에 感激하는 눈동자가 여러 생도들 얼굴에反射하다。

娘娘祭로有名한 迷鎭山을 名所로 써붙인 大石橋驛을 지나서 부터 山岳들은 漸次로 東편에 멀어지고 大海같은遼河流域의沖積平野가 展開된다。粟、大豆、高粱、米等의田穀이 많은(水稻가 적고)光景은 北朝鮮을旅行하는感과 다름이없고、秋收하며 運搬하는樣式과 農家의分布며住民의容貌까지 外國異民이라는 생각이 덜나는것도 奇異하다。農況은大豊인듯이 보이다。

千里(朝鮮里)길에 「턴넬」하나도 지나지않고、夕七時餘에 奉天市에 着하니、때마츰 防空演習中이라고 해서 全市가暗黑。간신히 旅館까지 더듬어와 下荷。夕飯後에 擔任班生徒들께約二時間이야기하다。客室에上下가있어서 不便한편을甲組生徒들께配當하고、참고 견디기를說諭하였더니 잘順從하야無事平穩함도奇特한일이였다。

七月三日 (土) 晴。撫順炭鑛을見學。坑內堀과露天堀이 아울러 規模의大함에 놀랐거니와、그보다도 炭層의上部를 가리운油母頁岩의製油와 殘滓로써動力을發하는智力、綠頁岩으로서 「세멘」과石鹼을製造한다는等 廢物利用이 興味있게 보이다。石炭을發掘함에 따라 炭層우의市街가全體로傾斜陷落하는光景도 炭都가 아니고는 볼수없는景致였다。市外에 高句麗城址 남아있다하나 車時間때문에 割愛하고 奉天으로歸路。平原에서日出하야 平原으로日沒하

는 風景도 快하다。夕陽에 奉天城內 瞥見。朝鮮人이 많이산다는故로 西塔이 마음에 끌리면서도 踏査不得。京城蓬萊町보다 荷馬車의交通이 더複雜하고 塵埃가 더많은 都市가 世上에 있음을 發見한것이 한가지慰安。

十月四日（日 晴。奉天市內見學。同善堂 玄關에 爲善不倦이라고 써붙인「倦」字의意義를 새삼스럽게 느끼다。誨人不倦과 마찬가지로 善을 몸소行한일 없이는 알수없는倦字요。몸소敎師노릇 한일없이는 알수없는倦字。日曜日인故도 堂長을 만나지못한것이 千萬遺憾。이런 거룩하고 隱密하여야할場所가 우리같은過客에게 一個遊覽場所로 公開된것이 萬萬遺憾。

市外 北陵길에서 東北大學에 池田部隊라는看板을 불인兵營으로 化한것을 보고、張學良의別莊에四重鐵條網을 둘리고 高壓電線을配置하였다는 廢址를目睹하고、北陵에서午飯。이까지 와서야 비로소 淸淨한空氣를 呼吸할수있다。大學과別莊과陵墓가 모다世苦의浮沈을 傳하는中에서朝鮮人農民의 손으로開拓된 稻作의黃熟은 過去의歷史를 속살거리는듯도하고 未來의運命을約束하는듯도하다。

歸途에奉天城市內吉順絲房의屋上에 올라 雙眼鏡으로四園를 둘러보나 막킨데 없다。넓기도 넓거니와 今年은 각별히豐年인듯하다。咸兄의 朝鮮歷史를 생각하면서 人家총총한城市와 끝없이넓은滿洲벌판을 바라보니 亦是王者의野望이發動하지아님이 아니다。이런 당에서는 到底히 聖朝誌編輯같은일을 十年間繼續하고 앉었을것같지못하야 서울이 그리워진다。

滿洲醫科大學豫科에 들려서籠球試合。戰運不吉하야 敗하고、夕飯後 열한시車로 奉天을 떠나向半島。

十月五日（月）晴。秋收期를當하야 匪賊이跳梁하므로 豐年은 들었으나收穫할수없다하며、汽車襲擊도頻繁하다고 武裝한警官과兵士가 昨夜부터車內에搭乘。우리는團體라고 列車의앞쪽으로第一、二의二客車에收容되니 顚伏되는時는 機關車와運命을 함께할處地。因하야 機關車다음 첫재자리에定席하고 一行의平安을祈願하면서假睡하다가、잠을깨니 高麗門 五龍背等地로 車가 달리며 附近에稻作의豐裕함이 보이고 峰上에日出을 보았으니 우선危險地帶를 安過하였음을 感謝。

午前七時에 安東下車。開閉를中止한鴨綠江鐵橋를 바라보면서 製材所에서 톱밥利用의智慧에感歎하고 鎭江山舊市街一巡等으로 時間의不足을歎息하면서乘車。嚴密한稅關檢査도 첫經驗。但 砂糖數斤과 토사飴外에는 아무것도 산것이없으니無難通關。途中에 咸錫憲兄이 車에 올라서 暫談하였고 古邑驛頭에 두어誌友를 맞나게된것惶悚千萬。밤十時半에 平壤下車一泊。

十月六日（火）晴。大同門、練光亭、麒麟窟、浮壁樓、

牧丹臺를週廻하면서 永明寺境內의 基督教徒迫害碑文을注意못한것을後悔。人口十萬未滿時代의平壤에는 牧丹臺의松林으로도可하였으나 今後의平壤人士들은 靈魂의休息과淸淨을爲한地域을 他에發見하여야 大阪사람들보다 다른삼림을 保持할수 있을것이다。塵埃의乙密臺는 懸板밖에 볼것이없으니 速히下山하야 平壤冷麵에平壤맛을求해 보았으나 此亦是 옛맛이아니다。平壤高普에 臨하야 籠球試合으로써友誼를交換한後 車時間을待하야 向南。

十月七日 (水) 晴。새벽五時前인데 開城驛頭에柳達永君이迎送하여주어서 이날의 기쁨이 시작되다。車窓에 빛우이는 黃熱의平野에 하나님의恩寵을感激하면서 京畿平野를 달려서 午前七時半에京城驛에歸着。여러學父兄에게 健康한生徒를 맡기고나니 雙肩이 一時에輕快하여지다。

食事。百名의食口가 一團으로旅行하려면 가장問題되는것이 飮食物이였다。짜다 싱겁다。되다 질다。不潔하다 적다。뜨겁다 차다 는等等。이일에關하야도 不平있는班이있고 없는班이있으니 平素의慣習이 問題이오、나自身에至하야는 平素의生活水準이 높지못했든탓으로 그러함인지 生徒들먹는것을 敎師가 못먹을것이 없을뿐인가 주는대로 맛있게 먹을수 있어서 低級生活者인自我를發見하고 天恩을感謝하다。우리의風習에「진지잡수셨읍니까」하고問安하는일이 他國과比較하야低劣한 인사法인줄로 알어서 內心에不快함이 없지 못하였더니 今番에 우리人事法의意義를 깨달었다。日用할糧食은 各自의힘으로 먹는것이아니오 하나님의祝福으로 받는것이며、飮食을 달게 먹고 못먹는것은 亦是하나님의 恩寵에關한일인故로「진지 잡수셨읍니까」라는 인사는 單히充腹하였느냐는것이 아니라 하나님의恩寵中에 있느냐 하는 뜻인줄로 알다。

無事。우리가 慣習的으로 無事하냐 平安하냐할때는「無事」와「平安」의 意義를 느끼지 못했고 도리어 無事平安을 묻는心理에 一種의反動까지 느꼈으나、今番에養正學校로서는 前例없는 水路旅程을 決定해놓고서 船中에서는 眞心으로 百餘名一行의 平安을祈願하였고 大連上陸時에는「無事」의 맛과感謝를 生來처음 十二分으로 느끼였다。其後 守備兵들의搭乘한列車까지 無事히通過하고보니 金玉보다貴重한 남의子弟百餘名을引率하고 一次의修學旅行을 마치는 일은 十年減壽할만한 難事業인줄 깨달다。「無事」와「平安」의 맛을切感하다。

餘言。滿洲를보고 느낀것은以上의것뿐이아니다。가장傳하고싶은말은 여기다記錄해보았대도 讀者에게 읽겨지지 못한다。今冬季集會에滿洲로부터 參席하리라는誌友가있으니그때를待하야 滿洲를論하며 滿洲를배우며 爲하야企圖하며 또한爲하야 祈禱하고저한다。

聖朝通信

一九三六年九月十八日(金) 前快晴、后暫雨。오늘도 차루終日의快晴을 享樂할수 없었다。○自轉車先翟某氏의 忠告에依하야 乘車時에는 眼鏡을 쓰기로하였으나 어찐알인지 쓸데없는 物件을 몸에 붙인듯해서 거북하가 짝이없다。쓰가시작한지 月餘가 되었으나 尙今도 남부끄러워서 下車即刻에 수습하기로한다。

九月十九日(土) 快晴。新秋의 별들이 類달리 반짝이다。

九月二十日(日) 快晴。午前中來客數組。午后에 復活社講堂에서 마가복음第九章一四ー二九節의工夫。畢後에 敎會革新問題에關한問答이있다。○歸宅하니「투표급래」라는 督促電報가 待하고있어서 作定했던 마음을도리켜 阿峴公普의 京城府會議員選擧投票場까지 갔으나 遲刻되었다。同情이니 妥協이니 圓滿이니 하는美名으로 動하기쉬운 내마음을 後悔하면서 小鹿島消息에 간신이慰勵되다。「먼저 聖號를불러 先生님尊體萬重하십을 비옵나이다 只今 聖朝九二號 반가이받었읍니다。例의버릇으로 第一먼저 聖朝通信을 다ー읽었읍니다 하날의通信과 갈이 恒常저의마음을 기쁘게합니다。끝으로二十一日分을 읽을때 갓득이나흐미한눈이작작이더워지더니 그만눈물에젖어 글이 안보엽니다。先生님조곰도 에눌이없는 事實입니다。무엇때문에 눈이뜨거워지는가? 自己의感情을 自己로알수없읍니다。저는그들의是非를 물읍니다 마는 그리스도께서 確實이 그따에座定하여 게시었다면 아니、게실수있었다인 그와갈은일을 惹起하지는 않었겠지요。어떤社會를 勿論하고 땅에서 찾는 要求를 滿足시킬수는 없겠지요 그들은 肉을爲하여 重大한平和를 놓지었읍니다。이러한意味에있어서는 小鹿島도 마찬가지 形便으로 가우러집니다그려 어찌눈물이 아니흘으겠읍니까。그러나先生님 아죽도 이땅에는 그리스도께서 우리에게 채질을하고게십니다。信仰이식어지는것 사람들은 肉을爲하야 눈에充血이되는것은 저땅이나 이땅뿐이 아니겠지요。先生님이게신 그땅에도 만찬가지겠지요 先生님용서하서요 뻔이아는어리석은 不平을 늘어놓아 罪悚합니다。야릇한感情을 抑制하느라고 다시卷頭에서 읽기를始作하였읍니다。이땅의病든가삼을 두다리고 한참동안을 全小鹿島를 興憤시켜놓은 孫基禎氏는 아마도 世上을등진 四千의우리까지 이다지가뻐하는줄은 몰르겠지요。先生님의「無敎會」를 읽으려니 이미저의視力은氣盡하었읍니다。이다지도읽고 싶은것을 마음대로 읽지못하는 自己가 限없이 원망스러웠읍니다。외눈으로보는 自己 그거이나마 充實치못한自己 이리하여 다시저의 가슴은 어두어집니다그려 先生님우서주서요。한時間에도 몇번式變하는 心事를 어찌하오리까 이러한心情을 잊어버리려고 보이나안보이나 이런때에는 물고늡니다 凸レンズ(五倍)를 드려대고 다시읽으려니「두눈이성한대로地獄가가보다 외눈으로 天國가는것이 나으니라」아ー先生님 고맙읍니다。읽고싶은글을滿足이못읽는다고 不平을갖는 이罪人어리석은 저이였나이다。내가두눈이 完全하여 聖書를 熱心工夫하고 聖朝를 熱讀하므로 天國가는것이아님을 明示하시는 여호아의 啓示였읍니다。참으로 고맙읍니다「쾌며 그것이 나의 남은視力을占領하고 이手足을 다ー깍어버려라도 저는 즐거하리다。父母兄弟를떠난지 이미四個年이니 그리운生覺은 나날이 더합니다마는 信仰의 道는곧 極端의道라는것을 이제배웠으니 이타오르는 哀情을넉넉이 이길수있겠읍니다。저는只今聖朝를놓고 고요ー이 눈을 감었읍니다。그리고 고요ー이祈禱하였읍니다。主여 나로하여금 당신을믿는 그信仰만을 이머리에남기시고요다른 모ー든感情에는 벙청이를만들어주소서라고요。疾病그것은 사람의神經만을 예민하게 만들어놓읍니다。그래서 때때로어쭝한 罪를짓습니다。只今 모ー든것을 反省하였읍니다 다시는 肉을 爲하여울지도 말고生覺지도 말기를決心하였읍니다마는 그래도 때때로 라고올것을 覺悟합니다。부질없은 感에 쓰다가보니 重言復言하여 찢어버릴가도 싶었으나 가왕쓴것이니 그대로 小鹿島讀者의 消息을上達합니다。우리들은 언제나만 無故합니다、安心하시옵고 來來이健鬪하십을 멀리비옵니다。一九三六、九、八日〇〇白」

이렇게視力弱한이가 읽을줄 알였더면 全體큰活字로 할것을。그렇지못해도 行間이나 너글너글하게했더면 얼마나 읽기에 便했을걸…하면서 九月號의編輯이 너무無理해서 印刷所를 피롭게하고 또讀者를괴롭게한일이未安千萬。

九月二十一日(月)曇、后晴。庫間工事가 遲遲不涉。學校와印刷所에 甚히 분주한一日이였다。〇처음自轉車타기 시작했을때는 鍾路通路上의萬物이 모다動하야 그것들이 등번대로 行하게되더니、近日은 急速度로 動하는物件外에는 대개靜物로 보이고 나의車가 動하게되니 多少의進步가 있은 모양。凡百物이 모다靜物로 보이기까지는 容易한일이 아닐듯하다。學校까지의時間이一時間、五十分、四十分으로短縮。只今은三十五分이 레코ー드。自轉車도 滋味있는일。

九月二十二日(火)晴。洞內道路修理의賦役이나다。〇馬鈴薯收穫을畢하고보니 봄날에 심은種子에比하면 놀랄만한增殖이다。三十倍六十倍百倍의祝福이란 이런것인가하면서 하나님의奇蹟을 우러러 더듬다。旱災와長마가 심한今年農事에多少의勞力이 안든것도 아니였으나 結局에보면 勞力으로된것이 아니오 하늘에서 空으로 떠러진것만 같다。但 馬鈴薯貯藏法을 몰라서 두어섬되는 감저도 安心하고 둘수없다。

九月二十三日(水)秋分。晴。終日在宅。해별에쪼이면서 校正과執筆。틈을타서 木手의일도助力해보며 白菜에 施肥도했으나 이는本職이 아니다。秋凉이加할수록 正南向집의 効果가 나타난다。〇近來에京城市內젊은婦女들의 머리(毛髮)짠것이 甚히縮少하여졌으므로、今夏季間에 膓질부사熱病이蔓延되였든 까닭인줄로만 짐작하였더니 그런게아니라 일부러毛髮을 짤라서 저게까는것이 流行이라하며、女學生들의 치마폭을 다림질하여 입으라고 電氣아이론을 장만하여주려고 했더니、치마폭 다리는流行이 廢止된지가 발서三年前일이라고。우리가時代에 뒤짐이 大槪如是乎。

九月二十四日(木)半晴。登校授業後에印刷所에 가서校正。鮮光印刷所의 事務室移轉으로 事務複雜하다。밤에는 洞內夜學에서「떳다 떳다 해가 떳다……」와「トリゴヤ ノ ナカニ スバコガ アリマス。」等을授業。〇徵慶里 朴泰鉉君의 精米所에서 게(糠) 한馬車購入하다。君의精米所는 最新式機械를 設備한京城一流의 大精米所일뿐더러信實正直하기로는 더할데없는터이다。養正高普校友中에 如斯한精米所 하나를 經營하는일이 크게 자한일이다。

九月二十五日(金 曇。午前十時頃까지는 印刷所에서校正。그後네時間동안登校授業。다시印刷所에가서校正。未畢한것은 携帶歸宅 밤十二時까지校正。滿洲旅行出發前에發行하려고 走馬加鞭의勞力。〇白頭山麓에서 激務에 從事하는 兄弟의短信一節에 「(前略)聖朝誌는 咸先生님의 聖書的立場에서 본 世界歷史가 始作된號數부터 새로擲送하여주시옵소서、代金도其號부터 起算하게 하여주시옵소서。동그재마루兄님의 書簡기 실린號數一冊을 並送하여주소서。弟의게있던것은 어떤未開의 兄弟가同樣의病中에있다하가에 보내주고없아오니 꼭 並送하여주심을付托하나이다。不備暫上」

九月二十六日(土)曇、後雨。미쟁이에게 土役을指示하고 登校途中에 印刷所에 들려서校正。出版許可願提出、警務局圖書課에 往返。登校授業。滿洲旅行班에訓話及注意事項。三越吳服店內 旅行案內所에 들러서一百一人分의 團體旅券購入。金一千三百五十六圓二十錢也。또印刷所에 들려 어두도록 校正。못다한것은 가지고歸宅하야 새루두시까지校正。아직도 남은일은 博物科及地理科의 敎授案要旨書作成件과 明日曜集會의準備件과 十月號發送皮封쓰기와 面事務所에收入報告書提出件等等。約十日間의旅行을 떠나기에도 다해놓고 갈일이 如此한데、世上을 떠나는 마지막날은 얼마나 바쁠까 고 저녁食卓에서獨語。

九月二十七日(日)雨。暫晴。旅行出發의 前날이다。어떠게하던지 十月號를發送하고 떠나지않으면 期日보다 十餘日이延滯될터이므로 五時부터 起床校正。工場始作時間 前에印刷所着。한편으로活字를 골으며 組版을助力하면서 달른말께 채질하듯이督勵하다가、午后二時부터 四時까지는 復活社

講堂에서馬可福音第九章三十節以下의講解。 다시印刷所에 가서表紙부터機械에걸고、차츰二十四頁分을 一時에印刷하니 聖朝誌와 其他나의紹介한 印刷物까지 機械四台에걸고平行作業。그동안 一時歸宅하야 讀者名을皮封記入。밤八時半에 皮封쓴것을가지고 다시印刷所行。鮮光印刷所의 非常時總動員으로써機械科는 九時까지、製本科는 十時넘도록하야 滿洲行印刷物은 全部造荷까지 畢하고 聖朝誌는 자정이 넘더라도全部의製本을畢해주겠다는것을 朱社長自身이 親히陣頭에 나서서製本하는 그責任感과 誠意에惶恐하야 一部分의製本된것으로 今夜作業을中止하도록 이편에서懇請하고、職工諸氏의助力을 얻어 瞬間에要急한 發送을畢하다。但 이번發送에 가장不完全하게 皮封싼것은 朱社長의 솜씨라고 해서 一同이爆笑。如何間 鮮光印刷所에 出入하는者에게 第一귀에앞으리만치 많이 들리는말은「能律」과「信用」이다。料金을 싸게하는秘訣은作業能律을 高度로 올리는데있고、約束한期日을 確守하기爲하야는 珠盤의採算을不顧한다。이런印刷所가 單하나라도 있어지다고 祈願하든過去十年을 回顧하면서 오늘밤工場의光景을 目睹할때에 우리가슴에는 感淚의 뜨거운潮流가 흐르믈難禁。朱社長과 職工諸氏에게 眞心의感謝를表하고 未發送의 聖朝百餘冊을 自轉車에 치고歸山하니十一時。家人들助力으로 十二時까지 發送事務。좀더 해야出發前일을 完了할터이나 連日의過勞에對한 母親님責望이秋霜갈으니 侍下의몸이라 할수없이消燈하고、隣家의 飛行士가 그母親님의生存時까지는 飛行機에 못탄다는일을 並想하면서 曲而從之하야就床。다하지 못한일의責任은 主예수께 맡기고。필경 世上떠나는 막날에도 主께 맡길責任이 수태있을듯하야두렵다。

自九月二十八日（月）
至十月七日（水）｝間記事는「南滿雜感」參照。

十月八日（木）晴。登校。無敎會의信友、現遞信省技師 松前重義氏가 數日前부터入京中이믈 알고氏를請하야 午后二時부터 養正講堂에서 丁抹國에關한講話를 듣고 活動寫眞으로써 實況까지 求景하다。들은職員들의評에「近來에 드믄 名講演이였다」又曰「매우有益한 말슴이다」라고。老婆心으로써 이런人物을 좀더 널리 朝鮮사람에게紹介하고 한사람에게라도 더 이런좋은 消息을 들려주려고 市內 某某男女學校에 紹介하였더니 或은運動會練習에 紛忙中이라고 或는校長不在中이라고、或은講堂設備不足이라고해서拒絶 當하다。其中에도 學務局許可가 있느냐고 反問하는 校長先生의 能난한校長術에는 一驚또再驚。知的靈的으로 生徒及敎員에게 有益하냐 안하냐고 생각하는것이아니라 校長의地位에責任이波及乎否乎아가 첫재問題요 最大關心事인듯하다。如何間「저의가（請牒받은者들）돌아보지도 않고 가대 하나는 제 밭에가고 하나는 저자에 가」（馬太二二章五節）는것을目睹하는者의歎息이 없지못하다。이런經驗을當하매 前에本間俊平翁과 今日松前重義技師를 全혀나個人의親分만으로써 나單獨으로決定한 日時대로 全校授業을 中止하고 基督敎講演하게하는 養正學校當局者들의度量이 너그러움과、自已들의責任回避보다도生徒及職員의實質的修養을重하게보는態度에倍前의敬意를表하게되다。

十月九日（金）晴。今夜 松前重義氏를中心으로 數三友人들과함께 朝鮮호텔에서 晩餐을共卓하면서淸談數刻。朝鮮호텔에서 食事하기는 나의 첫經驗이어니와 正面에 自轉車로 橫着하는 손님을接하기는 朝鮮호텔의첫歷史일까 하다。○鴨綠江畔消息如下。「拜啓。先生님의安候를 書信을通하야 承聞한지 오래되었읍니다。聖書朝鮮을 참이가다리기 너무오래되었어도 아모런 消息없으므로 참다가 數字를記送하나니다。先生님에게 맛긴하나님의 聖旨는 過去에經驗으로보아 그리고切迫한 朝鮮人의要求로보아 聖書朝鮮을 한달에 한번식解産하는대 確實히있읍니다。하나님의聖旨가 이렁하고 人間의要求가 이러하니만치 照覺의疊出하는詭計는 不絶할것을 避치못할事實인즐로압니다。速히聖朝를 보내주어야하겠읍니다。이것은 生의要求인 同時에 全鮮크리쓰찬의 막지못할要求입니다」

十月十日（土）晴。授業後 歸宅하야 秋收助役。旅行中에 맞난感氣가 漸甚하야 드디어漢藥三帖을 지어오다。○東京消息에

「보내진 聖朝誌와글은 반가이 받었습니다 넑으니 잃었던보배를 다시찾은듯한 感이 不無합니다 不滿속에서 하로를살고 또하로를사는이生涯가 生에게는 滿足한生活인가 생각키여집니다。 敬具」

十月十一日(日)晴。집에서는 庫間의土役續行。午后二時부터學生班英文聖書工夫。同三十分부터 基督敎的結婚觀이라는 題로써 마가福音第十章의 上半을講解하다。○可높은理想의 넘치는希望과 낮은現實의 可憎한惡黨사이에 서서激烈한苦鬪를 繼續하는消息에接하야 慰勞됨이 적지않다。「오래동안 消息을傳치못하와 未安함보다 罪悚스러움많읍니다。그동안 聖朝誌를通하야 先生님의 健康에大損이나없음을알고 가뻐합니다。앞으로의 萬健을 빌어마지아니합니다。小生은그동안 主恩中에서 平安하였아오며 그동안公立學校中에서 流轉의生活을繼續하다가 只今은 이곳으로왔읍니다。

只今은 멎을곳에와서 멎는것같이 生覺키옵니다。××學校의 첫出發을生覺하옵고 朝鮮의넋이모한 이곳을 憧憬하오며 自力의修養과 萬分之一의報恩을爲하야 그동안 많이 바라였지마는 一個現下의××을 볼때에는 骨肉戰을 그치지아니는××、시기 질투、거만의×× 임을 直觀하게 되옴에 痛哭하게됩니다。이것은 下宿組合對學校를 볼때에 그러하오며、옆집對앞집、고가한르막對××、對學生、떡한조각對學生、장판지와되배지한장 對學生、넉(土炭)한덩이對××對學生임을볼때에 그렇다는 말슴입니다。果然經濟學士들만모히고 受苦의 感氣로알론어머니를 아지못하는××임을直感할時에 學生뿐만이 아닙니다)。그렇읍니다。宇宙의 神攝理의神이준 물의값을 아지못하는××임을 볼때에또한 그렇읍니다。

그리고××學校維持를 爲하야 故南崗先生이 家財를 傾注하시고 밥장사하시겠다고하시든 그精神을 아지못하는 ××。이精神을모르는 下宿組合。이精神을 모르고 學生밥찌게기먹는 下宿主人과 學生사르마다 빨래하는 어머니를 볼때에 더욱그렇읍니다 그러함으로 이좁은골작이에서 이런것을볼때에 救援의神이아닌 小生은 完全히失敗를 當하였읍니다。한쪼각한쪼각의 敎材를모으며 ××을 生覺하고한장의庶務 體育等의 參考書類를 蓄積하면서 ××을憧憬하였음은 昇給을 爲함도아니요、厚한賞與와 恩給을 바람도아니고、一身의名譽만을 生覺함도 아니였것마는 失敗를當하고、××은 手段의人을 要求하고 多才하고 變化無雙한人物을 要求하는것이 아닌가를 느낄때에 또한失敗를 거듭하고、일혼새벽에 눈물로 手巾을적심이 한번만이 아니였읍니다。學校經營關係者側에서는 卒業生들이왔다가 不過一年에 逃亡한것을보고 辱도하고 或은 不可思議로 生覺하지마는 小生의눈에는 當然한歸結로 生覺키워졌읍니다。─그뿐만아니라 저는赴任일은날 逃亡할려고하든 生覺도 不無하였든者임으로─。

그러하오나 先生님 意味의××、精神의××을 찾음에있어 발목이 잡이쥐읍니다。人間으로서 아지못하고 人間들어밟는 발아래에서라도 오히려 자라는것이있어 자라는××。밀알된 南崗先生의업이돋는××。形式의南崗先生을떠나고 實質의南崗先生、精神의 南崗先生의 後繼를낳는××。집모要緊한돌의 使命을다하시는 어른이계시는 ××。永遠과 不變을 親求로삼는 모임이 있는××。明治維新의 大業以上을 單獨히 實行하는精神있는××。

一當無窮大의 使役者가게시는××。預言者가嚴然히게시는××임을 人生의가장깊은곳에서 적은소리로나마 傳하여줌으로 鈍한저는 逃亡의길에서 도리킴을 當하였다는말슴입니다。

그러므로××은 이모로보던지 저모로보던지 果然尖端을걷는 골작입니다。果然貧困의××이오며、果然朝鮮을 縮少한곳이오며 果然世界의 弱小國의縮少圖인××임을 알게된니다。果然世上의 精勢를 가득모은 곳입니다。다만 바라옵는것은 이렇듯한 試練을받고있는××에있어서 같이貴한것을찾는 探究者되고 싶어할뿐입니다。

先生님 빼굳어지지못한小生을 많이기루워주소서。不一。

十月二日밤××에서○○謹上。」

十月十二日(月)晴。마라손選手孫基禎이 今日入京할豫定의날이었으나 東京各團體의 歡迎會에 붙잡혀서 몸을 빼낼수없이 滯在

中이라고하며, 京城各新聞社의 歡迎會프로그람이 들어진다고 야단들이다。恭正籠球코ー취요 日本籠球代表選手로 伯林에 다녀온 李性求氏를 學校에 맞우어 簡素한 歡迎茶菓會。○今日 庫間土役을 畢하다。疲困으로 鼻血이 多量流出。

十月十三日(火)晴。校內大運動會의 練習으로 今日授業全休。下學後에 體操科先生으로부터 鄭重한 인사가 있으므로 不時의일에 놀랐더니, 인사의內容인즉 今日 全校生徒總出動으로 練習한結果, 萬一에 全校生徒가 四學年甲組生徒들과 같을진대 大運動會도 어려울것이 없겠읍니다。저들만은 있으라는位置에서 終日가도 變하는法이없고 섰으라는時間까지 한사람도 빠지는者가 없읍니다。平素의 擔任先生의 訓練에 따러서 體操敎師의 受苦가 半以上이나 輕하여집니다 云云하는 感激에 넘치는聲音이었다。○蒼馬高台에서 激務에 從事하는 兄弟의短書에 「…貴誌에 依하야 深遠한眞理를 깨달을機會를 더많이 얻사오며, 從業上 敎會集會에 參列못하는 저로서는 唯一의說敎로 讀破하고 있읍니다云云」 本誌는 敎會信者에게 非敎會論을 鼓吹하라는것이 아니다。이와같이 敎會에 갈라도 갈수없는 無失牧者의 벗이되면 足한것이다。

十月十四日(水)晴。朝禮時間에 監督係先生으로부터 第四學年甲組를 模範하라고 全校生徒에게 訓話하여서 고맙기도 하였으나 두렵기도하였다。이렇게되면 四甲組生徒와 그擔任敎師가 미움 받기는 定한길이요, 萬一에 무슨失手가 생긴境遇면 몇갑절되는 嘲弄을招來할것도 明若觀火한일이다。그러나 後日일을 두려워서 今日에 옳은길 걷기를 躊躇할수없는 일이니 直行또直行하라。○邊方消息에 「每月初에變함없이찾아와서 混亂에헤매던 心靈을바루잡어주던「聖書朝鮮」誌가 九月號로붙어오지를 않음으로 焦思한마음이야 限없지만은前例에서보는대로 或法規問題가 生起지나않었는가하고 金先生님의心思의苦를 점더양으로 참고于今것오다가 아모래도견딜수가없어서數日前 短書를呈하였삽는데 바갑게도 聖書朝鮮九月號가 再送)이란 表紙를붙이고와음으로 僞先表題게서 廣告까지를讀破하고나니 못치었던生命이 雀躍함을느낌니다。近來나히 읍을딴이서 自身의進路를 爲하야 敎會와親하게 보려는 經緯도늘고 正直하게 福音을 說하야도反應이 없으면 호올로울고 호올로웃으며 沈默을지키려는 手端도느러가는듯함。로 혼자自嘆하면서도眞理의天使인 聖朝를正말로苦待하였읍니다。「正直한敎役者가되라」」그것은正 말어려운十字架이었읍니다。自覺하고 가는길이면서도 良心은늘不便한中 이즈음에는 새로운敎會觀을 얻었읍니다。「有形敎會는버리자 無形敎會를奉事하자。그러고 無形敎會를爲하야 正直하게 有形敎會를爲하야 이몸을던지자」 이렇게 지금거러가는中입니다。九月號에「極端의道」는 中庸의道와싸우는戰線에 선생의게 힘있는指示를주었읍니다。(下略)

一九三六年十月十三日 敎生 ○○上」

十月十五日(木)半晴。校內大運動會。昨年은本部席이라는閑職을 맡아서 大運動會當日에도 原稿數枚를 草하였는데, 今日은 審判係라는 重任을맡아서 一時도 앉아쉴틈이없이 紛忙裏에 하루를 보내다。無事히 大會를 마춘後에 職員一同이 靑木堂에서 晩餐을共卓하면서 今日의經驗으로써 明年度大會의 計劃을 세우다。○歸宅하야 펌프물을 씨원히 뽑아내여 발씻고 몸씻고 세수하고 양치하야, 市內에서 묻어온塵埃를 차나없이 떼여버리고 냉수 한사발 디리마시니 살것같다。市內에서 돌아와서옹씻고 냉수 마시는 재미는 各別하다。이스라엘百姓들은 우물 하나 파는것이 子子孫孫에게 큰遺産이 된다고 하였거니와(야곱의우물等)우리집에 第一큰宝物은 實相 이펌프 우물이다。또하나는 지게다。

十月十六日(金)晴。休息日이어서 終日在宅。家人들의出他한 동안에 글목 외딴집을 獨占하면서 陽氣바른 마루에서 或은 읽으며 或은默想하랴니, 世上에서千年살기보다 아바지뜰에서 一日살기를發願하는心理도 짐작할만하다。周圍가 고요하고 별이따뜻한것이 唯一의 자랑。눈이疲困한때는 때때로 일어나 白菜밭에 물주다。今日도 펌프물에서 세수하기五六次, 冷水마시기몇사발。

東京帝國大學教授 矢內原忠雄著
民族と平和
東京岩波書店 定價一・八〇

著者의見解에依하면 「日本的基督教の樹立する爲めには、日本的基督教に特殊なる苦難がなければならない。日本に在りては、基督教徒の十字架の現實性は教會攻擊からは來らない。舶來のカトリックなプロテスタントが攻擊し、又は舶來の教會を無教會が攻擊しても、それによつて受くべき十字架は深刻な現實であり得ない。…日本的基督教は世界に比なきこの國家思想を保存完成すると共に、反動としての國家主義に對し具體的に抵抗するものでなければならない。個人について利慾と虛僞は惡思想であるとすれば、國家的利慾及國家的虛僞は又極めて惡思想なりと言はればならない。」云하는것이참基督者 참無教會者의立場이라하며、또 이대로의態度로써 滿洲問題其他의所謂非常時局에關한基督教徒인 同時에眞正忠良한日本國民으로서의 見地를宣明한것의一部分을集成한것이本書이다。矢內原教授는內村先生의門人이나 內村先生의無教會主義型骸를쓴者가아니오 實로그中心精神을把握하야사는人物이다。現下의日本帝國版圖內에있는基督者로서 가도릭攻擊과旣成教會背擊을일삼는自稱無教會主義者、眞理의鬪士인것처럼自任하는자처럼 無意味한者가없다 참意味의無教會主義者의標本이오 참意味의一個「사람」이오 「日本人中에日本人」이어서 그속에詭譎이없는者」를보라거든 本書를一讀하라고 薦하기를 躊躇하지않는다。矢內原教授는通信이라는個人雜誌를發行한다。非賣品、實費一部三錢。切手代用도可。東京市目黑區自由ケ丘二九二 矢內原忠雄方。

冬季聖書講習會

【講 題】聖書的立場에서본教育問題 咸錫憲
요한 文 書 의 研 究 金敎臣

【日 時】一九三六年十二月二十九日(火)午后三時부터
一九三七年一月四日(月)午前까지
(每日午前午后二回식集會)

【場 所】京仁線梧柳洞驛前宋斗用兄宅

【費 用】聽講料金五十錢、宿泊料金二圓五十錢

參加資格。本誌一個年以上讀者及講師의承諾얻은者에限함。(詳細次號發表)

京城聖書研究會

講師 金 敎 臣

場所 復活社講堂(鍾路六丁目二一〇의九)

日時 每日曜午後二時半부터約一時間

注意 聖書와讚頌歌携帶。會費每回拾錢 當分間은馬可福音에依한基督傳의繼續。家庭的으로나 教會關係로나 基督教에 물들지않은未信者의來參을希望한다。

金敎臣 著
山上垂訓研究 全
四六版 二四五頁
定價七十錢・送料五錢

聖朝文庫
第一卷
咸錫憲 著
푸로테스탄트의精神
菊版半・三十二頁
定價金拾錢・送料貳錢

本社의出版物은 現在右記二種뿐이다。

本誌定價
一冊(送料共) 拾 五 錢
六冊(一年分) 前金九 十 錢
十二冊 前金壹圓七拾錢
要前金。直接注文은
振替貯金口座京城一六五九四番
(聖書朝鮮社)로。

取次販賣所
京城府鍾路二丁目八二 博 文 書 館
京城府鍾路二丁目九一 耶 穌 敎 書 會
東京市神田區神保町一ノ一 三 省 堂 書 店
文化書店(元山府) 茂英堂(大邱府)
新聲閣(咸興府) 信一書舘(平壤府)
向山堂(東京市) 大東書林(新義州)

昭和十一年十一月三十日 印刷
昭和十一年十二月 一 日 發行

京城府外崇仁面貞陵里三七八
編輯兼發行者 金 敎 臣
京城府壽松町二七
印刷者 朱 貞 順
京城府壽松町二七
印刷所 鮮光印刷株式會社

京城府外崇仁面貞陵里三七八
發行所 聖 書 朝 鮮 社
振替口座京城一六五九四番

金教臣主筆

聖書朝鮮

第九拾五號

昭和十一年(一九三六)十二月一日發行

昭和五年一月二十八日(第三種郵便物認可)
昭和十一年十二月一日發行(每月一回一日發行)

目次

競爭回避

지금世上은 凡事에 모다競爭의時代인듯이보인다。故로競爭을 질겨하는者는盛하고 꺼려하는者는敗하는듯하다。列國의軍備에도競爭이오 貿易에도競爭이오 스포츠에도競爭이오 最新流行도競爭이오 科學對宗敎도競爭이오 基督敎對異敎도競爭이오 舊敎對新敎도競爭이오 新敎안의各敎派끼리도競爭이오 同派끼리도 地方을 갈라서서競爭이오 學派로 나누어서競爭이다。이러한世態인故로 所謂無敎會主義者 또는聖朝誌도 무슨競爭心으로써 하는줄抑測하고 쓸데없이神經을過勞케하는이들이不少하므로 이에우리의爲人이 競爭에 견딜수없는者인것을告白하야 過敏한者의神經을休息시기는同時에 自他의分野를 明白히하고저한다。

우리는 일즉이 保健上必要로써 運動競技의一種을擇하야 多少練熟하고저하였다。처음에擇한것이 庭球였다。그러나庭球場에는 恒常超滿員이오, 여간 영악한人物이아니고는 좀처럼 自己順番대로 찾아할수없고 한번順番을기다리기에過大한時間을虛費하였다。故로庭球場裏의競爭에 못견되어서 드되어 이를斷念하고 柔道를志望하였다。當時에東京第一이라는 크고完備한道場이었으나 柔道의開祖嘉納翁의指導下의道場이니만치 此亦是사람우에 사람을 쌓는盛況이었다。加之에 能한者끼리는 누구와든기쉬게하지마는 初步入門者에게는 짝을求하야相對하기도 容易하지않고 잘못하면 有段者들의龍搏虎打의餘勢에 뻐리치울形便이었다。이일도 또한堪當치못할競爭이라고 斷念하고, 다음에 或은 아式蹴球或은籠球等을試驗하여보았으나 多數人이 모여하는競技는「時間競爭」에 運動꾼들처럼奮發할수없어서 여기서도落伍하였다。이것 저것 하다가 몰려간데가 다른박질이다。이것만은 競爭이없이 할수있다。나一個人의時間形便대로 相對者가있으면 좋고 없어도可하고。或은 빠르게 或은 천천하게。運動場이좋으면 街路로내달려서 三十分만 되면 全身에 땀이 流水같으니 運動의目的을達하였다。우리가 마라손 뛰인것은 땀흘리는外에 아무他意가 없었다。

近日 基督敎界에서 새로나는卒業生祝賀禮拜式같은데서「새로운 일꾼 나오는일을 기뻐한다」고말함은 現實敎界에비추어보아서「새로운 싸홈꾼」나오는것을 기뻐한다는뜻밖에 아무意義도없는말갈거니와, 競爭에能한心情으로써 우리까지 무슨競爭者인줄로알고 是非論難을 거는일을當할때는 實로민망함을不禁한다。우리는 靈界에있어서도 싸홈꾼으론서의競爭場裏에 견디지못해서落伍한者로 보는것이 가장穩當할것이다。우리는 다른敎派에對抗하야 頭數를 많이모여보기라는競爭心도 가질수없는者요, 남들이傳道해놓은 사람들을 빼어내어 우리派에 넣으랴는野心도 못가진者이다。다만 아무牧師도 가르키지않는學生들이있다면 우리가 가르켜보리라。아무敎會에도出席할수없는 孤寂한靈魂이있다면 우리가通信하여보리라。이것이最大慾望인줄알면 競爭하댜는者도失心할진저。

肖不肖

옛날사람들은 그 스승을私淑하되 자주 꿈에보기까지하였고、萬一꿈에 그 스승을 만나는度數가 드물게만 되어도 이는自己가老衰隆朧한 까닭이라고해서 甚히痛嘆하여 마지않었다。學問과德行으로서 그 스승과 같이되기를、그 스승을 닮기를願하기는勿論이어니와、될수만있으면 그容貌와音聲과擧動까지라도 그 스승을 본받으면 이로써 分에 넘치는所願으로 알았었다。그리고 옛날사람들은 그 스승만치 크게되면 足한줄을 알었었다。

이제 現代人들을 살피건대 「肖」字는 저들의字典에서 도무지削除하여버린것같다 꿈에 그 스승을思慕하기는 고사하고 意識世界에서도 그 스승을 본받으려는 생각이 秋毫도 없을뿐인가 될수만있으면 저들의敎師와는 反對方向을 본받으려는것이 今人의일이오、萬一에라도 無意識中에 그 스승의것을 한가지라도 본받은것이있었다면 기어코 그것을抹消洗濯하여버리지않고는 安心치못하는듯하다。故로 그릇되어서 남의子女를 가르치는役割을擔當하여본者는 오리알깐 암닭의悲哀를 느끼지아니치못한다。

弟子가 스승을 닮고저안하는일은 오히려容納할수도있는일이다。本來오리알이었으니 오리가 저물로 갈것은 차라리當然한일이다。닭알이 오리알로變化하는일은 더욱悲慘한光景이니 그것은近來의子女들이 그父母에게對한일이다。옛날사람들ㅣ이라기보다 우리들時代까지도 子女된者의第一큰 자랑거리가 무엇인가。그것은 그父母의 어디인가 한가지를 닮였다는認識을 받을때의 자랑이다。以前사람 아들들은 그 눈섭이 關羽의 눈섭같기를 要求하지않었다。오직 自己아버지의 눈섭같으면滿足이오 자랑이였다。옛날 딸들은 그입술이 楊貴妃의입술같기를期必하지않었다。다만自己어머니의 입술같으면滿足이오 자랑이였다。하물며 그心情과才操에있어서야 더말해 무엇하랴。저들이 편지마다「不肖子息」이라고 쓰온것은 닮지못한部分에對한心痛의嘆息이오 닮고저하는踴躍의 몸부림이 글字안에 들어차있었다。

그런데 이時代의子女들은 如何한가。自己아버지 얼굴보다도 露西亞의 이마벗어진人物이아니면 伊太利의番犬같이생긴者의肖像을 左右에걸고 닮기를努力하는 아들들이 어째그리많으며、自己어머니가 黃人種인데不滿하야 얼굴에灰칠하지않고는不安하며 女優의肖像에따라 流線型의 눈섭을 그리므로써 그어머니의 눈섭과는判異하게 만들지않고는羞恥를 느끼는 딸들이 어째그리많은가。世上의弟子들은 스승을 본받지말고 子女들은父母를 닮지말라」우리는 옛사람의一員으로 使徒요한과함께願하노니「사랑하는者들아 우리가 지금은 하나님의子女라。將來에 어떻게될것은 아직 나타나지아니하였으나 오직 그가 나타나시면 우리가 그와같을줄을 아는것은 그 참모양을 볼것을 인함이니라」고(요한一書三・二)父母를 닮으려고、特히靈의아버지를 닮고저 하는것이 우리의平生事業일진저。

아모스對아마시야

二

드고아의牧者아모스가 벧엘에나서서預言하니 그말에 가장關心하며, 가장 놀랐으며, 가장不安을 느낀것은 當時이스라엘職業宗教家의代表者인 祭司長아마시야그사람이였다。아마시야는 짐작건대 自己로서도意識치하못는中에自己의權威確保와地位安全을 꾀하여야할必要를 느꼈을것이다。그리하야 發端된工作이 첫재로 政治的活動이였다。「그때에 벧엘祭司長아마시야가 이스라엘王 여로보암에게使人하야 가르되 이스라엘族屬中에 아모스가謀하야 王을背叛하니 이따이能히 그말을堪當치못할지라。대개 아모스의말이 여로보암이劍에 죽고 이스라엘이 반듯이被擄하야 自己의 따에서出去하리라 한다』고 告發하였다。自古及今에 職業宗敎家의 가장現實的信仰對象은 하나님보다 人間的勢力이다。故로하나님께祈禱하기보다 勢力가진者에게告訴하는것을捷徑으로 알였다。許多한預言者들이 이모양으로 괴로움을當하였거니와 甚至於 主예수까지도 가이사에게納稅하지않는다는것이 한條目으로 잡혔다。眞理나生命으로 對立할 아무實質도所有하지못한者들이 그體面 그地位를保持하려는 常用手段은 아마시야時代부터 있던일이다。第二段으로

아모스다려 이르되 先見者야 너는 도망하야 유다따에 이르려 거기서 떡을먹고 거기서預言하려니와 다시 벧엘에서預言하지말라。대개 이는王의聖所요王의宮이라。

고 아모스에게直接談判하였다。先見者아닌줄 알면서先見者라고 부르는것과、참先見者인줄認識하면서도放逐하려는일이모다矛盾이다。要컨대 아마시야의關心事는「거기서 떡을 먹으라」는데 있다。벧엘의 떡은 自己가 먹을것이니 다른데로 가라는것이다。그러면서도「王의聖所요王의宮이라」는데다 理由를 부치려는데에 神學的素養의効果가 나타났다。

이 흉측한魔物에對한 아모스의對答은

나는本來 先知者가아니며 先知者의아들도아니오、나는本來牧者요桑樹를培養하는者라。내가羊群을牧할때에 여호와

나를取하야論하사대「갈지어다 내百姓이스라엘에게預言하라」하셨으니 預言한다

고言明하고 이어서 아마시야와 그妻子를 面前에서詛呪하였다。이에「先知者도 先知者의 아들도 아니라」한에는 當時의先知者라는特殊階級에對한猛烈한反感조차包含되였음을看做할수있다。先知者의子와 先知者로特別敎育(옛날猶太에는先知者養成機關、即今日의神學校같은것이있였다) 받은者만이라야 하나님에關한發言權이있는줄 아는者는 저가別것을 모다알었대도 牧者아모스를 끄집어낸 能動的하나님、산하나님은 알지못하는者이다。

聖書的立場에서본世界歷史 (8)

咸錫憲

三、人類의出現까지 (續)

新生代 白堊紀에들어와、이때껏地球우에 主人노릇을하던 爬虫類의巨物들이 歷史의舞臺에서 그림자를감추어버린後 世界는한동안 無主人의狀態였다。그러더니문듯 그時代의末에이르러 地質上의大變動이 이러나기始作하였다。우에서도말한바와같이 地殼은恒常 運動을쉬지않는物件이다。火山의爆發과같이 갑작이되는것도있으나 또地盤全體가 올라오기도하고 나려가기도하야 알수없는동안에 되기도한다。지금도 우리東海岸은 漸漸물밑으로 땅이꺼저들어가는곳이오 西海岸은反對로 바다밑이던것이 차차물위로 올라오고있다。이런運動에依하야 大陸이생기고 海洋이되고 山脈이이러나고 平野가펼처지게된다。故로地球우에는 地殼이생긴以後 이로因하야 陸地가되였다가는또 바다밑이되고 바다밑이다가는 또陸地가되고하야 숨바국질을 三四次 四五次한곳도있다。그런데中生代에는 이運動이比較的弱하야 平穩한時代였다。그런것이지금와서 다시猛然한活動을開始하야 大變動이일기始作한것이다。

幕이變하려할때 舞臺가달려짐은 當然한일이다。이地質의變動은 將次오는새時代를爲한 새舞臺를꾸미는일에不外한다。爬虫類의滅亡으로 中生代는끝이나고 이제오는것은 新生代다。新生代라는意味는 이것이지금도 繼續하고있는 生命進化의 마지막時代라는뜻이다。創世紀에있어서말하면 創造의第六日 即最終日에 當하는時代다。거기(一章二四—三一)보면 하나님은이날에 六畜과 昆虫과 들즘생과 그리고마지막에 人類를創造하였다고하였는데 事實우리가 이地層의페지에쓰인 生命의自敍傳을보면 그記事가 둘이서로 符切을合하는듯이 一致함을본다。六畜이나 들즘생은 動物學上分類로하면 哺乳類인데 化石과 現存한生物界를 보아서아는대로 이時代에主人이되는것은哺乳類다。또昆虫이創造되었다고했는데 그것도事實이다。化石의證據에依하야보면 이미石炭紀에 若干의昆虫이 없었던것아니나 現存四十萬種이나되는昆虫中에 大部分은 新生代初인 第三紀에들어와서야 激增된것이라고한다。그러나그中에도 注意할만한일은 人類의創造가 모든創造가된後 마지막에 그最高의段으로 일우어진것이라는것이 岩石의記錄에依하야 歷然히있는事實이다。그런故로 白堊紀末에일어난 地質의大變動은 이새時代를爲한 準備였던것이다。事實오늘날우리가사는 이地球表面의狀態는 第三紀以來로된것이다。世界를가르처 五大洋六大洲라고하지만 이五大洋六大洲의布置는 新生代에들어와서된일이다。또世界의骨

格을일우는大山脈들도 大概이時代에된것이다。亞細亞의집웅인 히말라야、歐羅巴의骨格인 피레네、알푸쓰、칼파지아、코ㅣ카쓰、南北亞米利加의등심이되는 안데쓰、럭키ㅣ等모도다이時代에일어난山脈들이다。그것들의始作은 大概第三紀初에되어가지고다完成이되기는 新生代의中葉에들어가서되였다。故로우리는 말하자면 새로配布한 새舞臺에올라온者들이다。

그리고그配布를 吟味해보면 特히우리를爲해된것이라는感을가지게된다。五大洋六大洲의 布置를보면 거기一個의原理가움직이고있는것을 알수있는데 그原理란 곧水陸의고로운 配置라는것이다。이것은中生代의 水陸分布狀態와比較해볼때 잘알수있다。中生代는그始終을通하야 一大陸一海였는데 더구나그大陸은 塊形으로생겼고 變化가적은것이였다。그런데白堊紀末에들어와서는 갑작이激烈한變動으로 大陸이몇개로 찢어지면서 海洋의面積이늘고 그뿐아니라 大陸들이모다 變化만은海岸線을가지게되였다。그리고 그러면서도大陸의大部分은 溫帶中에있게되였다。이들事實은 單히自然의現像을 研究하는 自然科學의學徒의눈에는 별로異常할것없고 意味있는것도아닐것이나 宇宙의모든現像이 어떤目的에向하야 되는것이라고믿는우리에게는 무엇인지말하는것이있는것이 아니면안된다。그러면무엇인가 이때에우리를가르치는것은 地理學이다。우리가

四

地理에서배운바에依하면 人類文化發達에 가장適當한곳은溫帶요 健康을通하야 產業을通하야 氣候가人生에미치는影響은 매우큰데 그氣候의如何는 海洋에左右됨이많다고한다。바다에서 먼大陸의內部에 沙漠不毛의地가많고 溫度의變化가 激甚하야 人類生存에 不便한것은 實地로보는바다。또海岸線屈曲의多少가 人文發達에 크게影響을미치는것도 古今歷史에 비치어보아 歷然한事實이다。그런故로이것을듣고 이事實을볼때 中生代一代 一億年은더넘는오랜동안을 單調로운 水陸分布를가지고 比較的變化없이지나오던地球가 爬虫類를 退場시켜보낸後 갑작이複雜한配布를가지게되는것은 무엇을意味하는가를알수있다。

哺乳類 갑작이라고하나 勿論몇百千年間에만 된것이아니다。悠久한歷史過程의 尺度로하니 갑작이란말이지實地時間으로는 몇千萬으로써計算하는 歲月이들었다。그런故로 新生代一代가 다시 여러적은時代로 나누이는것은 이미우에서보인 表에서보는것과같은데 이五大洋六大洲의舞臺가 지금보는모양을가지게된것은 中新世後의일이니 第三紀初를 萬一 五千萬年前이라고하고보면 이舞臺의完成에는 四千萬年이든셈이다。그리고人類의出現은 그보다도얼마쯤이지나가서 第四紀에들어와서의일이다。그리고그동안을 舞臺의進行과함께 그助役者의行列이 繼續하야 登場하고있었다。이것을哺乳類라고한다。그名稱의뜻은、그들

은 색기에게 젖을먹이는것이 그特徵이라는듯인데 動物學上分類로하면 우리人類도 그中의하나이다。

哺乳類의先祖는 決코新生代에와서 처음난것이아니었다 벌서 이미中生代初인三疊紀에있었다 起源은 아마 鳥類와 한가지로 爬虫類에있는듯한데 爬虫類가全盛하는 오랜동안을 별로두드러진發展을 보이지않고 微微한存在로나려왔다。 이들이 自己네의祖上인 爬虫類와 共通하야 다른點은 溫血이라는것이다。 우리가아는대로 魚類나 昆虫類나 兩棲類, 爬虫類는 冷血 即外界氣溫의變動을따라갈뿐이오 體內의常溫이라는것이없는데 鳥類와哺乳類만은 外界의寒暑에不關하고 一定한體溫을 가지고있다。 이것은進化의條件으로볼때는 確實히 冷血보다 有利한條件이다。 生理學의가르치는바에依하면 一般으로動物의活動은 高溫인때에 빠르고 低溫인때에더디다고한다。 그런대進化의過程에서보아 活動의敏活한것이恒常優者의地位에있는것이事實이다。 그런故도 이두種類가 溫血을가지게된것은 確實히그祖上인 爬虫類에對하야 優者의地位에 있었다고할수있다 그러나그優勢도 時代가올때까지는 기다리지않으면안되었다 故로中生代一代를通하야 弱者의生活을하는수밖에없었다。 哺乳類의先祖로發見된 化石에依하면 當初의것은 크기가 지금고양이보다도못한 조고마한動物이다。當時如何한理性的判斷者도 저에게서 新生代의王者가나올줄을 豫測하지는못하였을것이다。 果然一個의漂浪者에서 一歷史的民族을 내이겠다는말은 信仰의아브라함에게까지 夢想으로밖에들리지않는것이다。 그러나時代가왔다。中生代에있어서는 어떤樣式의生活을하였는지 推知하기에넉넉한 化石을別로남기지않었던 이小動物이 第三紀에들어오자 非常한形勢로 繁盛하기始作을하였다。 그리하야 種類도많아지고 體構도 巨大한動物들이생기게되었다。

哺乳類의 種屬으로서의 가장큰特徵 따라서가장高等한 發達을한 根本原因은 哺乳라는事實, 即어린새기를 一定한期間 몸에붙여두고 젖을먹여길른다는데 있지않으면안된다。 같은溫血이면서도 鳥類가進化의行程에서 哺乳類의 길을따르지못한것은 原因이여기있다할것이다。 兩者가다가치 溫血이면서도 그生活境域을 달리함을따라 生活樣式이 根本的으로다르게되었다。 그中에도 저의들의將來의運命을다르게하는데 크게關係된것은 그繁殖方法이다。 하나는空中을 그살림터로함애 自然몸이가벼운것이 第一事인지라 繁殖을可及簡單한方法으로 하지않으면안되어卵生으로되었고 이는陸上에있어 外敵의危險과 環境의어려움이 많음애 거기對하야 可及保護하는것이緊한故로 胎兒가完全한發育을할때까지 母體內에保護하는胎生法을取하며 出生後에도 든든한體質을가지고 自立生活을하게될때까지 保育하는哺乳의習을가지게되었다。 이렇게하는것은 어미의個

體的生存으로보면 確實히不利한일이다。그러나이矛盾된犧牲道야말로 哺乳類로하여금 生物界의選民이되어 마츰내 그子孫에서 王者를낳게하는 根本原因이다 우리가잘아는대로 下等動物인 昆虫類나 魚類等에나려가면 一時에産卵하는數가 數千數萬이나된다。그러나 그大部分이 虛에돌아가고 事實로完全하發育쇠하는者는 其中의少數에 지나지않는다。이는確實히 種族的精力의 虛費라할수밖에없다。그런데哺乳類는 그런生理的不經濟를 免하게되였다、이것이그들의溫血과그것을保持하는 털에依하야 環境의不利를克服하였다는事實과함께 種族的繁盛의 原因이된다。그러나哺乳의意味는 그러한生理的方面에만 限치않는다。도리어그보다더큰意味가 精神的方面에있다。即이에依하야 그心的作用이發達한것이다。어미가오랜동안 그색기를 품에둔다는것은 그自體가벌서 存在의核心에 있던거륵한힘이 超意識的으로 움직이고있음을 말하는것이지만 또그事實에依하야 母子兩方의 知性感性이 크게發達되였을것을 容易히推想할수있는일이다。下等과高等을勿論하고 사랑이智慧를낳는것은 恒常보는일이다。本能의巧妙라고하지만 本能의源泉이되는것은 母性的인愛다。故로哺乳類가一般으로智能에있어 다른動物보다 優秀하고 그心意作用의發達程度가 胎乳兒의保育期間의長短에 大體로比例하는것은 決코偶然이아니다。이意味에서 哺乳類의出現은 宇宙의精神的發達史에있어서 一時代를劃하는일이라할것이다。이때껏事實로만 存在하던生命이、말하자면 客觀으로만外的으로만 存在하던生命이 스스로그自身을도라보아 自覺하는 精神的 內的 主觀的生活을 가지게되였다。勿論그前에있던生物에도 어떤程度의 感性作用이없었던것은아니다。어떤學者들은 植物에까지 感情作用이있다고 主張하기까지한다。그러나비록그前에도 있었다고하기는하나 이哺乳類에들어와서 一段의向上을한것은事實이다。그러나그렇다고해서 이것이決코 그自身完全한것은아니다。저의는 오직 進化의過程에 至極히적은一飛躍을하였을뿐이오 그놀랄만한發達은 主役저自身이할것이였다。저들은그主役의先行을한것뿐이다。

聖書槪要 (二四)

金敎臣

요엘書의 大旨

小預言書의第二卷인 요엘書는 단지三章으로 된글이니 別날리槪要니 大旨니할것없이 聖書本文대로 읽어보는것이 가장捷徑일것이다。그런故로 預言書를 論하는이들도 흔이 本書에는論及치않고 지나가는수가 많으나 이는요엘書의價値를 輕視하여서 그런것은 아니다。우리는 例에依하야 大小에拘泥하지않고 그大旨를略記하고저 하거니와 다만 두렵건대「槪要」가 오히려 本文보다 길게될가함이다。

著者요엘은브두엘의 아들이라고하였으나 이父子에關하여는 다시 더詳細한記錄을 聖書에서 찾어볼수 없다。다만 요엘書의內容이 예루살렘神殿行事에關하야 特別히 生氣潑潑한筆致인것으로써 推測컨대 요엘은 유대祭司의 一人이였던것이 틀림없다고 할뿐이다。

著作年代에關하야는 더욱漠然하다。이를 이스라엘追放以前에 두는이도있고(카메론氏、헤이스팅聖書辭典) 以後라고 主張하는이도 있다(홀톤氏N. C. B. 피커링氏 E. B.)。일즉하게 보는이는 紀元前八世紀以前에 著述된冊이라하며 後代說을支持하는이는 紀元前三百六十年頃까지의著作으로본다。雙方에 모다 相當한學者들이 論陣을配布하고 있으므로 우리는輕忽히 한편에加擔하기 어려우나、本書의著作年代를 될수있는대로 古代에 끌어올리는이는 本書의敎理 思想으로 하여금 모든後代預言書의 標式이오 骨子가된것이라고보니 自然히本書의 預言書로서의價値를 貴重하게보는것이오、比較的 後代의著作으로 判斷하는이들은 本書의敎理와思想을 다른預言書들보다 新奇한創見이없다고 생각하므로 따라서 그評價가 높지못하다。그러므로 本書의眞價를 判定하기는 後日學問의發展을待하야 그著作年代가 明確하여지기까지 待하는수밖에없다。다만 우리는 本書가古代의著作이어서 다른貴重한預言書들의 本이되었거나 或은後代의作이어서 다른預言者들의 貴한思想과重한句節을 抄集한것이었던지不問하고 그三章에 담겨있는金言佳句를 깊이吟味하므로써足하고저한다。

요엘은 짧은三章속에 모든預言的敎訓의 重要한敎理를 要約하야 記述하였다。그重要한것을 몇가지摘記하면

1、人生의 모든苦惱는 罪의結實이다。

2、罪에對한刑罰은 悔改를經由하지않고는避할수없다。

3、深刻한悔改는 赦宥함을 받을수있고、하나님의 恩寵을回復할수있다。

4、요엘當時의 蝗虫의 侵害는 매우慘酷한것이오 그慘害에서救濟받음은 큰祝福임에 어김없으나、이蝗虫의來襲과 거기對한救濟는 오직將次올바 여호와의大審判의象徵에不過한것이다。終末에「여호와의날」을요엘은高唱하였다。

萬一요엘書가 일즉한時代의著作이였다면 다른預言書가本書에依據한바 적지않다 할것이다。蝗虫으로써 하나님의審判을表示함은 出埃及當時로부터 默示錄에까지及하였다(出埃及十章四節、默示九章三節)。「主의날」이急速히臨할것을 蝗虫의來襲에因하야 가르킨데는 其他에도不少하다(出埃及十章二十一節、이사야十三章九、에스겔三十二章七節、아모스八章九節、마태二十四章二九節、마가十三章二四節、누가二十一章二五節、默示六章十二節等)

요엘書는 前後二部로 나눌수있다。第一章一節로부터第二章十七節까지는 요엘自身의말이오、第二章十八節以下끝까지는 여호와自身의 말슴이다。前編은 다시二部로되여第一章에는 蝗虫의侵入으로因하야 農作이全滅되고 甚至於聖殿儀式까지 廢止하게된形便을 보는듯이記述하야 祭司들과 百姓들께 切實한悔改를督促하였고、第二章一—十七節에는 蝗虫의侵害를 一層細密히反覆하는同時에 將來할 여호와의軍勢에對한恐惶을力說하였다。이第二章前半의部分이 特히美文이라고한다。第二章十七節과十八節사이에間隔이있다。이에 預言者의慾願에依하야 이스라엘百姓과祭司들의悔改가 일어났던모양이다。第十八節의動詞의時가未來가아니오 過去로變하였다。後編(第二章十八—三章二十一節)에는 여호와의約束과祝福으로始終하였다。蝗虫의慘害를除할것과 農作이豊盛할것과 여호와의和平을얻어百姓들께靈的恩賜가豊足할것과 유다와예루살렘이安定할것을約束하였다。

요엘書의概綱

一、前編 (요엘의預言) (一・一—二・一七)

甲、蝗虫侵害의慘狀實記。 (一・一—二〇)

가、序 言。 (一・一)

나、하나님의秋霜같은審判의宣布。 (一・二—三)

다、蝗侵害의慘狀。 (四—七)

라、哀痛하라 悽慘한 이光景에。 (八—二〇)

乙、將來할 여호와의審判。 (二・一—一七)

가、可恐할 하나님의審判의光景。 (二・一—一一)

나、故로眞心으로 悔改하고 돌아오라。 (一二—一七)

(마음을 찢고 옷을 찢지말라)

二、後編 (하나님의約束) (二・一八—三・二一)

가、世上살림에關한祝福의約束。 (二・一八—二七)

나、靈的살림에關한祝福의約束。 (二八—三二)

다、選民의對敵에對한 여호와의審判。 (三・一—一七)

라、選民을祝福하심。 (三・一八—二一)

아모스書의大旨

著者아모스 紀元前八世紀頃 지금부터二千六百餘年前 에드고아의牧者였다。드고아는 예루살넴南쪽十二哩쯤되는 高原地帶의小邑이였고 尙今도 그이름대로 부른다고한다。海拔二千七百呎(北漢山白雲臺의높이와相等)에達하는山岳地帶요 南、西、北으로 石灰岩山嶺이連하고 東으로 死海의險谷을 내려다보는 地點이다。一般農作은 되지아니함으로 古來로牧羊을業삼은밖에別로生産이없는曠野이였다。

이러한山川을背景으로生長한 아모스는 보는바가荒凉한風景이아니면 頭上에燦然한星辰밖에 없었고 듣는것은百獸의肝膽을 서늘케하는 獅子의咆哮의 소리였다。때로는地의靑物을食盡하는蝗을보았고(七章二節)、「익은實果의一籠」과(八章一)、「獅子를避하야 도망하다가 곰을 맛나거나、或집에 들어가서 손으로 벽을의지하다가 배암에게 물림」을(五章一九) 目睹하였다。如斯한環境이 아모스에게는 敎師요大學이였다。偉大한大自然을對하야 저는稀種 깊은 疑問과 높은歎美를 發하였다(四·一三、五·八、九·六)。自然界에서 배웠을뿐더러 아모스는 이스라엘歷史와世界歷史에關한 健全한常識을 가졌던것을 彼의著述로서 엿볼수있다。(一·二、八、九、一〇、五·二五、二六、九·十等參照)아모스自身이 言明한바와같이 저는預言者의 아들도아니오 神學을專攻한職業的宗敎家도 아니였다。오직 偉大한天然의感化로서成長하였고 健全明確한歷史觀을把持한 一個平民이였다。故로 아모스의神은 天下萬民이 우러러볼 義의神이오、決코一種族만을偏愛하는 種族的神이 아니였으며 彼의宗敎는 天下萬民이 걸어갈 公義의道이오 決코特殊한 傾向을가진 狂信者 或은 神學校工夫한者만이 갈수있다는 울타리안의宗敎가 아니다。

아모스의時代와召命。 아모스自身의記錄에依하건대 彼가預言을 시작한것는 유다王웃시야의時代요 이스라엘王요아스의아들 여로보암의時代라 하였다。이 이스라엘王여로보암(二世)은그先代의衰運을挽回하였을뿐더러 다메섹까지奪取하야 國境을擴張하기가 다윗大王의時代를回想하리만치되었으므로 稀世의英主라고 讚揚을받던 님금이였다。따라서 當時의 이스라엘隆昌은 매우盛하였다。

그러나 政治 經濟等 外的繁榮에 따라 內的生活까지 一新하지는못하였다。아니 도리어 外的虛榮이 盛하여짐에 따라 內的生活은 더욱加速度的으로墮落하여졌다。王室과 貴族과 宗敎家와一般百姓이 모다競爭하다싶이 軌를 한가지로하고 腐敗하였다。高官들은 弱者를虐待하야 富를 宮殿에蓄積하며(三·一〇)、富者들은 신 한켜레를 받고 貧者를奴隸로 팔며(二·六)、祭司들은 貧弱者를窮迫하야 머리에있는 디끌까지貪하며 典當을 잡은衣服을祭壇곁에페고 그우에 눕으며 罰金으로받은 술을 聖殿안에서 마시였다。(二・七、八、八・四)。

富者와貴族들은 避暑避寒의別莊과 象牙宮과 아로삭인 石造殿을造營하였고(三・一五、五・一一)、다메섹錦繡로써만든 象牙寢床에起臥하며 牧畜中에서 어린羊과 송아지를 잡아먹고 거문고에 마처 헛된노래를 부르며 대접으로술을 마시며 至極히貴한 香油를 몸에 바르면서 貧者弱者는 조금도 介意치 않였다。

婦女들까지 罪惡을갈이하야『貧한者를虐待하며 窮乏한者를壓制하고 그主人에게 이르되「술을 가저다가 우리로 마시게하라」했으며』 드디어 우리預言者로 하여금「바산의 암소와같은女人들아」하고(四・一) 웨치게하였다 男女의關係에至하야는「父子끼리一女人에게淫行하는일」까지있였다。

商人들은 利를貪할줄 알였을뿐이오 저들에게는 義도없고神도없였고、人情과道理도 없였다。저의들은 말하가를『月朔이 언제過할고 우리가 곡식을 팔겠으며、安息日이 언제 지나갈고 우리가小麥을 내리니、에바(穀物되는升)를 적게만들며 세겔(金銀의重量을 다르는衡秤)을 크게하야 僞衡으로 소기고 銀으로貧者를買하며 신한켜레로 窮乏한者를 사고 腐敗한小麥을 팔자」는것이(八・五、六)、저들의商略이였다。

裁判官은「賄物을 取하고 城門에서 窮乏한者에게 抑울한判決을 나렸다」。그러므로「이때를當하야 智慧로운者가默默하리니 이때가惡한때니라」고(五・一二、一三) 하였다。

이때에 한가지異常한것은 宗敎的儀式이 매우盛大하였던것이다。저의들은 集會를열고 燔祭와素祭를 들이며 날마다 奏樂하며犧牲을 바치고 肥犢으로써和睦祭도 들였다。(五・二二、二三、四・四)。그러나 속에公義를行함이 없는 宗敎的儀式은 오직表面을 회칠하는 僞善을 한겁지 더쓰는일밖에 아무것도 아니였다。內的生活의腐敗를塗糊하기爲하야하는宗敎的行事는 盛大하지 않을수없으니 이런일들은 차라리 當然한現象이라고할것이다。이러한時代에 드고아의牧者아모스는 預言者로의召命을 받은것이다。

主여호와께서 그 은밀한뜻을 그 모든 종 先知者에게 보이지아니하시고는 반듯이 행치아니하시리라。사자가 부르짖으매 누가 두려워하지아니 하겠느냐 주여호와께서 말슴하시매 누가 예언하지아니하리오。라는것이(三・七、八)、아모스의召命된顚末이다。아모스는本來預言者도아니오 預言者의아들도아니오 또 어떤種類의學校나 先生에게就하야 預言者될만한學問을 닦은後에 이만하면預言者로서의資格이具備하다고 自他가認證한後에 預言者로 나선것이아니다。저는 그職業上으로 羊毛를 팔기爲하야 年年이 사마리아市場에出入하면서 腐敗에極에

達한 當時의模樣에 義憤의火焰을感한때도 있을것이며、荒野에서義의神에親近하던彼로서는 都市人들의爛熟한文化生活裏面에形態만 남은宗教를發見하고 眉頭에急迫한神怒를預感한일도 非一非再이였을것이다。그러나 아모스는自己가 이러한世態를 救濟할能力있는者라고는 秋毫도 念頭에 두지못한者이였다。다만「가서 나의百姓이스라엘에게預言하라」는 神命을 荒野에서 받었을때에「누가預言하지아니하리오」라고 應答하면서 羊群과桑樹를 버리고 아모스는 預言者의길에 나섰다。

아모스書는 모든「記述된預言書」中의 처음된預言書이다。아모스以前에도 預言者가 없지않었으나 저들은大概말로傳했을뿐이니 그대로口傳傳說에 남어있거나 或은後世의人이 쪼각쪼각記錄한것에不過한데、아모스書는預言書中에 第一먼저記錄되였을뿐만아니라 아모스自身의親筆로著作된것이오 따라서 그內容도 序文 本文 終結의順序가整然하고 그言辭文句도 드고아의牧者아모스에合當하게 粗朴剛健하면서도 詩的野趣가滿滿하게 담겨있다。

基督教는 本來 아브라함의一家族或은 유대一民族의氏族的宗教였다하며、또는使徒바울이 없였더면 基督教는小亞細亞의一地域을 넘지못하고 말었을것이라고 速斷하는이도없지않으나、最古의預言書인 아모스에依하건대 아모스의믿은神은 本來이스라엘一民族의神이아니오 全世界列邦의神이였으며、猶太民族만을擁護하야 異邦諸族을殄滅하는神이아니라 世界萬國을審判하시는同時에 이스라엘百姓도마찬가지로 審判하시는神이였다。故로아모스書의卷頭에는當時의世界列國에關한審判으로부터 시작하였다。第一에 다메섹第二에 가사 第三에 두로 第四에 에돔 第五에 암몬 第六에 모압의 罪狀을摘發하고 第七에는 姉妹國인유다를審問하고 最後에는 自國 이스라엘에及하였다。第一에서 第六까지는 人道에 어그러진罪惡이니 國家나個人이나 明白한道義에違反하고는 여호와의震怒를避할수없다는것이 아모스의預言이오 또歷史는 그預言대로 實現하고야 마렀다。個人의道德은嚴格하게 하면서도 國家나民族的罪惡은 全然無感覺하거나 또는 오히려善化美粧하야讚揚하려는것이 人間의 생각인데反하야、個人과國家의道德的標準에 差異를不容할뿐인가 도리어 民族的이나國家的犯罪를 一層嚴酷하게細詳하게 빠떠리지않고審判하야世界歷史上에 明快히提示한다는것이 聖書의教訓이오 또한歷史上에應하야 나타나는事實이다。아무리强한 나라라도人道를蹂躪하며 公義를無視하고 滅亡의罰을避할수없는것은『여호와의 말슴이 다메섹에 三種의罪와 및 그四種의罪로 내가報應하기를 도리키지 아니하리니……』하야容赦하려하여도 더容赦할수없이 審判을 나리시는 까닭이다。

自國이스라엘審判。 現代까지라도 各國에 各樣의神이 있어서 그神들은 自國民의罪惡을蔽하여주고 他族異民을 攻略하는데만 크게有助한神들이다。 그런데 아모스의傳한 神은 이와反對로 自國民의罪惡을嚴責함이猛烈함은 마치 嚴父가 사랑하는子女를責罰함과 같어서 極盛한사랑의關係以外의見地로서 볼때는 過酷한것같이 보이는일도 적지않다。本書의初頭에 널리當時의世界列國을審判함이 있었으나 이는不過序論이오 本書의中心은 이스라엘을責함에있고 本書의大部分(量)은 이스라엘審判에 그頁數를提供하였음은 一瞥로 알수있다。 列邦의罪를 먼저擧論한것은 오히려 이스라엘百姓을深刻하게審判하려는 階段같이도보인다。 그리하야 本論에 들어가매 預言者는

이스라엘子孫들아 여호와 너에게論하신此言을聽하라。

너의 사마리아山에居한바산牝牛와如한女人들아 此言을 들으라……。

이스라엘族屬들아 내가 너의를爲하야 哀歌로作한 이 말을 들으라……。

고(三・一、四・一、五・一) 소리를 돋우어 웨쳤다。 그러고는 이스라엘百姓의罪惡을 詳細히列擧하였다。 支配階級의 甚酷한虐待(三・九、一〇、五・一一、一二)。 婦女들의 無情과放縱(四・一)。 虛僞의禮拜와儀式만盛大한宗教的行事(四・四―五)。 하나님의 警告無視(六・一一)等等。 要컨대 이스라엘은「公義를變하야 茵蔯이되게하고 또義를地에 버린者」였다。 이런故로

主여호와의 말슴이 此地四面에敵이有하야 저가 네힘을衰하게하고 너의宮을 劫奪하리라……。(三・一一以下)。

이러므로 이스라엘아 내가 이렇게 너의에게行하리라 내가 너의에게 이렇게行하리니 이스라엘아 너의하나님 맞날預備를 하라……(四・一二以下)。

고하야 苛酷한處分을容赦없이執行하였다。

아모스書槪綱

第一、序言 (一・一―二)

유다王웃시야、이스라엘王여로보암時代。……牧者의草場이슬퍼하고 가멜山꼭대기가 쇠잔하리라。

第二、預言本文 (一・三―九・七)

甲、隣國及이스라엘에對한刑罰의預言。 (一・三―二・一六)

가、隣國에對한刑罰。 (一・三―二・五)

1、다메섹 (一・三―五)

2、가사―블레셋 (六―八)

3、두로 (九―一〇)

4、에돔 (一一―一二)

5、암몬 (一三ー一五)
6、모압 (二・一ー三)
7、유다 (四ー五)
나、이스라엘에對한刑罰。 (二・六ー一六)
1、이스라엘의罪ー貧弱者壓迫、風儀敗亂、宗敎의美名下
에聖殿을放縱生活의巢窟化。 (二・六ー八)
2、하나님의愛의努力을無視한罪。 (九ー一二)
3、嚴罰의預言 (一三ー一六)
乙、이스라엘에刑罰이臨하는理由。 (三・一ー六・一四)
가、緖 言。 (三・一ー八)
1、이스라엘은特히嚴罰할것ー神의特愛의選民。 (一ー二)
2、아모스의預言은 여호와의强要에依함。 (三ー八)
나、處罰의理由。 (三・九ー六・一四)
1、사마리아貴族等의罪狀。 (三・九ー一五)
2、사마리아婦貴人들의罪狀。 (四・一ー三)
3、이스라엘一般百姓의罪狀。 (四・四ー六・一四)
一、虛僞의禮拜、神의警戒。 (四・四ー一三)
二、이스라엘百姓의不義。 (五・一ー六・一四)
여호와께求하지않으면患難이臨함。 (五・一ー一七)
여호와는 헛된禮拜、儀式을 미워함(五・一九ー六・一四)

丙、五種의異象。 (七・一ー九・七)
1、第一異象 蝗의侵害 (七 一ー三)
2、第二異象 삼키는火焰 (四ー六)
3、第三異象 準繩 (七ー九)
4、아모스對祭司아마시야ー참預言者對職業的宗敎家。
아마시야、아모스의預言을禁止하고저하나、
아모스不肯하다。 (一〇ー一七)
5、第四異象 成熟한果實籠ー이스라엘의終末。 (八・一ー三)
6、이스라엘의罪와 그刑罰。 (八・四ー一四)
貪慾한者ー虛僞의禮拜。 (四ー六)
可恐할刑罰의날은 가까웠다。 (七ー一四)
7、第五異象 여호와 祭壇毁破、이스라엘全滅。 (九・一ー七)
虛僞의禮拜는壞滅。 (一ー六)
하나님앞에는 이스라엘人과埃及人이平等。 (七)
第三、附錄 이스라엘更生의希望。 (九・八ー一五)
1、殄滅하지는 않으리라。 (八ー一〇)
2、다윗의 장막의再建。 (一一ー一二)
3、主의날이臨할때의 이스라엘人의幸福。 (九・一三ー一五)

옵아듸야書의大旨

小豫言書中의 넷재冊이오 舊約聖書中에서 가장 적은 冊이니 單一章(二十一節)으로써 되엿다. 「文句는單純하나 意味는深長하며, 言辭는 적으나 思想은豊富하야「賢人은 그言辭가 稀少하므로써 알수잇다」는 格言을想起케하는것이 옵아듸야書라ㅡ고 한다.

옵아듸야라함은「하나님의종」이라는뜻인대 舊約聖書에는 이런 이름의例가 稀貴한것이 아니다(列王上一八·三—一六, 歷代上三·二一, 仝七·三, 八·三八, 九·一六, 四四, 二二·九, 二七·一九, 歷代下一七·七, 三四·一二, 에스라八·九等).

著者옵아듸야에關하야 더詳細한것은 알길이업으며, 本書의著作年代도 도모지 더듬어찾을길이업다. 學者들의推算도 사람에따라서 約六百餘年의相違가잇다. 일즉이著作된것으로 主張하는學者는 紀元前八百八十九年頃의作이라고하며(호푸만, 케일) 늦게된것으로 보는이들은 約元前三百十二年頃의著作으로 본다(히찌히, 其他).

本書의主題는 세일山에住居한 에서의後裔인 에돔을審判하야 이스라엘에게拒逆한 모든異邦을責罰한것을 본을보이는同時에 이스라엘에게는 시온山에서 避할者잇을것이며 將來의勝利를 約束한것이다.

本書는 左와如히 二部分으로서 成立되엿다.

第一部 第一節—十四節

第二部 第十五—二十一節

第一部에서는 에돔을 第二人稱單數로 불럿고 第二部에서는 第二人稱複數로써 에돔을稱하엿다. 第一部에는紀元前五百八十六年에 느브갓네살大王이侵入하야 유대國을滅하고 예루살넴을陷落한때의事實을根據로하고 썻으니, 九—十一節에 에돔을咀呪한것도 에돔의過去의行爲에 비추어서 可然한일인것을 알수잇다(詩九十二篇, 哀歌四·二一二二, 에스겔二五·八, 一二, 同三十五章等參照). 이스라엘의敗亡을 기뻐하든 에돔에對한 審判이實現되에關하야는 本書第一—七節과 말라기 第一章一五節을 對照하여보면 잘알수잇다. 에돔은 옵아듸야의 豫言대로 慘酷하게亡하고 말엇다.

第二部인 十五—二十一節은 이스라엘에敵對한 다른異邦과함께 에돔도責罰을避치못할것을 말하엿으나 周圍의事情과 表現樣式이모다前者보다 희미하다.

옵아듸야書는 에돔으로써世上과肉을指示하며, 에돔을征服하므로써 靈이肉을 삼킴을 가르쳣다「여호와의날」이臨함을 말하야 시온에서救主가 날것, 그를通하야 肉이服從되고 靈의自由가回復될것을 가르쳣다.

苦者는樂之母

(로마八章一八—二五)

姜濟建

人生에는 苦痛이많다。「苦海火宅」이라고 옛사람이 이미 말하였거니와 사람은참 苦痛의바다속에산다。 고기가물속에서사는것갈이 사람은苦痛속에서 그것을마시고 그것을입고 거기서起動하고 살다가 또거기서 죽고만다。

이것은 모든것에 하나님의攝理를 믿는者에게는 한큰眞實한問題다。하나님이 정말 世上과 더구나人類를 사랑할진대 웨苦痛이라는것을지었느냐하는疑問은 어린아이의말같은 稚氣를가지는것같으면서도 亦是終乃에는 묻고야말根本問題다。 그러면 하나님은웨 우리에게苦痛을주시었나 하나님은사랑이없으시나。 都大體사랑의하나님이라는것은없는것인가。果然平安만을주시지않고 苦痛을주신것은 사랑이없어서그런것같고 하나님이全能치못하야 그런것같다。그러나 그런것아니다。 생각해보면 도리어우리를 참으로사랑하시기때문이다。

사람이하나님의形像과같이 創造함을받은대로 에덴동산에있을때는 참으로安樂이였고 또그대로永遠히가도 좋은것이였다。 그러나不幸히 아담이罪에빠진고로 罪는遺傳하야 人生의天性으로되였다。 한번罪가들어오後 安樂의狀態는 그대로갈수가없었다。安樂이있으면 罪는漸漸더 자라기때문이다。完全한安樂이란 罪없는몸에있을만한것이오, 罪로因하야 잘못된人生에 있어서될것이아니다。 이것이人生에 苦痛이있는理由다。 그런故로苦痛을주신것은 사람을罪에서救하시자는 聖愛에서나오것이다。

바울은 人類의犯罪結果는 萬物에까지 그影響이미첬다고하였다。萬物이人類로더부러 갈이嘆息한다고한다。故로人類에苦痛이있는것과같은 不調和의狀態는 萬物에도있다 쇠에는녹이슬고 나무에는좀이먹는다。그런故로 쇠는鍛鍊을받게생긴것이오 나무는쉬지않고 닦이우게생긴것이다。쇠의맘으로하면 풀무에鍛鍊함을 받지안는것이 所願이오 나무의생각으로하면 시달림을받지안는것이좋을것이나 그러지않고는 光彩가나지안는다。鍛鍊을아니받고 永遠히光彩를 가지게되었으면 좋기는하겠으나 그러한理想의狀態는 萬物에서빼앗겨졌는고로 할수없다。그런故로 쇠가빛나는재기가되고 나무가아름다운그릇이되기爲하야는 쉬지안는修鍊이 必要하다。녹과좀은 그리해서만 除할수있기때문이다。「門지두리가 좀먹지안는다」고 옛格言이벌서말했다。

人生의일도 그렇다。富者가 老年에 晩得子를얻었으나 錦衣로입히고 玉食으로먹여 愛之重之하야 어려운일은避케하며 危險은멀리하고 오직平安하고 오직즐겁게기르자는것은 人情에그럴만한것이다。저는子女를 사랑한다할것이다。그러나 그러한즉그子息이 게으르고弱하고 더구나良心이衰萎하야 悖逆者가되고만다。저의父母는 果然저를사랑했다할수있을까。貧困한者가 子女를길음에 맘에애처러운생각이있으되 粗衣로입히고 粗食으로먹이고 날마다勞役으로써준다。저는맘껏子女를幸福스럽게 하여주지못함을嘆할것이다。그러나 그렇게자라난子息은 부즈런하고 强壯하고 正直한良心을가지게된다。저의父母는 저를잘못되게하였다고할까。人生의哲理가 여기일하고있다。肉身은平安한즉 罪가자라는것이오 쉬지안는苦痛속에있은즉 良心이자란다。儒書에말하기를「飽暖에思淫慾」이라。

人生은마지막에 永遠한安樂境에 이르러야할것이다。病苦를모르고 身體가자라며 疲勞를모르고 일하고 良心에苦痛이없이 生活하는狀態에 이르어야할것이다。그러나그러기爲하여는 먼저罪에서벗어남이必要하다。罪있고서의安樂은 죽엄을意味하는것밖에없다。罪는쉬지않고 자라는것이다。罪에萬一 苦痛이따라다니지안는다면 人生은벌서滅絶하였을것이다。多幸히 罪있는곳에 반듯이 苦痛이있어人類로하여금 沈淪하는狀態에서 悔改하고나오는機會가있게되었다。하나님의攝理는 實로妙하다할것이다。그렇게볼때 苦痛의眞意가알려진다。그는單히 罪에對한 因果로만오는것도아니오 懲罰로만오는것도아니오、그로써罪를씻고救援에들어가게하려는 거륵한사랑에서 오는것이다。苦者는樂之母라고 東洋의格言은말한다 그는變알수없는眞理다그러나그는 젊어苦生하면 늙어서安樂할수있다는듯한 淺薄한物質的意味에서가아니오 그보다도깊은 神靈的意味에서 하는말이다。故로勞苦하는것은 먹기爲하여만 할것이아니오 靈魂을救하기爲한것으로하여야할것이다。

社告

誌友에게相議。 크리스마스 가까워오면主그리스도의 再臨을待하는마음이 一層간절하여지는同時에 무엇보다도 小鹿島의 靈的兄弟姉妹들의信仰이 더욱思慕되나이다。우리는 昨年이때에 極히적은物品으로써저 섬나라의靈族들을慰勞하고저하였다가 도리어몇갑절이나慰勞받었던記憶이 아직남어있다。萬一今年에도 사랑의情을合하야 보내고저하는이는 十二月二十日까지到着하도록 本社로보내시오。金錢이나物品이나多少不問。但 어디까지든지 純眞한愛情으로만할것。年中行事로 하는일도아니오 社會救濟策으로 하는일도아니다。萬一 各自의屬한敎會나團體나 或은路傍의救世軍남비에寄托하야 感謝와愛情을表할이는 모다그렇게하시오。그리고 아무데도參加하지못했다던지、할길이없었다던지、機會를놓쳤다던지 한이는 이번機會에 우리와合하야 합시다。옳은손이 한일을 왼손이 모르도록합시다。또한各個人으로、直接보내는것도 좋읍니다。더욱小鹿島의三千식구를爲하야祈禱합시다。

지난밤의恩賜

李贊甲

信仰의일이란 참으로異常하다면異常하다。어떻게나 이世上의일과는 다른지모르겠다。至極히적은일로 깨우침받어 큰것을얻어 더크게살게하시군하시니 世上에서그처럼人生이自己들로써는큰일 아니一生을虛費하고라도 마침내아무것도얻음이없이 空虛함을느끼며 悲慘히마침에比하야異常도하려니와 더구나내가가장 잘못하는者요 내가가장罪人임을알어 人間의맨밑바닥에 떨어지며 그全責任을내가 지게되는때에야 비로소내속은 시원히터지게되며 主에게榮光을돌리게되어지니 世上에서 그처럼남을餘地없이짓밟고라도 그우에올라서서 自己만인듯이 呼令을하여야愉快하여하고 큰榮光인줄아는것으로 미두어보아서는 참異常도하야 이世上일과는 判然딴나라의일임을알것이다。

그와나와比較하는날에는 勿論아니된다。所謂奉仕的인날까지도아니된다。『나는이런데 그는웨그럴까』『나는이렇건만그는참거룩구나』또或은『그들을指導할者는누구일까』『내가그들을받들어주리라』하는 程度의것들로는 아니된다。그런態度로는到底히 그런解決의자리에들어서며 主께榮光돌리어지게되는것이아니다。

그렇다。맨밑層까지 들어가어야 生水가솟는 샘통을얻을수있듯이人間의맨밑바닥에떨어져 두다림이있을때 그나라의門은열리어 이제까지 맛보지못하든 새生命의샘이솟아저남을보게되며 그物件의用途를알게될때 가장기빼지듯어떤자리에있어야 할지모르든내가 그자리를얻어우에의所望있는집을메일때 어찌感謝의 讚頌이나오지아니할까。

참말로 罪人의魁首임을 (디모데前一、一五참조) 깨달어 그야말로 人間의맨밑바닥에 떨어진바울이 모든者、世界人類에게 가장큰빗진종임을 그렇게까지알면서(로마一、一四—五참조) 남달리 十字架의福音을알며 그만한 큰傳道의일을한것은 別로奇異할것이 아닐것이다。내가어떻게 罪人임을알고 내가어느곳에까지 떨어지어있는것을 아는程度를따라 그福音을味解하고 또일할수있게되는것이다。決코世上의일과같이 그가사람됨 그活動性如何에따라서가아님은우리는또늘지나며보는것이다。

나는지난밤에 이도또한 적다면적은일로 다시그큰것을더새로이 얻었다。一、金一圓也로 그방망이로 말미아마그처럼옹쿠리였든것, 그나의맘의실머리는풀어지며 그런恩惠의자리에 들어서서 가장맨밑바닥에 떨어지게되였고 위선나에게 가장가까운이들의 全責任부터지며 이환한主의길을 따라걷게되였다。그潮水처럼밀려오고 오는聖靈의役事를받어 넘치는恩惠속에서 몇번이나 感激하며 감사하였는지모르겠다。

나는文書말은안해가 會計를잘못함을 남으르군하였다。市場일을보시군하시는 어머님께서 지난번 市場에서는，一圓紙幣를 空中잃으시고까지 오심에는 不滿까지도가지였었다。나는무던히 똑똑히 會計를잘한듯이。돈쓴길을잊은적과 잃은적은 한번도없었든듯이。바로어제저녁에 햇벼팔어가지고 몇곳去來를마치고 늦게돌아와서 그決算을 안해에게 맡기려하였다。나의計算에는 自信을가지었으므로 그사이에는늘맞어왔다는 집에있든 時在에두어가지고 文書를마치어보려하였다。그結果뜻밖에 꼭一、金一圓也가不足이었다。또안해를남으르고 또어느새잃고모름은 아닐까고도생각했었다。상고해보았으나 알길이없었다。그러다가 볼일보려 밖에나갔다가 나는나의방에와서 자리에누었었다。누어서 이생각저생각을하게되는때에 뜻밖에 어떤이와 計算할때에 더주게된 그一、金一圓也의 一枚의紙幣는 너무나도分明히 나에게나타나며 나부끼고있었다。分明히 나의잘못이였다。나에게서틀린것이다。내가그자리에서 그이와會計할때에그一、金一圓也를더준것이다。

오！그一圓짜리한개의방망이는 단단히나를부스러쳤다。안해에게남으르군하고 어머님에게不滿을가졌든나에게 顔色이없어지고 한장의검은구름은떠왔다。어두운방안、혼자누은나에게는「누구를그처럼남으르며 누구에게不滿을가진단말이냐」하는꾸지람은왔다。더구나「누구에게不滿？누구에게무슨不滿이란말이냐」함에는 크게犯法한者로보이며더욱두려워지는것이었다。

아！나는가장잘못하는者로餘地없이들어났다。나는罪人中에도가장罪人으로나타났다。나는그만떨어지었다。맨밑바닥에떨어지었다。모든잘못의責任은내가다지게되는것이었다。모다내가지어야 할것인것으로보이였다。이렇게그런比較觀念、回避의길은있을사이도없이 맨밑바닥에떨어지며 全責任을지게되자 그無顏色、두려워지든것도 어느새없어지고 나의맘은 그만시원하고도平安해지며 그저고맙게받어지고 讚頌이나오게되는것이었다。그저絕對順從으로 어머님에게 즐겁게섬길수있고 안해、여러食口들을 恒常즐겁게 대할수있게되었다。무엇이든化하게할수있는것같었다。얼마든지 歡迎할수있는것같었다。몇번이나 일어나서感謝의祈禱를드리었다。따라서끝까지그같이하여주시기를간구하였다。또어떻게나 막일어나서소리높이讚頌이라도 부르고싶고 榮光돌리는길이보이는지몰랐다。

아！나는 그동안에또얼마나 그처럼내가살어걸든者로、左衝右突을하였든고。남을남으르며 責하기만하였든고。그러所望없는子息같이 두렵게도 어머님에게 不滿같은것까지 가지었든고。그런못된者이고 불상한者이었다。이제나는그단단한방망이로 그처럼또렸、또렸한一枚의紙幣 그방망이로 맞어부스러지며 숙으러지였다。좇혀죽어 빈者이게되였다。맨밑바닥에있어서 모든것을있는대로 걸머지고 두말없이걸어가는者이게되였다。가장고요한者로남모르는닐에서 그즐거운내가질머진 그많은내일만을 수걱수걱하게되였다。이렇게되니 내속은 그처럼터지어 샘솟듯시원함이 있어지며하나님을向하야 讚頌이불일듯 일어나게되였다。

하나인나의救援의길

三六、一一、三日아츰

○작년과올해의 所感한편씩도 첨부한다。

나는罪赦함받었다。聖靈의役事를받었다。그러나 나는또늘잘못하군한다。어디인지있는罪의根性은 나를그만左右하군한다。

만일行하므로義를얻는다면 罪人의魁首라는말도 있더라마는 罪人中에도罪人인 무엇이라形言할수없는나같은것은어찌 그앞에설수있을까。어찌그義에 到達할수있을까。

오!믿음으로義를얻는다함、나를 예수그리스도에게던지어서 救함받고 救援을얻는다함 참으로나의福音 오직하나인나의救援의길이다。

또한여기에서 더욱더내아버지당신을 알어가게되며 그하나님의救援의길 激勵와사랑에싸이어 나의信仰運動은 悔改와生長에 猛烈하야 더하고더하여지는것을알게된다。

三五、八、下旬

나의한悔改

내가가장 밑바닥에 떨어져서 아주謙遜한者 좇혀빈者로 머리숙여 뭇사람에게 내先生에게 몬저充分히배우는것이 곧하나님에게 直接배우는것이니라。

나는過去에 이렇지못했든 態度를깊이悔改한다。過去의내態度에 조금이라도 이렇듯한態度의氣色이 이었음을볼때는 나에게도所望의빛이있을수있음을보고 감사하고또기뻐한다。

내가直接하나님을 보았다하고 내가直接하나님에게 가르침을받었다하는者여!過去에그런이들이있으면 그들은그대로두고 너는다시그驕慢、그狂症을없이하고謙遜하여보라그以上더恩惠롭고 더光明스러운것을 주시지아니하시나보라。

참말로그리하야 그참된恩惠로운길을 이世上에서걸어보게하자。

三六、三、一二

聖朝通信

一九三六年十月十七日(土)晴。神嘗祭日로休業。日曜日까지 集會로因해서 집에앉었지못하는 處地에 昨今兩日間 連續하야在宅하면서 北漢山麓初秋의景槪에 心身을던지게된것이 무엇보다도고마웠다。但今日은 全식구協力으로勞働。나는午前中걸려서便所에 세멘工事。가장 더러운데를 主人自身의손으로써 가장堅固하게가장淸潔하게하여야한다는 본보기는 東京市外武藏野學園佐藤藤太郎校長先生께서 배운것。今日도佐藤先生께敬意를表하면서便所修理。○今夜는도록執筆。자정지나서參宿이 찬란하게 東天을 장식한때에 찬송으로써就床。

十月十八日(日)晴。野外禮拜次로 午前十時에出門。一行十八人中에 老人婦女들은北漢山城의輔國門에서 分隊되고、元氣充滿한學生靑年隊만 白雲台上峯까지 오르다。이白雲台班에 今年八歲되는 普校一學年生인 우리正惠가 있어서 行客의 칭찬도 적지않었고、疲勢한 어른들을 힘주기도 적지않었다 指曰「저 어린女兒를 보라」고。北向側丹楓은盛時이나 南向側은 아직 일죽하였다。但白雲台附近은 男女登山客으로一大市場같이 化하였고 敎養없는雜黨들이 果皮와酒甁等을亂雜하게 버려놓아서、참登山道人들로하여금 말하라면 聖殿에서가죽채를 휘둘르시던 그리스도의 義憤좇아없지못할光景이다。白雲台보다도 우리동내가 훨신 고요한것을 發見하고서 밤七時近한때에下山。

十月十九日(月)晴。呼出狀을 가지고 東大門署에가서 十月號의出版許可狀을 받고登校。마라손覇者 孫基禎의歡迎會를 남보다 먼저할라고 各新聞社들이 別別卑劣한手段方法으로 競爭하더니、今日은 午前中朝鮮日報社 午后는 大阪每日支局主催로各其各樣으로 大大的歡迎。이런때에 보면 新聞社라는것은 娼女들과 差不多。授業後歸宅하야 새로한시까지執筆。

十月二十日(火)晴。補眼의効가 있다해서 自轉車탈때만眼鏡을써보았으나、品質이좋지못한까닭인지 眼鏡이란本來그런것인지알수없으나、視力이漸次鈍하여지는듯하므로今後當分間은 中止하기로하다。眼鏡이 우리性味에맞지않는것이 마치敎會가 우리性味에맞지않는듯해서 홀로苦笑。蓬萊山에宿直。

十月二十一日(水)晴。連日추이에 헤티마(수세미)其他의 잎사귀 모다 凋落하야秋色의漸濃。포플라는只今이佳景이다。밤午前三時半까지執筆하라니鷄鳴聲外에는 北漢山의雄大한沈默이 大地를威壓할뿐이다。어서 자라는 어머님 걱정이 성화같으나「글쓰는일은聖靈의感動있는때라야 됩니다。조금만더쓰면 됩니다」라고 하면서 새벽參宿이南天에 온때에야 卷頭의三頁分을 마추다。昴宿의數를計算하라니 視力이甚히弱해진것을알수있다。

十月二十二日(水)晴。昨夜에北漢山麓바람소리요란하다。授業을畢한後에職員會。歸途에印刷所에校正。밤에는洞內夜學에서 乘法除法과 マツケムシ等을授業。심부럼할少女하나를求하여왔더니 몇일견디지못하야退去하다。착한女兒或은 女人하나를家事助力하도록求하는中이나容易히發見되지않는다。家人이臨産하였으므로 自力自辨主義를臨時변통하야 他人의助力을求하기에同意한것이다。昨夜의過勞로 오늘은일즉이就床。

十月二十三日(金)晴。今朝氣溫一度六分로降下。[illegible]가 처음얼다。그릇엣물이薄氷을成하다。前庭의 포플라行列이秋色漸濃。○今日부터 中間考査始作되여、監試하면서벤또 먹으며校正하다。一時에 세가지일平行함은 過히 어려운일도 아닌듯하다。

十月二十四日(土)曇。비오실듯하면서김장에充分한 비는 오시지않는다。午前中은印刷所에서校正。午後는登校하야參式。市內官公立學校敎員의敎育勅語記念式을 朝鮮神宮에서擧行、參列。다시印刷所에가서校正。日沒時에歸山하야 川邊雜草를 걷우다。

十月二十五日(日)曇。風雨。午前中은庫間뒤의整地와排水溝工事。午後二時부터 復活社講堂에서 마가복음第十章의下半講解。試驗週間인데도不拘하고 如前히參席한學生들의熱誠에 움즉이움인가 講話에 매우힘이났다。宗敎業者 神學出身들의 見地로서보면「蠻勇」을부려「無責任」한짓을차는일인지 모르나 試驗工夫보다도 今日聖經講

話들은것이 平生의有益이 될것이라고 確信하면서 가르키다。○今日부터 食母한사람 오다。家人이臨産하였으므로 不得已他人의助力을求하다。

十月二十六日(月)曇。西風强。印刷所에 들렸다가登校。監試하면서校正。○近日은北漢山麓에서 落葉모는일이 節季에따라오는 年中行事中의一大事인듯하다。나의秘藏品인 지게를 지고나설생가이 간절하나 禁養하는地帶인故로 樵夫노릇한라도할도리 없으미痛恨事。나무꾼은 대개婦女들과兒童들인데、山林看守에게 잡혀도 男丁보다는處罰이輕한까닭이라나。지난夏季에는 雨後마다 버섯(茸)뜻는군들ㅣ男女老少가 朝夕不絕하고 손에손에광주리들고山으로 오르든것도 山麓地帶의一風景이었다。

十月二十七日(火)晴。監試하는 틈틈이 校正하야 來月號가 今日校了되다。出版許可는昨日附로 出來하였고。近來에 드물게 이번號는 일쯕되였다。밤엔 달빛이 아까워서 자지못하고 늦도록庭內를逍遙하다。

十月二十八日(水)晴。自轉車타고 東小門을 넘어가는快味는 每樣각별한것인데、오늘아침에는 네리막을 달리는동안에 별안간「自轉車神學」이라는 생각이 솟아났다。後日에 이自轉車神學을文章으로表現하는날이 있으면 매우興味있을듯해서 鍾路를지나 蓬萊町에 이르는동안 홀로微笑를禁치못하였다。○今夜洞內夜學授業。今夜도明月과 포풀라와 北漢山을 번가라 바라보면서 자정넘도록 잔들기를拒否하다。

十月二十九日(木)晴。今日까지 中間考査를畢하。心身이虛弱하고 家庭問題複雜한生徒의家庭尋訪次로 市內杏村洞의山上오막사리村을 다녀오다。대개 한집터가 十八坪 二十坪식인데 그한집에도 複式살림이어서 두식구以上이 살림한다는 杏村洞峴底洞方面의小屋村에比하면、우리와같이北漢山城을後園으로하고사는 살림의幸福되미比할데 없으물 생각하고 慚愧千萬。○석양에 第九十四號製本出來。넘어 일족하게 되였으나 待하는이들께는 먼저보내고저 一部分식發送準備。○달속의 게수나무 확실히 보이는듯하다。달은밝고 하늘은높고。

十月三十日(金)曇。十一月號의一部分을 今朝發送。○佐藤得二教授로부터「佛教の日本的展開」라는新著를받고 氏의生産不息하는學究的精力에敬歎함을 마지못하는同時에 基督教徒로서도 佛教의研究를等閑히하여서는아될것을感銘하다。時期를待하야 우리冬季集會에서 佛教講座를 열어볼까하다。○放課後에籠球로 땀을 흘리고、歸途에 自轉車衝突하야 남의自轉車하나를 넘어더려서 남으람 듣고ㅣ順順히 듣고 謝過하고 貞陵里고개를 넘다가 빵크나서 自轉車를 끌고오다。急히해서 잘되는일은 없다。

十月三十一日(土)晴。登校授業後에 帝大醫學部教室에열리는朝鮮博物學會에參席。博士두분이講演하는集會인데 出席者는講師까지合하야十三人。割引投賣하는百貨店과劇場과料理店들은 擧皆超滿員의盛況인데 科學的으로나宗教的으로나 무릇 참된眞理를 探求하라는 座席은 매양 이모양。오늘集會에比할진대 우리의日曜集會같은것은 아주盛大한것임을發見하다。○밤에는雜誌發送의皮封쓰기。

十一月一日(日)一時雨。自轉車에 실으리만식今日도發送。午後二時부터 復活社講堂에서 마가복음第十一章을講解하다。閉會後에 東京으로부터最近에歸來한籠球界의權威者某氏가來訪、哲學的籠球理論에關하야聽取하다。神學이아니고는 信仰이나聖經을論할수 없너니라고 主張하는것과 같이 이籠球人의意見에依할진대哲學的理論의根據없는籠球는成立할수 없너니라는新學說이다。科學的研究의時代는 이미 지나갔으니 이제는哲學的籠球라야만 된다는것이다。世上이란 넓가도넓을세라。별별사람 별별意見!

十一月二日(月)晴。우물 폼프가 얼어붙었고 그릇에담긴물은 손두께나 두텀게 얼다。○登校途中 光化門通네거리에서 自轉車衝突하야 동다이치니 再轉三轉。기렁게痛快하게 굽을가는生來첫임。但앞설自轉車가 急停車한까닭에 追擊衝突된것이므로 責任은 저편에있었다。何如間 初期에는事故없던것이 近日多少熟練되려는때에事故頻繁하게생기는것은 確實히心的解弛에起因하미니 靈界의일과 마찬가지다。信仰이相當하고聖經知識에通達했다고 自信하는때가第一危期乎。○地理時間에孫基禎의게서 伯林

巴里 倫敦 丁抹 伊太利各地及스에즈運河를베이等地遊覽談을 들어서 有益하다。獨逸人은 全體로 險朴하고 婦女들까지도 化粧보다 天然的健康美를 貴히녀긴다는일、獨逸이나 丁抹이나 自轉車타는사람이 많더라는等 더욱 快消息이었다。○今年度大豆農事모다 三斗가량되다。장재가 패여 내일 아침 準備하다。

十一月三日(火)曇。夜雨。明治節式後에 但任班生徒에게 滿二時間訓話。式만하고 노는時間을利用하야 科學知識以外의 訓練을 하고저 하미니、月謝金計算以外에 배우는일이라고 고마워하는者도 全無하지는 않을테지마는 大多數에게는 이런잔소리가 後日怨恨의材料되는模樣。이번이나 어떨까해서 때때로課外의 잔소리를 해왔고 今日도 時間과精力을傾注해서 속眞情을 터러告했것마는 지나간經驗을記憶하고는 오늘일도 悔恨이다。오리알깐 압닭이 오리알인줄 모르고 어제께도 꿀꿀꿀 오늘도 꿀꿀꿀、스스로 怨하기도하고 가엾기도하나 압닭인以上에는 오늘도 꿀꿀꿀 내일도 꿀꿀꿀 하리라。그結果는 하나 남는것이없어도可하다。나의職業을通하야 하나님의 사랑과 主예수의悲哀를 맛보고 내가 그품에 도라가기를 힘쓰면 내事業은成就된다。미쩌야 본전이다。○어제밤은 初저녁부터 「베드로의잠」을 잣버렸으므로 오늘밤은 새로두시 지나도록 깨여앉어서 悔恨의罰。먹는데는 「물장수」요 잠자는데「잠손」이니 嗚呼괴로운者인저。

十一月四日(水)快晴。授業後에 籠球○小鹿島消息如下。「壯途오르면서。先生님에게 片紙을한때도 아득한 옛날같이 生覺됩니다 種種上書하였을것인데 生의여러가지사情으로 그리되였읍니다。그理由는 구태여 公開할必要도 없기에 여기에는略합니다。야모도록 先生님寬恕하시옵소서。……

神聖한秋節에 聖務中先生님尊體大安을 謹祝합니다。

先生님 生은今般本家에事故로因하야 約二十日預定으로 當園의許可를得하야 鄉里인慶北軍威郡까지 自轉車로 疾走하게되였읍니다。

先生님 生覺건대 나의게있어서는 먼ㅡ海外로 가는것같은感이 남니다。弱한몸으로 壯途에오르는 生을爲하야 祈禱하여주시기를 切望합니다。暴風雨가지나간 社會風景을 生이 보고 듯고 느낀대로 歸園하야 몇줄記錄할가? 합니다。願컨대 바야흐로 百穀이 實結한此際에! 先生님의心靈에도 永遠한 生命果가 맺어있기을바라오며 同時에救靈運動 第一線에섰어 健鬪하시기를 빌면서! 大邱을向하야出發하면서」

十一月五日(木)快晴。授業後에 對培材高普職員庭球戰에 避치못해서參列。三對二로 敗하다。○밤에는洞內夜學에서 乘除法을가르키다가 葉書기려가九CM인것을배우다。

十一月六日(金)曇、小雨。約一個月以來로 南大門附近電車軌道를改修中인데 交通이複雜하가 比할데없고、自轉車로써 이附近을 한번無事히通過하면 生命을 한번씩로얻은感이 없지않다。○授業後에 精神作興週間의行事를議決하고 늦도록籠球。석양에風雨시작되니 立冬節인가하다。

十一月七日(土)立冬。曇。오늘부터一週間의精神作興이 시작되다。○近來에 여러달繼續的으로 無敎會論을辯論하여왔고 特히九十四號의卷頭에 無敎會主義와內村先生에關하야는(누구던지、自己를 먼저反省할것이라는「누구던지」는 非單崔監督뿐이아니오 非單全朝鮮사람중의「누구던지」도아니다。東京其他의 大家들이라고 自他가許認하는直系의弟子들中에 우리와는反對說을主張하는이가 있다하더라도 나는나대로無敎會信仰의精神을把握한것이있다고해서「누구던지」의 一句를添加한것이었다。그런데遇然히、全然遇然히、山本泰次郎氏主筆의聖書講義十一月號「私の立場」라는글과 塚本虎二氏主筆의聖書知識十一月號「私の無敎會主義」라는글들이 時를같이하야 우리의無敎會論을裏書한바있음을보고 우리가 한부로蠻勇을 부리는者아닌것을 알어少安하다。

十一月八日(日)晴。昨夜宿直。오늘은午前十時半부터 本社에서 마가복음第十二章前半을工夫하고 先親生日記念떡으로써 午餐을共卓하다。午後一時부터 精神作興週間의行事로 擔任班生徒들과함께 北漢山麓一帶를巡廻하야 午後六時에下山하다。우리집後園을一巡한심이다。

聖朝通信

十一月九日 (月) 晴。今日 自轉車故障이 생겨서蓬萊町松本自轉車店主朴昌成氏에게서 修繕하다。自轉車에도博士가 있다면 朴氏는 實로博士다。微妙한데까지라도 어르만지면 바로된다。自轉車에對한朴氏처럼 信賴하고 治療받을眼科醫師가 있었으면 診察을받고 싶었으나 보아도 아는者없고 알어도 的確하게 고칠줄모르고 고친대도 不親切하가짝이없가에 차라리自然의形勢대로放任中이다。○夕飯後에 일부러鍾路까지 나가서 籠球聯盟戰을參觀하고 밤十時近해서歸山。

十一月十日 (火) 快晴。四個月에亘한西班牙內亂드디어首都陷落의報道。(東京으로부터 松前重義氏著「デンマークの文化を探る」라는冊과松前氏親書來到。가뿜으로 읽가시작。또「新の生活」第三號에서 咸南全啓殷牧師에關한記事를읽고感激하다。남들이 보가에는 世上에 드문聖徒라건마는 우리네끼리는 全牧師를 알아보는이도稀貴하니寒心。同號에依하면 無教會主義란것이 教會攻擊을 일삼는것이 아닌것을 더욱明白히 알것이다。十餘年間 無教會主義者로指目받든者로서「教會를攻擊하는 立場으로의無教會主義이었다。無教會主義이면 教會와의對立抗爭에만 그存在理由가 있는것이다」함은 實로低能兒라는告白以外에 아무意味도 없는美文이다。

十一月十一日 (水) 小雨。精神作興週間의 早起會날이라 午前六時의朝禮時間에參列하고저 네서부터起床하야準備。貞陵고개 넘올때는 自轉車의電燈을 끄고 佇立하야參宿 乙女 大熊及下絃달等의燦爛한天空을바라보다。大學通과鍾路通의無人之境을 疾走하는것도 自轉車군의一樂이었다。授業後歸宅하야 김장 단구는일助力과 馬鈴薯를굳에묻는일과 落葉그러들이는일等。○「新興基督教」의 無教會主義批判號를 興味있게 읽다。教會主義者는 無教會의核心을理解하지못하는것이興味의中心이오、政黨代議士들의論戰처럼自己黨派의喝采를 받가爲하야 抑說로써 相對便을毁謗하는것이 싸움 구경군의心理로써興味百퍼센트。但 無教會批判의張本人인「新興基督教」誌에 九·十月두달連續하야 矢內原教授의「民族과平和」를最大讚辭로써紹介한것은 장한일이었다。

十一月十二日 (木) 晴。夜雨。授業後에精神作興의大掃除。歸宅하야 마늘밭整地。今日까지 김장을畢하다。밤에는 洞內夜學에서 한글綴字法、乘除等을 두시간동안授業하다。

十一月十三日 (金) 晴。午前中에 세시간 授業하고、精神作興週間의最終行事로 郊外마라손大會。弘濟川砂場에서부터舊把撥里까지 往復七哩半을全校生徒와함께뛰다。찬바람에 北漢山連峰을 바라보면서뛰는 快味는比할데없었다。五百數十名生徒中에서病者와有故者를除한外에는全部參加。途中落伍者多數。完全히 決勝點까지온者三百二人中에 第二十二位로歸着하다。七八年만에 처음뛴것으로는 괜찮은成績인가하고自足하며、長距離選手의本產地인養正生徒들과 뛰어서落伍안한것만 當幸인가하다。○歸宅하야 마늘 두이랑을 심으면서 病床의友人들을記憶하다。이마늘들이嚴冬雪寒에 견디어明春에어름돋고 자라나는힘주시는이가 오랜病床의友人들에게回春의能力을주옵기를。○밤엔洞內夜學職員會議。木星金星이西天에나라니。

十一月十四日 (土) 曇。午後雷雨。霰。全校의生徒出席簿를 가지고 朝禮時間前에가가傷하야 最大速力으로登校하니 三十三分의新記錄。○短信一枚如下。「先生님主恩中尊體健安하십을福祝하오며 每主聖經講議는平易하고 柔軟한듯하면서도 깊은眞理가包含되여 저自身도몰으게 주먹을쥔게칠때도있고 얼골이확근하여지고 心臟의고동이 높아저 목마른者에게 물을줌과같아였읍니다 이몸이先生님講義를듣게됨을 無限이榮光으로알며靈의깊은잠을 벽력과같이깨워주었읍니다 더욱이 聖朝誌의教理信條及宣言告白은眞理奧義가 簡單明瞭하야 一讀하매全肉身을 움겨쥐게하고 肺腑를바늘로찌르듯 再讀三讀하매더욱含蓄된眞味를 깨다렀읍니다。그前부터聖朝誌를一號부터 讀破하고싶은生覺은懇切하였아오나 뜻과같이되지못하야 今番은다른일은다除外하고라도「期於히」라고 作定하고 염치를不顧하고 一號부터全部를野汉하오니 未練한小生을더욱鞭撻하여주소서。 十一月十三日 ○ ○ 拜上」

이런사람에게 如斯한事實이 일우워지가때문에 職業宗教家들이「主觀的信仰」이라「無

責任」하다하고是非할지라도 聖朝誌를廢刊하지못하고 日曜集會를中止할수없다。

十一月十五日(日)晴。學校事情으로因하야 集會時間을 급작히變更。午前十時부터 英文班、同三十分부터 마가복음第十二章下半工夫하고 養正生徒들은 럭비試合應援에 全校生徒들과함께 參列하러가다。但 會員中一人의住所未確하야 昨日中으로通知할수없었음으로 余만 남어서 午後二時를待하야 一人相對로暗誦을받고 英文解釋、마가복음硏究等을返復하다。○小鹿島消息을얻어 安心하다。「金先生님前上答是。가다리고가다리던 聖朝九三號는 마츰내달이지나도록 拜讀치못하와 무엇인가 잃어버린듯한쓸쓸한感을抑制할수없던中 只今意外에 九三號를건너 九四號를拜領케되오니 반가움과섭섭한기 形言할수없는 感情을일으킵니다。

더욱이聖朝와함께 下書를奉讀하오니 冷血漢인小生도 아니울수없읍니다。

先生님저는길게쓸수없읍니다。○○君은今般歸省을 悲愴한決心으로無理를하여가며갓던것입니다。今般歸省이야말로 君의남어지餘生을左右하는 重大한길이였읍니다。그러나 어찌뜻대로되는世上입니까。모든것이全部失敗에歸하고그는 精神的으로거이 致命傷을닙다 싶게되어 오지도가지도못할形傾에 지난三介月間을눈물과 煩悶으로 지낸다는消息을들었읍니다。君은自己自身의切迫한事情을處理하가에君에게는 너무나무거운짐인듯합니다。그래서아직도 歸島치못하였으며 書信좇아杜絶되다싶이되였읍니다。오늘先生님의下書와함께 받은君의本家의書信에依하면 先生님宅을갓든 其後 몇일이못되여 身上形便에依하여 어느地方에下行하였답니다。아마도 陰今月晦間에는 當地下來한다합니다。下來하면卽時上書하겠읍니다。그리고各의 無信함을용서하여주십시요。참으로말할수없는 그事情先生님主를몰으는者이라면 아마도 그는今番에永遠이地獄에떠러질 큰罪를저질넛겠지요。너무책망치말어주십시요 오직主님만이아실것입니다。아마을때에 서울로다시단여오게되면 先生님宅에한번이나 더갈것같읍니다。불상한그에게 어떠한허물이 있을지라도 先生님의크신사랑으로넉넉히 용서하실것을믿읍니다。요사는小生까지도 每日마음이흐리여 개일날이없읍니다。아마도君이歸島하여야 多少개일듯합니다。뒤를이어 또上書하겠읍니다。란필와 無禮한點을特히용서하십시요。

來來康旺하시옵소서

一九三六年十一、六日가츰 ○○○告白」

十一月十六日(月)曇。자밤동안에北漢山이白雲로化粧되였다 但、平地에는小雨。○今日學校로부터歸途에 醉漢이快走하는自轉車길에 뛰여들어서 急激한衝突。醉漢은 아스팔트道上에 뒷날을 내치고 자빠저서 피를吐하고昏倒。一時는殺人犯이되는줄로 알었는데、차침血色이 돌며 酒氣가退散하야 精神을收拾하게되어서小安。今日까지의余의「自轉車神學」은 스스로過失없기를專念하였으나 今後로는「醉漢」이라는 一項을加하여考究하여야하게되였다。그리고 京城市民의九割九分까지는擧皆醉漢이니嘆事。술마시고 醉한놈、마시지않고도醉한놈!。後에보니 車體도大損하였고 왼편가심도절리다。

十一月十七日(火)曇。晉쭈가 깨 튼튼히 어려붙었다。○海外의誌友로부터 今一個年分의正誤表를添하야 如下한來信이있어서感謝「主그리스도의 永遠한祝福이多忙하신 先生님과 貴家庭우에 豊盛하시옵기를 간절이祈禱하나이다 아!멘 貴誌第九十四號二頁에실인말슴中「自己의立場을忘却한듯이協助도하며 贊同도한다」라는句節을읽을때無腸公子인敎生으로써「그렇지」하는말이 입술를뚫고 올나오는것을不知하겠나이다。기렇게말슴하는것은 저와同感이라고하는못된사람의生覺이라기보다 眞理의말슴인까닭인가하나이다。過去基督敎歷史가(僭濫한말슴이오나)우리의게 주여준것이多大한有益이오나 그러나그中에羞恥와醜態가 不無하오이다。萬一우리에게 무엇이있다고하오면그어느것이 天父의恩賜(前哥四의七)가아닌것이없거늘 어찌우리가제스스로만든것같이「내것이옳으니 네것이그르니、내立場이바르니 네立場이 그르니」하고서로눈쌀을 붉근불근하고있겠읍니까? 한집食口가서로싸우면 彼此結局남는것은 悔恨뿐인가(加五의一五)하나이다。敎生은天父의德澤으로 過去모ー든事變을通하야 크게배운바있으며 現在도

배우고있읍니다。敎生이이렇게말하는것이理論이아니며 空中치는口實뿐도아니옵시다。그리고 敎生이現在있는자리가 敎會內이오며 敎生의먹고남음이있는대로 兄弟의게주오며 不信을向하야干證하고있는 處地올시다。하나님께서敎生을 이자리에두신줄알고 不忠하오나 제精誠껏하고있읍니다。이자리에있는까닭으로 非難도있으며 叱喝도있읍니다。그러나 오직無所不知하시는 하나님께마끼고 하루하루를順從하는것뿐이올시다 이것은저되 衷情이올시다。弱한罪人이오니 或時記憶하야 주심을간히바라나이다。끝으로바라압기는自重하시기를……貴誌八十四ㅣ十四號中或誤植된것이있는듯하와 감히訂正하야 或有助될가하고並呈하오나쓸데없압거던바리시압소서(언제인지通信欄에發見하는대로말하야 달나는것이있는듯하와)

十一月十一日 敎生 ○ ○ ○拜上」

眞心으로나온말은고맙다。訂正表는今年度에받은最大의선물。여러誌友와아울러感謝하다。

十一月十八日(水)雨。今日부터 午前九時半上學。今夜鍾路青年會舘에서 養正對儆新籠球參觀。快勝。밤十時頃歸山。○北漢山麓에 온後로는 고요하기를求하야 一切他人의寄宿을拒絶하여왔는데 이번에無理强要의請托에못이겨서 學生二人의寄宿을承諾하다 그리고房한간을 새로 드리기로決定하다。

十一月十九日(木)快晴。第 三○○○日登校 授業後 歸宅하야 시금치밭을매고장재가패다。房드릴設計를木手에게 今日말겼는데∴房되기前에발서∴학생二人이今日부터來宿。

十一月二十日(金)曇。某氏의注意를듣고 市內若草映畵舘에서興行中인「골고다의丘」라는發聲映畵를觀覽하다。福音書의順序대로 예수一生의最後에루살렘一週間을 그린것인데 藝術的으로 얼마나한傑作인지는 모르겠으나 基督者에게는確實히 한번볼만한價値있었다。

十一月二十一日(土)小雨。約束하였던木手가 先金만받어가고는 昨日도今日도일시작 하지않으므로 怒發하고 工事斷念하기를宣言하였더니 겨우今午後에야 와서하는척하다。九月下旬에 庫間門두짝을注文하고 代價半額金五圓을先拂하였던것은 期日을更新하기十餘次、滿二個月되는今日까지거짓말의延長뿐이니 金錢은 잃은것으로斷念하기도쉬운일이나 예수와同職인木手들께對한同情과敬意를全然喪失케된일이痛嘆事。○밤에는 鍾路青年會舘에籠球戰參觀。全勝律을保持한中東對培材의激戰은壯觀이였다。드디어籠球「팬」이되였도다。

十一月二十二日(日)晴。木手二人終日工事。午後二時부터 英文班、同三十分부터마가福音第十三章의研究。終末에關한豫言이어서 어렵기는하나健全히研究하여야할곳이다。世上의終末이있으믄 움직일수없는事實인즉 二八青春에 먹고 입고 놀고 쓰거나 不然하면 깨여祈禱할것이니 二途의一을擇할것이다。千年萬年살것으로 알고있다가夢中醉中에 그날을當하는것이 가장 가엾다고述하다。

十一月二十三日(月)晴。一時曇。休日이어서 오래간만에 벼에쪼기면서 하루를貞陵里안에서 보내다。午後에 朴泰鉉君이來訪하야 精米業에關한 여러가지經驗談을듣다。지녁後에는 某氏와會談의約束으로鍾路까지入市하였으나 저편에서 오지않어서目的不達하고 籠球子겨後歸山。하루를執筆하였어도 原稿五六枚에不過。能率이 낮으물自嘆할뿐。○今年度김장農事가不良하야드디어 무 白菜 約十圓어치를購入하다。

十一月二十四日(火)快晴。昨日늦잠잔悔恨으로冷水마찰했더니 感氣에들리고咽喉를傷했다。病들고보니健康한時間에 게으른것 世事에忙殺했던것들이 더욱後悔。게을러서病든것은 藥쓰기도罪悚한일이매 當分間은 버려두는수밖에。○木手가工事中途에거짓말하고 또다라나서頭痛。現代木手心理는一大研究問題인가한다、○授業後歸途에鍾路에서某氏를 맞나 言約이實施되지못하겠다는通知를 받고 心痛不禁。人間끼리人間의길을 걷지않고 聖徒의길을 걷고저하다가淸算된때의心痛이오悲哀요愴惶이다。請하는대로 다시試驗하기를 同意하지아니치못하다。○近隣에서山羊牧場을 讓渡하겠다는데 誌友中에引受하리는없을까。實費一千七百圓이라고하니直接交涉이必要。

佐藤得二先生著

佛教の日本的展開

岩波書店
價一・五〇

基督教徒의立場에서佛教를論한것。單只基督教徒로서 我田引水的主觀論이아니라 佛教專門家의 校閲을經한學究的所産이다。佛教는東洋人우리들의舊約이니 基督者인누구던지깊이關心하여야할것이다。著者曰「本書は各所に於て 佛教の教理も信徒の經驗も 基督教のそれと大差なきことを示す。それはキリストの教に眞に優れる所あれば 勿論本書に論ずる以外の所に求めざるべからず 著者はそれを今後の大問題とす、幸にして 生命續かばこの問題の檢討に從ひたしと思ふ 云々。

松前重義先生著

デンマクの文化を探る

向山堂書房
定價一・二〇

著者松前氏는 東京遞信省技師、無裝荷式電話의發明으로써世界的權威를가지고있는이。基督者의立場으로서 親히丁抹國을踏査하면서 깊이硏究한結果이다。우리는 얼마前에 養正講堂에서氏의講演과 아울너 氏自身으로撮影한 活動寫眞으로써 깊은觀察의一部分을엿보았거니와 이제綿密周到한 著書에接하니 丁抹國이一層더思慕하여짐을 不禁한다。丁抹에關한書籍이적지않으나 本書와같이 信仰의基調에까지 깊이闡明한것은 처음보는바이다。

冬季聖書講習會

【講　題】聖書的立場에서본教育問題 咸錫憲
요한文書의硏究 金教臣

【日　時】一九三六年十二月二十九日(火)午后三時부터
一九三七年一月四日(月)午前까지
(每日午前午后二回식集會)

【場　所】京仁線梧柳洞驛前宋斗用兄宅

【費　用】聽講料金五十錢、宿泊料金二圓五十錢

參加資格。本誌一個年以上讀者及講師의承諾얻은者에限함。毛布等寢具準備爲要。

京城聖書硏究會

講師　金教臣

場所　復活社講堂(鍾路六丁目二〇의九)

日時　每日曜午後二時半부터約一時間

注意　聖書와讚頌歌携帶。會費每回拾錢

休講。十二月十三日까지에今年度集會를完了하고 明年一月十日부터新年度의集會를開催하겠나이다。(十二月二十日—一月三日休講)

金教臣著

山上垂訓硏究 全

四六版二四五頁
定價七十錢・送料五錢

聖朝文庫
第一卷

咸錫憲著

푸로테스탄트의精神

菊版半・三十二頁
定價金拾錢・送料貳錢

本社의出版物은 現在右記二種뿐이다。

本誌定價

一　冊(送料共)　前金　拾五錢
六　冊(一年分)　前金九十錢
十二冊　前金壹圓七十錢

要前金。直接注文은 振替貯金口座京城一六五九四番(聖書朝鮮社)로。

取次販賣所

京城府鍾路二丁目八二 博文書館
京城府鍾路二丁目九一 耶穌教書會
東京市神田區神保町一ノ一 三省堂書店
文化書店(元山府) 茂英堂(大邱府)
新聲閣(咸興府) 信一書舘(平壤府)
向山堂(東京市) 大東書林(新義州)

昭和十一年十一月三十日　印刷
昭和十一年十二月一日　發行

京城府外崇仁面貞陵里三七八
編輯兼發行者　金教臣

京城府壽松町二七
印刷者　朱貞順

京城府壽松町二七
印刷所　鮮光印刷株式會社

京城府外崇仁面貞陵里三七八
發行所　聖書朝鮮社
振替口座京城一六五九四番

「本誌定價十五錢」

【聖書朝鮮】第九十五號　昭和五年一月二十八日　第三種郵便物認可
昭和十一年十二月一日發行　每月一回一日發行

성서조선(聖書朝鮮) 4/ 1935-1936

Sungseo Chosun 4/ 1935-1936

엮은이 김교신선생기념사업회
펴낸곳 주식회사 홍성사
펴낸이 정애주
국효숙 김기민 김서현 김의연 김준표 김진원 송승호 오민택 오형탁
윤진숙 임승철 임진아 임영주 정성혜 차길환 최선경 허은

2019. 1. 17 초판 1쇄 인쇄 2019. 1. 31 초판 1쇄 발행

등록번호 제1-499호 1977. 8. 1
주소 (04084) 서울시 마포구 양화진4길 3 전화 02) 333-5161 팩스 02) 333-5165
홈페이지 hongsungsa.com 이메일 hsbooks@hsbooks.com 페이스북 facebook.com/hongsungsa
양화진책방 02) 333-5163

• 잘못된 책은 바꿔 드립니다. • 책값은 뒷표지에 있습니다.
• 이 도서의 국립중앙도서관 출판예정도서목록(CIP)은 서지정보유통지원시스템 홈페이지(http://seoji.nl.go.kr)와 국가자료공동목록시스템(http://www.nl.go.kr/kolisnet)에서 이용하실 수 있습니다.(CIP제어번호: CIP2019001337)

ISBN 978-89-365-1339-9 (04230)
ISBN 978-89-365-0555-4 (세트)